# 上海财经大学志

## 1917—2017

《上海财经大学志》编纂委员会 编

上海财经大学出版社

图书在版编目(CIP)数据

上海财经大学志/《上海财经大学志》编纂委员会编.
—上海：上海财经大学出版社,2017.9
 ISBN 978-7-5642-2796-8/F·2796

Ⅰ.①上…　Ⅱ.①上…　Ⅲ.①上海财经大学—校史
Ⅳ.①G649.285.1

中国版本图书馆CIP数据核字(2017)第180720号

责任编辑　李志浩　石新凤　施春杰　袁　敏　朱静怡
封面设计　郭咪咪

SHANGHAI CAIJING DAXUEZHI

上海财经大学志

1917—2017

| | |
|---|---|
| 著　作　者 | 《上海财经大学志》编纂委员会　编 |
| 出版发行 | 上海财经大学出版社有限公司 |
| 地　　址 | 上海市中山北一路369号（邮编 200083） |
| 网　　址 | http://www.sufep.com |
| 电子邮箱 | webmaster@sufep.com |
| 经　　销 | 全国新华书店 |
| 印刷装订 | 上海雅昌艺术印刷有限公司 |
| 开　　本 | 889mm×1194mm　1/16 |
| 印　　张 | 63 |
| 字　　数 | 1612千字 |
| 版　　次 | 2017年9月第1版 |
| 印　　次 | 2017年9月第1次印刷 |
| 定　　价 | 518.00元 |

谨以此书献给

上海财经大学建校 100 周年！

# 一、校名、校训、校徽

1. 陈云题写上海财经大学校名（1985年）
2. 上海财经大学校训
3. 上海财经大学校徽

## 二、创办先驱

1. 南京高等师范学校校长江谦
2. 南京高等师范学校商业专修科主任杨杏佛
3. 上海商科大学首任校长郭秉文
4. 上海商科大学首任教务主任马寅初

## 三、历任领导

| 1 | 2 | 3 |
|---|---|---|
| 4 | 5 | 6 |

1. 郭秉文，南京高等师范学校代理校长、校长（1918年3月—1923年7月），国立东南大学校长兼上海商科大学校长（1921年9月—1925年1月）

2. 程其保，国立东南大学分设上海商科大学主任（1925年12月—1927年3月）

3. 杨端六，国立第四中山大学商学院院长（1927年7月）

4. 程振基，国立第四中山大学商学院院长（1927年7月—1928年2月），江苏大学商学院院长（1928年2月—1928年5月），国立中央大学商学院院长（1928年5月—1931年5月）

5. 徐佩琨，国立中央大学商学院代理院长、院长（1931年5月—1932年8月），国立上海商学院院长（1932年8月—1933年8月）

6. 裴复恒，国立上海商学院院长（1933年8月—1944年12月）

| 7 | 8 | 9 |
|---|---|---|
| 10 | 11 | 12 |

7. 朱国璋，国立上海商学院院长（1946年5月—1949年4月）

8. 褚葆一，国立上海商学院校务委员会主任委员（1949年8月—1950年12月）

9. 孙冶方，上海财政经济学院院长（1951年1月—1953年12月）

10. 姚耐，上海财政经济学院党委书记（1952年8月—1958年4月），上海财经学院党委书记（1979年1月—1984年7月），上海财政经济学院院长（1953年12月—1958年8月），上海财经学院院长（1979年1月—1984年7月）

11. 申玉洁，上海财政经济学院党委书记（1958年4月—1958年8月）

12. 陆慕云，上海财经学院党委书记（1960年9月—1962年4月），上海财经学院院长（1960年9月—1964年12月）

13. 王伟才，上海财经学院党委书记（1962年4月—1962年10月）
14. 胡也，上海财经学院党委副书记（主持工作）（1963年2月—1966年5月）
15. 胡远声，上海财经学院副院长（主持工作）（1964年12月—1966年5月）
16. 王星九，上海财经学院党委副书记（主持工作）（1983年2月—1984年7月）
17. 郭森麒，上海财经学院副院长（主持工作）（1983年2月—1984年7月）
18. 叶麟根，上海财经学院党委副书记（主持工作）（1984年7月—1985年10月），上海财经大学党委书记（1988年7月—1991年2月）

| 13 | 14 | 15 |
|---|---|---|
| 16 | 17 | 18 |

19. 张君一，上海财经学院院长（1984年7月—1985年10月），上海财经大学校长（1985年10月—1988年7月）

20. 金炳华，上海财经大学党委书记（1985年10月—1988年7月，1991年2月—1991年10月），上海财经大学校长（1988年7月—1991年10月）

21. 叶孝理，上海财经大学副校长（主持工作）（1986年9月—1988年7月）

22. 潘洪萱，上海财经大学党委书记（1991年10月—1998年4月）

23. 汤云为，上海财经大学副校长（主持工作）（1991年10月—1993年11月），上海财经大学校长（1993年11月—1998年12月）

24. 谈敏，上海财经大学党委书记（1998年4月—2004年6月），上海财经大学校长（1998年12月—2012年6月）

25. 马钦荣，上海财经大学党委书记（2004年7月—2012年6月）

26. 丛树海，上海财经大学党委书记（2012年6月—    ）

27. 樊丽明，上海财经大学校长（2012年6月—    ）

# 四、历史沿革

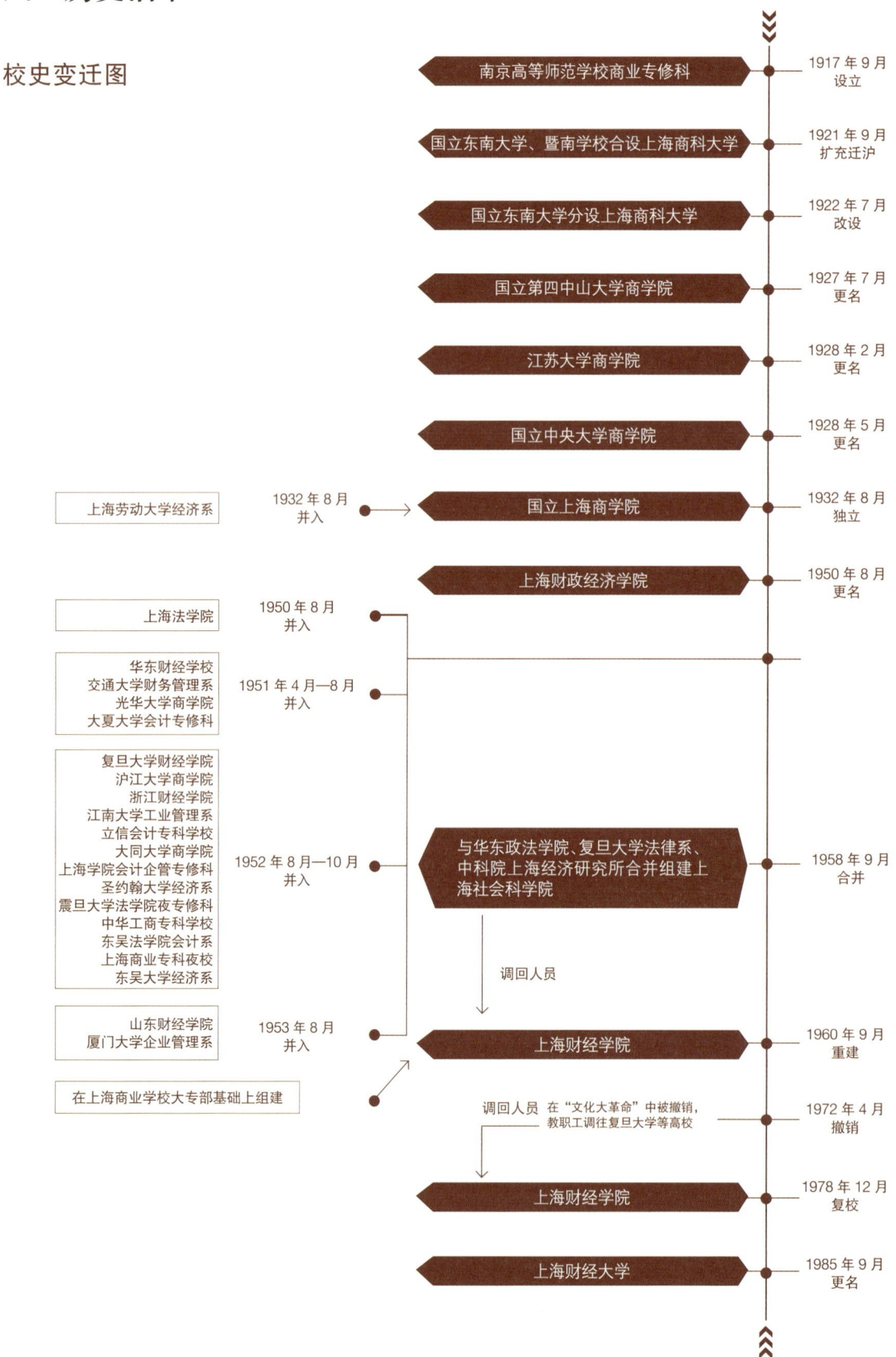

## 校史变迁图

|  |  |  |
|---|---|---|
| 南京高等师范学校商业专修科 | 1917年9月 | 设立 |
| 国立东南大学、暨南学校合设上海商科大学 | 1921年9月 | 扩充迁沪 |
| 国立东南大学分设上海商科大学 | 1922年7月 | 改设 |
| 国立第四中山大学商学院 | 1927年7月 | 更名 |
| 江苏大学商学院 | 1928年2月 | 更名 |
| 国立中央大学商学院 | 1928年5月 | 更名 |
| 国立上海商学院（上海劳动大学经济系于1932年8月并入） | 1932年8月 | 独立 |
| 上海财政经济学院 | 1950年8月 | 更名 |
| 上海法学院 | 1950年8月 | 并入 |
| 华东财经学校、交通大学财务管理系、光华大学商学院、大夏大学会计专修科 | 1951年4月—8月 | 并入 |
| 复旦大学财经学院、沪江大学商学院、浙江财经学院、江南大学工业管理系、立信会计专科学校、大同大学商学院、上海学院会计企管专修科、圣约翰大学经济系、震旦大学法学院夜专修科、中华工商专科学校、东吴法学院会计系、上海商业专科夜校、东吴大学经济系 | 1952年8月—10月 | 并入 |
| 与华东政法学院、复旦大学法律系、中科院上海经济研究所合并组建上海社会科学院 | 1958年9月 | 合并 |
| 山东财经学院、厦门大学企业管理系 | 1953年8月 | 并入 |
| 在上海商业学校大专部基础上组建 | | |
| 上海财经学院（调回人员） | 1960年9月 | 重建 |
| （调回人员 在"文化大革命"中被撤销，教职工调往复旦大学等高校） | 1972年4月 | 撤销 |
| 上海财经学院 | 1978年12月 | 复校 |
| 上海财经大学 | 1985年9月 | 更名 |

## 校址变迁

1. 南京高等师范学校、国立东南大学（南京北极阁）（1921年）
2. 上海商科大学（霞飞路290号"尚贤堂"）（1921年7月—1926年6月）
3. 国立中央大学商学院（江湾西体育会路11号）（1931年2月—1932年1月）
4. 国立中央大学商学院、国立上海商学院（霞飞路1348号）（1932年5月—1935年8月）

| 5 | 6 |
|---|---|
| 7 | 8 |

5. 国立上海商学院（江湾西体育会路11号）（1935年9月—1937年8月）

6. 国立上海商学院（愚园路40号）（1937年9月—1945年8月）

7. 国立上海商学院（中州路102号）（1946年7月—1950年7月）

8. 上海财政经济学院（中州路102号）（1950年8月—1952年8月）

| 9 | |
|---|---|
| 10 | 11 |

9.上海财经学院（欧阳路221号、四达路58号）（1952年8月—1958年8月）

10.上海财经学院（共和新路1482号）（1960年9月—1964年1月）

11.上海财经学院（中山北一路369号）（1964年1月—1972年4月）

| 12 | 13 | 15 | 16 | 17 |
|---|---|---|---|---|
|    |    | 14 |    |    |

12. 上海财经学院（中山北一路369号）（1978年7月—1985年9月）
13. 上海财经大学（中山北一路369号）（1985年9月—　　）
14. 上海财经大学（国定路777号）（1987年9月—　　）

15. 上海财经大学（武川路111号）（2001年9月— ）

16. 上海财经大学（武东路100号）（2009年1月— ）

17. 上海财经大学昆山路校区教学楼（昆山路146号）（1953年11月—1958年8月、1960年9月—1972年4月、1984年7月— ）

# 重要文献

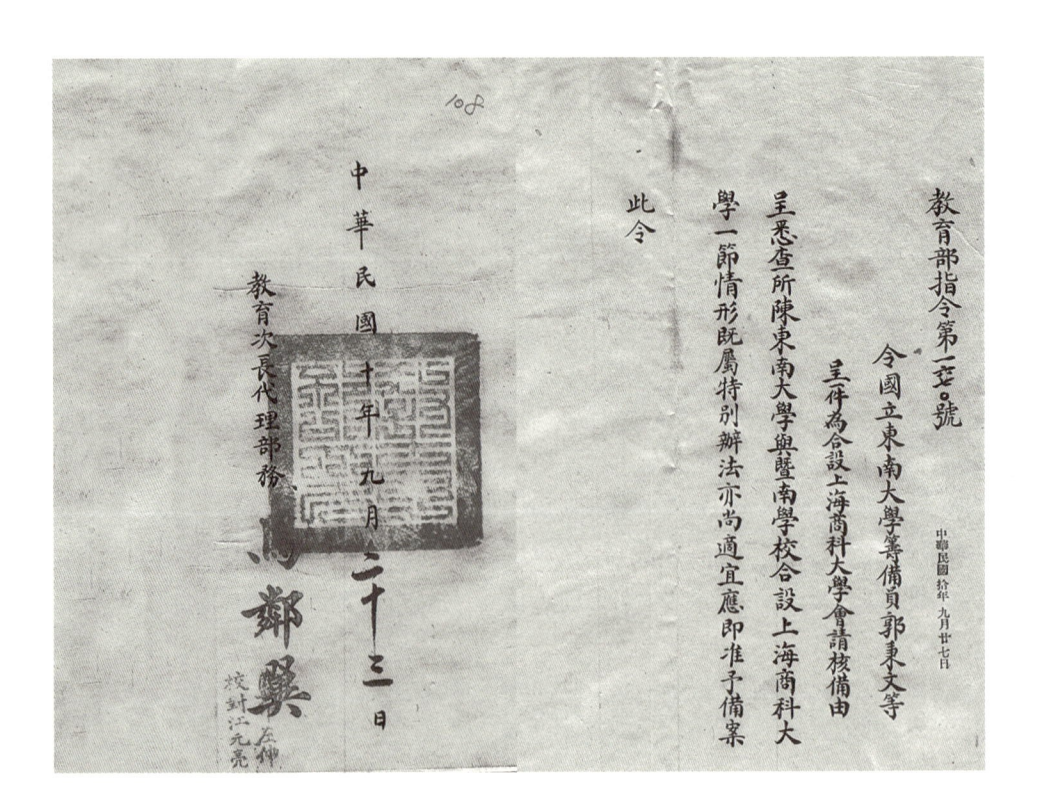

1. 南京高等师范学校添设农工商各专修科报告书（1917年6月）
2. 北洋政府教育部准予合设上海商科大学备案的指令（1921年9月23日）

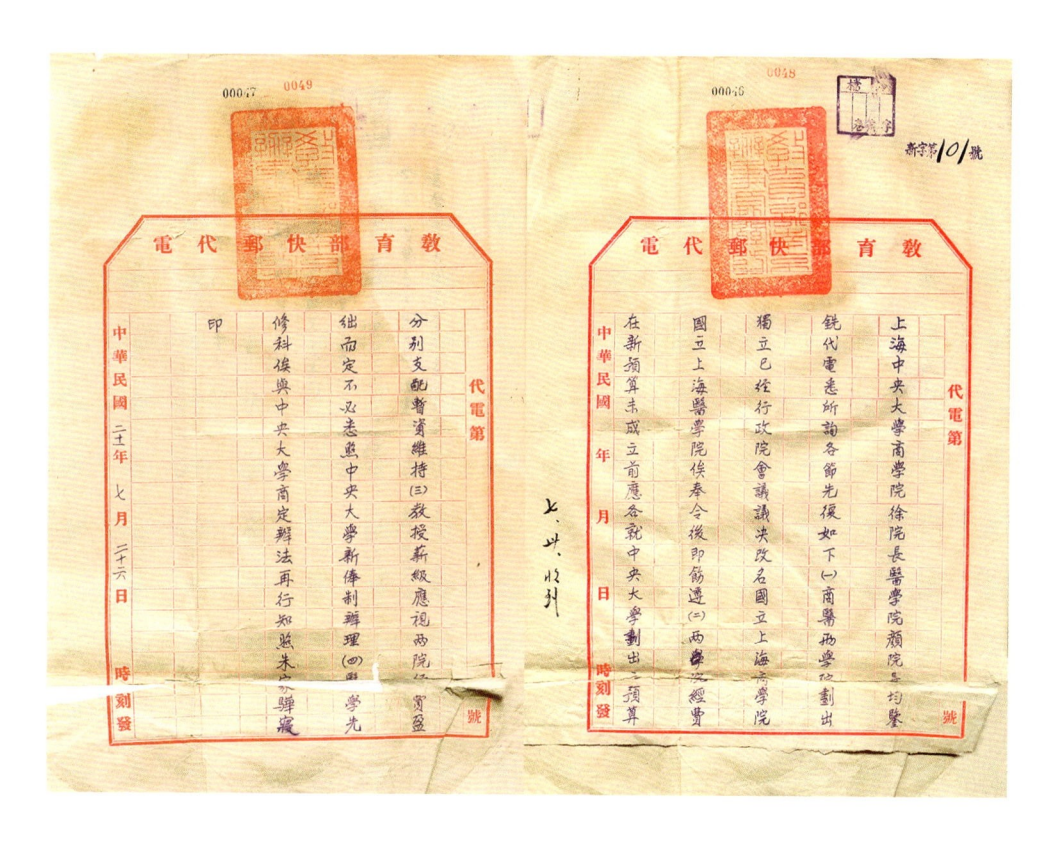

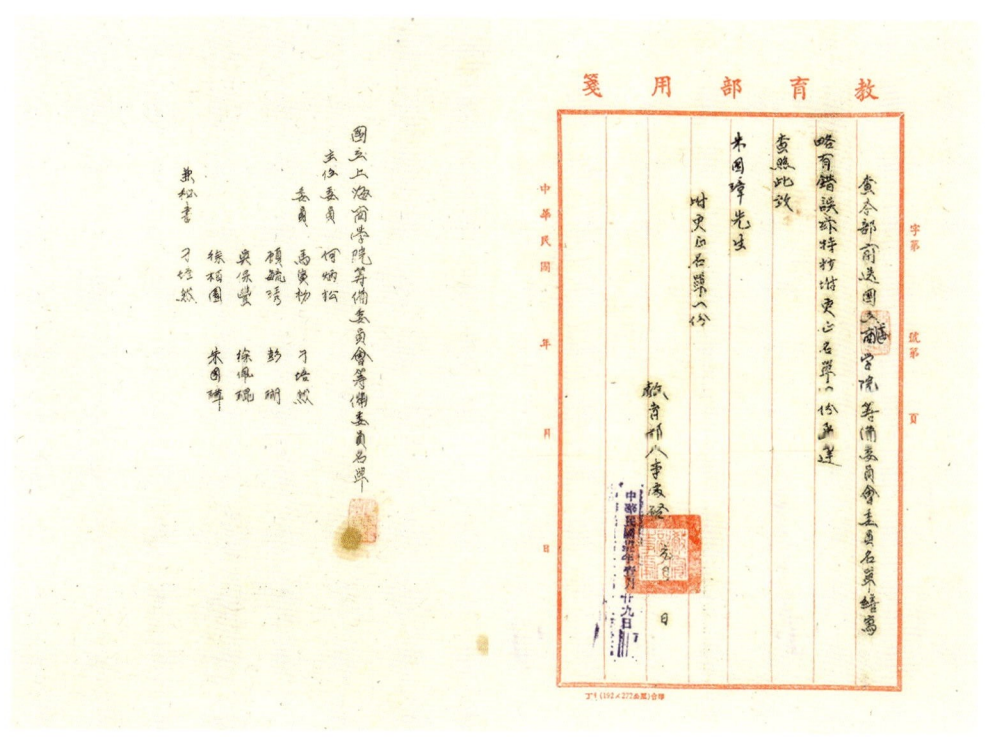

3. 国民政府教育部关于国立中央大学商、医两学院划出独立的电报（1932年7月26日）

4. 国民政府教育部关于更正复校筹备委员会成员名单的公函及更正名单（1946年1月29日）

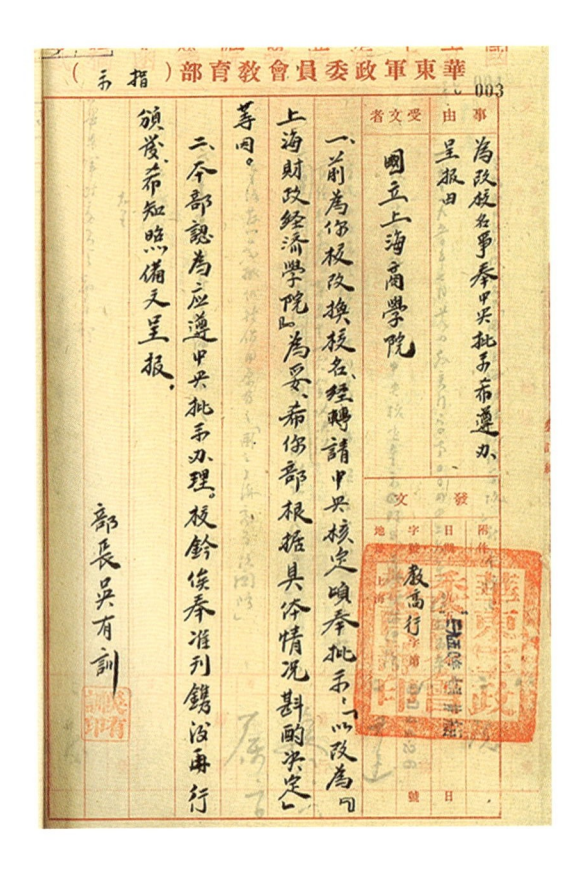

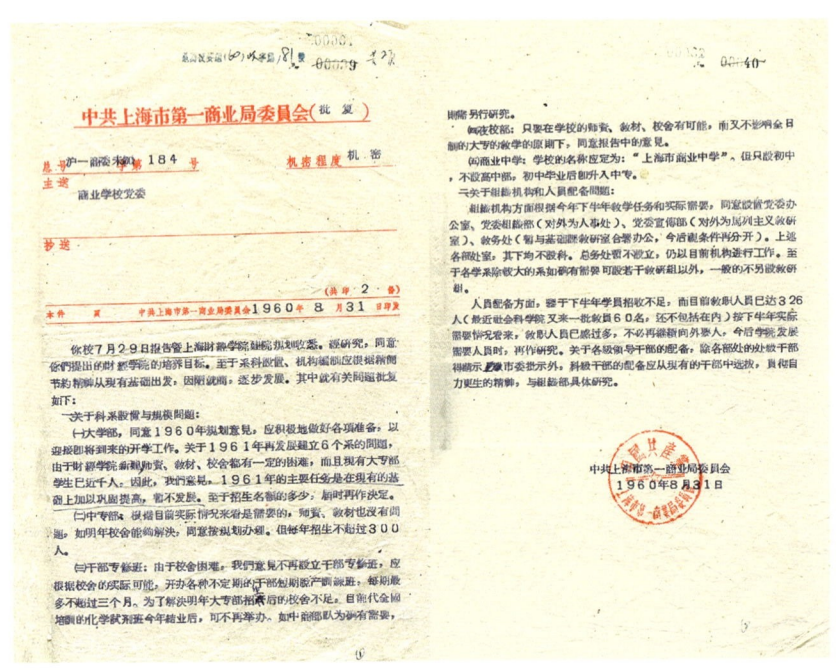

5. 华东军政委员会教育部关于国立上海商学院更名的指示（1950年7月18日）
6. 上海市商业一局党委关于上海财经学院建院规划的批复（1960年8月31日）

7.
8.
9.

7. 教育部关于同意恢复和增设一批普通高等学校的通知（1978年12月28日）

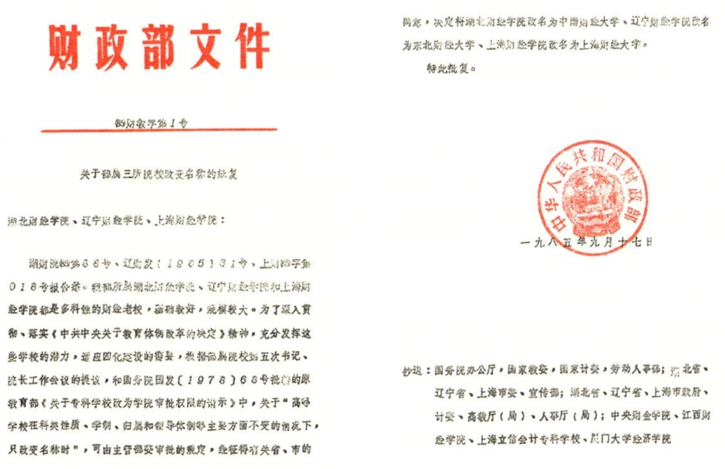

8. 财政部关于部属三所院校改变名称的批复（1985年9月17日）

9. 上海财经大学章程（2014年5月13日）

# 五、党的建设

| | |
|---|---|
| 1 | 2 |
| 3 | 4 |

1.1989年11月5日,上海财经大学第一期党务干部党建理论读书班学员合影
2.1994年7月7—8日,召开中国共产党上海财经大学第四次代表大会
3.2002年1月6—7日,召开中国共产党上海财经大学第五次代表大会
4.2006年7月6—7日,召开中国共产党上海财经大学第六次代表大会

| 5 | 6 |
|---|---|
| 7 | 8 |

5.2013年7月8—9日，召开中国共产党上海财经大学第七次代表大会

6.2001年12月18日，召开上海财经大学"三讲"教育"回头看"总结通报大会

7.2005年7月5日，召开上海财经大学先进性教育活动动员大会暨党课

8.2009年3月17日，召开上海财经大学深入学习实践科学发展观活动动员大会

9. 2011年6月30日，召开上海财经大学庆祝中国共产党成立90周年座谈会暨"创先争优"表彰会

10. 2015年7月7日，召开上海财经大学"三严三实"专题学习研讨会

11. 2016年4月27日，召开上海财经大学"两学一做"报告会暨主题学习交流会

## 六、学科建设

1
2

1.1996年1月13—14日，召开上海财经大学"211工程"部门预审会议
2.2005年10月，召开经济学创新平台建设与共享方案评审会

3. 2014年10月29日，召开上海财经大学第一届学科建设委员会第一次会议
4. 2015年3月13日，学校参加上海市高峰学科实施方案论证会
5. 2016年6月29日，召开上海财经大学"双一流"建设工作会议

# 七、科学研究

1. 1926年6月27日，上海商科大学学术研究会会员全体摄影
2. 1927年5月，国立东南大学商科会计学会第五届会员摄影
3. 1934年，国立上海商学院国际贸易研究会会员合影
4. 1934年，国立上海商学院银行学会会员合影
5. 1952年9月25日，上海财政经济学院成立研究处，周耀平（周有光）（右一）为主任
6. 1983年11月，召开上海财经学院科学讨论会

7. 1985年2月5—7日，举办"上海城市经济体制改革讨论会"，时任上海市市长汪道涵（前排右一）出席会议

8. 1985年11月20日，1980年诺贝尔经济学奖获得者劳伦斯·R.克莱因（Lawrence R. Klein）教授到校访问

9. 1995年9月26日，召开上海财经大学邓小平理论研讨暨研究中心成立大会

10. 2003年9月8日，1999年诺贝尔经济学奖获得者罗伯特·F. 蒙代尔（Robert F. Mundell）教授到校作学术报告

11. 2005年6月6日，2003年诺贝尔经济学奖获得者克莱夫·W.J. 格兰杰（Clive W.J.Granger）教授到校作学术报告

12. 2011年6月24—25日，举办"第七届管理会计国际研讨会"

025

13. 2011年12月9—11日，举办"第十一届中国经济学年会"
14. 2012年10月11—12日，举办"亚太知识管理国际会议"
15. 2013年10月29日，2011年诺贝尔经济学奖得主克里斯托弗·A. 西姆斯（Christopher A.Sims）教授出席第九届Dynare国际研讨会并作主题发言

16. 2015年3月28日，举办国家统计局、上海财经大学共建"大数据统计科学中心"揭牌仪式暨大数据统计分析研讨会

17. 2015年6月5日，召开上海财经大学科研工作会议

18. 2016年6月16日，学校承办国家自然科学基金委中英"支持中国可持续发展的金融管理研究"研讨会

19. 教育部人文社会科学重点研究基地——会计与财务研究院
20. 教育部重点实验室——数理经济学
21. 城市与区域科学学院 / 财经研究所
22. 高等研究院

# 八、教育教学

| 1 | 2 |
|---|---|
| 3 | 4 |
|   | 5 |

1. 1929年10月，国立中央大学商学院中大实习银行
2. 1929年10月，国立中央大学商学院消费合作社
3. 1929年10月，国立中央大学商学院打字教室
4. 20世纪50年代，上海财政经济学院许本怡教授与同事集体备课
5. 1952年7月1日，华东工业部上海电机厂轻电机车间办公室全体同志欢送财经学院同学合影

| 6 | 7 |
| 8 | 9 |
|   | 10 |

6.1952年7月，上海财政经济学院学生下农村调查

7.1964年8月，上海财经学院1963—1964学年学生暑期下部队锻炼同志合影

8.1979年，学校举办首届夜校部招生考试场景

9.20世纪80年代初，上海财经学院中山北一路校区电算化教学场景

10.2000年5月19日，上海财经大学本科教学工作优秀评价专家全面意见反馈会

030

11. 2007年5月14日，教育部专家组来校进行本科教学水平评估

12. 国家经济学基础人才培养基地（1998年10月）

13. 国家大学生文化素质教育基地（2007年4月）

14. 2014年8月22日，学校学生开展"千村调查"

# 九、师风长存

| 1 | 2 | 3 | 4 |
|---|---|---|---|
| 5 | 6 | 7 | 8 |

1. 褚葆一，国际贸易学教授
2. 褚凤仪，统计学教授
3. 龚清浩，会计学教授
4. 李炳焕，金融学教授
5. 李鸿寿，会计学教授
6. 孙怀仁，政治经济学教授
7. 王惟中，政治经济学教授
8. 吴承禧，金融学教授

| 9 | 10 | 11 | 12 |
|---|---|---|---|
| 13 | 14 | 15 | 16 |

9. 许本怡，会计学教授
10. 杨荫溥，金融学教授
11. 邹依仁，统计学教授
12. 周伯棣，金融学教授
13. 刘絜敖，金融学教授
14. 彭信威，金融学教授
15. 娄尔行，会计学教授
16. 张尧庭，统计学教授

| 17 | 18 | 19 | 20 |
|----|----|----|----|
| 21 | 22 | 23 | 24 |

17. 胡寄窗，经济思想史教授
18. 席克正，财政学教授
19. 郑德如，统计学教授
20. 徐政旦，会计学教授
21. 杨公朴，产业经济学教授
22. 杨君昌，财政学教授
23. 颜光华，企业管理教授
24. 施锡铨，统计学教授

# 十、校园文化

## 人文精神

1. 2013年以来,学校举办"科学·人文大讲堂",弘扬科学精神,创建人文校园
2. 2016年11月12日,国立上海商学院老校门复建落成典礼

财政部助我,奔赴新时期。更名上海财经大学,云翥鼓翼。跃身211工程序列,入百所名校之林兮,再度升高远举。总书记题词,厚望所寄,办一流大学,创辉煌业绩。高歌新曲,跨入新世纪。归建于教育部,诸多学科,颉之颃之,蒸蒸日上,优势专业,并砦国际,登临985创新平台,两部一市之共建兮,复写壮歌曲曲!菲其言厚其行,学校内涵深铸兮,兼该博取。

胸襟之博畅兮,纳海内外卓识贤才。长江学者,后浪推前浪,莘莘学子,奋意昂扬。教授耆老,时俊英杰,济济汇聚,筑我上财之殿堂,焕乎兮炜煌煌。

而今校园,红楼细瓦,连华重葩,青青子衿,弦诵悠扬。若夫阳春之来,申花蔼蔼,玉树青葱;逮及金秋时序,桂香袅袅,凤篁成韵。雍雍杏坛,掌养俊逸学子,秉『厚德博学』之训,涵韫超拔人品;浩浩学府,培育卓然之才,持『经济匡时』之志,高蹈业界之表。门下弟子,精英辈出,为国守要津,董大业,理财富,并砥柱于中流。举校之志,通识天下,视寓海外,国际化、现代化、信息化,旌扬感召,奔赴未来。建多学科,研究型,高水平之学府;求卓越,铸精品,凝重内涵之愿景,唤我奋然翱翔。

百年校史,百年激扬,俱怀意气,为国育才,为民族昌盛,请聆我奏凯之华章。

李笑野

# 上财赋

大化驰轮，上财创校百年，凝视所来路，激扬坎坷，然为国富强，精神所寄，其坚韧不懈，足令人荡气回肠。

神州首座商学殿堂，实诞生于国之切望。郭公秉文草创基业，国立上海商学院，耀然晖鉴于世间。数任校长，苦营迁岁，筹巨款，礼硕学，寻校舍，举学子，学校饮誉海内兮，俊才铸成栋梁。本校使命，厥为商科新义：世界潮流，商业竞争，国所攸赖。勇破传统理念，慨寻国富新径，值世之维艰兮，来吾导夫先路！

开校尔来，硕彦踵至，携欧美之识，设学筵讲，擅时之胜，洵比名山坛席；临高望远，帆樯棋布，抚全球长风，万商汇聚，名师巨埠，堪育鸿俦鹄侣。课业维新，追逐世界之潮，而究商业真谛。

惟国不靖，校多艰虞。淞沪变起，纵横锋镝，烽烟原燎，故园校址两建两焚，巍峨黉宇，一炬无遗。

先赁屋于尚贤堂间，复寻舍于中州路上，纵迁移无定兮，而弦歌棨然赓叙。

五星旗立，百废俱兴，校亦躬逢其盛；孙公冶方，筹措校治，院系调整，高师名系，纷然壮吾之行。

上海财政经济学院，凝姿焕炳，华东财经巨子，骏奔经济建设兮，育才菁菁。

## 办学铭

沉狮渐醒，经济开萌。南高肇始，育才事功。
辛酉适沪，商大初隆。郭氏秉文，中西闳通。
为商制术，视野阔宏。以诚立校，唯才是用。
三育并举，蔚然成风。四个平衡，恒以为宗。
壬申新运，自立沪东。国立上商，使命日崇。
育人为本，学术兼重。经济匡时，世代训诵。

乾坤再造，事业日兴。上海财院，鸿儒满庭。
戊午复校，薪火传承。追求卓越，特色鲜明。
面向社会，务实求真。经世济国，立德树人。
经管引领，诸科并擎。三型三力，锻造菁英。
探索真理，资政启民。一流三化，锐意创新。
海纳百川，有华乃馨。百年上财，基业长青。

应望江

精神文明

1. 1995年以来，学校连续24年共12次获得"上海市文明单位"称号
2. 1994年，上海财经大学精神文明建设表彰会
3. 2010年，学校3246名志愿者服务上海世博会

## 艺术修养

1.1934年，中华口琴协会霞飞路国立上海商学院分会
2.1989年，上海财经大学庆祝中华人民共和国建国40周年歌咏大奖赛
3.1993年，上海财经大学纪念毛泽东同志诞辰一百周年教工歌咏比赛
4.2011年4月7日，高雅艺术进校园——《智取威虎山》
5.2015年2月，学校民乐团参加第四届全国大学生艺术展演并获一等奖
6.2016年10月，学校合唱团在纪念长征胜利80周年歌会上献曲《四渡赤水出奇兵》

## 体育运动

1. 1934年，国立上海商学院学生足球队
2. 1934年，国立上海商学院学生篮球队
3. 1934年，国立上海商学院女子田径队
4. 20世纪50年代初，上海财政经济学院女生排球训练
5. 1981年，上海财经学院第一届教工运动会

| 6 | 7 |
|---|---|
| 8 | 9 |

6.1991年7月，学校学生在全国大学生射击比赛中获男子汽手枪第二名和第三名

7.1994年，上海财经大学第四届教工运动会暨第七届学生运动会

8.2012年8月，学生卜祥志、谭中怡、章晓雯在第十二届世界大学生国际象棋锦标赛中助中国队包揽男子、女子和团体三枚金牌

9.2015年7月，学生隋泽翔夺得第二届世界大学生围棋锦标赛冠军

043

## 十一、桃李芬芳

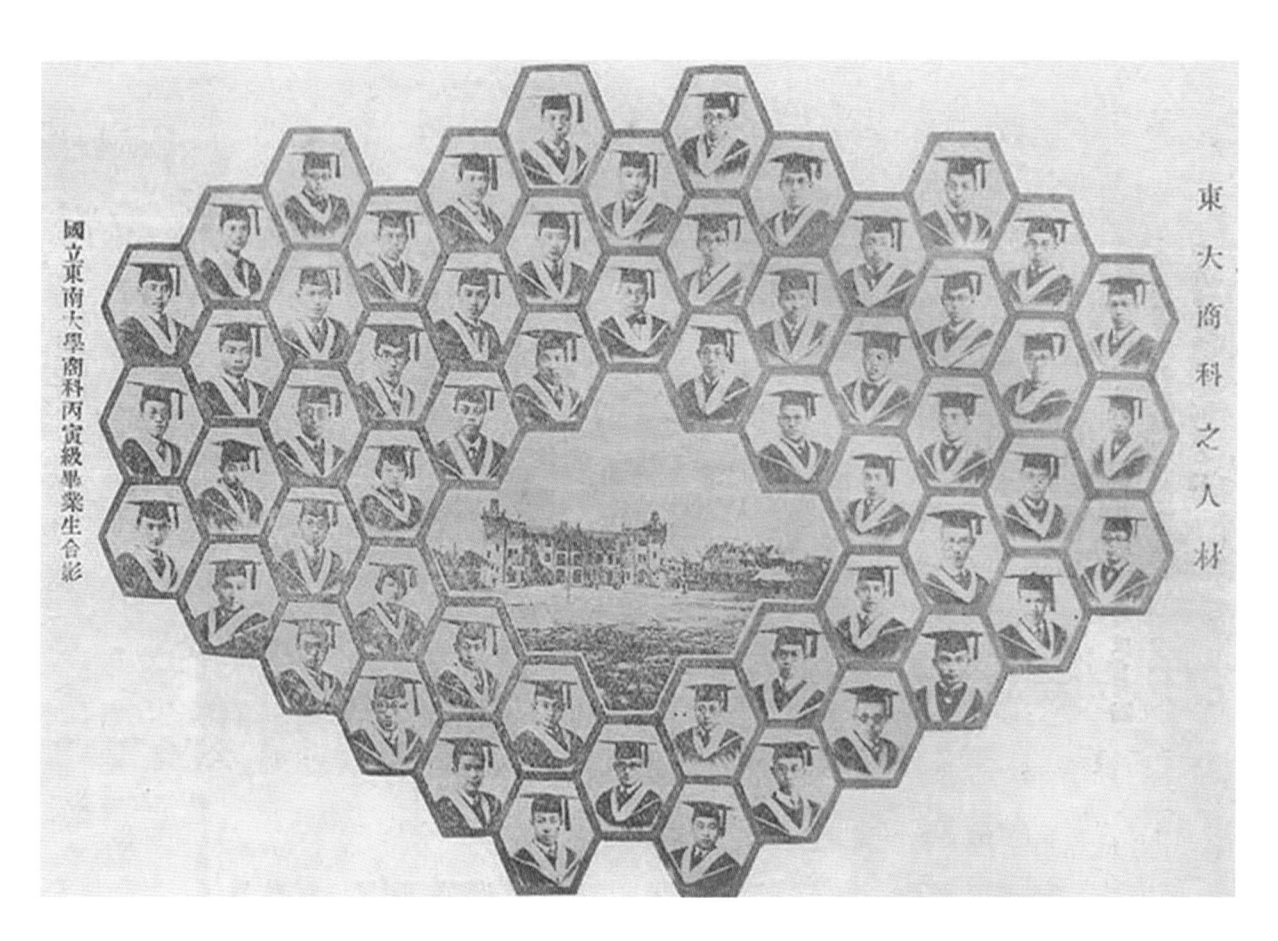

國立東南大學商科丙寅級畢業生合影　　東大商科之人材

1
2

1.1924年12月，上海商科大学教职员学生全体摄影
2.1926年，国立东南大学商科丙寅级毕业生合影

廿五年三月 職員學生攝影

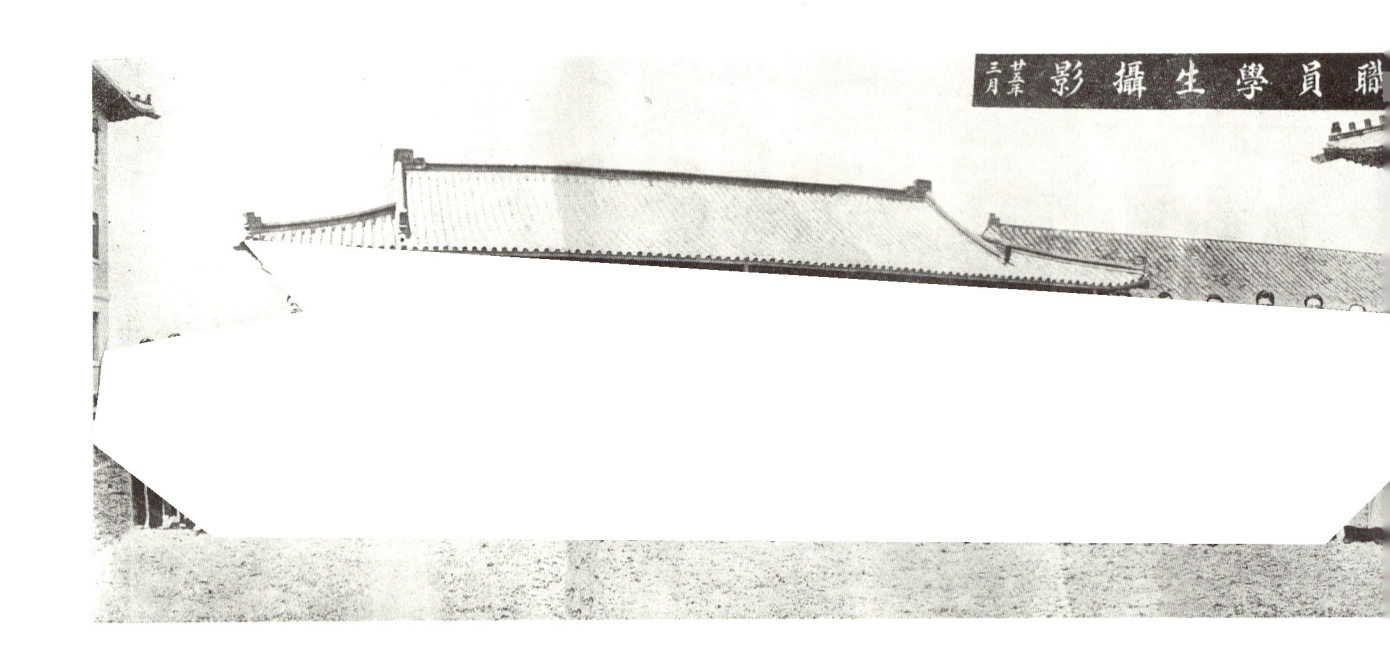

國立上海商學院卅四級畢業同學攝影留念 卅五夏年

| | 3 | |
|---|---|---|
| 4 | | 5 |

3.1936年3月，国立上海商学院全体教职员学生摄影

4.1946年，国立上海商学院卅四级毕业同学摄影留念

5.1947年，国立上海商学院民卅五级毕业同学摄影

上海财经学院财政信贷系一九五八年应届毕业生暨教职员合影 1958.0.

6.1952年9月，上海财政经济学院1951年度第二学期全体毕业同学暨全校师生员工代表会议代表合影

7.1958年6月，上海财经学院财政信贷系1958年应届毕业生暨教职员合影

8.1965年7月，上海财经学院1965年全体毕业同学暨教工留影

9. 1983年1月，上海财经学院78级全体学生毕业留念

10. 1986年7月，上海财经大学1986届本科毕业生留念

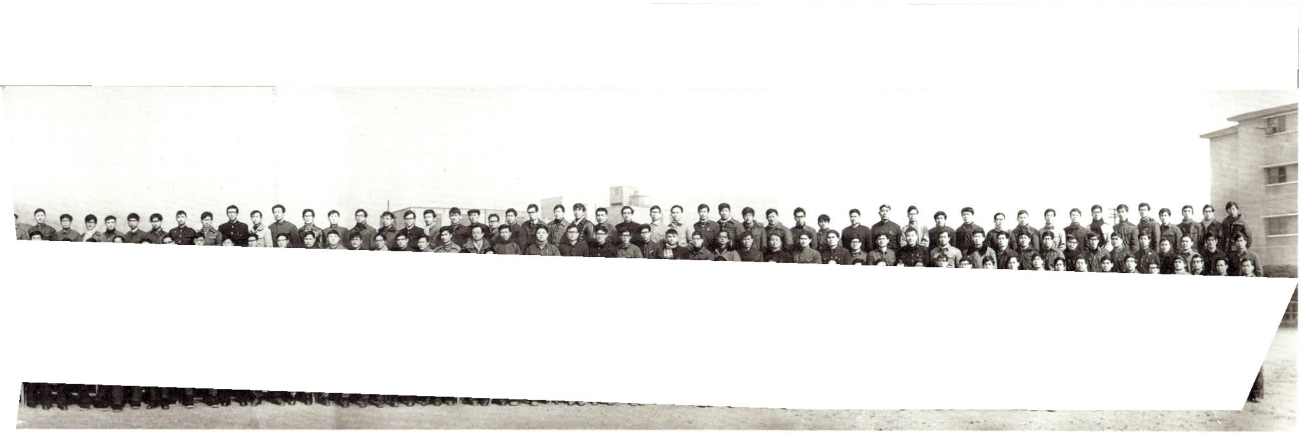

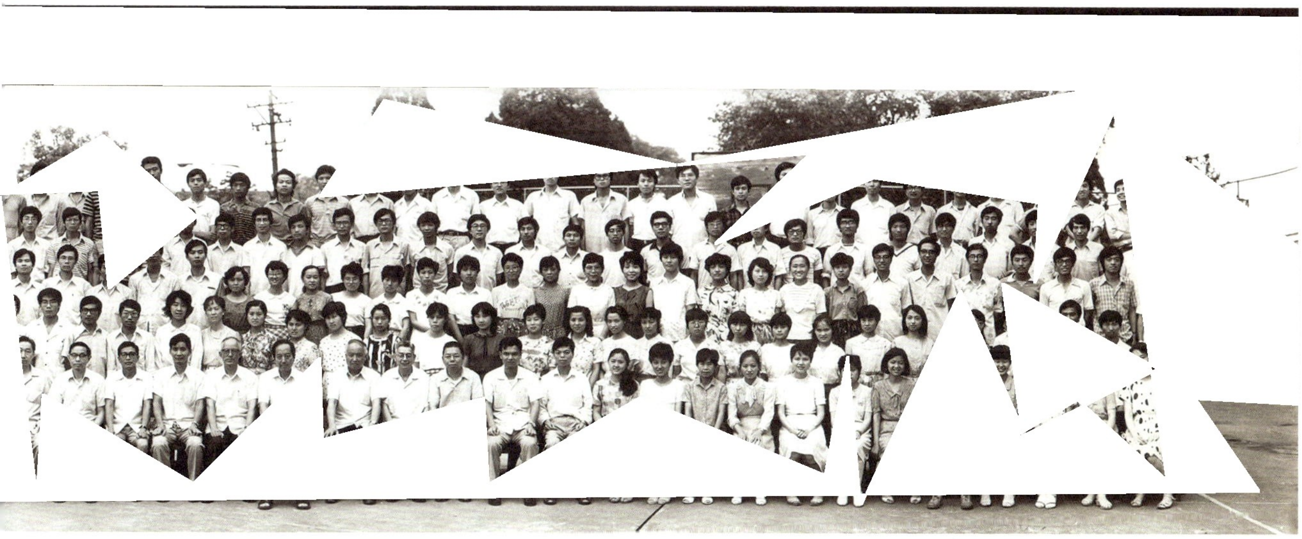

上海财经大学首届(89级)应用类硕士研究生授予学位典礼 一九九二年一月

上海财经大学2005届

11. 1993年1月，上海财经大学首届（89级）应用类硕士研究生授予学位典礼
12. 2000年3月，上海财经大学博士研究生毕业典礼
13. 2005年3月，上海财经大学2005届（春季）硕士研究生毕业留念

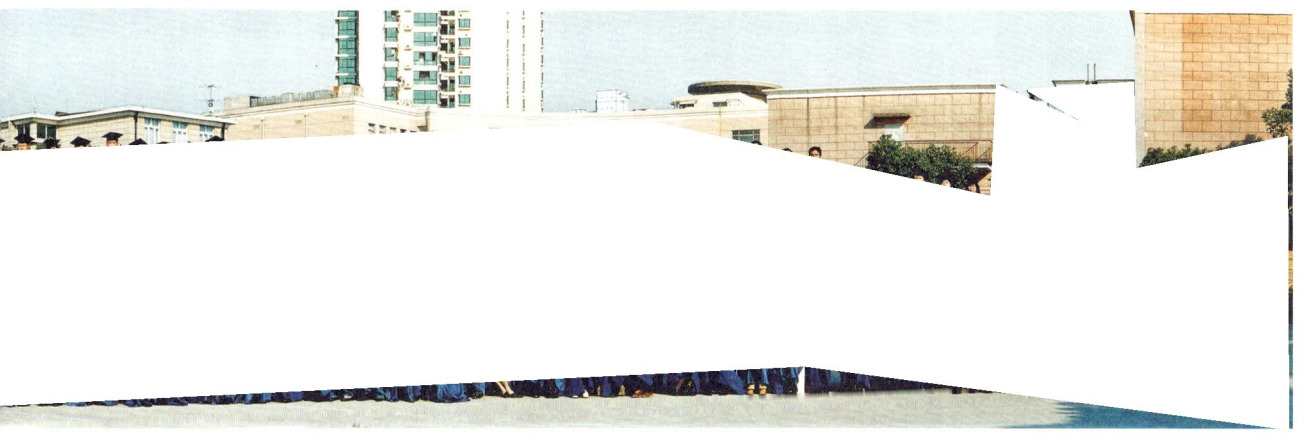

上海财经大学会计硕士（MPAcc）专业学位首届学员毕业典礼
2007.9.2

上海财经大学金融学院

14. 2007年9月，上海财经大学会计硕士（MPAcc）专业学位首届学员毕业典礼
15. 2010年6月，上海财经大学统计与管理学院2010届本科生毕业留念
16. 2015年5月，上海财经大学金融学院2015届研究生合影留念

055

# 十二、国际交流

1. 1926年1月9日，国立东南大学上海商科会计学会欢送名誉会员莫迪教授（美国加利福尼亚大学会计学教授，前排左六）返国摄影
2. 1954年6月，苏联专家布列也夫为师生讲课，中立者为布列也夫，右立者为姚耐
3. 1955年10月，苏联文化代表团团员布拉金斯基与姚耐院长谈话，中坐者为布拉金斯基，右坐者为姚耐
4. 1956年5月，留苏学生杨树庄（左一）、郑家亨（左三）在莫斯科求学期间留影

| 5 | 6 |
|---|---|
| 7 | 8 |

5.1980年，时任财政部人事教育司副司长杨春一（左一）陪同世界银行经济发展学院勃宙斯和卡其尔先生来上海财经学院视察

6.1981年3月，美国哈佛大学经济发展学院教授德怀特·帕金斯、巴布森商学院院长拉尔夫·索伦来上海财经学院交流，姚耐院长（右二）接见

7.1981年5月，以姚耐院长为团长的高等财经教育考察团访问日本，参观大阪市立大学图书馆，前排为姚耐、叶孝理

8.1985年11月19日，张君一校长（左）代表学校授予美国密执安大学莱斯利·基什（Leslie Kish）博士（右）顾问教授聘书

| 9 | 10 |
|---|---|
| 11 | 12 |

9.1988年9月14日，金炳华校长（右）与日本一桥大学校长川井健教授（左）签署协议

10.1996年9月4日，汤云为校长（左）会见伦敦市市长代表团一行

11.1996年12月，举行上海财经大学、韦伯斯特大学MBA合作项目签字仪式

12.2008年4月10日，谈敏校长（右）接受苏格兰内阁教育大臣菲奥纳·希斯罗普（Fiona Hyslop）女士（左）为学校颁发的"最杰出SQA中心"荣誉证书

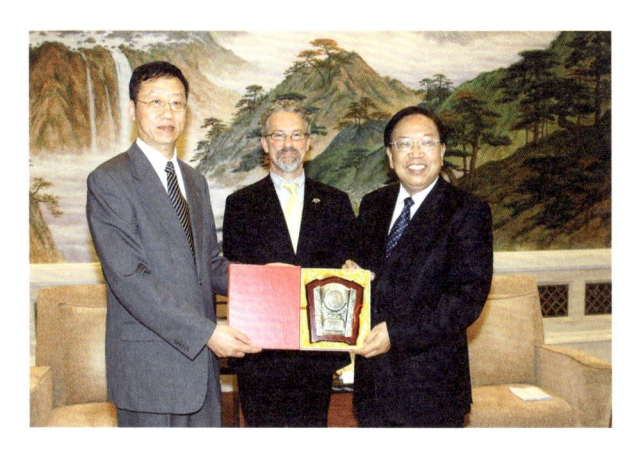

| 13 | 14 |
|---|---|
| | 15 |
| 16 | 17 |

13. 2009年6月11日，马钦荣书记（左）与美国加州大学伯克利分校HAAS商学院院长理查德·莱昂斯（Richard Lyons）教授（中）合影

14. 2013年1月9日，樊丽明校长（右）与美国加州大学伯克利分校常务副校长、教务长乔治·布勒斯劳尔（George Brestauer）教授（左）会谈

15. 2014年10月31日，丛树海书记（右）会见美国西弗吉尼亚州教育代表团

16. 2014年12月，爱沙尼亚塔林大学孔子学院

17. 2015年10月，英国伦敦玛丽女王大学孔子学院

# 编纂委员会

**主　　任**　丛树海　樊丽明

**副 主 任**　陈信元　朱鸣雄

**编　　委**（以姓氏笔画为序）

王　能　田国强　冯润民　吕季东　朱为群　朱红军
乔晓妹　刘小兵　刘　弘　刘庆生　刘志远　孙　冰
李红梅　李利军　李　宏　李维群　李增泉　杨忠莲
杨　晖　应望江　沈亦骏　沈　晖　宋晓燕　张满仓
陆　蓉　陈红梅　陈　忠　岳劲峰　周杰普　周　勇
周　峰　骆玉鼎　倪志兴　徐龙炳　曹　建　曹建华
章忠民　章益国　彭剑斌　韩景倜　程　晋　程　霖
傅　川　靳玉英　褚　华　谭予絮　鞠建东

**执行编委**　喻世红　高冰冰　朱迎平　张次博

# 序

  肇基鸡鸣山下，蜚声黄浦江旁。自1917年南京高等师范学校商业专修科创设至今，上海财经大学已走过了一个世纪的光辉历程。她的办学历程，与中国近代化进程相伴随，与国家民族命运同呼吸，是民族振兴崛起的一个缩影，是中国高等教育曲折发展的一面镜子。

  近代中国，随着新兴民族工商业的发展，急需商业专门人才。南京高等师范学校"以适应社会需要"为主旨，于1917年秋设立商业专修科。而随着商业的发展扩张，社会更加需要"不仅具有商业知识和技能，还有组织能力和领导素质的学生"，1921年经商业专修科扩充改组并迁设上海的上海商科大学即"努力满足这种需求"。因此，学校自诞生之日起，即以密切呼应时代与社会之需求为办学宗旨。

  从上海商科大学到国立上海商学院，学校先贤以商业教育"关系国家之富强，至深且钜"的高度责任感，将学校定位为研究商业学术之最高机关，以"培养富有创造精神、决断力及组织力之企业家"为使命，励精图治，锐意革新。学校建立起完备的商科教育体系，先后设有普通商业、会计、银行理财、工商管理、国际贸易、保险、交通运输、统计、合作等系（科），且保险、合作等学系为全国首设。学校坚持"三育并举""四个平衡"，对学生既注重商业知识的扎实训练，亦注重"理论与实务两相兼顾"，培养"具备企业精神之人才"。作为中国最早设立的独立商学院，学校在早期的办学历程中为艰难起步的民族工商业培养了一批商学人才，为经济管理部门输送了一批专业精英，为民族经济的振兴做出了贡献。

  新中国成立后，学校以适应新中国建设需要为办学宗旨，进一步理论联系实际，致力于为社会主义建设培养高级经济理论人才及企业管理人才。1952年前后的全国高校院系调整，复旦大学、交通大学、圣约翰大学、沪江大学、厦门大学、东吴大学等20余所高校的商学院或财经系科相继并入,使学校系科齐全、名师云集,成为华东地区唯一的综合性财经类高等学校。改革开放以来,党和国家以经济建设为中心、发展社会主义市场经济的战略,为学校发展带来强劲春风。学校在服务国家战略,对接社会需求中不断发展壮大:1996年,学校进入国家"211工程"重点建设高校行列;2007年,学校进入国家建设高水平大学项目行列。目前,学校已成为一所以经济管理学科为主,经、管、法、文、理协调发展的多科性重点大学,并正在为成为国际知名具有鲜明财经特色的高水平研究型大学而努力。

学校在百年办学历史中始终与国家民族的兴衰同脉搏、共命运。学校创业历经曲折、屡遭坎坷,然全校师生始终勠力同心,持振兴民族之志不渝,秉服务社会之心不改,执发展财经教育之意弥坚,遂铸就百年上财的历史与辉煌。历史证明,国家民族遭遇磨难,则学校事业面临坎坷;国家民族兴旺昌盛,则学校事业乘势发展。学校唯有牢牢秉承"经济匡时"的信念,时刻不忘经世济民、匡扶国家、引领社会的宗旨,才能将学校事业发展永立于磐石之固。

值此学校百年华诞之际,《上海财经大学志》的出版,完整地展现了学校创立、成长、壮大的发展历程。它既是总结办学经验、揭示办学规律、体现办学特色的重要载体,更是传承大学精神和人文传统的重要宝藏。在创建世界一流学科,推进世界一流大学建设的新征程中,学校更加重视、倍加珍惜历史传统的传承和发扬,从赖以生存、弥久常新的精神文化中汲取丰富的营养、智慧和开拓前进的力量。

站在迎接新百年、追求新梦想的起点上,学校将坚持以服务国家战略、服务经济社会发展为导向,以立德树人为根本任务,坚持"一流三化"发展战略,坚持改革创新,全面提升教育质量,为创新型国家和人才强国建设提供有力支撑,为实现"两个一百年"奋斗目标、实现中华民族伟大复兴的中国梦不断做出新的更大贡献!

2017年7月19日

# 凡　例

一、本志以马克思列宁主义、毛泽东思想、邓小平理论、"三个代表"重要思想、科学发展观为指导,深入贯彻习近平总书记系列重要讲话精神和治国理政新理念新思想新战略,坚持实事求是原则,力求全面、准确地记述上海财经大学的发展历程。

二、本志记述时间,上起民国六年(1917年)南京高等师范学校商业专修科的设立,总体下限至2017年3月(部分内容截至2017年4月)。

三、本志采用述、记、志、传、表、图、录等体裁形式,文字力求准确、朴实、严谨、简明、流畅。

四、本志由图片、序、凡例、目录、总述、大事记、正文、附录组成,正文共十三篇,篇下设章、节。

五、本志纪年,中华人民共和国成立前使用历史纪年,括注公元纪年;成立后采用公元纪年。各时期学校名称、教师职称等均按当时称谓。

六、本志人物分传略、简介、名录。"人物传略"遵循"生不立传"原则,入选人物为在校史上做出重要贡献的创始人、奠基者及杰出教授。"人物简介"记述健在人物,载录在学校领导岗位和学术岗位上做出重要贡献的人物,概述其简要经历及著述。"人物名录"载录各类在不同岗位上为学校发展做出过贡献的人物。

七、特定名称、专业术语第一次出现时用全称,其后用简称。

八、本志行文规范依据《〈上海市志(1978—2010)〉编纂行文规范》执行。

九、本志资料主要来源于上海财经大学档案馆、中国第二历史档案馆、南京大学档案馆、东南大学档案馆、上海市档案馆、南京图书馆、报刊、专著和文章,部分有关文件、报刊、年鉴、领导讲话、专著、回忆录、访问录等,一般不注明出处。

# 目 录

序 ········································································································· 1
凡例 ······································································································· 3
总述 ······································································································· 1
大事记 ··································································································· 19

## 第一篇 管理体制和行政机构 ······························································· 103
概述 ··································································································· 104
### 第一章 管理体制 ··············································································· 105
第一节 隶属关系 ············································································· 105
第二节 领导体制 ············································································· 106
### 第二章 行政领导机构 ········································································· 108
第一节 校(院)领导 ········································································· 108
第二节 校(院)务委员会 ··································································· 110
第三节 校级委员会 ········································································· 111
第四节 行政职能部门 ······································································· 114

## 第二篇 中国共产党学校组织及其工作 ··················································· 123
概述 ··································································································· 124
### 第一章 组织机构 ··············································································· 126
第一节 党代会 ··············································································· 126
第二节 党委会 ··············································································· 127
第三节 纪律检查委员会 ··································································· 129
第四节 党委工作机构 ······································································· 130
第五节 基层组织和党员 ··································································· 133
### 第二章 党组织主要活动 ······································································· 139
第一节 上海财经学院时期 ································································· 139

第二节　宣传工作 …………………………………………………………… 150
　　第三节　统战工作 …………………………………………………………… 155
　　第四节　纪检工作 …………………………………………………………… 156

## 第三篇　民主党派和群众团体 …………………………………………………… 161
概述 ………………………………………………………………………………… 162
第一章　民主党派学校组织 ……………………………………………………… 164
　　第一节　中国国民党革命委员会上海财经大学委员会 …………………… 164
　　第二节　中国民主同盟上海财经大学委员会 ……………………………… 166
　　第三节　中国民主建国会上海财经大学支部 ……………………………… 169
　　第四节　中国农工民主党上海财经大学总支部 …………………………… 172
　　第五节　九三学社上海财经大学委员会（筹） …………………………… 174
第二章　群众团体 ………………………………………………………………… 178
　　第一节　工会 ………………………………………………………………… 178
　　第二节　妇委会 ……………………………………………………………… 190
　　第三节　共青团 ……………………………………………………………… 196
　　第四节　学生会 ……………………………………………………………… 207
　　第五节　研究生会 …………………………………………………………… 212
　　第六节　校友总会 …………………………………………………………… 213
　　第七节　其他群众团体 ……………………………………………………… 219

## 第四篇　教职工 …………………………………………………………………… 225
概述 ………………………………………………………………………………… 226
第一章　教职工队伍 ……………………………………………………………… 228
　　第一节　教职工人数 ………………………………………………………… 228
　　第二节　教职工构成 ………………………………………………………… 231
第二章　教职工培养 ……………………………………………………………… 240
　　第一节　师资培养 …………………………………………………………… 240
　　第二节　职工教育培训 ……………………………………………………… 246
第三章　专业技术职务 …………………………………………………………… 248
　　第一节　专业技术职务任职 ………………………………………………… 248
　　第二节　专业技术职务评聘 ………………………………………………… 250
第四章　工资和福利 ……………………………………………………………… 254
　　第一节　工资待遇 …………………………………………………………… 254
　　第二节　教职工福利 ………………………………………………………… 266
第五章　人事管理 ………………………………………………………………… 270
　　第一节　定编和考核 ………………………………………………………… 270
　　第二节　人才引进和流动 …………………………………………………… 274

　　　　第三节　人事制度改革 ································································ 279
　　　　第四节　离退休 ········································································ 281
　　　　第五节　博士后流动站 ································································ 283

## 第五篇　学生 ············································································· 285
　概述 ······················································································· 286
　第一章　结构和人数 ······································································ 288
　　　　第一节　全日制教育在校生 ························································· 288
　　　　第二节　成人教育在校生 ···························································· 290
　　　　第三节　留学生在校生 ································································ 292
　第二章　学生管理 ········································································ 294
　　　　第一节　收费、助学和奖学 ························································· 294
　　　　第二节　规章制度和奖惩 ···························································· 309
　　　　第三节　队伍建设 ···································································· 313
　第三章　招生 ·············································································· 316
　　　　第一节　招生人数 ···································································· 316
　　　　第二节　招生范围和办法 ···························································· 318
　第四章　毕业和就业 ······································································ 331
　　　　第一节　毕业生人数 ································································· 331
　　　　第二节　就业状况 ···································································· 335

## 第六篇　本、专科和研究生教育 ························································ 339
　概述 ······················································································· 340
　第一章　本科教育 ········································································ 343
　　　　第一节　系科专业设置 ······························································· 343
　　　　第二节　培养方案 ···································································· 346
　　　　第三节　课程和教材建设 ···························································· 351
　　　　第四节　通识教育 ···································································· 355
　　　　第五节　实践教学 ···································································· 355
　　　　第六节　教学管理 ···································································· 360
　　　　第七节　本科教学工作单项与整体评估 ··········································· 365
　第二章　专科教育 ········································································ 368
　　　　第一节　普通专修科 ································································· 368
　　　　第二节　干部专修科 ································································· 371
　第三章　研究生教育 ······································································ 373
　　　　第一节　学科专业设置和导师 ······················································ 373
　　　　第二节　培养方案 ···································································· 380
　　　　第三节　学位制度 ···································································· 389

第四节　培养管理 ·········· 391
第四章　教育教学研究 ·········· 395
第一节　研究机构 ·········· 395
第二节　研讨活动和研究项目 ·········· 395
第三节　获奖成果 ·········· 397

# 第七篇　德育、体育和校园文化 ·········· 399
概述 ·········· 400
## 第一章　德育 ·········· 402
第一节　思想品德教育 ·········· 402
第二节　政治理论教育 ·········· 404
第三节　军训和征兵 ·········· 407
## 第二章　体育 ·········· 410
第一节　体育教学 ·········· 410
第二节　学校运动队 ·········· 412
第三节　群众体育活动 ·········· 413
## 第三章　校园文化 ·········· 414
第一节　办学理念和校训 ·········· 414
第二节　精神文明建设 ·········· 417
第三节　校庆活动和校史研究 ·········· 421
第四节　学生社团活动 ·········· 426

# 第八篇　学科建设 ·········· 431
概述 ·········· 432
## 第一章　学科结构的调整和发展 ·········· 433
## 第二章　重点学科 ·········· 435
第一节　国家重点学科 ·········· 435
第二节　上海市重点学科 ·········· 436
第三节　上海高校一流学科和Ⅱ类高峰学科 ·········· 437
第四节　财政部部属院校重点学科 ·········· 438
## 第三章　"211工程"建设 ·········· 439
第一节　进入国家"211工程"重点建设行列 ·········· 439
第二节　"九五"期间"211工程"建设 ·········· 439
第三节　"十五"期间"211工程"建设 ·········· 440
第四节　"十一五""十二五"期间"211工程"建设 ·········· 441
## 第四章　经济学优势学科创新平台 ·········· 442
## 第五章　"双一流"建设 ·········· 444

## 第九篇 科学研究 ············ 445
### 概述 ············ 446
### 第一章 科研机构 ············ 454
#### 第一节 专职研究机构 ············ 454
#### 第二节 各级科研基地 ············ 470
### 第二章 研究项目和成果 ············ 482
#### 第一节 研究项目 ············ 482
#### 第二节 学术论文和著作 ············ 514
#### 第三节 获奖成果 ············ 518
#### 第四节 重要获奖成果简介 ············ 536
### 第三章 学术交流 ············ 543
#### 第一节 主办学术会议 ············ 543
#### 第二节 举办学术报告 ············ 546
#### 第三节 出版学术刊物 ············ 551
### 第四章 科研管理 ············ 559
#### 第一节 管理制度和方法 ············ 559
#### 第二节 科研经费 ············ 561

## 第十篇 交流合作 ············ 563
### 概述 ············ 564
### 第一章 国际及港澳台地区交流 ············ 566
#### 第一节 到访 ············ 566
#### 第二节 出访 ············ 574
#### 第三节 主办国际(境外)学术会议 ············ 576
### 第二章 国际及港澳台地区合作 ············ 584
#### 第一节 签订合作协议 ············ 584
#### 第二节 国际化办学 ············ 595
#### 第三节 合作培训 ············ 604
#### 第四节 合作研究 ············ 609
#### 第五节 接受海外捐赠 ············ 611
### 第三章 国(境)外教师聘用 ············ 613
#### 第一节 外籍教师聘请 ············ 613
#### 第二节 名誉职称的授予 ············ 614
#### 第三节 引智项目 ············ 619
### 第四章 国内交流和合作 ············ 622
#### 第一节 国内交流 ············ 622
#### 第二节 与国内高校合作办学 ············ 623
#### 第三节 与国内企业合作 ············ 626

第四节　与地方政府合作 ······················································ 630

## 第五章　校董会 ································································ 634
第一节　组织建设 ······························································ 634
第二节　合作交流 ······························································ 638
第三节　校董捐赠 ······························································ 640

## 第六章　教育发展基金会 ······················································ 643
第一节　组织建设 ······························································ 643
第二节　捐赠情况 ······························································ 645
第三节　支出情况 ······························································ 649

# 第十一篇　服务保障、校办产业和附属中学 ······························ 655
概述 ···················································································· 656

## 第一章　公共服务 ································································ 659
第一节　图书馆 ································································· 659
第二节　档案馆 ································································· 667
第三节　就业指导中心 ························································ 672
第四节　教育技术中心 ························································ 675
第五节　实验中心 ······························································ 681
第六节　医疗健康服务中心 ················································· 682
第七节　商学博物馆 ···························································· 685

## 第二章　出版发行 ································································ 686
第一节　校报校刊出版 ························································ 686
第二节　上海财经大学出版社 ·············································· 689

## 第三章　后勤保障 ································································ 699
第一节　财务管理 ······························································ 699
第二节　后勤管理 ······························································ 706
第三节　资产管理 ······························································ 713
第四节　安全保卫 ······························································ 715

## 第四章　基本建设 ································································ 719
第一节　校址变迁和校园规划 ·············································· 719
第二节　校舍建设 ······························································ 720
第三节　基建投资和管理 ···················································· 723

## 第五章　校办产业 ································································ 727
第一节　校办产业 ······························································ 727
第二节　科技园区 ······························································ 728

## 第六章　附属中学 ································································ 730
第一节　上海财经大学附属中学 ··········································· 730
第二节　上海财经大学附属北郊高级中学 ······························ 730

## 第十二篇　教学单位 ... 733

### 概述 ... 734

#### 第一章　会计学院 ... 736
　　第一节　发展概况 ... 736
　　第二节　教学 ... 738
　　第三节　科学研究与对外交流 ... 740

#### 第二章　金融学院 ... 743
　　第一节　发展概况 ... 743
　　第二节　教学 ... 745
　　第三节　科学研究与对外交流 ... 747

#### 第三章　国际工商管理学院 ... 749
　　第一节　发展概况 ... 749
　　第二节　教学 ... 751
　　第三节　科学研究与对外交流 ... 753

#### 第四章　经济学院 ... 756
　　第一节　发展概况 ... 756
　　第二节　教学 ... 758
　　第三节　科学研究与对外交流 ... 760

#### 第五章　公共经济与管理学院 ... 763
　　第一节　发展概况 ... 763
　　第二节　教学 ... 765
　　第三节　科学研究与对外交流 ... 767

#### 第六章　法学院 ... 769
　　第一节　发展概况 ... 769
　　第二节　教学 ... 770
　　第三节　科学研究与对外交流 ... 771

#### 第七章　人文学院 ... 774
　　第一节　发展概况 ... 774
　　第二节　教学 ... 776
　　第三节　科学研究与对外交流 ... 777

#### 第八章　马克思主义学院 ... 781
　　第一节　发展概况 ... 781
　　第二节　教学 ... 782
　　第三节　科学研究与对外交流 ... 783

#### 第九章　信息管理与工程学院 ... 785
　　第一节　发展概况 ... 785
　　第二节　教学 ... 786
　　第三节　科学研究与对外交流 ... 788

## 第十章　统计与管理学院 ············· 791
### 第一节　发展概况 ············· 791
### 第二节　教学 ············· 793
### 第三节　科学研究与对外交流 ············· 794

## 第十一章　外国语学院 ············· 796
### 第一节　发展概况 ············· 796
### 第二节　教学 ············· 797
### 第三节　科学研究与对外交流 ············· 798

## 第十二章　数学学院 ············· 801
### 第一节　发展概况 ············· 801
### 第二节　教学 ············· 802
### 第三节　科学研究与对外交流 ············· 803

## 第十三章　体育教学部 ············· 805
### 第一节　发展概况 ············· 805
### 第二节　教学 ············· 806
### 第三节　科学研究与对外交流 ············· 806

## 第十四章　国际文化交流学院 ············· 808
### 第一节　发展概况 ············· 808
### 第二节　教学 ············· 808
### 第三节　科学研究与对外交流 ············· 810

## 第十五章　商学院 ············· 813
### 第一节　发展概况 ············· 813
### 第二节　教学 ············· 814
### 第三节　科学研究与对外交流 ············· 815

## 第十六章　继续教育学院 ············· 817
### 第一节　发展概况 ············· 817
### 第二节　教学 ············· 818

## 第十七章　国际从业资格教育学院 ············· 821
### 第一节　发展概况 ············· 821
### 第二节　国际从业资格考试项目 ············· 821
### 第三节　科学研究与对外交流 ············· 822

## 第十八章　国际教育学院 ············· 825
### 第一节　发展概况 ············· 825
### 第二节　教学 ············· 825
### 第三节　对外交流 ············· 827

## 第十九章　创业学院 ············· 828
### 第一节　发展概况 ············· 828
### 第二节　教学与创业服务 ············· 829

| 第三节 创新创业成效 | 830 |
| --- | --- |
| 第二十章 历史上设置过的教学单位 | 832 |
| 第一节 工业品商品系 | 832 |
| 第二节 高等专科部 | 832 |
| 第三节 马列主义教研室·思想理论部 | 833 |
| 第四节 普通课教研室·基础课教学部 | 834 |
| 第五节 职业技术学院 | 835 |

| 第十三篇 人物 | 837 |
| --- | --- |
| 概述 | 838 |
| 第一章 人物传略 | 839 |
| 第二章 人物简介 | 865 |
| 第三章 人物名录 | 885 |
| 第一节 1956年定级的上海财政经济学院教授名录（共108名） | 885 |
| 第二节 1980—2016年审定通过的高级职称任职资格名录 | 886 |
| 第三节 1979—2016年离退休教职员工名录 | 893 |

| 附录 | 901 |
| --- | --- |
| 一、重要历史文献 | 903 |
| 二、各部门主要撰稿人员名单 | 920 |

| 后记 | 921 |
| --- | --- |

# 总　述

上海财经大学的历史源头,是南京高等师范学校于民国六年(1917年)秋创办的商业专修科。民国十年(1921年),随着以南京高等师范学校为基础建立国立东南大学计划的实施,商科扩充改组并迁址上海,成立上海商科大学,开始国内著名高等商业教育机构和商学研究机构在上海发展的历史。民国十七年(1928年),更名为国立中央大学商学院,院址仍设在上海。这是学校的初创时期,其特征是构建了高等学府的基本形态,以一所国立大学的子体(或者说是异地分校)形式存在。

民国二十一年(1932年)8月,商学院从国立中央大学划出独立,定名为国立上海商学院,学校从此走上独立办学的道路。这样一所既是国立又是独立建制的商学高等学府,成为当时全国唯一的国立商学院。新中国成立后,财经教育取代商学教育,学校名称随之改为上海财政经济学院(简称上海财经学院)。与国立上海商学院不同的是,上海财经学院借鉴的是苏联模式而不是欧美模式,培养适应社会主义建设需要的财经专业人才。但两者也有共同点,构成学校历史上独立建院时期的基本特征——办学道路曲折。国立上海商学院18年历史中停辍、恢复各1次;上海财经学院35年历史中停办、恢复各2次,加之20世纪50年代初华东地区高校财经系科的并入,构成了"三起两落"的现象。

在中共十一届三中全会确立的改革开放路线和中共中央关于经济体制、教育体制改革决定的指引下,1985年9月,上海财经学院更名为上海财经大学。学院升格为大学,虽然一字之差,却上了一个台阶,标志着学校进入崛起、开放和大发展的新时期。经过10年的基础夯实,学校于1996年进入国家"211工程"重点建设高校的行列,在2007年又跻身国家建设高水平大学项目行列,2012年起由教育部、财政部、上海市人民政府共建。经过几代人的艰苦创业和努力奋斗,学校现已成为一所以经济管理学科为主,经、管、法、文、理协调发展的多科性重点大学,正朝着成为国际知名具有鲜明财经特色的高水平研究型大学的建设目标迈进。

## 一

民国三年(1914年)8月底,江苏省巡按使公署就省立各校校长联名函发文,准就前两江优级师范学堂校舍改设南京高等师范学校(简称南高师)并委任江谦为校长。民国四年(1915年)1月中旬,南高师开始筹备,江谦聘中国首位哥伦比亚大学教育学博士郭秉文为教务主任;9月,南高师开学。民国六年(1917年)秋,南高师应中等职业学校之需求,设置商业专修科,学制3年,此为上海财经大学创设之源头。民国八年(1919年)夏,南高师聘留美归来的哈佛大学商科硕士杨杏佛任商业专修科主任。同年9月,赴欧美考察战后教育回国的郭秉文出任南高师校长。郭秉文一上任,就以世界的眼光办教育,做出两项决断:一是以南高师为基础,筹建综合性的国立东南大学。其提出的筹备国立大学议案,于民国九年(1920年)4月经南高师校务会议通过。此后,郭秉文会同上海各界名流9人拟订并修改的大学建设计划报送北洋政府教育部。12月上旬,关于南高师筹建大学的议案在北洋政府国务会议上通过,郭秉文被教育部委派为国立东南大学筹备员;同月中旬,国立东南大学筹备处组建。二是依据教育部民国六年(1917年)9月公布的《修正大学令》规定(设二科以上者,得称为大学;其但设一科者,称为某科大学),将国立东南大学的商科扩充改组为商科大学,分设在当时中国第一商埠上海。从民国六年(1917年)设立到民国九年(1920年)拟改归大学,南高师商业专修科共招收3届学生,民国九年至十一年(1920—1922年)毕业的有82人。

民国十年(1921年)夏,经中国南洋协会提议,郭秉文与国立暨南学校校长商议,决定两校合办商科大学,并会同上海商学两界名流组建上海商科大学委员会,推举郭秉文为校长,租尚贤堂为校舍,设立上海商科大学筹备处。郭秉文聘哥伦比亚大学经济学博士马寅初任教务主任,主持上海商科大学第一次入学考试。9月,国立东南大学正式成立,郭秉文任校长;9月底,上海商科大学举行开学典礼,宣告国内第一所商科大学的诞生。民国十一年(1922年)7月后,因暨南学校退出合设,上海商科大学改为国立东南大学分设。上海商科大学设有普通商业、会计、工商管理、银行理财、国际贸易5个系,招收本科生;拥有一支由归国英美留学生为主体组成的教员队伍。以民国十二至十三(1923—1924)学年为例,除2名美籍教员外,16名聘用教员中归国英美留学生有11人,讲授商学课程的教员大多在工商企业兼职。学校实行学分制和选课制,推行学生自治;设立图书室;添设商科夜校,开设上海市第一商业补习学校,同时学生又办起平民学校。上海商科大学的办学思想,郭秉文在民国十三年(1924年)撰写的专文《中国的商业教育》(Commercial Education in China)中曾指出:上海商科大学正在努力实现不仅仅是用商业知识和技能,还要用组织和领导能力来对学生进行培训的商业界需求。民国十六年(1927年)4月,南京国民政府成立后,国立东南大学拓而宏之,改组为国立第四中山大学。7月,上海商科大学奉命改组为国立第四中山大学商学院。从民国十年(1921年)9月至民国十六年(1927年)7月,上海商科大学共招收6届学生(人数不详);民国十四年(1925年)首届本科毕业生有54人,民国十五至十六年(1926—1927年)共有毕业生140人;3届毕业生中,银行理财系学生人数最多,占了50%。

民国十七年(1928年)2月,国立第四中山大学改名为江苏大学;5月中旬,又更名为国立中央大学。7月,江苏大学商学院更名为国立中央大学商学院。从国立第四中山大学商学院到国立中央大学商学院,均开设会计、银行、工商管理、国际贸易4科。院长程振基在民国十八年(1929年)初发表的《商业教育之重要及其本身问题》一文中指出:"大学商科之目的,则宜以养成熟悉商场富有判断力之学生为指归。"根据这一观点,商学院在教学管理上日趋规范,除继续实行学分制之外,还将四年课程安排分为两段,即一二年级为第一段,开设各科共同必修课程;三四年级为第二段,按选定学科的必修课程依次修习并选读其他课程。学生的实习环节进一步加强,除校外商场实习外,在租赁的院舍内先后设置各种实习场所,如民国十六年(1927年)7月后的银行实习室(1929年3月扩充为中央大学实习银行)、民国十七年(1928年)冬的统计实习室、民国十八年(1929年)下半年的消费合作社、民国十九年(1930年)上半年的工商调查部等。教员方面,按民国十六年(1927年)6月南京国民政府教育行政委员会公布的大学教员资格条例,国立中央大学商学院尚无一等教员(即教授)。据民国二十年(1931年)10月的统计,28名教员中有副教授11人、讲师16人、助教1人,但有国外留学背景的达15人,占比逾1/2。商学院设立图书馆,并不断扩充中西文藏书和报纸杂志。出版每旬一期的院刊,传达学院重要消息,间载研究文字;出版中大商学院学报和学生会编辑的商学院丛刊。学生中成立会计学会、银行学会、经济学会、广告研究会、摄影学会等课外研究组织,以及各种球队、唱歌团等。民国二十年(1931年)2月,学院在沪北江湾西体育会路新建的院舍落成,告别了靠租赁维持教学的困境。然而,民国二十一年(1932年)"一·二八"战事中,新院舍为日军占据,并被全部焚毁,学院重又租赁房屋开课。民国二十一年(1932年)8月中旬,根据中央大学整理委员会的决议和国民政府行政院通过的教育部提案,教育部发布国立中央大学商学院划出独立并更名文件。从民国十六年(1927年)7月至民国二十一年(1932年)8月,国立中央大学商学院共招收5届本科学生(人数不详),毕业5届本科学生共171人。

## 二

民国十八年(1929年)7月,国民政府颁布大学组织法,规定:"大学分文、理、法、农、工、商、医各学院";"凡具备三学院以上者,始得称为大学。不合上项条件者,为独立学院,得分两科。"因此,民国二十一年(1932年)8月国立中央大学商学院划出独立时,教育部明确改名为国立上海商学院。国立上海商学院独立建院之初,按教育部指令添设劳动大学特班,接收被强制停办的原劳动大学社会科学院经济系未毕业学生共32人入校;恢复出版院刊,先后出版面向社会的综合性半月刊《商兑》和学报性质的《国立上海商学院季刊》。但因部分学生的"回复(到中央大学)运动"持续近半年,院务日渐混乱。民国二十二年(1933年)8月,院长徐佩琨被迫离职,由法国巴黎大学法学博士裴复恒接任。裴复恒一上任,即重行整理院务,以灌输高深商业技术智识、养成企业精神及提倡研究学术风气为方针,订立学院组织规程,将原来的会计、银行、工商管理、国际贸易4科改称为学系,并提出:"商科教育之使命,绝非专门培植商业的技术人材;同时应培养富有创造精神、决断力及组织力之企业家。"学院创办《院务半月刊》(3年后改为一学期1册的《院务报告》),主要刊载学院新闻和学生的研究文章。学院先后制定《院务会议规程》《教务会议规程》《毕业论文规程》《学生请假规则》《学生实习规程》等一系列管理制度,使学院各项工作有章可循,渐趋正轨。学院注重延聘教师,据民国二十五年(1936年)6月统计,学院聘请教师29人,其中,专任14人,兼任15人;教授18人(含兼任8人)、讲师9人(含兼任7人)、助教2人;留学归国者20人(含兼任9人)。教学上,学院调整、充实必修课目,增加选修课目;增设各种研究指导班,使高年级学生有特别研究之机会;馆藏中西文图书增加到近十万册,中文杂志470种、外文杂志120多种;保留实习银行和消费合作社,恢复商品陈列室,鼓励高年级学生创办实习商社。学院还设立经济研究室,以提高学生学术研究兴趣及研究商业上各种专门问题。学生中先后成立经济学会、会计学会、银行学会、国际贸易研究会等学术社团,办有《经济学月刊》《会计学专刊》等刊物。此外,还成立各级级会、口琴学会、平剧研究会、摄影学会、商院剧社、英文学会、日文学会、军事学会、歌咏队等,举行各种球类比赛。从民国二十一年(1932年)9月至民国二十六年(1937年)7月,国立上海商学院共毕业5届本科学生281人;民国二十六年(1937年)10月起租赁愚园路40号三层小楼艰难办学的8年中,共毕业学生220人。民国二十四年(1935年)8月底,学院在原院址重建的新院舍落成,但使用不足两年,民国二十六年(1937年)"八一三"事变中再次毁于日军炮火,学院继续租赁房屋教学。民国三十年(1941年)12月,日军进占上海租界,学院被迫暂时停课。民国三十一年(1942年)2月,学院根据国民政府教育部授意,以"私立"的名义重新开学。半年后,学院为汪伪政权接管,又改成"国立"上海商学院。

抗战胜利后,国立上海商学院与留沪办学的另5所高校组成临时大学,国民政府教育部着手进行原国立高等院校的恢复工作。民国三十五年(1946年)2月至3月,国民政府教育部分两次聘请何炳松、马寅初、徐佩琨、朱国璋、潘序伦等14人组成国立上海商学院筹备委员会,办理复校事宜。5月中旬,国民政府教育部根据筹委会推举,函聘朱国璋为院长。7月初,学院迁入国民政府教育部于4月初令拨的中州路102号院舍(原第六日本国民学校校舍)办公。9月至11月上旬,学院先后录取一年级新生297人,二三年级转学生33人,并对临时大学学生进行入学甄别试验,录取139人(二至四年级)。学院于11月1日开学,11日开始上课,实有学生411人,其中一年级237人、二年级 40 人、三年级 84 人、四年级 50 人；学生来自全国 18 个省市（含南京市），江苏、浙江两省居多，分别为 180 人、107 人。复校后的国立上海商学院，除原设会计、银行、工商管理、国际贸易 4 学系外，经教育部批准，增设了保险、统计及合作 3 学系。学院修正通过组织大纲、各办公处办事总则、学生学则等规程，组织上除教务、训导、总务三处外，按教育部令增设会计室，还辟有会计实习室、统计实习室、打字室、实习合作社等。一学年全院开设课程 113 门，包括新学系新开课程、原有学系适应社会需要改订课程等。学院规定，各专任教授除授课外，另设指导时间，每周 3 小时，以便学生质疑问难，这是学院教学上的一个特色。学院还规定，每系至少设助教 1 人，除协助教授评阅实习报告外，每日须到校办公，以备学生质疑问难。学院积极延聘教职员，民国三十六年（1947 年）上半年有专任教员 38 人，其中教授 24 人、讲师 3 人、助教 11 人，另有兼任教授、讲师 10 余人。担任各学系主任和教务、总务处主任的均为留学欧美的教授。此外，学院将《院务半月刊》改为《院务月刊》，民国三十六年（1947 年）1 月中旬出版第一卷第一期。毕业校友主办的《商学研究》重新复刊。各学系学生相继成立研究学会，编辑出版《会计月刊》《银钱半月刊》等。

早在抗战胜利前夕，中共地下党组织已在国立上海商学院内诞生，并在学生中开展革命活动。他们组织起读书会，传阅进步书刊，争取进步同学，参加"争民主、反独裁"的游行，播下了革命的种子。随着人民解放战争的节节胜利，国立上海商学院的学生运动又蓬勃开展起来。1949 年 1 月，商学院党组织团结各年级的积极分子，组织党的秘密外围组织——新群社。到了四五月间，新群社改名为新青年联合社，扩大吸收社员，共有 30 余人。4 月中旬，全院同学通过无记名投票，选出以非党积极分子杨毅芳为理事长，何克明、张庆林为副理事长的学生自治会。在地下党组织领导下，自治会组织师生员工护校应变，迎接解放。

1949 年 5 月 27 日，上海解放。6 月 27 日，中国人民解放军上海市军管会正式接管学院。7 月 29 日，上海市军管会主任陈毅、副主任粟裕发布命令，派褚葆一等 5 位教授和 2 名学生代表为国立上海商学院校务委员，主持学院的各项工作。1950 年 8 月 2 日，学院呈华东军政委员会教育部文称，经校务委员会第 51 次会议决议，即日起改名为"国立上海财政经济学院"。

从民国三十六年（1947 年）至 1950 年 7 月，国立上海商学院共毕业 4 届本科学生 289 人。

## 三

中华人民共和国成立后，国立上海商学院于 1950 年 8 月更名为上海财政经济学院，简称上海财经学院。

1950 年 8 月至 1951 年底，高校院系进行局部小调整。其间，有 4 所高校财经院系并入上海财经学院，即上海法学院财经系科（1950 年 8 月）、交通大学财务管理系（1951 年 6 月）、光华大学商学院和大夏大学会计专修科（1951 年 8 月）。华东军政委员会财政经济委员会领导的华东财经学校亦于 1951 年 4 月并入学院，其校址改设为研究部。1952 年 5 月，中央教育部拟定的《全国高等学校院系调整计划（草案）》明确：下半年全国高校进行院系大调整，从庞杂纷乱的旧大学中取消院的一级，调整出工、农、医、师范、政法、财经等系科独立建院或原有同类学院合并集中。随后，华东军政委员会教育部拟定《华东区高等学校院系调整设置方案（草案）》。根据上述两份调整文件，1952 年 8 月，与上海财经学院合并的有 12 所高校的财经院系，即复旦大学财经学院，沪江大学商学院（及城中区商学院），浙江财经学院，江南大学工业管理系，立信会计专科学校（及城区部），大同大学商学院，上海学院会计、企业管理专修科（及经济系、两专修科夜班），圣约翰大学经济系，东吴大学法学院会计系(及夜班),中华工商专科学校(及夜班),震旦大学法学院夜专修科,上海商业专科夜校。其中,沪江大学城中区商学院、立信会专城区部、上海商专夜校、震旦大学法学院夜专修科和上海学院、东吴法学院会计系、中华工商专科学校的夜班组成上海财经学院夜校部。10月,东吴大学经济系并入。其时,全院学生数由1950年的736人扩展到3022人(不含夜校生),教职员工由1950年的150人扩展到602人。为适应扩校的需要,学院院址迁至欧阳路221号原光华大学及光华附中校址。1953年,高等教育部对财经各院系采取适当集中的办法,山东财经学院和厦门大学企业管理系于8月并入上海财经学院。经过三四年的高校院系调整,上海财经学院汇集了华东地区各高等学校财经系科而成为华东地区唯一的综合性财经学院。

学院领导关系的变更。自1950年更名上海财经学院后,由华东军政委员会财政经济委员会和教育部双重领导,以华东财委为主。1953年初,学院改由中央人民政府高教部华东高等教育管理局领导;10月,根据政务院《关于修订高等学校领导关系的决定》,学院行政上直属中央人民政府高教部领导,并由华东行政委员会高教局(翌年9月大区行政机构撤销,改为上海高教管理局)负责管理。

学院内部管理体制也有变化。1950年8月,教育部公布政务院第43次政务会议批准的《高等学校暂行规程》,其中规定:大学及专门学院采取校(院)长负责制,在校(院)长领导下设校(院)务委员会。是年12月,经政务院第65次政务会议通过,任命孙冶方为学院院长,姚耐等3人为副院长。1951年1月,奉华东军政委员会命令,学院从当月24日起改行院长负责制;3月21日,学院公布由孙冶方、姚耐等21人组成的院务委员会委员名单。1952年8月,中共上海财经学院委员会成立,姚耐任书记。1953年12月,经中央人民政府批准,任命姚耐为院长,褚葆一等4人为副院长。

在学习苏联先进的建设经验、改造旧学校、努力为新中国建设服务的大背景下,学院从1950年10月起,每年有计划地选送一批教师到中国人民大学,或读研究生班,或进修马列主义理论和专业课。在教学上,参考人民大学的课程安排,取消学分制,采用学时制,使上课、实习、自学时间得以恰当配合;取消选课制,采用班级制,以便更有计划地完成教学任务;成立28个教研组(教学小组),建立经常的工作制度,如备课、听课、辅导、实习等制度;注重俄文进修,在教师中开展业余俄文学习,使教师在编写课程教学大纲时能参考苏联资料;增加政治理论课比重,占全部学习时间的1/4;重视联系实际,1951年初华东财委成立学校管理委员会,下设会计、统计、贸易、工业管理、合作、财政金融等小组,由各相关业务部门负责人负责,学院各系主任参加,经常商讨各系科教学的改进事宜,各业务部门从授课、提供实习参观便利等8个方面协助办学。

1952年9月,学院开始在学系下面设置专业,当年在财政金融等6个系下面共设有专业11个。1953年9月又在工业管理系下设1个专业。1954年4月,高等教育部召开全国高等财经教育会议,确定财经学院为国家培养掌握经济命脉的企业管理人才和财经管理人才。会后,根据高教部要求,是年夏,学院贸易系国外贸易专业并入新组建的北京对外贸易学院;1955年9月,经济计划系(含国民经济计划专业)停办,学生转入中南财经学院学习。与此同时,学院内部的专业结构和布局作了调整,并按照中央高教部于1954年8月和1955年7月两次下发的财经各专业教学计划,确定各专业的课程设置。1956年5月,全院共设置5个系7个专业,即:财政信贷系财政学专业、货币与信贷专业,会计学系会计学专业,工业经济系工业经济专业,贸易经济系贸易经济专业、供销与消费合作社专业(下半年改为供销合作社经济专业),统计学系统计学专业,并设有会计、统计、工业经济3个专修科,夜校部则设有工业经济、工业统计、工业会计、贸易经济4个专修科;在校本科生599人,专科生357人,夜校在读学生741人;全院教师352人,其中教授106人、副教授32人、讲师54

人、教员21人、助教139人;建有物理、化学、商品、统计实验室,图书馆藏书28.4万册(另有夜校近2.4万册)、工具参考书5 000余册,并设教员参考室和资料室,计有报章、杂志303种。继1954年10月出版《上海财经学院院刊》(一份8开4版报纸,主要刊载学院新闻,反映教学、科研和学生课余生活动态)之后,1956年9月学报《财经研究》创刊,11月1日校庆节举行全院第一次科学讨论会。

从1952年起,学院先后开展"三反"(反对贪污、反对浪费、反对官僚主义)、思想改造、反对胡风反革命集团、肃清一切暗藏的反革命等政治运动,许多老教授受到冲击和批判。在1957年的反右斗争中,全院有66人(其中教职员31人、学生35人)被错划为右派。是年12月,院党委关于下乡参加农业生产的动员报告会之后,99.6%的教职工报名参加,被批准的108人分批于当年年底、次年年初下放到市郊淞北乡红旗社第四分社和第三分社参加农业生产劳动。

1958年6月初,中共上海市委决定将上海财经学院与华东政法学院等单位合并组建上海社会科学院(简称上海社科院),以集中力量,加强领导,专职从事社会科学理论研究。9月初,上海社科院正式成立,学院在校学生转入继续完成学业,夜校部则改名为上海社科院业余大学。

从1950年8月至1961年7月,上海财经学院共毕业学生(后三届在社科院毕业)6 034人,其中本科毕业生4 194人、专修科毕业生1 840人。此外,还有财务会计专修班共培养773人。

## 四

1960年初,根据中共上海市委的决定,市委财贸部牵头,市商业一局、财政局等财贸部门共同筹备重建上海财经学院,陆慕云任筹建领导人。4月中旬,筹备小组制定以上海商业学校大专部为基础重建财经学院的规划草案。此后,并入上海社科院的原财经学院170名教职员调回参与学院筹建,上海社科院业余大学恢复为学院夜校部。9月9日,学院成立,陆慕云任党委书记兼院长,原上海商业学校的校址(共和新路1482号)为学院新院址。

重建后的上海财经学院党和行政关系隶属市委财贸部,由市商业一局代管。学院根据《教育部直属高等学校暂行工作条例(草案)》(简称"高校60条")规定,试行党委领导下的以院长为首的院务委员会负责制,于1962年10月成立院务委员会。同年9月,学院党的关系划归市委教育卫生工作部,行政关系归属市高教局。

学院重建之初,主要设置商业经济、商品学方面专业和财政金融专业,并以招收调干生为主,少量招收应届高中毕业生。1961年起,学院面向社会招收应届高中毕业生,并于当年接受16名越南留学生,安排在贸易经济系和财政金融系学习;1962年起,商品学方面专业招生对象由文科生改为理科生。系和专业设置经过调整,于1962年9月形成5个系8个专业的格局,即工业经济系工业经济专业,贸易经济系贸易经济专业,财政金融系财政金融专业,会计统计系会计、统计专业,工业品商品系机械商品、电工商品、纺织品商品专业。据1962年11月统计,学院有教师233人,其中教授41人、副教授20人、讲师32人、教员104人、助教36人。教师的科研积极性有了提高。除自编教材、参加统编外,还参与国家和上海市的重大课题研究。如在中央领导就研究有关国计民生的大企业改组成托拉斯做出指示后,3位教师受学院委派赴北京参与研讨,并在北京编写一套有关美国托拉斯的资料,供国务院参考。又如针对经济困难时期如何做好日用工业品供应这一课题,学院教师设计和制定"上海市日用工业品购买券"的方案和实施办法,得到市委批准施行。学院还建有化学、物理、电工、五金机械等数个实验室。学生中建立了话剧团、武术队、篮球队、排球队等文体组织,其中武术队在上海市高校武术比赛中取得好成绩。1964年初,为适应学院发展的需要,根据市高教局、市水产局、市商业二局所属3校校舍的调整方案,学院院址迁至中山北一路369号。在新校址内,学院新建一幢四层教学楼,内含图书馆;辟出一幢二层楼房及一排平房,增建金工车间、金属试验等一批实验室,还修建荷花池,学院的教学条件和校园环境有了改善。

继1960年10月组织688名师生去崇明县新安沙、西新沙参加围垦劳动,1961—1962学年分批组织师生去崇明高教农场参加生产劳动之后,学院按教育部通知的要求,从1964年1月起组织师生分批赴上海县、奉贤县、金山县、南汇县、青浦县参加农村社会主义教育运动。

1966年5月起,"文化大革命"开始,学院教学秩序和工作秩序被严重破坏,陷于停滞和停顿状态。

1971年4月召开的全国教育工作会议,全面否定新中国成立十七年来教育领域的成绩,并确定全国高等院校的调整方案,即在原有417所高校中,合并、撤销88所。上海财经学院列在被撤销院校之内。1972年4月,根据上海市革委会关于上海高等院校调整的决定,重建不满12年的上海财经学院被正式撤销,学院的教职工、校舍设备、图书资料被安排和调配到复旦大学、华东化工学院、上海纺织工学院等10余所院校。

从1960年9月至1972年4月,重建的上海财经学院共毕业学生2 361人,其中本科毕业生2 125人、专修科毕业生236人。

## 五

1976年10月,中共中央一举粉碎"四人帮",结束"文化大革命"的十年浩劫。作为"文化大革命"重灾区的教育领域,迎来了新生的希望。随着拨乱反正工作的推进,"文化大革命"期间被撤销的院校开始陆续恢复。1978年6月上旬,上海市革委会财贸办公室向市委、市革委会提出《关于要求恢复上海财经学院的报告》。基于当时正面临着对新出现的大量财经理论进行研究和培养大批财经新生力量的迫切需要,市财贸办与文教、公交等各部门进行了酝酿,一致希望迅速恢复上海财经学院,并建议在市委正式批复前先成立以姚耐为组长的筹备组。一个月后,在市革委会向国务院呈报恢复上海财经学院的请示报告的同时,筹备组在原院址(即中山北一路369号)内十分艰苦的条件下开始复校筹建工作,为次年招生和教学做准备。8月,继中共天津市委之后,中共上海市委和北京市委分别做出扩大招生、设立分校的决定。9月中旬,市教育卫生办公室在布置扩大招生任务时,要求上海财经学院筹备组提前招生400～500名。12月中旬,学院招生的5个系6个专业共录取新生460余名。1979年1月22日,学院举行复校后首届开学典礼。

领导关系和内部管理体制。1978年12月,教育部发文公布经国务院批准恢复、增设的普通高校名单,上海财经学院名列其中,并明确归上海市领导(具体领导为市财贸办公室)。1979年1月,中共上海市委批复同意姚耐任党委书记、院长。学院根据教育部于1978年10月颁布的《全国重点高等学校暂行工作条例》,实行党委领导下的院长分工负责制。1979年8月,学院划归市教育卫生办公室领导。1980年3月,教育部发文明确,上海财经学院实行"财政部和上海市双重领导,以财政部为主"的领导体制,主要面向大区并兼顾全国。1984年7月,财政部党组任命叶麟根为学院党委副书记(主持工作)、张君一为院长。

本专科教育教学改革。复校初,学校设有工业经济、贸易经济、财政金融、会计学、统计学5个系,设有工业经济、贸易经济、财政、金融、会计学、统计学6个专业。此后,先后增设世界经济、经济学、经济信息管理3个系,增设基建财务与信用、国际金融、政治经济学、经济信息管理、审计学5个专业,恢复设置对外贸易、保险2个专业。1979年8月,在教育部会同有关部委召开的第二次全国高等财经教育会议上,确定了高等财经教育的主要任务和培养目标,制定9种专业的学时制、学分制教学方案,并于次年5月颁布,供各高校"参照试行"。1980年底,学院按财政部要求在会计学系进行专业课程体系改革试点;1983年初,会计学专业课程体系改革方案出台。为配合会计学改革方案实施,学院决定从1983级起各专业均实行学年学分制,开设德育课,增设选修课,取消考查课。1985年,根据财政部部署,学院统计学、国际金融、工业经济3专业及应用数理统计专门化先后提出本专业教学改革的初步方案;学院各专业按照"加强基础、压缩课时、因材施教、拓宽知识、重视实践、提高能力"这一指导原则修订教学计划,并从1985年级起实行学分积点制。此外,学院从1982年起举办干部专修科,1983年起本科招收委托培养生,1984年起举办研究生班、大专起点本科班和委培专科(1980年曾招过一届)。在成人教育方面,1979年7月学院恢复夜校部,后经财政部同意,1981年3月改为夜大学;1982年秋,在试办一年后正式开办高等教育自学考试;1985年7月,财政部批复学院成立函授部,当年在福州、无锡等7市建立函授站。

兴办研究生教育。1979年上半年,按照市教卫办的要求,学院开始招收研究生,当年录取了10名。1980年2月召开的五届全国人大常委会第十三次会议,通过了《中华人民共和国学位条例》,并决定自1981年1月1日起施行。1981年11月,经国务院学位委员会批准,学院拥有会计学博士点(导师娄尔行教授)和政治经济学、国际金融、工业经济、商业经济、会计学、财政学、货币银行学、统计学8个硕士点,成为全国首批硕士学位、博士学位授予单位。1984年1月,经国务院学位委员会批准,学院增设中国经济思想史博士点(导师胡寄窗教授)和中国经济思想史、外国经济学说史、国际贸易3个硕士点。

开展国际合作培训和对外交流。1981年4月,学院按照财政部与上海市人民政府联署送教育部的文件要求,正式成立上海国际经济管理学院,并以其名义对外进行联系,合作开展培训活动。当年与世界银行经济发展学院(EDI)联合举办高级和中级官员项目管理讲习班各一期。同年5月,姚耐、郭森麒率团赴日本考察高等财经教育,走访大阪市立大学等10所高校。截至1985年底,学院与EDI合作举办有关项目讲习班及师资班共18期,培训高中级经济管理干部及高校财经类专业教师近700人;与国际会计咨询公司等国外机构合作举办专业干部讲习班多期;接待重要的国外经济专家到院讲学及访问30余次,聘请国外大学教授或高级经济专家王念祖、杨叔进、陈乃九3人为名誉教授,与美国明尼苏达大学管理学院、加拿大曼尼托巴大学、美国威斯康星大学(密尔沃基)3所大学签订校际学术交流协议。

科研工作迈出新步伐。复校初,学院恢复设立科研处。1980年初,停办20余年的《财经研究》恢复出版。1983年5月,《上海财经学院院刊》恢复编印;同年12月,创办了以研究和探索高等财经教育教学改革及管理为宗旨的刊物《财经高教研究》。1984年12月,学院成立财政经济研究所和《财经研究》编辑部。1984年1月,创办于1979年的《外国经济参考资料》更名为《外国经济与管理》,1985年1月起国内公开发行;1985年2月,学院为贯彻《中共中央关于经济体制改革的决定》,联合市体制改革办公室、市经济研究中心、上海社科院等单位举办"上海城市经济体制改革讨论会",市长汪道涵及370人与会。

启动新校区建设和增添新设施。1980年9月,经与市计委、教卫办、高教局、规划局等研究确定,学院在宝山县五角场公社国定大队所属范围内(即政立路以南,国定路东西两侧)征地建设新校区(1981年与1983年两次征地99.5亩)。1984年9月一年级新生入住新建宿舍楼,在新建设的教学楼上课。与此同时,中山北一路校区新建一幢五层宿舍楼、3 000平方米的图书馆和一幢五层教学楼(干训楼);图书馆藏有中外文各类图书近40万册;新建电子计算机房、电化教学室和语言实习室,利用世界银行贷款第一个大学发展项目,引进一台超级小型计算机(MV-4000)和48座席含视频装置的语言实验室(索尼LLC-5510)。

在1983年5月召开的全国高等教育工作会议之前,学院作为与会单位报送一份会议交流材料,题为《加快步伐,开创高等财经教育的新局面》。该文总结学院复校重建过程中的基本做法和经验,阐明新形势下财经院校办学的指导思想(也是学院在这一时期的办学思想),其要点是:办学方向要坚持中国式、社会主义、现代化,办学形式要以培养高规格(研究生和本科生)为主,学科专业设置要文理相通,办学原则一要严格训练、二要理论联系实际,培养目标是企业家型人才。

1985年5月,中共中央颁布《关于教育体制改革的决定》,提出要"加快财经、政法、管理等类薄弱系科和专业的发展"。同月底召开的学院首届教代会上,张君一作的学院工作报告提出"争取在五年内把我们的学校办成一所以培养高级经济管理人才为主的、高层次、多学科、文理渗透的财经大学"的发展目标。在这一背景下,学院于是年9月初向财政部呈报校名更改的请示报告。同月17日,财政部批复同意上海财经学院更名为上海财经大学。

从1979年至1985年的7年间,学院共毕业各类学生2 005人,其中研究生56人、本科生1 549人、专科生400人,另有成人教育专科毕业生1 859人。

## 六

更名为上海财经大学之初,学校仍然实行党委领导下的校长分工负责制,党委书记为金炳华(1985年10月下旬财政部党组任命),校长为张君一。1988年7月,经财政部和上海市人民政府同意,学校试行校长负责制,金炳华被任命为校长,叶麟根被任命为党委书记,学校成立由27人组成的校务委员会。1991年2月底,财政部党组决定,学校内部领导体制由校长负责制转为党委领导下的校长负责制,撤销校务委员会,任命金炳华为党委书记兼校长。是年10月,潘洪萱被任命为党委书记;1993年11月,汤云为被任命为校长。1998年4月,财政部党组任命谈敏为党委书记;12月,谈敏兼任校长。

推进本科专业建设。1986—1987年,学校增设税收等3个专业,财政金融系改组成立财政学系和金融学系。1988年,按教育部1987年颁布的《普通高等学校社会科学本科专业目录》,调整政治经济学等6个专业的名称,增设国际会计等2个专业。本科专业建设取得阶段性成果,会计学专业在1990年上海市高校会计专业评估中获得第一名;财政学专业在1991年财政部部属院校财政学专业评估中被评为优秀,国际贸易专业在1992年上海市高校外贸专业评估中名列榜首。1994年,按教育部1993年颁布的《普通高等学校本科专业目录》,调整工业企业管理等5个专业的名称,国际会计专业改为专门化,并增设房地产经营管理专业。在此前后,学校适应专业增设的需要,先后新建经济法学系和经贸外语系。1996年,增设市场营销等4个专业。1998年,对照教育部当年7月颁布的新修订的《普通高等学校本科专业目录》,本科专业调整为13个,即经济学、国际经济与贸易、财政学、金融学、信息管理与信息系统、工程管理、工商管理、市场营销、会计学、财务管理、统计学、法学、英语,保留保险学专业,同年增设人力资源管理专业。1998年10月,经济学专业被教育部批准为国家经济学基础人才培养基地。1999年,增设劳动与社会保障、对外汉语、日语3个专业。

发展研究生教育。1986—1996年间,学校增设企业管理等6个硕士点、财政学等5个博士点。1997年,对照国务院学位委员会和国家教委当年6月颁布的新修订的《授予博士硕士学位和培养研究生的学科专业目录》,学校硕士点由17个调整为12个,即政治经济学、经济思想史、西方经济学、国民经济学、财政学、金融学、产业经济学、国际贸易学、统计学、数量经济学、会计学、企业管理;博士点仍为7个,即会计学、经济思想史、财政学、统计学、产业经济学、企业管理、西方经济学。1998年,应用经济学一级学科获得硕士、博士学位授予权,由此增加了该一级学科内3个二级学科硕士点和7个二级学科博士点,同时又增设伦理学、经济法、管理科学与工程3个硕士点。除了学位点增设和研究生规模扩大外,经国务院学位委员会批准,学校于1986年12月成为全国第二批在职人员申请学位试点单位;1991年3月,与8所国家教委直属重点高校一起被确定为全国首批工商管理硕士(MBA)的试点培养单位;1994年8月获得博士生导师自行审定权。经国家教委批准,学校于1988年获得教授审定权,会计学科被确定为全国高等学校重点学科点;1993年3月后可面向港、澳、台招收研究生。经国家人事部和全国博士后管委会批准,学校于1992年11月成为全国首批设立社会科学(经济学)博士后流动站的高校之一。1996年11月,学校与美国韦伯斯特大学合作举办工商管理外国硕士学位项目经国家教委批准后正式实施。

  深入开展教学改革。更名初期,学校改革招生办法,试点招收应用类硕士研究生;财经类本科专业招生突破长期限于文科招生的状况,部分专业改为理科招生,部分专业改为文理兼招。此后,1988年开始招收自费生;1992年起,本科年招生规模逾千人;1999年开始招收攻读经济管理专业的外国留学生。1986年11月,学校从"教学改革,首先要使我们的教育思想同社会主义现代化建设相适应"这一要求出发,决定开展教育思想讨论,并在学期结束前举行全校性的教育思想研讨会。1987年,学校根据国家教委关于加强本科教育的指示精神,按照"调整专业方向、优化知识结构、加强基础训练、完善实践环节、增强适应能力、提高人才素质"的要求,再次全面修订本科专业教学计划,做到"三个保证",即保证马克思主义理论课的教学时数,保证经济基础理论、汉语写作、数学、计算机应用、外语等基础课的教学时数(在计划总学时中的比例不少于40%),保证社会实践时间(4年内不少于半年)。1989年3月后,根据国家教委《关于高等学校经济学专业深化改革的若干意见》,对于中外专家提出的经济、管理类专业必修的10门共同基础课,学校除比较经济发展课程因暂缺师资外,其余9门均列为各专业共同必修的专业相关课,并将国际贸易和国际金融分列为两门课,增加经济法概论课。同年4月,金炳华在学校党代会上作的行政报告提出:"我校学生的培养目标应是有理想、有道德、有文化、有纪律,德、智、体、美全面发展的合格人才。业务上要求学生能从事国内经济建设和涉外经济工作的两套本领,成为应用型、复合型、外向型人才,适应'一个中心(经济建设),两个基本点(坚持四项基本原则、坚持改革开放)'的需要。"此后根据上述目标,学校多次设计和优化本科生教学计划,完善研究生培养方案。从1989年9月起,按照年初与上海外国语学院签署的联合举办国际会计专业协议书的规定,前后招收、培养5届学生,成功探索"三型"人才的培养模式和高校合作办学的管理方式。1991年前后,学校陆续建立20多个校外实习和社会实践基地,以及学军、学农基地。1992年开始,学校建立每年举办一次全校性教改研讨会的制度。在教学管理上,学校于1986年底在教务处原研究生科的基础上成立研究生处,1988年5月又改名研究生部;1990年1月撤销成人教育处建立成人教育学院;为了加强马克思主义理论和思想道德品质教育,加强基础理论课教学,20世纪90年代上半叶学校先后成立思想理论教学部,重组基础课教学部;为了加强对专科生的管理,1992年9月成立高等专科部并列为教改试验区,1999年9月又成立职业技术学院。改革本科教学制度,1992学年起实行主副修制,1995级起全面实行学分制。为了推进课程和教材建设,1996年9月,学校成立课程与教材建设委员会;1997年起,在公共核心课程和专业主干课程中开展优秀课程评估,并设立课程与教材建设专项基金,优先资助优秀课程建设。

探索办学机制,1993—1997年间,先后与企业合作举办7所学院,其中5所学院(其中1所培养MBA)由合作企业投入办学资金,实行董事会领导下的院长负责制,副董事长、院长及半数董事由学校选派人员担任;2所学院建立教育发展基金,将合作企业投入的资金纳入其中。

进入国家"211工程"重点建设行列。1993年2月,中共中央和国务院发布《中国教育改革和发展纲要》,提出要集中力量办好100所左右重点大学和一批重点学科。同年7月,国家教委宣布设置"211工程"重点建设项目;11月,学校向财政部报送立项申请报告。1995年9月,国家教委"211工程"办公室同意财政部对上海财经大学开展"211工程"重点建设的部门预审工作;12月下旬,财政部与上海市人民政府签署《关于共建上海财经大学的意见》。为迎接部门预审,学校编制《"211工程"整体建设规划》。规划提出,用15年左右的时间,建设成为以理论经济学科为基础,应用经济学科为重点,经、管、法、文相结合,高层次、国际化为特色,诸学科协调发展,综合实力和整体水平在国内居于前列,在国际上有较大知名度的社会主义财经大学;并强调实施"本科教育与研究生教育并重,教学与科研并重"的发展战略。1996年1月中旬,财政部"211工程"预审专家组通过部门预审,标志着学校进入国家"211工程"重点建设行列。此后,货币银行学等3个学科被评为上海市教委重点学科,会计学等4个学科被遴选为财政部部属院校重点学科。1997年5月中旬,在国家教委"211工程"办公室组织专家对学校5个重点学科建设项目审核的基础上,财政部又组织专家对学校"211工程"建设项目可行性研究报告进行论证和审核,专家组同意该报告和仪器设备购置计划。是年9月,财政部下达了第一批建设资金,学校"211工程"建设正式实施。5个重点学科建设项目是:现代会计,统计及信息系统,财政税收,经济思想史与经济理论,产业经济与企业管理,现代金融管理。为适应"211工程"重点学科建设项目实施的需要,学校调整了院系结构,重组金融学院、国际工商管理学院,筹建经济学院,成立法学院,并积极引进高职称、高学历的教师。

振兴科学研究。学校坚持"两个结合、两个服务"的科研工作方针(即理论与实际相结合,为改革开放和现代化建设服务;科研和教学相结合,为丰富教学内容、提高教学质量服务),推进教材建设,在国家教委、财政部数次评奖中取得了好成绩。1989年后,学校以成功完成国家社会科学基金项目"国民经济监督系统"的研究为契机,积极承接国家社会科学基金项目、国家自然科学基金项目,以及省部级课题,主办各种学术会议,开展国际学术交流,并与境外近20所大学建立校际合作交流关系。与此同时,学校先后成立数量经济研究室、邓小平理论研究中心,与企业合作举办研究所或研究中心;建立科研工作量制度和科研激励制度,设立专项资金,每年全额资助一批专著和教材的出版;先后设立中青年优秀成果奖和校优秀科研成果奖,每2年评选1次,调动了教学、科研人员的科研积极性。1995年初成立的上海财经大学出版社,为传播、推广学校科研成果起到了积极作用。1999年10月,综合反映校内各学科科研成果的《上海财经大学学报》创刊。

改善办学条件。1985—1988年,学校3次获批征地共200余亩。截至1994年8月,国定路新校区的基本建设工程,包括教学楼、计(算)电(教)楼、图书馆、教学行政楼、学生宿舍、大礼堂等建筑群全部竣工。作为"世界银行贷款第二个(中国)大学发展项目"受益高校,学校计算中心先后引进一套中型机系统、2套多用户微机系统、10台汉字终端等设备;电教中心引进相关设备138台件,建成一个语言实验室、一个电视演播室、一个卫星地面接收站和闭路电视系统等;图书馆购置经济类外文书籍5 000余册和100座听音设备,引进缩微设备和计算机管理系统各1套;学校还引进网络实验设备、银行实务模拟系统、激光照排胶印系统等,并派遣人员27名出国留学、进修,邀请国外专家、教授7名到校讲学。"211工程"建设启动后,学校又投入资金改善计算中心、电化教学、图书馆的设施条件,建成高层研究生宿舍楼。推进后勤社会化改革,1999年1月成立上海高校后勤服务中心上海财经大学后勤实业发展中心。

开展精神文明建设。1991年7月召开的学校第二届教代会上,金炳华在报告中提出:"特别要建设好校风和学风,树立'文明、奉献、团结、进取'的校风和'勤奋、严谨、求实、创新'的学风。"1992年12月,学校成立精神文明建设领导小组,向市教卫党委提出文明单位的申报。年底,学校被评为上海市高校精神文明建设先进集体。1993年被财政部评为全国财政系统先进集体,是唯一获此荣誉的部属院校。1995年,经上海市精神文明建设活动委员会审议通过,学校被上海市人民政府命名为"1993—1994年度上海市文明单位"。此后,学校一直保持着"上海市文明单位"的荣誉。1995年10月,学校从发挥离退休老领导、老专家对学校工作的指导和咨询作用出发,成立教学督导组;根据市教卫党委的要求,建立关心下一代工作委员会。

从1985年9月更名至1999年12月的14年间,学校共毕业各类学生27 646人,其中博士生93人、硕士生1 592人、本科生12 070人、专科生2 790人,以及成人教育本科毕业生2 301人、专科毕业生8 800人。1999年9月,全校全日制在校生达5 855人,其中博士生158人、硕士生877人、本科生4 716人、专科生104人,成人教育在校(读)生6 127人。

## 七

世纪之交的2000年2月,根据国务院文件精神,上海财经大学独立建制划转教育部管理,成为教育部直属高校。这是全国高等教育管理体制改革的一个成果,也是学校在1998年春撰写的《上海市高层次经济管理人才培养模式与上海财经大学发展定位问题的研究报告》努力争取的结果。2012年5月,教育部与财政部、上海市人民政府签署协议,共建上海财经大学,支持上海财经大学建设有鲜明财经特色的高水平研究型大学。"两部一市"共建,为学校更好更快发展搭建了更为宽广的平台。2001年,教育部党组先后任命学校党政领导班子中4位成员。2004年7月,教育部党组任命马钦荣为党委书记。2012年6月,教育部党组调整学校党政领导班子,丛树海任党委书记,樊丽明任校长。

振兴本科教育。2000年4月,学校颁布《上海财经大学振兴本科教育、推进素质教育行动计划》。同年5月,学校通过教育部组织的本科教学工作优秀评价。2007年5月,接受教育部的本科教学工作水平评估,被评为优秀。2002年起,学校本科生年招生规模稳定在2 000人左右。在稳定人才培养规模的前提下,学校进一步优化人才培养结构,以立德树人为根本任务,创新人才培养模式,提高人才培养质量。2006年,学校将人才培养规格确定为"复合型、外向型、创新型"。2013年,学校召开第十三次本科教学改革研讨会,全面启动以"立体课程、多元路径、个性体验"为特征的创新人才培养模式改革(简称"3*3"卓越财经人才培养模式)。学校由此开始大力推行通识教育,强化宽口径、厚基础,逐步形成了由通识教育课程、学科平台课程、专业方向课程所构成的分层化课程体系,构建起通专结合的培养体系。学校进一步构建和完善实验教学、社会实践、实习实训、创新创业教育等多方面相结合的实践育人体系。2008年起学校每年开展"千村调查"大型社会调查项目,探索科学研究、社会实践与国情教育相结合的创新人才培养方式,切实增强学生的实践能力和创新精神。学校于2009年4月制定并实施《上海财经大学创业教育实施方案》,将创业教育作为模块选修课纳入教学计划。2009年1月,学校财经人才创业教育创新实验区被批准为国家人才培养模式创新实验区建设项目。2016年7月,学校被教育部授予全国创新创业典型经验高校(50强)称号。学校学生在"挑战杯"、大学生数学建模等科技竞赛中屡创佳绩。

**提升研究生教育。**进入21世纪,学校研究生教育发展迅速,在适度扩大研究生规模的同时,注重不断完善研究生培养机制,提升人才培养质量。2000年10月,学校与香港金融管理学院合作在港开设研究生教学点,培养金融学博士、会计学硕士和工商管理硕士(MBA)。2004年6月,学校决定,硕士生除少数特殊专业暂时维持原有2.5年的学制外,其他专业从2005级开始实行2年学制。2005年4月,学校与上海纺织控股(集团)公司签约联合培养研究生。2015年7月,学校启动对研究生培养方案的新一轮修订与完善工作,经济学院、法学院、数学学院等学院自2016年起,将学术型硕士生学制由2年或2.5年调整为3年。对博士生的培养,2002年学校规定博士生的学习年限一般为3年,实行学位论文预答辩制度;2005年学校提出"博士生培养实行导师负责制和导师指导小组相结合的原则"。2014年起针对硕博连读研究生的课程体系采用了硕士、博士的分阶段设置与安排。学校持续完善研究生学位论文质量监控体系,切实提高研究生学位论文质量。2003年以来,学校有3篇论文入选全国百篇优秀博士论文,另有3篇论文获得全国百篇优秀博士论文提名。2001—2016年,学校共有28篇博士论文和28篇硕士论文被评为上海市优秀论文。研究生教育教学多项成果获得全国性奖励,2014年和2016年,共有2项成果获中国学位与研究生教育学会"中国研究生教育成果奖"二等奖;2011—2016年,共有11个案例入选全国百篇优秀管理案例。

**凝练办学理念。**2000年的《上海财经大学本科教学工作优秀评价汇报》,提出学校在长期办学过程中逐步形成的办学思想和教学工作思路,并将学校的办学理念凝练为"面向社会、求真务实、百年树人、经世济国"。2001年5月教代会通过的学校"十五"发展计划纲要,与时俱进,首次提出构建现代化、国际化、信息化发展框架的发展目标。2005年,学校在进一步凝练办学理念的基础上,确立"厚德博学、经济匡时"的校训,并在"十一五"发展规划中进一步提出创建具有鲜明财经特色的多科性研究型大学的发展方向。2014年5月发布的《上海财经大学章程》,将"厚德博学、经济匡时"的校训和"面向社会、求真务实、立德树人、经世济国"的办学理念以制度的形式正式确定下来(原"百年树人"调整为"立德树人"),并确定学校的愿景是:基于卓越的研究和教学,成为国际知名具有鲜明财经特色的高水平研究型大学。

**完善治理结构。**2003年4月,学校提出两级管理体制改革的总体设想,即"两级管理、重心下移、院为基础、教授参与"。2004年,学校部署各院(系)逐步构建党组织、行政班子、教授委员会、二级教代会四位一体的治理结构,并启动研究生教育的两级管理,建立和完善两级预算管理体系。经过"十一五""十二五"期间的不断改革和完善,"重心下移"的两级管理运行机制基本确立,"党委领导、校长负责、教授治学、民主管理"的四位一体治理体系全面实行。2014年5月,教育部发布《中华人民共和国教育部高等学校章程核准书第13号》,正式核准《上海财经大学章程》,由此确立了《上海财经大学章程》作为学校"基本法"的地位,为学校现代大学制度建设奠定了基础。2014年10月,根据教育部《高等学校学术委员会规程》和《上海财经大学章程》的有关规定,学校成立新一届(第六届)学术委员会及5个专门委员会,进一步发挥教授治学的作用。2016年6月,学校印发《上海财经大学党委领导下的校长负责制实施办法》,进一步坚持和完善党委领导下的校长负责制,切实加强党对学校的领导。学校大力推进信息公开,试行教代会代表和教授代表列席校长办公会和党委常委会,被教育部办公厅评为教育信息工作先进单位,并受到上海市教卫党委的表彰。学校积极探索与社会各界合作共赢发展模式,于2008年10月成立教育发展基金会;2012年11月成立校董会;2014年11月举行校友总会成立大会,打造校友会、校董会、基金会"三会合一"的合作发展工作机制,走出一条扩大开放、争取社会支持的新路子。

**加强学科建设。**学校在2000年12月获得理论经济学、工商管理2个一级学科的博士、硕士学位授予权;在2006年1月获得管理科学与工程一级学科的博士、硕士学位授予权,公共管理、农林经济管理2个一级学科的硕士学位授予权。与此同时,学校增设3个博士点、10个硕士点、4个专业硕士学位点(含高校教师在职攻读硕士学位)和9个本科专业,并经国务院学位委员会或教育部同意备案,在一级学科范围内自主增设20个博士点、19个硕士点。2011年8月和9月,学校分别新增统计学和马克思主义理论一级学科博士点和硕士点。2016年9月,学校新增法学一级学科博士点。截至2017年3月,学校有一级学科16个,有7个一级学科博士学位授权点,49个二级学科博士学位授权点,12个一级学科硕士学位授权点,12个专业硕士学位授权点。2001年8月,学校的会计学、产业经济学、金融学3个学科被上海市教委批准为上海市重点学科。2002年1月,在"211工程""九五"建设的基础上,学校的经济思想史、财政学、会计学3个学科经教育部审核批准为全国高校重点学科点。2007年5月,经济思想史、财政学、会计学3个国家重点学科通过教育部组织的考核评估;11月,金融学科入选国家重点培育学科名单。同年,学校区域经济学、统计学、西方经济学3个学科入选上海市重点学科(第二期)建设计划。2005年秋,学校的"经济学创新平台"建设计划,列入教育部、财政部、国务院学位办联合立项的国家重点教育改革专门项目;2006年底,又纳入教育部、财政部联合启动的"优势学科创新平台项目"首批试点建设轨道。2007年9月,被教育部、财政部批准列入"优势学科创新平台项目",跻身国家建设高水平大学项目行列。2012—2015年,学校先后有理论经济学(A类)、统计学(A类)、应用经济学(B类)、法学(B类)、管理科学与工程(B类)、工商管理(B类)6个学科入选上海高校一流学科建设计划,理论经济学入选上海高校Ⅱ类高峰学科建设计划。学校对教学单位不断进行调整与优化,在2000年先后成立经济学院、应用数学系、体育教学部、人文学院;2001年9月成立公共经济与管理学院;2005年5月成立信息管理与工程学院。2007年4月,国金留学预科学院更名为国际教育学院,成人教育学院更名为继续教育学院。2009年6月,统计学系更名为统计与管理学院。2010年12月,成立马克思主义理论教学科研部。2011年4月,成立商学院。2012年5月,成立城市与区域科学学院。2014年6月,外语系更名为外国语学院;7月,应用数学系更名为数学学院。2015年7月,成立创业学院;12月,成立马克思主义学院。

繁荣科学研究。2000—2016年,学校获准立项的国家自然科学基金、国家社会科学基金项目达556项,其中国家级重大、重点项目42项,并在国家杰出青年基金项目立项上取得突破,共有2个项目获得立项;发表各类学术论文近18 765篇,其中SSCI/SCI/EI论文1 595篇,国内权威期刊论文1 800篇;出版各类著作、教材3 663部;获得各类省部级以上科研奖励350余项。主办国际、国内学术研讨会700次左右;邀请国内外知名学者、专家到校做学术报告5 000余场。2016年的科研经费总额达到5 364万元,比2000年的368万元增长13.6倍。科研平台建设取得新进展。2000年9月,会计与财务研究院入选教育部人文社会科学重点研究基地。此后,学校借鉴国家人文社科重点研究基地建设经验和制度框架,在对原有的20多个研究所和中心进行清理、整顿的基础上,开展校级重点研究基地的规范化建设。到2010年,先后成立区域经济研究中心、公共政策研究中心、现代金融研究中心、海派经济学研究中心、应用统计研究中心、马克思主义研究院等16个校级重点研究基地。2011年12月,数理经济学实验室入选教育部重点实验室。2012年7月,上海市科委将上海市金融信息技术研究重点实验室依托单位调整为上海财经大学。为贯彻实施教育部、财政部"2011计划",学校牵头协同有关单位先后成立了经济学与中国转型发展协同创新中心(2012年6月)、会计改革与发展协同创新中心(2012年11月)、中国自由贸易试验区协同创新中心(2013年10月)3个协同创新中心。2013—2014年,先后有3个智库入选上海高校智库:公共政策与治理研究院(2013年)、中国产业发展研究院(2013年)、上海国际金融中心研究院(2014年)。2016年,学校为解决校级机构"数量多、分散化"的短板问题,推进三级智库体系(国家级、省部级、校级)建设,对校级研究机构进行了优化调整。学校大力推动决策咨询研究工作,充分发挥思想库、人才库和智囊团作用。学校于2012年开始每年实施"服务国家财税事业"和"服务上海发展"两个行动计划,分别对接国家和上海市的改革发展需求,围绕财税改革、产业结构调整、自贸试验区建设、上海国际金融中心建设、上海未来30年的发展战略等一系列重大问题开展研究,一批研究成果获得党和国家领导人、上海市主要领导等的批示和采纳。

推进开放办学。2000年,学校与美、英两国的大学合作举办本科教育,当年招收银行与国际金融等4个专业185名学生。此后,中外合作本科教育项目经过调整与优化,从2014年起开始稳定规模,2016年共招收3个专业156名学生。2016年5月,学校国际会计(ACCA)参与上海市教委组织的评估,被确立为"中外合作办学示范性项目"。学校不断拓展国际(境外)合作交流关系,至2016年底,学校与美国、加拿大、英国、法国、德国、俄罗斯、巴西、澳大利亚、新西兰、日本、韩国等40多个国家和中国香港、澳门、台湾地区的近200所高校和国际机构签订了校际合作协议;通过国家留学基金会、双语培训、校际交流等公派出国半年或以上的教师数平均每年达到30人;留学生教育实现从非学历教育为主向学历教育为主的转变,学历学位生占长期生比例超过70%,生源地已扩展到123个国家和地区;从2002年9月起,学校陆续向国外合作大学派遣访问学生和交换学生,至2016年,学生海外学习的目的院校从最初的6所增至85所,派出海外学习的本科生达300余人。学校积极参与国际高质量认证,促进研究生教育发展。2012年11月,学校商学院获得英国工商管理硕士协会(AMBA)五年期AMBA国际认证。同时,在AACSB、EQUIS、MPA国际认证方面也取得了重要进展。学校大力推动孔子学院建设,积极促进中外文化的交流合作,分别于2014年和2015年在爱沙尼亚塔林大学和英国伦敦玛丽女王大学建成了两所孔子学院。2015年6月,学校列入教育部、国家外国专家局第二批"高校国际化示范学院推进计划"试点院校,建设学院为国际工商管理学院,学校是其中唯一一所人文社科类院校,也是第一所获得该项目的财经类院校。2016年11月,学校经济学院"经济学前沿理论与方法学科创新引智基地"入选教育部、国家外国专家局"高等学校学科创新引智平台('111'计划)"。"国际化示范学院"和"111计划"的获批标志着学校开放办学工作迈上了一个新台阶,是学校国际化发展的重要里程碑。此外,学校积极推进与地方政府、上海及西部高校以及有关企业的合作办学。

校园拓展和公共服务体系建设。学校在校园建设上坚持"就地就近,周边拓展"的发展方针,在2000年与上海凤凰股份有限公司签署有关土地使用权转让的协议,使校园土地面积增加近200亩,该厂区成为学校的武川路校区,于当年底开始进行改造施工,2001年9月启用。2005年夏,在上海高校布局结构调整中,经上海市委、市人民政府协调,达成将同济大学沪东校区划拨给上海财经大学的协议。至2016年底,学校实有土地共818.56亩,包括国定路、武东路、武川路、中山北一路和昆山路5个校区。学校陆续修建起国定路校区教学楼、行政楼、学生宿舍,武川路校区学生公寓、风雨操场、新图书馆、学术交流中心、大学生创业实训基地,以及中山北一路校区博思楼,武东路校区地下停车场、学生食堂等建筑和设施,每个学院实现独立楼宇,大幅改善了办学条件。学校大力加强图书文献资料建设,至2016年底,学校图书馆拥有文献资源累积量为864多万册,电子数据库总量为119个。丰富的文献资源为学校的教学和科研提供了切实有效的保障。为给学生就业实习提供辅导和服务,学校于2001年12月成立学生就业指导中心。为提高医疗健康服务水平,学校于2013年将门诊部更名为医疗健康服务中心,并于2014年启用新独立楼宇。为加强全校实验室建设与管理,学校于2015年成立实验中心。作为上海高校后勤社会化改革试点单位之一,至2006年,学校基本形成以后勤管理处为甲方、上财后勤实业发展中心为乙方服务提供者的格局。

从2000年至2016年,学校共毕业各类学生90 129人,其中全日制本科生29 763人、硕士研究生18 035人、博士研究生2 140人和专科生2 002人,成人教育本科生21 041人、专科生15 583人以及获得学历的留学生1 565人(博士46人、硕士398人、本科生1 121人)。2016年,全校全日制在校生达13 919人,其中博士生1 130人、硕士生4 645人、本科生8 144人;成人教育在校(读)生4 647人;长期留学生1 159人;另截至2017年3月,有在职攻读硕士生1 144人。

# 大事记

## 民国六年(1917年)

6月8日　南京高等师范学校(简称南高师)拟定增设商业等3个专修科,并呈请北洋政府教育部核准。时任校长江谦,教务主任郭秉文。

7月9日　举行商业等各专修科新生入学考试。

7月18日　《申报》刊登南高师录取新生通告,商业专修科录取高绶等27人。

9月　商业专修科随同南高师各科一起开始上课。

## 民国七年(1918年)

3月　校长江谦病休,郭秉文暂行代理校长职务。

6月　教育部核定南高师是年再度招收商业等4个专修科各1班。

7月　商业专修科学生至学校指定的各地商店实习。

10月　代理校长郭秉文发表《关于本校概况报告书》。

## 民国八年(1919年)

8月　杨杏佛被聘为南高师商业专修科主任。

9月　教育部和江苏省长公署正式委任郭秉文为南高师校长。

10月　郭秉文聘任陶行知为南高师教务主任。

## 民国九年(1920年)

4月7日　郭秉文在南高师校务会议上提出筹备国立大学议案,出席者一致赞同。会后即组织大学筹备委员会。

5月　南高师举行第四次毕业仪式,首届商科毕业生29人。

9月　郭秉文到上海,商得张謇、蔡元培、黄炎培等9人为筹建大学发起人,共同斟酌,草为请就南京建立国立大学理由书、计划与预算书,于下旬送教育部。

11月18日　按教育部意见修改的南京建设国立大学计划函送教育部。计划提出,大学"拟先设教育、农、工、商四科",商科以南高师之商业专修科"归并扩充之","商科大学因人材与环境关系,拟在上海择地建设"。

12月6日　教育部委派郭秉文兼充东南大学筹备员。

12月7日　北洋政府国务会议全体通过教育部关于南高师筹建大学的议案,并定名为国立东南大学。

12月15日　郭秉文组建东南大学筹备处。

## 民国十年(1921年)

3月28日　东南大学筹备处推举的17位校董经教育部核准函聘。

夏　由中国南洋协会提议,东南大学与暨南学校经多次协商同意合办商科大学,借以集中人才、节省经费。遂由东南大学筹备员和暨南学校校长会同上海商学两界名流,公推黄奕住、史量才、聂云台等15人合组上海商科大学委员会。

6月20日　上海商科大学委员会举行第一次会议,拟定校名为东南大学、暨南学校合设上海商科大学,推举郭秉文为校长进行筹备,暂借上海法租界霞飞路尚贤堂房屋为校舍,于秋季招生开学。

7月13日　国立东南大学筹备员郭秉文、国立暨南学校校长柯成懋就合设上海商科大学呈请教育部鉴核备案。

7月14日　上海商科大学筹备处设立于霞飞路尚贤堂内。

7月21日　上海商科大学委员会议决招考办法、预算案、校章暨委员会简章。

8月15日　上海商科大学举行第一次入学招生考试。

8月25日　上海商科大学设立的夜校开始招生报名。

9月5日　教育部批准郭秉文兼任国立东南大学校长。

9月6日　美国哥伦比亚大学教育学院教务主任门罗博士抵沪,到上海商科大学座谈教育问题。

9月23日　教育部批复东南大学、暨南学校合设上海商科大学"准予备案"。

9月28日　上海商科大学举行开学典礼,校长郭秉文因公未能出席,校长办公处副主任朱进之报告筹办经过情形,教务主任马寅初报告教授宗旨及注意事项,黄炎培等发表演说。

9月30日　上海商科大学举行夜校开学典礼。

12月　上海商科大学呈报教育部各项章程和教职员学生名册。

## 民国十一年(1922年)

3月13日　上海商科大学邀请国民代表余日章莅校演讲。

3月14日　上海商科大学邀请华会代表王宠惠莅校演讲。

5月18日　上海商科大学邀请顾维钧公使莅校演讲。

6月15日　郭秉文、赵正平呈文教育部:经两校议定,自7月起,上海商科大学取消合设名义,由国立东南大学独办,改称国立东南大学分设上海商科大学,并另行推举委员。

6月17日　上海商科大学教务主任马寅初到校视事。

## 民国十二年(1923年)

4月26日　上海商科大学委员会召开会议,郭秉文报告图书、教务、夜校等校务情况。

11月15日　东南大学校董会与商科大学委员会召开联席会议,郭秉文报告赴美出席世界教育会议及考察美国高等教育情况,议决扩充校董会职权、修改大学组织大纲、补推校董和商大委员等。

## 民国十三年(1924年)

1月2日　东南大学校董会与商科大学委员会召开联席会议,讨论校址、募捐、预算等事宜。

春　商科大学学生开设平民夜校,开设国文、簿记、笔算、珠算、英文、常识等课程,上课时间为每晚7时至9时,有学生80多人。

4月27日　东南大学校董会与商科大学委员会召开联席会议,讨论校舍、预算、系科调整及补选校董等事宜。

是年　郭秉文在《远东工商活动——1924》一书中发表《中国的商业教育》(Commercial Education in China)一文。

## 民国十四年(1925年)

1月6日　北洋政府教育部解除郭秉文的国立东南大学校长职务。

1月7日　上海商科大学全体教职员和全体学生分别召开紧急会议,决定致电北京段祺瑞执政及教育部总次长,要求挽留郭秉文校长。

1月12日　东南大学校董会与商科大学委员会召开联席会议,决定致电执政府教育部及江苏省长,对于此次东南大学校长免职,绝对否认。

1月13日　上海商科大学全体学生发表宣言书,主张切实挽留郭校长,积极抵抗任何新校长。

1月15日　东南大学暨分设上海商科大学全体教职员发表宣言,对于阁议免职之举,无承认之可能。

2月22日　因郭秉文受东南大学校董会委派将赴欧美考察教育,上海商科大学全体学生开会欢送,首届毕业生特为郭秉文设宴送行。

3月4日　学校第一个学术社团国立东南大学上海商科会计学会成立,通过章程,制定研究会细则,选举第一届委员5人。

7月　上海商科大学教职员要求先补发欠薪半数,余额9月内筹发,经行政委员会与商科大学委员会接洽办理。

10月　上海商科大学全体学生两次发表宣言,反对任命副校长,并提出改正校名、待遇平等、确定校舍、经费公开等要求。

11月　应东南大学代校长蒋竹庄聘请,潘序伦暂代上海商科大学教务主任。

12月3日　应代校长蒋竹庄聘请,程其保到沪出任上海商科大学主任,主持校务。

## 民国十五年(1926年)

3月27日　因学生为声援北京"三一八"殉难烈士连续罢课游行,上海商科大学教授同日起暂行停止授课5日,并要求学生填具悔改志愿书,遭学生拒签。

3月　会计学会会刊《会计学杂志》创刊,潘序伦撰写《发刊词》。

4月6日　上海商科大学教授、学生达成谅解,罢教风潮结束,正式恢复上课。

6月　上海商科大学教授会致函代校长蒋竹庄，反对将学校迁回南京。又，上海商科大学学生致函蒋竹庄，要求解除程其保主任之职，蒋竹庄莅沪校责备学生干涉校务，并退回要求函件。

7月　因尚贤堂租约期满，上海商科大学搬迁至霞飞路834号中国营业公司房舍继续办学。

## 民国十六年（1927年）

3月24日　上海商科大学主任程其保致书国民政府，称已向学校辞职，请派员查核，依据正式手续接收。

同日　上海商科大学教员学生联席会推举潘序伦、胡明复、赵澍君（学生）3人组成临时校务维持委员会。

4月21日　国民政府教育行政委员会致函金侣琴，请代表该会前往接收上海商科大学。

5月6日　金侣琴复函国民政府教育行政委员会，拒绝接收。

6月　国民政府批准中央教育行政委员会关于变更教育行政制度的报告，推行"大学区制"。江苏省以国立东南大学为本部，拓而宏之，改组为国立第四中山大学。国民政府任命张乃燕为国立第四中山大学校长，负责筹备工作。

7月1日　《申报》载国立第四中山大学聘杨端六接收商科大学。

7月14日　上海商科大学已奉令改组为国立第四中山大学商学院，杨端六被聘为院长。在商学院欢迎大会上杨端六以事冗谦辞。

7月18日　校长张乃燕聘定程振基为商学院院长。

8月1日　院长程振基到院筹备改组事宜。

10月　国立第四中山大学商学院院刊创刊。其为旬刊，任务是"传达本院重要消息，间载研究文字"。

## 民国十七年（1928年）

1月上旬　国立第四中山大学举行两次校务会议，议决商学院迁南京一案。后因本部校舍不敷分配，商学院仍暂设在上海。

2月29日　国立第四中山大学奉令更名为江苏大学，商学院随之改称江苏大学商学院。

5月16日　江苏大学奉令更名为国立中央大学，商学院随之改称国立中央大学商学院（简称"中大商学院"）。

8月　中大商学院修订之院章颁布，包括总则、院务行政、会议、委员会、学制、学程、学生通则、附则共8章。

秋　中大商学院学生会编辑出版《国立中央大学商学院丛刊》。丛刊半年1期，发表有关商学的研究文章。

## 民国十八年（1929年）

3月24日　中大商学院银行实习室扩充为中央大学实习银行，举行开幕典礼。

4月　院长程振基为院舍建筑经费难以落实请求辞职，商学院教师学生代表赴京请愿，大学本部行政会议通过,允拨现款 3 万元作为建校经费。

6 月 《国立中央大学商学院图书馆目录》编成出版,院长程振基为之作序。

秋 中大商学院在上海江湾西体育会路购地约 11 亩,拟自建院舍。

是年 院长程振基在《国立中央大学商学院丛刊》第三期上发表《商业教育之重要及其本身问题》一文。

## 民国十九年(1930 年)

2 月 院长程振基提出辞职,经院务会议议决并报国立中央大学校长张乃燕批准,给予程振基数月假期,"俾与充分考虑",在此期间聘请教务主任杨荫溥兼代院长,会计科主任雍家源兼教务主任。

9 月 15 日 新学期开学,院长程振基聘请徐佩琨任教务主任兼银行科主任。

10 月 10 日 中大商学院在江湾新院址补行新院舍奠基典礼,院长程振基报告建筑院舍之经过。

## 民国二十年(1931 年)

2 月 22 日 新院舍建成,中大商学院开始搬迁,并于 26 日至 28 日停课 3 天。

3 月 18 日 院长程振基发出布告,即日起由徐佩琨代行学院内部院长职权。

3 月 26 日 院长程振基致函国立中央大学校长朱家骅,因病请假赴杭休养,后连致函电请求辞职。

4 月 1 日 中大商学院新院舍落成典礼举行,校长朱家骅莅沪作报告。

5 月 15 日 朱家骅复函程振基同意辞职,另函请徐佩琨代理商学院院长。

6 月 1 日 代理院长徐佩琨到院正式视事。

9 月 23 日 为抗议"九一八"日军侵华,中大商学院学生组织抗日救国会,组织演讲队,分赴各地宣传。随后又组织抗日义勇军,进行军事训练;女生组织看护队,研习救护之术。

10 月 上海东亚同文书院中国学生为抗议日军暴行退学,13 位同学转学入中大商学院继续学习。

12 月底 《国立中央大学商学院院刊》停刊。院刊自 1927 年创刊,共编印出版 86 期。

## 民国二十一年(1932 年)

1 月 28 日 日军大举侵沪,中大商学院新院舍被日军占据,院内房屋、校具、器物、图书全被焚毁,损失估计约 104 万元。

2 月 21 日 中大商学院在租界租房开学,院址临时设在福煦路(今金陵西路)模范村 16 号。

3 月 中大商学院迁入亚尔培路(今陕西南路)亚尔培坊,临时赁屋上课。

5 月 中大商学院正式租赁霞飞路(今淮海中路)1348 号楼房为院舍。

6 月 11 日 教育部强制令国立劳动大学停办。中大商学院奉令接收该大学社会科学院经济系未毕业学生 32 人转入就读,添设劳大经济系四年级特班,限 1 年结束。

6 月 30 日 国立中央大学学生强烈反对段锡朋出任校长,发生"殴段风潮"。

7月2日　国民政府教育部派员接收国立中央大学,命令除分设在上海的商学院和医学院外,其他各院立即解散,学生立即离校,听候甄别。

7月6日　国民政府行政院议决成立以蔡元培为委员长的中央大学整理委员会。

7月22日　行政院第五十一次会议通过整顿全国教育令,根据教育部提议,国立中央大学商学院和医学院均拟令独立,分别改名为国立上海商学院和国立上海医学院。

8月16日　中大商学院遵奉教育部令,即日更名为国立上海商学院。

8月　《国立上海商学院章程》制定。

9月10日　国立上海商学院正式开学。学院加租霞飞路1346号洋房一幢作为教室及办公室之用。

9月19日　国立上海商学院举行本学期第一次总理纪念周,院长徐佩琨报告学院更名经过及今后复兴计划。

9月21日　《国立上海商学院院刊》复刊,本日出版第87期。

10月19日　国立上海商学院学生自治会成立,选举干事15人、候补干事7人。

11月1日　《商兑》半月刊创刊号出版,该刊为商学院研讨商学的出版物。

11—12月　中央大学毕业同学会、学生自治会筹备会、中大商学院学生复院运动委员会等,组织"复院运动",反对商学院独立,要求回归中央大学,并派代表赴南京请愿,未果而终。

## 民国二十二年(1933年)

2月　国立上海商学院扩充夜专修科,新闻学、会计、统计3科招生。

3月　《国立上海商学院季刊》出版创刊号,该刊"为本院师生之学术言论机关","亦为院外学者及工商业家关于商业学术之言论机关"。

6月11日　《国立上海商学院院刊》出版第110期,此后停刊。

7月　院长徐佩琨辞职离校,国立上海商学院学生组织院务改进会,致电徐佩琨敦请回校主持院务。

8月5日　教育部聘裴复恒任国立上海商学院院长。

8月23日　院长裴复恒到院视事,并接收印信、银款、器具、文卷、图书、簿籍等。

9月20日　新学期开学,裴复恒发表开学日院长报告词。

10月1日　《国立上海商学院院务半月刊》创刊。该刊为16开本,每月编印两期,逢1日、16日出版,主要刊载校闻、学生课外活动消息和学生研究文章、译著及文艺作品等。

11—12月　陆续制定并公布国立上海商学院组织规程、院务会议规程、教务会议规程、招生委员会规程、出版委员会规程、商学季刊规程、丛书规程、图书委员会规程、毕业论文规程、学生请假规则、毕业同学会章程等。

12月　二三级学生级会创办实习商社。二四级学生《二四级刊》创刊。经济学会《经济学月刊》创刊。

## 民国二十三年(1934年)

1月1日　《院务半月刊》第七期出版"新年特大号",发表《民国廿二年之清算》及综述民国廿二年之世界经济、国际贸易、国内政治、国内经济、对外贸易、国内财政、国内银行、上海商业等领域的系列报告。

5月31日 《院务半月刊》第十五期出版"金融问题专号"。

6月15日 《院务半月刊》第十六期出版"会计问题专号"。

7月 教育部拨发建筑费10万元,在江湾原址重建国立上海商学院院舍。

9月12日 院长裴复恒在教务会议上提出:以"训教合一"实施精神训练,以"口手兼用"促进师生教学。

9月19日 由院长兼主席的院舍建筑委员会召开首次会议,推张毓珊为秘书,管理例行事务。

10月10日 院长裴复恒在新学期第一次纪念周上发表长篇训话《建立忠实的学风,为复兴民族之基础》,强调忠于做人,忠于职务,忠于国家民族,树立新学风以为全国倡。

11月1日 《院务半月刊》第二十期出版"白银问题专号"。

11月14—26日,国民政府训练总监部检阅上海市专科以上学校18所、高中及同等学校36所的军训效果,商学院学生精神饱满,动作敏确,纪律严肃,获得专科以上学校第一名。

是年 《国立上海商学院第三届毕业纪念刊》出版,内容包括发刊辞、校训、校史、级史、级花与级旗、名人题字、师长赠言、院舍、导师、毕业同学、团体、各种统计、杂俎、通讯录。马寅初题词"经济匡时"。

## 民国二十四年(1935年)

1月1日 《院务半月刊》第二十四期出版"新年特大号",发表《一年来之回顾与展望》及综述一年来的中国建设、中国金融、中国政治、中央财政、银行业、农村经济、进出口贸易、中国工业、中日外交、国际政治等领域的系列报告。

1月15日 《院务半月刊》第二十五期出版"会计问题专号"。

3月3日 举行新院舍奠基典礼。

5月1日 《院务半月刊》第三十期出版"金融问题专号"。

6月1日 《院务半月刊》第三十二期出版"工商问题专号"。

9月2日 江湾新院舍重建完成,新学期在新院舍准时开学。

10月11日 国立上海商学院举行新院舍落成典礼,院长裴复恒致辞,教育部部长王世杰莅会发表训辞,要求养成学术空气,建立优良校风。

10月 为谋教育之实用,特辟商品陈列室,向海内外各大厂广征商品样品。

## 民国二十五年(1936年)

1月1日 《院务半月刊》第三十九期出版"国民经济建设运动专号"。

1月20日 国立上海商学院成立法规整理委员会,通过学生通则修改条款。

3月16日 全院开始实施军事管理,设立军事训练总队,由院长兼任总队长;师生一律穿着制服,参加晨夕升降旗典礼;学生集体生活军事化,制定严格的作息时间;制定军训学生成绩考核表,配备军服和训练设备等。这一管理制度一直延续到第二年"八一三"抗战前夕。

3月16日 上海市教育局局长潘公展莅院视察实施军事管理情形,并发表训词。

3月底 二四级毕业生春假期内组织经济考察团,一路赴平津,一路沿沪杭,分途考察各地经济情形。

4月9日　荷兰著名商业学家思考佛氏(A.A.Schovers)莅院参观考察商科教育。

4月15日　国立上海商学院与社会科学研究社订立合作契约,共同编辑出版《社会科学研究》。

5月1日　《院务半月刊》第四十六期刊载《二四级平津经济考察团报告》。

6月1日　公布《国立上海商学院学生实习规程》。

6月15日　出版《国立上海商学院一览》,内容包括图片、院史、学院三年来设施概况、组织大纲、学程纲要、学生通则、招生简章、院历、各种法规、现任教职员一览、历届毕业生一览、在校学生一览、统计图等。又：《国立上海商学院院务半月刊》第四十九期出版,随即停刊,更名为《国立上海商学院院务报告》,每半年出版一期。

9月20日　学院成立经济研究室,聘请张毓珊为主任。

12月29日　西安事变和平解决,学院师生晚上提灯游行。次日放假1天,举行庆祝会。

### 民国二十六年(1937年)

1月　《国立上海商学院二十五年度上学期院务报告》出版,内容包括裴复恒《四年来之国立上海商学院》、半年来之教务(含学程一览表)、训育、事务、图书馆、军训、体育等情形及各种统计(含毕业学生职业统计)。

2月　制定《学生实习办法》,呈送教育部核准。

3月　《国立上海商学院季刊》第一卷第一期出版,刊载商学院教授研究作品及经济研究室编撰之各种资料。

8月13日　日军大举进犯上海,新院舍再度被日军炮火炸毁,损失估计20余万元。后院部租西爱咸斯路386号中国中学为办公处。

9月23日　《申报》刊登学院通告：租赁上海愚园路40号为临时院舍,定于9月27日开学,10月4日上课。

12月　上海沦陷,公共租界宣布"中立",愚园路院舍陷入"孤岛"。

### 民国二十七年(1938年)

9月　本学年起实行导师制,将全部学生分成10组,每组设导师1人,教务主任为主任导师;每月每组分别谈话1次,每学期集会2次,各导师设法联络学生家庭,藉资合作。

### 民国二十八年(1939年)

8月　学院发布经修订的《国立上海商学院学生通则》,包括入学、注册、选课、转学生、成绩考查、请假缺课及旷课、休学、退学与转学、考试、集会、特别生共11章。

### 民国二十九年(1940年)

7月　学院添设会计专修科,组织报名考试,招收新生50名,修业期限两年。

## 民国三十年(1941年)

12月8日　日军偷袭珍珠港,太平洋战争爆发。日军侵占公共租界,上海全部沦陷。学院暂时停课。

## 民国三十一年(1942年)

2月20日　学院以"私立上海商学院"名义继续开学。
3月6日　裴复恒就国立上海商学院改称"私立"致函国民政府教育部。
6月　汪伪政府"教育部"接管商学院,仍称"国立上海商学院",裴复恒继续任院长。

## 民国三十三年(1944年)

11月10日　裴复恒调任汪伪政府江苏省财政厅厅长,院务由教务主任胡纪常代理。

## 民国三十四年(1945年)

1月18日　汪伪政府教育部聘陈恩普为"国立上海商学院"院长。
2月5日　陈恩普到达学院就职视事。
5月　中国共产党上海商学院地下支部成立,有党员3人,蔡秀坤任书记。
8月15日　日本宣布无条件投降。汪伪政府倒台,"国立上海商学院"随即关闭。

## 民国三十五年(1946年)

2月15日　国民政府教育部函聘何炳松、马寅初、刁培然、顾毓琇、彭瑚、吴保丰、徐佩琨、徐柏园、朱国璋为国立上海商学院筹备委员会筹备委员,办理该学院复校事宜,并指定何炳松为主任委员,刁培然兼秘书。

3月8日　筹委会在渝委员举行第一次会议,公推马寅初为主席,经决议呈请国民政府教育部核聘朱国璋为该学院院长,并请先行赴沪接洽院址。

3月28日　国民政府教育部加聘陈行、刘攻芸、徐广迟、潘序伦、李道南为筹委会委员。

4月2日　国民政府教育部令拨上海中州路102号原第六日本国民学校校舍为国立上海商学院院舍。

4月7日　筹委会在沪委员举行第一次会议,由何炳松为主席,经决议同意朱国璋为院长,并欢迎其早日莅沪主持复校事宜。

5月11日　筹委会在沪举行第二次会议,欢迎朱国璋莅沪。经决议呈部早日发表朱国璋为院长,以专责成,全权负责该学院一切人事及应行进行事宜等。

5月15日　朱国璋奉国民政府教育部函聘,接印视事,筹备委员会办理结束。

6月1日　觅定杨浦区平凉路25号第18区公所楼上为临时办公处,并正式开始办公。

6月7日　呈国民政府教育部除学院原有银行、会计、工商管理、国际贸易四学系外，拟请增设统计、保险两学系。

7月5日　迁入中州路102号校舍继续办公。

7月12日　国民政府教育部电令学院，准予增设统计、保险、合作三学系。

8月30—31日　举行新生入学考试，报名人数1945人。

9月20日　录取新生揭晓，计正式生297人、备取生57人。

10月1—2日　举行招收二三年级转学生考试。

10月11日　录取二三年级转学生33人。

10月22日　组织商学院消费合作社，杨开道为主任委员。

11月1日　复员后的国立上海商学院开学。11日正式上课。

11月9日　举行上海临时大学学生转入甄别考试，共录取139人。

11月　院长朱国璋在第一次纪念周上报告学院复校经过，并提出办学四原则：严格训练、树立制度、开诚布公、师生合作；在随后各次纪念周上，教务主任、训导主任、总务主任分别报告工作概况。

12月20日　学院举行第一次院务会议，通过修正的国立上海商学院组织大纲、院务会议规程、各办公处办事总则、学生学则、教员规约、学生请假规则、学生奖惩规则等。

同日　《商学研究》复刊第一期出版。

## 民国三十六年（1947年）

1月8日　学院组织训育委员会，院长为主任委员，训导主任兼秘书。

1月15日　《国立上海商学院院务月刊》第一卷第一期出版，院长朱国璋撰写《复刊词》。该刊是在原院务半月刊基础上复刊，每月15日出版。

2月14日　国民政府教育部部长朱家骅莅院视察并访问各位教授。

3月27日　学生篮球队参加上海市专科以上学校篮球联赛，获学院组冠军。

4月27日　学院同学会举行年度第一次聚餐会，到校友116人，由理事长徐柏园为主席，经决议筹募捐款2亿元，购置固定会所等。

6月24日　《国立上海商学院院务月刊》第一卷第五期发表朱国璋《本院一年来之回顾与展望》及教务、训导、总务工作报告。

同日　学院举行复校一周年纪念暨复校后第一届毕业典礼。学院游泳池揭幕。

7月　三层楼房的新建图书馆落成。

10月31日　《国立上海商学院院务月刊》第一卷第七期发表教授吴道坤《本院创设保险学系之旨趣与使命》。

11月1日　举行第一次月会，院长朱国璋作院务报告。

12月31日　举行师生联欢大会。

## 民国三十七年（1948年）

3月　学生组织上商互助社和实习合作社共同主办周末晚会，受到学生欢迎。

6月　《国立上海商学院民三六级毕业纪念刊》出版,院长朱国璋作序,内容包括院史、三六级级史、石抗鼎《谈母院之立校精神》及校景、师长、学校生活照片。

10月31日　《国立上海商学院院务月刊》第二卷第五期出版,此后停刊。本期发布《学生课外活动规则》。

## 1949 年

1月5日　包括朱国璋在内的上海国立院校校长因社会物价飞涨、师生生活困难和学校经费支绌,联名电呈国民政府教育部辞职。

3月10日　国立上海商学院与复旦、同济、交大等8所国立大专院校成立自费、半自费同学联谊会。

3月24日　国立上海商学院成立应变会。

3月27日　由复旦、同济、交大及上商等7所院校组成的学生请愿团,高举"反饥饿、争生存"旗帜,赴南京向国民政府请愿。上商学生杨毅芳为请愿团成员。

4月14日　国立上海商学院学生自治会成立,由学生投票选出的理监事25人组成。

4月15日　学生自治会举行第一次会议,进行工作分工:杨毅芳为理事长,何克明、张庆林为副理事长,龚浩成为监事长。

4月20日　院长朱国璋发布辞职文告,并于布告张贴前数分钟先行离校。院务由吴道坤代理,教务、总务两处主任参与维持。

4月22日　《新上商》第一期出版,四开四版,由上商学生自治会新上商社发行。

4月26日　国民党政府对全市大学和中学的进步师生进行大逮捕。上商教授凌舒谟和18名学生被捕。

5月24日　学院地下党组织遵照上级指示,组织人民保安队开展护院工作。

5月27日　上海解放。因吴道坤不愿再为代理,学院教授会议决议组织院务维持委员会,公推褚葆一、凌舒谟、杨开道、许本怡、吴道坤为委员,褚葆一为召集人,即日起接用关防,开始办公。

5月30日　按照上海市军事管制委员会的指令,移交工作应由前代院长吴道坤办理,院务维持委员会即日起停止工作。

6月27日　上海市军事管制委员会派出军事代表杨西光、军事代表联络员朱元寅接管国立上海商学院。

7月29日　上海市军事管制委员会主任陈毅、副主任粟裕发布命令:"兹派褚葆一、凌舒谟、邹依仁、许本怡、雍文远、何克明(学生代表)、杨毅芳(学生代表)为国立上海商学院校务委员,许本怡兼教务主任,雍文远兼秘书主任。"

8月1日　上海市军事管制委员会公布本市国立大学负责人选,褚葆一为国立上海商学院校务委员会主任委员,并命各校原负责人办理移交。上商原代院长吴道坤嘱各单位办理移交,并与新主任委员洽谈移交手续。

8月2日　上午,国立上海商学院校务委员会举行第一次会议,军事代表杨西光、联络员朱元寅出席,杨西光主持并讲话。前代院长吴道坤与会列席,会中对移交手续曾交换意见。下午,褚葆一、雍文远接见《大公报》记者,对以后治学方针发表谈话。

8月3日　校务委员会举行第二次会议,通过校务委员就职宣言,并于次日公布。

8月9日　校务委员会第四次会议讨论通过《国立上海商学院校务委员会暂行组织条例》,呈请军管会高教处核示。

8月17日　校务委员会第六次会议讨论通过《国立上海商学院学系编制及行政编制条例》,呈请高教处鉴核施行。

10月26日　上商学生会选举,选出何克明等19人为执行委员,周荣生等7人为候补执行委员。

12月3日　上海市人民政府高等教育处函复,对杨毅芳辞去校务委员会委员,由叶孝理继任,"应并予照准"。

## 1950年

1月1日　由国立上海商学院新上商出版委员会出版的《新上商》发行创刊号。

1月14日　新民主主义青年团上商总支成立大会举行,选出庄福龄、左士俊、屠听泉、陈慧莲、郝国华为总支委员。

5月15日　学院地下党组织公开,中共上海市委虹口区委组织部批准叶孝理为党支部书记,左士俊为副书记。

6月27日　校务委员会举行第四十五次会议,根据全国高等教育会议之精神与校内师生反映之意见,会议决议:应予更改校名,向华东军政委员会教育部建议将学校校名改称为国立华东财政经济学院(简称国立华东财经学院)。

7月17日　中共上海市虹口区委组织部通知上商支部:决定上商成立临时支部(委员会),由叶孝理等3人为支部委员,叶孝理为支部书记。

7月29日　华东军政委员会教育部指示学院:更改校名业经中央教育部核定,"以改为'上海财政经济学院'为妥"。

8月2日　校务委员会举行第五十一次会议,决议:本校校名遵照部令自即日起改称上海财政经济学院。

8月12日　华东军政委员会教育部通知学院:准中国人民保险公司委托开办短期保险训练班。

8月29日　华东军政委员会教育部发布指示:即日起将上海财经学院改隶华东军政委员会财政经济委员会领导。决定将私立上海法学院的经济系、银行系、会计系、统计系和会计、银行两个专修科及附属中学并入上海财经学院。

9月3日　举行上海财政经济学院与上海法学院合并典礼暨转移领导关系,华东财委教育处处长姚耐到会讲话。

10月12日　奉华东教育部通知,学院选派毛飞雄、吕芳举、王宏儒、柴作楫、陈青莲、康有枢6人去中国人民大学教研组研究。行前,工会举行欢送会。

10月18日　华东军政委员会教育部批复学院:工商管理、银行、国际贸易三系更名为企业管理、财政金融、贸易三系。

11月2日　工会召开会员大会,听取工会主席报告"半年来工作报告及建议今后方向",讨论并通过组织条例,选举学校委员、经费审查委员会。

11月11日　学院成立"抗美援朝、保家卫国工作委员会"。

12月7日　学院组织4个访问大队,分赴上海商校、沪北工人夜校、粤东中学、怀恩中学进行时事宣传。

12月27日　华东教育部副部长唐守愚陪同孙冶方、姚耐、郭景涛到院,并在校务委员会第六十九次会议上报告已商得中央教育部同意,任命孙冶方为学院院长,姚耐、褚葆一、褚凤仪为副院长,要求先行到职工作,希望缩短改造过程,早日成为新型学校。

## 1951 年

1月3日　中央人事部发函:"政务院第六十五次政务会议通过批准任命孙冶方为上海财政经济学院院长,姚耐、褚葆一、褚凤仪三人为副院长。"

同日　华东财委假延安西路33号华东军政委员会礼堂召开助教以上全体教务人员座谈会,交换学校与业务部门联系之各项问题。

1月4日　学院保送委员会接到招生委员会虹口区办事处通知:军事干校上海市招生委员会已决定批准学院43名学生参加军事干校。

1月24日　奉华东军政委员会令,改行院长制。孙冶方莅院正式接事,新院长举行第一次集体办公。

2月22日　中共虹口区委组织部函告学院支部:决定你处成立正式支部(委员会),以叶孝理等4人为支部委员,叶孝理为支部书记。

3月3日　院长孙冶方主持开学典礼,在报告中指出由华东财经委员会直接领导学院目的、任务和方针。

3月21日　根据《高等学校暂行规程》,学院组建以孙冶方为首的总计21人的院务委员会,并函报上级批复同意备案。同日公布院务委员会委员名单。

3月27日　马寅初莅校讲演。

3月28日　院务委员会举行第一次会议,决定制定学院组织规程,推定姚耐等5人起草,并推褚凤仪为主持人。

3月29日　沈志远莅校讲演。

5月3日　在院务委员会第三次会议上,主席报告奉华东财经委员会通知:为准备大批财经领导骨干、培养与提高财经干部的政策思想水平,将华东财经学校并入上海财经学院研究部,以适应在职中级以上的财经干部训练的需要。

6月13日　华东教育部指示上海财经学院:经呈准中央人民政府教育部将交通大学"财务管理系"调整入上海财经学院办理。

7月7日　华东教育部通知学院:中央人民政府教育部同意学院企业管理系改为工业管理系。

8月8日　华东教育部通知学院:私立光华大学商学院、大夏大学会计专修科并入上海财经学院。

10月13日　青年团上海市工作委员会组织部函青年团虹口区工委转青年团财经学院委员会:批准徐洵等15人为本届团委委员,徐洵为书记。

## 1952 年

1月14日　华东教育部转发中央教育部1951年12月21日函,通知各高校不必在春季招生,而应集中于暑期统一举行。

2月12日　学院举行第十二次院务会议,决定组织生产实习指导委员会,褚葆一为主任委员,许本怡等9人为委员。

6月18日　华东财委通知学院:撤销研究部,干部并入大学部,以便集中力量,培养财经建设干部。

7月11日　华东区高等学校院系调整委员会公布院系调整设置方案(草案),规定华东各高校财经系科并入上海财经学院。

7月14日　学院第十八次院务会议根据华东高等学校调整委员会的要求,成立调整院系委员会,并决定于8月16日左右迁校至华东教育部拨定的新院址,即原光华大学大学部暨附中部全部校舍。

8月5日　中共虹口区委组织部通知:接市委高校党委会通知,上海财经学院已经市委批准,成立党委会,姚耐为书记。

8—9月　学院与华东地区12所高校商学院或财经系科合并,其中包括复旦大学财经学院、沪江大学商学院、浙江财经学院、江南大学工业管理系、立信会计专科学校、大同大学商学院、上海学院会计企管专修科、圣约翰大学经济系、震旦大学法学院夜专修科、中华工商专科学校、东吴大学法学院会计系和上海商业专科学校。院址从中州路102号迁至欧阳路221号(原光华大学及光华附中校址)。同时,由沪江大学、立信会计专科学校、震旦大学、上海学院、中华工商专科学校、上海商业专科学校、东吴大学法学院7所院校的夜校合并成立上海财经学院夜校部。

9月25日　学院第二十四次院务会议决定:建立政治处,以加强学院政治思想工作;设立研究处。

10月3日　学院布告1952年第二批留苏预备生名单,上海财经学院有郑家亨、金士郎2人。

10月　东吴大学经济系并入学院。

## 1953年

1月6日　经全院师生员工选举,姚耐、李炳焕、褚葆一当选为出席上海市第三届人民代表会议的代表。

2月19日　华东教育部通知,已提请中央任命姚耐为院长,褚葆一、褚凤仪、李炳焕、李鸿寿为副院长;为便于工作起见,在未正式任命前可先行到职视事。

6月22日　姚耐与教务长、研究处主任及工业管理、经济计划、合作3系系主任一行6人启程访问中国人民大学等校和中央高教部、中央财委等处,为时2周左右。

8月4日　中央人民政府高等教育部华东高等教育管理局通知:山东财经学院"自本年九月起并入上海财经学院"。

8月22日　中央人民政府高教部华东高教局通知:厦门大学企业管理系调入上海财经学院。

12月19日　中央人民政府高等教育部函告华东高教局并抄致上海财经学院:政务院第一百九十五次政务会议通过提请中央人民政府委员会批准任命姚耐为上海财经学院院长,李炳焕、李鸿寿为副院长(列褚葆一、褚凤仪之后)。

12月22日　学院第四十五次院务会议上,姚耐宣布院部关于各系科主任的决定,并将原系科召集人名义取消。

## 1954 年

1月5日　经全体师生员工选举，姚耐、冯宏疆（学生）等3人当选为虹口区人民代表。

3月16日　华东统计局委托举办的统计干部训练班举行开学典礼。

3月28日　院长姚耐、副院长褚葆一以及吴承禧、杨荫溥、汪旭庄5人参加中央高教部召开的全国财经教育会议及中国人民大学教学经验讨论会。

4月10日　中央第一机械工业部华东办事处委托举办的苏联凭证整理日记账讲习班举行开学典礼，4月30日结业。

6月3—11日　苏联专家波格达诺维奇、布列也夫到学院分别讲学"工业经济""国民经济计划"，并作科学研究报告。

8月12日　华东行政委员会高等教育局函告学院：工业管理系改称工业经济系、机械制造厂组织与经济专业改称工业经济专业、国内贸易专业改为贸易经济专业、对外贸易专业停办、工业统计专业改称统计学专业、财务会计专业改称会计学专业等。

9月17日　第一次院务会议常务会议决定成立基本建设委员会；通过院刊委员会委员人选，并决议院刊名称定为《上海财经学院院刊》。

9月24日　第二次院务会议常务会议通过《上海财经学院科学研究工作暂行办法》。

9月27日　第五次院务会议常务会议上，姚耐传达高教部关于华东区高等学校管理交接问题的电示，上海财经学院受上海高等教育管理局管理。

10月　《上海财经学院院刊》创刊。

## 1955 年

2月8日　学院接受上海市地方工业局及国营上海烟草工业公司委托举办的干部训练班在夜校部举行开学典礼。

4月19日　学院公布《"优秀学生"与"先进集体"奖励办法试行草案》。

5月7日　中央高教部组成检查工作组到学院检查工作。

5月23日　高教部综合大学教育司副司长李云扬、人事一司副司长周达夫陪同高教部苏联顾问戈里斯谦柯到校视察。

5月24日　高教部下发《关于全国财经学院1955年专业、专门化调整、设置方案》，其中明确上海财经学院国民经济计划专业"今年暑假以后停办"。

10月16日　苏联文化代表团团员布拉金斯基到学院作关于苏联人民执行五年计划的报告。

12月19日　全国人大代表舒新城等到学院视察，并邀请部分教师举行座谈会。

## 1956 年

3月23日　学院马克思列宁主义业余大学成立。

4月12日　学院工会委员会召开扩大会议，推选李振宇为出席全国先进生产者会议代表候选人。

4月22日　学院各教学行政单位迁入新办公大楼办公(原华东团校校址)。
5月26日　学院举行第一届全体党员大会,选举产生由11人组成的新的党委会。
6月17日　九三学社上海财经学院支社举行成立大会,褚凤仪等7人当选为第一届委员。
7月11日　中共上海市委高等教育科学工作部批复同意学院党委会组成,同意姚耐为党委书记、王星九为副书记。
8月21日　中共上海市委高等教育科学工作部批复学院党委会:同意撤销政治辅导处,下设的组织科、宣传科为党委的组织部、宣传部。
9月11日　学院公布一部分助教升讲师名单,计有32人。
9月28日　学报《财经研究》创刊。
10月6日　学院基层选举进行投票,选举结果:袁行允、姚铭全当选虹口区人民代表。
11月1—3日　举行39周年校庆纪念活动,内容有校庆纪念大会、科学讨论会、教学展览会、教学座谈会和文娱晚会等,姚耐在校庆大会上致开幕词。
11月16日　高教部综合教育司副司长胡沙,高教部顾问、苏联专家戈里斯谦柯等到学院了解暑期校(院)长座谈会精神贯彻落实情况,并征求对修订专业教学计划的意见。
12月　上海市高等教育管理局通知:学院杨荫溥、吴承禧、孙怀仁、王惟中、邹依仁、周伯棣、许本怡、龚清浩8位教授和副院长褚葆一、褚凤仪、李炳焕、李鸿寿等4位教授的工资级别被定为二级,另有19人被定为三级,48人被定为四级,19人被定为五级,10人被定为六级。

## 1957年

2月6日　学院统计学系副主任贾宏宇离沪赴高教部报到,然后前往越南人民民主共和国任教两年,讲授统计理论。
3月8日　中共上海市委高等教育科学工作部批复学院党委会:同意成立常委会,由姚耐等6人组成。
6月6日　学院党委会举行全体教职员工大会,宣布整风计划。
6月20日　高教部部长杨秀峰到学院参观,并向各班级学生代表讲话。
6月24日　院党委根据上级党委的指示,把学院整风运动转入反右派斗争阶段。
8月1日　姚耐代表党委会就学院反右派斗争问题向全院教职工小结报告。
8月8日　学院成立教师升等委员会,杨国璋等22人为委员。
10月5日　越南留学生2人由中南财经学院转入上海财经学院财政信贷系学习。
10月19日　学院成立图书馆委员会,由11人组成,褚葆一为主任委员。
12月14日　学院首批下乡人员65人赴市郊淞北乡红旗社第四分社参加农业生产。

## 1958年

1月11日　学院党委会召开全院师生员工大会,姚耐作关于继续深入整改的工作报告。
1月25日　学院第二批下乡人员43人赴市郊淞北乡红旗社第三分社参加农业生产。
2月15日　学院工会召开会员大会,党委书记姚耐作"反浪费、反保守、又红又专、全面大跃进"的报告。全体同学也都参加收听。

2月27日　中共上海市委书记陈丕显到院向全体师生员工作形势报告,并观看大字报。

2月　申玉洁由中国人民银行总行调入学院党委工作。

3月15日　在工会会员大会续会上,申玉洁提出"比干劲、改教学、比先进、赶政法"的口号,鼓励大家继续以高度的政治热情投入教学整改。

4月12日　国家体委副主任蔡树藩在市体委负责同志陪同下到学院参观小靶场。

4月19日　院长姚耐、副院长褚葆一、党委书记申玉洁接待中南、四川财经学院领导,并陪同参观。

6月4日　学院师生1 000余人在党委书记申玉洁、副书记许浪旋率领下,前往宝山县参加农业生产夏收夏种工作。18日下午返回学院。

6月18日　学院选举区人民代表工作结束,袁行允、郑可程(同学)当选虹口区第三届人民代表。

7月22日　姚耐在全院师生员工大会上作"整风一年来的基本总结和今后任务"的报告,宣布:上海市委决定将华东政法学院、上海财经学院、复旦大学法律系和中国科学院上海经济研究所4个单位合并组建上海社会科学院。

8月　学院调派约70余名教师支援黑龙江、吉林、河南、安徽等地新建的财经院校。

## 1959年

5月5日　中共上海市第一商业局委员会将5月2日《关于筹备上海商学院的报告》报送中共上海市委员会。《报告》提出:上海商学院以上海商业学校为基础积极筹备。

## 1960年

3月9日　鉴于"最近市委指示成立财经学院,为整个财贸系统培养专业人才",中共上海商业学校委员会向上海市第一商业局党委报送《关于上海财经学院筹备情况的报告》。

4月13日　遵照市委指示,由第一、二商业局,财政局,人民银行等单位组织成立的上海财经学院筹备小组编制成《上海财经学院建院规划》,内分培养目标、系科设置、规模、机构与编制、师资与干部配备、校舍6个部分。关于师资,《规划》称"目前商校有教师109名,上海社会科学院已调来教师78名"。

4月22日　上海商业学校党委主持召开上海社会科学院调来的骨干分子座谈会。参会人员一致表示有决心在校党委领导下,把新的财经学院建设成为一所新式的现代化第一流的财经学院。

9月10日　学院在"为开学在即请速颁发上海财经学院校章由"致上海市高教局一文中称:"本院经过筹备,业经市委同意成立。"院址为共和新路1482号(原上海商业学校校址)。学院隶属市委财贸部领导,由商业一局主管。

10月15日　学院组织师生688人到崇明县新安沙、西新沙高教农场参加约万亩的围垦劳动,编成1个大队,下设3个中队、11个分队、38个小队。11月6日返回学校。

11月27日　学院党委在全院教职工中开展的以"反对官僚主义、反对浪费、反对贪污"为重点的整风运动开始。

## 1961 年

1月14日　召开全院团员大会,选举产生团委委员9人。

3月20日　市商业一局团委批复,李光治任团委副书记。

3月　学院开办上海市财贸系统财会人员训练班,历时3个月左右。共办3期,培训697人。

6月21日　学院就接受16名越南留学生的专业安排上报上海市高等教育局。越南留学生9月到校后,分别在贸经系、财金系学习。

11月14日　学院向市高教局报告学院基本情况,其中:党委书记陆慕云,党委副书记王伟才、胡远声(代理);院长陆慕云,副院长王伟才。

11月17日　经院务扩大会议决定成立的科学研究小组举行第一次会议,推定王伟才、顾理、贾宏宇、徐政旦为小组召集人。

## 1962 年

3月19日　学院印发《上海财经学院学生生产实习暂行规程(草案)》。

3月22日　学院团委召开全院团员大会进行民主改选,选举结果为杨昭伦等15人当选(全院团员386人)。

4月4日　上海市财贸政治部通知学院党委:接市委批复,同意成立上海财经学院党委,由陆慕云、王伟才、梅达君、胡远声、路祥麟、杨昭伦、任天洛7人组成,并由王伟才任党委书记;学院党委直属市委领导,日常工作由市财贸政治部代管;由陆慕云兼任院长,王伟才、梅达君、李鸿寿、胡远声任副院长。

5月29日　共青团上海市委组织部批复学院团委会:共青团上海财经学院委员会直属团市委领导,有关日常业务工作由团市委学校工作部负责联系指导;同意由杨昭伦等15人组成团委会,杨昭伦任团委书记。

7月26日　学院党委提出,增设二年制工业会计专修科,招收230名上海农学院一年级学生(经市委批准,上海农学院于1962年暑假停办)。

9月1日　学院公布院部及各处、部、系、室、教研组负责人名单。

9月　学院在科研小组的基础上,扩大成立科学研究委员会(委员29人,梅达君为主任委员,郭森麒、邹宗伊、贾宏宇、徐政旦为副主任委员),负责领导、组织、推动全院科研工作的开展。

10月10日　上海市高等教育局批复学院:"同意你院所提院务委员会委员名单。"院务委员会共有27人组成,陆慕云为主任委员,王伟才、李鸿寿、梅达君、胡远声为副主任委员。

同日　学院工会公布第二届委员会分工名单:主席胡远声,副主席徐翰章、徐政旦、陈大慰、王公维,经审委主任委员邹宗伊。

10月　王伟才因工作需要调离上海财经学院。

## 1963 年

1月16日　学院制定的《上海财经学院领导体制和组织分工暂行规定(修订初稿)》明确:学院

实行党委领导下的以院长为首的院务委员会负责制。

2月19日　中共上海市委教育卫生工作部通知学院党委：经市委同意，调胡也任学院党委副书记。

5月3日　学院召开"五一""五四"纪念大会，宣布1962—1963学年"三好"学生名单并举行授奖仪式。评选出的"三好"学生共41人，占全院学生总数888人的4.6%。

6月3—15日　学院举行1963年科学讨论会，主要讨论"商业计划""商业组织与技术"2门教材以及论文42篇，分成13个专业小组进行，并邀请厦门大学校长王亚南在开幕式上作"当前经济科学研究的三大任务"的学术报告。应邀出席的来宾计有外地单位12个共22人，本市有关兄弟院校、业务部门及上海社科院共200人次以上。

6月26日　学院党委在给市委教卫工作部的请示函中称："将图书馆改为由院部直接领导。"

6月28日　上海市高教局批复学院：同意撤销行政办公室，改称总务处；同意撤销饮食服务系。

10月21日　学院组织学生406人、教工36人赴吴淞人民公社张建浜、炮台湾2个生产大队参加"三秋"劳动。11月8日返校。

11月29日　学院党委向全校师生员工作整改动员报告。

## 1964年

1月20日　学院师生82人（其中学生55人）由人事处副处长任效带队，赴上海县马桥公社参加农村社会主义教育运动。4月23日返校。

1月　奉上级决定，学院与水产学校、商业学校三方互换校址，上海财经学院迁入上海市水产学校，校址为中山北一路369号。

2月8日　共青团上海市委组织部批复学院团委：同意周敦生担任团委书记。

3月2日　学院师生365人（其中学生320人）由院长办公室副主任徐翰章带队，赴奉贤县泰日公社参加农村社会主义教育运动。4月20日返校。

3月25日　学院印发《上海财经学院班级政治指导员工作条例（草案）》。

5月29日　中共上海市委教卫工作部通知学院党委会：经市委同意，调王薰香任学院党委副书记。

5月30日　学院举行第一届田径运动会，参加竞赛项目的运动员有452人（其中学生402人）。

7月18日　根据中共中央和上海市委关于组织大学生利用暑假下连当兵的指示，学院由团委书记周敦生带队，组织6个班级96名师生（学生91人）到无锡或市郊中国人民解放军某部锻炼。8月19日返校。

7月31日　学院组织各系一二年级及商品系三年级学生共125人赴高桥营地参加军事夏令营活动。

9月4日　中央高等教育部通知学院：分配3名越南进修生到上海财经学院学习，为期2年。

11月10日　学院高年级学生和青年教师、部分中年以上教师（除商品系外）赴金山县参加农村社会主义教育运动，部分学校党政领导干部和一般干部随同参加运动。

12月1日　学院召开党员大会，改选党委会。出席大会的党员77人（其中正式党员75人）。选举结果：胡也等9人当选为新一届党委委员。

同日　新一届党委召开第一次全体委员会议,选出王薰香等5人组成监察委员会。1965年1月6日市委批复学院党委、监委名单。

12月2日　市委教卫部通知学院党委会:接市委11月27日批文,市委同意免去陆慕云的上海财经学院院长的兼职。

12月12日　中央高等教育部通知学院:转发越南政府授予贾宏宇友谊奖章一枚。

## 1965年

1月9日　学院面上社会主义教育运动开始,至4月1日告一段落。

5月17日　学院呈文报送市高教局:决定将"普通课教研室"改名为"基础课教研室"。

6月12日　学院召开全院学生学习毛主席著作心得交流大会。

7月11日　接市委指示精神,学院组织为期10天的军事野营活动,有330名学生和部分教工参加。

9月　学院组织部分高年级学生和教师、干部,赴南汇县参加社会主义教育运动。

10月16日　学院根据市高教局"决定上海财经学院作为外宾参观单位"的指示,成立外宾接待小组,王薰香担任组长。

10月27日　院部为贯彻"七三"批示,就学生课内外时间安排做了3条规定。

## 1966—1972年

1966年5月,"文化大革命"开始。"文化大革命"期间,学校教学科研工作秩序遭到严重破坏,直至1972年4月,学校被撤销。

## 1978年

6月8日　上海市革委会财贸办公室(简称市财办)向市委、市革委会报送《关于要求恢复上海财经学院的请示报告》,建议先成立以姚耐为组长的筹备小组。

7月11日　上海市革委会《关于恢复上海财经学院的请示报告》报送国务院。

7月　根据上海市革委会请示报告精神,学院筹备组开始筹建工作。

8月21日—9月8日　院筹备组多次召开筹备工作座谈会,讨论学院复校后的办学方向、任务、培养目标、专业设置、课程内容、办学形式、毕业去向、图书资料等问题。

9月16日　学院筹备组在《关于我院今年招生数和具体要求的报告》中向市革委会教育卫生办公室(简称市教卫办)提出设置会计、统计、财政、金融、工业经济、贸易经济6个专业和招收400名学生的要求。

9月　中国科学院上海生理研究所党总支书记、副所长王星九调回参加筹建工作。

10月17日　市教卫办向复旦大学和上海财经学院(筹备组)发出《关于调回上海财经学院教师的通知》,决定凡1972年调到复旦大学的原财经学院干部和教师,原则上调回财经学院。

11月6日　院筹备组召开"热烈欢迎原财经学院教职工回院为加速培养企业管理人才而共同努力大会",150多名回校工作的教职工出席会议。

11月14日　召开复校后首次全体教职工大会,姚耐讲话。
12月12日　市财办党组批复学院,同意暂定教职员工编制563名。
12月16日　录取首届新生463名。
12月28日　教育部发文通知:经国务院批准,同意恢复上海财经学院,并明确归上海市领导。

## 1979年

1月22日　学校举行复校后首届开学典礼。全校700多名师生参加,市教卫办、市财办、市教育局、市财政局等部门和部分兄弟院校的负责人应邀参加。

1月27日　中共上海市委批复市委组织部,同意姚耐任党委书记兼院长;王星九任党委副书记、副院长;顾理任党委委员、副院长;郭森麒任党委委员、副院长;李鸿寿任副院长;周友珊、宗士诚任党委委员。

2月1日　学院行政系统设立院办、教务处、人事处、行政处,党委系统设立组织、宣传、统战、保卫等部门。

4月26日　学院向市教育工会呈送《关于筹建上海财经学院工会的报告》,决定成立工会筹备组。

5月15日　召开复校后的首届团委、学生会成立大会。

6月7日　院党委研究决定,建立纪律检查小组。

7月15日　院党委研究决定,成立教师升等升级工作领导小组。

7月　学院恢复夜校部,招收学员450人。

8月24日　学院的隶属关系由市革委会财贸办划归市教卫办。

8月　首次招收研究生,录取10名。

9月14日　举行夜校部复校后首届新生开学典礼。

9月　教育部委托学院举办中国经济思想史教师进修班,全国20所高校20余名教师参加,至次年7月结业。

11月　召开复校后第一次全院学术讨论会,教师共提交84篇学术论文。

## 1980年

1月　《财经研究》复刊。

3月12日　教育部发文通知:经国务院批准,上海财经学院的领导关系改为财政部和上海市双重领导,以财政部为主。

4月12日　学院成立由31人组成的学术委员会,姚耐为主任,郭森麒、龚清浩为副主任。

4月15日　市教委办党组批复同意学院纪律检查小组改为纪律检查委员会,由王星九、周友珊、路祥麟3人组成,王星九兼任纪委书记。

5月　学院召开首届职工代表大会,选举李鸿寿等7人组成工会委员会。

9月　根据市领导指示,学院与市计委、教卫办、高教局、规划局等研究确定,在宝山县五角场公社国定大队的国定路、政立路征地扩建。

11月5日　遵照财政部指示,学院举办外国财经图书展览,12日闭幕。

11月　按照中央、市委关于"清查"工作的指示,学院对"文化大革命"时期需"清查"的4个问题进行调查研究。

是年　中山北一路校区第一学生宿舍楼建设完工,总建筑面积 3 032 平方米。

## 1981 年

3 月 16 日　学院根据财政部 1 月批复,决定从秋季招生起,夜校部改名为夜大学。

3 月 30 日　财政部和上海市政府经协商联署送教育部文件,决定在上海财经学院设立上海国际经济管理学院。

4 月 23 日　上海国际经济管理学院正式成立。

5 月 22 日　院长姚耐率财经教育考察团出访日本大阪市立大学等 10 所高校,历时 22 天。这是复校后院领导首次进行的出访交流活动。

5 月 25 日　上海国际经济管理学院与世界银行经济发展学院联合举办的"一般项目计划管理讲习班"开班(预备课程 3 周)。

6 月 17 日　学院举行中级官员讲习班开学典礼暨上海国际经济管理学院成立典礼,上海市市长汪道涵、财政部副部长陈如龙出席并讲话。

7 月 27 日　财政部党组批复:任命龚浩成为副院长。

8 月 2 日　学院与宝山县五角场公社国定大队签署征地协议书。第一期征用农田 70.242 亩。

8 月 29 日　学院向市高教局上报《上海财经学院"六五"计划和十年设想的意见》。

9 月 30 日　会计学系副教授吴沪生在美国因病逝世,家属在会计学系设立吴沪生奖学金,奖励品学兼优的学生。

11 月 3 日　经国务院学位委员会批准,上海财经学院的会计学专业具有博士学位授予权,娄尔行教授为博士生导师;政治经济学、国际金融、工业经济、商业经济、财政学、货币银行学、会计学、统计学 8 个专业具有硕士学位授予权。

11 月 18 日　学院向财政部呈报学位评定委员会组成人员名单,共 13 人,姚耐任主任,郭森麒、龚清浩任副主任。

## 1982 年

4 月 19 日　党委根据中共中央 1982 年 10 号文件《关于检查一次知识分子工作的通知》,对检查、落实知识分子工作进行专题讨论和研究。

5 月 11 日　学院召开全体教职工大会,表彰 1981 年度先进集体和个人。大会之前,夜大学办公室被评为上海市模范集体。

6 月 9 日　学院成立体育运动委员会。

10 月 7 日　学院召开第二届团代会和学代会。

10 月 18 日　财政部党组通知:任命张婉如为院党委副书记。

## 1983 年

1 月 25 日　举行复校后首届本科生毕业典礼,毕业本科生共 454 名。

2月25日　财政部人教司副司长杨春一到院宣布：为照顾姚耐身体健康，党委工作临时由王星九主持，教学、科研、行政工作由郭森麒主持。

3月3日　党委决定设立德育教研室。

4月19日　学院成立业务技术职称评定委员会。

5月1日　校报《上海财经学院院刊》复刊。

5月　副院长郭森麒参加教育部召开的全国高等教育工作会议。会前学院报送交流材料《加快步伐，开创高等财经教育的新局面》。

7月　学院决定成立财经教育研究室。

11月　学院成立大学生思想政治工作研究会。

11月　财经教育研究室更名为高等教育研究室。

12月　《财经高教研究》创刊，姚耐题写刊名。该刊主要研究与探索高等财经教育的理论和实践问题。

是年　学院在五角场公社国定大队又征地29.254亩；祥德路274弄1—14号教工住宅楼建设完工，总建筑面积14 056平方米。

## 1984年

1月13日　经国务院学位委员会批准，学院增设中国经济思想史博士学位点（导师为胡寄窗教授）和中国经济思想史、外国经济学说史、国际贸易硕士点。

3月　学院首次招收博士生1人（会计学专业汤云为）。

5月15日　学院党委副书记王星九向有关同志宣布国定路联合办公室成立，其任务是做好当年招收的新生在建设中校区入学相关工作，建立正常的教学秩序。

7月27日　财政部发文，任命叶麟根为党委副书记（主持工作）兼纪委书记，张君一为院长、党委副书记，张婉如为党委副书记，叶孝理、王松年、陈和本为副院长，王星九、郭森麒、李鸿寿为顾问。免去姚耐、王星九、郭森麒、李鸿寿、龚浩成的原任职务。

7月　财政金融学校将昆山路146号校舍归还给学院，由夜大学使用。

8月9日　财政部人教司副司长杨春一视察在建的国定路新校区。

8月24日　成立国定路工作委员会和国定路办公室，直属校部领导。

11月3日　教育部高教一司副司长夏自强到学院检查教学改革工作。

12月7日　学院宣布各部、处、系、所负责人调整名单，新设外事处等部门。

12月28日　学院成立财政经济研究所和《财经研究》编辑部。

12月　上海市委宣传部批准学院财政经济研究所主办的《外国经济与管理》月刊于1985年1月起向国内公开发行。该刊原名《外国经济参考资料》，创办于1979年，内部发行。

## 1985年

1月23日　市委常委、市教卫党委书记陈铁迪等一行9人莅院检查工作，并视察在建的国定路新校区。

2月5—7日　学院与上海市体改办、经济研究中心、社科院、经济学会、市委研究室、市府研究室以及计委经济研究所联合主办的"上海城市经济体制改革讨论会"在院召开。市长汪道涵,副市长阮崇武、黄菊出席并讲话。

2月　学院与上海市会计学会合办的大华会计师事务所成立。

3月21日　首次实行院长接待日。院长张君一、副院长陈和本接待了10名学生。

5月31日　学院召开第一届教代会暨第二届工代会。

9月7日　学院邀请有40年以上教龄和70岁以上的教师以及家属召开座谈会,听取他们对搞好教育改革、发展高等财经教育的意见和建议,并一起欢度首届教师节。

9月10日　学院召开全院教职工大会,庆祝首届教师节,并对具有30年以上教龄的教职工进行表彰。

9月17日　财政部发文,批准上海财经学院改名为上海财经大学。

9月　陈云为上海财经大学题写校名。夜大学恢复函授教育,主要面向华东地区招生。

10月11日　上海市副市长叶公琦一行到校与学生座谈,并到宿舍了解学生的学习、生活情况,走访两个系慰问教职工,还视察在建的国定路新校舍。

10月22日　财政部发文,任命金炳华为上海财经大学党委书记。因校名更改,学校其他领导分别改任为上海财经大学党委副书记、校长、副校长、顾问。

10月26日　上海市副市长叶公琦莅校就财政、物价等问题向学生作报告。

10月28日　财政部副部长陈如龙到校宣布财政部对校领导的任命并讲话。

11月6日　学校党委邀请全国劳动模范、上海市优秀共产党员杨怀远到校作报告。

11月22日　召开庆祝学校更名暨建校68周年大会。上海市委书记芮杏文、财政部副部长陈如龙为"上海财经大学"校牌揭牌。

12月1日　上海财经大学校友会成立。

是年　国定路校区建设完工教学楼10 758平方米、学生宿舍6 800平方米、学生食堂1 534平方米。新征地81亩。国定路600弄24—31号教工宿舍建设完工,总建筑面积8 472平方米。

## 1986年

1月11日　校党政会议决定成立思想理论教育改革领导小组和学生工作指导委员会,由张婉如分管。

1月17日　党委召开全体党员大会,金炳华作整党动员报告,并宣布学校全面整党开始。

1月27日　党委决定选收8位同志入《中国人名词典》(教育界部分),名单排列次序和条目级别是:姚耐(中条)、李鸿寿(中条)、娄尔行(中条)、胡寄窗(中条)、龚清浩(中条)、杨荫溥(短条)、刘絜敖(短条)、彭信威(短条)。

2月　校长张君一、副校长王松年、教授谢树森应邀访问菲律宾马尼拉保险公司和萨拉德拉大学,并到香港大学访问,与两所大学就校际学术和人员交流进行商谈,达成合作意向。

3月29日　财政部教育司司长杨春一参加学校领导班子的整党学习,并就学校的发展目标、校园建设、教学改革等发表意见。

4月15日、19日　财政部人事司司长朱希安两次到校检查工作。

5月　成立学校教师职称评审委员会。

6月27日　举行1986年思想政治工作理论研讨会。

8月16日　财政部通知,调校长张君一到世界银行中国执行董事办公室任副执行董事。

8月25日　国务院学位委员会批准学校设置财政学博士点和统计学博士点。席克正、郑德如两位教授分别任博士生导师。

9月1日　市委决定:金炳华任中共上海市委教育卫生工作委员会副书记。金炳华仍兼任上海财经大学党委书记。

9月7日　财政部决定:副校长叶孝理主持学校行政工作,党委副书记叶麟根兼任副校长。

9月20日　市委常委、市教卫党委书记陈铁迪到校检查工作。

10月4日　财政部教育司司长杨春一到校检查工作。

10月14日　财政部批复学校:同意增设研究生处、师资办公室、学生工作部和学生处。

10月23—29日　财政部部属院校工业经济专业教学改革座谈会在学校召开。

10月30日　学校举行"经济体制改革研究中心"成立大会,并与《世界经济导报》等单位联合召开生产资料价格改革研讨会。薛暮桥为大会撰写文章,市体改办负责人、市经济中心负责人以及专家学者百余人参加研讨会。

12月28日　举行学校更名后的首届教工运动会。

是年　夜大学,包括函授办公室、自学考试办公室迁至昆山路146号。国定路校区第三学生宿舍楼建设完工,总建筑面积6 292平方米。获批征地71亩(含规划道路用地5亩)。

## 1987年

4月3日　财政部纪检组副组长潘祖颐、教育司副司长张玉泰到校检查工作。

4月6日　与世界银行经济发展学院联合举办第二期国际经济管理讲习班,历时48天。

4月23日　学校人事档案清理工作通过市委组织部和市教卫党委的检查验收。

5月6日　学校决定成立电教中心(筹),直属校部领导。

5月8日　学校成立财政系、金融系,撤销财政金融系建制。

6月　学校第一次承接国家社会科学基金课题《国民经济监督系统》。由石成岳、杨公朴担任组长,30余位中青年骨干教师组成课题组。

7月1日　与加拿大曼尼托巴大学建立校际协作关系。

7月27日　受国家教委委托举办的国际经济学研讨班开班。学员共37人,其中32人为来自10所贷款项目院校的教师、科研人员和研究生,5人来自非贷款项目院校和科研单位。8月20日结束。

8月29日　国家教委高教一司司长夏自强等一行3人到校检查工作。

9月25日　举行建校70周年庆祝大会暨1987年学术讨论会开幕式。市委常委、市教卫党委书记陈铁迪,市人大常委会副主任舒文,副市长谢丽娟及财政部、市府有关领导参加,并视察国定路校区。校庆活动期间,国务委员兼财政部部长王丙乾、上海市市长江泽民以及市老领导汪道涵、夏征农等,分别题词祝贺。

10月19日　上海市副市长叶公琦来校与部分教授、干部、青年教师和学生进行座谈。

11月21日　举办"统战工作和民主党派工作成果汇报展"首展式。财政部副部长陈如龙和校党委书记金炳华为首展式揭幕。

11月23日　学校根据国家教委有关规定,决定成立由19人组成的图书情报工作委员会。

是年　国定路校区第四学生宿舍楼建设完工,总建筑面积6 127平方米。

## 1988年

1月28日　举行迎春座谈会暨学校退(离)休教育工作者协会成立大会。

3月14日　成立教材编审委员会,以规划统筹学校的教材建设。

5月10日　由荷兰王国外贸大臣范罗伊女士率领的荷兰对外贸易代表团一行7人到校访问并作专题演讲。

5月19日　财政部教育司发文,同意学校研究生处改为研究生部;同意外事处在对外联系时使用"国际交流处"的名称。

5月24日　成立大学生艺术团。上海音乐学院原副院长陈良应邀担任艺术团名誉团长,党委副书记张婉如为艺术团顾问。

6月10日　学校会计学科被国家教委确认为全国重点学科点。

7月19日　财政部发文通知,经商得中共上海市委同意,财政部党组批准,同意学校实行校长负责制。任命金炳华为校长,王松年、陈和本为副校长;叶麟根为党委书记,张婉如为副书记。免去金炳华的党委书记职务,叶麟根的党委副书记兼副校长职务,张君一的校长兼副书记职务,叶孝理的副校长职务,李鸿寿的顾问职务。

9月8日　上海财经大学研究生部成立挂牌仪式举行。经上海市人民政府批准同意,校公安派出所成立。

9月14日　校长金炳华与日本一桥大学校长川井健签署两校关于学术合作及人员交流协议书。

10月11日　国家教委副主任柳斌和专职委员黄辛白到校检查工作。

10月14日　团市委、市高教局授予学校"上海市高校暑期社会实践活动优秀组织奖"。

10月22日　财政部批复同意学校校务委员会由27人组成,金炳华任主任,叶麟根、王松年、叶孝理任副主任。

11月15日　校长金炳华与日本神户学院大学校长签署校际交流协议。

11月17日　世界银行副行长、首席经济学家费舍尔到校作专题学术报告。

11月24日　市委副书记、副市长黄菊到校视察工作,并与学校领导和师生代表座谈。

12月6日　举行国定路校区图书馆新馆开馆典礼暨1988年进口财经图书展览会开幕仪式。

是年　国定路图书馆大楼建设完工,总建筑面积8 251平方米。国定路校区第五、六学生宿舍楼建设完工,总建筑面积5 334平方米。国定路600弄19—20号教工住宅建设完工,总建筑面积1 098平方米。获批征地59亩(含城市公路用地等11亩)。

## 1989年

1月11日　澳大利亚驻沪总领事馆总领事麦默瑞和夫人到校访问。

1月12日　财政部发文,同意调整学校学位评定委员会主席人选,金炳华任第三届学位评定委员会主席。

1月16日　金炳华、王松年分别与上海外国语学院院长胡孟浩、副院长戴炜栋签署《关于开展校际合作协议书》《关于联合举办国际会计专业协议书》，合作培养高层次涉外管理人才。

3月28日　学校举办首届体育节，历时3周。

3月29日　财政部教育司批复：在成人教育处的基础上组建成人教育学院，为学校的下属单位，由1名副校长兼院长，下设2至3名副院长（处级），统一归口管理成人高等教育。

4月6日　上海市人民政府顾问汪道涵应邀到校作《太平洋与中国》专题报告。

4月11日　召开中国共产党上海财经大学第三次党员代表大会。财政部教育司司长杨春一、上海市委组织部副部长罗世谦、市教卫党委副书记兼纪委书记胡绿漪及财政部部属院校的领导应邀参加大会。叶麟根作党委工作报告，金炳华作行政工作报告。大会选举产生新一届党委和纪委。

6月4日　金炳华、叶麟根参加市委召开的有关稳定上海的会议，并立即将会议精神向领导班子和各系、各部门负责人进行传达。

6月12日　教学秩序开始恢复正常。

6月13日　中共上海市委批复市委组织部，同意叶麟根任中共上海财经大学第三届委员会书记兼纪委书记，张婉如任党委副书记。

8月22日　经财政部教育司同意，学校从1989年开始招收外国自费留学生。

8月29—31日　国家教委高教司在学校举行全国财经类专业5门核心课程教学大纲审定会。

9月　学校被国家教委批准为应用类在职硕士研究生的试点院校之一，开始招收应用类在职硕士研究生。

11月24日　中共上海市委副书记、副市长黄菊到校视察检查工作，并与学校党政领导和部分教授、干部座谈。

11月　金炳华率团访问美国加州大学伯克利分校等6校，与圣克劳德州立大学和曼彻波里顿州立学院签订交流项目协议书。

12月20日　由财政系主任李儒训负责的国家"七五"期间第54项重点科技攻关项目《东海重点海区油气藏勘探开发经济评估及融资分析》通过国家鉴定。

是年　王松年被任命为财政部学位委员会副主任委员，席克正为委员。

## 1990年

1月20日　成人教育学院成立，汤云为兼任院长。

4月17日　召开庆贺学报《财经研究》复刊十周年、出刊100期暨"发挥国营大中型企业的骨干作用"理论研讨会。

6月1日　财政部副部长张佑才到校视察工作。

9月10日　市教卫党委书记刘克到校检查开学工作，视察电教中心、计算中心、图书馆，到学生食堂和教工宿舍看望师生员工。

9月19日　由财政部和世界银行委托，澳大利亚国立大学和上海财经大学联合举办的"国际经济管理讲习班"在学校举行开学典礼。讲习班为期2周。

10月8日　国务委员、财政部部长王丙乾在上海市副市长庄晓天等陪同下到校视察工作，并为学校题词："坚持社会主义办学方向，培养更多高质量的财经人才。"

10月20日　学校党委召开全校党员大会，部署党员重新登记工作。

10月25日　日本大阪市副市长矶村隆文博士应邀到校讲学。

10月　学校成立专业教学质量评估领导小组。

11月26日　"上海财经大学国际化经营研究中心"成立暨"国际化经营战略研讨会"召开。

12月4日　中国社会科学院副院长刘国光到校作"当前经济形势和90年代展望"的学术报告，并聘为学校兼职教授。

12月　世界银行经济发展学院院长戈兰到校进行工作访问。

是年　国定路校区第七学生宿舍楼建设完工，总建筑面积3 409平方米。

## 1991年

2月28日　经财政部党组研究，并征得上海市委同意，上海财经大学的领导体制由校长负责制转为党委领导下的校长负责制，撤销校务委员会，并对领导班子作相应调整。任命：金炳华为党委书记兼校长，朱沪生为党委副书记，汤云为、谈敏、陈和本为副校长；免去叶麟根党委书记、纪委书记职务，张婉如的党委副书记职务，王松年的副校长职务。

3月12日　经国务院学位委员会批准，上海财经大学为试行培养工商管理硕士学位的9所高校之一。

3月15日　德意志联邦共和国联邦统计局卡斯顿·史德沫博士到学校访问，并作学术报告。

4月16日　国务院体改委副主任高尚全和中国综合开发研究院副理事长、重庆社科院院长蒋一苇到校就当前的改革、"八五"计划纲要等问题作学术报告。

5月4日　国定路校区教学行政大楼竣工。

5月6日　全国政协常委、财政部会计事务管理司原司长杨纪琬到校接受兼职教授聘书，并作学术报告。

6月8—11日　财政部部属院校科研和图书馆工作实地评估专家组对学校科研和图书馆工作进行实地检查和评估。

6月14日　财政部党组发函，经部党组研究决定，并征得上海市委同意，任命季德元为上海财经大学党委副书记兼纪委书记。

6月25日　美国国际经营管理研究生院院长赫伯格到学校访问，并与学校签署两校学术交流协议。

7月6日　学校与宝山区人民政府举行"产学合作协议签字仪式暨学农恳谈会"。

7月24日　学校与上海万国证券公司签订"万国证券奖学金"协议书。由该公司提供人民币10万元作为基金，用于每年奖励优秀教师和学生。

9月17日　财政部副部长迟海滨在上海市财政局局长周有道等陪同下到学校视察。

10月10日　财政部党组发文，经部党组研究决定，并征得上海市委同意，任命潘洪萱为党委书记，免去金炳华的党委书记兼校长职务。

10月11日　财政部教育司批复学校，同意建立经济法学系。

10月12日　举行东亚银行上海分行向学校捐款52 000美元的捐赠仪式。

10月24日　学校召开中层干部会议，传达财政部党组和上海市委对学校党政领导的任免通知。财政部副部长刘积斌到会讲话，财政部人事司、教育司，市委组织部、市教卫党委等领导出席。

11月13日　学校召开高教研究会成立大会暨教育科学研讨会。

11月23—27日　由财政部教育司司长操清华率领的部属院校财政学专业教学质量评估专家

组对学校财政学专业教学质量进行评估。

11月26日　财政部批复,同意学校组建经济专业中、高级职务评审委员会,并有经济专业中、高级任职资格审定权。

同日　学校举行仪式,向被国务院授予有突出贡献专家称号的胡寄窗、娄尔行颁发政府特殊津贴证书,财政部教育司司长操清华到会祝贺。

## 1992年

1月4日　校党委制定《关于当前加强社会主义精神文明建设,争创上海市高校文明单位的实施意见》。

1月16日　上海市高校创建精神文明单位检查小组首次检查学校创建工作。

1月28日　学校制订《上海财经大学近中期工作思路及打算(初稿)》,提出"把学校办成第一流大学是我们的奋斗目标和基本任务"。

2月15日　经中国人民银行上海市分行批准,上财信用社在昆山路146号正式开业。

3月12日　国家国有资产管理局局长、国务院清产核资领导小组副组长汤丙午到学校视察工作,并与有关专家学者座谈。

4月7日　校党委下发《关于成立上海财经大学党校的通知》,党委书记潘洪萱兼任党校校长。

4月16日　上海市高教局组织有关专家到校对世界经济系国际贸易专业进行评估。

5月26日　上海市高教局发文:专家组对上海财经大学国际贸易专业评估,成绩为A级,为全市总分第一名。

7月1日—8月31日　受联合国跨国公司中心和国家对外经济贸易部委托,学校举办"中国管理人员培训班"。

7月4—6日　学校召开学科建设交流研讨会(第一次教改研讨会)。

9月3日　国务委员王丙乾为上海财经大学题词:"育理财之英　走强国之路。"

9月6日　台湾淡江大学管理学院院长蔡信夫一行10人到访,并与副校长汤云为签署两校交流项目意向书。

9月7日　原国务委员张劲夫为上海财经大学题词:"坚持教育三个面向,培养跨世纪管理人才。"

9月14日　经书记、校长会议研究,校党委决定,成立高等专科部、校产管理办公室和上海财经大学证券研究中心。

10月8日　学校举行胡寄窗教授执教65周年暨九十华诞庆祝会。

11月16日　人事部、全国博士后管委会发文批准上海财经大学等13个单位在社会科学领域设立博士后流动站,上海财经大学设站学科为经济学。

12月1日　学校举行建校75周年庆典活动。国务委员王丙乾、全国人大常委会副委员长费孝通、原国务委员张劲夫题词祝贺,财政部教育司发给学校贺电。市委副秘书长兼办公厅主任马松山、市委宣传部部长金炳华以及各地校友会代表到会祝贺。会后举行"上海财经大学科学研究中心"的揭牌仪式。

12月16日　财政部批复,同意成立"上海财经大学人才开发交流中心"。

12月　学校首次向上海市委教育卫生工作委员会提出文明单位的申报,并成立校精神文明建设领导小组,朱沪生任组长。

## 1993 年

1月14日　副校长汤云为与上海证券交易所总经理尉文渊签订合作意向书。

2月　学校开始在本科生中试行主副修制。

3月　经国家教委港澳台办公室批准,学校可招收港、澳、台地区学生。

4月16日　学校大华会计师事务所与国际著名的六大会计师事务所之一普华国际公司共同协商成立的中外合作性质的普华大华会计师事务所举行开业典礼。

4月19—20日　上海市高教局图书馆评估专家组到校评估图书馆工作。评估结果为 A 级。

4月27日　学校与上海第二纺织机械股份有限公司签署协议,合作成立"上海市场经济研究所"。

5月22日　学校与南德经济集团联合创办的南德国际经济管理学院在锦江小礼堂举行成立典礼。全国人大常委会副委员长王丙乾题写院名,上海市副市长谢丽娟为学院揭牌。

5月31日　学校与珠海恒通置业股份有限公司合作创建的恒通工商管理学院(MBA)在新锦江酒店举行成立典礼。上海市委副书记陈至立、市人大常委会副主任胡正昌、副市长孟建柱到会祝贺。

6月11—13日　学校召开"深化教育改革,加强学科建设"研讨会(第二次教改研讨会)。

6月30日　经校长办公会议研究,党委同意,学校成立经贸外语系。

10月　学校获"上海市高教局1991—1992年度文明单位"称号。

11月9日　经财政部党组研究并征得上海市委同意,任命汤云为为校长。

11月15日　学校将《上海财经大学"211工程"建设规划及发展战略目标实施步骤立项报告》报送财政部。

11月18日　全国财政系统先进工作者和先进集体电话表彰大会上,上海财经大学被授予"全国财政系统先进集体"。

12月14日　学校聘请国务院经济体制改革方案办公室副主任、国务院经济中心常务干事、中国社会科学院博士生导师吴敬琏为顾问教授。

## 1994 年

1月15—17日　财政部在学校召开由部属院校书记、校(院)长参加的教育教学改革研讨会。

1月17日　上海国际信托投资公司出资100万元在学校设立助学基金,其利息收益用于资助品学兼优、经济困难的学生。

2月4—6日　学校召开第三次教改研讨会,围绕学校的办学体制、学科建设、师资结构、教学科研管理等一些教改中的深层次问题进行研讨。

3月1日　学校与长江口商城股份有限公司联合创办"上海财经大学现代企业研究所"。

4月5日　完成教职工工资改革工作,开始试行新的津贴和绩效工资。

4月13日　校长汤云为与上海外国语大学校长戴炜栋就两校联合办学问题举行会谈,签署备忘录。

4月16日　学校与加拿大公认会计师公会(CGA)联合建立的国际公认会计师培训中心正式开学。

4月23日　财政部研究决定,学校于当年开始实行自主招生收费制度。

6月8日　由学校与上海证券交易所联合创办的上海证券期货学院签字揭牌仪式在上海证交所举行。校长汤云为和证交所总经理尉文渊分别在协议书上签字,党委书记潘洪萱和证交所理事长李祥瑞为学院揭牌。上海市副市长谢丽娟到会祝贺。

6月17日　学校顾问教授吴敬琏应邀到学校作"当前中国经济发展中的若干问题"的报告。

7月7—8日　学校召开中共上海财经大学第四次代表大会,选举产生第四届党委会和纪律检查委员会,并讨论通过第四次党代会决议。在党委会全体会议上,选举产生党委常委。

8月1日　国务院学位委员会通知:经研究,批准上海财经大学进行自行审定博士生指导教师的试点工作。

11月2日　校长办公会议决定,同意学校与日本中央大学合作组建"上海经济综合研究所(筹)"。

11月15日　校党政联席会议决定:组建校"申办'211工程'办公室(工作小组)",以具体负责学校"211工程"的各项申办工作。

11月24日　上海证券交易所决定捐赠学校50万元,作为上海证券期货学院的开办费和设备添置费。

11月25日　学校与万泰集团举行合作创办"上海财经大学万泰国际投资学院"的签字仪式。

12月9日　复旦大学教授蒋学模到校作题为"马克思主义经济学的命运"的讲座。

12月　广东省中振投资有限公司投入100万元,在学校设立"中振科学研究基金"。

## 1995 年

1月10日　校党政联席会议决定:从1995级本科生开始全面实施学分制。

1月18日　美国开利公司与学校签署谅解备忘录。开利公司将设立会计学博士奖学金,以资助优秀博士生完成学业。

1月27日　国家新闻出版署批复财政部:同意成立上海财经大学出版社。

2月　学校授予上海市副市长孟建柱兼职教授聘书。孟建柱作"上海经济发展"的报告。

3月6日　由学校主办,上海市房产经济学会、市土地学会、市房地产业协会等单位协办的"上海财经大学房地产经济研究中心"成立。

3月10日　举行由工业经济系、贸易经济系合并组建的工商管理学院成立大会。

同日　学校授予上海市副市长蒋以任兼职教授聘书。蒋以任作"上海工业经济的现状、变化和发展"的报告。

3月13日　学校获"1993—1994年度上海市文明单位"称号。

3月27日　学校与世界银行、国际货币基金组织联合举办的"市场经济与财务分析"国际研讨班开学。来自越南、蒙古等亚洲10个国家的青年官员参加,为期3个月。

4月19日　校长汤云为与广东省中振投资有限公司董事长梁咏签署《联合建立上海财经大学国际管理交流中心的意向书》。

4月23—25日　学校召开第四次教改研讨会,围绕加强学科建设、争上"211工程"这一主题开展分组讨论和大会交流。

5月18日　学校与上海能源化工公司合作组建的上海财经大学财务金融学院举行揭牌仪式。

5月26日　学校与上海粮油商品交易所、上海商品交易所合作建立的"上海财经大学期货研究中心"成立。

6月20日　学校与上海万泰集团合作创办的上海财经大学万泰国际投资学院举行成立揭牌仪式。财政部部长刘仲藜为学院题写院名。

6月23日　学校与美国丘博保险集团合作创办丘博保险培训中心协议的签字仪式举行。

9月1日　校党政联席会议决定：本学期起由党委常委会或党委常委扩大会议取代党政联席会议。

9月12日　学校向市教委呈报《关于我校由财政部和上海市人民政府共建的申请报告》。

9月22日　校党委常委会决定：成立上海财经大学邓小平理论研究中心和廉政建设领导小组，潘洪萱分别任主任和组长。

9月　校长汤云为与上海证券交易所总经理尉文渊签订合作建造证券期货综合楼协议书。

10月6日　学校举行教学督导组成立和受聘仪式，叶麟根、张君一、张婉如为顾问，严学丰为组长。

10月20日　学校建立关心下一代工作委员会，叶麟根任会长。

10月23日　学校离退休工作委员会成立，季德元任主任，谈敏任副主任。

12月4日　丘博保险培训中心开学。

12月9日　财政部下发《关于对上海财经大学开展"211工程"部门预审工作的通知》。

12月　财政部部长刘仲藜、上海市副市长谢丽娟分别在京沪两地签署《国家财政部和上海市人民政府共建上海财经大学的意见》。

## 1996年

1月5日　国家教委"211工程"办公室主任王忠烈到校检查"211工程"部门预审的准备工作。

1月13—14日　受财政部委托，以北京大学校长吴树青为组长的专家组到学校进行"211工程"部门预审，14日宣布专家组意见：同意通过部门预审。

1月　在财政部第三届全国财政系统优秀教材评选活动中，学校选送的19部教材中有15部获奖，其中获荣誉奖5部、一等奖3部、二等奖7部。

3月13日　举行"上海财经大学—东方海外货柜航运(中国)有限公司奖学金"签字仪式。

3月21—22日　由上海市教委、市文化局、团市委等单位联合主办的"京剧走向青年"——上海地区巡回展演活动在学校举行。

5月9日　世界十大寿险公司之一的英国保诚集团公司在校设立"保诚科学研究基金"。

5月28日　全国政协常委、经济委员会常务副主任、上海财经大学兼职教授刘鸿儒到校作"中国资本市场现状与发展"学术报告。

9月23日　学校在原有教材编审委员会的基础上，成立课程与教材建设委员会，谈敏任主任。

10月15日　台湾乾隆集团在学校设立乾隆教育奖励基金100万元，每年以基金额的15%用于奖励优秀教师和学生以及设立特困学生的助学金。

10月31日—11月1日　"全国部分财经类院校跨世纪'两课'改革和建设研讨会"在学校

召开。

11月14日　由学校与美国韦伯斯特大学合作培养、授予美国学位的工商管理硕士研究生班开学。

11月19日　校党委常委扩大会议决定成立就业分配指导中心。

12月24日　校党委常委扩大会议决定：学校申请参加由国家教委1998年下半年组织的本科教学工作优秀评价，并成立由汤云为为组长的领导小组。

## 1997 年

1月1日　学校正式试行《上海财经大学教师工作规范》。

1月7日　学校"211工程"建设办公室成立。

1月13日　经财政部批准，学校为南亚、中亚地区11个国家的政府官员举办两期"市场经济与财务分析班"，每期为时约2个多月。

3月4日　校长办公会议决定，成立"上海财经大学产业经济研究中心"和"经济人文科学研究所"。

4月7日　学校获"1995—1996年度上海市文明单位"称号。

5月1日　国务院总理李鹏为学校题词："面向二十一世纪　培养优秀财经人才。"

5月5—6日　学校举行第五次教改研讨会，主要围绕本科教学评估和"211工程"学科建设两件大事进行。

5月16日　由财政部组织并邀请的以西南财经大学名誉校长刘诗白为组长的10位专家，对学校《"211工程"建设项目可行性研究报告》进行论证和审核，一致同意通过《报告》的论证和仪器设备的购置计划。

7月3日　学校决定成立制度经济研究所、不动产研究所和风险与保险信息咨询中心。

7月18日　中共中央总书记、国家主席江泽民为学校题词："面向新世纪把上海财经大学建设成为具有一流水平的社会主义大学。"

7月21日　国务院副总理李岚清为学校题词："坚持教育改革，合理配置和充分使用教育资源，进一步提高教学质量，为培养跨世纪的优秀人才作贡献。"

8月15日　国家教委党组书记陈至立为学校题词："财经管理人才的摇篮　精神文明建设的园地。"

9月4日　全国人大常委会副委员长王丙乾为学校题词："发扬勤奋严谨求实创新精神，努力培养跨世纪优秀管理人才。"

同日　中共上海市委副书记、市长徐匡迪为学校题词："培养高级财经人才，为上海建设金融中心服务。"

9月5日　上海市副市长龚学平为学校题词："社会主义建设需要众多高质量的财经管理人才。"

9月7日　由潘洪萱、汤云为、裘逸娟主编的《走向新世纪的上海市场》（国家"九五"重点图书规划项目）举行首发式。该书共3卷，约200万字。

9月8日　财政部党组发文，经7月5日部党组会议研究决定，并征得上海市委同意，任命刘永章为上海财经大学党委副书记，储敏伟、夏大慰为上海财经大学副校长；免去季德元上海财经大学党委副书记、纪委书记职务。

9月10日　以"曲折奋进八十载,踏实创新奔未来"为主题的80周年校史回顾展揭幕。

9月15日　校"211工程"公共服务体系建设的重要组成部分——校园计算机网络开通。

9月16日　"上海制度经济研究所成立大会暨海派经济论坛第五次研讨会"在学校举行。

9月19日　学校举行海外校友与学生座谈会暨捐赠仪式,接受原国立上海商学院院长朱国璋的遗孀朱束冠男女士向学校捐赠的10万元人民币(折算额)的教育基金。

9月20日　上午举行建校80周年庆祝大会。会后,举行证券期货学院综合教学楼奠基典礼。下午举行"面向21世纪中国高等财经教育"校长论坛、校企合作办学座谈会。

9月　为庆祝上海财经大学建校80周年,中共中央政治局委员、中共上海市委书记黄菊写给学校贺信;财政部部长刘仲藜为学校题词:"提高教学质量和科研水平　培养优秀财经管理人才。"

10月28日　党委常委扩大会议原则同意深圳大华会计师事务所按有关程序进行改制。

11月8日　举行上海财经大学会计学院揭牌仪式。全国政协常委杨纪琬为会计学院揭牌,并作题为"我国会计准则制度现状"的学术报告。

11月11日　校党委常委会决定,从1998年1月1日起,学校实行教职工到龄即退休制度。

12月16日　校党委常委扩大会议决定,学校向上海市高校后勤服务有限公司(筹)认股100万元,以支持和参加全市高校后勤服务社会化的改革工作。

12月18日　英国特许公认会计师公会(ACCA)行政总裁罗施雅女士专程从英国到上海,向国际会计专业四年级学生汪珺颁发学科奖证书和奖金。汪珺在"税务框架"考试中获全球最高分94分。

## 1998年

3月31日　学校大学生邓小平理论学习研究会成立。

3月　国家教委公布"跨世纪优秀人才培养计划(人文社会科学)"第一批入选者名单,夏大慰入选。

4月14日　根据财政部和证管委、中注协的有关文件要求,学校同意普华大华会计师事务所实行改制。

4月24日　财政部人教司副司长解学智代表财政部党组宣读对校领导任免的决定。经1997年11月28日财政部党组会议研究决定,并征得上海市委同意,任命:谈敏为上海财经大学党委书记,朱沪生为上海财经大学纪委书记(兼)。免去潘洪萱上海财经大学党委书记、常委、委员职务,免去谈敏上海财经大学副校长职务。

4月29日　学校召开"211工程"重点学科建设项目实施管理工作会议。

5月22日　国家发展计划委员会批复财政部:同意上海财经大学作为"211工程"项目院校,在"九五"期间进行建设。

7月6日　市委教卫党委批复,同意增补储敏伟、夏大慰为中共上海财经大学党委常委。

同日　根据教育部有关学科建设的精神和"211工程"建设发展的需要,学校党委常委会决定调整部分院系:(1)由财务金融学院、万泰国际投资学院、证券期货学院和世界经济系的国际金融专业教研室组建为金融学院;(2)由工商管理学院和世界经济系的国际贸易专业教研室组建为国际工商管理学院;(3)由经济学系、数量经济研究室合并成立经济学院(筹);(4)经济法系、经贸外语系分别更名为法学系与外语系;(5)恒通工商管理学院更名为MBA教育中心与上海财经大学—

美国韦伯斯特大学合作MBA培养部,财大方事务统一归研究生部管理。

8月29日　财政部部长项怀诚到校视察工作,并与会计学院部分教授座谈,题词:"为发展中国会计教育事业做出更大贡献。"

9月2日　日本丽泽大学校长广池干堂率团访问学校,校长汤云为与其签署建立两校长期交流合作关系的协议书。

9月8日　举行金融学院成立大会。

9月15日　举行国际工商管理学院成立大会。

9月22日　中共中央政治局常委、国务院副总理李岚清到校视察。陪同的有教育部部长陈至立、财政部部长项怀诚、科技部副部长徐冠华、国务院副秘书长徐荣凯以及上海市委副书记龚学平、副市长周慕尧等。

9月25日　由英国鹰星保险公司资助的"财大—鹰星保险精算资料研究中心"和"英国精算师考试培训中心"成立。

9月　上海财经大学、美国丘博保险集团和美国特许财产责任保险学会(CPCU)/美国保险学会(IIA)签约,在学校的丘博培训中心建立中国第一个CPCU/IIA资格考试中心。

10月1日　学校与上海市电话管理局共建的"201校园卡"工程竣工,全校本科生、研究生宿舍1958间都装上直拨电话。

10月9日　教育部批准上海财经大学等11所高校为国家经济学基础人才培养基地。

10月25日　学校按教育部高教司的要求重新申报,表示继续参加教育部组织的本科教学工作优秀学校建设与评价。

11月10日　上海市教委同意学校为高校后勤社会化改革首批试点单位之一,并计划1999年2月完成转制。

11月12日　上海市委副书记龚学平,市委常委、宣传部部长金炳华,市教育党委书记王荣华等到校视察。

12月18—19日　学校召开第六次教改研讨会,就本科专业培养方案和课程设置的优化、研究生培养方案的优化进行研讨和交流。

12月25日　法学院成立揭幕仪式举行。

## 1999年

1月19日　财政部副部长高强、人事教育司司长廖晓军、副司长王建国到学校宣布财政部党组1998年12月29日关于任命谈敏为校长(兼)、免去汤云为校长职务的任免通知。

1月21日　"上海高校后勤服务中心上海财经大学后勤实业发展中心"宣布成立。

2月　学校被授予上海市"花园单位"。

4月12日　教育部副部长张保庆、上海市教委副主任薛沛建一行视察在建的学生公寓和部分教学设施。

4月　学校成立留学生办公室。

5月10日　经财政部批准,同意在全日制本科学生中开展双专业和双学位教育。

5月14日　由1948届毕业生叶万安、王珏、汪绍月、章绮梅捐赠10万美元设立的奖学奖教金颁奖仪式在学校举行。

6月1日　学校获"1997—1998年度上海市文明单位"称号。

6月1—2日　由中国人民大学党委副书记石亚军、复旦大学副校长孙莱祥、北京航空航天大学李纪安组成的教育部专家组到校对本科教学评建创优工作进行预审。

6月　举行研究生部教学顾问组成立及聘任仪式，组长为张淑智。

7月7日　学校与日本岐阜经济大学签定教育和学术交流协议书。

8月29—31日　学校召开以教育思想讨论与评建创优工作为主题的第七次教改研讨会。

9月2日　学校成立教学技术中心。

10月9—10日　全国15所高校的精算教师代表来到上海财经大学，举行中国精算教育研究圆桌会议。会前举行学校与英国精算学会、英国鹰星人寿保险有限公司合作备忘录签约仪式，三方约定继续联合培养1998级、1999级精算本科生。

10月　《上海财经大学学报》正式出版发行。职业技术学院成立。

11月1日　学校与英国南安普顿大学签订合作谅解备忘录。

12月3日　上海市委常委、副市长韩正到校作城市发展规划专题报告。

12月8日　上海老年大学财经大学分校举行揭牌仪式并开始招生。

12月14日　学校与上投公司签署《上海国际信托投资公司（财大）助学基金章程（1999年12月修订）》，明确基金第一期设立年限为10年，即从1994年1月起至2003年12月止。

12月21日　学校举行归国华侨联合会成立大会。侨联主席为颜光华。

12月29日　80名学生参加捐献骨髓的公益活动。

## 2000 年

1月2日　与英国南安普顿大学合作培养本科生项目启动。

1月21日　与美国韦伯斯特大学开展合作培养工商管理专业本科生项目。

2月12日　学校以独立建制划转教育部管理，列为教育部直属高校。

3月9日　英国皇家特许保险学会上海考试中心在上海财经大学成立。

3月22日　学校与中国银行上海市分行在瑞金大厦举行《银校合作协议》签字仪式。

3月　校党委制定并颁布《上海财经大学"教书育人标兵"评选奖励试行办法》。

4月4日　全国劳动模范马桂宁到校为1 000多名学生作职业道德报告，并被聘为校外素质教育辅导员。

4月5日　在1999创维杯全国大学生数学建模竞赛中，学校获全国一等奖1项、二等奖2项及上海赛区一等奖1项、二等奖4项、成功参赛奖4项，并获上海赛区优秀组织奖。

4月11日　举行经济学院成立大会。

同日　杨浦区委书记杜家毫受聘学校兼职教授，并作关于杨浦区依托大学发展经济的专题报告。

4月27日　学校与新疆财经学院、贵州财经学院、兰州商学院和云南财贸学院签订校际合作意向书。

同日　上海市副市长左焕琛到校视察环境卫生工作，并视察学生公寓和大学生活动中心。

4月　学校印发《上海财经大学振兴本科教育，推进素质教育行动计划》。

5月15—19日　教育部派出以吴树青为组长的专家组对学校进行本科教学工作优秀评价实地

考察。在15日上午举行的本科评优开幕式暨汇报会上，校长谈敏从评建创优的认识与做法等六个方面向专家组作汇报。在19日下午由教育部专家组副组长石亚军主持的本科教学工作优秀评价意见反馈会上，吴树青宣读《关于上海财经大学本科教学工作优秀评价的意见》。

5月27日　与上海证券交易所联合建造的证券期货大楼落成启用。全国人大财经委员会副主任周正庆等出席落成典礼。

6月5日　学校参加在上海市普通本科院校中招收插班生和专科毕业生选升本科的试点工作。

6月9日　高校公安体制实行改革，学校派出所正式列入上海市公安局序列，定名为：上海市公安局文化保卫分局上财派出所。

6月20日　校党委常委扩大会议决定：以原思想理论部和基础部汉语教研室为主体，成立人文学院；以原基础部数学教研室为主成立应用数学系；原基础部体育教研室独立设置为体育教学部。

6月　美国西弗吉尼亚大学工商经济学院院长迪仁杰·李一行4人到学校访问，并就两校2000年秋季招收中外合作本科生联合培养项目签署备忘录。

7月26日　全国人大常委会副委员长、国家自然科学基金管理科学部主任成思危到学校考察，就自然科学基金项目承接和管理作指导。

8月　与杨浦区土地发展中心签约，以总价15 685.52万元购置上海凤凰股份有限公司的地块，总面积为130 156平方米。

9月14日　学校与美国韦伯斯特大学、亚利桑那州立大学、西弗吉尼亚大学、英国南安普顿大学等合作培养大学本科人才的中外合作本科教育项目启动。

9月19日　由教育部、上海市委共同派出的以原复旦大学党委书记钱冬生为组长的"三讲"（讲学习、讲政治、讲正气）教育巡视组一行6人进驻学校。

9月22日　学校党委召开"三讲"教育动员大会。

同日　学校会计与财务研究院入选教育部人文社会科学重点研究基地。

9月30日　举行首批本科核心课课程建设负责人（共22位）授聘仪式。

9月　会计学院院长陈信元入选教育部"跨世纪优秀人才培养计划（人文社会科学）"。

10月10日　举行金融科学实验室揭牌仪式，校长谈敏和上海银行行长傅建华为实验室揭牌。

10月18—20日　中国经济思想史学会第九届年会在学校举行，谈敏被选为学会会长。

10月29日　28门普通共同课和学科共同课实行教师挂牌上课。

11月8日　举行武川路校区建设现场协调会。杨浦区领导带领区规划局、消防局等部门负责人专程到学校实地考察和协调。

11月17—19日　全国外语教学研讨会在学校举行，来自全国20多个省市及香港地区的80位专家学者就面向21世纪培养复合型外语人才进行研讨。

11月23日　上海市委宣传部副部长郝铁川和市社科规划办有关人员到学校视察工作。

11月28日　举行上海财经大学党政领导班子、领导干部"三讲"教育总结大会。

12月1日　《上海财经大学规章制度制定程序的规定（试行）》颁布试行。

12月6日　全国政协常委、原国家教委副主任、党组副书记、清华大学前校长张孝文到校考察指导工作。

12月12日　举行人文学院成立暨揭牌仪式。

12月15日　以财政部人教司副司长苏金秀为组长的检查组和上海市教委有关领导对上海财

经大学"211工程""九五"建设项目进行中期检查并通过。

12月24日　学校获"全国学校艺术教育工作先进单位"称号。

## 2001年

1月5—6日　学校召开思想政治工作会议。

1月15日　教育部根据专家组的考察意见和普通高等学校本专科教学工作评估专家委员会的审议意见,确定上海财经大学本科教学工作的评估结论为优秀。

同日　教育部发文,任命丛树海为上海财经大学副校长。

2月5日　经教育部党组决定,免去夏大慰上海财经大学副校长职务。

2月13日　校党委常委会讨论决定,留学生办公室更名为留学生部。

2月21日　教育部社政司副司长阚延河一行到学校考察会计与财务研究院。

2月27日　校党委常委会研究决定,同意将国际从业资格培训机构定名为上海财经大学国际从业资格教育学院。该院实行校内理事会管理模式。

3月5日　教育部人文社会科学重点研究基地上海财经大学会计与财务研究院举行揭牌仪式。

4月12日　以何自力教授为组长的教育部专家组到学校对国家经济学基础人才培养基地进行中期检查评估。评估结论为优秀。

4月16日　由上海市教委组织的专家组对学校申办上海市重点学科的会计学、金融学、产业经济学3个学科进行论证评审,同意列入上海市重点学科。

4月17日　财政部部长项怀诚到学校作题为"财政十年回顾与思考"的专题报告。

6月13—14日　以中国人民大学校长纪宝成为组长的教育部专家组对学校"211工程""九五"期间建设项目进行整体验收。

6月15日　经教育部党组研究并与上海市委商得一致,决定夏健明任上海财经大学党委委员、常委、副书记兼纪委书记,丛树海、孙铮、黄林芳任上海财经大学党委委员、常委;免去朱沪生党委副书记兼纪委书记、常委、委员职务,免去陈和本党委常委、委员职务;任命孙铮、黄林芳为上海财经大学副校长;免去陈和本上海财经大学副校长职务。

6月26日　校党委常委会决定,留学生部更名为国际文化交流学院。

6月29日　上海市副市长冯国勤受聘学校兼职教授,并作关于"上海商业'九五'发展状况和'十五'发展规划"的专题报告。

7月4日　校党委常委会同意成立公共经济与管理学院。该学院由原财政系、金融学院投资系、经济学院劳动经济与社会保障教研室组成。

7月30日　校党委发文,成立国际从业资格教育学院。

8月27日　会计学、产业经济学、金融学3个学科被上海市教委批准为第二批上海市重点学科。

9月27日　举行国际文化交流学院成立揭牌仪式。

9月28日　举行公共经济与管理学院成立揭牌仪式。

11月7日　"区域经济研究中心""现代金融研究中心""公共政策研究中心"3个校级重点研究基地成立。

12月6日　美国夏威夷州州长本杰明及夏威夷大学代表访问学校,两校签署友好合作协议。

12月　学校印发《上海财经大学本科生"计算机基础"课程水平测试实施办法》。《办法》规定测试成绩合格作为本科毕业资格之一。

## 2002 年

1月6—7日　中共上海财经大学第五次代表大会召开,220名正式代表和21名列席代表、9名特邀代表出席会议。大会选举产生新一届党委和纪委委员。

1月22日　学校与法国雷恩商业学院签署校际教育交流与合作协议书。

1月　经教育部审核批准,学校的经济思想史、财政学和会计学为全国高校重点学科。

2月　上海市艺术教育委员会正式同意成立上海市大学生艺术团上海财经大学民乐团。

3月4日　学校与瑞典厄尔布鲁大学签署合作备忘录。

3月6日　学校与新疆财经学院签署联合培养博士研究生的协议;与贵州财经学院签署联合培养学生的协议。

3月18日　学校与芬兰瓦萨大学签署学生交流协议条款。

3月19日　经教育部科技发展中心研究,同意成立上海财经大学产业投资管理有限公司。

4月4日　台湾政治大学一行16人访问学校,郑丁旺博士为学校师生作"会计准则之过去、现在与将来"的学术报告。

4月17日　上海财经大学《关于党委领导下的校长负责制的实施细则》试行。

4月18—20日　学校召开本科教学工作研讨会。

4月23日　国际从业资格教育学院与美国意外险精算学会(CAS)合作,建立国内第一家CAS考试中心。

5月10日　美国财政部副部长肯尼思·达姆(Kenneth Dam)为学校师生作题为"美国对中国的展望"的报告。

5月13日　金融学院与新世纪投资服务公司合作建立上海财经大学信用研究中心。

5月25—28日　受教育部经济学科教学指导委员会和全国高校财政教学研究会的委托,学校公共经济与管理学院承办"2002年全国财政学科教学研讨会"。

6月3—5日　16所教育部部属财经、艺术类院校档案工作研讨会在学校召开。

6月14—15日　学校召开以研究生教育改革为主题的第九次教改研讨会。

6月17日　上海财经大学财政经济研究所更名为上海财经大学财经研究所。

6月19日　学校召开第三届第五次教代会,通过《教学科研人员岗位聘任暂行办法》和《教育职员岗位聘任暂行办法》。

同日　国务院学位办发文,同意上海财经大学与中国银行、英国伦敦城市大学合作培养金融方向高级管理人员工商管理硕士(EMBA)。

6月28日　教育部副部长周济、教育部规划发展司司长牟阳春等到学校视察。

7月11日　学校与美国大峡谷州立大学签署学术交流项目协议书。

7月11—14日　副校长孙铮赴印度尼西亚参加2002年亚太国际商业与研究协会(PACIBER)年会。经年会投票表决,同意上海财经大学加入该协会。

7月,学校第一个院系级党委"中共上海财经大学金融学院委员会"成立。

9月8日　经教育部批准,学校与澳大利亚注册会计师公会、澳大利亚迪肯大学、中国注册会计师协会联合举办"澳大利亚会计学硕士学位与注册会计师资格"项目。

9月19日　经济学家樊纲受聘学校兼职教授,并为研究生作题为"当前中国经济市场化进程中的难点分析"的报告。

9月20日　举行建校85周年庆典活动,以"追求卓越、经世济国"为主题,邀请国内著名经济学家和上海市的专家、学者、政府领导到校为师生作报告。

9月30日　学校成立本科教学听课组,徐乃则为组长。

10月4日　学校与英国布鲁耐尔大学签署国际财经课程交流协议。

10月5日　校党委常委会明确,成人教育学院作为学校所属的二级学院,校领导不再兼任院长。

10月18日　国家对外贸易经济合作部副部长、中国加入世界贸易组织首席谈判代表龙永图到校作"关于世界贸易组织问题"的报告,并受聘为学校兼职教授。

10月21—22日　以中国人民大学校长纪宝成为组长的专家组受教育部委托,对学校"十五""211工程"建设项目可行性研究报告进行认证。

11月12日　校党委常委会研究决定,学术期刊编辑部与出版社合署办公。

11月19日　校长办公会议经研究,同意与世界银行国际金融公司等机构共同出资20万美元组建具有法人资格的教育实体(暂名为上海国际银行金融学院)的方案。

11月　学校与香港金融管理学院合作,在香港开设金融学博士、会计学硕士和工商管理硕士(MBA)研究生教学点获教育部批准。

12月6日　学校电子商务学科与IBM(国际商用机器)公司举行建立合作伙伴协议签字仪式,并宣布成立IBM/上海财经大学电子商务学科发展中心。

12月12日　旅美经济学家、美国加州大学教授钱颖一应邀到学校作题为"经济学在美国"的讲座,并被聘为学校兼职教授。

12月19日　学校举行档案馆揭牌仪式。

## 2003年

1月2日　学校举行2002年度首届国家奖学金颁发仪式。

1月8日　学校举行与中国民生银行上海分行"校银合作"签约仪式。

1月20日　校长谈敏会见台湾辅仁大学校长李宁远一行,双方签署学术合作备忘录。

1月22日　校长谈敏会见台湾逢甲大学校长刘安之一行,双方签署学术交流备忘录。

3月8日　举行第一届上海财经大学—清华大学会计学博士生论坛,参加论坛的200名师生就学术界共同关心的上市公司治理结构问题进行研讨。

3月10日　杨浦区区委书记、区人大常委会主任陈安杰,区委副书记、代区长蒋卓庆率区委、区政府有关部门领导专程走访学校,就加强区校合作、共同建设杨浦大学城与校领导进行会谈。

3月13日　成立上海财经大学信息化办公室。

4月1日　1996年诺贝尔经济学奖得主、英国剑桥大学教授詹姆斯·莫里斯(James Mirrlees)应邀到校讲学。

4月10日　学校召开控制、预防非典型性肺炎(SARS)工作专题会议。成立由谈敏为组长的控制、预防非典型性肺炎工作领导小组。

5月6日　上海市委常委、市委宣传部部长王仲伟到校作"世博会与上海新一轮发展"的报告。

5月23日　学校举行颁奖仪式，表彰教授张为国指导的会计学专业2000届博士研究生赵宇龙撰写的博士学位论文入选2003年全国百篇优秀博士学位论文。

5月29日　上海市委副书记殷一璀、副市长严隽琪及市委、市府办公厅等有关领导到校调研，听取专家就"世博会与上海新一轮发展大讨论C方案中关于推进科教兴市战略面临的有关瓶颈和政策问题"的汇报。

6月3日　校长办公会议原则同意成立留学生管理与教学指导委员会。

6月11日　学校后勤办公室更名为后勤管理处。

6月24日　学校发文，成立上海财经大学MBA学院，成立上海财经大学研究室。

7月2日　召开以学习贯彻《党政领导干部选拔任用工作条例》、推进校院（系）两级管理体制下基层党组织建设为主要内容的党建会议。

8月6日　学校获"2001—2002年度上海市文明单位"称号。

9月8日　美国哥伦比亚大学经济学教授、1999年诺贝尔经济学奖获得者罗伯特·F.蒙代尔（Robert F. Mundell）应邀到学校讲学，并受聘为学校名誉教授。

同日　学校档案馆校史陈列室揭幕。

9月9日　学校会计学院教授陈信元获教育部第一届高等学校教学名师奖，在北京人民大会堂接受教育部颁发的奖章和荣誉证书。

9月16日　举行中国民生银行和学校合办的首届"民生班"开学典礼暨"民生奖学金"颁奖仪式。

9月　首届中外合作班61名访问学生完成在英国南安普顿大学和布鲁耐尔大学一年的学业后返校。

10月9日　学校与香港金融管理学院联合办学招生的首届研究生开学典礼在香港举行。

10月17日　市教委公布2003年度上海高校教学质量与教学改革工程精品课程名单，上海财经大学的会计学（负责人陈信元）、财政学（负责人蒋洪）、货币银行学（负责人戴国强）3门本科层次课程名列其中。

11月11日　学校举行2003年社会实践表彰大会暨青年志愿服务总队成立仪式。

12月6日　为期一周的"日立杯"第九届中国名校大学生辩论邀请赛在上海教育电视台落下帷幕，上海财经大学代表队获得冠军。

12月16—17日　学校"国家经济学基础人才培养基地"接受教育部专家组的验收评估，结论为"优秀"。

## 2004年

2月9日　教育部公布2003年度国家精品课程名单，学校的货币银行学课程（负责人戴国强）名列其中。

2月20日　学校制定下发《上海财经大学关于院（系、所）教授委员会的试行规定》。

3月10日　在2003年度全国大学生数学建模大赛上海赛区颁奖典礼上，应用数学系2001级3名学生完成的《SARS疫情预测及其对经济影响》论文获得全国一等奖、上海市一等奖。另有全国二等奖1项、上海市二等奖4项。学校获上海优秀组织奖。

3月23日　成立新校区建设办公室。

3月25日　上海市委副书记殷一璀、副市长严隽琪就校园建设规划等问题到学校调研。

同日　俄罗斯圣彼得堡财经大学校长T.塔拉谢维奇一行到学校访问,两校签署合作意向书。

3月　学校党委同意从该月起不定期举办上财论坛,让广大师生全面准确地理解中央、教育部和上海市委、市政府重大决策部署和各项新举措。

4月22日　与南京航空航天大学签署合作培养国防经济学专业博士研究生协议。

4月23日　学校参与组建的"上海国际银行金融学院"成立,上海市人民政府副秘书长吉晓辉到会致辞。

5月23日　成立上海财经大学新闻中心。

6月11—12日　学校召开国际化办学工作会议,教育部国际合作与交流司副司长张秀琴做主题报告。

6月18日　上海市学位办、上海市教育评估院组织专家组到学校对博士研究生培养质量进行检查。

6月24日　诺贝尔经济学奖获得者、美国芝加哥大学教授罗伯特·威廉·福格尔(Robert William Fogel)应邀到学校访问并作学术演讲。

6月25日　上海财经大学马克思主义研究院成立。

6月28日　首次尝试将本科双专业、双学位教学安排在暑期进行。经考核共招收857名学生,开设9个专业。

7月2日　教育部党组成员、副部长吴启迪代表教育部党组宣布学校领导班子的任免决定:马钦荣任党委委员、常委、书记,王洪卫、周仲飞任党委委员、常委;免去谈敏的党委书记和储敏伟党委委员、常委的职务。任命谈敏为校长;任命丛树海、孙铮、黄林芳、王洪卫、周仲飞为副校长。免去储敏伟副校长职务。

7月12日　美籍华人经济学家田国强博士被聘为经济学院院长。

9月10日　副校长孙铮入选首批"新世纪百千万人才工程"国家级人选。

9月21日　全国财政系统地、市财政局长培训班开班仪式在学校举行。

9月26日　上海市教育评估院组织专家到校对金融学、会计学、产业经济学3个上海市重点学科的三年建设成效进行评估验收。

10月8日　市教委公布2004年度上海市高校精品课程名单,学校的统计学(负责人韩小亮)、政治经济学(负责人程恩富)两门本科课程和市场营销学(负责人吴宪和)一门高职高专课程名列其中。

10月18日　世博经济研究院成立。上海市副市长、上海世博会事务协调局局长周禹鹏出席揭牌仪式并讲话。

11月15日　学校举行西安交通大学教授汪应洛"双聘"院士的聘任仪式。

11月16日　"中国国际象棋高水平后备人才培训基地"揭牌仪式暨"基地"建设研讨会在学校举行。

11月19日　由学生钟炜、陈青、江征雁、吴佳雯组成的代表队赴北京参加2004年德勤税务精英挑战赛,获得全国总冠军。

11月20日　中国人民银行副行长吴晓灵应邀到校为师生作"加强金融法制建设,防范制度性金融风险"的专题报告。

11月21日　首届EMBA学员毕业典礼在上海国际会议中心举行,毕业学员共57名。

11月24—26日　召开第十次教改研讨会暨评建创优动员大会。

12月2日　由上海市委组织部信息处和市科教党委组织处组成的专家组一行7人对学校干部人事档案目标管理一级达标工作进行检查验收。

12月4—6日　举办"对外汉语—商务汉语教学与研究专家讨论会"。教育部语言信息司司长李宇明、国家对外汉语教学领导小组办公室副主任马箭飞、世界对外汉语学会会长陆俭明出席会议并讲话。

12月24日　成教院"经济法概论""电算化会计"课程入选2004年度上海市成人高校精品课程。

## 2005年

1月上旬　学校与国家留学基金管理委员会留学预科学院合作,成立上海财经大学国金留学预科学院。

1月12日　校党委书记马钦荣和校长谈敏会见中国浦东干部学院常务副院长奚洁人一行,双方就合作事宜进行会谈,并达成合作意向。

2月5日　杨浦区人大常委会主任张祥明、区委副书记陈士维等到校,就区校合作事宜与校领导进行商谈。

2月24日　英国南安普顿大学校长比尔·威克汉姆(Bill Wakeham)率团访问学校,签署"中国上海财经大学与英国南安普顿大学合作协议"。

3月11日　著名经济学家、美国耶鲁大学管理学院教授陈志武应邀到学校作学术演讲。

3月16日　新一届教学督导组成立大会召开,刘汉良任组长,张次博任副组长,叶麟根、张君一、张婉如、张淑智、严学丰任顾问。

同日　学校与上海绿地集团签署"共建校外实习基地"协议。

3月17日　在上海市德育工作会议表彰授牌仪式上,学校被授予"上海大学生民乐艺术实践基地"的铜牌。

3月20—25日　校党委副书记刘永章率民乐团40名学生赴台湾地区开展主题为"两岸声韵"的艺术交流活动。

3月28日　经济学院院长田国强入选2004年度"长江学者"讲座教授。

4月6日　校长谈敏会见加拿大康考迪大学校长一行,就开展两校合作事宜进行探讨,并签署《上海财经大学与加拿大康考迪大学谅解备忘录》。

4月8日　上海世博局副局长、上海世博集团董事长戴柳,上海世博局副局长吴云飞一行到校与校长谈敏就有关合作事宜进行商谈,并签署框架性合作协议。

4月14日　学校与上海纺织控股(集团)公司签署联合培养研究生合作协议。

同日　学校后勤工作通过上海市教委组织的高等院校后勤质量管理体系评估。

4月18日　教育部经济学教学指导委员会主任吴树青应邀到校作"华盛顿共识与北京共识"的学术报告。

4月29日　校学术委员会召开2005年度第一次全体会议,审议《上海财经大学学术行为规范管理规定》和《上海财经大学核心期刊目录》调整方案,并形成决定。

5月17日　举行信息管理与工程学院成立揭牌仪式。

5月25日　学校获"2003—2004年度上海市文明单位"称号。

6月6日　2003年诺贝尔经济学奖获得者克莱夫·W. J. 格兰杰(Clive W. J. Granger)教授到访并作报告"经济预测的前景"。

6月7日　召开纪念陈云诞辰100周年暨题写上海财经大学校名20周年师生座谈会。

7月5日　学校党委召开保持共产党员先进性教育活动动员大会,校党委书记马钦荣作动员报告暨上党课,上海市委督导组组长陆炳炎讲话。

7月21日　经教育部党组研究并与上海市委商得一致,任命孙海鸣为上海财经大学党委常委、副书记;刘永章为上海财经大学纪委书记(兼);免去夏健明上海财经大学党委副书记、常委、委员、纪委书记职务。

9月7日　学校召开纪念抗日战争胜利60周年座谈会,并隆重举行中国人民抗日战争胜利60周年纪念章转授仪式,校领导向周友珊等10位老同志转授纪念章。

9月16日　校长谈敏、副校长周仲飞会见到学校访问的日本东京经济大学校长村上胜彦一行,双方签署"上海财经大学与东京经济大学关于进行学术交流合作"的意向书。

9月19—20日　英国QAA(The Quality Assurance Agency for Higher Education,高等教育质量保证机构)考察团对中外合作本科教育项目的教学质量进行考察和评估。

9月21日　上海市教委公布2005年度上海高校市级精品课程名单,其中有上海财经大学的大学体育(负责人陈晓)。

9月　《上海财经大学本科生科研创新活动指导和管理方案》出台,规定学校每年投入20万元作为本科生科研创新专项资金,用于学术研究资助和科研活动奖励。

10月8日　校长谈敏、副校长周仲飞会见到访的俄罗斯高校访问代表团,双方签署《上海财经大学与俄罗斯联邦金融科学院合作意向书》。

11月7日　上海市教委督查组到校检查"健康校园"建设情况,学校在市教育系统的考核中总分名列前茅。

11月15日　学校党委召开先进性教育活动整改情况通报会暨群众满意度测评会,测评结果:总体满意度达98.25%。

11月18日　校党委召开先进性教育活动总结大会,党委书记马钦荣作总结报告。

11月21—23日　上海市语委会专家对学校语言文字工作进行评估检查。

12月15日　校学术委员会召开2005年度第二次全体会议,就学术著作资助出版评审、《上海财经大学学术委员会章程》(试行)和《工作规范》(试行)等事项进行审议,并形成决定。

12月16日　在"上海市优秀博士后表彰大会暨博士后论坛"上,学校应用经济学博士后科研流动站被授予"上海市优秀博士后科研流动站"。

12月23日　在2005全国大学生数学建模竞赛上海赛区的颁奖大会上,学校1个队获国家一等奖,2个队获国家二等奖,12个队分获上海市一、二、三等奖。

12月25日　上海财经大学出版社举行成立10周年庆典。

12月29日　2005中国学生动感啦啦队健美操锦标赛暨2006世界啦啦队大赛选拔赛中,上海财经大学健美操队获一等奖3项,获三等奖1项。

## 2006 年

1月4日　校党委常委会研究《关于组建上海财经大学浙江学院(暂定名)的可行性分析和初步方案》,同意学校与浙江大昌教育发展有限公司在浙江金华市合作创办独立学院——上海财经大学浙江学院,并报教育部审批。

2月10—12日　由美国驻华大使馆和驻沪总领事馆共同出资举办的中美富布赖特项目2006年春季研讨会在学校召开。

2月22日　教育部公布2005年度国家精品课程名单,学校的会计学课程(负责人陈信元)和政治经济学课程(负责人程恩富)名列其中。

2月24日　召开中国—苏格兰大学学位教育项目研讨会。苏格兰大学联盟的8所高校的代表对校园及教学资源进行实地考察。

3月4日　教育部人事司副司长吕玉刚、人才办副主任王磊到校考察人才工作。

3月21日　校党委常委会研究同意组建上海财经大学教学指导委员会,撤销上海财经大学课程与教材委员会,其原有职能并入教学指导委员会,由孙铮任教指委主任委员。

3月27日　中共中央党史研究室副主任、教授、博士生导师李忠杰到校作题为"当前中国社会问题的深层解析"的学术报告,并受聘为学校兼职教授。

3月30日　学校召开国际化办学专题研讨会,专题为"中外合作办学与留学生教育的建设与发展"。

3月31日　上海财经大学学术交流中心奠基典礼举行。该中心由上海财经大学现代科技园区、市科委创业中心、杨浦区政府共同出资投建,总投资约1.5亿元。

4月2—4日　举行由世界政治经济学学会、上海财经大学、中国社会科学院马克思主义研究院共同举办的"经济全球化与现代马克思主义经济学——世界政治经济学学会首届论坛",来自中国、美国、俄罗斯等14个国家90余名中外经济学专家学者与会。

4月11日　学校召开学风建设年动员大会。

同日　首届中国国际象棋高水平后备人才培训基地建设与发展论坛暨上财瑞亨棋牌俱乐部揭牌仪式举行。

4月20日　冈三(上海)投资顾问有限公司董事盐川克史总经理到校访问,并代表日本冈三证券株式会社向学校捐赠人民币20万元用于金融学院的文献资料建设。

5月17—18日　由东华大学校长徐明稚任组长的教育部"211工程"验收专家组莅临学校,进行"十五""211工程"建设的全面验收。

5月24日　在校大礼堂举行上海财经大学学生民乐团与台湾逢甲大学雅风国乐社联袂献演的海峡两岸民族音乐会。

5月26日　副校长周仲飞会见到访的韩国建国大学副校长康英启等,双方共同签署《中华人民共和国上海财经大学与大韩民国建国大学学术交流协议》。

5月31日　副校长孙铮与上海纺织控股(集团)公司副总裁封亚培共同签署研究生联合培养基地协议,并举行揭牌仪式。

6月2日　学生话剧团表演的原创大戏《扎玛格蓝》获第三届上海市大学生话剧节一等奖,戚爱鑫获最佳男主角奖。

6月7日　举行上海财经大学科技园、现代服务产业园成立暨入驻企业签约仪式。该园区由上海财经大学、杨浦区人民政府、上海市科技创业中心联合投资设立,将建立以财经中介、财经传媒制作、财经创业孵化、金融产品和科技为特色的现代化服务产业园。

6月9日　学校获2005年首批"上海市健康单位示范点"称号。

7月6—7日　中国共产党上海财经大学第六次党代表大会召开,选举产生新一届党委委员和纪委委员。

8月9日　上海市教委公布2006年度上海高校市级精品课程名单,学校的税收学(负责人胡怡建)、市场营销学(负责人晁钢令)2门本科课程名列其中。

8月　学校获得国家汉语国际推广领导小组办公室考试处认定的"HSK考点"资格,考点设在国际文化交流学院。

9月3日　在第九届世界大学生国际象棋锦标赛上,由上海财经大学学生组成的中国队获得团体冠军。

10月11日　教育部高教司副司长杨志坚一行到学校调研本科人才培养模式。

10月24日　澳洲会计师公会主席保罗·米克尔约翰(Paul Meiklejohn)率团到访,签订《上海财经大学和澳洲会计师公会谅解备忘录》。

10月27日　学校召开第十一次教改研讨会暨迎评创优推进会。

11月6日　校党委常委会审议通过《上海财经大学关于进一步加强辅导员队伍建设的意见》。

11月9日　学生申诉处理委员会成立,并举行第一次会议。

11月21日　学校发文,成立上海财经大学高等教育研究所和校友会办公室。

11月23日　上海市高校布局结构调整现场办公会在武东路宿舍园区举行。上海市委副书记殷一璀、副市长严隽琪、杨浦区区委书记陈安杰等视察学校,并参观武东路学生宿舍,为研究生生活园区"静思园"揭牌。

11月29日—12月1日　以复旦大学副校长蔡达峰为组长的专家组一行7人对学校本科教学工作水平进行预评估。

12月4日　庆祝《财经研究》创刊50周年暨打造品牌期刊研讨会举行。

12月15日　学校召开研究型大学建设工作会议。

12月20日　学校制定《上海财经大学学术规范管理办法(试行)》。

## 2007年

1月5日　在2006"高教杯"全国大学生数学建模竞赛中,学校应用数学系3名学生获全国甲组一等奖,统计学系3名学生获全国甲组二等奖。

1月16日　国家留学基金管理委员会副秘书长杨新育一行到访,并在学校召开国家公派留学政策和2007年国家公派留学项目说明会。根据学校与留基委已签的协议,从2007年起,留基委每年选派上海财经大学50名优秀研究生出国留学。

同日　校长谈敏会见台湾逢甲大学代表团一行7人,并举行合作协议签字仪式。

1月25日　学校举行ERP(企业资源计划)实验教学中心揭牌仪式。

3月1日　学校会计学院院长陈信元被教育部聘为2006年度"长江学者奖励计划"特聘教授,金融学院院长黄明获聘"长江学者奖励计划"讲座教授。

3月21日　财政部副部长张少春到学校视察。

4月6日　学校发文,留学预科学院更名为国际教育学院。

4月10日　上海财经大学"十一五""211工程"重点学科建设项目正式启动。

4月12日　学校发文,成人教育学院更名为继续教育学院。

4月17日　学校召开迎接本科教学工作水平评估动员大会。

4月22日　学校制定《上海财经大学学生医疗保障制度实施细则(试行)》。

4月25日　学校获"2005—2006年度上海市文明单位"称号。

4月30日　学校举行国家大学生文化素质教育基地揭牌仪式。

5月14—18日　以南开大学副校长逄锦聚为组长、哈尔滨商业大学校长曲振涛为副组长的教育部评估专家组对学校本科教学工作水平进行实地考察和评估。

5月22日　教育部公布国家重点学科考核评估结果,学校的经济思想史、财政学和会计学3个国家重点学科均顺利通过。

5月31日　美国北卡罗来纳州立大学校长詹姆斯·L.奥布林格(James L.Oblinger)率团到校访问,两校签署《上海财经大学与美国北卡罗来纳州立大学谅解备忘录》。

6月14—15日　杨浦区委书记陈安杰、区长宗明到学校科技园区调研,并与党委书记马钦荣、校长谈敏、副校长王洪卫进行会谈。

6月25日　上海市科教党委书记李宣海等一行到校调研。

8月7日　上海市教委公布2007年度上海高校市级精品课程名单(本科),学校3门本科课程名列其中。

8月23日　学校金融学院教授戴国强获教育部第三届高等学校教学名师奖。

9月21日　捷克社民党主席、前政府总理伊日·帕鲁贝克一行9人到校访问,并发表题为"捷克社民党的对外政策和捷克的经济发展情况"的演讲。

9月28日　学校90周年校庆"部长论坛"开讲。财政部原部长、国家社保基金会理事长项怀诚成为论坛的首位嘉宾。

10月2—11日　全校约500名大学生参加上海世界特殊奥林匹克运动会志愿者服务工作,其中50余名志愿者负责对特奥运动员进行一对一的全程服务。

10月31日　杨浦区人民政府和上海财经大学签订协议,合作共建上海财经大学附属中学(由原上海市建设中学更名而成)。

11月6日　全国政协常委、经济委员会主任刘仲藜作客90周年校庆"部长论坛",作"财政金融热点问题谈"主题演讲。

11月10日　上海财经大学隆重举行建校90周年庆典大会。市委副书记、市长韩正,全国人大常委、作协党组书记金炳华等领导及海内外校友、在校师生代表1 400余人出席大会。

11月19日　教育部公布国家重点(培育)学科名单,学校的金融学科名列其中。

11月27日　教育部下达关于批准2007年度国家精品课程建设项目的通知,学校的财政学课程(负责人蒋洪)入选。

11月　经济学院转型经济研究中心和上海市俄罗斯东欧中亚学会联合举办"地缘经济视角下的转型国家:制度变迁与经济发展"国际学术研讨会。

12月4日　召开"上海财经大学大学生学习十七大精神专场报告会",上海十七大精神宣讲团成员、上海社科院党委副书记童世骏主讲。

同日　中国社会科学院特邀顾问、学部委员刘国光教授到校作"当前经济发展与改革的若干问题"学术报告。

12月5日　上海财经大学侨联留学归国人员联谊会成立。

12月18日　学校召开首届教职工健康文化节暨趣味运动会。

12月20日　国家统计局总工程师郑京平受聘为学校兼职教授，并作"如何运用统计指标分析中国经济形势"的报告。

同日　中国科学院数学与系统科学研究院应用数学研究所研究员、中科院院士严加安到校作"我们身边的概率和博弈问题"学术报告。

12月29日　中国国家图书馆馆长詹福瑞教授受聘为学校特聘教授。

12月　学校科研处获"上海市哲学社会科学规划管理先进单位"称号。

## 2008年

1月8日　公共经济与管理学院刘小兵（民革上海市委常委）、金融学院奚君羊（民盟上海市委常委）、经济学院李新（民建）、应用数学系梁治安（九三学社）当选第十一届上海市政协委员。

1月15日　人文学院张雄教授领衔的《科学发展观的科学内涵、精神实质和根本要求研究》获2007年度国家社科基金重大招标项目立项。

1月25日　公共经济与管理学院教授、民革上海财经大学总支委员会主委蒋洪当选十一届全国政协委员。

1月28日　金融学院教授、民盟上海市委常委、民盟上海财经大学委员会主委奚君羊当选为政协上海市第十一届委员会常务委员。

2月25日　"会计学本科教学团队"被评为2007年国家级优秀教学团队。《中国教育报》在头版头条刊发《上海财经大学会计学本科教学团队——备课组取代教研室切磋教学》，介绍学校会计学本科教学团队取得的成就及特色。

3月7日　杭州校友会、杭州大和热磁电子有限公司捐赠学校100万元人民币，设立"帮困兴教FERROTECCHINA奖学金"。

3月12日　会计学院教授赵建勇被任命为农工党中央经济工作委员会委员。

3月13日　上海市组织专家评审学校"经济学创新平台"项目建设成效。经过讨论、研究和评议，上海市专家组对该项目建设成效给予充分肯定。

3月14日　学校荣获2007年度上海市健康城市健康单位。

3月16日　CSCSE-SQA国际教育合作项目工作年会在学校召开。中国留学服务中心副主任邵巍、中国留学服务中心国际合作处处长车伟民、苏格兰学历管理委员会战略部部长麦克唐纳、苏格兰学历管理委员会项目经理莱蒙以及全国19个CSCSE-SQA国际教育合作项目合作院校的有关领导与会。

3月26日　上海财经大学附属中学正式挂牌成立。

3月27日　《人民日报》头版报道学校师资队伍建设成就，标题为"全球范围引进人才，双轨齐下管理师资——上海财经大学让海外人才落地生根"。

4月10日　苏格兰教育部长菲奥纳·希斯洛普（Fiona Hyslop）女士率领的内阁代表团一行来校访问，校长谈敏会见，双方就国际教育学院与苏格兰学历管理会合作开设的英国高等教育文凭

（HND）项目交换意见。

4月15日　在2008年美国大学生数学建模竞赛中，学校获一等奖1项、二等奖2项。

4月17日　上海市成人高等教育教学工作检查组来校检查，对继续教育学院的教学工作给予高度评价。

4月24日　学校承接"普陀区近中期投融资体制及机制研究"课题研究，区校双方举行了课题研究签约仪式暨开题会。

5月7日　教育部批复同意设立上海财经大学浙江学院。

5月11日　丁立俊、刘敏杰、王菲菲、束丽娟四位同学在2008年全国大学生英语竞赛中夺得4个特等奖，获奖数在上海市高校中位列第一。

5月14—15日　学校师生员工心系四川地震灾区，捐款累计270 374.53元。

5月15日　公共经济与管理学院与上海浦东新区财政局签约共建"绩效预算管理改革科研实践基地"。

5月17日　2008应用经济学国际学术研讨会在学校召开。来自美国康奈尔大学、芝加哥大学、密歇根大学、波士顿学院、兰德公司老年问题研究中心等大学和科研机构的专家学者与会。

5月20日　"讲党性、重品行、作表率"主题教育活动正式启动。

5月24—25日　由中国管理科学与工程论坛组委会主办、上海财经大学信息管理与工程学院承办的"第六届中国管理科学与工程论坛"在学校召开。

5月30日　举行SQA－HND（英国苏格兰高等教育文凭）国际教育合作项目首次示范课及教学交流活动，来自全国19所SQA－HND项目合作院校及中国留学服务中心的34名代表参加活动。

5月　全校师生为四川地震灾区人民开展捐款、自创赈灾歌曲、举行烛火祈福仪式等形式多样的献爱心活动。

6月3日　应用统计研究中心主任、统计学系教授徐国祥连任上海证券交易所和中证指数有限公司指数专家委员会委员。

6月9—10日　2008年金融工程与风险管理国际会议（FERM2008）在学校召开。会议由上海财经大学统计学系主办，中国社科院数学与系统科学研究院、普林斯顿大学贝德海姆金融中心、CME－UIC国际期货与衍生品中心、多伦多大学中国风险研究中心以及香港理工大学协办。

6月　举行2008年大学生"千村社会调查"开幕仪式。

7月12—15日　学校与亚洲房地产学会共同主办的第十三届亚洲房地产学会年会暨国际研讨会召开。50多个国家和地区的500多名学者参会，提交会议论文300多篇。

9月18日　2008年教育部人才培养模式创新实验区评审会议在学校召开。教育部高等教育司副司长杨志坚出席并讲话，教育部高等教育司相关处室领导和专家与会。

9月25日　学校"211工程"三期项目通过教育部立项审核。

10月8日　法学院学生卜祥志荣获首届世界智力运动会国际象棋25分钟快棋男子冠军。

10月11日　改革开放三十年暨《中国财政发展报告》十周年学术研讨会在学校召开。会议由公共经济与管理学院和公共政策研究中心联合举办，来自全国各高校和科研机构财政学界的50余名专家学者参加会议。财政部条法司副司长李绍刚等领导出席会议。

10月12日　法学院学生倪华与棋坛"天才少女"侯逸凡合作，荣获首届世界智力运动会国际象棋混双快棋赛冠军。

10月18—19日　学校召开"改革开放30年暨孙冶方诞辰百年纪念经济理论研讨会"。全国人大财经委员会副主任吴晓灵、国家统计局副局长许宪春、西南财经大学名誉校长刘诗白、中欧国际工商学院名誉院长刘吉、天则经济研究所理事长茅于轼、中国社科院金融研究所所长李扬、工业经济研究所所长吕政等近200名专家学者与会。

同日　上海市高校体育教育改革与发展三十年高峰论坛在学校举行。上海市教育委员会相关领导以及10余所高校30多名老一辈体育工作者与会。

11月1日　中国法学会经济法学研究会2008年年会暨第十六届全国经济法理论研讨会在学校召开。

11月1—2日　上海财经大学第二届校友年会在南京召开。来自各省市逾60位校友代表参加年会。

11月7—8日　学校召开2008年中国500强企业研讨会。政界、知名学者、中国500强企业和大中型企业高层管理人员近200人与会。国务院国资委研究中心主任王忠明、中国社科院工业经济研究所所长吕政等作专题演讲。会议期间,校长谈敏向上汽集团副总裁李积荣等部分企业代表颁发了特邀研究员证书。上汽集团向500强企业特藏馆捐赠一批珍贵的文献资料。

11月8日　上海财经大学教育发展基金会成立并召开第一届理事会议。

11月11日　世界银行行长高级顾问奥尔特曼·西蒙斯(Oltmann Siemens),世界银行副行长高级顾问Robert Bartel,联合国秘书长高级顾问Frederick,全国政协委员、中华职业教育社副理事长马国湘等一行7人到校访问。

11月17日　"中国农业综合开发绩效评价指标体系研讨会"在学校召开。会议由上海财经大学中国教育支出绩效评价(研究)中心与国家农业综合开发办公室联合举办。

11月28日　举行新建会计学院办公楼落成典礼,近300名嘉宾出席。

11月29日　天健光华会计师事务所出资500万元设立"天健光华助学基金",上海财经大学会计学院为首批获该基金资助的7所高校会计学院之一,在未来五年中,可从该基金获得6万元人民币,资助品学兼优的经济困难学生。

11月　2008年中国大学生数学建模竞赛结果揭晓,学校荣获全国一等奖1个、全国二等奖1个、上海市一等奖4个。

12月2日　学校召开纪念我国改革开放30周年暨复校30周年座谈会。

12月22日　学校与杨浦区人民政府签订"进一步加强全面合作联手推进自主创新框架协议"。

是年　应用统计研究中心开始每年发布上海市社会经济指数系列,引起社会广泛反响。

是年　学校开展第一期"千村调查"项目,主题为"中国农民发展状况调研",首席专家为余红副教授。

## 2009年

1月6日　《中国教育报》头版头条报道学校千村调查活动。

1月9日　学校举行纪念姚耐同志诞辰100周年座谈会暨姚耐同志塑像揭幕仪式。

1月20日　学校财经人才创业教育创新实验区获批为2008年度人才培养模式创新实验区建设项目。

2月13日　学校"经济与管理实验教学中心"获批为国家级实验教学示范中心建设单位。

3月9日　全国政协委员、公共经济与管理学院教授蒋洪在全国政协十一届二次会议第四次全体会议上就切实提高财政透明度问题作大会发言。

3月10日　学校与法国南特管理学院签订合作谅解备忘录。

3月15日　学校成立上海财经大学国学研究所。人文学院教授祁志祥任所长。这是上海市高校首家国学研究机构。

3月17日　学校党委召开深入学习实践科学发展观活动动员大会，学习实践科学发展观活动全面展开。

3月26日　学校4项课题获国家社科基金重大和重点项目立项。

4月2日　美国注册管理会计师协会（IMA）主席一行来校访问，并与继续教育学院就合作事宜签署备忘录。

4月8日　学校举行国家统计局副局长谢鸿光先生兼职教授受聘仪式。副校长丛树海向谢鸿光先生颁发兼职教授证书。

4月11—12日　第七届"上海财经大学·清华大学·中山大学·南京大学"四校会计学博士生论坛在学校召开。

4月15日　经济、民生指数及统计学发展研讨会暨上海财经大学上海市社会经济指数系列发布会在学校举行。原国家统计局副局长贺铿受聘为学校兼职教授，副校长丛树海向其颁发兼职教授证书。

4月18—19日　由中国青年经济学家联谊会、上海市经济学会、上海财经大学财经研究所等单位联合主办的第三届"中国青年经济学家联谊会学术会议——中国如何实现城乡和区域协调发展"在学校召开。

4月22日　《外国经济与管理》在全市报刊编校质量检查中获得零差错佳绩。

4月29日　学校召开学习实践活动学习调研阶段总结暨分析检查阶段工作布置会议。部属高校学习实践活动指导检查组（第七组）副组长徐大平、组员刘敦，校党政领导、校学习实践活动领导小组办公室工作组成员以及各二级单位学习实践活动领导小组组长、副书记等参加会议。

4月　经济学院全国研究生暑期学校项目（经济学）获教育部资助，资助经费30万元。这是学校首次获得教育部研究生教育创新计划项目的资助。

5月8日　学校举行武东路100号校区揭牌仪式。

5月23日　由人文学院主办，美国杜克大学社会学系和杜克大学老龄与人类发展研究中心合作支持的"应对老龄社会的挑战：国际经验与上海选择"国际学术研讨会召开。

5月25日　"全球化背景下的上海国际金融中心建设论坛暨上海财经大学国家大学科技园、杨浦科创小额贷款公司揭牌仪式"在学校举行。上海市政府副秘书长蒋卓庆，杨浦区区委副书记、区长宗明，国家科技部孵化器管理处处长张峰海，杨浦区区委常委、副区长柴尧迅及市相关部门的同志出席会议。

5月25—26日　上海财经大学第五届第二次教职工代表大会召开。会议投票通过了《上海财经大学住房补贴方案》，表决通过了《上海财经大学第五届第二次教职工代表大会决议》。

6月3日　会计学院代表队获得CIMA商业精英国际挑战赛中国区总冠军。

同日　MBA学院和上海市经济团体联合会、美国加州大学伯克利分校HAAS商学院举行战略合作签约仪式。全国政协常委、市经团联会长、学校MBA学院名誉院长蒋以任，校党委书记马钦荣，美国加州大学伯克利分校HAAS商学院院长理查德·里昂（Richard Lyons）分别讲话。

6月18日　学校举行2009年暑期社会实践暨"千村社会调查项目"出征仪式。

6月26日　信息管理与工程学院被推举为中国管理科学与工程学会常务理事单位。

6月　学校获批设立剑桥商务英语证书考试考点。

7月30日　公共经济与管理学院举办"《预算法》修订若干重大问题"学术研讨会。全国人大预算工委主任高强、副主任姚胜,法案室主任刘修文,预决算审查室副主任何成军,财政部部长助理刘红薇,财政部预算司副司长李绍刚、条法司副司长夏先德,上海市、江苏省、浙江省人大和财政厅领导以及各地有关高校、政府相关部门代表等参加会议。

9月1日　学校10项成果获高等学校科学研究优秀成果奖(人文社会科学),其中二等奖4项、三等奖6项。

9月15日　学校党委召开学习实践活动总结暨群众满意度测评大会。

10月15日　公共经济与管理学院博士张阳的论文《中国税负归宿的一般均衡分析与动态研究》获第四届"黄达—蒙代尔经济学奖"。

10月19日　学校首届澳大利亚国家会计师协会奖学金颁奖典礼举行。NIA主席格雷格·丹尼斯(Greg Dennis)、NIA总裁安德鲁·康韦(Andrew Conway)、NIA中国首席代表陈荣、NIA中国会员服务中心主任张维智先生等出席会议。来自会计学专业的范中文、胡晓忆、朱姗姗三位同学分享了学校首届NIA奖学金。

10月20日　上海社会调查研究中心上海财经大学分中心成立。

同日　上财学子在第十一届"挑战杯"全国大学生课外学术科技作品竞赛中获得佳绩。在世博专项竞赛单元中,学校6项入选作品中1项获得特等奖、4项获得二等奖、1项获得三等奖,总分位列全国第2位;在传统项目竞赛单元中,学校4项入选作品中1项获得一等奖、3项获得三等奖。

10月31日　信息管理与工程学院与浦东新区发改委、商务部中国外包服务研究中心联合成立的"浦东服务科学与工程研究院"正式揭牌。商务部部长陈德铭、上海市浦东新区区长姜樑、上海市商务委员会主任沙海林与上海财经大学副校长丛树海等领导共同揭牌。同时揭牌的还有上海财经大学信息管理与工程学院与商务部中国外包服务研究中心共同成立的"博士后工作室"。

10月　学校获准新设哲学博士后科研流动站,是全国首个建立哲学博士后流动站的财经院校。

11月7—8日　第三届中国政治经济学年会在学校召开。

11月10日　学校与加拿大女王大学签订《谅解备忘录》及其附属协议《上海财经大学学生赴加拿大女王大学访问学习协议》。

11月11日　学校科研管理工作获得上海市哲学社会科学规划办公室表彰,其综合排名在全市高校和社科研究单位中位列第一。

11月21日　中国—意大利体育产业管理专家论坛暨2009年上海高校体育科学论文报告会在学校举行。

11月23日　人文学院和上海市伦理学会联合举办"金融危机的伦理反思"全国学术研讨会。

12月11日　第四届全国公共管理院长论坛在学校举行。论坛由全国MPA教育指导委员会和学校公共经济与管理学院联合举办。

12月19日　上海财经大学经济法和社会法研究中心成立暨中国经济法和社会法发展首届论坛举行。

是年　学校开展第二期"千村调查"项目,主题为"中国农村医疗卫生保障",首席专家为俞卫教授。

## 2010 年

1月14—15日，由巴黎第五大学法学院、中法法律研究与交流协会、上海财经大学法学院、武汉大学环境法研究所联合主办的中法环境法高级研讨会在学校举行。

1月16日　上海财经大学500强企业竞争力指数发布会暨500强企业研讨会召开。上海市政府副秘书长肖贵玉致辞，国务院国资委研究中心主任王忠明作"提升中国企业竞争力——由大到强"的主题演讲。

1月　学校3本教材列为教育部2009年度普通高等教育精品教材，分别为《商业银行经营学（第三版）》（戴国强）、《产业经济学教程（第三版）》（杨公朴）、《市场调研与预测（第三版）》（陈启杰）。

2月　教育部考试中心批准上海财经大学为剑桥商务英语高级考试考点。

3月10日　澳大利亚昆士兰大学经济学院院长弗拉维奥·梅内泽斯（Flavio Menezes）教授一行三人来校交流访问。副校长周仲飞与弗拉维奥·梅内泽斯共同出席了两校《学术交流谅解备忘录》及其附属协议《海外学习项目合作协议》签订仪式。

3月9—11日　统计与管理学院承办"2010中英双边数据搜集与共享"学术研讨会。英国经济与社会研究理事会迈克尔·布莱特（Michael Bright）、彼得·伊莱亚斯（Peter Elias）以及中国国家自然科学基金委员会张维先后致辞。

3月11日　上海社会调查研究中心工作交流会在学校举行。上海市副市长胡延照、上海市政府发展研究中心主任周振华和副主任朱金海、上海社会调查研究中心九个分中心所在院校的校领导和分中心主任出席了会议。

同日　学校与上海海事法院正式签署校院合作的备忘录。校党委书记马钦荣、副校长周仲飞，上海海事法院院长郑肇芳、副院长樊长春出席签约仪式。

3月18日、21日　上海市委书记俞正声、副书记殷一璀、副市长沈骏等领导对上海社会调查中心上海财经大学分中心的《上海出租车服务质量与形象调查报告》作重要批示，肯定了报告成果。

3月19日　教育部党组副书记、副部长陈希莅临学校调研并指导工作。教育部直属高校工作司副巡视员牛燕冰和直属司发展与改革处处长范海林等陪同调研。陈希实地察看校园改造和以厂房改建的图书馆，充分肯定学校就地就近拓展校园和适度拓展相关学科群的理念和做法。

同日　受教育部委托，由北京科技大学党委副书记陈曦任组长，安徽省大中专毕业生就业指导中心主任鲍勇和林禄明为组员的教育部全国高校毕业生就业工作总结宣传调研专家组一行，莅临学校调研与指导教学与就业等工作。

3月31日　学校与昆山花桥政府及凯捷咨询（中国）有限公司昆山分公司签订了政校企三方合作协议，建立学校与昆山政企人才输送的长期战略合作关系。

3月　会计学院5名学生在2009年12月举行的ACCA全球考试中，分别取得中国大陆地区不同科目第一名的成绩。

4月15日　副校长周仲飞代表学校与台湾彰化师范大学签署《上海财经大学与彰化师范大学学术合作交流协议书》和《上海财经大学与彰化师范大学学生交流协议书》。

4月26日　学校被教育部评为2009年度全国毕业生就业50所典型经验高校。

同日　学校正式成为联合国贸发会虚拟学院会员单位，成为我国继对外经济贸易大学后加入该组织的第二所高校。

4月　金融学院教授何众志和陆蓉联合申请的项目"共同基金的费用、绩效与治理结构的跨国分析"获得加拿大国家社会科学基金项目(SSHRC)立项。

5月3日　公共经济与管理学院于畅夫同学荣获"全国三好学生"称号,2006级美国会计班荣获"全国先进班集体"称号。

5月17日　学校青年教师徐润涛在由国际艺术家音乐及舞蹈协会举办的"首届国际歌剧大赛"上摘得桂冠。

5月25日　卫生部《全国健康教育与健康促进工作规划纲要》督导评估专家组一行莅临学校,督导评估学校健康教育与健康促进工作。

5月28日　学校与中国科学院数学与系统科学研究院签署合作协议。中国科学院数学与系统科学研究院副院长陈敏、马志明院士、林群院士、应用数学所所长巩馥洲,上海财经大学校长谈敏和副校长黄林芳、周仲飞等出席仪式。

5月　2009级商务英语1班主题团日活动获上海市市长韩正批示与赞扬。

6月1—3日　"全球化视野·大学图书馆馆长论坛"在学校图书馆举行。美国、日本、中国香港及中国内地的三十多位高校学者、图情界资深专家及大学图书馆馆长出席。

同日　纪念陈云同志诞辰105周年暨为上海财经大学题写校名25周年论坛举行。

6月7日　美国福特汉姆大学高级副校长、学术总长斯蒂芬·弗里德曼(Stephen Freedman)、福特汉姆大学商学院院长罗伯特·E.希默尔贝格(Robert F. Himmelberg)教授和副院长伊尔汗·阿克比尔(Ilhan Akbil)一行来学校经济学院交流访问。双方就硕士合作项目达成共识,经济学院院长田国强和美方副校长斯蒂芬·弗里德曼、院长罗伯特·E.希默尔贝格共同签署了双方硕士预科项目合作协议。

同日　上海财经大学信息管理与工程学院和国家自然科学基金委联合主办的"第二届管理创新国际会议"在学校召开。

6月9日　由学校承办的教育部社会科学委员会经济学学部2010年工作会议暨世博会·长三角与中国经济发展研讨会召开。教育部社会科学司副司长张东刚、校党委书记马钦荣以及教育部社科委经济学学部委员出席会议。

同日　徐国祥教授作为国内高等院校的唯一代表,再次连任上海证券交易所和中证指数有限公司新一届指数专家委员会委员。

同日　上海市人民政府发展研究中心批准成立"上海发展战略研究所王洪卫工作室",工作室的研究方向为上海房地产市场调研与发展。

6月26—27日　人文学院、现代经济哲学研究中心与中国社会科学院哲学所、《哲学研究》杂志社共同主办的"全国财富哲学高级研讨会"在学校召开,会议主题为"金融危机的挑战与应战:面向未来的人类财富观"。

6月30日　中组部人才局副局长刘忠群、人才局一处处长阎树森、上海市委组织部人才处处长王伯军、市教卫党委组织部干部处副处长周景泰等莅临学校,调研学校引进、培养高层次创新型人才的改革情况。

6月　经济学院教授孙宁入选2009年度长江学者特聘教授。

7月7日　学校政治经济学教学团队被评为国家级教学团队。

同日　学校工商管理专业获批教育部第六批特色专业建设点。

8月　上海辞书出版社委托学校承担《大辞海·经济卷》的编纂工作,校长谈敏担任该卷主编。

9月10日　学校被授予上海首批"金融人才培训基地"称号。

9月20日　全国哲学社会科学规划办公室向上海市委宣传部和学校党委下发《关于上海财经大学张军旗同志研究成果受到有关领导和部门重视的通报》,就法学院教授张军旗主持完成的国家社科基金项目成果所提的重要观点和对策建议受到中央领导同志的重视一事进行表彰和通报。

10月2日　学校民乐团获得香港国际江南丝竹邀请赛一等奖。

11月19日　上海市人民政府发展研究中心、上海发展战略研究所赵晓雷工作室揭牌仪式暨上海虹桥商务区管理体制机制高级研讨会在学校举行。

11月25日　学校4项课题获国家社科基金重大和重点项目立项。

11月　鲁品越教授的《深层生成论:自然科学的新哲学境界》和徐国祥教授的《统计指数理论的发展与应用研究》入选2010年《国家哲学社会科学优秀成果文库》。

12月1日　学校3项成果入选2010年度高校哲学社会科学研究优秀咨询报告。

12月3日　公共经济与管理学院"财政透明度评估"项目被纳入全国人大"民生指数"指标体系。

12月4—5日　上海财经大学会计与财务研究院、会计学院和香港理工大学会计及金融学院联合主办2010年中国会计与财务研究国际研讨会在学校召开。

12月5日　上海市社联和上海财经大学联合主办的上海市社会科学界第八届学术年会青年学者专场在学校举行。

12月8日　学校5项成果获第十届全国统计科学研究优秀成果奖,其中一等奖2项、三等奖3项。

12月17—19日　中外商务合作跨文化交际与商务汉语教学国际研讨会在学校召开。

12月19日　学校举行经济学院政治经济学系揭牌仪式暨第四届全国现代政治经济学数理分析研讨会。中国社科院马克思主义学院院长、政治经济学家程恩富和中国人民大学副校长、政治经济学家林岗受邀为经济学院政治经济学系揭牌。著名政治经济学家大卫·科兹受聘为政治经济学系特聘教授和海外联席系主任。

12月　《中国财政发展报告》入选教育部哲学社会科学研究(发展)报告资助项目。

12月　在上海市第八届邓小平理论研究和宣传优秀成果奖、上海市第十届哲学社会科学优秀成果奖评选中,学校共获得各类奖项25项,其中一等奖2项、二等奖7项、三等奖15项、内部探讨奖1项;在第七届上海市决策咨询研究成果奖评选中,学校共有13项成果获奖,其中一等奖1项、二等奖8项、三等奖4项。

是年　学校开展第三期"千村调查"项目,主题为"中国农民收入状况研究",首席专家为吴方卫教授。

## 2011年

2月23日　上海财经大学被接纳为国际高等商学院协会(AACSB)会员。

3月3日　国务院学位委员会公布2010年审核增列博士和硕士学位授权一级学科名单,上海财经大学法学、中国语言文学、外国语言文学、新闻传播学4个一级学科获得硕士学位授权。

3月10日　上海财经大学经教育部考试中心批准,正式设立GRE考试(全称Graduate Record Examination,美国、加拿大研究生入学考试)考点,考场设于中山北一路369号校区。

3月18日　由上海财经大学出版社出版的《回溯历史——马克思主义经济学在中国的传播前史(上、下)》(谈敏著)获第二届中国出版政府奖提名奖。

3月26日　由公共经济与管理学院主办的2011年(首届)全国财政学青年教师及博士生学术研讨会举行。

3月30—31日　由公共经济与管理学院主办,上海市人民政府发展研究中心王洪卫工作室承办的"2011年保障性住房投融资国际研讨会"举行。

4月8日　上海财经大学与澳大利亚西悉尼大学签署《中国上海财经大学与澳大利亚西悉尼大学谅解备忘录》和《学生交换项目协议》。

4月15日　2011年美国大学生数学建模竞赛结果公布,学校获特等奖提名奖1项、一等奖4项、二等奖15项。

4月15—17日　外语系举办首届"英语写作教学与研究国际研讨会"。

4月23—24日　经济学院举办首届"上财经济史学论坛"暨经济史学系揭牌仪式。

4月25日　副校长孙铮带队访问美国雪城大学,与该校签订校际合作协议。这是学校首次与综合排名前列的美国大学签订全面合作协议。

4月28日　中国研究生教育投入问题研讨会在学校举行。

5月14—15日　由上海财经大学会计学院、台湾大学会计学系和香港城市大学会计学系联合主办的2011年两岸三校会计研究论坛在学校召开。

5月19日　国际工商管理学院举办战略管理国际学术研讨会。INSEAD、美国科罗拉多大学、新加坡国立大学、新加坡管理学院、香港科技大学、香港城市大学、中欧商学院和上海财经大学等海内外高校的著名战略管理学者与会,研讨战略管理学当前及未来发展的热点、重点和难点问题。

5月23日　北京市教委领导及部分高校纪委书记一行8人到校考察高校廉政风险防控工作。

6月10日　商学院携手上海市四川商会,在上海国际会议中心举行"聚焦绿色商业创新,引领企业管理变革"国际商业领袖高峰论坛。国内外经济学家和商界领袖共200余人与会。

6月11日　国际工商管理学院承办的第一届中国国际贸易研究会年会召开。

6月24—25日　2011年第七届管理会计国际研讨会(ISMA)在学校召开。研讨会由上海财经大学会计与财务研究院和会计学院、英国卡迪夫大学、台湾政治大学联合举办。

7月9日　商学院获得2011第七届MBA成就奖中的MBA顶级院校奖。

7月16—27日　中国国家汉办主办"汉语桥——美国高中生夏令营"在学校举行,美国18所高中140名师生先后到校学习交流。

7月20—24日,学校选手在"2011年(第四届)中国大学生(文科)计算机设计大赛"中,获得学习平台类一等奖1项、二等奖1项。

8月5日　学校收到国务院学位委员会"关于下达按《学位授予和人才培养学科目录》进行学位授权点对应调整结果的通知"(学位〔2011〕51号)。学校"统计学"获准为博士学位授权一级学科和硕士学位授权一级学科。

8月21日　法学院学生谭中怡在深圳第26届世界大学生运动会国际象棋比赛中荣获女子个人冠军,并和男队员一起摘得混合团体金牌。

同日　研究生部在全国研究生招生的官方网站"中国研究生招生信息网(网址 http://yz.chsi.

com.cn)"率全国高校之先举办"上海财经大学2012年研究生招生首次网上咨询会"。

9月5—10日　继续教育学院组织欧美高校"上海实习项目"。美国Purdue大学Krannert管理学院、荷兰Tilburg大学TiasNimbas商学院、德国GISMA商学院和匈牙利中欧大学CEU商学院四所院校41名EMBA师生参与项目学习。

9月17日　高等研究院举办"城市的未来：外来儿童教育政策研讨会暨校长论坛"，研讨流动儿童的教育问题。

9月19日　教育部检查组到校进行《关于实行党风廉政建设责任制的规定》和《中国共产党党员领导干部廉洁从政若干准则》执行情况专项检查。

9月22日　学校收到国务院学位委员会"关于下达2010年审核增列的部分马克思主义理论博士和硕士授权一级学科名单的通知"（学位〔2011〕64号）。学校"马克思主义理论"获准为博士学位授权一级学科和硕士学位授权一级学科。

9月30日　学校党委常委会决定成立研究生院。

10月15日　公共经济与管理学院宗佳颖、陈效哲、陆周彧、张晓博获得"2011德勤全国税务精英挑战赛"总决赛全国总冠军。

同日　马克思主义理论教学科研部承办第五次上海高校"思政课教学科研组织机构负责人沙龙"暨马克思主义理论学科建设专题研讨会。教育部社科司副司长徐维凡，市教卫党委副书记、市教委副主任高德毅，以及上海市教委德育处领导、上海市高校思想政治理论课教学科研机构负责人近30人参加会议。

10月18日　教育部社科司公布2011年度教育部哲学社会科学发展报告资助项目评审结果，学校《世界经济发展报告》列入2011年度教育部哲学社会科学发展报告建设项目。

10月26日　财政部党组成员、部长助理刘红薇莅临学校指导工作。

10月31日　副校长周仲飞的"国际金融中心法制环境研究"获教育部哲学社会科学重大课题攻关项目立项。

10月　校党委书记马钦荣率团访问澳大利亚麦考瑞大学、新西兰奥克兰大学等大学，商谈双方学生交换、博士生培养、科研合作等校际合作项目，与澳大利亚麦考瑞大学校长史蒂文·施瓦兹（Steven Schwartz）签署谅解备忘录。副校长周仲飞率团访问法国、瑞士，与法国ESCP欧洲商学院等签署合作协议书，与瑞士洛桑大学讨论落实交换学生及联合培养博士生项目具体事宜，并访问联合国贸发会，落实学生参加国际组织实习事宜。

11月11日　第四届全国教育科学研究优秀成果奖颁奖大会在北京召开。学校应望江团队完成的《世界知名院校调研报告》荣获优秀成果奖。

11月16日　经由管理专业研究生入学考试委员会（Graduate Management Admission Council，简称GMAC）批准，上海财经大学商学院正式成为GMAT-Using School。

12月1—14日　由上海财经大学团委、上海财经大学赴滇挂职团干以及国际工商管理学院分团委联合举办的"马樱花开，爱心助学"结对捐赠活动在沪滇两地展开。全校师生积极响应，奉献爱心，在短短一个星期的时间里，共完成140名山区学子的爱心结对捐助工作，募得助学款57 200元，为远在云南楚雄姚安彝族山区的学子们送上了一片爱心与祝愿。

12月6日　嘉英奖学金签约暨颁奖仪式在学校举行。校党委副书记刘永章、校友马科威先生、国际工商管理学院党政负责人等出席颁奖仪式。

12月9—11日　第十一届中国经济学年会在学校召开。本届年会以"世界变局下的中国经济转型"为主题,由上海财经大学和中国经济学年会秘书处共同主办,上海财经大学经济学院、高等研究院承办。中共上海市市委常委、上海市副市长屠光绍,中国经济学年会理事长、北京大学副校长海闻等出席并致辞。

12月9—11日 "如何跨越中等收入陷阱"学术研讨会暨2011中国留美经济学会(简称CES)会长论坛在学校举行。本届CES会长论坛由中国留美经济学会、上海财经大学经济学院、高等研究院共同主办。国家外国专家局教科文卫司副司长雷风云和15位历届CES会长及嘉宾出席了开幕式。

12月20日 第14届中国留学人员广州科技交流会暨第三批海外高层次人才创新创业基地授牌仪式在广州隆重举行,上海财经大学等7所高校在内的45家单位被中共中央组织部批准为第三批海外高层次人才创新创业基地。

同日 越南教育培训部本科教育司司长、越南政治理论课课程内容革新提案指导组组长Phan Manh Tien博士等一行8人到校访问,交流高校教学工作,尤其是马列主义理论课的教学工作。

12月24日 学校获全国"高等学校继续教育示范基地"称号。

12月30日 教育部公布2011年度立项建设的教育部重点实验室名单,上海财经大学的"数理经济学"实验室入选。

是年 学校开展第四期"千村调查"项目,主题为"中国粮食安全问题调查",首席专家为刘小川教授。

## 2012年

1月19日 上海财经大学被中国大学生健美操艺术体操协会评为"金阳光校园健身运动优秀单位",体育教学部顾雪兰、张燕获得"金阳光校园健身运动优秀教师"奖。

2月5日 法学院陈官祺同学获得全国国际象棋青年个人冠军赛女子组冠军,并获得运动健将称号。

2月20日 由刘小川教授担任首席专家的上海财经大学2011年"千村调查"项目研究成果《中国粮食安全问题的隐患及对策建议》获得中央领导重要批示。

2月21日 上海财经大学第一届学术奖评选结果揭晓,经济学院孙宁、财经研究所赵晓雷、现代经济哲学研究中心鲁品越、应用数学系陈启宏、应用统计研究中心徐国祥5位教师获奖。

3月28日 上海财经大学4个海外交换访问项目被国家留学基金管理委员会确定为2012年优秀本科生国际交流资助项目。

同日 2012年度"千村调查"项目启动工作会议召开,年度主题为"中国农村文化调查研究",首席专家为朱为群教授。

3月29日 上海财经大学刘立爱心教育基金设立,上海财经大学教育发展基金会秘书长方华向捐赠人党委宣传部部长刘志远颁发捐赠证书。

4月8日 教育部巡视组进驻学校,开展为期三周的巡视工作。

4月9日 教育部直属高校工作司副司长贾德永莅临学校,主持召开巡视组全体成员与校领导班子见面会,听取学校工作汇报。

4月10日 学校党委召开党员代表会议,以无记名投票方式选举王玲同志为上海市第十次党代会代表。

4月17日　上海市人民政府发展研究中心战略研究所胡怡建工作室成立,上海市人民政府发展研究中心主任周振华、上海金融学院院长储敏伟、上海财经大学副校长丛树海共同为胡怡建工作室揭牌。

4月27日　民政部政策研究中心、上海财经大学公共经济与管理学院共同举办的"养老机构准入与福彩公益金管理"研讨会召开。

同日　学校8项成果获得"全国优秀财政理论研究成果"奖,获奖数位列获奖单位首位。

5月14日　教育部、财政部、上海市人民政府签署共建上海财经大学协议。教育部部长袁贵仁、上海市市长韩正、财政部副部长张少春代表三方签署协议。

5月18—20日　第二届全国高校本科生经济学年会在学校召开,本届年会的主题是"辉煌之后的反思,思考之下的变革"。

5月24日　上海财经大学城市与区域科学学院正式成立,校党委书记马钦荣与财经研究所所长、城市与区域科学学院院长赵晓雷为城市与区域科学学院揭牌。

6月6日　上海财经大学与伦敦政治经济学院正式签署本科生访问协议,这是"一流大学海外访学项目"继英国伦敦大学学院之后签署的又一所世界一流大学。

6月11日　由上海财经大学牵头,与清华大学、西南财经大学联合组建的"经济学与中国转型发展协同创新中心"成立。

6月16—17日　中国区域科学协会年会暨城市群经济协调发展研讨会在学校召开。

6月17日　由中国经济思想史学会和上海财经大学经济学院联合主办的第四届中国经济思想论坛召开。

6月18—20日　学校研究生招生首次尝试入校宣讲,先后在武汉大学、西安交通大学、南京大学等国内知名高校开展研究生招生入学宣讲会。

6月20日　学校获得"2009—2011年度上海市高校系统退管工作先进集体"称号。

6月29日　教育部赴上海财经大学巡视组巡视工作意见反馈会召开。教育部直属司、巡视办领导、巡视组负责人和校党政领导及两委委员出席会议。教育部直属高校工作司副司长贾德永主持会议并讲话,巡视组副组长钱一呈宣读反馈意见,上海财经大学党委书记马钦荣、校长谈敏先后发言。

7月2日　学校召开教师干部大会,教育部领导宣布关于调整上海财经大学党政领导班子的决定:任命丛树海为校党委书记,陈宏为校党委副书记;任命樊丽明为校长,孙铮、王洪卫、周仲飞、刘兰娟、方华为副校长。

7月4日　学校10项成果荣获第八届上海市决策咨询研究成果奖,其中二等奖6项、三等奖4项。

7月5日　根据国际MBA协会(Association of MBAs,简称AMBA)通知,授予学校商学院全日制MBA项目、在职MBA项目和在职EMBA项目AMBA国际认证,认证有效期5年。

7月13日　学校首届"欧中战略联盟国际课程项目"正式启动。

7月22日　由上海财经大学与清华大学、西南财经大学联合组建,上海财经大学经济学院、清华大学经济与管理学院、西南财经大学经济与管理研究院共同打造的"经济学理论与实践协同创新中心"举行揭牌仪式,这是我国首个经济学协同创新中心。国家统计局副局长许宪春、中组部人才局副局长宋永华出席仪式并为中心揭牌。

8月7日　全国MBA教育指导委员会副主任委员、认证与评估分委员会召集人、复旦大学管理学院院长陆雄文到学校商学院进行高质量MBA认证现场考察。

8月18日  由上海财经大学公共经济与管理学院,厦门大学经济学院,北京大学法学院,财政部财科所,中国社会科学院财贸研究所,斯坦福大学国际发展研究院,一桥大学公共政策研究院,财政部预算司、条法司,以及江苏省财政厅共同打造的我国首个"中国公共财政研究院"举行揭牌仪式。全国人大财政经济委员会副主任委员、原全国人大常委会预算工作委员会主任高强,财政部部长助理余蔚平,上海财经大学校长樊丽明为研究院揭牌。

8月26日  由上海财经大学学生组成的中国大学生代表队在第12届世界大学生国际象棋锦标赛包揽3枚金牌。

8月30日  18项成果获得上海市第十一届哲学社会科学优秀成果奖、上海市第九届邓小平理论研究和宣传优秀成果奖。

9月11日  荷兰鹿特丹伊拉斯谟大学校长波琳·范德·梅尔·摩尔(Pauline Vander Meer Mohr)女士率团到校访问并续签合作协议。

9月12日  上海市"千人计划"第二批入选名单揭晓,学校推荐的陈选娟、刘科成、李真3位专家入选创新类人才长期项目,成为学校入选的首批上海市"千人计划"专家。

9月22—23日  首届全国马克思主义经济学论坛暨第六届全国现代政治经济学数理分析研讨会暨庆贺《海派经济学》创刊十周年在学校举行。

9月  王洪卫教授提交的《完善房地产调控体制机制的建议》被中央宣传部全国哲学社会科学规划办公室《成果要报》刊载,报送党和国家领导决策参考。

10月10—11日  教育部第八检查组一行7人莅临学校,对学校国家教育体制改革试点项目进展情况及贯彻落实"三重一大"决策制度情况开展专项检查。

10月11—12日  第六届亚太地区知识管理国际会议在学校召开。

10月12日  在全国政协第十一届委员会优秀提案和先进承办单位表彰会上,蒋洪委员的《关于坚决制止公款奢侈浪费的提案》荣获个人优秀提案。

10月15日  学校获批新增统计学、马克思主义理论博士后科研流动站。

10月15—20日  金融学院本科生徐晓宇赴美参加国际金融管理协会(FMA)2012年年会并宣读自己的研究论文。

10月17日  学校与《光明日报》社联合主办的上海财经大学"千村调查"项目五周年总结暨创新人才培养座谈会召开。教育部思政司副司长王光彦,上海市教卫党委副书记、市教委副主任高德毅,《光明日报》社副总编辑李春林,校党委书记丛树海、党委副书记刘永章等出席会议并讲话。

10月19日  学校入选上海市教委"上海卓越法律人才培养基地"。

10月28日  "上海市社会科学界第十届学术年会经济·管理学科专场"在学校召开,专场的主题为"转型·创新·改革"。

10月30日  卫生部专家考评组对杨浦区创建"国家慢性非传染性疾病综合防控示范区"进行全面考核评估。学校作为杨浦区慢病综合防控的特色单位,接受卫生部专家考评组现场考评。

10月31日  学校服务国家财税事业行动计划汇报座谈会在财政部举行。全国人大财政经济委员会副主任、上海财经大学中国公共财政研究院院长高强,财政部副部长张少春、部长助理余蔚平出席会议并听取学校工作汇报。

11月1日  《财经研究》获得国家社会科学基金第二批学术期刊资助。

11月10日  以"学术为魂,校友为根"为主题,成功举办95周年校庆。校庆日当天,学校召开上海财经大学第六次校友代表年会,近30个地方校友会、60名校友代表出席会议;国家统计局副局长、党组成员许宪春,国际会计准则理事会理事张为国等知名校友应邀到校作专题报告;举行武东校区田径场改扩建工程破土动工仪式和学生中心建成启用揭牌仪式;举办"典藏记忆"——庆祝上海财经大学建校95周年文艺晚会。

同日　上海财经大学校董会成立大会暨第一届第一次会议在中山北一路校区博思楼多功能厅隆重举行。原财政部部长刘仲藜、原新疆建设兵团司令员金云辉等20余位社会知名人士、著名学者、杰出企业家、校友代表等作为校董候选人出席大会。校党政领导、各院系和机关处室负责人以及海内外各地校友会代表100余人列席会议。

11月16日　上财学子在全国大学生数学建模竞赛中获得1个全国一等奖、7个全国二等奖。

11月30日　上海财经大学与校董单位战略合作签约仪式隆重举行。中国工商银行上海市分行副行长成善栋、中国银行上海市分行副行长黄雪军、中国建设银行上海市分行副行长陈金富、招商银行上海分行行长连柏林、苏州银行董事长王兰凤分别代表五家校董单位出席仪式并与学校签约。

12月3日　学校举行学习贯彻党的十八大精神宣讲团成员受聘仪式。

12月4日　学校完成2012年本科教学工作质量评估。

同日　经济与管理实验教学中心通过专家组验收。

12月5日　法学教育实践基地入选教育部国家大学生校外实践教育基地建设计划。

12月8日　学校与上海市财政局签署关于建设"中国公共财政研究院"合作意向书。

12月12日　学校"211工程"三期建设获得国家三部委奖励。

12月25日　学校成功入选国家首批卓越法律人才教育培养基地(应用型、复合型法律职业人才教育培养基地)。

12月26日　《外国经济与管理》和《财经研究》入选"2012年中国国际影响力优秀学术期刊"(Top 10%)。

## 2013年

1月18日　学校与泸州老窖集团签署捐赠协议和校企战略合作协议。

1月19日　"中国公共财政研究院"项目专家论证会在北京召开。国家统计局副局长许宪春、财政部人事教育司副司长张猛等作为专家组成员出席论证会。

1月22日　百丽地产公司执行董事兼总经理、学校校友、校董崔波向学校捐赠资金并与学校签署《捐赠协议》。

1月24日　学校与大华会计师事务所捐赠签约仪式在深圳举行。

1月29日　教育部学位中心2012学科评估结果公布,学校统计学位列全国第4、应用经济学位列全国第6、工商管理位列全国第8、理论经济学位列全国第10,是财经类高校中四个学科均跻身全国前10的唯一学校。

1月　《财经研究》和《外国经济与管理》获评"2012年华东地区优秀期刊"。

2月1日　学校民革总支主委、公共经济与管理学院教授蒋洪连任全国政协第十二届委员。

同日　公共经济与管理学院教授胡怡建受邀在全国营改增试点评估总结座谈会上作专家发言。

2月28日　由上海财经大学应用统计研究中心和上海市统计科学应用研究所联合研制的"全国各省市转型发展指数研究"首次向社会发布。

2月　学校两个国家哲学社会科学基金重大项目"调整国民收入分配和财政支出结构研究"（首席专家丛树海教授）、"保持经济稳定、金融稳定和资本市场稳定对策研究"（首席专家丁剑平教授）顺利通过免鉴。

3月2日　会计改革与发展协同创新中心揭牌。该中心以会计学国家重点学科和教育部重点研究基地——会计与财务研究院为依托,协同财政部人教司、会计司,中国注册会计师协会,中国人民大学,香港中文大学等共同组建成立,旨在解决我国会计改革与发展的重大需求和重大科学问题。

3月4日　上海财经大学百年校庆筹备工作领导小组成立。校党委书记丛树海、校长樊丽明任组长,校党委副书记刘永章、副校长方华任副组长,校党政领导孙铮、王洪卫、周仲飞、陈宏、刘兰娟、黄颖为成员。领导小组下设百年校庆筹备工作办公室,设专职办公室主任、副主任各1人,成员由相关部门负责人组成。

3月12—13日　学校开展2013年本科生赴国（境）外大学交流学习选拔工作。本次选拔面向全日制本科二年级在校学生进行,共遴选出227名在校生（包括日语交换项目4名,研究生交换项目5名）以国际交换生的身份,于2013—2014学年赴海外21个国家和地区的42所高等院校进行交流学习。

同日　学校与新西兰惠灵顿维多利亚大学举行签约仪式。

3月14日　学校荣获世界卫生组织健康城市合作中心正式命名的"健康单位"授牌。

3月20日　4个项目入选教育部"高等学校本科教学质量与教学改革工程"项目,分别是大学生创新创业训练计划、经济与管理实验教学中心、法学教育实践基地和专业综合改革试点（法学专业）,资助经费总额达530万元,在财经类高校中名列第一。

3月22日　4项成果获高等学校第六届人文社会科学研究优秀成果奖。其中谈敏教授的《回溯历史——马克思主义经济学在中国的传播前史》获经济学二等奖（著作类）,田国强教授的《对引进海外顶尖、领军和高层次优秀人才的若干建议》获管理学二等奖（研究报告类）,张雄教授的《财富幻象:金融危机的精神现象学解读》获哲学三等奖（论文类）,黄枫博士的《过度需求还是有效需求——城镇老人健康与医疗保险的实证分析》获经济学三等奖（论文类）。

3月　2013年度"千村调查"项目正式启动。年度主题为"农村劳动力城乡转移状况调查",首席专家为田国强教授。

3月　金融学院博士生李科的学位论文《公司治理、融资约束与公司业绩:因果关系与经济机理》（指导教师:徐龙炳教授）获得2012年全国优秀博士学位论文提名。

3月　统计与管理学院教授周勇、金融学院教授邱嘉平入选2011年度长江学者奖励计划。其中周勇教授为长江学者特聘教授,邱嘉平教授为长江学者讲座教授。

4月10日　上海财经大学与上海财源投资发展有限公司捐赠签约仪式暨校董受聘仪式举行。副校长方华代表学校教育发展基金会与顾逸臻董事长共同签署《捐赠协议》。校党委书记丛树海代表校董会向顾逸臻董事长颁发校董聘书。

4月12日　校长樊丽明会见到访的国家外国专家局信息中心《国际人才交流》杂志编委会主任陈化北,并接受了《国际人才交流》杂志"对话大学校长"专栏采访。

4月15日　上海财经大学与北京诺华制药有限公司举行设立"诺华奖学金"签约仪式。北京诺华制药有限公司拟在未来五年中在上海财经大学统计与管理学院设立"诺华奖学金",以资助成绩优秀且有志于生物医药统计研究的研究生。

4月20日　2013信用管理与可持续发展论坛在学校召开。论坛由上海财经大学、联合国千年发展目标公益活动组织委员会、上海市金融学会主办,上海财经大学信用研究中心、上海财经大学上海国际金融中心研究院承办,上海财经大学金融家俱乐部、上海财经大学金融学院以及上海市金融信息技术研究重点实验室协办。

4月24日　教育部公布新一届高等学校教学指导委员会委员名单,学校共有14名教授入选,其中主任委员2名、副主任委员3名、秘书长2名、委员8名。

4月27日　第二届"上财经济史学论坛"暨纪念胡寄窗诞辰110周年研讨会举行。

5月5日　上海财经大学与江苏悦达集团有限公司战略合作签约仪式暨校董受聘仪式举行。校党委书记丛树海代表校董会向江苏悦达集团党委书记、董事局主席陈云华颁发校董聘书,副校长方华代表学校与陈云华主席签署《战略合作协议》。

5月8日　学校会计和金融类学科进入QS全球学科排行榜前150名。QS世界大学排名、泰晤士高等教育世界大学排名、世界大学学术排名被认为是目前全球三大最具影响力的大学排名。

5月13日　学校科研经费管理检查动员大会暨工作汇报会召开。会议由校长樊丽明主持,教育部监察局副局长侯慧君、教育部直属高校科研经费管理第六检查组全体成员出席会议。会议对教育部直属高校科研经费管理专项检查工作做了动员和部署。

5月15日　上海财经大学与三林万业(上海)企业集团有限公司捐赠签约仪式暨"三林万业奖学奖教金"设立仪式举行。校长樊丽明向三林集团中国区总裁程光校董颁发《捐赠证书》。副校长方华代表学校教育发展基金会与程光校董签署《捐赠协议》。

5月16—17日　上海财经大学师资队伍建设工作会议召开。会议以"高端引领、引培并重,努力开创师资队伍建设工作新局面"为主题,就师资队伍建设的经验、存在的突出问题以及进一步加强建设的思路和举措展开交流讨论。

5月中旬　上海财经大学教育发展基金会理事会集中召开第一、第二届会议。

5月22日　校长樊丽明代表学校与香港城市大学签订了涵盖学者及行政人员交流、学生交换、教学科研合作、交换出版物等事项的《学术合作备忘录》。

5月26日　2013人民币国际化全球论坛在学校召开。论坛由上海财经大学上海国际金融中心研究院与澳大利亚国际金融与监管中心共同主办,上海市金融服务办指导,上海财经大学金融学院、上海市金融信息技术研究重点实验室协办,约150位专家学者参加了本次论坛。

同日　由上海国际金融中心研究院与应用统计研究中心联合开发研制的WED全市场人民币汇率指数体系首次正式对外发布。

5月　上海财经大学"香港思源奖助学金"正式设立。自2013—2014学年开始,香港思源基金会每年将资助学校家庭经济特别困难的优秀本科生60名,帮助学生顺利完成学业。

5月　学校民革总支副主委、公共经济与管理学院教授刘小兵被任命为民革第十二届中央经济委员会委员。

5月　学校迎百年校庆校园文化项目建设启动,具体包括《上财赋》《办学铭》《"上财精神"凝练》《校训释义》《校园文化景观设计方案》《上海财经大学图说史(1917—2017)》六个项目。

6月3日　校长樊丽明入选教育部本科教学工作评估专家委员会。

6月4日　上海财经大学与新华信托股份有限公司战略合作暨捐赠签约仪式举行。副校长方华代表学校与新华信托股份有限公司李荻副总裁共同签署了《战略合作协议》及《捐赠协议》，并向新华信托股份有限公司颁发捐赠证书。

6月5日　上海财经大学中国公共财政研究院与第一财经传媒有限公司签署战略合作框架协议以及"政府预算基础及其解读"媒体公益培训项目协议。

同日　上海财经大学国际商务硕士专业学位研究生上海糖酒集团实践基地揭牌。

6月6日　以东北大学副校长张国臣为组长的教育部直属高校基本建设管理情况调研组对学校基本建设管理情况开展实地调研。

同日　上海财经大学与东方证券举行应用统计硕士专业学位研究生实践基地挂牌仪式。

6月7日　学校与虹口区人民政府签署战略合作框架协议。根据协议，虹口区人民政府和学校将在资源共享、人才交流和大学科技园建设等方面开展战略合作。

同日　上海财经大学与铜陵化学工业集团股份有限公司合作暨授证仪式举行。校党委书记丛树海代表学校向铜陵化学工业集团有限公司党委书记、董事长黄化锋校董颁发《捐赠证书》。

6月14日　上海财经大学与苏州银行战略合作协议签约仪式在苏州银行大厦举行。根据协议，双方将在人才培养、科研合作、银校合作三个方面开展战略合作。

6月20日　副校长王洪卫出席国家教育体制改革试点项目阶段总结交流会并作典型发言。

6月20—24日　经济学院成功举办"2013上海微观经济学/计量经济学/宏观经济学专题研讨会"(2013 Shanghai Microeconomics/Econometrics/Macroeconomics Workshop)。

6月21—22日　副校长黄颖出席中国(教育部)留学服务中心中外合作伙伴年会，并代表中方合作伙伴作大会交流发言。

6月22日　国家体育总局授牌上海财经大学为全国跳绳运动上海分中心。

6月24日　由东海证券、上海财经大学商学院、上海财经大学金融重点实验室联合举办"2013年中国城市竞争力排行榜——上市公司视角下的城市排名"新闻发布会。

6月28日　教育部副部长杜占元一行莅临学校，先后考察了学生中心、统计与管理学院和会计学院，并就学校进一步加强人才培养和学科建设等方面提出指导意见。

同日　由上海国际金融中心研究院、上海财经大学金融学院和摩根士丹利华鑫证券联合举办的"协同创新金融人才联合培养基地"揭牌。副校长王洪卫出席仪式并致辞。

6月29日　由中国公共财政研究院主办的首届"中国公共财政高层论坛——营业税改增值税学术研讨会暨《2013中国财政发展报告》新闻发布会"在北京召开。

7月1日　学校统计学增补列入上海高校一流学科(A类)建设范围。至此，学校共6个一级学科入选上海高校一流学科，其中：理论经济学、统计学列入上海高校一流学科(A类)建设范围，应用经济学、工商管理、法学、管理科学与工程列入上海高校一流学科(B类)建设范围。

7月8—9日　中共上海财经大学第七次党员代表大会召开。本次大会的主题是"凝心聚力、追求卓越，为建设具有鲜明财经特色的高水平研究型大学而努力奋斗"。大会审议通过了上海财经大学第六届党委工作报告和纪委工作报告，选举产生了中共上海财经大学第七届委员会委员和中共上海财经大学纪律检查委员会委员，并明确提出了"1+6+3"的学校事业发展蓝图。

7月9日　中共上海财经大学第七届委员会第一次全体会议举行。会议选举产生了校党委常委、书记和副书记。

7月10日　上海财经大学深入开展党的群众路线教育实践活动动员大会召开。教育部第四督导组组长、山东大学原党委书记朱正昌，副组长、华北电力大学原党委书记徐大平，副组长、中国驻比利时使馆原教育参赞王鲁新等教育部督导组成员出席会议。校党委书记丛树海对学校开展教育实践活动做了全面动员和部署。

7月12日　学校围棋队包揽首届世界大学生围棋赛段位组和公开组冠军。

7月19日　教育部发展规划司直属基建处领导叶加宁、张礼财率专家组,对学校"主校区体育馆项目可行性研究报告"进行评估评审。

同日　商学院在北京举办2013年全球CFO领袖论坛。

7月20日　学校与美国加州大学伯克利分校签署校际合作谅解备忘录。双方将在教学科研合作、人员交流互访、出版物交换等多个领域开展合作。

7月24日　学校与中国国际技术智力合作公司签署战略合作协议。根据协议,双方将在合作办学、学生就业、人力资源外包服务等领域展开深入合作。

7月26日　教育部《高校哲学社会科学工作简报》以《上海财经大学深化科研体制机制改革,打造咨询服务型高端智库》为题,介绍学校咨询服务型高端智库建设经验。

7月　公共管理硕士(MPA)教学评估获评为"A"等。

8月8日　学校围棋队在第二十二届"应氏杯"中国大学生围棋赛中获得男子团体、男子专业组、业余组个人和女子专业组个人4枚金牌。

8月21日　教育部高教司财经政法处处长吴燕到校调研,听取学校本科人才培养工作情况汇报。校长樊丽明、副校长刘兰娟、校长助理兼教务处处长姚玲珍出席座谈会。

8月26日　学校印发《关于着力推进落实上海财经大学2013年服务师生实事项目的通知》,正式启动实施服务师生16项实事项目,并将其纳入学校2013年下半年党政工作要点补充意见中予以落实。

9月11日　教育部第四督导组"深入开展党的群众路线教育实践活动"交流座谈会在学校召开。东华大学、华东理工大学、华东师范大学、上海财经大学、上海外国语大学、中国海洋大学、中国石油大学(华东)7所高校活动领导小组办公室负责同志参加会议,教育部第四督导组副组长王鲁新主持会议。

9月12日　信息管理与工程学院"管理科学与量化信息研究中心"揭牌。

9月16日　校长樊丽明赴安徽财经大学看望学校援建老教师代表。

9月17日　上海市教委公布2013年度第一批上海高校智库立项名单,学校"公共政策与治理研究智库(筹)"(负责人胡怡建)和"中国产业经济研究中心(筹)"(负责人干春晖)入选。

9月22日　教育部高等学校财政学类专业教学指导委员会成立大会在学校举行。校长樊丽明担任财政学类专业教学指导委员会主任委员。

10月9日　上海财经大学"李艳丽奖学金"捐赠仪式举行。

10月9—17日　原全国人大财经委副主任委员、财政部副部长、卫生部部长,现上海财经大学中国公共财政研究院院长高强驻校指导工作。期间,高强与校党委书记丛树海一行先后调研了上海市财政局、浙江省财政厅和浙江省国税局。

10月11日　上海财经大学离退休教职工中心揭牌仪式举行。校党委书记丛树海、老领导叶麟根、老教授颜光华和刘荔娟共同为离退休教职工中心揭牌。

10月12日　上海财经大学自由贸易区研究院、上海发展研究院揭牌。该研究院致力于打造成为中国(上海)自由贸易试验区和上海转型发展的思想库、人才库和信息库。

10月13日　2013年上海财经大学香港思源奖助学金受助学生座谈会暨颁发仪式举行。香港思源基金会顾问黎应锦及夫人黎梁淑芷女士代表基金会创办人陈曾焘博士及夫人陈许启明女士,专程来校与受助学生座谈交流。

10月14日　学校首次自主发布《上海财经大学研究生教育质量报告(2012—2013学年)》,这是学校加强研究生培养过程的质量管理、定期开展质量评价和自我评估、主动公开质量信息的重要举措。

10月18—19日　上海财经大学第十三次本科教学改革研讨会召开。会议以"以学生为本,深化改革,办特色鲜明的一流财经本科教育"为主题,深入研讨本科教育改革总体方案,形成本科教学改革路线图和时间表,研究部署改革新举措。上海市教委副主任陆靖、南京大学副校长谈哲敏应邀出席本次会议。

10月19—20日　全国经济哲学研究会成立大会暨第一次学术研讨会在学校召开。校长樊丽明出席会议并致辞。

10月20日　上财学子获得2013年德勤税务精英挑战赛个案分析比赛全国冠军。该项大赛举办十年以来,学校已分别于2004年、2011年与2013年三次赢得全国冠军,成为夺冠次数最多的高校。

10月26日　中国(上海)自由贸易试验区协同创新中心签约揭牌仪式暨首届申江论坛举行。该协同创新中心由上海财经大学牵头,联合对外经济贸易大学、华东政法大学、上海对外经贸大学等单位组建成立,旨在服务国家建设中国(上海)自由贸易试验区的重大战略需求。

同日　上海财经大学与ACCA(特许公认会计师公会)合作20周年庆典举行。副校长孙铮与ACCA亚太区总监罗美仪出席庆典。学校与ACCA合作建立"上海财经大学管理会计项目研究中心",共同对内部控制与价值创造标准体系进行深入研究。

10月29日　第九届Dynare国际研讨会在学校召开。会议由上海财经大学经济学院、美国亚特兰大联邦储备银行、法国法兰西银行、DSGEnet、法国经济研究与应用中心Dynare项目组共同主办。

11月1日　欧美同学会建会百周年暨上海财经大学分会成立两周年庆祝大会召开。

11月1—2日　学校会计与财务研究院、会计学院和香港中文大学公司治理中心联合举办"中国资本市场会计与财务问题国际研讨会"。

11月9日　上海财经大学第一届校董会第二次会议召开。校长樊丽明作题为"改革驱动、内涵发展,扎实推进财经特色高水平研究型大学建设"的报告,汇报了学校事业发展情况,校董们集思广益,为学校发展积极建言献策。

同日　经济科学出版社向学校捐赠8 000册图书。校长樊丽明出席捐赠仪式并致辞。

11月12日　现代服务经济研究院发布"2013中国城市国际贸易竞争力评价"。

11月18—19日　学校党政领导班子召开党的群众路线教育实践活动专题民主生活会。教育部巡视工作办公室吴一、教育部第四督导组组长朱正昌、上海市教卫工作党委组织干部处顾大文、上海市教卫纪工委何艳琴等领导同志出席会议。

11月20日　商学院正式通过中国高质量MBA教育认证。学校成为全国首批通过该项认证的高校。

11月22日　2013教育部会计学教学指导分委员会年会在学校召开。会计学分教指委主任委员、上海财经大学副校长孙铮主持会议。

11月22—23日　上海财经大学第六届教职工代表大会暨第七届工会会员代表大会召开。大会听取了校长工作报告、财务工作报告和第六届工会委员会工作报告,讨论通过《上海财经大学章程》(征求意见稿),审议通过《上海财经大学2013—2017年绩效津贴调整方案》(讨论稿),并选举产生第六届教职工代表大会执行委员会和第七届工会委员会和经费审查委员会。

11月23日　经济学院成功举办"第七届全国现代政治经济学数理分析研讨会暨SSA学派与全球变化研讨会"。

11月27日　上财—上海农商银行小微企业融资环境综合指数(简称FEI指数)首次发布。

11月30日　上财学子荣获2013全英商务实践大赛全国总冠军。

11月　"千村调查"项目有关成果被教育部《专家建议》2013年第22期刊载,报送有关中央领导同志和党政部门决策参考。

11月　经济学院教授孙宁入选2013年度国家百千万人才工程。

12月1日　学术期刊编辑部举办"提高《财经研究》学术影响力"全国研讨会。

12月3日　应用统计研究中心和上海市统计科学应用研究所联合发布2012年全国各省市转型发展指数。

12月6日　学校与东方财富信息股份有限公司签署战略合作协议。

12月11日　中国(上海)自由贸易试验区建设的深化与发展论坛召开。论坛由中国(上海)自由贸易试验区协同创新中心主办,国际工商管理学院、中国产业发展研究院承办。

12月16日　上海财经大学与用友软件股份有限公司捐赠协议暨2014"用友新道杯"亚太区ERP沙盘模拟大赛合作协议签约仪式举行。

同日　经济学院教授冯帅章入选2012年度长江学者特聘教授。

同日　上财—摩根华鑫城市金融生态研究合作基地揭牌仪式暨英才项目结业与开班典礼在学校举行。

同日　学校与西班牙IE商学院达成校际合作协议。

12月19日　9项成果获得第九届上海市决策咨询研究成果奖,其中一等奖2项、二等奖2项、三等奖5项。

同日　美国工程院院士、斯坦福大学教授亚瑟·维恩诺特(Arthur Veinott)向学校捐赠毕生藏书。校长樊丽明到场致辞。

12月26日　教育部第四督导组到学校开展教育实践活动"整改落实、建章立制"环节的实地调研,对学校这一环节的各项工作给予充分肯定。

12月27日　教育部发展规划司直属处领导率专家组对学校"主校区科研实验中心大楼""商学院教学科研中心大楼"项目可行性研究报告进行评估。

12月28日　上海财经大学公共政策与治理研究院、上海财经大学公共经济与管理学院、上海行政学院、华东政法大学政治学与公共管理学院联合举办"自贸区政府职能转变、行政创新与税制改革"媒体互动研讨会。

12月30日　《财经研究》和《外国经济与管理》入选"2013年中国国际影响力优秀学术期刊"。

12月　武东路校区田径场项目正式竣工。

## 2014 年

1月3日　学校与上海市第一中级人民法院签署合作备忘录,并联合成立上海财经大学自由贸易区司法研究中心。

1月19日　上海财经大学卓越法律人才培养指导委员会成立大会暨系列卓越法律人才培养基地揭牌仪式举行。

1月23日　根据中国教育科学研究院对教育部直属高校绩效评价结果显示,学校在大文类高校中产出排名第一,投入排名第六,投入产出位差5位,列入"绩效偏高"高校。

1月　张雄教授领衔申报的"民族复兴中国梦"上海市社会科学创新研究基地获批设立。

1月　学校与美国威斯康星大学麦迪逊分校及其商学院签订合作谅解备忘录。

2月25日　《财经研究》"公共经济与管理"栏目入选教育部高校哲学社会科学学报第三批名栏建设并排名第一。

2月　人文学院2010级经济新闻系学生王琛获第12届世界学生围棋王座战冠军,成为历史上第五位获此殊荣的中国大学生棋手。

3月8日　上海财经大学—新华社上海分社全面战略合作签约仪式暨中国(上海)自贸区金融改革推进与实施媒体互动会举行。

3月14日　国际工商管理学院郑若谷同学的博士学位论文"国际外包承接与中国产业结构升级和转型"(指导教师:干春晖教授)入选2013年全国优秀博士学位论文。

3月14—15日　"全球视角下的中国环境挑战"(China's Environmental Challenges: A Global Perspective)国际研讨会在学校举办。

3月15—16日　国际工商管理学院与美国达拉斯联邦储备银行共同举办"国际贸易、全球经济不平衡的微观基础及其对货币政策的影响"国际研讨会。

3月23日　中国产业发展研究院举办2014中国产业经济高端论坛。

3月　戴国强教授入选首批"国家高层次人才特殊支持计划"(简称"万人计划")教学名师。

4月3日　商学院被授予中国高质量MBA教育认证证书。

4月8日　上海财经大学—友邦上海保险专业硕士实践基地项目揭牌仪式在学校举行。

4月12日　由全国MPA教育指导委员会主办,学校公共经济与管理学院承办的"2014年全国MPA核心课程'社会研究方法'师资研讨会"开幕式在学校举行。

4月14日　学校与财政部会计司合作建立"上海财经大学会计信息化研究中心暨XBRL中国地区组织应用研究中心"。

4月16日　上海财经大学韩国校友会在首尔正式成立。这是学校在海外成立的第一个校友会。

4月17日　由上海市教委、上海市高校智库研究和管理中心主办,学校公共政策与治理研究院承办的上海高校智库工作坊(第一期)举行。

4月18日　2014年度"千村调查"项目正式启动。年度主题为"中国农村养老问题现状调查",首席专家为张雄教授。

4月26日　由上海财经大学高等研究院、上海发展研究基金会和《学术月刊》共同主办的2014年"土地制度、户籍制度与城市化"研讨会在学校举行。

4月　学校与台湾政治大学正式签署校际合作谅解备忘录及交换学生项目协议。

5月8日,"上海财经大学蘭基金"设立仪式暨春晖大讲堂报告会举行。学校校董、2007届EMBA校友、苏州银行董事长王兰凤出席仪式,并为师生带来精彩讲座。

5月13日　教育部发布《中华人民共和国教育部高等学校章程核准书第13号》,正式核准《上海财经大学章程》,章程文本自即日起生效。

5月15日,校党委书记丛树海在教育部直属高校深化党的群众路线教育实践活动整改工作座谈会上,作题为"办实事抓公开建制度,践行党的群众路线"的交流发言。

5月22日,校党委书记丛树海参加教育部"211工程"高校现代大学制度暨章程建设工作推进会并作大会发言。

同日　学校举行2014年度"上海财经大学宏信奖学金签约暨颁奖仪式"。

5月23—24日　第15届信息与组织符号学国际会议(ICISO2014)在学校举行。会议以"服务科学与知识创新"为主题,由上海财经大学、英国雷丁大学共同主办。

5月24日　首届长三角财税论坛——"市场起决定性作用下:财税制度如何创新"在学校举行。

5月30日　学校召开第十四次教学改革研讨会。会议主题是"坚持传承与创新,全面提升上海财经大学研究生教育质量"。

5月　学校《大学音乐欣赏》课程被中国高等教育学会评为"大学素质教育优秀通选课"。

5月　学校对首批"1351人才工程"项目入选者进行合同规范化管理,主要包括讲席教授、讲席副教授和创新团队,明确合同期内入选者和入选团队的工作目标与研究计划,充分激发教师的科研潜力,引导教师合作研究,鼓励教师追求卓越。首批"1351人才工程"项目共评选出讲席教授10人、讲席副教授21人(含"常任轨"副教授1人)、创新团队10个(教学团队1个、青年团队3个、科研团队6个),资深教授5人(含认定1人)。

6月3日　高等研究院、数理经济学教育部重点实验室联合举办"'未富先老'下的中国养老金改革:挑战与机遇"(Rapid Aging and Chinese Pension Reform: Challenge and Opportunity)国际研讨会。

6月13日　学校民盟副主委、数学学院(筹)教师卢慧芳及其子韩镕馨,向上海财经大学教育发展基金会"刘立爱心基金"注资。

同日　学校成立"自由贸易与ADR发展研究中心"。

6月14—15日,第五届中外商务合作跨文化交际与商务汉语教学研讨会在学校举行。

6月17日　《光明日报》第7版整版刊载第六期"千村调查"项目(2013年度)研究成果《如何让农民工真正"进城"——由农村劳动力城乡转移状况调查引发的思考》,引发社会关注。

6月　学校在2013年上海市级教学成果奖评选中获得特等奖1项、一等奖7项、二等奖6项。

6月　法学院国际法学科荣获"上海法学重点研究基地"称号。

7月5日　数学学院揭牌仪式暨学术研讨会举行。

7月7日　学校与宜春市人民政府签署战略合作框架协议。

7月7—13日　学校围棋队勇夺首届世界大学生围棋锦标赛冠军。

7月17日　学校与剑桥大学联合举办2014年上财—剑桥国际暑期夏令营(SUFE - Cambridge International Summer School)。

7月24日　教育部副部长、党组成员李卫红一行莅临学校考察调研。

7月28日　学校举行与上海证大金融信息服务有限公司合作暨捐赠签约仪式。

7月　学校3项上海市本科重点教学改革项目和3门上海高校示范性全英语课程获得上海市教委立项,另有3门课程获得"2014年度上海高校市级精品课程"荣誉称号。

7月　学校入选"上海市卓越新闻传播人才教育培养基地"。

8月7日　上海财经大学与上海银行战略合作签约暨校董聘任仪式举行。

8月9日　上财学子荣获2014欧洲围棋大会七枚金牌。

8月12日　校党委书记丛树海一行赴北京与全国人大预工委就预算法修订相关重大问题举行座谈。

8月13日　学校被上海市政府批准为独立的第三方评估机构之一,对自贸区建设情况进行全面评估。

8月28日　学校与民生银行上海分行签署合作框架协议。

8月　经济学院冯帅章教授主持的项目"劳动力市场与收入分配"获得国家杰出青年科学基金资助,这是首个由学校推荐立项的国家杰青项目。

8月　《中国经济发展史(1949—2010)》(六卷本,上海财经大学出版社)出版。

8月　学校荣获全国"来华留学生教育先进集体"称号。

9月4日　"走千村,访万户,读中国——以千村调查为载体的创新人才培养模式探索与实践"获国家级教学成果二等奖。

同日　商学院教授、法学博士史蒂文·D. 费尔德曼(Steven D. Fieldman)获2014年上海市"白玉兰纪念奖",成为学校历史上首位获此殊荣的外籍教授。

9月10日　3篇案例获得第五届"全国百篇优秀管理案例"奖,在所有获奖的财经类院校中获奖案例数量排名第一。

9月11—13日　上财学子在第五届中国大学生服务外包创新创业大赛中荣获一等奖。

9月14日　由中国(上海)自由贸易试验区协同创新中心与中国区域科学协会共同举办的"中国(上海)自由贸易试验区制度创新绩效评估"研讨会在北京举行。

9月24日　学校召开"面向未来30年的上海发展战略研究"课题论证会。

同日　统计与管理学院与高沃信息技术(上海)有限公司举行"Discover奖学金"签约仪式。

9月27日　外国语学院揭牌仪式举行。

9月29日　"自贸区建设和中国经济结构调整"论坛在学校召开。前世界银行副行长兼首席经济学家、北京大学国家发展研究院名誉院长林毅夫教授,上海市人民政府参事室主任、中国(上海)自由贸易试验区协同创新中心理事长、上海WTO事务咨询中心总裁王新奎教授分别做主旨发言。

9月　学校"兴家"志愿服务队荣获2013年度上海市教卫系统精神文明十佳好人好事。

10月14日　上海财经大学第六届学术委员会成立大会暨第六届第一次全体会议召开。第六届学术委员会主任委员由孙铮教授担任,副主任委员由蒋传海教授、张雄教授、孙宁教授担任,下设学术道德、学科建设、专业技术职务评审、研究生教学指导、本科教学指导5个专门委员会。

10月18日　上海财经大学金融服务法与金融消费者保护研究中心成立。

同日　经济学院2012届毕业博士生孙楚仁的博士学位论文《异质性企业组织与贸易的若干研究》荣膺第六届"黄达—蒙代尔经济学奖",导师为田国强教授。

10月21日　"2014年陆家嘴金融城名校直通车"启动仪式在学校举行。

同日　学校《中国(上海)自贸试验区第三方评估报告》上报国务院,为制定自贸区政策提供参考。

10月23—27日　高等教育研究所应望江、宋旭璞应邀参加由美国哥伦比亚大学教育学院、哥伦比亚大学东亚图书馆、纽约华美协进社共同主办的"郭秉文与中国近现代高等教育发展和中美教育交流——纪念郭秉文先生从哥伦比亚大学博士毕业100周年国际研讨会"。

10月25日　由中国(上海)自由贸易试验区协同创新中心主办的第二届申江论坛举行。论坛主题为"自贸区试验与开放型经济新体制"。同日召开中国(上海)自由贸易试验区协同创新中心第一届理事会第二次会议和第一届学术委员会第一次会议。

10月31日　"2014全国统计WORKSHOP——大数据时代下的统计学教育发展圆桌会议"在学校召开。

10月　学校与香港城市大学签署学生交换协议。

11月1日　2014上海财经大学通识教育论坛召开。

11月4日　上财学子在2014年"创青春"全国大学生创业大赛中斩获全国金奖1项、全国银奖2项。

11月5日　中国公共财政研究院和财政部中国财政杂志社共同举办的新预算法专题研读会在北京召开。

11月6日　24项成果荣获上海市第十届邓小平理论研究和宣传优秀成果奖、第十二届哲学社会科学优秀成果奖，其中一等奖5项、二等奖19项。

11月7日　由学校主办的郭秉文教育思想研讨会召开。

同日　学校博物馆、校史馆藏品捐赠证书授予仪式举行。

11月8日　郭秉文先生塑像揭幕仪式在国定路校区育衡楼前举行，同时举办"为中国寻找现代之路——郭秉文校长纪念展"。

同日　郭秉文奖学金颁奖仪式暨获奖学生代表座谈会举行。

同日　上海财经大学校友总会成立大会召开。大会表决通过了《上海财经大学校友会章程》和《上海财经大学校友会第一届理事会成员名单》。

同日　学校校友工作研讨会暨第八次地方校友代表年会召开。

同日　学校第一届校董会第三次会议召开。

同日　上海财经大学与中信兴业投资集团有限公司校企合作签约仪式举行。

11月14日　学校学科建设工作会议召开。会议主题为：推进"高原高峰"发展战略，全面提升学科竞争力。

同日　赵晓雷教授出席中国(上海)自由贸易试验区综合评估情况新闻通气会，介绍学校第三方独立评估报告。

同日　EMBA校友爱心捐赠签约仪式举行。

11月16日　"中国特色社会主义法治体系重点研究基地"与"经济发达地区环境资源司法保护理论研究基地"揭牌仪式举行。

11月17日　原中共中央政治局常委、国务院副总理李岚清莅临学校，为学校师生作题为"知识分子与文化修养"专题讲座。李岚清同志夫人章素贞女士及其家人、文化部原副部长赵维绥、上海市副市长翁铁慧等参加。

11月17—18日　校长樊丽明率团先后访问意大利罗马大学和博洛尼亚大学，并代表学校与对方签署校际合作协议。

11月20日　校长樊丽明率团访问英国剑桥大学露西·卡文迪许学院，并代表学校与对方签署合作谅解备忘录。

11月22日　《财经研究》《上海财经大学学报》和《外国经济与管理》入选《中国人文社会科学期刊评价报告(2014)年》"经济学"核心期刊。

11月23日　教育部考试中心领导及英国专家莅临学校检查自学考试工作。

11月29日　深化我国预算管理制度改革研究全国研讨会暨《2014中国财政发展报告》和《2014中国财政透明度报告》发布会在学校召开。

11月　10种教材入选第二批"十二五"普通高等教育本科国家级规划教材。

12月1日　《财经研究》《上海财经大学学报》和《外国经济与管理》在第五届全国高校社科期刊评优中喜获佳绩，共获得3项集体奖和4项个人奖。

12月2日　上海财经大学金融学院人才培养实践基地揭牌仪式举行。

12月4日　"全国会计硕士专业学位质量认证"专家组来校考察MPAcc中心办学情况。

同日　赵晓雷教授领衔的上海自贸试验区第三方评估项目团队的研发成果获国家版权局颁发著作权登记证书。

12月5日　中国区域科学协会中国自贸区研究专业委员会成立大会暨中国自贸区建设学术研讨会在学校召开。

12月5—6日　首届"两岸自由贸易法治论坛"在学校成功举办。

12月9日　学校与美国哥伦比亚大学签署《海外学习协议》。

12月11日　学校与爱沙尼亚塔林大学签署孔子学院合作协议，学校第一所海外孔子学院由此正式成立。

12月12日　首届上海高校创业教育研讨会在学校举办。

12月13日　学校与青岛市人民政府战略合作签约仪式暨上海财经大学青岛财富管理研究院揭牌仪式举行。青岛市副市长刘明君，学校校长樊丽明、副校长蒋传海出席活动。

同日　学校继续教育示范基地建设项目顺利通过教育部验收。

12月14日　信息管理与工程学院和统计与管理学院联合举办"大数据时代的信息管理与管理科学发展"论坛。

同日　"世界政治经济学学会特藏馆"揭牌仪式暨赠书仪式在学校举行。

12月20日　2014年全国高校国家经济学基础人才培养基地建设工作会议暨第十三届学生学术研讨会在学校召开。

12月21—22日　教育部电子商务类专业教学指导委员会2014年第二次全体委员会议在学校召开。

12月22日　商学院"以国际国内认证为抓手，以终身成长为导向，财经类院校MBA培养模式改革探索"成果获中国学位与研究生教育学会研究生教育成果二等奖。

12月31日　教育部"创新高校机构编制管理"课题调研座谈会在学校举行。

## 2015 年

1月8日　财政部政策研究室与学校联合举办"养老保险制度可持续性研究"专家研讨会。

1月20—21日　《上海自贸试验区重点制度复制推广建议》内参研讨会在学校举行。

1月28日　"自贸试验区新格局与新展望"专题论坛在学校召开。

2月1日　"马克思主义与当代中国"研讨会在学校举行。

2月9日　"教育因你而更有价值"2014上海教育年度新闻人物颁奖主题活动在上海教育电视台举办，"坚强扛起双重打击，满腔热忱助学爱生，设立'爱心教育基金'"的学校百年校庆筹备工作办公室主任刘志远入选年度新闻人物。

2月11日　校长樊丽明带队走访广东省发展与改革委员会和广东省商务厅,积极推动学校与政府部门在贯彻落实国家战略、推进我国自由贸易区建设等方面的合作交流。

3月25日　上财中亚云计算研究中心揭牌仪式暨云计算交易创新发展高峰论坛在信息管理与工程学院举行。

3月28日　由上海财经大学与经济科学出版社主办,公共政策与治理研究院承办的"深化改革,构建公平正义现代财税体制改革"新闻发布会在北京中国职工之家举行。同日,举办"新常态下深化财税体制改革高层论坛"。

同日　国家统计局和上海财经大学联合成立的"大数据统计科学中心"揭牌仪式在学校举行。

3月30日　"中共福建省委党校、福建行政学院、上海财经大学福建自贸区研究院"揭牌仪式在中共福建省委党校、福建行政学院举行。校长樊丽明与中共福建省委党校、福建行政学院常务副院长陈雄共同签署两校战略合作框架协议,并为福建自贸区研究院揭牌。

4月1日　2015年度"千村调查"项目启动会议召开。年度主题为"农村基础金融服务调查",首席专家为刘莉亚教授。

同日　受教育部委托,国家教育行政学院史朝教授一行来校评估调研国家教改试点项目实施情况。

4月11日　由中国自由贸易试验区协同创新中心、上海市人民政府发展研究中心中国自由贸易区战略研究院和世界自由(贸易)区组织联合主办的第三届中国自由贸易试验区论坛在学校召开。

4月14日　学校"通识教育中心"揭牌仪式举行。上海市教委副主任陆靖,校长樊丽明,副校长刘兰娟、陈信元出席仪式。

4月18日　学校与上海糖酒集团共建的国际化人才培养基地在澳大利亚玛纳森食品集团挂牌成立。上海财经大学校长樊丽明、上海糖酒集团党委书记陈革、澳大利亚玛纳森食品集团CEO Geoff先生出席揭牌仪式。

4月19日　上海财经大学澳大利亚校友会成立大会在悉尼召开。

4月21日　上海财经大学出版社的《货币金融学(第三版)》等14种教材获2015年上海普通高校优秀教材奖。

4月22日　教育部直属高校基本建设规范化管理专项检查组到校开展专项检查工作。

4月24日　云贝集团副总裁高猛与刘捷一行来校,就上海财经大学与云贝集团有限公司合作与捐赠事宜进行交流并正式签约。

4月26日　"经济新常态下发挥经济学期刊引领作用研讨会"在学校召开。

4月27日　2015年共建工作联席会议在学校举行。财政部党组成员、部长助理余蔚平出席会议并讲话。

同日　数学学院2014级硕士研究生姜天宇荣获"2014上海大学生年度人物"称号。

同日　北京聚源锐思数据科技有限公司董事长王时雨一行来访,就上海财经大学与锐思公司合作与捐赠事宜进行交流并正式签约。

同日　由中国自由贸易试验区协同创新中心和最高人民法院民四庭共同指导、上海市第一中级人民法院与上海财经大学共同主办的第二届"中国自由贸易区司法论坛"在学校举行。

4月　《上海财经大学综合改革方案》顺利通过教育部审核程序并获得正式备案。该《方案》确定了学校2014—2020年的20项重点改革任务。

5月5日　上海财经大学与杭州大和热磁电子有限公司、上海申和热磁电子有限公司校企合作签约仪式暨"Ferrotec China帮困兴教奖助学金"捐赠仪式举行。

同日　《中国近现代史纲要》教研室带领120名学生赴宝钢集团有限公司参观学习,这是学校思想政治理论课体验育人大课堂走向我国现代化国企的一次尝试。

5月9日　学校参与主办的"上海财大—交大高金—斯坦福金融建模与数据分析论坛"在陆家嘴中国金融信息中心举办。

5月14日　在2015教育部—IBM高校合作项目年会暨20周年庆典上,副校长刘兰娟代表学校与IBM签署大数据及分析合作协议。

同日　"投资学校外实践教育基地"分别在凯璞庭资本管理有限公司、方正东亚信托有限责任公司、香馥金融信息服务(上海)有限公司举行授牌仪式。

5月15—16日　由国际工商管理学院参与主办的"中国自由贸易区与开放新阶段"高峰论坛在中国金融信息中心举行,校长樊丽明、副校长姚玲珍出席开幕式。

5月21日　在上海市教卫工作党委系统精神文明建设工作表彰暨培育践行社会主义核心价值观推进大会上,学校获得教卫工作党委系统2013—2014年度上海市文明单位、十佳好人好事、校园文化建设优秀项目等五个表彰项目。

5月23日　"政治经济学批判:《21世纪资本论》与《资本论》"高端学术研讨会在学校召开。

5月28日　上海财经大学校友总会正式完成注册工作。

5月　刘志远老师"'刘立爱心教育基金'关爱学生"荣获2014年度上海市教卫工作党委系统社会主义精神文明十佳好人好事。

6月5日　上海财经大学科研工作会议召开。会议旨在深化科研体制机制改革,全面推进高水平研究型大学建设。

6月6日　由上海财经大学、中国老年学和老年医学学会、美国老年学学会、上海市宝山区人民政府共同主办,上海财经大学公共政策与治理研究院和中国公共财政研究院承办的"老龄社会公共政策挑战与治理创新"国际论坛在学校举行。

6月5—8日　校党委书记丛树海率学校代表团出席台湾中央大学100周年校庆活动。在台期间,代表团一行还拜望了学校台湾知名校友叶万安先生及朱国璋先生夫人朱束冠男女士,并与台湾校友会的代表们亲切会面。

6月9日　学校作为唯一一所人文社科类院校,也是第一所财经类大学,入选国家外国专家局和教育部国际化示范学院"推进计划"试点院校。

6月27日　"中国行政体制改革研究会城市治理研究中心"揭牌仪式在学校举行。

同日　由上海财经大学和中国行政体制改革研究会主办,中国自由贸易试验区协同创新中心、上海财经大学公共政策与治理研究院承办的"中国自贸试验区政府职能转变与治理创新——政府权责清单、监管方式与制度探索"论坛在学校举行。

7月6日　2015"大数据统计与金融计量"研讨会在学校举行。

7月7日　学校举行"三严三实"专题教育党课暨学习研讨会。会议上半场围绕"严以修身、严以律己"两个专题,以沙龙对话的形式开展学习研讨;下半场由校党委书记丛树海同志主讲"三严三实"专题党课。

同日　学校召开"面向未来30年的上海"发展战略研究课题成果汇报交流会。

7月8日　最高人民法院"一带一路"司法研究中心成立仪式暨中国法学会"深入研究党的十八届四中全会精神"重点专项课题座谈会举行,学校获建"最高人民法院自贸区司法研究基地"。

7月10日　中国社会保障学会"我国养老服务"学术研讨会在学校举行。校党委书记、中国社会保障学会副会长丛树海出席会议并致辞。

7月12日　隋泽翔、楼云道同学在第二届世界大学生围棋锦标赛中分获冠军和季军。

7月13日　创业学院举行首期匡时班开学典礼。第一批入学的45名学员携37个创业项目,在暑期三周内学习六大特色课程模块、近30堂创业课程。

7月15日　上海财经大学创业学院揭牌仪式暨全国创新创业教育论坛举行。教育部高教司副司长刘贵芹、校长樊丽明、市教委副主任陆靖、共青团上海市委副书记王力共同为创业学院揭牌。

同日　学校举办首届全国创业学院院长论坛。

7月18日　中国环境资源法学研究会2015年年会暨2015年全国环境资源法学研讨会在学校举办。

7月23日　学校代表队在2015年"棋城杯"中国大学生象棋锦标赛中荣获团体冠军。

7月24日　学校顺利通过2016年"中央高校改善基本办学条件经费"项目评审。

8月1日　2015年度教育部社会科学委员会法学学部工作会议、教育部人文社会科学(法学)重点研究基地主任联席会议在学校举办。

8月30日　上海财经大学MBA校友会正式成立。

8月31日　上财学子在第八届中国大学生计算机设计大赛中勇创佳绩,在软件服务外包类、软件应用与开发类两个大类的全国总决赛中荣获一等奖2项、二等奖1项和三等奖3项。

8月　中央人才工作协调小组办公室公布第二批"万人计划"青年拔尖人才入选名单。学校朱利平(自然科学类)、张学良、李学尧(哲学社会科学、文化艺术类)三位教授入选,实现学校在该人才计划上零的突破。

9月5日　由上海市法学会指导、东吴大学法学院与上海财经大学法学院共同主办的亚太仲裁中心建设与英美法教育研讨会在学校举行。

9月12日　"经济新常态下的中国金融市场改革与创新"高峰论坛在学校举行。

9月18日　《财经研究》入选中国"百强社科期刊"。

9月17—18日　学校承办的国家自然科学基金委员会第142期"双清论坛"召开。论坛主题为:"新常态经济转型发展过程中的理论创新与学术前沿"。国家自然基金委主任杨卫院士、副主任何鸣鸿教授、管理科学部主任吴启迪教授、上海财经大学校长樊丽明教授等出席会议。

9月24日　上海市教卫系统离退休老同志纪念中国人民抗日战争暨世界反法西斯战争胜利70周年文艺演出在学校大礼堂隆重举行。

9月25日　第二届"东亚—拉美法律论坛"在学校召开。

9月29日　由中国自由贸易试验区协同创新中心主办的"'坚持以扩大开放促进深化改革'主题论坛暨中国(上海)自由贸易试验区成立两周年回顾与展望研讨会"在学校召开。

9月　学校开办首届"国际组织人才培养基地班(国际商务硕士)",作为国际化人才培养的重大创新项目。

10月9日　为纪念我国会计学界泰斗娄尔行先生100周年诞辰,娄尔行教授塑像揭幕仪式暨学术思想研讨会在会计学院举行。

10月14日　由上海市法学会、上海财经大学主办,中国自由贸易试验区协同创新中心、上海市法学会自贸区法治研究会和上海财经大学法学院承办的第二届中国自贸区法治论坛召开。

10月15日　由图书馆主办,世界顶级数据商——标普公司、芝加哥大学证券价格数据研究中心(CRSP)、沃顿研究数据中心(WRDS)协办的"国际权威财经数据应用研讨会"在学校召开。

当地时间10月23日　学校与英国伦敦玛丽女王大学合办的伦敦玛丽女王大学孔子学院在伦敦正式揭牌。

10月23日　第一届亚洲大学生国际象棋锦标赛闭幕,学校代表队荣获混合团体和女子个人两项冠军。

10月24日　由中国行政体制改革研究会城市治理研究中心、上海财经大学公共政策与治理研究院、中国自由贸易试验区协同创新中心、上海财经大学公共经济与管理学院共同举办的"上海自由贸易试验区政府职能转变学术沙龙"在学校举行。

10月29日　上海财经大学宣传思想工作会议召开。校党委书记丛树海作"立德树人,弘扬主旋律,将社会主义核心价值观融入学校教育全过程"的主题报告。

同日　副校长姚玲珍会见来访的约克大学副校长Rhonda Lenton一行,双方签署《学术合作协议》以及《学生交换项目协议》。

同日　上海财经大学与绍兴县舒美针织有限公司捐赠签约仪式举行。

同日　学校与上海东浩兰生集团举行联合培养博士后进站仪式。

10月30—31日　第三届"上财经济史学论坛"暨《中国经济史研究》创刊30周年研讨会在学校举行。

11月1日　2015中国产业经济高端论坛——"中国经济转型与产业升级:新常态与新战略"在学校举行。

11月4日　法学院举办远东军事法庭中国检察官向哲濬先生塑像、法学院院石揭幕仪式暨英美法与比较法教育论坛。

11月7日　上海市社会科学界第十三届(2015)学术年会·行政管理学科专场"新常态下的城市治理创新:新动力、新趋势与新探索"研讨会在学校举行。

11月8日　《回溯历史:马克思主义经济学在中国的传播前史》(作者:谈敏)、《中国改革:历史、逻辑和未来》(作者:田国强、陈旭东)获得第十六届孙冶方经济科学奖。

11月12日　"上海财经大学主校区科研实验中心项目"奠基仪式举行。

11月13日　百年校庆文化景观、藏品捐赠证书授予仪式和百年校史浮雕墙捐赠及揭幕仪式举行。

11月14日　上海财经大学第二届校董会成立大会暨第二届校董会第一次会议在学校举行。

11月14—15日　全国首届社会法博士生论坛暨"法治社会建设与社会法"高端论坛在学校召开。

11月17日　首届"冠生园杯"上海财经大学创新创业大赛决赛暨上财创客集市开集仪式在学校举行。

同日　学校学子在首届全国Discover杯大学生数据建模大赛中夺得冠军并包揽比赛前三名。

11月18日　由中国保监会发展与改革部主办,上海财经大学金融学院和上海保监局共同承办的国内首届"相互保险发展与监管国际研讨会"召开。

11月19日　由高等研究院、数理经济学教育部重点实验室主办的"移民、人力资本和青少年发展专题研讨会"(Migration, Human Capital and Child/Youth Development Workshop)在学校举行。

11月21日　姚耐院长题字石揭幕暨1982级硕士研究生捐赠仪式在中山北一路校区举行。

11月26—27日　第四届中拉学术高层论坛在学校举行。

11月27日　全国财经类高校就业工作交流研讨会在学校举行。

11月30日　上海财经大学实验室建设研讨会暨实验中心揭牌仪式在学校举行。

12月2日　"人口老龄化背景下的中国健康和养老问题"研讨会在学校召开。

12月3日　副校长姚玲珍会见来访的爱沙尼亚塔林大学副校长、塔林大学孔子学院理事会主席Priit Reiska以及塔林大学孔子学院外方院长Mikk Kasesalk,双方签署校级学生交换合作协议。

12月5日　全国应用统计硕士专业学位授权点研究生培养总结交流会在学校举行。

12月9日　财政部会计司、上海财经大学、上海国家会计学院联合主办的"2015年度XBRL应用内部研讨会"在会计学院召开。

12月10日　上财中亚云计算服务标准化论坛暨研究中心云计算产业委员会成立仪式在学校举行。

12月15日　"教育部教师队伍建设示范项目暨高校教师岗位分类、职称改革与青年教师成长发展机制"专题研讨会在学校召开。

12月16日　上财创客空间迎来第一批入驻创客。

12月19日　第九届全国现代政治经济学数理分析研讨会在学校举行。

12月31日　《上海财经大学2015年度就业质量报告》发布。报告内容被上海市政府新闻办政务微博@上海发布、教务部政务微信@微言教育、解放日报等转载报道,引发社会热议。

12月　由谈敏教授、丛树海教授担任分科主编,学校各相关学科专家学者参与编撰的《大辞海·经济卷》由上海辞书出版社正式出版。《大辞海》是列入"十一五"和"十二五"国家重点图书出版规划的原创性文化精品工程,是我国第一部特大型综合性辞典。

## 2016年

1月1—7日　学校组织招聘团组赴美国旧金山参加美国社会科学联合会年会(ASSA Annual Meeting 2016),并借助这一国际经济、金融等领域高端人才聚集平台开展海外人才招聘工作。

1月18日　上海财经大学马克思主义学院成立揭牌仪式暨高校马克思主义学院院长圆桌会议举行。

同日　首届上海创新创业教育论坛暨上海高校创新创业教育联盟启动仪式在学校大学生创业实训中心举行。

2月2日　上海财经大学与上海市虹口区人民政府合作共建北郊高级中学协议签约仪式在虹口区人民政府举行。

2月6日　根据《上海市教育委员会关于下达上海高校高峰高原学科建设财政支持经费额度的通知》(沪教委科〔2016〕6号),学校理论经济学纳入上海市首批高峰高原Ⅱ类学科建设范围。

2月　学校与美国康奈尔大学签署校际合作谅解备忘录。

3月9日　上海市教委副主任郭为禄一行调研学校创新创业教育及上海高校创新创业教育联盟有关情况。

3月13日　上海财经大学"蓝色信息创业创新基金"设立暨捐赠签约仪式举行。学校校友、上海金锝资产管理有限公司合伙人、"蓝色信息创业创新基金"捐设者谢红女士,校教育发展基金会理事长、副校长方华出席仪式。

3月25日　上海财经大学附属北郊高级中学揭牌仪式在北郊高中晏沪楼大厅举行。

3月29日　学校获得第十届上海市决策咨询研究成果奖共9项,其中一等奖3项、二等奖3项、三等奖3项,居于上海市高校首位。

3月31日　学校召开2016年党风廉政建设工作会议。

4月5日　2016年度"千村调查"项目启动。年度主题为"中国农村创业现状调查",首席专家为魏航教授。

4月12日　上海财经大学与策马集团实践基地签约仪式暨口译职业生涯讲座举行。

4月16日　第十四届世界大学生国际象棋锦标赛在阿联酋首都阿布扎比降下帷幕,法学院学生倪诗群为中国队摘得女子个人金牌。

4月19日　高等研究院"中国宏观经济形势分析与预测"项目组召开2016年第一季度宏观数据分析研讨会,详细分析解读我国宏观经济的现状、原因和趋势。

4月20日　教育部党组第六巡视组巡视上海财经大学动员会召开。巡视组组长张光强做动员讲话,通报了巡视工作重点任务、工作安排和工作要求。教育部巡视工作办公室副主任牛燕冰就配合做好巡视工作提出要求。校党委书记丛树海作表态发言,校长樊丽明主持会议。

4月23日　上海财经大学美国校友会成立大会在纽约耶鲁俱乐部举行。

4月24日　上海财经大学加拿大校友会成立大会在多伦多举行。

4月26日　学校举行高层次人才与"双一流"建设座谈会暨"1351人才工程"入选人员聘任仪式。

4月27日　学校党委举行"两学一做"报告会暨主题学习交流会。

同日　教育部发展规划司副司长刘昌亚一行来校调研校园建设情况。

4月29日　上海市教育系统"劳模创新工作室"——赵晓雷城市经济与管理工作室揭牌仪式暨高校智库为政府决策和社会经济建设服务座谈会在学校举行。

4月30日　"上海财经大学81级统计校友专项基金"捐赠签约仪式举行。

5月15日　由金融学院和上海国际金融中心研究院联合主办、金融学院互联网金融研究团队承办的"互联网金融、大数据、应用和风险管理研讨会"举行。

同日　上海财经大学固定收益校友俱乐部成立大会召开。该俱乐部由业界校友发起,受上财校友总会领导,接受金融学院的指导和协助,是学校第一个跨专业的行业校友组织。

5月16日　学校多名留学生荣获国家留学基金管理委员会"国家开发银行优秀留学生"奖学金。

5月15—16日　由全国经济哲学研究会、美国耶鲁大学哲学系联合主办的"应对全球气候变迁——正义·规则·人类福祉"国际学术研讨会在学校举办。校党委书记丛树海出席会议并致辞。

5月21日　第二届全国创新创业教育研讨会暨首届"冠生园杯"全国财经类高校创新创业大赛启动会在学校举行。

5月22日　第四届"SIIFC"国际论坛:"创新、开放、协调——上海国际金融中心功能升级与科创中心建设"在学校召开。

5月24日　上海财经大学与友山基金管理有限公司合作及捐赠签约仪式暨"春晖大讲堂"专场报告会举行。

5月25日　教育部直属高校基本建设规范化管理专项检查组莅临学校开展专项检查工作。

5月25—26日　教育部直属高校关工委第二协作组2016年会议在学校举行。

5月27—29日　高校创新创业论坛暨中国校企协同产学研创新联盟年会在北京中关村软件园举行。学校当选中国校企协同产学研创新联盟常务理事单位。

5月30日　由TGG(The Green Grid,绿色网格)(中国)主办的2016年度技术峰会在学校开幕。

6月1日　学校党委与杨浦区委举行党委中心组联组学习会，会上区校双方签署《上海市杨浦区人民政府、上海财经大学加强全面合作框架协议》，加强全面合作共同推进科创中心重要承载区建设。

6月2日　上海财经大学创业中心大楼揭牌暨捐赠仪式在武川路校区创业中心举行。

6月4日　上海财经大学2016年校董论坛举行。

6月2—4日　"财经大数据与云服务仿真实验发展研讨会暨经管实验发展研究协作中心成立大会"在学校召开。

6月6日　学校印发《上海财经大学党委领导下的校长负责制实施办法》，进一步坚持和完善党委领导下的校长负责制，切实加强党对学校的领导。

6月7—8日　2016年度全国高校创新创业总结宣传工作专家第三调研组莅临学校对创新创业工作相关情况进行实地调研。

6月11日　学校在2016年全国大学生象棋锦标赛中获团体、男子和女子三枚金牌。

6月11—12日　"商务孔子学院发展与汉语国际教育暨第六届中外商务合作跨文化交际与商务汉语教学研讨会"在学校举行。

6月12日　"中国金融改革开放的理论与实践"高峰论坛暨全国博士后学术论坛在学校举行。

6月15日　副校长姚玲珍会见来访的加拿大蒙特利尔大学副校长Guy Lefebvre一行，双方签署校级合作谅解备忘录及学生交换协议。

6月17日　《上海财经大学"十三五"发展规划纲要》先后经校长办公会、校党委全委会、教代会讨论通过后，正式上报教育部备案。

6月16—17日　由国家自然科学基金委员会、英国经济与社会研究理事会共同资助，上海财经大学主办的中英"支持中国可持续发展的金融管理研究"研讨会在上海召开。

6月18日　上海市马克思主义论坛暨"习近平总书记治国理政思想与马克思主义新发展"研讨会在学校召开。

同日　上海财经大学"理论计算机科学研究中心"揭牌仪式暨2016年"上海理论日"研讨会在信息管理与工程学院举行。

6月19日　上海财经大学工程管理专业硕士东方财富实习实践基地揭牌仪式在信息管理与工程学院举行。

6月25日　由孙冶方经济科学基金会和学校经济学院共同主办的"2016年孙冶方经济科学奖获得者校园系列演讲活动"在经济学院举行。

6月29日　学校召开"双一流"建设工作会议。会议主题是"以创建世界一流学科为引领，加快推进国际知名具有鲜明财经特色高水平研究型大学建设"。

同日　教育部财务司召集华东地区部属高校、上海市教委及其所属两所高校代表在学校召开"高等学校所属企业国有资产管理工作调研会"。

6月30日　教育部第六巡视组向学校反馈巡视情况。

同日 "教育部2017年修购专项评审与检查会议"在学校召开。

7月2—3日 "第四届国际生物统计学大会"在学校创业实训基地召开。

7月8—10日 第四届中国投资学年会暨投资学科研讨会在学校召开。

7月14—15日 会计学院、会计与财务研究院和英国特许管理会计师公会（The Chartered Institute of Management Accountants，简称CIMA）联合主办管理会计定量实证研究国际研讨会。

7月15日 上海财经大学校企合作签字仪式暨创业学院发展论坛举行。

7月18日 教育部公布2016年度全国创新创业典型经验高校名单（50所），上海财经大学入选。

7月21日 荷兰蒂尔堡大学TIAS商学院院长基斯·库代克（Kees Koedijk）教授正式加盟学校。

8月11日 上海财经大学青岛财富管理研究院和美国加州大学伯克利分校哈斯商学院在青岛举行战略合作签约仪式暨"上财（青岛）—伯克利（哈斯）国际人才培养基地"揭牌仪式。

8月19日 上海财经大学中国公共财政研究院和人民日报《人民周刊》杂志社在京签署战略合作协议，联合建设高端财税智库，这是国内首家由媒体和高校共建的专业财税智库。

8月 学校与牛津大学圣彼得学院签署海外学习项目合作备忘录。

9月2—4日 第48届英国经济思想史年会暨全球视野下的中西经济思想比较研讨会在经济学院举行。

9月3日 上海财经大学欧洲校友会成立大会在伦敦举行。

9月5日 英国伦敦玛丽女王大学孔子学院第一届理事会会议在玛丽女王大学召开，副校长姚玲珍率理事会成员出席会议。

9月10—11日 第二届"上财经济史学Workshop暨制度、思想、社会组织与经济发展研讨会"在学校举行。

9月17日 上海市社会科学界第十四届（2016）学术年会主题专场在学校召开。

9月19日 "2016汉语桥—澳大利亚中小学校长团"一行访问学校。

9月21日 2016年度上海财经大学"千村调查"暑期调研成果发布会暨"上海财经大学与解放日报—上海观察战略合作"启动仪式举行。

9月22日 人民日报战略合作项目落实研讨会在学校举行。

9月26日 由中国行政体制改革研究会、上海财经大学、美国公共行政学会、美国国家城市联盟联合主办的"新型城镇化与城市治理现代化"国际研讨会在学校召开。

10月16日 学校召开"经济学期刊历史、现状与未来暨《财经研究》创刊六十周年学术研讨会"。

10月23日 "2016·科技＋时代，金融发展的趋势——创新、挑战、协调监管国际论坛"在学校举办。

10月24日 会计学院靳庆鲁教授申报的"制度、体制改革与会计及财务问题研究"项目获2016年度国家杰出青年科学基金项目资助。

10月27日 上海财经大学基层党建工作会议召开。校党委书记丛树海同志作"夯实党建之基，凝聚发展合力"主题报告。

同日 副校长姚玲珍会见来访的爱尔兰都柏林大学校长安德鲁·J.狄克斯（Andrew J. Deeks）一行，双方续签校级合作谅解备忘录并签署两校学生交换协议。

10月29日　"徐政旦奖学奖教基金"捐赠签约仪式举行。

10月30日　中国经济学教育教学改革研讨会暨《高级微观经济学》新书发布会在学校举行。

11月10日　荷兰蒂尔堡大学校长柯恩·贝克林（Koen Becking）一行来访并与学校签署合作协议。

11月11日　由经济学院院长田国强教授牵头申报的《经济学学术拔尖创新人才培养的十年改革与实践》成果，荣获2016年中国学位与研究生教育学会研究生教育成果奖二等奖。

11月12日　学校在武东路校区举行复建原国立上海商学院校门落成剪彩、马寅初先生塑像和题字石揭幕暨马寅初纪念展开展仪式。

同日　上海财经大学、上海财经大学教育发展基金会与现代创新控股有限公司签署赞助协议。现代创新控股有限公司赞助1亿元人民币，用于支持上海财经大学"双一流"建设及相关教育事业发展。此次赞助创下上海财经大学校董单笔和累计纪录。

同日　上海财经大学与中国工商银行上海市分行签署战略合作协议。

11月15日　中国国民党革命委员会上海财经大学委员会成立大会召开。

同日　学校举行宏铭助学金颁发仪式。宏铭助学金由上海宏铭投资管理有限公司出资设立，每年资助50名家庭经济困难学生，资助金额1万元/人，计划连续资助10年。

11月18日　上海财经大学百年校庆第一次新闻发布会举行。通过新华社、中新社、《中国教育报》《中国社会科学报》《中国青年报》《解放日报》等20余家媒体向社会各界发布有关百年校庆筹备工作的情况，并公布《上海财经大学百年校庆公告第一号》和百年校庆标识、吉祥物，百年校庆网同时上线。

同日　上海财经大学百年校庆工作动员会在创业中心报告厅举行。

同日　举办百年校庆文化景观、藏品捐赠证书授予仪式。

同日　上海财经大学政府和社会资本合作（PPP）研究中心揭牌仪式举行。

11月19日　纪念穆藕初先生诞辰140周年暨引进科学管理100周年学术研讨会在学校举行。

11月22日　学校举行科研工作推进暨2015—2016年获奖科研成果表彰大会。

11月25日　学校举办"习近平治国理政思想研究暨学习贯彻十八届六中全会精神"全国研究生学术论坛及学术研讨会。

11月26日　由上海财经大学与人民日报《人民周刊》共同举办的《2016中国财政透明度报告》《2016中国财政发展报告》发布会暨"财政透明与政府绩效"全国研讨会在学校召开。

11月　学校申报的"经济学前沿理论与方法学科创新引智基地"项目获教育部和国家外国专家局审批通过，正式入选2017年度"高等学校学科创新引智计划"（即"111计划"）。

12月3日　全国财经院校创新创业协作组成立大会在学校举行。全国35所财经院校的校领导参加，共同探讨创业教育与专业融合。

同日　第二届全国创业学院院长论坛在学校举行。

同日　学校参与成立"苏州金融大数据实验室"。

12月4日　实验室建设与虚拟化技术应用研讨会暨经管实验发展研究协作中心2016年度主任办公会议在学校召开。

12月9日　上海财经大学中国公共财政研究院与澳大利亚麦考瑞大学合作备忘录签约仪式举行。

12月10—11日　由全国经济哲学研究会与上海儒学研究会主办的首届中华儒商论坛在学校

召开。

12月13日　学校分别举行党委中心组专题学习会和党委全委会,学习传达全国高校思想政治工作会议精神,校党委书记丛树海主持会议并讲话。

12月18日　高等研究院、经济学院在上海中国金融信息中心举办2016—2017中国宏观经济形势分析与预测年度报告发布会暨高峰论坛。

12月20日　首笔"银发基金"捐赠签约仪式在学校举行。

12月29日　第一届研究生"学术之星"颁奖典礼暨分享交流会举行。

# 第一篇

## 管理体制和行政机构

# 概　　述

学校的管理体制,包括隶属关系和领导体制两方面,自建校以来多有更替。

在隶属关系方面,民国十年至二十一年(1921—1932年),学校均为所隶属高等学校的一个组成部分,但具有相对的独立性;民国二十一年(1932年)8月起的国立上海商学院,是隶属国民政府教育部的独立学院;1950年8月更名的上海财政经济学院,先后隶属华东军政委员会财政经济委员会和教育部、华东教育部、中央人民政府高教部、华东高教管理局和中央人民政府高等教育部领导;1960年9月重建的上海财经学院,先后隶属上海市委财贸部和上海市高教局领导;1978年12月复校的上海财经学院,先后隶属上海市革命委员会财贸办、教卫办领导,1980年3月起成为财政部部属高校;1985年更名为上海财经大学后隶属关系不变,1995年12月起实行财政部与上海市共建;2000年2月上海财经大学划转教育部领导,成为教育部直属高校。2012年5月,教育部、财政部、上海市人民政府签署协议,共建上海财经大学。

在领导体制方面,上海商科大学时期设商科大学委员会,实行校长负责制;国立中央大学商学院和国立上海商学院时期,均实行院长制,院长分别由大学校长和教育部聘任;1950年8月至1972年上海财经学院时期,先后实行院长负责制、党委领导下的以院长为首的院务委员会负责制和院"革命委员会"领导制;1978年12月至2016年12月的上海财经学院和上海财经大学时期,先后实行党委领导下的院(校)长分工负责制、校长负责制(试行)和党委领导下的校长负责制。

学校行政领导,上海商科大学时期设校长,国立中央大学商学院和国立上海商学院时期均设院长,上海财经学院和上海财经大学时期,均设院(校)长和副院(校)长;1949年8月、1951年3月、1962年10月和1988年7月,曾先后4次设校(院)务委员会,领导或协助处理校务。从国立中央大学商学院起,尤其是1978年复校后,校内先后设立多种专门委员会,协助管理学校事务,如学生指导委员会、招生委员会、出版委员会、学术委员会、学位评定委员会等。行政职能部门,上海商科大学设有教务和总务部门,1950年起先后增设院长办公室、研究处、人事处,1978年复校后至2007年12月,又先后增设科研处、外事处、保卫处、财务处、研究生部、学生处、"211工程"建设办公室、后勤处、新校区建设办公室、审计监察处、离退休工作处、发展规划处、研究室和信息化办公室等部门。2008—2016年,又先后增设校史研究室、学科建设办公室、合作发展处、百年校庆筹备工作办公室、教师教学发展中心、"2011计划"办公室、资产管理处、人才工作办公室、纪律检查委员会办公室、研究生工作部、非学历教育办公室、招标工作办公室等部门。此外,研究生部更名为研究生院,外事处(港澳台办公室)更名为国际交流与合作处(港澳台事务办公室),新校区建设办公室更名为基本建设处等。

# 第一章 管 理 体 制

## 第一节 隶 属 关 系

民国十年(1921年)夏创建的上海商科大学,初为国立东南大学与暨南学校合设;民国十一年(1922年)7月暨南学校退出后,改由国立东南大学分设。民国十六年(1927年)7月起,上海商科大学更名为商学院,先后隶属于国立第四中山大学、江苏大学、国立中央大学,成为大学下属的学院。从上海商科大学到国立中央大学商学院,由于其脱离位于南京的校本部而设在上海,因而具有相对的独立性。

民国二十一年(1932年)8月,国民政府教育部发文,将国立中央大学商学院划出独立,命名为国立上海商学院,隶属国民政府教育部领导。民国三十一年(1942年)8月,学院被汪伪政权接管,校名未改,隶属南京汪伪政府教育部,直至民国三十四年(1945年)8月汪伪政权垮台。民国三十五年(1946年)2月,国民政府教育部开始筹备国立上海商学院,至11月完成复校。

1949年6月27日,国立上海商学院由上海市军事管制委员会接管。1950年8月2日,根据中央人民政府教育部的意见,更名为上海财政经济学院,由华东军政委员会财政经济委员会和教育部双重领导,以华东财委为主。1953年初先后改由华东教育部、中央人民政府高教部华东高教管理局领导。1953年10月,根据政务院《关于修订高等学校领导关系的决定》,学校行政上直属中央人民政府高等教育部领导,并由华东高等教育局(一年后为上海高教管理局)负责管理。1958年7月20日,教育部通知上海市高教局:包括上海财经学院在内的7所直属高校改由上海市领导。

1960年9月,在上海商业学校大专部基础上重建的上海财经学院,隶属上海市委财贸部领导,由商业一局代管。1962年9月,学院行政关系归属上海市高等教育局。

1978年7月,上海市革命委员会向国务院请示恢复上海财经学院。1978年12月28日,教育部发文明确,经国务院批准恢复的上海财经学院"领导关系:上海市领导"。恢复初期,上海财经学院由上海市革命委员会财贸办公室领导;1979年8月24日,划归上海市革命委员会教育卫生办公室领导。

1980年3月12日,教育部发出《关于同意上海财经学院、江西财经学院领导关系的通知》,明确上海财经学院实行财政部和上海市双重领导,以财政部为主的领导体制。

1995年12月27日,上海财经大学实行部市共建,建制上仍为财政部部属高校。

2000年3月2日,教育部办公厅下发《关于石油大学等55所普通高校划转教育部管理和调整的通知》,明确上海财经大学独立建制划转教育部管理,"自2000年2月12日起列为教育部直属高校"。

2012年5月14日,教育部、财政部、上海市人民政府签署协议,共建上海财经大学。

## 第二节 领 导 体 制

上海商科大学设立上海商科大学委员会,职权为审定学校计划、预算及决算,推举校长等,常与国立东南大学校董会举行联席会议,决定关于全校之重大事项。校内设校长(主任)1人;设7个系,各系设主任1人,由校长延聘。学校行政设教务、事务、文牍等部。

根据民国十七年(1928年)8月修订的《国立中央大学商学院院章》,国立中央大学商学院院务由国立中央大学校长主持;学院设院长1人,由校长聘任,商承校长综理学院一切事宜;学院开设各科均设主任1名,由院长商承校长聘任;学院行政分教务、文书、事务3处,各设主任1人;学院设院务会议、教务会议、事务会议、科务会议及成绩审查、章程编制、招生、预算及审计等委员会,议决相关事务。

根据民国二十二年(1933年)11月公布的《国立上海商学院组织规程》,国立上海商学院实行院长制,学院设院长1人,总辖全院事务,由教育部聘任;学院各学系各设主任1人,由院长聘任;学院设教务和事务两处,各设主任1人,由院长聘请,商承院长处理院务;学院设院务会议、教务会议及训育、招生、出版、图书、建筑(1936年改为经济)等委员会,议决相关事务。抗战胜利后,民国三十五年(1946年)11月恢复的国立上海商学院领导体制与战前相似,院部增设训导处,各委员会有所调整。

1949年5月上海解放后,国立上海商学院由校务委员会领导。校务委员会由军管会指派教授5人、学生代表2人组成。根据1949年8月制定的《国立上海商学院校务委员会暂行组织条例》,校务委员会为学院院务最高权力机构,职权为制订行政组织办法和院务推进计划,聘用考核教职员工,经费预算、分配和稽核,教务计划的推进与考核等;校务委员会设主任委员1人,总理一切会务;可按实际需要设立各种特种委员会;校务委员会每周开会1次。

根据1950年8月教育部公布的《高等学校暂行规程》,上海财政经济学院奉令于1951年1月24日起实行院长负责制,并在院长领导下设立院务委员会。院部设院长办公室、政治辅导处、教务处、研究处、总务处等处理院务。

1961年9月,中共中央批准试行的《教育部直属高等学校暂行工作条例》规定,高等学校的领导制度,是党委领导下的以校长为首的校务委员会负责制。1960年重建的上海财经学院,据此制定《学院领导体制和组织分工暂行办法》(1963年1月修订为"暂行规定"),明确在党委领导下,设立院务委员会,领导全院的行政工作。行政系统设院长1人,对外代表学校,对内主持院务委员会和学校的经常工作,另设副院长若干人,协助院长分工领导教学、总务、人事等方面的工作。院务委员会作为学校行政工作的集体领导组织,学校工作中的重大问题,由院长提交院务委员会讨论,做出决定,由院长负责组织执行。在院务委员会闭会期间,院长可以召集行政会议,讨论和处理学校的日常行政工作。院下设室、处、系、部、馆等教学、行政机构,由院长直接领导。

1966年5月"文化大革命"开始,学院领导体制处于混乱状态。1972年4月学院撤销。

根据1978年10月教育部颁布的《全国重点高等学校暂行工作条例》(试行草案),1978年12月复校后的上海财经学院,实行"党委领导下的校长分工负责制"。党委是学校工作的领导核心,对学校实行统一领导;校长是国家任命的行政负责人,副校长协助校长分工领导教学、科研、总务等方面的工作。

1988年7月,经财政部和上海市批准,上海财经大学试行校长负责制。校长是国家任命的学校行政负责人,对外代表学校,对学校的各项工作实行统一指挥,有决策权、指挥权、任免权和奖惩权。副校长是校长的助手,接受校长的委托分管某一方面的工作,并对校长负责。党委从领导学校全面工作转变为对学校工作发挥监督保证作用。由校长主持、党委书记和副校长等组成的校务会议讨论学校的重要工作和重大问题并做出决策。学校成立27人组成的校务委员会,作为学校工作的咨询机构,由校长任主任,校党委书记等3人任副主任。

1991年2月,财政部根据《中共中央加强高等院校党的建设的通知》精神,并征得上海市委同意,决定上海财经大学领导体制由校长负责制转为党委领导下的校长负责制,撤销校务委员会。在新的领导体制中,校长在党委的领导下,全面贯彻党的教育方针,执行党委的集体决定,独立负责地做好教学、科研和行政管理工作。学校改革和发展中的重大问题由校长提出方案,经党委决定后,由校长统一组织实施。须经党委讨论决定的学校行政工作的重大问题主要有:学校发展规划、年度工作计划、财务预决算,重大改革措施,队伍建设和人事工作中的政策原则,系、处级机构和其他重要机构设置,其他重大问题。校长、副校长下设2名校长助理,分别协助校长、副校长处理教学、科研、总务、产业和学生等工作中的具体事务。

为贯彻落实中共中央办公厅《关于坚持和完善普通高等学校党委领导下的校长负责制的实施意见》(中办发〔2014〕55号)文件精神,学校于2016年6月印发了《上海财经大学党委领导下的校长负责制实施办法》(党发〔2016〕19号),进一步坚持和完善党委领导下的校长负责制,切实加强党对学校的领导,不断提高学校领导班子驾驭学校改革发展稳定的能力和水平,促进学校各项事业全面协调可持续发展。

# 第二章 行政领导机构

## 第一节 校(院)领导

从民国十年(1921年)至2017年3月,先后担任学校校(院)长的共有14人,1951年后担任副校(院)长的共有31人,见表1-1。

表1-1 1921—2017年校(院)级行政领导成员任职时间

| 职 务 | 姓 名 | 任职时间 | 职 务 | 姓 名 | 任 职 时 间 |
|---|---|---|---|---|---|
| 国立东南大学分设上海商科大学校长 | 郭秉文 | 1921年9月—1925年1月 | | | |
| 国立东南大学分设上海商科大学主任 | 程其保 | 1925年12月—1927年3月 | | | |
| 国立第四中山大学商学院院长 | 程振基 | 1927年7月—1928年2月 | | | |
| 江苏大学商学院院长 | 程振基 | 1928年2月—1928年5月 | | | |
| 国立中央大学商学院院长 | 程振基 | 1928年5月—1931年5月 | | | |
| 国立中央大学商学院代理院长、院长 | 徐佩琨 | 1931年5月—1932年8月 | | | |
| 国立上海商学院院长 | 徐佩琨 | 1932年8月—1933年8月 | | | |
| 国立上海商学院院长 | 裴复恒 | 1933年8月—1944年12月 | | | |
| 国立上海商学院院长 | 朱国璋 | 1946年5月—1949年4月 | | | |
| 上海财政经济学院院长 | 孙冶方 | 1951年1月—1953年12月 | 副院长 | 姚 耐 | 1951年1月—1953年12月 |
| | | | | 褚葆一 | 1951年1月—1958年8月 |
| | | | | 褚凤仪 | 1951年1月—1958年8月 |
| 上海财经学院院长 | 姚 耐 | 1953年12月—1958年8月 | 副院长 | 褚葆一 | 1951年1月—1958年8月 |
| | | | | 褚凤仪 | 1951年1月—1958年8月 |

(续表)

| 职　　务 | 姓名 | 任　职　时　间 | 职务 | 姓名 | 任　职　时　间 |
|---|---|---|---|---|---|
| 上海财经学院院长 | 姚　耐 | 1953年12月—1958年8月 | 副院长 | 李炳焕 | 1953年12月—1958年7月 |
| | | | | 李鸿寿 | 1953年12月—1958年8月 |
| 上海财经学院院长 | 陆慕云 | 1960年9月—1964年12月 | 副院长 | 王伟才 | 1961年1月—1962年10月 |
| | | | | 梅达君 | 1962年4月—1966年 |
| | | | | 李鸿寿 | 1962年4月—1966年 |
| | | | | 胡远声 | 1962年4月—1964年12月,1964年12月—1966年主持工作 |
| 上海财经学院院长 | 姚　耐 | 1979年1月—1984年7月 | 副院长 | 王星九 | 1979年1月—1984年7月 |
| | | | | 顾　理 | 1979年1月—1984年6月 |
| | | | | 郭森麒 | 1979年1月—1983年2月,1983年2月—1984年7月主持工作 |
| | | | | 李鸿寿 | 1979年1月—1984年7月 |
| | | | | 龚浩成 | 1981年7月—1984年7月 |
| 上海财经学院院长 | 张君一 | 1984年7月—1985年10月 | 副院长 | 叶孝理 | 1984年7月—1986年9月 |
| | | | | 王松年 | 1984年7月—1991年2月 |
| | | | | 陈和本 | 1984年7月—2001年6月 |
| 上海财经大学校长 | 张君一 | 1985年10月—1988年7月 | 副校长 | 叶孝理 | 1984年7月—1986年9月,1986年9月—1988年7月主持工作 |
| | | | | 王松年 | 1984年7月—1991年2月 |
| | | | | 陈和本 | 1984年7月—2001年6月 |
| | | | | 叶麟根 | 1986年9月—1988年7月 |
| 上海财经大学校长 | 金炳华 | 1988年7月—1991年10月 | 副校长 | 王松年 | 1984年7月—1991年2月 |
| | | | | 陈和本 | 1984年7月—2001年6月 |
| | | | | 汤云为 | 1991年2月—1991年10月,1991年10月—1993年11月主持工作 |
| | | | | 谈　敏 | 1991年2月—1998年4月 |
| 上海财经大学校长 | 汤云为 | 1993年11月—1998年12月 | 副校长 | 谈　敏 | 1991年2月—1998年4月 |
| | | | | 陈和本 | 1984年7月—2001年6月 |
| | | | | 储敏伟 | 1997年9月—2004年7月 |
| | | | | 夏大慰 | 1997年9月—2001年2月 |

(续表)

| 职　　务 | 姓　名 | 任职时间 | 职务 | 姓名 | 任　职　时　间 |
|---|---|---|---|---|---|
| 上海财经大学校长 | 谈　敏 | 1998年12月—2012年6月 | 副校长 | 陈和本 | 1984年7月—2001年6月 |
| | | | | 储敏伟 | 1997年9月—2004年7月 |
| | | | | 夏大慰 | 1997年9月—2001年2月 |
| | | | | 丛树海 | 2001年1月—2012年6月 |
| | | | | 孙　铮 | 2001年6月—2014年12月 |
| | | | | 黄林芳 | 2001年6月—2011年3月 |
| | | | | 王洪卫 | 2004年7月—2013年12月 |
| | | | | 周仲飞 | 2004年7月—2014年12月 |
| 上海财经大学校长 | 樊丽明 | 2012年6月— | 副校长 | 孙　铮 | 2001年6月—2014年12月 |
| | | | | 王洪卫 | 2004年7月—2013年12月 |
| | | | | 周仲飞 | 2004年7月—2014年12月 |
| | | | | 刘兰娟 | 2012年6月— |
| | | | | 方　华 | 2012年6月— |
| | | | | 黄　颖 | 2012年9月—2016年12月 |
| | | | | 蒋传海 | 2013年12月— |
| | | | | 陈信元 | 2014年12月— |
| | | | | 姚玲珍 | 2014年12月— |

注：1. 民国八年(1919年)8月至民国十年(1921年)8月,杨杏佛任南京高等师范学校商业专修科主任。
2. 民国十六年(1927年)7月,国立第四中山大学校长张乃燕聘请杨端六担任商学院院长,但杨端六坚辞不受。
3. 民国三十四年(1945年)1月至8月,汪伪政府教育部任命陈恩普为"国立"上海商学院院长。
4. 1949年7月至1950年12月,学校设校务委员会,褚葆一任主任委员。
5. 1988年10月至2016年12月间,学校设置校长助理,协助校长工作。先后担任校长助理的有：汤云为、谈敏、储敏伟、夏大慰、丛树海、管一民、夏健明、孙铮、王洪卫、周仲飞、方华、刘兰娟、蒋传海、姚玲珍、陈信元、朱鸣雄、郑少华。

## 第二节　校(院)务委员会

1949年至1991年,学校先后组建过4届校(院)务委员会。

1949年7月29日,中国人民解放军上海市军管会主任陈毅、副主任粟裕发布命令,派褚葆一等7人为国立上海商学院校务委员。8月1日,市军管会公布褚葆一为主任委员。8月2日,校务委员会举行第一次会议,并开始工作。校务委员会为学院院务之最高权力机构,负策划与推行院务之责。

1951年1月,学院根据《高等学校暂行规程》改行院长负责制,并在3月组建院长领导下由21人组成的院务委员会。3月21日,学院公布院务委员会委员名单。

1962年10月,学院根据《教育部直属高等学校暂行工作条例(草案)》,试行党委领导下的以院长为首的院务委员会负责制,成立院务委员会,领导全院的行政工作。院务委员会由27人组成,陆慕云为主任委员。

1988年7月起,学校试行校长负责制。10月下旬,学校按要求成立校务委员会,作为学校工作的咨询机构。校务委员会由27人组成,金炳华为主任委员。1991年2月底撤销。

历届校(院)务委员会组成情况见表1-2。

表1-2 1949—1991年校(院)务委员会组成情况

| 成立时间 | 主任委员 | 副主任委员 | 委　员 |
|---|---|---|---|
| 1949年8月 | 褚葆一 | | 褚葆一　凌舒谟　邹依仁　许本怡　雍文远　何克明　杨毅芳 |
| 1951年3月 | 孙冶方 | 姚耐 | 孙冶方　姚　耐　褚葆一　褚凤仪　许本怡　雍文远　郭景涛<br>孙怀仁　邹依仁　关可贵　罗虔英　王作求　袁孟超　姚士彦<br>张有年　凌舒谟　顾七赋　刘继章　罗仲书　陈继平　龚维新 |
| 1962年10月 | 陆慕云 | 王伟才　李鸿寿<br>梅达君　胡远声 | 陆慕云　王伟才　李鸿寿　梅达君　胡远声　陈波浪　路祥麟<br>杨昭伦　郭森麒　朱如言　任天洛　龚清浩　李剑华　苏　挺<br>徐翰章　张统祯　吕若谦　陈善林　邹宗伊　刘絮敖　杨先之<br>李炳焕　马家骅　李志远　徐政旦　李光治　高民治 |
| 1988年10月 | 金炳华 | 叶麟根　王松年<br>叶孝理 | 王学青　王松年　王惠玲　叶孝理　叶麟根　刘景航　汤云为<br>阮如钧　严学丰　杜慧民　李鸿寿　李儒训　杨公朴　何行道<br>张婉如　张淑智　陈　华　陈和本　林贤本　季德元　金炳华<br>金慰祖　周　怡　娄尔行　唐　豪　谈　敏　彭福永 |

## 第三节　校级委员会

### 一、学术委员会

1980年3月,上海财经学院制定《上海财经学院学术委员会暂行条例》,规定学术委员会的职责是:审议全校的科学研究长期规划和近期规划;评定全校的重要科学论文和科学研究成果;评审研究生的毕业论文;组织校内外学术交流活动;审议教师职称评审等工作。4月12日正式成立上海财经学院第一届学术委员会,由31名委员组成,姚耐任主任委员。其后,学术委员会的组成根据学科建设的发展和人员的变动进行了5次调整。

2005年12月,学校制定《上海财经大学学术委员会章程(试行)》和《上海财经大学学术委员会工作规范》,规定学术委员会的职责包括:审议科研工作规划、科研工作的重大决策;审议学校的各项科研管理办法、规定;评价科研成果的学术水平和学术价值;评定、审议有争议的科研成果及其他学术行为规范问题;评定、审议学校学术著作资助出版事宜;审议学校对外重大学术交流事宜;负责其他有关学术活动的审议与指导工作。该章程还规定:学术委员会由21名至29名委员组成,委员每届任期3年;设主任1名,由校长担任;副主任2至3名,由主任聘任;工作形式为召开全体会议,实行例会制,每年至少1次,以无记名投票方式进行表决;秘书处设在科研处。

2014年4月,《上海财经大学章程》经教育部核准正式颁布实施,章程规定学术委员会是学校最高学术机构,对学术事务进行决策、审议、评定和咨询,明确了学校学术委员会的定位和职责。根据教育部《高等学校学术委员会规程》(中华人民共和国教育部令第 35 号)和《上海财经大学章程》的有关规定,学校颁布实施新修订的《上海财经大学学术委员会章程》,并于 2014 年 10 月 14 日成立第六届学术委员会。第六届学术委员会严格按照教育部《高等学校学术委员会规程》规定的组成规则组成,明确界定了其职责权限,进一步规范了运行程序。第六届学术委员会主任委员为孙铮,副主任委员为蒋传海、张雄、孙宁,委员人数为 39 人。学术委员会下设学科建设委员会、学术道德委员会、专业技术职务评审委员会、研究生教学指导委员会、本科教学指导委员会 5 个专门委员会。学术委员会、学术道德委员会秘书处设在科研处;学科建设委员会秘书处设在发展规划处(学科建设办公室);本科教学指导委员会秘书处设在教务处;研究生教学指导委员会秘书处设在研究生院;专业技术职务评审委员会秘书处设在人事处。

2015 年 12 月学校制定了《上海财经大学学院教授委员会章程》,明确教授委员会作为二级学院的基层学术组织,受校学术委员会委托,承担相应的职责,是学院重大学术事务的审议、评定和咨询机构,接受校学术委员会的指导和监督。

历届学术委员会组成情况见表 1-3。

表 1-3 1980—2016 年校学术委员会组成情况

| 任 职 时 间 | 主任委员 | 副 主 任 委 员 | 委员人数 |
| --- | --- | --- | --- |
| 1980 年 4 月—1985 年 5 月 | 姚 耐 | 郭森麒 龚清浩 | 31 |
| 1985 年 5 月—1991 年 6 月 | 张君一 | 郭森麒 龚清浩 叶孝理 王松年 | 43 |
| 1991 年 6 月—1997 年 1 月 | 金炳华 | 娄尔行 杨公朴 汤云为 谈 敏 | 27 |
| 1997 年 1 月—2002 年 1 月 | 汤云为 | 娄尔行 杨公朴 谈 敏 | 25 |
| 2002 年 1 月—2007 年 1 月 | 谈 敏 | 储敏伟 | 23 |
| 2007 年 1 月—2014 年 10 月 | 谈 敏 | 丛树海 孙 铮 | 21 |
| 2014 年 10 月— | 孙 铮 | 蒋传海 张 雄 孙 宁 | 39 |

## 二、学位评定委员会

1981 年,学校根据《中华人民共和国学位条例暂行实施办法》的规定,成立学位评定委员会。学位评定委员会是负责评定学位的领导机构。学位评定委员会由 9～25 人组成,任期 3 年。学位评定委员会主任由校长担任,副主任由主管研究生工作或科学研究工作的副校长担任。学位评定委员会成员包括学校相关部门负责人,并且由教授或相当职称的专家组成。

学位评定委员会的主要职责为:审批授予硕士学位和博士学位名单;作出授予博士、硕士学位的决定;做出撤销学位的决定;通过授予名誉博士学位的提名;审查批准上报国务院学位委员会申请硕士学位授予权的专业名单和申请博士学位授予权的专业、导师名单;研究和处理学位授予工作中有争议的和其他事项。

学位评定委员会在院、系、所设学位评定分委员会,协助学位评定委员会工作,分委员会主任一般由校学位评定委员会委员兼任。

1987 年 3 月和 1995 年 1 月,学校先后制定了《上海财经大学学位授予工作细则》和《上海财经大学学位授予工作的补充规定》。2005 年 6 月对《上海财经大学学位授予工作的补充规定》进行了修订,2006年9月,学校对学位授予工作细则作了较大修正,吸纳补充规定的有关内容,更名为《上海财经大学学位工作细则》,2008年1月、2009年1月和2016年10月,分别对《细则》进行修订并经校学位评定委员会审议通过,以确保做好各级学位的授予工作。

历届学位评定委员会组成情况见表1-4。

表1-4 1981—2017年校学位评定委员会组成情况

| 任职时间 | 主任 | 副主任 | 委员人数 |
| --- | --- | --- | --- |
| 1981年—1985年3月 | 姚耐 | 郭森麒 龚清浩 | 11 |
| 1985年3月—1987年12月 | 张君一 | 王松年 娄尔行 | 14 |
| 1987年12月—1991年6月 | 叶孝理(至1989年1月) 金炳华 | 王松年 娄尔行 | 16 |
| 1991年6月—1995年 | 汤云为 | 席克正 朱沪生 张淑智 | 17 |
| 1995年—1999年1月 | 汤云为 | 朱沪生 谈敏 | 17 |
| 1999年1月—2005年3月 | 谈敏 | 朱沪生 刘永章 储敏伟 | 21 |
| 2005年3月—2012年6月 | 谈敏 | 刘永章 孙铮 | 20 |
| 2012年6月—2014年12月 | 樊丽明 | 刘永章 孙铮 刘兰娟 | 23 |
| 2014年12月—2016年12月 | 樊丽明 | 刘永章 刘兰娟 姚玲珍 | 23 |
| 2016年12月— | 樊丽明 | 刘永章 刘兰娟 姚玲珍 | 25 |

## 三、其他专门委员会

民国十六年至二十一年(1927—1932年)国立中央大学商学院时期,学院就设有多种专门委员会,对相关事务提出报告或建议,计有:成绩审查委员会、章程编制委员会、招生委员会、预算及审计委员会、军事训练委员会等。民国二十一年至三十八年(1932—1949年)国立上海商学院时期,学院设立的专门委员会有训育委员会、招生委员会、出版委员会、图书委员会、建筑委员会、经济委员会、经费稽查委员会等。

1978年复校以后,学校为规范、科学、民主、有效地管理学校事务,先后设立过四十余种(个)工作委员会和领导小组,协调管理学校事务。这些工作委员会或领导小组一般由分管校领导主持,由相关职能部门及院(系)负责人组成。它们包括学科建设委员会、本科教学指导委员会、研究生教学指导委员会、专业技术职务评审委员会、学术道德委员会、招生委员会、招生工作领导小组、招生监察小组、就业工作指导委员会、"211工程"建设领导小组、国家教改项目领导小组、财经领导小组、招标工作领导小组、规范教育收费领导小组、组织人事领导小组、资产管理领导小组、薪酬委员会、住房制度改革工作小组、图书情报工作指导委员会、精神文明建设委员会、保密委员会、治安综合治理委员会、档案工作委员会、体育运动委员会、语言文字工作委员会、369校区管理委员会、生活园区管理委员会、爱国卫生及健康校园工作委员会、关心下一代工作委员会、留学生管理与教学指导委员会、突发公共事件应急处置领导小组、国家安全小组、民族工作领导小组、信息化领导小组、网络文化工作领导小组、安全生产领导小组、计划生育领导小组、国际化工作领导小组、建设节约型校园工作领导小组、汉语国际推广领导小组、国家大学生文化素质教育基地领导小组、审计工作领导小组、国有资产管理委员会、视觉形象识别系统推广实施领导小组、文化建设委员会、党风廉政建设领导小组等。

## 第四节　行政职能部门

　　从上海商科大学至国立上海商学院，学校均设有教务、事务2处，其间，国立中央大学商学院还设有文书处。民国三十五年（1946年）后的国立上海商学院将事务处改为总务处，另设训导处。中华人民共和国成立后，上海财经学院设教务、秘书2处。1952年8月，华东地区高校院系调整后，上海财经学院设院长办公室、教务处、政治辅导处、研究处、总务处。1960年重建的上海财经学院设院长办公室、教务处、总务处、人事处。1978年复校初期，学院设院长办公室、教务处、人事处、总务处、科研处。随着学校事业的发展，学校将一些科室升格为处级机构，如财务处、保卫处、研究生处、学生处；新建了一些处级机构，如基建处、审计处、监察处、离退休工作处、"211工程"建设办公室等。到2017年3月，学校行政职能部门由校长办公室、发展规划处（学科建设办公室）、研究室、教务处（招生办公室、教师教学发展中心）、研究生院、科研处、人事处（人才工作办公室）、学生处、国际交流与合作处（港澳台事务办公室）、财务处、合作发展处、后勤管理处、资产管理处、基本建设处、保卫处、审计处、监察处、离退休工作处和信息化办公室等组成。

### 一、校长办公室

　　校长办公室是学校行政综合办事机构。校长办公室围绕学校的中心工作，积极发挥领导的参谋助手、决策的督促检查、部门的协调综合作用，服务领导、服务部门、服务基层，做好文秘、信息、督查、调研、重要活动组织、综合事务管理和领导交办的其他工作，服务全局。

　　上海商科大学时期，曾设有校长办公处。国立中央大学商学院时期，曾设立文书处。国立上海商学院时期，曾设立文书科。1949年8月后，校务委员会下设秘书处，雍文远任秘书主任。1952年8月后，上海财政经济学院设立院长办公室，李家桢、李光民先后任主任，下设有人事科、秘书科等。1960年学院重建，1961年10月中旬，市商业局党委批复学院党委同意将原党委办公室对外改为院办公室，对内为党委办公室，主任为姜文；1962年9月后，陈波浪任主任；1963年8月后，学院恢复设立院长办公室，徐翰章任副主任。

　　1978年复校后，恢复建立院长办公室。1985年9月，随学校更名为校长办公室。1999年9月，学校组织机构调整，党委办公室与校长办公室合署办公。1980—1999年担任院（校）长办公室主任的有宗士诚、何行道、李良品、崔燮钧（1984—1986年和1996年后主任空缺）。1999年9月，党委办公室与校长办公室合署后，担任两办主任的有夏健明、方华、王玲、刘庆生、沈晖。

### 二、发展规划处（学科建设办公室）

　　发展规划处（学科建设办公室）是统筹规划实施学校改革与发展事业的综合性行政管理部门，同时是校学科建设委员会秘书处、校综合改革领导小组办公室、大学章程建设领导小组办公室的挂靠部门。其主要职能包括统筹发展规划编制与实施推进、统筹学科建设的规划协调及管理、统筹改革方案编制与推进、统筹大学章程编制与实施推进、统筹重点建设项目管理、统筹其他改革与发展项目的论证与推进。

部门的前身为发展规划处("211工程"建设办公室)。1995年,学校开始筹建"211工程"建设办公室。1997年1月7日,"211工程"建设办公室正式成立。1999年9月,"211工程"建设办公室转制成立发展规划处,与"211工程"建设办公室一套班子、两块牌子。历任"211工程"建设办公室主任为张次博、杨大楷、刘庆生(副主任,主持工作);历任发展规划处处长为杨大楷、刘庆生(副处长,主持工作)。

2012年11月23日,学校党委常委会研究决定,成立学科建设办公室,负责统筹规划、协调及管理全校学科建设工作。学科建设办公室与发展规划处合署办公,发展规划处更名为"发展规划处(学科建设办公室)"。2012年11月,学校任命应望江为处长。

## 三、研究室

研究室是学校的决策咨询和研究支持机构,致力于成长为学校改革发展的智囊团与思想库。研究室的日常工作主要围绕学校发展与改革中面临的各类问题展开。针对不同问题,分别采取重大课题调研、应急课题调研或一般课题调研等方式开展研究。调研成果不定期以《研究简报》《高校发展参考》及专题成果报告等形式在一定范围内发布。

研究室成立于2003年6月,原教务处高教研究室并入。2006年9月研究室成为高等教育研究所的挂靠单位,原属研究室的《财经高教研究》编辑部并入高等教育研究所。历任研究室主任及主持工作副主任为:王洪卫、应望江、张锦华(主持工作副主任)。

## 四、教务处(招生办公室、教师教学发展中心)

教务处是学校的教学行政管理部门,主要承担学校全日制本科的教学管理、中外本科教育合作项目的管理、全校教师教学工作量统计、教学研究与管理等任务。

教务处自学校创立之始就已设立,并延续不断。20世纪20年代上海商科大学时期,马寅初出任首任教务主任,继任者有李道南、潘序伦等。国立中央大学商学院时期,担任教务主任的有杨荫溥、雍家源(代理)、徐佩琨、武堉干等。30年代至40年代国立上海商学院时期,教务处下辖注册科、出版科、图书馆,先后担任教务主任的有程绍德、胡纪常、凌舒谟和许本怡。

1952年更名为上海财政经济学院后,教务处下辖教务科、注册科(至1953年8月)和图书馆,教务主任为许本怡;1952年8月改称教务长,由从华东财委调入的吴承禧担任。20世纪60年代上海财经学院时期,教务处下辖教学行政科、教学研究科、教材供应科、共同基础课教研室,先后担任教务处长的有顾理、郭森麒。

1978年复校之初的教务处,下设教务科、教学研究科和教材科,此后不断增减职能设置。1980年初,增设师资科。1983年7月,教学研究科撤销。1989年,教务科一分为二,分别改称教学行政科和学籍管理科。1992年9月,专科生教育划归新成立的高等专科部管理。1993年,电教中心重新归教务处管理,对内称电教科。1994年,招生办公室划归学生处。1996年,教学行政科更名教务管理科,教材建设管理的职能由科研处划入教务处。1997年7月,恢复对专科生的教学管理职能,直至2000年职业技术学院成立。2000年9月,学校实施中外合作本科教育项目(Joint Undergraduate Program,SUFE),并由教务处负责执行。2003年9月,高教研究室撤销,人员划归新成立的校研究室。2004年10月,教材科划归上海财经大学出版社,教务处保留教材建设和教材征订的审核职责。2007年,教务处设有三科两室:教务管理科、学籍管理科、教学管理科、招生办公室和中外合作项目办公室。2012年12月,学校将中外合作办公室划入国际交流与合作处(港澳台事务办公室)。2013年3月,学校成立教师教学发展中心,挂靠教务处。2015年4月,学校成立通识教育中心,挂靠教务处。截至2016年年底,教务处设有学籍管理科、教务管理科、教学管理科、招生办公室、通识教育中心、教师教学发展中心。教务处同时是校教学指导委员会、校语言文字委员会、校学位评定委员会等的日常办事机构。

1982年4月以后,担任教务处处长的有张明文、何行道、严学丰、唐豪、陈启杰、何玉长、姚玲珍、朱红军。

### 五、研究生院

研究生院是学校的研究生教育行政管理部门,主要承担全校各类学制研究生的招生管理、教学管理和学生日常管理、教师的研究生教学工作量统计及学科建设等任务,并为学校在读硕士、博士研究生和本市、异地在职人员进修研究生课程提供相应服务。

1979年,学院开始招收研究生,在教务处先后设立专门管理岗位和研究生科,负责研究生教育的管理工作。1986年底,学校成立研究生处,专门管理研究生教育。1988年9月,研究生处改名为研究生部。1998年,研究生部下设有行政办公室、招生办公室、学位与培养办公室、学籍管理与就业指导办公室、MBA中心五个部门。至2004年,随着研究生校院二级管理的实施和研究生部办公地点由中山北一路校区向武川路校区的迁移,MBA中心独立,成立MBA学院,就业指导职能纳入校就业指导中心统一指导,研究生部下设科室设置调整为行政办公室、招生办公室、培养办公室和学科学位办公室。2011年9月30日,经校常委会研究决定,上海财经大学研究生部更名为上海财经大学研究生院。更名时,研究生院院长由分管副校长兼任,下设常务副院长,研究生院的职能、机构、人员配备和职能暂时维持不变。2016年12月,设立专业学位办公室。

1986年12月以后,历任研究生处(部)处长(主任)的有张淑智、冯正权、夏大慰(兼)、孙铮(兼)、陈启杰。研究生部更名为研究生院后,担任研究生院院长的有孙铮(兼)、姚玲珍(兼),担任研究生院常务副院长的有蒋传海、郑少华、徐龙炳。

### 六、科研处

科研处是学校组织和管理科研工作的职能部门,是校学术委员会秘书处、学术道德委员会秘书处、学风建设办公室、教授委员会办公室的常设机构,主要职责包括科研发展规划的编制、各类科研项目的组织申报和管理验收、科研成果的统计登记和工作量核算、优秀科研成果的奖励和评奖申报、各类科研平台的申报组织和管理评估、科研评价和激励机制的改革与完善、重大科研项目的组织实施和协调服务、科研成果的转化和推广应用、全校学风建设的统筹、教授委员会管理协调以及学术委员会和学术道德委员会的秘书机构等。

1952年9月后,学院设立研究处,周耀平(周有光)、邹依仁先后担任主任,1958年合并时撤销。60年代,学院未设科研处,但设有科学研究委员会,副院长梅达君任主任委员。1978年复校后,于次年春开始筹建科研处,1980年4月正式成立。其主要任务包括加强资料建设,编译、出版《外国经济参考资料》;开展学术交流活动,组织全院学术讨论会;组织教师编写或修改教材。1983年起,科研处先后设有办公室、出版发行科、印刷厂、教材建设科、科研管理科。为贯彻实施教育部、财政部《关于实施高等学校创新能力计划的意见》和《"高等学校创新能力提升计划"实施方案》(简称"2011计划"),学校于2013年10月成立"2011计划"办公室,为副处级职能部门,挂靠科研处,负责协调"2011"协同创新中心的成立、建设、认定和管理工作。至2017年3月,科研处下设科研计划科、成果信息科、项目管理科、平台管理科和学术委员会秘书处等科室。

1980年以后,担任科研处处长的有叶孝理、夏大慰(副处长,主持工作)、张桁、干春晖、徐龙炳、靳玉英。

### 七、人事处(人才工作办公室)

人事处是负责学校人事人才工作的职能部门,也是学校博士后流动站的日常主管部门,主要承担全校教职员工聘用、人力资源调配和管理、专业技术职务聘任、人员工资及福利调整和发放、教职员工培训、考核、奖励、处分以及学校博士后流动站的日常管理工作。人事处同时又是校评奖委员会、校岗位聘任领导小组和校专业技术职务评审委员会等的日常办事机构。

1950年8月更名上海财政经济学院后,在秘书处内设人事室(郭景涛负责);次年人事室独立,由李家桢负责。1952年8月后,人事室归入院长办公室,为人事科。1956年6月,学院扩大人事机构,成立人事处,设3科,李光民兼任处长。60年代上海财经学院时期,院部设立人事处,内设人事科、学生科及保卫科。1963年9月,任效调入学院担任人事处副处长。1965年底,孙元龙调任处长。

1978年复校初,人事处下设人事科、学生科、保卫科、人事档案室。1984年12月,师资科由教务处划入人事处。1985年1月,保卫科从人事处分出。1986年12月,学生科、师资科从人事处分出,学校先后成立保卫处、学生处、师资办公室(主任为章仪桓)。1987年,增设劳动工资科。1991年,师资办撤销,人员并入人事处后恢复设立师资科。2000年初,博士后流动站由研究生部转由人事处管理。2002年12月,人事档案室从人事处分出并入学校档案馆。2015年,学校成立人才工作办公室,挂靠人事处管理。至2016年底,人事处下设办公室、师资科(含博士后流动站)、人事科和劳动工资科,人才交流中心挂靠人事处管理。

1980年起,杨景星、林贤本先后任人事处副处长,主持工作。1986年12月后,担任人事处处长的有李福森、季德元、吴云飞、夏德明、郭羽诞、朱鸣雄、程霖。

### 八、学生处(学生工作部、研究生工作部)

学生处既是校行政的职能机构,对学生的日常事务进行管理,服务学生,指导各院系学生工作的开展;也是校党委的职能部门,负责学生的思想政治教育管理。

1952年8月后,上海财政经济学院成立政治辅导处,下设组织科、辅导科和宣教科,王星九为副主任。一年后,辅导科与教务处注册科合并为学务科。1954年9月,学务科撤销,学生工作并入人事科。1956年上半年,成立学生科,隶属院长办公室。60年代上海财经学院时期,学生科隶属院部人事处。1978年复校后,学院设有学生科,隶属人事处。

1986年10月,财政部批复学校同意增设学生工作部和学生处,下设毕业生分配办公室和学生思想教育管理科。1994年,又先后增设勤工助学管理办公室和招生办公室。1995年9月,改毕业生分配办公室为就业指导办公室。1996年9月,学生工作处(部)与校团委实行合署办公,共设有5个科室,即招生办公室、就业指导办公室、勤工助学管理办公室、思想教育管理科和学生管理科。此后,学校在就业指导办公室的基础上筹建学生就业指导中心,在勤工助学管理办公室的基础上筹建勤工助学管理中心,并成立校勤工助学基地——大学生服务中心,为学校大学生获得一个稳定的勤工助学窗口。2016年7月,成立上海财经大学研究生工作部。

1991年5月以后,担任学生工作处(部)处(部)长的有刘永章、黄林芳、唐家乾、冯润民、沈晖、倪志兴。

## 九、国际交流与合作处(港澳台事务办公室)

国际交流与合作处(港澳台事务办公室)是学校负责对外交流与合作及港澳台事务工作的职能部门,是统一制定与实施国际化办学战略的归口部门,肩负着涉外事务管理、外事政策把关、国际化师资建设与人才培养等多重职责。国际交流与合作处与港澳台事务办公室二位一体,在对港澳台地区的交流时称港澳台事务办公室。

作为学校国际化的具体职能机构,国际交流与合作处(港澳台事务办公室)为学校国际化师资队伍建设的工作提供支持、配合、服务和协调,推动各种类型的海外师资培训或交流项目,鼓励学校教师积极赴海外研修或参加学术会议,与国际知名学者交流学术前沿问题,学习国(境)外的先进教学经验及科学方法。

1978年复校之初,由院办公室负责学院的外事工作。1980年上半年,学校设立外事办公室,负责人为李光治。1984年成立外事处。1992年,为加强对外事工作的领导和管理,学校成立校外事工作领导小组。1993年,学校成立港澳台办公室,主任由外事处处长兼任。1994年,根据对外交流需要和市教委的机构设置,外事处对外称国际交流处。1994年9月,外事处设留学生办公室(对内称留学生科)。1996年5月,外事处设立综合科、交流科、留学生科。1999年4月,学校成立留学生办公室,留学生的招生、教学、管理等工作从外事处划出。2012年,学校中外合作办公室与外事处合并组建,更名为国际交流与合作处(港澳台事务办公室)。

1986年以后,担任处长的有马光辉、岳咬兴、金雅敏、李宏。

## 十、财务处

财务处是承担学校财务管理与会计核算的职能部门。其主要职能是:贯彻国家有关财经政策,遵守财经纪律,维护国家利益,保证财产资金安全;依法多渠道筹集事业资金;编制学校预算,并对预算执行过程进行控制和管理,完成决算编制与分析;配置学校资源,开源节流,提高资金使用效率;建立健全财务规章制度,规范校内经济秩序,加强财务控制、监督和财务风险防范;及时、完整、真实地反映学校的财务状况,对学校经济活动的合法性、合规性进行监督等。

国立上海商学院时期,事务(总务)处下设有会计科。上海财经学院时期改称财务科,隶属总务处。1978年复校之初,财务科仍隶属总务处领导。1984年12月成立财务处。1987年起,设置会计科、管理科。1996年3月,增设资源管理科,1999年撤销。2002年,增设预算决算科。1999年6月学校成立财务结算中心,负责管理核算各院系、各部门的办班等收入及费用结算,2006年9月划归财务处后设为结算中心。2007年7月,设立综合业务科。2014年11月,设立科研经费管理科。

1992年11月以后,担任财务处处长的有李秉心、倪勋、陈国辉、蒋传海、李维群。

## 十一、合作发展处

合作发展处设立于2012年12月,是上海财经大学校友会、校董会、教育发展基金会(合称"三会")工作的统筹管理部门。合作发展处是学校与海内外校友、校董以及热心财经教育事业的爱心捐赠人交流互动的平台,也是学校与社会各界人士、知名企业、各类政府机构、事业单位和社会团体广泛联系、深化合作的校级平台。

上海财经大学校友会(以下简称校友会)成立于1985年12月,于2015年5月28日在民政部正式完成登记注册,业务主管单位为教育部。校友会秉承"服务校友发展、服务母校发展"的工作理念,依托各地校友组织及学校各院(部、所)开展校友工作,致力于加强海内外校友之间、校友与母校之间的联系和交流,服务广大校友,弘扬爱国荣校的优良传统,为母校的发展、为国家的现代化建设和繁荣富强贡献力量。校友总会现任会长为校长樊丽明。

上海财经大学校董会(以下简称"校董会")是学校全面实施开放式办学的重要平台,是为学校人才培养、科学研究、社会服务、文化传承等事业提供咨询和指导的重要机构。校董会成立于2012年11月10日,由热心高等教育、关心支持学校教育事业发展的校友、社会知名人士、著名学者、有良好社会声誉的企业家、捐赠学校办学的社会组织代表或个人及学校代表组成,校董会现任主席为校党委书记丛树海。

上海财经大学教育发展基金会(以下简称"基金会")是经上海市民政局批准设立的非公募基金会,于2008年10月成立,业务主管单位是上海市教育委员会,基金会最高决策机构为理事会,理事会下设秘书处、投资咨询和风险控制委员会及投资决策委员会。基金会的宗旨是:通过多渠道筹集办学资金,争取国内外企事业单位及个人的支持和捐助,不断改善办学条件,创造良好的教学和科研环境,提高教育质量和学术水平,推动教育事业的发展。基金会现任理事长为副校长方华。

2012年以后,担任合作发展处处长的有邓伟、陈红梅。

## 十二、后勤管理处

后勤管理处在学校早期称为事务处、总务处等。上海商科大学和国立中央大学商学院时期,学院均设有事务处。20世纪30年代国立上海商学院时期,院部设事务处,民国三十五年(1946年)后改称总务处,下属科室先后有庶务课、会计课、斋务课、文书课、院医室等,担任事务主任、总务主任的先后有王德辉、胡宝昌、吴道坤、钱王倬等。1952年9月后,上海财政经济学院总务处下设管理科、财务科、供应科、医务室,雍文远任总务处主任。60年代上海财经学院时期,先设总务科,1962年5月设行政办公室,下辖总务科;1963年6月,行政办公室改为总务处,下辖总务科、财会科、膳食科、保健科,朱如言任副主任、副处长。

1978年复校之初,设院务处,下设总务科、基建科、保健科、校产设备科及膳食科。1984年12月成立总务处,下设膳食科、总务科、宿管科、保健科、综合服务部、处办公室、设备科、房产科、计划财务科、修缮科、动力科、印刷厂、车管科、招待科、爱卫办共15个科室。1988年,总务处进行承包责任制改革,对内为服务实体,实施各项承包责任制;对外为经营实体,成立实业公司。1994年,成立"369"生活服务中心。

为深化后勤社会化改革,学校于 1999 年参加高校后勤社会化改革的首批试点,将原后勤管理机构与后勤服务机构分离,是年 3 月成立后勤管理办公室,下设房产管理科、设备科、修缮管理科、行政科、369 校区管理科 5 个科室,以及学生生活园区管理办公室和"369"校区管委会 2 个事务性机构,同时对学校门诊部(校医院)的日常行政事务进行直属领导。原经营性机构进行社会化转制,成立上海财经大学后勤实业发展中心。后勤管理办公室代表学校与中心签订有关服务任务、服务标准、服务质量方面的合同。中心和学校整体规范分离后,作为教育后勤服务性质的经济实体存在。2003 年 6 月,后勤管理办公室更名为后勤管理处,负责对学校后勤工作的保障、协调和对校内后勤服务经营实体的管理监督。

1984 年以后,担任总务处处长的有陈柯夫、杜慧民、宣家驹、周关教,担任后勤管理办公室主任的有王海明,担任后勤管理处处长的有王海明、金申荣、彭剑斌。

## 十三、资产管理处

资产管理处成立于 2013 年 12 月,是负责全校国有资产统筹管理工作的行政职能部门,是学校党委统一领导下的行政办事机构。按照有关管理制度,学校赋予资产管理处八项主要工作职能(职责):负责学校国有资产管理办法及相关制度、细则的拟定与执行,并对制度的执行情况进行监督和检查;负责学校实物资产的配置标准、相关费用标准和资产处置标准等标准体系的制定与执行;负责学校资产清查、产权登记、资产评估、资产调剂与处置、产权纠纷的处理与协调、资产统计与汇总等工作;组织学校国有资产使用、对外投资、出租、出借等资产的业绩评价和考核;建立和完善国有资产管理信息系统,负责学校各类实物资产的账、卡登记,实现国有资产动态管理;负责涉及国有资产配置、处置、清查、对外投资、出租、出借等事项向上级机关的报批、报备手续;组织、协调校内各资产相关管理部门的资产管理工作;组织、实施校国资委交办的其他事项。

2013 年 12 月以后,先后担任资产管理处处长的有杨忠莲(副处长,主持工作)、李利军。

## 十四、基本建设处

基本建设处前身为 1981 年 3 月设立的基建办公室,基建办公室下设技术科、材料科和计划科。1984 年 12 月,基建办公室更名为基建处,下设施工管理科、综合计划科、技术科。2004 年,学校为统一实施武川路、武东路新校区建设及各校区资源整合,将基建处转制为项目性机构,称为新校区建设办公室,原施工管理科和计划财务科仍包含在内。

1981 年 3 月以后,担任基建办公室主任的有宗士诚,担任基建处处长的有赵巨标、肖和平(1983 年 12 月至 1986 年 12 月由副主任、副处长韩学德主持工作),担任新校区建设办公室主任的有黄林芳(兼)、邓伟(副主任,主持工作)、王人己(副主任,主持工作)、陈国新。

2016 年 12 月,新校区建设办公室更名为基本建设处,担任基本建设处处长的为陈国新。

## 十五、保卫处

1978 年复校后,学校保卫工作由人事处下设保卫科负责管理。1985 年 1 月,学校设立保卫处(兼管学校人民武装部工作),是学校安全管理的职能部门。1985 年 9 月,学校更名为上海财经大学后,保卫处下设政保科、治安科。1988年9月,学校成立公安派出所,与保卫处合署办公。保卫处和派出所在校党委、行政和上海市公安局文保分局的领导下,以"两块牌子、一套班子"的组织形式,以维护学校内部政治稳定和治安安定为目标开展工作。1991年,增设户政科。1993年起,保卫处与人民武装部合署办公。1996年,保卫处成立校卫队。2001年,增设案件侦查科。2009年,公安文保体制改革,裁撤案件侦查科,其基本职能改由治安科承担;裁撤户政科,治安科下设户政受理室配合管理集体户口;校卫队队长调任公安工作。2009年,增设消防科。2012年,消防科更名为安全管理科。2016年底,为推动集体户口的规范化管理,恢复户政科。2016年底,学校进一步明确校卫队为正科级建制,设专职校卫队队长。

1985年以后,担任保卫处处长的有李坤达、薛海钧、徐荣祥、凌伯强、张满仓。

### 十六、审计处

审计处是学校内设的独立审计机构,依据国家法律、法规和政策以及上级部门和学校的规章制度,对学校及所属单位的财务收支、经济活动的真实、合法和效益进行内部监督和评价,独立行使内部审计监督权,对校领导负责并报告工作,同时接受教育部财务司的指导和监督。

1989年9月,根据国家审计署内部审计规定,学校成立审计监察处,同时履行审计和监察两项职能,由校长直接领导。1993年9月,审计监察处和纪委合署办公。1999年9月,学校撤销审计监察处,分别设置审计处、监察处,与纪委合署办公。2016年1月,经校党委常委会决定,审计处从纪委、监察处合署办公中独立出来,独立行使审计职能,但仍兼行监察职能。

1994年以后,担任审计监察处处长的有林甘泉、金伟中。1999年9月以后,担任审计处处长的有倪勋、尤家荣、钱玲、杨忠莲。

### 十七、监察处

监察处是学校行使监察职能的行政部门,在学校和上级监察部门的领导下,依据监察工作的规定,对校内监察对象进行监察。监察处与纪委办公室合署办公。

监察处机构沿革见上文"十六、审计处"。

1999年以来,担任监察处处长的有金伟中、吕萍、杨晖。

### 十八、离退休工作处

离退休工作处是学校专职从事离退休教职员工管理的职能部门。其主要职能是贯彻落实"老有所养、老有所医、老有所为、老有所乐、老有所学、老有所教"的方针,围绕学校的中心工作,对全校离退休教职工做好服务与管理工作,并负责做好上海老年大学上海财经大学分校的各项管理工作,配合做好学校关心下一代工作。

学校的离休干部服务管理工作原由组织部负责,退休教职员工服务管理工作由人事处负责。1995年9月,学校成立离退休工作处,下设离休办公室与退休办公室。各院系、部门设有离退休工作两级管理小组。学校另设有离退休工作委员会,是校党委、校行政领导下的离退休工作协调机构。

1998年9月以后,先后担任离退休工作处处长的有漏涛、杨仲秋、姜淑娟、毛勇富、李红梅。

## 十九、信息化办公室

信息化办公室是学校负责信息化建设与管理的职能部门,主要承担学校各类管理信息系统与应用系统的建设和运行维护,负责信息化战略目标与规划的制定以及信息化各类规范、标准和制度的制定等工作。信息化办公室同时又是学校信息化领导小组的日常办事机构。

信息化办公室成立于2003年。2007年信息化办公室下设综合管理部、系统建设部和系统运维部。2013年,调整为综合管理部、应用服务部和基础支撑部。

2003年以后,担任信息化办公室主任的有陈云、傅川(副主任,主持工作)。

# 第二篇

## 中国共产党学校组织及其工作

# 概　　述

　　民国三十四年(1945年)5月,中国共产党上商支部成立,标志着学校党组织的建立,当时有党员3人。在随后的几年中,党组织坚持地下斗争,1949年5月上海解放时,学校有地下党员4人。1950年5月,学校党支部正式公开,共有党员6人。1952年8月,中共上海财经学院委员会成立,此后逐步完善学校各级党组织,并担负起全校的领导责任。

　　学校党的组织机构包括党员代表大会(党代会)、党委会、党的纪律检查委员会、党委工作机构以及党的基层组织和党员。学校党委成立以后,先后于1956年5月、1964年12月、1989年4月、1994年7月、2002年1月、2006年7月、2013年7月召开了七次党员代表大会,听取党委会和纪委的工作报告,选举产生新一届的党委会和纪委。从1952年至2016年底,先后担任学校(院)党委书记的有姚耐、申玉洁、陆慕云、王伟才、金炳华、叶麟根、潘洪萱、谈敏、马钦荣、丛树海10人,担任党委副书记的有13人。1957年3月,学院党委成立常委会。1994年7月后,党委重新设立常委会主持工作。1979年7月,学校成立纪律检查小组,1980年4月改为纪律检查委员会。从1989年4月学校第三次党代会起,纪委由党代会选举产生。从1980年至2016年底,先后担任纪委书记的有王星九、叶麟根、季德元、朱沪生、夏健明、刘永章、陈宏7人,担任副书记的有6人。党委会的工作机构设有党委办公室、纪委办公室、组织部、统战部、党校、宣传部、人民武装部、学生工作部/研究生工作部等。

　　党委成立后,学校党的基层组织和党员发展较快,由1952年的2个支部、50名党员发展到1957年的5个总支、5个支部、304名党员。1966年,学院共有1个总支、10个支部和140名党员。1978年复校后恢复党的基层组织时,有9个支部、196名党员。随着学校规模的扩大,基层组织和党员发展迅速,2016年达到24个总支(分党委、直属支部)、180个支部、3 875名党员。

　　上海财经学院时期,党委领导开展的主要活动有1952—1953年的整党与建党工作、1955—1957年的肃反运动与审干工作、1957—1958年的整风运动与反右斗争、1960—1961年的"三反"运动、1963—1964年的"五反"运动、1964—1966年的参加农村社会主义教育运动、1966年开始的"文化大革命"运动和1978—1981年的"文化大革命"复查改正与清查工作。上海财经大学时期,党委领导开展的主要活动有1985—1986年的整党工作、1986—1991年的反对资产阶级自由化和党员重新登记、1992—1999年的学习邓小平理论、2000—2001年的"三讲"教育活动、2005年的先进性教育活动、2007年的学习宣传贯彻党的十七大精神活动、2008年的"讲党性、重品行、作表率"主题教育活动、2009年的深入学习实践科学发展观活动、2013年开始的反腐倡廉教育工作、2015—2016年的"三严三实"专题教育、2016年的"两学一做"学习教育等。

　　1978年复校后,党委各工作机构开展的工作主要包括组织工作、宣传工作、统战工作和纪检工作等。组织部门1980—2016年共发展党员11 755名,其中,学生党员11 329名、教职工党员246名、转正党员9 119名,此外,还承担了党员教育管理、基层支部建设、干部任免、干部教育管理等工作。宣传部门组织全校的理论学习,包括党委中心组学习会、开设"上财论坛"、出版论文集、开展思想政治工作课题研究,并负责学校的对外对内宣传工作、网络文化建设与管理工作以及精神文明建设工作。统战部门负责落实党外知识分子政策、加强统一战线工作队伍建设、建立和健全规章制度、发挥党外代表人士的作用、协助各民主党派和群众团体加强建设。纪检部门在完成复查平反落实政策工作后,着重开展健全党风廉政和反腐败的制度建设和多种形式的反腐倡廉教育活动,加强防止腐败的监管力度,并依纪依法办理信访和案件。

# 第一章 组织机构

## 第一节 党代会

1952年学校党委成立以来,先后召开了七次党员大会或党员代表大会。

### 一、第一届全体党员大会

1956年5月26—27日,召开上海财政经济学院第一届全体党员大会。出席大会的党员共338人(正式党员248人、候补党员90人)。党委书记姚耐报告党委会1952年9月—1956年5月工作总结和1956年至1962年党的工作规划。大会选举产生姚耐等11位同志组成新的党委会。

### 二、第二届党员大会

1964年12月1日,召开上海财经学院第二届党员大会。出席大会的代表共77人(正式代表75人、预备党员2人)。会前,党委印发工作报告。大会选举产生了由胡也、王薰香等9人组成的新一届党委会。同日,新一届党委召开第一次全体会议,选出王薰香等5人组成党监察委员会。

### 三、第三次党员代表大会

1989年4月11—12日,召开中共上海财经大学第三次代表大会。大会代表共162人。党委书记叶麟根作《贯彻党的十三大精神,加强党的建设,推进我校的改革和发展》的工作报告,纪委副书记杜慧民作《端正党风,维护党纪,努力做好纪律检查工作》的工作报告,校长金炳华作《我校今明两年建设与改革的任务》的报告。大会选举产生了第三届委员会和纪律检查委员会。党委会由叶麟根等9人组成,纪律检查委员会由叶麟根等5人组成。

### 四、第四次党员代表大会

1994年7月7—8日,召开中共上海财经大学第四次代表大会。大会代表共162人。党委书记潘洪萱作《抓住机遇,深化改革,加快发展,为建设一流财经大学而努力奋斗》的工作报告。纪委书记季德元作《加强党风廉政建设,以改革精神做好党的纪律检查工作》的工作报告。大会选举产生了第四届委员会和纪律检查委员会。党委会由潘洪萱等15人组成,纪律检查委员会由季德元等5人组成。8日的党委全会上又选举产生党委常委7人。

## 五、第五次党员代表大会

2002年1月6—7日,召开中共上海财经大学第五次代表大会。会议正式代表共236人。中共教育部党组发来贺信。党委书记兼校长谈敏作《开拓创新、转变作风、与时俱进,为进一步建设具有一流水平的社会主义大学而奋斗》的工作报告。纪委书记夏健明作《坚持党要管党从严治党,深入推进我校党风廉政建设和反腐斗争》的工作报告。大会选举产生了第五届委员会和纪律检查委员会。党委会由谈敏等17人组成,纪律检查委员会由夏健明等7人组成。7日的党委全会上又选举产生党委常委7人。

## 六、第六次党员代表大会

2006年7月6—7日,召开中共上海财经大学第六次代表大会。大会代表共163人。中共教育部党组发来贺信。中共上海市科教党委副书记李铭俊到会祝贺。党委书记马钦荣作《全面贯彻落实科学发展观,为实现我校"十一五"发展规划目标而奋斗》的工作报告,纪委书记刘永章作《认真贯彻施政纲要,深入开展党风廉政建设和反腐败工作》的工作报告。大会选举产生了第六届委员会和纪律检查委员会。党委会由马钦荣等21人组成,纪律检查委员会由刘永章等9人组成。7日的党委全会上又选举产生党委常委9人。

## 七、第七次党员代表大会

2013年7月8—9日,召开中共上海财经大学第七次代表大会。大会代表共185人。党委书记丛树海作《凝心聚力、追求卓越,为建设具有鲜明财经特色的高水平研究型大学而努力奋斗》的工作报告。党委副书记刘永章作《深入推进党风廉政建设和反腐败工作,为建设具有鲜明财经特色的高水平研究型大学提供坚强政治保证》的工作报告。大会选举产生第七届委员会和纪律检查委员会。党委会由丛树海等23人组成,纪律检查委员会由陈宏等9人组成。大会选举出新一届的党委书记、副书记(2人),纪委书记、副书记,党委委员(23人),纪委委员(9人),党委常委(9人),组建新 届党委班子。

# 第二节 党 委 会

从1952年至2016年,先后担任学校(院)党委书记的共有10人,担任副书记的共有13人。学校历届党委会组成人员见表2-1。

表2-1 1952—2016年历届党委会组成情况

| 任职时间 | 党委书记 | 党委副书记 | 党委常委 | 党委委员 |
| --- | --- | --- | --- | --- |
| 1952年8月—1956年5月 | 姚 耐<br>(1952年8月—1956年5月) | 王星九<br>(1954年1月—1956年5月) | | 姚 耐 丁芳圃 李家桢<br>王星九 谢 青 李光民<br>许浪璇 |

(续表)

| 任职时间 | 党委书记 | 党委副书记 | 党委常委 | 党委委员 |
|---|---|---|---|---|
| 1956年5月—1958年9月（第一届） | 姚　耐<br>(1956年5月—1958年4月)<br>申玉洁<br>(1958年4月—1958年8月) | 王星九<br>(1956年5月—1958年8月)<br>许浪璇<br>(1956年9月—1958年8月) | 姚　耐　王星九<br>许浪璇　李光民<br>杨国璋　周有珊<br>(1957年3月成立) | 姚　耐　王星九　李光民<br>杨国璋　李康林　周有珊<br>许浪璇　倪爱史　贾子文<br>李逸文　林政安　蒋　超<br>朱士耀(候补) |
| 1960年9月—1964年11月 | 陆慕云<br>(1960年9月—1962年4月)<br>王伟才<br>(1962年4月—1962年10月) | 胡　也<br>(1963年2月—1964年11月,主持工作)<br>王薰香<br>(1964年5月—1964年11月) | | 王伟才　陆慕云　梅达君<br>胡远声　路祥麟　任天洛<br>杨昭伦　陈波浪　任　效 |
| 1964年11月—1966年（第二届） | | 胡　也<br>(1964年11月—1966年,主持工作)<br>王薰香<br>(1964年11月—1966年) | | 王薰香　胡　也　梅达君<br>胡远声　路祥麟　任天洛<br>陈波浪　任　效　杨昭伦 |
| 1979年1月—1989年4月 | 姚　耐<br>(1979年1月—1984年7月)<br>金炳华<br>(1985年10月—1988年7月)<br>叶麟根<br>(1988年7月任职) | 王星九<br>(1979年1月—1984年7月,其中,1983年2月—1984年7月主持工作)<br>张婉如<br>(1982年10月任职)<br>叶麟根<br>(1984年7月—1988年7月,其中,1984年7月—1985年9月主持工作)<br>张君一<br>(1984年7月—1988年7月) | | 顾　理　郭森麒<br>周友珊　宗士诚 |
| 1989年4月—1994年7月（第三届） | 叶麟根<br>(1989年4月当选,1991年2月免)<br>金炳华<br>(1991年2月任职,1991年10月免)<br>潘洪萱<br>(1991年10月任职) | 张婉如<br>(1989年4月当选,1991年2月免)<br>朱沪生<br>(1991年2月任职)<br>季德元<br>(1991年6月任职) | | 叶麟根　张婉如　王松年<br>朱根林　刘永章　张毅民<br>金炳华　季德元　裘逸娟<br>汤云为　谈　敏　陈和本<br>朱沪生　潘洪萱 |
| 1994年7月—2002年1月（第四届） | 潘洪萱<br>(1994年7月当选,1998年4月15日免)<br>谈　敏<br>(1998年4月15日任职) | 朱沪生<br>(1994年7月当选,2001年6月免)<br>季德元<br>(1994年7月当选,1997年9月免)<br>刘永章<br>(1997年9月任职)<br>夏健明<br>(2001年6月任职) | 潘洪萱　汤云为<br>刘永章　朱沪生<br>陈和本　季德元<br>谈　敏　夏大慰<br>储敏伟　夏健明 | 潘洪萱　王惠玲　汤云为<br>刘永章　刘少波　季德元<br>朱沪生　陈和本　陈美华<br>周关教　夏大慰　晁钢令<br>谈　敏　储敏伟　欧阳令南<br>夏健明　黄林芳　丛树海<br>孙　铮 |

（续表）

| 任职时间 | 党委书记 | 党委副书记 | 党委常委 | 党委委员 |
|---|---|---|---|---|
| 2002年1月—2006年7月（第五届） | 谈　敏<br>（2002年1月当选，2004年7月免）<br>马钦荣<br>（2004年7月任职） | 刘永章<br>（2002年1月当选）<br>夏健明<br>（2002年1月当选，2004年7月调离）<br>孙海鸣<br>（2005年9月任职） | 丛树海　刘永章<br>孙　铮　谈　敏<br>黄林芳　夏健明<br>储敏伟　马钦荣<br>孙海鸣　王洪卫<br>周仲飞 | 丁邦开　王　玲　王惠玲<br>丛树海　刘永章　孙　铮<br>孙海鸣　何玉长　赵晓雷<br>晁钢令　郭羽诞　谈　敏<br>黄林芳　戴国强　王洪卫<br>夏健明　储敏伟　马钦荣<br>周仲飞 |
| 2006年7月—2013年7月（第六届） | 马钦荣<br>（2006年7月当选） | 刘永章<br>（2006年7月当选）<br>孙海鸣<br>（2006年7月当选） | 马钦荣　王洪卫<br>丛树海　刘永章<br>孙　铮　孙海鸣<br>周仲飞　谈　敏<br>黄林芳 | 马钦荣　方　华　王　玲<br>王洪卫　丛树海　叶　朱<br>刘兰娟　刘永章　刘志远<br>孙　铮　孙海鸣　何玉长<br>张　雄　陈　宏　陈信元<br>周仲飞　赵晓雷　谈　敏<br>黄林芳　蒋传海　戴国强 |
| 2013年7月—（第七届） | 丛树海<br>（2013年7月当选） | 刘永章<br>（2013年7月当选）<br>陈　宏<br>（2013年7月当选） | 丛树海　樊丽明<br>刘永章　孙　铮<br>王洪卫　周仲飞<br>陈　宏　刘兰娟<br>方　华　蒋传海 | 干春晖　王　玲　王洪卫<br>方　华　丛树海　朱鸣雄<br>刘兰娟　刘永章　刘庆生<br>孙　铮　应望江　沈　晖<br>张　雄　陈　宏　陈信元<br>周仲飞　周杰普　柳永明<br>姚玲珍　章益国　蒋传海<br>程　霖　樊丽明 |

## 第三节　纪律检查委员会

根据《中国共产党党章》（中国共产党第十八次全国代表大会通过）的规定，党的基层纪律检查委员会在同级党的委员会和上级纪律检查委员会双重领导下进行工作。纪律检查委员会的主要任务是：维护党的章程和其他党内法规，检查党的路线、方针、政策和决议的执行情况，协助党的委员会加强党风建设和组织协调反腐败工作。

1956年第一届党员大会后，上海财经学院党的监察工作由党委副书记王星九同志负责管理。

1964年12月1日党员大会选出的党委全会上，选出王蕙香等5人组成党监察委员会。

1979年7月，经上海市纪律检查委员会批准，上海财经学院成立由党委副书记王星九等3人组成的纪律检查小组。

1980年4月15日，中共上海市教卫党组批复上海财经学院，将原纪律检查小组改为纪律检查委员会，配备纪委正、副书记和委员。截至1989年4月先后担任纪委书记的有王星九、叶麟根，担任副书记的有周友珊、杜慧民、林甘泉，担任委员的有路祥麟。

从1989年4月召开的上海财经大学第三次党代会起，在选举新一届党委会的同时，选举产生新一届的纪委。此后，上海财经大学党委下属的各总支（分党委）、直属支部都先后配备了纪检委员，协助各单位党组织做好党风廉政建设和反腐败工作。

1993年9月3日，上海财经大学党委决定，纪律检查委员会与审计监察处合署办公，实行一套班子、两块牌子,分别在学校党委和校长领导下履行纪委和审计监察的职能。纪委和监察处实行由上海财经大学党委、行政和上海市教育纪委(监察室)双重领导体制。

1999年11月,审计监察处撤销,独立为审计处、监察处后,纪委与监察处、审计处仍实行合署办公。

2015年4月7日,上海财经大学党委发文,成立中共上海财经大学纪律检查委员会办公室,作为纪委的日常办事机构。纪委办公室仍与监察处、审计处合署办公。

上海财经大学历届纪律检查委员会组成人员见表2-2。

表2-2 1989—2017年历届纪律检查委员会组成情况

| 党代会届次 | 纪委书记 | 纪委副书记 | 纪委委员 |
|---|---|---|---|
| 三 | 叶麟根(1989年4月当选)<br>季德元(1991年6月任职) | 林甘泉(1989年4月当选) | 叶麟根 林甘泉 朱沪生 刘少波<br>李应仁 |
| 四 | 季德元(1994年7月当选)<br>朱沪生(1997年11月任职)<br>夏健明(2001年6月任职) | 林甘泉(1994年7月当选)<br>金伟中(1998年11月任职) | 季德元 林甘泉 叶 朱 金伟中<br>李坤达 |
| 五 | 夏健明(2002年1月当选)<br>刘永章(2005年7月任职) | 金伟中(2002年1月当选) | 夏健明 金伟中 丁 健 尤家荣<br>叶 朱 朱建中 唐家乾 |
| 六 | 刘永章(2006年7月当选) | 吕 萍(2006年7月当选) | 刘永章 吕 萍 丁 健 毛荣生<br>朱建中 金申荣 金伟中 郭羽诞<br>唐家乾 |
| 七 | 陈 宏(2013年7月当选) | 杨 晖(2013年5月任职,<br>2013年7月当选) | 陈 宏 杨 晖 李维群 周 峰<br>郑继红 钱 玲 唐家乾 章忠民<br>彭剑斌 |

## 第四节 党委工作机构

党委工作机构由党委办公室、纪委办公室、组织部、统战部、党校、宣传部、人民武装部、学生工作部、研究生工作部等组成。

### 一、党委办公室

党委办公室是校党委的综合办事机构,围绕学校中心工作,积极发挥领导的参谋助手、决策的督促检查、部门的协调综合作用,服务领导、服务部门、服务基层,认真做好文秘、信息、督查、调研、重要活动组织、综合事务管理和领导交办的其他工作,服务全局。

1952年8月学院党委成立后,为进一步加强党对学校的领导,成立了政治辅导处作为党的办事机构。1960年学院重建后设立党委办公室,陈波浪任主任。1963年,党委办公室与院长办公室合署办公。

1978年学院恢复,1979年成立的新党委恢复设党委办公室。1999年9月起,学校党委办公室与校长办公室合署办公。

1987年起担任党委办公室主任的有季德元、周道明,1999年9月党委办公室与校长办公室合署后,担任两办主任的有夏健明、方华、王玲、刘庆生、沈晖。

## 二、纪委办公室

2015年3月3日,经校党委常委会研究决定,成立中共上海财经大学纪律检查委员会办公室。4月28日,学校党委任命纪委副书记杨晖兼任纪委办公室主任。纪委办公室是学校纪委的日常办事机构,与监察处合署办公。

纪委办公室的主要工作职责是:(1)监督检查党的路线、方针、政策和决议,国家的法律法规和政策及学校的决议、决定、规章制度在学校的贯彻执行情况,保障领导干部依法行使职权,对其行使权力进行监督;(2)在学校纪委领导下协助党委加强党风建设和组织协调反腐败工作,落实党风廉政建设责任制的任务分工、监督检查和责任追究,推进构建完善惩治和预防腐败体系,推进廉政文化建设;(3)监督检查学校所属党组织、党员、领导干部遵守党的纪律、廉洁自律、履行职责和开展党风廉政建设等情况;(4)组织、协调和推进党规党纪和党风廉政、廉洁自律等方面的教育;(5)受理对违反党纪行为的检举反映,受理对处分不服的控告、申诉,保障党的章程规定的党员权利和其他合法权益不受侵犯;(6)调查、处理违反党纪的案件,按照有关规定,决定或取消对这些案件中的党员的处分;(7)健全纪检监察组织体系,加强队伍建设和业务培训,检查和指导二级单位纪检监察工作。

## 三、组织部

组织部是学校党委组织工作的机构,是校党委做好组织工作的助手和参谋。组织部围绕学校的中心工作,在校党委和上级组织部门的领导下,负责全校基层党组织建设、党员的教育和管理,以及科级以上干部的选拔、培养、教育、考察等项工作,经党委授权,会同有关部门进行机构设置与调整的论证。

1952年学校党委成立后设立政治辅导处,主管政治思想工作,下设组织科分管组织工作。1956年7月,撤销组织科,改为党委组织部,倪爱史任部长。1960年重建的上海财经学院,党委工作机构中也设有组织部,路祥麟任部长。

1978年复校以后组建的党委设有组织部,1999年与统战部和党校合署办公。截至2017年3月,先后担任组织部部长的有路祥麟、万伯涵、张毅民、刘永章、周道明、陈宏、朱鸣雄、刘庆生。

## 四、统战部

统战部是校党委领导下的负责学校统一战线工作的机构,是面向全校爱国统一战线人士的服务机构。统战部以学校改革建设为中心,以学校稳定发展为大局,积极构架学校党政各级领导与爱国统一战线人士的联系桥梁,充分调动爱国统一战线人士的积极性和创造性,在沟通协调、团结稳定方面发挥作用。

1952年党委成立后,设统战委员,由李光民担任。20世纪60年代统战工作归口组织部。1978年学校复校后立即恢复了统战工作,仍归口组织部。1984年12月成立统战部。1999年9月,统战部与组织部、党校合署办公。

截至 2017 年 3 月,先后担任统战部部长的有章仪桓、孙红云、张陈方、毛荣生、徐萍、周杰普。

## 五、党校

党校是在学校党委领导下培训党员、干部和入党积极分子的学校;是学习、研究、宣传马列主义、毛泽东思想、邓小平理论、"三个代表"重要思想、科学发展观、习近平总书记系列重要讲话精神和治国理政新理念新思想新战略的重要阵地,是党员增强党性锻炼的熔炉,是党委的重要工作部门,是向社会各界提供红色经典培训的平台。

1978 年上海财经学院复校不久,便建立上海财经学院业余党校。1989 年初建立上海财经大学党校(筹),1993 年 3 月经校党委决定,正式建立中共上海财经大学党校。2002 年下半年开始,在 16 个院系(所)设立分党校,主要进行师生入党积极分子、发展对象、预备党员以及教师干部的培训工作。

党校校长由学校党委书记或副书记兼任,设专职常务副校长主持日常工作。现任党校校长由校党委书记丛树海担任,副校长由章忠民担任并主持日常工作。截至 2017 年 3 月,先后担任党校副校长的有金伟中、徐萍、章忠民。分党校校长由各院系(所)总支(党委)或直属党支部书记、副书记担任。

## 六、宣传部

宣传部是党委领导下的宣传工作部门,负责全校的理论学习、宣传思想工作和精神文明建设工作。

1952 年学校党委成立后,设立政治辅导处主管政治思想宣传工作,下设宣传科分管宣传工作。1956 年 7 月,撤销宣传科,改为党委宣传部,蒋超、何克明为副部长。1960 年重建的上海财经学院,党委设立宣传部,杨昭伦任部长。1978 年复校以后组建的党委设有宣传部。

截至 2017 年 3 月,复校以来先后担任宣传部部长的有石成岳、马少甫、全从熹、朱根林、王鸿生、李福森、吴梦宇、赵晓雷、刘志远、章益国。

## 七、人民武装部

人民武装部是党委下属的主管学生国防教育和兵役工作的职能部门,同时在所在地区党委武装部门的领导和指导下开展国防教育、军事训练、兵役登记、征兵、双拥共建及拥军优属工作。

1978 年,上海财经学院复校后,人事处内设两名武装部干事。1985 年 6 月,学校成立人民武装部。1993 年以后,武装部与保卫处合署办公。

截至 2017 年 3 月,担任武装部部长的有陈柯夫、李坤达、杨学渊、徐荣祥、凌伯强、张满仓。

## 八、学生工作部、研究生工作部

学生工作部、研究生工作部,既是校党委的职能部门,负责学生的思想政治教育管理;也是校行政职能机构,对学生的日常事务进行管理,服务学生,指导各院系学生工作的开展。

机构沿革参见第一篇第二章第四节。

截至2017年3月,先后担任学生工作部、研究生工作部部长的有刘永章、黄林芳、唐家乾、冯润民、沈晖、倪志兴。

## 第五节 基层组织和党员

民国三十四年(1945年)3月,国立上海商学院学生蔡秀坤入党,成为学院第一名党员。5月,蔡秀坤介绍吴廷珠、任应博两人入党,并成立上商支部,蔡秀坤任书记。民国三十五年(1946年)春,郑宝珊转入组织关系,任支部书记,此时共有5名党员;11月,学院在中州路复校,党员增加到7人,分为两个小组。由于学生毕业和当局的迫害,党组织的地下活动至民国三十七年(1948年)9月中断。民国三十八年(1949年)1月,左士俊由郑宝珊介绍入党,并转入学院,先后介绍金慰祖、李文范入党;4月,叶孝理转入上商,成立党小组,由左士俊负责。

1949年5月上海解放时,学院有地下党员4人,即左士俊、金慰祖、李文范和叶孝理。7月29日,中共北虹区委指示成立临时党支部,叶孝理任临时支部书记,当时有党员3人。8月,临时支部书记改由屠数五担任,至11月仍由叶孝理担任。

1950年5月15日,学院党支部正式公开,并举行支部大会,党员共6人,中共虹口区委组织部批准叶孝理为支部书记,左士俊为副书记,"希即日开始工作"。7月17日,虹口区委组织部通知上商支部,决定上商成立临时支部,以叶孝理、庄福龄、何克明3位同志为支部委员,叶孝理为支部书记;8月,上海法学院朱世政调到上商支部为支部委员,任支部副书记。至12月底,学院有党员10人,其中正式党员1人,候补党员9人;教职工党员3人,学生党员7人。1951年2月22日,虹口区委组织部通知学院支部成立正式支部,以叶孝理、庄福龄、何克明、郭景涛4人为支部委员,并以叶孝理为支部书记;11月16日,虹口区委组织部通知学院支部,决定支部委员会由8人组成,叶孝理为支部书记,新增纪律检查委员为庄福龄,统战委员为雍文远。

1952年8月学院党委会成立后,成立两个直属党支部:学生、辅导科联合支部和教职员、夜校部联合支部,由叶孝理、肖克杰分别任支部书记。

1953年底,学院设有5个支部:第一支部(教员)、第二支部(学生)、第三支部(学生)、第四支部(职工)、第五支部(夜校),共有党员71人。

1955年9月,学院设有10个支部:工经系支部、贸经系支部、统计学系支部、财信系支部、会计学系支部、共同课支部、教务处支部、机关一支部、机关二支部和夜校支部。

1957年8月,学院设有5个党总支和5个支部:统计学系党总支、工经系党总支、会计学系党总支、贸易系党总支、财信系党总支;共同课支部、教务处支部、机关一支部、机关二支部和夜校支部。

1961年2月,上海财经学院重建后,设有2个党总支和5个支部:机关党总支、贸经系党总支;财金系支部、工经系支部、生产资料商品系支部、日用工业商品系支部和饮食服务系支部。

1966年6月,学院设有1个总支和10个支部:机关总支下设夜校部、政工部门、教务基础、总务部门4个分支部,另有财政金融系、会计统计系、贸易经济系、工业经济系、工业品商品系、马列主义教研室6个支部。

1970年2月学院党的核心小组成立后,重新组建财政金融系、会计统计系、贸易经济系、工业经济系、商品系、后勤组6个支部。1971年9月组建"五七干校"支部。

1952 年至 1971 年间部分有统计数据年份的党支部数、各类党员数见表 2-3。

表 2-3  1952—1971 年党支部和党员情况

| 年份 | 党支部数 | 党总支数 | 党员总数 | 正式党员数 | 候补、预备党员数 | 教职员工党员数 | 学生党员数 |
|---|---|---|---|---|---|---|---|
| 1952 | 2 | — | 50 | 41 | 9 | 38 | 12 |
| 1953 | 5 | — | 71 | 53 | 18 | 59 | 12 |
| 1954 | 7 | — | 368 | 272 | 96 | 68 | 300 |
| 1955 | 10 | — | 317 | 230 | 37 | 85 | 232 |
| 1956 | 9 | — | 584 | 351 | 233 | — | — |
| 1957 | 5 | 5 | 304 | 205 | 99 | 112 | 192 |
| 1961 | 5 | 2 | 193 | 172 | 21 | 56 | 137 |
| 1962 | 9 | — | 124 | — | — | 68 | 56 |
| 1963 | 7 | — | 117 | 112 | 5 | 70 | 47 |
| 1964 | 10 | 1 | 93 | 88 | 5 | 86 | 7 |
| 1966 | 10 | 1 | 140 | — | — | 103 | 37 |
| 1968 | — | — | 118 | — | — | 107 | 11 |
| 1969 | — | — | 112 | 91 | 21 | 108 | 4 |
| 1971 | 7 | — | 97 | 83 | 14 | — | — |

1978 年底复校时，学院教职工中有 67 人为党员。1979 年 1 月党委重建后，开始恢复基层组织，至年底党委下属支部 9 个，党员 196 人。

1980 年 4 月，党委下属 11 个支部为：机关第一支部、机关第二支部、院务处支部、会计学系支部、贸经系支部、统计学系支部、工经系支部、财金系支部、基础课和世界经济教研室联合支部、经济系支部、马教室支部。

1981 年 4 月，成立基础课教学部党支部、信息专业筹备组党支部、世界经济系党支部。

1982 年 5 月，成立财政金融系党总支、机关党总支、经济学系党总支、工业经济系党总支、统计学系党总支、贸易经济系党总支、科研处党支部。

1984 年 12 月，成立会计学系党总支、经济信息管理系党总支、国定路办公室党支部。

1985 年 1 月，成立图书馆党支部，3 月成立后勤党总支，5 月成立机关第一党总支、机关第二党总支，6 月成立科研党总支、现代应用统计教研室党支部，国际经济管理学院培训中心党支部。

1986 年 1 月，成立离休干部党支部，12 月成立世界经济系党总支、马列主义教研室直属党支部。

1987 年 5 月，成立金融系党总支、财政系党总支，9 月成立成人教育处党支部、计算中心党支部，11 月成立研究生处党支部。

1988 年 11 月，成立研究生部党总支。

1989 年 2 月，成立思想教育教研室直属党支部，11 月成立数量经济研究室直属党支部。

1990 年 10 月，成立研究所编辑部联合党支部、退休教工党支部。

1991年5月,成立体育教研室直属党支部、思想理论教学部党总支、总务处党总支,12月成立经济法学系党总支、成人教育学院党支部、基建处财务处联合党支部。

1992年5月,成立基础课教学部党支部。

1993年3月,成立高等专科部直属党支部。

1994年3月,成立南德国际经济管理学院直属党支部,4月成立计算中心直属党支部,11月成立证券期货学院直属党支部,12月成立工商管理学院党总支。

1995年3月,成立基础教学部党总支、研究所学报编辑部直属党支部,4月成立经济信息管理组党总支,5月成立经贸外语系直属党支部,9月成立成人教育学院直属党支部、出版社直属党支部。

1996年4月,成立计算机中心直属党支部、财政金融学院党总支,10月成立图书馆直属党支部。

1997年6月,成立退休直属支部。

1998年9月,成立金融学院党总支、国际工商管理学院党总支、经济学院(筹)党总支、法学系党总支、外语系党总支、经济信息管理系计算中心党总支、思想理论教学部直属党支部、会计学院党总支、离退休党总支。

1999年1月,成立财经研究所财经编辑部直属党支部,9月成立教育技术中心直属党支部、直属联合党支部。

2000年8月,成立人文学院党总支、应用数学系直属党支部、体育教学部直属党支部、职业技术教育学院直属党支部。

2001年9月,成立公共经济与管理学院党总支。

2002年7月,成立金融学院党委,9月成立应用数学系党总支,12月成立会计学院党委、职业技术学院直属党支部、财经研究所直属党支部。

2003年1月,成立成人教育学院党总支,6月成立MBA学院直属党支部、职业技术学院党总支。

2004年12月,成立经济学院党委。

2006年10月,成立国际文化交流学院直属党支部。

2007年6月,成立财经研究所党总支。

2009年3月,职业技术学院党总支更名为国际教育学院党总支。

2011年4月,成立商学院直属党支部,撤销MBA学院直属党支部。5月,成立马克思主义理论教学科研部直属党支部。

2015年12月,成立马克思主义学院直属党支部,撤销马克思主义理论教学科研部直属党支部。

2016年12月,公共经济与管理学院总支部委员会升格为公共经济与管理学院委员会;法学院总支部委员会升格为法学院委员会;机关总支部委员会升格为机关委员会;信息管理与工程学院总支部委员会升格为信息管理与工程学院委员会;统计与管理学院总支部委员会升格为统计与管理学院委员会;人文学院总支部委员会升格为人文学院委员会;国际文化交流学院直属支部委员会升格为国际文化交流学院总支部委员会。

1978年至2016年间的党支部数、党总支(直属支部、分党委)数及各类党员数见表2-4。

表 2-4　1978—2016年党支部和党员情况

| 年份 | 党支部数 | 党总支、直属支部、分党委数 | 党员总数 | 正式党员数 | 候补、预备党员数 | 教职员工党员数 | 学生党员数 | 离退休及其他党员数 |
|---|---|---|---|---|---|---|---|---|
| 1978 | — | — | 67 | 67 | — | 67 | — | — |
| 1979 | 9 | — | 196 | 194 | 2 | 129 | 67 | — |
| 1980 | 11 | — | 244 | 239 | 5 | 161 | 72 | 11 |
| 1981 | 13 | — | 279 | 273 | 6 | 199 | 76 | 4 |
| 1982 | 25 | 6 | 342 | 330 | 12 | 223 | 119 | — |
| 1983 | 24 | 6 | 423 | 401 | 22 | 257 | 157 | 9 |
| 1984 | 38 | 9 | 545 | 506 | 39 | 293 | 201 | 51 |
| 1985 | 40 | 11 | 625 | 519 | 106 | 350 | 259 | 16 |
| 1986 | 41 | 12 | 631 | 515 | 116 | 391 | 216 | 24 |
| 1987 | 53 | 14 | 678 | 567 | 111 | 452 | 184 | 42 |
| 1988 | 55 | 14 | 702 | 623 | 79 | 476 | 177 | 49 |
| 1989 | 50 | 13 | 674 | 602 | 72 | 492 | 117 | 65 |
| 1990 | 51 | 12 | 675 | 655 | 20 | 500 | 104 | 71 |
| 1991 | 59 | 13 | 662 | 625 | 37 | 467 | 84 | 111 |
| 1992 | 61 | 14 | 700 | 624 | 76 | 446 | 116 | 138 |
| 1993 | 60 | 14 | 718 | 643 | 75 | 437 | 119 | 162 |
| 1994 | 61 | 14 | 766 | 670 | 96 | 447 | 142 | 177 |
| 1995 | 65 | 15 | 959 | 710 | 249 | 461 | 307 | 191 |
| 1996 | 66 | 14 | 1 127 | 819 | 308 | 460 | 456 | 211 |
| 1997 | 69 | 14 | 1 295 | 919 | 376 | 486 | 604 | 205 |
| 1998 | 69 | 13 | 1 383 | 1 089 | 294 | 502 | 637 | 244 |
| 1999 | 71 | 13 | 1 364 | 1 135 | 229 | 484 | 648 | 232 |
| 2000 | 67 | 13 | 1 456 | 1 142 | 314 | 484 | 736 | 236 |
| 2001 | 73 | 13 | 1 642 | 1 283 | 359 | 493 | 877 | 272 |
| 2002 | 88 | 14 | 1 913 | 1 555 | 358 | 542 | 1 099 | 272 |
| 2003 | 115 | 23 | 2 333 | 1 819 | 514 | 582 | 1 467 | 284 |
| 2004 | 164 | 24 | 2 903 | 2 097 | 806 | 610 | 1 996 | 297 |
| 2005 | 176 | 23 | 3 436 | 2 427 | 1 009 | 644 | 2 491 | 301 |
| 2006 | 181 | 23 | 3 878 | 2 899 | 979 | 668 | 2 897 | 313 |

（续表）

| 年份 | 党支部数 | 党总支、直属支部、分党委数 | 党员总数 | 正式党员数 | 候补、预备党员数 | 教职员工党员数 | 学生党员数 | 离退休及其他党员数 |
|---|---|---|---|---|---|---|---|---|
| 2007 | 167 | 23 | 3 538 | 2 684 | 854 | 706 | 2 260 | 572 |
| 2008 | 164 | 23 | 3 716 | 3 172 | 544 | 727 | 2 424 | 242 |
| 2009 | 166 | 23 | 3 880 | 2 958 | 922 | 742 | 2 583 | 263 |
| 2010 | 223 | 23 | 4 223 | 3 205 | 1 018 | 760 | 2 775 | 276 |
| 2011 | 194 | 24 | 4 334 | 3 300 | 1 034 | 774 | 2 821 | 282 |
| 2012 | 196 | 24 | 4 445 | 3 435 | 1 006 | 792 | 2 833 | 297 |
| 2013 | 200 | 24 | 4 305 | 3 558 | 747 | 807 | 2 699 | 305 |
| 2014 | 188 | 24 | 4 150 | 3 406 | 744 | 821 | 2 346 | 322 |
| 2015 | 191 | 24 | 4 009 | 3 390 | 619 | 826 | 2 108 | 336 |
| 2016 | 180 | 24 | 3 875 | 3 345 | 530 | 907 | 2 278 | 340 |

1978年至2017年3月间先后担任各党总支、直属党支部、分党委书记的名单如下：

机关党支部、机关党总支、机关党委：周石振、刘明信、林贤本、林甘泉、季德元、陈美华、杨学渊、张陈方、毛荣生、徐萍、郑继红。

院务处党支部：沈志良。

国定路办公室党支部、总务处党总支、后勤党总支：吴桂根、陈柯夫。

研究生处党支部、研究生部党总支：潘立东、骆祖望。

科研处支部、科研党总支：叶孝理、金慰祖、刘少波。

离休干部党支部：周友珊、纪学勤、陈华。

退休教工党支部、退休直属党支部：张漪华、杜慧民。

离退休党总支：漏涛、杨仲秋、姜淑娟、金申荣。

基建处、财务处联合党支部：金野囡。

出版社直属党支部、出版社/期刊社直属联合党支部：熊诗平、张跃华、黄磊。

计算中心党支部、计算中心直属党支部、计算中心经济信息管理系党总支：王慧英、王前进。

教育技术中心直属党支部：潘立东、潘美娣、刘弘。

图书馆党支部、图书馆直属党支部：马少甫、林贤本、刘惠娟、王前进、李笑野、李卫国、戴洪霞。

直属联合党支部：郭保华、姜淑娟、喻世红。

研究所编辑部联合党支部、研究所学报编辑部直属党支部：尹淑兰、丁健。

财经研究所财经编辑部直属党支部、财经研究所直属党支部：豆建民、杨培雷。

会计学系党支部、会计学系党总支、会计学院党总支、会计学院党委：石成岳、张漪华、朱根林、陈美华、王玲、唐家乾、周国良。

财政金融系党支部、财政金融系党总支：龚浩成、李福森。

金融系党总支：沈斌、刘少波。

财政系党总支：宣家驹、樊天和、胡怡建。

财务金融学院党总支：刘少波。

金融学院党总支、金融学院党委：丁健、戴国强、柳永明、刘莉亚。

工业经济系党支部、工业经济系党总支：杨公朴、樊天和、许沛云。

贸易经济系党支部、贸易经济系党总支：梅汝和、耿孔文、潘达然、李应仁。

世界经济系党支部、世界经济系党总支：朱锦德、黄珍妹。

工商管理学院党总支、国际工商管理学院党总支：唐家乾、郑纯选。

经济学系党支部、经济学系党总支、经济学院党总支、经济学院党委：张淑智、张毅民、崔燮钧、徐荷丽、何玉长、程霖、王昉。

公共经济与管理学院党总支、公共经济与管理学院党委：胡怡建、沈晖、方芳。

经济法学系党总支、法学系党总支、法学院党总支、法学院党委：叶朱、李清伟、周杰普。

经济信息系党总支、经济信息管理系党总支、信息管理与工程学院党总支、信息管理与工程学院党委：耿孔文、徐乃则、张靖、周峰、王淑范。

统计学系党支部、统计学系党总支、统计与管理学院党委：郑菊生、陈文虎、金伟中、朱建中、豆建民、屠天峰、薛亮。

经贸外语系直属支部、外语系党总支、外国语学院党总支：王惠玲、冯善平、冯润民、陈红梅、蒋萍。

应用数学系直属党支部、应用数学系党总支、数学学院党总支：陈慧玉、冉启康、顾桂定、杨卫东。

人文学院党总支、人文学院党委：毛荣生、徐萍、范宝舟、杨乐。

马克思主义理论教学科研部直属党支部、马克思主义学院：郑继红、范宝舟。

体育教研室直属党支部、体育教学部直属党支部：孙炳香、孙建华、陈晓、杜富华。

成人教育处党支部、成人教育学院党支部、成人教育学院直属党支部、成人教育学院党总支、继续教育学院党总支：张保梁、唐如青、朱建中、粟芳、杨培雷。

职业技术教育学院（国际教育学院）直属党支部、职业技术教育学院（国际教育学院）党总支：张祖芳、叶朱、林华。

国际文化交流学院直属党支部、国际文化交流学院党总支：王惠玲、姚玲珍、王玲。

MBA学院直属党支部、商学院直属党支部：骆祖望、戴国强、靳玉英。

基础课世界经济教研室联合党支部：林步黎。

基础部党支部、基础部党总支：林毓霞、李光治、谢浩范、罗万均。

马列主义教研室党支部：汤耀祖、沈学伟。

思想教育教研室直属党支部、思想理论教学部党总支、思想理论教学部直属党支部：张彬、王鸿生、毛荣生。

现代应用统计教研室党支部、数量经济教研室直属党支部：陈柏年。

国际经济管理学院培训中心党支部：黄珍妹、马光辉。

高等专科部直属党支部：张次博。

南德国际经济管理学院直属党支部：夏大慰。

证券期货学院直属党支部：丛树海。

# 第二章 党组织主要活动

## 第一节 上海财经学院时期

### 一、整党和建党工作(1952年11月—1953年12月)

1952年11月27日,党委作整党动员,要求党员发扬批评与自我批评精神,积极投入整党运动,做到自觉、认真、热情、坦白。整党工作划分为动员、学习(学习党员标准及参考文件)、登记写检讨及鉴定工作三个阶段。全院931名党团员和644名自愿报名的群众参加了整党文件的学习。整党小组提出主要解决不安心工作和个人英雄主义问题。1953年1月11日,党委召开大会,对整党工作做总结,中心工作由整党转向建党。党委制定了《建党工作计划》,设立了组织员,协助各支部加强建党工作。学院有143人主动提出入党要求。党委组织了党的基本知识教育,由义务与权利、民主集中制、群众路线和支部工作四个单元组成,计有79人参加。至5月底,36人被吸收为候补党员。至1953年底,学院党委下属党支部5个,共有党员71人。

### 二、"三反"整风运动(1960年11月—1961年7月)

1960年11月27日,根据上级部署,院党委在全院教职工中开展的以"反对官僚主义、反对浪费、反对贪污"为重点的整风运动开始。12月,院系先后组织75次专题鸣放座谈会,1200余人参加。至1961年1月中旬,党内进行思想交锋会10次,揭露党委领导脱离政治、脱离实际、缺乏批评和自我批评精神、生活特殊化等问题。3月初,运动转入反贪污阶段,经过组织准备、交代政策、思想运动、坦白检举、全面挖掘、揭发追踪、调查核实、重点批斗、甄别定案3个阶段,至5月中旬基本结束。6月至7月,学院开始深入整风,党委召开扩大会议21次,检查政策,总结经验,鼓足干劲,改进作风,并成立5个小组开展专题调研活动,至7月底运动结束。

### 三、"五反"运动(1963年4月—1964年3月)

1963年4月底,根据中央指示,学院开始"五反"(反对贪污盗窃、反对投机倒把、反对铺张浪费、反对分散主义、反对官僚主义)运动。5月至7月,发动师生员工揭发官僚主义、分散主义和浪费现象,并进行阶级教育补课,检查资产阶级思想影响。8月起开展反贪污盗窃和投机倒把的斗争。12月开始着重整改,进行思想、组织和制度建设。1964年3月27日,学院召开大会,党委作"五反"运动总结报告,宣布运动结束。

### 四、参加农村社会主义教育运动(1963年11月—1966年6月)

1963年11月下旬,按照中央部署,全院师生员工开始学习关于农村社会主义教育运动的两个文件(《关于目前农村工作中若干问题的决议(草案)》和《关于农村社会主义教育运动中一些具体政策的规定(草案)》,即"双十条")。1964年1月20日至4月23日,学院师生第一批82人(教工27人,学生55人)由任效带队参加了上海县马桥公社的"社教"运动。3月2日至4月20日,学院师生第二批365人(教工45人,学生320人)由徐翰章带队参加了奉贤县泰日公社的"社教"运动。11月10日,根据中央组织高等学校文科师生参加社教运动的通知,学院高年级学生和青年教师、部分中年以上教师(除商品系外)赴金山县金卫公社、张堰公社、朱泾镇参加农村社会主义教育运动,部分学校党政领导干部和一般干部随同参加运动。1965年1月至4月,学院进行了面上社会主义教育运动,学习中央《农村社会主义教育运动中目前提出的一些问题》(即"二十三条"),重点检查党委干部路线和贯彻知识分子政策方面的问题。9月,学院再次组织师生(主要为高年级学生)去南汇参加"社教"运动。至1966年"文化大革命"开始,参加"社教"运动的师生才全部返校。

### 五、"文化大革命"运动(1966年5月—1972年4月)

"文化大革命"时期,学院受到冲击,1972年4月学院撤销。

### 六、"文化大革命"复查改正和清查工作(1978年12月—1981年10月)

1978年12月上海财经学院复校至1980年1月底,党委领导了"文化大革命"复查、改正工作。学院共受理"文化大革命"遗留案件141起,对已作过政治结论的43件重新做了结论,对受迫害人员全部予以平反;为被迫害致死的11人举行了追悼会和骨灰安放仪式,并对家属发放了补助费;发还53户被查抄财物共计金额95 600余元,退还45人因受冲击被扣减工资共计金额83 800余元;对在1958年整风"反右"运动中错划右派的67人予以全部改正,并采取措施,消除影响。1980年1月底,党委作出《关于复查、改正工作总结》。11月,按照中央指示精神,学院开始"清查"工作,对"文化大革命"动乱时期被打致残和受迫害人员、非正常死亡人员、档案被抢窃泄密、钱财被诈骗四类问题展开清查。学院召开相关人员座谈会,走访受害者100余人次,汇总相关材料,开展大量调查取证工作,讨论复议有关案情,并分别做出结论。至1981年10月底,历时一年的"文化大革命"清查工作全部结束。

## 第二节 上海财经大学时期

### 一、整党工作(1985年11月—1986年7月)

1985年4月,根据财政部党组和上海市委安排,党委成立整党办公室,开始整党准备工作。11月,党委向上级呈送《关于申请开展整党工作的报告》,并制订学院和领导班子整党计划。11月底开始整党学习阶段,分为端正态度、提高认识;增强党性、端正党风,加强纪律,加强领导班子建设;彻底否定"文化大革命",清除"左"的思想影响;端正办学指导思想四个专题。1986年5月中旬,整党转入对照检查阶段。6月下旬,整党进入组织处理和党员登记阶段。7月中旬,整党进入总结阶段。7月底,党委完成《关于整党工作总结的报告》,全校参加整党学习的党员552人,483名正式党员参加了党员登记,3名党员缓办(后登记),1人开除党籍,1人取消预备党员资格。整党的主要收获包括:普遍增强了党性观念和组织纪律观念,加强了团结,加强了党风建设;提高了与党中央在政治上保持一致的自觉性;端正了办学指导思想,促进了工作。

## 二、反对资产阶级自由化和党员重新登记(1986年12月—1991年1月)

1986年12月,外省市和上海先后有部分大学生上街集会、游行,学院内也出现大字报,少数学生离校参加集会游行。党委立即发动干部、教师,做深入、细致的思想工作,动员学生返校,维护了学校的稳定。1987年1月,党委传达邓小平同志关于学生闹事问题的讲话,旗帜鲜明地提出坚持四项基本原则,反对资产阶级自由化,并通过举办学习班、上党课等形式,提高干部群众的思想认识,做好学生的思想工作。1989年春夏之交,受资产阶级自由化思潮影响,北京、上海等城市发生了一场政治风波。4月中旬起,学校部分学生在校园贴大字报、烧纸物,并开始上街游行,至5月中下旬愈演愈烈。学校党委按照中央的部署,带领广大干部、教师,深入学生当中,耐心地做思想工作,劝说学生回校复课,维护学校正常的教学秩序。6月初北京的动乱平息之后,根据中共十三届四中全会的精神和上级部署,党委分期分批组织全校党员、干部和师生员工学习中央文件,联系实际,总结政治风波的经验教训,进行反对资产阶级自由化的教育,统一思想,提高认识。9月初开始,党委根据上级部署,建立了领导小组,设立了办公室,开展"两清"(查清与动乱有关的重要事件和重要对象)工作,此项工作至1990年6月全面结束。

1990年9月起,根据中央"按照从严治党的方针,认真进行做合格党员的教育,在部分单位进行一次党员重新登记"的要求,学校党委制定《关于党员重新登记工作的计划》,强调进行一次关于党的纲领、性质、理想、宗旨、纪律和党员标准的教育,增强党的凝聚力、战斗力。工作进程分为学习教育、个人总结、民主评议、总结验收四个阶段,共召开总支、直属支部书记会议8次,组织全校性活动7次,召开各种座谈会107次,个别谈心1 800人次。1991年1月,党员重新登记工作结束,全校提出重新登记的党员有574人,同意登记的有572人,不予登记的有1人,暂缓登记的有1人。

## 三、学习邓小平理论(1992年3月—1999年12月)

1992年3月初,邓小平南方谈话发表后,党委立即组织干部、党员传达文件,学习领会改革开放的精神。1993年11月,《邓小平文选》第三卷出版,学校召开"认真学习《邓小平文选》第三卷,推动学校教育改革大会",要求各级干部和师生员工全面领会《邓小平文选》的基本内容和精神实质,促进学校各项工作发展。1995年9月26日,学校召开"邓小平理论研讨暨邓小平理论研究中心成立大会",收到论文240篇。1996年3月,邓小平理论研究中心提出邓小平理论的研究学习向纵深发展的部署和要求,并开始对31个项目进行专题研究。1997年3月,邓小平理论研究中心提出掀起学习邓小平理论的新高潮,做好组织师生员工读好一本书、开好一门选修课等"十件事";学校召开邓小平经济理论研讨交流会,收到论文74篇。1999年12月,学校召开"学生学习邓小平理论经验总结交流会"。

## 四、"三讲"教育活动(2000年9月—2001年12月)

2000年9月,根据中共中央《关于在县级以上党政领导班子、领导干部中深入开展以"讲学习、讲政治、讲正气"为主要内容的党性党风教育的意见》的要求,校党委决定在领导班子和中层干部中开展"三讲"教育。经过思想动员与学习提高、自我剖析与听取意见、交流思想与开展批评、认真整改与巩固提高四个阶段的教育活动,领导班子和中层干部思想认识有了较大的提高,工作作风有了较明显的转变,精神面貌发生了较深刻的变化,推动和促进了学校的工作。教育活动至11月底告一段落。2001年11—12月,按照上级部署,校党委开展"三讲教育回头看"活动,以巩固"三讲"教育成果。经过思想发动与学习提高、听取意见与自查自看、落实整改与巩固成果三个阶段的教育学习,领导班子和干部增强了对学习重要性的认识,提高了加强和改进党的建设的自觉性,增强了班子的创造力、凝聚力和战斗力,提高了创办一流大学的决心和信心。

## 五、先进性教育活动(2005年7—11月)

2005年7—11月,学校党委根据中共中央《关于开展以实践"三个代表"重要思想为主要内容的保持共产党员先进性教育活动》的部署,制定了实施方案,明确先进性教育活动以提高党员素质、加强基层组织、服务教职员工、促进各项工作为目标要求,范围涵盖全体教职工党员、学生党员、离退休党员和在校工作的流动党员等。校党委成立教育活动的领导小组和办公室,建立起领导干部定点联系制度、检查制度和群众监督评价制度。教育活动分为学习动员、分析评议和整改提高三个阶段,每一个阶段都有总体要求和具体安排,如分析评议阶段重点抓好广泛征求意见、开展谈心活动、撰写党性分析材料、开好专题组织生活会、提出评议意见、向党员反馈意见、向群众通报情况七个环节。11月18日,学校召开先进性教育活动总结大会,宣告教育活动圆满结束。

## 六、学习宣传贯彻党的十七大精神(2007年10—12月)

党的十七大召开后,校党委及时下发《中共上海财经大学委员会关于认真学习贯彻党的十七大精神的通知》,2007年10月26日,中心组学习会上校党委书记马钦荣传达党的十七大精神,部署学习宣传和贯彻党的十七大精神。通过上财论坛、座谈会、培训班等学习宣传党的十七大精神。

## 七、开展"讲党性、重品行、作表率"主题教育活动(2008年5—7月)

为了深入贯彻落实党的十七大和十七届中央纪委第二次全会精神,根据胡锦涛总书记提出的"全党同志特别是领导干部都要讲党性、重品行、作表率"的要求,按照上海市委的工作部署和市科教党委"讲党性、重品行、作表率"工作推进会的精神,学校党委于2008年5—7月在全校范围内开展"讲党性、重品行、作表率"主题教育活动,进一步增强了广大党政领导干部廉洁从政的意识和抵御腐朽思想侵蚀的能力。

## 八、深入学习实践科学发展观活动(2009年3—11月)

2009年3—11月,根据《中共中央关于在全党开展深入学习实践科学发展观活动的意见》(中发〔2008〕14号)、《中共上海市委关于在全市党员中开展深入学习实践科学发展观活动的实施意见》(沪委发〔2008〕15号)和教育部《部属高校开展深入学习实践科学发展观活动实施方案》的安排和部署,学校党委制定《上海财经大学开展深入学习实践科学发展观活动实施方案》,成立了学习实践活动领导小组和工作机构。全校23个二级基层党组织、49个部门单位、非中共党员处级领导干部以及3400余名师生党员(其中学生党员2400人)参加学习实践活动。学习实践科学发展观活动分四个阶段:学习调研阶段、分析检查阶段、整改落实阶段、总结与测评阶段。学习实践活动紧密围绕"突出办学特色,提高办学质量,促进学校'一流三化'建设上水平"这一实践载体,紧扣"党员干部受教育、科学发展上水平、人民群众得实惠"的目标要求,坚持求真务实,突出实践特色,取得明显的成效。全校各单位"废、改、立"各项制度合计110项,其中,废止制度3项、修订制度60项、新建制度47项。群众评议总体评价很好和较好的占91.78%。

## 九、党风廉政建设工作(2013年至今)

2013年以来,每年年初,根据上级工作要求和学校年度重点工作,研究制定当年学校党风廉政建设和反腐倡廉工作要点,明确年度工作重点,并根据要点制定分解方案,将任务分解落实到相关责任部门。每年年末,开展党风廉政建设责任制自查工作,推动责任制落实。制定校级领导班子成员党风廉政建设责任分工,组织各二级单位领导班子成员填报党风廉政建设责任分工情况表,与新上岗处级干部进行岗前廉政谈话,签订廉政承诺书,强化"一岗双责"。强化主体责任,制定落实党风廉政建设党委主体责任和纪委监督责任的办法,修订党风廉政责任制实施细则,2015年起实行学校与各二级学院签订党风廉政建设和反腐败工作责任书,2017年扩大到教辅和直属单位。制定学校关于深入推进惩治和预防腐败体系建设的意见,强化党风廉政制度建设,2013年以来制定和修订党风廉政相关制度50余项。持之以恒地落实中央八项规定精神,完成办公用房整改,细化完善公务接待、会议管理、公费出国、津贴补贴发放等制度,开展自查自纠,整改MBA(EMBA)专项检查和国资检查等反馈问题。践行四种形态,制定实施办法,坚持抓早抓小,加强谈话力度。推进信息公开和民主管理,加强对二级单位"三重一大"决策制度执行情况的监督检查,保障权力运行公开、透明。

## 十、"三严三实"专题教育(2015年7月—2016年3月)

根据《关于在县处级以上领导干部中开展"三严三实"专题教育方案》(中办发〔2015〕29号),按照中央和教育部党组关于深入开展"三严三实"专题教育的统一部署和要求,结合学校实际,校党委起草制定《中共上海财经大学委员会深入开展"三严三实"专题教育实施方案》,扎实推进"三严三实"专题教育工作。一是精心组织各级书记讲党课,全校21个二级党组织书记在本单位班子成员、教师党员和学生党员代表中讲了党课,共计571名党员参加了党课学习。二是创新学习研讨形式,以沙龙对话的形式分组,开展三个专题的学习研讨。三是开展网络专题培训,组织参加由国家教育行政学院开办为期3个月的"学习践行'三严三实'进一步凝聚加快推进教育现代化的强大力量"专题网络培训,参训干部学员学习时间总计52 160分钟,专题研讨发帖回帖99条,34人递交研修报告,在全校范围营造了学习和践行"三严三实"要求的浓厚氛围。各二级党组织根据方案的要求,由班子集体讨论并制订本部门"三严三实"专题教育的学习计划。在个人自学的基础上,采取多种方式开展学习研讨,结合习近平总书记系列重要讲话精神,紧密联系本职工作开展热烈讨论,取得了较好的学习效果。

## 十一、"两学一做"学习教育(2016年3月至今)

根据中共中央办公厅和教育部党组印发的"两学一做"有关文件精神和工作部署,学校拟定了《中共上海财经大学"两学一做"学习教育的实施方案》及任务细化表,深入开展"两学一做"学习教育。一是精心组织专题学习,让党员领导干部和党支部书记在"两学一做"学习教育中先学一步、深学一层,以中心组学习、中心组扩大会议和专题交流学习会、"三会一课"等形式开展学习讨论。学校领导班子全体成员,全体中层干部、基层党支部书记共计516人次聆听了辅导报告。二是认真落实专题党课,组织学校每个支部在"七一"前以创新形式讲党课,截至2016年6月24日,学校领导班子全体成员均以普通党员的身份在所在党支部讲党课,学校10名机关正处级党员干部和22名基层党组织书记也积极通过案例式教学、体验式教学等多种生动、鲜活的形式在所在支部讲党课,提高党课的吸引力。三是积极参与"两学一做"知识竞赛和征文活动,共收到文章80篇,其中,教工党员26篇,学生党员54篇,共评选出30篇获奖征文,推荐9篇优秀征文参评上海市教卫党委系统主题征文活动。四是开展"两优一先"评比表彰,评选出优秀共产党员20名、优秀党务工作者10名、优秀基层党组织8个、师德标兵10名。同时,学校认真做好学习教育宣传报道工作,为"两学一做"学习教育营造良好的舆论氛围。

# 第三章　党委主要工作[①]

## 第一节　组织工作

1978年复校以后,组织部门的工作主要分为党员队伍建设和干部队伍建设两方面。

### 一、党员队伍建设

(一)党员发展和转正

1980年以后,党员发展和转正工作正常开展,成为组织部门的日常工作之一。至2016年,学校发展党员11 755人,其中,学生党员11 329人;转正党员9 119人。详细情况见表2-5。

表2-5　1980—2016年发展、转正党员情况

| 年 份 | 发展党员数量 ||| 转正党员数量 |
|---|---|---|---|---|
| | 学　生 | 教职工 | 合　计 | |
| 1980 | 8 | 41 | 49 | 不详 |
| 1981 | 1 | 3 | 4 | 不详 |
| 1982 | 4 | 4 | 8 | 10 |
| 1983 | 13 | 7 | 20 | 不详 |
| 1984 | 19 | 13 | 32 | 22 |
| 1985 | 77 | 23 | 100 | 40 |
| 1986 | 80 | 33 | 113 | 104 |
| 1987 | 98 | 30 | 128 | 77 |
| 1988 | 95 | 19 | 114 | 120 |
| 1989 | 33 | 12 | 45 | 24 |

---

[①] 1952年学校党委成立以后,逐步建立起组织部、宣传部、统战部等职能工作部门。这些部门围绕各时期党的中心任务,开展了大量的工作。由于复校前相关档案资料缺失,本章主要记载1978年复校后党委各职能部门开展的主要工作,包括组织工作、宣传工作、统战工作和纪检工作。

(续表)

| 年　份 | 发展党员数量 学　生 | 发展党员数量 教职工 | 发展党员数量 合　计 | 转正党员数量 |
|---|---|---|---|---|
| 1990 | 8 | 2 | 10 | 69 |
| 1991 | 41 | 9 | 50 | 11 |
| 1992 | 74 | 13 | 87 | 34 |
| 1993 | 73 | 14 | 87 | 54 |
| 1994 | 88 | 15 | 103 | 54 |
| 1995 | 219 | 10 | 229 | 75 |
| 1996 | 258 | 18 | 276 | 144 |
| 1997 | 332 | 3 | 335 | 209 |
| 1998 | 261 | 12 | 273 | 279 |
| 1999 | 188 | 15 | 203 | 225 |
| 2000 | 233 | 12 | 245 | 176 |
| 2001 | 244 | 9 | 253 | 216 |
| 2002 | 261 | 12 | 273 | 274 |
| 2003 | 329 | 11 | 340 | 241 |
| 2004 | 571 | 5 | 576 | 361 |
| 2005 | 774 | 7 | 781 | 367 |
| 2006 | 780 | 11 | 791 | 609 |
| 2007 | 676 | 10 | 686 | 540 |
| 2008 | 667 | 6 | 673 | 544 |
| 2009 | 668 | 6 | 674 | 530 |
| 2010 | 750 | 5 | 755 | 696 |
| 2011 | 783 | 7 | 790 | 571 |
| 2012 | 780 | 8 | 788 | 682 |
| 2013 | 524 | 5 | 529 | 660 |
| 2014 | 455 | 10 | 465 | 419 |
| 2015 | 425 | 2 | 427 | 378 |
| 2016 | 439 | 4 | 443 | 304 |
| 总　计 | 11 329 | 426 | 11 755 | 9 119 |

## (二) 党员教育管理

举办党员学习班,组织党员学习党的重要会议和文件精神。如1980年组织党员学习新修订的《中国共产党章程》和《关于党内政治生活的若干准则》,并对照《党章》《准则》开展批评和自我批评;20世纪90年代组织党员广泛开展学习《邓小平文选》第三卷,领会改革开放精神,推进学校教育改革;2013年7月,学校召开第七次党代会,组织广大党员在"学习党章、贯彻党章、维护党章,充分发扬党内民主,体现党内组织原则"方面接受了一次深刻的教育。

通过学校重大活动对党员进行教育。如1985年的整党工作、1990年的党员重新登记、2005年的党员先进性教育活动等,有关详细情况参见本篇第二章第二节。又如1996年结合"三讲"(讲学习、讲政治、讲正气)教育,开展了"双争"(争当敬业、创业的先锋,争当关心群众的模范)、"一展现"(展现学校共产党员和干部在"211工程"建设各项工作中的风采和良好形象)的党员教育活动,同时与学校开展的"让人民高兴、使人民放心"活动、党员轮训相结合,积极开展凝聚力工程活动。

开展民主评议党员活动。1991年12月,校党委制定了《关于开展民主评议党员工作的通知》,提出民主评议党员的目的是要把对党员的教育、管理、监督融为一体,着力提高党员素质,增强党组织的凝聚力和战斗力。从1991年12月17日至1992年1月23日,共有495名党员参加了党员民主评议。1999年3月至6月,再次开展了民主评议党员的活动,共有949名正式党员参加了民主评议。

## (三) 基层支部建设

1991年,校党委组织部制定了《上海财经大学党总支工作条例(讨论稿)》和《上海财经大学党支部工作条例(讨论稿)》。

2004年,学校先后下发了《关于做好高年级班级支部设置的通知》、《进一步加强在大学生中发展党员工作的意见》和《关于建立兼职组织员队伍、学生党建指导队的实施意见》等文件,着力做好高年级班级党支部的设置工作。

2005—2016年,学校继续推进高年级班级党支部建设,一是逐步实现"高年级支部建在班上",选优配强党支部书记;二是落实发展党员重心前移,改善大学生党员年级结构;三是加强学生预备党员、党员培训教育,充分发挥大学生党员的模范作用。

2005年上半年,学校开展了"组织生活质量评比活动",评比产生优秀组织生活一等奖3个、二等奖6个、三等奖9个。为了规范组织生活制度,保证组织生活质量,组织部实施了"组织生活记录本"制度。

## (四) 基层组织和党员表彰

1987年开始,校党委开展校先进党支部、校优秀共产党员、校优秀党务工作者表彰活动。至2016年,共表彰校先进党支部83个、校优秀共产党员291人次、校优秀党务工作者65人次,给予嘉奖党员68人次。

此外,1978—2016年,校内基层党组织获得上海市委、市教卫(或科教)系统表彰共12次,党员个人获得上海市委、市教委(或科教委或教卫党委)表彰共31人次。获得上海市委、市教委(科教党委或教卫党委)表彰的单位和个人见表2-6。

表2-6 获得上海市委、市教委表彰的单位和个人

| 年份 | 荣誉称号 | 数量 | 获奖单位或个人名单 |
|---|---|---|---|
| 1989 | 上海市教卫系统优秀党务工作者 | 1 | 朱根林 |
| 1993 | 上海市教卫系统先进基层党组织 | 1 | 财政系学生党支部 |
| | 上海市教卫系统优秀党员 | 2 | 张次博、许振邦 |
| 1995 | 上海市教卫系统先进基层党组织 | 1 | 贸经系学生党支部 |
| | 上海市教卫系统优秀党员 | 2 | 周杰普、李应仁 |
| 1997 | 上海市教卫系统先进基层党组织 | 1 | 会计学系学生党支部 |
| | 上海市教卫系统优秀党员 | 2 | 陈新汉、应望江 |
| 1999 | 上海市教育系统先进基层党组织 | 1 | 投资系教工党支部 |
| | 上海市教卫系统优秀党员 | 2 | 陈美华、孙海鸣 |
| 2001 | 上海市教育系统优秀党员 | 2 | 丁邦开、冯润民 |
| | 上海市教育系统先进基层党组织 | 1 | 研究生部99(2)支部 |
| | 上海市优秀共产党员 | 1 | 丁邦开 |
| 2003 | 上海市教育系统优秀共产党员 | 3 | 方华、王玲、吕萍 |
| | 上海市教育系统先进基层党组织 | 1 | 研究生部党总支 |
| 2006 | 上海市科技教育党委系统优秀共产党员 | 2 | 张雄、赵晓雷 |
| | 上海市科技教育党委系统先进基层党组织 | 1 | 体育教学部直属党支部 |
| | 上海市科技教育党委系统优秀党务工作者 | 1 | 朱建中 |
| | 上海市科技教育党委系统先进性教育优秀组织者 | 1 | 郑纯选 |
| 2010 | 上海市教育卫生系统先进基层党组织 | 1 | 会计学院党支部 |
| | 上海市优秀共产党员标兵提名奖 | 1 | 陈信元 |
| | 上海市优秀共产党员 | 1 | 陈信元 |
| | 上海市教育卫生系统优秀共产党员 | 2 | 胡怡建、胡乃红 |
| | 上海市教育卫生系统优秀党务工作者 | 1 | 沈晖 |
| | 上海市教育卫生系统纪检监察先进工作者 | 1 | 吕萍 |
| 2012 | 上海市教育卫生系统创先争优先进基层党组织 | 3 | 上海财经大学机关第六支部委员会<br>上海财经大学金融学院辅导员支部委员会<br>上海财经大学离退休第四支部委员会 |
| | 上海市创先争优优秀共产党员 | 1 | 胡怡建 |
| | 上海市教卫党委系统创先争优优秀共产党员 | 2 | 鲁品越<br>杨忠莲 |
| 2016 | 上海市先进基层党组织 | 1 | 信息管理与工程学院党总支 |
| | 上海市教卫党委系统先进基层党组织 | 2 | 信息管理与工程学院党总支<br>图书馆直属党支部 |
| | 上海市教卫党委系统优秀共产党员 | 2 | 刘志远、徐龙炳 |
| | 上海市教卫党委系统优秀党务工作者 | 1 | 薛亮 |

## 二、干部队伍建设

### （一）干部任免

由于各部处、院系行政领导的更替和各党总支（分党委、直属支部）的换届改选，处级干部的任免成为组织部门的常规工作。如1984年提任66人，1987年提任31人，1996年任免40余人次，1998年任免70人次，1999年任免73人次，2000年任免14人次，2002年任免39人次，2003年任免37人次，2004年任免56人次，2005年任免40人次，2006年任免74人次，2007年任免30人次，2008年任免24人次，2009年任免42人次，2011年任免11人次，2012年任免55人次，2013年任免101人次，2014年任免68人次，2015年任免48人次，2016年任免63人次。此外，还不定期地进行了科级干部的任免。

组织部门还承担了局级后备干部和正处级后备干部的选拔和确定，如1996年确定14名局级后备干部和50名正处级后备干部名单，1998年确定10名局级后备干部名单，2000年确定12名局级后备干部和15名处级后备干部名单，2005年确定17名正处级后备干部和27名副处级后备干部名单，2007年确定7名局级后备干部名单，2009年确定7名副局级后备干部名单，2016年确定7名副局级后备干部名单。

### （二）干部教育管理

#### 1. 举办各种类型的干部学习班

如1980年学院举办了两期干部学习班，每期5天，学习《党内政治生活若干准则》，传达贯彻市委宣传工作会议精神。1984年，院党委制定了《关于党员干部整党轮训班学习计划》，决定分期分批举办21级以上党员干部整党文件学习班。《中共中央关于经济体制改革的决定》发表后，学院党委组织党员干部和广大师生员工进行了深入学习。1987年，校党委举办中层干部学习班，传达中央4号文件，重温邓小平有关坚持四项基本原则、反对资产阶级自由化的论述，全面、正确地理解和贯彻执行党的十一届三中全会以来的路线、方针和政策，并分三批组织中层干部和部分党支部书记脱产学习《建设有中国特色的社会主义》和《坚持四项基本原则，反对资产阶级自由化》两本书，每期6天。1991年，为贯彻中宣部、中组部关于组织各级干部深入学习社会主义理论的通知精神，校党委对全校中层以上干部以及政治理论课教师、政治辅导员开展了四期《关于社会主义若干问题学习纲要》学习班。

#### 2. 开办党校培训和轮训干部

1993年3月，上海财经大学党校正式成立，担负起培训中层干部、后备干部、党务干部以及政治理论骨干、党内外高级知识分子等任务。如1993年党校举办了党支部书记培训班，以十四大精神为指导，学习新党章和有关文件，并结合支部建设、发展党员、民主评议党员、落实基层党组织建设纲要、开展为党旗增辉等活动进行了研讨和交流，有41人参加。同年还分两批举办了有中层干部和各民主党派负责人参加的学习《邓小平文选》第三卷读书班。1996年，为在全体党员中开展"双学"（即学习邓小平建设有中国特色的社会主义理论和学习党章）活动，党校举办了"双学"骨干培训班，各总支书记、支部书记以及思想理论部教师80余人参加。1999年，举办中层干部短训班和党支部书记短训班，共94人参加。2002年，相继举办党员和干部培训班9期，共培训723人，包括中青年干部教师理论培训班、党外"双高"中青年知识分子理论培训班、新任处级干部上岗短期培训班、民主党派人民团体班等。"十一五"期间，党校开展了党支部书记岗位培训班、新任干部岗位培训班、中青年干部教师理论培训班、处级干部十七大精神研讨班、学习贯彻党的十七届四中全会精神研讨班、党务干部"党内和谐"研讨班和海归博士理论学习班共14个班次的培训工作,培训各类学员约555人。"十二五"期间,党校开展了机关书记培训班,工会干部培训研讨班,教工支部书记、学生支部书记培训班、新任干部岗位培训班、中青年干部教师理论培训班,学习贯彻十八大"办人民满意的教育"专题研讨班、十八大报告、党章专题培训班、学习宣传贯彻党的十八大精神研讨班和处级以上干部学习《条例》与《准则》研讨班共19个班次的培训工作,培训各类学员约990人。

3. 改革干部选拔任用制度

2003年,学校召开党建工作会议,探索校院(系)两级管理体制下的基层党建工作和思想政治工作队伍建设。贯彻落实《党政领导干部选拔任用工作条例》,制定《上海财经大学党政领导干部选拔任用工作条例实施细则》,健全干部选拔任用制度;制定《关于处级干部转岗及退出机制的暂行规定》,建立干部能上能下、能进能出的管理机制。2004年,修订《关于处级干部转岗及退出机制的暂行规定》,进一步完善干部转岗退出机制,增加了有关专职管理干部改任处级调研员工作安排的补充规定。采取挂职锻炼的办法,选拔教师到机关职能部门挂职,为后备干部选拔提供工作平台。

2014年3月开展了新任干部实践岗位锻炼工作,把到基层实践岗位锻炼作为新任干部的必修课,要求新任干部到基层岗位、艰苦岗位、复杂岗位历练本领,深入了解学校各方面的情况,同时倡导机关与院所之间的干部挂职交流,鼓励部门内和跨部门轮岗,并更多关注多岗位具有工作经验的后备干部。

积极拓展渠道,选派优秀干部到区县以及更高平台挂职锻炼,向杨浦区、徐汇区、虹口区、普陀区、奉贤区等区县及长三角、江西、云南、新疆等地方选派推荐挂职干部。

## 第二节 宣 传 工 作

1978年复校以来,党委宣传部的工作主要分为理论学习、对内对外宣传、网络文化建设与管理和精神文明建设四部分。

### 一、理论学习

理论学习主要有四项内容:党委中心组学习会、上财论坛、出版论文集和思政课题研究。

(一)党委中心组学习会

1992年起,建立党委中心组学习制度,首次于4月18日学习讨论邓小平南方谈话。学校以制度建设为抓手,定期组织开展党委中心组学习,发挥党委中心组在理论学习中的示范带头作用。紧密围绕提高思想认识、优化工作方式、解决实际问题三大目标,科学规划基础理论、热点形势、领导能力和干部作风、高等教育发展和学校实际四个内容板块来开展。2004年以来,学校平均每年举行8次左右的集体学习讨论,如:2004年10月19日,邀请上海市社联党组书记兼副主席潘世伟教授作题为"学习十六届四中全会精神,加强党的执政能力建设"的报告;2005年3月23日,邀请上海市科教党委副书记翁铁慧同志作"加强和改进大学生思想政治教育工作的新思路、新举措"的报告;2006年3月3日,邀请杨浦区区长蒋卓庆同志作"杨浦区的发展战略及'三区融合、联动发展'"的报告;2007年11月6日,邀请中国社会科学院马克思主义研究院院长、中国社会科学院学部委员、马克思主义研究学部主任程恩富教授作"中国特色社会主义理论与实践研究"的十七大辅导报告；2008年11月28日，邀请上海世博会事务协调局副局长吴云飞教授作迎世博专题报告；2009年10月16日，邀请国家统计局副局长、校友许宪春教授作"中国经济周期与当前经济形势"的报告；2010年11月5日，邀请上海市发改委副总经济师兼发展规划处处长李志伟博士作"关于上海'十二五'规划的若干问题"的报告；2011年4月1日，邀请中共杨浦区委书记陈寅同志作"三区联动，创新驱动——杨浦转型发展道路的实践与思考"的专题报告；2012年11月27日，邀请中共中央党史研究室副主任李忠杰教授作学习党的十八大精神的辅导报告；2013年11月26日，邀请学习贯彻十八届三中全会精神中央宣讲团成员、国际经济交流中心常务副理事长郑新立同志作"从三中全会精神看未来中国"的辅导报告；2014年10月17日，邀请全国五一劳动奖章获得者、上海市普陀区中心医院副院长张兴儒作"追逐光明·共圆梦想"的专题报告；2015年6月16日，邀请上海市政协常委、文史资料委员会主任冯小敏作"学习习近平总书记系列讲话，领会'严以修身'内涵要求"的辅导报告；2016年4月27日，邀请上海市委党校副校长曾峻同志作"学习习近平总书记系列讲话精神，争做'讲政治、有信念'合格党员"的报告等。

（二）上财论坛

自2004年起，学校开设"上财论坛"，广泛邀请相关专家学者就国际国内以及教育领域的热点问题作报告演讲，截至2016年底共举行了75讲，如：2004年4月9日，邀请复旦大学美国研究中心主任倪世雄教授作"当前的国际热点问题——中美关系与台湾问题"的报告；2005年9月13日，邀请财政部部长助理王军同志作"当前财会领域的几个热点问题"的报告；2006年6月30日，邀请全国人大常委、中国社会科学院党组副书记、副院长李慎明研究员作"当前国际局势及有关问题思考"的报告；2007年6月15日，邀请上海市国际关系学会副会长、上海国际问题研究所郭隆隆研究员作"当前国际形势与我国的战略机遇"的报告；2008年11月8日，邀请原中共上海市浦东新区区委常委、宣传部部长邵煜栋教授作"浦东开发——中国特色社会主义的生动实践"的报告；2009年3月31日，邀请华东理工大学人文科学研究院院长鲍宗豪教授作"科学发展观的重大理论与实践价值"的辅导报告；2010年6月4日，邀请中国社会科学院副院长、陈云同志秘书朱佳木作"谈谈陈云经济思想的现实意义"的主旨报告；2011年4月21日，邀请教育部社科司副司长徐维凡教授作"思想政治理论课改革与创新"的专题报告；2012年11月5日，邀请校友——海通证券股份有限公司副总裁、首席经济学家李迅雷先生作"中国经济：下一轮增长靠什么"的报告；2013年10月29日，邀请中宣部理论局原副局长、全国哲学社会科学规划办公室原主任、中国文化软实力研究中心主任、中国产业安全研究中心常务副主任张国祚教授作"三个自信、软实力与中国梦"的报告；2014年4月29日，邀请上海交通大学东京审判研究中心名誉主任、教学委员会委员、数学系教授向隆万作"不应忘却的历史——东京审判"的专题报告；2015年7月9日，邀请海军信息化专家委员会主任、中国人民解放军海军装备论证研究中心综合论证研究所高级研究员尹卓少将作"我国周边安全与'一带一路'战略"的专题报告；2016年10月14日，邀请国家发改委副秘书长范恒山教授作"国家区域发展战略的实践与走向"的专题报告等。

（三）出版论文集

1995—2016年，学校出版社共出版全校师生员工政治理论学习论文集18本，包括《学习邓小平建设有中国特色社会主义理论文集》(1995)、《学习邓小平理论论文集》(1997)、《邓小平理论和中国的改革发展》(1998)、《高举邓小平理论伟大旗帜,建设有中国特色社会主义》(2001)、《"三个代表"重要思想研究》(2003)、《全面建设小康社会理论与实际问题研究》(2004)、《完善社会主义市场经济体制若干问题研究》(2005)、《落实科学发展观,构建和谐社会》(2006)、《科学发展观与当代中国的发展》(2007)、《中国特色社会主义理论与实践研究》(2008)、《改革开放理论与实践研究》(2009)、《新中国60年理论与实践研究》(2010)、《探索与实践——上海财经大学师生纪念中国共产党成立90周年论文集》(2011)、《文化建设理论与实践研究》(2012)、《践行群众路线,推进科学发展》(2013)、《全面深化改革,推进治理体系和治理能力现代化》(2014)、《协调推进"四个全面",践行社会主义核心价值观》(2015)、《推进全面从严治党,深化马克思主义基础理论研究》(2016)等。这些论文集均由宣传部牵头组稿编纂,并负责出版工作。

编发《上财理论学习》。为践行党的群众路线,提高学校党委中心组成员的学习能力,党委宣传部从2014年3月开始不定期编发《上财理论学习》,编发学校专家学者在重要媒体上刊登的理论文章、理论热点以及交流荐书等供中心组成员参阅。截至2017年3月,共编发36期。

(四)思政课题研究

为切实加强大学生的思想政治教育工作和师德师风建设,2005年9月22日,学校成立思想政治工作研究会。该研究会的主要任务是:继承和发扬党的思想政治工作优良传统,深化新时期思想政治工作的理论和实践研究;紧密结合改革开放和学校工作实际,总结、交流、推广新时期各院(系)、各部门加强和改进教职工、大学生思想政治教育工作的经验及做法;研究新世纪师德建设和大学生思想道德建设的新情况、新问题;推进校园文化建设,深化校园文化理论研究,总结推广校园文化建设的经验;组织开展与思想政治工作、校园文化建设相关的理论研究,编辑、出版论文集;借鉴国内外有关社会科学研究的最新成果,争创新时期思想政治工作的新优势。思想政治工作研究会的最高权力机构是会员大会,执行机构是理事会。理事会由校有关领导以及党委校长办公室、组织部、纪委、党委宣传部、学工部、党校、人事处、教务处、研究生部、科研处、校工会、校团委和相关院(系)主要负责人组成。

2006年起,研究会开展思想政治工作研究会课题招标。围绕学校改革发展中的重点和难点问题,如加强辅导员队伍建设、在中青年老师中发展党员工作、优化和理顺校院(系)治理结构、提高大学生的文化素质水平、加强和改进研究生思想政治教育工作、大力推进和谐校园建设等课题,向全校教职工招标。自2006年以来,每年约立项8个校级思研会课题;自2010年以来,学校每年获立项3~4个上海市德育课题。

## 二、对内对外宣传

### (一)对外宣传

2004年6月,学校成立新闻中心,隶属党委宣传部。2004年度学校在报纸和电视上的出现频率为290篇次。2005年1月,新闻中心正式接管校园网主页的图片新闻和视频新闻。12月,正式开通校园网英文网站,平均每周更新一次新闻,由新闻中心负责日常管理工作。2005年度学校在报纸和电视上的出现频率增加至569篇次。2006年11月,新闻中心开通90周年校庆网站。12月,新闻中心会同学校两办、学生处联合发起成立了学生通讯社。2006年,各媒体对上海财经大学的报道共600多篇次。2007年,围绕本科评估和90周年校庆,新闻中心加大外宣力度,8月下旬,根据学校新闻中心的申请,市委宣传部主持、召集各主要媒体负责人召开了"上海财经大学90周年校庆媒体通气会",会后形成《上海财大90周年校庆新闻报道意见》,9月初下达各媒体,使校庆报道顺利推进。2007年度媒体对学校报道增加到2 109篇次,媒体对学校的关注度大幅提升。2012年度媒体对学校的报道增加到近2万条。据不完全统计,2013年报刊媒体报道学校449次,2014年校外媒体聚焦并报道学校908次,转载万余次,报道数量和转载数量均实现跨越性增长。2015年累计对接校内外各类大型学术活动近20场,邀请媒体记者采访报道超过400人次。据不完全统计,2015年校外媒体聚焦并报道学校838次,转载数万次,在"攻大报、上头条、出精品"上取得新突破。2016学年累计对接校内外各类大型学术活动近15场,邀请媒体记者采访报道超过300人次。据不完全统计,2016年学校对外宣传报道继续保持高位运行,校外媒体聚焦并报道学校684次,转载数万次,报道质量和报道深度进一步提升。

学校新闻传播能力和社会影响力不断增强,据《人民日报》官方统计,学校在该报2015年的"出镜率"在全国"211"高校中名列第34名。根据2016中国教育报高等教育周刊发稿统计,学校排名列全国第17名;在人民网发布的2015—2016中国高校社会影响力各项指标排行榜中,学校媒体影响力指标排在全国第22位,网络舆论影响力指标排在全国第38位,新闻宣传三项指标总排名位于全国第25位。

### (二) 对内宣传

1. 校报

1978年上海财经学院复校后,《上海财经学院》院刊于1983年5月复刊。1985年9月,学校更名为上海财经大学,院刊也随之改名为《上海财经大学报》。1990年,校报在上海市高校校报第一次评估中获得合格校报称号。1992年3月,上海市新闻出版局向校报颁发了"上海市内部报刊准印证"。1995年2月,校报在上海市高校校报第二次评估中荣获表扬校报称号。1999年5月,经国家新闻出版署批准,上海市新闻出版局审核,校报由原来的内部资料刊号"沪报字第85号"编入"国内统一刊号CN31-0812/G";10月,开通电子校报。2000年1月,校报在上海市高校校报第三次评估中荣获优秀校报称号。2004年3月,校报版面全部改为彩报;12月,电子校报再次改版,增加了新闻标题的容量和新闻图片的栏目,新设了校报内容的检索功能,大大方便了读者。2012年4月16日,新版电子校报正式上线。

校报共设四个版面:一版是要闻版,二版是综合新闻版,三版是专版,四版是《百花洲》文艺副刊。截至2017年3月,共出版校报579期。目前为半月刊,每月的15日和30日出版,四开四版,6号字,每期发行量8 000份。校报发行至每个院(系)、部门及学生宿舍、图书馆,并寄送有关领导和部门,还在高校间进行校际交流。

2. 视频新闻

自2001年6月起,宣传部开始制作播放校园视频新闻。截至2013年11月,宣传部共制作周播节目"财大新闻"276期。之后节目转型为日播"新闻速递"。视频在新闻事件结束24小时内制作播出,更加注重新闻的时效性。截至2017年3月,共制作84期节目。此外,宣传部历年共制作"名人访谈""学子风采""对话院长"等专题片164部。2015年7月在腾讯视频开通学校官方视频账号。该平台目前是学校视频新闻主要发布渠道,进一步扩展了学校视频的关注度和影响力。

3. 图片新闻

2001年6月,在视频新闻播出的同时,校园网首页也提供了滚动图片新闻。截至2012年底,共制作图片新闻近2 749期(张)。2016年9月主页改版后,校园网图片新闻主要以大图呈现,当年更新大图92张。

### 三、网络文化建设与管理

1. 不断提升校园门户、新闻网站影响力

加强校园门户网站主页、新闻网的建设,推进各二级网站建设。2016年,宣传部牵头完成门户主页和新闻网改版,当年门户主页"上海财经大学网"获得第七届"上海市优秀网站"荣誉称号。截至2017年3月,利用校园网站群系统共制作发布68个二级网站。

2. 积极掌握网络新媒体、新应用、新技术

2013年6月13日,学校官方微博正式上线。2014年10月22日,完成学校官方微信公众平台(订阅号SUFE1917)的实名认证,于11月11日开始进行信息推送。截至2017年3月,微博累计发文1 582篇、粉丝总数59 724。微信累计推送图文540余条,已完全覆盖三种类型即订阅号、服务号、企业号。2016年,学校新媒体平台关注总人数超过14万(次),较2015年增长50%。新媒体平台可进行涵盖文字、图片、视频等多种载体的信息传播,构建与读者之间更好的沟通和管理模式,形式更加灵活多样,易于被接受。

3. 不断优化校园互联网思想文化阵地

先后完成"经世济国"BBS、思进网、文明网、学雷锋专题栏目、学习实践科学发展观专题网站、文明世博专题网站、党的群众路线教育专题网站、"三严三实"专题教育、"两学一做"专题教育、十八届六中全会专题网站等建设和运营。

4. 不断拓展网络文化建设的阵地和途径

2008年起先后举办5届校园网络文化节,其中第一届网络文化节获上海市高校校园文化建设优秀成果奖。定期开展校园网站评选,深化校园网络文化内涵。完成建设和持续运营上财图库、上财视频、网上展厅等网络文化工程。

5. 加强校园网域名管理,规范新媒体账号备案管理

校园互联网域名的申请和使用必须经宣传部网宣科审核、登记和备案,校园互联网站必须使用学校一级域名。凡以上海财经大学(上财)等名称开设的新媒体账号必须经宣传部审批备案。

6. 逐步健全学校网络宣传员队伍

至2016年,队伍发展至10名专家、50名二级单位通讯员、50名学生骨干通讯员。

### 四、精神文明建设

1998年10月,学校设立精神文明建设办公室。该办公室设在党委宣传部,日常工作由党委宣传部负责。

2017年4月,学校第12次荣获上海市"文明单位"称号。至此,学校已连续24年获得此项荣誉。与此同时,学校持续开展校级"文明岗""文明窗口""文明单位""教书育人标兵"的评选表彰工作。

精神文明建设内容详见本志第七篇第三章第二节。

## 第三节 统战工作

1978年复校以来,学校统战工作主要分为以下五个方面:

### 一、落实党外知识分子政策

1978年复校后,统战工作的首要任务是为"文化大革命"期间遭受迫害和不公正待遇的党外知识分子平反,全面落实知识分子政策。校党委严格落实政策,复查、平反"文化大革命"中的冤假错案;清退"文化大革命"中被查抄财产、文物和被占用的住房,发还冻结的工资、奖金;为国民党起义人员、投诚人员落实政策等。此项工作到1986年基本告一段落。

### 二、加强统一战线工作队伍建设

学校党政班子对统战工作高度重视,历任校领导中都专门设有一名副书记对统战工作直接负责和指导。校党委定期召开统战工作会议以及基层支部书记、副书记、统战委员的培训班,认真学习党的统一战线理论,深入讨论如何发挥好民主党派和无党派人士在学校建设中的作用等问题。

### 三、建立和健全规章制度

从20世纪80年代中期开始,学校党政领导班子以双月座谈会的形式,定期通报学校建设发展中的重要事务,征询党外人士的意见建议。1995年5月,校党委制定《关于健全双月座谈会制度的规定》,并在2011年11月对此制度进行了修订。学校长期坚持邀请民主党派负责人、无党派代表人士参加中层干部会议,通报学校情况,传达有关文件,让党外人士做到知情出力。学校长期坚持党员领导干部与党外代表人士联系交友的制度,2004年10月校党委制定了《关于加强党员领导干部与党外代表人士联系交友工作的意见》,对开展好这项工作提出了明确要求,校级党员领导干部都明确自己的联系对象,定期沟通交流,深交广交党外朋友。根据统战工作的新形势和新要求,于2014年制定了《上海财经大学贯彻落实〈中共中央关于加强新形势下党外代表人士队伍建设的意见〉的实施办法》,为努力建设一支高素质的党外代表人士队伍提供制度保障。

### 四、发挥党外代表人士的作用

在历次民主党派上海市委换届、各级人大和政协换届选举之际,校党委都积极举荐学校政治觉悟高、德才兼备、在学术上和群众中有声望的党外人士担任适当的职务。统战部定期推荐一批优秀同志到市委党校和市社会主义学院参加学习。改革开放以来,学校有一位党外人士担任副院长,多位党外人士担任校中层干部和校学术委员会成员、校党风廉政监督员等职务。

学校注意发挥党外人士政治协商、参政议政的积极作用,为国家和上海市建设发展建言献策。自1978年以来,学校党外人士中有1人担任全国政协委员,数十人担任上海市和区级的人大代表和政协委员。其中,2人担任市政协常委,3人担任区级政协常委。此外,还有2人担任上海市人民政府参事,1人担任上海市人民检察院特约检察员,多人担任本市有关局、委、办的特约监督员等。

### 五、协助各民主党派和群众团体加强建设

校党委对统一战线成员的思想建设十分关心。统战部定期牵头举办学校党外人士研讨班,学习领会中共中央的方针、政策,学习统一战线理论。各民主党派组织定期开展各种活动,帮助成员深入社会,了解民情,开展各种调查研究,为党外人士更好地参政议政、民主监督奠定思想理论基础。

1978年以后,学校五个民主党派组织先后恢复了活动,并逐步发展成员,壮大队伍。2013年修订了《上海财经大学民主党派组织发展若干规定》及《上海财经大学民主党派组织生活会制度》。至2016年底,学校共有民主党派成员332名。统战部协助各党派开展多次换届选举工作。学校为民主党派开展各类活动提供必要的条件,如联合办公室、活动经费等;至2016年,学校提供给校各民主党派、人民团体独立开展活动的经费年均约10万元,每人年均280余元。

1988年以后,学校先后成立归国华侨联合会、台胞台属联谊会、少数民族联合会、欧美同学会、党外知识分子联谊会等组织,开展多项有益活动,维护群体利益,切实解决相关师生的工作、学习和生活问题。

民主党派和群众团体的详细情况参见本志第三篇。

## 第四节 纪 检 工 作

### 一、复查平反,落实政策

复校以后,1979—1984年,学校纪律检查委员会(含纪检小组)协助党委开展平反冤假错案、落实知识分子政策的工作。其间,纪检部门共处理群众来信566封,其中要求复查平反、落实政策的信件有404封。

1980年11月—1981年10月,按照中央和上海市委关于"清查"工作的指示精神,纪委对学院"文化大革命"动乱时期遭受迫害和非正常死亡同志的情况,以及学校"打砸抢"问题进行了"清查",基本查实了影响较大的5项事件。

1982年,根据中央《关于检查一次知识分子工作的通知》精神,纪委参与了学院检查、落实知识分子的工作,对学院1965年以前毕业的大学生和讲师以上业务骨干共313人,从政治、工作、生活三个方面开展了调查,使27名知识分子落实了政策,3名知识分子走上了系级领导岗位。

1984年,学院成立由纪委、组织部等部门参加的落实知识分子政策小组,再次对学院落实知识分子政策工作进行检查,基本摸清了工作中的主要问题,并制定和采取了进一步的改进措施。

1987年9—10月,根据市委组织部《关于对基层党组织生活进行一次检查的通知》精神,纪委协助党委对各总支、支部的组织生活情况,党员发展工作,以及党支部的战斗堡垒、党员的先锋模范作用发挥等情况进行了检查。

1989年春夏之交,北京发生"政治风波"以后,纪委历经半年多时间,参与了学校的"两清"工作,查清了政治风波期间发生在学校的5个主要事件和12名教职工的主要错误问题,并按有关政策进行处理。

## 二、健全党风廉政和反腐败的制度建设

1989—1994年，纪委协助学校党委和行政建立健全党风廉政建设责任制，陆续制定《进一步搞好党风的规定》《党政领导民主生活制度》《党政领导接待日制度》《党政领导班子学习制度》《上海财经大学廉政建设若干规定制度》等规章制度，并加强对制度落实情况的监督检查。

1995年以后，又先后制定上海财经大学关于《实行党风廉政建设责任制的实施办法》《干部在国内公务活动中收受礼品实行登记上交制度的实施细则》《处以上领导干部廉洁从政若干规定》《建立健全领导干部谈话制度的实施办法》《处级领导干部担任校外企业独立董事暂行规定》等16个规章制度，并协助有关部门制定《基建修缮工程项目校内招投标管理实施细则》《设备管理办法》《收支两条线管理实施办法》等，基本形成了学校用制度规范干部从政行为，按制度办事、靠制度管人的机制。

1997年和1998年，协助党委和行政先后制定《关于校级领导干部执行党风廉政责任制的具体规定》《中共上海财经大学委员会关于处以上领导干部党风廉政工作责任制的规定》《关于我校处室、所属院、系自有资金的管理办法》《上海财经大学审计工作条例》等规章制度。成立招生监督小组，制定《关于上海财经大学招生录取工作的纪律规定》。

2000年，协助党委制定《上海财经大学党风廉政建设责任制的实施办法》。加强纪检监察部门内部制度建设，先后制定《纪检监察工作条例》《纪检监察调查处理违纪案件工作条例》《纪检监察人员工作守则》《纪检监察工作人员保密守则》等，规范纪检监察工作。

根据中央《建立健全教育、制度、监督并重的惩治和预防腐败体系实施纲要》的要求，2005—2007年学校制定《上海财经大学党委关于贯彻落实〈建立健全教育、制度、监督并重的惩治和预防腐败体系实施纲要〉的具体办法》，并建立相互衔接、相互配套的反腐倡廉制度体系，包括7个方面共96项制度，其中新建（修订）制度56项。2005年，又制定《关于落实校党政班子成员党风廉政建设岗位责任的意见》。

2007年上半年，纪委修订《上海财经大学关于实行党风廉政建设责任制的实施办法》，通过责任制细化指标，落实到人，使各级党政领导干部明确责任，形成一级抓一级、层层抓落实的良好机制，便于检查考核和责任追究。

2006年7月—2013年7月，为贯彻落实中央八项规定精神和教育部《贯彻落实中央改进工作作风、密切联系群众〈八项规定〉和〈实施细则〉的实施办法》，制定《上海财经大学贯彻落实中央改进工作作风、密切联系群众〈八项规定〉和〈实施细则〉的指导意见》，严格落实各项措施，以优良的党风政风促进校风学风建设。

2013年7月以来，制定和修订《中共上海财经大学委员会关于落实党风廉政建设党委主体责任、纪委监督责任的实施意见》《上海财经大学关于深入推进惩治和预防腐败体系建设的意见》《上海财经大学党风廉政监督员工作暂行办法》，修订《上海财经大学党风廉政建设责任制实施细则》等党风廉政相关制度50余项，内容涉及学校及院系议事规则、财务管理、合同管理、印章管理、资产管理、基建修缮工程管理和学术规范等方面，形成比较健全的制度体系。

每年年初，制定当年学校党风廉政建设和反腐倡廉工作要点及分解方案，将工作任务分解落实到相关责任部门。每年制定校级领导班子成员党风廉政建设责任分工，按分管工作将"一岗双责"落实到班子每位成员。组织各二级单位领导班子成员填报党风廉政建设责任分工情况表。每年开

展二级单位落实党风廉政建设责任制自查工作,推动责任制落实。

### 三、开展多种形式的反腐倡廉教育活动

1997年和1998年,协助党委开展"三讲、双争、一展现""牢记宗旨,接受监督"等主题教育活动。

1999年,结合学校评议党员工作,组织全校党员观看《中国共产党纪律处分条例》教育录像,提高廉政意识。

2000年,开通纪检监察的信息网络,制作"文件摘编""干部须知""警钟长鸣"等栏目,创办第一期《党风与廉政之窗》,加强党风廉政宣传教育。

2002年1月至2006年7月,在处以上领导干部中集中开展"三观"(权力观、地位观和利益观)教育及《中国共产党党内监督条例》《中国共产党纪律处分条例》等学习教育活动。在党员先进性教育活动中发挥纪委督查作用。举办"从源头上预防和治理腐败,推进学校党风廉政建设"的专题研讨会,开展以"正确对待权力,建设良好作风,保持清正廉洁"为主题的"读书思廉"活动和干部廉洁从政、党纪条规等知识测试活动,通过警示教育,赠送廉政贺卡和书签,外出参观,观看戏剧、电影,编发《党风廉政之窗》等多种形式的宣传教育活动,促进党员、干部增强廉洁自律意识。坚持对新上任的处级干部开展廉政谈话,并从2005年下半年起每年签订《廉政承诺书》。

2007年第三季度,在党员干部中集中开展以"社保资金案"为例的警示教育活动。通过召开动员会、观看警示教育片、开展"增强三个意识、做到三个始终"征文、举办专题上财论坛、专题组织生活、校报专版、参观等丰富多彩的形式,扎实推进警示教育,提高教育的有效性和针对性。学校向市科教党委共选送了9名处级以上党员干部撰写的征文,并组织处级领导干部参观了市纪委等举办的《为民务实清廉——上海市加强作风建设推进反腐倡廉档案文献图片展》。

自2008年起,连续五年开展"讲党性、重品行、作表率"主题教育活动。对教师开展职业道德教育,通过评选"我心目中的好老师""教书育人标兵""教学名师"以及"校园新星"等活动,宣传身边的师德典型。对学生开展廉洁诚信教育,将财经职业道德和诚信道德建设工程列入学校创新人才培养十大工程,积极运用新生入学宣誓、毕业生思想教育、形势政策课、年级大会、党(团)支部组织生活、专家辅导、学生社团活动等多种载体,开展公民意识、遵纪守法、诚实守信教育。加强纪检干部队伍自身建设,不断提高履职能力和业务水平。通过组织开展"做党的忠诚卫士、当群众的贴心人""讲党性、重品行、作表率"等主题教育活动,不断提升忠诚度、胜任度和满意度。

2013年7月以来,纪委把抓好中央八项规定精神落实作为履行监督责任的政治任务,牵头开展学校贯彻执行中央八项规定精神情况的有关自查和督促整改工作,并通过各类会议、专题学习等形式,加强教育提醒。

2014年9月,专题召开全校中层干部廉洁教育大会。

### 四、不断加大防止腐败的监管力度

1991年,纪委对全校处以上干部的住房情况进行调查,对部门乱收费和利用公款出国(境)旅游情况进行专项清理。纪委协助有关部门做好处级以上干部收入申报、重大事项报告和礼品登记上交等工作,并在校级干部中开展校内收入分配、出国出境、廉洁自律、民主生活会、在企业担任独立董事等内容的调查;在处级以上领导干部中进行有关兼职取酬、持股入股、通信工具使用以及其

配偶、子女经商办企业等情况的清理、登记和规范管理工作;在全校范围内开展基建修缮、奢侈浪费、档案收缴、制度建设、体育特长生招生等有关方面的专题调研。

1997年和1998年,对部分校办产业的规范化管理和按现代企业制度的改制情况进行监督检查,对学校财务预算、决算工作进行监督,对招生、职工住房分配、职称提升政审等工作履行监督职责。

1999年,结合学校评议党员工作,组织处级以上干部学习《中国共产党纪律处分条例》并开展测试,提高廉政意识。注重防范在前、关口前移,积极参与招标、招生、基建、物资采购、各类评比等工作,在工作过程中实施监督。5月,学校建立了党风廉政监督员队伍,以加强党外监督。这支队伍由民主党派和有关部门推荐产生。纪委每年召开党风廉政监督员会议,汇报学校党风廉政建设情况,听取对纪检监察工作以及学校当年党风廉政建设重点工作的意见和建议,注意发挥他们的监督作用。

2001年,在处级以上领导干部中组织开展党风廉政基本知识测试,贯彻执行关于领导干部不准收受与业务有关的现金和有价证券的规定,开展领导干部收受下级有关单位和个人的现金、有价证券等的登记填写工作,开展处级领导干部及其配偶因私出国(境)情况调查,对各部门"小金库"和账外账进行清理,并对发现的问题进行整改。

2006年学校开展治理商业贿赂专项工作。纪委协助党委制定了《上海财经大学关于开展治理商业贿赂专项工作的实施方案》,到基层单位督察4次,下发自查自纠、学习通知2个,自查自纠表格58份,向上级报送总结2份、自评报告2份、报表3份。通过调研,纪委完成《上海财经大学图书馆采购管理分析》和《关于校科研经费基本情况的调查报告》。2007年5月对学校开展自查自纠工作情况进行自评,并接受了抽查。12月完成"回头看"总结工作,并及时上报教育部。

2007年6月,根据《中共中央纪委关于严格禁止利用职务上的便利谋取不正当利益的若干规定》和上海市科教党委的相关通知,学校召开党委常委会和全校动员大会,认真贯彻执行,党员干部尤其是领导干部,逐条对照《若干规定》开展自查自纠。学校以党总支为单位组织专题集中学习34次,集中培训的有821人,没有党员干部向组织申报或作说明的情况,也没有接到信访举报和咨询。

积极推进廉政风险预警防控机制建设,2010年成立廉政风险预警防范机制建设领导小组,对新建办、后勤管理处修缮科两个部门和"招标全过程廉政风险预测预警防范"项目开展了廉政风险预警防范机制建设工作。其中,"招标全过程廉政风险预测预警防范试点工作"被上海市教卫纪工委指定为"采购廉政风险同步监测预警防控模式"的牵头单位。

2013年7月以来,加强对"三重一大"决策制度执行情况的监督。学校坚持纪委副书记列席党委常委会、监察处长列席校长办公会,对学校领导班子及其成员落实民主集中制和"三重一大"决策制度等情况进行监督。加强对二级单位"三重一大"决策制度执行情况的监督。明确二级单位纪检员列席本单位党政联席会议。制定《上海财经大学关于进一步加强学院(系、所、部)执行"三重一大"决策制度的指导意见(试行)》,指导各二级单位结合实际制定本单位"三重一大"决策制度的具体实施办法,并于2014年起每年开展对二级学院"三重一大"决策制度执行情况的监督检查。改进监督方式,加强对重点领域的监督。

2014年,纪委制定《上海财经大学招标监察工作暂行办法》,梳理招标监察工作流程,并启动了招标监控系统建设。2015年,招标监控系统安装完成并正式投入使用,实现对招标工作的电子监察。严格招生监察,制定《上海财经大学招生监察工作实施办法(试行)》,重点加强特殊类型的招生监管,督促相关部门完善招生简章、细化招生录取工作流程和选拔办法,确保阳光招生。加强对基建修缮、物资采购、财务管理、科研经费、校办企业、学术诚信等重点领域和关键环节的监督,督促相关部门按照内控制度体系建设要求健全完善相关制度。组织相关部门针对选人用人、干部管理、科研经费、基建修缮、校办企业管理、因公出访、公务用车、办公用房等开展自查自纠,查找可能存在的腐败漏洞,督促认真整改。

### 五、依纪依法办理信访、案件

从1994年至2007年,纪委收到信访件210余件。2003年起,在网上和校园内同时开通"纪委监察"信箱,进一步拓宽信访渠道。对群众的来信来访,纪委严格遵守有关信访举报的基本原则、程序和方法,坚持实事求是的原则,认真开展调查研究,确保所反映的问题件件清楚,有着落。凡发现个别单位和干部在履行职责、执行廉洁自律规定方面存在不正之风或倾向性、苗头性的问题,纪委坚持执行报告制度,坚持对当事人进行诫勉谈话,同时对重要信访案件,写出专题报告和剖析材料,督促有关部门针对存在的问题,加强监管,堵塞漏洞,查找薄弱环节,建立健全制度。其间,纪委、监察处处理的违纪案件共有8件,其中涉及3名党员干部和3名学生党员。

2006年7月至2013年7月,建立信访举报线索分析、排查、管理制度,严格落实责任,强化责任追究。对重要的信访件,校领导亲自批阅。纪检、监察部门依法履行职责,依纪依法查信办案,认真调查信访所反映的问题,准确分析、判断,严格按照党章、政策以及法律法规等规定准确定性。对信访反映较多的问题及时进行分析,找出问题存在的根源,提出改进的对策和建议。七年间,纪委共受理信访举报127件,均已办结。

规范信访工作,制定学校纪检监察信访工作制度。规范问题线索处置,健全问题线索集体研判机制,梳理信访调查中暴露出的体制机制、制度和管理上的薄弱环节,提出防控建议,发挥纪律审查的治本作用。2013年7月至2016年,学校信访件总量150件,其中2016年教育部巡视组移交45件。

# 第三篇

## 民主党派和群众团体

# 概 述

学校有民主党派的基层组织和活动,始于解放初。之后由于"反右"与"文化大革命"以及上海财经学院的撤销,民主党派的组织活动实际处于停滞状态。中共十一届三中全会以后,随着新时期爱国统一战线工作的恢复发展和上海财经学院的复校,民主党派的活动重新开始,组织也有较大发展。

在全国8个民主党派中,学校有5个民主党派基层组织,分别为:中国国民党革命委员会上海财经大学委员会、中国民主同盟上海财经大学委员会、中国民主建国会上海财经大学支部、中国农工民主党上海财经大学总支部、九三学社上海财经大学委员会(筹)。截至2016年底,上海财经大学共有民主党派成员332人。

1952年全国院系调整以前,上海财政经济学院有中国国民党革命委员会党员2人、中国民主建国会会员4人。其后民主党派组织开始建立,成员随之增多。学校的民革组织,1961年始有支部,有党员8人;1980年2月恢复民革组织,成立一个小组;1983年11月民革上财支部重建;1999年8月成立总支部,有党员53;2016年11月成立委员会,有党员59人。学校的民盟组织,1952年11月成立小组时有盟员24人;1954年成立支部,有盟员30余人;1988年9月成立总支,有盟员52人;2000年3月成立委员会;至2016年底,有盟员104人。学校的民建组织,1953年1月成立小组,有会员13人;1961年7月成立支部,有会员7人;1980年7月恢复活动,至2016年12月已是第九届,有会员42人。学校的农工党组织,1952年12月始为小组,有党员4人;1957年3月成立支部,有党员14人;1980年2月恢复活动,有党员10人;2009年5月成立总支部,至今已成立三届总支部,有党员52人。学校的九三学社组织,1952年11月成立小组,有社员13人;1954年成立九三学社上财支社;1978年支社重建,2016年成立委员会(筹),已有社员72人。

5个民主党派基层组织及其成员,在各自上级组织和学校党委领导下,积极参政议政,对学校和社会的建设改革发展进行民主监督,发挥了独特的作用。他们中有20余人担任过上海市和区级的人大代表和政协委员,其中2名市政协常委;上海市人民检察院特约检察员1人;本市有关局、委、办的特约监督员多人。此外,担任过党派中央委员、中央参议委员、中央监察委员会常委(委员)、中央团结委员、中央顾问等6人,党派市委委员、候补委员16人,党派市委常委9人,党派市委顾问2人。

学校的群众团体包括学校工会、妇女委员会、共青团、学生会、研究生会、校友总会和其他群众团体。学校工会于1949年11月筹备成立,1950年春正式成立。20世纪50年代至60年代中期,工作尚属正常。1980年5月成立复校后第一届工会组织。自此开始,学校工会工作步入正轨。1985年5月,工代会与新成立的校教代会合并召开。校教代会全称为上海财经大学教职工代表大会,是学校教职工行使民主权利、参与学校民主管理的基本形式,也是学校领导体制的组成部分。至2017年3月,学校已召开六届五次教代会暨七届五次工代会。校工会在自身建设和制度建设、育人和"教工之家"的建设工作、评选先进工作、送温暖和保障工作、青年和女工工作、文艺体育、文体社团工作等方面,努力为广大教职员工服务。校工会围绕学校的中心工作,遵循"维护、建设、参与、教育"的基本职能,发挥工会工作的特点,起到学校党政联系教职工群众的纽带和桥梁作用。上海财经大学妇女委员会于1979年春成立,在校党委领导和上级妇女组织指导下开展工作,在促进男女平等、开展宣传教育、组织培养、维护服务等方面作出了努力。

上海财经大学共青团于1949年10月21日成立,从筹委会到团支部、团总支,再到1951年11月成立首届团委。"文化大革命"以前举行过4次团代会。1978年成立临时团委,1979年5月举行复校后首届团委成立大会。1984年,为体现团代会的连续性,当年10月召开的团代会定为"第七次";1987—2001年间召开的4次团代会分别为第八次、第九次、第十次、第十一次。学校共青团组织机构健全,活动频繁,重视自身建设,积极开展青年思想政治工作,组织团员青年参加各类社会实践活动、志愿服务活动、课外科技活动、文艺体育活动,并进行"评优育优推优"工作,发现和培养优秀青年后备干部。上海财大学生会和研究生会在校党委领导和校团委指导下,倡导学生自我教育、自我管理、自我服务,在思想学术节、文化艺术节、新生辩论大赛、校园十大歌手大赛以及各类文体活动中,均取得不俗成绩。

学校于2006年正式设立校友会办公室,开始由专门的机构开展校友工作。2012年12月,校友会、校董会、基金会三会合一,成立合作发展处。2014年11月5日,上海财经大学校友会正式获得民政部批准筹备成立,并于2014年11月8日举行校友会成立大会。2015年5月28日,校友会正式在民政部完成注册工作,成为由上海财经大学校友自愿结成,具有法人资格的联合性、全国性、非营利性社会团体。截至2017年3月,校友分会组织已达68个(其中,校友分会49个,联络处14个,校友俱乐部1个)。校友会成立以来,秉承"服务校友发展,服务母校发展"的宗旨,依托各地校友组织及学校各学院开展校友工作,致力于加强海内外校友之间、校友与母校之间的联系和交流,服务广大校友,弘扬学校校友爱国荣校的优良传统,为母校的发展、为国家的现代化建设和繁荣富强贡献力量。

其他群众团体包括上海财经大学归国华侨联合会、上海财经大学台胞台属联谊会、上海财经大学少数民族联合会、上海市欧美同学会·上海市留学人员联合会上海财经大学分会、上海财经大学党外知识分子联谊会、上海财经大学退(离)休教育工作者协会等。这些团体都为各自联系的群众做了大量的工作。

# 第一章 民主党派学校组织

## 第一节 中国国民党革命委员会上海财经大学委员会

### 一、沿革

1952年,上海财经学院有民革党员2人。

1956年2月统计,学院有民革党员9人。

1961年1月,成立民革上海财经学院支部,有党员8人,向哲濬为代理主任委员;2月后,民革成立2人组成的支部委员会,主委为赵哲生,副主委为李湘。

1980年2月,恢复民革上财组织,成立一个小组,召集人李湘,有8名党员。

1983年11月,民革上财支部重建,有党员10多人,李湘任主委,邢克光、李文彩任副主委。组织活动逐渐频繁。民革党员在社会各机构中任职众多。胡寄窗曾任民革中央第六、七、八届监察委员会常委,民革中央第五、六届团结委员会委员,民革上海市第六、七届委员会委员,民革上海市第六届委员会文史资料工作委员会副主任。陆晶清曾任民革中央第六、七届监察委员会委员,民革中央第五届团结委员会委员,民革上海市第二、六、七届委员会常委,民革上海市第六届委员会文史资料工作委员会副主任。

1987年2月,支部换届选举,李湘当选为主委。11月,邢克光增补为副主委。

1988年,黄振纲被聘为上海市审计监督员,郭豫娟当选为民革第七次全国代表大会代表,雍庆生当选为民革第八届上海市委候补委员,张镇芝被上海市政协聘为经济委员会委员。支部有党员24人。

1990年2月,支部换届,选举雍庆生为主委,郭豫娟为副主委。雍庆生当选为虹口区政协第八届委员。

1992年5月,支部换届,雍庆生、郭豫娟分别连任主委、副主委。该年度民革支部被民革市委评为先进集体。

1994年6月,支部换届,选举产生5位委员,郭豫娟为主委,陈长兴为副主委。支部再次被评为民革上海市先进支部。

1997年4月,支部换届,蒋洪为支部主委,陈长兴、郭士征为副主委。7月,蒋洪、郭士征分别当选为民革上海市第十届委员会常委、委员。

1998年1月,蒋洪当选为上海市第十一届人大代表,并于2003年继续当选为上海市第十二届人大代表。

1999年8月,民革上海财大支部党员达到53名,经民革市委批准,民革上海财大支部升格为民革上海财大总支。11月,民革上海财大总支第一次被民革中央评为全国先进支部。12月,选举产生民革上海财大第一届总支部委员会,蒋洪为总支部主委,郭豫娟、郭士征为副主委。

2002年11月,蒋洪当选为民革上海市第十一届委员会常委、民革中央第十届委员。

2003年,马贺兰当选为虹口区第十一届政协委员。4月,郭士征当选为民革中央经济委员会委员。5月,郭士征被市政协推荐为市政风行风监督员。

2004年11月,民革上海财大总支又一次被民革中央评为全国先进支部。副主委郭豫娟出席民革全国先进支部经验交流会及表彰会。

2005年6月,民革上海财大总支进行换届选举,产生由7人组成的第二届总支部委员会。蒋洪为总支部主委,潘飞、马贺兰为副主委。

2006年1月,郭豫娟被评为民革上海市社会服务工作先进个人。

2007年1月,马贺兰当选为虹口区第十二届政协委员;3月,刘小兵当选为杨浦区第十四届人大代表;4月,刘小兵当选为民革上海市第十二届委员会常委。

2008年,蒋洪当选全国政协十一届委员;刘小兵当选上海市第十一届政协委员、上海市国税地税特邀监察员、上海市杨浦区第十一届人大代表。

2010年,蒋洪当选主委,潘飞、刘小兵、马贺兰为副主委,共9人组成新的领导班子。

2011年,蒋洪担任上海市政府参事。

2012年,民革财大总支荣获民革上海市委"特色支部奖"。副主委刘小兵继续担任民革上海市委常委和上海市政协委员,并担任民革上海市委经济工作委员会副主任。

2013年,民革财大总支荣获民革市委三八红旗集体奖励。主委蒋洪继续担任十二届全国政协委员,副主委刘小兵继续担任十二届上海市政协委员、中国国民党革命委员会第十二届中央委员会经济委员会委员。

2014年,副主委刘小兵和委员杨翠迎荣获民革市委2013年度反映社情民意信息积极分子,刘小兵荣获2014年度民革中央提案工作做出贡献的先进个人称号,同时荣获上海市政协社情民意奖。

2016年,民革上海财大总支升格为民革上海财大委员会。刘小兵任主委,杨翠迎、张桂珍任副主委,共7人组成民革上海财经大学第一届委员会委员。

截至2016年底,共有党员59人。

## 二、主要工作与活动

坚持组织生活经常化、制度化。定期组织党员学习党的统一战线理论,学习时事政治,学习民革章程。组织生活形式多样,丰富多彩,除严肃认真的学习会之外,还有生动活泼的恳谈会、寓教于乐的茶话会、聚餐会和考察活动等。2000年以来,曾赴浙江温州、江苏苏州、山东、上海市区和郊区多地参观考察,并与当地的民革组织进行交流。通过学习、交流和考察,不仅增强民革组织的凝聚力,开阔党员的视野,也使得广大民革党员的思想素质和参政议政的能力不断提高。

张镇芝在20世纪90年代初关于外企立法问题的提案得到市政府有关领导的重视。郭士征曾任上海市政协委员、民革市委社会与法制委员会副主任,每年给市政协提交多件个人提案;并连续多年给民革市委撰写重点提案,主持民革市委的重点调研课题;作为民革中央经济委员会委员,多次赴京参加专题讨论,多次被民革上海市委评为参政议政先进个人。1997年被评为上海统一战线为两个文明建设服务先进个人,2004年10月被评为上海市劳动和社会保障学会工作积极分子。

蒋洪任上海市第十一届、十二届人大代表,全国第十一届、十二届政协委员,在各级会议和学校的双月座谈会上,他的发言和观点多次得到群众的欢迎和领导的重视。如2009年第十一届全国政协二次会议上,他的《提高财政透明度,保障人民知情权》被定为重点提案;2011年两会期间提交9份提案,引发广泛关注;2012年,其《关于坚决制止公款奢侈浪费的提案》荣获全国政协第十一届委员会优秀提案。2013年,刘小兵向民革中央提交的《关于加快推进财税体制改革,保障和改善民生的提案》入选全国政协十二届一次会议重点督办提案,提交的《以民生为导向,坚持推进结构性减税的建议》被民革中央采纳为全国政协十二届一次会议大会发言素材;2014年,上海市政协成立"预算监督评议小组",周太彤副主席带队来校访问,请市政协委员、民革财大总支副主委刘小兵担任小组组长,负责对上海市预算的监督评议工作;2016年,刘小兵《关于进一步深化预算管理改革的提案》获民革中央表彰,并被评选为民革中央2016年度参政议政工作作出积极贡献的党员,《关于进一步深化本市预算管理改革的建议》荣获2016年上海市政协优秀提案奖。

1996—2001年,民革上海财大总支还开展社会办学,学生数年均1 000余人次,为社会主义现代化建设培养人才。2015年,总支承担了上海市人民政协理论研究会主办、上海财经大学协办的"政协委员与大学生面对面"活动的筹备与培训任务,收到了良好的效果,得到市政协和学校的高度肯定。

民革上海财大委员会党员在加强海外联系、促进祖国统一方面也做了不少工作。黄振纲、张镇芝、孙引3人为上海市引进近20家台资企业。黄振纲多次利用去台湾探亲的机会,到台北大学等8所高校和台湾会计师工会进行演讲和交流,并邀请台湾专家两次到学校进行交流,为增进两岸之间相互了解、为早日实现祖国完全统一作出贡献。

## 第二节　中国民主同盟上海财经大学委员会

### 一、沿革

1952年11月29日,民盟上海财经学院区分部成立。吴承禧为主委,盟员24人。

1956、1961、1984年,民盟上海财经学院支部第一至第三届分别成立。主委均为李鸿寿。任副主委的先后有屠修德、桂世柞、刘厚甫、贾宏宇、钱培钧、许心礼、席克正、朱骥。

1988年9月16日、1990年5月19日、1994年4月29日、1997年1月7日,民盟上海财经大学总支第一至第四届分别成立。主委先后为李鸿寿、朱骥、周荣生、彭嘉强。任副主委的先后有钱培钧、许心礼、席克正、朱骥、周荣生、余澄扬、彭嘉强、施锡铨。

2000年3月17日,民盟上海财经大学委员会第一届成立,主委彭嘉强;2004年增补谈儒勇为副主委,奚君羊、卢慧芳为委员。2006年12月29日、2011年9月27日、2016年9月27日,民盟上海财经大学委员会第二至第四届分别成立。第二、三届主委奚君羊,第四届主委金洪飞。任副主委的先后有周荣生、董必荣、刘明顺、朱保华、谈儒勇、金洪飞、卢慧芳。截至2016年底,有盟员104人。

曾任人大代表、政协委员的盟员有:上海市人大代表吴承禧、李炳焕、马家骅(第七届);上海市政协委员吴承禧(常委)、李鸿寿(第一届委员,第二至第六届常委)、席克正(第七届)、奚君羊(第十一届和第十二届常委,经济委员会副主任);虹口区人大代表李儒训、许心礼;杨浦区政协委员金洪飞。

曾任民盟中央委员和市委委员的盟员有:民盟中央委员吴承禧、李鸿寿(第五届,兼民盟中央参议委员);民盟市委委员吴承禧(常委)、李鸿寿(第五至第八届常委、副秘书长、顾问)、李炳焕、余澄扬、彭嘉强、奚君羊(第十二届委员、第十三届和第十四届常委)和郑少华。

## 二、主要工作与活动

民盟上海财经大学组织成立以来,围绕党和国家的重大任务以及学校的中心工作开展活动。20世纪50年代至60年代,主要学习国际国内形势与任务,组织有较大发展。1957年,组织盟员学习中共中央统战部《关于民主党派工作几个问题》文件,明确民盟的历史使命是一切为了社会主义建设,实行"长期共存、互相监督"的方针。其后由于反右与"文化大革命"以及学校的解散,民盟的活动实际处于停滞状态。80年代开始,盟务工作趋于正常和活跃。组织盟员认真学习邓小平理论、加强思想建设。

1985年,钱培钧、杨造璠被民盟市委评为盟务工作积极分子,民盟上财支部被民盟市委评为盟务工作先进集体。

1986年12月,民盟中央委员、校顾问李鸿寿教授倡议,全校35名教授联名发表《告同学书》,恳切希望学生们坚持四项基本原则,自觉维护安定团结,以学业为重,为四化建设多作贡献。23日晚在学校广播,24日刊于文汇报,社会反响良好。

1989年,朱骐被评为"上海市各民主党派、工商联系统积极分子"。

1997年3月,民盟上海财大总支举行"悼念邓小平同志,缅怀丰功伟绩"活动,对邓小平恢复新时期爱国统一战线工作给予高度评价;4月,考察外高桥保税区,感受改革开放以来的浦东巨变。参观黄炎培故居等,学习前辈与党同心同德、肝胆相照的高风亮节;5月,为迎接香港回归,举办有关香港问题的报告会;12月,民盟上海财大总支和民盟上海电影制片厂总支联合举行组织生活联谊会,盟市委领导到会传达民盟八大精神,并对各基层盟组织开展横向联系给予表扬。

1998年4月,民盟上海财大总支到虹桥乡考察改革开放给上海农村带来的巨变,参观上海人民广播电台、上海历史博物馆等;9月,为支持西部教育事业,为河北省广宗地区建立希望小学捐款2 830元。

1999年4月,民盟上海财大总支赴奉贤考察"三农"问题,听取奉贤县纪委书记作有关奉贤发展规划与反腐倡廉的报告;9月,传达《反对修练法轮大法》的通知,一致支持中央对"法轮功"的查禁,并请上海对外友协理事作国内外形势报告。

2000年4月,民盟上海财大委员会赴宝山杨行镇举行"中国加入WTO后对乡镇企业的影响和对策"研讨会,财大盟员、上海WTO问题专家许心礼教授作主旨发言,宝山区副区长、区政协副主席、统战部长等出席;5月,赴嘉定徐行与当地镇政府举办"加入WTO后解决农村劳动力问题及发展趋势"的研讨会;与校统战部一起接待浙江财经学院统战部及民盟领导,互相交流统战工作与盟务工作。

2001年6月,民盟上海财大委员会举行庆祝中国共产党成立80周年活动。彭嘉强被民盟中央授予先进个人荣誉称号;10月,邀请上海深水港建设总设计师到校介绍大小洋山深水港工程建设情况。

2002年9月,彭嘉强、董必荣被聘任为民盟市委学习委员会委员,奚君羊、方芳被聘任为经济委员会委员,奚君羊担任副主任职务。

2003年5月,民盟上海财大委员会赴闸北宝山街道办事处参加"塑造上海城市精神,做可爱的上海人"主题活动,并参观商务印书馆;12月,主委彭嘉强在民盟市委召开的组织工作会议上作《组织发展工作要有利于后备干部队伍建设》的发言,民盟财大委员会的组织发展工作得到盟市委的肯定。

2004年,民盟上海财大委员会获民盟市委"民盟上海市盟务工作先进集体"称号;6月,民盟上海财大委员会与五角场镇举行题为"打造文化名镇,促进三区融合"的座谈会,为杨浦区和五角场镇的发展献计献策。时任民盟市委主委张圣坤、副主委鲍敏中、组织部长方荣应学校党委书记马钦荣邀请,到校视察工作,董必荣代表民盟上海财大委员会向盟市委与校领导汇报工作。

2005年,民盟上海财大委员会获民盟中央"先进基层组织"称号;12月,民盟上海财大委员会邀请民盟中央委员、杨浦区政协副主席、民盟杨浦区委主委徐方瞿作"创新与创新教育"专题报告。

2006年5月,为纪念中国民主同盟成立60周年,民盟上海财大委员会再次赴浦东黄炎培故居,缅怀先辈光辉历程,并听取"关于浦东新一轮综合配套改革"情况介绍,考察浦东新农村建设。

2007年,民盟上海财大委员会在规章制度建设方面做了大量的工作,许多重要事项通过委员会决议的形式作出规定,形成文件,规定各项盟务活动的费用指标,建立委员联系人制度,使盟务工作得到持续和稳定的开展;此外,还建立公共邮箱,制作民盟网页并经常更新,定期刊发盟讯,既方便盟员之间的信息沟通和交流,也使盟务工作更加有序和连贯。盟组织还建立年度先进盟员的评选制度,颁发证书和奖金,体现盟组织对盟员工作成绩的认可,形成了示范效应,提高了广大盟员的工作热情。彭嘉强当选为民盟第十次全国代表大会代表。邀请中共上海财经大学机关第七支部联合考察青浦监狱,接受反腐倡廉教育。

2008年,奚君羊当选市政协常委。该年的汶川地震激发了全国人民的抗震救灾热情。盟组织根据盟市委的号召进行广泛的宣传和动员,积极开展募捐活动;广大盟员踊跃捐款,许多年事已高的老盟员也亲自到校捐款,出国在外的盟员也委托捐款。通过捐款活动,盟组织的凝聚力也得到了增强。

2009年,赴嘉兴参观沈钧儒纪念馆和中共一大纪念馆,接受盟史和党史教育;赴南翔太太乐公司考察企业社会责任问题,此外,还与上海社科院的盟组织合作召开就业问题研讨会等。

2010年,奚君羊在市政协《社情民意》上发表文章,建议筹建上海市金融事务咨询中心,为企业提供咨询服务,文章获得上海市有关领导批示,要求有关部门采纳,同时还获评盟市委社情民意先进个人。

2011年,9位盟员参加了民盟上海市委和上海市社会主义学院、市政协和校统战部举办的各种学习班和培训班,提高了盟员的政治觉悟和思想认识水平。盟员金洪飞在学校盟组织作中国宏观经济形势分析报告。金洪飞、卢慧芳和曾晓洋荣获民盟上海市委"盟务工作先进个人"称号,彭嘉强荣获民盟中央"盟务工作先进个人"称号。

2012年,奚君羊获评民盟市委宣传工作先进个人。谈儒勇参加由市科教党校和市教卫党委联合举办的"第4期上海市教卫党委系统党外中青年干部培训班";姚远参加盟市委举办的"青年骨干盟员培训班";王海瑾和姜云飞参加盟市委"心连心、手拉手欢度三八妇女节"活动。奚君羊和金洪飞出席杨浦区政协召开的发展科技金融研讨会,奚君羊做了主题发言;奚君羊出席民盟杨浦区委、虹口区委、宝山区委、闸北区委联合文化节活动。多位盟员参加了盟市委的专委会,如奚君羊参加参政议政委员会,还被聘任为参政议政特约研究员;郑少华参加法制委员会;林芳参加高教委员会;金洪飞、谈儒勇、丁剑平参加金融委员会;董必荣参加学习委员会。奚君羊承接了盟市委课题"中小企业拓展境外业务的金融支持",盟市委在此基础上形成了市政协提案。由于广大盟员在盟市委的参政议政工作方面取得了突出成就,学校民盟荣获"参政议政先进集体"称号。学校民盟与民盟松江委员会举办联合组织活动,互相交流开展盟务活动经验。

2013年,奚君羊撰写的《加速提升金融的国际化程度,尽快建成人民币四个中心》稿件被市政协推荐做大会发言,发言稿被市政协内参《建言》刊用,送交市委市政府领导作为决策参考;为学校盟员做主题为"自贸区建设与金融改革"的专题讲座;参与撰写的《对整合政策性担保机构促进中小科技型企业发展的建议》获市政协优秀提案奖。奚君羊、谈儒勇、金洪飞、卢慧芳参加学校党委举办的党外代表人士培训班,奚君羊、董必荣、金洪飞、卢慧芳、王海瑾和曾晓洋参加学校统战部组织的苏州大学考察活动并在盟员中广泛交流,使广大盟员对中共领导下的多党合作的政治协商制度的优越性有了更深的认识。金洪飞为学校盟员作了"欧洲主权债务危机及其对中国经济的影响"的学术报告。

2014年,学校盟组织荣获民盟市委"参政议政工作先进集体"称号,奚君羊荣获"反映社情民意信息工作积极分子"称号。学校民盟赴昆山建国混凝土公司调研,了解我国民营经济现状,为反映社情民意收集案例。奚君羊参加市委统战部和市社会主义学院举办的2014年党外人士统一战线理论与实践研讨班,并在大会上交流发言;出席了盟市委联合普陀区政协举办的苏州河论坛;参与撰写的《对整合政策性担保机构促进中小科技型企业发展的建议》获市政协优秀提案奖;积极申报并主持市政协的自贸区金融改革课题,提交了相关调研报告和政策建议,得到市政协领导高度的重视和好评。钱宇辰参加民盟市委办的第46期青年骨干盟员培训班。奚君羊和卢慧芳参加了民盟杨浦区委召开的提案工作座谈会,为杨浦民盟的参政议政出谋划策,提供建议。

2015年,奚君羊参与撰写的提案《推进落实并完善带薪年休假制度的五点建议》获市政协优秀提案奖,他本人获评"民盟市委宣传工作优秀通讯员"。学校民盟获评"上海财经大学统一战线先进集体";与民盟浙江诸暨市委联合座谈参政议政,交流经验;赴东阳考察民营经济;参与校党委"完善我校教授治学的模式"课题招标,提出政策建议,供校党委参考;与民盟市委金融委员会联合举办"互联网金融风控论坛",奚君羊在论坛上作主题演讲。盟员丁剑平撰写的决策建议《给自贸区人民币账户再"松绑"》获得上海市有关领导批示。盟员姚远获评"上海财经大学统一战线先进个人"。

2016年,学校民盟参观考察了生态旅游观光休闲农业试验区——崇明农肯菜园子以及崇明规划馆,对崇明的生态岛建设加深了了解。召开全体盟员大会,选举第四届委员会委员和民盟市委15次代表大会代表,完成新老班子交接。奚君羊参加全国政协第87期地方政协干部(委员)培训班。

## 第三节　中国民主建国会上海财经大学支部

### 一、沿革

中国民主建国会(简称"民建")上海市委上海财经大学直属支部是民建上海市委员会所属高校中最早成立的支部之一,其历史可分为三个阶段:1953—1991年初创、停顿与恢复阶段,1991—1997年平稳发展阶段,1997—2016年快速发展阶段。

### (一) 1953—1991年初创、停顿与恢复阶段

1953年1月,民建上海财经学院小组成立,召集人杨荫溥,会员13人。1961年7月,民建上海财经学院第一届支部成立,主任为李志远。李志远是早期上海民建会的社会活动家之一,历任民建上海市委第三届至六届委员,上海市人大第八届、第九届代表。1960年4月曾任上海社会科学院民建会主任,后调整至上海财经学院。其时学校民建会仅3位会员,包括王公维和杨荫溥,均为上海早期民建会会员。杨荫溥曾于1953年3月至1956年5月间任中国民主建国会上海市分会委员,中国民主建国会上海市第一届委员会(1956年5月至1958年12月)常务委员,工商改造委员会副主任委员。

"文化大革命"期间,民建机关被查封,组织瘫痪,活动全部停止。党的十一届三中全会以后,民建上海市委下属组织陆续恢复活动。与此同时,上海财经学院也处于"文化大革命"后的复校过程之中,部分原并入上海社会科学院的教师陆续返回上海财经学院,其中包括李志远、王公维、胡式如等民建会会员。1980年7月,民建上海财经学院支部得以恢复,李志远任主任,王公维任副主任,会员3人。学校支部恢复以后,会员人数逐渐增加,至1989年底有会员14名。这一阶段民建学校支部经历了一次换届选举和一次届中调整。1987年11月26日进行了民建财大支部的首次换届,李志远任主任委员,王汝涌任副主任委员,并增加林玳玳、周为熙为支部委员。1989年11月17日进行了届中调整,增补钱嘉福、陆徐福为支委会委员。

### (二) 1991—1997年平稳发展阶段

1991年7月15日民建财大支部进行第三届换届选举,产生新的委员会,陆徐福为主任委员,钱嘉福、王隆昌为副主任委员,林玳玳、郑国帧为支委会成员。1995年3月17日,财大支部进行第四届换届,由陆徐福任主任委员,钱嘉福任副主任委员,林玳玳、郑国帧、张德远为支委会成员。1996年7月15日进行了届中调整,增补林玳玳为副主任委员。至1996年底民建财大支部共有会员18名。

### (三) 1997—2016年快速发展阶段

1997年1月20日,财大支部进行第五届换届选举,产生了以张德远为主任委员的新一届支部委员会,陆徐福为副主任委员,郑国帧、沈志义、章国富为支委会成员。这一届支委会除了在校内不断发展会员以外,还在民建市委的支持下,依靠民建财大支部在校外的影响力,开始吸收改革开放以后上海市较早从事证券业的人士加入民建财大支部,民建财大支部的队伍迅速扩大,至1999年底会员人数达到28名(包括校外3名)。1999年9月26日,进行了届中调整,增补沈志义为副主任委员,方卫平为支委会成员。随着校外会员的迅速增加,为了便于开展工作,于2000年4月16日成立了民建财大支部证券小组,推选赵增川任组长,刘古亮为副组长。

2000年6月26日,民建财大支部进行第六届换届,由张德远任主委,沈志义为副主委,郑国帧、方卫平、金阳为支委会委员,同时,因赵增川调入浦东新区任职,推选张耀华为证券小组组长,李德辉、刘古亮为副组长。这一阶段民建财大支部快速发展,至2003年8月,民建财大支部成员达到48名,其中包括证券小组22名会员。2003年9月19日,在民建上海市委的统一部署下,成立民建市委直属证券支部,财大支部证券小组成员全部转出财大支部。2005年3月1日,进行届中调整,增补李新、王琴为支委会成员。2005年12月2日,增补李新为副主委,范翠红为支委会成员。2006

年11月28日,民建上海财大支部举行了第七次换届,选举李新为主任委员,沈志义、王琴为副主任委员,金阳、方卫平、范翠红为支委会委员。2011年12月8日,举行第八次换届,张德远任主委,王琴、金阳任副主委。2015年11月6日,召开新一届换届大会,选举付文林为主委,王琴、金阳为副主委。

会员任职情况：杨荫溥：上海市政协委员,民建上海市分会委员,民建上海市委第一届常委、工商改造委员会副主任。李志远：上海市第八、九届人大代表,民建上海市委第三届至第六届委员。王汝涌：上海市第七届政协委员,民建上海市委第七届委员,杨浦区第七届政协委员。钱嘉福：民建上海市委第六届至第八届委员,上海市人民检察院特约检察员,上海市人民监察员。陆徐福：民建上海市委宣传委员。张德远：民建上海市委第九、十、十一、十二届委员,上海市教卫系统党风廉政监督员,杨浦区政协第十三届委员。沈志义：杨浦区政协第十、十一届委员,第十二届常委。

## 二、主要工作与活动

### (一) 组织建设

民建上海财大支部重视会员素质的培养和提高,会员发展工作坚持注重质量兼顾数量的方针。支部将组织的凝聚力和活力作为组织生存和发展的基础,关心每一位会员。每当会员有重要事件,支部均及时给予关心和帮助。特别是对老年会员,支部每年春节和暑期都会组织支委会集体逐一拜访。2006年1月,财大支部会员王耀东病重需要做肝脏移植手术,牵动了全体会员的心,在短短2个月时间里募得善款2万余元。支部还选送会员参加民建上海市委举办的中青年干部培训班学习,并不拘一格选拔到支部领导岗位上来。

支部组织生活围绕党和国家以及学校的中心工作进行有主题性的学习,对学校的一些热点问题进行讨论。支部每年组织校外考察和参观活动,使会员能较深入地了解社情民意和社会经济的变化,为参政议政提供条件。2000年7月,民建中央主席成思危到上海财大支部,听取支部工作汇报,并就民建基层组织以及民建会员如何加强自身建设作重要指示;他要求民建财大支部成为自我教育的学校、团结互助的集体、参政议政的桥梁和人才培养的基地。2005年1月,民建上海市委主委黄关从应邀到学校访问,对财大支部提出"立足本职、显示特色、扩大影响、有所作为"的十六字工作方针。在民建中央和市委的关怀下,支部涌现出一批工作突出的优秀会员：李新于2003年获"全国留学回国人员成就奖"及"全国留学回国人员先进个人""上海市优秀留学回国人才""上海市高校优秀青年教师"等荣誉称号,受到党和国家领导人的接见;沈志义多次获民建全国优秀会员、区政协优秀提案、参政议政优秀个人等奖励。

### (二) 参政议政

民建上海财大支部的参政议政工作主要体现在三个方面：第一,围绕党和国家的中心任务积极提交提案。财大支部提交民建市委的提案数量和质量在上海市委直属支部中名列前茅,受到民建市委和民建中央的重视。2004年,方卫平撰写的提案《关于如何完善我国〈预约定价安排(参照文本)〉的具体建议》,以及沈志义撰写的有关"三农"问题的提案,得到了有关方面的重视。第二,参与学校大事的讨论,围绕学校工作的热点、难点问题积极建言献策。参加学校双月座谈会,做到会前充分酝酿,会上积极反映意见和建议,会后认真传达与讨论：包括2001年的"三讲"活动、学校

"211工程"的申报、2005年的党员"先进性"教育,以及学校各期规划的制定,都以高度的责任感提出真知灼见。第三,参与城市与学校的民主管理,尤其是在民主监督、建设和谐校园、促进学校和城市稳定发展方面作出了贡献。钱嘉福自1990年起担任上海市人民检察院特约检察员,工作认真负责,2004年10月在76岁高龄时还被聘为上海市人民监察员。张德远自1996年1月起担任上海市教卫系统党风廉政监督员,2003年被学校聘为校党风廉政监督员。支部还积极推动区校合作,尤其在与杨浦区共建中成绩突出。沈志义担任杨浦区政协委员和常委多年,在创建知识杨浦、提升杨浦区功能定位方面提出许多有实用价值的提案,获2005—2006年度杨浦区政协先进个人。沈志义积极参与并主持上海人民广播电台市民与社会节目,为市民排忧解难,赢得了广泛的赞许。2006年8月,王琴被选为民建杨浦区委委员。马文杰积极参政议政,2015年撰写的关于中国(上海)自由贸易试验区深化租赁业发展的若干建议提案,被市委办公厅《动态反映》录用。

(三)社会服务及相关活动

民建财大支部经常组织与民建杨浦区委、上海市民建会员企业进行合作交流和联谊活动。2005年与民建杨浦区委合作进行有关杨浦财政体制改革的研究,并形成研究报告《完善区的公共财政体系框架的思考——关于在杨浦区实行财政标杆管理的建议》,受到中共杨浦区委的重视。2006年4月,民建财大支部与民建杨浦区委签署"区校携手联动,共建知识杨浦"的长期合作协议。支部经常利用各种途径向社会提供有关咨询服务,特别是劳动与社会保障方面的政策咨询、人力资源培训等服务。

## 第四节　中国农工民主党上海财经大学总支部

### 一、沿革

1952年12月14日,农工党上海财经学院的组织——农工党上海市委直属第一小组成立,陈振鹭为召集人,有党员4人。1953年10月3日,武堉干任小组长。1956年1月,沈筱宋任小组长。

1957年3月19日,农工党上海财经学院支部成立,主委沈筱宋,有党员14人。1961年1月统计,有党员11人,童一平任主委;2月后,改由唐汉文任主委。1964年10月统计,有党员9人,唐汉文为主委。"文化大革命"期间停止活动。1980年2月26日,恢复组织活动,唐汉文仍任主委。1984年6月29日,支部换届,唐汉文任主委,乐秀拔任副主委,有党员11人。

1987年3月27日,农工党上海财大首届支部成立,主委乐秀拔,有党员14人。第二、三届支部分别成立于1990年、1993年,主委均为乐秀拔。

1997年1月14日、2000年6月20日、2003年11月4日、2005年10月25日,农工党上海财大支部第四至第七届分别成立,主委均为顾国柱。

2009年5月19日,农工党上海财大第一届总支部成立,顾国柱任主委。第二、三届总支部分别成立于2011年11月8日、2016年9月27日,主委均为门峰。

曾任中国农工民主党上海市委员会委员的党员有:乐秀拔(第七、八届)、顾国柱(第九、十届)、门峰(第十一届)。

曾任中国农工民主党上海市委工作委员会委员的党员有:教育工作委员会乐秀拔(副主任)、

顾国柱(副主任)、张德俭、陈骁;经济工作委员会门峰(副主任)、董逢谷、韩清;参政议政工作委员会门峰、赵建勇、张圣翠;文史工作委员会顾国柱(副主任);市委理论研究指导小组顾国柱。

## 二、主要工作与活动

(一)思想与组织建设

20世纪50年代,贯彻中共中央关于"长期共存、互相监督"的方针,发挥协商监督和团结教育所联系的知识分子为社会主义服务的作用。60年代,组织学习"高校六十条",农工党党员与广大教职工一起投入农村开展社会主义教育运动。

20世纪80年代起,组织党员学习邓小平理论、"三个代表"重要思想和科学发展观,提高对中国共产党领导的多党合作和政治协商制度的认识。支委会班子作风民主、团结合作。支部组织健全,制度完善,活动正常。每次组织生活会,均能确定一个主题,或畅谈学习体会,或积极建言献策。每年组织党员外出考察,曾先后赴浦东新区、张闻天故居、南汇东海农场、孙桥现代农业区、洋山深水港、磁悬浮列车以及常熟、昆山、枫泾、海宁等地,增强支部的凝聚力,开阔党员视野,并为参政议政提供条件。

农工党上海财大支部于2002年获农工党中央颁发的"全国基层组织先进单位"称号,1999年、2004年、2006年、2007年和2009年五次获农工党"上海市先进集体"称号。主委顾国柱于1997年、1999年、2004年、2009年四次被农工党市委授予"上海市优秀党务工作者"称号,2005年被农工党市委评为"上海市优秀宣传干部",2006年先后获宝山区、上海市"学习型家庭示范户"荣誉。

(二)参政议政和民主监督

20世纪90年代中期以来,农工党上海财大总支部涌现一批参政议政积极分子。顾国柱任市政协委员,8年间提交80余件提案,其中5件提案获市政协优秀提案奖。赵建勇、张圣翠、董逢谷递交农工党市委的提案,有的被选送至农工党中央、全国政协,有的还得到国务院领导批示。党员周正谊近20年间每年写出几十件反映民众呼声的社情民意稿,数次担任上海市市民卫生巡访团副团长,提出很多对城市建设和管理有益的意见。

获得的荣誉有:1994年乐秀拔、周正谊被农工党市委评为"优秀提案工作者";1996年,周正谊被中共上海市委、市政府信访办授予"参政议政积极分子"称号;2001年,顾国柱获农工党市委"参政议政工作成绩优异"表彰;2002年,周正谊获"杨浦区党风廉政建设监督员、纠风检查员先进个人";2008年,支部获农工党"上海市参政议政先进支部"称号,顾国柱、张圣翠、董逢谷获农工党"上海市参政议政先进个人"称号。

农工党上海财大总支部在学校党委领导下,围绕学校中心工作,积极献计献策。支委有准备地参加学校双月座谈会,认真动员、组织党员投入学校"211工程"建设,做好本科评建创优、本科评估等工作,开展教育思想大讨论,为学校各期规划提出建设性意见。

历年来,农工党上海财大总支部曾在各级人大、政协和政府任职的党员有顾国柱:上海市政协委员(第九、十届);门峰:虹口区人大常委会副主任(第十三届),河南省商丘市副市长(挂职);周正谊:杨浦区人大代表(第十二届);赵建勇:杨浦区政协委员(第十一届);王学成:虹口区政协委员(第十三、十四届)。

农工党上海财大总支部曾在民主监督工作中任职的党员有顾国柱:上海市特邀监察员(第六

届)、上海市卫生系统行风建设监督员;周正谊:杨浦区党风廉政建设监督员、法院审判监督员、交巡警警纪警风督查员、上海市水务局排水处监督员、上海市绿化园林局督查员;陈骁:上海财经大学党风廉政建设监督员;周继忠:上海市第五届特约检察员。

### (三) 教学、科研与社会服务

学校农工党党员以"勤勤恳恳工作,实实在在做人"为座右铭,认真负责地做好教学、科研与社会服务工作。1985年,陈荣法获农工党市委颁发的"为四化建设服务的先进个人"。1999年,顾国柱获上海市育才奖,赵建勇获上海市高校优秀青年教师奖。2000年,赵建勇被遴选为上海市曙光学者。2002年,赵建勇获教育部优秀青年教师奖,董逢谷获国家统计局优秀统计教师奖。2006年,顾国柱、杨晓兰获申银万国奖教金优秀奖。董逢谷三次获上海市优秀教学成果奖。施兵超、董逢谷、张圣翠、顾国柱、赵建勇等获国家级、省市级优秀科研成果奖。门峰三次获教育部和上海市的博士后研究基金、归国留学生研究基金资助,赵建勇获上海市浦江人才计划资助。周继忠被授予首轮上海高校特聘教授(东方学者)称号。2012年,张圣翠主编的《国际商法》被批准为国家级"十二五"规划教材,2015年《国际商法》(第6版)获得上海市优秀教材奖。

农工党党员积极为社会服务。1995年,农工党上海财大支部组织义务医疗活动,邀请市一医院农工党高年资医生来校作医疗咨询。1998年,农工党支部在全国抗洪救灾工作中捐款捐物8 000元。2002年,农工党支部为大西北建造防护林捐款,门峰兼任虹口区侨联副主席。2003年,霍浩然被农工党中央评为抗击非典优秀党员,吴海国、何敏、崔秋屏、陈骁被农工党中央评为抗击非典先进个人,赵建勇被聘为上海市人大和国家财政部立法和咨询专家,门峰兼任上海市欧美同学会日本分会副会长。2004年,门峰获"上海市统一战线为三个文明建设服务先进个人"。2005年,顾国柱被聘为上海市监察学会专家小组成员、全国财经院校语文研究会副会长,门峰获"上海市侨界十杰"称号。2007年,顾国柱获农工党上海市委"为全面建设小康社会作贡献先进个人"称号。顾国柱、董逢谷被农工党上海市委授予"农工党上海市委2007—2008年度参政议政工作先进个人"荣誉称号,2009年,顾国柱获"中国农工民主党优秀组织工作者"称号。

## 第五节 九三学社上海财经大学委员会(筹)

### 一、沿革

九三学社上财支社成立于1952年11月14日,有社员13名,负责人为褚凤仪。

1954年6月17日,九三学社上财支社举行成立大会,选举产生首届支委会(委员7人),褚凤仪任主委。1957年,顾维熊接替主委工作,直到1958年止。

1961年,九三学社上财支社有社员25人,经选举,陈善林任主委,汪鸿鼎任副主委。1963年3月,社员增至27人。"文化大革命"期间,九三学社上财支社停止一切社务活动。1972年4月,上海财经学院被撤销,九三学社上财支社也同时撤销。

1978年,九三学社上海财经学院支社重建,陈善林任主委,汪鸿鼎任副主委。1982年换届,陈善林任主委,副主委为汪鸿鼎、黄树颜。

1985年,随学院的更名,九三学社财院支社更名为九三学社上海财经大学支社,分别于1987年1月、1990年4月、1993年10月、1998年、2002年、2006年、2011年进行换届。先后担任主委的是黄树颜(两届)、曹志祥、冯关源、宋克勤、梁治安(两届)，任副主委的先后有黄颂、曹志祥、冯关源、张政、凌明娟、吴龙生、周立公、马洪、邵建利、杜惠筠、堵玉敏、谢家平、曹建华。2016年11月8日，九三学社上海财经大学支社升格为九三学社上海财经大学委员会(筹)，邵建利任主委。截至2016年底，有社员72人。

社员任职情况：

九三学社中央委员：褚凤仪(第四、五届)；九三学社上海市委委员：褚凤仪(常委，第五、六、七、八届)、汪鸿鼎(后任顾问)、黄树颜、曹志祥、凌明娟、马洪；上海市人大代表：褚凤仪(第一、二届)、龚清浩(第五、七、八届)；上海市政协委员：褚凤仪(第二、三、四届)、梁治安(第十一、十二届)；虹口区人大代表：廖颖林(第十四届)；虹口区政协委员：谢家平(第十二届)；杨浦区政协委员：卢金豪(第七届)、马洪(第十一、十二届)。

九三学社市委专门委员会任职：邵建利，经济委员会；谢家平，科技委员会；钱逢胜、曹建华、韩玉兰，文教委员会；马洪，社会法制委员会；堵玉敏，妇女委员会；廖颖林，青年委员会。

## 二、主要工作

### (一) 参政议政

20世纪50年代以来，九三学社上财支社的人大代表和政协委员在出席两会期间，就学校和社员关心的一些重大问题积极反映，同时为国家建设献计献策。"文化大革命"以后重建的上财支社对学校的发展非常关注，及时向社员传达学校各个阶段的工作要点，发动社员认真讨论，集中他们的智慧和才能为学校建设积极建言献策。

随着学校教学改革和管理改革的深入推进，九三学社上海财经大学支社主动配合学校，组织社员针对学校在教学内容、师资配备、教师结构、引进人才、培养学术梯队和学科带头人等方面的现状进行调查研究，展开专题讨论，发动社员撰写论文共计20余篇，提供给有关领导参考，对此学校给予高度评价。

1989年春夏之交，国内发生政治风波。九三学社上海财经大学支社响应校党委号召，做好全体社员的思想工作，并发动广大社员利用上课之便深入各自的教学班级，主动与学生交流谈心，维护学校的正常教学秩序和社会安定团结局面。

主动配合学校统战部做好各项工作，同时组织社员认真学习党的统战理论，提高大家对统战工作的认识，并在此基础上撰写心得体会，后经汇编成册在学校统战工作会议上进行交流。2004年社员邵建利撰写论文《民主党派与学校建设的功能定位》和《价值链管理与民主党派参与学校建设的定位》，得到上级统战部门的充分肯定。

2008年3月，邵建利撰写的《关于淘汰落后产能的若干对策与建议》作为全国政协十一届一次会议九三学社中央界别提案，被选作大会现场交办提案，并获九三学社上海市委2007年度参政议政嘉奖。

2010年，谢家平的《以上海环交所为平台，提升虹口低碳经济服务业建议》获虹口区政协优秀提案奖。

2012年，梁治安在上海市政协提交了3份提案，分别是《上海市小学英语教材要尽可能统一，避免在人才培养方面带来困难》《加强交通协管员的管理，促进市民遵守交通意识》和《关于进一步落实市政协十届五次会议第606号提案实施工作的建议》。

2013年4月,在九三学社上海市委2014年度参政议政暨信息工作会议上,上海财大支社荣获"2013年度参政议政工作先进基层三等奖",邵建利提交的《紧凑城市发展理念与高密度混合用地模式》的建议信息被九三学社上海市委采用。

2016年,邵建利撰写的《推进上海旅游卫星账户建立的若干建议》作为全国政协十二届五次会议九三学社中央级别提案,被九三学社上海市委评为2016年参政议政课题提案工作一等奖;韩玉兰撰写的《科创中心建设中的人才培养模式》作为上海市政协十二届五次会议九三学社上海市委级别提案,被九三学社上海市委评为2016年参政议政课题提案工作三等奖;邵建利撰写的《改善社区宜居水平的对策建议——基于杨浦区的调查分析》作为上海市政协十二届五次会议九三学社上海市委级别提案,被九三学社上海市委评为2016年参政议政课题提案工作三等奖。

## (二) 教学与科研

九三学社上海财经大学委员会(筹)的广大社员在完成学校交给的教学任务之外,部分社员利用国外学习和工作的经历,为学校教育改革作出贡献。

1983年,为使学校的教学更快地适应改革开放的形势,社员黄树颜参照国外经济类大学办学经验,提议学校创建现代应用统计专门化并得到设立,开创国内财经院校的先河,当时被西方统计学权威人士誉为"为中国统计教育改革确立了良好的榜样"。此后,他又向学校建议设立数量经济专业,经过不懈努力,1989年现代应用统计教研室更名为数量经济研究室;1990年建成数量经济学硕士点,这也是国内财经院校里最早建立的一个崭新专业;2000年起,成为学校举办中外合作本科教育项目的一个专业。该专业目前已成为学士、硕士、博士系列学位授权点。

20世纪80年代,社员黄树颜先后邀请了欧美统计学界如克莱因·基什·堪培拉等多位一流学者到校作学术交流,邀请美国普查局局长巴贝拉培拉到校指导统计教学,不仅活跃学校的学术空气,提高统计教学水平,而且提升了学校的国内外知名度。1990年,他应邀赴美国佛罗里达大学讲学时,积极主动与美国国际经营管理研究生院联系建立校际合作关系,推动两校签订了给予上财年轻教师免费学习的协议。1992年,他退休之后,受学校委托多次出访欧美国家,与国际著名大学或商学院洽谈教学合作和开展教育研究事项,为学校教育国际化作出了很大贡献。为此,他曾获上海市侨联爱国奉献奖、上海市引进外智先进个人奖。

2015年8月,梁治安获九三学社创建70周年"上海市优秀社员"称号;2015年12月,邵建利获九三学社中央九三学社创建70周年"全国优秀社员"称号。

## (三) 社会服务

九三学社上海财经大学委员会(筹)的社员,积极发挥专长,向社会提供更多的教学资源。从20世纪80年代以来,社组织以各种形式举办多期教学辅导班,服务社会对教育的需求。1985年,支社与学校统计学系合作,率先开办"高考复习班"。1997年,支社独立建立"上海市超前财经进修学院"。2003年,支社与学校图书馆合作开办"外语补习班"。2004年,社员杜惠筠响应党中央"西部大开发"的号召,志愿赴新疆财经学院支教,为提高该校的外语教学水平和发展少数民族地区的教育事业作出贡献。

九三学社上海财经大学支社协助九三学社杨浦区委员会于2012年12月21日在学校举行了贯彻十八大精神、聚焦杨浦新发展——2012年"知识杨浦"九三论坛,开创了此项活动进大学校园的先河。

2014年5月7日,九三学社上海财经大学支社与九三学社杨浦区委签订《杨浦区统一战线合作共建协议书(2014—2016)》。内容包括:继续发挥九三学社的科技特色,联合举办"知识杨浦"九三论坛;搭建平台,合作开展九三学社上海市委、杨浦区的调研工作;以九三学社区校共建联席会议为载体,深化中青年组联组活动的核心主题,携手发掘推荐社组织后备干部;利用高等院校九三学社组织的科技资源,开展各种讲座、培训活动等。

2015年11月,九三学社上财支社成为"九三学社上海高校论坛"成员单位,并于2016年5月成功举办了第55次论坛。九三学社中央副主席、上海市副市长、社市委主委赵雯出席并讲话,校党委书记丛树海到会祝贺。来自上海14所大学的九三学社社员围绕"高校与上海科创中心建设"的主题进行了研讨。

# 第二章 群众团体

## 第一节 工 会

### 一、沿革

1949年5月,上海市总工会成立,国立上海商学院于11月成立工会筹备委员会。1950年春正式成立工会。11月4日,上海财经学院工会第二届委员会成立,主席为姚士彦。

1955年11月26日,学院工会举行会员大会,选举第六届工会委员,工会主席李炳焕作工会工作报告。

1961年,学院重建后组建首届工会委员会,委员17人,主席姜文,副主席王启德、徐政旦、陈大慰、王公维。

1962年10月10日,学院工会成立第二届委员会:主席胡远声,副主席徐翰章、徐政旦、陈大慰、王公维,共有委员14人。

1980年5月,复校后首届工会委员会成立,主席李鸿寿,副主席宗士诚、徐政旦。1981年12月,工会主席由宗士诚担任,徐政旦、李儒训任副主席。

1985年5月,第二届工会委员会成立。张婉如、朱沪生先后任主席,任副主席的先后有李儒训、王鸿生、陈华、张懿。

1991年7月,第三届工会委员会成立。朱沪生任主席,任副主席的先后有李儒训、张懿、许沛云。

1995年12月,第四届工会委员会成立。朱沪生、刘永章先后任主席,任副主席的先后有达世华、许沛云、李卫国。

2003年6月,第五届工会委员会成立。刘永章任主席,常务副主席李卫国,副主席陆美芳、郭羽诞。

2008年4月,第六届工会委员会成立。刘永章任主席,常务副主席孙建华,副主席丁健。

2013年11月,第七届工会委员会成立。刘永章任主席,常务副主席周峰,副主席朱为群、郑继红、屠天峰。

工会会员人数:1980年为602人;1981年为692人;1985年为1 232人;1987年为1 284人;1991年为1 340人;1993年为1 427人;1996年为1 358人;1997年为1 385人;1998年为1 339人;1999年(因后勤划出)为1 034人;2000年为1 027人;2001年为960人;2002年为990人;2003年为1 005人;2004年为1 063人;2005年为1 077人;2006年为1 562人;2007年为1 521人;2008年为1 535人;2009年为1 530人;2010年为1 541人;2011年为1 533人;2012年为1 528人;2013年为1 537人;2014年为1 526人;2015年为1 539人;2016年为2 054人(其中非在编教职工参加

工会506人);2017年3月为2060人(其中非在编教职工参加工会503人)。

## 二、教职工代表大会

教育部于1978年10月颁发的《全国重点高校暂行工作条例》(试行草案)中规定:"在党委领导下,定期举行师生员工代表大会,讨论学校有关重点问题,对学校工作提出批评建议,对学校领导干部进行监督。"1985年11月,教育部和全国教育工会联合颁发《高等学校教职工代表大会暂行条例》。教代会是学校教职工行使民主权利、参与学校民主管理的基本形式,民主集中制是教代会的基本组织原则,教代会成为学校领导体制的组成部分。1998年开始建立二级教代会制度。

### (一)历届(次)教代会、工代会

1985年5月31日至6月4日,召开校第一届教代会第二届工代会,正式代表145人,特邀代表15人,递交提案83件。会议内容有院长年度工作报告,工会工作和财务报告,修改"教师工作考评、奖励试行办法"、"教职工家属宿舍分配条例",选举产生第二届工会委员和经审委员。

1991年7月12—13日,召开校第二届教代会第三届工代会,正式代表179人,列席代表41人,特邀代表27人,递交提案104件。会议内容有校长关于"八五"规划报告、工会工作和经费审查报告、提案处理报告,选举产生第三届工会委员和经审委员。

1991年12月,召开校第二届第二次教代会。会议内容为审议学校精神文明建设规划和实施条例。

1992年4月3日,召开校第二届第三次教代会,递交提案42件。会议内容为审议《教职工住房分配条例》,组成由教师代表参与的校分房委员会。

1993年1月15日,召开校第二届第四次教代会,正式代表有125人。会议之前组建教学改革、劳动人事、工资分配、住房制度改革、综合改革五个专题69人的审议组。会议内容有校长年度工作报告、学校综合改革方案介绍、教工住房改革方案情况介绍,审议综合改革方案,以无记名投票方式通过综合改革方案和实施细则。

1995年12月8—9日,召开校第三届教代会第四届工代会,正式代表有170人,列席代表有46人,特邀代表有54人。会议内容有校长关于"九五"计划和事业发展的报告、工会工作报告、工会经费审查报告、提案工作报告、教职工住房分配与管理条例报告,选举产生第四届工会委员和经审委员,通过教职工住房分配与管理条例。

1996年5月28日,召开校第三届教代会第二次主席团扩大会议。出席者为教代会主席团成员、校工会委员、经审委员与部门工会主席,共48人。会议内容为讨论关于在教职工住房分配过程中引进有偿分配机制的问题、关于西区长途班车是否继续发放的问题、关于管理条例中某些条款修改的问题。

1998年4月14日,召开校第三届教代会第三次主席团扩大会议。出席者为各部门代表团团长、校工会委员23人,列席代表11人,特邀代表2人。会议内容为审议第十次教职工住房分配暂行办法。11月27—28日,召开校第三届第三次教代会。会议内容有校长年度工作报告,学校财务工作报告,审议《教师师德行为准则》《校内工资分配改革试行方案》《改善青年教师住房的暂行办法》《教职工医疗补充保险基金会章程》。

2000年4月26日,召开校第三届教代会第四次主席团扩大会议。出席者为校党政领导、第三届教代会主席团成员、校工会委员、经审委员、院系部门工会主席及部分教职工代表,共56人。会议内容为审议通过以"进一步宣传发动工会会员和全校教职员工,积极投入评建创优工作,力争一举通过教育部本科教学优秀评价"为主题的大会决议,并向全校教职员工发出倡议书。

2001年5月30日,召开校第三届第四次教代会,正式代表有153人,列席代表有25人,特邀代表有25人。会议内容有校长关于"十五"发展计划纲要报告、住房制度改革方案说明、修改教职工医疗互助补充保险基金章程说明,审议通过"十五"发展计划纲要的决议。

2002年1月24日,召开校第三届教代会第五次主席团扩大会议。出席者有校党政领导、教代会主席团人员、职能部门领导、工会委员、部门工会主席、教职工代表等,共68人。会议内容有"学校实施住房改革方案的进展情况"报告、"学校房改资金筹备和运作情况"报告,审议《住房制度改革实施无息借款的暂行条例》和《教职工无息借款实施细则》。

2002年6月19日,召开校第三届第五次教代会,正式代表有147人。会议内容有校长年度工作报告,对教职工岗位聘任改革、教学科研人员岗位聘任暂行办法、教育职员岗位聘任暂行办法说明,审议通过《教学科研人员岗位聘任暂行办法》《教育职员岗位聘任暂行办法》。

2003年6月10日,召开校第四届教代会第五届工代会,正式代表有121人,列席代表有32人,特邀代表有24人。会议内容有校长年度工作报告、学校财务报告、工会工作和经费审查报告、提案工作报告,选举产生第五届工会委员和经审委员。

2005年3月15日,召开校第四届第二次教代会,正式代表有129人,列席代表有35人。会议内容有校长年度工作报告,学校财务报告,提案处理报告,二级教代会制度建设情况、教职工医疗互助金运作情况报告,表决通过《二级单位教职工代表大会暂行条例》《教职工医疗互助金章程》。

2006年1月9日,召开校第四届第三次教代会,正式代表有127人,列席代表有36人,特邀代表有20人,递交提案53件。会议内容有学校"十一五"发展规划报告、财务工作报告,表决通过《"十一五"发展规划(草案)》。

2007年3月20日,召开校第四届第四次教代会,正式代表有132人,列席代表有34人,特邀代表有21人,递交提案有24件。会议内容有校长年度工作报告、学校财务工作报告、提案工作报告、本科教学工作水平评估准备情况报告、工会致全体教职员工公开信——《振奋精神,齐心协力,迎接本科教学评估》。

2008年4月18—19日,召开校第五届教代会暨第六届工代会。听取和审议学校2007年度工作报告、财务工作报告、教职工代表大会提案工作报告、工会工作报告、第五届工会委员会财务工作报告、第五届工会经费审查委员会经费审查报告。经过民主形式产生了工会两委会委员候选人建议名单;经大会选举,产生了第六届工会委员会和经审委员会委员,顺利完成教代会和工代会的换届工作。

2009年5月25—26日,召开校第五届第二次教代会暨第六届第二次工代会,会议审议并通过校长工作报告和财务报告,听取学校房改工作报告、提案工作报告,听取并以投票方式表决通过《上海财经大学住房补贴方案》。

2010年5月25日,召开第五届第三次教代会暨第六届第三次工代会,会议审议并通过校长工作报告和财务报告,听取教职工住房补贴工作情况通报,审议并通过住房补贴补充办法的说明。

2011年5月31日,召开校第五届四次教代会暨第六届第四次工代会。会议正式代表有136名,审议并通过校长工作报告和财务报告以及《"十二五"规划纲要(草案)》。2011年11月22日,召开第五届第四次教代会第一次联席会议,审议通过《上海财经大学绩效津贴调整方案》《上海财经大学新进员工住房补贴实施细则》《上海财经大学劳动人事调解办法》,表决通过劳动人事调解委员会人选。

2012年6月,召开校第五届第五次教代会暨第六届第六次工代会,审议通过《上海财经大学教职工代表大会实施细则》。

2013年11月,召开校第六届教代会暨第七届工代会,本次"双代会"根据教育部《学校教职工代表大会规定》《上海市职工代表大会条例》《上海市高等学校教职工代表大会实施意见(试行)》以及《上海财经大学教职工代表大会实施细则》等的相关规定,经过民主形式产生了工会两委会委员候选人建议名单,经过大会选举产生了第六届教职工代表大会执行委员会委员、第七届工会委员会委员、第七届经费审查委员会委员,顺利完成了教代会和工代会的换届工作。

2014年6月,召开校第六届第二次教代会暨第七届第二次工代会。2014年7月,教代会举行执委会会议,对《上海财经大学教学科研人员岗位聘期考核实施办法》和《上海财经大学教学科研人员岗位聘用与考核办法》的修订进行了审议并通过上述两个文件。

2015年4月,召开校第六届第三次教代会暨第七届第三次工代会。7月27日,工会组织召开第六届教代会执委会(扩大)会议。学校人事处通报2015年学校教职工基本工资调整以及六届一次教代会通过的《上海财经大学2013—2017年绩效津贴调整方案》调整执行的相关问题。

2016年3月,召开校第六届第四次教代会暨第七届第四次工代会,听取和审议2015年度校长工作报告、2015年度财务工作报告;"十三五"发展规划;审议通过《上海财经大学教职工奖励管理规定(试行)》和《上海财经大学教职工行政处分管理规定(试行)》;听取和审议第六届教职工代表大会提案工作委员会工作报告;听取和审议2015年度工会工作报告;审议2015年度工会财务报告。

2017年4月,召开校第六届第五次教代会暨第七届第五次工代会,听取和审议2016年度校长工作报告、2016年度财务工作报告、第六届教职工代表大会提案工作委员会工作报告、百年校庆工作安排报告、2016年度工会工作报告、2016年度工会财务报告。

教代会闭会期间,在校工会的主持下,教代会代表通过各种方式参加学校的民主管理工作,具体有以下几个方面:(1)提案的征集和落实工作。认真向代表征集提案,督促有关部门落实提案,并通过对教代会代表的培训和优秀提案评选、表彰等工作,不断提高提案质量。(2)教代会代表、教师代表列席校长办公会、校常委会。2014年开始,已有24名教代会代表、教师代表列席校长办公会、校常委会,听取学校领导和有关部门的领导通报学校工作;参与学校改革方案、规划计划等重要问题的讨论以及与教职工切身利益有关的文件的制定。(3)参加校、院、系务会。(4)参加校精神文明督查。

### (二)二级教代会

1998年开始建立二级教代会制度。自建立以来二级教代会制度不断健全,作用日渐凸显。在学校各级党组织的领导下,通过建章立制、培训指导、总结交流和检查督促等措施,积极促进二级教代会制度在各院(系、所)、部门中落实完善,实现各院(系、所)、部门民主管理工作有序推进。

## 三、主要工作

### (一)学习与培训

校工会先后制定《工会办公室的任务与职责》《工会专职干部的岗位责任制》,每周召开办公会议、布置、协调各项工作，定期进行工会专职干部的考核，建立会籍管理制度，逐步完善文书档案管理和健全工会财务管理制度，坚持每年2次工会干部的培训制度，坚持工会委员和部门工会主席的月例会制度。

1980—1985年，为青年职工举办业余文化补习班。

1986—1990年，认真组织学习政治理论、师德教育和国家颁布的《工会法》《劳动法》《教育法》《教师法》。

1991—1995年，不间断地采取各种方式开展对工会小组长以上工会干部的培训工作，学习《工会法》、工会有关理论，学习各高校工会的工作经验。

1996—2000年，不间断地组织部门工会主席学习《工会法》《劳动法》，交流工作经验和信息；举办电脑培训班，提高教职工信息化技术应用能力。

2001—2006年，组织部门工会学习《公民道德建设实施纲要》，并与党校联合举办工会干部理论培训班。

2007年，召开年度工会干部工作会议，听取十七大精神学习辅导报告，通过工会有关规章制度，决定评选年度"工会积极分子""优秀工会干部""支持工会工作好领导"。

2008年5月23日，组织新老工会委员、经审委员、部门工会主席及校工会干部以"围绕新形势下如何开展工会工作、当好工会干部"为主题召开工会工作交流会。

2009年，邀请上级工会干部和相关领域专家为校工会委员、部门工会主席及部门工会委员作关于党的十七大精神的报告。

2010年，组织全校教职工学习工会、教代会系列文件网上知识竞赛活动。

2011年，组织提案沟通会，促进职能部门与教代会代表面对面沟通，举办教代会制度相关政策解读等专题辅导报告。

2012年，举办工会、妇女干部学习研讨班，学习当前形势等，进一步提高广大工会干部的政治理论素质、组织管理能力和工作业务水平，增强工会干部队伍的凝聚力。

2013年，组织教代会代表培训会。

2014年，邀请上海市委党校第四分校副校长项建春、上海市总工会宣教部部长陈必华、原校工会常务副主席孙建华作专题报告。组织教职工学习党章活动。

2015年，举办工会干部培训会，特邀上海市总工会宣教部部长陈必华作辅导报告，指导学校工会干部学习习近平总书记在群团工作中的重要讲话精神。组织校情通报会，副校长方华介绍学校"十二五"已经建成的项目及"十三五"规划项目，并就项目的设计背景、理念等情况向代表们作详细的介绍和说明。

2016年，上财后勤实业中心将工会组织关系转为上海财经大学工会管辖。根据《上海市教育工会关于进一步做好上海市教育系统农民工等非在编教职工入会和服务工作的实施意见》规定，从2016年6月1日起，接收学校院聘教职工加入上海财经大学工会，发布关于《明确部门工会设置》的制度文件。组织校庆通报会，邀请校庆办主任刘志远同志介绍百年校庆工作进展情况。

工会坚持每周一次召开工会办公室会议，坚持工会委员、工会主席月例会制度，每年两次举行工会干部培训。

（二）工会制度和理论建设

校工会先后制订或修订了《上海财经大学教职工代表大会实施细则》《上海财经大学二级教职

工代表大会条例》《上海财经大学医疗互助补充保险基金会章程》《上海财经大学工会工作条例》《上海财经大学工会会员会籍管理条例》《上海财经大学基层工会建设"教工小家"考核评比实施办法》等27个工会工作各类规章制度,并由教代会或工会委员会扩大会议审议通过。

2008年至2017年3月,针对"教职工健康现状""多元化用工体制下的工会工作""工会组织如何在高校的改革发展中发挥其独特的作用""教职工对学校工会工作的满意程度""工会经费使用"等问题进行广泛的调研,完成并发表了《上海财经大学教职工健康状况的调查与分析》《新时期高校工会工作发展创新之研究》《健康文化:高校工会文化建设的永恒主题》《法治思维下的工会组织维权能力研究》《高校工会经费使用的合规与绩效研究》等调查报告及多篇研究论文。

（三）育人和"教工之家"建设

1986—1988年,配合校风建设,以提高教工素质、热爱学生、教书育人为目标,组织开展"三育人"活动。推荐、评选2名上海市优秀教育工作者；评选出40岁以下的青年教师10人为校级教书育人积极分子。认真抓好"创建先进教工之家"的工作,1987年被上海市教育工会授予"教工之家"合格证书。

1991—1995年,围绕提高教师素质、增强职业道德开展活动,提倡爱祖国、爱教育、爱学生、为人师表、努力奉献的精神,参与举办"人民教育家陶行知先生光辉事迹"展览,评出8个（系、教研室）先进单位、9名先进个人,举办"我的讲台我的爱"演讲会、"社会主义在我心中"三分钟演讲比赛,赠与教工人手一册《工会法》与《教师法》,参与起草《上海财经大学教师职业道德规范（草案）》《上海财经大学教师职业道德建设若干意见》。

1993年,开展建设"教职工之家"活动,切实加强工会小组的建设,年终评出3个先进部门工会和87名工会积极分子。

1994年,召开"建家"活动交流会,明确考核部门工会工作的内容,年终对各部门工会的"建家"工作进行检查、评估、考核。

1996年,学校成立"三育人"工作领导小组,起草上海财经大学"三育人"工作细则与实施意见（草案）。

1996年11月,成立"建家"评比工作领导小组,在自查自评基础上申报上海市先进"教工之家"。机关等4个部门工会被评为先进部门工会,会计学系等20个部门工会被评为"合格教工小家"。

1998年4月,图书馆等9个部门工会被评为1997年度部门"先进教工小家",会计学院等23个部门工会被评为"合格教工小家"。

1999—2000年,发挥工会"三育人"的管理职能,参与"学生心目中的好老师""教书育人标兵"评选活动,起草"评选规则和办法"。

2001年4月,召开申报校先进"教工小家"工作汇报交流会,评选先进的"教工小家",通过《上海财经大学关于深入开展建设"教工小家"的实施意见》。

2005年,举办主题为"师恩·师爱·师情"青年教师师德演讲比赛,在上海市青年教师演讲决赛中,学校3名教师分获一、二、三等奖,其中一等奖获得者赵亮参加上海市师德演讲巡讲活动；举办《上海财经大学教师师德风采》展示活动,教授陈信元代表学校参加全市先进教师师德风采的巡回展示。

2007年,在全校师生员工中开展"本科教学工作水平评估"知识自测和竞赛活动,举办学校历届上海市劳动模范与青年教师座谈会,为学校创建具有鲜明财经特色的多科性研究型大学作贡献。

2008年,进行2007—2008年度"合格教工小家"的考核及"先进教工小家""模范教工小家"的评比活动;组织"多媒体课件制作与演示"讲座;与党委宣传部、妇联、团委合作开展"昨天、今天、明天"身边的小故事师德演讲比赛;举办"感悟成长,见证辉煌"座谈会,请老校友、老教师讲述复校30周年的风雨历程,共同见证今日的辉煌。

2009年,举行2008—2009年度"工会积极分子""优秀工会干部""支持工会工作好领导"评审会议;组织"为人、为师、为学"征文和演讲比赛;组织教职工参加教学方法、创新人才培养方法等研讨交流会;组织"礼仪与形象展示"讲座活动;举办"我看复校30周年——纪念我校复校30周年"征文比赛活动。

2010年,进行2009—2010年度"合格教工小家"的考核及"先进教工小家""模范教工小家"的评比活动;组织"身边的师德小故事"征文和演讲比赛;举行"话世博、讲师德、促发展"教授座谈会。

2011年,举办"心领美"丝巾领带秀比赛,来自17个院系部门工会的18支队伍、140名参赛选手、112名啦啦队员,共计250多名教职工参加活动;举行2010—2011年度"工会积极分子""优秀工会干部""支持工会工作好领导"评审会议;组织"校训指引我成长"征文和演讲比赛;组织"校园新星"评选活动。

2012年,为庆祝学校95周年华诞,举办"校训指引我成长"演讲比赛;召开校训征文集首发仪式;进行2011—2012年度"合格教工小家"的考核及"先进教工小家""模范教工小家"的评比活动;组织"女教师的幸福"征文和演讲比赛。

2013年,举行2011—2013年度"工会积极分子""优秀工会干部""支持工会工作好领导"评审会议。

2014年,进行2013—2014年度"合格教工小家"的考核及"先进教工小家""模范教工小家"的评比活动。

2015年,校工会、教师教学发展中心和教务处共同举办"上海财经大学首届青年教师教学竞赛(学科组赛)"。30位青年教师分经济学、管理学组,理学、工学组和人文、法学、外语组参加了比赛;举行2014—2015年度"工会积极分子""优秀工会干部""支持工会工作好领导"评审会议。

2016年,组织学校付冬冬、张熠、杨世海、崔丽丽、王茵五位教师参加第二届上海高校青年教师教学竞赛;进行2015—2016年度"合格教工小家"的考核及"先进教工小家""模范教工小家"的评比活动,首次对部门工会进行年度考核。

2017年初,组织全校40周岁以下教职工参加青年教师教学比赛。

(四)评选先进工作

校工会组织教职工进行劳动模范(劳模集体)、优秀教育工作者等先进评选工作。

1980年,程兆汾被评为上海市劳动模范。

1984年,余兴发被评为上海市劳动模范。

1987年,娄尔行、曹立瀛被评为上海市优秀教育工作者。

1989年,胡寄窗被评为全国优秀教师;石成岳被评为全国先进工作者;陈慧玉、施国泰被评为上海市优秀教育工作者。

1991年,张淑智被评为上海市优秀教育工作者。

1993年,杨公朴被评为全国优秀教师;陈信康被评为上海市优秀教育工作者。

1994年,席克正被评为上海市劳动模范。

1995年,张为国被评为全国优秀教师;会计学系被评为上海市模范集体;经济法系被评为上海市高等学校"教书育人、管理育人、服务育人"先进集体;颜光华、杨大楷被评为上海市优秀教育工作者。

1996年,统计学系部门工会获1996年度"上海市先进模范小家"。

1998年,陈亚刚被评为上海市妇女权益保障工作先进工作者。

1998年,万泰国际投资学院被评为1997年度"上海市模范集体";杨公朴被评为1997年度"上海市劳动模范"。

1999年,上海市教育系统支持工会工作好领导:陈和本;上海市教育系统优秀工会干部:朱沪生、许沛云;上海市教育系统优秀工会积极分子:刘克诚、袁珊媛。

2000年,陈信元被评为1998—2000年度上海市劳动模范;蒋洪被评为上海市优秀教育工作者。上海市教育工会保障工作送温暖先进个人:王玲;上海市教育工会保障工作休息休养先进个人:王祖智。

2003年,戈甲被评为全国科教文卫体工会系统抗击"非典"优秀工会干部。

2004年,陈信元被授予"全国五一劳动奖章";赵晓雷被评为全国优秀教师;陈启杰被评为2001—2003年度上海市劳动模范;张雄被评为上海市优秀教育工作者。

2005年,何玉长获上海市科教系统教职工代表大会优秀代表称号。

2007年,赵晓雷被评为2004—2006年度上海市劳动模范。

2010年,上海市教育系统优秀工会积极分子6人:尤东旭、周杰普、余红、杨擎宇、岳咬兴、陈康幼;上海市教育系统优秀工会工作者:孙建华;上海市教育系统心系教职工的好领导:马钦荣。

2012年,上海市教育委员会育才奖:胡怡建、陈月娥、戴国强、应望江、陈启杰、李平民、周巧、孔德民。

2010—2013年度上海市教育系统优秀工会工作者:孙建华。

2010—2013年度上海市教育系统优秀工会积极分子4人:王志坤、甄雁、许淑君、赵银洲。

2014年,刘浩获首届上海高校青年教师教学竞赛二等奖。

2015年度上海市教育系统"模范教工小家":上海财经大学国际工商管理学院。

2015年度上海市教育系统工会工作积极分子:周峰。

2015年,胡怡建荣获2010—2014年度上海市先进工作者称号;"赵晓雷工作室"获上海市教育系统"劳模创新工作室"称号。

2016年度上海市教育系统工会优秀工会工作者:周峰。

2016年,张熠获上海市五一劳动奖章,"上海市教学能手"称号;杨世海获"上海市教学能手"称号。

2016年,张熠获第二届上海高校青年教师教学竞赛社会科学组特等奖;杨世海获自然科学基础学科组一等奖;付冬冬获人文科学组二等奖;王茵获非语言类外语教学学科组三等奖;崔丽丽获自然科学应用学科组优胜奖。

### (五)生活保障工作

1. 假期休息休养工作

1981年至今,校工会每年在暑期期间组织教职工休息休养,平均每年120人,休养地点有长沙、青岛、杭州、宁波、黄山、莫干山、千岛湖、庐山、张家界、奉化、杭州、普陀山、大连、厦门、新疆、西藏、四川、云南、广西、贵州等。

2. 帮困解难、送清凉、送温暖工作

1979—1991年,为未考上学校、待业在家的教工子女开办高考复习班;为解决教工副食品、日用物品供应不足问题,安排周六下午和逢年过节组织供应紧张商品;为会员代做书橱732只、沙发375套等;协调开办校内理发室;创办校食品服务部;建立工会缝纫组;坚持举办自学考试辅导班等。

1991年,粮油、房租调价,先后召开3次教代会代表座谈会,收集教工意见并向上级工会和校党委反映;探访病休在家的老教授、老教师17人;教师节时为满30年教龄的教师开庆贺座谈会;开设"让我来帮助您"法律咨询窗口,每两周1次。

1992年,为年满60、70、80、90岁的49位离退休教职工赠送生日蛋糕。中秋节举办单身教工茶话会;指派3位校工会委员参加校分房委员会;为住房分配问题走访部门领导,召开教工分房座谈会,接待来信来访;帮助解决教职工家庭不和、离婚、劳动安排等纠纷。

1993年,为年届退休的老教授、老教工举办欢送会。组织教职工讨论修改"教职工住房分配制度",对生活困难的教职工建档立卡。

1994年,设立帮困基金,定期提供困难补助,参与学校住房分配工作,为满30年教龄的教师开庆贺会,中秋节与单身教职工共度团圆之夜,为教职工提供价廉物美的商品,工会餐厅、理发室、缝纫组提供优质服务,协助总务处办好教工食堂。

1995—1996年,继续对特困户建档立卡,帮助和慰问困难、重病教职工约200人次,支出补助金6万余元,建立帮困基金和奖励基金各5万元。

1997年,为3位已故教职工办理理赔手续,为外地单身教工集体过中秋节,对93名困难教职工给予补助,发给每位教职工50元就餐券,支出近8万元。

2000—2003年,看望慰问生病、生活困难的教职工,为300位生活困难的教职工建档立卡。

2001年,配合校行政做好中青年教师的住房货币化制度改革,前后审议并张榜公布5批177人申请无息借款的教职工名单,并摸清在校住宿教职工的房源和住房情况。

2002年春节,为教职工开展"送温暖"活动,中秋节为家住外地的青年单身教工举办联谊活动;教师节组织"安居乐、健康行"主题活动,为192名教职工办理无息贷款,改善住房条件。

2003年,慰问学校一线医护工作人员,邀请社区老人重阳节吃长寿面。与校妇委会一起,召开以"走进财大、走近财大"为主题的新进教职工座谈会。

2005年,开展多种形式的"送温暖"活动;中秋节慰问单身、单亲教职工;重阳节关爱退休的老领导、老同事和社区老人,上门探望劳模、贫病教职工;全年受益教职工500余人次,工会支出约6.4万元;开展"伸援手暖流涌向印度洋"赈灾活动,全校师生共募捐13.34万元,获得上海市红十字会"人道救助、爱心关怀"荣誉证书。

2005—2014年,每年为当年满50周岁、55周岁(女)、60周岁的教职工发放生日贺卡、蛋糕券。从2015年起,每年为全校教职工发放生日蛋糕券。

2006—2016年,组织看望各类患病教职工1 016人次,累计付出帮困资金142万元。

组织开展爱心捐款活动。2008年,在"5·12"四川地震赈灾活动中,组织全校师生共捐款1 048 260.18元,图书802册。2010年,玉树地震抗震救灾期间,组织教工捐款近20万元。为帮助外语系黄腾飞同学,组织捐款9.6万元。2012年,为帮助统计学系吴永新老师,组织教工捐款13.6万元。2014年,为帮助信息化办公室陆春老师,组织教职工捐款70万元。

1991年起,每年敬老节为社区80岁以上高龄老人举办孝心进社区活动,至2016年,已经坚持

26年,约为5 460人次社区80岁以上高龄老人送长寿面。

3. 多层次医疗保障

1996年,工会每年出资7万元为全校教职工办理市总工会职保部团体补充养老保障计划(甲种)。

1996—1999年,组织建立"职工养老保险补充"达4 200人次;"职工医疗互助保险补充"1 202人(其中,在职858人,退休344人),基金达100万元以上。

2000年,稳步推行学校教职工医疗互助补充保险工作。

2002年,完成1 300多名教职工年度续保和建档立卡工作,并举办身心健康讲座;进行《上海市教师补充医疗保障计划》宣传工作,完成1 027名教职工指纹采样和投保工作。

2003年,参保和续保3 308人次,办理理赔355人次;参与研发和推广教职工医疗保障系统的计算机应用软件;52名教职工从上海财经大学教职工医疗互助补充保险基金中获益;邀请新华医院13名专家到校为教职工作健康咨询。

2005年,参加总工会职保部住院保障:在职的有1 245人,金额为4.36万元;退休的有559人,金额为4.2万元。参加总工会职保部特种重病保障(3年期)的有1 196人,金额为7.2万元;总工会职保部团体补充养老计划(甲)的有1 271人,金额为12.71万元。参加新华人寿门急诊、住院保险的有1 116人,金额为29万余元。由教职工个人、学校行政、校工会共同出资建立的上海财经大学教职工医疗互助金已达140万元,共有1 578人参加。校工会与后勤管理处、门诊部联手,定做45块题为"健康校园、温馨提示"的告示牌,将医疗保障体系的项目和保健知识贴在牌上,分送张贴告知广大教职工。

2006年,与财务处、门诊部联合开展"上海财经大学教职工医疗互助补充保险基金"报销一条龙服务,共有31名教职工享用基金4.6万余元;为92位教职工办理新华保险公司门(急)诊住院医疗的理赔,达4.9万余元;为42位教职工(包括退休)办理住院保障的理赔工作。

2007年,为80位教职工(包括退休)办理住院保障的理赔,为337位教职工办理新华保险公司门(急)诊住院保险的理赔,共获赔付金25.7万元;为76名2004年以后进校的女职工办理上海市职工保障互助会女职工团体互助医疗特种保障计划。

2008年,将学校教工参加的上海市职工保障互助会保障计划提升为综合保障计划(A类),为全校教职工投保新华人寿保险公司门急诊住院保险。2012年,改为投保天安人寿保险公司门急诊住院保险。2015年,在为全校教职工投保上海市总工会职工综合保障计划(A类)的基础上,校工会又增加投入工会经费人均100元,投保上海市总工会职工综合保障计划(D类),增加了理赔额度。2008年至2017年3月为教职工投保的人数和投保费用情况见表3-1。

表3-1 2008年至2017年3月教职工投保情况　　　　　　　　　　单位:万元

| 年 份 | 人数(人) | 投保费用 | 人数(人) | 投保费用 |
|---|---|---|---|---|
| | 上海市总工会职工综合保障计划(A类) | | 新华人寿保险公司门急诊住院保险 | |
| 2008 | 1 306 | 26.3 | 1 258 | 32.7 |
| 2009 | 1 332 | 26.85 | 1 320 | 34.3 |
| 2010 | 1 354 | 27.29 | 1 348 | 35.05 |
| 2011 | 1 429 | 28.82 | 1 412 | 36.7 |

(续表)

| 年　份 | 人数（人） | 投保费用 | 人数（人） | 投保费用 |
|---|---|---|---|---|
| | 上海市总工会职工综合保障计划(A类) | | 天安人寿保险公司门急诊住院保险 | |
| 2012 | 1 523 | 30.74 | 1 497 | 38.92 |
| 2013 | 1 576 | 31.85 | 1 576 | 40.97 |
| 2014 | 1 576 | 31.85 | 1 631 | 42.4 |
| | 上海市总工会职工综合保障计划(A类＋D类) | | 天安人寿保险公司门急诊住院保险 | |
| 2015 | 1 676 | 47.94 | 1 646 | 42.79 |
| 2016 | 1 749 | 49.94 | 1 751 | 45.52 |
| 2017 | 1 745 | 49.82 | 1 759 | 45.73 |

医疗互助补充保险基金会：

上海财经大学医疗互助保险基金会成立于1999年，于2000年开始运转至今。1999年5月颁布章程，2001年第一次修改章程，2005年3月15日上海财经大学第四届教职工代表大会第二次会议上通过第二次修改的章程，实施至今。

医疗互助金管理委员会主任由分管校长担任，副主任由校工会常务副主席、校财务处处长、校人事处处长担任，成员由门诊部、财务处相关负责人，校工会生活委员组成。下设办公室，由工会、门诊部、财务处派工作人员具体操作。基本固定在每年的4月和10月，分别在国定路、中山北路校区办理报销，2015年增加为每年5、6、7、11月为教职工办理医疗互助金。

4. 维护教职工的合法权益

2008—2012年，接待来访1 000余人次，涉及教职工劳动人事合同、岗位聘任、职称评审、住房补贴等相关方面的争议。

5. 合作办学

2007年，上海市杨浦区人民政府和上海财经大学签订合作办学协议书。

2012年暑假开始，协办上海财经大学附属中学学生夏令营活动。

2016年，同济大学实验学校与上海财经大学签署合作办学协议书。

（六）文艺体育、文体社团

校工会于1987年创建教工艺术团。1991年1月成立教工合唱团、桥牌协会、篮球协会、钓鱼协会、集邮协会，后又陆续成立足球协会、乒乓球协会、网球协会、羽毛球协会、篮球协会、太极拳协会、摄影协会等16个教职工文体协会。截至2017年3月，已有800余名教职工加入教工文体协会。

工会举办"文化艺术节""趣味运动会""单项运动竞赛""演讲比赛""歌咏比赛"，以及各类文体培训班等丰富多彩的文艺、体育活动。

2007年10月，承办上海市科教系统健美操比赛，组织学校教工参加比赛，获金奖。12月，举办首届上海财经大学全校教职工健康文化节及迎新联会。

2008年4月，开展节约型校园活动。6月，组织学校教工参加上海市科教系统排舞比赛，获铜奖。10月，组织第十一届教职工运动会。12月，组织第二届教职工健康文化节及迎新联会。从该年起，每年组织青年教职工野外拓展训练。

2009年12月，组织教职工健美操队、排舞队，参加国家体育总局体操运动管理中心和中国健美操协会联合主办的2009年"浩沙杯"全国万人健美操大赛，双双获得一等奖；组织第三届教职工健康文化节及迎新联会。组织全校教职工开展"日行万步走"活动、乒乓球比赛、游泳比赛、羽毛球比赛、踢毽子比赛、工间操比赛、趣味运动会等。

2010年4月，举办"迎世博，大家都来赛"等专题青年教职工才艺展示，组织教工展示才艺活动，迎接世博会胜利召开。12月，组织第十二届教职工运动会，组织第四届教职工健康文化节及迎新联会；举办内容丰富的"养生园"系列活动，邀请有关专家作食疗与养生、家庭中草药与养生、亚健康与冬令进补、防治心血管病、颈椎病、腰椎病、咽喉炎的辅导报告等。

2011年，组织校园新星比赛活动，组织"心领美"丝巾领带秀比赛；组织第五届教职工健康文化节及迎新联会；承办上海市东北片高校"永远跟党走"文艺汇演活动。

2012年，组织第十三届教职工运动会，教职工参加上海市第七届教工运动会等各项比赛，获得运动会优秀组织奖等多个奖项。

2013年，组织第六届教职工健康文化节闭幕式暨趣味运动会。

2014年，组织第十四届教工运动会，组织第七届教职工健康文化节。

2015年，组织第八届教职工健康文化节闭幕式暨趣味运动会。

2016年，组织第十五届教工运动会，组织第九届教职工健康文化节。

1994—2015年，工会负责管理学校大礼堂期间，坚持周周放电影，月月引进"高雅艺术"，并长期为学生、社区、周边小学提供免费活动场地。

## 四、工会获奖情况

1992年，上海市教育系统第三产业先进集体。

1995年，上海市教育工会"高校合格教工之家"；上海市教育系统实施"送温暖工程"、三产活动先进集体。

1997年，1996年度"上海市先进教工之家"；上海市教育工会实施"送温暖工程"成果发布奖：优秀典型事例奖。

1998年，高校及直属单位工会"合格教工之家"；中国教育工会全国委员会授予上海财经大学工会"教工活动阵地"示范单位。

1999年，1998年度上海市高校工会"先进教工之家"。

2000年，上海市教育工会"保障工作互助补充保险"优秀组织奖。

2001年，上海市教育系统桥牌联赛冠军；上海市"阳光·大地·绿叶"教师文艺汇演组织奖；上海市教工暑期休养工作组织工作先进奖。

2002年，上海市第五届教工运动会优秀组织奖；上海市工会送温暖工程10周年先进基层单位；上海市高校"合格教工之家"。

2003年，2001—2002年度上海市高校"先进教工之家"；上海市高校"合格教工之家"；2001—2003年《以开创性思维做好补充医疗保险工作》获特色工作成果奖。

2004年，2001—2004年保障工作先进集体。

2005年，上海市科教系统"合格教工之家"；"上海市模范职工之家"；全国科教文卫体"先进工会组织"。

2006年,"先进教工之家"免检单位。
2009年,国庆节主题庆祝活动优秀组织奖。
2010年,上海市教育系统优秀工会组织。
2011年,上海市教育系统优秀工会组织。
2012年,第七届上海教工运动会优秀组织奖。

## 第二节 妇委会

### 一、沿革

1979年春,上海财经学院建立妇女委员会(以下简称"妇委会"),周友珊任主任,吴沪生任副主任。

1981年5月14日,学院党委决定李毅任妇委会专职副主任。10月28日,学院党委同意周友珊任妇委会主任,李毅、全增禧、耿孔文任副主任。

1982年9月,学院党委任命张婉如任妇委会主任,李毅任副主任。

1985年1月17日,学院党委任命林宝璪为妇委会兼职主任。11月14日,学院党委任命胡瑞芬为妇委会专职副主任。

1991年5月31日,学校党委任命陆金佩为妇委会副主任。

1994年1月7日,学校召开首次妇女代表大会,选举产生新一届妇委会。校党委同意朱沪生任妇委会主任,刘荔娟任兼职副主任,陆金佩任专职副主任。

2001年7月3日,校党委常委会讨论决定黄林芳兼妇委会主任。

2002年2月27日,校党委任命陆美芳为妇委会副主任。

2003年4月29日,学校召开第二次妇女代表大会,选举产生新一届妇委会。5月4日,校党委同意黄林芳任妇委会主任,王玉任兼职副主任,陆美芳任专职副主任。

2012年12月,校党委任命孙建华在工会负责妇委会工作。

2014年6月7日,学校召开第三次妇女代表大会,选举产生新一届妇委会。9月5日,校党委同意刘兰娟任妇委会主任,郑继红任常务副主任,陆蓉任副主任。

2017年2月19日,学校召开第三届妇委会委员会议,增补屠天峰为第三届妇委会委员,选举屠天峰为常务副主任。2月22日,校党委同意屠天峰任常务副主任。

### 二、主要工作

妇委会在校党委领导下和上级妇女组织指导下,围绕学校中心工作,结合女教职工的特点与需求,开展宣传教育、组织培养、维权服务等工作;关心支持女教职工和女大学生成才与发展,促进男女平等;团结凝聚女教职工在学校教学、科研、管理中发挥"半边天"的作用;充分发挥党联系妇女群众的"桥梁和纽带"作用。

(一)组织学习与参观活动

组织妇女同志和干部学习党中央的重要会议精神,如1981年组织参加党的六中全会的宣讲,

1987年组织学习党的十三大文件,1997年组织学习党的十五大精神,2002年组织学习党的十六大精神,2007年组织学习党的十七大精神,2013年组织学习党的十八大精神等;组织妇女同志和干部前往经济体制改革示范地区和企业进行参观,切身体会改革开放的伟大成就和企业改革发展等情况,如1986年10月,组织参观了解温州经济体制改革情况,2000年组织参观浦东改革开放以来的变化情况,2005年4月,组织参观现代化企业大众汽车有限公司等。

### (二)开展培训与研讨活动

根据上级妇女组织和校党委工作的要求,结合实际,每年举办妇女干部学习培训和工作的研讨交流,如1986—1987年组织女教授研讨"妇女如何成才"问题;1988年组织召开妇女干部"通过哪些渠道提高妇女素质"的讨论会;2002年召开"学习贯彻十六大精神,按照'四新'要求推进妇女工作"交流研讨会;2003年研讨国外研究女性课题的情况,讨论明确学期工作重点和工作制度;2005年研讨新时期妇女工作的发展趋势,掌握全国人大新修改颁布的《妇女法》等文件;2008年研讨如何落实上海市第十三次妇女代表大会精神;2010年讨论如何在女教职工和女大学生中开展"我为世博添光彩"主题教育活动;2012年研讨创建"妇女小家"工作;2016年举行"妇女小家"建设学习交流会暨小家特色项目体验活动等。

### (三)举办各类教育活动

组织妇女同志开展各种类型的主题教育活动,提升女性自身形象,开展献爱心活动,提升学校精神文明建设水平。如20世纪80年代开展"五讲四美""三热爱"活动;1995年、1997年、1999年多次举办女性形象塑造各类讲座;2002年参加为崇明特困儿童"助学成才"活动;2009年开展以"迎世博、讲文明、促发展"为主题的"巾帼文明岗"创建活动;2011年在女教职工中开展"恒爱行动、萦绕杨浦"——为孤残儿童编织、捐赠毛衣活动;2013年4月23日,成立女教职工"贝叶香"读书会;2013年10月起,开展"姐妹主题聚会"活动项目,至2016年12月,先后组织了健康美味烘焙秀、学讲上海话、老照片的故事、定格故事光影童年、微电影的拍摄与制作技巧、夏令养生与时令鲜花饮品、"爱与责任"女教职工诵读会、"韵动生命、舞出健康"健身操(舞)展示会、"用丝巾唤醒你的美"丝巾扮靓分享会、"与花共午"插花体验活动、图书馆LC(学习共享)空间体验之旅、"上财姐妹如相问,一片冰心在玉壶"活动、"旗袍与传统文化审美"的旗袍服饰体验活动、"因你更美"上财旗袍协会周年庆旗袍秀等14个主题活动。

### (四)服务教学与科研工作

1996年,在女教职工中开展"学校进入'211'建设阶段,我们怎么干"的大讨论,为学校"211"工程建设献计献策。

1999年,组织女教授召开"跨世纪教育改革研讨会",探索校教育体制改革、研究生课程设置的调整和教学方法等。

2000年,组织女教授召开"今天我怎样当老师"交流会。

2001年11月,组织女教授讨论"如何贯彻教育部加强高等学校教学工作,提高教学质量"文件精神,为学校提高教学质量献计献策。

2002年12月,组织女教授召开"教学改革与创新研讨会",并举行迎新年冷餐会。

2003年10月,组织召开"教育发展与城市精神"讨论会。

2004年4月,组织女教授在校召开"女教授与青年女教师教学方法交流会"。

2006年6月,组织妇女干部参加上财论坛,听取校党委书记马钦荣作"学校发展定位和培养人才目标思考"的报告。

2010年5月和2011年4月,分别组织女教授相互交流教学科研、教书育人等的方法和体会。

(五)开展评优活动

1980年、1981年评出上海市妇女"六好"积极分子1名,校妇女先进集体6个,校妇女先进个人35名。

1982年至2004年,评出市"五好家庭"和市"五好文明家庭"各1个;市巾帼奖2名。2016年,陈云、陈明夫妇获2016年度上海市"海上最美家庭"称号。

1982年至2016年11月,每两年一次,开展上海市、上海市教育系统、校"三八红旗集体"和"三八红旗手"评选活动。

每两年一次开展上海市教育系统、校"比翼双飞模范佳侣"评选活动。

2007年11月起,增设开展了校"巾帼新秀""优秀妇女干部"和"心系女教职工好领导"评选活动。

2009年11月起,增设市、教育系统、区、校"巾帼文明岗"的评选活动。

至2017年3月,共评选市"三八红旗集体"8个;市"三八红旗手"21名;市优秀妇女工作者、市教育系统女能手、优秀女教职工各1名;市教育系统优秀妇女工作者2人。市教育系统"三八红旗集体"6个;市教育系统"三八红旗手"5名;市科教系统"三八红旗手"2名;市科教系统"心系女职工好领导"1名。"市巾帼奖"2名、市"巾帼文明岗"4个、市教育系统"巾帼文明示范岗"2个、市教育系统"巾帼文明岗"6个、市教育系统"巾帼建功标兵"2名。评出杨浦区"巾帼文明岗"4个、"巾帼新秀"2名、"三八红旗手"1名。评选校"三八红旗集体"39个、校"三八红旗手"346人次、"三八红旗手"提名奖37名。校"巾帼文明岗"24个;校"巾帼新秀"59名;校"优秀妇女干部"46名;校"心系女教职工好领导"52名。

共评出上海市教育系统"比翼双飞模范佳侣"标兵1对,"比翼双飞模范佳侣"6对,"比翼双飞模范佳侣"提名奖2对;校"比翼双飞模范佳侣"124对。

每年妇委会抓住"三八妇女节"时机,通过校报、展板、工作网站等途径,树立先进典型,弘扬女教职工的崇高品质和奉献精神。每年"三八妇女节"召开庆祝会暨先进表彰大会,校党委书记、校长到会颁发荣誉证书和讲话,激励女教职工以先进为榜样,促进自身发展,为学校建设与发展建功立业,为家庭幸福和社会和谐作出奉献。

(六)关心中青年女教职工

通过开展调查、提出建议,设立女青年成才资助金,开展业务培训等多种形式,为中青年女教职工排忧解难,帮助她们成长成才。如1982—1992年,创办会计专修班自学考试辅导班,同时输送中年妇女干部参加各种文化培训班;1985年,调查女教职工学习、生活情况,向学校有关部门提出120多条建议与要求;1996年,举办女教职工"办公室软件速成学习班";2002年、2004年、2005年,以问卷调查的形式,分别对青年女教师和女研究生生活状况进行了解和分析,并征求青年女教师对妇委会工作的需求。2004年,举行"上海财经大学优秀女青年成才资助金发放仪式",以后每年3月和10月发放,至2017年3月已有40岁及以下的女教授和副教授、博士761人次受益;2005年,举办中青年教师多媒体课件制作与演示比赛;2006年,召开"教学方法和创新型人才培养"交流会,提高女教师的创新思维和教学水平;2011年,组织妇女干部和新进女行政管理人员开展"联谊迎新凝心,交流融洽感情"主题活动,鼓励她们尽快融入学校,爱岗爱生,在教学科研、管理服务的岗位上发挥自身的优势等。

### (七)促进女大学生健康成长

1994年10月至2016年12月,每年11、12月在女大学生中开展上海财经大学"十佳女大学生"评选活动,于"三八妇女节"表彰,通过校刊、光荣榜、网站等途径,宣传和弘扬"十佳女大学生"勤奋学习、开拓进取、自强不息、刻苦钻研、乐于奉献的先进事迹,营造女大学生成才的良好氛围。至今评选出"十佳女大学生"230名、提名奖135名。

1995—2013年,妇委会充分发挥女教授联谊会的作用,每年10月份请有多年教学科研工作经验和丰富人生经历的女教授,为女大学生新生举办"夯实基础、提升能力、协调发展、健康成才"等主题的学习生活指导会和咨询活动,帮助她们答疑解惑,尽快适应融入大学学习生活,较早制定自我发展的规划。

### (八)维护女教职工的合法权益

1986年,与相关部门一起对妇女进行法律常识教育,增强法律意识,解决个别女同志的婚姻、遗产等问题。同时向校分房小组反映住房有困难的女同志的情况,帮助住国定路分校的同志联系校车。

1987年,组织妇女同志学习法律知识。

1997年,组织妇女干部听取上海大学法学院教授王美娟作"妇女儿童保障法"专题讲座。

2003年,为全校女教职工发放《妇女权益保障法律法规汇编本》,组织学习,掌握法律知识,维护自身权益。

2007年11—12月,组织全校女教职工学习《妇女权益保障法》,92.5%的女教职工参加了学习竞赛活动。

1987年、1988年、1995年、1998年、2004年,与相关部门联系反映,解决个别女教职工的住房、职称、学习、婚姻、试工、复工、看病、家庭暴力及奖金等问题,维护她们的合法权益。

### (九)开展送关爱、送健康、送温暖活动

校妇委会关心教职工子女的成长,做好"六一节"慰问工作,联系周边学校,解决教职工子女上学的后顾之忧。校领导和妇委会到幼儿园慰问教师和教职工子女,发放慰问金和赠送礼物。妇委会与五一托儿所、广中路一小、五角场中心小学、复旦附小、复旦二附中、国定路幼儿园、同济初级中学等联系,帮助新进教师和教职工解决子女入托、入学的问题。1995—2008年,先后解决402人次的教职工子女上幼儿园、小学、预备班的问题,2008年后配合工会继续做好此项工作。

每年在"六一节"(截至2012年),向全校教职工12周岁以下的300多个子女赠送慰问信和小纪念品,鼓励小朋友好好学习、天天向上;举办各种讲座和辅导报告,帮助教职工掌握教育子女的方法和技巧。

2015—2016年,邀请华东师范大学心理咨询中心资深督导陈默老师开设系列讲座,如"好爸好妈如何炼成的""幼儿教养精要""怎样让孩子愿学习""怎样做青少年家长"等。

关心女教职工身心健康,如组织妇科检查、开设女性健康专题讲座、为女教职工购买女性安康保险等。

关心单亲女教职工的思想、工作和生活,每年春节前向有困难的单亲女教职工送温暖,发放慰问金等。

1979年以来,对女教职工做到三个必访,即产妇必访、住院必访和重病在家休养必访,累计送温暖探望走访709人次。

### (十) 开展女教授联谊活动

1995年10月,学校成立女教授联谊会。联谊会是在校党委领导下和校妇委会的指导下,自愿组成的群众团体。宗旨是联络感情、增进友谊、交流信息,促进女教授自身提高,并带领学校女教职工在各自岗位上发扬自尊、自强、自立、自信的精神,为学校妇女工作增添光彩,为学校教学科研管理工作作出贡献。女教授联谊会员最初有30名,发展至2016年底有150名左右。1995年10月—2006年4月,第一届会长为刘荔娟。2006年5月—2007年5月,第二届会长为林珏。2007年6月—2013年6月,第三届会长为刘兰娟。2013年4月—6月,女教授联谊会进行了换届改选,并更名为"女教授女干部联谊会",陆蓉担任第四届女教授女干部联谊会会长。女教授联谊会开展各种活动,搭建了各种平台,加强自身建设,在教书育人、为人师表、教学科研管理改革、服务社区等方面起到了引领和表率作用,曾获得上海市"三八红旗集体"称号。

## 三、获奖情况

### (一) 比赛获奖

1995年,参加市教卫党委、市教育工会、教卫妇委会联合举办的"上海市教卫系统妇女成果展",朱沪生、张婉如、裴逸娟、刘荔娟、林珏五位女教授事迹展出。

1996年、2000年,参加市教育系统妇委会组织的演讲比赛,两次均获得优胜奖。2001年,参加杨浦区的"上海女性时代精神"辩论赛,获得优秀组织奖。

2004年,妇委会工作网站参加上海市教育系统妇女工作网页评比,获得金奖。组织女教师参加市教育系统妇女工作委员会和市教育工会女职工委员会举办的教苑英姿——上海市女教师健身活动展示,获得表演奖(二等奖)。

2005年10月,青年女教师赵亮、宋晓燕、张琴参加市教育工会组织的师德演讲比赛,分别获得一、二、三等奖。12月,妇委会陆美芳参加市科教系统妇女干部《如何有效提高妇女组织促进知识女性发展能力》征文评比,获得一等奖。

2007年,校妇委"围绕中心,加强服务,促进青年女教师成才与发展"的工作,被评选为"上海市科教系统妇女特色工作"。10月,女大学生参加上海市科教系统"性别教育"读书征文活动,信息管理与工程学院06级本科生府蕾获得一等奖。

2008年,校妇委会开展的女大学生"女性·和谐·发展"读书征文活动获得上海市科教系统"性别教育"读书征文活动优秀组织奖。

2009年5月,校妇委会获得上海市教育系统"祖国繁荣伴我成长,教育发展助我成才"为主题的征文活动优秀组织奖,人文学院林晖获得征文二等奖,法学院曾坚、统计与管理学院杨楠、张淼获得征文优秀奖。6月,应用数学系田方参加上海市青年女教师的"走进世博,相约世博"为主题的双语演讲比赛,获得三等奖。

2010年12月,校妇委会获得上海市教育系统教苑巾帼"我为世博添光彩"主题活动优秀组织奖,外语系学生工作办公室获得优秀主题活动奖。

2012年5月,学校"十佳女大学生"评选活动获得上海女大学生成才教育工作优秀案例奖。9月,组织女教职工参加上海市教育系统"春韵秋舞——上海女教师健身秧歌展示活动"获得最佳风采奖(一等奖)。

2013年5月,组织女教职工参加上海市妇联组织的《女职工劳动保护特别规定》知识竞赛,获优秀组织奖。6月,参加教育系统"女教师的幸福"主题征文,法学院王蕴老师获得一等奖,金融学院齐宁、应用数学系何萍、会计学院李盈懿、机关刘雪苏获得优秀奖。9月,参加教育系统"书香梦圆——女教师的幸福"优秀征文品读活动,校妇委会获优秀组织奖,法学院王蕴老师获得最佳诵读奖。

2014年12月,"姐妹主题聚会"活动项目获得上海市教育系统妇女特色工作案例金奖。

2015年10月,学校女教师表演队获得"教苑群芳——上海市女教师服饰展示活动"最佳风采奖。

(二)荣誉称号

1983年3月,林宝瓘获得上海市"三八红旗手";许六妹获得上海市"五好家庭"。

1985年3月,裘逸娟获得上海市"三八红旗手";妇委会高等教育自学辅导班工作人员获得上海市"三八红旗集体"。

1987年3月,郑德如、刘荔娟获得上海市"三八红旗手";妇委会教育组获得上海市"三八红旗集体"。

1989年3月,胡瑞芬获得上海市"三八红旗手";工经系外国工业经济管理教研室获得上海市"三八红旗集体"。

1990年3月,张婉如、林宝瓘获得上海市"巾帼奖"。

1991年3月,冯善萍获得上海市"三八红旗手"。

1993年3月,裘逸娟、李艳红(学生)获得上海市"三八红旗手";总务处膳食科获得上海市"三八红旗集体"。

1995年3月,王惠玲获得上海市"三八红旗手";图书馆获得上海市"三八红旗集体"。

1997年3月,刘荔娟获得上海市"三八红旗手";经贸外语系获得上海市"三八红旗集体";唐如青获得上海市教育系统"女能手"。

1999年3月,刘惠娟获得上海市"三八红旗手";女教授联谊会获得上海市"三八红旗集体";刘兰娟获得上海市教育系统"优秀女教职工"。

2000年3月,顾心蔚、夏健明夫妇获得上海市教育系统"比翼双飞模范佳侣"。8月,陆金佩获得上海市"优秀妇女工作者"。

2001年3月,林珏获得上海市"三八红旗手";留学生办公室获得上海市"三八红旗集体"。

2002年3月,吴幼萍、周锦尉夫妇获得上海市教育系统"比翼双飞模范佳侣"。

2003年3月,王玉、蔡菊芳(学生)获得上海市"三八红旗手";王惠玲获得上海市教育系统"三八红旗手"。

2004年3月,余红、何玉长夫妇获得上海市教育系统"比翼双飞模范佳侣";同年获得上海市"五好文明家庭"。

2005年3月,刘兰娟获得上海市"三八红旗手";郎艳怀获得上海市科教系统"三八红旗手";陆美芳获得上海市教育系统"优秀妇女工作者";体育教学部女教学组获得杨浦区"巾帼文明岗"。

2006年3月,陈云、陈明夫妇获得上海市科教系统"比翼双飞模范佳侣";职业技术学院获得杨浦区"巾帼文明岗";靳玉英获得杨浦区第三届"巾帼新秀"和"三八红旗手"。

2007年3月,叶朱获得上海市"三八红旗手";校妇委会获得上海市科教系统"三八红旗集体";黄林芳获得上海市科教系统"心系女职工好领导";姚玲珍获得上海市科教系统"三八红旗手"。

2008年3月,马艳、李笑野夫妇获得2007年(第六届)上海市科教系统"比翼双飞模范佳侣";党委办公室、校长办公室获得2006—2007年度杨浦区"巾帼文明岗"。

2009年3月,陈云获得上海市"三八红旗手";学生就业指导中心获得上海市教育系统"三八红旗集体";徐晓萍获得上海市教育系统"三八红旗手";陆美芳获得上海市教育系统"优秀妇女工作者";于洪获得杨浦区第四届"巾帼新秀"。

2010年3月,党委办公室、校长办公室获得上海市"巾帼文明岗";学生就业指导中心、图书馆流通部获得上海市教育系统"巾帼文明示范岗";信息化办公室、档案馆收集科获得上海市教育系统"巾帼文明岗";档案馆收集科获得杨浦区"巾帼文明岗"。

2011年3月,姚玲珍获得上海市"三八红旗手";图书馆流通部获得上海市教育系统"三八红旗集体";杨忠莲获得上海市教育系统"三八红旗手"。

2012年3月,靳玉英、李翔夫妇获得2011年度(第八届)上海市教育系统"比翼双飞模范佳侣";图书馆流通部获得上海市"巾帼文明岗";会计学院学生管理办公室、国际工商管理学院学生工作办公室获得上海市教育系统"巾帼文明岗"。

2013年3月,杨忠莲获得上海市"三八红旗手";杨楠获教育系统"三八红旗手";国际工商管理学院学生工作办公室获教育系统"三八红旗集体"。

2014年3月,国际工商管理学院学生工作办公室获得上海市"巾帼文明岗";褚华获得上海市教育系统"巾帼建功标兵";法学院国际法教研室获得教育系统"巾帼文明岗";董静、苟燕楠夫妇获得教育系统"比翼双飞模范佳侣"提名奖。

2015年3月,钱玲获得上海市"三八红旗手";韩冬梅获得上海市教育系统"三八红旗手";商学院获得上海市教育系统"三八红旗集体"。

2016年3月,法学院国际法教研室获得上海市"巾帼文明岗";陆蓉获得上海市教育系统"巾帼建功标兵";国际文化交流学院获得上海市教育系统"巾帼文明岗";陈云、陈明夫妇获得上海市教育系统"比翼双飞模范佳侣标兵";图书馆妇女小家获得上海市教育系统"优秀妇女小家"。

2017年3月,徐萍获得上海市"三八红旗手";褚华获得上海市教育系统"三八红旗手";公共经济与管理学院学生工作办公室获得上海市教育系统"三八红旗集体"。

## 第三节 共青团

### 一、沿革

1949年10月21日,上海市北虹区团工委会批准国立上海商学院筹建中国新民主主义青年团。22日,学校青年积极分子大会选举产生筹委会委员21人,何克明为筹委会主席,左士俊为副主席。

11月11日，新民主主义青年团上商团支部正式成立，团支部书记为左士俊，副书记为屠数五。

1950年1月14日，国立上海商学院团总支委员会成立，总支下设四个分支部，共有青年团员135名。

1951年10月，上海财经学院建立团委，有15名委员，徐洵任团委书记，毛泽生任第一副书记，陈继平任第二副书记。

1952年12月9日，共青团上海市工委组织部函告学院团委：同意毛泽生等17人为学院团委委员，并以毛泽生为书记，陈秉权为第一副书记，刘骧为第二副书记。

1953年10月24日，共青团上海市委高等学校工委会函告学院团委：同意朱崇儒等11人为学院团委委员，并以朱崇儒为团委书记、毛泽生为第一副书记、孙年生为第二副书记。

1954年3月25日，中共上海市高等学校委员会发函，批准林政安为学院团委书记，原团委书记朱崇儒调任做党的组织工作。9月25日，学院召开团员大会，选举产生新一届团委会委员15人；28日，团委会会议推选朱崇儒为团委书记，叶品樵为团委副书记。

1955年12月28日，学院召开团员大会，选举产生新一届团委委员14人。30日，新一届团委召开第一次全体会议，选出朱崇儒为团委书记，姚铭全、洪家敏、徐国材为副书记。

1956年8月31日，青年团上海市高等学校工委会函告学院团委："批准你处于今年6月报来有关林政安同志兼任团委书记，姚铭全同志专任团委副书记的报告"。

1957年12月14日，共青团上海市委组织部函告学院团委：林政安下乡劳动后，同意由朱崇儒任团委书记。12月27日，姚铭全任团委副书记。

1961年1月14日，学院召开团员大会选举产生学院重建后第一届团委；翌年3月20日，上海市第一商业局团委函告学院团委：同意由李光治等9人组成共青团上海财经学院委员会，并由李光治任团委副书记。

1962年3月22日，学院团委召开团员大会进行民主改选，选举结果为杨昭伦等15人当选；5月29日，团市委组织部批复杨昭伦任团委书记，产生新一届团委，李光治、简令嘉任副书记。

1964年2月8日，团市委组织部批复同意周敦生担任团委书记。

1964年10月25日，学院召开第一次团代会，选举产生第四届团委；11月17日，团市委组织部批复周敦生任书记，简令嘉、高民治为副书记。

1979年2月，成立临时团委。5月15日，召开复校后首届团委成立大会。大会总结前阶段的工作情况，宣读《关于学生中开展学雷锋争三好活动的暂行办法》《关于开展争创优秀团支部的决定》与《关于教职工中开展争当新长征突击手活动的决定》。参加选举的团员212人，选举校团委委员7人。周关教、漏涛任院团委副书记。

1982年10月7日，召开第二届团代会。团委代表周关教在报告中回顾3年多来的工作，总结学生工作的经验。大会代表167人，实到146人；选举新一届团委委员17人。周关教、漏涛任院团委副书记。

1984年10月底至11月初，召开第七次团代会。选举第七届团委委员11人。12月8日，团市委批复：院团委书记朱根林，副书记刘永章、阮如钧。

1987年12月4—5日，召开第八次团代会。大会学习贯彻党的十三大精神，进一步认识改革深化新时期高校共青团工作、学生会工作的地位和作用。选举产生团委委员13人。校团委书记阮如钧，副书记方华、周漪。

1992年12月4—5日，召开第九次团代会。大会学习贯彻党的十四大精神，动员青年为实现十四大提出的宏伟目标而奋发学习、努力工作、建功立业。正式代表200人,选举产生团委委员17人。12月21日,团市委批复:院团委书记陈仕宏,副书记魏静、吴国华。

1996年5月10—11日,召开第十次团代会。大会学习邓小平建设有中国特色的社会主义理论,贯彻落实党的十四届五中全会精神,探索新形势下校共青团、学生会工作的新思路和新机制,动员团员青年积极投身于学校"211工程"建设和跨世纪的成才活动。大会选举产生团委委员17人。魏静任校团委书记,冯润民、郑继红任副书记。1998年9月,陈红梅任书记,郑继红任副书记。

2001年5月,召开第十一次团代会。第十一届团委由郑继红任书记,沈晖、张满仓任副书记。

2003年9月,沈晖任团委书记,张满仓任副书记。2006年4月,沈晖任书记,李美俊、褚华任副书记。

2013年3月,褚华任团委书记,沈亦骏、宋达飞任副书记。

2017年3月,沈亦骏任团委书记。

## 二、组织机构

1984—1985学年,团委增设调研部并主办刊物《参阅》,及时反映学生中的倾向性问题。

1986年,成立团委学生经济管理研究会。

1988年,成立团委学生经济文化服务中心,开展智力型、管理型、劳务型和服务型的社会实践活动。

1995年,建立校级学生自理管理委员会。1996年,增设《上财社区》编辑部。

1996年,为适应学分制,加强团的基层建设,发挥团组织在创建文明社区中的作用,全校15个团总支把1000多个团小组建立在寝室中,实行团小组和寝室合二为一的体制,以寝室为单位开展团的主题教育活动。

2003年,正式成立上海财经大学青年志愿者服务总队,保留原有的各支队伍作为总队下属的分队。团委下设部门调研部、网管部、人事部、志愿者服务总队。

2004年,增设组织部、办公室、宣传部、实践部。

2005年6月,增设素质拓展中心、人力资源部、科创中心。

2007年,增设团书记助理团,校团委的基本组织框架为:以院系团委为单位建立二级分团委,以各班级为单位设立团支部,分团委书记由专职辅导员担任,下设团支部书记由院系学生干部担任。

2010年,校团委在原有基层组织框架基础上,围绕2010上海市世博会志愿服务总规划,成立世博会园区志愿者临时团总支和城市站点临时团总支,其中团总支负责人由校院两级专职团干部和辅导员担任,并以志愿服务小组为单位成立临时团支部,圆满完成世博期间的各项园区及城市志愿服务工作。

2011年,校团委的基本组织框架为:以13个院系所团委为单位建立二级分团委,以班级为单位设立团支部。分团委书记为院系专职学工人员,下设分团委副书记,团支部书记由院系学生干部担任。

2015年,共青团上海财经大学马克思主义研究院委员会成立,以院所团委为单位的二级分团委达到14家。

2016年,团委成立上海财经大学学生联合会,下设青年发展中心、青年研究中心、行政中心、公共事务与联络中心、新媒体中心、创新创业中心、学术文化中心、文体中心、学生权益中心、社团总会10个中心部门,整合资源,提升学联的管理协调服务功能。

### 三、团的自身建设

1981年进行"四个教育":形势教育,热爱党、热爱社会主义祖国教育,为四化立志成才教育,共产主义道德品质教育。

1983年,在试点的基础上系统地对团干部进行培训,提高团干部的政治素质和业务水平;采取团委—团总支—团支部逐级考核制:团委委员每双周下午举行一次会议,团总支书记每月月初举行一次会议,交流情况,讨论工作,布置任务;大力表彰优秀团员,采用"结对子"等形式开展谈心活动。11月,举办第一期团干部培训班,学员计94人。

1987年,举办87级团支部书记岗位培训班和团总支书记读书班。截至12月31日,全校共有团员3 560人,专职、兼职的团干部有14人,团总支12个,团支部104个。

1990年,举办1990级团干部思想和业务培训班;3月至5月上旬,在全校范围内开展团员教育评议活动。11月,对全校基层团组织及团员进行"团组织现状、团员思想状况"摸底调查。截至12月31日,全校共有团员4 055人,专职团干部(团委、团总支)14人,兼职团干部446人,团总支11个,团支部118个,处分违纪团员3人,其中开除团籍1人。

1991年,形成团员组织生活每月两次的制度,建立业余团校;制定《团支部年度考核指标体系》,并开展团支部晋级创优活动。民主评议活动共有4 025名团员(占总数的99.2%)参加,评出优秀团员224名,合格团员3 786名。校团委被团市委授予"上海市团员教育评议活动优秀组织奖"。该年经过校级团校培训的专职干部128人,团总支12个。年度团籍注册数3 860人,注册率为98.24%。

1993年11月,举办第三期团校,共60名团支书、班长参加。通过座谈会、问卷等形式对团的组织生活现状进行调查,并就存在的问题和对策进行研讨,初步提出今后团的组织生活如何开展的基本思路,撰写6篇关于团员思想现状的调研报告;召开8次学生座谈会,涉及国内国际形势、奥运会投票、物价改革、教学改革、食堂伙食、后勤管理、节能节电、大学生消费、恋爱、学习等内容。

1996年9月,校团委、学生工作部举办1995、1996级学生骨干培训班,共有160多人参加;要求基层团组织实行理论学习小组长和团小组长、寝室长三位一体制度;编辑出版《上财社区》;10月举办第四期团校。

2001年,举办学生干部学习"七一"讲话和"三个代表"重要思想培训班、首届社团负责人培训班、校级学生干部《公民道德建设实施纲要》研学班;建立联席会议制度,主要有校学生会与各院系学生会主席、团总支副书记的联席会议,社团负责人联席会议,双代会委员联席会议等。是年2月底,由团委负责开发和日常管理的上海财经大学BBS经世济国站开始试运行;3月底,与宣传部"思进网"、学生工作部(处)"友学网"共同投入正式运行;11月,与学校党校合作,在BBS经世济国站内开设"党建讨论"版面。建立团委与院系团总支主页的双向连接,"上海青年电子社区"与学校团委主页的双向连接。

2002年,完善BBS建设,更新团委主页,BBS注册用户达3 986名;团刊《上财青年》转为月刊,《上财团学工作简报》每月两期。

2004年,开展对团委所有学生干部的考核评定;举办新任学生干部培训班,开展团学工作业务培训；团委的全面网络信息化建设正式开始；举办第六期团校，深化学生干部对团学工作的认识，培养团队协作精神。

2005年，考核评定所有学生干部；举办新任学生干部培训班；调试并完善素质拓展计划认证系统的网站，导入2002—2005级学生的基本资料和数据，同时在各院系成立素质拓展分部；举办第二届人生发展导航行动；举办第七期团校；出台《团学干部考核办法》《学生社会实践实施条例》《学生社会实践实施细则》等规章制度。

2006年，举办人生导航系列活动的"青年成才ABC"讲习活动；开展对所有团委学生干部的考核评定，并举办大学生成功规划经验交流会；开展新任团学联部长培训；举办团委干事动员大会暨首次培训活动；举办第八期团校。

2007年，"主题团日"评比活动围绕学风建设全面展开。

2009年，校团委组织五四精神大讨论基层团组织理论学习活动，全校12个基层院系代表队围绕爱国、民主、科学、和谐、文明等各个方面展开陈述。同时，整合原有理论学习社团，正式成立"上海财经大学特色理论学习研究会"，聘请相关领域的老师全程对理论学习活动进行指导，定期组织学校交流会，在校园内建立学习理论的良好氛围。

2011年，组织开展"红动财大——铭记历史，传承精神"上海财经大学纪念建党90周年主题教育系列活动；持续开展共青团选苗育苗工程，有54名学生参加了各区的挂职锻炼。

2012年，举办第十四期团校，并持续开展共青团人才培养的选苗育苗工程，根据上级团组织要求确定学校初选培养对象62名、重点培养对象37名及遴选优先培养对象28名。

2013年，开办《上财青年动态》（周刊）、《上财青年参考》（月刊）等青年调研刊物，聚焦青年关注的热点问题，初步形成各有专攻的青年调研体系，为相关部门决策提供参考，组织第十五期团校系列培训。

2014年，以团校为主要平台，面向全校团支部书记、团干部群体开展培训交流。10月，上海财经大学第十六期团校正式开班，邀请知名专家学者围绕"中国梦"、"社会主义核心价值观"等主题开展热点讲座论坛、经验交流分享等活动。

2016年，举办第十八期团校；12月8—11日，学校学生代表参加上海市学生联合会第十六次代表大会；12月8—15日，学校团学骨干代表赴北京参加全国大学生骨干培养培训班，与来自全国各地百余名团学骨干一起探索学生骨干的理论学习素养与自我认知。

## 四、主要工作与活动

### （一）青年思想政治工作

1983年，举行团支部"五佳"评比活动，发挥团支部在人生观教育中的作用；举行文明班级和文明宿舍（楼）评比，开展宣传"我们身边的雷锋"和找"共产主义闪光点"活动。

1989年，加强校风校纪建设，开展"文明寝室"评比活动；举行"财大在前进"的黑板报汇展，反映学校改革十年来取得的重大成果；开展纪念"一二·九"运动革命传统教育系列活动。

1992年，在上海市高等学校"文明寝室"评选中，学校有8个寝室获"文明寝室"称号。

1993年，举行以爱国主义为主题的纪念"一二·九"运动系列活动；结合校庆，开展以"成才之路"为主题的校友与大学生恳谈会；开展"我与社会主义市场经济同行"的主题教育活动；隆重举行毛泽东100周年诞辰纪念活动。

1996年,为纪念"九一八"事变65周年,组织召开"毋忘国耻、爱国成才"为主题的座谈会。1994级经济学专业学生高颖的文章在上海市教委和团市委举行的"上海青年学邓选"活动中获得一等奖。

1997年,举办情系香港、爱我财大、振兴中华系列教育活动,有2 100多人次参加。专职团干部先后3次集中学习中共十五大文件。团委直接组织稿件49篇,字数15万字,《财大团讯》和《上财社区》及时刊登学生学习十五大体会文章。

1998年,举行"在邓小平理论指引下成长"演讲赛,其中2名学生代表学校参加市教委、团市委联合举行的演讲会;在市教育党委举行的"学习邓小平理论经验交流会及第三届上海市高校学生邓小平理论征文"表彰会上,获优秀组织奖、一等奖1名、二等奖2名、三等奖和鼓励奖各1名。

1999年,举行"学邓小平理论,做新世纪栋梁"的演讲赛;在市教育党委、市教委举办的"我是中国人民的儿子"上海大学生纪念"五四"80周年电视演讲会中,获"优秀组织奖"、"参与奖"2名、"优秀奖"2名;与校党委宣传部、理论部联合举行"我与新世纪"学习邓小平理论征文;通过主题班会、团组织生活、辅导报告、座谈会等形式,加深广大学生对"法轮功"事件的认识。

2000年,调整邓研会的组织机构,修改《章程》,参加团市委、市学联组织开展的上海市高校大学生邓研会工作年会系列活动和第六届上海市大学生邓小平理论征文活动。

2004年12月,在上海市科技教育系统思想政治工作研究会第10次年会上,获上海教育系统2003—2004年思想政治教育研究组织奖(先进单位)。

2005—2006年,开展增强共青团员意识主题教育活动;举办一系列座谈会和讨论会,对共青团学生会干部进行系统的理论培训;《高校社团发展机制研究》获"2005上海共青团调研奖"三等奖。

2007年,组织青年学生研读中共十七大报告,通过多种形式学习宣传党的十七大精神。在理论学习过程中,金融学院的大学生政治学院获"2007年上海市大中学生理论学习先进集体",会计学院的"树立科学发展观"主题学习实践活动、国际工商管理学院的2005级工商管理班党章学习活动获评"2007上海市大中学生理论学习优秀活动项目",信息工程与管理学院学生谢玉婷、国际工商管理学院学生汪雪、公共经济与管理学院学生郭文心获评"2007上海市大中学生理论学习先进个人"。

2009—2010年,通过宣传世博、参与世博、服务世博等活动,将学生的成长成才与国家的发展变化紧密相连,提升广大青年的社会责任感。

2011年,组织纪念建党九十周年及"五四"系列活动,主要包括主题团日、党史微小说大赛、红诗会、升旗仪式等。

2012年,庆祝中国共产主义青年团建团九十周年,开展"我的青春,我的团"——上海财经大学纪念建团90周年暨五四运动93周年主题教育系列活动;开展"五年风华·献礼十八大"上海财经大学迎接党的十八大主题教育系列活动。

2014年,校团委、院系分团委、基层团支部组织开展主题团日系列活动。从"学雷锋"志愿服务到"倡节俭、反浪费"光盘行动,从"学党史、知国情"知识竞赛到"五四"公益设计大赛,各主题团日项目内容丰富、特色鲜明。结合国庆日等重要时间节点,开展爱国主义和理想信念教育系列活动。

2015年,以"格物青年始、致知躬亲行"为主题,开展纪念五四运动96周年主题教育系列活动,同时结合纪念中国人民抗日战争暨世界反法西斯战争胜利70周年的重要节点,开展了"身边的抗战"主题征文活动。

2016年,面向全校基层团支部,校团委组织开展"核心价值我先行"为主题的团日活动,共计近

200个团支部参加了该项目,内容涉及党史团史学习、专业调研、志愿服务等。同时,邀请多位市级杰出青年代表与学生共话成长经历和感悟,如青年军医苏佳灿、特警大队长王春军、反扒女警姜峻、青年舞蹈家黄豆豆、"红客"创业家谈剑峰等。

### (二) 社会实践活动

1991年,暑期组织团员抗洪救灾活动和"一元钱,一份情,献给灾区建家园"的募捐活动;学生经济管理研究会的团员主动深入抗洪救灾第一线,支援灾区建家园,被评为"上海市暑期优秀社会实践奖",校团委也被评为"上海市抗洪救灾活动先进单位";开展暑期社会实践和抗洪救灾主题汇报会、"魂系中华,情连灾区,心向财大"迎国庆赈灾游园活动;还开展"了解改革,参与建设"的主题活动,多次组织团员参加南浦大桥、杨浦大桥、太浦河等工程劳动,被团市委评为"太浦河工程劳动优秀组织奖"。

1993年,与上海青鸣实业有限公司等单位组织开展"青鸣之旅"大学生暑期社会实践活动,开展的系列产品调研活动,被市高教局、市教卫办、团市委评为上海市大学生暑期社会实践优秀活动奖;联合《文汇报》等单位举办暑期社会实践成果征文评比活动,两位学生分获一、三等奖。

1995年,全校各专业15名优秀研究生、本科生赴上海虹口区挂职锻炼;开展"社会主义市场经济万里行"社会调查服务活动。

1996年,获上海市大学生暑期社会实践组织奖;"赴福建厦门长江科技文化志愿服务活动"和"凤凰之旅"——1996暑期上海市大学生赴京、浙、川骑车考察活动,获暑期社会实践活动优秀活动奖。

1996—1997年,共选送47名大学生赴城区挂职锻炼,校团委被授予"区校连手,共育文明"的锦旗。

1999年,暑期社会实践以"受教育、长才干、作贡献"为指导思想,开展挂职锻炼、社会调研和考察、"三下乡"(支教扫盲服务队、科技扶贫、乡镇企业促进行动等)、硕博进国企、社区援助行动等实践活动。

2000年,暑期社会实践获"全国'三下乡'先进单位",上海市暑期社会实践优秀组织奖。此后暑期社会实践活动每年开展,多次获得"优秀组织奖"、"社会实践先进个人"等市级荣誉。

2012年,围绕"青春九十年,报国勇争先"主题开展暑期社会实践活动,并确立了国家重点团队2个、市级重点团队4个、校级团队60个。

2013年,组织"三下乡"和"知行杯"暑期实践活动;并开展主题为"爱在此夏,定格光芒"的暑期社会实践分享会。

2014年,组织"知行杯"和"三下乡"暑期实践活动,来自十二个学院的四十余支团队带着自己调研的课题奔赴全国各地展开实践。人文学院"爱在财大"暑期支教团作为一支坚持时间超过10年的优秀团队,荣获"上海市大学生社会实践十大最具影响力项目"称号,校团委荣获"最佳组织奖"荣誉称号。

2015年,组织以"躬身实践砺真知,创新创业铸真才"为主题的暑期社会实践活动,其中"励志之旅"扶贫帮困项目、"马缨花开"暑期支教回访项目、阅读伴我成长五期——2015年暑期金融学院阅读主题支教服务、"寻根溯源,薪火相传"4个项目被评为市级重点项目,"爱在财大"捐资助学支教项目与"圆梦连心"义务支教实践活动2个项目被评为国家级重点项目。

2016年,开展"创新创业扬青春风采,知行合一铸匡时之魂"为主题的暑期社会实践活动,多个项目荣获市级各类奖项。

### (三)志愿服务活动

1997年,策划组织150个团支部与150名失学少年结对子活动,参与希望工程活动。

2001年,在600多名报名者中选拔出16名品学兼优的学生参加APEC(亚太经合组织)工商领导人CEO峰会志愿服务活动,获"APEC志愿者工作组织奖"。

2002年,组织参加"2002年亚行年会"志愿者服务活动,56名学生参加交通保障组的服务工作,获亚行年会筹备办颁发的"特别贡献奖";校团委获2002年亚洲开发银行第35届理事会年会颁发的"特别贡献奖";61名学生参加上海科技馆志愿者服务活动;"APEC志愿者活动"获2001上海财经大学精神文明建设"十佳好事"。

2003—2007年,每年选拔多名同学赴西部志愿服务,在学生中大力倡导"奉献·友爱·互助"精神,积极开展科技馆志愿者活动、世博志愿行动、场馆志愿者、赛事志愿者、社区志愿者服务等活动。2008年,6名学生入选参加西部计划,28名学生成为奥运志愿者。

2009—2010年,共有11名学生参加西部计划,奔赴新疆、西藏、云南、重庆等地,另有6名同学参加全国第十一、十二届研究生支教团项目,赴江西共青城参加支教服务1年。

2010年,学校3 246名学生参与世博志愿者服务工作,其中2名被评为"上海市杰出志愿者"、129名被评为"上海市优秀志愿者"、4名辅导员被评为"上海市世博工作先进个人"、3个集体被评为"上海市世博工作优秀团队",校团委也被市委、市政府授予"上海世博工作先进集体"称号。

2014年,7名同学成功入选西部计划,分赴新疆、西藏、重庆、湖北等地参与志愿服务,其中2名同学延期服务一年。第十六届研究生支教团项目志愿者规模扩展为6人,分赴云南省普洱市孟连县和贵州省遵义市道真县支教服务。在已有的志愿者活动基础上,团委进一步开展特色活动,如急救培训、五四评优、管乐节志愿者、"12·1防艾路演"、"12·5国际志愿者日游园会"等项目。除此之外,四大传统场馆、"阳光宝宝"关爱自闭症儿童、"兴家"残疾人子女义务家教等常规活动都顺利进行。

2015年,3名西部志愿者、6名研究生支教团成员赴全国各地参与地方服务与实践。11月,为来自贵州和云南山区的孩子们进行心愿认领及物资捐助活动。"阳光宝宝"志愿者项目面向全校招募志愿者,有63名志愿者入选。

2016年,4名西部计划志愿者、6名研究生支教团成员分赴西藏、云南、重庆和贵州开展政务管理和支教工作。"暖冬计划"和"筑梦行"活动如期举行,为西部地区贫困学生继续送去关爱。在常规志愿活动项目开展的同时,防艾计生公益类活动力度加强,同伴教育讲座规模加大,同伴教育志愿者蔡景薇在第九届全球健康促进大会上作为中国青年代表发言。

### (四)课外科技活动

1991年,设立"成才奖"和"财经常用计算公式基金会"等学生科学文化基金。

1992年,团委学生经济管理研究会获第二届上海市大学生课外学术科技作品三等奖。

1993年,上海市大学生"挑战杯"课外学术作品评比,学校6篇文章入围,2篇文章获奖。

1997年,举行首届大学生科技论文节,参加人数达1 000多人,共收到论文794篇,评出优秀论文109篇,有23篇论文在各类公开刊物上发表;策划组织"中信杯"经济类论文大赛,收到论文46篇,优秀获奖论文在《上海投资》杂志上公开发表;获上海市教委、市科委和团市委颁发的第五届"挑战杯"全国大学生科技作品竞赛上海赛区组织奖。

1998年7—12月,举行第二届科技论文节,共收到各类论文500余篇。

1999年,参加第六届"挑战杯"系列竞赛活动,1件作品获全国"巨龙鼓励奖";创业计划竞赛活动中,2件作品被上海市选送参加全国竞赛;课外学术科技作品竞赛中,2件作品被推荐参加全国竞赛;第二届"中信证券杯"论文大赛中,共收到论文287篇,有34篇分获研究生组、本科生组的一、二、三等奖,校团委获"优秀组织奖。"

2000年,主办"通和杯"上海市高校经管类专业学生创业计划大赛,全市共8所高校80多支参赛队近500名学生报名参赛,学校本科生和研究生有30多支队伍参加,其中7件作品进入复赛,5件作品选送参加上海市"张江杯"创业计划大赛,1件获铜奖,2件获入围奖,校团委被授予优秀组织奖。学校还承办由团市委主办的上海市高校学生经济类论文大赛。

2001年,在第七届"挑战杯"全国大学生课外科技学术作品竞赛总决赛中,2名学生分获全国一、二等奖;由学生工作部(处)和团委联合组织的第五届科技论文节,共收到130余篇论文。

2002年,组织参加"张江杯"创业计划大赛,有2个参赛小组进入上海市前30名,并入围全国复赛。

2003年,在上海市第五届青少年科技节的系列活动网页设计大赛中,获优秀组织奖,5名学生分别获得一、二、三等奖和鼓励奖;"挑战杯"课外科技作品大赛获一等奖1名,二等奖1名,三等奖2名,团体总分位居上海第六;12月,校辩论队获第九届中国名校大学生辩论邀请赛冠军。

2004年,在第四届大学生"挑战杯"创业计划大赛上海市的预赛中,取得服务类第一、三、四和第十名,技术类第十九名,最终在全国总决赛中获"优秀组织奖",1个作品获银奖,1个作品获铜奖;5月,在"与世博同行、筑梦想展台"首届上海大学生会展策划大赛中,获三等奖、优胜奖各1名;12月,获第十届中国名校大学生辩论赛并列第三名,团委获优秀组织奖。

2005年,第九届"挑战杯"大学生课外学术科技作品竞赛中,10余篇重点作品参加上海市复赛,最终6篇作品进入决赛,均获全国三等奖;团委与教务处、学生处联合制定并实施《上海财经大学本科生科研创新活动指导和管理方案》,对年度学生科研成果和科研活动予以奖励;11月,1个调研作品获2005上海共青团调研奖三等奖;12月,受学校出版社资助,设立上财大学生社会调查出版基金。

2006年,第五届"挑战杯"创业计划大赛中,共有3篇作品进入决赛,获奖情况为一银两铜。

2007年,第十届"挑战杯"全国大学生课外学术科技作品竞赛中,2篇作品分获上海市级一等奖和二等奖,2篇作品获上海市级三等奖。其中一篇入选全国总决赛并获三等奖。

2008年,学校创业项目计划《艾斯雷特电工材料有限公司创业计划书》《安泰公共清洁设备制造有限公司创业计划书》《企购不锈钢交易网创业计划书》分获第六届"挑战杯"全国大学生创业计划竞赛铜奖。

2009年,学校学生作品《农户借贷行为与正规金融及非正规金融联动影响关系的实证研究》荣获第十一届"挑战杯"全国大学生课外学术科技作品竞赛一等奖,多个项目分获三等奖。在随后举办的上海世博会专题赛中,学生作品《世博园周边临时商业网点规划方案》荣获全国特等奖,多个作品分获二、三等奖。

2010年,第七届"挑战杯"大学生创业计划大赛中,学校9个项目入围市级决赛,3项获全国铜奖。

2011年,第十二届"挑战杯"全国大学生课外学术科技作品竞赛中,学校2个项目分获全国二、三等奖。

2012年,"知行杯"社会实践大赛共有3支队伍获得市级三等奖,两支队伍获得市级优胜奖。在第八届"挑战杯"全国大学生创业计划竞赛中,学校"排队无忧"项目荣获全国银奖,校团委荣获优秀组织奖。在上海市大学生创业计划大赛决赛中,学校荣获上海市银奖一个、上海市铜奖三个。

2013年,学校学生作品《走向高质量的中小农场——对我国农业适度规模经营的回溯、调查与前瞻》荣获"挑战杯"全国大学生课外学术和科技作品竞赛三等奖,同时荣获"交叉创新奖"三等奖,《创意文化产业发展模式研究——以上海市体验消费类集聚区为例》荣获"累进创新奖"银奖。创业中心创行团队荣获2013年创行中国站总冠军,并代表中国参加墨西哥2013年创行世界杯比赛,与全球33个国家或地区的商业公益项目同台竞技,凭借利用废弃咖啡渣培育可食用菌菇并进行销售的"咖啡绿植"项目跻身全球八强。

2014年,先后举办了"模拟24小时"商业精英挑战赛、"工商银行杯"商业案例分析大赛、"高顿财经杯"未来商业精英挑战赛等创新型赛事,并结合创业创新项目孵化计划,科学引导团队成长,共遴选报送14个项目参加上海市级竞赛,其中11个项目分获上海市金、银、铜奖,3个项目入围全国级竞赛。11月,三支团队在武汉华中科技大学举行的"挑战杯"全国竞赛中,一举夺得一金两银的好成绩。

2015年,校团委围绕"挑战杯"学术科技作品大赛、"创青春"创业计划大赛、"创行"公益实践大赛等高水平课外科创赛事,努力构建学校创新创业生态,积极与学校创业学院开展合作,着力构建学生创业实践平台。7月,开办首期"匡时班",以"创意""创新""创业"为指导思路,开设六大特色课程模块、近30堂创业课程,课程反响热烈。11月,第十四届"挑战杯"全国大学生课外学术科技作品竞赛全国决赛中,学校作品《营改增后企业税负与利润一定反向变化吗?——基于上海市147家文化企业的调查》荣获全国一等奖,《学而时习之——中国在线教育发展状态研究及产品生态对比分析调查——基于上海本土企业的调研》荣获全国三等奖。

2016年,在"创青春"全国大学生创业大赛终审决赛中,学校获得一银两铜。金融学院学生作品"e电充——新能源汽车停车充电共享平台"荣获全国银奖。金融学院管凌子等同学合作完成的作品"挂科险类保险服务专家"、法学院赵萌萌等同学合作完成的作品"子归团聚计划"荣获全国铜奖。此外,多部作品在全国大学生"创新、创意及创业"挑战赛、"互联网+"全国大学生创业大赛中斩获佳绩。12月3日,"冠生园杯"全国财经院校创新创业大赛复赛、决赛在学校举办。青年创客在积极备赛的同时,与来自各财经院校的青年朋友们热情沟通,既开阔了视野、提升了创业理念,也加深了彼此的友谊、增进了相互交流。

(五)文艺体育活动

2000年,团委被上海市教委推荐参加市委宣传部组织的"上海市群众文艺活动优秀组织奖"的评选。2003年12月,学校获上海市金孔雀舞蹈节优秀组织奖。

2004年6月,上海市大学生短剧小品比赛中,学校话剧团获创作一等奖1项、二等奖1项,表演一等奖1项、二等奖1项;11月,参加上海大学生话剧比赛,获得三等奖。

2005年5月,在第四届上海市学生艺术节上,话剧团《向左走向右走》和《迷途》两作品均获一等奖;8月,在第二届上海市大学生话剧节中,话剧团的参选剧目《暗恋桃花源》获三等奖和最佳男、女主角称号,同时获得此次大学生话剧节的"优秀组织奖"。

2006年5月,在第三届上海市大学生话剧节中,话剧团的原创作品《扎玛格蓝》获一等奖和最佳男主角奖。

2008年,原创作品《在路上》在第五届上海大学生话剧节中获三等奖、优秀表演奖、优秀组织奖;话剧团参加第二届全国大学生艺术节上海赛区展演,从众高校选送的团队中脱颖而出,获得金奖。

2009年2月,民乐团代表上海于南京参加第二届全国大学生艺术节展演,取得了金奖与民乐甲组第一名的佳绩;10月,话剧团《千村调查日志》在第六届上海大学生话剧节中获三等奖、最佳女配角、优秀组织奖。

2010年10月,民乐团赴香港参加海内外江南丝竹邀请赛,由民乐团骨干组成的丝竹小乐队在比赛中获最佳表演奖和优秀新作品创作奖。

2011年9月,话剧团《共仰的阳光》在全国大学生艺术展演中获上海赛区一等奖;10月,原创剧《木木夕里》在第八届上海大学生话剧节中获得优秀表演奖、优秀组织奖。2011年5月,舞蹈团《燃烧的火把节》参加上海市高校集体舞比赛,荣获金奖;10月,舞蹈团《军旅莘莘》参加第三届上海市大学生艺术展演,荣获一等奖。

2012年,民乐团再次卫冕全国第三届大学生艺术展演,荣获一等奖。

2013年10月,合唱团参加高校歌唱邀请赛复赛,并成功晋级决赛;11月10日,参加高校歌唱邀请赛决赛。2013年,民乐团凭借《冬猎》获得山阳杯民乐邀请赛一等奖。

2014年,合唱团的《狂雪》获得第四届大学生艺术展演上海站一等奖;2010级毕业生的小剧场话剧《未完待续》和原创话剧《来客》荣获第十一届上海大学生话剧节三等奖、最佳舞台创意;原创短剧《匡时魂》荣获第四届全国大学生艺术展演活动上海赛区二等奖。舞蹈团《中国妈妈》参加第四届大学生展演上海站比赛,并荣获上海赛区一等奖。民乐团凭借《丝绸之路》获得第四届大学生展演上海站比赛一等奖。

2015年,合唱团参加高校校歌大赛。2011级毕业生的悬疑喜剧《谁杀了罗伯特》和《匡时魂》荣获第十二届上海大学生话剧节二等奖、最佳男配角、优秀组织奖、最佳表演奖。民乐团赴天津参加第四届全国大学生艺术展演,凭借《丝绸之路》荣膺全国一等奖第一名。

2016年5月,原创话剧《一个青年人的死亡》在第十三届上海大学生话剧节中夺得长剧组一等奖,并包揽最佳导演奖、最佳舞台创意奖和三个优秀表演奖。

(文艺体育活动常由校团委和校学生会、研究生会、社团联合会等共同举行,其他活动参见"学生会""研究生会"两节。)

### (六)评优育优

1. 评优

1980—1990年,开展"学雷锋、创三好"活动评比,共有10个班级获"市先进集体",46名学生获"市三好学生",10名学生获得"市优秀学生干部"。

1991—2007年,开展"五四"先进评优及其他评优,获上海市新长征突击手6名,市红旗团组织3个,市特色团组织5个;学校每年度评选红旗团支部、特色团支部、优秀志愿服务队、青年标兵、优秀团干部、优秀团员、特色之星等奖项。

2013年,工商Y&V志愿者服务队获评上海市五四奖章(集体),朱红军、姜天宇获上海市五四奖章,赵蔚获评上海市优秀团干部,戚天安、梁毓琪获评上海市优秀共青团员。

2014年,青年志愿者总队获评上海市五四奖章(集体),宋达飞获上海市五四奖章,李文娟获评上海市优秀团干部,黄晓烨、张璇获评上海市优秀共青团员。

2015年12月,会计学院2012级美国会计团支部、公共经济与管理学院2012级财政学团支部荣获"全国高校示范团支部"荣誉称号。

2016年5月,青年研究生志愿服务支教团荣获2015年度上海市五四奖章(集体)、信息管理与工程学院团委荣获市级五四红旗团委、国际工商管理学院团委荣获市级五四特色团委、2013级经济学1班团支部荣获市级五四红旗团支部称号;同时,另有4名个人荣获市级五四荣誉个人奖项。公共经济与管理学院2014级投资班团支部获2016年度全国高校"活力团支部"荣誉称号。

2."选苗育苗工程"

2003年起,开展"选苗育苗工程",至2007年共选拔361名初选培养对象、184名重点培养对象、75名优先培养对象、27名强化培养对象。

2011年,确定参加市级机关挂职的优先培养对象18名、嘉定区挂职6名、奉贤区挂职19名、普陀区挂职11名。

2012年,确定参加市级机关挂职的优先培养对象15名、普陀区挂职13名。另外,赴嘉定区挂职11名、奉贤区挂职10名、崇明县8名。

2013年,确定参加市级机关挂职的优先培养对象3名、普陀区挂职10名、虹口区挂职3名、黄浦区挂职1名、(原)静安区挂职1名、杨浦区挂职11名。另有赴嘉定区挂职5名、奉贤区挂职15名。

2014年,确定参加市级机关挂职的优先培养对象1名、黄浦区挂职3名、(原)静安区4名、普陀区挂职5名、(原)闸北区挂职3名、虹口区挂职5名、杨浦区挂职6名。另有赴嘉定区挂职4名、奉贤区挂职10名、金山区挂职4名、青浦区挂职1名。

2015年,确定参加普陀区挂职18名、虹口区挂职4名。另有返乡赴嘉定区挂职1名、奉贤区挂职4名、金山区挂职4名、青浦区挂职2名。

2016年,选拔"选苗育苗工程"优先培养对象16名;另有返乡赴金山区挂职2名、青浦区挂职3名、嘉定区挂职3名。

## 第四节 学 生 会

### 一、沿革

上海商科大学时期,学校采用欧美校制,实行学生自治。学校成立学生自治会,下设评议、执行、纠察三部,执行部再分为交际、值务、膳事、经济、卫生、学艺等七科,各部、科分设部长,科长担任会务。学生会不仅管理学生事务,而且在挽留校长郭秉文、参加五卅运动、迎接新校长等重大事件中发挥作用。

国立中央大学商学院时期,全院设有学生会,各年级设有级会。民国十八年(1929年)4月,因学院院舍建筑经费无法落实,院长程振基提出辞职,学生会派出2名代表向大学本部请愿,结果大学本部行政会议通过,拨现款3万元作建校经费。民国二十年(1931年)"九一八"事变后,学院学生会积极组织演讲宣传、参加军训等活动,投入抗日救国运动。

国立上海商学院学生自治会于民国二十一年(1932年)10月成立,修正通过新的会章,设常务干事3人,下设文书股、会计股、体育股、演讲股、游艺股、研究股、庶务股和出版股,各年级仍设级会。学院学生会和各级级会在组织社团活动、文艺体育活动和开设实习商社等活动中非常活跃,发挥积极作用。

民国三十五年(1946年)国立上海商学院复员后,各级级会逐渐恢复,但未成立全院学生会,直至1949年4月14日,全院学生通过民主投票选举,25人当选为学生自治理事和监事,杨毅芳为理事长,何克明、张庆林为副理事长,龚浩成为监事长。学生会在随后的迎接解放的斗争中发挥了重要作用。1949年7月29日,上海市军管会宣布国立上海商学院校务委员会成立,何克明、杨毅芳作为学生代表被任命为校务委员;10月26日,国立上海商学院学生会选举,选出何克明等19人为执行委员。

20世纪50至60年代,上海财经学院学生会配合共青团开展工作。其换届有记载的有:1956年3月10日,学院学生会召开第九届学生代表大会,听取副教务长许浪旋报告,选出徐国材、萧克荣、胡恕等15人为学生会委员;1957年4月20日,学院第十一届学生代表大会闭幕,胡恕等21人当选学生会委员;1962年3月,学院学生会进行改选,经全体同学选举,第二届学生会由15人组成,高民治为主席,翁景升、李品云为副主席;1963年4月,学院第三届学生会产生,由21名委员组成,主席沈肇邺,副主席黄志英、李品云。

1979年2月成立临时学生会。5月15日,复校后首届学生会与首届团委同时召开成立大会。参加选举的学生有390人,选举张泯等9人组成第一届学生会。

1982年10月7日,学校召开第二届学代会(与第二届团代会同时召开,合称"双代会"),出席的大会代表有203人,经选举,学生会由朱根林等17人组成。

1984年10月底至11月初,第七次双代会召开。

1987年12月4—5日,学校召开第八次双代会,选举产生第八届团委会和学生会。

1992年12月4—5日,第九次双代会召开。

1996年5月10日,第十次双代会召开,选举许冰涛等19人为学生会委员。

2004年5月22日,召开第十二次学生代表大会,选举产生新一届学生会主席团、第十二届学生委员会(学代会常务委员会)。

2005年5月,召开第十三次学生代表大会。

2006年5月28日,召开第十四次学生代表大会,由学生代表271人选举产生新一届学生联合会主席团以及学委会委员19名。

2007年5月26日,召开第十五次学生代表大会,正式代表204人,列席代表22人,收到提案221份,立案216项。大会选举第二十一届学生联合会主席团和第十五届学委会委员。

2008年6月,召开第十六次学生代表大会,产生第22届学生会主席团。

2009年5月,召开第十七次学生代表大会,产生第23届学生会主席团。

2010年5月,召开第二十四届学生联合会主席团换届选举大会,产生第24届学生会主席团。

2011年5月,召开第十八次学生代表大会,产生第25届学生会主席团。

2012年5月,召开第二十六届学生联合会主席团换届选举大会,产生第26届学生会主席团。

2013年6月,召开第十九次学生代表大会,产生第27届学生会主席团。

2014年5月,召开第二十八届学生联合会主席团换届选举大会,产生第28届学生会主席团。

2015年5月,召开第二十次学生代表大会,选举产生第29届学生联合会主席团。

2016年6月,召开第三十届学生联合会主席团换届选举大会,产生第30届学生联合会主席团。

## 二、学生会活动

1981年10月,举办第一届全校性"风华正茂"——百科知识竞赛,决出团体(系)平均分第一名、班级名次前五名、个人名次前十名。

1996年11月,校团委、学生会举办"装扮我心中财大"书法比赛活动,现场收到书画150多幅(条)。12月,举办纪念长征胜利60周年歌咏会。是年,在校妇委会、团委、学生会的共同组织下,举办上海财经大学"十佳大学生演讲比赛"。此后,每年举办1次,至2016年共举办23届。

1998年,成立上海市高校首个大学生卫生访问团,组织"从我做起,从小事做起,共建校园文明"师生签名、"十佳寝室"评比、对校园环境卫生死角进行清理等活动。

2000年,开展第一届"我心目中的好老师"评选活动,评选出42名好老师。

2001年12月,校学生联合会当选为上海市第十三届学生联合会13家主席团单位之一。

2002年,开展第二届"我心目中的好老师"评选活动,评选出40名好老师。

2004年,开展第三届"我心目中的好老师"评选活动,评选出47名好老师。

2005年,女生部筹划以"女性·科技·未来"为主题的演讲比赛,主办为期一周的女生节,其中有趣味运动会、彩妆大赛、关注女性健康讲座等一系列活动;11月,举办"绅士节"。

2006年,开展第四届"我心目中的好老师"评选活动,评选出49名好老师。

2007年,举行学生会维权中心职能的集中宣传活动,开展校庆拔河比赛与校庆游园会等活动。

2008年,开展第五届"我心目中的好老师"评选活动,评选出57名好老师。

2010年,开展第六届"我心目中的好老师"评选活动,评选出59名好老师。

2011年,组织开展"维权在身边"系列活动。

2012年,组织举办"Hello,SHUFE"中外大学生联谊活动;开展第七届"我心目中的好老师"评选活动,评选出60名好老师。

2013年,开展第四届校园主持人大赛,为校内大型活动储备主持人才。

2014年,开展第八届"我心目中的好老师"评选活动,评选出65名好老师。

2015年,"SUFE权益小助手"平台开通,通过微信渠道收集和发布失物招领信息,更好地服务同学。

2016年,开展第九届"我心目中的好老师"评选活动,评选出63名好老师;开展"流光溢财"校园文化节,为学院、社团提供了展示多元文化的平台。

2017年初,以"财遇见最美的你"为主题,举办为期两周的女生节系列活动,其中包括女生节游园会、心愿征集、礼仪讲座等丰富多彩的活动。

## 三、特色活动

### (一)思想学术节活动

1988年11月,为引导广大学生在改革的关键时期树立信心、明确责任、努力成才,学校举办首届思想学术节。学术节期间,共开展51项活动,包括讲座、研讨会、沙龙、辩论会、为企业咨询、展览等形式,参加学生6 000多人次。

1989年12月,举办第二届思想学术节,共开展92项以思想性、学术性为主的活动,包括知识竞赛、学术研讨、讲座、辩论赛、演讲比赛、演示会、咨询等,参加学生达9 000多人次。

1990年11月,校团委和学生会举办第三届思想学术节,共开展84项活动,包括社会实践汇报会、培训、交流会、研讨会、成果展、漫画展、辩论赛、演示会等。

1991年11月,校团委和学生会举行第四届思想学术节,共开展83项活动,有展览、评比、汇报会、讲座、比赛等形式,有10 000多人次参加。

1992年12月,举行第五届思想学术节,开展81项活动,包括20多个讲座、15项竞赛活动、8个专题研究会,另外还有辩论赛、演讲、征文、展览、模拟、歌咏、座谈等,约有10 000多人次参加。

1993年11—12月,举行第六届思想学术节,开展41项活动,如股市沙龙、模拟法庭、期货市场讲座、市场经济专题研讨会、学术征文等,促进良好学习风气的形成。

1994年下半年,以爱国、爱校、爱己为主题,举行"吾爱吾国、吾爱吾校、吾爱吾身"第七届思想学术节,开展40余项各类活动。

1995年,为配合学校迎接"211工程"部门预审工作,举行以"从一二·九迈向跨世纪,建二一一共拓成才路"为主题的第八届思想学术节,开展30多项各类活动并向全校学生发出"从我做起、从身边做起"的倡议书。

1996年11—12月,举行第十届思想学术节,各院、系团总支、学生会举行讲座、演讲赛、社团活动、学术报告会和文艺汇演等130多场次活动,有学生8 000多人次参加。

1999年4月,为纪念五四运动80周年,弘扬光荣传统,提高学生人文素养,举办首届"读书节",主题为"世纪之交:寻找市场经济的人类关怀"。

2000年,举办以"新千年:中华文明与数字化生存"为主题的上海财经大学第二届"读书节"。

2005年5月,秉着"宏人文之精神,扬民族之文化"的宗旨,学生会学术部邀请深受学生喜爱的名师设讲,举办财大首届"人文复光"系列讲座。

2006年3月底4月初,举行学术月活动,第一财经主持人左安龙、创智赢家得奖者等为学生们提供有吸引力且实用的讲座。

2007年,"名人面对面"活动全面启动。

2008年,创办"论坛""甲申讲坛"两大讲座品牌,为广大学生提供一个权威、严谨、正规的学术讲座平台。

2013年,"青年进化论"活动启动,该品牌讲座主要邀请在校优秀学生及优秀校友登台分享,强调朋辈教育。

2015年,"艺术沙龙"活动开始举办,先后邀请黄豆豆等艺术家或艺术教育方面的专家来校分享其艺术成长之路或对某种艺术形式的研究和理解,希望通过这种直观的艺术教育培养上财学子更好的艺术品位。

2016年,"SUFE如师说"品牌活动开展,活动将目光聚焦在校内颇有影响力的老师身上,邀请老师上台分享人生经验,给予同学们除专业知识以外的教诲,在同学成长成才的路上点亮明灯。

(二) 文化艺术节活动

1989年举办第一届文化艺术节。

1990年举办纪念"五四"暨第二届文化艺术节,开展讲座、歌舞比赛、小品相声比赛、"五四"诗展等活动。

1991年举办第三届文化艺术节。

1992年,举办第四届"五四"文化艺术节,组织"厂长、经理话改革系列讲座";举办"社会、人生、大学生""团员、信仰、价值观"等主题演讲,"团旗在我心中飘扬""伟大的共产党,光荣的共青团"等70周年系列活动,以及"90年代上海大学生形象大讨论""永生杯硬笔书法大赛"等。

1993年,举办第五届文化艺术节,举办"五四"文化节、各社团艺术节献礼,财大十大歌手评选等活动共34项。

1994年,举办纪念"五四"第六届文化艺术节,举办55项各类活动。

1995年,举办第七大学生体育节和文化艺术节。

2000年,举办留学生与本科学生交流联谊会和"迎中秋,庆国庆"联欢会。

2006年,举办新生杯系列体育比赛,包括篮球、足球等比赛,还有"活力之星"大赛。

2007年,举办校首届校园主持人大赛;举办奥运知识竞赛、趣味竞赛、体育文化节以及新生杯系列活动(足球、篮球)等。

2010年至今,每年举办为期两个月的"岁月如歌"毕业季系列活动,为毕业生打造别样的文化艺术活动。

2011年,举办首届校园达人秀;举办3·15维权周;新生杯系列活动等。

2012年,开展"五年风华,献礼十八大"主题教育系列活动,主要包括主题报告会、演讲比赛、手绘海报大赛、微访谈、微调研、微电影等系列活动。

2016年,开展"流光溢财"校园文化节,其中包括"春蕴微光""韶光书气""翼熠明光""光芒四社""光耀百年"几个版块,包括学术、文体、公益、实践等各个类别的活动。

### (三) 辩论赛

1993—1995年,举办第一至第三届"经管杯"辩论赛。

1996年11—12月,承办上海市第二届大学生东区十二校辩论赛,获新民晚报社和市科委、团市委授予的组织奖。

1999—2007年,举办第三届至第十一届上海财经大学新生辩论赛。

2004—2007年,联合上海交大、复旦等校举办四届上海八校经济辩论赛。

2007—2016年,持续举办新生杯及学院杯辩论赛,并积极参与中华辩论联赛、税务精英辩论赛、捭阖杯辩论赛、国际人道问题辩论赛等多个赛事,取得优异成绩。

### (四) "蓝园杯"校园文艺大赛

1994年,举办首届全校"蓝园杯"文艺大赛。

1996年11月下旬,举办第二届"蓝园杯"文艺大赛,经过初赛,共有18个节目进入决赛,参加活动的学生有2 000人。此后此活动每年举办,包括合唱比赛、海报比赛等系列活动。

### (五) "金翼杯"校园戏剧文化艺术节

2003年,举办首届"金翼杯"校园戏剧文化艺术节,包括学生原创音乐剧展演、学生话剧团经典剧目演出、校园短剧大赛以及隆重的颁奖典礼,艺术节鼓励原创,贴近学生生活,在学生中引起较大反响。此后,每年四五月间举办。2009年,开展第七届金翼杯校园戏剧文化艺术节,除了话剧演出,还设计了DV大赛。

2010年,以"世博"为名,开展第八届"金翼杯"校园戏剧文化艺术节,包括短剧大赛、四格摄影大赛、海报大赛等。

2012年,第九届"金翼杯"校园戏剧文化艺术节以"金翼·光 梦想·路 青春·歌"为主题,开展短剧大赛、随手拍、四格漫画、微小说和手绘海报大赛,随后的2013—2016年,分别以"零到正无穷""一路向前""你说,我的大学"以及"唯爱与信任不可辜负"为主题,开展第十到第十三届"金翼杯"校园戏剧文化艺术节。

### (六) 校园十大歌手大赛

2004—2016年,学生会文艺部举办第一至第十四届校园十大歌手大赛,影响力逐年增加,参赛选手国籍逐渐多元化。大赛的形式不断丰富:2013年校园十大歌手大赛首次采用二轮比拼赛制,增加了比赛的观赏性;2014年校园十大歌手大赛以"回声·梦想"为主题,首次将留学生纳入参赛选手中,扩大了比赛的覆盖面;2015年,十大歌手比赛首次走出财大,将舞台搬到了五角场下沉式广场,财大学子的声音传遍了五角场;2016年,十大歌手以"我的舞台"为主题,首次采用了直播的新模式,直播累计观看人数超过15 000人次。

#### (七) 美食文化节及寝室文化节

2001—2016年,学生会生活部每年举办趣味、温馨的第一至第十六届寝室文化节。活动采取学联统筹、学院组织、自由报名、生活部考核的方式进行。寝室评比分为文明寝室评比和特色寝室评比两大块。

2007年,"学生伙食管理委员会"成立,举办第七届美食文化节,分为食神争霸、美食派送、院系美食主题海报评选与美食讲座4个活动版块。

2013—2016年,"学生伙食管理委员会"职能并入学生会生活部,由生活部继续组织开展第十三届至第十六届美食文化节,其中第十六届美食文化节以"荟萃"为主题,结合校园文化节中的"绿色上财"主题开展。

## 第五节 研究生会

### 一、沿革

研究生联合会(简称"研究生会")是在学校党委和行政的领导下,在研究生部和校团委的具体指导下,服务于全校研究生的群众组织。

学校研究生代表大会的召开,始于1989年。此后,每年召开1次。代表由各班级按比例民主选举产生。研究生代表大会的一项任务是选举产生新一届研究生会和团总支组成人员。1996年12月召开的第八次研究生代表大会上,通过《上海财经大学研究生联合会章程》。根据章程,研究生会主席团是研究生会日常工作和活动的决策机构,在决策中实行民主原则。2003年,学校在推进内部管理体制改革过程中,按照"二级管理、重心下移"的要求,决定将研究生的日常管理由研究生部划归为各个学院(系、所),此后举行的研究生代表大会不再选举团总支成员。研究生会下设7个部,即学术部、文艺部、体育部、生活部、外联部、宣传部、信息部。2007年增设"博士部"。2015年,改信息部为新媒体部。

自1989年至2016年,研究生会已成立31届。研究生会主席依次为:胡荣华、阎佐、姜志勇、李艳红、蔡东、任强、王祥云、谷澍、陆建桥、张海涛、郭箭、魏陆、张鹏、陈丽萍、左大鹏、聂清凯、赵丰、杨畅、赵庆、吕越超、李京、许岩、孟文博、许晨、童小川、何家诚、张璇。

### 二、主要活动

#### (一) "红五月"研究生节

"红五月"研究生节是学校研究生最重要的活动,也是学校传统的学生系列活动。截至2016年,已举办25届。研究生节一般在每年的5月举行,主要活动包括学术系列讲座、各类体育比赛、文艺活动等。以下重点介绍"红五月"学术节和辩论赛活动。

1. "红五月"学术节

"红五月"学术节是学校研究生进行学术交流的重要平台和经典项目。在学术节期间,邀请著名学者及企业精英为学校师生提供各类讲座。通过开展名家学术讲座和企业论坛,营造浓厚的学术气氛,为研究生们打造一个既有浓郁财经特色又贴近社会生活、关注自身与社会民生的平台。每年一度的"研究生经济理论研讨会"以切合当前经济理论热点为主题,在学校研究生和本科生及兄弟院校中开展征文,组织研讨;入选论文在大学生"挑战杯"中屡获佳绩。

2. "红五月"辩论赛

辩论赛是"红五月"系列中的一个重要项目,以丰富学校研究生的课余生活、提高学校研究生的思辨能力和团队合作能力为目标,以秉承理性、思辨人生、紧扣热点体现上财特色为活动宗旨。辩题既密切联系研究生生活,又具有社会高度;评委席众星云集,资历丰富,他们的点评立足于辩题,从选手出发,深入浅出。辩论赛以院系为单位参赛,采用分组循环赛制,设小组赛、半决赛、决赛及表演赛几个环节。辩论赛提高了研究生的综合能力,是一场精神盛宴。

(二) 开展文体活动

文艺活动方面,除了传统的"元旦文艺晚会""国庆迎新晚会",每年还开展不同主题的舞会或联谊活动。研究生舞会举办频次不断提高,从每年一次到每月一次。2016年,组织"乐享研途季"系列活动,通过迎新晚会、草坪电影节、SUFE风景彩绘等活动促进研究生相互交流、提升自我。

体育活动以足球、篮球、乒乓球、羽毛球赛等球类联赛为主,加上校运会的各种体育项目,以及高校间篮球、足球、网球赛等,丰富了研究生的课余生活。在常规活动基础上,校研究生会积极开拓新的项目和新的组织形式。

文体活动通常由学生会和研究生会合办,详见"学生会"一节。

(三) 外联合作

2002年,研究生会和复旦大学经管学院联合举办主题为"剖析安然事件,探讨审计业诚信之路"的对话节目,著名会计界专家和业内人士参加活动。

2003年,会同长三角地区10所知名高校联合发起举办首届"长三角地区知名高校研究生会主席论坛";上海外国语大学联合举办"英语角"活动;参加上海12所高校的"英语沙龙"活动。

2007年,多次代表学校研究生参加兄弟院校的大型活动,如中国社会科学院举办的全国高校研究生会主席论坛、东华大学举办的上海高校研究生会主席峰会等。

2010年,与上海交通大学合作组织"指印海报"世博文化活动,与华东政法大学合办上海市辩论邀请赛,并多次派代表出席华东高校主席峰会、上海市主席论坛、财大校友会等交流活动。

2014年,举办"'饼'途合伙人,有你'财经'彩"沪上高校文化交流活动,推广了学校的校园文化,加深了与兄弟高校研究会的沟通与交流。

2015年,举办了第二届沪上高校研究生会公关论坛,邀请到复旦大学、上海交通大学等7所高校的代表讨论和分享外联工作经验。作为全国财经类高校联席会的创始会员及常任理事单位,在全国财经高校中进一步拓展了学校的影响力。

# 第六节 校友总会

## 一、沿革

校友为学校最宝贵的财富和资源,学校历来重视校友工作,早在民国六年(1917年)即开始校友会工作,民国二十一年(1932年)成立国立上海商学院毕业同学会;1978年复校后,学校于1985年12月1日成立上海财经大学校友会;2006年正式设立校友会办公室,开始由专门机构开展校友工作;2012年12月,校友会、校董会、基金会三会合一,成立合作发展处。

2014年11月5日,上海财经大学校友会正式获得民政部批准筹备成立,并于2014年11月8日隆重举行校友会成立大会;2015年5月28日,校友会正式在民政部完成注册工作,成为由上海财经大学校友自愿结成,具有法人资格的联合性、全国性、非营利性社会团体。校友会成立以来,秉承"服务校友发展,服务母校发展"的宗旨,依托各地校友组织及学校各学院开展校友工作,致力于加强海内外校友之间、校友与母校之间的联系和交流,服务广大校友,弘扬学校校友爱国荣校的优良传统,为母校的发展、为国家的现代化建设和繁荣富强贡献力量。

校友会工作范围包括:加强海内外校友之间的感情联络,开展教育、科研和文化等方面的协作与交流;加强与海内外各地校友会的联系,不定期组织工作经验交流;发挥广大校友的作用,加强信息沟通,促进母校与地方以及校友之间的合作;推动学校及相关单位的校友工作;拓展办学资源、筹集办学资金;征集校友以及社会各界对学校改革与发展的建议;搜集、整理校史资料;根据有关规定,编辑出版校友刊物,建设和维护校友网站。

上海财经大学校友总会第一届理事名单见表3-2。

表3-2  校友总会第一届理事名单(截至2016年6月25日增补)

| 会　　长 | 樊丽明 |
|---|---|
| 副会长 | 方华、邬建辉、刘永章、杨建荣、周勤业、阎敏、杨青、贺贤汉、王兰凤、李忠良 |
| 秘书长 | 方华 |
| 副秘书长 | 毛杰盛、李争争、李迅、张彦波、林冲、梁宇杰、曾庆国、杨林春、陈红梅、杨志磊、梁树森、杨铭泗、陆德顺 |
| 名誉理事 | 许宪春、蔡松棋 |
| 理事名单 | 丁国其、马国臣、马耀、王小敏、王兰凤、王永华、王宇、王体、王希一、王忠道、王玲、王海马、王能、王淑范、王锐、毛杰盛、方华、孔晓芳、邓伟、卢林、冯润民、朱川、邬建辉、庄启飞、刘永章、刘创巍、刘庆生、刘红囡、刘志阳、刘志远、刘兵勇、刘波、刘晓春、刘敏峰、刘彩霞、关易波、江生忠、阮振球、孙文秋、孙涛、孙雅娟、李争争、李迅、李阳、李青松、李忠良、李湘宏、李嘉浩、李翠萍、杨卫东、杨乐、杨志磊、杨青、杨建荣、杨培雷、杨铭泗、杨群、豆建民、吴亚东、吴明、何宏智、沈安利、沈晖、沈峰、宋健敏、张世斌、张志华、张彦波、张新武、陆永伟、陆明、陆德顺、陈红梅、陈硕、范宝舟、林华、林冲、罗山鸿、竺敏明、金文忠、金涛、周伟明、周志诚、周国良、周勤业、周燕、郑纯选、赵波、钟明、俞银贵、郝大兴、贺贤汉、骆玉鼎、徐元、徐暐、凌宏、郭永忠、黄国庆、曹东勃、曹国琪、崔盛旭、康伟、章益国、阎敏、梁宇杰、梁建昌、梁树森、梁朔、彭红斌、彭富宁、葛俊杰、韩明辉、喻世红、曾庆国、蔡培迪、谭予絮、樊丽明、滕荣康、戴霁亮 |

## 二、主要工作

### (一)组织建设

校友会广泛联络海内外校友,积极推进校友组织建设。校友会秘书处积极配合各区域骨干校友开展校友工作,在校内外广大校友的共同努力下,各级校友组织不断发展壮大,覆盖国内、链接国际的全球化校友工作组织体系基本形成,学校—学院/专业—地方/海外—行业/兴趣多维度、立体式的校友工作格局日臻完善。截至2017年3月,校友分会组织已达68个(其中,校友分会49个,联络处14个,校友俱乐部1个)。

上海财经大学校友会分支机构(截至2017年3月)见表3-3。

表 3-3 校友会分支机构

| 序号 | 类型 | 校友组织 | 序号 | 类型 | 校友组织 |
|---|---|---|---|---|---|
| 1 | 地方校友会（30个） | 北京校友会 | 35 | 海外校友会（6个） | 老挝校友会 |
| 2 | | 大连校友会 | 36 | | 韩国校友会 |
| 3 | | 甘肃校友会 | 37 | 专业校友会（7个） | IMBA校友会 |
| 4 | | 广东校友会 | 38 | | EMBA校友会 |
| 5 | | 广西校友会 | 39 | | MBA校友会 |
| 6 | | 贵州校友会 | 40 | | MPA校友会 |
| 7 | | 江西校友会 | 41 | | MPACC校友会 |
| 8 | | 南京校友会 | 42 | | 保险校友会 |
| 9 | | 厦门校友会 | 43 | | 固定收益校友俱乐部 |
| 10 | | 四川校友会 | 44 | 学院校友会（9个） | 公共经济与管理学院校友会 |
| 11 | | 云南校友会 | 45 | | 会计学院校友会 |
| 12 | | 浙江校友会 | 46 | | 国际工商管理学院校友会 |
| 13 | | 福建校友会 | 47 | | 经济学院校友会 |
| 14 | | 河南校友会 | 48 | | 财经研究所校友会 |
| 15 | | 无锡校友会 | 49 | | 信息管理与工程学院校友会 |
| 16 | | 安徽校友会 | 50 | | 金融学院校友会 |
| 17 | | 宁夏校友会 | 51 | | 外国语学院校友会 |
| 18 | | 深圳校友会 | 52 | | 上海研究生校友会 |
| 19 | | 陕西校友会 | 53 | 地方校友联络处（12个） | 珠海校友联络处 |
| 20 | | 重庆校友会 | 54 | | 黑龙江校友联络处 |
| 21 | | 苏州校友会 | 55 | | 吉林校友联络处 |
| 22 | | 香港校友会 | 56 | | 海南校友联络处 |
| 23 | | 台湾校友会 | 57 | | 辽宁校友联络处 |
| 24 | | 内蒙古校友会 | 58 | | 澳门校友联络处 |
| 25 | | 湖南校友会 | 59 | | 湖北校友联络处 |
| 26 | | 青岛校友会 | 60 | | 常州校友联络处 |
| 27 | | 新疆校友会 | 61 | | 金华联络处 |
| 28 | | 天津校友会 | 62 | | 山西联络处 |
| 29 | | 济南校友会 | 63 | | 河北联络处 |
| 30 | | 青海校友会 | 64 | | 宁波校友联络处 |
| 31 | 海外校友会（6个） | 加拿大校友会 | 65 | 海外校友联络处（4个） | 日本校友联络处 |
| 32 | | 澳大利亚校友会 | 66 | | 非洲校友联络处 |
| 33 | | 美国校友会 | 67 | | 南美校友联络处 |
| 34 | | 欧洲校友会 | 68 | | 新加坡校友联络处 |

健全会议机制,建立分会述职机制。校友会定期举行理事会及校友代表年会,每次会议主题明确,工作部署到位,专题讨论充分,会议成果显著。上海财经大学校友会历年代表年会及理事会见表3-4。

表3-4 校友会历年代表年会及理事会

| 序 号 | 校友代表年会名称 | 地 点 | 时 间 |
|---|---|---|---|
| 1 | 第一次校友代表年会 | 上海 | 2007年11月 |
| 2 | 第二次校友代表年会 | 南京 | 2008年11月 |
| 3 | 第三次校友代表年会 | 杭州 | 2009年11月 |
| 4 | 第四次校友代表年会 | 上海 | 2010年8月 |
| 5 | 第五次校友代表年会 | 北京 | 2011年10月 |
| 6 | 第六次校友代表年会 | 上海 | 2012年11月 |
| 7 | 第七次校友代表年会 | 深圳 | 2013年7月 |
| 8 | 第八次校友代表年会 | 上海 | 2014年11月 |
| 9 | 第九次校友代表年会 | 杭州 | 2015年11月 |
| 10 | 第十次校友代表年会 | 南京 | 2016年11月 |
| 11 | 上海财经大学校友会第一次代表大会暨第一届理事会第一次会议 | 上海 | 2014年11月8日 |
| 12 | 上海财经大学校友会第一届理事会第二次会议 | 合肥 | 2016年6月25日 |

2012年11月10日,在学校95周年校庆之际,第六次校友代表年会召开。近30个地方校友会、60名校友代表参加了此次年会。

2013年7月21日,第七次校友代表年会在深圳召开。来自全国近30个省市以及海外的地方校友会、50多名校友代表出席了大会。

2014年11月8日,校友会成立大会在学校举行。民政部社会民间组织管理局副局长廖鸿、上海市社会团体管理局副局长徐乃平等领导出席会议。山东大学校友会副秘书长于德宁、复旦大学校友会秘书长章晓野等21所高校的29位代表到会祝贺。43个地方校友会(地方校友联络处)的91位外省市校友,以及100余位上海校友代表参会。会议期间还召开了校友会第一届理事会第一次会议,樊丽明当选会长,方华、邬建辉、刘永章、许宪春、杨建荣、周志诚、周勤业、阎敏8人当选副会长,方华当选秘书长。大会审议通过了《上海财经大学校友会章程》《上海财经大学校友会第一届理事会成员名单》。

2015年11月7日,第九次校友代表年会在杭州召开。来自全球范围46个校友分会组织的校友代表等110余人参加会议。会议由合作发展处处长陈红梅主持。会上,校友会会长樊丽明、副会长兼秘书长方华与校友代表共同开启上海财经大学在线捐赠系统。

2016年6月25日,校友会于合肥召开第一届理事会第二次会议。82位校友会理事、部分学院和地方校友分会代表出席了会议。会议报告了校友会工作情况并部署了百年校庆工作安排,理事会以投票方式审议通过了校友会理事和相关负责人调整名单以及《上海财经大学校友会分支机构管理办法》《上海财经大学校友会表彰奖励办法》《上海财经大学校友会微信群官方认证管理办法》三份制度文件。11月19日,校友会于南京召开第十次校友代表年会。来自全球56个校友分会组织的校友代表共110余人参加会议。校友会秘书长方华作"服务校友发展,共迎百年华诞"校友会年度工作报告,校友会会长樊丽明作"创一流大学、续百年华章"主题报告。

### (二) 文化建设

校友会秘书处协助各校友分会以校友需求为导向,搭建以"学术交流、信息共享、公益互助、感恩回馈"为主题的校友交流互动平台,校友工作从单纯联系校友逐步发展到主动服务校友,活动形式从单一化向多样化转变,以丰富多彩的活动为载体,凝聚校友,传承上财精神,营造了积极向上的校友文化氛围。

在学术交流平台建设方面,台湾校友会发起主办的"2015两岸证券金融高峰论坛"、云南校友会举办的"校友论坛"、深圳校友会举办的"经世草堂"论坛、南京校友会举办的"紫金论坛"、广州校友会举办的"投资分享论坛"、浙江校友会举办的"金融论坛"和"财经论坛"、金融学院举办的"校友高峰论坛"、信息管理与工程学院举办的"大数据与经济管理论坛"等活动,深受校友的欢迎和赞誉。

在信息共享平台建设方面,各地校友会以活动为载体,为校友打造经验分享平台。浙江校友会举办"丙申春月茶叙";四川校友会举办"上财人在四川";公共经济与管理学院校友会与南京校友会联合举办"喜迎百年上财,追寻母校足迹"活动;澳大利亚校友会和加拿大校友会开展户外徒步交流活动等。

在公益互助平台建设方面,各地校友分会开展各种形式的敬老、助学等公益互助活动,帮贫济困,服务社会,表现上财校友高尚的精神风貌和强烈的社会责任心,为母校赢得了良好的社会声誉。例如,福建校友会支持海峡网主办的"爱心圆梦,绿色助学"活动;云南校友会开展"101助学计划"等。

### (三) 制度建设

为保证校友会健康发展,校友总会秘书处积极推动校友会制度建设。校友总会充分发挥好理事会的决策作用,并做好校友组织的制度及机制建设。为保障校友分会高效运行,校友总会积极推动各校友分会做好换届工作,强化校友分会运行的制度化和规范化。各校友分会根据总会章程,修订完善分会一系列管理办法,进一步规范校友分会的工作范围和经费使用,为校友分会有序、高效运行奠定了重要基础。校友会已通过的制度性文件有《上海财经大学校友会章程》(2014年11月)、《上海财经大学校友会分支结构管理办法》(2016年6月)、《上海财经大学校友会表彰奖励办法》(2016年6月)、《上海财经大学校友会微信群官方认证管理办法》(2016年6月)等。

### (四) 感恩回馈平台建设

校友总会积极营造"荣誉、感恩、反哺"的校友文化,号召各地校友会以各种形式助推母校发展。在校友会的号召下,校友分会整合各种资源助力母校事业发展。部分校友无私奉献,主动担任校外导师、创业导师,为母校的创新创业教育贡献力量;部分校友在学校的春晖大讲堂上、校友论坛中,与在校生交流,奉献自己的才智;校友企业为在校学生提供实习、就业帮助;各地校友为学校牵线搭桥,与当地政府合作,探索校地合作的崭新路径。

1. 智力支持

校友总会举办"春晖大讲堂"等以校友、校董提携晚进、点拨后学、分享人生智慧和经验为特色的专题讲座论坛,邀请在政界、商界、学界具有丰富经验和成功经历的上财校友、校董,为后辈上财学子传道、授业、解惑,将校友资源更好地融入学校的人才培养中。"春晖大讲堂"已先后邀请侯彦卫、万黎峻、杨波、陈铭锡、杨玉成等多名活跃在业界的上财校董、校友,成功举办主题报告和专题分享会。截至2017年3月,"春晖大讲堂"的举办情况见表3-5。

表3-5 "春晖大讲堂"举办情况

| 序号 | 时 间 | 嘉 宾 | 内 容 |
| --- | --- | --- | --- |
| 1 | 2014年5月8日 | 王兰凤 | "上海财经大学蘭基金"设立仪式暨春晖大讲堂报告会 |
| 2 | 2014年5月23日 | 黄化锋 | "春晖大讲堂"黄化锋校董专场报告会 |
| 3 | 2014年9月17日 | 陈爱莲 | 陈爱莲校董受聘仪式暨"春晖大讲堂"专场报告会 |
| 4 | 2014年12月11日 | 李艳丽 | "李艳丽奖学金"颁奖仪式暨春晖大讲堂校友分享会 |
| 5 | 2015年4月1日 | 杨晓东 | 带你读懂"基金理财" |
| 6 | 2015年4月9日 | 唐彬 | 互联网金融与新支付 |
| 7 | 2015年10月20日 | 熊雄 | 熊雄校友在春晖大讲堂作创业故事分享报告 |
| 8 | 2016年4月16日 | 万黎峻、侯彦卫、张毅 | 创业精神与企业家精神 |
| 9 | 2016年5月24日 | 何炫 | 上海财经大学与友山基金管理有限公司合作及捐赠签约仪式暨"春晖大讲堂"专场报告会 |
| 10 | 2016年10月31日 | 杨波 | 刍议产业资本与金融资本的融合 |
| 11 | 2016年11月15日 | 陈铭锡 | 资本市场与股票投资 |
| 12 | 2016年12月13日 | 杨玉成 | 在这中华民族伟大复兴的时代,我们该干些什么 |
| 13 | 2016年12月13日 | 曹国琪 | 经济学的格局和经济学人的情怀 |

2. 校友捐赠

校友、校友企业和各校友分会组织通过各种途径积极感恩回馈母校,如北京校友会校友捐资帮助创业中心大楼建设和创新创业教育发展;深圳校友会设立"徐政旦奖学奖教金",奖优助教;南京校友会捐助母校复建"国立上海商学院"校门;台湾校友会向母校捐建郭秉文塑像;浙江校友会向母校捐建马寅初塑像和题字碑;香港校友会捐建校园文化景观雕塑等。

3. 生源基地建设

近年来,学校顺应国家教育改革,主动走出去与各地中学对接,与优质高中签订合作协议,建立优秀生源基地。青海校友会、内蒙古校友会、四川校友会、湖南校友会、宁夏校友会、河南校友会、广东校友会、浙江校友会、吉林校友联络处等校友组织纷纷与当地优质的高中联系,协助学校设立优秀生源基地。

4. 校企合作

校友总会积极推动支持学校创新创业教育与实践,推动校企合作进入新阶段。在校友总会的推动下,中国工商银行、招商银行、上海银行、冠生园等企业与学校进行多项合作,在打造上财智库、设立人才基地和海内外实习基地、开放境内外就业绿色通道、提供见习机会与校园金融服务等方面进行合作。

5. 校地合作

校友总会推动校友工作向纵深发展,通过地方校友会搭建学校与地方政府的合作桥梁,积极探索校地合作的新形式,提升学校服务地方经济发展的能力和社会影响力。

2014年12月13日,学校与青岛政府签署《青岛市人民政府上海财经大学战略合作框架协议》和《青岛市人民政府、上海财经大学共建"上海财经大学青岛财富管理研究院"协议》,有效整合地方和高校资源,推动青岛财富管理中心城市建设。

2017年3月23日,学校与河南省财政厅在河南郑州签订战略合作协议,就人才培养、科学研究尤其是政府与社会资本合作领域进行深度合作。这也标志着学校在对接地方需求和为地方服务上迈出了全新的一步。

## 第七节 其他群众团体

### 一、上海财经大学归国华侨联合会

上海财经大学归国华侨联合会(简称"侨联"),是学校党委领导下的群众团体,成立于1999年,其前身是1986年成立的上海财经大学侨联组。

1999年12月21日召开侨联成立大会,第一届主席颜光华,副主席朱保华、刘爱珍,秘书长张政,委员胡景北、雍庆生、凌明娟;2001年增补林珏、门峰为委员;2005年1月增补林珏为副主席。2006年12月换届改选,第二届主席林珏,副主席刘爱珍、范建亭,秘书长刘惠娟,委员门峰、李妮妮、谢少敏、方卫平、戈甲,顾问颜光华、张陈方、孙红云。2011年12月换届改选,第三届主席林珏,副主席门峰、赖涪林,秘书长李妮妮,委员刘惠娟、陈启宏、郭芳芳、尤东旭、何华武。2013年聘毛荣生为顾问。2016年12月选举产生侨联第四届委员会,主席为曾坚,副主席门峰、劳帼龄,秘书长何华武,委员王蔷、李桦、何韧、何华武、陈岗、戴洪霞。截至2016年底,侨联成员共计128人,其中归侨7人。

与其他人民团体相比,侨联的主要特征是涉外性。侨联的成员由归侨和侨眷组成,归侨身份需要市侨办认定,而侨眷身份则通过基层侨委会会议来确认。作为学校党委与归侨、侨眷及其亲属联系的桥梁与纽带,在市侨联和校党委的领导下,校侨联积极凝聚侨心、汇集侨智、发挥侨力、维护侨益,配合学校统战工作作出贡献,通过双月座谈会制度,反映侨联会员的诉求和建议;通过组织各类活动(如报告会、参观学习、联谊会、茶话会、走访会员、组织疗养活动等方式)凝聚侨心;利用涉外优势,通过牵线搭桥,为推进学校的国际化、教学的多样化引智引力(如为学院介绍国外合作大学,推荐侨资企业人士担任兼职导师或进入课堂与学生面对面,邀请国外学者或外交官来校报告,举办"浦江侨声论坛"和"财大侨界论坛"等);通过问卷调查、座谈会、承担课题、关心新侨人士、献言献策、组织会员为灾区捐款捐物等方式,为学校建设以及校园和谐氛围的营造发挥侨力。

校侨联长期培养了一批优秀的侨联干部,输送到上级侨联任职:颜光华任上海市侨联第五、第六、第七届委员;朱保华任上海市第八、第九届侨联常委,中国侨联青年委员会常务理事(2004年);门峰担任虹口区侨联副主席(2002—2006年)、主席(2006—2012年),第十、十一届市侨联委员。刘爱珍任五角场街道侨联常委(2003年);林珏任杨浦区侨联第五届、第六届副主席,第十届市侨联委员。

因工作表现优异,校侨联会员也获得多项荣誉:1992年,颜光华获"上海市第二届侨界教师烛光奖",1999年获"上海市归侨侨眷先进个人",曾荣获全国侨联"从事侨联工作二十年以上"荣誉证书。1992年,谢树森、黄树颜、黄颂获上海市侨联"爱国奉献奖"先进个人。1996年,席克正获"上海市归侨侨眷先进个人"。2003年,门峰获"上海市统一战线三个文明建设先进个人";2005年,又获上海市"侨界十杰"荣誉;2010年,获"上海市归侨侨眷先进个人"称号。林珏2009年获"全国归侨侨眷先进个人";2015年获"2010—2014年度上海侨联系统先进个人"。2013年赖涪林获"全国归侨侨眷先进个人"。李妮妮获"全国侨联系统先进个人"。

校侨联也获得多次集体奖:2009年获市侨联系统诗歌创作朗诵会"优秀组织奖";2010年获"上海市侨联系统先进基层组织";2012年获上海市第一届侨界人士运动会"优秀组织奖";2014年获上海市侨联"赤子心侨界情"演说比赛"优秀组织奖";2015年获上海市第二届侨界人士运动会"优秀组织奖";2015年上海市高校侨联创特色工作(项目)优秀奖。

## 二、上海财经大学台胞台属联谊会

上海财经大学台胞台属联谊会(简称"台联")属校党委领导下的群众团体,成立于1988年,第一任会长戴振纲,领导小组成员由戴振纲、陆华斌、张靖、雍庆生和甘舲五人组成。戴振纲退休后由张靖接任会长。2011年12月组建了第三届台联班子,由刘爱珍担任会长,甘舲、黄丽琪担任副会长。2013年邹琪任代会长。

台联的作用是在校党委的领导下,配合学校统战部做好台胞台属的工作,其中包括:加强与台胞台属的联系,对老年或体弱的台胞台属进行家访,不定期地举行一些工作报告会,国庆节、中秋节等传统节日举行联谊活动。其作用是及时了解台胞台属的所思所想,关心并维护台胞台属的利益,凝聚人心。因会员身份重合,1988—2012年台联与侨联长期共同举办活动。2013年起台联与侨联活动有分有合。2014年,修订了《上海财经大学台胞台属联谊会章程》,在章程中明确了组织形式和组织结构,安排了主要工作,以便于更好地进行会员联络,为学校发展、科教兴国和促进祖国统一作贡献。

会员们积极参政议政,为社会和学校作贡献。根据学校的制度安排,班子成员坚持参加学校的双月座谈会,对学校的相关工作提出观点和建议。此外,会员们积极参加各类培训班、研讨会、建言献策等活动,如参加虹口区台胞台属学习班;参与学校统战部专项课题,研究教授治学问题;积极参加上海市"建言教育'十三五'规划"及"建言科技创新中心"活动等。很多离退休会员积极参加学校退教协、老教协的工作,继续发挥余热。

热心各项社会活动。积极组织会员参加市台联举办的庆祝"国际三八妇女节"活动、市侨联运动会、赴吴淞抗日战争纪念馆参观学习等活动,进一步加深了会员们的爱国主义思想和彼此的友谊。关心新老会员的生活,长期坚持"送温暖""送清凉"活动。

## 三、上海财经大学少数民族联合会

上海财经大学少数民族联合会(简称"民族联"),是校党委领导下的全校少数民族教职工的群众团体,是上海市少数民族联合会的团体会员单位。

上海财经大学少数民族联络组(民族联前身)于1987年5月成立,由穆庆贵(回族)任会长,李柱锡(朝鲜族)任副会长,下设联络员,共有会员18人,涉及7个民族。2002年换届,石雪梅(回族)任会长,并设立少数民族联合会委员会,由穆庆贵、李柱锡、马光辉(回族)任委员。2005年改称上海财经大学少数民族联合会,增补金钟范(朝鲜族)为副会长。2011年12月选举产生第四届校民族联委员会,由金钟范任会长,郎艳怀(满族)、付春(布依族)任副会长,付春兼任秘书长。2016年12月,选举产生第五届委员会,常进雄(侗族)当选为会长,郎艳怀、付春为副会长,付春兼秘书长。现有会员(即少数民族教职工)47人,涉及12个民族。

校民族联成立以后,作为校民族工作领导小组的成员单位之一,致力于上情下达、下情上传,积极配合校统战部、学生工作部(处)、保卫处、后勤管理处等有关部门开展少数民族教职工和少数民族学生的工作,尤其是在少数民族教职工和学生遇到困难时,积极协助有关部门解决问题。自1997年上海市确定每年3月1日为民族团结日以来,民族联配合统战部每年在团结日前后举办少数民族教职工和学生的座谈会,为少数民族师生表达自己的意愿、对学校的工作提出意见建议提供平台。广泛宣传党和政府有关民族工作的方针政策。在开斋节、藏历新年等少数民族节日来临之时,民族联积极参与由校学生处、统战部举办的庆祝活动,使少数民族学生在欢度节日的同时,感受党和政府以及学校的关心爱护。

随着民族联工作的展开,涌现出一批先进工作者。穆庆贵因在民族联工作中表现突出,在1988年、1993年、2002年、2007年先后获得上海市民族联先进个人,并在任校民族会会长期间兼任上海市少数民族联合会执行委员。1995年,张人骥(回族)在上海市民族团结进步表彰大会上受到上海市民族事务委员会的表彰。达世华(回族)曾任杨浦区少数民族联络委员会主任。金钟范当选第十二届、第十三届杨浦区政协委员,属少数民族界成员。

## 四、上海市欧美同学会·上海市留学人员联合会上海财经大学分会

上海市欧美同学会·上海市留学人员联合会上海财经大学分会(简称"欧美同学会")成立于2011年12月,第一届会长为姚玲珍,副会长为赖涪林(兼任秘书长)、柏杨。2016年12月召开了第二次会员代表大会,葛冬冬当选为会长,柏杨(兼秘书长)、朱卫红当选为副会长。目前有会员68人。

作为学校统战工作的好帮手,欧美同学会聚集了一批海归学人,为学校事业发展做出了应有的贡献。自分会成立以来,已经开展了多场学术研讨会(seminar)、组织校庆系列联谊活动、举办欧美同学会建会百周年暨上海财经大学分会成立两周年系列庆祝活动、承办市总会百年庆典巡展、参加上海侨界体育运动会等丰富多彩的活动,得到了会员们的较高认同,为建设和谐校园发挥着较好的作用。

根据新侨人士中大多具有海外留学经历的背景,分会积极与校侨联合作,开展调查研究,为留学归国人员服务。在市欧美同学会、市侨办、市侨联的指导下,对留学归国人员的生活和工作状况开展调研,积极宣传市政府有关鼓励留学人员来沪工作和创业的若干规定,听取海归教师提出的有关科研工作、职称评定、子女上学、生活保障等方面的意见,为广大会员提供了解时事、联谊交流、互助互爱、加深友谊的平台。

## 五、上海财经大学党外知识分子联谊会

2015年10月,学校成立上海财经大学党外知识分子联谊会(简称"知联会"),第一任会长为徐

晓萍,副会长为孙宁、孙冰、韩冬梅,秘书长为董程栋。首批会员23名,集中了学校一批政治素质好、业务能力强、社会影响大、富有号召力的党外代表人士。

知联会发挥校党委联系党外知识分子和无党派人士的桥梁和纽带作用,是党外代表人士的"蓄水池"和后备库。知联会与上海中青年知识分子联谊会、上海市教卫系统党外知识分子联谊会和兄弟高校中青年知识分子联谊会展开良好的互动和交流,在团结、凝聚、教育、引导校内党外知识分子,特别是无党派人士方面成为有效的载体。

知联会用"知识"和"智慧"为上海市和学校科技进步、经济繁荣和社会发展服务。2015年,会员兰宜生撰写的建议《设立保障城镇住房的"土地红线"》一文报送给中央统战部和上海市委市政府,受到有关领导的重视和关注。2016年,会长徐晓萍的成果专报《调整财政资金激励方式,唤醒沉睡的科技金融投入》递交上海市人大;专报《民营企业走出去急需金融支持》递交上海市政府办公室和上海市知识分子联谊会。

## 六、上海财经大学退(离)休教育工作者协会(上海财经大学老教授协会)

上海财经大学退(离)休教育工作者协会(简称退教协),是学校党委领导下的退(离)休教育工作者团体,其职责是贯彻中央老龄工作方针,维护退(离)休教育工作者的合法权益,促进老有所为、老有所学、老有所乐,提高退(离)休教师、干部的生活质量,宣传尊老敬老,推进校园和谐发展。

上海财经大学退教协成立于1988年1月28日。第一届理事会由12人组成,聘请主持工作副校长叶孝理为名誉会长,汪鸿鼎任会长,贾宏宇、苏挺、周颂康、赵基华任副会长,赵基华和崔德邻为正副秘书长。1995年11月,退教协召开第二届理事会,由19人组成。张淑智任会长,石成岳、李儒训任副会长,张毅民、沈依洪为正副秘书长,聘请汪鸿鼎、季德元任顾问。2003年12月,退教协举行年会,产生第三届理事会,由13人组成。张淑智连任会长,李儒训、严学丰任副会长,正副秘书长连任,季德元、汪鸿鼎续聘为顾问,后又增补张克云为副秘书长。

2006年6月下旬,校退教协根据上海市老教授协会的要求,着手筹组上海财经大学老教授协会(简称老教协),与退教协实行"两块牌子、一套工作班子",并向校党委递送书面报告,得到校党委的重视和支持。2008年9月11日,退教协对调整后的理事作了新的分工,增补颜光华为副会长、张次博为秘书长。同年11月27日,学校举行"上海财经大学退(离)休教育工作者协会成立20周年庆典暨老教授协会揭牌仪式",校党委副书记孙海鸣主持。2010年1月7日,在校退教协第四次和老教协第二次会员大会上,产生退教协第四届和老教协第二届理事会,由13人组成,颜光华任会长,葛寿昌、张次博任副会长,秘书长由张次博兼任(时有退教协会员283人,老教协会员166人)。2011年11月,理事宓文湛增补为副会长;2013年6月,王惠玲增补为理事、副会长;翌年3月又任常务副会长。2013年12月18日,在校退教协第五次和老教协第三次会员大会上,产生退教协第五届和老教协第三届理事会,由15人组成,王惠玲任会长,张次博、顾国柱、郭羽诞、葛守中任副会长,葛守中兼秘书长(时有退教协会员380人,老教协会员189人)。

退教协和老教协工作主要有以下四个方面:

一是结合学校实际情况,动员、组织会员老有所为、发挥专长。依托学校的学科优势,在1997年和1998年举办报考会计师、助理会计师辅导班2期4个班;2000年至2004年,又举办在职人员报考同等学力研究生综合水平统考辅导班5期。为庆祝学校建校90周年,退教协理事会组织编写老同志回忆录,于2007年10月正式出版,100多位老同志从不同侧面回顾学校走上振兴之路的艰辛历程,讴歌一代代上财人的无私奉献精神。2010年2月初,校老教协受市老教协委托,组织有关老教授、专家编写老年人理财一书,书稿于6月底按期完成并移交出版社。8月,《上海财经大学老教授谈老年人理财》一书由上海科技文献出版社出版,并参加2010年上海书展。2012年5月,协会与校离退休工作处配合,成立退管(老龄)工作理论研究会,组织会员撰写文章,参与上海市高校退管会、上海市退休教育工作者协会的征文活动,并获得好评。还有部分会员受聘于学校的教学督导、关心下一代、校史研究、办老年大学等工作,继续为学校做出贡献。

二是座谈交流,开聊天会,老有所学形式多样。坚持每年组织学习交流会,理事会研究确定会议主题、主要发言人和与会人员(一般四五十人)。开展各种形式的聊天会,畅谈国事、家事、身边事,积极引导广大老同志发挥正能量。协会学习交流与小组聊天相结合,是校退教协老有所学的工作特色。2016年4月,协会成立读书会,不定期组织活动,读书过程即是学习过程,有益于修身养性。

三是关心离退休老同志的生活,提高老年人的生活质量,老有所乐促进健康。经常了解会员的生活状况和要求,建立老人探望制度,及时探望生病住院的会员,为80岁和90岁以上老同志举行祝寿活动,组织会员开展旅游、联欢、娱乐等活动。2014年3月后,成立各类兴趣小组,如摄影、编织、乒乓、戏曲等,组建老教师艺术团和旗袍队,还组织会员参与市老教协组织的境内外旅游和乒乓球比赛,参与市退教协组织的歌咏、舞蹈、体育活动。丰富老同志的精神生活,使他们生活安然愉悦、富有情趣。

四是贯彻我国《老年法》,保护老年人依法享有的权益。开展调查研究,多次向学校提出意见建议,依法维护退(离)休教育工作者的权益。

**附:上海市退(离)休高级专家协会经济法律专业委员会上海财经大学工作委员会**

上海财经大学工作委员会是组织学校自愿参加上海市退(离)休高级专家协会的人员开展活动的工作机构。高级专家协会会员基本上是学校老教授协会会员。

2003年4月8日召开成立大会,选出张婉如、许明、胡勇甫、李葆坤、胡源绥、竹德操、邢克光等7位委员组成工作委员会。由张婉如任主任,许明、胡勇甫、李葆坤3人为副主任。

2008年5月,上海财经大学工作委员会进行换届选举,推选张婉如、刘荔娟、李泉斌、陈文安、孙红云、彭嘉强、张次博7人担任第二届委员,张婉如任主任,刘荔娟、李泉斌为副主任,陈文安为秘书长、孙红云为副秘书长。

2012年12月换届改选,推选刘荔娟、彭嘉强、陈文安、唐如青、陈慧玉、朱建中、叶衍7人担任第三届委员,刘荔娟为主任,彭嘉强、唐如青为副主任,陈文安为秘书长、陈慧玉为副秘书长。

# 第四篇

## 教职工

# 概　　述

　　教职工是高等学校承担教育培养人才任务的主导力量。在学校发展历程中,教职工队伍呈现不断发展壮大的态势,其构成不断趋于合理,素质不断得到提升。本篇载录学校教职工队伍发展的情况,包括教职工队伍、教职工培养、专业技术职务、工资和福利、人事管理五章。

　　从上海商科大学到国立上海商学院时期,学校规模较小,教职工人数仅数十人,最多时不超过百人,但教师中获得海外博士、硕士学位的比例较高。新中国成立后的高校院系调整,使20世纪50年代上海财经学院的教职工人数一度猛增到接近700人,其中教授最多时达138人;60年代学院教职工缩减到约500人。1978年复校后,学院教职工人数逐步增长,更名为上海财经大学后的第二年即1986年超过1 500人,以后略有减少,至2002年再度回升,2016年达到1 566人。教师中高级职称比重不断增长,从1980年的11.3%增加到2016年的56%;高学历比例不断增加,获博士学位者从1984年的0.002%增加到2016年的75%;年龄则不断降低,56岁以上教师占比从1984年的23.9%减少到2016年的10%。而各类职工中,1995年以后行政人员的比例逐步减少,教辅人员的比例逐步增加,工勤人员人数则随着后勤社会化改革而逐步减少。

　　20世纪50年代初,上海财经学院选派大批教师赴中国人民大学等高校读研究班或进修,5年中总数近百人,进修课程30余种,很多教师学成回校后成为学院的教学骨干力量。1956—1963年学院教师参加进修的人数达378人次。1978年复校后,学校以公派、自费公派等形式支持教师出国留学进修,1982—1991年十年内共派出1 563人次。1994年后又通过国家留学基金资助、双语培训计划、校际交流等多种形式,派出教师250余人。至2016年,70%的在聘教师具有半年以上的国外学习或者工作经历。同时,学校鼓励教师在国内进修和攻读学位,使各级职务教师的学历不断提高。至2016年,1 044名专任教师中,博士786人,硕士207人,两者共占总数的95%。另外,学校组织教师以专题培训班、学术研讨会、学术讲座等形式积极参加培训、进修,保证每年40个课时的培训时数,不断提高教师的综合素质和业务水平。

　　高等学校教师职务缘起于民国时期。新中国成立后,颁布过一些有关教师职务的暂行规定,但尚不规范。1978年,国家恢复了教师职务的提升,并逐步走向规范化。上海财经学院于1979年、1981年和1983年进行了三次教师职务的定职和提职,自1986年开始学校教师职务的评审和聘任每年进行一次。同时,学校也开始了专职研究人员以及会计、工程师、医师、编辑、图书等各有关专业技术职务的评聘工作。1980—2016年,学校审定通过的各专业技术系列具有正、副高级职称任职资格的人员共计1 395人次。学校的专业技术职务评聘工作经历了专业技术职务评审、专业技术职务聘任、专业技术职务岗位聘任、高级技术职务特聘程序的建立等阶段,逐步完善了制度建设。

　　国立上海商学院时期的教职工工资待遇,教授与普通教师、处室主管和普通员工之间,差距较大。新中国成立后,进行了多次调整,至1956年开始实行全国统一的高等学校教职员工工资标准,教学人员分为12级,行政职工分为25级,并一直沿用到20世纪80年代。1980年以后,国家对学校教职工的工资进行了多次调整,呈现逐年增长的趋势。同时,学校内部还开始实行工资分配改革,工资与工作绩效挂钩,实行按劳分配、多劳多得;实行校系(部、室)两级管理,充分发挥系(部、室)的能动作用;实行结构工资,包括基本工资和绩效工资两部分,并实行校内岗位津贴,多次调整了津贴数额。通过这些改革,全校教职工的工资收入明显提高。此外,教职工还享受其他福利。1980—1999年,学校共进行10次福利分房,享受分房的教职员工共1 755人次。2004年开始对新进职工实行租房补贴。另外,全体教职工还享受交通费补贴、暑期疗养等,学校福利费支出也逐年递增。

在教职工人事管理上,学校从20世纪80年代起实行定编和考核制度,根据上级主管部门下达的编制数,实行各类人员定编试行办法,促进人才合理流动;出台了教职工年度考核办法和部门群体考核办法,将考核的结果作为职务评聘的重要依据。学校注意引进各类专业教师和管理人才充实教职工队伍,使教职工队伍的整体素质不断提高。学校不断改革人事管理制度,先后实行了新进人员的聘用制(包括聘用合同制、人事代理制、人事租赁制、雇员制等)和全体教职工的岗位聘任制。学校教职工男性年满60周岁、女性年满55周岁(女工50周岁)的都按照国家规定享受退(离)休待遇,部分高级专家根据本人申请和学校需要延长退休年龄或暂缓退休。1979年至2017年3月,学校办理了退(离)休手续的教职工总计达1 137人。学校实施"人才强校"战略,2009年出台"千人计划"配套实施办法,并于2012年修订完善。2013年9月,学校通过关于进一步加强师资队伍建设的实施意见,出台了讲席教授和讲席副教授管理办法、"创新团队"实施办法、资深教授评定暂行办法等系列配套制度,同时启动了"1351人才工程",目前已完成两批次评选。2015年,成立人才工作办公室,战略推进人才工作的专业化和服务的精细化,多渠道、多模式、超常规地引进海内外高层次创新人才。

1992年,学校在全国博士后管委会、财政部和上海市博士后管理办公室的大力支持下,建立了经济学博士后科研流动站,是全国首家在财经院校中培养博士后的人才基地,也是全国首批建立的社会科学博士后科研流动站之一。目前,学校共拥有理论经济学、应用经济学、工商管理、哲学、统计学、马克思主义理论及管理科学与工程7个博士后科研流动站。1993—2016年,博士后进站共381人。

# 第一章 教职工队伍

## 第一节 教职工人数

学校教职工队伍的人数,随着学校规模的扩大,总体呈现不断增长的态势,其间因学校的多次撤并、恢复,也有增减变化。

南京高等师范学校商业专修科成立之初,仅聘有教师10余人。民国十年(1921年)上海商科大学成立后,教职员人数有所增加,据《上海商科大学一览》统计,民国十二年(1923年)有专任教师23人、职员11人。民国十九年(1930年)国立中央大学商学院时期,据《教职员名表》统计,聘有专任教师26人、职员19人。国立上海商学院时期,据民国二十五年(1936年)《教授、职员学历经历职务薪给表》统计,聘有专任教师23人、职员22人。抗战期间,学校教职工人数均有减少,据民国三十三年(1944年)《教职员呈报名册》统计,聘有专任教师17人、职员17人。民国三十五年(1946年)复员后增长较快,据民国三十七年(1948年)《教职员名册》统计,聘用专任教师38人、职员46人。此外,从民国十六年(1927年)起,学校一直聘用兼任教师数人至10余人不等。

1950年,学校更名为上海财政经济学院之初,就有上海法学院部分师生并入,随后开始院系调整,至1953年8月,共有华东地区20所院校的财经学科并入,使学校成为华东地区唯一的一所高等财经院校,教职工人数急剧增加。1953年,全院教职工为682人,其中,教师为403人,职工为279人。这一规模直至1958年学校并入上海社科院时变化不大。1960年上海财经学院重建初期,规模略有缩减,计有教师229人、职工204人。1961年后,随着学校的逐步发展,全院教职工人数逐年增加。到1965年,全院教职工增至499人,其中,教师为258人、职工为241人。1966年后,因"文化大革命",学校处于停顿状态,教职工人数逐年减少,直至1972年学校被撤销。1950—1971年教职工人数统计见表4-1。

表4-1 1950—1971年教职工人数

| 年 份 | 教 师 | 职 员 | 工 人 | 合 计 |
| --- | --- | --- | --- | --- |
| 1950 | 59 | 40 | 51 | 150 |
| 1951 | 106 | 95 | 62 | 263 |
| 1952 | 315 | 150 | 137 | 602 |
| 1953 | 403 | 130 | 149 | 682 |
| 1954 | 382 | 121 | 119 | 622 |

(续表)

| 年　份 | 教　师 | 职　员 | 工　人 | 合　计 |
|---|---|---|---|---|
| 1955 | 378 | 153 | 115 | 646 |
| 1956 | 370 | 184 | 139 | 693 |
| 1957 | 352 | 203 | 135 | 690 |
| 1958 | 356 | 188 | 131 | 675 |
| 1960 | 229 | 154 | 50 | 433 |
| 1961 | 231 | 164 | 41 | 436 |
| 1962 | 233 | 168 | 45 | 446 |
| 1963 | 240 | 176 | 43 | 459 |
| 1964 | 253 | 149 | 47 | 449 |
| 1965 | 258 | 184 | 57 | 499 |
| 1966 | 252 | 188 | 56 | 496 |
| 1967 | 250 | 187 | 56 | 493 |
| 1968 | 245 | 184 | 56 | 485 |
| 1969 | 244 | 173 | 56 | 473 |
| 1970 | 240 | 166 | 49 | 455 |
| 1971 | 243 | 142 | 45 | 430 |

1978年底复校后，教职工队伍规模与1972年撤销时基本相当，1979年为462人。以后数年内高速增长，至1983年超过1 000人，1986年更达1 506人，较复校初增长了2.26倍。其中，专职教师1980年为291人，1983年为483人，1986年达713人，较复校初增长了1.45倍。此后基本维持这一规模，逐年略有增减，至1999年教职工总数减少至1 185人，其中专任教师减少至492人。2002年起又逐步增长，至2016年教职工总数恢复到1 566人，其中专任教师增长尤快，2016年达1 044人。1979—2007年教职工人数统计见表4-2。2008—2016年教职工人数统计见表4-3。

表4-2　1979—2007年教职工人数

| 年　份 | 专任教师 | 科研人员 | 职　工 | 其他人员 | 合　计 |
|---|---|---|---|---|---|
| 1979 | — | — | — | — | 462 |
| 1980 | 291 | — | 276 | — | 567 |
| 1981 | 333 | — | 330 | 22 | 685 |
| 1982 | 378 | — | 414 | 54 | 846 |
| 1983 | 483 | 65 | 449 | 41 | 1 038 |
| 1984 | 544 | 69 | 509 | 46 | 1 168 |

(续表)

| 年 份 | 专任教师 | 科研人员 | 职 工 | 其他人员 | 合 计 |
|---|---|---|---|---|---|
| 1985 | 619 | 64 | 637 | 51 | 1 371 |
| 1986 | 713 | 62 | 663 | 68 | 1 506 |
| 1987 | 637 | 61 | 684 | 81 | 1 463 |
| 1988 | 653 | 43 | 706 | 78 | 1 480 |
| 1989 | 647 | 42 | 644 | 155 | 1 488 |
| 1990 | 644 | 79 | 596 | 155 | 1 474 |
| 1991 | 621 | 67 | 625 | 121 | 1 434 |
| 1992 | 592 | 66 | 628 | 118 | 1 404 |
| 1993 | 565 | 59 | 795 | — | 1 419 |
| 1994 | 568 | 60 | 687 | — | 1 315 |
| 1995 | 540 | 64 | 776 | — | 1 380 |
| 1996 | 503 | 55 | 678 | 184 | 1 420 |
| 1997 | 500 | 53 | 629 | 225 | 1 407 |
| 1998 | 470 | 52 | 634 | 257 | 1 413 |
| 1999 | 492 | 34 | 605 | 54 | 1 185 |
| 2000 | 493 | 29 | 573 | 67 | 1 162 |
| 2001 | 524 | 29 | 569 | 60 | 1 182 |
| 2002 | 561 | 30 | 559 | 54 | 1 204 |
| 2003 | 663 | 23 | 386 | 192 | 1 264 |
| 2004 | 726 | 22 | 363 | 175 | 1 286 |
| 2005 | 861 | 22 | 383 | 173 | 1 439 |
| 2006 | 952 | 24 | 363 | 157 | 1 496 |
| 2007 | 971 | 23 | 367 | 144 | 1 505 |

注：其他人员包括校办工厂及其他附设机构的人员。

表 4-3  2008—2016 年教职工人数

| 年 份 | 专任教师 | 科研人员 | 职 工 | 校办企业职工 | 其他附设机构人员 | 集体所有制人员 | 合 计 |
|---|---|---|---|---|---|---|---|
| 2008 | 990 | 23 | 371 | 10 | 122 | 58 | 1 574 |
| 2009 | 1 006 | 24 | 399 | 10 | 110 | 52 | 1 601 |
| 2010 | 1 044 | 25 | 410 | 8 | 102 | 52 | 1 641 |
| 2011 | 1 055 | 26 | 406 | 8 | 99 | 43 | 1 637 |

(续表)

| 年 份 | 专任教师 | 科研人员 | 职 工 | 校办企业职工 | 其他附设机构人员 | 集体所有制人员 | 合 计 |
|---|---|---|---|---|---|---|---|
| 2012 | 1 019 | 26 | 403 | 4 | 95 | 38 | 1 585 |
| 2013 | 1 030 | 24 | 420 | 4 | 83 | 35 | 1 596 |
| 2014 | 1 037 | 10 | 438 | 4 | 68 | 25 | 1 582 |
| 2015 | 1 047 | 12 | 453 | 4 | 68 | — | 1 584 |
| 2016 | 1 044 | 20 | 424 | 3 | 54 | 21 | 1 566 |

注：2008年截至2008年8月31日；2010年截至2010年8月31日（按教育部高基报表要求的时间段进行统计）。

## 第二节 教职工构成

教职工队伍的构成包括职称构成、年龄构成、学历构成、类别构成等。

### 一、专任教师的职称构成

民国十二年（1923年），上海商科大学聘任的23名专任教师中，教授21人，助教2人。民国二十五年（1936年），国立上海商学院聘任的23名专任教师中，教授14人，讲师3人，助教6人。民国三十七年（1948年），国立上海商学院聘任的38名专任教师中，教授22人，讲师2人，助教14人。

20世纪50年代高校院系调整后，上海财政经济学院集中了大批财经类师资，1953年403名专任教师中，教授为138人，副教授为37人，讲师为27人，教员为20人，助教为181人，所占百分比分别为34.2%、9.2%、6.7%、5.0%、44.9%。1956年，高校教师工资定级时，114位教授中，二级有12人，三级有19人，四级有48人，五级有19人，六级有10人，暂不定级6人。1965年，上海财经学院258名专任教师中，教授有38人，副教授有18人，讲师有66人，教员有65人，助教有71人，所占百分比分别为14.7%、7.0%、25.6%、25.2%、27.5%。1950—1971年专任教师职称构成统计见表4-4。

表4-4 1950—1971年专任教师职称构成情况

| 年 份 | 教 授 | 副教授 | 讲 师 | 教 员 | 助 教 | 合 计 |
|---|---|---|---|---|---|---|
| 1950 | 19 | 1 | 2 | — | 37 | 59 |
| 1951 | 25 | 4 | 7 | — | 70 | 106 |
| 1952 | 129 | 27 | 28 | — | 131 | 315 |
| 1953 | 138 | 37 | 27 | 20 | 181 | 403 |
| 1954 | 131 | 35 | 33 | 18 | 165 | 382 |
| 1955 | 130 | 35 | 33 | 18 | 162 | 378 |
| 1956 | 120 | 35 | 56 | 21 | 138 | 370 |
| 1957 | 106 | 32 | 54 | 21 | 139 | 352 |

(续表)

| 年 份 | 教 授 | 副教授 | 讲 师 | 教 员 | 助 教 | 合 计 |
|---|---|---|---|---|---|---|
| 1958 | 88 | 31 | 91 | 23 | 123 | 356 |
| 1960 | 40 | 20 | 31 | 116 | 22 | 229 |
| 1961 | 41 | 20 | 31 | 120 | 19 | 231 |
| 1962 | 41 | 20 | 32 | 104 | 36 | 233 |
| 1963 | 42 | 19 | 37 | 92 | 50 | 240 |
| 1964 | 38 | 18 | 66 | 68 | 63 | 253 |
| 1965 | 38 | 18 | 66 | 65 | 71 | 258 |
| 1966 | 52 | | 65 | 65 | 70 | 252 |
| 1967 | 50 | | 65 | 65 | 70 | 250 |
| 1968 | 49 | | 63 | 63 | 70 | 245 |
| 1969 | 48 | | 63 | 63 | 70 | 244 |
| 1970 | 48 | | 63 | 59 | 70 | 240 |
| 1971 | 53 | | 62 | 59 | 69 | 243 |

1978年复校初期,教师中高级职称比例较少,新补充进入教师队伍的助教比例增长较快。如1985年上海财经大学专任教师619人中,教授有23人,副教授有57人,讲师有185人,助教271人,无职称的有83人,所占百分比分别为3.7%、9.2%、29.9%、43.8%、13.4%。20世纪90年代起,高级职称比例逐年增加,助教比例逐年减少。如1997年专任教师500人中,教授有64人,副教授有153人,讲师有223人,助教有54人,无职称的有6人,所占百分比分别为12.8%、30.6%、44.6%、10.8%、1.2%。2000年以后,高级职称比例继续增长,初级教师比例进一步减少,至2016年,学校专任教师1 044人中,教授有210人,副教授有375人,讲师有382人,助教有20人,无职称的有57人,所占百分比分别为20%、36%、37%、2%、5%。1980—2016年专任教师职称构成统计见表4-5。

表4-5　1980—2016年专任教师职称构成情况

| 年 份 | 教 授 | 副教授 | 讲 师 | 助 教 | 无职称 | 合 计 |
|---|---|---|---|---|---|---|
| 1980 | 17 | 16 | 145 | 27 | 86 | 291 |
| 1981 | 23 | 49 | 122 | 31 | 108 | 333 |
| 1982 | 23 | 58 | 156 | 70 | 71 | 378 |
| 1983 | 22 | 60 | 197 | 165 | 39 | 483 |
| 1984 | 20 | 59 | 195 | 220 | 50 | 544 |
| 1985 | 23 | 57 | 185 | 271 | 83 | 619 |
| 1986 | 20 | 109 | 136 | 408 | 40 | 713 |

(续表)

| 年 份 | 教 授 | 副教授 | 讲 师 | 助 教 | 无职称 | 合 计 |
|---|---|---|---|---|---|---|
| 1987 | 27 | 98 | 152 | 360 | — | 637 |
| 1988 | 31 | 104 | 240 | — | 278 | 653 |
| 1989 | 36 | 117 | 211 | — | 283 | 647 |
| 1990 | 35 | 113 | 206 | 49 | 241 | 644 |
| 1991 | 42 | 130 | 265 | 139 | 45 | 621 |
| 1992 | 45 | 133 | 222 | 163 | 29 | 592 |
| 1993 | 56 | 146 | 263 | 75 | 25 | 565 |
| 1994 | 57 | 151 | 259 | 50 | 51 | 568 |
| 1995 | 53 | 144 | 237 | 49 | 57 | 540 |
| 1996 | 60 | 146 | 226 | 18 | 53 | 503 |
| 1997 | 64 | 153 | 223 | 54 | 6 | 500 |
| 1998 | 67 | 141 | 198 | 38 | 26 | 470 |
| 1999 | 85 | 158 | 185 | 37 | 27 | 492 |
| 2000 | 88 | 166 | 182 | 39 | 18 | 493 |
| 2001 | 84 | 171 | 187 | 37 | 45 | 524 |
| 2002 | 102 | 202 | 184 | 23 | 50 | 561 |
| 2003 | 115 | 234 | 220 | 18 | 76 | 663 |
| 2004 | 126 | 254 | 228 | 17 | 101 | 726 |
| 2005 | 153 | 278 | 278 | 17 | 135 | 861 |
| 2006 | 170 | 333 | 404 | 44 | 1 | 952 |
| 2007 | 183 | 329 | 415 | 43 | 1 | 971 |
| 2008 | 189 | 355 | 581 | 55 | 181 | 1 361 |
| 2009 | 195 | 341 | 382 | 25 | 63 | 1 006 |
| 2010 | 202 | 344 | 387 | 24 | 87 | 1 044 |
| 2011 | 200 | 344 | 414 | 22 | 75 | 1 055 |
| 2012 | 201 | 340 | 386 | 8 | 84 | 1 019 |
| 2013 | 228 | 345 | 362 | 1 | 94 | 1 030 |
| 2014 | 204 | 361 | 372 | 6 | 94 | 1 037 |
| 2015 | 210 | 379 | 355 | 4 | 99 | 1 047 |
| 2016 | 210 | 375 | 382 | 20 | 57 | 1 044 |

## 二、专任教师的年龄构成

1978年复校前专任教师的年龄构成缺乏系统的统计资料。复校初期,教师中40岁以下年轻教师的比例最高,41～55岁的中年教师和56岁以上的老年教师比重相当。如1985年专任教师619人中,40岁以下的有323人,41～55岁的有149人,56岁以上的有147人,所占百分比分别为52.2%、24.1%、23.7%。其后,中年教师的比重逐年增加,老年教师的比重逐年减少,中青年教师的比重占绝对优势。至2016年,专任教师1 044人中,40岁以下的有455人,41～55岁的有486人,56岁以上的有103人,所占百分比分别为43.6%、46.6%、9.9%。1983—2016年专任教师年龄构成统计见表4-6。

表4-6 1983—2016年专任教师年龄构成情况

| 年 份 | ＜30岁 | 31—35岁 | 36—40岁 | 41—45岁 | 46—50岁 | 51—55岁 | 56—60岁 | ＞60岁 | 合 计 |
|---|---|---|---|---|---|---|---|---|---|
| 1983 | 94 | 100 | 0 | 93 | 0 | 128 | 0 | 68 | 483 |
| 1984 | 138 | 68 | 52 | 45 | 46 | 65 | 59 | 71 | 544 |
| 1985 | 185 | 89 | 49 | 51 | 46 | 52 | 71 | 76 | 619 |
| 1986 | 225 | 118 | 63 | 55 | 47 | 53 | 71 | 81 | 713 |
| 1987 | 210 | 127 | 75 | 43 | 45 | 50 | 56 | 31 | 637 |
| 1988 | 213 | 124 | 89 | 47 | 47 | 40 | 59 | 34 | 653 |
| 1989 | 197 | 122 | 92 | 54 | 47 | 39 | 49 | 47 | 647 |
| 1990 | 202 | 120 | 93 | 54 | 46 | 39 | 47 | 43 | 644 |
| 1991 | 187 | 96 | 92 | 54 | 50 | 46 | 42 | 54 | 621 |
| 1992 | 185 | 73 | 101 | 65 | 38 | 44 | 43 | 43 | 592 |
| 1993 | 150 | 72 | 92 | 76 | 46 | 44 | 39 | 46 | 565 |
| 1994 | 121 | 99 | 89 | 82 | 58 | 45 | 38 | 36 | 568 |
| 1995 | 90 | 125 | 79 | 83 | 57 | 45 | 41 | 20 | 540 |
| 1996 | 86 | 111 | 69 | 75 | 60 | 48 | 38 | 16 | 503 |
| 1997 | 81 | 117 | 56 | 87 | 68 | 39 | 38 | 14 | 500 |
| 1998 | 71 | 100 | 55 | 83 | 66 | 47 | 34 | 14 | 470 |
| 1999 | 79 | 65 | 77 | 78 | 84 | 56 | 38 | 15 | 492 |
| 2000 | 75 | 73 | 81 | 85 | 85 | 52 | 34 | 8 | 493 |
| 2001 | 119 | 72 | 85 | 85 | 82 | 52 | 28 | 6 | 529 |
| 2002 | 71 | 68 | 143 | 66 | 96 | 69 | 35 | 13 | 561 |
| 2003 | 91 | 113 | 157 | 75 | 107 | 72 | 34 | 14 | 663 |
| 2004 | 87 | 149 | 137 | 107 | 105 | 89 | 40 | 12 | 726 |

(续表)

| 年 份 | <30岁 | 31—35岁 | 36—40岁 | 41—45岁 | 46—50岁 | 51—55岁 | 56—60岁 | >60岁 | 合 计 |
|---|---|---|---|---|---|---|---|---|---|
| 2005 | 125 | 177 | 121 | 157 | 101 | 100 | 59 | 21 | 861 |
| 2006 | 102 | 205 | 140 | 193 | 107 | 107 | 73 | 25 | 952 |
| 2007 | 95 | 197 | 161 | 206 | 94 | 120 | 71 | 27 | 971 |
| 2008 | 79 | 195 | 189 | 195 | 87 | 127 | 84 | 34 | 990 |
| 2009 | 65 | 199 | 211 | 157 | 125 | 117 | 89 | 43 | 1 006 |
| 2010 | 63 | 199 | 236 | 144 | 160 | 103 | 87 | 52 | 1 044 |
| 2011 | 70 | 180 | 241 | 146 | 178 | 93 | 90 | 57 | 1 055 |
| 2012 | 62 | 190 | 211 | 169 | 191 | 77 | 86 | 33 | 1 019 |
| 2013 | 61 | 186 | 214 | 174 | 187 | 77 | 93 | 38 | 1 030 |
| 2014 | 52 | 165 | 247 | 202 | 115 | 142 | 76 | 38 | 1 037 |
| 2015 | 55 | 181 | 236 | 205 | 114 | 147 | 72 | 37 | 1 047 |
| 2016 | 79 | 179 | 197 | 204 | 121 | 161 | 62 | 41 | 1 044 |

### 三、专任教师的学历构成

民国十二年(1923年)上海商科大学的专任教师大部分获得海外学位,专任教师23人中,博士有5人,硕士有8人,学士有5人,其余有5人,其中获得海外学位的有17人。民国二十五年(1936年)国立上海商学院的专任教师23人中,博士有4人,硕士有3人,学士有11人,其余有5人,其中有海外求学经历的有11人。据1950年上海财政经济学院《教员名册》统计,专任教师59人中,博士有5人,硕士有14人,学士有27人,其他有3人,不详的有10人,其中获海外学位的有23人。20世纪50年代后加入教师队伍的年轻教师,除少数获研究生学历外,大多无博士、硕士学历。1981年国家恢复学位制度后,高学历的年轻教师逐步增多,1987年学校培养的第一位会计学博士汤云为毕业并留校任教,使教师队伍中开始有了新中国自己培养的博士。2000年后,学校新聘任的专任教师都要求具有博士学位,获博士学位的教师比例增长更为迅速,2016年获得博士学位的教师已占到教师总数的75.3%。1984—2016年专任教师学历构成统计见表4-7。

表4-7 1984—2016年专任教师学历构成情况

| 年 份 | 博 士 | 硕 士 | 研究生 未授学位 | 本 科 | 专科及以下 | 合 计 |
|---|---|---|---|---|---|---|
| 1984 | 1 | 51 | 43 | 398 | 51 | 544 |
| 1985 | 2 | 69 | 42 | 458 | 48 | 619 |
| 1986 | 2 | 115 | 44 | 503 | 49 | 713 |
| 1987 | — | 157 | 31 | 413 | 36 | 637 |

（续表）

| 年　份 | 博　士 | 硕　士 | 研究生 未授学位 | 本　科 | 专科及以下 | 合　计 |
|---|---|---|---|---|---|---|
| 1988 | 2 | 191 | 38 | 391 | 31 | 653 |
| 1989 | 1 | 197 | 32 | 387 | 30 | 647 |
| 1990 | 4 | 210 | 34 | 366 | 30 | 644 |
| 1991 | 3 | 199 | 53 | 334 | 32 | 621 |
| 1992 | 3 | 195 | 45 | 318 | 31 | 592 |
| 1993 | 7 | 179 | 42 | 308 | 29 | 565 |
| 1994 | 15 | 180 | 41 | 306 | 26 | 568 |
| 1995 | 22 | 178 | 31 | 289 | 20 | 540 |
| 1996 | 31 | 179 | 31 | 245 | 17 | 503 |
| 1997 | 37 | 187 | 29 | 234 | 13 | 500 |
| 1998 | 46 | 177 | 24 | 211 | 12 | 470 |
| 1999 | 59 | 198 | 25 | 195 | 15 | 492 |
| 2000 | 75 | 190 | 19 | 193 | 16 | 493 |
| 2001 | 113 | 197 | 16 | 185 | 18 | 529 |
| 2002 | 160 | 228 | — | 156 | 17 | 561 |
| 2003 | 244 | 244 | — | 165 | 10 | 663 |
| 2004 | 312 | 244 | — | 159 | 11 | 726 |
| 2005 | 403 | 267 | — | 180 | 11 | 861 |
| 2006 | 472 | 263 | — | 206 | 11 | 952 |
| 2007 | 518 | 278 | — | 164 | 11 | 971 |
| 2008 | 534 | 283 | — | 167 | 6 | 990 |
| 2009 | 582 | 261 | — | 158 | 5 | 1 006 |
| 2010 | 632 | 260 | — | 150 | 2 | 1 044 |
| 2011 | 668 | 243 | — | 143 | 1 | 1 055 |
| 2012 | 686 | 212 | — | 121 | — | 1 019 |
| 2013 | 761 | 181 | — | 88 | — | 1 030 |
| 2014 | 781 | 176 | — | 80 | — | 1 037 |
| 2015 | 798 | 172 | — | 76 | 1 | 1 047 |
| 2016 | 786 | 207 | — | 51 | — | 1 044 |

## 四、职工队伍的类别构成

1949年以前,由于学校规模较小,各类职工总数也较少。20世纪50年代开始,随着学校规模的迅速扩大,职工队伍也有较快增长。各类职工主要分为行政人员、教辅人员、工勤人员和其他附设机构人员等类,1950—2007年学校各类职工构成统计见表4-8,2008—2016年学校各类职工构成统计见表4-9。

表4-8 1950—2007年各类职工构成情况

| 年 份 | 行政人员 | 教辅人员 | 工勤人员 | 其他附设机构人员 | 合 计 |
| --- | --- | --- | --- | --- | --- |
| 1950 | 40 | — | 51 | — | 91 |
| 1951 | 95 | — | 62 | — | 157 |
| 1952 | 150 | — | 137 | — | 287 |
| 1953 | 130 | — | 149 | — | 279 |
| 1954 | 121 | — | 119 | — | 240 |
| 1955 | 135 | 18 | 115 | — | 268 |
| 1956 | 157 | 27 | 139 | — | 323 |
| 1957 | 174 | 29 | 135 | — | 338 |
| 1958 | 188 | — | 131 | — | 319 |
| 1960 | 104 | 27 | 50 | 23 | 204 |
| 1961 | 106 | 16 | 41 | 42 | 205 |
| 1962 | 119 | 13 | 45 | 36 | 213 |
| 1963 | 122 | 15 | 43 | 39 | 219 |
| 1964 | 103 | 46 | 47 | — | 196 |
| 1965 | 140 | 18 | 57 | 26 | 241 |
| 1966 | 173 | 15 | 56 | — | 244 |
| 1967 | 172 | 15 | 56 | — | 243 |
| 1968 | 170 | 14 | 56 | — | 240 |
| 1969 | 160 | 13 | 56 | — | 229 |
| 1970 | 153 | 13 | 49 | — | 215 |
| 1971 | 130 | 12 | 45 | — | 187 |
| 1979 | 84 | 23 | 116 | — | 223 |
| 1980 | 135 | 35 | 106 | — | 276 |

（续表）

| 年　份 | 行政人员 | 教辅人员 | 工勤人员 | 其他附设机构人员 | 合　计 |
|---|---|---|---|---|---|
| 1981 | — | — | — | 22 | 352 |
| 1982 | 181 | 37 | 196 | 54 | 468 |
| 1983 | 188 | 60 | 201 | 41 | 490 |
| 1984 | 207 | 97 | 205 | 46 | 555 |
| 1985 | 321 | 111 | 205 | 51 | 688 |
| 1986 | 319 | 129 | 215 | 68 | 731 |
| 1987 | 351 | 131 | 202 | 81 | 765 |
| 1988 | 351 | 140 | 215 | 78 | 784 |
| 1989 | 340 | 101 | 203 | 155 | 799 |
| 1990 | 297 | 105 | 194 | 155 | 751 |
| 1991 | 319 | 99 | 207 | 121 | 746 |
| 1992 | 309 | 120 | 199 | 118 | 746 |
| 1993 | 430 | 111 | 254 | — | 795 |
| 1994 | 345 | 113 | 229 | — | 687 |
| 1995 | 447 | 92 | 237 | — | 776 |
| 1996 | 351 | 93 | 234 | 184 | 862 |
| 1997 | 336 | 89 | 204 | 225 | 854 |
| 1998 | 328 | 83 | 223 | 257 | 891 |
| 1999 | 307 | 84 | 214 | 54 | 659 |
| 2000 | 278 | 87 | 208 | 67 | 640 |
| 2001 | 275 | 90 | 199 | 60 | 624 |
| 2002 | 278 | 91 | 190 | 54 | 613 |
| 2003 | 231 | 78 | 77 | 192 | 578 |
| 2004 | 222 | 72 | 69 | 175 | 538 |
| 2005 | 232 | 88 | 63 | 173 | 556 |
| 2006 | 213 | 89 | 61 | 157 | 520 |
| 2007 | 226 | 88 | 53 | 144 | 511 |

注：1981年教职工构成缺乏完整统计资料。

表 4-9　2008—2016年各类职工构成情况

| 年　份 | 行　政 | 教　辅 | 工　勤 | 校办企业职工 | 其他附设机构人员 | 集体所有制人员 | 合　计 |
|---|---|---|---|---|---|---|---|
| 2008 | 236 | 86 | 49 | 10 | 122 | 58 | 561 |
| 2009 | 261 | 93 | 45 | 10 | 110 | 52 | 571 |
| 2010 | 273 | 92 | 45 | 8 | 102 | 52 | 572 |
| 2011 | 272 | 91 | 43 | 8 | 99 | 43 | 556 |
| 2012 | 274 | 92 | 37 | 4 | 95 | 38 | 540 |
| 2013 | 289 | 94 | 37 | 4 | 83 | 35 | 542 |
| 2014 | 332 | 86 | 20 | 4 | 68 | 25 | 535 |
| 2015 | 346 | 88 | 19 | 4 | 68 | — | 525 |
| 2016 | 328 | 98 | 19 | 3 | 54 | 21 | 523 |

# 第二章 教职工培养

## 第一节 师资培养

从上海商科大学至国立上海商学院时期的教职工培养,缺乏相关的资料。新中国成立后,高等教育的社会环境、培养目标、教学内容和教学方法等都发生了根本性的变化。上海财经学院更名之初,就将培养新的师资作为学院建设的一项重要工作,其主要形式为组织教师参加各类培训和进修,前往中央人民政府教育部安排的中国人民大学等部分高校学习和研究,以迅速提高其思想和业务水平。当时,中央人民政府教育部也及时安排中国人民大学等部分高校举办各类研究班、进修班等,吸收各地高校教师前往学习。1978年复校后,上海财经学院除大量召回"文化大革命"中被分散到各校的中老年教师外,特别注重青年教师的培养。随着老教师的不断退休,年轻师资的引进和培养成为学校的一项常规工作。学校在师资培养方面,除了在日常的教学和科研中开展以老带新、青老挂钩等方式外,主要采取鼓励支持出国留学进修和国内攻读学位及进修两方面。

### 一、国内高校学习和研究

1950年6月7日,华东教育部令学院选送教员去北京中国人民大学等3校在苏联专家教授指导下参加相关教研组研究。学院接令后,经研究,拟选派10余人去,名单报华东教育部。10月12日,华东教育部通知,经该部审阅,同意毛飞雄(马列主义基础)、吕芳举(政治经济学)、王宏儒(财政货币)、柴作楫(统计)、陈青莲(企业组织)、康有枢(贸易)6人前往参加研究。

1951年8月25日,华东教育部通知学院:请考虑保送人员至华东革大政治研究院学习。学院于9月保送教授汪龙、梁传愈,副教授姚士彦,注册主任吴耀中,助教林子清5人前往华东革大政治研究院第二期学习,1952年1月结业。

1952年5月,中央人民政府人事部、教育部下发《关于从高等学校1952年暑期毕业生中选拔研究实习员、研究生的通知》。学院接通知后,由各系提出初步名单,院部研究后确定《上海财经学院1952年暑期保送研究生名单》,共有17人,其中,财政金融系胡义方等2人、会计学系袁寿庄等4人、工管系詹银水等4人、统计学系郑菊生等2人、经济计划系赵连环、财务管理系张如贤等3人、贸易系王寿椿。7月22日,华东教育部在下发中央人民政府教育部《关于抽调全国高等学校党团员讲助教及文法学院四年级(下年度)党团员学生来中国人民大学政治研究班学习的指示》的同时,通知学院:分配名额为文法、财经及政治课讲助4名,学生5名。学院选拔上报后,华东教育部于8月23日通知学院:调入人民大学政治研究班学习的于孝同、沈幽黉等9人于28日前去人民大学报到。10月16日，华东教育部人事处函告学院：原保送入中国人民大学研究院学习的肖强、龚浩成、王松年、石成岳、程桂芳、彭辉芳等10人（均是助教）业经人大审查合格录取；原圣约翰大学保送经济系助教3人，经人大审查，张君一、陈声雅2人录取，希速通知上述12人去人民大学报到。同月28日，学院领导函告人民大学研究生科负责同志：为培养经济计划2个专业的师资，请同意分配肖强和陈声雅学习"国民经济计划"等有关课程，张君一学习"工业经济"等有关课程。12月23日，华东教育部通知学院：保送助教或干部1人前往北京大学，参加苏联专家领导的政治经济学教研组和马列主义基础教研组于次年1月开始的学习，期限为1年半。学院研究后抽调政治助教郭德佳前往北大马列主义教研组学习。

1953年8月5日，中央人民政府高等教育部华东高等教育管理局通知学院：高教部为培养高校教师，继续抽调政治助教、干部到中国人民大学马列主义研究班学习，期限为2年，毕业后仍回原校。并告学院：分配名额为5人。学院接通知后选调5名上报，经华东高教管理局和人大华东招生组审查，录取庄福龄、沈佩英、钱月香3人。8月18日，华东高教管理局通知学院：希即通知该3人于8月25日到中国人民大学报到（后经学院申请，庄、沈2人转入哲学教研室学习）。8月24日，华东高教管理局通知学院：高教部为提高财经师资水平，决定抽调财经在职教师至中国人民大学教研室研究3年。并告学院：分配名额为政治经济学、中国国民经济史、工业经济学13门课程共20人。学院接到通知后即予选拔并报华东高教管理局审核。9月9日，姜川桂等18人获得批准，于11日离沪前往人大报到。1955年8月，学院接到高教部通知：1953年选送人民大学财政、贸易两系各专业培养的三年制研究生易国桢（贸经）、胡鑑美（财政）、姚焕廷和舒子唐（会计）4人，因"此项师资过剩"，高教部已同意停止两系研究生培养，4人调回学院。9月20日，高教部又通知学院：舒子唐仍留人民大学转作"各部门财务"一课的研究生。

1954年暑期，学院选送邢念祖、张启承、郑之椒3人去中国人民大学、北京大学马列主义研究班学习。

1955年6月23日，高教部印发《关于一九五五—五六学年中国人民大学代各高等学校培养进修教师问题的通知》。7月，学院拟选派6人去进修、21人旁听。8月26日，人民大学研究部函告学院：因教学力量不足，原定进修课程只开经济学说史、国民经济各部门财务2门，故同意李儒训于9月10日前入学报到。8月，学院接到复旦大学的函，同意戴振纲等3人前往旁听政治经济学专家的讲课。

1956—1963年，学院教师参加进修的人数总计达378人次，进修方式除选派到他校进修学习外，尚有脱产进修学习、在校脱产进修等。历年参加进修教师人数统计见表4-10。

表4-10 1956—1963年教师参加进修人数　　　　　　　　　单位：人次

| 课程/系 人数 学年 | 1956—1957年 | 1957—1958年 | 1958—1959年，1962—1963年 | 共　计 |
| --- | --- | --- | --- | --- |
| 马列主义基础 | 7 | 6 | 30 | 43 |
| 政治经济学 | 3 | 6 | 31 | 40 |
| 中国革命史 | 3 | 3 | 11 | 17 |
| 国家与法权基础 | 3 | 3 | 12 | 18 |
| 中外经济史 | 2 | 2 | 4 | 8 |
| 中外经济地理 | 1 | — | 1 | 2 |
| 国民经济计划 | 2 | 2 | — | 4 |

(续表)

| 课程/系 \ 人数 \ 学年 | 1956—1957年 | 1957—1958年 | 1958—1959年，1962—1963年 | 共计 |
|---|---|---|---|---|
| 俄文 | 3 | 3 | — | 6 |
| 财政信贷系 | 10 | 6 | 6 | 22 |
| 会计学系 | 24 | 23 | 59 | 106 |
| 工业经济系 | 13 | 11 | 26 | 50 |
| 贸易经济系 | — | — | 5 | 5 |
| 统计学系 | 8 | 14 | 35 | 57 |
| 共计 | 79 | 79 | 220 | 378 |

## 二、出国留学和进修

1979年，学院首次选送王松年赴南斯拉夫留学。从1982年起，上海财经学院就开始利用世界银行的贷款及其他途径获得的资助，选派教师出国（境）进修、培训和留学。1984年，9名教师使用世界银行贷款出国进修、留学，其中赴美国3人、英国3人、法国1人、比利时1人、德国1人。学习的专业涉及英语教学、国际金融、企业管理、西方经济学、计算机软件工程、计算机数据库系统与应用和工业管理等。1985—1986年度共有19位教师分赴美国、英国、日本、加拿大、比利时、澳大利亚和法国进修、学习。从1988年开始的世界银行贷款"第二个大学发展项目"计划中，上海财经大学又于1988年和1989年共选派了12位教师赴美国、法国、日本、加拿大等国进修。学习的专业课程涉及经济学、经济统计、工业经济、信息管理、审计、会计、商业经济、国际营销、市场营销学和国际贸易等。

除公费公派教师出国进修学习外，学校还鼓励和支持教师以自费公派的方式出国留学、进修。1982—1991年的10年间，学校累计选派出国攻读学位的教师有163人，出国进修的教师有1 179人，出国考察和参加国际会议的教师有221人，共计派出人数1 563人，到1991年底已经回国的教师有928人。通过选派教师出国进修留学，不仅让教师学习了国外的先进教学、科研方法和经验，促进了国际交流与合作，而且培养了一批教学、科研业务骨干。

1994年，学校选派5位教师出国留学，另有3位教师赴美国世界银行经济发展学院学习、培训。1995年，有3位教师出国留学。1996年，2位教师赴德国攻读博士学位。1997年，5位教师获国家留学基金资助，分赴美国、德国、加拿大和丹麦留学，另有一位获王宽诚基金会奖学金，赴英国读博士。1999年和2000年又分别有9位和22位教师出国留学和进修。

2000年以后，在国际化办学的思想指导下，学校将师资队伍建设的重点放在师资队伍的国际化方面，大力宣传和鼓励教师积极申报国家留学基金资助项目出国进修，同时积极落实双语师资培训的派出计划。在2001—2007年的7年里，共有68位教师以双语师资培训项目出国进修培训，还有105位教师以校际交流的形式出国（境）进行学术合作研究。2004—2007年，共有56位教师获得国家留学基金会的出国资助。2008—2016年，3个月以上（含3个月）公派出国（境）留学教师共有324人次。

经过连续不断地选派教师出国留学、进修,至2016年,通过国家留学基金会、双语培训、校际交流等公派出国半年或以上的教师数平均每年达到30人,70%左右的在聘教师具有半年以上的国外学习或者工作经历。

为鼓励教师出国研修,学校出台《上海财经大学教师职务聘任学术与出国条件的规定》(上财人〔2011〕30号),要求申请晋升高级职务者,任现职以来须有半年及以上出国经历。通过制度引导,学校教师国际化水平显著提升,到2016年具有海外博士学位的教师占比达29.2%。

自2013年起,根据管理人员队伍建设和发展的需要,学校每年择优推选一线的行政管理骨干参加留学基金委"高等教育行政管理人员出国研修项目"。该项目由留学基金委统一组织安排,出访时间为1个月,出访期间的国际旅费及国外生活费由学校按照留学基金委的标准全额承担。2014年,学校继续输送第二批11人(含第一批未出团2人)赴美国加州大学伯克利分校等著名学府进行为期1个月的研修。2015年,学校继续输送第三批10人赴美国新泽西州立大学等著名学府进行为期1个月的研修。

## 三、国内攻读学位及进修

20世纪80年代初,学院根据教师"缺什么补什么"的原则,组织了多期外语培训班和计算机知识讲座,工业经济系还举办了数学和BASIC语言培训班,以弥补教师知识结构的不足。

由于历史原因,教师队伍中具有研究生学位或学历的比例较低,高级职称教师中尤其明显。1984年,上海财经学院544位专任教师中,仅有95人具有研究生学位或学历,教授中获得博士学位的仅1人,硕士学位的有11人;副教授中获得硕士学位的仅7人。

针对高学历教师比例偏低和高职称教师年龄偏大的情况,为了建设一支高学历、高素质、高职称、高能力的师资队伍,学校出台了一系列规定、办法,如《上海财经学院关于本院教职工报考研究生的暂行规定》《上海财经大学关于我校教师进修培养的几点意见》《上海财经大学教师(专职科研)进修以同等学历申请硕士学位试行办法》《上海财经大学教职工在职培训的规定》《关于教师科研人员在职申请攻读博士学位和申请论文博士的若干规定(试行)》等,鼓励不同学历、职称层次的教师根据自己的实际情况,积极参加助教进修班、脱产及业余进修、旁听研究生课程等各种类型的进修。1985年有73位教师脱产进修,占当年教师的12%。2000年有23位教师在职攻读博士学位,占当年教师的4.7%。具有博士学位的教授从1993年的1人增加到2000年的28人;具有博士学位的副教授从1993年的6人增加到2000年的34人。1984—2000年各级职称教师的学历情况见表4-11。

表4-11 1984—2000年各级职称教师的学历情况　　　　　　单位:人

| 年份 | 教授 博士 | 教授 硕士 | 副教授 博士 | 副教授 硕士 | 讲师 博士 | 讲师 硕士 |
|---|---|---|---|---|---|---|
| 1984 | 1 | 11 | — | 7 | — | 11 |
| 1985 | 2 | 5 | — | 5 | — | 8 |
| 1986 | 2 | 10 | — | 9 | — | 8 |
| 1987 | — | 10 | — | 10 | — | 44 |
| 1988 | — | 10 | 1 | 12 | 1 | 103 |

(续表)

| 年 份 | 教 授 博 士 | 教 授 硕 士 | 副 教 授 博 士 | 副 教 授 硕 士 | 讲 师 博 士 | 讲 师 硕 士 |
|---|---|---|---|---|---|---|
| 1989 | — | 9 | — | 20 | 1 | 86 |
| 1990 | — | 8 | 3 | 17 | 1 | 86 |
| 1993 | 1 | 10 | 6 | 50 | — | 99 |
| 1994 | 3 | 14 | 7 | 52 | 2 | 88 |
| 1995 | 8 | 14 | 12 | 49 | 1 | 82 |
| 1996 | 12 | 15 | 12 | 53 | 3 | 78 |
| 1997 | 15 | 16 | 16 | 56 | 5 | 83 |
| 1998 | 25 | 25 | 24 | 58 | 3 | 80 |
| 1999 | 24 | 25 | 23 | 45 | 4 | 72 |
| 2000 | 28 | 29 | 34 | 49 | 3 | 85 |

2000年以后,学校通过制定与完善《教师培训进修管理规定》《学术休假制度》《岗位聘任考核办法》等规章制度,从制度层面上保证"十五"规划师资队伍培养目标的实现。为了适应重点学科与新兴学科的发展需要,选派具有突出创新能力与发展潜力的教师到海外参与各种培训和学术交流活动,同时对全体教师提出了在岗位聘期内要完成规定的基本培训量的要求,将知识更新、培训和进修作为教师应当履行的岗位职责之一,并且纳入岗位考核指标体系之中。通过制度建设和激励措施,教师以学位进修、学术研讨会、各类学术讲座等形式积极参加培训、进修,基本保证每年40个课时的培训时数,不断提高自身的综合素质和业务水平。2001—2016年,学校共有126位教师在职攻读博士、硕士学位。到2016年12月,学校在岗教师中博士有737人,占85.7%;硕士有85人,占9.9%;学士有38人,占4.4%。2002—2016年在岗教师学历结构、2003—2007年各级职称教师的学历情况和1995—2016年在岗教师学历结构比例分别见表4-12、表4-13和表4-14。

表4-12　2002—2016年在岗教师学历构成情况　　　　　　　　单位:人

| 年 度 | 教师人数 | 博 士 | 硕士(研究生) | 学士(大学) | 其 他 |
|---|---|---|---|---|---|
| 2002 | 525 | 170 | 194 | 153 | 8 |
| 2003 | 561 | 233 | 189 | 131 | 8 |
| 2004 | 585 | 274 | 175 | 128 | 8 |
| 2005 | 634 | 338 | 167 | 120 | 9 |
| 2006 | 661 | 382 | 152 | 118 | 9 |
| 2007 | 682 | 423 | 142 | 109 | 8 |
| 2008 | 707 | 457 | 139 | 104 | 7 |
| 2009 | 715 | 498 | 129 | 88 | — |
| 2010 | 738 | 536 | 123 | 79 | — |

(续表)

| 年　度 | 教师人数 | 博　士 | 硕士(研究生) | 学士(大学) | 其　他 |
|---|---|---|---|---|---|
| 2011 | 752 | 568 | 115 | 69 | — |
| 2012 | 779 | 603 | 114 | 62 | — |
| 2013 | 805 | 654 | 109 | 42 | — |
| 2014 | 822 | 677 | 98 | 47 | — |
| 2015 | 840 | 705 | 94 | 41 | — |
| 2016 | 860 | 737 | 85 | 38 | — |

表 4-13　2003—2007 年各级职称教师的学历情况　　　　　　　　　　单位：人

| 年　份 | 教　授 博士 | 教　授 硕士 | 副教授 博士 | 副教授 硕士 | 讲　师 博士 | 讲　师 硕士 |
|---|---|---|---|---|---|---|
| 2003 | 56 | 36 | 96 | 72 | 25 | 76 |
| 2004 | 69 | 40 | 121 | 64 | 45 | 77 |
| 2005 | 73 | 33 | 131 | 52 | 68 | 65 |
| 2006 | 76 | 35 | 142 | 57 | 88 | 68 |
| 2007 | 105 | 31 | 188 | 46 | 127 | 60 |

表 4-14　1995—2016 年在岗教师学历结构比例情况　　　　　　　　　单位：%

| 年　度 | 博　士 | 硕士(研究生) | 学士(大学) | 其　他 |
|---|---|---|---|---|
| 1995 | 4.0 | 36.6 | 55.2 | 4.2 |
| 1996 | 5.9 | 38.8 | 51.5 | 3.8 |
| 1997 | 8.4 | 39.9 | 48.3 | 3.3 |
| 1998 | 11.0 | 42.0 | 44.0 | 3.0 |
| 1999 | 12.6 | 42.8 | 41.3 | 3.3 |
| 2000 | 19.7 | 40.7 | 36.2 | 3.4 |
| 2001 | 24.1 | 38.9 | 33.6 | 3.3 |
| 2002 | 32.4 | 37.0 | 29.1 | 1.5 |
| 2003 | 41.5 | 33.7 | 23.4 | 1.4 |
| 2004 | 46.8 | 29.8 | 21.9 | 1.4 |
| 2005 | 53.3 | 26.3 | 18.9 | 1.5 |
| 2006 | 57.8 | 23.0 | 17.9 | 1.3 |
| 2007 | 61.9 | 20.9 | 16.1 | 1.1 |
| 2008 | 64.6 | 19.7 | 14.7 | 1.0 |

(续表)

| 年　度 | 博　士 | 硕士(研究生) | 学士(大学) | 其　他 |
|---|---|---|---|---|
| 2009 | 69.7 | 18.0 | 12.3 | — |
| 2010 | 72.6 | 16.7 | 10.7 | — |
| 2011 | 75.5 | 15.3 | 9.2 | — |
| 2012 | 77.4 | 14.6 | 8.0 | — |
| 2013 | 81.2 | 13.5 | 5.2 | — |
| 2014 | 82.4 | 11.9 | 5.7 | — |
| 2015 | 83.9 | 11.2 | 4.9 | — |
| 2016 | 85.7 | 9.9 | 4.4 | — |

截至2016年12月31日,学校实际在岗教师为860人,其中,正高204人,占23.7%;副高339人,占39.4%;中级及以下317人,占36.9%(见表4-15);高级职务合计占63.18%。学校在岗教师中,博士有737人,占85.7%;硕士有85人,占9.9%;学士有38人,占4.4%(见表4-14)。取得海外博士学位的有251人,占在岗教师的29.2%。常任轨教师有174人,占在岗教师的20.2%。

表4-15　2007—2016年在岗教师职务结构情况

| 年度 | 教师人数 | 正高 人数 | 正高 占比(%) | 副高 人数 | 副高 占比(%) | 中级 人数 | 中级 占比(%) | 其他 人数 | 其他 占比(%) |
|---|---|---|---|---|---|---|---|---|---|
| 2007 | 682 | 149 | 21.8 | 280 | 41.1 | 223 | 32.7 | 30 | 4.4 |
| 2008 | 707 | 166 | 23.5 | 293 | 41.4 | 227 | 32.1 | 21 | 3.0 |
| 2009 | 715 | 169 | 23.6 | 296 | 41.4 | 240 | 33.6 | 10 | 1.4 |
| 2010 | 738 | 169 | 22.9 | 292 | 39.6 | 270 | 36.6 | 7 | 0.9 |
| 2011 | 752 | 170 | 22.6 | 288 | 38.3 | 290 | 38.6 | 4 | 0.5 |
| 2012 | 779 | 175 | 22.5 | 300 | 38.5 | 299 | 38.4 | 5 | 0.6 |
| 2013 | 805 | 180 | 22.4 | 303 | 37.6 | 315 | 39.1 | 7 | 0.9 |
| 2014 | 822 | 188 | 22.9 | 326 | 39.7 | 302 | 36.7 | 6 | 0.7 |
| 2015 | 840 | 200 | 23.8 | 344 | 41.0 | 285 | 33.9 | 11 | 1.3 |
| 2016 | 860 | 204 | 23.7 | 339 | 39.4 | 311 | 36.2 | 6 | 0.7 |

## 第二节　职工教育培训

1981年,中共中央下发《关于加强青工双补工作的决定》,明确要求为了实现四个现代化要开展全员培训,到1985年底以前应有60%～80%的应补课范围的青年达到初中毕业文化水平。中央八部委联合通知和上海市政府的文件规定,从1984年起技术工种和关键岗位的青壮年职工文化技术补课没有取得合格证的,应限期补课;补课仍不合格的,要调离技术工种和关键性岗位,青壮年干部应在1985年底前达到高中毕业或者中专文化水平。

学校从1980年起就开始对青年职工进行文化补课,当时属双补范围的青年职工有140人。1982年,学院制定了《上海财经学院职工业余学校学习制度暂行规定》,明确凡1968年到1980年高、初中毕业的青年职工和45周岁以下文化程度达不到高中毕业或中专水平的在职干部,都应参加文化补课,并且青壮年职工应于1983年底以前至少达到语文、数学两科及格,1984年底以前达到初中毕业文化水平;45周岁以下干部则应在1986年底达到高中或中专文化水平,并对补课的计划、补课考勤制度、补课及考试纪律以及奖惩分别作了明确的规定,同时印发了《职工业余学校考勤奖惩细则》。

到1983年10月,原属双补范围的140名青年职工中,有5人达到高中毕业文化程度,14人达到初中毕业文化程度,合计占13%;另有22人两科以上及格,25人单科及格;尚有71人四门课均不及格。针对这一情况,学院又出台了《关于加强青工文化补课工作的具体办法》,明确凡在校机关、各系、图书馆等各科室内工作的职员必须在1986年底达到高中毕业或者中专文化水平,其他凡属技术工种的必须达到初中毕业,否则将调整工作岗位,并且不得参加技术级别评定考核。初中文化补课及格或单科及格者,应继续参加技术补课、高中文化学习或初中补课学习,对四门或三门功课均未及格者,分批轮流脱产学习,并规定了奖励办法。

在业务培训方面,学校在1983年即开办过三期计算机BASIC语言培训班,分批对教师和管理干部共百余人进行计算机运用的培训,收效显著。1984年,为了规范教职工的学历学习,学校印发了《关于本院教职工报考研究生的暂行规定》,凡在学校工作满5年的教职工经部门领导同意可优先报考在职研究生。

为了适应学校综合改革的需要,进一步搞好教职工在职培训工作,学校于1993年4月制定了《上海财经大学教职工在职培训的规定》,要求各部门根据岗位工作需要,每学年度初向人事处提出培训计划,经批准参加培训人员的学费先由个人支付,学习成绩合格后凭有关证明报销。培训期限一年以上者,期终复习考试每门课给公假2天,撰写毕业论文给公假2周。进修应选择与本部门专业一致的学科,并报请人事处审批,报考硕士、博士研究生,经人事处审核后还须报请学校审定。

2000年3月,学校出台了《上海财经大学管理人员、技术工人在职培训实施办法》,要求各部门将教职工的在职培训工作列入本部门的常规工作,提前6个月将培训计划报送人事处备案。在职培训、进修以业余时间为主,不得影响正常工作。凡经批准参加岗位培训,业务进修的人员培训费由个人支付,学习成绩合格者凭有关证明报销学费。

每年学校组织新进教工岗前培训,当年入校的所有教职工均需参加培训。培训内容包括学校发展历史、现状及发展规划介绍、教辅部门职能介绍、教育教学基本理论素养培训、新老教职工经验交流以及参观校史馆等。让新职工对学校历史发展和管理体制等有初步了解,为促进新进教职工的角色转变及其未来发展奠定基础。此外,为了给学校广大教师提供知识更新和学术交流的机会,常年举办各类专题讲座。

针对基层员工呼声强烈的培训需求,制定上海财经大学管理队伍的培训规划,经过问卷调研、草稿撰写、听取意见等阶段,学校常委会于2015年4月28日审议通过了《上海财经大学管理人员教育培训规划(2015—2020)》。

# 第三章　专业技术职务

## 第一节　专业技术职务任职

学校教职工的专业技术职务分为教师系列职务和其他系列职务两部分,以教师系列职务为主。

### 一、教师职务

民国初年,教师职务的聘任尚不规范,多由学校自己决定。民国十六年(1927年)国民政府教育行政委员会公布《大学教员资格条例》,规定了教授、副教授、讲师、助教四等教员的任职资格,并规定大学教员均须受审查,合格者由中央教育行政机关认可给予证书。民国二十九年(1940年)教育部公布的《大学及独立学院教员资格审查暂行规程》作了修正和完善,将教师职称审查的权力集中于教育部。

新中国成立后,高等学校教师任职基本沿袭民国时期。1954年初,中央人民政府高等教育部提出关于教师升等的意见,称在统一标准未制定下达前,助教升讲师可由学校校长批准,讲师升副教授、副教授升教授,一般暂不办理,个别教师有特殊成就者可特别办理。1955年9月,高教部发布《关于教师升等问题的通知》,指出在高等学校教师学衔授予条例正式颁布之前,只办理助教升讲师、讲师升副教授的晋升手续,并规定了晋升标准和手续。1956年1月,上海财经学院经校长批准提升23名助教为讲师。1960年3月,国务院颁布《关于高等学校教师职务名称及其确定与提升办法的暂行规定》,将教授、副教授、讲师、助教规定为高等学校的教师职务名称,并规定了各级职称应具备的相应业务条件和应完成的教学、科研任务。1964年1月,学校批准确定教员18人为讲师;同年5月,批准确定11人为助教。

1978年3月7日,国务院批转《教育部关于高等学校恢复和提升教师职务问题的请示报告》,使"文化大革命"中被迫中断的教师职称评审工作得以重新恢复。是年上海财经学院复校时,仅有教授14人、副教授15人、讲师56人和助教8人。根据上述文件精神,学院从1979年6月开始着手准备进行教师职务的定职和提职工作。由于遗留问题多,这次教师定职提职工作从准备阶段到教授、副教授名单经上级批复公布历时一年半。1980年12月公布,全校共定职、提升教授6人、副教授36人、讲师55人和助教20人。1981年5月,学校开始了第二次教师提职工作,到1982年5月结束,共确定和提升副教授12人、讲师44人、助教11人,确定研究员1人、副研究员1人。1983年3月,经校学术委员会评审通过,并经院党委审查批准,确定和提升讲师37人、助理研究员2人、助教19人;7月,又确定11人为讲师。是年9月起,教师职务确定与提升工作暂停。1986年5月以后,学校恢复教师职务的评审和聘任工作,成立评审组织,每年进行1次。

学校1950—2016年专任教师的任职情况统计见表4-4、表4-5。

## 二、其他专业技术职务

学校除教师职务以外,其他专业技术职务的评聘始于20世纪80年代初期。1981年4月,教育部下发《转发〈国家人事部关于贯彻执行国务院颁发的七种业务技术职称暂行规定若干问题的说明〉的通知》。1983年4月,学校成立技术业务职称评定委员会,负责工程技术、医务、财务、会计、学校管理、图书资料、翻译等职务的评定。1986年,开始聘任会计师、助理会计师。1987年,开始聘任工程师系列、医师系列、编辑系列、图书馆馆员系列和教育管理研究系列的专业技术职务。1988年,增加翻译系列和实验师系列。至2016年,各类其他专业技术职务共计有223人。1991—2016年,其他专业技术职务任职情况统计见表4-16。

表4-16　1991—2016年其他专业技术职务任职情况

| 年　份 | 各类其他专业技术职务 ||||| 总　计 |
| --- | --- | --- | --- | --- | --- | --- |
| | 高级 | 副高级 | 中级 | 初级 | 无职称 | |
| 1991 | 1 | — | 131 | 125 | — | 257 |
| 1992 | 7 | — | 102 | 98 | — | 207 |
| 1993 | 1 | 7 | 153 | 78 | — | 239 |
| 1994 | — | 9 | 158 | 383 | — | 550 |
| 1995 | 2 | 11 | 186 | 95 | — | 294 |
| 1996 | — | 14 | 181 | 96 | — | 291 |
| 1997 | 1 | 18 | 173 | 130 | — | 322 |
| 1998 | — | 14 | 171 | 108 | — | 293 |
| 1999 | — | 12 | 132 | 98 | — | 242 |
| 2000 | — | 16 | 165 | 93 | — | 274 |
| 2001 | 1 | 15 | 162 | 103 | — | 281 |
| 2002 | — | 18 | 223 | 92 | — | 333 |
| 2003 | — | 17 | 183 | 75 | — | 275 |
| 2004 | — | 18 | 173 | 63 | — | 254 |
| 2005 | — | 17 | 171 | 57 | — | 245 |
| 2006 | 1 | 13 | 168 | 34 | — | 216 |
| 2007 | 1 | 14 | 170 | 29 | — | 214 |
| 2008 | 3 | 18 | 94 | 23 | 42 | 180 |
| 2009 | 4 | 14 | 131 | 30 | 14 | 193 |
| 2010 | 3 | 15 | 129 | 26 | 11 | 184 |

(续表)

| 年　份 | 各类其他专业技术职务 ||||| 总　计 |
|---|---|---|---|---|---|---|
| | 高　级 | 副高级 | 中　级 | 初　级 | 无职称 | |
| 2011 | 2 | 18 | 118 | 9 | 37 | 184 |
| 2012 | 2 | 22 | 135 | 8 | 34 | 201 |
| 2013 | 2 | 25 | 136 | 6 | 43 | 212 |
| 2014 | 2 | 25 | 133 | 7 | 44 | 211 |
| 2015 | 2 | 31 | 131 | 11 | 41 | 216 |
| 2016 | 2 | 35 | 128 | 12 | 46 | 223 |

## 第二节　专业技术职务评聘

学校较为规范的专业技术职务评聘制度始于1978年复校后，经历了几个阶段。

### 一、专业技术职务评审

根据教育部《关于一九七九年下半年高等学校教师确定和提升职称几个问题的通知》中关于"一定要按照《暂行规定》(1960年国务院颁发)的标准认真做好考核和自下而上逐级评审的工作"的要求，学校在校党委领导下，成立校、系两级教师定职、提职领导小组。1980年4月，成立上海财经学院学术委员会，其职责之一就是审定教师职务。学术委员会由31名委员组成，院长任主任委员，另有教授11人、副教授7人、教员和讲师12人。与此同时，各系(部、室)也都成立了学术委员会，由5—8人组成。各系(部、室)的教师定职、提职领导小组由系(部、室)主任及学术委员会委员组成。教师职务的确定、提升过程为：首先由教研室提出确定、提升职务人员的名单，报系教师定职、提职领导小组，系教师定职、提职领导小组召开会议进行初审，然后将初审确定的定职、提职人员名单报学校教师定职、提职领导小组。确定和提升为助教、讲师者由学校教师定职、提职领导小组召开学术委员会会议，经专家鉴定、评审后再由学校教师定职、提职领导小组审核批准。确定和提升为副教授、教授者由学校教师定职、提职领导小组审定后报上级有关部门审批。

1986年5月，根据国家教委《高等学校教师职务评审组织章程》的有关规定，上海财经大学成立教师职务评审委员会及各学科评议组。新的教师职务评审委员会有25位委员，校长任主任委员，2位副校长和1位教授任副主任委员。各学科评议组由5—7位教授、副教授组成。

此后由于教师职务评审委员会和学科评议组中部分成员离退休和调整等原因，上海财经大学教师职务评审委员会和学科评议组的成员曾多次进行增补、调整。

1986年以后，学校逐步获得教师职务审定权。1986年7月，财政部文件(〔86〕财教司字第66号)及国家教育委员会文件(〔86〕教师管审字072号)授予上海财经大学副教授任职资格审定权。1987年8月，财政部文件(〔87〕财教字第97号)授予上海财经大学会计、统计专业中、高级职务审定权。1988年8月，国家教育委员会文件(〔88〕教师管审字第038号)授予上海财经大学教授、副教授任职资格审定权。1991年11月,财政部文件([91]财教字第79号)授予上海财经大学经济专业中、高级职务审定权。

## 二、专业技术职务聘任

1986年,党中央作出了改革职称评定,实行专业技术职务聘任制的决定,上海财经大学参照国家教育委员会《高等学校教师职务试行条例》(简称《试行条例》)、《关于〈高等学校教师职务试行条例〉的实施意见》的规定,结合学校实际情况拟定了《上海财经大学关于试行教师职务聘任制的意见》,决定由各系、部门的行政领导在学校核定的岗位定额内,对具备《试行条例》规定的任职资格的教师聘任相应的职务并订立任务书。

1987年11月,学校拟定了《上海财经大学关于教师聘任工作的试行办法》(简称《试行办法》)。《试行办法》确定了量才录用、人尽其才和评聘结合的聘任原则。在教师任职资格评审的基础上,根据教师个人的特长、履行职责的能力与水平,按工作岗位的需求数量将教师聘任到合适的岗位。聘任的程序为:各教学(科研)部门按照教务部门下达的聘期内的教学任务设立岗位职务,经系(所、室)教师职务聘任领导小组研究提出聘任意见后上报校教师职务聘任领导小组。校教师职务聘任工作领导小组对各系(所、室)提出的聘任意见进行审核后报校长、书记办公会议讨论通过。再由聘任单位(系、所、室)与被聘教师按照教学和其他工作任务签订任务书,最后由校长颁发聘书。《试行办法》规定每年对受聘教师履行职责的情况所作的考核将作为奖励、晋级和是否续聘的依据,同时明确了教师若在任职期内不履行相应的职责,不完成工作任务,经教育无改正表现或者犯有政治、经济、道德品质方面的严重错误,不能为人师表者应予解聘。

根据国家教委《关于在高等学校教师职务聘任工作中掌握思想政治条件,加强考核评审工作的意见》关于严格掌握思想政治品德的考核标准、坚持德才兼备的正确导向的规定,1991年5月,经财政部批复,学校组建"上海财经大学政治思想考核领导小组",成员7人,由党委书记、校长任组长,2位党委副书记任副组长,成员中有党委组织部部长、人事处副处长等。

## 三、专业技术职务岗位聘任

2002年,依照《上海财经大学教学、科研人员岗位聘任暂行办法》,在按需设岗、公开招聘、平等竞争、双向选择、择优聘任、严格考核和聘约管理的原则下,全体教学、科研人员实行了岗位聘任制。

为了进一步深化教师职务聘任制改革,继续向职务岗位聘任制的目标迈进。2004年,学校开始改革原有的职务聘任制度,新拟定的《上海财经大学教师职务聘任实施办法(试行)》在岗位设置、聘任组织、聘任程序等方面都作了较大调整;明确了聘期的起止时间,增加了聘期数的规定,并且将1/4的副高岗位向校外公开招聘,全部正高岗位向校内外公开招聘,彻底打破教师职务的终身制。结合学校两级管理体制的转变,将专业技术职务聘任工作重心逐步向院、系转移,把教师系列的高级职务聘任权限适当下放,在院系进行副高职务自主聘任的试点工作。学校成立由校长任主任委员,校领导、相关职能部门负责人以及相关学科教授代表组成的教师职务聘任委员会(简称"校聘委会")并成立相关学术技术能力评议组。评议组由本学科专家7~11人组成,负责对申报者进行学术评议。各院、系成立由教授委员会成员组成的部门教师职务聘任小组。学校依据各院、系定编、定岗的初定方案,将教师系列副高岗位3/4的职数直接下达到试点院、系,部门教师职务聘任小组参考学术评议意见决定相关岗位的聘任人选。由各学术技术能力评议组通过和院、系决定聘任的副高职务和中级职务者,只需报校聘委会审定,无重大异议者,校聘委会一般不再评议,或投票表决。申请聘任正高职务的由部门教师职务聘任小组向校聘委会推荐教授岗位聘任名单,校聘委会在限额内评议审定正高职务聘任者名单后交校党委常委会审议,校党委常委会通过的聘任名单经在校园网上公示一周无异议者,由学校发文正式聘任。

2008年,学校印发《上海财经大学学生思想政治教育系列教师职务聘任实施办法(试行)》,将辅导员队伍纳入教师系列管理,给予辅导员队伍晋升、发展空间。

2011年,学校实行岗位分类,将教师岗位分为教学科研并重岗、教学为主岗和科研为主岗,根据不同岗位类型制定相应的职务聘任条件,印发《上海财经大学教师职务聘任学术与出国条件的规定》(上财人〔2011〕30号)。2012年,学校印发《上海财经大学教师职务聘任实施办法》(上财人〔2012〕51号)。

为了落实《上海财经大学关于进一步加强师资队伍建设的意见》(上财人〔2013〕56号)文件精神,构建高质量、多元化的教师考核评价机制。2016年3月,学校先后印发《上海财经大学教师职务任职条件的规定》(校发〔2016〕4号)、《上海财经大学教师职务聘任实施办法》(上财人〔2016〕17号)、《上海财经大学教师职务聘任会议程序规则》(上财人〔2016〕18号)等一系列职务聘任文件,严把师德师风关,加强教学条件,引导教师潜心修学、教书育人,充分尊重学科差异性。

为了激励优秀中青年学术带头人和学术骨干追求卓越,2016年12月学校印发了《上海财经大学"特任研究员"聘任实施办法》(上财人〔2016〕65号)。

## 四、高级技术职务特聘程序的建立

为了适应学校师资队伍建设的需要,鼓励优秀中青年人才脱颖而出,促进学科建设,2002年学校印发《上海财经大学关于高级专业技术职务特聘程序的暂行规定》,2003年,为了更多、更好、更快地引进高层次人才充实学校师资队伍,经过修订印发了《上海财经大学关于教学科研人员特聘高级专业技术职务的规定》,按照这一规定,只要是在学校教学、科研方面做出突出成绩或亟须引进的,或者在国外取得博士学位的高层次教学科研人员都可以提出启动特聘程序的申请。程序是:(1)申请人提交本人申请、所在院系的推荐意见、本人具有代表性研究成果和简历、成果目录及相关毕业证书、学位证书和专业技术职务证书等。(2)人事处邀请同行专家对申请人的学术水平和教学科研能力进行评估,得出相应学科组的评估结论。(3)由有关校领导、有关职能部门负责人和同行专家组成的校特聘小组对申报材料进行审议讨论并提出是否聘任高级专业技术职务的建议。(4)校长决定是否聘任高级专业技术职务并向校常委会通报。

2005年11月,学校修订并重新出台《上海财经大学关于教学科研人员经过特聘程序聘任高级职务的规定》,明确规定在海外取得博士学位并且具有较高学术水平的学校教学、科研人员,经本人提出晋升高级职务的申请、所在院(系)推荐和校长办公会议批准,可启动特聘程序,进而受聘高级职务。从2002年到2005年,上海财经大学通过特聘程序共聘任了11名教师,其中,特聘教授有6人,特聘副教授有5人。留学回国人员有7人,在海外取得博士学位的有5人。

为了将新进教师、科研人员的认定聘任工作纳入教师职务聘任体系,规范教师职务管理,学校于2005年11月出台了《上海财经大学新进教师和科研人员教师职务认定聘任办法(试行)》的通知。依照该文件的规定,凡已具有外单位评聘的高级教师职务或专业技术职务,经申请批准拟到上海财经大学工作的教师和科研人员,都须经过认定聘任程序,才能担任相应的教师职务。首先由本人提出认定申请并提交相关评审材料(包括《教师职务认定聘任申报表》、毕业证书、学位证书、专业技术职务证书等,同行专家评审材料)。由7名主要以校外专家为主的同行专家组成的同行专家暨学科组进行通讯评审。达到2/3以上同行专家同意推荐的,再报校长办公会议审批。最后校长办公会议根据院系意见、同行专家意见及岗位需要等综合情况,决定聘任相应的专业技术职务。

# 第四章 工资和福利

## 第一节 工资待遇

### 一、国家及上海市工资变革

根据部分载有教职员薪资的《教职员一览表》载录,1949年以前学校教职员的工资待遇部分情况如下:

民国十八年(1929年),国立中央大学商学院院长兼副教授340元,专任副教授兼教务主任、学科主任300元,专任讲师200～220元,兼任副教授兼学科主任146元,兼任副教授、讲师根据任课时间32～160元不等;文书处主任兼院刊编辑140元,事务处主任100元,会计员65元,院医60元,注册员55元,文书员50元,图书管理员45元,出版员、庶务员、体育指导40元,事务员30～35元。

民国二十五年(1936)年,国立上海商学院专任教授兼教务主任、系主任300元,专任教授兼系主任260元,专任教授兼事务主任240元,专任教授200～220元,训育主任200元,体育教官130元,助教40～80元,兼任教授、讲师根据任课时间32～128元不等;图书馆主任150元,会计主任120元,教务员90元,注册员、院医80元,文书员70～80元,会计员、庶务兼出纳员60元,女生指导员50元,事务员、打字员45元。

民国三十六年(1947年),国立上海商学院院长600元,专任教授兼行政主任、系主任580～600元,专任教授500～560元,讲师340元,助教160～220元;图书馆主任150元,文书、会计、出纳、庶务、出版等主任280～300元,事务员90～200元不等。

1950年,更名为上海财政经济学院之初,校务委员会主任620元,教务主任600元,专任教授按年资440～640元不等,专任副教授360～400元,专任讲师220～340元,助教110～220元,兼任教授、副教授、讲师根据任课时间36～162元不等;文书、会计主任320元,出纳主任300元,出版主任210元,各类办事员60～180元。

20世纪50年代初期,为制止物价上涨、稳定人民生活,政府曾实行以实物为计算基础的工资支付办法。1952年,又以"工资分"为工资计算单位,工资分分值也以实物计算。此外,部分南下干部实行供给制,后改为包干制。

1954年11月至1955年底,根据高教部《关于1954年全国高等学校教职员工工资调整的通知》,学院进行了工资评级。依据"按其现任职务、学术成就、工作表现及思想品质,并适当照顾资历"的评级标准,经反复协商评议,评定了全院教职员工的工资级别。参加评级的共638人,其中,晋级的有258人,占40.44%;降级的有140人,占21.94%;晋级比例从高到低依次为助教、副教授、讲师、行政人员、教授、勤什人员,降级比例从高到低依次为教授、讲师、勤什人员、副教授、行政人员、助教。评级后又根据中央统一货币工资标准及上海关于教职工保留工资的办法进行了局部调整,增加工资的人员有95人,占14.89%,保留工资的人员有540人,占85%。这次评级调整,使原先来自不同学校和不同职级的工资标准中的不合理现象初步得到改善,调动了全体教职员工的积极性。

1956年7—11月,根据高教部《关于1956年全国高等学校教职工工资评定和调整的通知》,学院再次进行了工资改革。参加改革的教职员工696人中,实际增加工资的有629人,占90.24%。其中,教学人员369人中增加工资的有335人,占90.79%,工资额按应得工资计算增长34.72%,按实增工资计算增长17.56%;教辅人员和勤工人员增加工资的比例为100%;行政人员增加工资的占81.42%。改革后保留工资的人员减少到147人,占总人数的21.09%。这次改革解决了上次工资调整遗留的部分问题,进一步提高了教职员工的工资水平,并开始实行国家统一的高校教职员工工资标准,这一标准一直沿用到20世纪80年代。1956年,上海财政经济学院教学人员和职工工资级别统计分别见表4-17、表4-18。

表4-17 1956年上海财政经济学院教学人员工资级别情况

| 职 称 | 各 级 人 数 ||||||||||||| 总计 |
|---|---|---|---|---|---|---|---|---|---|---|---|---|---|---|
| | 1 | 2 | 3 | 4 | 5 | 6 | 7 | 8 | 9 | 10 | 11 | 12 | 行政17 | 未称 | |
| 教 授 | — | 12 | 19 | 48 | 19 | 10 | — | — | — | — | — | — | — | 6 | 114 |
| 副教授 | — | — | — | 7 | 19 | 8 | — | — | — | — | — | — | — | 1 | 35 |
| 讲师教员 | — | — | — | — | 2 | 19 | 13 | 41 | 39 | 1 | — | — | — | — | 115 |
| 助 教 | — | — | — | — | — | — | — | 1 | 62 | 31 | 14 | 9 | — | — | 117 |
| 总 计 | — | 12 | 19 | 55 | 40 | 37 | 13 | 42 | 101 | 32 | 14 | 9 | — | 7 | 381 |

表4-18 1956年上海财政经济学院职工工资级别情况

| 职 称 || 各 级 人 数 ||||||||||||||||||||| 总计 |
|---|---|---|---|---|---|---|---|---|---|---|---|---|---|---|---|---|---|---|---|---|---|---|
| || 2 | 3 | 4 | 5 | 6 | 7 | 8 | 9 | 10 | 11 | 12 | 13 | 14 | 15 | 16 | 17 | 18 | 19 | 20 | 21 | 22 | |
| 行政职工 | 处以上干部 | — | — | 1 | — | 1 | — | 4 | 1 | — | — | — | — | — | — | — | — | — | — | — | — | — | 7 |
| | 科长 | — | — | — | — | — | — | — | 2 | 2 | 4 | 9 | 1 | 1 | — | — | — | — | — | — | — | — | 19 |
| | 一般干部 | — | — | — | — | — | — | — | — | — | 4 | 15 | 28 | 22 | 26 | 7 | 5 | 5 | — | — | — | — | 112 |
| | 工勤 | — | — | — | — | — | — | — | — | — | — | — | — | — | — | — | — | — | 12 | 48 | 18 | 3 | 81 |
| 工程技术人员 || — | — | — | — | — | — | — | — | — | — | — | — | — | — | — | — | — | — | — | — | — | — |
| 卫生技术人员 || — | — | — | — | — | 1 | — | 1 | — | 1 | 2 | 2 | — | — | — | — | — | — | — | — | — | 7 |
| 翻译人员 || — | — | — | — | — | — | — | — | 1 | — | — | — | — | — | — | — | — | — | — | — | — | 1 |
| 教学辅助人员 || — | 1 | — | — | — | 1 | 2 | — | 2 | — | — | — | — | — | — | — | — | — | — | — | — | 6 |
| 图书馆业务人员 || — | — | — | — | 2 | 1 | 5 | 3 | 3 | 3 | — | — | — | — | — | — | — | — | — | — | — | 17 |
| 托儿所人员 || — | — | 2 | 1 | — | — | — | 1 | — | — | — | — | — | — | — | — | — | — | — | — | — | 4 |
| 工厂技术学徒 || — | — | — | — | — | — | — | — | — | — | — | — | — | — | — | — | — | — | — | — | — | — |
| 机关技工 || 2 | 5 | 1 | 9 | 25 | 18 | 1 | — | — | — | — | — | — | — | — | — | — | — | — | — | — | 61 |

1963年8月至12月,根据中央和市委决定,学校进行了一次教职员工工资调整。参加调整的教职员工共449人,升级的有160人,升级面为35.63%。其中,教学人员258人中升级的有82人,升级面为31.70%;行政、教辅人员125人中升级的有43人,升级面为34.40%;工勤人员66人中升级的有35人,升级面为53.03%。调整后保留工资的人员减少到33人,占总人数的7.35%。

20世纪80年代初期,学校教职员工的工资普遍较低。到1982年,行政人员中1956年之前参加工作的局级干部工资为131~135元,最高的略超200元;处级干部最低工资为104~110元,最高为181~200元;科级干部最高工资为104~110元,低的为65元,44名科级干部中,只有12人工资在100元之上。教学人员中有25名教授,其中16人超过200元,8人工资为181~200元,最低的为156元;47名副教授中仅有1人工资在200元以上,6人工资为181~200元,最低的仅94元;171名讲师中工资超过100元的有62人,80元以下的有57人,最低的仅为58元;助教最高工资为80元,最低的不到49元。为了改变教职工尤其是知识分子工资偏低的状况,在对全院教职工工资情况调查摸底的基础上,学院制订了增资方案。此次调整工资全院共有736人上调,占全院人数的90.1%,其中66人上调2级工资。教授上调5~31.5元,副教授上调21~31.5元,讲师上调12.5~24.50元,教员上调7.5~21.50元,助教上调7~9元;正处级上调14~31.50元,副处级上调12~15元,正科级上调9.5~17元,副科级上调8.5~12元,科员上调8.5元,一般工人上调6元。

1980年,根据教育部、国家劳动总局和财政部联合下发的《关于印发〈高等学校建立学校基金和奖励制度试行办法〉的通知》精神,学院印发了《上海财经学院关于建立学校基金和奖励制度的试行办法》,提出了贯彻精神鼓励和物质奖励相结合以及按劳分配、多劳多得的原则,建立考勤、考绩制度。奖金发放的标准按照《上海市高等教育局关于奖金发放工作的通知》中"奖金标准按平均每人每年不超过七十二元计算"的规定执行。

1983年,学院印发了《上海财经学院基金管理办法(试行)》,进一步对学校基金的创收、管理和分配原则作了详细的规定。学校基金的使用原则是:40%用于改善教学、科研条件,由学校集中使用;60%用于全校综合奖、单项奖以及教职工的集体生活福利。1984年,全院非工资部分的个人收入总共326 265.02元,以岗位、职务津贴、洗理费、冷饮费和书报费等方式发放。按当年1 335人计,人均244.39元。1985年,这项收入共计572 812.24元,按当年1 464人计人均391.26元。

1984年,学院在地处宝山县的国定乡建设新校区后,根据上海市劳动局文件(〔86〕资创字第230号、291号)精神,从1986年起给每位教职工每月发放6元郊区工作补贴。

1986年,根据国务院工资制度改革小组、劳动人事部文件(〔86〕劳人薪96号)和上海市《贯彻执行劳人薪〔1986〕96号文件实施办法中若干具体问题的处理意见》,学校对符合文件规定条件的教职工工资进行调整,共有356人的工资提升一级,其中行政人员副科级47人、一般干部20人;教学人员中有教授22人、副教授73人、讲师97人。教授、副教授和讲师分别增加了10.50元、9.5元和8.5~9.5元。

1988年,根据(〔88〕劳人薪4号)文件精神,又有633名教职工获晋升一级工资。同年,根据国家劳动人事部、财政部《关于国家机关和部分事业单位工作人员增加奖励工资(奖金)问题的通知》和上海市人事局、财政局《关于贯彻劳动人事部、财政部〈关于国家机关和部分事业单位工作人员增加奖励工资(奖金)问题的通知〉的通知》。学校从1988年起按一个半月的平均基本工资额(180元)的标准发放全年奖金。

1989年2月,财政部下发《关于对部属院校行政管理人员实行职务津贴和岗位津贴的通知》(〔89〕财教字第10号),明确部属院校可参照国家教育委员会《关于改善高等学校管理人员待遇的原则意见》(〔88〕教干字012号),对担任(含专业技术人员兼任)领导职务的管理人员在职务工资基础上实行职务津贴,对其他管理人员可适当发放岗位津贴。标准为正局(相当于教授)40~50元,副局35~45元,正处(相当于副教授)30~40元,副处20~35元,正科(相当于讲师)20~35元,副科15~30元,科员(相当于助教)、工人10~25元。

1992年,根据上海市人事局、财政局《关于调整本市机关和部分事业单位工作人员奖励工资(奖金)标准的通知》的精神,从1992年3月份起每人每月随工资发放的奖励工资从20元调整为25元。1993年又由25元调整为40元,工龄津贴也从每年0.50元增加到每年1元。

1994年,上海市人事局、财政局、上海市人民政府教育卫生办公室和上海市高等教育局联合下发了《关于本市普通高等学校试行教育工作者津贴的通知》(〔94〕沪人162号),根据上述文件精神,学校给教师、行政管理人员和教辅人员每月发放教育工作者津贴30元。

1996年1月,财政部颁发了《关于印发贯彻执行人薪发〔1995〕150号文件的实施意见的通知》,凡1993年工资制度改革后,连续两年考核均在称职(合格)以上的,可在本职务(技术等级)所对应工资标准内晋升一个工资档次。学校共有1 518人获晋升一个工资档次。

1997年开始,工资调整常规化,教职工在工作年限满5年、10年、15年、20年、25年、30年、35年时,即调整一级职务(岗位)津贴,人均增资额为65元/月。

1997年,根据人事部、财政部《关于1997年调整机关事业单位工作人员工资标准等问题的通知》和《1997年调整事业单位工作人员工资标准实施方案》,教学、科研等专业技术人员的专业技术职务等级工资都相应提高。

1999年10月,国家再次调整工资标准,较大幅度地调高了职务工资标准。教授分11级从544元至1 024元,副教授分14级从401元至881元,讲师分16级从312元至722元,助教分16级从260元至548元。

2003年,国务院办公厅转发人事部、财政部《关于2003年7月1日调整机关事业单位工作人员工资标准和增加离退休人员离退休费三个实施方案的通知》,从2003年7月1日起,全体教职工的职务工资又有了较大幅度提高。教授分11级从880元至1 650元,副教授分14级从643元至1 310元,讲师分16级从481元至996元,助教分12级从392元至662元。

2006年6月,根据人事部、财政部《关于印发〈事业单位工作人员收入分配制度改革方案〉的通知》(国人部发〔2006〕56号)、《关于印发〈事业单位工作人员收入分配制度改革实施办法〉的通知》(国人部发〔2006〕59号)和《关于印发〈关于公务员工资制度改革和事业单位工作人员收入分配制度改革实施中有关问题的意见〉的通知》(国人部发〔2006〕88号)的规定,全校教职工进行收入分配制度改革。列入此次事业单位收入分配制度改革实施范围的人员为2006年7月1日在册的正式工作人员。2006年6月30日及以前已办理了离退休手续和已到达或超过离退休年龄的人员(符合国家有关延长离退休年龄的规定,并经组织批准办理了延长离退休年龄手续的人员除外)均不列入收入分配制度改革范围。此项工作于2007年2月完成。本次工资改革后人均增资额为403.33元。

根据上海市人事局、上海市财政局关于印发《上海市事业单位工作人员收入分配制度改革实施意见和若干具体问题的处理办法》(沪人〔2007〕6号)的通知的规定,从2006年7月1日起,年度考核结果为合格及以上等级的人员,每年增加一级薪级工资,并从第二年的1月起执行。

根据《关于调整本市机关事业单位职工上下班交通费补贴标准的通知》（沪人〔2007〕247号）文件精神，学校按照每人每天20元的标准为教职工核发交通费补贴。

根据国务院办公厅转发的人力资源社会保障部、财政部《关于调整事业单位工作人员基本工资标准和增加机关事业单位离退休人员离退休费三个实施方案的通知》（国办发〔2015〕3号），从2014年10月1日起，调整机关事业单位工作人员基本工资标准，同时将部分绩效工资纳入基本工资，没有实施绩效工资的，从应纳入绩效工资的项目中纳入。文件规定同时建立事业单位工作人员基本工资标准正常调整机制，今后基本工资标准原则上每年或每两年调整一次。上海市《关于调整本市事业单位工作人员基本工资标准的实施办法》（沪府办发〔2015〕29号）进一步规定，本市事业单位中，2014年10月1日在编在册并且执行事业单位岗位绩效工资制的人员，列入调整事业单位工作人员基本工资标准的实施范围。学校自2015年7月起根据教育部、上海市的部署贯彻执行，2015年11月完成此项工作。本次工资标准调整工作涉及在职人员1 192人、2014年10月之后退休人员36人，人均增资额为1 169元/月。

根据国务院办公厅转发的人力资源社会保障部、财政部《关于调整事业单位工作人员基本工资标准和增加机关事业单位离休人员离休费三个实施方案的通知》（国办发〔2016〕62号）文件规定，从2016年7月1日起，再一次调整机关事业单位工作人员基本工资标准。根据教育部、上海市的部署，学校于2016年12月完成工资标准调整工作，人均增资429元/月，包括在职人员1 216人、2016年7月之后退休人员15人。2006—2016年不同岗位人员的岗位工资、薪级工资和绩效工资减少额度基本工资标准分别见表4-19、表4-20、表4-21。

表4-19 事业单位基本工资标准（岗位工资） 单位：元/月

| 人员类别 | 岗 位 | 2006年标准 | 2014年标准 | 2016年标准 |
| --- | --- | --- | --- | --- |
| 专业技术人员 | 一级 | 2 800 | 3 810 | 4 850 |
| | 二级 | 1 900 | 2 910 | 3 850 |
| | 三级 | 1 630 | 2 650 | 3 480 |
| | 四级 | 1 420 | 2 355 | 2 900 |
| | 五级 | 1 180 | 2 060 | 2 670 |
| | 六级 | 1 040 | 1 890 | 2 420 |
| | 七级 | 930 | 1 760 | 2 210 |
| | 八级 | 780 | 1 550 | 1 950 |
| | 九级 | 730 | 1 475 | 1 710 |
| | 十级 | 680 | 1 390 | 1 600 |
| | 十一级 | 620 | 1 280 | 1 510 |
| | 十二级 | 590 | 1 220 | 1 490 |
| | 十三级 | 550 | 1 150 | 1 390 |
| 管理人员 | 二级 | 2 130 | 3 140 | 3 970 |
| | 三级 | 1 640 | 2 660 | 3 320 |
| | 四级 | 1 305 | 2 200 | 2 800 |

(续表)

| 人员类别 | 岗　位 | 2006年标准 | 2014年标准 | 2016年标准 |
|---|---|---|---|---|
| 管理人员 | 五级 | 1 045 | 1 900 | 2 390 |
| | 六级 | 850 | 1 660 | 2 070 |
| | 七级 | 720 | 1 460 | 1 820 |
| | 八级 | 640 | 1 320 | 1 630 |
| | 九级 | 590 | 1 220 | 1 490 |
| | 十级 | 550 | 1 150 | 1 390 |
| 工　人 | 技术工一级 | 830 | 1 640 | 2 010 |
| | 技术工二级 | 690 | 1 430 | 1 720 |
| | 技术工三级 | 615 | 1 300 | 1 550 |
| | 技术工四级 | 575 | 1 200 | 1 450 |
| | 技术工五级 | 545 | 1 140 | 1 380 |
| | 普通工 | 540 | 1 130 | 1 360 |

表4-20　事业单位基本工资标准(薪级工资)　　　　　　　　　　　　　单位：元/月

| 薪　级 | 专业技术人员、管理人员 ||| 工　人 |||
|---|---|---|---|---|---|---|
| | 2006年标准 | 2014年标准 | 2016年标准 | 2006年标准 | 2014年标准 | 2016年标准 |
| 1 | 80 | 170 | 215 | 70 | 150 | 185 |
| 2 | 91 | 188 | 236 | 80 | 166 | 205 |
| 3 | 102 | 209 | 260 | 90 | 182 | 225 |
| 4 | 113 | 230 | 284 | 101 | 200 | 248 |
| 5 | 125 | 251 | 311 | 112 | 218 | 271 |
| 6 | 137 | 275 | 338 | 124 | 236 | 294 |
| 7 | 151 | 299 | 369 | 136 | 254 | 322 |
| 8 | 165 | 327 | 400 | 148 | 275 | 350 |
| 9 | 181 | 355 | 436 | 161 | 296 | 378 |
| 10 | 197 | 387 | 472 | 174 | 320 | 409 |
| 11 | 215 | 419 | 513 | 188 | 344 | 440 |
| 12 | 233 | 456 | 559 | 202 | 371 | 474 |
| 13 | 253 | 493 | 605 | 217 | 398 | 508 |
| 14 | 273 | 535 | 657 | 232 | 428 | 545 |
| 15 | 295 | 577 | 709 | 248 | 458 | 582 |

（续表）

| 薪 级 | 专业技术人员、管理人员 ||| 工 人 |||
|---|---|---|---|---|---|---|
| | 2006年标准 | 2014年标准 | 2016年标准 | 2006年标准 | 2014年标准 | 2016年标准 |
| 16 | 317 | 619 | 767 | 264 | 493 | 619 |
| 17 | 341 | 666 | 825 | 282 | 528 | 656 |
| 18 | 365 | 713 | 890 | 300 | 568 | 698 |
| 19 | 391 | 765 | 955 | 320 | 608 | 740 |
| 20 | 417 | 817 | 1 027 | 340 | 648 | 782 |
| 21 | 443 | 874 | 1 099 | 363 | 693 | 831 |
| 22 | 471 | 931 | 1 171 | 386 | 738 | 880 |
| 23 | 499 | 993 | 1 251 | 409 | 788 | 937 |
| 24 | 527 | 1 061 | 1 331 | 432 | 838 | 994 |
| 25 | 555 | 1 129 | 1 411 | 455 | 894 | 1 059 |
| 26 | 583 | 1 202 | 1 499 | 478 | 950 | 1 124 |
| 27 | 613 | 1 275 | 1 587 | 504 | 1 006 | 1 189 |
| 28 | 643 | 1 354 | 1 675 | 530 | 1 066 | 1 254 |
| 29 | 673 | 1 433 | 1 763 | 556 | 1 126 | 1 319 |
| 30 | 703 | 1 512 | 1 860 | 585 | 1 186 | 1 384 |
| 31 | 735 | 1 597 | 1 957 | 614 | 1 246 | 1 449 |
| 32 | 767 | 1 682 | 2 054 | 643 | 1 310 | 1 514 |
| 33 | 799 | 1 767 | 2 151 | 675 | 1 374 | 1 579 |
| 34 | 834 | 1 858 | 2 257 | 707 | 1 438 | 1 644 |
| 35 | 869 | 1 949 | 2 363 | 739 | 1 507 | 1 709 |
| 36 | 904 | 2 048 | 2 469 | 774 | 1 576 | 1 774 |
| 37 | 944 | 2 147 | 2 575 | 809 | 1 645 | 1 839 |
| 38 | 984 | 2 246 | 2 681 | 844 | 1 714 | 1 904 |
| 39 | 1 024 | 2 345 | 2 787 | 879 | 1 783 | 1 969 |
| 40 | 1 064 | 2 452 | 2 903 | 915 | 1 855 | 2 047 |
| 41 | 1 109 | 2 559 | 3 019 | — | — | — |
| 42 | 1 154 | 2 676 | 3 135 | — | — | — |
| 43 | 1 199 | 2 793 | 3 251 | — | — | — |
| 44 | 1 244 | 2 910 | 3 367 | — | — | — |

（续表）

| 薪级 | 专业技术人员、管理人员 ||| 工　人 |||
|---|---|---|---|---|---|---|
| | 2006年标准 | 2014年标准 | 2016年标准 | 2006年标准 | 2014年标准 | 2016年标准 |
| 45 | 1 289 | 3 027 | 3 483 | — | — | — |
| 46 | 1 334 | 3 144 | 3 611 | — | — | — |
| 47 | 1 384 | 3 270 | 3 739 | — | — | — |
| 48 | 1 434 | 3 396 | 3 867 | — | — | — |
| 49 | 1 484 | 3 522 | 3 995 | — | — | — |
| 50 | 1 534 | 3 648 | 4 123 | — | — | — |
| 51 | 1 590 | 3 774 | 4 251 | — | — | — |
| 52 | 1 655 | 3 900 | 4 379 | — | — | — |
| 53 | 1 720 | 4 026 | 4 507 | — | — | — |
| 54 | 1 785 | 4 152 | 4 650 | — | — | — |
| 55 | 1 850 | 4 278 | 4 793 | — | — | — |
| 56 | 1 920 | 4 404 | 4 936 | — | — | — |
| 57 | 1 990 | 4 530 | 5 079 | — | — | — |
| 58 | 2 060 | 4 656 | 5 222 | — | — | — |
| 59 | 2 130 | 4 782 | 5 365 | — | — | — |
| 60 | 2 200 | 4 938 | 5 508 | — | — | — |
| 61 | 2 280 | 5 094 | 5 651 | — | — | — |
| 62 | 2 360 | 5 250 | 5 794 | — | — | — |
| 63 | 2 440 | 5 406 | 5 957 | — | — | — |
| 64 | 2 520 | 5 562 | 6 120 | — | — | — |
| 65 | 2 600 | 5 795 | 6 355 | — | — | — |

表4－21　事业单位基本工资标准（绩效工资减少额度）　　　　　　　　　　　　　　单位：元/月

| 人员类别 | 岗　位 | 2014年标准 | 2016年标准 |
|---|---|---|---|
| 专业技术人员 | 一级 | －655 | －440 |
| | 二级 | －555 | －380 |
| | 三级 | －515 | －350 |
| | 四级 | －485 | －340 |
| | 五级 | －450 | －310 |
| | 六级 | －415 | －280 |

(续表)

| 人员类别 | 岗　位 | 2014年标准 | 2016年标准 |
| --- | --- | --- | --- |
| 专业技术人员 | 七级 | −390 | −260 |
|  | 八级 | −340 | −245 |
|  | 九级 | −325 | −220 |
|  | 十级 | −300 | −205 |
|  | 十一级 | −275 | −185 |
|  | 十二级 | −250 | −165 |
|  | 十三级 | −220 | −145 |
| 管理人员 | 二级 | −650 | −435 |
|  | 三级 | −590 | −395 |
|  | 四级 | −530 | −355 |
|  | 五级 | −480 | −320 |
|  | 六级 | −430 | −285 |
|  | 七级 | −380 | −255 |
|  | 八级 | −330 | −225 |
|  | 九级 | −290 | −195 |
|  | 十级 | −250 | −165 |
| 工　人 | 技术工一级 | −360 | −240 |
|  | 技术工二级 | −310 | −210 |
|  | 技术工三级 | −280 | −185 |
|  | 技术工四级 | −240 | −160 |
|  | 技术工五级 | −210 | −140 |
|  | 普通工 | −210 | −140 |

## 二、学校工资改革

根据国务院《关于机关和事业单位工作人员工资制度改革问题的通知》（〔93〕国发79号）的文件精神，学校从1993年上半年开始着手校内工资分配改革。先后印发了《上海财经大学绩效工资发放的具体办法》（〔93〕上财人发20号）和《上海财经大学工资分配改革方案》（〔93〕上财人发25号）。工资分配改革的原则是贯彻改革精神，工资分配与工作绩效挂钩，实行按劳分配、多劳多得；实行校系（部、室）两级管理，充分发挥系（部、室）的能动作用，为建立良性分配机制创造条件。按照工资分配改革方案的精神，工资制度改革分三步进行：第一步，实行结构工资，将教职工工资分为基本工资和绩效工资两部分，基本工资相对固定，包括"基础职务工资、工龄工资、副食品补贴、车贴、书报费、郊区补贴、菜贴、房贴、午餐补贴、职务岗位津贴"。绩效工资主要是奖励工资，按工作量和岗位职责履行情况实行按劳分配。绩效工资包括"奖励工资、教学工作量补贴、科研工作量补贴、季度奖和科技服务奖"。第二步，实行部门工资总额承包，在定编、定岗的基础上，学校按部门编制（工作量）下达分配总额（工资和奖金及津贴），各部门参照学校结构工资标准和工作量及岗位职责履行情况实行按劳分配。第三步，在完善校、系两级管理体制的基础上，深化工资总额承包，实行专业技术岗位和人员的聘用制，评聘分开，按劳分配，优劳优得，打破职务限制，充分发挥部门工资激励机制。学校共有1 422人列入这项工资制度改革的实施范围，套改后月增资总额为134 648元。

1999年，教育部下发了《关于当前深化高等学校人事分配制度改革的若干意见》（〔99〕教人16号）（简称《意见》），《意见》要求高等学校加快人事分配制度改革的步伐，推进新一轮的高校内部管理体制改革。按照（〔99〕教人16号）文件精神，结合全员聘用合同制，为探索强化岗位、以岗定薪、按劳取酬、优劳优酬的工资分配制度，学校拟定了《上海财经大学校内工资分配改革试行方案》和《上海财经大学校内特殊津贴实施办法》，并且经财政部批准正式实施。原先教职工收入由国家工资（70%+30%+地区差）、地方工资（地方职务津贴）和校内工资（校内补贴、绩效工资、校内特殊津贴）三部分组成，此次改革将校内补贴部分在原副食品补贴、菜贴、书报费、郊区补贴、房贴、车贴、教育工作者津贴等项补贴的基础上作适当提高并实行全校统一标准。绩效工资则以各部门教学、科研工作量为基础，根据综合考核的结果下达到部门基金，由部门进行二级分配到教师个人，机关管理人员的绩效工资分配则与机关各部门实行减员增效的管理改革相结合。在各部门定职能、定任务、定岗位、定人员的基础上依据履行岗位职责的情况和考核结果进行绩效工资的分配。

《上海财经大学校内特殊津贴实施办法》设立了学术类和优秀类两大类若干种校内特殊津贴，奖励在教学、科研、管理等方面有突出成绩的教学和科研人员及从事教学、科研工作的骨干教师及具有博士学位的人员。学术类津贴分为八种，博士津贴标准为每月300元，享受期2年；优秀教学津贴标准为每月600元，享受期1年；骨干教师津贴标准为每月400元，享受期1年；博士生导师津贴按招生数计算；国家重点科研项目津贴标准为每月600元，享受期2年；国家、教育部科研项目及财政部、上海市科研项目津贴标准为每月600元，享受期1年；国家级科研奖及优秀教学成果一等奖津贴标准为每月600元，享受期3年。优秀类津贴分为四种：省部级劳动模范、全国优秀教师、获霍英东基金奖和上海市科技精英津贴，津贴标准为每月600元，享受期3年。

《上海财经大学校内工资分配改革试行方案》设立了各院（系、部）正、副院长（主任）和总支（直属支部）正、副书记岗位津贴，并根据各院（系、部）的规模和承担工作任务的大小，确定不同的岗位津贴标准。津贴对应各教学部门的考核等级浮动兑现，同时还设立辅导员岗位津贴。

在《上海财经大学校内工资分配改革试行方案》实施一年多的基础上，2000年9月学校出台了《关于调整校内部分津贴标准的决定》，骨干教师津贴由原每月400元调整为600元；博士生导师津贴由原按照招生数计算津贴调整为每月800元；博士津贴由原每月300元调整为500元；其他学术类和优秀类特殊津贴均由原每月600元调整为900元。

为了配合岗位聘任制的实施，进一步深化学校内部收入分配制度改革，建立重实绩、重贡献、向高层次人才和重点岗位倾斜的分配激励机制，调动教职工的积极性，促进学校教学科研水平的不断提高。结合全体教学、科研人员和教育职员的岗位聘任制,2003年5月学校出台了《上海财经大学岗位津贴实施细则(试行)》。根据效率优先、兼顾公平的原则,依据受聘者承担的岗位职责及完成的工作实绩实行以岗定薪、拉开档次,体现按劳取酬、优劳优酬的分配原则,教职工的津贴分配与其履行岗位职责、工作业绩以及对学校教学、科研和教书育人的贡献挂钩。全体教职工每月按岗位津贴的80%发放。年度考核称职(合格)或优秀的,再给予一次性补发全年岗位津贴的20%。考核结果未达到称职(合格)的,则取消20%的岗位津贴。教学、科研人员根据工作能力、业绩和以前的考核结果确定新一聘期(三年一聘)的岗级,并享受相应的岗位津贴。教育职员则按照专业技术职称、工龄、进校年限来确定岗级及档次,并享受相应的岗位津贴。此外,依照《上海财经大学校内工资分配改革试行方案》,各院(系、部)正、副院长(主任),总支(直属支部)正、副书记,辅导员,处长,科长享受相应的职务津贴。校内工资改革后,全校教职工的工资明显提高。

为了培养和稳定一批教学、科研骨干,鼓励他们为学校发展多作贡献,上海财经大学于2005年5月修订并出台《上海财经大学校内特殊津贴实施办法(2005年修订)》。凡获得各类教学成果奖、科研成果奖和荣获教书育人标兵及科研标兵的在聘教师、科研人员可享受相应的特殊津贴。被学校评选为教书育人标兵或科研标兵的,每人享受1万元特殊津贴;获教书育人标兵提名奖或科研标兵提名奖的,每人享受0.3万元特殊津贴;获国家级优秀教学成果奖、国家级精品课程的,分别给予3万元和1万元特殊津贴,获教育部、财政部和上海市优秀教材奖、优秀教学成果奖或精品课程的给予0.3万~1万元的特殊津贴。获国家级科研成果奖励的,给予1.5万~3万元的特殊津贴;完成国家级课题的,给予1万~2万元的特殊津贴;完成省部级课题或获省部级科研成果奖励的,给予0.5万~1万元的特殊津贴;在权威刊物上发表论文的,每篇给予0.5万元的特殊津贴。

学校于2009年1月起调整《上海财经大学岗位津贴实施细则(试行)》中设立的教职工岗位津贴标准,详见表4-22、表4-23。

表4-22 教学、科研人员岗位津贴标准　　　　　　　　　　　　　　　　单位:元

| 岗 位 档 次 | 2003年岗位津贴标准 | 2009年岗位津贴标准 |
| --- | --- | --- |
| 1 | 80 000 | 90 000 |
| 2 | 60 000 | 70 000 |
| 3 | 50 000 | 60 000 |
| 4 | 40 000 | 50 000 |
| 5 | 30 000 | 40 000 |
| 6 | 24 000 | 34 000 |
| 7 | 18 000 | 28 000 |
| 8 | 14 000 | 24 000 |
| 9 | 10 000 | 20 000 |
| 10 | 8 000 | 18 000 |

表 4-23　教育职员岗位津贴标准　　　　　　　　　　　　　　　　　　　　　　　　　　　　　单位：元

| 职员职责 | 2003 职级年津贴 | 2009 职级年津贴 | | | | | | | | |
|---|---|---|---|---|---|---|---|---|---|---|
| 一级二档 | 43 960 | 59 960 | | | | | | | | |
| 一级一档 | 40 480 | 56 480 | | | | | | | | |
| 二级二档 | 37 100 | 53 100 | | | | | | | | |
| 二级一档 | 34 220 | 50 220 | | | | | | | | |
| 三级二档 | 31 340 | 47 340 | | | | | | | | |
| 三级一档 | 29 060 | 45 060 | | | | | | | | |
| 四级二档 | 26 880 | 42 880 | | | | | | | | |
| 四级一档 | 24 960 | 40 960 | | | | | | | | |
| 五级二档 | 23 040 | 39 040 | | | | | | | | |
| 五级一档 | 21 480 | 37 480 | | | | | | | | |
| 六级二档 | 20 020 | 36 020 | | | | | | | | |
| 六级一档 | 18 820 | 34 820 | | | | | | | | |
| 七级二档 | 17 620 | 33 620 | | | | | | | | |
| 七级一档 | 16 540 | 32 540 | | | | | | | | |
| 八级二档 | 15 560 | 31 560 | | | | | | | | |
| 八级一档 | 14 600 | 30 600 | | | | | | | | 书记或校长 |
| 九级二档 | 13 740 | 29 740 | | | | | | | | |
| 九级一档 | 12 900 | 28 900 | | | | | | | 副书记或副校长 | |
| 十级二档 | 12 160 | 28 160 | | | | | | | | |
| 十级一档 | 11 440 | 27 440 | | | | | | | | |
| 十一级二档 | 10 820 | 26 820 | | | | | | 正处或正高 | | |
| 十一级一档 | 10 220 | 26 220 | | | | | | | | |
| 十二级二档 | 9 620 | 25 620 | | | | | 副处或副高 | | | |
| 十二级一档 | 9 140 | 25 140 | | | | | | | | |
| 十三级二档 | 8 760 | 24 760 | | | | 正科或中级或博士 | | | | |
| 十三级一档 | 8 400 | 24 400 | | | | | | | | |
| 十四级二档 | 8 040 | 24 040 | | | 副科或硕士 | | | | | |
| 十四级一档 | 7 800 | 23 800 | | 初级或本科 | | | | | | |
| 年净增总额 | | | 大专 | | | | | | | |
| 人均年净增 | | | 大专以下 | | | | | | | |

为了适应国家事业单位工作人员收入分配制度改革趋势,促进收入分配制度的功能定位由福利性向奖励性和激励性转变,同时也为提高学校教职工待遇,提高学校在人才市场的竞争力,适当缩小校内各群体间的差距,将差距控制在合理范围内,2011年12月学校出台了《上海财经大学绩效津贴调整方案》(校发〔2011〕24号)。根据国家对于绩效工资的定义,将校内岗位津贴改称为绩效津贴,绩效津贴的构成要素划分为"基础性津贴"和"奖励性津贴"。现有岗位津贴列入基础性津贴,增设奖励性津贴。奖励性津贴由两部分构成:一部分由学校直接发放(称为校发奖励性津贴),设置发放标准;另一部分按一定的基数和系数包干到院系和部门,由院系和部门负责实施(称为包干奖励性津贴)。此次调整计发起始时间为2011年8月。

为了进一步加强师资队伍建设,创新人才激励机制,鼓励教师追求卓越,吸引和稳定一批高层次人才,造就一批学术领军人才和优秀学科带头人,引领学科快速发展,加快创建高水平研究型大学,2013年学校出台了《上海财经大学讲席教授和副教授管理办法》(上财人〔2013〕56号)。讲席教授和讲席副教授除享受正常工资等待遇外,学校另提供讲席津贴("常任轨"教师除外)。讲席教授的津贴标准为每年12万元,讲席副教授的津贴标准为每年8万元。

为了深入贯彻党的十八大精神,进一步探索绩效工资制度改革,学校2013年出台了《上海财经大学2013—2017年绩效津贴调整方案》(上财人〔2013〕62号),进行新一轮校内绩效津贴调整,逐步形成稳定、合理的校内绩效津贴调整与增长机制。2013年1月起津贴调整,一部分用于提高校发奖励性津贴标准,上调基数,系数不变;另一部分用于扩大包干奖励性津贴,以业绩为导向,促进两级管理体制下,院(系)、部门内部激励机制和分配机制的完善。

为了进一步落实《上海财经大学2013—2017年绩效津贴调整方案》,结合国家、上海市工资改革精神及学校实际情况,自2016年7月起实施《上海财经大学2016年校内津贴实施办法》,同时提高基础性津贴和校发奖励性津贴标准,见表4-24。

表4-24 教职工校发奖励性津贴标准　　　　　　　　　　　　　　　　单位:元

| 职　务　等　级 | 系　数 | 2011年标准 | 2013年标准 | 2016年标准 |
| --- | --- | --- | --- | --- |
| 专技二、三、四级/管理三、四级 | 1.5 | 18 000 | 30 000 | 52 500 |
| 专技五、六、七级/管理五、六级 | 1.3 | 15 600 | 26 000 | 45 500 |
| 专技八、九、十级/管理七、八级 | 1.1 | 13 200 | 22 000 | 38 500 |
| 其　他 | 1 | 12 000 | 20 000 | 35 000 |

为了深入实施人才强校战略,提升学校在高层次人才市场上的竞争力,吸引和稳定一批高层次人才,打造一流人才队伍,引领和支撑学校"双一流"建设,学校出台了《上海财经大学高层次人才薪酬及有关配套政策实施方案(试行)》(上财人〔2017〕1号)。结合学校的实际,将学校高层次人才分为六大阶梯,并搭建起基于人才成长阶梯、岗位与考核目标相对应的薪酬和配套政策体系,对各阶梯高层次人才的薪酬、科研启动经费、住房补贴和安家费标准作出明确规定。

# 第二节　教职工福利

## 一、住房福利

20世纪50年代,上海财经学院曾在祥德路建造了教工宿舍。1978年复校后,教职工享受的住房福利有了较大提高。1983年6月,学校制定了《上海财经学院教职工宿舍分配暂行条例》。1985年,学校教代会原则通过了《上海财经大学教职工住房分配条例》,1991年11月进行了修订。1995年12月,第三届教代会通过了《上海财经大学教职工住房分配与管理条例》,其中提出的各类教职工住房控制标准见表4-25。

表4-25 1995年教职工住房控制标准

| 职称、职级 | 二口人 | 三、四口人 | 五口人以上 |
| --- | --- | --- | --- |
| 正教授、正副校长、书记 | 建筑面积70平方米左右 | 建筑面积80平方米左右 | 建筑面积100平方米左右 |
| 副教授、66年前讲师、处级干部 | 建筑面积50平方米左右 | 建筑面积70平方米左右 | 建筑面积80平方米左右 |
| 讲师、科级干部 | 建筑面积30平方米左右 | 建筑面积50平方米左右 | 建筑面积70平方米左右 |
| 满45周岁其他教职工、助教、科员、工人 | 建筑面积25平方米左右 | 建筑面积50平方米左右 | 建筑面积60平方米左右 |
| 工人、结婚户或增配户 | 鸳鸯楼或建筑面积25平方米左右 | 建筑面积30平方米左右 | |

1981—1999年,学校共进行了10次福利分房,享受分房的教职员工共1 761人次,见表4-26。

表4-26 1981—1999年学校10次福利分房情况

| 分房次数 | 年份 | 享受福利分房人次 | 备注 |
| --- | --- | --- | --- |
| 一 | 1981 | 6 | |
| 二 | 1982 | 1 | |
| 三 | 1983 | 36 | 本次起为学校自建房源 |
| 四 | 1984 | 6 | |
| 五 | 1985—1987 | 358 | |
| 六 | 1988—1990 | 155 | |
| 七 | 1991—1992 | 272 | |
| 八 | 1993—1995 | 345 | |
| 九 | 1996—1997 | 298 | |
| 十 | 1998—1999 | 284 | |
| 合计 | | 1 761 | |

根据国务院《关于进一步深化住房制度改革加快住房建设的通知》和上海市政府《关于进一步深化本市城镇住房制度改革的若干意见》的精神,2000年6月,学校制定了《上海财经大学住房制度改革实施办法》(一)(二),对新进教职工实行住房货币化分配,并对部分中青年教师和住房未达标的老教工按原定标准(教授、副教授、讲师、助教分别为85平方米、75平方米、55平方米、45平方米)给予一次性无息借款,以帮助其购房。

根据《上海财经大学新职工住房补贴实施办法》,月住房补贴按本人月基本工资的30%计算,基本工资发生变动后,住房补贴标准也作相应的调整。基本工资包括工资(1)、工资(2)、上海地方职务岗位津贴和校内补贴四项内容。住房补贴从本人进校报到的次月开始计算,自 2004 年 1 月 1 日起开始实施。

2004 年 7 月,学校在吉浦路 355 弄建成一批教师公寓,面积总计 21 888 平方米,以低于市场的价格优惠出售给教职工,194 名教职工得益。

2004 年 3 月,学校印发了《上海财经大学新进人员租金补贴实施办法(试行)》,给予新进的、不具有上海市沪籍的教职工 2 年租房补贴,标准见表 4-27。

表 4-27 2004 年新进人员租金补贴标准　　　　　　　　单位:元

| 人　员　类　别 | 每月享受租金补贴额 |
|---|---|
| 教授、博导 | 1 200 |
| 有博士学位副高职称 | 1 100 |
| 有博士学位人员 | 1 000 |
| 有硕士学位人员 | 600 |
| 本科及其他学历人员 | 400 |

2014 年,学校制定了《上海财经大学教职工周转房管理办法(试行)》。自该年开始,学校有序推进周转房的申请与安排工作,得到了广大教职工的认可与好评。

## 二、社会保障

根据国家、上海市的政策规定,参考其他高校的做法并结合学校教职工的收入增长情况、学校缴费所需资金量等多方面因素,学校每年对社会保险缴费基数进行调整,实现缴费基数的稳步增长,见表 4-28。人社部、财政部于 2015 年 3 月发布了《关于贯彻落实〈国务院关于机关事业单位工作人员养老保险制度改革的决定〉的通知》(人社部发〔2015〕28 号),正式确定养老金计发办法与个人缴费挂钩,多缴多得、长缴多得,对进一步充实和提高社会保险的缴费基数具有非常现实的意义。

表 4-28 2009—2016 年学校平均社会保险缴费基数　　　　　　　　单位:元

| 年　份 | 缴费基数 | 年　份 | 缴费基数 |
|---|---|---|---|
| 2009 | 3 851 | 2013 | 5 783 |
| 2010 | 4 777 | 2014 | 6 129 |
| 2011 | 5 085 | 2015 | 7 284 |
| 2012 | 5 745 | 2016 | 9 042 |

根据《国务院办公厅关于印发机关事业单位职业年金办法的通知》(国办发〔2015〕18 号)精神,事业单位自 2014 年 10 月起实施职业年金,"适用的单位和工作人员范围与参加机关事业单位基本养老保险的范围一致。单位缴纳职业年金费用的比例为本单位工资总额的 8%,个人缴费比例为 4%,缴费基数与基本养老保险缴费基数一致"。截至 2015 年 11 月,学校共计完成 1 318 人的个人

职业年金清算工作,人均 289 元/月。

## 三、其他福利

学校除了按照有关文件精神给予教职工书报费补贴、副食补贴、菜贴、车贴、郊区工作补贴、住房提租补贴、养老保险补贴和夏季防暑补助费之外,每年暑假还由工会和人事处联合组织教职工轮流赴山清水秀之地疗休养;每年按人数把部门福利费下达到各院、系部门,对于离退休人员每月按人数把共享费下达到离退休处;每年慰问民主党派有关人员 1 500～3 000 元;此外,冬天送温暖,夏季送清凉,对生活困难和患病的教职工给予困难补助。平时一旦有教职工生孩子或生病住院,有关领导就会上门看望,并送上慰问金或困难补助金。对教职工遗属的困难补助和教职工家属的医疗补贴以及在职和离退休教职工亡故的丧葬费,抚恤金、救济金也占了相当数额。学校福利费支出逐年增长,见表 4-29。

表 4-29　1984—2016 年学校福利支出增长情况　　　　　单位:元

| 年　份 | 支 出 总 额 | 年　份 | 支 出 总 额 |
| --- | --- | --- | --- |
| 1984 | 70 313.92 | 2008 | 1 583 871.85 |
| 1985 | 263 167.00 | 2009 | 3 234 955.32 |
| 1986 | 884 761.00 | 2010 | 3 296 995.91 |
| 1987 | 936 280.00 | 2011 | 3 108 139.60 |
| 1988 | 1 220 000.00 | 2012 | 3 354 971.29 |
| 1996 | 298 000.00 | 2013 | 4 544 467.71 |
| 2005 | 1 319 090.00 | 2014 | 4 889 126.06 |
| 2006 | 1 151 031.96 | 2015 | 5 241 348.54 |
| 2007 | 1 996 619.48 | 2016 | 4 547 685.40 |

# 第五章 人事管理

## 第一节 定编和考核

### 一、定编

1957年11月8日,上海市高等教育管理局印发给学院《关于1957年人员编制控制数的通知》,在转发高教部9月27日《关于1957年全国高等学校人员编制控制数的通知》的同时,根据勤俭办学和精简节约的方针,参照高教部原拟定的四类高等学校人员编制暂行规定的草案,结合学校实际情况,"确定你校人员编制数为600人",并要求学院争取将多余人员在1958年上半年内处理完毕。

1980年9月,财政部、教育部根据有关规定,结合上海财经学院的实际情况和发展规划,在《关于上海财经学院教职工编制的批复》中下达核定给学校的教职工编制是:1980年为623人,1981年为707人,1982年为886人,1983年为1 040人,1984年为1 109人。学院1982年初校本部教职工人数达768人,加上夜大学、自学考试办公室及印刷厂等,教职工总数达955人,超编69人。

1986年9月,学校根据财政部(〔86〕财教字第37号)下达的教职工编制1 576人,针对学校的具体情况开展机构改革和定编、定员、定岗的"三定"工作。人事处和师资办组成定编工作小组,首先到各部门对工作量和人员情况进行调研,然后根据学校的发展需要及人员需求计划进行分类测算、拟定编制,经校长办公会议审定后,再把人员编制分解到各个部门。这次"三定"工作不仅为恢复工资基金包干制创造了条件,也为做好教师职务聘任制工作打下了基础。到1986年底,学校实有在册人员为1 506人,尚有70人的余额。

1987年4月,财政部下发文件(〔87〕财教字第40号),按照国家教委的规定调整学校教职工编制总数为1 383人,从而造成超编117人。学校采取多种措施使全校教职工总数从1986年底的1 500人下降到1987年底的1 467人。

1988年4月,财政部下达给上海财经大学教职工编制总数为1 444人。

1990年初,学校根据国家教委和财政部关于加强高等学校人员编制管理的文件精神,在校党委和校长领导下成立了定编工作小组,在广泛的调查研究基础上制定了《上海财经大学一九九〇年各类人员定编的试行办法》,6月16日,经党政联席会议讨论通过。该试行办法明确定编原则有三条:一是按财政部下达的人员编制计划进行核算;二是根据国家教委和财政部下达的教职工编制标准进行核算;三是以1989年9月底在册人数作为学校现有人数的核算基数。关于定编的核算方法,是在总编制比例范围内实行切块分解,按校本部教职工、专职科学研究人员、附属单位人员以及储备教师和承包山东财院教师四个部分列编,并按照相应的计算公式及其他有关规定,将各类人员的编制分解到各系(处、室、部)。院系教学编制数等于平均每学期的周学时折算数除以周学时定额标准;专职科研人员的编制数按照专职科研人员的岗位职责、科研工作量(编辑工作量)标准以及所承担的研究课题任务,按有关规定分解到财经研究所、《财经研究》编辑部、数量经济研究室和高教研究室四个科研单位;校图书馆人员编制,参照高等学校图书馆工作条例所规定的学生数、藏书量等标准进行测算,并结合学校的实际情况核编;实验室、实习工场、听音室、计算机房的人员根据设备情况和所承担的任务酌情配备。专职党务工作人员占全校师生员工总数的1%左右。院系做到每个年级一般都能够配备1名专职政治辅导员。行政各部、处、室的负责人一般设1~3人,规模较大的,可设科。各系按规模设正副系主任3~4人,设系办公室。成人教育学院人员编制数根据教职工与夜大学、函授部在册学生的比例分别按1∶15、1∶20测算。工勤人员的编制数根据各部门、各工种的岗位职责,所承担的任务和工作量核定,逐步建立一支精干的后勤队伍。

1990年,财政部文件(〔90〕财教字第90号)下达给上海财经大学事业编制为1 646人。

1992年,财政部文件(财教司字第16号、53号)批给上海财经大学企业人员编制各为40人。

1995年,财政部文件(〔95〕财人干字75号)批准上海财经大学出版社人员编制30人,1995年共计编制1 756人。

2003年,教育部文件(教人〔2003〕4号)下达给上海财经大学事业编制1 646人,这一编制数一直维持至2007年。

2015年6月,学校启动"十三五"岗位核定工作,最终将岗位目标设为教学科研岗位总量1 050个(含科研平台50个),思政工作岗位总量50个。

## 二、考核

1979年,教育部下发了《关于试行高等学校教师职责及考核的暂行规定的通知》(〔79〕教政字037号)。该文件依据《国务院关于高等学校教师职务名称及其确定与提升的暂行规定》中的规定,分别对助教、讲师、副教授、教授的工作职责加以明确,提出对各级教师的考核应以规定的相应职责为内容,主要从政治表现、业务水平和工作成绩三个方面进行。其中,业务水平的考核主要根据教师教学、科学研究和进修情况来衡量其基础理论、专业知识和外语等方面的水平。考核先由本人填写教育部印发的《高等学校教师工作登记卡》,撰写个人总结,进行自我鉴定,并在教研室(组)做个人工作情况汇报,系考评小组评议并听取群众意见后写出考评意见,报系主任审核,最后将《高等学校教师工作登记卡》存入教师的个人业务档案。

1981年4月,教育部下发《关于试行高等学校教师工作量制度的通知》,根据所附《高等学校教师工作量试行办法》,教师应完成的全年工作量为1 680小时,承担的教学工作量超过1 400小时,教学效果较好,应按《高等学校教师教学工作量超额酬金暂行规定》发给酬金。学校根据文件精神从1982年开始推行教师工作量制度,并且把教师应当完成的工作量作为工作成绩项的内容进行考核。

1988年7月,根据上海市人事局《关于本市各级党政机关、事业单位开展行政奖励工作的通知》精神,学校拟定《上海财经大学进行1987—1988学年度行政奖励工作办法》,对经考核成绩突出者给予记功、记大功、授予荣誉称号(校先进教育工作者)、升级、升职和通令嘉奖等奖励。为此学校还专门成立了校评奖工作领导小组,各部门则成立了有行政、党、工会负责人参加的,3~5人组成的评奖小组。此后每年9月教师节学校都在教职工考核的基础上对成绩突出者进行奖励。

1992年5月，学校出台《上海财经大学教学（科研）人员考核办法（试行）》。根据这一办法，在聘的专职教师和科研人员，包括专职从事学生思想政治工作的教师和部分有讲师职称以上的兼职教师都属于考核范围。办法要求严格掌握思想政治标准，在坚持四项基本原则的前提下，以专业技术人员履行岗位职责的工作业绩为主要考核内容，重点考核所完成的工作数量、质量、实绩、成果及所反映的专业技术水平和能力，即考核德、能、勤、绩四个方面。年度考核分出优秀、称职、基本称职和不称职四个等次。考核结果作为续聘和今后职务评审的重要依据。

学校成立专业技术人员考核领导小组，各系（所、部、室）和教研室也分别成立考核小组。系级考核小组由系（所、部、室）的行政和党组织及工会负责人组成。考核先由教学、科研人员自我总结，填写《教师工作情况登记表》并报送教研室。教研室考核小组收集学生对任课教师的意见后对教学、科研人员的自我考核材料进行核实，按照思想和教学工作考核表的要求进行打分，并将考核结果报系（所、部、室）考核小组。系级考核小组在个人和教研室考核的基础上，结合平时考核提出系考核结果，确定考核等次，并提出今后的聘任意见，报校考核领导小组。校考核领导小组对系（所、部、室）的考核结果审核后公布优秀人员名单。考核材料和结果由有关职能部门存入本人业务档案。

1997年6月，学校根据《上海市事业单位工作人员考核试行意见》的精神，结合学校的实际情况制定《上海财经大学教职工年度考核实施办法（试行）》，决定对教学、科研、党务、政工、管理和后勤等岗的在编教职工进行年度考核。考核的内容包括德、能、勤、绩四个方面，重点考核工作实绩。德是指政治思想和道德品质的表现，能是指业务知识和工作能力，勤是指工作态度和勤奋敬业的表现，绩是指工作数量、质量、效益和贡献。考核的标准是以工作人员的职位职责和承担的工作任务为基本依据，划分考核等次。教师、科研人员确定为：优秀、称职、基本称职、不称职。其他人员确定为：优秀、合格、不合格。

1997年12月，学校党委常委扩大会议原则同意《上海财经大学系、院和教学部门年度的综合考核办法（试行）》的试行，认为开展对系、院和教学部门工作的综合评价有利于今后科学合理地增拨部门的教学经费和对部门负责人的使用与奖励。会议决定成立校考核小组，对各学院、系、思想理论部和基础课教学部这些教学单位进行考核。考核内容：教学占40％，科研占20％，师资队伍占10％，学生工作占11％，党建工作占12％，管理工作占7％。考核结果分四个等级：优秀（90分以上）、良好（80～89分）、合格（60～79分）和不合格（59分以下）。考核先由被考核部门在全面总结年度工作的基础上，按照考核内容和标准自行打分，自评考核等级并写出工作总结和测评报告，然后有关职能部门进行打分，在听取分管校领导意见后写出考核意见，提出考核等级，再由校考核领导小组进行测评，提出考核等级，最后由校党政领导进行考评以确定最终考核等级。

为了进一步健全科研管理制度，为教师及各类人员的考核、奖励与晋升提供科研工作量依据，1997年12月学校出台《上海财经大学科研工作量管理规定》。该规定确定的教师年度科研工作量是：教授和副教授150分，讲师100分，助教50分；专职科研的研究员、副研究员400分，助理研究员300分，实习研究员150分。此后，有关科研方面的考核参照学校科研工作量管理规定（后又有多次修订）有关标准执行。

1998年12月下旬，学校出台《上海财经大学综合考核实施办法》《上海财经大学教学基金管理办法》《教学单位群体考核指标》和《教师个人考核指标》。学校成立综合领导小组负责审定、调整考核指标体系；审定、调整基本单位的考核等级；审定、调整拟下发的各类津贴数额。学校还设立了校综合考核办公室，全面负责全校各类考核工作的具体实施。《综合考核实施办法》除了要求各教学单位运用计算机系统按照相关程序实施考核外，还对各党政职能部门的考核程序和岗位评价指标的建立作了明确的规定。首次提出部门考核等级直接与学校拟下发给部门的"教学单位基金"挂钩。部门考核等级与该部门负责人的津贴也直接挂钩,并按相同比例浮动核发。考核结果将作为对职能部门领导及其职员进行工作调整的依据。对教学单位群体考核的指标共有五项,即本(专)科教学、研究生教育、科学研究、师资队伍建设和精神文明。对教师个人的考核指标有四项,即本(专)科教学、研究生教育、科学研究和精神文明。考核时间改为每学期考核一次,每年的12月份和6月份进行。

1999年6月,学校制定《上海财经大学非教学单位(机关和教辅部门)部门考核实施办法(试行)》和《上海财经大学非教学单位(机关和教辅部门)部门个人综合考核实施办法(试行)》。办法规定对机关和教辅部门的考核指标有五项,即工作数量占权重20%,工作质量占权重45%,内部管理占权重15%,队伍状况占权重10%,精神文明占权重10%。各项考核数据由有关职能部门上报(需经被考核单位确认),本部门自报(需经学校考核工作小组委托的专门部门审核确认)和各层次被服务对象上报。对个人的综合考核指标有四项,即德占权重20%,绩占权重40%,勤占权重20%,能占权重20%。德包含的内容有遵纪守法、工作原则性、事业和服务精神及工作团结、协作精神;绩包含的内容有工作完成实绩、工作质量、工作效率、综合奖励情况;勤包含的内容有工作努力状况、每月出勤情况、工作日记、社会公益活动、对分外工作和临时性突击性工作的态度;能包含的内容有口头或文字表达能力、计算机运用能力、调查研究能力、理解和执行能力、创造性工作能力和独立工作能力。

2006年,学校出台新的《上海财经大学教学单位群体考核实施办法(试行)》。办法确立的群体考核指标体系体现了过程考核与目标考核相结合、静态考核与动态考核相结合的原则,并且较侧重于增强学校的核心竞争力。办法确定的考核机构是相关职能、教辅部门以及学校群体考核专家委员会(由职能、教辅部门负责人和相关专家组成)。指标体系由7项一级指标和49项二级指标组成。一级指标包括学生工作占15%、教学工作占25%、科研工作占25%、师资队伍占20%、日常管理与精神文明占15%,以及加分项目及扣分项目。

2007年,学校制定了《上海财经大学专业技术岗位(非教学科研系列)聘用实施细则(试行)》(上财人〔2007〕79号)、《上海财经大学编辑出版专业技术人员岗位设置与岗位聘用暂行办法》(上财人〔2007〕71号)、《上海财经大学工程技术人员岗位设置与岗位聘用暂行办法》(上财人〔2007〕73号)、《上海财经大学图书资料专业技术人员岗位设置与岗位聘用暂行办法》(上财人〔2007〕74号)、《上海财经大学卫生专业技术人员岗位设置与聘用暂行办法》(上财人〔2007〕75号)、《上海财经大学辅导员岗位设置与岗位聘用暂行办法》(上财人〔2007〕72号)、《上海财经大学管理岗位设置与岗位聘用暂行办法》(上财人〔2007〕76号)、《上海财经大学管理岗位聘用实施细则(试行)》(上财人〔2007〕80号)、《上海财经大学工勤技能岗位设置与岗位聘用暂行办法》(上财人〔2007〕77号)、《上海财经大学工勤技能岗位聘用实施细则(试行)》(上财人〔2007〕81号)等一系列非教学科研系列的岗位聘任文件,完善非教学科研人员的考核、聘用制度。在2014年非教学科研系列的岗位考核与聘用工作中制定了《辅导员及其他非教学科研岗位系列第二轮聘期考核和第三轮岗位聘用工作操作办法》,最终完成了各系列岗位的考核与聘用工作。

2008年、2011年和2014年分别修订了《上海财经大学教学科研人员岗位聘期考核实施办法》,坚持以高质量成果为导向,健全多元分类指标体系,完善教师考核、聘用制度。在2014年岗位聘期考核与聘用工作中,最终共有24人予以低聘,2人缓聘,3人不聘或转人才交流中心。

2011年,学校组织首批引进的8位6年试用期满"常任轨"教师终期考核,3人获得"常任轨"常任教职,2人不超过两年的延聘期,1人缓期半年考核,终止"常任轨"合同2人。截至2016年12月,先后有28名教师获得常任教职,近30%的教师考核不合格离职或转岗。

# 第二节 人才引进和流动

## 一、人才引进

1978年10月底,上海财经学院复校之初仅有教职员46人,1979年增加了314人,其中,从各单位调入308人,军队转业人员6人;有教学人员103人,各类干部52人。1980年,新增加126人,其中,教学人员89人,干部21人。1980年3月底,学院针对师资严重不足、不少课程无人执教的状况,向上海市高教局呈报《关于在本市招考教学人员和笔译人员的请示报告》。在获悉上海交通大学、上海师范大学、华东政法学院等校相继采取登报招聘办法吸引人才的消息后,学院于9月9日向财政部人事教育司呈送请示报告,提出登报招聘教学、科研、编译人员和需招考的学科、笔译语种及名额的设想,并成立由副院长郭森麒主持的招聘工作领导小组及由人事处、教务处、科研处、院长办公室的5位干部组成的招聘办公室。9月16日制定《上海财经学院关于招聘教学、科研、编译人员工作的具体办法》,对招聘工作进程,包括报纸刊登招聘启事、报名办理、应聘资格审查、考核、初步录用名单提出、政审和体检,都有明确的时间要求。10月下旬至12月上旬,招聘工作领导小组分3次共确定22人调入学院工作,另有6人聘用但不进编制。1981年新增加178人,其中教学人员61人,科级以上干部16人。从1979年起上海财经学院每年都大量引进各专业教师和各类管理人才以充实教师和教学管理队伍。1979—1983年引进人员情况见表4-30。

表4-30 1979—1983年引进人员情况　　单位:人

| 年份 | 新增人员数 | 新增教师 | 正副教授 | 讲师 | 研究生 | 本科生 | 专科生 | 转业军人 |
| --- | --- | --- | --- | --- | --- | --- | --- | --- |
| 1979 | 314 | 103 | 29 | 56 | — | — | — | 6 |
| 1980 | 129 | 89 | 6 | 5 | — | 3 | 1 | 6 |
| 1981 | 178 | 61 | 3 | 2 | 5 | — | — | 6 |
| 1982 | 88 | 42 | 2 | 2 | 12 | 35 | 4 | 4 |
| 1983 | 213 | 118 | 2 | 6 | 10 | 174 | 3 | 2 |
| 合计 | 922 | 413 | 42 | 71 | 27 | 212 | 8 | 24 |

复校之初的教师队伍有半数以上年龄超过50岁。为了解决师资队伍老龄化问题,20世纪80年代学校有计划地择优选留和补充了中青年教师800多人,其中,研究生毕业的有350多人。1995年12月,学校在《"211工程"整体建设规划》的第五部分"师资队伍建设"中提出,师资队伍建设的重点是"加强对现有师资的培养提高和国内外优秀人才的引进,强化倾斜激励和淘汰分流机制",以造就一批跨世纪中青年学术骨干和学科带头人;其措施之一是"做好人才引进工作,提高师资队伍的层次结构",包括"采取倾斜政策,着力引进师资紧缺专业领域年龄在50岁以下的具有正高职称、年龄在45岁以下具有副高职称,以及有博士学位的优秀人才";"划拨人才引进专项经费,定期赴国内名牌大学招揽人才,在报刊刊登人才招聘广告"等。据《1997年12月16日校党委常委扩大会议纪要》,学校人事处在会上"汇报了前阶段在全国范围内首次招聘教师的情况和下一步继续搞好这项工作的打算","会议肯定了这项重要工作已取得的成果",做出四项决定,其中第4项是"为使人才

引进工作进一步正常化、规范化,会议同意成立校人才引进招聘领导小组,由分管人事工作的校领导任组长,人事、财务、总务等有关职能部门的负责人参加"。1996—2000年学校引进了高层次人才54人,其中,教授为6人,副教授为12人,有博士学位者52人,见表4-31。

表4-31 1996—2000年引进人才情况　　　　　　　　　　　　　单位:人

| 年　份 | 引进总数 | 教师数 | 博　士 | 硕　士 | 教　授 | 副教授 | 讲　师 |
|---|---|---|---|---|---|---|---|
| 1996 | 58 | 37 | 3 | 3 | — | 2 | 3 |
| 1997 | 56 | 37 | 7 | 1 | 2 | 2 | 2 |
| 1998 | 50 | 23 | 10 | 9 | 1 | — | 1 |
| 1999 | 38 | 28 | 13 | 13 | 1 | 2 | — |
| 2000 | 60 | 35 | 19 | 18 | 2 | 6 | — |

"十五"期间,根据师资队伍建设规划以及学科建设发展和岗位的需要,学校加大力度引进国内外有影响的学科带头人、优秀毕业博士生等高层次人才,补充和优化师资队伍。学校在引进人才补充师资队伍时,比较注重择优补充高层次人才。除少数学科外,原则上选留或调入具有博士学位人员,严格限制低学历、高年龄人员调入教师队伍,调入的博导年龄一般不超过55岁,正高职务者年龄一般不超过50岁,副高职务者年龄一般不超过40岁。2001—2016年,学校共引进专任教师913名。其中,具有博士学位人员为832名,具有高级职务人员为230名,见表4-32。

表4-32 2001—2016年引进教师情况　　　　　　　　　　　　　单位:人

| 年　份 | 总　数 | 具有博士学位者 | 高级职务 正高职务者 | 高级职务 副高职务者 |
|---|---|---|---|---|
| 2001 | 68 | 50 | 9 | 31 |
| 2002 | 59 | 41 | 9 | 17 |
| 2003 | 62 | 57 | 5 | 20 |
| 2004 | 41 | 34 | 5 | 1 |
| 2005 | 66 | 64 | 4 | 9 |
| 2006 | 43 | 40 | 6 | 0 |
| 2007 | 52 | 48 | 6 | 4 |
| 2008 | 47 | 39 | 8 | |
| 2009 | 50 | 46 | 11 | |
| 2010 | 48 | 47 | 6 | |
| 2011 | 42 | 42 | 3 | |
| 2012 | 52 | 50 | 9 | |
| 2013 | 67 | 65 | 15 | |
| 2014 | 75 | 75 | 19 | |

(续表)

| 年份 | 总数 | 具有博士学位者 | 高级职务 正高职务者 | 高级职务 副高职务者 |
|---|---|---|---|---|
| 2015 | 59 | 54 | 12 | |
| 2016 | 82 | 80 | 15 | |
| 合计 | 913 | 832 | 230 | |

自2004年起,学校在全球范围内公开招聘院长,实行海外院长实聘制。截至2016年12月,先后有10人次的海外知名专家学者担任学校体制内的非全时实职院长。学校赋予海外院长实际的人、财、物权力和责任,同时辅以常务副院长制度。这种因地制宜的制度安排,一方面为非全时海外院长展自己之所长,尽心竭力放手开展工作,创造性地履行职责,提供了有效平台;另一方面也保证了学院各项工作在海外院长不在校期间仍然得到有序和持续开展。

2005年,学校在原有常规聘用方式的基础上,尝试"双轨制"聘用,为引进海外优秀人才建立特殊的平台和政策。是年通过"双轨制"形式聘用的海外名校毕业的优秀人才有11人。至2016年,学校经过十二年的实践探索和总结完善,逐步形成一套具有上财特色的"常任轨"教师管理制度,建立了国际通行的人才引进机制、国际接轨的培养机制、严格规范的考核机制、市场化的薪酬激励机制、双轨互通的管理机制、顺畅的流动退出机制。在双向选择、来去自由的原则下,对到学校工作的学科带头人和优秀人才在人事管理、教师职务聘任、工资和岗位津贴、国内外学术交流和生活住房等方面创造条件,如学校出台了《上海财经大学新进博士学位人员住房补贴暂行办法》《上海财经大学新进博士租房补贴暂行办法》等办法,对具有博士学位到上海财经大学任教者实施10万元的博士住房补贴政策。此外,新进的教授、副教授、讲师及以下职称的教师分别可获得一次性住房补贴10万元、8万元和6万元。学校还设立专项科研启动基金,为新进具有博士学位的教师创造研究条件。

2007年,学校出台《上海财经大学特聘教授管理办法》,至2016年,先后聘请了105名国际知名的专家学者担任特聘教授,对学校的学科建设、人才培养、师资培训、海外招聘以及国际知名度提升产生积极的推动作用。

2012年,学校对2009年出台的《上海财经大学"千人计划"配套实施办法》进行了修订,完善了与专家的聘任合同,并建立了定期追踪制度,以落实好薪酬、房贴、科研启动费、社会保障等各项福利待遇及后续服务工作。

2013年9月,学校通过《上海财经大学关于进一步加强师资队伍建设的实施意见(2013—2020)》,并出台了《上海财经大学讲席教授和讲席副教授管理办法》《上海财经大学"创新团队支持计划"实施办法》《上海财经大学资深教授评定暂行办法》等系列配套办法。

2013年10月起,学校依托"探索开放环境下的师资队伍建设模式"国家教育体制改革试点项目,以学术带头人队伍建设为引领,以人才梯队和创新团队建设为重点,全面启动实施以"1351人才工程"为核心的师资队伍提升计划,努力为高水平研究型大学建设提供更加坚实有力的人才保障。"1351人才工程"涵盖五个层面:一是大力引进高端学术领军人才,二是实施资深教授制度,三是实施讲席教授和副教授制度,四是实施创新团队支持计划,五是加大青年教师培养支持力度。截至2016年底,学校共开展两批评审工作,评出校资深教授9人,讲席教授21人(在岗20人),讲席副教授 41 人（在岗 38 人），创新团队 20 支。

2015 年，学校成立人才工作办公室。以各项校外人才项目为抓手，积极引进各类高层次人才。截至 2016 年 12 月，学校拥有国家"千人计划"（含青年千人）11 人，国家特支计划（万人计划）"教学名师"1 人，"哲学社会科学领军人才"1 人，"青年拔尖人才"1 人，教育部创新团队发展计划 1 项，长江学者（含青年长江）12 人，百千万人才工程国家级人选 5 人，"四个一批"暨文化名家 1 人，国家杰出青年基金获得者 2 人，优秀青年基金获得者 2 人，上海"千人计划"11 人，上海领军人才（含后备队）6 人，上海东方学者 6 人和上海青年拔尖人才 1 人。

多渠道、多模式、超常规地引进海内外高层次创造性人才。在对学校现有人才队伍建设政策及制度进行梳理的基础上，相继出台《上海财经大学特聘教授管理办法（试行）》《上海财经大学关于引进领军人才的实施意见》《上海财经大学"常任轨"教师岗位管理办法》和《上海财经大学教师申请"常任轨"教职管理办法》等高层次人才引进和管理的新规定。截至 2016 年底，先后引进"常任轨"教师 263 名，特聘教授 104 名，兼职教授 56 名。此外，2016 年全年招聘中，学校新进人员共报到 118 名（含师资博士后 7 人），其中，新进教师和科研人员 82 人（具有博士学位的有 80 人，高级职务的有 15 人）。新进教学科研人员中，海外留学回国的博士有 39 人，占 47.6%。

2017 年初，学校制定《上海财经大学高层次人才薪酬及有关配套政策实施方案（试行）》，将学校高层次人才分为六大阶梯，并搭建起基于人才成长阶梯、岗位与考核目标相对应的薪酬和配套政策体系，为人才发展提供稳定预期和持续支持。

## 二、人才流动

为了进一步贯彻中央关于实行专业技术职务聘任制的精神，充分调动教师的积极性、创造性，完善岗位责任制，促进人才合理流动，1987 年 11 月，学校出台《上海财经大学关于教师聘任工作的试行办法》，明确"对于因专业职务名额限制未被聘任的教师，各单位要区别情况妥善安排，允许和支持他们到其他单位任职，以促进人才合理流动"。人才流动不仅使学校能够不断吸收新鲜血液补充教职工队伍，从而增强教职工队伍的活力，而且能让不少教职工通过工作实践和流动找到适合自己的工作岗位和发展方向。1986—2016 年学校人才流动情况统计见表 4-33。

表 4-33　1986—2016 年人才流动情况　　　　　　　　　　　　　　单位：人

| 年　份 | 当年新进教职工人数 | 当年离校人数 | 其中调动工作人数 |
| --- | --- | --- | --- |
| 1986 | 167 | 43 | 24 |
| 1987 | 107 | 50 | 24 |
| 1988 | 84 | 80 | 30 |
| 1989 | 77 | 66 | 18 |
| 1990 | 57 | 48 | 13 |
| 1991 | 46 | 13 | 13 |
| 1992 | 63 | 54 | 29 |

(续表)

| 年　份 | 当年新进教职工人数 | 当年离校人数 | 其中调动工作人数 |
| --- | --- | --- | --- |
| 1993 | 83 | 78 | 36 |
| 1994 | 83 | 32 | 26 |
| 1995 | 107 | 83 | 12 |
| 1996 | 89 | 62 | 19 |
| 1997 | 106 | 81 | 19 |
| 1998 | 107 | 80 | 34 |
| 1999 | 41 | 219 | 207 |
| 2000 | 56 | 43 | 17 |
| 2001 | 80 | 66 | — |
| 2002 | 71 | 47 | 5 |
| 2003 | 96 | 47 | 4 |
| 2004 | 100 | 80 | 15 |
| 2005 | 103 | 81 | 15 |
| 2006 | 126 | 75 | 15 |
| 2007 | 95 | 70 | 9 |
| 2008 | 76 | 49 | — |
| 2009 | 82 | 85 | 3 |
| 2010 | 72 | 48 | 4 |
| 2011 | 68 | 69 | 6 |
| 2012 | 76 | 54 | 1 |
| 2013 | 97 | 68 | 4 |
| 2014 | 96 | 66 | 5 |
| 2015 | 73 | 70 | 6 |
| 2016 | 118 | 90 | 3 |

为了深化高校人事制度改革，完善教职工聘用合同制，加强对下岗分流人员的管理和再就业工作，学校经财政部批准于1993年5月成立了"人才开发交流中心"，负责对下岗分流人员的管理工作。根据2000年9月修订的《上海财经大学下岗分流人员管理暂行办法》，各部门、院、系原固定制职工在人事制度改革、聘用合同制实施过程中，因机构编制精减、岗位撤并、专业不对口以及能力、身体不适应等原因而未被聘用上岗的人员，可以作为下岗分流人员由学校"人才开发交流中心"管理。下岗分流人员签订"下岗分流人员协议书"后待聘时间为半年至2年。待聘期满后仍未落实工作岗位的人员应解除与学校的劳动关系。下岗分流人员下岗后第二个月起按规定获取个人基本生

活保障费。下岗分流人员的生活保障费如果低于上海市政府规定的当年最低生活保障线的,按上海市最低生活保障线标准发放。下岗分流人员在待聘期间,自己找不到聘用单位,又不服从学校推荐安排的,学校可酌情停发其下岗生活费及其他待遇。人才开发交流中心自成立至2016年底,共接收校内下岗人员66人,分流到校外29人,分流到校内重新上岗49人次。

为了持续推进学校师资均衡配置,优化师资队伍结构,根据国家、上海市和学校有关文件精神,结合学校不同学科师资队伍的建设现状和发展定位,按照"分类管理、优化结构、合理流动、稳步推进"的总体思路和要求,遵循因事设岗、因岗设人,充分盘活学校岗位资源等原则,2014年6月学校制定了《上海财经大学教师转岗方案(试行)》,共转岗7人,既对学历、职称、年龄、任职年限等因素认真分析,又对履行职责情况、个人发展潜力、队伍建设目标、人员结构等现状合理筹划,在综合权衡后确定转岗对象和所转岗位。

## 第三节　人事制度改革

### 一、新进人员的聘用制

(一) 聘用制的实施过程

1995年12月,上海市人事局印发《上海市事业单位实行聘用合同制暂行办法》之后,学校即开始探索实行人员聘用制的方案和步骤。从1996年开始,对从社会上应聘来学校的专业技术人员试行聘用合同制,同时对校产办聘用的人员以及原总务处招聘的工勤人员进一步完善从1992年开始实行的劳动合同制。从1998年下半年开始,对新进的硕士研究生及以下学历人员全面试行聘用制。

2003年5月,学校依照中共中央组织部、教育部《关于深化高等学校人事制度改革的实施意见》和上海市教育委员会《关于上海市教育系统开展人事代理的实施意见》的精神,开始对新进人员逐步实行人事代理(租赁)制度。

(二) 聘用制的工作程序

1. 公开招聘与聘用

对于校内各部门的进人需求,人事处根据空缺职位的岗位职责要求,定期或不定期地进行公开招聘,如在全国性报纸《光明日报》《人民日报海外版》或门户网站上发布招聘信息。应聘人员经过面试与专家考评等程序确定聘用后,依不同情况办理相应的人事代理制或租赁制聘用手续。实行人事代理制的人员直接与上海财经大学(人事处受委托代表学校)签订《上海财经大学聘用合同》,建立聘用关系,同时还应与人事代理机构(上海市杨浦区公共人事服务中心)签订《委托档案管理协议书》。实行人事租赁制的人员,则由学校委托人才租赁机构招聘,学校根据与人才租赁机构签订的租赁协议与租赁人员签订《岗位合同》。

2. 聘用合同的履行

《上海财经大学聘用合同》是根据《上海市事业单位聘用合同办法》以及学校人事制度的有关规定,在遵循国家有关法律、法规的前提下制定的较为完备的合同文本。它对聘用期限,受聘人员的岗位职责与工作要求、工作纪律与义务、工作报酬与福利待遇、专业技术职务聘任、聘用合同的变更、终止、解除等方面都进行了全面详尽的约定,还明确约定聘用方必须在合同期满就是否续聘提前向受聘方送达"续订聘用合同意向书"或者"终止聘用合同通知书"。

为了促进人才的合理流动，实现人事管理的社会化，学校于2004年制定了《上海财经大学雇员制试行办法》，并于2005年1月1日起施行。根据该办法，除担任专职辅导员和不宜采用雇员制的岗位的教育职员外，其余从事教育职员岗位工作的人员都以雇员制方式聘用，即学校通过人才派遣机构雇用派遣人员。

## 二、全体教职员工的岗位聘任制

为了进一步深化人事制度改革，1999年学校成立机构改革领导小组。在对机关及教辅部门进行岗位核定、明确岗位编制及岗位职责的基础上，学校于1999年10—11月在全校范围内进行了三次公开招聘。招聘的岗位有113个，其中，负责人岗（科级）26个，应聘人次有111人，录用的61人中负责人岗有23人。招聘结果公布后，学校与新聘人员及原管理或教辅岗位的人员全面签订岗位合同，实行岗位聘任制。

2002年6月，学校印发《上海财经大学教学科研人员岗位聘任暂行办法》。办法明确了按需设岗、公开招聘、平等竞争、双向选择、择优聘任、严格考核、聘约管理的原则。把教学科研人员划分校聘岗位和院（系、部、所）聘岗位两个层次，共设院士、长江学者和特聘教授特级岗位及其他十个岗级。其中，院士、长江学者、特聘教授等特级岗位及1—4级教授岗位，由学校聘任；5—10级岗位由院（系、部、所）聘任，其中4—6级为副教授岗位，6—8级为讲师岗位，9—10级为助教岗位。7月，学校印发《上海财经大学教育职员岗位聘任暂行办法》。办法将教师科研人员以外的人员包括学校党务、行政和工会、共青团等群众团体的专职管理人员，以及各院、系、所、馆、中心和教辅部门的专职管理人员都纳入教育职员制管理，统一实行职员制度，并且将职员职级划分为高、中、初3个职等、14个职级、28个档次，还对相应的职员等级明确制定岗位职责与任职条件。

根据《人事部教育部关于高等学校岗位设置管理的指导意见》（国人部发〔2007〕59号）、《教育部直属高等学校岗位设置管理暂行办法》（教人〔2007〕4号）等文件精神，经过校内外的充分调研，学校相应出台了《上海财经大学教师岗位设置与岗位聘用暂行办法》《上海财经大学管理岗位设置与岗位聘用暂行办法》《上海财经大学工勤技能岗位设置与岗位聘用暂行办法》等岗位设置与聘用文件及实施细则共13份文件。经教育部人事司批复，学校于2007年12月全面启动首轮岗位聘用工作，至年底基本完成。所有受聘的1190人中，教师岗有602人（其中，双肩挑20人），其他专业技术岗有154人（包括辅导员、编辑出版、图书资料、工程技术、卫生共5个系列），管理岗有310人，工勤岗有144人。2008年9月，在经过教师岗位聘用过渡期后，根据第二轮聘期考核结果共有595人受聘2—12级教师岗位，其中，校聘岗149人，院聘岗446人。

2011年6月，学校布置第四轮（国家聘岗第二轮）岗位聘用工作，下发《上海财经大学教师岗位聘用与考核办法（试行）》（上财人〔2011〕25号）和《上海财经大学教师岗位分类管理办法（试行）》（上财人〔2011〕24号），试点推行教师岗位分类管理，全面启动岗位聘用工作。7月，第二轮岗位聘任工作顺利完成。受聘教工为1161人，其中，595人受聘各级教师岗位（其中双肩挑32人），其他专业技术岗176人（包括辅导员、编辑出版、图书资料、工程技术、卫生、会计共六个系列），管理岗275人，工勤岗115人。教师校聘岗151人，院聘岗444人。在新一轮岗位聘任中，有七个院（系、所、中心）参与教师岗位分类管理试点工作，涉及教师210人，教学科研并重岗接近75%，6.7%为教学主岗，18.6%为科研主岗。

2014年7月,根据学校岗位聘用工作的总体部署,全面启动了教学科研系列第四轮聘期考核和第五轮岗位聘用工作,非教学科研系列的第二轮考核和第三轮岗位聘用工作。参加第四轮教师岗位聘期考核的总共有637人(含双肩挑30人),经各部门岗位聘用考核小组考核,共有110人考核结果为优秀,优秀率为17.27%;450人考核结果为合格,合格以上比例为87.91%;28人考核结果为基本合格,占4.40%;3人考核结果为不合格,占0.47%;基本合格及以下的比例为4.87%;4位二级岗人员未到考核期,学院已给考核意见,同时有46人参加考核不定级,均为受聘不足半个聘期。参加专业技术职务聘期考核的有292人,其中,考核结果为合格的有280人,基本合格的有7人,不参加考核的有5人。

非教学科研系列的第二轮聘期考核时间为2011年1月—2013年12月,共涉及三大岗位系列,即管理岗位系列、其他专业技术系列和工勤技能岗位系列。其中,其他专业技术系列又分为辅导员、编辑出版、图书资料、工程技术、卫生、会计六个系列。参加岗位考核的人数共计538人,79人的考核结论为优秀,优秀比例为15%;453人的考核结论为合格,合格以上比例为84.2%;5人基本合格,1人无考核结果,无考核不合格人员。

2014年岗位聘用共有1182人申报。其中,申报教学科研系列636人(考核人员中有1人退休),申报管理岗位系列291人,申报专业技术岗位系列190人,申报工勤技能岗位系列65人。申报教学科研岗636人中最终拟聘631人(含转岗7人,缓聘2人),不聘3人,调离2人。申报其他专业技术岗190人,拟聘190人。申报管理岗279人(不含工勤岗人员转系列申请的有12人),拟聘279人。申报工勤岗65人,拟聘65人。

至2012年底,学校存在常任轨制度、常任教职、新聘研究人员制度、人事代理制、年薪制、雇员制等多种聘用方式。至2015年底,学校有918人签订了聘用合同。其中,常任轨155人、常任教职15人、新聘研究人员5人、雇员制75人、年薪制11人、项目聘用2人。至2016年底,学校已签订各类聘用合同的人员占学校全体教职工的近57.9%。

2015年,学校围绕定编定岗、教师职务聘任、"常任轨"管理办法、职员制改革和雇员制改革等若干关键问题和紧急任务广泛开展校内外调研,形成若干调研报告,组织制定《上海财经大学教师岗位核定工作方案》,修订《上海财经大学教师职务聘任管理办法》《上海财经大学"常任轨"教师管理办法》等制度,稳步推进教师岗位核定、职务聘任、职员制改革等工作,积极探索双轨教师融合。2016年8月起,学校启动新一轮教师岗位聘用与考核文件修订工作。

## 第四节 离 退 休

### 一、离退休概况

根据1978年5月24日第五届全国人民代表大会常务委员会第二次会议批准通过的《国务院关于工人退休、退职的暂行办法》,在我国全民所有制企业、事业单位和党政机关,群众团体的工作人员,男年满60周岁,女年满50周岁,连续工龄达10年的,均应该退休。学校教职工满足上述条件的,除专业技术人员按照有关文件精神,经本人申请、上级主管部门批准后可适当延长退休年龄之外,均需办理退休手续,符合国家规定的离休条件的办理离休手续。20世纪80年代,学校教师队伍中青黄不接问题严重,经上级主管部门同意,学校将正副教授退休年龄分别延长至70周岁和65周岁。1990年9月25日,学院党政联席会议研究师资队伍建设和职称评审问题,决定正副教授退休年龄从1991年起实行递减,即正教授69周岁、副教授64周岁,以后再逐年递减,直到正教授65周岁、副教授60周岁。1979年至2017年3月,学校办理了退(离)休手续的教职工总计达1 137人。

离退休以后的教职工可自愿参加离退休工作部门组织的各项文化娱乐活动及上老年大学学习,学校每年划拨经费供离退休处开展各项活动。从1999年开始离退休教职工的养老金由上海市杨浦区社会保险事业管理中心统一发放。

根据《关于规范本市事业单位退休人员补贴的试行意见》的通知,从2012年1月起适当调整事业单位退休人员月养老金收入结构,规范事业单位退休人员补贴。学校及时做好新政策的传达和解释工作,对于教职工反映的共性问题,与市主管部门进行了反映与沟通。该次规范补贴,学校共计746位退休人员兑现了新的养老金。2013年1月起,退休人员生活补贴调整,学校有退休人员768人,人均月补贴增加430元。2014年1月起,学校对798名退休人员的生活补贴进行了调整,人均月补贴增加469元,扣除其他保留,实际增资444元。2015年1月起,学校对819名退休人员的补贴标准进行了调整,人均月补贴增加377元,扣除其他保留,实际增加363元。

根据国务院办公厅转发的人力资源社会保障部、财政部《关于调整事业单位离退休人员离退休费的实施方案》(国办发〔2015〕3号)的规定,从2014年10月起增加离退休费。学校2015年离退休人员离退休费增资补发情况如下:退休人员806人,人均月增资387元;离休人员33人,人均月增资704元。

2016年1月起,根据上海市的工作安排,开展机关事业单位退休人员个人缴费清算工作。首先针对1993年1月至2014年9月底前已按机关事业办法办理退休手续人员进行清算,共计745人,合计清算金额为1.79亿元。2016年12月,针对2014年10月至2016年11月办理退休手续人员个人缴费本息再次进行清算,共计71人,合计清算金额为534万元。2016年12月起,退休人员的个人缴费本息总额将于退休次月领取养老金时一同返还。

## 二、延聘政策

为了进一步规范高级专家申请延长退休年龄和暂缓退休等工作,2006年5月,学校根据《上海市教育委员会关于做好本市高校高级专家延长退休年龄等审批工作的通知》(沪教委人〔2005〕78号)精神,结合学校实际制定了《上海财经大学关于进一步规范高级专家申请延长退休年龄和暂缓退休等审批工作的实施办法(试行)》。《办法》明确:

(1) 可以申请延长退休年龄的高级专家,是指在教学、科研和管理岗位上工作的具有正高级专业技术职务人员和具有副高级专业技术职务的女性教职人员。

(2) 高级专家同时具备以下四个条件方可适当延长退休年龄:确因学科建设和开展教学、科研、管理工作需要;申请者身体健康,能够胜任岗位工作;本人有意愿继续从事岗位工作;经学校和上级主管部门审批同意。

(3) 具有高级专业技术职务人员,延长退休年龄最长不超过65周岁,国务院学位办聘任的博导,延长退休年龄最长不超过70周岁;具有副高级专业技术职务的女性教职人员,延长退休年龄最长不超过60周岁。延长退休年龄的起始时间按国家规定的法定退休时间起算。

(4) 按国家有关规定,经上海市教委和人事局批准,可以暂缓办理退(离)休手续的杰出高级专家是指:中国科学院院士、中国工程院院士;曾任全国人大常委、全国政协常委以及各民主党派中央副主席以上职务的高级专家;1983年底以前评定为四级以上的老专家;学术影响力相当于上述三类人员的、其他有突出贡献、学术上造诣高深、在国内外享有很高声誉的高级专家。

（5）申请延长退休年龄的程序是：先由部门提出延聘申请并征得本人同意，同时填写"上海财经大学高级专家延长退休年龄申请表"或"上海财经大学杰出高级专家暂缓退休申请表"，再由部门报学校人事处，学校进行审核，最后由学校提出审核意见报上海市教委审批。

2016年11月，学校根据《关于机关事业单位县处级女干部和具有高级职称的女性专业技术人员退休年龄的通知》（组通字〔2015〕14号）第一条"党政机关、人民团体中的正、副县处级及相应职务层次的女干部，事业单位中担任党务、行政管理工作的相当于正、副处级的女干部和具有高级职称（含正、副高级）的女性专业技术人员，年满六十周岁退休"，对学校2006年5月《办法》中的相应条款进行修订，出台了《上海财经大学关于进一步规范高级专家申请延长退休年龄和暂缓退休等审批工作的实施办法（2016年11月修订）》。

## 第五节　博士后流动站

1992年，学校在全国博士后管委会、财政部和上海市博士后管理办公室的大力支持下，建立了经济学博士后科研流动站，是全国首家在财经院校中培养博士后的人才基地，也是全国首批建立的社会科学博士后科研流动站之一。1999年3月，经第四届全国博士后科研流动站专家委员会审批，人事部、全国博士后管委会批准，经济学流动站分立为理论经济学、应用经济学、工商管理三个一级学科流动站。2009年10月，学校新增哲学博士后科研流动站，在国内财经院校中为首个建立。2012年，学校获批新增马克思主义理论、统计学博士后科研流动站，2014年，学校又获批新增管理科学与工程博士后科研流动站。至此，学校共拥有理论经济学、应用经济学、工商管理、哲学、统计学、马克思主义理论及管理科学与工程7个博士后科研流动站。1993—2016年，博士后进站共381人。

博士后科研流动站的建立充分发挥学校学科齐全、科研力量雄厚的优势，发挥博士后制度在选拔和培养优秀青年科研人才、促进人才流动方面的重要作用。流动站依托上海建设国际经济、金融、贸易中心的雄厚实力，为经济建设第一线服务，力求培养一批高素质复合型人才。

为吸引更多的博士后科研人员进站工作，2014年3月，根据学校总体发展战略与博士后工作的定位，学校修订了博士后管理办法，发布《上海财经大学博士后管理实施办法（2014年修订）》及《上海财经大学博士后科研能力考核管理规定（2014年修订）》，2014年正式执行。通过配套经费招收科研博士后及试行师资博士后制度等，推出了一系列改革措施，采取多种优惠措施，以期进一步提高博士后工作层次，提升博士后对学校科研、人才培养、师资队伍建设的贡献度。

# 第五篇

## 学 生

# 概　　述

学生是学校的主体之一。学校办学历程中,随着学校规模的不断扩大,各类学生的数量不断增长、结构不断完善。本篇载录学生的结构和人数、学生管理、招生以及学生毕业和就业等内容。

学生的构成主要可分为全日制教育生、在职攻读硕士学位生、成人教育生和留学生四大类。学校从民国十年(1921年)开始招收全日制本科生,此后的20余年间在校学生规模大体在150至200人之间,20世纪40年代后期增加到400余人;1953年院系调整后达到1 447人,60年代中期约1 200人;1978年复校后逐年增长,由1979年的861人增加到2001年的6 000余人,2004年起本科在校生规模稳定在8 000人左右。民国六年(1917年)商业专修科成立后,连续三年招收商业专修科学生,三届共毕业82人;民国十年(1921年)后以本科为主,招收少量专科生;50年代和80年代招收专科生曾达700余人;1999年创办职业技术学院后,在校专科生最多达1 300余人;2006年学校停止招收专科生。1979年学校首次招收研究生10人,其后规模逐年扩大,2000年达1 000人,至2017年3月在校硕士研究生规模为4 309人。招收博士生始于1984年,1997年前规模在100人之内,之后快速增长,至2017年3月在校博士生规模为1 063人。在职攻读学位生始于1997年的工商管理人员在职攻读工商管理硕士,当年招生125人。此类学生非全日制在职攻读,完成学业后,仅获得硕士学位,不具有研究生学历。2007年在校在职攻读学位生为1 391人,至2017年3月在校在职攻读硕士学位生为1 144人。成人教育学生1949年前招收极少,20世纪50年代至60年代,学校成立夜校部,在校生最多达1 400余人;1981年学校夜大学成立,招收专科生规模逐年扩大,2000年在校生达3 595人,以后逐年减少,而招收本科生则迅速增长,2016年在校生增至4 647人;此外,夜大学还招收函授生和本专科脱产生。学校在1957年首次接受2名留学生,20世纪60年代曾招收少量越南留学生,1995年起招收少量语言类留学生;2000年起各类留学生规模逐年扩大,2005年在校留学生超过1 000人,其中学历学位生占总数的71%;至2017年3月,学校有来自123个国家的长期留学生1 083人,其中学历学位生比例达到74%,硕博研究生比例达到学历学位生总数的近30%,专业涉及经、管、法、文、理等各个领域,生源国别、学历层次结构不断优化。

从民国六年(1917年)至1949年,学校一直实行收费入学。新中国成立后,自20世纪50年代至80年代,国家对大学生免收学费和住宿费;90年代中期起恢复收取学费,1994年本专科新生每人每年1 200元,至2000年一般本科专业调整到5 000元,之后基本稳定。对于经济困难学生,学校自1950年开始发放人民助学金,以后历年有所提高,1998年为每人每月60~200元不等,1994年起学校还接受和发放企业和个人捐助的社会助学金。1996年开始,学校与银行合作,为困难学生提供助学贷款,2016年申请助学贷款人数达840名,贷款金额达665.25万元。1993年起,学校成立勤工俭学管理办公室,为学生提供多种形式的勤工俭学岗位。1985年后,学校还全面实行奖学金制度,包括人民奖学金、政府奖学金和社会奖学金。

自20世纪20年代上海商科大学起,学校就订立有《学生规则》《学生通则》等系列规章制度,对学生进行管理,并不断修订。50年代至60年代,制定了多种学生规则、学生守则以规范学生行为。1987年学校制定《学生手册》,加强对学生的全面管理,以后又多次修订。此外,学校通过评选"三好学生""先进集体""优秀学生干部""优秀毕业生"等多种形式对学生进行奖励,同时也制定了《学生违纪处分实施条例》,对违纪学生进行处分。学校不断加强学生政治辅导员队伍建设,使其更好地履行管理学生、服务学生的职能。

随着学校规模的不断扩大,学校的招生人数呈现不断增长的态势,范围和办法也不断变化。民国十年(1921年)至民国三十四年(1945年)间,学校招收本科生的人数一般在每年40人至100人之间,民国三十五年(1946年)至1949年增加到每年100人至200人,学校自主招生考试和录取,生源范围由早期的华东地区扩大到全国。20世纪50年代初高校院系调整后,学校招收本科生增加到每年200人至400人,1956年最高达433人,学校参加全国高校统一招生考试和录取,生源范围仍为全国各地;60年代招生规模大致相似,主要招收上海生源。1966年起,因"文化大革命"停止招收新生。1978年复校,学校恢复全国招生。1980年归属财政部领导后,学校招生"面向华东、兼顾全国",规模迅速扩大,1992年招收本科生突破1 000人,2001年起稳定在每年2 000人。1979年起招收硕士研究生10人,至2016年硕士生招生人数为2 020人。1984年起招收博士研究生1人,至2016年博士生招生人数为251人。1997年起开始招收在职攻读硕士学位教育125人,2016年招生数为200人,2017年起停招。其他还有专科生、成人教育生和留学生。学校招生的专业门类不断扩大,并逐步招收少数民族生、港澳台生、体育和文艺特长生、推荐保送生等,生源质量稳步提升,2006年被教育部批准为自主选拔录取试点学校。

招生规模的不断扩大,使学校历年毕业生的人数也不断增加。民国六年(1917年)至1949年,学校共毕业本科生1 018人;1950年至1969年,学校共毕业本科生6 200余人,另有专科生2 000余人;1978年至2016年,学校共毕业全日制本科生43 394人、硕士研究生19 705人、博士研究生2 233人和专科生4 959人,另有成人教育本科生23 342人、专科生26 254人以及获得学历的留学生1 565人(博士46人、硕士398人、本科生1 121人)。1949年前,学校毕业生均为自主就业;1950年起,国家实行毕业生统一分配;20世纪90年代末,毕业生就业逐步引入竞争机制和市场机制,开始实行"双向选择"。学校成立了学生就业指导中心,开展职业辅导,深化就业指导,提供就业服务。学校毕业生就业情况良好,2003年起签约率、就业率稳定在95%以上,在全国高校中名列前茅。

# 第一章 结构和人数[①]

## 第一节 全日制教育在校生

全日制教育在校生包括本科生、专科生和研究生。

### 一、本科生

自民国十年(1921年)上海商科大学开始,学校就开始招收本科生。此后,本科生一直是全校学生的主体。

民国十年(1921年)上海商科大学首次招收本科生40余人。此后20余年在校本科生规模约为150～200人,最多的民国二十二年(1933年)达248人,最少的民国二十六年(1937年)为114人;民国三十五年(1946年)国立上海商学院复员后,本科生规模扩大至400余人,1949年为420人。

从1950年8月上海法学院并入,至1953年8月院系调整结束,随着华东地区20余所院校财经学科的合并,学校本科生规模1953年达1 447人,以后略有减少;20世纪60年代重建的上海财经学院,在校本科生数从1960年的643人增加至1965年的1 209人。

1978年底上海财经学院复校后,1979年在校生达861人(包括七八级和七九级)。以后逐年增长,1985年为2 334人,1987年为3 159人,1993年为4 015人,2000年为5 126人,2001年为6 091人,2003年为7 675人,2004年起本科生规模稳定在8 000余人。

### 二、专科生

民国六年(1917年)起,南京高等师范学校增设商业专修科,连续三年招收专科生,三届共毕业82人。此后,据资料,国立上海商学院民国二十一年(1932年)曾有专修科学生70人,民国三十年(1941年)有47人,有会计专修科学生30人。民国三十一年(1942年)有81人,详情不明。1950年起,多所院校的财经专修科并入,上海财经学院设置2～4个专修科,专科学生数逐渐增多,1956年最多达767人。1960年,招收饮食服务专修科35人、工业管理专修班28人。1962年,接收上海农学院转入的专科生249人,转入工业会计专修科学习1年。

---

[①] 学生的构成主要可分为全日制教育生、在职攻读硕士学位生、成人教育生和留学生等类别。本章重点设节阐述全日制教育生、成人教育生和留学生三类,在职攻读硕士学位生情况参见本篇其他有关章节内容。

1978年复校后,招收少量专科生,1984年起逐渐增至300~400人,1985年、1986年和1993年多达700余人,以后逐年减少。1999年学校创办职业技术学院后,在校专科生又开始增加,2002年最多达1 306人;2006年停止招生,2008年全部毕业。

### 三、研究生

1979年9月,学校首次招收硕士研究生10人。1981年实行学位制后规模迅速扩大,在校硕士生人数1984年突破100人,1992年突破300人,1996年突破500人,2000年突破1 000人,2003年突破2 000人,2005年突破3 000人,2017年3月在校硕士研究生规模为4 309人。

学校博士研究生的招生始于1984年3月,当年仅招收1人。此后至1997年,博士生的规模在100人以内。1998年开始迅速增加,2001年突破200人,2004年突破600人,2017年3月在校博士生规模为1 063人。

1979—2016年各类全日制在校生统计见表5-1。

表5-1  1979—2016年全日制在校生情况　　　　　　　　　　单位:人

| 学　年 | 博士生 | 硕士生 | 本科生 | 专科生 | 合　计 |
|---|---|---|---|---|---|
| 1979 | — | 10 | 861 | — | 871 |
| 1980 | — | 22 | 1 252 | — | 1 274 |
| 1981 | — | 34 | 1 596 | — | 1 630 |
| 1982 | — | 48 | 1 938 | 44 | 2 030 |
| 1983 | — | 72 | 1 538 | 148 | 1 758 |
| 1984 | 1 | 142 | 1 777 | 310 | 2 230 |
| 1985 | 5 | 225 | 2 334 | 737 | 3 301 |
| 1986 | 6 | 241 | 2 684 | 719 | 3 650 |
| 1987 | 8 | 232 | 3 159 | 368 | 3 767 |
| 1988 | 13 | 254 | 3 404 | 466 | 4 137 |
| 1989 | 21 | 289 | 3 498 | 431 | 4 239 |
| 1990 | 26 | 264 | 3 516 | 487 | 4 293 |
| 1991 | 30 | 291 | 3 580 | 269 | 4 170 |
| 1992 | 34 | 335 | 3 649 | 552 | 4 570 |
| 1993 | 37 | 339 | 4 015 | 761 | 5 152 |
| 1994 | 43 | 402 | 4 397 | 372 | 5 214 |
| 1995 | 66 | 467 | 4 676 | 247 | 5 456 |
| 1996 | 77 | 549 | 4 820 | 172 | 5 618 |
| 1997 | 97 | 698 | 4 750 | 95 | 5 640 |

(续表)

| 学　年 | 博士生 | 硕士生 | 本科生 | 专科生 | 合　计 |
| --- | --- | --- | --- | --- | --- |
| 1998 | 118 | 811 | 4 703 | 122 | 5 754 |
| 1999 | 158 | 877 | 4 716 | 104 | 5 855 |
| 2000 | 197 | 1 111 | 5 126 | 455 | 6 889 |
| 2001 | 260 | 1 397 | 6 091 | 885 | 8 633 |
| 2002 | 365 | 1 943 | 6 889 | 1 306 | 10 503 |
| 2003 | 481 | 2 461 | 7 675 | 1 213 | 11 830 |
| 2004 | 620 | 2 792 | 8 184 | 943 | 12 539 |
| 2005 | 647 | 3 531 | 8 081 | 627 | 12 886 |
| 2006 | 676 | 3 867 | 8 046 | 305 | 12 894 |
| 2007 | 807 | 3 409 | 8 082 | 101 | 12 399 |
| 2008 | 813 | 3 680 | 8 012 | — | 12 505 |
| 2009 | 899 | 3 972 | 7 996 | — | 12 867 |
| 2010 | 953 | 4 004 | 7 937 | — | 12 894 |
| 2011 | 967 | 3 938 | 7 867 | — | 12 772 |
| 2012 | 1 001 | 3 946 | 7 838 | — | 12 785 |
| 2013 | 1 029 | 4 087 | 7 876 | — | 12 992 |
| 2014 | 1 053 | 4 166 | 7 969 | — | 13 188 |
| 2015 | 1 080 | 4 386 | 8 049 | — | 13 515 |
| 2016 | 1 130 | 4 645 | 8 144 | — | 13 919 |

## 第二节　成人教育在校生

民国十年(1921年)上海商科大学创办之初,增设商科夜校,先后共开设课程7种,就读学生达270余人。民国二十一年(1932年)国立上海商学院独立,招收夜校新闻学、会计、统计学专修科学生100余人。

1952年8月,在全国高校院系调整中,由沪江大学、立信会计专科学校、震旦大学、上海学院、中华工商专科学校、上海商业专科学校、东吴法学院7所院校的夜校合并组成上海财政经济学院夜校部,共有本、专科学生1 451人,以后几年略有减少。1960年重建上海财经学院,恢复夜校部,招收专修科学生,1964年在校生规模达1 469人(包括函授生228人)。

1978年复校后,即恢复夜校部,1981年改称夜大学。1979年恢复招收专科生,是年在校学生有461人,并逐年增加,1981年为1 422人,2000年最高达3 595人,以后逐年减少,2013年底减至34人;夜大学1983年开始招收本科生47人,以后迅速增加,1988年达611人,1998年为1 060人,

2002年为2 128人,2016年增至4 647人。夜大学1985年开始招收专科函授生828人,2001年最高达2 081人,2007年底为955人,2012年底为163人。1994年开始招收本科函授生153人,2002年增至1 124人,2007年底为1 459人,2012年底为185人。此外,夜大学于1998年开始招收本、专科脱产学生,2003年总数达900余人,至2005年停止招生,2006年底已全部毕业。

1979—2016年成人教育各类在校生统计见表5-2。

表5-2 1979—2016年成人教育在校生情况　　　　　　　　　单位:人

| 项目 学年 | 函授 本科 | 函授 专科 | 业余(夜大) 本科 | 业余(夜大) 专科 | 脱产 本科 | 脱产 专科 | 合计 |
|---|---|---|---|---|---|---|---|
| 1979 | — | — | — | 461 | — | — | 461 |
| 1980 | — | — | — | 930 | — | — | 930 |
| 1981 | — | — | — | 1 422 | — | — | 1 422 |
| 1982 | — | — | — | 1 291 | — | — | 1 291 |
| 1983 | — | — | 47 | 1 203 | — | — | 1 250 |
| 1984 | — | — | 104 | 1 287 | — | — | 1 391 |
| 1985 | — | 828 | 206 | 1 246 | — | — | 2 280 |
| 1986 | — | 974 | 257 | 1 225 | — | — | 2 456 |
| 1987 | — | 1 111 | 479 | 962 | — | — | 2 552 |
| 1988 | — | 822 | 611 | 858 | — | — | 2 291 |
| 1989 | — | 904 | 665 | 780 | — | — | 2 349 |
| 1990 | — | 839 | 622 | 777 | — | — | 2 238 |
| 1991 | — | 449 | 679 | 747 | — | — | 1 875 |
| 1992 | — | 415 | 647 | 1 001 | — | — | 2 063 |
| 1993 | — | 609 | 617 | 1 253 | — | — | 2 479 |
| 1994 | 153 | 778 | 727 | 1 925 | — | — | 3 583 |
| 1995 | — | 1 046 | 563 | 2 246 | — | — | 3 855 |
| 1996 | 67 | 1 164 | 895 | 2 097 | — | — | 4 223 |
| 1997 | 458 | 979 | 991 | 2 268 | — | — | 4 696 |
| 1998 | 384 | 1 162 | 1 060 | 2 681 | — | 35 | 5 322 |
| 1999 | 382 | 1 540 | 1 268 | 2 826 | 35 | 76 | 6 127 |
| 2000 | — | 1 958 | 549 | 3 595 | 31 | 267 | 6 400 |
| 2001 | 773 | 2 081 | 1 948 | 2 728 | 131 | 364 | 8 025 |
| 2002 | 1 124 | 2 047 | 2 128 | 2 746 | 204 | 570 | 8 819 |
| 2003 | 1 513 | 1 940 | 2 774 | 2 891 | 264 | 699 | 10 081 |

(续表)

| 项 目 学 年 | 函 授 本 科 | 函 授 专 科 | 业余(夜大) 本 科 | 业余(夜大) 专 科 | 脱 产 本 科 | 脱 产 专 科 | 合 计 |
|---|---|---|---|---|---|---|---|
| 2004 | 1 114 | 1 295 | 1 947 | 1 992 | 177 | 372 | 6 897 |
| 2005 | 1 118 | 899 | 2 357 | 1 399 | 109 | 682 | 6 564 |
| 2006 | 1 595 | 1 201 | 3 202 | 1 810 | 63 | — | 7 871 |
| 2007 | 1 459 | 955 | 4 091 | 1 787 | — | — | 8 292 |
| 2008 | 1 418 | 835 | 4 837 | 1 777 | — | — | 8 867 |
| 2009 | 1 115 | 715 | 5 580 | 1 460 | — | — | 8 870 |
| 2010 | 871 | 624 | 5 982 | 1 115 | — | — | 8 592 |
| 2011 | 426 | 346 | 6 276 | 611 | — | — | 7 659 |
| 2012 | 185 | 163 | 6 252 | 295 | — | — | 6 895 |
| 2013 | — | 2 | 5 951 | 34 | — | — | 5 987 |
| 2014 | — | — | 5 637 | — | — | — | 5 637 |
| 2015 | — | — | 5 061 | — | — | — | 5 061 |
| 2016 | — | — | 4 647 | — | — | — | 4 647 |

## 第三节 留学生在校生

1957年10月初，根据越南驻华大使馆的要求，上海财经学院接受中南财经学院转来越南留学生2人(均进入财政与信贷专业二年级学习，于1960年7月毕业)。1961年学校接受越南留学生16人，其中商业经济专业9人、财会统计专业5人、财政金融专业2人，至1964年毕业。20世纪80年代末，学院招收攻读博士学位的日本留学生1人，1993年毕业。1995年起，上海财经大学开始招收少量语言类留学生，1999年开始成规模招收经济管理专业学历学位生。2000年起，各类留学生规模逐年扩大，2005年长期生规模达到1 038人，2008年增至1 335人，此后规模一直稳定在千人以上。1995—2016年留学生各类在校生统计见表5-3。

表5-3 1995—2016年留学生在校生情况　　　　　　　　　　　　　　单位：人

| 年 份 | 进修生 | 学 历 学 位 生 小 计 | 学 历 学 位 生 本科生 | 学 历 学 位 生 硕士生 | 学 历 学 位 生 博士生 | 在校长期生 合 计 | 短期生 |
|---|---|---|---|---|---|---|---|
| 1995 | 16 | — | — | — | — | 16 | — |
| 1997 | 38 | — | — | — | — | 38 | — |
| 1998 | 38 | — | — | — | — | 38 | — |
| 1999 | 24 | 4 | 3 | — | 1 | 28 | 25 |
| 2000 | 102 | 17 | 14 | 1 | 2 | 119 | 70 |

(续表)

| 年 份 | 进修生 | 学历学位生 小计 | 本科生 | 硕士生 | 博士生 | 在校长期生 合 计 | 短期生 |
|---|---|---|---|---|---|---|---|
| 2001 | 141 | 74 | 67 | 5 | 2 | 215 | 84 |
| 2002 | 212 | 195 | 180 | 12 | 3 | 407 | 142 |
| 2003 | 244 | 333 | 312 | 18 | 3 | 577 | 88 |
| 2004 | 307 | 507 | 478 | 22 | 7 | 814 | 126 |
| 2005 | 299 | 739 | 688 | 45 | 6 | 1 038 | 84 |
| 2006 | 323 | 840 | 757 | 65 | 18 | 1 163 | 180 |
| 2007 | 346 | 847 | 745 | 75 | 27 | 1 193 | 259 |
| 2008 | 322 | 1 013 | 879 | 102 | 32 | 1 335 | 162 |
| 2009 | 262 | 958 | 832 | 95 | 31 | 1 220 | 279 |
| 2010 | 284 | 804 | 682 | 90 | 32 | 1 088 | 332 |
| 2011 | 302 | 766 | 647 | 88 | 31 | 1 068 | 424 |
| 2012 | 288 | 754 | 621 | 106 | 27 | 1 042 | 456 |
| 2013 | 332 | 578 | 433 | 116 | 29 | 910 | 596 |
| 2014 | 355 | 662 | 484 | 155 | 23 | 1 017 | 495 |
| 2015 | 369 | 765 | 558 | 182 | 25 | 1 134 | 861 |
| 2016 | 295 | 864 | 624 | 210 | 30 | 1 159 | 853 |

# 第二章 学生管理

## 第一节 收费、助学和奖学

### 一、收费

民国十二年(1923年)《国立东南大学分设上海商科大学一览》所载当时的"学费及其他费用"为：每学期学费40元(旧生30元)，讲义费4元，图书费2元，运动会费1元，膳宿费50元，书籍及杂费约25元。

民国十七年(1928年)《国立中央大学商学院院章》规定"学生应缴及应备各费"为：每学期学费20元，医药费1元，体育费1元，宿费约25元，讲义费4元，银行实习费3元，打字费2元，书籍及杂费约自备50元。

民国二十一年(1932年)8月所订《国立上海商学院学生通则》规定每学期始业时应缴费用为：学费10元，图书费10元，医药费2元，讲义费5元，宿费(按宿舍实际收取)，制服费20元(第一年入校时缴纳)，建筑费20元(自入学起缴纳四学期)，体育费2元。

民国二十五年(1936年)发布的《国立上海商学院学生通则》"本院规定应交各费"为：学费10元，图书费10元(以四学期为限)，医药费2元，讲义费4元，宿费15元，实习费每学程3元(无实习学程者免交)，制服费男生20元、女生8元(仅于第一年入学时缴纳，有余发还，不足补交)，体育费2元。民国二十八年(1939年)8月修订的《学生通则》规定略同。

新中国成立后，高等学校全部改成国立，国家对于大学生免收学费和住宿费，学生仅需负担伙食费、书簿费等，家庭经济困难的还可申请人民助学金。从20世纪50年代初期至80年代初期，学校不再向学生收取学费。

1983年开始，学院招收委培生，其培养费由委托单位拨付。1986年1月15日，学校教务处和财务处联合制定《上海财经大学接受委托培养学生收费标准》，规定：住读委培生的每人每年培养费为3 000元，其中经常费1 600元、基建投资费1 400元；走读委培生的每人每年培养费为2 400元，其中经常费1 600元、基建投资费800元。根据上海市高教局1987年10月19日下发的《关于本市普通高校自费生学费等问题的补充通知》，学校将自费生收费标准定为每人每年800元。1988年，学校开始招收自费生。

1990年，按照国家的规定，实行大学生统一缴费上学，对1989年和1990年两年入学的计划内本科学生按照每人每年200元的标准收取学杂费。

1991年，学校对当年入学的计划内本科新生收取每人每年学杂费200元、住宿费20元。

1992年,学校对当年入学的计划内本科新生收取每人每年学杂费450元、住宿费40元。

1993年,学校对当年入学的计划内本科新生收取每人每年学杂费600元、住宿费150元。

1994年4月,财政部教育司批复同意学校在上海地区实行自主招生收费制度,调整94级本专科新生收费标准。94级新生收费标准为:国家任务计划本、专科新生每人每年学杂费为1500元,住宿费为300元;委托培养本、专科生每人每年培养费3000元或3500元(涉外),学杂费为1200元,住宿费为300元;自费本、专科生每人每年培养费3000元或3500元(涉外),住宿费为300元。

1995年,经财政部教育司和上海市教委批准,学校本科实行自主招生和普通招生并轨。是年5月制定的《上海财经大学1995年自主招生实施方案》规定:1995年招收本科新生一律实行缴费上学,学杂费每人每年2600元,住宿费每人每年400元,自费本专科生培养费调整为每人每年4000元,住宿费为600元。

1996年,招收的本科新生一律实行缴费上学,学费标准为每人每年2600元,住宿费为每人每年400元。

1997年4月,学校在《1997年自主招生方案》中规定:1997年招收的学生一律实行缴费上学,收费标准为每人每年2800元,住宿费仍为每人每年400元。

1998年,招收的本科新生收费标准为每人每年3600元,住宿费为每人每年400元。

1999年,根据财政部《关于你校1999年各类新生收费标准的审定意见》,1999年招收的全日制本科生的学杂费标准为每人每年3800元,住宿费标准根据所住公寓的不同从400元至1300元不等。

2000年,根据上海市教委、上海市发展计划委员会和上海市财政局的《关于2000年上海市高等学校招生收费若干意见的通知》,2000年招收的全日制本科生的学杂费标准调整为每人每年5000元,住宿费标准根据所住公寓的不同从400元至1300元不等。

2004年,学校对学费和住宿费又进行了调整,一般本科专业学费为每人每年5000元,与国外大学合办本科专业学费为每人每年15000元,住宿费为每人每年800~1200元,这一标准延续至今。

研究生按招生计划分为计划内和计划外两类,对于计划内研究生一直免收学费,计划外则按照生均拨款收取学费。2014年为每人25000元,按学年缴付。2013年7月,《教育部、国家发展改革委、财政部关于深化研究生教育改革的意见》(教研〔2013〕1号)发布实施,从2014年秋季学期起,学校向纳入全国研究生招生计划的所有新入学的研究生收取学费,学费标准制定和调整实施属地化管理。

2014年,学校根据上海市物价局《关于同意上海财经大学全日制学术型研究生学费标准备案的复函》,对2014年秋季学期起招收的全日制学术型研究生按照硕士生每人每年7000元和8000元两种标准收费,博士生每人每年9000元和10000元两种标准收费。除全日制学术型研究生以外的各类研究生学费标准,由高等学校按照教育成本补偿的原则,综合考虑培养层次、学习方式、学科特点、专业属性、办学质量、物价水平及受教育者的经济承受能力等因素确定收费标准,并在招生简章中公示,同时报市物价局、市财政局、市教委备案。

## 二、助学

### (一) 家庭经济困难学生认定

2007年,学校根据教育部《关于认真做好高等学校家庭经济困难学生认定工作的指导意见》,

制定了《上海财经大学家庭经济困难学生认定实施意见(试行)》,开展家庭经济困难本科生认定工作。历年认定的家庭经济困难本科生数见表5-4。

表5-4　2007—2016年家庭经济困难本科生认定情况　　　　　　　　单位:人

| 年　　度 | 家庭经济困难本科生 | 其中,特别困难本科生 |
| --- | --- | --- |
| 2007 | 882 | 666 |
| 2008 | 1 055 | 663 |
| 2009 | 916 | 568 |
| 2010 | 825 | 557 |
| 2011 | 814 | 591 |
| 2012 | 872 | 633 |
| 2013 | 869 | 672 |
| 2014 | 976 | 764 |
| 2015 | 980 | 786 |
| 2016 | 996 | 789 |

(二) 助学贷款

1996年7月,国家教委、财政部决定在一部分高校试点实行奖学金和学生贷款制度。作为试点高校,学校在当年招收的新生中实行贷学金制度,即为帮助家庭经济困难的学生完成学业,学校提供无息生活贷款和学费贷款。学生入校以后,根据本人实际情况,可向学校提出申请。生活费、贷学金标准为每人每月140～160元。据1995年7月编印的《学生手册》,为了规范助学贷款的申请和归还,学校于是年7月修订《上海财经大学学生贷款管理办法》。1997年3月,为了规范助学贷款的申请和归还,学校进一步修订了《上海财经大学学生贷款管理办法》。

1998年,学校下发《关于做好1998—1999学年学生贷款工作的通知》,继续实行"老生老办法,新生新办法",规定助学贷款的免还条款仅限于生活费贷款,学费贷款一律不得免还。学校向申请助学贷款的学生给予50%的贴息;生活费贷款提升为每人每月400元,学费贷款为每人每年3 600元。

1999—2000年,学校与中国工商银行上海市杨浦支行开展国家助学贷款合作,共有1 023人申请助学贷款1 282.66万元。

2001—2003年,学校与中国建设银行上海市虹口支行开展银校合作,共有1 530人申请助学贷款2 753.27万元。

2002年5月,上海财经大学与上海资信有限公司就共建"大学生信用档案"事宜签署了联名书,将在校生的贷款资料纳入上海市个人诚信系统,在学生中广泛开展多种形式的诚信教育,如组织学生代表诚信宣誓、在校园内举办诚信教育巡展、聘请学校信用专业博士作诚信报告等。

2004年,学校根据教育部下达的有关国家助学贷款的最新规定,将助学贷款金额增加为每人每年不超过6 000元;在校期间,利息由国家财政贴补,毕业后利息全额自付,毕业后6年内还清。2004年,国家助学贷款管理中心通过招投标确定中国银行上海市分行杨浦支行为学校对口助学贷款经办银行。

2005年7月,学校根据《财政部、教育部、人民银行、银监会关于进一步完善国家助学贷款工作若干意见的通知》精神,制定《上海财经大学国家助学贷款管理办法》,对助学贷款申请条件、金额、期限、利率、申请流程、偿还及贷后管理都有明确的规定。2016年共有427人申请校园地国家助学贷款360万元。

2010年起,学校受理在校学生国家开发银行生源地助学贷款业务,至此,校园地国家助学贷款和生源地助学贷款两种类型的助学贷款业务在学校并行。2010年至2016年申请国家开发银行生源地助学贷款学生共有1 254人。

2014年,财政部、教育部颁发《关于调整完善国家助学贷款及相关政策措施的通知》,学校根据文件精神调整了国家助学贷款的申请金额:全日制本科学生每人每年申请贷款额度不超过8 000元;全日制研究生每人每年申请贷款额度不超过12 000元。

（三）勤工助学

1993年10月,学校党政联席会议专题研究贫困学生生活和勤工助学工作,要求贯彻"以打工兼职为辅,以促进学习努力成才为主""以经济补偿为辅,以增长知识提高才干为主""以劳务型工作为辅,以科技智力工作为主"和"以校外为辅,以校内为主"的指导思想,决定成立有党委书记和校长参加的勤工助学领导小组,下设勤工助学管理办公室,配备专职人员,以加强对全校勤工助学工作的统一管理和指导,归学生处管理,各院系由专职辅导员负责勤工助学工作。此后,学校先后制定了勤工助学的一系列规章制度,包括《上海财经大学勤工助学管理机构章程》《上海财经大学学生勤工助学管理条例》《上海财经大学学生勤工助学须知》《上海财经大学学生聘用岗位报酬支付标准》《上海财经大学勤工助学经费管理办法》等。学校积极开展勤工助学工作的探索与实践,如给享受助学金的学生发放《上海财经大学勤工助学工作量登记卡》,规定每位学生必须先参加规定时间的勤工助学工作,才能领取助学金,这在上海市高校尚属首次。勤工助学管理办公室还积极主动与学校各部门联系,为学生提供勤工助学岗位。

1994年,学校设立勤工助学基金,成立了由校分管领导任负责人的勤工助学经费管理委员会。学校决定逐步建立学生勤工助学基地,以便为学生提供长期和固定的工作岗位,并制定了校内勤工助学基地财务管理制度、各类人员职责和聘用制度等。1996年9月,学校成立具有一定规模的勤工助学基地——大学生服务中心。几年中,先后建立了学友自助商店、红瓦书亭、学生沙龙、文印中心、服务中心、大学生中心超市、学生公寓大学生服务社等,固定资产投资达31.8万元。至1998年底,学校为121人提供了勤工助学岗位。此外,勤工助学办公室充分发挥学生的专业特长,开展形式多样的勤工助学对外服务活动,如1997年共获得200个家教服务岗位,而以市场调研、产品促销派发为主的勤工助学活动为学生提供了1 548人次的工作岗位,共获报酬36.35万元。1995年,学校获得上海市高校勤工助学优秀组织奖,1997年上半年在上海市高校勤工助学与帮困工作评比中获得小组第一。

1998年,学校勤工助学办公室与上海市城市经济调查队、亚尼加公司、丽景通讯公司和德国泰利公司上海办事处、京华文化传播公司等合作,共组织了23项勤工助学项目,参加学生达430人,获得报酬10万余元;为100余位同学提供了家教岗位,获得报酬10万余元;校内勤工助学基地为

150位同学提供了勤工助学岗位,获得报酬7万余元。

1999年5月,学校根据《上海市高校勤工助学(帮困)基金管理实施细则》,制定《上海财经大学勤工助学(帮困)基金管理办法》。该办法包括经费来源、经营管理、学生获基金资助的基本条件、经费使用范围、经费使用办法和其他事项6个部分。7月,学校再次修订学生勤工助学管理条例,规定"学校应主动为大学生勤工助学活动提供指导、服务和保障,使学校勤工助学工作朝着基地化、实体化的方向发展"。

2005年7月,学校根据教育部、团中央《关于进一步做好勤工助学工作的意见》,将试行的学生勤工助学管理条例修订成《上海财经大学学生勤工助学管理条例》。

2007年,学校成立淘来淘趣二手书屋,由参加勤工助学的学生负责日常经营管理,主要业务是以书籍定价三折价格回收在校学生教科书,以回收价调剂给在校学生使用,为一部分家庭经济困难学生减少了教材支出费用;同时,作为校内勤工助学基地,书屋每年可为在校学生新增50余个勤工助学岗位。2013年,该项目获得上海市高校学生资助特色项目立项支持。

2007—2016年学校提供勤工助学岗位及金额情况见表5-5。

表5-5 2007—2016年学生勤工助学岗位及金额情况

| 年　份 | 岗　位　数 | 支出金额(万元) |
| --- | --- | --- |
| 2007 | 418 | 87.855 |
| 2008 | 504 | 99.464 |
| 2009 | 562 | 114.637 5 |
| 2010 | 764 | 142.02 |
| 2011 | 1 648 | 251.881 |
| 2012 | 1 539 | 107.83 |
| 2013 | 1 043 | 63.46 |
| 2014 | 1 392 | 83.48 |
| 2015 | 1 191 | 74.06 |
| 2016 | 1 749 | 81.38 |

(四)政府及社会捐赠助学金

1950年,学校实施华东军政委员会教育部颁发的《华东区人民助学金暂行办法》和《华东区学生减免学杂等费暂行办法》。申请人民助学金的范围为:革命烈属或供给制人员;贫苦职工或贫苦公教人员;家境确系贫苦,而有当地政府证明;曾参加革命一年以上又行复学,且家境清寒;家在待解放区,毫无经济来源者。助学金标准为:甲等每月发给加工粮60斤(内伙食粮30斤、柴草代金菜金30斤),乙等为甲等四分之三,丙等为甲等四分之二,丁等为甲等四分之一。申请人须填具申请书及提供相关证明文件,经各系学生评议小组和学校评议委员会调查审核,造册呈送华东教育部批准。人民助学金全部交学生膳团,不得发给个人,也不得私自转让。申请减免学杂费的范围和手续与申请人民助学金略同,减免标准分为全免、半免、四分之一免三种。

1954年上海财政经济学院制定的《人民助学金暂行办法》规定，伙食费每人每月按39工资分普遍发给；清寒学生补助费一次申请，按月发给，分为5等，一等6万元，二等5万元，三等4万元，四等3万元，五等2万元，也可临时申请每月最高10万元。审议程序为班、系、院三级审议评定。

1960年上海财经学院制定的《人民助学金申请发放暂行办法》（草案）规定，人民助学金是党和国家照顾家庭经济有困难的清寒学生，为解决在学习期间的伙食费，使其能够升学和专心学习。标准按照国家规定为甲、乙、丙三等，甲等12.50元，乙等8.40元，丙等6.30元。由本人提出书面申请，经过班系提出意见后，报人事处批准。1962年将伙食补助费和定期学习、生活补助费合并，分为四等，每月甲等14～17元、乙等10～13元、丙等6～9元、丁等3～5元。1963—1965年人民助学金标准逐年有所提高。

1979年，学校根据《关于上海市高等学校学生人民助学金审批标准的几点规定（试行草案）》，对人民助学金评定标准作了重新规定。一般学生人民助学金包括定期补助费和临时补助费两个部分。定期补助费又分为伙食补助费和日常学习用品、生活用品补助费两个部分，其中伙食补助费分为甲、乙、丙三等，甲等每人每月补助17元，乙等每人每月补助13元，丙等每人每月补助9元。享受甲等伙食补助的学生如果平时生活上还有困难者，可另外发给日常学习用品、生活用品补助费，此项补助分为每人每月4元、3元和2元三等；临时补助费包括学习补助费、被服补助费、患病医药营养补助、因病休学回家及假期回家的路费补助及其他临时发生的困难补助等，补助金额由学校根据实际情况决定。评定伙食补助费的标准，按共同生活的家庭成员每人每月平均收入计算；家庭固定收入，也是审批人民助学金的重要根据。对于工农子女、革命烈士子女、少数民族学生、台湾省籍和港澳学生、归国华侨子女，在和一般学生同等条件下优先给予照顾。

1983年7月，教育部、财政部联合下发《关于颁发〈普通高等学校本专科学生人民助学金暂行办法〉和〈普通高等学校本专科学生人民奖学金试行办法〉的通知》，提出"必须改革原人民助学金实施办法"，改革要分两步走：第一步，先将人民助学金办法改为人民助学金、人民奖学金并存的办法；第二步，再过渡到以人民奖学金为主、辅之以人民助学金的制度。1983年先走第一步，从1983年秋季入学的新生开始实行人民助学金、人民奖学金并存的办法。根据同年8月上海市高教局发布的《上海市普通高等学校本专科学生人民助学金实施细则》，一般学生的人民助学金包括生活补助费和困难补助费两个部分。生活补助费分4个等级：甲等每人每月补助21.5元，乙等每人每月补助17元，丙等每人每月补助12元，丁等每人每月补助7元；补助等级按家庭平均月收入状况确定。困难补助费用于解决学生本人在校学习期间学习、生活上的临时特殊困难；至于定期困难补助费，则在生活补助费内由学生自行安排解决，不另补助。

1986年7月，国务院转批国家教育委员会、财政部《关于改革现行普通高等学校人民助学金制度的报告》，"拟将人民助学金改为奖学金制度和学生贷款制度"，当年先在一部分高校招收的新生中进行试点。据此，学校从1986年起实行奖学金与贷学金制度。1987年7月，国家教委、财政部下发《关于重新印发〈普通高等学校本专科学生实行奖学金制度的办法〉和〈普通高等学校本专科学生实行贷款制度的办法〉的通知》，明确"奖学金制度和学生贷款制度，在1987年入学的本科普通高等院校的新生中全面实行"，1987年秋季以前入学的学生和去年试点院校中1986年秋季以前入学的学生，仍按原办法（即人民助学金发放办法）执行。该《通知》又称，学生在校期间发生的临时困难，可从"奖贷基金"（其来源是从主管部门核给高校的经费中，按原助学金标准计算的总额的80％～

85%转入基金账户)中,按每人每月2元的标准提取,由学校集中掌握使用,用于补助临时困难的学生,也可由学校采取临时短期贷款的办法。

1994年1月17日,学校与上海国际信托投资公司(简称上投公司)签署《上海国际信托投资公司(财大)助学基金章程》,明确:基金金额为100万元,由上投公司出资;其利息(收益)用于资助财大在校全日制学生中经济最为困难,并且学习成绩优良、遵纪守法的学生;每年资助名额为100名,基金为每位入围的资助对象提供每月100元(全年为1 200元)的助学金。其后,上述标准历年都有上调,1996年学校向贫困学生提供的人民助学金标准为每人每月50~120元,1998年提升至每人每月60~200元。

1994年起,学校开始接受和发放社会上企业和个人捐助的社会助学金。例如,1996年中国建设银行爱心基金向上海财经大学贫困学生,按每人每月200元资助10名学生,资助年限为10年;1996年中国交通银行总行为支持高等院校对高级金融人才和管理人才的培养和教育,在上海财经大学设立"上海财经大学交通银行奖学金、助学金",其中助学金为每年2万元;1997年,乾隆集团为支持上海财经大学教育事业的发展,在上海财经大学设立乾隆教育奖励基金,其中以每年3万元资助学校的特困生。又如,1997—1998学年共有153人获得上海国际信托投资公司助学金,每人每月70~200元,月总额13 000元,发放9个月;有10人获得建设银行"爱心基金"助学金,每人每月200元,资助至毕业;有10人获得上海财经大学交通银行助学金,每人每月200元;有19人获得乾隆教育奖助学金,每人每月150~200元,资助至毕业;有23位特困生获得申银万国助学金,每人每月1 500、1 000和600元不等,为一次性资助;5人获得上海市慈善基金助学金,每人每年2 000元;有3人获得上海市私营企业协会"绿叶助学金",每人每月1 000元,为一次性资助;有2人获得教师、校友"个人献爱心"捐助金,每人每月100元,资助至毕业。1994年以来学校接受和发放的各类社会助学金见表5-6。

表5-6 1994年以来各类社会助学金情况

| 名　　称 | 设立时间 | 捐助企业、个人 | 资 助 范 围 | 助 学 金 金 额 |
| --- | --- | --- | --- | --- |
| 国投助学金 | 1994年 | 上海国际信托投资公司 | 全体本、专科生及研究生 | 每人每月100、150、200、300元不等 |
| 申银万国助学金 | 1994年 | 申银万国证券股份有限公司 | 全体本、专科生 | 每人每年1 000~1 500元 |
| 交通银行助学金 | 1997年 | 交通银行总行 | 主要为金融及与金融相关专业本科生、硕士生 | 每人每年3 000元 |
| 建行爱心助学金 | — | 上海市建设银行 | 全体本、专科生 | 每人每月200元 |
| 乾隆助学金 | 1996年 | 乾隆软件公司 | 全体本、专科生及研究生 | 每人每年1 000~3 000元 |
| 上海市慈善基金会(烟草集团)助学金 | 1995年 | — | — | 每人每年2 000元 |
| 上海市私营企业协会帮困奖学金 | — | 上海市私营企业协会 | 全体本、专科生及研究生 | — |
| 新长城助学金 | 2004年 | 中国扶贫基金会 | 全体本、专科生 | 每人每年1 840元 |

(续表)

| 名　　称 | 设立时间 | 捐助企业、个人 | 资　助　范　围 | 助 学 金 金 额 |
| --- | --- | --- | --- | --- |
| 中华助学金 | 2013年 | 上海市慈善基金会 | 全体本、专科生 | 每人每年3 000元 |
| 晨兴助学金 | 2002年 | 上海市慈善基金会 | 全体本、专科生 | 每人每年2 500元 |
| 银联助学金 | 2008年 | 上海市慈善基金会 | 全体本、专科生 | 每人每年2 500元 |
| 手拉手助学金 | 2008年 | 上海市慈善基金会 | 全体本、专科生 | 每人每年2 500元 |
| 渣打助学金 | 2007年 | 上海市慈善基金会 | 全体本、专科生 | 每人每年2 500元 |
| 圆梦大学助学金 | 2006年 | 上海市希望工程办公室 | 全体本、专科生 | 每人每年4 000元 |
| 红十字会助学金 | 2004年 | 上海市红十字会 | 全体本、专科生 | 每人每年2 000元 |
| 甬协助学金 | 2006年 | 上海市甬协公益基金会 | 全体本、专科生 | 每人每年2 500~3 000元 |
| 杨浦区委统战爱心助学金 | 2003年 | 上海市杨浦区委统战部 | 全体本、专科生 | 每人每年1 200元 |
| 吴明福助学金 | 2009年 | 上海市少数民族联合会 | 全体本、专科生 | 每人每年2 500元 |
| 张诚助学金 | 2005年 | 校友张诚 | 全体本、专科生 | 每人每年2 000元 |
| 觉群功德会助学金 | 2008年 | 上海市少数民族联合会 | 全体本、专科生 | 每人每年2 500元 |
| 统一绿茶圆梦助学金 | 2008年 | 统一企业 | 本科生 | 每人每年500~1 000元 |
| 新长城512自强助学金 | 2009年 | 中国扶贫基金会 | 汶川地震受灾地区本科生 | 每人每年2 000元 |
| 明旸法师基金助学金 | 2009年 | 玉佛寺 | 本科生 | 每人每年4 000元或8 000元 |
| Ferrotec China助学金 | 2009年 | 大和热磁 | 本科生 | 每人每年2 000元 |
| 博时关爱助学金 | 2009年 | 深圳博时基金 | 本科生 | 每人每年5 000元 |
| 关工委助学金 | 2010年 | 校关工委 | 本科生 | 每人每年1 000元 |
| 国泰君安助学金 | 2012年 | 国泰君安 | 本科生 | 每人每年6 000元 |
| 宋庆龄基金会助学金 | 2012年 | 宋庆龄基金会 | 本科生 | 每人每年2 500元 |
| 基督教两会助学金 | 2012年 | 上海市民族联 | 本科生 | 每人每年2 500元 |
| 思源奖助学金 | 2013年 | 香港思源基金会 | 本科生 | 每人每年4 000元 |
| 蘭基金助学金 | 2014年 | 苏州银行 | 本科生 | 每人每年5 000元 |
| 国酒茅台助学金 | 2014年 | 贵州茅台 | 本科生 | 每人每年4 000元 |
| 刘立爱心助学金 | 2014年 | 刘志远夫妇 | 本科生 | 每人每年3 000元 |
| 浦德财富助学金 | 2014年 | 浦德财富 | 本科生 | 每人每年2 000元 |
| 宏铭助学金 | 2015年 | 宏铭投资 | 本科生、研究生 | 每人每年10 000元 |
| 侯荣灿助学金 | 2015年 | 侯荣灿 | 本科生 | 每人每年1 000元或5 000元 |

(续表)

| 名　称 | 设立时间 | 捐助企业、个人 | 资 助 范 围 | 助 学 金 金 额 |
|---|---|---|---|---|
| 华岩助学金 | 2015年 | 重庆华岩文教基金会 | 本科生 | 每人每年5 000元 |
| 溱鼎助学金 | 2015年 | 溱鼎投资 | 本科生 | 每人每年20 000元 |
| 时瑞金融助学金 | 2015年 | 时瑞金融集团 | 本科生 | 每人每年3 000元 |
| 光明励志助学金 | 2015年 | 中国银行 | 本科生 | 每人每年3 000元 |
| 李永顺助学金 | 2015年 | 李永顺 | 本科生 | 每人每年5 000元 |
| 美创力罗特维尔助学金 | 2015年 | 上海美创力罗特维尔电子机械科技有限公司 | 本科生 | 每人每年5 000元 |
| 新盟助学金 | 2015年 | 新盟投资发展有限公司 | 本科生 | 每人每年10 000元 |

2005年7月,财政部、教育部印发《国家助学奖学金管理办法》,明确由中央政府出资设立面向全国普通高等学校的国家奖学金和国家助学金,学校据此制定《国家助学金评定办法》,于当年9月起实施。国家助学金的资助对象为家庭经济特别困难的全日制本科生,资助标准为每人每月150元,每年按10个月发放;2006年11月修订该评定办法。2006年12月,上海市人民政府出资设立上海市政府助学金,其申请条件、资助标准、工作程序与国家助学金相同。2007年,教育部颁布《普通本科高校、高等职业学校国家助学金管理暂行办法》,原有的国家助学奖学金拆分为国家奖学金、国家励志奖学金和国家助学金三类,国家助学金平均资助标准定为每生每年2 000元。2010年,国家助学金实施动态调整机制,平均资助标准由原来的每生每年2 000元上调至3 000元。2007—2016年获得助学金学生数及金额见表5-7。

表5-7　2007—2016年获得助学金学生数及金额情况

| 年份 | 2007 | 2008 | 2009 | 2010 | 2011 | 2012 | 2013 | 2014 | 2015 | 2016 |
|---|---|---|---|---|---|---|---|---|---|---|
| 人数 | 1 242 | 1 060 | 960 | 977 | 842 | 861 | 924 | 976 | 1 035 | 1 098 |
| 金额(万元) | 283.66 | 268.21 | 235.43 | 285.95 | 262.28 | 273.35 | 291.6 | 325.2 | 384.3 | 403.2 |

（五）困难补助

学校利用自有资金设立发放各类特殊困难补助,包括:新生路费补贴、绿色通道伙食补贴、清真学生伙食补贴、冬令送温暖补助、春节返乡路费补贴、春季留校补贴、军训伙食补贴、应征入伍补助、重大变故一次性困难补助等。2007—2016年学校发放各类困难补助学生人数及金额见表5-8。

表5-8　2007—2016年各类困难补助发放情况

| 年份 | 2007 | 2008 | 2009 | 2010 | 2011 | 2012 | 2013 | 2014 | 2015 | 2016 |
|---|---|---|---|---|---|---|---|---|---|---|
| 人数 | 1 446 | 12 505 | 1 359 | 520 | 1 697 | 1 047 | 946 | 540 | 1 010 | 980 |
| 金额(万元) | 105.79 | 248.32 | 119.346 | 82.92 | 48.46 | 24.58 | 19.6 | 23.4 | 31.24 | 41.39 |

### （六）学费补偿和助学贷款代偿

2009年,学校制定《上海财经大学毕业生学费和国家助学贷款代偿管理办法》,对于毕业后在中西部省份县级以下基层单位就业且合同期限在三年以上的毕业生,代偿其全部学费和助学贷款。2013年,学校制定《上海财经大学应征入伍服义务兵役国家资助管理办法》,补偿应征入伍服义务兵役学生学费和代偿其国家助学贷款,对退役复学学生、退役士兵考入学校学生,实施学费资助政策。2011—2016年学费补偿和贷款代偿政策实施情况见表5-9。

表5-9 2011—2016年学费补偿和贷款代偿政策实施情况

| 年 份 | 2011 | 2012 | 2013 | 2014 | 2015 | 2016 |
|---|---|---|---|---|---|---|
| 人 数 | 11 | 9 | 10 | 6 | 39 | 21 |
| 金额(万元) | 11.648 | 7.756 | 7.93 | 9.9 | 45.45 | 28.98 |

## 三、奖学金

国立上海商学院时期,学校就曾建立奖学金制度,如民国二十二年(1933年)1月发布的《国立上海商学院奖学规程》规定:"为奖进学生学业起见,爰设各种奖学金,凡具有下列各项之一者,经本院院务会议审核合格后,得酌给奖学金十元至三十元,或奖状:品质优良,于一学期内从未缺课者;刻苦勤学、俭德著称、足资楷模者;每学期各科成绩平均在九十分以上者;每学期各科成绩平均在各级前列二名者;凡参加本院各种竞赛成绩优异者;中英文成绩均在九十分以上者;在国内外有名学术刊物中,发来中英文论著,经本院审查,认为饶有学术价值者;服务本院学术团体,卓具成绩者。"同时还规定:"为奖励学生专门著作起见,其毕业论文经本院院务会议审查,成绩特别优良者,得给予特别奖学金一百元至三百元。"20世纪40年代后期,学校也曾接受各类社会奖学金,民国三十六年至三十七年(1947—1948年),国立上海商学院获上海市专科以上学校统一奖学金45人,其中中国通商银行奖学金5人、上海证券交易所奖学金40人;此外,尚有获林故主席奖学金1人、中正奖学金1人、安良奖学金2人、通商银行奖学金5人、四明银行奖学金4人、彦威奖学金4人、启裕奖学金3人;总计65人。

奖学金制度的全面实行,是在20世纪80年代之后,分为人民奖学金、政府奖学金和社会奖学金。

### （一）人民奖学金

1980年12月9日,上海市高教局印发《上海市高等学校学生奖学金试行办法》,明确:符合三好学生条件而且学习成绩优异的,可获得一等或二等奖学金;学生奖学金每学年评定一次,在学年结束时或下学年初进行,在下学年初宣布和奖励,对获得奖学金的学生,发给《奖学金证书》;奖学金主要供购买学习用品和书籍之用。奖学金标准定为:一等奖学金50元,二等奖学金30元。

1983年8月22日,上海市高教局和财政局根据教育部和财政部关于"先将人民助学金办法改为人民助学金、人民奖学金并存的办法"的《通知》精神,印发《上海市普通高等学校本专科学生人民奖学金实施细则》，规定：普通高校连续学习时间满1年以上具备德、智、体3项条件的在校本专科生，可以评发人民奖学金；享受人民奖学金学生的人数暂按本专科学生总人数的20%～25%掌握；人民奖学金分3个等级，一等每人每学年150元（掌握在享受人民奖学金学生的1/6左右），二等每人每学年100元（掌握在享受人民奖学金学生的1/3左右），三等每人每学年60元（掌握在享受人民奖学金学生的1/2左右）；人民奖学金每学年评定1次，分2次发放（每学期开学时各发1/2）；本专科毕业生在校学习期间有3个学年（其中1年必须是毕业的学年）获得一等人民奖学金者，由学校报市高教局授予优秀毕业生奖章和证书。

1985年12月，学校制定了《上海财经大学关于人民奖学金的评奖条例》，规定凡连续在学校学习满一年（新生满半年），条件具备的本、专科学生均可评发人民奖学金。享受人民奖学金的学生数一般占学生总数的35%以上，其中一等奖为每人每学年150～200元，二等奖为每人每学年100～120元，三等奖为每人每学年60～80元，鼓励奖为每人每学年30元。

1986年7月26日，为改革人民助学金制度，国家教委和财政部颁发《普通高等学校本专科学生实行奖学金制度试行办法》，其中关于"优秀学生奖学金"，明确"用于奖励德、智、体全面发展的优秀学生"，其标准为：一等奖学金每人每年350元，按本专科学生人数的5%评定；二等奖学金每人每年250元，按本专科学生人数的10%评定；三等奖学金每人每年150元，按本专科人数的10%评定（在按照上述标准和比例计算的经费总额内，一、二、三等优秀学生奖学金的标准和比例可适当调整）。文件要求高校"按照优秀学生奖学金的条件制定合理可行的综合测评方法进行全面考核评定"。

1995年春，学校对《上海财经大学学生奖学金管理条例》进行修订，以规范奖学金的管理工作和评定办法。其申请条件为：凡在学校正式注册的学生均有权申请，申请奖学金除满足各项奖学金的具体条件外，还必须做到遵守大学生行为准则，遵守校纪校规，遵守国家法令等。凡有下列情况之一者，不得参加奖学金评定：有一门主干课程（必修课）或两门非主干课程（限定选修课和任意选修课）成绩不及格者；体育成绩不及格者；一学期累计旷课3节以上者；当年度因违纪受到学校通报批评以上纪律处分或其他纪律处分者。奖学金共分为3类：第一类为优秀学生奖学金，分3等：一等奖1000元，占学生总人数的2%；二等奖500元，占学生总人数的6%；三等奖250元，占学生总人数的12%。第二类为社会奖学金，由提供奖学金的单位制定。第三类为单项奖，分为学习成绩奖、三好学生、优秀学生干部、社会实践奖、优秀运动员奖和优秀毕业生奖。该条例还明确"以学生素质测评成绩为评定综合奖学金和社会奖学金的基本依据"。

此外，学校对招收的优秀本科新生给予学前奖学金和优秀学生奖学金，如1995年的招生方案中规定，根据考生的高考成绩，学校设置的学前奖学金：一等奖标准为免全额学杂费，受奖面为5%；二等奖学金标准为免1/2学杂费，受奖面为10%；三等奖学金标准为免1/4学杂费，受奖面为25%。1996年，对考入学校的新生成绩在前10名者，给予每人2500元的一次性奖励。

1998年5月20日，学校制定《上海财经大学奖学金评比实施条例》。奖学金仍分为3类：第一类为人民奖学金，分3等，一等奖为每人每学年1000元，比例为2%；二等奖为每人每学年500元，比例为4%；三等奖为每人每学年250元，比例为8%。第二类为社会、企业奖学金，获奖条件、金额、比例等有关事项，由学校与奖学金的设置方商议决定，但各类社会、企业奖学金获得者，必须是当年度人民奖学金获得者。第三类为单项奖学金，分为8类，分别为学术论文奖、学习成绩奖、社会实践奖、优秀学生干部奖、文体活动奖、英语六级优秀奖、英语八级通过奖和计算机三级优秀奖。

1999年6月10日,学校修订《上海财经大学奖学金评比实施条例》,其中"人民奖学金"的3等级的金额、比例调整为:一等奖每人每学年1 500元,占学生总数2%;二等奖每人每学年1 000元,占学生总数6%;三等奖每人每学年500元,占学生总数12%。

2005年7月,学校再次修订了《上海财经大学奖学金评比实施条例》。奖学金仍分为3类:第一类为人民奖学金,分三等,一等奖为每人每年1 500元,比例为2%;二等奖为每人每年1 000元,比例为6%;三等奖为每人每年500元,比例为12%。第二类为社会、企业奖学金,获奖条件、金额、比例等有关事项,由学校与奖学金的设置方商议决定,但各类社会、企业奖学金获得者,必须是当年度人民奖学金获得者。第三类为单项奖学金,分为八类,分别为学术论文奖、学习成绩奖、社会实践奖、优秀学生干部奖、文体活动奖、英语六级优秀奖、英语八级通过奖和计算机三级优秀奖。

根据《教育部、国家发展改革委、财政部关于深化研究生教育改革的意见》(教研〔2013〕1号)等相关文件精神,结合学校现有奖助体系特点和实际情况,学校于2014年3月重新修订并颁布了《上海财经大学研究生奖助体系实施方案》(校发〔2014〕4号)。方案旨在提高研究生培养质量,改善研究生学习、科研和生活条件,提高研究生待遇。新方案下的研究生奖助体系主要包括奖学金、助学金、助学贷款、学费减免、困难补助、绿色通道六个方面。以国家投入为主,学校自筹经费、科研经费、助学贷款、社会捐赠等多渠道筹集经费,建立和完善多元奖助体系。

2007—2016年学校发放人民奖学金统计情况见表5-10。

表5-10 2007—2016年人民奖学金发放情况

| 年份 | 人民奖学金 本科(人) | 金额(万元) | 研究生(人) | 金额(万元) | 单项奖学金 本科(人) | 金额(万元) | 研究生普通奖学金 硕士(人) | 博士(人) | 金额(万元) |
|---|---|---|---|---|---|---|---|---|---|
| 2007 | 1 778 | 136.35 | 900 | 60.52 | 764 | 7.64 | 2 662 | 352 | 586.452 |
| 2008 | 1 791 | 137.15 | 508 | 33.25 | 832 | 8.32 | 2 803 | 370 | 614.916 |
| 2009 | 1 810 | 91.45 | 584 | 37.43 | 888 | 8.88 | 2 943 | 365 | 633.654 |
| 2010 | 1 761 | 93.95 | 659 | 42.82 | 763 | 7.63 | 2 002 | 247 | 701.268 |
| 2011 | 1 754 | 94.40 | 679 | 44.24 | 775 | 13.25 | 1 046 | 126 | 428.856 |
| 2012 | 1 741 | 92.35 | 149 | 10.32 | 817 | 16.22 | 1 337 | 248 | 809.232 |
| 2013 | 1 729 | 93.6 | — | — | 789 | 19.93 | 1 158 | 384 | 923.856 |
| 2014 | 1 736 | 95.35 | — | — | 729 | 7.29 | 1 207 | 477 | 1 090.848 |
| 2015 | 1 751 | 87.05 | | | 714 | 7.14 | 2 233 | 491 | 2 276.88 |
| 2016 | 1 788 | 95.68 | | | 706 | 7.06 | 2 521 | 544 | 3 007.696 |

(二) 政府奖学金

2002年10月,学校根据财政部、教育部印发的《国家奖学金管理办法》,结合学校实际情况,制定了《上海财经大学国家奖学金评定办法(试行)》,其中规定国家奖学金分为两个等级,一等奖学金标准为每人每年6 000元,二等奖学金标准为每人每年4 000元。

2007年10月,学校根据《国务院关于建立健全普通本科高校、高等职业学校和中等职业学校家庭经济困难学生资助政策体系的意见》和国家财政部、教育部下发的《普通本科高校、高等职业学校国家奖学金管理暂行办法》《普通本科高校、高等职业学校国家励志奖学金管理暂行办法》等文件，制定《上海财经大学国家奖学金、国家励志奖学金、国家助学金评选管理办法（试行）》，文件规定：国家奖学金评选范围为在校二年级以上（含二年级）的全日制本科学生，奖励标准为每人每年8 000元，奖励名额以国家财政部、教育部下达的名额为准；国家励志奖学金评选范围为在校二年级以上（含二年级）的全日制本科学生中被认为家庭经济困难的学生，奖励标准为每人每年5 000元，奖励名额约占在校本科学生总人数的3%。在"评选基本条件"中，明确"申请国家奖学金要求学生在校期间学习成绩优异；申请国家励志奖学金要求学生在校期间学习成绩优良（综合测评成绩在班级排名50%以内）"。

2012年首次开展研究生国家奖学金评选，共评选39名博士研究生、103名硕士研究生。

2007—2016年学生获政府奖学金统计情况见表5-11。

表5-11　2007—2016年学生获政府奖学金情况

| 年　　份 | 本科生(人) | 金额(万元) | 研究生(人) | 金额(万元) |
| --- | --- | --- | --- | --- |
| 2007 | 334 | 194.6 | — | — |
| 2008 | 326 | 189.7 | — | — |
| 2009 | 306 | 175.8 | — | — |
| 2010 | 311 | 179.5 | — | — |
| 2011 | 313 | 181.4 | — | — |
| 2012 | 302 | 173.5 | 142 | 323 |
| 2013 | 302 | 173.5 | 142 | 323 |
| 2014 | 302 | 173.2 | 131 | 297 |
| 2015 | 298 | 169.7 | 130 | 294 |
| 2016 | 297 | 169.2 | 132 | 298 |

（三）社会奖学金

1990年，学校开始接受和颁发各类社会奖学金。1998年，学校共有186名学生获得社会奖学金，其中强生奖学金6名、宝钢奖学金12名、乾隆奖学金48名、光华奖学金51名、神童网奖学金10名、申银万国奖学金14名、交通银行奖学金25名、上海商业储蓄银行奖学金20名、毕马威国际会计公司奖学金20名。

2006年，学校有143名学生获得社会奖学金，其中宝钢奖学金6人，光华奖学金18人，叶万安、王珏、汪昭月、章绮梅奖学金15人，花旗集团金融信息科技优秀奖学金4人，第一食品奖学金25人，申银万国奖学金19人，张诚奖学金30人，索尼奖学金4人，港澳侨学生奖学金16人，台湾学生奖学金6人。

2007—2016年学生获社会奖学金统计见表5-12。1990年以来学校接受和发放的各类社会奖学金见表5-13。

表 5-12  2007—2016 年学生获得社会奖学金情况

| 年　　份 | 本科生(人) | 金额(万元) | 研究生(人) | 金额(万元) |
| --- | --- | --- | --- | --- |
| 2007 | 179 | 46.795 | 60 | 11.45 |
| 2008 | 245 | 68.55 | 108 | 23.75 |
| 2009 | 268 | 79.303 9 | 94 | 21.85 |
| 2010 | 219 | 58.029 5 | 83 | 18.05 |
| 2011 | 210 | 51.004 4 | 83 | 18.05 |
| 2012 | 222 | 61.294 9 | 83 | 18.05 |
| 2013 | 203 | 67.854 | 99 | 32.35 |
| 2014 | 172 | 62.003 | 101 | 32.8 |
| 2015 | 264 | 150.46 | 122 | 61 |
| 2016 | 198 | 123.033 | 122 | 61 |

表 5-13  1990 年以来各类社会奖学金情况

| 名　　称 | 设立时间 | 捐助单位(个人) | 奖励范围 | 奖学金金额 |
| --- | --- | --- | --- | --- |
| 宝钢优秀学生奖 | 1990 年 | 宝钢教育基金会 | 全体本、专科生及研究生 | 每人每年 2 000～10 000 元 |
| 强生奖学金 | 1991 年 | 强生(中国)有限公司 | 全体本、专科生及研究生 | 每人每年 500～1 500 元 |
| 国家统计局局长奖学金 | 1991 年 | 国家统计局 | 统计专业在校本、专科生及研究生 | 每人每年 1 500～3 000 元 |
| 吴沪生奖学金 | 1991 年 | 吴沪生 | 会计学系本科生 | 每人每年 100～200 元 |
| 申银万国奖学金 | 1994 年 | 申银万国证券股份有限公司 | 全体本、专科生及研究生 | 每人每年 1 000～2 000 元 |
| 东方海外货柜航运(中国)有限公司奖学金 | 1995 年 | 东方海外货柜航运(中国)有限公司 | 会计及财务专业三年级以上本科生 | 每人每年 3 000～4 000 元 |
| 飞利浦奖学金 | 1995 年 10 月 | 飞利浦中国香港集团 | 全体本、专科生及研究生 | 每人每年 3 000～4 000 元 |
| 南德奖学金 | 1995 年 | 南德经济管理学院 | 南德学院本科生 | 每人每年 125～500 元 |
| 万泰奖学金 | 1995 年 | 万泰国际投资学院 | 学院本科生 | 每人每年 125～500 元 |
| 财务金融奖学金 | 1995 年 | 财务金融学院 | 学院本科生 | 每人每年 125～500 元 |
| 证券奖学金 | 1995 年 | 证券期货学院 | 学院本科生 | 每人每年 125～500 元 |
| 国际商学奖学金 | 1995 年 | 国际商学院 | 学院本科生 | 每人每年 125～500 元 |
| 证券期货优秀生国外考察奖 | 1995 年 | 证券期货学院 | 学院本科生 | 每学年一名赴国外考察 |

(续表)

| 名　　　称 | 设立时间 | 捐助单位(个人) | 奖 励 范 围 | 奖 学 金 金 额 |
|---|---|---|---|---|
| 光华奖学金 | 1996年 | 光华教育基金会 | 全体本、专科生及研究生 | 每人每年1 000元 |
| 万泰教育奖 | 1996年 | 上海万泰集团 | 万泰学院师生 | 不定 |
| 财盛证券教育奖励金 | 1997年2月 | 上海财政证券公司与上海证券期货学院 | 全体本、专科生及研究生 | 每人每年2 000～3 000元 |
| 冯拙人奖学金 | 1997年9月 | 冯拙人 | 会计学系在册研究生、本科生 | 每人每年100～1 000元 |
| 叶万安、王珏、汪昭月、章绮梅奖学金 | 1997年9月 | 叶万安、王珏、汪昭月、章绮梅 | 全体本、专科生及研究生 | 每人每年2 000元 |
| 毕马威国际会计公司奖学金 | 1998年7月 | 毕马威国际会计公司 | 全体本、专科生及研究生 | 每人每年2 000～3 000元 |
| 新大中奖学金 | 1999年9月 | 杭州新大中软件公司 | 全体本科生 |  |
| 长城奖学金 | 2000年9月 | 中国银行上海市分行 | 全体本科生 | 每人每年2 500元 |
| 民生银行奖学金 | 2002年9月 | 中国民生银行上海分行 | 与民生银行有关的本、专科生及研究生 | 每人每年2 000～5 000元 |
| 上海商业储蓄银行奖学金 | 2013年9月 | 上海商业储蓄银行 | 全体本科生 | 每人每年5 000元 |
| 上海银行奖学金 | 2014年9月 | 上海银行 | 全体本科生 | 每人每年2 000元 |
| 林阿万奖学金 | — | 林阿万 | 全体本科生 | 每人每年1 500元 |
| 花旗集团金融信息科技优秀奖学金 | 2010年11月 | 花旗集团 | 全体本科生 | 每人每年5 000元 |
| 索尼奖学金 | 1999年 | 索尼公司 | 全体本科生 | 每人每年4 000元 |
| 朱束冠男奖学金 | 1999年9月 | 朱束冠男 | 全体本科生 | 每人每年1 000元 |
| 上海市私营企业协会帮困奖学金 | — | 上海市私营企业协会 | 全体本、专科生及研究生 | — |
| 张诚奖学金 | 2012年9月 | 张诚 | 全体本科生 | 每人每年3 000元 |
| 郭秉文奖学金 | 2006年10月 | 徐芝韵 | 全体本科生 | 每人每年1 000美元 |
| 华一银行奖学金 | 2007年9月 | 华一银行 | 全体本科生 | 每人每年2 000元 |
| 中信奖学金 | 2014年12月 | 中信集团 | 会计学院、公共经济与管理学院、国际工商管理学院、金融学院本科生、研究生 | 每人每年10 000元 |
| 恒生银行内地奖学金 | 2015年11月 | 恒生银行有限公司 | 全体本科生 | 每人每年4 000元 |
| 宏信奖学金 | 2013年10月 | 北京宏信公益基金会 | 全体本科生、研究生 | 每人每年6 000元 |

(续表)

| 名　　称 | 设立时间 | 捐助单位(个人) | 奖 励 范 围 | 奖学金金额 |
|---|---|---|---|---|
| 友利银行奖学金 | 2009年12月 | 友利银行(中国)有限公司 | 全体本科生 | 每人每年5 000元 |
| 三林万业奖学金 | 2013年9月 | 三林万业(上海)企业集团有限公司 | 全体本科生 | 每人每年5 000元 |
| 帮困兴教FERROTEC CHINA奖学金 | 2011年4月 | 杭州校友暨杭州大和热磁电子有限公司 | 全体本科生、研究生 | 每人每年2 000~5 000元 |
| 山屿海奖学金 | 2016年9月 | 山屿海集团 | 全体本科生 | 每人每年5 000元 |
| 杭州商业银行奖学金 | 2010年5月 | 杭州银行 | 全体本科生、研究生 | 每人每年2 000元 |
| 台湾学生奖学金 | 2007年9月 | 中国教育发展基金会 | 来自台湾地区的本科生和研究生 | 每人每年3 000~7 000元 |
| 港澳及华侨学生奖学金 | 2007年9月 | 中国教育发展基金会 | 来自港澳地区及华侨本科生和研究生 | 每人每年3 000~7 000元 |
| 李艳丽奖学金 | 2013年9月 | 李艳丽 | 研究生 | 每人每年5 000元 |

## 第二节　规章制度和奖惩

### 一、制度建设

20世纪20年代初上海商科大学时期，学校订立有针对学生的《普通规则》，内容包括入学手续（一资格、二考试、三报名、四转学、五入校、六注册）、学费及其他费用、学业成绩及试验、告假规则、退学、医药、寄宿舍等，并有《升级及毕业》制度（学分制、课程、升级、学位）、《特别生规程》、《夜校规则》等。

民国十七年(1928年)国立中央大学商学院时期，所订《院章》第七章为《学生通则》，内容包括新生入学规则、缴费规则、注册选科规则、休学退学规则、转学生规则、试读生规则、特别生规则、选读生规则、成绩及试验规则、纪念周规则、军事训练规则、请假规则、试场规则、惩戒规则、课外事业及集会规则、卫生规则和图书馆规则，共计17条。民国十九年(1930年)略有修订。

民国二十一年(1932年)8月所订《国立上海商学院学生通则》，内容包括入学、缴费、注册、选课、转学、试读、试验及成绩、请假、休学、退学、惩戒、集会、借阅和寄宿，共计12章96条。民国二十二年至民国二十三年(1933—1934年)又先后制定《学生集会结社规则》《学生宿舍规则》《女生寄宿规则》《学生请假规则》《学生借书规则》《学生宿舍舍长条例》《学生惩戒条例》等。民国二十五年(1936年)、民国二十八年(1939年)又先后对《学生通则》进行了修订。

民国三十六年(1947年)1月修订发布复员后的国立上海商学院《学生学则》，内容包括入学、注册、选课、转学生、成绩考查、请假、休学、退学与转学和考试，共计9章56条。随后又先后发布《学生请假规则》《学生奖惩规则》《学生课外活动规则》《学生宿舍管理规则》等。

20世纪50年代高校院系调整后，学院根据实际情况，不断完善各类学生管理制度。1953—

1955年先后制定的相关制度有：《课堂规则》《学生点名暂行办法》《考试规则》《补考和留级暂行办法》《请假、缺课、休学、退学、转系及奖惩的几项重要规定》《学生请假办法》《学生点名办法》《学习规则》《休学和复学办法》《平时与学期成绩检查暂行办法》《学生考试规则》《口试规则》《补考及升留级办法》《学生宿舍管理规则》《人民助学金暂行办法（草案）》《优秀学生和先进集体奖励办法（草案）》等。

1960—1962年，上海财经学院先后制定的学生管理制度有：《学生守则》《考试考查和学生升留级处理暂行办法》《学生请假及奖惩暂行办法》《学生生产实习暂行规程》等。1963年学院制定《暂行学则》，内容包括入学报到注册、请假、转专业转学、保留入学资格休学复学退学、成绩考核升留级、免修选修旁听、奖励处分、毕业等，共计9章47条。

1985年春，学校制定学生素质综合测评办法[①]。据是年9月25日的《信息窗》（党委宣传部编）记载：学院学生素质综合测评工作已全面铺开，上学期的综合测评工作已结束，同学们反映普遍良好。

1987年，学校制定《上海财经学院学生手册》，对退学、考勤与纪律作了具体的规定。如第三十条规定，对学生有下列情形之一者，应予退学：学期考核成绩不及格课程经补考后，仍有三门主要课程或连同以前各学期累计四门（含四门）以上课程不及格者；在一学年中不及格课程达到和超过所选总学分的二分之一者；本科学生在同一年级里第二次留、降级者等。又如第三十一条规定，一学期旷课超过五十学时和在校学习期间擅自结婚而未办退学手续的学生，作退学处理。对于退学的学生发给退学证明，并根据学习年限及成绩发给肄业证书，但未经学校批准，擅自离校的学生不发给肄业证书和退学证明。在第三十四条和三十五条中，对考勤和纪律作了详细规定，主要包括对学生政治觉悟、思想意识和道德品质的考察要求，对学生请假及旷课处理的规定和对学生思想政治教育、法规纪律教育的要求等。

1994年，学校制定《学生宿舍住宿规章》。2004年，学校重新制定《上海财经大学学生宿舍管理规定（试行）》，对组织机构、宿舍卫生、水电使用、钥匙管理、治安管理、假期住宿及收费以及办理离校手续等做了进一步修订。

1995年4月，学校对《上海财经大学学生素质测评实施细则》进行修订，综合测评的计算方法为：综合评估成绩＝思想品德评估成绩×20％＋课程学习成绩×65％＋体育成绩×10％＋附加分×5％。

2001年6月，学校修订《上海财经大学学生教室行为规范》，对学生在教室中的言行进行规范管理。

2003年6月，学校修订《上海财经大学学生考试试场规则》，规定考试时应关闭手机、寻呼机等现代通信工具，闭卷考试时不准使用具有记忆功能的计算器和电子记事本等电子产品。

2006年，学校制定《上海财经大学学生校内申诉管理实施细则》，对学生申诉的受理、申诉的处理程序等进行明确的规定，切实保障学生的合法权益。同年，学校还下发《关于做好学生学习情况告知和送达工作的通知》，就各院系做好学生学习情况告知和送达工作提出具体要求。

2007年1月24日，学校制定《上海财经大学硕士研究生综合素质测评实施办法》，于当年3月开始实施。该实施办法包括指导思想、组织实施、测评对象和时间、测评内容和标准、综合成绩测评5个部分。

2010年，组织开展优良学风建设，制定《上海财经大学学风建设实施细则》，发布《上海财经大学学风建设年度报告》，建设学风建设专题网站。

---

① 该办法原文缺失。

关于研究生管理方面,2015年学校制定了《上海财经大学学位论文作假行为处理办法》《上海财经大学研究生学位论文抽检及异议论文处理办法》。2016年进一步制定了《上海财经大学研究生学位论文重复率检测试行办法》。

## 二、奖励和处分

### （一）奖励

奖励是学校对学生进行管理、激励学生积极进步的重要手段。

1955年5月18日,学院召开奖励大会,根据《"优秀学生"与"先进集体"奖励办法(草案)》(目的是对贯彻"身体好、学习好、工作好"有显著成绩的学生或班级给予精神上或物质上的奖励),表扬优秀学生37人、先进集体班级2个;团委同日表扬优秀团员19人。1956年5月4日,院部奖励优等生103人,并给以适当的物质奖励。1957年5月4日,院部与团委分别表扬优秀生101人、优秀团员14人,并发给奖品。

20世纪60年代,学院从1961年起,连续两学年于"五四"前后评选和表彰三好学生。1962年5月,学院表彰1961—1962学年三好学生33人,占学生总数(808人)的4%。

1985年12月学校制定了《上海财经大学关于三好学生评比暂行条例(草案)》,规定在校本、专科生及研究生,凡符合条件者均可参加评比,先进人数占全校学生总数的25%左右。其中,校三好学生占在校学生总数的5%左右,校优秀学生干部占在校学生总数的5%左右,校三好积极分子占在校学生总数的15%左右,校优秀团员占学校学生总数的5%左右,校先进集体占全校班级数的20%左右;市三好学生占在校学生总数的3%左右,市优秀学生干部占在校学生数的1%,市先进集体为全校每学年2~3个。

1987年的《上海财经学院学生手册》专设"奖励与处分"一章,其中第三十六条规定:对德智体全面发展或在思想品德、学业成绩、锻炼身体某一方面表现突出的学生,可分别授予"三好学生"称号或其他单项荣誉称号。奖励实行精神鼓励和物质奖励相结合、以精神鼓励为主的办法。表扬和奖励的方式有口头表扬、通报表扬、发给奖状、证书、奖章、奖品或设置奖学金等。"三好学生"的事迹材料可入学生档案。

2000年,学校先后制定了《上海财经大学"先进班级"评比条例(试行)》和《上海财经大学"文明寝室"评比条例(试行)》,详细规定了评比标准、比例和奖励措施,其中规定校"先进班级"名额为在校班级数的10%,市"先进集体"从校"先进班级"中产生。

20世纪80年代以来,在上海市教委、团市委组织评选先进分子的活动中,学校有一大批班级和学生获得了"上海市先进集体""上海市三好学生""上海市优秀学生干部"的称号。

1995—2016年获得上海市先进集体、先进个人称号数量统计见表5-14。

表5-14 1995—2016年获得上海市先进集体、先进个人情况

| 年 份 | 市先进集体(个) | 五四奖章个人(人) | 市先进个人(人) | | |
|---|---|---|---|---|---|
| | | | 三好学生/优秀学生 | 优秀学生干部 | 优秀毕业生 |
| 1995 | — | — | — | — | 24 |
| 1996 | 1 | — | 6 | 2 | — |
| 1998 | 1 | — | 7 | 3 | |

(续表)

| 年 份 | 市先进集体(个) | 五四奖章个人 | 市先进个人(人) |||
|---|---|---|---|---|---|
| | | | 三好学生/优秀学生 | 优秀学生干部 | 优秀毕业生 |
| 1999 | — | — | — | — | 28 |
| 2001 | 3 | — | 10 | 4 | — |
| 2004 | 2 | — | 18 | 6 | — |
| 2005 | 1 | — | 19 | 6 | 101 |
| 2006 | 2,另标兵1 | — | 19 | 6 | 105 |
| 2007 | 3,另标兵1 | — | 19 | 5,另标兵1 | 151 |
| 2008 | 5 | — | 19 | 6 | 158 |
| 2009 | — | — | — | — | 154 |
| 2010 | — | — | — | — | 154 |
| 2011 | — | — | — | — | 163 |
| 2012 | — | — | — | — | 162 |
| 2013 | 1 | 5 | — | — | 157 |
| 2014 | 1 | 4 | — | — | 159 |
| 2015 | 1 | 4 | — | — | 152 |
| 2016 | 1 | 5 | — | — | 163 |

### (二) 处分

1987年制定的《上海财经大学学生手册》中，对处分事项作了明确规定。其中把处分分为警告、严重警告、记过、留校察看、勒令退学和开除学籍六种。对给予勒令退学或开除学籍的情况作了具体规定，如反对四项基本原则，有明显反对中国共产党的领导、反对社会主义的言论和行为者，以及组织和煽动闹事、扰乱社会秩序、破坏安定团结而坚持不改者；破坏公共财产，偷窃国家、集体和私人财物造成严重损失和危害者等。《手册》还规定，对犯错误学生，要进行说服教育，处理时要持谨慎态度；坚持调查研究，实事求是，将思想认识问题同政治立场问题相区别；处分要适当，处理结论要同本人见面，允许本人申辩、申诉和保留不同意见，对本人的申诉，学校有责任进行复查。对学生做出勒令退学、开除学籍的处分的，由学校审批，报上级主管部门备案。

1988年12月，学校制定《上海财经大学学生违纪处分条例(讨论稿)》，共17条，对各种违纪处分作了说明。其后，在听取师生意见的基础上进行修订。

1998年4月，学校制定了《上海财经大学学生违纪处分实施条例》，共25条，对校内各种违反校纪校规的行为进行了详细的处分认定，规定学生违反校规校纪，根据情节轻重，给予通报批评、警告、严重警告、记过、留校察看、勒令退学，直至开除学籍的处分。如规定在校内打麻将者，初次给予警告处分，再次给予勒令退学处分。

2003年5月，学校对《上海财经大学学生违纪处分实施条例》进行修订，主要修订内容为新增第二十条：凡违反学校在非常时期所采取的紧急措施及有关规定的，视情节轻重，给予相应的处分。

## 第三节 队 伍 建 设

学生政治辅导员队伍是开展学生管理和思想道德教育的主要力量，学校十分重视辅导员队伍的发展建设。

1953年4月下旬，学院针对各系科没有政治和行政干部的实际情况，决定逐步配备干部担任政治辅导和行政工作，先行设立财务会计系与工业管理系政治辅导员，并明确各系科政治辅导员一方面由系科领导，一方面由政治辅导处联系。此后，其他各系相继配备政治辅导员。

1964年3月，学院印发《上海财经学院班级政治指导员工作条例》，规定了政治指导员的基本任务和"七个必须"。同年9月下旬，院党委决定委派蒋彬等15人专任或兼任班级政治指导员。

1978年底复校后，学校在补充教师队伍的同时，积极补充学生政工队伍，并由各系安排思想好、作风正派的教师担任学生班级的班主任，配合党、团组织对学生进行思想政治教育。

1982年3月，学院党委在年度工作要点中提出："尽快配齐各系党支部副书记、专职或兼职政治辅导员"。同年4月3日，上海市高教局印发《关于本市高等学校实行班主任制度的意见》(简称《意见》)。该《意见》称，实行班主任制度，是"为全面贯彻党的教育方针，加强和改善对学生的学习指导和思想政治教育工作"。《意见》规定了班主任的职责、班主任的条件与聘任、班主任的工作量、班主任的领导体制，明确"全校班主任工作由主管教学工作的校院长和分管学生工作的党委副书记领导，教务处负责具体指导和联系"。根据该《意见》，学院教务处印制《班主任工作手册》，发给各年级各班的班主任使用。

1983年5月，学院制定《上海财经学院班主任工作奖的实施办法》和《上海财经学院学生政治辅导员工作奖实施办法》，分别设立一、二、三等工作奖，奖金分别为50～60元、30～40元、20～30元。

1985年9月，学校党委宣传部编的《信息窗》第十二期称：从该学期开始，学校将全面实行班主任负责制，辅导员具体负责面上的工作和学生建党工作。又称：对班主任、辅导员上学期工作的考核已基本结束，班主任、辅导员的津贴近期可发出。

1986年6月27日，学校举行1986年思想政治工作研讨会，分理论教育、教职工思想教育和学生思想教育3个小组，校党政领导和100多名专兼职思想政治工作干部、政治理论课教师参加，会议收到论文31篇，评选出7篇获奖论文。

1987—1988学年第二学期的《党委工作要点》第二点为"在改革中切实改进和加强思想政治工作"，其中提出要继续改进和加强学生的思想政治工作，学生思想教育要贯穿在各个方面、渗透到各个领域；要加强政工队伍建设，包括加强和稳定专职政工队伍，不断扩大兼职政工队伍，同行政一起制定岗位规范、进行岗位培训，不断提高队伍素质，在该学期再次进行专业职务的评定工作。

1987年9月3—5日，学校党委举办政工干部学习班，各系分管学生工作的党总支副书记、系副主任、团总支书记、辅导员、班主任、思想品德和政治理论课教师等100多人参加。学习班围绕改进和加强思想政治工作、保持安定团结的政治局面、辅导员班主任工作职责等问题进行讨论和交流。党委书记金炳华在总结大会上就如何做好学生思想政治工作提出要求。

1988年6月20日—10月30日，学校开展两年一度的优秀班主任、辅导员评比工作。12月6

日,学校举行1987—1988学年优秀班主任、辅导员表彰大会,共有34人获表彰,其中13人获一等奖、21人获二等奖。

1998年10月,学校根据市教育党委和市教委于8月17日印发的《关于进一步加强高校学生政治辅导员队伍建设的若干意见》,出台了《关于进一步加强我校学生政治辅导员队伍建设的若干实施意见(试行)》,对辅导员队伍建设的基本思路及目标、辅导员应具备的条件、辅导员队伍构成、辅导员管理、辅导员工作津贴、辅导员培养以及学生思想政治工作研究七个方面提出了具体标准。《意见》提出,学生政治辅导员队伍的建设应体现教育与管理、教书与育人、培养与考核三者的有机结合。学生政治辅导员由专职和兼职两部分组成,以专职为主、兼职为辅,以后逐步向专职为辅、兼职为主过渡,达到专、兼职比率为2:3或1:4。专、兼职辅导员采用聘任制,任期为4年。每学期期末对辅导员的实际表现与工作实效进行考核,对不合格的调离岗位,对工作成绩优秀、学生予以肯定的,评为优秀学生政治辅导员,并给予奖励。此外,学校还在评定职称、出国深造、转岗进修等方面给予优惠政策。

2002年7月编印的《本科教学一览》收录《上海财经大学学生政治辅导员工作职责及考核办法》(制定日期不明),规定学生政治辅导员考核方式、考核时间、学期工作总结内容、评价标准、评价项目及相应权重。2003年9月,学校在原有专职辅导员的基础上,引进6名心理学和教育学的相关专业硕士生,充实到学生工作队伍中,并进一步将本科生中的优秀学生党员干部选拔出来做兼职辅导员。学校组织编写了《学生辅导员工作案例集》两册,总结交流工作、推广先进经验。另外还每月发布一期《学生工作简报》,为学校学生工作的内部交流和外部宣传构筑了信息平台。截至2003年底,学校共有辅导员68人,其中专职19人,研究生兼职27人,教师、教务秘书等兼职22人。专职辅导员中硕士学历有9人,专业结构中财经类专业和教育、心理类专业的比例相当。

2004年7月编印的《本科教学一览》收录《上海财经大学学生政治辅导员、班主任学风建设规范(试行)》(落款为2002年5月修订),共10条,规范学生政治辅导员、班主任的工作职责。2005年7月,该文件根据教育部1月13日印发的《关于加强高等学校辅导员班主任队伍建设的意见》,将标题中"学生政治辅导员"修订为"学生辅导员"。

2006年11月,学校召开以"辅导员队伍建设"为主题的学生工作会议,制定并下发了《上海财经大学关于进一步加强学生辅导员队伍建设的意见》(上财委〔2006〕24号),为辅导员队伍建设进一步理清了思路、明确了职责、理顺了体制。学校先后制定了《上海财经大学辅导员工作职责》《上海财经大学教学单位学生工作群体考核和辅导员工作考核办法》《上海财经大学辅导员工作考核指标体系》《上海财经大学辅导员岗位聘任暂行办法》等一系列制度,促进辅导员队伍建设。学校积极开展辅导员培训工作,开设"辅导员论坛",与学校党校联合开设辅导员培训班,选拔优秀辅导员参加国内国际交流、培训、学习和进修,支持优秀辅导员攻读博士学位,设立辅导员业务培训和工作研究专项经费以及优秀辅导员奖励基金,积极鼓励辅导员开展课题研究和发表学术论文。从2006年开始,每学期都面向全校学生进行辅导员满意度测评,连续两年学生平均满意度达到91%以上。

2007年10月,经过上海市教委批准,学校设立学生思想政治教育教师职务聘任评议组,可独立开展学生思想政治教育教师高级职务的评聘工作。

2008年,学校党委制定并下发《上海财经大学学生思想政治教育系列教师职务聘任实施办法(试行)》,就专职辅导员的专业技术职务岗位设置、评聘标准、评审程序等进行了明确和详细的规定。2012年,3名辅导员获聘学生思政系列讲师职务,2名辅导员获聘学生思政系列副教授职务;

2013年,3名辅导员获聘学生思政系列讲师职务,2名辅导员获聘学生思政系列副教授职务;2014年,2名辅导员获聘学生思政系列副教授职务;2015年,2名辅导员获聘学生思政系列副教授职务;2016年,2名辅导员获聘学生思政系列副教授职务。

2015年,制定《上海财经大学辅导员队伍建设"十三五"规划》,对辅导员的选聘与配备、培训与教育、发展与激励、管理与考核作了规划,为辅导员队伍的进一步发展提供了制度保障。

# 第三章 招 生

## 第一节 招 生 人 数

学校招生人数随着学校规模的扩大,总体呈现不断增长的态势,但不同时期又有不同的特点。

民国六年至民国八年(1917—1919年),南京高等师范学校商业专修科每年招收的新生均在30人左右。民国十年(1921年)上海商科大学本科首次招生名额仅40余人;此后直至1945年,除民国二十一年(1932年)为109人外,学校本科每年招收新生数均未超过100人,民国三十五年(1946年)至1949年增加到100—200余人;此外个别年份还招收少量专修科学生。

20世纪50年代初高校院系调整后,随着学校规模的扩大,全日制本科招生人数有所增加,1956年最高达433人;专科则于1951年招收75人后停招三年,1955年、1956年分别招收368人、764人。1960年重建上海财经学院后,当年招收的本科生320人中,大部分为调干生,1961年起主要招收应届中学毕业生,1965年最高达399人;专科除招收饮食服务专修科35人外,未再招收新生。1966年起因"文化大革命"停止招生。

20世纪50年代的夜校,本科招生两届,各四五百人;专科招生三届,各三四百人。1961年起上海财经学院夜校只招专科生,每年800至1 000余人,还有少量函授生。

1978年复校后,随着学校规模的扩大,招生人数逐年递增。

全日制教育中,博士生招生数1984年为1人,1993年为10人,2002年为130人,2016年达251人。硕士生招生数1979年为10人,1985年为80人,1996年为221人,2002年为671人,2016年达1 810人。本科生招生数1978年为458人,1992年为1 010人,2001年为2 027人,以后稳定在2 000人左右。专科生招生数1982年为44人,以后1992年最高为490人,2006年起停招。

在职攻读硕士学位教育,1997年的招生数为125人,2016年招生数为200人。2017年起停招。

成人教育中,本科生(包括夜大生、函授生和脱产生)招生数1983年为47人,1987年为226人,1997年为441人,2001年猛增为1 253人,2016年为1 361人;专科生招生数1979年为464人,1985年为1 235人,2002年最高达2 194人,以后逐年减少,2011年起停招。

留学生中的学历生招生数由2002年的75人增至2006年的510人,2016年为261人,以本科生为主。留学生招生渠道不断拓宽,生源质量不断提高,招生形式不断丰富,规模保持稳定。留学生结构持续优化,包括类别结构优化、专业结构优化、国别结构优化。在不断丰富生源国别的同时,学校还注重各国学生人数比例的平衡优化。公费生人数呈增加态势。

1978—2016年各类招生人数统计见表5-15。

表 5-15　1978—2016 年各类招生人数情况

| 学年 | 全日制教育(人) 博士生 | 硕士生 | 本科生 | 专科生 | 在职攻读硕士学位(人) | 成人教育(人) 本科生 | 专科生 | 留学(学历)生(人) 博士生 | 硕士生 | 本科生 |
|---|---|---|---|---|---|---|---|---|---|---|
| 1978 | — | — | 458 | — | — | — | — | — | — | — |
| 1979 | — | 10 | 403 | — | — | — | 464 | — | — | — |
| 1980 | — | 12 | 384 | — | — | — | 479 | — | — | — |
| 1981 | — | 13 | 346 | — | — | — | 346 | — | — | — |
| 1982 | — | 23 | 363 | 44 | — | — | 453 | — | — | — |
| 1983 | — | 36 | 442 | 104 | — | 47 | 397 | — | — | — |
| 1984 | 1 | 49 | 616 | 205 | — | 58 | 444 | — | — | — |
| 1985 | 4 | 80 | 855 | 488 | — | 103 | 1 235 | — | — | — |
| 1986 | 3 | 77 | 788 | 233 | — | 51 | 536 | — | — | — |
| 1987 | 5 | 60 | 948 | 132 | — | 226 | 1 345 | — | — | — |
| 1988 | 8 | 71 | 953 | 294 | — | 209 | 838 | — | — | — |
| 1989 | 10 | 108 | 885 | 185 | — | 151 | 571 | — | — | — |
| 1990 | 6 | 101 | 857 | 241 | — | 73 | 328 | — | — | — |
| 1991 | 9 | 91 | 931 | 66 | — | 81 | 521 | — | — | — |
| 1992 | 9 | 97 | 1 010 | 490 | — | 197 | 1 780 | — | — | — |
| 1993 | 10 | 131 | 1 235 | 281 | — | 275 | 796 | — | — | — |
| 1994 | 14 | 174 | 1 227 | 75 | — | 397 | 1 353 | — | — | — |
| 1995 | 15 | 167 | 1 198 | 132 | — | 139 | 1 250 | — | — | — |
| 1996 | 29 | 221 | 1 159 | 41 | — | 235 | 1 100 | — | — | — |
| 1997 | 30 | 227 | 1 140 | 54 | 125 | 441 | 1 311 | — | — | — |
| 1998 | 45 | 243 | 1 194 | 50 | 60 | 472 | 1 264 | — | — | — |
| 1999 | 58 | 271 | 1 227 | — | 108 | 559 | 1 787 | — | — | — |
| 2000 | 79 | 395 | 1 547 | 405 | 97 | 122 | 2 167 | — | — | — |
| 2001 | 94 | 510 | 2 027 | 484 | 105 | 1 253 | 1 754 | — | — | — |
| 2002 | 130 | 671 | 2 016 | 422 | 225 | 1 274 | 2 194 | 1 | 6 | 68 |
| 2003 | 178 | 983 | 2 033 | 324 | 263 | 1 700 | 1 392 | 1 | 8 | 192 |
| 2004 | 205 | 1 158 | 2 046 | 207 | 379 | 1 718 | 1 645 | 5 | 15 | 322 |
| 2005 | 205 | 1 298 | 1 996 | 101 | 550 | 1 653 | 1 398 | 5 | 24 | 439 |
| 2006 | 222 | 1 431 | 2 004 | — | 551 | 1 606 | 936 | 14 | 48 | 448 |

(续表)

| 学年 | 全日制教育(人) 博士生 | 硕士生 | 本科生 | 专科生 | 在职攻读硕士学位(人) | 成人教育(人) 本科生 | 专科生 | 留学(学历)生(人) 博士生 | 硕士生 | 本科生 |
|---|---|---|---|---|---|---|---|---|---|---|
| 2007 | 222 | 1 466 | 2 040 | — | 762 | 1 968 | 855 | 15 | 36 | 368 |
| 2008 | 223 | 1 497 | 2 031 | — | 613 | 2 162 | 961 | 5 | 37 | 233 |
| 2009 | 248 | 1 590 | 1 991 | — | 463 | 2 242 | 519 | 11 | 52 | 436 |
| 2010 | 234 | 1 469 | 1 958 | — | 415 | 2 270 | 530 | 8 | 34 | 120 |
| 2011 | 232 | 1 500 | 1 958 | — | 339 | 2 008 | — | 8 | 43 | 106 |
| 2012 | 231 | 1 596 | 2 031 | — | 430 | 1 963 | — | 193 | | |
| 2013 | 231 | 1 610 | 2 047 | — | 496 | 1 776 | — | 3 | 59 | 92 |
| 2014 | 237 | 1 635 | 2 023 | — | 505 | 1 511 | — | 4 | 90 | 129 |
| 2015 | 242 | 1 770 | 2 016 | — | 314 | 1 384 | — | 10 | 94 | 163 |
| 2016 | 251 | 1 810 | 2 030 | — | 200 | 1 361 | — | 9 | 95 | 157 |

## 第二节 招生范围和办法

### 一、本科生招生

20世纪20年代初上海商科大学时期,学校自主进行招生考试和录取。根据民国十三年(1924年)上海商科大学《普通规则》,凡报考本科的新生须接受的考试科目有:国文、英文、数学(代数、几何、三角)、经济学大意、簿记学、商业算术、世界近代史、世界商业地理,其中除国文外均用英文考试。此外还须接受口试和体格检查。

民国十七年(1928年)《国立中央大学商学院院章》规定新生入学考试科目有:三民主义、国文(作文及国学概论)、英文(文法、翻译及作文)、数学(算数、代数、几何)、经济学概论、簿记、中国历史地理、外国地理及近代史、口试和体格检查(于考取后定期举行)。

民国二十五年(1936年)国立上海商学院《招生简章》规定,"凡男女学生具有公立或已立案之私立新制高级中学毕业者得投考本院一年级",考试科目为:党义、国文、英文、数学(算术、代数、平面几何)、世界史、世界地理、生物化学物理(选考一种)、经济学、军事训练和口试。该年报考人数328人,录取89人,其中江苏49人,浙江21人,四川7人,江西4人,广东2人,安徽、湖北、河南、广西、贵州、上海各1人。

民国三十七年(1948年)国立上海商学院招考新生,投考人数为3 580人,录取新生161人,报考和录取的比率为22∶1,而该年实际报到的新生为123人。

1950年起,上海财经学院参加华东区公立高等学校统一招生考试及录取。当年招生名额220人,录取247人,报到注册185人。

1960年上海财经学院重建,当年招收的新生中,绝大部分为调干生,仅少数为应届高中毕业生。1961年开始主要招收应届高中毕业生,生源地均为上海。考生大多参加文史类考试,科目包括语文、政治、历史和外语。1962年起,商品学专业招收理科生。1966年因"文化大革命"开始,学院停止招收新生。

1978年复校后,根据上级要求,当年12月录取首届本科生463人。1979年秋季招收新生(七九级)后转入正常招生。进入80年代后,随着学校办学规模不断扩大,招生种类、地区和形式都有许多新的变化。

1980年3月,学院归属财政部领导。从1981年起,学院本科招生按财政部的要求,"面向大区,兼顾全国",1989年招生地区达25个省区市。

1983年,学院在完成国家任务招生计划的前提下,实行用人单位委托培养招生制度,并从1985年起举办了5届大专起点的财政学专业师资本科班。

1985年,学院向教育部、财政部呈报关于招生工作的报告,并在该年的招生工作中作了改革:在按文理分类招生的前提下,对各专业招生要求作了调整:文科类为政治经济学、贸易经济、财政、金融专业,工商行政管理专门化;理工类为统计学、管理信息系统专业,现代应用统计专门化;外语类为国际金融、国际贸易专业。

1985年起学院开始申请在招生时列为第一批录取单位。至1988年,陕西、新疆、黑龙江、宁夏将上海财经大学列为第一批录取单位,上海则同意有博士点的会计学、统计学、财政学3个专业参加第一批录取。1996年,学校进入"211工程"建设高校行列,当年招生的17个省区市中,除北京市外,其他省区市均将上海财经大学列入第一批录取单位。

1988年,学校开始招收自费专科生;1993年,学校招收自费本科生;1994年,学校被列入上海市首批自主招生试点单位,并于次年开始实行本科自主招生;1995年以后,本科专业不再招收委培生、自费生。

在其他类型的招生方面,学校从1997年开始招收港澳台学生,报考学生逐年增加,2016年共招收港澳台学生37人。同时为支援边疆民族地区发展,学院1982年起从少数民族地区招收一定人数的本科生,并逐年加大力度。为培养德智体全面发展的大学生,学校自1996年开始招收文体特长生。

2000年6月,上海市教委批复同意,上海财经大学等16所本科院校进行招收普通高校专科(含高职)应届毕业生选升本科试点工作,上海财经大学等7所高校在部分专业进行招收"插班生"(即其他本科高校一年级学生插入二年级学习)的试点工作。2000年起,学校实施插班生、专升本招生制度。2005年停止招收专升本学生,2006年停止招收插班生。

为保证招生质量,2003年学校通过考试对被各中学推荐到学校的优秀生分等级给予优惠加分录取,2004年开始招收保送生。此外,2006年学校被教育部批准为自主选拔录取试点单位,除了在网上接受符合条件的考生报名外,还向上海、北京、天津、江苏、浙江的重点中学发放推荐表,并对推荐生进行考核,确定自主选拔录取候选人名单。

1985年学校更名为上海财经大学以后,声誉和影响日益扩大,生源质量稳步提升。2008年上海市首次实行平行志愿录取新生,学校生源质量进一步提高,全国理科录取分数线超过当地一本线50分以上的省市有20个,其中上海的一本投档线文科列第四、理科列第三。此后学校在上海的录取位次相对稳定,生源也比较稳定,在全国大部分的省市生源情况普遍较好,特别在生源大省上海、浙江、江苏等。2016年,学校在全国31个省市及港澳台地区共录取本科生2 030人。

2007—2016年本科生招生范围统计见表5-16。

表 5-16　2007—2016 年本科生招生范围　　　　　　　　单位：人

| 年　份 | 港澳台 | 定向西藏 | 少数民族预科转入 | 保送生 | 运动员 | 艺术生 | 合　计 |
|---|---|---|---|---|---|---|---|
| 2007 | 20 | — | 19 | 38 | 38 | 33 | 2 040 |
| 2008 | 20 | 23 | 34 | 64 | 22 | 37 | 2 031 |
| 2009 | 15 | 10 | 39 | 53 | 42 | 39 | 1 991 |
| 2010 | 13 | 5 | 38 | 42 | 14 | 42 | 1 958 |
| 2011 | 20 | — | 31 | 64 | 21 | 60 | 1 958 |
| 2012 | 27 | — | 34 | 61 | 21 | 72 | 2 031 |
| 2013 | 18 | — | 38 | 64 | — | — | 2 047 |
| 2014 | 23 | — | 33 | 61 | — | — | 2 023 |
| 2015 | 30 | — | 41 | 42 | — | — | 2 016 |
| 2016 | 37 | — | 39 | 54 | — | — | 2 030 |

## 二、硕士生招生

### （一）招生办法

学校硕士生招生办法有全国统一考试、联合考试、单独考试、推荐免试以及对港澳台地区招生等方式。

（1）全国统一考试，对应届和历届大学本科毕业生，以及具有大学本科毕业同等学力者，实行全国统一报名考试。其中，全国统一考试中部分考试科目由教育部统一组织命题。

（2）联合考试，是教育部批准的特定学科、专业的部分考试科目由国家有关专业学位教育指导委员会统一命题的考试。

（3）单独考试，是经教育部批准的部分高等学校对具有大学本科毕业 4 年以上工龄、取得科研成果、业绩突出并经所在单位和有关专家教授推荐报考的在职人员，实行单独命题、单独录取。

（4）推荐免试，是经教育部批准的部分高等学校按规定推荐学校优秀应届本科毕业生，确认其免初试资格，由招生单位进行复试的选拔方式。

（5）对港澳台招生，由教育部组织，面向港澳台地区人士招收硕士生。

### （二）全国统考或联合考试的招生程序

通过全国统一考试招生或联合考试是学校历年硕士生招生采用的主要办法，每年均严格按照国家教育主管部门的统一要求、规定和办法进行。统考或联考硕士研究生一般经过报名、初试、复试、录取等工作环节完成。

1. 报名

全国统考或联考报名采取集中设点、考生单独办理报名手续的方法，考试由各地区招生部门（一般为省市级）根据国家统一要求组织实施。考生携带好有关证件在规定时间内到各地设立的报名点办理报名手续。经审核后对符合报考条件的考生，学校发给准考证。自 2005 年起，教育部在全国范围内实行网上报名与现场确认相结合的方式,对考生报考资格的审查则可以在复试期间进行。

2. 初试

(1) 考试科目设置。硕士生统一入学考试初试科目原分为政治理论课、外国语、基础课、专业基础课和专业课,共5门,每科100分。其中,政治理论课、外国语及部分专业的基础课由国家教育主管部门组织统一命题,后三门业务课则由招生单位自行组织命题。1978年恢复研究生招生制度以来,政治理论课(原分文、理科)和外国语(英语、俄语、日语、德语、法语)的命题最初由系统或地区、市统一组织,从1980年开始实行国家统一命题。1989年,外国语统考语种改为英语、俄语、日语。从2003年起,教育部对研究生招生入学考试科目进行调整,政治理论课不分文、理科,业务课也从三门减为两门,即政治理论课、外国语、基础课、专业基础课,基础课和专业基础课的满分为150分,将专业课放到复试中考核。为了规范专业课命题,学校1987年制定了《上海财经大学关于研究生入学考试命题要求》和《上海财经大学关于研究生入学考试的命题纪律》。2007年,教育部印发了《关于〈招收攻读硕士学位研究生统一入学考试初试自命题工作的指导意见(试行)〉的通知》(教学司〔2007〕37号),对硕士生统一入学考试初试自命题工作进行了制度规范。

(2) 考试方式和阅卷。研究生入学考试一律采取闭卷笔试的方式,每门课考试时间为3小时。结束后,评卷工作按命题时所拟定的答案和评分标准进行评阅。命题与评卷教师必须遵守招生和保密纪律,确保评卷工作质量。

3. 复试与录取

(1) 复试。经过对参加初试考生的政治和业务两方面全面衡量,其初试成绩符合当年度国家教育主管部门制定的录取标准和学校复试分数线者方可列入复试名单。复试主要结合本学科专业及研究领域(方向)的要求,对应试者所掌握知识(包括"三基"情况)作进一步的考核和检查。还要考查考生综合运用所学知识分析问题、解决问题的能力和反应速度,以及实验技能的实际表现与科研素质方面的情况,目的在于进一步考核应试者的全面素质,以便为录取工作提供可靠依据。2006年,教育部印发《教育部关于加强硕士研究生招生复试工作指导意见》(教学〔2006〕4号),加快了硕士生招生制度改革,促进硕士生招生复试工作规范化和制度化。

(2) 录取。学校注意贯彻"德、智、体全面衡量,择优录取,确保质量,宁缺毋滥"的原则,在录取过程中,既看业务水平,又看政治思想表现;既考虑政治、业务情况,又考虑其身体健康状况;既以考试(含复试)为主,也参考本科阶段的成绩和表现。经审查符合要求后,发出录取通知书。

(三) 其他类型研究生的招生情况

在硕士生招生中,除统一考试办法外,还有以下几种情况:

1. 应届本科毕业生推荐免试入学

1985年5月,国家教委下发《关于一九八六年继续做好推荐优秀应届本科毕业生免试为硕士生的试点工作的通知》,明确1986年在全国重点高校进行推荐少数优秀应届本科毕业生免试攻读硕士生的试点工作。推荐比例为应届本科毕业生总数的3%以内。根据文件要求,1986年学校推荐优秀应届本科毕业生10人免试录取为硕士生(当年应届本科毕业生总数为336人,不包括教师本科班毕业生)。1989年11月,国家教委下发《关于做好推荐和接收应届本科毕业生为硕士生工作的通知》,提出"为了加强校际间的交流,促进学科发展,招收研究生的高等学校应积极鼓励推荐生选报外校或科研单位","接收推荐生的招生单位应根据推荐生情况对其进行考试(考核)"。自此学校对校外推荐的优秀应届本科毕业生免初试资格,但须参加复试。2003年,学校将接收推荐免试生的比例增至当年硕士生招生人数的10%,接收范围扩大至具有推荐资格的所有高校,并通过面试、考核和张榜公布规范接收工作。当年共接收推荐免试生68人。2006年7月教育部下发《全国普通高等学校推荐优秀应届本科毕业生免试攻读硕士学位研究生暂行办法》(教学〔2006〕14号),加强了对推免生工作的管理,推动了推免生工作的规范化和制度化。2011年6月学校修订《上海财经大学接收优秀应届本科毕业生免试攻读硕士学位研究生工作管理办法(试行)》,规范应届本科毕业生推荐免试入学工作。

1986—2016年的31年间,学校共招收应届本科毕业生推荐免试为硕士生共3 113人。

2. 在职人员单独考试入学

1989年,为响应国家号召,扩大招收有实践经验的在职人员为硕士生的比例,经国家教委批准,学校对具有大学本科毕业4年以上工龄、取得科研成果、业绩突出并经所在单位和有关专家、教授推荐报考硕士生的在职人员,实行单独命题考试、单独录取入学的办法。当年招收单考硕士生30人。1989—2010年的22年间合计招收单考生419人。

3. 港澳台人员单独考试入学

1993年3月,经国家教委港澳台办公室批准,学校可以招收港澳台地区学生。1997年学校首次招收硕士研究生,招生入学考试由国家教育主管部门组织,当年招收港澳台硕士生11人。2002年经教育部和香港学术评审局批准,学校与香港金融管理学院合作,在香港设立了研究生教学点,开设金融学、企业管理博士及工商管理硕士课程,成为第一所在香港开展研究生学历学位教育的内地高校。2009年经教育部批准自行组织学校香港研究生教学点面向港澳台地区招收研究生的秋季入学考试。至2016年学校共招收港澳台地区硕士研究生160人、博士研究生481人。

4. 保留入学资格考生

为了鼓励应届本科毕业生在被录取为研究生后保留入学资格,先到合适岗位工作一段时期再回来学习,以利于提高研究生的实践能力,学校于1988年开始实行保留入学资格的招生办法。据统计,至2006年共招收了55名保留入学资格研究生(见习人员)。这些保留研究生入学资格的见习人员,先去企业、部队、学校、财贸、科研等系统工作(见习)1~2年,再入校学习和研究。

(四) 1979—2016年学校硕士研究生录取情况

1979—2016年,学校共招收硕士研究生(含研究生班研究生)24 781人,详见表5-17。

表5-17 1979—2016年硕士研究生招生情况　　　　　　　　　　　　单位:人

| 年 份 | 录取总人数 | 其中 ||||| 保留入学资格 |
| --- | --- | --- | --- | --- | --- | --- | --- |
| | | 统考生 | 单考生 | 推荐免试生 | 研究生班 | 港澳台 | |
| 1979 | 10 | 10 | — | — | — | — | — |
| 1980 | 12 | 12 | — | — | — | — | — |
| 1981 | 13 | 13 | — | — | — | — | — |
| 1982 | 23 | 23 | — | — | — | — | — |
| 1983 | 36 | 36 | — | — | — | — | — |
| 1984 | 71 | 49 | — | — | 22 | — | — |
| 1985 | 115 | 80 | — | — | 35 | — | — |

（续表）

| 年　份 | 录取总人数 | 统考生 | 单考生 | 推荐免试生 | 研究生班 | 港澳台 | 保留入学资格 |
|---|---|---|---|---|---|---|---|
| 1986 | 77 | 67 | — | 10 | — | — | — |
| 1987 | 73 | 60 | — | — | 13 | — | — |
| 1988 | 108 | 71 | — | — | 37 | — | 8 |
| 1989 | 131 | 71 | 30 | 7 | 23 | — | 8 |
| 1990 | 101 | 68 | 13 | 20 | — | — | 1 |
| 1991 | 91 | 87 | 4 | — | — | — | — |
| 1992 | 97 | 65 | 21 | 11 | — | — | — |
| 1993 | 131 | 110 | 10 | 11 | — | — | 2 |
| 1994 | 174 | 112 | 53 | 9 | — | — | 2 |
| 1995 | 167 | 120 | 35 | 12 | — | — | — |
| 1996 | 221 | 143 | 62 | 16 | — | — | — |
| 1997 | 227 | 169 | 19 | 28 | — | 11 | — |
| 1998 | 243 | 189 | 19 | 31 | — | 4 | — |
| 1999 | 271 | 224 | 19 | 27 | — | 1 | 3 |
| 2000 | 395 | 356 | 8 | 24 | — | 7 | 11 |
| 2001 | 510 | 454 | 20 | 33 | — | 3 | 2 |
| 2002 | 671 | 599 | 20 | 41 | — | 11 | 10 |
| 2003 | 983 | 882 | 20 | 68 | — | 13 | — |
| 2004 | 1 158 | 1 051 | 20 | 77 | — | 10 | — |
| 2005 | 1 298 | 1 182 | 7 | 101 | — | 8 | 5 |
| 2006 | 1 431 | 1 303 | 16 | 111 | — | 1 | 3 |
| 2007 | 1 466 | 1 275 | 12 | 167 | — | 12 | — |
| 2008 | 1 497 | 1 289 | 10 | 188 | — | 10 | — |
| 2009 | 1 590 | 1 372 | — | 205 | — | 13 | — |
| 2010 | 1 469 | 1 240 | 1 | 212 | — | 16 | — |
| 2011 | 1 500 | 1 243 | — | 241 | — | 16 | — |
| 2012 | 1 596 | 1 368 | — | 222 | — | 6 | — |
| 2013 | 1 610 | 1 343 | — | 263 | — | 4 | — |
| 2014 | 1 635 | 1 342 | — | 289 | — | 4 | — |
| 2015 | 1 770 | 1 436 | — | 329 | — | 5 | — |
| 2016 | 1 810 | 1 445 | — | 360 | — | 5 | — |
| 合计 | 24 781 | 20 959 | 419 | 3 113 | 130 | 160 | 55 |

## 三、博士生招生

### (一) 招生办法

博士学位研究生的招生工作,虽有许多区别于硕士生招生的特点,但就其指导思想、方针、原则、计划编制,甚至一些具体工作程序大多与硕士生招生较近似。

按国家规定,博士生招生由各招生单位自行组织实施,不实行全国性统考。一般经过报名、初试、复试、录取等环节,具体做法和招生时间由学校自行决定。1984年初,学校面向社会首次招收会计学博士研究生,自行命题并组织入学考试,从考生中择优选拔1人(汤云为)。此后,随着博士学位授予点和博士生指导教师的增加,博士研究生的招生规模逐步扩大。

1996年1月,学校根据教育部1984年下发的《关于硕士生提前攻读博士学位的通知》精神,决定开展选拔在读优秀硕士研究生提前攻读博士学位的工作,经1月16日校学位评定委员会会议通过,学校制定《上海财经大学推荐优秀硕士研究生提前攻读博士学位暂行规定》,明确选拔原则、提前攻读博士学位者应具备的条件、选拔程序和录取办法,并规定"录取名额应列入当年博士研究生招生计划"。

2001年,学校同意会计学院进行硕士生与博士生阶段连读(简称硕博连读)培养博士生的试点工作;2003年,首批硕博连读学生10人进入博士生阶段。2003年,硕博连读工作试点范围扩大至经济学院、金融学院、国际工商管理学院、公共经济与管理学院。2004年9月,学校为发展研究生教育,创造多种形式培养博士生的途径,提高攻读博士学位研究生的培养质量,制定《上海财经大学实行硕士生与博士生阶段连读的暂行办法》,规定开展硕博连读的基本条件及要求、选拔对象与条件、学习年限、培养方式、课程设置和学分要求、学籍管理,明确"全校硕博连读生的招收比例一般为博士生招收计划数的15%"。2014年7月,学校为深化研究生教育改革,提高博士研究生的招生选拔质量,制定《上海财经大学博士研究生招生"申请考核制"实施办法(试行)》,规定博士生招生"申请考核制"的申请条件、工作程序、监督机制,强调学科综合考核选拔优秀生源,注重考查申请人的培养潜力与学术创新能力,突出导师、研究团队和学科在招生中的自主权,并遵循公开、公平、公正原则,择优录取,宁缺毋滥。学校1981年被批准为全国首批具有授予博士学位的单位之一,自1984年开始正式招生,至2016年共招收了33届,计3720名博士研究生。学校历年博士生录取人数见表5-18。

表5-18 1984—2016年博士生录取情况　　　　　　　　　　　　单位:人

| 年　份 | 录取总人数 | 其　中 | | | |
|---|---|---|---|---|---|
| | | 普通招考 | 硕博连读 | 提前攻博 | 港澳台 |
| 1984 | 1 | 1 | — | — | — |
| 1985 | 4 | 4 | — | — | — |
| 1986 | 3 | 3 | — | — | — |
| 1987 | 5 | 5 | — | — | — |
| 1988 | 8 | 8 | — | — | — |
| 1989 | 10 | 10 | — | — | — |
| 1990 | 6 | 6 | — | — | — |

（续表）

| 年　份 | 录取总人数 | 其　中 |||| 
|---|---|---|---|---|---|
| ^ | ^ | 普通招考 | 硕博连读 | 提前攻博 | 港澳台 |
| 1991 | 9 | 9 | — | — | — |
| 1992 | 9 | 9 | — | — | — |
| 1993 | 10 | 10 | — | — | — |
| 1994 | 14 | 13 | — | — | 1 |
| 1995 | 15 | 11 | — | — | 4 |
| 1996 | 29 | 26 | — | — | 3 |
| 1997 | 30 | 25 | — | — | 5 |
| 1998 | 45 | 40 | — | — | 5 |
| 1999 | 58 | 55 | — | — | 3 |
| 2000 | 79 | 70 | — | — | 9 |
| 2001 | 94 | 88 | — | — | 6 |
| 2002 | 130 | 109 | — | — | 21 |
| 2003 | 178 | 143 | 10 | — | 25 |
| 2004 | 205 | 160 | 9 | — | 36 |
| 2005 | 205 | 158 | 6 | — | 41 |
| 2006 | 222 | 147 | 28 | — | 47 |
| 2007 | 222 | 150 | 24 | 7 | 41 |
| 2008 | 223 | 153 | 32 | 3 | 35 |
| 2009 | 248 | 163 | 29 | 5 | 51 |
| 2010 | 234 | 164 | 40 | — | 30 |
| 2011 | 232 | 163 | 41 | — | 28 |
| 2012 | 231 | 178 | 29 | — | 24 |
| 2013 | 231 | 159 | 55 | — | 17 |
| 2014 | 237 | 164 | 57 | — | 16 |
| 2015 | 242 | 165 | 59 | — | 18 |
| 2016 | 251 | 180 | 56 | — | 15 |
| 合计 | 3 720 | 2 749 | 475 | 15 | 481 |

（二）博士生的招生程序

博士生招生由学校自行组织实施，不实行全国性统考。从1984年到2006年，学校公开招考的博士生是每年举行两次。从2007年起，学校博士生招生由一年举行两次改为一年举行一次，招收专业、研究方向、指导教师、招生计划人数及报名、考试时间,在每年度印发的博士生招生简章和招生专业目录中均有明确说明。

### (三)博士生的选拔方式

1. 普通招考

普通招考是指学校面向所有符合报考条件的已获得硕士学位人员、应届硕士毕业生及同等学力人员进行公开招考选拔博士生的招生方式。

2. 硕博连读

硕博连读是指从学校新入学的硕士生中遴选出获得硕博连读资格的学生,在完成规定的课程学习并通过博士生资格考核确定为博士生的选拔方式。

3. 提前攻博

提前攻博是指从学校完成硕士课程学习并且成绩优异、具有较强的科研能力、尚未进入论文阶段或正在进行论文工作的在学优秀硕士生中选拔博士生的方式。

4. 直接攻博

直接攻博是指在国家允许的招生单位和专业范围内,按照有关规定选拔优秀的应届本科毕业生直接取得博士生入学资格的招生方式。直接攻博方式仅限在设立研究生院高校的理、工、农、医等学科门类试点进行。

2006年前,学校主要采用两种形式:一是普通招考;二是从学校新入学的硕士生中遴选出具备硕博连读条件的学生,进行硕博连读培养。2007年至2009年学校从在学硕士生中选拔了少量优秀学生提前攻博,三年间共录取15人。2009年教育部调整招生政策,自2010年起将博士生招生方式调整为三种,即普通招考、硕博连读和直接攻博,不再允许提前攻博研究生招生。

5. "申请考核制"试点

为进一步深化博士研究生招生培养改革,探索和构建符合博士研究生培养规律的体制与机制,学校在总结以往改革举措的基础上,以经济学院、会计学院为试点,自2013年起在普通招考中试点"申请考核制"招收博士生。"申请考核制"改革属于普通招考范畴,它根据学生的综合素质和研究潜力,通过初审和综合考核招收优秀博士生,录取者将不再参加学校组织的博士生入学考试。2014年7月,学校在总结经济学院和会计学院"申请考核制"招生改革经验基础上,形成《上海财经大学博士研究生招生工作管理办法(试行)》(上财研〔2014〕21号)和《上海财经大学博士研究生招生"申请考核制"实施办法(试行)》(上财研〔2014〕22号),从制度层面规范博士生招生工作组织和"申请考核制"改革试点,至2016年,学校博士生招生"申请考核制"试点已扩大至公共经济与管理学院、金融学院、国际工商管理学院、统计与管理学院、数学学院、信息管理与工程学院和财经研究所等9家招生学院(所)。

## 四、硕士研究生班和在职攻读硕士学位招生

### (一)硕士研究生班招生

1983年3月14日,学校应国家统计局的要求,向财政部人教司报送《关于开设西方统计学研究生班、师资班及本科统计学专业教育改革初步意见的请示》。同年8月13日,为加强高等学校中少数几个比较薄弱、对社会和经济发展影响较大的学科、专业及其某些公共课、基础课的师资队伍建设,教育部下发《关于一九八四年在部分高等学校试办研究生班的通知》,明确:研究生班学制2年

(1987年以后改为1.5年),主要学习硕士生课程,结业后一般即分配工作,在工作中结合实际完成学位论文者可申请学位;少数成绩优秀、具有一定实践经验者,也可在学校直接进入论文阶段。同时规定:研究生班的招考工作纳入全国硕士生招考工作统一进行,入学考试科目及试题与同类学科、专业硕士生入学考试相同,录取标准也与硕士生相同。《通知》要求试办单位填写申请表和招生计划,于9月15日前报主管部门。9月30日,学校向财政部人教司报送统计学研究生班有关材料;10月15日又补报财政学、会计学研究生班有关材料。11月,教育部批准开办"统计理论与方法"研究生班。1984年,"统计理论与方法"研究生班实际招生22人。1989年,国家教育主管部门进一步明确"凡列入国家计划的研究生班,除外语专业外,一律从在职人员中招生,除考取研究生班的高校教师毕业后回原学校工作外,其他人员均为高校定向委培",并对研究生班招生数作了适当调整。1990年,国家教委下文停招研究生班。1984—1989年,学校共招收研究生班研究生130人。

（二）在职攻读硕士学位招生

1991年,经国家教育部批准,学校招收第一批学历教育工商管理硕士学位研究生(MBA)。从此,研究生招生种类由原来单一的科学学位研究生(即科研型或学术型研究生)拓展到具有职业背景的专业学位研究生(即应用型或职业型研究生)。

1994年,MBA试点院校增加到26所,同时成立了全国MBA教育指导委员会。为保证MBA入学新生的质量,推动MBA教育发展,在国家教委高校学生司和国务院学位办的领导下,全国MBA教育指导委员会组织有关专家于1994年10月开始对MBA入学考试进行改革设计,1996年7月,国务院学位委员会批准招收企业管理人员在职攻读非学历教育的工商管理硕士学位。

2002年学校获准开展高级人员在职攻读工商管理硕士(EMBA)招生,2004年获准开展在职攻读会计硕士专业学位招生,至2006年又先后在法律硕士、公共管理硕士以及高等学校教师在职人员攻读专业学位等专业开展非学历教育的在职攻读硕士学位生。

2016年9月,教育部下发《教育部办公厅关于统筹全日制和非全日制研究生管理工作的通知》(教研厅〔2016〕2号),规定自2016年12月1日起,取消在职人员攻读硕士学位招生,相关工作纳入全国硕士研究生统一招生考试。学校历年在职人员攻读硕士学位招生人数见表5-19。

表5-19  1997—2016年在职攻读硕士学位招生人数　　　　　　　　　　　　　单位:人

| 年　份 | 录取总人数 | MBA | MPAcc | MPA | J.M | EMBA | 高校教师 |
| --- | --- | --- | --- | --- | --- | --- | --- |
| 1997 | 125 | 125 | — | | | | |
| 1998 | 60 | 60 | — | | | | |
| 1999 | 108 | 108 | — | | | | |
| 2000 | 97 | 97 | — | | | | |
| 2001 | 105 | 105 | — | | | | |
| 2002 | 225 | 125 | | | | 100 | |
| 2003 | 263 | 123 | | | | 140 | |
| 2004 | 379 | 115 | 150 | | | 107 | 7 |

(续表)

| 年 份 | 录取总人数 | 录取人数 ||||||
|---|---|---|---|---|---|---|---|
| | | MBA | MPAcc | MPA | J.M | EMBA | 高校教师 |
| 2005 | 550 | 120 | 150 | 80 | 100 | 100 | — |
| 2006 | 551 | 114 | 155 | 65 | 100 | 115 | 2 |
| 2007 | 762 | 110 | 135 | 286 | 100 | 125 | 6 |
| 2008 | 613 | 79 | 130 | 142 | 160 | 100 | 2 |
| 2009 | 463 | — | 125 | 148 | 80 | 110 | — |
| 2010 | 415 | — | 103 | 120 | 50 | 142 | — |
| 2011 | 339 | — | 90 | 53 | 50 | 146 | — |
| 2012 | 430 | — | 100 | 55 | 75 | 200 | — |
| 2013 | 496 | — | 91 | 115 | 90 | 200 | — |
| 2014 | 505 | — | 97 | 130 | 98 | 180 | — |
| 2015 | 313 | — | 75 | 84 | 50 | 104 | — |
| 2016 | 200 | — | — | — | — | 200 | — |
| 合计 | 6 999 | 1 281 | 1 401 | 1 278 | 953 | 2 069 | 17 |

## 五、学校研究生招生制度改革情况

### （一）动态调整研究生招生规模和结构

学校2001年的研究生招生总量为701人，此后经历了研究生的快速增长阶段，至2008年达到峰值2 357人，平均每年的涨幅达到20%。此后，学校研究生招生把稳定规模优化结构放在首位，适当增加博士生招生规模，缩减学术型硕士研究生规模，重点发展职业化应用型的专业学位研究生教育，增强研究生教育服务社会发展的重要功能。2008年，学校共有64个学术型二级学科，4个专业学位对外招收研究生，招生总规模为2 357人，至2013年学校共有78个学术型二级学科，11个专业学位或领域对外招生，总招生规模为2 071人。至"十二五"末期，在学科专业增长30.88%的情况下，研究生招生总量减少12.13%。在招生结构上，应用型专业学位快速增长。2001年招收的701名研究生中，专业学位占比33.24%；2008年招收的2 357名研究生中，专业学位占比52.86%；至2013年，从总量上看，学术学位与专业学位之比约为40.22%：59.78%。从硕士生层面看，学术学位占比32.72%，专业学位占比67.28%。从学历学位硕士层面看，学术学位占比37.39%，专业学位占比62.61%。

### （二）建立和完善校、院（系、所）两级招生管理制度

学校从2003年起开始推行校、院两级管理制度，招生工作也自此推行两级招生管理。实行两级管理制度后，学校总体负责研究生招生计划的制订、总招生专业目录的编制、组织统考科目的命

题、阅卷工作和破格录取工作,并根据国家录取标准和考生的总体情况提出学校录取工作的指导性意见,根据指导性意见和院(系、所)的录取标准,做好督查工作。

各院(系、所)负责各自专业的招生宣传、生源的组织、招生专业目录的编制、专业课的命题和阅卷工作。在符合国家录取标准的前提下,各院(系、所)根据学校的指导性意见,自主确定录取标准并组织复试和录取工作,上报学校批准。

### (三)提升招生工作信息化水平

20世纪80年代起,学校就把电脑技术引入招生管理工作,并逐步在报名、考务、试卷管理、录取审核、统计报表等招生环节,不断加强计算机的辅助管理功能。2000年开始采用计算机信息化的手段采集考生的报考信息。2003年进行博士研究生招生流程再造,包括网上宣传、网上报名、网上公布初试成绩、网上确定面试考生和网上录取等阶段,再造后的博士生招生流程,可以让考生节省近一个月的等待时间。2008年1月,进行研究生招生管理信息系统建设,并于2010年1月建设完成。通过系统建设,学校招生管理环节得到进一步的梳理和优化,并建立了一个支持相关院系所、职能部门应用的共享数据平台,为院系所招生工作人员提供通用的管理和信息服务。

### (四)调整与规范研究生入学考试科目

1998年,学校以国家颁布新的学科专业目录和学校修订研究生培养方案为契机,以"精简、规范、通用、有效"为原则,对全校各招生专业的业务课考试科目进行了大幅调整与归并,要求各专业设有至少一个属于一级学科范围的基础课考试科目,同时,相近学科专业的业务课考试科目做到基本一致。

按照教育部的规定,2002年学校硕士生入学考试初试"外国语"一科试行增加听力测试,听力得分不计入外国语成绩总分,仅作为录取的参考指标。同时,在复试中试行增加外国语口语测试。2003年起,外语听力得分计入外语成绩总分,同时硕士生入学考试初试科目从5门减至4门,保留"政治理论""外国语""基础课""专业基础课"4门,原来列入初试科目的"专业课"放入复试中进行。以此为契机,学校对硕士生入学考试实行按门类统考专业基础课,其中经济学、管理学统考"经济学",法学类统考"法理学",哲学类统考"马克思主义哲学"。

### (五)实行差额复试,加大复试力度

全校各招生专业全面实行差额复试,以复试成绩与初试成绩之和作为录取标准,逐渐加大复试成绩权重。2003年起,学校硕士生复试成绩与初试成绩之比从50∶500提高到100∶500,博士生复试成绩与初试成绩之比从50∶300提高到100∶300。复试成绩权重提高后,复试小组必须由3人以上(含3人)组成,重点考核考生的工作或学习业绩、创新意识、综合能力以及考生的思想政治、道德品质和培养潜能等,从而真正做到择"优"录取而不是择"分"录取。

2006年学校根据教育部部署,进一步提高硕士生复试成绩在录取总成绩中的比重,使复试成绩在录取成绩的比重达30%～50%。

### (六)改进接收推荐免试生工作

2003年前,学校接收推荐免试的生源主要为学校应届毕业生,很少接收外校学生,推荐生占当年招生人数的比例也很小。

为鼓励学科交叉,改善学缘结构,自2003年起学校接收推荐免试生的比例增长至当年招生人数的10%。招生名额重点向国家重点学科、基础学科和生源不足的专业倾斜。同时扩大接收推荐免试生的范围,具有推荐资格的各高校应届本科毕业生均可申请,学校通过面试、考核和张榜公布来规范接收工作。

2006年起,学校通过举办全国优秀大学生夏令营等方式,从中选拔优秀学生免试攻读学校硕士研究生或硕博连读项目,吸引优秀生源,提升学校硕士和博士研究生的招生质量。2013年硕士生招生中,通过夏令营接收的推免生77人(其中硕博连读生36人),占学校录取外校推免生的65.81%,夏令营成为学校录取外校推免生的主要形式。

（七）推进硕士生招生改革

经济学院、金融学院、统计与管理学院、会计学院、信息管理与工程学院、人文学院、法学院、数学学院等相继改革招生方案,实行"大口径招生,先考后报、分专业录取"的方式,避免报考时选专业如同碰运气、运气不好分数再高也进不了复试关的弊端,同时以统一标准考核学生素质,克服专业间的不平衡问题,提高硕士研究生的整体素质。

为缓解大量高分考生因复试录取结果公布较晚而失去较好调剂机会的矛盾,会计学院、金融学院、统计与管理学院和国际工商管理学院等尝试采取预复试制度,在确保符合国家复试基本要求的基础上,提前确定预复试分数线,组织预复试工作,将选拔节点前移;工商管理硕士采取预面试制,提前甄选学生,吸引优秀生源。经过两年的改革尝试,工商管理硕士预面试政策在考生年龄、工作年限、行业背景和教育背景等方面起到了一定的优化作用。从录取学生的职位分布看,中级管理层和高级管理层比例有所增长,从录取学生的学历教育背景上看,毕业于"985"和"211"工程院校考生人数逐渐增加。

适应学术型、应用型分类培养的转型,在招生阶段分类确定考核标准。经济学院按照分类培养的要求,自2011年起硕博连读项目与数量经济学专业金融计量经济学研究方向分别招生,硕博连读项目定位于培养学术研究型人才,涵盖经济学院所有专业;数量经济学专业金融计量经济学研究方向定位于培养应用型金融计量人才。针对学术型研究生的培养目标和硕博连读的培养要求,经济学院、金融学院、统计与管理学院由国标数学三提升到数学一,加强了对考生数学能力和创新精神的考核;针对应用型专业学位的培养要求,加强了对考生专业能力、实践能力和综合素质等方面的考查,应用统计硕士、金融硕士由国标经济类综合能力提升至数学一或数学三,会计硕士在复试中加试经济学、会计学两门科目。

# 第四章 毕业和就业

## 第一节 毕业生人数

民国九年(1920年),南京高等师范学校商业专修科第一届学生28人毕业,其后两年,分别有33人和21人从该科毕业,这82名专科生成为学校历史上最早的一批毕业生。民国十四年(1925年),上海商科大学首届本科54人毕业,其后除民国三十五年(1946年)外,每年都有本科学生毕业,至1949年的24年中,共毕业本科生1 018人。1925—1949年各系科毕业生人数见表5-20。

表5-20 1925—1949年本科毕业生情况　　　　　　　　　　　　　　　　单位:人

| 学年 | 会计系(科) | 银行系(科) | 工商管理系(科) | 国际贸易系(科) | 普通商业系 | 经济系 | 合计 |
|---|---|---|---|---|---|---|---|
| 1925 | 10 | 28 | 10 | 3 | 3 | — | 54 |
| 1926 | 23 | 42 | 14 | 2 | 4 | — | 85 |
| 1927 | 8 | 27 | 8 | 6 | 6 | — | 55 |
| 1928 | 9 | 19 | 7 | 2 | 15 | — | 52 |
| 1929 | 12 | 19 | 1 | 1 | 5 | — | 38 |
| 1930 | 14 | 8 | 4 | 2 | 1 | — | 29 |
| 1931 | 8 | 5 | 3 | 1 | — | — | 17 |
| 1932 | 21 | 7 | 5 | 2 | — | — | 35 |
| 1933 | 24 | 5 | 2 | 5 | — | 31 | 67 |
| 1934 | 22 | 13 | 9 | 3 | — | 1 | 48 |
| 1935 | 44 | — | — | 7 | — | — | 51 |
| 1936 | 32 | 29 | 12 | — | — | — | 73 |
| 1937 | 14 | 21 | 5 | 2 | — | — | 42 |
| 1938 | 13 | 6 | 3 | — | — | — | 22 |
| 1939 | 8 | 8 | 4 | 2 | — | — | 22 |
| 1940 | 15 | 7 | 13 | 3 | — | — | 38 |
| 1941 | 20 | 10 | 7 | 5 | — | — | 42 |

(续表)

| 学年 | 会计系(科) | 银行系(科) | 工商管理系(科) | 国际贸易系(科) | 普通商业系 | 经济系 | 合计 |
|---|---|---|---|---|---|---|---|
| 1942 | 14 | 9 | 10 | 3 | — | — | 36 |
| 1943 | 8 | 3 | 5 | — | — | — | 16 |
| 1944 | 8 | 1 | 3 | 3 | — | — | 15 |
| 1945 | 12 | 9 | 6 | 2 | — | — | 29 |
| 1946 | — | — | — | — | — | — | — |
| 1947 | 29 | 7 | 7 | — | — | — | 43 |
| 1948 | 15 | 42 | 11 | 6 | — | — | 74 |
| 1949 | 21 | 10 | 3 | 1 | — | — | 35 |
| 总计 | 404 | 335 | 152 | 61 | 34 | 32 | 1 018 |

注：1. 1931年起普通商业系无毕业生。1933年、1934年经济系毕业生系由劳动大学转入后完成学业。1946年无毕业生。

2. 民国十七年(1928年)7月，国立中央大学商学院改系为科，民国二十二年(1933年)9月后，国立上海商学院又改科为系。

1952年暑期后，有8所院校的财经专业本科学生并入学院(1953年又有2校本科生并入)；12月中旬，华东教育部根据中央教育部的指示，因国家经济建设需要，要求学院上报"已决定或拟定提前在1953年暑期及1954年春季毕业的学生人数"。据1953年4月15日统计表，是年暑假"修业期限为3年"的本科毕业生1 033人(按注册人数统计)。因此，1953年和1954年的本科毕业生数量较大，最多的1953年达1 097人。1955年又有部分学生因国家建设的需要提前毕业，致使1956年至1958年的毕业生人数大幅减少。1958年学校并入上海社会科学院后，未毕业学生转入该院继续学习直至毕业，仍计为学校毕业，如1961年毕业生系上海财政经济学院1957年所招生。而1962年的毕业生系1959年上海商业学校大专部招收的调干生。1950—1969年，学校共毕业本科生总计6 255人，见表5－21。

表5－21　1950—1969年本科毕业生情况　　　　　　　　　　　　　　单位：人

| 学年 | 工业经济系 | 贸易经济系 | 财政金融系 | 会计学系 | 统计学系 | 经济计划系 | 工业品商品系 | 合计 |
|---|---|---|---|---|---|---|---|---|
| 1950 | 27 | 38 | 32 | 25 | 15 | — | — | 137 |
| 1951 | 12 | 16 | 17 | 39 | 13 | 17 | — | 114 |
| 1952 | 124 | 39 | 61 | 161 | 35 | 9 | — | 429 |
| 1953 | 472 | 141 | 129 | 297 | 58 | — | — | 1 097 |
| 1954 | 405 | 145 | 110 | 215 | 78 | — | — | 953 |
| 1955 | 163 | 15 | 13 | 97 | 35 | — | — | 323 |
| 1956 | 3 | — | 1 | 4 | — | — | — | 8 |
| 1957 | 6 | — | — | 40 | 40 | — | — | 86 |
| 1958 | — | — | 34 | 37 | — | — | — | 71 |
| 1959 | 92 | 40 | 25 | 92 | 80 | — | — | 329 |

(续表)

| 学年 | 工业经济系 | 贸易经济系 | 财政金融系 | 会计学系 | 统计学系 | 经济计划系 | 工业品商品系 | 合计 |
|---|---|---|---|---|---|---|---|---|
| 1960 | 92 | 86 | 65 | 78 | 90 | — | — | 411 |
| 1961 | 26 | 43 | 47 | 113 | 144 | — | — | 373 |
| 1962 | — | 156 | — | — | — | — | 199 | 355 |
| 1963 | — | 14 | — | 1 | — | — | 3 | 18 |
| 1964 | — | 75 | 24 | — | — | — | 125 | 224 |
| 1965 | — | 40 | 19 | — | 1 | — | 53 | 113 |
| 1966 | 37 | 49 | 61 | 56 | 53 | — | 33 | 289 |
| 1967 | 46 | 45 | 36 | 50 | 46 | — | 32 | 255 |
| 1968 | 38 | 36 | 42 | 40 | 51 | — | 64 | 271 |
| 1969 | 51 | 52 | 50 | 81 | 50 | — | 115 | 399 |
| 总计 | 1 594 | 1 030 | 766 | 1 426 | 789 | 26 | 624 | 6 255 |

注：银行理财系毕业生计入财政金融系，至1950年；保险学系毕业生计入财政金融系，至1953年；工商管理系毕业生计入工业经济系，至1950年；国际贸易系毕业生计入贸易经济系，至1950年；合作系毕业生计入贸易经济系，至1953年；经济计划系毕业生计入工业经济系，至1957年。

20世纪50年代前期学校的专科毕业生，大多是院系调整时并入院校招生，1956—1958年的毕业生，为上海财政经济学院招生。1963年的专科毕业生中，34人为上海财经学院1960年所招收的食品检验专修科学生，202人为上海农学院1962年转入学院工业会计专修科的学生。1951—1963年，学校共毕业专科生总计2 076人，见表5-22。

表5-22　1951—1963年专科毕业生情况　　　　　　　　　　　　　　　　单位：人

| 学 年 | 工业经济系 | 贸易经济系 | 财政金融系 | 会计学系 | 统计学系 | 合 计 |
|---|---|---|---|---|---|---|
| 1951 | — | — | — | 4 | 12 | 16 |
| 1952 | — | — | — | 67 | 30 | 97 |
| 1953 | — | — | 184 | 140 | 111 | 435 |
| 1954 | 74 | — | 3 | 80 | 44 | 201 |
| 1955 | — | — | — | 7 | 2 | 9 |
| 1956 | 55 | — | — | 104 | 170 | 329 |
| 1957 | 21 | 90 | 107 | 226 | 258 | 702 |
| 1958 | 51 | — | — | — | — | 51 |
| 1963 | — | 34 | — | 202 | — | 236 |
| 总计 | 201 | 124 | 294 | 830 | 627 | 2 076 |

1978年复校后，首批毕业生产生于1982年，包括全日制教育硕士生和成人教育专科生。

在全日制教育中,首名博士生毕业于1987年,至1999年共毕业博士生93人,2000年起增长较快,2016年毕业164人;首批硕士生9人毕业于1982年,1993年毕业硕士生突破100人,1999年突破200人,2002年后增长迅速,2016年毕业1 544人;首批本科生849人毕业于1983年,1996年毕业本科生突破1 000人,2005年起稳定在2 000人左右;首批专科生44人毕业于1984年,1987年毕业专科生最多达484人,以后逐步减少,2003年起每年毕业高职专科生三四百人,2008年减少为101人。

在成人教育中,首批本科生45人毕业于1988年,以后逐步增长,2004年最多达1 256人,2016年为1 476人;首批专科生584人毕业于1982年,2005年毕业专科生最多达1 952人,2013年减少至402人。

留学生学历毕业生始于2000年,17年内共毕业博士生、硕士生、本科生共1 565人。

自1982年至2016年,学校共毕业全日制博士生2 233人、硕士生19 705人、本科生43 394人、专科生4 919人;毕业成人教育本科生23 342人、专科生26 254人;毕业留学博士生46人,硕士生398人,本科生1 121人。1982—2016年各类毕业生人数统计见表5-23。

表5-23 1982—2016年毕业生情况　　　　　　　　　　　　　　单位:人

| 学年 | 全日制教育 ||||  成人教育 || 留学(学历)生 |||
|---|---|---|---|---|---|---|---|---|---|
| | 博士生 | 硕士生 | 本科生 | 专科生 | 本科生 | 专科生 | 博士生 | 硕士生 | 本科生 |
| 1982 | — | 9 | — | — | — | 584 | — | — | — |
| 1983 | — | 12 | 849 | — | — | 496 | — | — | — |
| 1984 | — | 21 | 375 | 44 | — | 350 | — | — | — |
| 1985 | | 36 | 337 | 137 | — | 441 | — | — | — |
| 1986 | | 60 | 398 | 205 | — | 396 | — | — | — |
| 1987 | 1 | 82 | 475 | 484 | — | 437 | — | — | — |
| 1988 | — | 79 | 594 | 259 | 45 | 1 123 | — | — | — |
| 1989 | | 90 | 832 | 90 | 54 | 495 | — | — | — |
| 1990 | 4 | 94 | 707 | 236 | 94 | 300 | — | — | — |
| 1991 | 1 | 83 | 906 | 192 | 45 | 855 | — | — | — |
| 1992 | 10 | 47 | 939 | 199 | 139 | 430 | — | — | — |
| 1993 | 6 | 128 | 848 | 68 | 158 | 314 | — | — | — |
| 1994 | 3 | 120 | 860 | 474 | 419 | 314 | — | — | — |
| 1995 | 6 | 98 | 935 | 243 | 91 | 570 | — | — | — |
| 1996 | 15 | 137 | 1 022 | 115 | 111 | 606 | — | — | — |
| 1997 | 9 | 145 | 1 207 | 131 | 336 | 998 | — | — | — |
| 1998 | 20 | 164 | 1 151 | 40 | 404 | 895 | — | — | — |
| 1999 | 18 | 265 | 1 196 | — | 405 | 1 067 | — | — | — |
| 2000 | 39 | 258 | 1 157 | 54 | 100 | 1 632 | — | — | 1 |

(续表)

| 学年 | 全日制教育 ||||  成人教育 ||  留学(学历)生 |||
|---|---|---|---|---|---|---|---|---|---|
|  | 博士生 | 硕士生 | 本科生 | 专科生 | 本科生 | 专科生 | 博士生 | 硕士生 | 本科生 |
| 2001 | 29 | 227 | 1 131 | 50 | 457 | 1 144 | 1 | — | — |
| 2002 | 23 | 477 | 1 221 | — | 646 | 1 422 | — | — | 1 |
| 2003 | 61 | 553 | 1 255 | 394 | 766 | 1 862 | 1 | 1 | — |
| 2004 | 76 | 493 | 1 539 | 473 | 1 256 | 1 933 | — | 4 | 5 |
| 2005 | 128 | 502 | 2 050 | 414 | 1 237 | 1 952 | 1 | 8 | 25 |
| 2006 | 226 | 962 | 1 992 | 315 | 201 | 689 | — | 5 | 51 |
| 2007 | 154 | 1 905 | 1 942 | 201 | 1 170 | 991 | — | 15 | 86 |
| 2008 | 168 | 1 157 | 1 985 | 101 | 1 305 | 908 | 2 | 19 | 94 |
| 2009 | 141 | 1 238 | 1 949 | — | 1 628 | 770 | 6 | 22 | 135 |
| 2010 | 134 | 1 354 | 1 963 | — | 1 778 | 748 | 4 | 35 | 116 |
| 2011 | 172 | 1 476 | 1 960 | — | 1 832 | 687 | 9 | 43 | 122 |
| 2012 | 153 | 1 510 | 1 964 | — | 1 958 | 443 | 8 | 26 | 106 |
| 2013 | 157 | 1 379 | 1 945 | — | 1 944 | 402 | 3 | 46 | 129 |
| 2014 | 173 | 1 462 | 1 894 | — | 1 652 | — | 5 | 48 | 73 |
| 2015 | 142 | 1 538 | 1 881 | — | 1 635 | — | 3 | 54 | 70 |
| 2016 | 164 | 1 544 | 1 935 | — | 1 476 | — | 3 | 72 | 107 |
| 合计 | 2 233 | 19 705 | 43 394 | 4 919 | 23 342 | 26 254 | 46 | 398 | 1 121 |

注：毕业人数=统招的真正当年毕业的全日制学生，包括全日制的定向委培，剔除了延迟毕业、病缓、休学、退学等学生。就业统计的毕业人数是动态变化的，两者数据有一定差异。

## 第二节  就 业 状 况

### 一、自主就业(1917—1949年)

从学校创办起至1949年新中国成立，学校毕业生均为自主就业。学校与社会用人单位联系，向其介绍学校毕业生。尤其是国立上海商学院时期，由于社会商业人才需求较大，学校毕业生素质较好，因此总体就业情况良好。

20世纪20年代，上海商科大学"为沟通实业与教育起见"，在校内设立介绍部，"以便人才与事业各得相当之利益"，规定"凡本大学毕业生皆可在该部报名，外间欲觅相当商业人才者，亦可函告该部代为物色"。

民国二十三年(1934年)，国立上海商学院对历届毕业生434人的职业状况进行调查，收到反馈信息393人，其中服务商界(包括从事会计职务)270人、学界81人、政界39人、军界3人。

据民国二十三年(1934年)8月12日统计,该年度国立上海商学院48名毕业生中,已有职业者39人,占81%;尚无职业者9人,占19%,其中未定3人、预备升学3人、未详3人。

民国二十六年(1937年)初出版的《国立上海商学院院务报告》载,上年度毕业生73人中,已就业66人,占90.4%;升学者3人,占4.1%;未详4人,占5.5%。已就业毕业生中,从事银行业务17人、会计事业4人、工厂管理3人、交通事业8人、行政界21人、教育界13人。

民国三十七年(1948年)6月30日出版的《国立上海商学院院务月刊》第二卷第三、四期合刊载,该年学院毕业生72人,校方为毕业生介绍就业机会,已为实际人数的150%。主要用人单位有:上海市警察局21人,上海市警察局经济检察大队20人,资源委员会12人,中国航空公司10人,新华银行、淮南铁路局各5人,其他需一二人者多家,中央银行、中央信托局、聚兴诚银行均名额不限。毕业生中仍有不少自谋职业。

## 二、统一分配(1950—1988年)

20世纪50年代起,国家实行高等学校毕业生统一分配制度。

1950年6月,中央人民政府教育部通知,全国公私立大专院校本届毕业生由中央统筹分配工作,各地各校不得自行分配。当年学院毕业生137人中,有73人分配在华东地区、53人被派往东北地区。

1951年5月,中央教育部要求各高等学校成立协助毕业生分配工作委员会,以保证毕业生统筹分配工作顺利完成。规定由校长、教务长负责组织,委员包括各院系主任、学生会及毕业班级代表、教导科及人事科负责人等。工作范围包括:贯彻政府统筹分配的精神,协助做好学校工作;对毕业生进行思想教育,说服动员其服从分配;与统筹分配毕业生主管部门保持联系等。每年由中央人民政府政务院发布全国高校毕业生统一分配方案,各主管部门将指标分配落实到各地、各校,然后由学校协助毕业生分配工作委员会具体落实到毕业生个人。

由于国家亟需大批高级建设干部,根据教育部的要求,1953年至1955年的毕业生中,相当一部分提前一年毕业,走上国家建设岗位。1953年学校暑期毕业生实际参加统一分配的总共1 401人,各地区名额为:中央582人,华北131人,东北170人,内蒙古4人,西北24人,中南3人,华东(离上海)195人,华东(留上海)292人。各部门名额为:国防机要54人,重工业部门478人,一般部门805人,助教及研究生64人。至该年10月初,已报到出发人数为1 307人,因病因事请假的50余人,明确不服从分配的20人。1954年暑期毕业生实际参加统一分配的总共918人,其中95%需离开上海,财会系会计专业、财金系、贸易系、工管系工管科等毕业生全部外调。

1964年,教育部、内务部、国家计委联合制发《高等学校毕业生调配派遣暂行办法》,要求各校组成毕业生分配委员会,统一组织领导毕业生思想政治教育、调配、派遣等工作。

1966年6月,根据高教部通知,当年的毕业生一律在"文化大革命"基本结束时再分配工作。该届毕业生的分配工作实际从1967年9月开始进行。而1967届、1968届、1969届三届毕业生的分配工作也分别顺延。1969届毕业生的分配工作至1970年8月全部完成,该年参加分配的409名毕业生的分配去向为:三机部10人,化工部59人,冶金部40人,建材部14人,建工部10人,石油部34人,山西省20人,浙江省20人,江西省44人,安徽省28人,河南省23人,湖南省30人,陕西省28人,江苏省45人,另行安排4人。

1978年,复校后的本专科学生毕业,仍实行统一分配制度。1988年12月21日的《财大信息》

(党委宣传部编)记载:是年12月12日下午,副校长陈和本主持召开学校毕业生分配工作会议,"从这次会议获悉,明年的毕业生分配我校将继续实行'在国家计划范围内,由学生本人填报志愿,学校择优推荐,用人单位考核录用'的双向选择、考核录用的办法"。

### 三、双向选择(1989年至今)

1989年1月,国家教委在多年调查研究和改革试验基础上,制定《高等学校毕业生分配制度改革方案》,上报国务院;3月2日,国务院批转全国贯彻执行。《改革方案》提出改革配套措施:确定从1989年起,分步试行,逐步将毕业生计划分配就业制度改为社会选择就业制度,"按长远改革方向,毕业生将主要通过人才(劳务)市场自主择业"。

20世纪90年代中期开始,高等教育迅速发展,高校在校生规模不断扩大,毕业生总量和社会就业岗位数量的供需关系发生了根本性的转变。毕业生就业在形式上和内容上都发生了根本变化,逐步引入了竞争机制和市场机制。国家在宏观管理体制上,确立了"政府调控、市场导向、学校推荐、学生与用人单位双向选择"的机制。

1995年9月,为适应学生就业工作向自主择业方向转变的需要,学校进行毕业生就业工作机构的改革,将原设在学生处的毕业分配办公室改为就业指导办公室。2001年12月,学校成立学生就业指导中心。2003年初,学校将研究生就业纳入学生就业指导中心统一管理。

学生就业指导中心建立之后,秉承"服务学生、服务学校、服务社会"的宗旨,确立了新的工作思路和理念,突出服务的功能,把就业市场的建设和培育、积极开拓社会资源、为毕业生挖掘更多的就业及实习岗位作为首要任务,把深化就业指导、开展职业辅导及引导学生根据自身特点合理安排学业、规划职业生涯作为根本任务,通过内容丰富、形式灵活多样的辅导服务,帮助毕业生充分认识自我、认识社会,教育和引导毕业生树立正确的择业观,提升他们在就业市场的竞争力,达到充分就业和高质量就业。

2004年,教育部对高校就业部门提出了"三到位"和"四化"的要求,即资金、场地、人员到位,以"全程化、全员化、专业化、信息化"为目标全面开展就业指导服务。学校全面落实教育部这一要求,资金逐年增加,人员编制由3人增加到7人,院系辅导员及分管学生工作副书记也全程参与就业工作。

围绕新的工作目标和任务,学生就业指导中心努力提升工作内涵与质量,每年都有重点地举办不同行业、不同系统的专业联谊活动,建立广泛联系;主动与上海市各区县人事局、各区县职业发展中心建立联系,并以长三角为重点,辐射全国省会城市,寻求更多的岗位信息资源并与无锡、苏州、宁波等地的人才开发部门开展广泛的实习基地合作计划。同时,面向学生开展全程化、全员化的职业发展与就业指导服务,抓住群体和个体辅导两个层面,确立了适应学校学生成长需求、由浅入深、逐级提高的大学生职业发展教育阶梯,建立了具有核心项目、全程辅导、全面参与、以信息化服务平台为支撑的就业指导工作体系。做到辅导模式阶梯化(从新生入学家长会、参考资料,大学期间课程、实习、辅导,到大学毕业就业阶段的培训指导甚至毕业离校典礼和晚会,环环相扣全程落实)、辅导手段多样化(选修课程、讲座、团体辅导、个别咨询、参观访问、社会调查、港沪交流、竞赛等多种常规化、持续性的辅导项目)、教育理念人性化(注重学生能力和人品的培养,深入学生活动,融教育于各种精美的设计、一言一行及师生情谊之中)、工作技术现代化(以调查研究指导实践工作,开展了毕业生跟踪调查、企业对毕业生评价调查、毕业生求职心理跟踪研究、就业困难学生研究、毕业生求职准备状况调查、行业人才需求研究等十多项研究;以信息技术提升工作效率,依托校园信息化平台,先后建成"春华秋韵"就业网、学生管理信息系统就业模块和春华秋韵就业管理信息系统等)。

实行毕业生就业双向选择以后,学校毕业生就业情况良好。2004年起签约率、就业率基本稳定在95%以上,在全国高校中名列前茅。就业行业流向涵盖金融、会计师事务所、制造业、机关事业、教育科研、咨询、IT、商业、房地产、物流、文化、法律等领域,与学校的专业设置和毕业生求职需求相吻合,毕业生满意度高。地区流向则包括全国除台湾省外的30个省市区,而以上海为主。2004—2016年全日制教育毕业生签约、就业情况统计见表5-24。全校毕业生流向行业中,金融稳居首位,其后是会计师事务所、咨询、制造业和政府事业机关,前往地区前五位的为上海、广东、浙江、江苏和北京。

表5-24　2004—2016年全日制教育毕业生签约、就业情况　　单位:%

| 年份 | 高职 毕业人数(人) | 高职 签约率 | 高职 就业率 | 本科 毕业人数(人) | 本科 签约率 | 本科 就业率 | 硕士 毕业人数(人) | 硕士 签约率 | 硕士 就业率 | 博士 毕业人数(人) | 博士 签约率 | 博士 就业率 | 全校 毕业人数(人) | 全校 签约率 | 全校 就业率 |
|---|---|---|---|---|---|---|---|---|---|---|---|---|---|---|---|
| 2004 | 473 | 74.84 | 98.31 | 1 528 | 93.72 | 96.01 | 367 | 97.55 | 97.82 | 78 | 97.44 | 100.00 | 2 446 | 100.00 | 96.85 |
| 2005 | 414 | 93.96 | 94.44 | 2 043 | 90.16 | 94.81 | 497 | 98.59 | 98.59 | 107 | 98.13 | 99.07 | 3 061 | 100.00 | 95.52 |
| 2006 | 316 | 56.96 | 97.15 | 2 022 | 88.97 | 95.40 | 744 | 96.64 | 98.39 | 145 | 98.62 | 99.31 | 3 227 | 100.00 | 96.44 |
| 2007 | 201 | 53.23 | 93.03 | 1 986 | 87.21 | 94.81 | 1 681 | 94.59 | 97.38 | 163 | 96.32 | 98.16 | 4 031 | 100.00 | 95.93 |
| 2008 | 101 | 61.39 | 96.04 | 2 023 | 87.05 | 95.35 | 994 | 95.37 | 98.69 | 157 | 98.09 | 100.00 | 3 275 | 100.00 | 96.61 |
| 2009 | — | — | — | 1 978 | 82.76 | 93.73 | 1 350 | 95.93 | 98.07 | 126 | 94.44 | 96.83 | 3 454 | 100.00 | 95.54 |
| 2010 | — | — | — | 1 967 | 88.21 | 94.61 | 1 418 | 95.77 | 97.46 | 148 | 91.89 | 96.62 | 3 533 | 100.00 | 95.84 |
| 2011 | — | — | — | 1 969 | 91.06 | 95.63 | 1 551 | 96.32 | 98.65 | 175 | 89.14 | 99.43 | 3 696 | 100.00 | 97.05 |
| 2012 | — | — | — | 1 973 | 88.14 | 94.07 | 1 404 | 97.08 | 99.00 | 144 | 84.72 | 98.61 | 3 521 | 100.00 | 96.22 |
| 2013 | — | — | — | 1 929 | 88.39 | 93.83 | 1 386 | 96.54 | 98.85 | 150 | 88.00 | 98.00 | 3 465 | 100.00 | 96.02 |
| 2014 | — | — | — | 1 894 | 87.54 | 96.52 | 1 462 | 96.24 | 99.45 | 173 | 86.13 | 98.27 | 3 529 | 100.00 | 97.82 |
| 2015 | — | — | — | 1 881 | 88.78 | 95.64 | 1 538 | 96.42 | 99.67 | 142 | 84.51 | 99.30 | 3 561 | 100.00 | 97.53 |
| 2016 | — | — | — | 1 935 | 86.41 | 93.18 | 1 544 | 96.37 | 99.55 | 163 | 79.14 | 96.93 | 3 642 | 100.00 | 96.05 |

注:就业统计的毕业人数是动态变化的,与第一节毕业生人数统计有一定差异。

# 第六篇

## 本、专科和研究生教育

# 概　　述

　　学校本科教育始于民国十年(1921年)上海商科大学的成立。从此以后,本科教育一直是学校的立校之本。上海商科大学的本科教育设7个系(有2个系未招生);民国十六年(1927年)7月商科大学更名为商学院隶属于第四中山大学后,改系为科,设4科;民国二十一年(1932年)8月商学院从中央大学划出独立,更名为国立上海商学院,翌年秋又改科为系,设4系;民国三十五年(1946年)增设3学系。1950年8月更名为上海财政经济学院后,开始了财经类本科教育,在保留原有7学系的同时增设1学系;1951年又增设1学系。1952年9月开始设置本科专业,时有12个;经调整,1956年5月为7个。1960年上海财经学院重建后,除原有的财经类专业5个外,又增设3个商品学方面的专业。1978年学院先恢复设置原有财经类专业6个,此后又陆续增设。1987年起设置法学类本科专业;1996年起设置文学类本科专业;1999年起设置管理学类公共管理方面本科专业;2000年起设置理学类数学方面本科专业;2002年起设置工学类计算机方面本科专业。至2016年底,全校设置本科专业38个,其中经济学门类10个、管理学门类16个、法学门类2个、文学门类5个、理学门类4个和工学门类1个。

　　在本科教育中,学校始终遵循理论联系实际的原则,坚持开展实践教学,如:上海商科大学时期进行考察和实习;国立中央大学商学院时期在校内实习场所实习和工厂、银行见习;国立上海商学院时期除校内实习外,规定在第三学年之暑假分赴各商业机关实习,实习后要将实习情形作成报告;上海财经学院在20世纪50年代通过华东财委与各业务部门建立合作关系,给学生的实习参观提供便利和辅导,并设置实验室,实行毕业实习和毕业论文、学年实习和学年论文等制度(延续至20世纪80年代);上海财经大学时期在加强毕业实习与毕业论文工作的同时,逐步推行实验教学。教材建设上,以选用教材(包括外校的、统编的和国外的)为主,1978年复校后自编教材增多,21世纪初开始制作多媒体课件,"十二五"期间按照"体系化、系列化、品牌化"原则进行教材建设。教学管理上,从民国十年(1921年)至1949年,本科课程分必修课和选修课两类,实行学分制,四年内修满规定学分者授予商学学士学位;1950年更名后,取消学分制和选课制,实行学年制,学生毕业无学位;1981年后恢复学士学位制度,1983年起实行学年学分制和选课制。1995年起,实行完全学分制。从2013年起,学校开始探索推行通识教育,强化宽口径、厚基础,逐步形成了由通识教育课程、学科平台课程、专业方向课程所构成的分层化课程体系,构建起通专结合的培养体系。

　　专科教育始于民国六年(1917年)的商业专修科,民国十年(1921年)后停办。1950年起,随着高校院系的调整,为适应国家经济建设的需要,学校恢复举办专修科。总体而言,专科教育规模小,办学不连续,其中比较集中的有4个时段,即:1950年开始的由并入高校专修科和专科学校合并组成的普通专修科教育(共6年),1982年开始受业务部门委托举办的干部(职工)专修科教育(共6

年),1992年开始集中统一管理下的自费及委培专科教育(共5年),2000年开始的专科层次高等职业技术教育(共8年)。专科教育的学制为2年,高等职业技术教育时段的专科学制为3年。专科教育课程设置上强调实务和应用,课程与教材依托本科。因而,其课程和采用的教材基本上与本科同类课程及教材无异。只是在第四个时段,因适应高职教育的需要,有关专科专业建设了部分课程和教材。在教学管理上,第三时段尝试了学分绩点制。

1979年,根据上海市有关部门的部署,学校参与当年的研究生招生,由此开始研究生教育。1981年国家实行学位制度,是年11月,学校8个二级学科获得首批硕士学位授予权,1个二级学科获得首批博士学位授予权。至2016年底,经过35年的努力,特别是1996年后实施"本科教育与研究生教育并重"的发展战略以来,研究生教育发展迅速,除在校研究生规模不断扩大外,还体现为以下几个方面:(1)学科专业设置。一级学科硕士点从无到有并达到12个,二级学科硕士点由1981年的8个增至2016年的93个(含12个专业学位点),涉及学科门类由2个增至7个,即哲学、经济学、法学、文学、历史学、理学、管理学;一级学科博士点从无到有并达到7个,二级学科博士点由1个增至49个,涉及学科门类由1个增至5个,即哲学、经济学、法学、理学、管理学。(2)导师队伍。以博士生指导教师为例,1981—1994年,由国务院学位委员会审定,共有13人被批准为博士生导师;1994年后获准由学校自行审定,至2014年共自行审定博士生导师394人(含兼职博士生导师37人);2014年11月,《上海财经大学教师申请指导博士研究生管理办法》发布实施,自2015年起,每年通过对博士导师资格的审核和导师与学生的双向选择,实现对博士生导师岗位的动态管理。2016年度共有258位全职申请人经审批具备博士生指导教师资格,列入2017年招生简章。(3)培养方案。1986—1999年,硕士生培养方案进行6次修订,重点是拓宽培养口径、规范课程设置、改进培养方式。2000年以后硕士研究生培养方案修订工作进入常态化管理,一般每两年修订一次。2004年6月,经校长办公会议讨论,除少数特殊专业(如概率论与数理统计、运筹学与控制论)暂时维持原有2.5年的学制外,其他专业从2005年开始实行2年学制;2015年7月,为贯彻落实学校第十四次教改研讨会关于深化研究生教育改革,全面提升研究生教育质量的精神,学校启动对研究生培养方案的新一轮修订与完善工作,经济学院、法学院、数学学院等学院自2016年起,将学术型硕士生学制由2年或2.5年调整为3年。对博士生的培养,1996年之前按博士生个人培养计划进行;1996—2000年,除博士生制订个人培养计划,博士点也要编制博士生培养方案;2002年博士生培养方案进行修订,规定博士生的学习年限一般为3年,实行学位论文预答辩制度;2005年对培养方案再次修订,在规范课程设置的同时,明确提出"博士生培养实行导师负责制和导师指导小组相结合的原则"。2007年经济学院实施系列人才培养改革,把博士生学制由3年延长至4年;2008年会计学院、统计学系延长博士学制至4年;2009年《上海财经大学研究生学籍管理实施细则》修订实施,其中规定"博士研究生学制为三年或四年;硕博连读学制为五年"。此后,金融学院、国际工商管理学院、信息管理与工程学院、财经研究所、应用数学系、公共经济与管理学院相继将博士生学制由3年延长至4年。培养方案的变化过程,体现了研究生教育在规模上不断扩大、科类上日益增多、管理不断规范、质量不断提高的发展历程。

教育教学研究是在新中国成立以后开展起来的。20世纪50年代初,在学习苏联教育经验的过程中,上海财经学院与全国各高等学校一样,按课程的不同类型,建立起若干个教学研究组(即教研组),侧重于课程教学法研究。教研组这一组织形式一直保留到80年代。1983年4月,学校成立高等教育研究室,并从这年12月起编印内部交流刊物《财经高教研究》,为转变教育思想、探索教学改革、总结改革实践、推动教育创新提供了良好的平台。2006年11月成立高等教育研究所,设有学科建设与评估、比较高等教育、教育经济与管理、商学教育研究 4 个研究中心及《财经高教研究》编辑部。在 1989 年开始的四年一次评选全国及上海市普通高校优秀教学成果的活动中,获国家奖励 11 项、上海市奖励 83 项。在 90 年代中期开始的国家及上海市教育主管部门教育教学研究项目招标中,学校共承接到项目 56 个。教育教学研究的积极开展,促进了本科和研究生教育的发展。

# 第一章 本科教育

## 第一节 系科专业设置

### 一、1921—1951年的系科设置

民国十二年(1923年)4月出版的《国立东南大学一览》记载,上海商科大学时期设有7个系,即普通商业系、会计系、工商管理系、银行理财系、国际贸易系、交通运输系、保险系。据民国十六年(1927年)11月发布的《国立第四中山大学商学院概况》和1928年11月出版的《国立中央大学商学院一览》,交通运输和保险两系无毕业生。

民国十六年(1927年)7月,国立东南大学分设上海商科大学改名为国立第四中山大学商学院,一年后又改名为国立中央大学商学院。这一时期改系为科,设银行、会计、工商管理和国际贸易4科。

民国二十一年(1932年)8月商学院独立,定名为国立上海商学院。民国二十二年(1933年)11月,学院改科为系,设4系,即银行系、会计系、工商管理系和国际贸易系。

民国三十五年(1946年)国立上海商学院筹备复校。是年7月12日,教育部电令学院:"复校后除原设会计、银行、工商管理、国际贸易四系应即恢复外,并准增设保险、统计及合作三学系。"11月,复校后的国立上海商学院设有7个学系。

1950年8月初,国立上海商学院更名为上海财政经济学院。同月底,上海法学院财经系科并入,学院增设经济系,并将银行系、工商管理系和国际贸易系分别更名为财政金融系、企业管理系和贸易系。

1951年6月,交通大学财务管理系并入后,学院增设财务管理系,并将经济系更名为经济计划系,企业管理系更名为工业管理系。至9月,上海财经学院共设有9个系。

### 二、1952—1972年的专业设置

1952年,中国高等教育界学习苏联经验,在进行院系调整的同时,各高校开始设置专业。1952年9月,上海财经学院将保险学系并入财政金融系,财务管理系与会计学系合并为财务会计系,除工业管理系未设专业外,其余6个系共设置11个专业,即财政学、货币与信贷、国家保险、工业会计、财务、供销合作、国外贸易、国内贸易、工业统计、国民经济计划、工业经济。1953年9月,国家保险专业停办,工业管理系下设机器制造厂组织与经济专业,本科专业仍为11个。

1954年4月召开的全国高等财经教育会议,拟定《关于全国财经院系本科专业设置计划(草案)》,并提出《1954年财经院系专业调整计划(草案)》和《1954—1957年全国财经院校专业设置计划(草案)》。根据上述文件精神,该年夏,学院的国外贸易专业并入新组建的北京对外贸易学院,财务专业停办,国内贸易专业改名为贸易经济专业,工业会计与工业统计两专业分别改名为会计学、统计学专业,供销合作专业改名为供销与消费合作社专业,院内本科专业数减至9个。与此同时,合作系与贸易系合并为贸易经济系,工业经济专业由经济计划系调整至工业经济系(原名工业管理系)。1955年夏,学院的国民经济计划专业停办,学生调整至中南财经学院(经济计划系随之撤销),机器制造厂组织与经济专业停办,院内本科专业数减为7个,即财政学专业、货币与信贷专业、会计学专业、工业经济专业、贸易经济专业、供销与消费合作社专业(次年又改名为供销合作社经济专业)、统计学专业,这一专业设置状况一直延续到1958年夏学院与其他单位合并成立上海社会科学院。

1960年,由中共上海市委财贸部牵头,在上海商业学校大专部基础上重建上海财经学院。1962年夏,学院对专业设置和名称进行调整,从该年9月起设置工业经济、贸易经济、财政金融、会计、统计、机械商品、电工商品、纺织品商品8个专业,直至1972年4月学院被撤销。

### 三、1978—1997年的专业设置

1978年下半年,在筹备恢复上海财经学院的过程中,筹备组确定先恢复设置20世纪60年代的5个财经类专业,并将财政金融专业分为2个专业,即财政专业和金融专业。对于商品学方面的3个专业,则不予恢复。

1979年5月,增设基建财务与信用专业(上财〔1979〕字第32号);1982年初,增设经济信息管理专业(〔1982〕财人字第3号),1984年底改名为管理信息系统专业,属工科类试办专业;1979年,学校根据教育部下达的《全国高等财经院校专业(文科)设置目录》,先后增设政治经济学、国际金融、对外贸易、保险学、审计学、税收、经济法和工业企业管理8个本科专业;1988年11月,增设国际会计专业和财务学专业;1994年10月,增设房地产经营管理专业;1996年2月,增设国际企业管理、市场营销、英语(经贸英语)、管理信息系统4个专业;1997年1月,增设国际经济法专业。

在增设本科专业的同时,1981—1997年间共设置15个专门化:1981—1987年的标准化专门化,归属工业经济专业(不对外招生,工经专业部分学生选读);现代应用统计专门化,归属统计学专业;工商行政管理专门化,归属贸易经济专业(只招2届);市场营销专门化,归属贸易经济专业(1988年开始招生);1991年,在财政学专业增设国有资产管理专门化,在金融学专业增设证券专门化,在工业企业管理专业增设国际企业管理专门化;1992年1月,在国际贸易专业增设外贸英语专门化,在经济学专业增设劳动经济专门化;1993年,在经济法专业增设国际经济法专门化;1994年,在会计学专业增设注册会计师专门化,在保险专业增设保险精算专门化;1995年,在会计学专业增设电算化会计专门化,在经济学专业增设人力资源管理专门化,在投资经济专业增设国际投资专门化。

1988年初,学院对部分已设专业的名称做了调整,其中包括:财政专业改为财政学专业,金融专业改为金融学专业,政治经济学专业改为经济学专业,基建财务与信用专业改为投资经济管理专业,对外贸易专业改为国际贸易专业,保险学专业改为保险专业。此外,现代应用统计专门化改为应用数理统计专门化。根据国家教委1993年颁布的《普通高等学校本科专业目录》,从1994年起,

工业企业管理专业改为企业管理专业,金融学专业改为货币银行学专业,财务学专业改为理财学专业,投资经济管理专业改为投资经济专业,税收专业改为税务专业,审计学专业撤销,国际会计专业改为专门化归属会计学专业。1995年,证券专门化改为证券期货专门化;1997年,国有资产管理专门化改为资产评估与管理专门化。

到1997年底,学校共设有本科专业22个。

## 四、1998—2016年的专业设置

1998年3月,经财政部批准,增设人力资源管理专业。7月初,教育部颁布新修订的《普通高等学校本科专业目录》《普通高校本科专业目录新旧对照表》《普通高等学校本科专业设置规定(1998年颁布)》等文件。根据上述文件,学校将本科专业由23个调整为14个,即:经济学类经济学、国际经济与贸易、财政学、金融学4个专业,管理学类信息管理与信息系统、工程管理、工商管理、市场营销、会计学、财务管理、人力资源管理7个专业,理学类统计学专业,法学类法学专业,文学类英语专业。并根据需要,在专业内设置专业方向。

1999—2007年,又先后增设管理学类劳动与社会保障,文学类对外汉语、日语,管理学类公共事业管理,文学类新闻学,理学类数学与应用数学,经济学类信用管理,管理学类行政管理、土地资源管理、电子商务,经济学类金融工程,管理学类旅游管理、国际商务,理学类信息与计算机科学,工学类计算机科学与技术,法学类社会学,管理学类项目管理、物流管理18个专业,并于2001年重新设立保险学专业,2005年重新设立经济学类税务和投资学2个专业及管理学类房地产经营管理专业。

"十一五"期间,本科专业仅新增商务英语专业。2012年,教育部进行了专业目录整理,依据新的专业目录,学校共设38个本科专业。2016年本科专业汇总见表6-1。

表6-1 2016年本科专业情况

| 序 号 | 专业代码 | 专业名称 | 学位授予门类 | 所在学院 |
| --- | --- | --- | --- | --- |
| 1 | 020101 | 经济学 | 经济学 | 经济学院 |
| 2 | 020102 | 经济统计学 | 经济学 | 统计与管理学院 |
| 3 | 020201K | 财政学 | 经济学 | 公共经济与管理学院 |
| 4 | 020202 | 税收学 | 经济学 | 公共经济与管理学院 |
| 5 | 020301K | 金融学 | 经济学 | 金融学院 |
| 6 | 020302 | 金融工程 | 经济学 | 金融学院 |
| 7 | 020303 | 保险学 | 经济学 | 金融学院 |
| 8 | 020304 | 投资学 | 经济学 | 公共经济与管理学院 |
| 9 | 020306T | 信用管理 | 经济学 | 金融学院 |
| 10 | 020401 | 国际经济与贸易 | 经济学 | 国际工商管理学院 |
| 11 | 030101K | 法学 | 法学 | 法学院 |
| 12 | 030301 | 社会学 | 法学 | 人文学院 |

(续表)

| 序 号 | 专业代码 | 专业名称 | 学位授予门类 | 所在学院 |
|---|---|---|---|---|
| 13 | 050103 | 汉语国际教育 | 文　学 | 人文学院 |
| 14 | 050201 | 英语 | 文　学 | 外国语学院 |
| 15 | 050207 | 日语 | 文　学 | 外国语学院 |
| 16 | 050262 | 商务英语 | 文　学 | 外国语学院 |
| 17 | 050301 | 新闻学 | 文　学 | 人文学院 |
| 18 | 070101 | 数学与应用数学 | 理　学 | 数学学院 |
| 19 | 070102 | 信息与计算科学 | 理　学 | 数学学院 |
| 20 | 071201 | 统计学 | 理　学 | 统计与管理学院 |
| 21 | 071202 | 应用统计学 | 理　学 | 统计与管理学院 |
| 22 | 080901 | 计算机科学与技术 | 工　学 | 信息管理与工程学院 |
| 23 | 120102 | 信息管理与信息系统 | 管理学 | 信息管理与工程学院 |
| 24 | 120103 | 工程管理 | 管理学 | 公共经济与管理学院 |
| 25 | 120104 | 房地产开发与管理 | 管理学 | 公共经济与管理学院 |
| 26 | 120201K | 工商管理 | 管理学 | 国际工商管理学院 |
| 27 | 120202 | 市场营销 | 管理学 | 国际工商管理学院 |
| 28 | 120203K | 会计学 | 管理学 | 会计学院 |
| 29 | 120204 | 财务管理 | 管理学 | 会计学院 |
| 30 | 120205 | 国际商务 | 管理学 | 国际工商管理学院 |
| 31 | 120206 | 人力资源管理 | 管理学 | 国际工商管理学院 |
| 32 | 120401 | 公共事业管理 | 管理学 | 公共经济与管理学院 |
| 33 | 120402 | 行政管理 | 管理学 | 公共经济与管理学院 |
| 34 | 120403 | 劳动与社会保障 | 管理学 | 公共经济与管理学院 |
| 35 | 120404 | 土地资源管理 | 管理学 | 公共经济与管理学院 |
| 36 | 120601 | 物流管理 | 管理学 | 国际工商管理学院 |
| 37 | 120801 | 电子商务 | 管理学 | 信息管理与工程学院 |
| 38 | 120901K | 旅游管理 | 管理学 | 国际工商管理学院 |

# 第二节　培养方案

## 一、教学宗旨

民国十三年(1924年)，校长郭秉文在商业大百科全书公司出版的《远东工商活动——1924》

(英文版)一书中,发表题为"中国的商业教育"(Commercial Education in China)的文章,其中专门谈了上海商科大学的宗旨,其意是"不仅仅是用商业知识和技能,还要用组织和领导能力来对学生进行培训"。灌输商业知识和技能,培养组织和领导能力,是上海商科大学时期的教学宗旨。

民国十七年(1928年)8月修订的《国立中央大学商学院院章》第二条称:本院"顺应社会需要,以培植商业专门人才,其学程则理论与实习并重"。民国十八年(1929年)初,院长程振基在《国立中央大学商学院丛刊》第三期上发表专文《商业教育之重要性及其本身问题》,称"大学商科之目的,则宜以养成熟悉商场富有判断力之学生为指归";"关于商学之课程不当仅凭讲解,而应注重讨论,以启发其心思"。由此可见,国立中央大学商学院时期的教学宗旨强调了三点:一是顺应社会需要;二是培植熟悉商场富有判断力之商业专门人才;三是课程教学应理论与实习(含实际问题研讨)并重。

民国二十一年(1932年)8月,国立上海商学院成立。9月,首任院长徐佩琨在一次演讲中称:"本院之成立,即以研钻学术为鹄的","教育首重学术,能发扬学术,则主旨可期";在《国立上海商学院之使命》中又言:"本院为研究商学而设,为培植商业人才而设,为领导商人而设"。民国二十二年(1933年)11月,继任院长裴复恒主持制定《国立上海商学院组织规程》,规定"本学院遵照中华民国国民政府公布之中华民国教育宗旨及其实施方针以培植商学人才"。民国二十六年(1937年)1月,裴复恒在《四年来之国立上海商学院》一文中称,为培植商学人才,学院"始终以灌输高深商业技术智识,养成企业精神及提倡研究学术风气为固定不变之方针",并"为令学生明了实际商业情形起见,更规定实习之制度"。民国三十六年(1947年)1月,院长朱国璋在《〈国立上海商学院院务月刊〉复刊词》中,把灌输知识与实习体验相结合称为"理论实务两相兼顾"。研钻学术,用理论实务两相兼顾的方法,培植既有高深商业技术知识又具企业精神的商学人才,以服务社会,是国立上海商学院时期的教学宗旨。

1950年8月国立上海商学院更名为上海财政经济学院后,为适应新中国经济建设的需要,学院的教学宗旨明确为:"在教学上运用马列主义观点、理论与实践相结合的方法,使学生能够懂得政策而又有业务知识,以便于在学校内养成学生具有从事财经工作的实际能力。"

到了20世纪60年代,面对国内外新形势,学院根据党和国家的要求,在本科教育的教学宗旨表述上做了很大变动。在《上海财经学院一九六五年专业介绍》的"概况"中,学院提出:"通过学习和一定的实际工作、生产劳动、阶级斗争的锻炼,要求学生能活学活用毛泽东思想,逐步树立无产阶级的阶级观点、劳动观点、群众观点、辩证唯物主义观点,掌握有关专业所需的基础理论、基本知识和基本技能,具有健全的体魄,成为有社会主义觉悟的、有专业知识的劳动者。"

1978年底复校后,学院在重建本科教育时提出,教学中必须"严格要求学生","贯彻理论联系实际的原则","使学生有坚实的基础"(包括经济理论、写作、数学、外语和专业理论五个方面),并能"掌握最新的科学成果","成为符合四化建设要求的合格人才"。

1985年3月,学校根据"面向现代化、面向世界、面向未来"的要求和适应经济对外开放的形势,全面修订本科教学计划,将上述教学宗旨细化为修订教学计划的指导原则,即:"加强基础,压缩课时,因材施教,拓宽知识,重视实践,提高能力"。进入90年代以后,学校进一步提出:"抓住'基础、实践、外语、能力'四个环节,不断加强基础理论,拓宽专业口径,优化知识结构,突出素质培养,强化能力训练,逐步建立起具有财经特色的通才型教育。"

2000年5月,学校在本科教学工作优秀评价汇报中,对新中国成立以来,特别是改革开放以来,学校本科教学过程中贯穿的教学宗旨做了基本总结,归纳为"8句话48字",这就是"突出思想教育,坚持文理渗透,加强基础训练,优化知识组合,注重实践应用,理论联系实际,强化能力培养,提高全面素质"。并指出,在基础训练方面,"要夯实经济理论基础、写作基础、数学基础、外语基础、专业理论基础和计算机应用基础"。

2013年,学校召开第十三次本科教学改革研讨会,全面启动以"立体课程、多元路径、个性体验"为特征的创新人才培养模式改革。学校实施致力于培养学术拔尖创新人才的"拔尖计划",致力于培养会计、金融、法律等行业精英的卓越计划和致力于培养创业型企业家人才的"创业计划",为三类人才打造通识教育课程、学科平台课程、专业方向课程,提供社会实践经历、科学研究经历、海外学习经历的个性化育人模式,构筑多元化成长路径。该模式简称为"3×3"卓越财经人才培养模式。

## 二、培养目标

根据民国十年(1921年)3月的《国立东南大学大纲》第三章(目的)第三条之规定,东南大学"以研究高深学术培养专门人才为目的"。作为东南大学的商科,上海商科大学以培养商业或商学"专门人才"为目标。民国十七年(1928年)8月修订的《国立中央大学商学院院章》第二条称,学院"培植商业专门人才"。

民国二十二年(1933年)11月订立的《国立上海商学院组织规程》第二条则将培养目标定为"培植商学人才"。时任院长裴复恒在民国二十六年(1937年)1月发表的《四年来之国立上海商学院》一文中,对商科教育的培养目标作了进一步阐述,提出"商科教育之使命,绝非专门培植商业的技术人材;同时应培养富有创造精神、决断力及组织力之企业家"。

中华人民共和国成立以后,随着国立上海商学院更名为上海财政经济学院,学院的培养目标调整为培养"树立为人民服务的立场,具有爱祖国、爱人民、爱科学、爱劳动、爱护公共财产的国民公德"和"从事财经工作的实际能力"的财经工作人才(干部)。1956年5月,《上海财政经济学院概况》中明确提出:"本院培养目标,是根据国家总路线总任务的要求,培养为国家社会主义建设服务的体格健全、热爱祖国、具有一定马克思列宁主义水平和具有一定经济理论与专业知识的高级经济理论人才及企业管理人才。"

20世纪60年代,学院本科教育除了设有财经类专业外,还设置了商品学类专业,培养目标确定为"为社会主义建设服务的又红又专的各种财经管理人才和商品技术人才"。所谓"又红又专",即既有社会主义觉悟,又有专业知识,还有健全的体魄。

1978年复校后,学院面对国家改革开放和社会主义现代化建设的新形势,提出要"努力培养学生成为能坚持社会主义方向、有献身精神、基础扎实、学风端正、知识面广、专业精深、体格健壮的经济管理人才","成为'企业家型'的人才"。

根据邓小平关于"教育要面向现代化、面向世界、面向未来"的要求,适应经济对外开放的需要,学院于1985年3月就人才培养目标提出"掌握好国内和国外经济管理两套本领的要求"。1989年4月,学校进一步提出:"我校学生的培养目标应是有理想、有道德、有文化、有纪律,德、智、体、美全面发展的合格人才。业务上要求学会能从事国内经济建设和涉外经济工作的两套本领,成为应用型、复合型、外向型人才,适应'一个中心、两个基本点'的需要。"2006年2月发布的学校"十一五"发展规划,将人才培养规格调整为"复合型、外向型、创新型"。

此外,学校更名为"上海财经大学"之后,教务处于1987年9月编印第一本《教学一览·本科》,并从1995年起,每年编印一本《本科教学一览》(前两年名为《教学管理文件》)。这些文本中的本科教学方案或培养方案,均阐明了本科培养目标。

2014年5月,学校"复合型、外向型、创新型"的人才培养规格定位被正式写入《上海财经大学章程》。

### 三、学制

上海商科大学时期采用学分制,本科以修满一百二十八学分为毕业,但修习年限不明,实际执行上不少于4年。

民国十六年(1927年)七、八月间,《第四中山大学组织大纲草案》第九条称:"采取学分制,视各院学术之性质,分别订定学生毕业年限,以四年至七年为度。"为此,商学院院长程振基于8月24日致函大学本部,询问"学分性质如何""每学生修毕若干学分方为毕业"。

民国十七年(1928年)5月修订的《国立中央大学商学院院章》第十条(属第五章学制的首条)明确规定:"本院修业年限定为四年,毕业生得称商学士。"

国立上海商学院成立后,于民国二十二年(1933年)11月制定《组织规程》,其第四条称:"本学院修业期限为四年,学生毕业得称商学士。"

更名为上海财政经济学院后,1951年上半年改革学制,"缩短修业年限,拟定三年课堂学习半年生产学习的新的学制"。是年11月8日,学院将各系3年半学制课程草案呈报华东军政委员会教育部。11月26日,华东教育部批复:"关于你院各系3年半制课程草案,已转报中央人民政府教育部核示,在未奉批复前,各系应暂缓实行新学制。"学制改革未果。

1954年8月,由中央人民政府高等教育部副部长黄松龄签发的财经院校各专业教学计划第一页上均明确"修业年限:四年"。从1995级开始,学校全面实行学分制,其内容包括实行弹性学制,弹性幅度最短不低于3年,最长不多于6年等。

### 四、课程设置

1950年以前,课程称为学程。《国立东南大学分设上海商科大学一览》(1924年)记载,上海商科大学开有本科学程共70门,其中授课半年学程48门、一年学程21门、二年学程1门(即体育,为一二年级必修)。各系的学程设置分为必修与选修两种,会计、工商管理、银行理财、国际贸易4系的必修学程19～20门(不含体育),其中各系共同的学程13门,即国文、商用国文、英文(第一年)、英文(第二年)、商用英文、商业经济、高等商用数学、统计学、货币及银行、商业组织、商业理财、商法和商业簿记。

民国十七年(1928年)8月修订的《国立中央大学商学院院章》第十三条称:"本院学程划分二段:一二年级为第一段,三四年级为第二段。第一段学程为各科共同必修学程……三四年级学生各须选定一科,按照各该科必修学程依次修习,并得选读他项学程。"同时制定的《国立中央大学商学院学程》载明,一二年级各科共同必修学程有国文(2年)、英文(2年)、法文或日文(2年)、经济学(1年)、商业数学(1年)、广告学、社会学、政治学、中外商业地理、党义、珠算(1年)、财政学、货币学、银行学、世界商业史、会计学(1年)、商法一、商品学、公司理财。三四年级各科必修学程少则12门,多则14门(授课半年为一门,下同);各科共同选修学程6门,至少选读2门;全院其他供选学程计42门(至少须有10人选习方可开班)。

据《国立上海商学院院务半月刊》记载的1934级与1935级各系学程,国立上海商学院本科学程设置与国立中央大学商学院相似:各系一二年级共同必修学程38门,即国文(1年)、英文(2年)、商用国文(1年)、法文或日文或德文(2年)、经济学(一)(1年)、商业数学(1年)、法学通论(1年)、会计纲要(1年)、经济地理或世界商业史(半年)、会计学(1年)、银行学、财政学(1年)、商法(一)(1年)、统计学(1年)、军事训练(男生)或看护学(女生)(2年)、体育(2年);三四年级各系必修学程8~10门;各系选修学程包括三部分内容:一是选读他系必修学程内之相关学程,二是各系共同选修学程5~6门(至少须选读2~3门),三是满十人者方开班的选修学程7~10门(授课一般为半年)。

1949年5月上海解放后,各系一二年级共同必修课程做了部分调整,"经济学"改为"政治经济学",增设"社会发展史""中国革命问题""苏联经济地理(选)"等课程,部分学系四年级增设"计划经济"课程。1951年上半年,确定采取学年制,取消选科制度,并添设唯物辩证法及毛泽东思想讲座。

经过近两年的重建,1962年上半年的专业设置和各专业的课程设置均基本稳定。根据1962年1月修订的财政金融、商业经济(即贸易经济)专业四年制教学计划进程表,本科课程分为必修和选修两大类,必修课程又分为政治理论课、一般基础课、专业基础课和专业课4类。其中:政治理论课包括政治经济学、哲学、中共党史、思想政治教育报告4门,教学时数占总课程时数的比例为20%(课程教学总课时2 500左右);一般基础课包括汉语、外国语、高等数学、体育、逻辑学5门,教学时数占总课时数的比例为25%。以上两类为各专业共同必修课,教学时数占总课时数的比例为45%,专业基础课和专业课的教学时数占总课时数的比例为50%。另有选修课若干门,规定选修的课程教学时数占总课时数的比例约为5%。

1978年学校复校后,各本科专业的课程设置以1962年的教学计划为基础,后增设计算机程序设计语言课程。经过几年的课程改革和教学计划调整,1987年上半年制定的《本科专业教学方案》明确:课程教学的总学时一般控制在2 700学时内,涉外专业不超过3 000学时。课程设置以文理渗透、加强基础、拓宽知识、突出主干、保证政治课、压缩课时数、扩大选修课为原则。课程分为必修课与选修课两大类,必修课又分为政治理论课、一般基础课、体育课、专业相关课和专业课5类,涉外专业的英语课单独列为一类;选修课又分为限定选修课和任意选修课2类。列为政治理论课有5门,即共产主义思想品德教育、中国革命史、中国社会主义建设、哲学、政治经济学;列为一般基础课有6门,即大学语文、微积分、线性代数、计算机信息系统导论、法律基础、外语;列入共同开设的专业相关课有4门,即经济法概论、会计学原理、统计学原理、财政与信用。1989年,学校按照国家教委《关于高等学校经济学专业深化改革的若干意见》的要求,调整各专业教学计划。除了比较经济发展(发展经济学)因师资不足暂不设立外,将政治经济学、经济数学基础(含微积分和线性代数)、计算机应用基础(原称计算机信息系统导论)、会计学(原称会计学原理)、统计学(原称统计学原理)、财政学、货币银行学(这两门原合为财政与信用)、西方经济学、国际贸易和国际金融(仍分为2门开设)列为各专业共同必修课。

1991年6月的本科教学计划总则中,将上述10门课程加上经济法概论列为全校共同开设的专业相关课程(经济数学基础内增加概率论);思想教育课从政治理论课中分离出来列为单独一类,含形势与政策、法律基础、思想品德教育3门;经济写作课和体育课列入一般基础课。除专业课外的四类必修课程的学分数在课程教学总学分中约占56%。

从1995年起,本科专业的课程分为必修课和选修课两大类,必修课又分为普通共同课(内分政治理论与品德课、语言与技能课、体育与卫生课3种)、学科共同课、专业课(内含专业基础课、专业方向课、专业选修课3种);选修课又分为共同限选课(分模块选修)和任意选修课两类。1999年开始,按经济学与管理学、法学、理学、文学4个大类设置学科共同课程12～17门。

"十一五"期间(2006—2010年),学校按照宽口径、厚基础和全面素质的人才培养目标规划教学计划,并在2009年进行了新一轮的教学计划修订。截至2016年底,学校实施大通识教育方案,构建七大通识教育模块(合计70学分,占课堂教学学分的54%),初步构筑了由通识教育课程、学科平台课程、专业方向课程所构成的分层化课程体系,构建了通专结合的培养体系。此外,学校还积极参与上海市东北片普通高校合作办学,2013年成为上海市课程资源共享中心第一批成员学校,学生通过该平台选修其他高校开设的通识课程,修读合格,学分可作为任意选修课学分。

## 第三节 课程和教材建设

### 一、课程建设

民国十七年(1928年)9月,国立中央大学商学院编制了《学程纲要》,对每门课程做了简要介绍,内容包括:课程号、课程中文名(英文名)、全年或半年、每周课时、担任教员职务与姓名、课程教学目的、内容要点与教学方法、教本、参考书。

民国二十二年(1933年)下半年,国立上海商学院组织"各系主任及专任教授,著(着)手编制课程纲要",其标准是"(1) 一二年级课程,着重于基本学识之训练;(2) 三四年级课程,则侧重于专门问题之研讨";编写格式则同中大商学院的《学程纲要》,但取消了课程的英文名。民国二十三年(1934年)9月后,课程纲要编制完成,并"开始实行"。

1950年更名为上海财政经济学院后,根据政务院于8月2日公布的经第四十三次政务会议批准的《关于实施高等学校课程改革的决定》开展课程改革。在政治教育方面,1951年7月前,已开设社会发展史、新民主主义论、政治经济学和政治讲座4种课程,准备开设辩证唯物论及毛泽东思想讲座。1953年,教师业余学习俄文后,大部分已能翻译并阅读有关财经专业俄文书籍,进一步充实了教材内容。1953年11月,全院11个专业共"有88门课程133类型完成了教学大纲",其中工业企业经济活动分析、财务收支计划、国民经济计划原理、预算会计等24门课程依照苏联资料;在制订的教学计划中,着重政治教育,开设4门政治课(中国革命史、马列主义基础、政治经济学、辩证唯物论与历史唯物论),并充实与提高政治师资,使理论教育与思想教育相结合。为了建设一支适应中国高等财经教育需要的教师队伍,从1952年起,先后选送青年教师去中国人民大学研究生班学习,安排中年教师去中国人民大学旁听或进修,学习马列主义理论和社会主义财经专业的有关课程。

进入20世纪60年代,在重建学院过程中,课程建设主要体现在三个方面:一是重建财经类5个专业开设课程的教学内容,新建商品类3个专业的课程结构;二是补充教师,尤其是商品类专业教师从理工科高校毕业生中吸收;三是添置课程教学必需的仪器设备,建设商品类专业的教学实验室。

1978年学校恢复重建后,适应改革开放和社会主义现代化建设的需要,在建设新专业的同时建设一批新课程,到1988年底,新开设的介绍西方经济理论和外国经营管理的理论、组织与技术的课程,介绍现代科学管理方法的课程,介绍中外经济法规的课程等共有140多门。

1980年底,学校在会计学系进行专业课程体系改革的试点。1983年初,制订了会计学专业课程体系改革新方案,专业核心课程由"老三门"(即会计核算原理、工农商专业会计和经济活动分析)、"老四门"(即"老三门"加上财务管理)改成"新五门"(即基础会计、财务会计、成本会计、管理会计和审计学),组织编写"新五门"的教材。其后,各专业相继改革和调整专业课程体系。

1990年10月,学校针对现有大纲编写的结构不够统一、内容上过于繁或简的状况,制定《关于课程教学大纲编写的暂行办法》;1994年5月,上述暂行办法去掉"暂行"二字。1999年3月,修订《关于课程教学大纲编写办法》,大纲的格式修改为:(1)课程名称;(2)开设部门;(3)教学目的和要求;(4)教学课时数及其分配表;(5)考核(含考核形式和试卷结构);(6)所用教材;(7)参考书目;(8)讲授提纲。

为了有计划、有步骤、有重点地推进课程与教材建设,1996年9月,学校决定成立课程与教材建设委员会,并制定该委员会工作条例(试行)。1997年6月,学校设立课程与教材建设专项基金,暂定为每年50万元,优先资助共同核心课程建设和课程评估中获得优秀的课程建设,资助经学校课程与教材建设委员会审定开设的新课程及其他课程建设。

1996年12月,学校决定成立课程建设小组,以加强共同核心课(包括普通共同课和学科共同课)的每一门课程建设。课程建设小组受学校课程与教材建设委员会指导,由课程开设院(系)和教务处双重领导。1999年4月,学校启动"211工程"经济学管理学本科核心课程与教材建设项目,旨在形成一批优秀的成龙配套的标志性课程,首批建设的15门课程均在2000年内完成项目建设。2000年,学校决定在本科核心课中试行课程建设负责人制,并于该年9月确定并聘任首批本科核心课课程建设负责人22位;2001年3月制定《上海财经大学本科核心课课程建设负责人工作考核指标》,4月又聘任第二批本科核心课课程建设负责人7位。

1999年8月,学校贯彻中共中央、国务院《关于深化教育改革全面推进素质教育的决定》及教育部《面向21世纪教育振兴行动计划》,制定《上海财经大学振兴本科教育、推进素质教育行动计划》,并于2000年4月正式印发,由此启动双语教学课程的建设。2002年5月,学校根据教育部《关于加强高等学校本科教学工作提高教学质量的若干意见》的精神,制定《上海财经大学关于使用外语及双语教学课程的若干规定(试行)》。此后,学校双语教学课程建设稳步推进。2007年12月,教育部、财政部经评审与公示,批准学校的货币银行学(丁剑平)、国际金融(周继忠)、公司金融(徐晓萍)3门课程为2007年度双语教学示范课程(全国共100门),给予每门课程资助经费10万元。

2003年4月,教育部决定在全国高等学校(包括高职高专院校)中启动高等学校教学质量与教学改革工程精品课程建设工作,并发出《通知》,明确"精品课程是具有一流教师队伍、一流教学内容、一流教学方法、一流教材、一流教学管理等特点的示范性课程",要求高校"建立各门类、专业的校、省、国家三级精品课程体系"。2003年6月,学校制定并启动《上海财经大学本科教学精品课程建设计划》。2004—2016年,共建设了38门上海市级精品课程、20门上海高校示范性全英语教学课程,7门国家级精品课程和6门国家双语示范课程。另在"十二五"期间,教育部开展精品开放课程建设,学校7门国家级精品课程中有6门成功转型成精品资源共享课,又新增了8门精品视频公开课。

此外,2005年上海市教育委员会启动了上海市重点课程建设,至2016年,学校共有80门课程获得上海市教委重点课程建设项目立项。

2012年,学校启动了新一轮本科教学改革。本次教学改革中以启动通识教育为核心,着重强调要鼓励名师开设新生研讨课程。同年,学校发布了《新生研讨课》建设方案,启动了新生研讨课建设。2014年又发布了高年级研讨课建设方案,在本科三四年级学生中开设高年级研讨课。截至

2016年,学校共建设了51门新生研讨课和41门高年级研讨课。

## 二、教材建设

据国立中央大学商学院和国立上海商学院的《学程纲要》,大部分课程的教本选用英文版教材,部分课程的教本为"口授笔记",另有少量为"讲义兼口授笔记"。民国二十二年(1933年)12月,国立上海商学院为编印出版商学丛书,专门制定《丛书规程》。惜因种种关系,未能如愿。至民国二十五年(1936年)3月,已出版者,有商学院教授金国宝所著《统计学大纲》一书(由商务印书馆出版),各大学采作教本,风行一时。

1950年8月至1951年4月的课程改革第二阶段中,学院按照政务院《关于实施高等学校课程改革的决定》的要求,"全院各课程除外国语文(如英文、俄文、商用英文、英文翻译)外,其他课程均采用本国语文教本并教授"。据1952年度两个学期使用教材情况统计,全院开设课程采用的教材近90%为自编提纲,见表6-2。

表6-2 1952年度使用的教材情况

| 学 期 | 开设课程门数 | 教　本 |  |  | 自 编 提 纲 |  |  |
|---|---|---|---|---|---|---|---|
|  |  | 苏联 | 中国人民大学 | 其他 | 以苏联教本为主 | 以人大讲义、教本为主 | 以报章杂志相关资料为主 |
| 第一学期 | 87 | 4(4.6%) | 3(3.4%) | 2(2.3%) | 6(6.9%) | 28(32.2%) | 44(50.6%) |
| 第二学期 | 61 | 4(6.5%) | 2(3.2%) | 2(3.2%) | 4(6.5%) | 27(44.4%) | 22(36.2%) |
| 全年度 | 148 | 8(5.4%) | 5(3.4%) | 4(2.7%) | 10(6.7%) | 55(37.2%) | 66(44.6%) |

《上海财经学院一九五五年四月份综合报告(教学与科学研究部分)》称,"上学期(指1954年9月后),有28门课37种教材正在编写或修正,其中基本上可以定型的有11种,有一定基础但还不够成熟的有22种,具有初步基础距离要求较远的有7种,已经定稿的只有国民经济计划原理、国家预算会计核算及生产财务计划3门"。

据1955—1956学年采用讲义目录,在38种讲义中,由学院教师或教研组编写的有33种(内含一种为专修科使用),其中有:周伯棣等《财政学》、刘絜敖《财政与信用》、杨鹤九《货币流通与信用》、朱斯煌《货币流通组织与计划》、龚浩成《短期信贷组织与技术》、丁芳圃等《贸易经济》、李志远等《商品学》、崔德邻等《贸易组织与技术》、岁度英等《合作社理论与历史》、杨先之《工业技术学(机械)》、马家骅《工业企业组织与计划》、林蔚人等《中国与外国经济地理》,工业会计、贸易会计教研组《经济活动分析》《国民经济主要部门的会计核算》,会计核算原理教研组《会计核算原理》,统计理论教研组《统计学原理》,贸易统计教研组《贸易统计学》,工业统计教研组《工业统计学》,数学教研组《高等数学》《计算技术》,国民经济计划教研组《国民经济计划》,俄文教研组《俄文》(三年级使用),等等。贸经系教师1959年共完成了22门课程约500万字教材(不包括短训班教材)的编写工作,其中有统计学原理、会计核算原理、商业财务、商业会计、商业统计5门教材(共120万字),参加了商业部在杭州召开的全国高等财经院校商业经营管理类教材选编会议的评选,全部被选为编纂全国通用教材的基础。

1960年学院重建后,教材建设一直是各专业的一项建设内容,尤其是商品类专业的专业课均需自编教材。据《1961—1962学年第一学期教材选用情况汇报》,"在 1961—1962 学年第一学期准备使用的教材类型计有 81 种,其中采用全国通用教材的有 26 种,自编的教材有 45 种,采用其他兄弟院校的教材有 10 种"。81 种教材中,自编教材占到 55.6%。该报告的附表显示,45 种自编教材中,商品类专业有 23 种,占 51%。除自编外,贸经系教师还参与中央商业部商业经济专业教材的统编工作。

1978 年底复校后,学校紧密结合教学实际,积极抓好教材建设。在 20 世纪 80 年代的十年间,共编写了各类教材 600 余种,公开出版的专著、教材和译著有 691 种,其中获得 1988 年全国高校优秀教材特等奖 1 本(胡寄窗《中国经济思想史简编》),全国高校优秀教材奖 2 本(娄尔行、吴诚之、石成岳《基础会计》和贾宏宇、郑德如《资本主义国家经济统计》);获得 1988 年全国财政系统优秀教材一等奖 4 本(胡寄窗《中国近代经济思想史大纲》,曹立瀛《资本主义国家财政》,刘絜敖《国外货币金融学说》,严学丰、程兆汾《社会主义工业企业管理》),全国财政系统优秀教材二等奖 4 本(俞文青《施工企业会计》,童一平《银行会计学》,娄尔行、王澹如、钱嘉福《资本主义企业财务与会计》,田竞和《工业统计学》);获得全国金融系统优秀教材奖 4 本。

1988 年 3 月,学校成立教材编审委员会,规划统筹全校的教材建设。1989 年,又设立专著、教材出版资助基金。截至 1995 年 12 月,资助出版了 84 种高质量的著作和教材。在 1992 年 9 月第二届全国高等学校优秀教材评奖中,娄尔行《审计学概论》、胡寄窗《1870 年以来的西方经济学说》、葛惟熹《国际税收教程》,以及徐政旦、石人瑾、林宝璨《成本会计》获优秀奖。同年 4 月第二届全国财政系统大中专优秀教材评奖中,胡寄窗、谈敏《中国财政思想史》,胡寄窗《1870 年以来的西方经济学说》,刘絜敖《国外货币金融学说》,娄尔行《审计学概论》,葛惟熹《国际税收教程》获荣誉奖(即向国家教委推荐申报全国优秀教材备选教材);徐政旦《成本会计》,余兴发《现代企业定价》获一等奖;李儒训《工业财务学》,石人瑾《管理会计》,贾宏宇《资本主义国家经济统计》,骆祖望《企业公共关系学》,杨公朴《工业结构》,张淑智《政治经济学(资本主义部分)》获二等奖。1996 年 3 月第三届全国财政系统大中专优秀教材评奖中,丛树海《财政学原理》、娄尔行《中级财务会计》、夏大慰《产业组织学》、程恩富《文化经济学》、胡寄窗《西方经济学说史》获荣誉奖,张为国《会计学概论》、徐政旦《成本会计》、陈信康《市场营销学》获一等奖,石人瑾《管理会计》、王松年《国际会计教程》、赵友良《中国古代会计审计史》、徐国祥《统计预测与决策》、李泉斌《国际经贸地理》、赵晓雷《外国经济史简编》、邱宣煌《财经应用文写作》获二等奖。1992 年的第二届全国金融系统优秀教材评奖中,王学青《货币银行学原理》获二等奖。1995 年 12 月第三届全国普通高校金融类优秀教材评奖中,刘波《西方商业银行经营管理》、盛松成《现代货币经济学》获二等奖。1995—1999 年上海普通高校优秀教材三届评审中,共有 40 本教材获奖,其中一等奖 5 本、二等奖 17 本、三等奖 18 本。

1995 年 1 月,上海财经大学出版社成立,开通学校教材出版的主渠道。1996 年 9 月,在原教材编审委员会的基础上,学校成立课程与教材建设委员会,并于 1997 年 6 月设立课程与教材建设专项基金,制定《上海财经大学教材资助出版暂行条例》。1996—2000 年初,出版专著 137 部、教材 283 部。1997 年,列入国家教委"九五"重点教材建设规划的有 7 本,财政部重点建设的 16 本,上海市教委重点建设的 5 本,中国人民银行总行重点建设的 7 本。2000 年,10 部教材列入教育部"十五"重点教材建设规划,14 部列入财政部"十五"教材建设规划。2002 年全国普通高等学校优秀教材评奖中,《市场调研与预测》(陈启杰)获一等奖;《财政学》(蒋洪)、《税收学》(胡怡建)、《货币银行学》(戴国强)、《新中国经济理论史》(赵晓雷)、《会计学》(陈信元等)、《博弈论》(施锡铨)获二等奖。2006 年,4 部教材列入财政部 2006—2008 年学历教材新编修订计划。2006—2010 年,学校共有 64

种教材入选"十一五"普通高等教育国家规划教材。

2011—2016年,学校将教材编写融入课程建设中,鼓励按照"体系化、系列化、品牌化"原则进行教材建设,支持国家级规划教材和各类课程配套教材建设。学校共有23部教材入选"十二五"普通高等教育本科国家级规划教材,有37部教材获得上海普通高校优秀教材奖。

## 第四节 通识教育

上海财经大学素有通识教育的传统。首任校长郭秉文主张办教育要力求达到"四个平衡",其中一个很重要的平衡就是"通才与专才的平衡"。他认为,要力求达到通才与专才的平衡,这样可以使"通才不致流于空疏,专才不致流于狭隘"。

《上海财经大学"十一五"发展规划》中进一步明确学校以"复合型、外向型、创新型"人才培养规格为特色,牢固树立全面发展的人才培养理念,并对"复合型"做了界定:是指以素质教育为根本,以通识教育为手段,融知识传授和能力培养为一体,全面提高学生的思想道德素质、科学文化素质、专业素质和健康素质。

2013年10月,学校召开第十三次本科教学改革研讨会,全面启动以"立体课程、多元路径、个性体验"为特征的创新人才培养模式改革。2014年11月,学校召开"2014上海财经大学通识教育论坛",邀请复旦大学、山东大学、中山大学岭南(大学)学院、中南财经政法大学、西南财经大学、台湾中原大学等从事通识教育和教学管理的专家共商通识教育的问题。同月,学校组织校内外专家论证《上海财经大学通识教育改革方案》。

2015年4月14日学校成立通识教育中心,挂靠教务处,负责通识教育具体工作。同日,学校成立通识教育指导委员会。该年度通识教育中心组织两次通识课程立项申报工作,从63门申报项目中评选出23门课程立项,其中核心课程6门;完成2013年和2014年立项通识课程验收工作,53门课程中有45门通过验收,其中10门评选为优秀。2015年暑期,与复旦、山大联合开设暑期通识课程34门,下半年又引进复旦、同济、华师大等高校通识课程5门。同时,与人文学院协调,尝试利用MOOC开展基于翻转课堂的教学改革,开设《国学智慧》和《科技技术史》2门慕课课程。此外,通识教育中心还先后组织4次通识教育师资系列培训,邀请香港中文大学、台湾中原大学、台湾铭传大学、清华大学和复旦大学的教授开设讲座。

2016年,通识教育中心完成通识课程立项申报工作,从86门申报项目中评选出27门课程立项,其中核心课程10门;完成2013年、2014年立项通识课程(延期)及2015年第一批立项通识培育课程的验收工作,24门课程中有23门通过验收,其中6门优秀;完成通识核心课程中期检查工作。扩大校外优质通识课程引进力度,来校开设通识课程的校外教师增加到19人,共开设通识课程28门次,累计授课学生数1 606人次。

## 第五节 实践教学

### 一、实习和社会实践

民国七年(1918年)10月,郭秉文在关于南京高等师范学校概况的报告书中谈及实习时称:"本校实习有两种:(一)为实科之实习……商有商社实习,平日则在校中实习,暑假则派往相当之处所实习。今年暑假期内……商科学生则派往各商店实习,总览各科报告颇多事实之谈。"民国十年(1921年)筹备东南大学时,因"人才与环境关系",商科迁往上海,上海商科大学本科学生的实习延续了南高师商科的做法,校内是否有实习场所已无从查考,而校外实习环境较之南高师时则更佳。

民国十六年(1927年)7月,上海商科大学改组为国立第四中山大学商学院后,院内新设银行实习室一所,因限于预算,故各项设备未能齐全。翌年春,该实习室规模初具。同年5月,大学奉令更改校名为国立中央大学,商学院于是年冬设统计实习室。民国十八年(1929年)春,扩充银行实习室改为中大实习银行,又设立中大消费合作社,学生实习均有一定时间。同年秋,设工商调查部,除设有专任人员外,并随时指派学生担任调查工作,予学生以实地考察机会,俾得与学理相参证。此外,还设有打字室。民国二十年(1931年)2月,学院在沪北江湾西体育会路建造的院舍落成,内除上述4个实习场所外,又增设会计实习室,并计划设立商品陈列部。民国二十一年(1932年)1月28日"闸北战事"中,院舍及实习设施、设备全为日军焚毁。

民国二十二年(1933年)12月,二三级级会因消费合作社停办多年给同学带来不便,决议创办实习商社。经学院准许,实习商社于民国二十三年(1934年)2月中旬开始营业,3月推出《国立上海商学院实习商社章程草案》。

民国二十四年(1935年)1月,学院在原址重建新院舍。8月底新院舍全部落成,实习场所仅存商品陈列室。民国二十五年(1936年)6月,学院公布并施行《国立上海商学院学生实习规程》,明确:各学系学生于毕业前,均应实习一次(翌年2月制定的实习办法调整为"自第二学年起,须于寒假或暑假期内在校外实习");实习地点由学校指定;实习时间定为8周,"必要时得延长之";实习后应将实习情况作成报告,呈缴教务处审核;实习报告成绩仅分甲乙等第,不计学分,乙等以下者"得令重行实习",连续两次在乙等以下者不得毕业;实习工作未完毕时也不得毕业。民国二十六年(1937年)8月13日,新院舍在日军炮火中再次变成一片瓦砾。学院租赁房屋继续教学,学生的实习场所只能在校外。民国三十五年(1946年)复校后,鉴于学院"对于会计、统计、打字等课,素来注重实习",在院舍紧张的情况下,仍设法辟建会计实习室、统计实习室及打字室。

1951年1月学院划归华东财经委员会领导以后,有领导有计划加强实习工作。1951年5月,合作系二三四年级学生分赴山东及苏北老区农村合作基地实习;统计学系毕业生毕业前赴计划局实习几个星期;其他各系二三年级学生在暑期中参加各企业工厂现场实习六星期。1954年8月,中央教育部公布的财经类教学计划规定,4年内安排生产实习18周,其中第六学期8周、第八学期10周;实习内容均为专业课程内容,如会计学专业第六学期实习名称是"专业会计核算",第八学期实习名称为"专业经济活动分析与检查"。1952年2月12日,学院第十二次院务会议决定组织生产实习指导委员会,由褚葆一为主任委员,许本怡等9人为委员。

1961年7月,学院根据中央文科教材、教学方案和教学计划会议与上海市委文教会议的精神,提出《关于修订教学计划中几个共同性问题的意见》,其中称:四年中教学时间为136周,生产劳动(集中劳动)32周,科学研究12周(第三学年每学期2周,第四学年每学期4周);生产劳动每学年安排集中劳动8周,并应安排农业公益劳动2—3周,专业劳动则可根据各专业的教学要求作适当安排;生产实习应该根据实习大纲尽可能地结合生产劳动进行。据1962年1月修订的商业经济、财政金融2个专业1960级教学计划进程表,生产实习商业经济专业共9周,其中第六学期4周,第八学期5周;财政金融专业共7周,其中第六学期3周,第七、第八学期各2周;集中劳动两专业均有19.5周,其中第一学年7.5周,其余3个学年各为4周。同年3月,学院印发《上海财经学院学生生产实习暂行规程(草案)》。

20世纪80年代,学院在恢复重建的过程中,于1983年建立金工实习工场,为工业经济专业学生学习"金属工艺学"提供实习场所;1985年2月,与上海市会计学会合办大华会计师事务所,为会计学专业学生提供了稳定的实习基地;1991年7月,与宝山区人民政府签订产学合作协议,建立学生学农基地;同年12月底,与21家工商、金融企业和经济业务部门签订协议,建立相对稳定的校外实习基地(之前已签订3家企业)。

实习时间安排上,据1987年《教学一览·本科》,除军训外,四年中安排实习不少于8周,其中:第四学期生产实习或认识实践2周(个别专业可利用机动时间1周,增至3周),第六学期社会调查不少于3周(连同学年论文为5周),第八学期社会调查不少于3周(连同毕业论文为8周)。据1995年的《全日制九五级本科学分制教学管理文件》,1995级的社会实践(除军训外)安排在第八学期进行,称之为"社会实践课",包括军训共6个学分。1997年11月,学校制定的《学生毕业实习的若干规定》明确:"按指导性教学计划规定本科各专业的第8学期有为期12周毕业实习,该学期学分总数为12个学分(毕业实习4学分、毕业论文8学分)";"毕业实习可与毕业论文(设计)题目或科研项目相结合……让学生带着课题到实习单位进行实习,争取'顶岗实习',并帮助实习单位解决某些实际问题";"本规定从94级本科生起执行"。2001年7月,该《规定》经修订,改称《本科学生毕业实习实施办法》,增加了"实习基地建设与实习点选择""实习要求"两项内容,规定"本实施办法从97级本科生起执行"。2001年《本科教学一览》刊登该《实施办法》,并在《本科学分制培养方案总则》中,对本科生在校期间的社会实践提出新的举措:从2001级起,"除第8学期毕业实习外,每个学生均必须在假期中参加累计7周以上(含7周)各种类型的社会实践。原则上每学期1周,可以超过1周,实行累计计算……学生应按要求在每次实践活动结束后认真写好实践小结……学生在学习期间的累计实践活动时间必须达到7周,方能毕业"。

2006—2016年,学校进一步完善实践教学,一方面结合课程教学的内容和要求,组织学生开展各种类型的实验、咨询、调查等活动,在教师的带领和指导下进行课题研究。另一方面增加校外实习基地建设的力度。至2016年底,学校拥有实习基地176个。在暑期社会实践和社会调查活动方面,从2008年起连续每年组织开展"千村调查"等社会调研活动。

学校还大力开展创新教育,积极实施创业教育。2008年,财经人才创业教育创新实验区被批准为国家创新人才培养实验区,2009年学校制定和实施了《上海财经大学创业教育实施方案》,将创业教育作为模块选修课纳入教学计划。2015年7月,学校成立创业学院,面向全校学生开设创业通识课程、大学生创业创新计划训练、创业创新大讲堂、创业大赛、创业咖啡等活动。同时积极组织学生参加"全国大学生创新年会"和"上海大学生创新活动论坛"。

学校制定《上海财经大学本科生第二课堂(实践教育)学分认定及实施办法》,促进学生在校学习期间,认真完成军训、体育锻炼、计算机水平测试、毕业论文、毕业实习五类第二课堂必修项目,引导和鼓励学生参加社会实践、社团活动、学术报告和讲座、学科和文体竞赛、科研训练项目、寒暑假国(境)外访学游学等第二课堂活动。在2014级培养计划总学分由原来160学分降到155学分的同时,第二课堂(实践教育)学分由7学分提高至12学分,并且重新设计了对学生第二课堂的完成和考核要求。

## 二、学年论文和毕业论文

上海商科大学时期,本科学生毕业前无论文要求,"本科以修满128学分为毕业"。国立第四中山大学商学院仍维持上海商科大学的做法,学生修毕规定学分即可毕业。

民国十七年(1928年)8月修订的《国立中央大学商学院院章》第十四条称:"各科学生于最后一年,须呈缴论文一篇作二学分,经成绩审查委员会审查,转交教务会议复核合格后,方可毕业。"毕业论文由此开始,但没有规定毕业论文写作的时间。

民国二十二年(1933年)12月,国立上海商学院制定《毕业论文规程》,对毕业论文的指导、论文题目的选定及时间、论文文字及字数要求、论文所用参考书的注明、翻译外国名著替代论文、论文提交时间与口试审查(即答辩)等均有明确规定。民国二十八年(1939年)《修订本院学程纲要提议》提出:"各生近缴论文尚少精采,拟考撰写时期为一年,以半年收集材料、半年撰写成文,并须于末一学期考试前呈缴。"该《提议》还指明,国立上海商学院时期的毕业论文为4学分。

新中国成立后,经过高等学校课程改革和院系调整,高等教育部于1954年8月颁发了财经学院各专业的教学计划,规定在第二学年要做政治经济学学年作业;第八学期后11周进行国家考试、毕业论文及答辩。1955年7月颁发的财经学院各专业的教学计划,取消了原来的政治经济学学年作业,改为第三学年在两门专业课之后做学年论文。不论是学年作业还是学年论文,均是在课余时间完成的。到60年代,学年论文安排在第六学期,结合生产实习撰写;毕业论文安排在第八学期,生产实习后4—5周进行写作。

80年代,各专业本科教学计划均在三年级第二学期安排"社会调查与学年论文"5周,四年级第二学期安排"社会调查与毕业论文"8周。从1995级起,分专业教学计划安排第八学期"学年、毕业论文"8周(除2000年为"毕业论文"8周),2003年起调整为"毕业实习与论文"12周。

80年代制定的《上海财经大学本科学生毕业论文工作的暂行规定》指出:"毕业论文一般不要求进行答辩,但可按系或教研室组织报告会进行交流";"学生写作论文时间,安排在第八学期,毕业论文一般在六月底以前全部结束";"论文应按统一规定的纸张格式和要求誊写";"以上关于毕业论文的各项规定的精神,原则上也适用于学年论文,但要求应适当放低些"。1994年,适应国家经济体制改革和学校新增理工类专业进行毕业设计的需要,学校制定《本科学生毕业论文(设计)工作的规定》,其框架同原《暂行规定》,内容上有所修改。

1997年12月,学校公布关于上述毕业论文(设计)工作规定的《补充规定》,称:"本科毕业论文(设计)要求组织答辩。各院、系应成立'论文答辩小组'对学生论文(设计)进行答辩;答辩的学生数由各院、系根据实际情况自行决定。"在成绩评定上,《补充规定》称,"论文(设计)一般需提供参考书目、引文的出处、调查附记等",论文(设计)成绩的"最后评定应参考答辩小组意见,由院、系主任综合平衡,适当控制'优秀'的比例"。

2001年7月修订的《上海财经大学本科学生毕业论文(设计)工作的规定》,增加了"毕业论文(设计)撰写要求"部分,具体阐明结构及其内容、毕业论文(设计)的篇幅、撰写格式规范和打印要求,提出"原则上毕业论文(设计)都要求进行答辩",并将评分参考标准列入成绩评定正文中。2005年6月修订上述《规定》,有重要修改的2项:一是"毕业论文(设计)要求一人一题",不允许几个学生合做一个科研题目;二是"每位学生的毕业论文(设计)都要求进行答辩",不再提"原则上"都要求答辩。

"十一五"期间,学校进一步补充修改了本科生毕业论文和实习的要求,每年(至今)评选优秀本科毕业论文,编辑《本科生优秀毕业论文集》。

## 三、实验教学

郭秉文在民国七年(1918年)10月曾说过,实验"一以为学理之佐证,一以养发明之习惯",实习则"养成各科之技能"。从上海商科大学至国立上海商学院,商科各系科在校内只有实习而无实验。

1956年5月的《上海财政经济学院概况》介绍,"在教学设备方面,计工业经济系设有物理、化学实验室,贸易经济系设有商品学实验室,统计学系设有统计实验室"。

1964年初,重建的上海财经学院院址迁到中山北一路369号,辟出一幢楼和一排平房用于配置实验设备。截至1965年9月,建立了物理实验室、金工车间、金属试验室、车辆农机、机械商品实验室、电工器材试验室、电讯器材试验室、电工原理、无线电原理、纺织机械、纺织实验室、化学实验室12个实验教学设施,建筑面积为1670平方米,并制定《关于实验工作组织分工暂行办法(草案)》。1972年4月学院被撤销,各实验室设备调配至上海相关高校。

1978年底复校后,为适应计算机科学技术的教学需要,学校筹建机房,配置数台简易微机、克罗门柯机和苹果机,主要用于各专业学习计算机程序设计语言如BASIC、COBOL、FORTRAN等的上机操作。1982年,经济信息管理系成立,该机房由基础部划归经济信息管理系(随着经济信息管理专业的设立,该机房也成为专业的教学实验室)。1983年前后,利用世界银行第一次中国高校项目贷款,该机房引进MV4000小型机,学生上机实验的条件有了改善。在建设机房的同时,为适应工业技术学、商品学课程教学的需要,在工业经济系、贸易经济系先后恢复设立电子技术实验室、商品学实验室。90年代初,因上述课程停开,2个实验室被撤销。

1987年下半年,学校办学重心由中山北一路校区转移至国定路校区,以经济信息管理系机房实验人员和部分教师为基础,组建计算中心,并利用世界银行第二次中国高校项目贷款,引进了IBM4381中型机、LF1605超级微型机及若干台微机,还引进银行管理模拟系统和10余台微机,成立银行模拟实验室。经济信息管理系则下设专业教学实验室和教师用机房。

从1997年下半年起,学校实施"211工程"建设,一方面对计算中心的机房进行改造和扩建,增加微机数量,提高微机质量。据2001年4月统计,机房由原来的4个增加到8个,计算机由原来的200台(486机)发展到491台;另一方面结合重点学科建设项目的实施,先后建立会计电算化中心(由大华会计师事务所投资)、统计预测分析实验室、现代信息技术研究实验室(经济信息管理系教师用机房改建)、经济学基地教学实验室、经济模拟研究实验室和金融实验室(由上海银行投资并配置该银行真实管理系统)。2003年6月,学校成立"实验中心",将院系上述专业实验室进行相对集中管理。

2004年8月后,按照教育部颁发的《普通高等学校本科教学工作水平评估方案(试行)》中关于实验教学的要求,学校制定《上海财经大学专业实验室管理条例(试行)》,重建会计与财务实验室,改建金融科学实验室,在统计预测分析实验室基础上建立统计调查实验室,经济模拟研究实验室改建为实验经济学实验室,在原经济学基地教学实验室部位建立经济新闻实验室,经济信息管理系在原有实验室基础上建立信息系统智能模拟实验室、电子商务实验室(与IBM公司合作)和电工实验室。2006年10月,学校建成并启用模拟法庭;12月,在实验中心楼内建立ERP(企业资源计划)实验教学中心;2007年1月建立大学英语自主学习中心,4月又建立公共经济与管理实验室。2007年6月,实验中心改组为经济与管理实验教学中心;11月,经上海市教育委员会专家组评审,该实验教学中心被确定为上海市实验教学示范中心。

在建设实验室的同时,也建设实验课程。2006年6月立项建设的实验课程共34门,2007年10月底11月初,学校组织专家检查验收,企业价值评估的实验教学、电子商务、新闻编辑实验课程、基础会计实验课程等23门获得通过。11月底,广告学、计量经济学、结构化金融产品等14门实验课程立项建设。

至2017年3月,学校共建有25个专业实验室,其中教学为主的实验室8个、科研为主的实验室5个、教学科研型实验室12个。实验课程已基本覆盖各学院,各学院根据学科发展和培养学生实践创新能力需要,在培养计划中明确实验课程的要求和内容。

## 第六节　教　学　管　理

### 一、学分制与学年制

上海商科大学采用学分制,以每学生每周上课及自修合3小时历半年者为一学分,每半年以学习16学分为标准;若遇特殊情形,可减少至16学分、增多至20学分;本科以修满128学分为毕业。在简介课程时,除标明每门课程的学分数外,还列出相应的每周讲授时数和教学年限。在判定学生是否升级时以学分数为标准,即"学生年级高下以所读学分多少为标准,每学年以32分计算,有四分之三及格者(24学分),始得升级"。

民国十七年(1928年)8月,国立中央大学商学院的院章称,"本院采用学分制,其学分规定系依照下列标准":凡商科课程及社会科学课程,每周上课1小时作1学分计算;凡文学各课程,如国文、英文、日文、法文等,每学期每周上课1小时作0.5学分计算;凡有实习各课程,如簿记、会计、珠算、打字等,俱依照实习分量酌给学分,实习钟点每学期每周1小时作0.5学分计算;凡有特别情形及不能以上课钟点为标准各课程如论文等,另行规定。院章在规定"四年共须修毕128学分"之前,又明确"修业年限定为四年"。在按一二年级各科共同必修课程、各科三四年级必修课程、各科共同选修课程、各科选修课程四类开列的课程一览表中,不仅标明每门课程的学分数,也列出相对应的每门课程每周时数、全年或半年。国立上海商学院成立后,课程一览表中增加了"教授"栏目。

民国二十八年(1939年)8月制定的《国立上海商学院学生通则》规定,学院"兼采学分制及学年制",学生修习学程至少须满132学分,修业期限须满4年方得毕业。与此同时,学院明确课程学分计算办法,即"依教部施行学分制划一办法第二项之规定,凡各课目学分,以每周上课一小时满一学期者应作一学分为原则,以求划一,而符部令"。

1951年上半年,更名后的上海财政经济学院采取学年制,取消选科制度。此后制订的教学计划中,各门课程不再计算学分,直接以周学时数表示,并列出每学期教学时数、四年教学总时数。学生学习期满,按教学计划完成全部学业成绩及格,准予毕业。

1983年6月23日,学院发布《关于从一九八三级学生起试行学分制的通知》称,从1983级开始,全院本科教学实行学年学分制,"是教学管理制度的重大改革"。其后制定的本科专业教学方案要点有三项:一是各专业学制均为4年,4年内没有修完规定学分的学生,可以适当延长时间,但以1年为限。二是课程教学既规定总学时,也规定总学分;每门课程既标明教学时限(一学期或一学年)和周学时数,也标明学分数(一般按课程的周学时数×学期数确定);因为实践性教学环节也有相应的学分,因此还规定各专业全程总学分。三是增开选修课,选修课分为限定选修课和任意选修课两类,限定选修课按专业需要设置若干选修组,每组二三门课。

从1995级开始,学校"全面实行学分制",要点有四项:一是实行弹性学制,以指导性教学计划规定的学习年限(4年)为基础,弹性幅度最短不低于3年,最长不多于6年。二是实行指导性教学计划,规定各专业教学计划的最低学分总量、课堂教学环节(及各类课)的学分、实践教学的学分,以及必修课、选修课、社会科学等各类课程的学分比重。三是学分采用A、B、C结构,A类为理论教学课学分,原则上以一个学期内周课时1个学时为1学分;B类为体育教学课学分,原则上以一个学期内周课时 2 个学时为 1 学分；C 类为实践教学学分，分散进行的原则上每 30 课时为 1 学分，集中进行的每周 1 学分。四是对实行学分制的学生试行导师制。

2013 年学校召开第十三次本科教学改革研讨会后，实施大通识教育方案，将"两课"、数学、英语、体育等课程纳入其中。2014 年，学校制定《上海财经大学本科生校外学习学分认定与成绩转换管理办法》，实行按年级由高到低的分阶段选课规则。从 2013 级本科生开始，提高每学期选课学分上限至 30 学分；2014 级本科专业培养计划选修课比例从 18％提高到 35％左右，鼓励学生根据自身兴趣和未来发展选修各类课程。

## 二、主副修制与双专业、双学位教育

1991 年 6 月编制的《上海财经大学教育事业十年规划和"八五"计划纲要（草案）》提出，要"通过试点，逐步推行主副修制，允许学生在修习本专业教学计划规定课程的同时，跨大学科、跨教学系副修 3 门以上系列专业主干课"。同年 7 月中旬，校长金炳华在第二届教代会上的工作报告中，对本科培养方式的改革作了说明之后提出："与此相适应，在教学制度上也要进行改革，试行主副修制。"

1992 年下半年，学校教务处根据上述要求，制定《上海财经大学副修制试行条例》。该条例规定：副修制从本科生二年级开始执行；每个副修方向必须开设 25～30 学分（400～450 授课课时）的专业课程，并利用假期完成教学实践；副修专业的学习与主修专业同时进行，不延长学制；学生按副修专业的教学计划，修满规定的学分，完成实践教学环节，并取得主修专业毕业证书者，发给副修专业成绩单和合格证书。1992—1993 学年第二学期，副修制在 1991 级本科生中试行，共开设商务英语、计算机软件、房地产经营与管理 3 个副修方向。1993—1994 学年第一学期，1992 级本科生的副修专业增加金融与证券、国际商务、国际企业管理、国际经济法。1995—1996 学年，1994 级本科生的副修专业又增加会计学、现代营销管理、商务日语。

1999 年 9 月，学校在副修制基础上推出双专业、双学位教育，并在 1998 级本科学生中试行，开设会计学、国际经济法、信息管理与信息系统、国际商务英语（不设学位）4 个副修专业。学校制定《本科双专业、双学位教育试行条例》，同时废止《副修制试行条例》。新条例明确：双专业是指学生修读主修专业以外，同时副修另一个专业（以下简称"副修专业"）；双学位是指学生修读跨学科门类的副修专业，并符合有关学位管理条例规定而获取的双学士学位（以下简称"副修专业学位"）。并规定：副修专业总学分为 32～37 学分（480～555 课时），其中专业基础课 12 学分，专业方向课 12～15 学分，专业选修课 8～10 学分；副修专业学位另加毕业论文 8 学分，总学分为 40～45 学分，副修专业的学习与主修专业同时进行，一般安排在周一至周五晚上和双休日上课。

2004 年 3 月，教务处和校教学督导组联合组成课题组撰成《全日制本科利用暑假进行第二专业教学的研究报告》报送校部，经校长办公会议讨论，决定集中在每年暑假进行为期 4 周的第二专业教学。该年 6 月 28 日至 7 月 24 日，在 2003 级本科生中开展双专业、双学位教学，开设 9 个专业 23 门课程，涉及学生 857 人，任课教师 26 人。从 2005 年起，学校的《双专业、双学位教育试行条例》对教学安排的规定修改为：双专业教学一般安排在每年 7 月份，即主修专业期末考试结束后进行，为期 4 周。

## 三、考核与成绩管理

上海商科大学的《普通规则》规定：试验（即考试，下同）分临时及学期两种，临时试验由各教授临时酌行之,学期试验于每学期终行之;各学程成绩以平时积分及临时与学期试验分数平均计算之,但不得仅以平时积分及临时试验两项分数作为学期成绩;成绩在六十分以上者为及格,六十分以下者为不及格;凡不及格之学程在四十分以上者方可补考(需缴费),四十分以下者不得补考,并须重行学习;学期试验时,学生因发生重病或重要事故如亲属重病死亡等未能应考者,经教授会议允许后,得准免费补考;临时试验时,学生因事故未能应考者不得补考;每学期每学程缺课逾上课时间三分之一者,不得与学期试验,且不得补考,即须重读;各学程修习学分有五分之二不及格,而其他学程又无特别优良之成绩者,得令其退学。

民国十七年(1928年)1月,国立第四中山大学第五次校务会议对第四次校务会议议决的关于甄别学生计算成绩办法案作了若干修正,其中对"即令退学"的对象改为以下三种学业情况:一是凡一学期内所习学分满二分之一成绩不合格者;二是凡一学期内所习学分满三分之一成绩不及四十分者;三是所习学分如在任何二学期有三分之一成绩不合格者。此外,提出"因请假不及于考而补考者,其考分须照九折计算"。

民国十九年(1930年)1月,《国立中央大学规程》第十二章(学生)第四十条称:"本大学考查成绩各项办法均照教育部公布大学规程第四章办理。"而国民政府教育部于民国十八年(1929年)8月14日公布的《大学规程》共有6章30条,其第四章为"试验与成绩",规定大学试验分入学试验、临时试验、学期试验、毕业试验4种,并对每种试验及其成绩核计提出明确要求。

民国二十八年(1939年)8月,国立上海商学院制定并公布了《学生通则》。该《学生通则》共有11章70条,其中第五章为"成绩考查",列有22条;第九章为"考试",列有4条。"成绩考查"这一章规定:国立上海商学院考查学业成绩方法分为三种:一是平时作业,如口问练习题及报告等属之;一为临时试验,每学期举行两次,由教务处规定日期举行之;一为学期试验,于每学期终了时举行之。学生学业成绩分为五等,甲等九十分以上,乙等八十分以上,丙等七十分以上,丁等六十分以上,均为及格分数,六十分以下四十分以上为戊等,凡戊等及戊等以下为不及格分数;学生成绩以平时作业及临时试验各半之积分与学期试验分数平均计算之;凡学生在一学年内上下两学期总成绩之平均分数不满六十分者或主修课程有三门不及格者不得升级。在"成绩考查"这一章,还对全年学程的成绩计算、主修课程、可以补考及补考成绩计算、不得补考、须重行补读或重受试验等作了具体规定,关于"即令退学"的学业上情形只规定一种,即"学生连续留级至二次时"。"考试"这一章,主要规定考试纪律和作弊处理。

1954年4月,学院编印的《章则汇编》第一辑收录《请假、缺课、休学、退学、转系及奖惩的几项重要规定》《平时与学期成绩检查暂行办法》《学生考试规则》《口试规则》《补考及升留级办法》等有关学籍和考核成绩管理的制度。其中,《平时与学期成绩检查暂行办法》包含平时成绩检查办法、学期成绩检查办法、考试办法、测验办法、补考办法5项内容。此后,学院根据中央高等教育部颁发的《高等学校课程考试与考查课程》第十九条规定,又制定《上海财经学院课程考试与考查补充办法(草案)》,被收在《章则汇编》第二辑(1955年1月)中。

20世纪60年代上海财经学院重建之初,制定《上海财经学院考试考查和学生升留级处理暂行办法(初稿)》,规定:考试可采用口试、笔试或口笔试兼用等方式进行,考查由教师依据学生平时的作业、实习、实验、课堂讨论、提问等记录以及测验、心得、报告、小结、鉴定等给予总的评定;考试成绩的评定,按"5""4""3""2"四级记分,考查按"及格""不及格"两级评定成绩,生产劳动、基层实际锻炼、科学研究的考核,可采用评语。

1983年6月发布的试行学分制通知中明确:"实行学分制以后,所有课程都是考试课"。学院根据教育部颁布的《全日制普通高等学校学生学籍管理办法》制定《学生学籍管理实施细则》，1987年9月前略作修改，收入《教学一览·本科》一书。该《实施细则》在"成绩考核与记载办法"中规定：考核分为考试和考查两种，所有课程都进行考试，各种实践性教学环节都进行考查；考试成绩的评定，采用百分制记分，考查成绩一律采用五级制（优秀、良好、中等、及格、不及格）记分；课程成绩评分，以学期末或课程结束时考试成绩为主，适当结合平时成绩；学生每学期不及格的课程，一般均可补考一次，补考成绩的评定采用及格与不及格两级记分，记分时注明"补考"字样；凡擅自缺考或考试舞弊者，该课程成绩以零分计，并不准参加正常补考，在登分时应注明"旷考"或"作弊"字样，考试舞弊者按情节轻重，应给予相应的纪律处分。1983年的试行学分制通知中还提出"实行学分绩点制"，收入《教学一览·本科》中的《实施细则》则称，为合理地综合评定学生的学习成绩，从1985级开始采用学分绩点制，并列出绩点的规定和计算方法。

1990年1月，国家教育委员会发布《普通高校学生管理规定》。学校根据其中"学籍管理"的要求，结合1995级起实行学分制的实际情况，制定了《本科学分制学生学籍管理实施细则》。2003年经过调整，包括总则在内共9章55条。其中"成绩考核与记载"规定：学生所学课程均应考核，课程成绩考核应包括平时考核和期终考核，考核成绩一经评定，任何人不得随便改动；课程考核成绩一律用五等十级制记分，并用绩点来综合评价学生的学习质量，"五等"就是优等、良等、中等、差等、不及格，"十级"就是A、A−、B+、B、B−、C+、C、C−、D、F，分别对应于百分制评分的某一段，并获得相应的绩点；课程按学期计算学分，成绩为F级（不合格）者，必须重修，即取消补考；学生必须严格遵守试场规则，凡考试舞弊者，该课程成绩以零分计，取消正常重修资格，并给予相应的纪律处分；学生上课应实行考勤，缺课累计超过其课程教学时数三分之一者，不得参加该课程的考试。此外，"成绩考核与记载"部分还明确"任意选修课没有缓考""旷考者必须重修"。

2005年3月，教育部发布《普通高等学校学生管理规定》。5月，学校根据该文件的精神，修改上述《实施细则》，更名为《本科学生学籍管理实施细则》。此后又于2013年修订《本科学生学籍管理实施细则》《学生课程考试试场规则》；2014年修订《本科辅修专业、辅修学位教育试行条例》，发布了《本科生校外学习学分认定与成绩转换管理办法》《本科生第二课堂（实践教育）学分认定及实施办法》；2015年，修订了《本科香港、澳门、台湾学生学籍管理补充规定》。

## 四、学位管理

从上海商科大学至国立上海商学院，本科学生一毕业即可获得学士学位。民国十二年（1923年）的上海商科大学《普通规则》称，"本科毕业生得受学士学位。"民国十七年（1928年）的国立中央大学商学院院章第十条规定："本院修业年限定为四年，毕业生得称商学士。"民国二十二年（1933年）的《国立上海商学院组织规程》第四条规定："本学院修业期限为四年，学生毕业得称商学士。"

1950年以后，本科毕业生无学位授予。

1980年2月，第五届全国人民代表大会常务委员会第十三次会议通过《中华人民共和国学位条例》；1981年5月，由国务院学位委员会制定、国务院批准的《中华人民共和国学位条例暂行实施办法》公布。学校根据学位条例及其暂行实施办法的规定，结合学校实际情况，制定了《授予学士学位的补充规定》。据《教学一览·本科》，该《补充规定》在明确授予学士学位的4条具体标准之后，又列出"不授予学士学位"的7种情况，即：（1）有明显违反四项基本原则的言论或行动，经过说服教育仍坚持不改者；（2）历年中有一门课程经正常补考不及格的学生，换发毕业证书的结业生；（3）成绩合格,获准毕业,但在历年学习期间,累计有4门或4门以上课程(包括实践教学环节)不及格,经补考及格者,或因成绩不及格曾留级者;(4)学习期间曾受"记过"处分者;(5)曾被公安部门行政拘留审查者;(6)考试有舞弊行为者,不管其是否"受益";(7)毕业时不服从分配,经教育无效者。

1997年对"不授予学士学位"的7种情况作了修改,并增加一种情况,即:(2)修改为"没有获得毕业资格者",(3)修改为"在学期间累计重修后取得的学分达到或超过14学分者",(4)修改为"在校期间曾受'记过'或'记过'以上处分者",(5)中"行政"两字去掉,(6)中后半句取消,新增的情况为"涉外专业学生国家大学英语六级考试未及格者,非涉外专业学生国家大学英语四级考试未及格者"。1998年对上述新增情况又加上"经贸英语专业学生英语专业四级考试未及格者",并又增加两种情况,即"有课程经重修不及格者"和"曾试读过的学生"。

1999年,对"不授予学士学位"的情况规定为9种,原来的"有课程经重修不及格者"取消,"曾被公安部门拘留审查者"修改为"受行政拘留处罚或有刑事犯罪记录者"。该年的《学籍管理实施细则》"学位"部分增加一条:"因未取得大学外语四六级考试合格证书而未获学士学位者,可在毕业后一年内返校参加国家统考。如取得合格证书,可申请补授学士学位。"

2001年对"不授予学士学位"的9种情况又作了调整,取消"毕业时不服从分配,经教育无效者"这一情况,增加"曾参加毕业换证考试者"这一情况,部分情况作了文字修改。

2002年,调整"可授予学士学位"的条件,由原来思想品德、学业、学风、体格4个方面调整为思想品德、学业、外语3个方面;对"不授予学士学位"的情况规定为5种,取消了"曾参加毕业换证考试者""曾经试读者""曾有考试舞弊行为者""曾受到行政拘留处罚或有刑事犯罪记录者"4种情况。对于1999年"因未取得大学外语四六级考试合格证书而未获学士学位者……"这一条,去掉了其中"返校"两字,文字也有所修改。

2003年,"不授予学士学位"的情况仍为5种,其中,"在学期间重修课程累计达14学分及以上者"修改为"在学期间平均学分绩点1.6以下者"。

### 五、教学检查与评估

自有本科教育之后,教学检查是各系科的一项日常工作。20世纪60年代,学院在教务处设置教学研究科,随机开展教学检查是其一项工作。1983年初,教研科改名为高教研究室之后,依然保留教学检查的工作内容。1995年10月,学校成立校长领导下的教学检查与咨询组织教学督导组,对学校本科为主的教学工作行使监督、检查、评价、指导、咨询等职能。1996年,学校教务处重新设置教学管理科,着重组织开展课程和教材的建设与评估。

据档案记载,20世纪80年代以来,全校性的教学检查与评估活动有:

1987年11月上旬至1988年2月开展的本科1986年级课程教学质量评估。1987年11月10日,学校召开各系、室、部教学负责人会议,就如何开展课程教学质量评估进行了讨论,确定:(1)评估范围为本科1986年级1987—1988学年第一学期开设的全部课程,每个系至少选择一个专业一个班级;(2)课程教学质量评估指标7项,学生学习质量评估指标6项;(3)各系(室、部)要组织听课、召开学生或教师座谈会、查阅有关教学文件和学生作业等资料,然后,由教研室、学生、班主任和任课教师填写课程教学质量评估调查表,由任课教师和班主任填写学生学习质量评估调查表,各系(室、部)对所填评估调查表进行定量分析;(4)评估时间为1个月,12月20日前各系汇总整理评估调查表,12月下旬进行统计分析和评估小结。由于个别系工作拖延,整个评估工作推迟到第二学期初结束。该次评估的详细情况,学校教务处有专文刊载在《财经高教研究》1988年第一期上。

1990年、1991年连续2年于11月中下旬在全校范围内开展期中教学检查活动;1999年6月和12月,学校根据教育部"本科教学工作优秀评价"总体要求和"评建创优"工作安排,组织校内专家对全校本科教学工作进行两次自评,形成《校内专家组检查11个教学单位本科教学"评建创优"工作的情况汇总》和《校内专家组第二次检查11个教学单位"评建创优"工作的情况汇报》。

2009年,学校颁发了《上海财经大学本科教学工作质量评估方案(试行)》(校发〔2009〕2号),在期初和期中开展教学工作检查,组织实施了对各院系的评估工作,除对会计学院、法学院进行专家评估以外,其他院系以自评为主。与此相配套,学校建设了教学状态数据平台,提供历次教学检查、学生评教、教师工作量分析等数据的查询,有利于实现评估工作的常态化。

"十二五"以来,学校不断完善以自我评估、教学状态数据和年度质量报告"三位一体"的评估体系,每年要求12个本科教学院部系提交自评报告,教务处组织专家实地抽查两个院系。2012年起,学校每年向社会发布《上海财经大学本科教学质量报告》,深入分析本科教学基本状态,展示教学改革举措和经验,提出工作改进措施。

## 第七节 本科教学工作单项与整体评估

### 一、上海市、财政部专业建设评估

1985年4月,上海市高教局决定对全市24所高校管理类专业进行对口检查评估。检查之前,发了4份调查表格,包括专业的基本情况、师资队伍、教学文件及教材、资料建设情况、毕业生跟踪调查,以及当前采取的教改措施和效果等内容。5月20日,市高教局组织复旦大学、华东师范大学、上海第二工业大学、上海外贸学院、上海城建学院、上海水产学院、上海农学院、上海旅游专科学校等高校管理类专业负责人、教务处代表和有关教师来到上海财经学院,对工业经济系进行检查。在反馈会上,市高教局教学处副处长杨福鑫认为学院的工业经济专业"基础较好,师资力量雄厚,工作成果比较明显,水平比较高"。

1990年5月30日,上海市高教局发出《关于在上海高校管理、计算机、会计三个专业进行评估的通知》,要求设置三类专业的高校在9月底前按文件列出的指标方案完成自我评价的实测,并将实测表报市高教局。学校根据通知要求,决定对工业企业管理、投资经济管理、管理信息系统、会计学4个专业进行自评实测,并于9月27日将4个专业自评实测材料报送市高教局。1991年1月,在全市高校教学工作会议上,市高教局宣布评估结果,学校会计学专业为优秀,在该类专业中名列第一;其余3个专业均为合格。

1991年8月,财政部第十次部属院校工作会议及此前5月财政部教育司西宁会议均提出,11月份将对部属院校财政学专业进行教学质量评估试点。9月17日,学校成立财政学专业教学质量评估领导小组,组织展开自评等各项迎评准备工作。经财政部属院校财政学专业本科教学质量评估专家组的考察,1992年4月8日,财政部教育司下达《关于部属普通高校财政学专业教学质量评估(试点)结果的通知》,称"上海财经大学获得优秀成绩"。

1991年12月上旬,上海市高教局提出对全市8所院校11个外贸类专业点进行评估,要求各院校做好自评工作。1992年3月中旬,学校国际贸易专业实测表和自评报告上报市高教局。由市高教局组织的外贸类专业评估专家组在阅审学校自评材料后,于4月16日对学校国际贸易专业的建设情况进行实地考察,并于5月26日发出《关于公布上海高校外贸类专业评估结论和专家组意见的通知》,其中关于上海财经大学国际贸易专业评估的专家组意见称:"专家组评估结论:A级"。

2008—2012年,学校又组织专家对税务、投资学、房地产经营管理、项目管理、物流管理、商务英语等专业开展评估工作,结果均顺利通过检查。2013—2016年,根据上海市教育委员会对高校本科专业评估的要求,制定《上海财经大学本科专业达标评估实施方案》,通过专业评估,促进专业合理定位,推进专业结构调整与优化,实现专业教学质量常态化监控。

## 二、国家本科教学工作优秀评价

1996年12月25日,学校根据国家教育委员会高等教育司《关于普通高等学校本科教学工作优秀学校建设与评价申请工作的通知》要求,向高教司提交参加本科教学工作优秀学校建设与评价的申请报告和迎评促建工作规划,并成立本科教学工作优秀评价领导小组及工作小组。1997年5月初,学校召开第五次教改研讨会,做出《关于迎接国家教委本科教学评优,切实加强教学建设的决定》。

1998年初,国家教委发布的《关于进一步做好普通高等学校本科教学工作评价的若干意见》称:"目前,主要是对进入'211工程'重点建设的学校进行优秀评价,计划在1998—2002年的5年之内分两批完成部分学校的评价工作。"10月25日,学校按照教育部高等教育司《关于对南京大学等高等学校进行本科教学工作优秀评价的通知》的要求重新申报,表示"继续参加教育部组织的本科教学工作优秀学校建设与评价,拟接受国家教育部专家组进校评价的时间为1999年下半年",并附上迎评工作规划。为做好迎评促建工作,学校于1999年3月上旬成立专门的领导工作机构:一是校迎评促建领导小组,二是迎评促建工作小组,三是校内专家组。

1999年6月1—2日,教育部高教司评估处、财经政法处领导和石亚军等3位教授,对上海财经大学本科评优工作进行预审。同月中下旬,学校组织校内专家组对各院系部的本科教学工作进行第一次自评。综合校内外专家组和教育部的意见和建议,考虑到学校评建工作的实际情况,7月,学校决定把接受教育部专家组评价的时间调整为2000年上半年(四五月间),并制定和印发《上海财经大学本科教学"评建创优"工作计划(1999年8月—2000年4月)》。

2000年5月15—19日,以北京大学原校长吴树青为组长、中国人民大学党委副书记石亚军和南开大学副校长逢锦聚为副组长的专家组,对上海财经大学进行本科教学工作优秀评价的实地考察。经考察,专家组提出了4个方面的评价意见,即:评建创优工作,主要成绩(5条),主要特色(2条),问题和意见(2条)。关于"主要特色",专家组评价意见称:"在长期办学实践中,学校逐步积淀,形成了'面向社会、求真务实、百年树人、经世济国'的办学理念,传承和发展这一理念,使学校在面向新世纪深化教育教学改革的过程中,形成了教学工作的如下主要特色:(1)学校适应改革开放和社会主义现代化建设对人才的需要,依托上海的区位优势,从学校实际出发,确定了培养具有企业家综合素质的应用型、复合型、外向型人才的培养目标;坚持理论联系实际,积极探索并形成了开放办学的路子和具有自己特色的财经人才培养模式。(2)学校牢固树立了严格管理的思想,积极探索和逐步建立起以过程管理和目标管理相结合、加强管理和充分调动教与学的积极性相结合为原则,由教学规范系统、监控运行系统、组织保障系统、信息反馈系统和教学督导制度构成的本科教学质量监控体系,促使教学管理工作向着科学化、规范化方向发展。"

同年7月,学校根据教育部专家组的意见,制定《上海财经大学本科教学评建创优整改工作计划》,并结合《上海财经大学振兴本科教育推进素质教育行动计划》(1999年8月制定,10月修改、试行)的实施,进行整改。

2001年1月15日,教育部下达通知称,根据专家组的考察意见和普通高等学校本专科教学工作评估专家委员会的审议意见,经认真研究,确定上海财经大学本科教学工作的评估结论为优秀。

### 三、国家本科教学工作水平评估

2004年2月10日,国家教育部发布《2003—2007年教育振兴行动计划》,称:"健全高等学校教学质量保障体系,建立高等学校教学质量评估和咨询机构,实行以五年为一周期的全国高等学校教学质量评估制度。"8月12日,教育部办公厅印发《普通高等学校本科教学工作水平评估方案(试行)》。10月26日,学校党委常委会讨论并通过《上海财经大学新一轮迎评创优和深化教学改革行动计划》。11月25—26日,学校召开"第十次教改研讨会暨迎评创优动员大会"。2005年1月1日,国家教育部制定并印发《关于进一步加强高等学校本科教学工作若干意见》,落实教育振兴行动计划,实施高等学校教学质量与教学改革工程。

2005年1月6日,学校根据教育部的本科教学工作水平评估方案和进一步加强本科教学工作的若干意见,针对将于2007年上半年接受教育部对学校本科教学工作评估的实际,成立迎评创优领导小组、工作小组和项目组。同日印发《上海财经大学新一轮迎评创优和深化本科教学改革行动计划(2004—2007)》《上海财经大学新一轮迎评创优分阶段实施方案》。《实施方案》把新一轮迎评创优工作分为5个阶段:第一阶段为思想发动,启动创优(2004年11月—2005年2月);第二阶段为找出差距,实施整改(2005年2—6月);第三阶段为全面建设,长效管理(2005年1—12月);第四阶段为调整、巩固、补缺、提高(2006年1—12月);第五阶段为进一步完善,接受评估(2007年1—6月)。

2006年10月27日,学校召开"第十一次教改研讨会暨迎评创优推进大会",教育部教育评估中心主任刘凤泰到会并讲话。11月29日,以复旦大学副校长蔡达峰为组长的预评估专家组一行7人到学校对本科教学工作水平进行预评估;12月1日下午,专家组向学校反馈预评估意见。

2007年5月13日,以南开大学副校长逄锦聚为组长、哈尔滨商业大学校长曲振涛为副组长的教育部评估专家组一行11人进驻上海财经大学,对学校的本科教学工作水平进行实地考察。5月18日上午举行的评估专家意见反馈会上,曲振涛代表专家组宣读《教育部专家组对上海财经大学本科教学工作水平的考察评估意见》。关于办学特色,《评估意见》称:"上海财经大学在长期办学实践中,秉持敢为天下先的改革创新精神,不断深化教育教学改革,形成了开放办学和教学质量监控体系等本科教学工作鲜明的特色,积极培养文理渗透、学科交叉和专通结合的复合型、外向型、创新型人才,取得了良好效果。"

2008年4月,教育部发布《关于公布北京大学、清华大学等198所普通高等学校本科教学工作水平评估结论的通知》,上海财经大学的评估结论为优秀。

# 第二章 专科教育

## 第一节 普通专修科

### 一、专业设置

学校专科教育始于民国六年(1917年)南京高等师范学校设立的商业专修科。商业专修科设普通商业学和会计学两科,学制为三年,民国十年(1921年)后停办。商业专修科共毕业三届毕业生,共有82人。

1950年8月底,上海法学院财经系科并入上海财政经济学院,其设有的会计统计专修科成为新中国成立后学院的第一个专修科。

1951年9月,学院设立会计专修科和统计专修科。1952年9月,学院增设银行专修科和工业管理专修科。

1955年9月,工业管理专修科改名为工业经济专修科,会计专修科更名为工业会计专修科,统计专修科内分工业统计、农业统计、贸易统计3种。

1960年重建上海财经学院时,设有公共饮食专修科(一届)和工业管理专修班(一届)。1962年9月,学院增设工业会计专修科,上海农学院1961级学生200多名转入学习一年即毕业。

1980年9月,学院受上海市高教局委托,举办了一届会计专修科。

1984年9月,受上海市电机公司委托,设立工业经济专修科(原为干部专修科),为上海机床厂、上海锅炉厂、上海汽轮机厂、上海电机厂等定向培养,连续两年招生。

1987年2月,经财政部教育司批准,设立计划统计专修科(〔87〕财教司字第3号),为市计委委托举办,于当年招生一届。

1988年2月,经财政部教育司批准,设立建筑企业管理、企业财务2个专修科(〔88〕财教司字第37号)。前者是上海市建工局委托举办,当年招一届;后者是江苏省扬州市财政局委托举办,连续招2届(教学地点在扬州市)。同年,市场营销、对外贸易2个专修科招收自费生。

1989年2月,经财政部教育司批准,设立市场营销、金融2个专修科(〔89〕财教司字第19号),后者于1992年才招生。同年12月,经财政部教育司批准,设立经济管理、涉外企业经济管理、财政3个专修科(〔89〕财教司字194号)。经济管理专修科系为财政师范本科班中期分流而设,仅办一届;涉外企业经营管理专修科于次年招收自费生;财政专修科系为江苏省无锡市财政局委托举办,1990年招生一届。

1991年4月,经财政部教育司批准,设立国际金融专修科(〔91〕财教司字第64号),于当年招收自费生。

1992年，原计划招生的专科专业有金融、市场营销、涉外企业经营管理3个。该年8月招生录取时，因报考该专科的生源充裕，经上海市高校招生办公室同意，扩招了自费生，专业增设国际金融、会计、对外贸易、房地产经营管理4个。该年12月，会计专业更名为涉外会计专业。

1993年2月，财政部下发扩大部属院校自主权的意见，第一条是可自主调整专门化、专科专业，报部备案。9月，编印《专科专业教学计划一览》时，学校将金融专业更名为金融管理专业，并增设国际商务英语、涉外经济法、计算机信息管理3个专业（后2个专业未招生）。10月，编印《高等专科部概况》时，又将对外贸易专业更名为国际商务专业。

1999年9月15日，学校在筹建高等职业技术学院的同时，向上海市教育委员会报送了2000年高职首期招生7个高职高专专业的请示。2000年1月下旬，市教委印发了《上海高等学校高职专业设置办法》和《上海高等学校高职专业目录》（沪教委高〔2000〕5号）；2月初，市教委发出《关于1999/2000年度上海高等学校申请设置高职高专专业的批复》（沪教委高〔2000〕7号），同意上海财经大学设置的高职高专专业（方向）有6个，即会计、信息管理与计算机应用、英语（经贸英语）、文秘（商务秘书）、物业经营管理、商务管理。

2001年11月下旬，市教委批复同意上海财经大学增设金融保险、日语（经贸日语）、旅游管理实务3个高职高专专业及在文秘专业内增设法律文秘方向，可以自2002年秋季起招生（沪教委高〔2001〕58号）。

2003年1月初，市教委批复同意上海财经大学高职高专教育中增设房地产经营管理（房地产中介）专业（沪教委高〔2003〕2号）。

2004年初，学校根据市教委要求，对专科专业名称（含专业方向）进行了清理和规范，并上报市教委。4月上旬，市教委公布了上海财经大学专科专业名称（含专业方向）清理的审核结果（沪教委高〔2004〕13号），共14个专科专业，其名称为英语（外贸英语）、秘书（商务秘书）、会计、物业管理、计算机信息管理、商务管理、统计（金融统计）、市场营销、国际商务、日语（经贸日语）、秘书、保险、旅游管理、房地产经营管理。

## 二、教学计划

1988年9月制订的市场营销和建筑企业管理2个专修科教学计划，将课程分为5类，均为必修课，总学时为1 600～1 700学时，总学分为87～89学分。其中：思想政治课245学时，设有形势与政策教育（每学期1周学时，共2学分）、哲学（第二学期，3学分）、政治经济学（第一学期，6学分）3门课程；一般基础课509学时，设有大学语文（一年级，共4学分）、经济管理数学（一年级，共8学分）、外语（一年级4周学时，二年级2周学时，共12学分）、Basic语言或计算机信息系统导论（第二或第三学期，3学分）4门课程；体育课76学时，安排在一年级，共4学分；专业相关课和专业课设有13～16门课程，建筑企业管理专修科还设"工程预算实习"课（2学分）。

1992年9月下旬，高等专科部根据专科教育的要求和学校的办学特色，拟订了编制专科教学计划的意见，要求专科各专业课程设置上"强化基础、注重实用、突出涉外"。12月初，制定了7个专修科的教学进程表，对课程设置作了若干调整：一是思想政治课中增加"职业道德"课（第三或第四学期，2学分），"形势与政策"课安排在第一、二学期；二是一般基础课中"大学语文"改为"应用文写作"，"计算机信息系统导论"改为"计算机应用基础"；三是增设限制性选修课；四是课程教学总学时数不超过2 000学时,总学分数不超过106学分;五是第四学期安排专业实习4周(4学分)。

1993年9月编制的《专科专业教学一览》中,《专科专业学分制教学计划总则》重申,专科专业教学计划的指导原则是"强化基础、注重实用、突出涉外",并规定:专科专业全程教学总学分为94~100学分,国际商务英语专业为103学分,其中思想政治课9学分(取消"形势与政策"课,"职业道德"改为"伦理学"),一般基础课30学分,体育课2学分,专业相关课和专业课49~55学分,专业实习4学分;专科专业正常修业年限为2年。专科专业的各类课程基本上为必修课,部分专业的专业相关课和专业课中设有2~4组限定选修课(即二选一)。

2000年开始招收的高职高专专业,根据国家规定,修业年限为3年。各专业的课程设置上,必修课分为5类:一是公共基础课,设有毛泽东思想与邓小平理论(第一学期,2学分)、哲学(第二学期,2学分)、思想道德修养(第一学期,2学分)、法律基础与经济法概论(第三学期,3学分)、财经应用文写作(第三学期,2学分)、大学英语(第一至第四学期,24学分)或综合英语(中外合作班,第一至第五学期,28学分)、经济数学(一年级,8学分)、经济学原理(第二学期,3学分)、体育(一年级,2学分)9门课程;二是专业相关课,各专业分别设有3~6门课程(共7~12学分);三是专业课,各专业分别设有6~8门课程(共20~24学分),中外合作班还设有英语泛读、英语口语、实用英语写作、英美概况4门课程(共22学分);四是公共技能课,一般设有社交礼仪(1学分)、管理沟通(2学分)、商务管理实务(4学分);五是专业技能课,各专业分别设置4~7门课程(共11~26学分)。此外,另有选修课(4学分),5个学期课堂教学总计不超过2 000课时(近120学分),中外合作班为2 100~2 200课时(124~129学分)。专科学生的社会实践共有750课时,包括假期社会调研、实训和毕业实习。

### 三、课程与教材建设

学校专科专业的教学依托相应的本科专业的教学资源。1993年3月下旬召开的专科教学工作会议,"考虑到目前本科教材的修改、编写任务很重,要组织编写一套专科教材确有困难","同意专科教学采用本科教材",但为了保证专科教学质量,有利于专科生积极主动地学习,"要求各教学单位编写专科教学大纲"。1999年9月,学校在《关于上海财经大学高等职业学院专业设置的请示》中称,教材将采用逐步过渡的办法解决:(1)沿用学校现有的教材;(2)借用其他院校高职相关专业使用的教材;(3)组织专业教师新编或改编适合高职使用的教材。

2003年6月,学校启动本科精品课程建设。12月,高职专科的商务管理实务(负责人叶朱)、市场营销(负责人吴宪和)2门课程列为学校第一批精品课程建设项目;2004年4月,该2门课程又被认定为第一批校级精品课程。2006年5月,高职专科的经济法概论(负责人叶朱)、会计实务技能模拟试验(负责人任毅沁)2门课程经过为期1年的立项建设,被认定为第二批校级精品课程。2007年6月,高职专科的会计基础课程(负责人瞿灿鑫)经过为期半年的立项建设,被认定为第三批校级精品课程。

从2003年起,上海市教育委员会每年在学校推荐的基础上组织当年度市级精品课程的评选。上海财经大学高职专科的商务管理实务课程被评为2003年度市级精品课程;市场营销学课程被评为2004年度市级精品课程;经济法概论课程被评为2005年度市级精品课程。

高职专科精品课程建设中,自编出版教材4部:《经济法概论》(叶朱主编,2002年1月);《商务管理实务》(吴宪和、林华主编,2002年7月);《市场营销》(吴宪和主编,2002年3月);《高校学生市场营销类职业资格鉴定基础教程》(吴宪和主编,2003年3月)。

### 四、教学管理

学校设置专修科后,一直由教务处参照本科教学管理制度统一管理,没有制定过专修科的教学管理办法。

1992年9月,学校成立高等专科部,集中管理专科生的教学与思想政治工作。11月,高专部制定了《自费专科学生管理的补充规定》,并报经校长批准试行。该《补充规定》共有6部分23条,与校教务部门关于本专科教学管理规定的不同点是:(1)试行学分制,实行弹性学习年限;(2)取消补考制度,采用重修办法;(3)课程考核成绩除实际得分外,还要按比例评定相应的等级;(4)少量课程由考试改为考查;(5)有针对性地重申了有关纪律,并对迟到处理提出了意见;(6)确立激励机制。1993年3月的专科教学工作会议,建议修改《补充规定》中关于课程成绩评定采用百分制并按比例评定等级的提法,直接采用等级制,并同意考试课程实行A(优秀)、B(良好)、C(中等)、D(及格)、F(不及格)五级评定,考查课程成绩评定只分P(合格)与F(不合格)两级。

2000年起,学校举办高职高专教育,新成立的职业技术学院负责高职专科生的教学管理和思想政治教育,先后制定了《上海财经大学职业技术学院学生学籍管理办法(试行)》《上海财经大学职业技术学院关于学生实习实训的若干规定(试行)》《上海财经大学职业技术学院关于实施"双证书"培养方案的若干规定》(2002年10月起施行)、《上海财经大学职业技术学院学生学籍管理实施细则》(2005年9月1日起施行)。在教学管理上,文件规定:考核课程的考核成绩采用百分制;教学计划中规定的实习实训课程不及格者,应予重修,否则不予毕业;校内实训300学时左右,假期社会调研和实训200学时,毕业实习510学时;学生在校期间必须完成学历教育的教学计划,同时还须获得相关专业所规定的各项非学历证书;在校期间未通过规定的某种外语考试,不能获得学历毕业证书;等等。

## 第二节 干部专修科

### 一、专业设置

根据中央关于加强干部教育,实现干部队伍革命化、年轻化、知识化、专业化的指示精神,学校从1982年起接受中央和地方一些部门的委托,举办干部专修科,培训在职干部。

1982年,受上海市财贸办公室委托,举办商业企业管理干部专修科(连招2届)。

1983年,受上海市劳动局委托,举办劳动经济干部专修科(共招3届)。受城乡建设环境保护部、上海市建工局、上海市物价局、上海市机电一局、上海市宝山县的委托,举办基建经济(统计)、基建经济(管理)、商业经济(物价)、工业会计、农业会计等干部专修科,因当年生源并非全是在职干部,根据上海市高教局的意见,当年招生的这5个专修科全改称职工专修科,其中基建经济2个干部专修科此后各连招3届。

1984年,根据财政部1982年在广西桂林举行的干部教育座谈会的精神,举办财政税收干部专修科(连招5届);受上海市计委委托,举办计划管理干部专修科(连招2届);受上海市工商行政管理局委托,举办工商行政管理干部专修科;受上海市电机公司委托,举办工业经济干部专修科。

1985年,受电子工业部委托,举办商业经济(物价)干部专修科(面向全国招生);受邮电部委托,举办工业会计干部专修科(面向全国招生);受上海市统计局委托,举办统计干部专修科。

## 二、教学计划

各专业干部专修科的学制均为2年。

干部专修科的课程设置以必修课为主,课程不分类,其中属于一般基础课的有政治经济学、哲学、高等数学、汉语与写作和电子计算机应用5门,其余为专业相关课和专业课;不设体育课。

# 第三章 研究生教育

## 第一节 学科专业设置和导师

### 一、学科专业设置

1979年招生时,上海财经学院设有工业经济(工业管理研究方向)、金融(财政金融研究方向)、世界经济(含国际贸易与国际金融、外国经济学说史2个研究方向)、会计(会计学研究方向)4个专业。1980年招生时,增设政治经济学(中国经济思想史研究方向)、统计(统计学研究方向)2个专业,世界经济专业更名为国际金融专业,工业经济、会计专业的研究方向分别调整为工业经济、工业会计。

1980年2月中旬,全国五届人大常委会第三次会议通过《中华人民共和国学位条例》,并决定自1981年1月1日起施行。《学位条例》规定:"国务院设立学位委员会,负责领导全国学位授予工作";"授予学位的高等学校和科学研究机构(以下简称学位授予单位)及其可以授予学位的学科名单,由国务院学位委员会提出,经国务院批准公布。"1980年11月7日,学院向财政部人事教育司报送《关于申请首批学位授予单位的报告》,并抄报教育部。1981年初,财政部学位领导小组对学院的申报材料(含学科)进行初审。4月21日,学院又提出《为申请列入首批学位授予单位由》,报请财政部报送国务院学位委员会。7月下旬,国务院学位委员会召开学科评议组第一次会议,对财政部等部委初审通过的首批博士、硕士学位授予单位进行复审和评议。10月8日,国务院学位委员会通过首批博士、硕士学位授予单位名单。11月3日,国务院批准这一名单。同月25日,国务院学位委员会下达首批博士和硕士学位授予单位名单,上海财经学院名列其中,学院申报的会计学科获得博士学位授予权,政治经济学、国际金融、工业经济、商业经济、财政学、货币银行学、会计学和统计学8个学科获得硕士学位授予权。

1984年1月13日,国务院学位委员会公布第二批博士、硕士学位授予单位及学科、专业名单,学院申报的中国经济思想史学科获得博士、硕士学位授予权,外国经济思想史和国际贸易2个学科获得硕士学位授予权。

1986年4月12日,国务院学位委员会下发的《关于简化学位授予单位及学科、专业审批手续的通知》称:"经国务院批准","今后经国务院学位委员会学科评议组审核通过的博士、硕士学位授予单位及其学科、专业和博士生指导教师名单,不再上报国务院批准,改由国务院学位委员会批准"。是年8月11日,国务院学位委员会下达7月28日批准的第三批博士和硕士学位授权学科、专业名单,上海财经大学申报的财政学、统计学2个学科获得博士学位授予权。

1987年2月12日,学校向国家教育委员会呈报《关于设立经济学说史博士学位研究生的培养计划的报告》。4月25日,国务院学位委员会办公室复函给学校,函称:"经研究,同意你校胡寄窗教授招收'经济学说史'专业的博士研究生。鉴于目前正在进行研究生专业目录的修订工作,为此,胡寄窗教授招收'经济学说史'专业的博士生只能作为试点。"

1990年11月20日,国务院学位委员会下达10月5日第九次会议批准的第四批博士和硕士学位授权学科、专业名单,学校申报的工业经济学科获得博士学位授予权,投资经济、企业管理、数量经济学、信息经济(试办)4个学科获得硕士学位授予权。10月,国务院学位委员会与国家教育委员会颁布《授予博士、硕士学位和培养研究生的学科专业目录》,学校规划博士、硕士学位授权学科专业和研究生培养有了依据。

1993年4月26日,国务院学位委员会下达《关于做好博士硕士学位授权点审核工作的通知》,其中关于"授权点学科、专业的调整"称:"学位授予单位可以提出申请调整为另一学科专业的授权点及指导教师,提交国务院学位委员会有关学科评议组审核。"12月17日,国务院学位委员会下达12月11日第十二次会议批准的第五批博士和硕士学位授权学科、专业名单,学校申报的企业财务管理学科获得硕士学位授予权。

1994年6月26日,学校《关于我校"经济学说史"专业招收博士生试点改为"西方经济学"专业博士点的申请》报国务院学位委员会办公室。1995年6月,学校在申报新博士点"西方经济学"时,专门附上一份"经济学说史"改为"西方经济学"的情况说明。

1996年5月13日,国务院学位委员会下达4月29日第十四次会议批准的第六批博士和硕士学位授权学科、专业名单,学校申报的企业管理(含人力资源管理)、西方经济学2个学科获得博士学位授予权,西方经济学学科同时获得硕士学位授予权(名单中注明的原学科专业名称为"外国经济思想史")。6月6日,上海市学位委员会下达上海市新增、调整硕士学位授权学科、专业名单,学校的保险学学科获得硕士学位授予权,由原外国经济思想史硕士点调整而来。

1997年6月,国务院学位委员会与国家教育委员会颁布新修订的《授予博士硕士学位和培养研究生的学科专业目录》。8月,学校根据文件要求,对已有的博士学位、硕士学位授权学科做了调整,其中,博士学位授权学科仍为7个,即会计学、经济思想史(原中国经济思想史)、财政学、统计学、产业经济学(原工业经济)、企业管理、西方经济学;硕士学位授权点由17个调整为12个,即政治经济学、经济思想史(原中国经济思想史)、西方经济学、国民经济学(原投资经济)、财政学、金融学(原货币银行学、国际金融和保险学)、产业经济学(原工业经济和商业经济)、国际贸易学、统计学、数量经济学、会计学、企业管理(原企业管理、企业财务管理、信息经济)。

1997年9月4日,国务院学位委员会下发的《关于做好一九九七年博士和硕士学位授权点审核工作的通知》称:"根据国务院学位委员会第十五次会议的部署,1997年进行增列博士点、硕士点和一级学科授权审核工作";"按一级学科审核学位授予权,是学位授权改革的方向"。随后,又下发《关于一九九七年省级学位委员会和军队学位委员会审批硕士点试点工作的通知》,明确上海地区硕士学位授权高校新增硕士点由上海市学位委员会审批。1998年6月19日,国务院学位委员会下达第十六次会议批准的第七批博士和硕士学位授权学科、专业名单,学校申报的应用经济学一级学科获得了博士、硕士学位授予权。该一级学科下面的国民经济学、金融学、国际贸易学、数量经济学、劳动经济学、区域经济学和国防经济7个二级学科新增为博士点,劳动经济学、区域经济学和国防经济3个二级学科新增为硕士点。同年7月16日,上海市学位委员会公布上海市硕士学位授权单位增列、调整硕士点方案,学校申报的伦理学、经济法学2个学科增列为硕士点,管理科学与工程学科同意增列为硕士点,但"暂缓招生一年,两年后接受评估"。

2000年12月28日,国务院学位委员会下达第十八次会议批准的第八批博士和硕士学位授权学科、专业名单,学校申报的理论经济学、工商管理2个一级学科获得了博士、硕士学位授予权。两个一级学科下面的政治经济学、经济史、世界经济、人口资源与环境经济学、旅游管理、技术经济及管理6个二级学科新增为博士点,世界经济、人口资源与环境经济学、旅游管理、技术经济及管理4个二级学科新增为硕士点。2001年1月4日,上海市学位委员会公布上海市第八次硕士学位授权审核结果,学校申报的马克思主义哲学、人口资源与环境经济学、宪法学与行政法学、概率论与数理统计、技术经济及管理5个学科获得硕士学位授予权。

2003年9月8日,国务院学位委员会下达第二十次会议批准的第九批博士学位授权学科、专业名单,学校申报的马克思主义哲学学科获得博士学位授予权。同月22日,上海市学位委员会公布第九批学位授权审核结果,学校申报的国际法学、社会学、中国古代文学、运筹学与控制论、农业经济管理、教育经济与管理、社会保障、土地资源管理8个学科获得硕士学位授予权。

2006年1月25日,国务院学位办公布第十批博士点、硕士点名单,学校申报的管理科学与工程一级学科获得了博士、硕士学位授予权,该一级学科下面的管理科学与工程二级学科新增为博士点;申报的公共管理、农林经济管理2个一级学科获得硕士学位授予权,2个一级学科下面的行政管理、社会医学与卫生事业管理、林业经济管理3个二级学科新增为硕士点;申报的农业经济管理、马克思主义中国化研究2个学科获得博士学位授予权,马克思主义中国化研究学科同时获得硕士学位授予权;申报的科学技术哲学、中国现当代文学、中国古典文献学、新闻学、马克思主义基本原理、思想政治教育、专门史、民商法学、法学理论、应用数学、英语语言文学、语言学及应用语言学12个学科获得硕士学位授予权。同年2月18日,上海市学位委员会公布上海市第十批硕士学位授权审核结果,学校获得增列的一级学科硕士点3个、二级学科硕士点12个。

2008年,学校自主撤销应用经济学一级学科内自主设置的行为经济学、计量经济学、实验经济学、卫生经济、公共政策及工商管理一级学科内自主设置的企业信息管理和企业管理决策6个博士点,以及应用经济学一级学科内自主设置的行为经济学、计量经济学、实验经济学、卫生经济和公共政策4个硕士点。

2010年4月19日,国务院学位委员会下达《关于委托省(自治区、直辖市)学位委员会、中国人民解放军学位委员会进行博士学位授权一级学科点审核工作的通知》(学位〔2010〕18号),启动了第十一次学位授权点审批工作。2011年3月31日,上海市学位委员会发布《关于下达2010年审核增列的博士和硕士学位授权一级学科名单的通知》,学校获批新增法学、中国语言文学、外国语言文学和新闻传播学4个一级学科硕士点。2011年9月22日,国务院学位委员会发布《关于下达2010年审核增列的部分马克思主义理论博士和硕士学位授权一级学科名单的通知》(学位〔2011〕64号),对学校在第十一次学位授权审核中暂缓下达增列的马克思主义理论一级学科的整改效果予以肯定,准予增列马克思主义理论一级学科博士点和一级学科硕士点。

2011年3月,教育部、国务院学位委员会印发新修订的《学位授予和人才培养学科目录(2011年)》(学位〔2011〕11号),并下发《关于按学位授予和人才培养学科目录进行学位授权点对应调整的通知》(学位办〔2011〕25号)。据此文件精神,学校提出统计学博士一级学科授权点和中国史硕士一级学科授权点的对应调整申请。2011年8月,国务院学位委员会发布《关于下达按学位授予和人才培养学科目录进行学位授权点对应调整结果的通知》(学位〔2011〕51号),准予学校新增统计学一级学科博士点和一级学科硕士点,同时撤销概率论与数理统计二级学科硕士点。

2011年11月,教育部办公厅印发《授予博士、硕士学位和培养研究生的二级学科自主设置实施细则》(教研厅〔2011〕1号),其后国务院学位办下发《关于做好授予博士、硕士学位和培养研究生的二级学科自主设置工作的通知》(学位办〔2011〕12号),对二级学科自主设置工作时间节点、公示时间、范围等做出明确要求。学校据此制定《上海财经大学授予博士、硕士学位和培养研究生的二级学科自主设置(调整)工作实施细则》,明确学校二级学科自主设置的基本要求和工作程序。

2011年6月,学校自行组织进行新增一级学科下目录内二级学科硕士学位授权点的自主设置工作,新增设文艺学、传播学、法律史、刑法学、诉讼法学、环境与资源保护法学、日语语言文学和外国语言学及应用语言学8个硕士二级学位授权点。

2016年根据国务院学位办和上海市学位委员会关于学位授权点动态调整的文件精神,学校决定撤销农业经济管理二级学科博士点,保留农林经济管理一级学科硕士点;增列法学一级学科博士点。2016年9月23日,根据国务院学位委员会《关于下达2016年动态调整撤销和增列的学位授权点名单的通知》,学校获准增列法学一级学科博士点,下设经济法学、民商法学、宪法与行政法学、环境与资源保护法学和国际法学5个二级学科博士点。

至2017年3月,学校拥有理论经济学、应用经济学、马克思主义理论、统计学、管理科学与工程、工商管理和法学7个一级学科博士点,49个二级学科博士点,12个一级学科硕士点,81个二级学科硕士点。

## 二、硕士专业学位设置

1990年1月15日,学校向财政部教育司、国家教委高教司呈报《关于试行招收中国式工商管理硕士(MBA)研究生的请示报告》。1990年9月1日,国务院学位办函复学校,"经研究,同意你校开始试行培养工商管理硕士研究生的工作"。

1991年3月12日,国家教育委员会研究生工作办公室和国务院学位委员会办公室联署发出《关于进行工商管理硕士学位试点工作和进一步开展研讨工作的通知》。《通知》称:"国务院学位委员会第九次会议原则同意在我国设置和试办工商管理硕士学位","现决定从1991年开始试点工作",并"决定批准下列单位试行培养工商管理硕士研究生:清华大学、中国人民大学、天津大学、南开大学、哈尔滨工业大学、复旦大学、上海财经大学、厦门大学、西安交通大学"。1991年下半年,学校开始招收和培养工商管理硕士(MBA)研究生。

2004年1月,学校根据国务院学位委员会办公室下发的《关于申报开展会计硕士专业学位教育试点工作和推荐全国会计硕士专业学位教育指导委员会委员人选的通知》,经"慎重研究","决定申报会计硕士专业学位研究生培养单位",并于当月12日向上海市学位委员会办公室提交了申请的请示。随后,学校与上海国家会计学院商定联合培养会计硕士专业学位人才,并报国务院学位委员会办公室。该年6月9日,国务院学位办在下达《关于2004年招收在职人员攻读硕士学位工作的通知》中,明确上海财经大学会计硕士专业学位招生限额为"150(含与上海国家会计学院联合培养)",同时明确上海财经大学招收高等学校教师在职攻读硕士学位的人数和专业(2003年4月25日,学校根据教育部办公厅的要求,向国务院学位办报送《关于申请高等学校教师在职攻读硕士学位培养单位的请示》)。7月5日,国务院学位委员会下发《关于同意上海财经大学与上海国家会计学院联合培养会计硕士(MPAcc)专业学位人才的通知》给学校和上海国家会计学院,指出:"这是我国学位制度新的尝试,也是我国研究生培养制度和培养模式的创新,是新形势下探索联合培养高层次人才新途径的重要举措,具有十分重要的意义。"同时又明确:"联合培养会计硕士(MPAcc)专业学位人员,经考试合格和论文答辩通过,并经上海财经大学学位评定委员会批准后,授予会计硕士(MPAcc)专业学位。"

2004年8月25日,学校根据国务院学位委员会办公室《关于申请新增专业学位培养单位的通知》的精神,向国务院学位办报送"申请新增法律硕士、公共管理硕士2个专业学位"的报告。经法律硕士、公共管理专业学位教育指导委员会审议,国务院学位办于2005年2月23日批准上海财经大学为2004年新增法律硕士、公共管理硕士专业学位研究生培养单位。

2009年1月,教育部高校学生司发出《关于对2009年全日制专业学位硕士研究生招生计划安排征求意见的函》(教学司函〔2009〕2号),提出"在拟下达的研究生招生计划基础上,增加全日制专业学位硕士研究生招生计划5万名,主要用于招收参加今年全国硕士研究生招生统一入学考试的应届本科毕业"。3月,教育部印发《教育部关于做好全日制硕士专业学位研究生培养工作的若干意见》(教研〔2009〕1号),"决定自2009年起,扩大招收以应届本科毕业生为主的全日制硕士专业学位范围",学校法律硕士(法学)和会计硕士专业学位获准招收培养全日制研究生。

2010年3月,国务院学位评定委员会发出《关于印发金融硕士等19种专业学位设置方案的通知》(学位〔2010〕15号),指出"2010年1月,国务院学位委员会第27次会议审议通过了金融硕士等19种硕士专业学位设置方案,决定在我国设置金融、应用统计、税务、国际商务、保险、资产评估、警务、应用心理、新闻与传播、出版、文物与博物馆、城市规划、林业、护理、药学、中药学、旅游管理、图书情报、工程管理等硕士专业学位"。同年9月,国务院学位评定委员会下发《关于下达2010年新增硕士专业学位授权点的通知》(学位〔2010〕32号),学校新增金融、应用统计、税务、国际商务、保险、资产评估6个硕士专业学位授权点。

2014年5月,国务院学位委员会发布《关于下达2014年审核增列的硕士专业学位授权点及撤销的硕士学位授权点名单的通知》,学校上报的汉语国际教育和工程管理两个硕士专业学位授权点获准增列。

至2017年3月,学校共有硕士专业学位授权点12个。

## 三、博士学位授权一级学科范围内自主设置学科、专业

2002年10月24日,国务院学位委员会和教育部联合下发《关于做好博士学位授权一级学科范围内自主设置学科、专业工作的几点意见》,称:"为进一步加强学科建设,调整学科、专业结构,促进新兴、交叉学科的发展,经研究,决定开展在博士学位授权一级学科内自主设置学科、专业的改革试点工作。"《意见》规定:"学位授予单位决定设置的《学科、专业目录》以外的学科、专业,须报国务院学位委员会办公室备案。国务院学位委员会办公室在备案截止日期后30个工作日内未做其他批复的,即为同意备案。"12月27日,学校《关于申报博士学位授权一级学科范围内自主设置学科专业备案材料的报告》报国务院学位办。报告中"自主设置专业汇总表"列有博士点6个,即经济哲学、投资经济、保险学、金融数学与金融工程、市场营销学、财务管理;硕士点8个,即经济哲学、投资经济、保险学、金融数学与金融工程、市场营销学、财务管理、信用管理、电子商务。

2003年12月29日,学校《关于申报博士学位授权一级学科范围内自主设置学科专业的报告》报国务院学位办。报告中"自主设置专业点名单"列有博士点5个,即税收学、公共政策学、房地产经济学、信用管理、企业信息管理;硕士点4个,即税收学、公共政策学、城市管理、商务英语。2004年2月16日,国务院学位办批复"暂缓备案",规定"重新申请备案的材料报送截止日期为2004年3

月18日"。3月12日,学校向国务院学位办重新申报备案的报告,仍是上述5个博士专业、4个硕士专业,其中,公共政策学改为公共经济政策学、城市管理改名为城市经济与管理、商务英语更名为经贸英语。3月24日,学校向国务院学位办报送的报告称:"现经研究,决定撤销其中上报的'经贸英语'硕士点学科、专业的申报请求。"

2004年12月29日,学校关于申报自主设置学科专业备案材料的报告报国务院学位办,其中博士点2个,即中外马克思主义理论、企业管理决策;硕士点3个,即中外马克思主义理论、制度经济学、体育管理。2005年2月16日,国务院学位办批复"暂缓备案",规定"重新申请备案的材料报送截止日期为2005年3月18日"。3月15日,学校重新申报,仍为2个博士点、3个硕士点,有2个学科专业名称作了调整:"中外马克思主义理论"改为"当代马克思主义经济理论","体育管理"改为"体育经营管理"。

2005年12月底,学校申报自主设置学科专业备案材料,共有5个学科专业,即行为经济学、计量经济学、实验经济学、卫生经济和公共政策、能源经济和环境政策,分别设置为博士点和硕士点。

2006年12月27日,学校关于申报自主设置学科专业备案材料的报告报国务院学位办,其中设博士点2个,即法律经济学和法律金融学。

2012年,根据《上海财经大学授予博士、硕士学位和培养研究生的二级学科自主设置(调整)工作实施细则》,学校组织进行了一级学科下目录内、目录外和交叉二级学科的自主设置工作,新增马克思主义基本原理和中国近现代史基本问题研究2个目录内二级学科、城市经济与管理等23个目录外二级学科及信用管理1个交叉学科。

2016年10月,校学位评定委员会审议通过撤销法律经济学、法律金融学及财经法学二级学科博士点;在马克思主义理论下增设思想政治教育二级学科博士点,在应用经济学下增设农业经济学二级学科博士点。

### 四、博士生指导教师

1980年11月,学院在申请首批学位授予单位时,既申报学科、专业材料,也申报博士生指导教师材料。后由国务院学位委员会组织专家评审,国务院学位委员会会议审核通过,并报国务院批准,1981年11月25日,国务院学位委员会下达首批博士和硕士学位授予单位,其中学院申报的娄尔行教授被批准为会计学博士点博士生指导教师。

1984年1月13日公布的第二批博士、硕士学位授权学科、专业名单中,学院申报的胡寄窗教授被批准为中国经济思想史博士点博士生指导教师。

1986年4月12日,国务院学位委员会下发国务院批准的《关于简化博士、硕士学位授予单位及学科、专业和博士生指导教师审批手续的请示》称:"通过的博士生指导教师名单,由国务院学位委员会办公室通知学位授予单位自行公布。"8月25日,国务院学位办通知学校:席克正教授为新增财政学博士点博士生指导教师,郑德如教授为新增统计学博士点博士生指导教师,徐政旦教授增列为会计学博士点审计学方向博士生指导教师。

1990年11月20日,国务院学位委员会在下达第四批博士和硕士学位授权学科、专业名单的同时,下达了通过的博士生指导教师名单,其中学校申报的杨公朴教授为新增工业经济博士点博士生指导教师,王松年教授增列为会计学博士点国际会计方向博士生指导教师。

1992年12月4日,国务院学位委员会下发《关于做好增列博士生指导教师审核工作的通知》。1993年2月,学校报送6位教授增列为博士生指导教师的申请材料。经过评审,1993年12月17

日,国务院学位办通知学校:谈敏增列为中国经济思想史博士点博士生指导教师,汤云为、张为国增列为会计学博士点博士生指导教师,杨君昌增列为财政学博士点博士生指导教师,施锡铨增列为统计学博士点数理统计方向博士生指导教师,颜光华增列为工业经济博士点企业管理方向博士生指导教师。

1994年6月18日,国务院学位办通知学校:根据《国务院学位委员会关于自行审定博士生指导教师的几点意见》等精神,"制订好本单位自行审定博士生指导教师实施方案(以下称实施方案)","实施方案需随同申请试点报告送国务院学位委员会审核,经批准同意后再施行"(学位办〔1994〕27号)。6月30日,学校将《上海财经大学自行审定博士生导师试点工作的实施细则》报送国务院学位委员会。8月1日,国务院学位委员会正式通知学校:"经研究,批准你单位进行自行审定博士生指导教师的试点工作,并原则同意你单位制订的自行审定博士生指导教师实施方案",并明确"开展自行审定博士生指导教师试点工作安排在1994年内进行","于1994年10月底前完成试点工作,并于1994年11月15日前将试点工作总结及审查结果报我委"。8月起,经本人申请、系学位评定分委员会初审、校外同行专家评议等步骤;10月,校学位评定委员会审定2名教授(博士)增列为博士生指导教师。

国务院学位办在6月18日通知中还指出:"按国务院学位委员会的有关规定,自行审定博士生指导教师每两年进行一次。"学校于1996年第二次自行审定博士生指导教师8人,1998年第三次自行审定博士生指导教师8人。

1999年4月9日,国务院学位委员会下达《关于进一步下放博士生指导教师审批权的通知》,称:"从本文下达之日起,将博士生指导教师的审批权下放给全部博士学位授予单位","各省(自治区、直辖市)学位委员会(教委、教育厅),应于每年12月底以前,将本地区各博士学位授予单位上学年度(上年9月1日至当年8月31日)招收培养博士生的指导教师的基本信息汇总后报国务院学位委员会办公室"。学校根据文件精神,决定选聘博士生指导教师每学年进行一次。1999年下半年选聘博士生指导教师8人,2001年上半年选聘11人。

2002年6月18日,学校学位评定委员会审核通过《上海财经大学博士生指导教师选聘工作实施细则》,明确博士生指导教师应具备的基本条件,规定"新选聘的1953年1月1日以后出生的博士生指导教师一般应具有博士学位"。从2002年起,选聘博士生指导教师的工作均在下半年进行。2002年选聘博士生指导教师15人,2003年选聘16人。

2004年9月10日,学校对2002年的《实施细则》作了补充修订,要点为:在经济学院、会计学院、公共经济与管理学院、国际工商管理学院、金融学院中国家批准的具有博士学位授权的目录内学科专业范围,开展自主选聘博士生指导教师的试点工作,学校学位评定委员会对申请人的博士生指导教师任职资格具有最终决定权。2004年学校共选聘10人,2005年22人(含援疆计划1人),2006年23人(含经济学创新平台8人),2007年22人(含经济学创新平台6人)。

2007—2008年,学校进一步下放研究生导师特别是博士生导师评聘权,同时进一步改革博士生导师遴选规则,在经济学创新平台内,将破格聘任海外招聘人才为博士生导师的做法扩展到具有符合条件的学院,授权具有博士学位授予权的学院在此框架内破格聘任海外招聘人才为博士生导师。2007年和2008年分别新增博士生导师18名和28名,其中经济学创新平台分别聘任2名和9名。

2010年,学校修订了《〈上海财经大学博士生指导教师选聘工作实施细则〉的补充规定》,进一步改革博导遴选规则,提高选聘博士生导师的科研要求标准,并明确破格申请人的认定标准和评审要求。2009年新增32名博士生导师,2010年新增23名博士生导师。

2011年新增40名博士生导师,其中正常选聘12人,经济学创新平台选聘18人,联合培养基地1人,认定9人。2012年新增41名博士生导师,其中经济学创新平台选聘19人,认定6人。2013年新增34名博士生导师,其中认定1人,正常选聘18人,经济学创新平台选聘15人。2014年新增46名博士生导师,其中认定4人,正常选聘29人,经济学创新平台选聘13人。

2014年11月,《上海财经大学教师申请指导博士研究生管理办法》发布实施,确定每年通过对博士导师资格的审核和导师与学生的双向选择,实现对博士生导师岗位的动态管理。2015年共有269位申请人经审批具备博士生指导资格,列入2016年招生简章。2016年共有258位申请人经审批具备博士生指导教师资格,列入2017年招生简章。

### 五、硕士生指导教师

1981年11月,学校根据国家学位条例的规定,成立学位评定委员会,各系相应成立学位评定分委员会。硕士生指导教师由硕士点的教授、副教授担任,经本人申请,所在系学位评定分委员会推荐,学校学位评定委员会审核批准。1990年,学校总结实践经验,制定《上海财经大学审核和选聘硕士研究生指导教师办法》,试行硕士研究生指导教师的遴选制度,强调导师的教学质量和科研成果。据1990年2月统计,全校选聘硕士研究生导师144人,其中在职96人(含新聘7人)、兼职48人。2002年6月18日,学校学位评定委员会审核通过《上海财经大学选聘硕士研究生指导教师实施细则》,规定硕士生指导教师应具备的基本条件是:(1)思想素质好,学术水平高,治学严谨,能认真履行研究生指导教师的职责。在近3年内未出现过教学、科研方面的责任事故。(2)具有副教授(副研究员)及以上专业技术职务,或主持省部级以上在研项目的讲师。凡1957年1月1日后出生的新申请选聘硕士研究生指导教师的人员,应具有硕士或博士学位。(3)新申请人员年龄不超过58岁,身体健康,能胜任指导研究生的工作。(4)科研能力强,在近3年内,主持并完成过省部级或以上的科研项目;或在学校科研处认定的核心学术刊物上至少独立发表过3篇论文;或主编教材或学术著作出版(有关科研成果须经科研处认证)。(5)具有比较丰富的教学经验,教学效果良好,有协助指导硕士研究生的经历,已开出至少1门研究生课程。据2002年2月统计,全校选聘硕士生导师197人,其中在职134人(含新聘35人)、兼职63人。2007年9月印发的《上海财经大学选聘硕士生导师实施细则(修订稿)》,对上述基本条件第2项增加"或具有博士学位的教师"这一内容。

2007年新增硕士生指导教师110人,2008年新增64人,2009年新增64人,2010年新增76人,2011年新增63人,2012年新增129人,2013年新增171人,2014年新增105人,2015年新增146人,2016年新增88人,2017年新增160人。截至2017年3月,学校共有硕士生导师1 537人(其中兼职830人)。

## 第二节 培 养 方 案

### 一、培养计划

#### (一)硕士研究生培养计划

1979年9月,学校首次招收的研究生(1981年11月起称硕士生)入校,培养工作由此开始。当时规定研究生的学制为3年,培养工作大体分为三个阶段:第一、二学期打基础,包括马克思主义经济理论、外语和高等数学;第三至第五学期研习专业课和收集、积累毕业论文资料;第六学期安排教学实践和毕业论文(即学位论文)写作。

为提高研究生培养质量,1986年初,学校在总结1979年以来培养工作的基础上提出《关于修(制)订攻读硕士学位研究生(含研究生班)培养方案的几点规定》,经过各系、教研室和指导教师的认真讨论,全校修(制)订出一套包括11个专业含39个研究方向的研究生培养计划,从1986级起执行。该规定明确:各类研究生的学习年限为研究生班二年、脱产研究生二年半、在职研究生三年;硕士研究生应修满的总学分为36～42学分,具体学分数由各专业根据需要确定;课程分为公共必修课(3～4门)、专业必修课(3～4门)和选修课3类,公共必修课中马克思主义哲学史、第一外国语、资本论3门课程为学位课程,专业必修课全为学位课程。

1989年上半年,学校对攻读学位的研究生培养方案进行了第3次修(制)订。当年12月,由研究生部汇编的《上海财经大学硕士研究生(含研究生班)培养计划》,收录学校《关于修(制)订攻读硕士学位研究生培养方案的几点意见》。根据国家教育委员会研究生司于1988年3月提出的《关于制定"货币银行学"等五个专业硕士生(应用类)培养方案的几点意见》,学校的修订意见提出,"今后培养的研究生分为两类:一类以继续培养教学、科研能力为主(教学、科研类),另一类是以培养实际工作能力为主的高层次经济管理人才(应用类)"。在学习年限上有所修改的是,"在职研究生(含应用类挂职学习)三年至三年半"。关于应修满的总学分,要求最低为36学分,最高为40学分。在课程设置上,该修订意见将课程分为必修课(学位课)、选修课(非学位课)两类;修课时间一般为一年半至二年,应用类挂职学习时间为二年半,论文工作时间一年,并要求"全部教育活动,应是学习和研究并重,把课堂学习、专题研究、独立钻研、科学研究、学位论文、实践活动等环节有机地结合在一起,特别是要加强到实务部门实习的环节"。

1993年7月,研究生部将全校第四次修订的硕士研究生培养计划(自1992级硕士生开始实施)汇编成册;1995年7月,又将全校第五次修订的硕士研究生(含MBA)培养计划(从1995级硕士生开始实施)汇编成册。在两册汇编本目录前登载的《关于修订硕士研究生培养计划的几点说明》称:"本培养计划力求研究生课程设置能理论联系实际,在提高应用能力和优化知识结构的同时,把课堂学习、课题研究、学位论文、实践活动等有机地结合起来,特别强调要加强到实务部门的实践环节。"关于课程设置,两个《说明》均称:研究生课程分为必修课和选修课两大类;必修课又可分为学位课和非学位课,其中非学位必修课程包括专业理论课和计算机运用等加强应用能力的课程。关于课程设置的学分要求,1992级培养计划中硕士生应修满的总学分为38～40学分,1995级培养计划中则为38～44学分。此外,两个《说明》还对实践活动和课程编号做了说明。

1999年,学校根据《中华人民共和国学位条例》和国务院学位委员会提出的"科学、规范、拓宽"的原则、"研究生宜以较宽口径进行培养"的要求,对硕士生的培养计划进行了修订,其要点是:总学分为40～44学分,其中跨学科考入的硕士生为43学分,MBA为44学分;课程分为学科公共课、专业基础课、专业方向课和选修课4类,每类课程均规定应修课程门数及学分数;在经济、管理类专业的基础课中要求包括一门数理统计或经济数学等数学方法类课程;选修课中要增加开设跨学科课程。

2002年修订硕士生培养计划的要求是,缩减必修课程的学时学分,大量增开选修课程。修订后,硕士生应修满的总学分下调为34～38学分,专业基础课和专业方向课合计由7门压缩为5门,学分数由21降至10。

2003年11月,学校为了加强和规范对硕士研究生培养工作的管理,根据国家学位条例和教育部有关文件的精神,结合学校硕士生培养的实际情况,制订《上海财经大学硕士研究生培养方案总则》,"于2004级硕士研究生开始实施"。该《总则》关于"学制"称:"全日制硕士研究生的学制为二年半,在职硕士研究生学制为三年。在规定时期完成课程学习,但未完成学位论文者,可申请延长学习年限,累计延长学习年限一般不得超过一年。"关于"课程设置和学分要求",该《总则》明确:全校按照经济学、管理学、哲学、法学、文学和理学六大学科门类设置课程;硕士研究生的课程学习实行学分制,必须修满不少于34学分的课程学分,最多不超过36学分的课程学分;课程分为学位公共课、学位基础课、学位专业课和任意选修课,其中,学位公共课是全校硕士研究生都要修读的政治理论课程和外国语课程(7个学分),学位基础课是同一个一级学科内各个专业硕士生都要修读的课程(一般安排3门,9个学分左右),学位专业课包括专业必修课和专业选修课(共15个学分左右)。该《总则》还指出,硕士生参加的社会实践活动包括社会调查、专业实习和教学实践等,"达到规定要求给予1学分"。

2004年11月,《硕士研究生培养方案总则》作了修订,全日制硕士研究生的学制改为2年(部分专业仍为2.5年),在职硕士研究生学制改为2.5年(部分专业仍为3年),并明确从2005级开始实施。

2007年9月,针对原有课程体系设置中的一些问题,如各学科专业课程设置要求过于统一化,特别是对一些挂靠其他院系设置的跨学科的专业研究方向,不能真正体现专业特色;课程设置过于强调理论性等,结合新增专业点培养方案制订工作,对硕士研究生培养方案进行了整体修订,增设跨学科专业课程,增开文献阅读、学术研究方法、学术前沿讲座和实践类课程,根据经济、管理类学科各专业不同特色要求,进一步明确包括各学位基础课的不同授课层次和具体内容,并适当调整各学期课程分布,平衡各学期学分要求。

2009年,为解决部分教师授课门数和门次过多以及研究生一学期内修课门数过多的问题,指导各院系对研究生课程体系设置进行研究,大规模调整了培养方案。为了更能体现专业学位培养的特点,并针对新增加的3个全日制专业学位的学生,制定和规范了其培养方案,优化了相关模块内容。

"十二五"期间,学校不断完善各类研究生培养方案,指导各学院对研究生专业培养方案进行研究和调整,并认真落实各项研究生教学安排与教务管理工作。在研究生人才培养方案中,自2014年起针对《第一外语模块课》试行了免修免考制度,为一些外语水平突出的研究生释放了更多的时间与精力,使其更加专注于本专业的课程学习与研究实践;明确了专业学位研究生《社会实践》培养环节的训练与审核要求。至"十二五"期末,学校已制订形成全日制硕士研究生培养方案共129个。

2017年初,为进一步贯彻和落实《教育部、国家发展改革委、财政部关于深化研究生教育改革的意见》(教研〔2013〕1号)、《教育部关于改进和加强研究生课程建设的意见》(教研〔2014〕5号)、《教育部、财政部、国家发展改革委关于统筹推进世界一流大学和一流学科建设实施办法(暂行)》(教研〔2017〕2号)等文件精神,继续推进和实施上海财经大学研究生教学提升计划、上海财经大学研究生课程建设实施方案等工作计划,强化研究生培养过程,提高研究生培养质量。学校制定了学术型研究生培养方案修订基本要求,按照高水平国际化原则、一级学科原则、硕博衔接原则、开放共享原则,开展了学术型研究生培养方案的试点改革,进一步优化了学术型研究生培养方案的基本框架、工作流程、修订要求等。

## （二）博士研究生培养计划

学校于1984年开始招收博士研究生。1987年3月收入《上海财经大学研究生工作手册》的《关于制定博士研究生培养计划的几点意见》称，博士研究生的培养工作"应采取博士生自学为主、导师指导为辅，教学和科研相结合的方式"；学习年限三年（在职研究生根据实际情况可相应延长半年）；课程学习时间为一年至一年半，科学研究时间不少于一年半。博士研究生的个人培养计划，主要依据国家关于授予博士学位的基本要求，结合博士研究生个人学习情况，在导师指导下制订。个人培养计划的基本框架包括：培养目标、主攻学科和研究方向的说明、入学时专业基础情况、课程安排、学位论文选题确定时间、论文工作的初步计划等。其中，课程安排主要包括马克思主义理论课、第一外国语、第二外国语、专业基础课和专业课。

1993年7月制定的《上海财经大学博士生培养工作细则》称：博士生"学制为三年（含等待论文答辩时间），一般不再延长学习年限，个别确有特殊原因，经学校批准，可延长一年"；课程学习上，学位课程至少6门（包括马克思主义理论课、外国语、专业学位课程至少3门），选修课程不限，最迟应在申请学位论文答辩之前通过全部学位课程考试。并明确，在招生前按二级学科制订专业培养方案，博士生应在入学后至迟三个月内制订个人培养计划。

1996年6月，学校制定《上海财经大学制订博士研究生培养方案的要求》，规定"博士研究生培养方案应按二级学科的要求制订"，其内容包括本学科专业博士研究生的培养目标、学习年限、研究方向与内容、课程设置与学分、学习方式与考核方式、实践环节、科学研究与学位论文要求等。同时明确"每个博士研究生需制订个人培养计划"，对课程学习、科研工作、开题报告、学位论文、实践环节等项目的要求和进度做出具体规定。博士生的课程分为学位课程和非学位课程，前者有马克思主义理论课（3学分）、外国语（3学分）、基础理论课（3学分）、专业课（6学分）；后者有第二外国语（2学分）、公共必修课（2学分）、选修课程（2学分）。博士研究生应修满不少于20学分，跨学科招收的博士研究生不少于24学分。在课程学习结束之后、学位论文写作开始之前，博士研究生需进行一次综合考试，一般应安排在第四学期。培养方案还要求博士生在读期间参加学术活动不少于10次（计1学分），在国内外核心学术刊物上发表论文不少于3篇。

2002年6月，学校根据《教育部研究生工作办公室关于修订研究生培养方案的指导意见》和教育部《关于加强和改进研究生培养工作的几点意见》，对《制定博士研究生培养方案的要求》进行修订，增加"学习年限要求"，规定："博士研究生的学习年限一般为3年。在规定时期完成课程学习，但未完成学位论文者，可申请延长学习年限，累计在校学习年限一般不得超过6年。允许成绩优秀的博士研究生在完成所要求的学分、相应的科研任务和学位论文后，经导师和院（系、所）领导同意，提前进入论文答辩和提前毕业。"同时，增加"论文开题报告和预答辩"部分，规定："论文的开题报告在第三学期末进行"，"预答辩的时间安排在答辩前三个月进行"，并明确预答辩制度从2003级开始实施。

2004年11月，学校制定《上海财经大学博士研究生培养方案总则》，规定"博士研究生在攻读博士学位期间应修满不少于20学分的课程"，对于跨一级学科和以同等学力招收入学的博士研究生，则明确"应补修至少两门与本专业相关的硕士课程，所修课程不计入上述学分之内"。关于课程设置，规定"博士研究生课程分为学位公共课、专业必修课、专业选修课"，其中，学位公共课包括马克思主义理论和外国语2门课程，专业必修课包括基础理论、理论专著和文献选读、跨学科3方面课程。关于综合考试时间，调整为"一般应安排在第三学期进行"。关于学位论文工作，"具体要求见

《上海财经大学博士研究生学位论文工作的基本要求》",后者第四部分为"学位论文的预答辩"。博士研究生培养方案总则明确于2005级开始实施。

2007年9月,针对原有课程体系设置中的一些问题,对博士研究生培养方案进行了整体修订,修订内容与硕士研究生培养方案相类似。

2008年对统计学、金融学、企业管理、法学和人文学院的个别学科点的博士研究生培养方案进行了调整,以适应部分学科专业发展的需要,增加了前沿类、方法类的课程。

2009年新增加了金融学专业全英文博士留学生培养方案,考虑到留学生的特殊性,要求这些培养方案同时提供中、英文两个版本。同时新修订、调整并规范了金融学专业和企业管理专业香港教学点博士研究生的培养方案。

这一时期对博士研究生学制也进行了调整。2007年经济学院以"经济学创新平台"建设为载体,实施系列人才培养改革,把博士生学制由3年延长至4年;2008年会计学院、统计学系延长博士学制至4年;2009年《上海财经大学研究生学籍管理实施细则》修订实施,其中规定"博士研究生学制为三年或四年;硕博连读学制为五年"。此后,金融学院、国际工商管理学院、信息管理与工程学院、财经研究所、应用数学系、公共经济与管理学院相继将博士生学制由3年延长至4年。

"十二五"期间,学校不断完善博士研究生培养方案,指导各学院对专业培养方案进行研究和调整,并认真落实各项教学安排与教务管理工作。自2014年起针对硕博连读研究生的课程体系采用了硕士、博士的分阶段设置与安排,进一步强调了《综合考试》《学术讲座与报告》等培养环节,规范其培养程序与审核要求。至"十二五"期末,学校共形成全日制博士研究生培养方案54个。

## 二、培养目标

### (一)硕士研究生培养目标

1986年,《上海财经大学关于修(制)订攻读硕士学位研究生(含研究生班)培养方案的几点规定》对硕士研究生培养目标的表述是:坚持又红又专,德、智、体全面发展的方针,贯彻教育三个面向的要求,培养研究生成为适应我国社会主义两个文明建设需要的开拓型的财经高级专门人才。关于智育的具体要求是:坚持以马列主义、毛泽东思想为指导,理论联系实际,在本门学科内掌握坚实的基础理论和系统的专门知识,较熟练地掌握一门外国语,具有从事科学研究、教学工作的能力。

1989年12月汇编的硕士研究生培养计划,对硕士生培养目标修改为:培养我国社会主义现代化建设发展需要的,适应面向现代化、面向世界、面向未来的德、智、体全面发展的,从事财经方面科研、教学和实际工作的高层次管理人才。关于智育的具体要求是:勤奋学习,严谨治学,牢固掌握宽厚的基础理论和系统的专业知识,熟悉有关专业的理论和实务,掌握现代化管理方法和手段,并能熟练地掌握一门外国语,具有较强的实际工作能力,富有开拓创新精神。

1998年9月,收录在《上海财经大学研究生教育工作规章汇编》中的《招收攻读硕士学位研究生简章》称:培养德、智、体全面发展,在本门学科内掌握坚实的基础理论和系统的专门知识,具有从事科学研究、教学和独立担负专门技术工作能力的高层次经济管理专门人才。

2003年11月以后,《上海财经大学硕士研究生培养方案总则》从学校研究生学科门类不只限于经济学、管理学类的实际出发,对硕士生的培养目标概括为:培养"面向现代化、面向世界、面向未来"的,适应我国社会主义现代化建设和社会发展需要的,德、智、体全面发展的高层次专门人才。

关于智育(业务)的基本要求明确为:刻苦钻研,勤奋学习,掌握本学科专业坚实的基础理论知识和系统的专门知识,具有从事科学研究的能力或独立担负专门技术工作的能力;比较熟练地掌握一种外国语,能阅读本专业该语种的外文资料,并能运用该语种写作论文摘要。

2004年,学校启动研究生教育创新计划,第一次提出研究生分类培养的概念。"十一五"期间,学校进一步明确不同层次和不同类型的研究生培养目标。硕士研究生多种类型并举,以应用型、复合型为主,学校适应社会发展需要,及时调整硕士研究生培养目标,缩短学制,改革课程体系设置,增开应用类、实务类课程,大力发展专业学位研究生教育,培养社会需要的大量解决实际问题的应用型人才。

"十二五"期间,学校按照研究生人才分类培养的基本原则,进一步强化学术学位研究生的学术训练要求,不断提升学术学位研究生的科研能力与水平;同时,着力加强专业学位研究生的实践训练要求。加快推进专业学位研究生的实践基地、实践导师、实践案例等全方位建设,切实提高专业学位研究生的实务能力。

在《上海财经大学2017年招收攻读硕士学位研究生简章》中,培养目标为:"培养热爱祖国,拥护中国共产党的领导,拥护社会主义制度,遵纪守法,品德良好,具有服务国家服务人民的社会责任感,掌握本学科坚实的基础理论和系统的专业知识,具有创新精神、创新能力和从事科学研究、教学、管理等工作能力的高层次学术型专门人才以及具有较强解决实际问题的能力、能够承担专业技术或管理工作、具有良好职业素养的高层次应用型专门人才。"

### (二) 博士研究生培养目标

1987年3月,学校《关于制订博士研究生培养计划的几点意见》对博士生培养目标的表述是:博士生的培养应坚持德、智、体全面发展的方针,要高标准、严要求,通过培养,要求博士生达到下列要求:(1)系统地掌握马列主义、毛泽东思想的基本原理,自觉运用马克思主义理论指导自己的研究工作;树立无产阶级世界观,坚持四项基本原则,热爱社会主义祖国,有为祖国科学教育事业献身的精神;遵纪守法,具有良好的道德品质和科学修养。(2)掌握坚实宽广的基础理论和系统深入的专门知识,具有独立从事科学研究和教学工作的能力,在科学上做出创造性成果;掌握两门外国语,治学态度严谨。(3)具有健康的体格。

1993年7月制定的《博士生培养工作细则》,对博士生培养目标的表述为:遵照教育要"面向现代化、面向世界、面向未来"的要求,坚持社会主义方向、坚持质量第一、坚持理论联系实际的原则,把博士生培养成为从事经济学方面科研、教学和实际工作的高级专门人才。基本要求是:(1)具有坚定的政治立场,树立崇高理想,有高尚情操,掌握马克思主义的基本原理,积极为社会主义建设事业服务,为祖国繁荣、兴旺而奋斗;(2)富有开拓精神,治学严谨,牢固掌握本专业坚实宽广的基础理论和系统深入的专门知识,掌握两门外国语,具有独立从事科学研究工作的能力,在科学或专门技术上做出创造性的成果;(3)身体健康。

1998年9月收编在《研究生教育工作规章汇编》中的《招收攻读博士学位研究生简章》称:培养德、智、体全面发展,在本门学科上掌握坚实宽广的基础理论和系统深入的专门知识,具有独立从事科学研究工作的能力,在科学上做出创造性成果的高级经济理论或经济管理专门人才。

2004年11月制定的《上海财经大学博士研究生培养方案总则》称:培养"面向现代化、面向世界、面向未来"的,适应我国社会主义现代化建设需要的,德、智、体全面发展的,具有从事创造性学术活动能力和独立科学研究能力,富有学术竞争精神的高层次专门人才。具体要求:(1)思想政治上,努力学习马列主义基本原理、毛泽东思想、邓小平理论和"三个代表"重要思想,坚持四项基本原则,热爱祖国、遵纪守法、品德优良,积极为社会主义现代化建设服务。恪守科学道德,具有严谨的治学态度、实事求是和诚挚合作的工作作风,有为科学事业奋斗和献身的精神。(2)业务上,要求掌握本学科领域坚实宽广的基础理论、系统深入的专业知识、相应的技能和方法,具有独立进行科学研究工作和解决实际问题的能力,对所从事的研究方向有高度综合和提出独立见解的能力,并能取得创造性的成果。要求至少掌握一门外国语,能使用该语种熟练地阅读本专业外文资料,并具有一定的写作能力和进行国际学术交流的能力。

"十一五"期间,博士研究生以学术型为主,培养和提高博士研究生具有创造性学术活动和独立科学研究能力是学校博士研究生培养和教育的核心,教学中以加强学术训练为重点,引进国际知名高校的优秀师资开设前沿课程,讲授学科前沿发展动态,通过学术讨论会等形式加强研究生学术规范和学术表达方式的训练。

"十二五"期间,围绕提升博士研究生的学术能力与学位论文质量的要求,学校通过研究生优秀博士论文培育基金项目资助、创新基金项目资助、优秀科研成果奖励、高水平学术会议资助等多种科研创新活动形式,持续推动博士研究生从事创新性科学研究活动,进一步激励博士研究生在学习与研究过程中,不断形成更多高层次高水平的学术成果。

在《上海财经大学2017年招收博士学位研究生简章》中,培养目标是:"培养德智体全面发展,在本门学科上掌握坚实宽广的基础理论和系统深入的专门知识,具有独立从事科学研究工作的能力,在科学或专门技术上做出创造性成果的高级科学专门人才。"

### 三、同等学力申请硕士学位培养

1986年9月20日,国务院学位委员会办公室下发《关于在职人员申请硕士、博士学位的试行办法(送审稿)》。12月12日,国务院学位办下发《关于批准第二批在职人员申请硕士、博士学位试点单位的通知》,称"根据〔86〕学位办字028号通知精神,经审核,同意计划于明年上半年内对在职人员申请学位组织课程考试和论文答辩的46个单位为第二批进行在职人员申请硕士、博士学位的试点单位",上海财经大学名列其中,试点可申请硕士学位的学科专业共有11个,可申请博士学位的学科专业2个。

学校获准试点进行在职人员申请学位工作后,除接受学校及外校研究生班毕业生来校申请硕士学位外,开始了同等学力申请硕士学位的培养工作,即通过进修研究生课程申请硕士学位。其中,对于校内青年教师试行"零存整取"办法:青年教师根据学校制定的在职人员申请硕士学位的工作细则,参加并通过统一安排的资格考试,然后在规定的期限内,修满申请硕士学位专业培养计划规定的课程,取得规定的学分,在进入论文工作之前还参加并通过学位课程的水平综合考试。

1991年,经国务院学位委员会批准,学校获得在职人员申请硕士学位的授予权。同年,国务院学位委员会颁布《关于授予具有研究生毕业同等学力的在职人员硕士、博士学位暂行规定》及其实施细则。

1994年11月14日,学校根据国务院学位办《关于对举办研究生课程进修班加强管理的通知》《关于下达同意登记备案异地举办研究生课程进修班名单的通知》等精神,制定《异地举办研究生课程进修班的规定》,指出"课程进修班不属于研究生学历教育",并明确:政治经济学、财政学、货币银行学、国际金融、国际贸易、工业经济、商业经济、会计学、统计学9个专业可以办班试点,原则上每个专业只能申请举办1个课程进修班;"为了方便管理和教学,异地课程进修班原则上应在华东地区举办";申请学位者应在申请前参加每年6月进行的全国同等学力申请硕士学位的外语统一考试,取得合格证书。

1995年5月,学校根据国务院学位委员会1991年有关规定,结合自身情况,制定《上海财经大学授予具有研究生毕业同等学力的在职人员硕士、博士学位暂行工作细则》。

1996年2月5日,国务院学位委员会办公室和国家教育委员会研究生工作办公室联署下发《关于举办研究生课程进修班登记备案工作的通知》,明确:"在本校、本地举办的研究生课程进修班,其办班性质、名称、条件、管理等均应按学位办〔1993〕58号文关于异地办班的要求精神。"同时,强调"在本校、本地举办研究生课程进修班,亦需申报备案",并委托省级学位与研究生教育主管部门进行初审。

2013年10月,国务院学位委员会、教育部、国家发展改革委下发了《关于进一步加强在职人员攻读硕士专业学位和授予同等学力人员硕士、博士学位管理工作的意见》(学位〔2013〕36号),明确"研究生培养单位不得以研究生、硕士、博士学位等名义举办课程进修班"。按照相关文件精神,学校对同等学力申请学位工作进行了充分论证与调整优化,并于2015年3月正式公布了《上海财经大学关于授予具有研究生毕业同等学力人员硕士学位管理办法》(上财研〔2015〕7号),进一步规范与完善同等学力人员申请硕士学位工作。

### 四、课程

#### (一) 硕士生公共必修课

1986年修订培养计划时,明确公共必修课4门,即马克思主义哲学史(学期课,2学分),第一外国语(学年课,4学分),资本论(学年课,4学分),西方经济学(学年课,3学分)。除西方经济学不作为学位课程外,其余均属学位课程。

1989年修订培养计划时,公共必修课为3门,且课程名称有了调整:马克思主义认识方法论(学期课,2学分),马克思主义经济理论(学期课,3学分),第一外国语(学年课,4学分)。此外,西方经济学在涉外专业为必修课(学年课,4学分),一般专业为选修课(学期课,2学分)。

1992年和1995年修订培养计划,均规定公共必修课为3门学位课,即马克思主义经济理论(学期课,3学分)、第一外国语(学年课,4学分)、西方经济学(学年课,4学分);3门非学位课,即马克思主义认识方法论(学期课,2学分)、经济数学(学期课,2学分)、计算机软件应用(学期课,2学分)。

1997年修订培养计划时,规定公共必修课为外语、现代微观与宏观经济学、马克思主义经济理论、数理统计或经济数学、马克思主义认识方法论共5门课程。

2003年11月制定的《上海财经大学研究生培养方案总则》将课程分为学位公共课、学位基础课、学位专业课和任意选修课4类,其中,学位公共课是全校硕士生公共必修课,有3门(7学分),即社会主义经济理论、马克思主义认识方法论/马克思主义哲学与现时代、第一外语;学位基础课是一级学科内各专业共同必修课程,有3门(9学分),如经济学、管理学门类按一级学科开设高级微观经济学A、高级宏观经济学、计量经济学或数理统计或管理运筹学等课程。

2015年暑期,学校开始开设研究生层次的暑期国际课程项目,并自2016年起在三年制学术型硕士研究生培养方案中,增设3学分的"国际课程"环节,促进学术型硕士研究生的国际化培养与交流。

(二)课程介绍与编号

1990年8月,学校研究生部编印《上海财经大学硕士研究生课程介绍》,共收集课程198门,从4个方面进行介绍:一是教学目的、主要章节或主要专题;二是讲授的总学时和周学时;三是学习这门课程的基础;四是采用的教材和主要参考书目。该汇编的前言称,编印的"目的是为各课程制订教学大纲做好准备,同时使研究生了解所学课程的内容和要求,减少选课的盲目性"。

1992年和1995年的硕士生培养计划对课程冠以编号,共4位数,前2位为开课专业代码,如政治经济学专业为01、货币银行学专业为11、会计学专业为21等,00则为公共课。2005年起,各学科专业硕士生课程设置表上恢复课程编号。

自2004年起,学校研究生部每年编印一本《研究生教学一览》。其中,2004年9月和2005年9月编印的《研究生教学一览》中均载有"研究生课程简介",而2005年收集的课程数量多于2004年,共有357门,包括:人文学院28门,经济学院20门,公共经济与管理学院75门,财经研究所25门,金融学院62门,国际工商管理学院78门,统计学系1门,法学院12门,应用数学系12门,信息管理与工程学院17门,会计学院17门,外语系10门。各院系的课程简介格式不尽一致,大多按学校要求,课程简介包括:英文名称、授课教师、课内学时、学分、适用专业、课程类别、教学目的、课程内容、课程教材、参考书目等内容,有的增加"开课时间",有的还表明"先修课程""考核方式",少量课程只介绍其中三四项。

自2014年起,学校将《研究生教学一览》中的各专业培养方案与课程设置,纳入教学系统进行统一编制与审核,并将相关课程简介公布在教学系统中,便于广大教师与研究生及时了解与查询。

## 五、学位论文

1990年7月公布的《上海财经大学学位授予工作细则》,对研究生学位论文的评阅和答辩,均有规定和程序要求。1992年3月18日制定的《上海财经大学关于学位授予工作的补充规定》,对学位论文提出如下要求:学位论文应是在导师指导下,由研究生本人独立完成;硕士论文须有自己的新见解,博士论文须做出创造性的成果;从事论文工作的时间,自确定论文研究范围时起至答辩时止,硕士生至少一年,博士生至少二年;硕士学位论文字数应有2万字以上,博士学位论文应是一部达到出版水平的有10多万字的学术专著,还应有一部相应的资料集。

1995年12月,学校"为了更好地把好研究生培养质量关",制定《上海财经大学对研究生学位论文进行抽样检查的办法》,决定从1996年起对研究生学位论文在正常答辩的同时,每年按10%左右的比例进行抽样检查,并对抽样范围和检查重点作了规定。在检查基础上,学校制定了《研究生学位论文格式的规定》,规范全校学位论文的内容要求和撰写格式。1996年6月8日,学校专门发文对于博士研究生学位论文工作,包括选题、撰写、摘要、评阅、答辩,均提出基本要求。

从1998年起,学校自行组织的研究生学位论文抽查工作纳入上海市研究生学位论文的双盲抽查工作(双盲指专家评审前隐去被检学位论文上的研究生姓名和导师姓名)。

2002年9月,学校对《博士研究生论文工作的基本要求》作了修改,提出在博士学位论文答辩前必须进行预答辩,学校对通过预答辩的博士学位论文全部进行双盲评阅。从2003年5月起,学校的博士学位论文每年开展两次双盲评阅,不再参加上海市研究生学位论文的双盲评审。同时,学校对《研究生学位论文格式的规定》也作了修改。

2007年4月5日,学校印发《上海财经大学研究生学位论文写作规范》。该《写作规范》共分4章,即构成要件、格式要求、书写要求、排版及印刷要求,与《研究生学位论文格式的规定》相比较,规范要求更为清晰。

2015年以来,学校持续完善研究生学位论文质量监控体系,先后发布施行了《上海财经大学学位论文作假行为处理办法》《上海财经大学论文抽检及异议论文处理办法》,修订了《上海财经大学研究生学位论文重复率检测试行办法》,进一步健全研究生教育的质量保证体系。学校着重对近年博士、硕士学位论文答辩前和答辩后评阅结果数据、论文查重的状态及学位论文获奖情况进行分析,对研究生学位论文质量进行展示,并根据国家和学校相关规定,提出了强化过程管理、加强导师管理、关注特别群体、实行质量绩效管理等对策建议,以提高研究生学位论文质量。

1998年5月,国家启动全国优秀博士学位论文评选工作。从1999年开始,每年评选一次。2003年评选中,学校会计学专业博士生赵宇龙的博士学位论文(导师张为国)入选全国优秀博士学位论文;2005年评选中,会计学专业博士生李增泉的博士学位论文(导师孙铮)获得全国优秀博士学位论文提名奖。2007年会计学专业博士生曾庆生的博士论文《国家控股、超额雇员与公司价值——一项基于中国证券市场的实证研究》(导师陈信元)获得全国优秀论文奖。2010年,财政学专业王冲博士的《中国基本公共服务收益均等化专业支付方案研究》(导师刘小川)获得全国优秀博士学位论文提名奖。2012年,金融学专业李科的博士学位论文《公司治理、融资约束与公司业绩:因果关系与经济机理》(导师徐龙炳)获得全国优秀博士学位论文提名奖。2013年,产业经济专业郑若谷的博士学位论文《国际外包承接与中国产业结构升级和转型》(导师干春晖)获得全国优秀博士学位论文奖。

2001—2016年,学校共有28篇博士论文和28篇硕士论文被评为上海市优秀论文。

## 第三节 学 位 制 度

### 一、学位评定机构

1981年11月,根据国家学位条例,学院成立首届学位评定委员会。接着,各系(所)设立学位评定分委员会。

首届学位评定委员会由13人组成,任期3年,院长姚耐为主席,副院长郭森麒与教授龚清浩为副主席,成员中包括院系及教务部门负责人,均具有教授、副教授或相当职称。1993年以后,校学位评定委员会成员人数达20~25人,由校、院(系、所)及研究生、教务部门主要负责人组成;副主席由主管研究生工作或科研工作的副校长与分管学生工作的党委副书记担任。

各系(所)的学位评定分委员会,由3~7人组成,任期3年,设正、副主席各一人,主席由学校学位评定委员会委员兼任。

校学位评定委员会的主要职责有:审批授予硕士学位和博士学位名单;做出授予学位的决定;做出撤销学位的决定;通过授予名誉博士学位的提名;审批博士生指导教师名单;审议学校有关学位申请、授予工作的规章制度;研究和处理学位授予工作中的争议和其他事项。

校学位委员会每年1月、6月、10月举行三次全体会议,学位评定委员会办公室设在研究生院。

## 二、学位授予工作细则

1987年3月,学校根据《中华人民共和国学位条例》和《中华人民共和国学位条例暂行实施办法》,总结实践经验,制定《上海财经大学学位授予工作细则》。该《细则》分为总则、学位学术水平要求、学位申请手续、学位课程考试、学位论文评阅、学位论文答辩、学位材料立卷、名誉博士学位、学位评定委员会、其他10章,共有条文25条。1998年9月,该《细则》收入《上海财经大学研究生教育工作规章制度汇编》时,第八章"名誉博士学位"的条文以及关于学士学位的第四条、第六条的条文均被略去,条文数量增至26条,文字表述做了调整。

《上海财经大学学位授予工作细则》规定了学位授予的标准,即硕士、博士学位的学术水平要求,这是国家学位标准;规定了学位授予工作的基本程序,即:学位申请,是在学位课程考试和学位论文完成之后、学位论文答辩之前进行……学位论文评阅与答辩,需聘请评阅专家和成立答辩委员会……各院(系、所)学位评定分委员会审核,以无记名投票方式,经到会的三分之二及以上委员表决,达到全体委员过半数通过时,方可做出授予学位的建议……校学位评定委员会审议,须委员人数的三分之二及以上到会,采取无记名投票方式,达到全体委员过半数通过时,方可做出授予学位的决定……公告和发证,学位授予日期以校学位评定委员会批准之日为准。被批准授予博士学位的名单须在校内公布,3个月后如无异议,方可颁发国家印制的学位证书。

1992年3月18日,经校学位评定委员会讨论通过,对学位授予工作做出补充规定,即《上海财经大学关于学位授予工作的补充规定》。补充规定提出学校对学位授予的具体要求,共5条:一是学位授予必须坚持社会主义方向,坚持又红又专原则,并明确申请人的政治、思想和道德考核上有4种情况不得授予学位。二是学位课程考试要求,明确有3种情况"应重新组织考试,否则不得授予学位",其中一种情况是"博士生、硕士生(应用类硕士生除外)外国语课的考试成绩,英语未通过按六级标准命题水平的;其他语种未通过相应的命题水平的;其中涉外专业英语成绩未达到六级标准命题70分以上(含70分)的"。三是学位论文要求,有3项,其中科研要求是"硕士生在校期间应在公开发行的专业杂志上至少发表一篇(每篇3 000字以上)有一定质量的学术论文(翻译文章二篇可折合论文一篇)","博士生在论文工作期间,应总结科研成果,应在公开发行的专业杂志上至少发表3篇以上质量较高的学术论文"。四是学位评定委员会及分委员会评议表决要求。五是关于撤销学位的情况和程序。

1995年1月16日,校学位评定委员会对补充规定作了调整,一是外语课程考试成绩,博士、硕士研究生英语未通过国家六级水平考试的,应用类硕士研究生未通过全国英语一级统考的,其他语种未通过相应命题水平考试的,涉外专业英语成绩未达到国家六级水平考试70分及以上的,暂缓授予学位一年;二是科研要求,硕士生无变化,博士生要求在校期间应完成基本科研工作量(1997年9月制定的博士研究生科研工作量考核办法规定,基本科研工作量最低限额为300分,在论文方面至少要在公开发行的专业期刊上独立发表4篇以上质量较高的学术论文,其中,至少在一级B类以上期刊发表2篇以上)。

2005年6月8日,校学位评定委员会会议对补充规定又作了调整,取消对博士、硕士研究生申请学位必须通过英语全国六级水平考试或其他外语语种国家相应水平考试的规定,同时对硕士研究生申请学位取消在校期间须公开发表一篇学术论文的科研要求。

### 三、学位工作细则

2006年,学校对学位授予工作细则作了大幅修正,吸纳补充规定的有关内容,更名为《上海财经大学学位工作细则》,并经校学位评定委员会当年9月30日会议审议通过。学位工作细则共分7章40条。7章是:总则,学位的学术要求(包括国家标准和学校的课程、科研要求),学位的申请与受理,学位论文的基本要求和评阅,学位论文的答辩,学位的决定与授予(包括校学位评定委员会和院、系、所学位评定分委员会的组成及职责,表决结果公示和发证),其他。关于博士学位的科研要求,因为科研工作量考核划归学生工作部门管理,学位工作细则只提出在读期间发表论文的要求。该细则最后明确:"本细则自发布之日起施行,此前学校有关学位管理的规章制度与本细则内容相违背的,以本细则为准。"

2016年经多方调研、论证,2016年10月14日经校学位评定委员会通过《上海财经大学学位工作细则》(修改稿),进一步明确了学术成果的等级认定、归属原则以及答辩后申请学位的期限。

## 第四节 培 养 管 理

### 一、学籍管理

1979年9月,招收的研究生入学后,学校按照教育部《高等学校研究生工作条例》《高等学校研究生学籍管理暂行规定》,对研究生进行学籍管理。

1995年7月,学校根据国家教育委员会颁发的《研究生学籍管理规定》,结合自身具体情况,制定《上海财经大学研究生学籍管理规定》。该规定分为:入学和注册,转学和转专业,请假和考勤,休学(辍学)和复学,退学,奖励和处分,提前毕业和延长学习年限,肄业、结业、毕业和就业,其他共9个部分。2002年8月,该学籍管理规定作了修订,"休学(辍学)和复学"修改为"休学、停学和复学"。

2005年5月,学校根据教育部颁发的《普通高等学校学生管理规定》(教育部第21号令,2005年3月25日发布)以及其他文件精神,对研究生学籍管理规定进行了修订,制定《上海财经大学研究生学籍管理实施细则》,于5月31日发布。该实施细则共有9章37条,除总则、附则两章外,其余7章分别为:入学与注册,转学与转专业,请假与考勤,休学、停学与复学,退学,奖励与处分,学制与毕业(肄业、结业)。

2009年6月,针对实施过程中出现的情况,结合学校校、院两级管理实际,对《上海财经大学研究生学籍管理实施细则》中有关研究生转学、转专业与退学等部分内容进行修订,经校长办公会议审议通过后实施。

为规范办事流程、提高工作效率,2016年12月教学管理系统学籍异动模块上线运行,转专业、转导师、延期毕业、提前毕业、休学、复学、退学、退出硕博连读项目等学籍异动申请全部采用线上申报。

《普通高等学校学生管理规定》(教育部第41号令,2017年2月24日发布)于2016年12月16日经教育部2016年第49次部长办公会议修订通过,并自2017年9月1日起施行。为配合该规定的修订,2017年3月学校启动对《上海财经大学研究生学籍管理实施细则》的再次修改。

## 二、中期考评

### （一）硕士研究生

从1992年起，学校研究生部对硕士研究生培养过程中个体综合质量的考核进行探索和研究，并逐步试行和建立相应的竞争、激励机制。1995年6月形成《上海财经大学硕士研究生综合质量评定工作细则》，经该月12日校长办公会议通过，正式实施。该《工作细则》的指导思想部分称："学校通过对硕士研究生综合质量的评定，将其德、智、绩、能各项素质用数量值评定出来，以便对学有实绩者给予奖励，对不适宜继续培养者给予必要的中期分流。"《工作细则》明确：评定对象为每届硕士研究生，时间安排在第五学期初进行；评定内容包括主要课程成绩分、科研能力分、思想品德与操行分、综合能力分、应扣分（含违纪处分、旷课、补考等情况）5个方面；综合评定成绩分A、B、C、D 4级；评定为A、B级者给予奖励（奖学金等），评定为D级者是主要筛选对象（黄牌警告，不得进入论文阶段等）。

2004年8月，学校对上述《工作细则》进行修改，将评定时间调整至第四学期初，文件改名为《上海财经大学硕士研究生综合质量评定实施办法》。

2005年，在推进校、院（系）两级管理的过程中，学校把硕士研究生综合质量评定工作由研究生部划至学生工作部（处）。2007年1月24日，学生工作部（处）在原评定工作文件基础上，制定《上海财经大学硕士研究生综合测评实施办法》，称"研究生综合测评成绩是研究生评定奖学金、评选先进个人等的主要依据之一"。

2010年学生工作部（处）对《上海财经大学硕士研究生综合测评实施办法》（上财学〔2007〕2号）中部分内容进行修订，发布《上海财经大学硕士研究生综合测评实施办法》（上财学〔2010〕2号），该实施办法自2010年6月10日正式颁布实施，执行至今。新的《上海财经大学硕士研究生综合测评实施办法》主要从以下几个方面进行了修订和补充：（1）综合测评成绩中，提高了主要课程所占比重，将科研能力分作为基准分100之外的加分项。（2）提高了科研分加分项的门槛，一般期刊和译文不再有加分，只有核心及以上期刊发表论文才有加分；取消课题加分项。（3）降低了科研加分项的分值。权威期刊加分分值由15分降低至权威A刊加分10分，权威B刊加分5分；核心期刊加分分值由10分降低至1分。提交学术会议论文获奖加分的分值从3～15分降低至1～5分。专著教材等加分项目也不同程度地降低。（4）简化综合成绩测评的等级划分和对应奖励。

### （二）博士研究生

1993年7月，"为了保证博士研究生的培养质量"，学校制定《博士研究生中期考核办法》。该《办法》规定，"进入第四学期学习的博士研究生"为考核对象，因为这些博士生的课程学习已经或接近结束，即将进入论文工作阶段。因此，该《办法》关于"中期考核的主要原则"规定，经考核达到哪些要求方可进入论文工作阶段，达到哪些要求可予以一定奖励，出现哪些情况不得进入论文工作阶段，并要根据研究生学籍管理办法予以酌情处理。

2002年9月，学校对《博士研究生中期考核办法》进行修订，称："作为博士研究生培养的重要环节，学校对每届博士研究生进行中期考核测评。对考核优秀的博士生进行表彰、奖励，对于考核不合格的博士研究生作分流处理，终止论文工作，作退学处理。"修订后的《办法》将中期考核划分为学科综合考试与中期测评两个程序，即在完成学科综合考试的基础上，结合综合考试的成绩进行中期测评。中期测评的对象维持原来考核对象的提法。中期测评的内容有3项:(1)审核博士生培养计划的执行情况以及学位课程的考试成绩;(2)考核博士生对本学科研究领域的了解情况;(3)考核博士研究生独立从事科研工作的能力、科研素质以及学术作风和学术道德。中期测评的原则与原文件中"中期考核的主要原则"相同。

### 三、硕士、博士连读研究生培养

1998年9月,学校提出试行硕士生阶段和博士生阶段连读的培养方式,并制定连读培养工作暂行办法,对硕博连读研究生的培养目标、学习年限、选拔条件和方法、培养方式、课程学习、综合考试、学位论文、学籍管理和待遇、试行硕博连读的申请和批准作了初步规定,如学习年限一般为四年半,其中课程学习时间为二年至二年半;课程学习的总学分为50学分以上,其中硕士生课程至少30学分,博士生课程至少20学分等。2001年6月,经校学位评定委员会批准,会计学院试点开展硕博连读,举办首届实验班,2003年该实验班10名学生通过综合考试进入博士生阶段学习。

2002年初,学校党政工作要点提出:"修订完善硕博连读的有关实施细则,在试点的基础上逐步推开。"学校根据教育部《关于做好2001年招收攻读博士学位研究生工作的通知》精神,结合校内学科建设和人才培养需要,以及部分学科试行硕博连读工作的实际情况,于2004年9月制定《上海财经大学实行硕士生和博士生阶段连读的暂行办法》,"创造多种形式培养博士生的途径,提高攻读博士学位研究生的培养质量"。该暂行办法共列9条,涉及连读的有6条,即:开展硕博连读的基本条件及要求,选拔对象与条件,学习年限,培养方式,课程设置和学分要求,学籍管理。与1998年的规定不同的是:对开展硕博连读生培养工作的学科专业提出了更为明确的要求;批准开展此项工作的是校研究生部而不是校学位评定委员会;学习年限一般为5年,"在规定时期完成课程学习,但未完成学位论文者,可申请延长学习年限,一般最长不得超过三年";课程学习必须修满不少于44学分的课程学分,并规定了四类课程的学分要求;没有综合考试的要求。

"十一五"期间,学校在进一步推进硕博连读的工作中,积极探索,不断总结经验,逐步完善硕博连读培养工作。持续优化硕博连读专业培养方案,不断改进硕博连读课程体系设置,真正从硕博连读生培养目标出发,制订适合学科专业特色的培养方案,注重硕、博阶段课程衔接,合理安排基础课程和专业课程的授课学期,提早进行专业训练,并通过硕博连读项目带动博士、硕士培养方案的完善,推进博士、硕士培养方案的一体化设置。

推进跨学科专业招收硕博连读生。自2006级开始在硕博连读生培养时间较长、基础较好的会计学院试点在全校范围内跨学科专业招收硕博连读生,2009年起公共经济与管理学院也在全校范围内跨学科专业招收,在保证硕博连读选报和培养质量的前提下,逐步推广跨学科专业招收硕博连读生,这样有利于扩大招生范围,选拔优质生源;也能有效促进学科交叉和融合,有助于宽口径培养创新人才。

"十二五"期间,学校继续推进和深化研究生硕博连读制度,完善培养方案,优化选拔机制,规范退出机制,推进跨学科跨学院选拔招收硕博连读生,甄选优秀的具有学术意愿与潜力的研究生进入硕博连读通道,创造条件让获得硕博连读资格的本科生提前修读研究生阶段的课程,提早进行专业训练与指导,并以转博资格考试、综合考试等各考核环节充分保障学术学位研究生的培养质量。至"十二五"期末,学校已有9个学院30个专业实施硕博连读制度,着力培养学术学位人才。

### 四、研究生创新能力培养

2004年5月,学校为了进一步提高研究生培养质量,调动研究生从事科研活动的积极性,鼓励研究生多出高水平的科研成果,决定设立"上海财经大学研究生优秀科研成果奖励基金",并制定了奖励暂行办法。该办法称,奖励对象为上海财经大学在校研究生以学校名义所从事和完成的优秀科研成果,其范围包括省部级及以上优秀成果奖获奖项目、省部级及以上立项课题、全国百篇优秀博士学位论文、上海市研究生优秀成果(学位论文)、在国家一级A刊物上发表的论文、高水平国际经济管理研讨会入选论文6类。该办法规定了各类奖励标准,明确"自2004年6月起试行","原则上每学年评定一次"。

2006年4月,学校制定了《上海财经大学研究生优秀科研成果奖励暂行办法》,从发布之日(即4月28日)起试行。该暂行办法对2004年的办法作了如下修改:(1)奖励范围扩大至7类,新增的是"上海财经大学优秀学位论文",并在"全国优秀博士学位论文"一类中增加"提名论文","国家一级A刊物"修改为"权威期刊","国际经济管理研讨会"调整为"学术研讨会"(包括国际、国内两种)。(2)明确奖励基金总额为200 000元,提高了省部级及以上获奖项目、国际学术研讨会入选论文的奖励标准(翻一番)。(3)对于共同署名合作发表的科研成果,"只对第一作者或课题负责人给予奖励"调整为"按该成果奖金标准的120%计算,在合作者之间平均分配"。

2009年6月,为优化研究生教育类型和层次结构,提高质量,选拔培养拔尖创新人才,在教育部部署下,学校启动研究生培养机制改革工作,形成《上海财经大学研究生培养机制改革试行方案》(上财研〔2009〕26号),制定或修订《上海财经大学优秀博士学位论文培育基金暂行管理办法》(上财研〔2009〕27号)、《上海财经大学研究生优秀科研成果奖励暂行办法》(上财研〔2009〕28号)、《上海财经大学博士生培养学科扶持和奖励基金管理办法》(上财研〔2009〕29号)、《上海财经大学关于导师资助博士研究生的管理办法》(上财研〔2009〕30号)、《上海财经大学硕士研究生新生学业奖学金评定办法》(上财研〔2009〕31号)等系列配套政策,逐步建立以科学研究为导向的导师负责制,改革研究生选拔机制,创新培养模式,优化培养过程,提高研究生培养质量。

2013年,学校进一步修订了《上海财经大学研究生优秀科研成果奖励暂行办法》,加大了对国际顶级期刊论文成果、国内权威期刊论文成果、省部级获奖成果等的奖励力度,促进研究生高质量科研成果不断涌现。

2014年5月,学校召开第十四次教学改革工作会议,制订了面向2020年的研究生教育发展规划,通过实施学科优化计划、导师岗聘计划、教学提升计划、学术之星计划、行业菁英计划以及支持与保障计划这六大推进计划和措施,切实推动上海财经大学研究生教育各项目标的实现。此后,研究生院全面落实会议精神,不断推动研究生教育教学改革,提升研究生创新能力培养。

# 第四章　教育教学研究

## 第一节　研究机构

1983年7月中旬,上海财经学院根据全国第二次教育科学规划会议关于"大力加强教育科学研究工作,特别要着重研究当前教育发展和改革中的重大实际问题和理论问题,以指导教育实践,为制定教育决策提供科学依据"的要求,为适应高等财经教育事业发展和高等财经教育科学研究的需要,决定以教务处教学研究科为基础成立财经教育研究室。是年11月,学院按上海市高等教育局的统一规定,将财经教育研究室更名为高等教育研究室。

1991年初,学校召开高教研究工作会议,同意把校内高教研究队伍组织起来,成立高教研究会。8月底,学校根据财政部的要求,提出筹建高教研究会的工作打算。11月13日,学校召开高教研究会成立大会,通过《上海财经大学高教研究会章程》,明确"高教研究会是研究高等教育及管理的群众性学术团体,是上海高等教育学会的团体会员";通过第一届理事会人选,共有23人组成,会长为潘洪萱,副会长为汤云为、朱沪生、谈敏、严学丰,秘书长为张次博;向19位受聘为高教研究室兼职研究人员颁发聘书,聘期为1991年10月至1993年9月。

2003年2月中旬印发的学校当年党政工作要点提出,筹建校级高教研究机构,对学校办学思路、发展方向和学科建设规划等关系学校长远发展的关键问题进行前瞻性研究与跟踪研究。6月下旬,学校党委常委会议决定,先成立校研究室,归属学校行政组织机构序列,以学校发展与改革为研究对象,并承担教育研究和编辑《财经高教研究》的职能,原高教研究室撤销,工作人员调入校研究室。

2006年3月上旬,学校在当年党政工作要点中明确:"组建高等教育研究所,为学校重大教育改革课题的研究提供支撑。"11月21日,根据校党委常委会的决定,学校发文成立高等教育研究所,属正处级科研机构,首任所长由校研究室主任应望江兼任。

高等教育研究所筹建时,学校为其设定的目标为"建成与教育部重点大学地位相匹配、相适应的高教研究机构,初步形成骨干队伍和一批有财大特色的重要成果,承接并完成学校交给的各项任务,在国内同类高校和上海教育界初步产生良好影响"。十年来,高等教育研究所紧密围绕学校中心工作,加强队伍建设,凝练研究方向,开展深入研究,出版和发表了一批有影响的研究成果,已成为学校改革与发展的重要研究支持机构和思想库,达成了创建之初所提出的建设目标。

高等教育研究所相关具体情况参见第九篇第一章第一节。

## 第二节　研讨活动和研究项目

1982年12月上旬,上海财经学院根据上海市高教局的部署,组织专门人员,开展全市经济管理人才需求的预测工作,先后走访市经委、市农委、财贸办、进出口办、财政局、人民银行等 13 个经济管理部门及 4 家工厂、商店。1983 年 4 月 9 日,在上海市教育卫生办公室和上海市高等教育局召开的人才预测论证会上,竹德操代表学院人才预测小组汇报了前期调研工作和财经管理人才需求预测的情况,并提出积极发展财经教育的六点建议。此后,由张次博执笔的《上海市经济管理人才需求预测初探》一文,发表在《财经高教研究》创刊号上。

1986 年 11 月,学校下发《关于学习党的十二届六中全会决议,开展教育思想讨论的意见》,决定在 1986—1987 学年内集中一段时间,在全校范围内有步骤地开展教育思想的讨论。1991 年 6 月 15 日,学校召开本科生培养工作专题研讨会。11 月 13 日,学校在成立高教研究会的同时举行了教育科学讨论会,深入探讨的问题主要有两个:一是如何把学校办成第一流的社会主义财经大学;二是如何深化教学改革、提高教学质量。1997 年 4 月,学校提出在全校范围内开展"面向 21 世纪高等财经教育"研讨活动,并选编 95 篇研讨文章于 1998 年 5 月汇编成《面向 21 世纪高等财经教育的改革与发展》一书,由上海财经大学出版社出版。

1996 年起,学校开展教育教学改革课题(项目)研究。是年 4 月,承接上海市教委项目"大学生社会调查实践的课程化研究",由陈新汉主持。10 月承接国家教委面向 21 世纪课程改革课题 4 项,其中,"面向 21 世纪工商管理类课程结构及教学内容改革与实践"由夏大慰主持,"面向 21 世纪的统计专业教学模式研究"由徐国祥主持,"经济信息管理课程体系研究和实现"由张靖主持,"金融系列课程及教学内容改革研究"由戴国强主持。1997 年 4 月,承接上海市高等教育学会招标立项课题 1 项,即"面向 21 世纪上海高校课程与教材建设的研究",由陈启杰主持。

1997 年,中国高等教育管理体制正按照中央提出的"共建、调整、合作、合并"的方针,加快改革进程。上海财经大学处于继续独立发展还是并入他校的十字路口。为此,学校决定组织有关人员就这一问题进行研究。7 月 9—21 日,由张次博、严学丰、干春晖执笔的《上海市高层次经济管理人才培养模式与上海财经大学发展定位问题的研究报告》形成初稿。1998 年 1 月,张次博、严学丰、李扣庆将初稿中 3 个问题拓展成 3 份分报告,并增加总报告和研究报告提要。3 月,由汤云为、潘洪萱牵头的上海财经大学课题组的研究报告报送上海市政府及市教委、教育部及发展规划司的有关领导。

1999 年 6 月,学校承接上海市教委重点学科人文社会科学研究项目"国际贸易课程案例库的建立与教学方法的改革",林珏为课题负责人。

2000 年 8 月 29 日,国家教育部下达《关于批准新世纪高等教育教学改革工程本科教育改革立项项目的通知》,其中上海财经大学申报立项的有"独立设置的财经院校综合改革问题研究与实践"和"工商管理类专业教育教学改革与发展战略研究",两个项目的研究报告由高等教育出版社于 2002 年出版。

2001—2015 年,学校共有 47 项课题获得上海市教育科学研究项目、全国教育科学规划课题等各级研究立项。其中,2001 年蒋洪的"中国高等教育筹资政策的研究"被批准为教育部人文社会科学研究"十五"规划第一批研究项目;2002 年陈启杰的"我国高等教育资源优化配置研究"、杨大楷的"产业结构调整与中国高等教育发展的对策研究"入选全国教育科学"十五"规划课题;2011—2015 年,陈信元的"主动创新导向的会计与财务管理专业教学改革"等 18 项课题入选上海高校本科重点教学改革项目。

2007—2016 年,学校有 3 项课题获得国家社科基金教育学课题立项,分别为 2007 年刘国永的"我国农村劳动力转移培训的公共政策研究"、2014 年章忠民的"黑格尔的道德教育思想研究"和 2016 年应望江的"教育管办评分离问题及对策研究"。

## 第三节 获奖成果

1988年11月17日,国家教育委员会下发《关于认真做好1989年全国普通高等学校优秀教学成果奖励工作的通知》。12月29日,国家教委办公厅就这一工作又发了《补充通知》。文件明确了奖励的时间范围、对象和等级;同年12月3日,上海市高等教育局就优秀教学成果奖励工作发出通知,称"市里设优秀教学成果特等奖和优秀教学成果奖",决定在1989年上半年进行表彰和奖励。

1989年1月27—28日,学校评审出12项优秀教学成果上报市高教局,经上海市高教局、国家教委评审,其中娄尔行的"会计学专业教学改革"获国家级优秀教学成果奖;获得上海市奖励的共5项,其中,特等奖1项,成果同国家级奖励;优秀奖4项,即骆祖望的"思想教育课教学十法",曹立瀛的"创建外国财政学科的教学体系",周雄鹏的"统计预测和决策课程建设",朱镇邦、夏健明、朱敏的"运用案例进行工业企业管理课程教学"。另有1项获市表扬。

1993年第二届评审中,上海财经大学获得国家奖励1项,获奖人为汤云为、张次博、钱嘉福(另3人系上海外国语学院),其成果"发挥两校优势,培养高质量国际会计人才"获国家级二等奖。获得上海市奖励的共7项,其中一等奖2项,除上述国家奖励成果外,还有席克正、曹立瀛、苏挺、王传曾、李儒训的"西方财政理论与政策研究方向的博士生培养";二等奖2项,即朱钟棣、郭羽诞、蒋振中、许心礼、汪保健的"国际贸易专业建设",唐如青、吴桂根、丁仪、苏厚甫的"大学生学农的组织管理";三等奖3项。

1994年3月14日,李鹏签署中华人民共和国国务院令(第151号),发布《教学成果奖励条例》。该《教学成果奖励条例》明确教学成果的内涵、教学成果奖分国家级和省(部)级、可申请国家级奖励的3个条件、奖励的3个等级、国家级教学成果每4年评审一次等。上海财经大学据此于1996年制定《上海财经大学教学成果奖励条例》,明确学校教学成果奖每两年评审一次(逢双年评审)。

1997年的优秀教学成果评审中,上海财经大学获得国家奖励1项,获奖人为张为国、孙铮、谢荣、陈美华、刘海兰,成果为"深化高校会计学教学改革",奖励等级为国家级二等奖。获得上海市奖励13项,其中,一等奖2项,除上述国家奖励成果外,还有汤云为、潘洪萱、储敏伟、夏大慰、骆祖望的"校企合作办学推进教学改革";二等奖3项,即汤云为、张为国、徐金姝、杨密珍的"走国际合作道路培养国际公认的会计人才",席克正、蒋洪、胡怡建、吕建永的"上海财经大学财政系列教材建设",程恩富、张德远的"文化经济学课程建设与开拓";三等奖8项。

2001年的优秀教学成果评审中,上海财经大学获得国家级二等奖的有2项,即:谈敏、骆祖望、李加庆、薛丽萍的"坚持国际合作办学,培养国际型管理人才",陈信元、王玲、潘飞、张鸣、冯润民的"会计学专业研究生教学改革"。获得上海市奖励的共19项,其中,一等奖5项,除上述国家奖励2项成果外,还有马洪、叶朱的"'经济法概论'课程建设",龚浩成、刘慧敏、朱沪生、丛树海、金德环的"证券期货教学合作项目",蒋洪、胡怡建、杨君昌、储敏伟、丛树海的"财政学专业教材和教学参考资料建设";二等奖5项,即杨公朴、夏大慰、王玉、干春晖、龚仰军的《现代产业经济学》(教材),陈新汉、耿志敏的"坚持用邓小平理论来铸就栋梁之材——上海财经大学邓小平理论'三进'工作的实践与探索",许谨良、谢志刚、王小群、朱仁栋、李社环的"全面开展国际合作,探索保险精算教育新模式",王兴德、劳帼龄、刘兰娟、曹风、张雪凤的"财经院校'计算机应用'课程建设",刘汉良、孙允午、张森的"'统计学'课程体系改革与教学法研究"。

2005年的优秀教学成果评审中,上海财经大学获得国家级二等奖2项,即:陈信元、潘飞、徐金姝、张鸣、王蔚松的"中英合作培养 ACCA 人才",俞纪东、刘弘、张觉、李贵、吴雄鹰的"大学语文课程网上多媒体教学课件"。获得上海市奖励共 13 项,其中,一等奖 6 项,除上述国家奖励 2 项成果外,还有刘兰娟、张雪凤、李卫峰、赵龙强、杜梅先的"财经类本科'计算机应用'课程改革",杨大楷、陈启杰、蒋萍、田圣炳、应望江的"中国独立设置的财经院校综合改革问题研究与实践",兰宜生的"超媒体互动式教学法研究及课件开发",马艳、程恩富、何玉长、张银杰、齐新宇的"政治经济学课件";二等奖 2 项,即劳帼龄、陈元忠、刘兰娟、张雪凤、李文斌的"多渠道宽口径培养电子商务专业人才",骆玉鼎、杨扬、谢斐的"全球金融战略模拟系统";三等奖 5 项。

2009 年,学校有 2 个项目获得第六届高等教育国家级教学成果二等奖,分别为戴国强、柳永明、曹啸、胡乃红、叶伟春的"《货币银行学》教学方法的改革与实践"和陈信元、王蔚松、潘飞、朱红军、钱逢胜的"开拓创新,培养具有国际竞争力的会计学专业人才";12 个项目获得 2009 年市级教学成果奖。

2010 年,有 19 个项目获得校级教学成果奖。

2012 年,在学校组织的优秀教学成果奖评选中,有 22 个项目获奖,其中一等奖 15 项、二等奖 7 项。

2013 年,在上海市级教学成果奖评选中,学校有 14 项成果获奖,其中"千村调查"项目成果"国情教育与科研训练相结合的创新人才培养模式探索与实践——以千村调查为载体"获特等奖,另有一等奖 7 项、二等奖 6 项。

2014 年,在国家级教学成果奖评选中,学校有 2 项成果获得 2014 年国家级教学成果奖二等奖,分别为"走千村,访万户,读中国——以千村调查为载体的创新人才培养模式探索与实践""会计学专业国际化人才培养的实践与创新"。9 月,中国学位与研究生教育学会开展首届"中国研究生教育成果奖"评选工作。学校商学院申报的"以国际国内认证为抓手,以终身成长为导向——财经类院校 MBA 培养模式改革探索"获得二等奖,是全国唯一获奖的财经类高校。同月,全国工商管理专业学位研究生教育指导委员会发布了《关于表彰第五届全国百篇优秀管理案例作者的通知》,学校商学院李思志、王少飞、孙安怡撰写的"心融网商业模式之惑"等 3 篇案例成功入选。

2015 年,学校新修订了《上海财经大学教学成果奖评选办法》,在随后组织开展的校教学成果奖评选工作,有 25 项成果获奖。

2016 年,学校"经济学学术拔尖创新人才培养的十年改革与实践"成果,荣获 2016 年中国学位与研究生教育学会研究生教育成果奖二等奖,也是全国唯一获奖的财经类高校。同时,"转移定价税务自查——JW 英语的有备无患"等 3 篇案例成功入选 2016 年第七届"全国百篇优秀管理案例"。此外,"基于'交叉、复合、国际'三位一体的专业学位研究生培养的探索与实践"等 7 项研究生教育成果,获得 2016 年上海财经大学教学成果奖。

# 第七篇

## 德育、体育和校园文化

# 概　　述

　　学校创始人郭秉文主张"三育并举",他在民国七年(1918年)10月《关于本校概况报告书》中,对于训育(即德育)、智育和体育三者关系作了详尽的阐释:"本校训育取训练与管理兼重主义。训练注意启发,使知其所以然;管理注意实践,使行其所当然。二者交相为用,以期知行合一。""本校以诚为训育之本,亦以诚为智育之本。""盖体育为德、智二育基本。欲求德、智高尚,苟使身体孱弱不徒,任重道远,难以负担,且不足以表示优秀国民之完全人格,故本校对于体育极力注重。"这些论述对于学校德、智、体三育的全面发展,起着长远的指导作用。本篇记载学校在进行德育、体育及创建培育人才的校园文化氛围方面的情况。

　　德育主要包括学生的思想品德教育、政治理论教育和军事训练三个方面。国立中央大学商学院和国立上海商学院时期,学校设立训育委员会(后称训导处)负责学生的思想品德教育,并通过"总理纪念周"等活动形式实施。新中国成立后,学生的思想品德教育在学校党委的统一领导下开展,设置学生政治辅导员,经常结合各项政治运动进行,并通过贯彻《学生守则》、学雷锋等活动展开。1978年上海财经学院复校后,学校进一步加强了学生的思想品德教育,在党委统一领导下,宣传部、学生处、团委、学生会等部门和组织开展形式多样的活动,对学生进行思想品德教育,并相继开设"人生哲学""伦理学""形势与政策"等系列德育课程,1998年起统一开设"大学生思想品德修养"课程。2015年12月,学校成立马克思主义学院,"形势与政策"课教学由学生工作部转至马克思主义学院。学校的政治理论教育主要通过开设相关必修课程实施。20世纪50年代先后开设的主要有"社会发展史""中国革命史""马克思主义基础"(联共布党史)和"政治经济学";60年代调整为"政治经济学""中共党史"和"马克思主义哲学原理";1978年复校后恢复为"政治经济学""马克思主义哲学"和"中国革命史"3门,并先后增设"中国革命和社会主义建设""世界政治与国际关系""法律基础""邓小平理论概论""毛泽东思想概论"等;2006年起调整为"毛泽东思想、邓小平理论和'三个代表'重要思想概论""马克思主义哲学""中国近现代史纲要""法律基础""马克思主义政治经济学"。军训方面,20世纪30年代在日军入侵、民族危亡之时,学校普遍组织学生参加军训,抗战前夕学校还实行过军事管理。其后军训未见记载。1986年起,学校对本科新生实施军训,作为实践环节列入学生教学计划,并给予学分。2001年开始,军训列为学生必修课,分军事技能训练和军事理论教学两部分,各设1学分,进入军营或由部队派出官兵来校实施。

　　学校的体育包括体育教学、运动队建设和群众体育活动。从上海商科大学开始,体育课就列入学校本科学程表,为一二年级必修课程。1999年起,体育教学启动全面改革,把"健康第一""素质教育"的观念融入教学之中,全面推行"课内外一体化",把培养学生自我能力和终身体育意识贯穿到教学之中,课程设置从"以学科为中心"转向"以学生为中心",体育教学的内容、手段和考核办法发生了根本改变。2005年,学校体育课程被市教委评为上海市精品课程,2006年又被列入上海市重点课程建设项目。从上海商科大学起,学校陆续组织有篮球、足球、网球、排球、乒乓球、羽毛球等运动队,并参加校内外各类比赛。20世纪50年代起增设田径、体操、武术等运动队,1978年复校后增添棋类、射击等项目。截至2016年底,常年训练的运动队有棋牌队、网球队、游泳队、健美操队、足球队、篮球队、羽毛球队、乒乓球队、跳绳队、跆拳道队。其中,棋牌队、网球队和游泳队为教育部批准的高水平运动队。各运动队在上海市高校、全国高校乃至世界大学生各项比赛中屡创优秀成绩。50年代开始,学校群众性体育活动蓬勃开展,并在学生中推行"劳动和卫国"体育制度(简称劳卫制)。1978年复校后,学校按照《国家体育锻炼标准》要求,因地制宜地开展群众体育活动,形式包括校运动会、体育文化节和SUFE SPORTS系列赛等。学校先后成立30多个学生体育社团,初步形成具有学校特色的校园体育文化氛围和群众性体育活动体系,多次被评为上海普通高等学校群众体育先进单位。

学校的校园文化以办学理念和校训为统领,主要包括精神文明建设、校庆活动和校史研究以及学生社团活动三方面。学校创始人郭秉文曾于20世纪20年代提出过自己的办学理念,并坚持以"诚"为校训。其后,院长程振基、裴复恒、朱国璋等都对办学理念有所阐述。新中国成立后,学校贯彻党的教育方针,办学理念不断深化。2000年,学校将80余年来历经传承和积淀的办学理念概括为16个字,即"面向社会,求真务实,百年树人,经世济国";2005年又确定将"厚德博学、经济匡时"作为校训。1978年复校以来,学校积极贯彻党中央精神,将精神文明建设作为学校发展的重要环节,1991年成立创建精神文明领导小组,1998年更名为"精神文明建设活动委员会",统一规划学校的精神文明建设活动。学校制订和实施精神文明建设五年规划,组织校级文明单位、文明窗口及文明岗、"教书育人标兵""十佳"精神文明好人好事等系列评选活动,开展"高雅艺术进校园"和各种形式的文化节活动。学校自1995年起连续12次获得"上海市文明单位"称号。学校自20世纪50年代起举行校庆活动,1987年起连续逢十举办大型校庆活动,邀请有关领导和广大校友参加,展示学校建设成就,凝练学校精神,传承学校文脉,扩大学校影响,尤其是2007年90周年校庆活动,参与校友近万人,取得了圆满成功。2017年是学校建校100周年,学校于2013年即开始开展百年校庆筹备工作。百年校庆围绕"承上财厚德博学之志,传百年经济匡时之魂"的校庆主题,坚持"学术为魂、校友为根、师生为本、发展为要"的校庆宗旨,遵循"隆重、热烈、务实、俭朴"的工作原则,凸显"学术校庆、人文校庆、公益校庆"的活动特色。学校历来有记录校史的传统,1987年70周年校庆前编印有《上海财经大学校史资料选辑》5辑,并出版《上海财经大学校史(第一卷)》(1917—1949)。2003年起,学校档案馆复制整理大批校史档案资料,筹办建设校史陈列室。2007年90周年校庆,学校出版《上海财经大学90年》《上海财经大学志稿》和《振兴路奉献歌——上海财经大学老同志回忆录》三种书稿共240余万字,全面梳理学校的发展历程,并新建起面积达1 300平方米的校史馆进行形象展示。2008—2012年,校史研究室先后编撰出版《姚耐院长纪念集》《郭秉文与上海商科大学》《国立上海商学院史料选辑》等图书。2013年,百年校庆筹备工作启动,"修史建馆"作为百年校庆八大建设工程之首,其主要工作包括《上海财经大学志》《上海财经大学图说史》的编撰出版和校史馆的建设等,校史研究工作的重要性进一步凸显并迈入发展新阶段。学校的学生社团自上海商科大学时就已开始成立,国立上海商学院时期学术类、文娱类、实践类、联谊类社团共有30余个。50至60年代,学校社团以开展文体活动为主。1978年复校后学生社团迅速发展,1997年成立社团联合会统一管理社团,至2017年,学校有学术、文艺、实践、体育、公益五大类学生社团75个,参与人数超过一万人。1999年起,学校举办社团文化节,展示社团风采,评比优秀社团和社团干部,并参加上海市大学生社团文化的评比活动。学校下属的艺术团由民乐团、合唱团、话剧团、舞蹈队组成,经常参加各类比赛,并为学校争得荣誉。

# 第一章 德 育

## 第一节 思想品德教育

国立中央大学商学院时期,对学生进行思想品德教育的一个重要途径是"总理纪念周"活动。根据民国十五年(1926年)国民党中央执行委员会制定的《总理纪念周条例》的规定,机关学校每周一上午举行一次纪念孙中山的"纪念周"活动,约1小时;首先进行纪念性的4项程序,即肃立、三鞠躬、读遗嘱和俯首默念,然后进行演讲或政治报告,以总结过去、开导未来。"总理纪念周"的重点在于宣讲时事政策,乃至各部门的具体工作。民国十七年(1928年)8月修订的《国立中央大学商学院院章》第二十七条即为"纪念周规则",规定学生"除因特别事故准予给假者外,均须出席纪念周",无故缺席的给予扣除学分直至开除的处分。

国立上海商学院独立后,于民国二十二年(1933年)秋设立训育委员会,负责学生的思想品德教育,其要旨是"整饬学风,严肃纪律",注重"学生日常生活之指导,团体组织之训练"。委员会设有主任1人、委员若干人,其主要工作有:拟订各种训导学生的规程和表格,整顿学生社团,推行新生活运动,实施军事管理,调查学生生活状况,拟订训育实施方案等。民国二十五年(1936年),学院制定《训育委员会规程》,明确其职权包括指导、考核、集会、言论出版及其他。民国三十五年(1946年)国立上海商学院复员后,院部设置训导处,设主任1名;下分设生活管理、课外活动和体育卫生三组,各组设主任1人,组员、办事员若干人。其职责与前述训育委员会相似。此外,"总理纪念周"活动在国立上海商学院时期继续举行,往往由训育主任主持,院长或教务、总务等主任报告校务,训导学生,也经常邀请校内外的知名教授做学术性的演讲。这一制度实施到民国三十六年(1947年)4月实行"宪政"后停止,但半年后又改为"月会",即每月1日上午举行集会,由校长讲话,或指定高级人员报告业务及进行专题讲演。

20世纪50年代至60年代,上海财经学院时期学生的思想品德教育,在学院党委的统一领导下开展。1952年9月,学院成立政治辅导处,负责对师生员工的思想政治教育,下设宣传、组织、政治辅导三科,并在各系科设政治辅导员。1956年7月,政治辅导处撤销,改为党委组织部、宣传部,宣传部继续负责学生思想品德教育。1960年上海财经学院重建后,学生思想品德教育仍主要由宣传部负责,并开设时事形势教育课。

20世纪50至60年代的学生思想品德教育,经常结合各项政治运动进行,参见第二篇第二章。此外,也有各种专题教育活动,如:

1955年1月,《人民日报》发表《努力培养青年一代的共产主义道德品质》的社论,学院随即制订了《积极培养青年学生共产主义道德、抵制资产阶级思想侵蚀的宣传教育工作计划》,要求通过教育,在青年中树立新的道德标准,明辨是非,批判资产阶级思想,培养共产主义道德品质,进一步发挥青年在社会主义建设事业中的作用。活动内容包括：进行集体主义教育；指导青年正确对待学习和劳动、恋爱和婚姻；发扬五四传统,向先进青年学习；宣布《学生守则》等。活动还提出对学生进行共产主义道德教育的具体要求,即一切为了社会主义理想,关心时事政治,忠于祖国,忠于人民,拥护政府各项政策,热爱劳动,热爱知识,遵守纪律,尊敬老师,忠诚老实,勤俭朴素。

1963年初,中国人民解放军总政治部、团中央、全国总工会等先后发出通知,号召开展"学习雷锋"教育运动,3月5日,《人民日报》发表毛泽东主席题词"向雷锋同志学习"。学院团委随即发出《关于在全院团员青年中开展学习雷锋的教育活动的通知》,要求将其作为当前在团员青年中加强社会主义教育,特别是阶级教育的一项重要措施,努力把自己锻炼成为坚强的无产阶级革命战士。全院迅速掀起了学习雷锋的热潮。

1978年上海财经学院复校后,学校加强学生的思想品德教育,在党委统一领导下,宣传部、学生工作部、团委、学生会等部门和组织开展形式多样的活动,对学生进行思想品德教育(参见第二篇、第三篇相关章节),并逐步开设系列德育课程。

1983年3月3日,学院党委发布《关于我院开设德育课程的通知》,称：根据教育部1982年10月9日《关于在高等学校逐步开设共产主义思想品德课程的通知》要求,经党委和院领导讨论决定开设德育课程,作为一门必修课,列入教学计划,该学期先在一、四年级进行试点,取得经验,逐步全面开设；为保证组织实施德育课教学的正常进行,决定设立德育教研室,由党委领导,委托党委宣传部主管；各系成立德育教研组,由分管学生思想政治工作的党总支副书记担任组长。4月,学院德育教研室正式成立,由党委副书记张婉如兼任教研室主任,选拔3位青年教师任教。1984年12月4日,学院下发《关于我院中层及其下属机构设置的通知》,其中列有"共产主义思想品德教研室(半处级)"。随后的干部任命名单中,教研室主任为张彬。根据1987年7月的《上海财经大学本科专业教学方案》,德育课程名称为"共产主义思想品德教育",4学分,包括人生观教育和财经职业道德两大部分。1987年10月9日,根据国家教委关于对学生进行形势与政策教育的要求,学院党政讨论决定,从该学期起改革周五的学生政治学习活动,设立形势政策教育课,作为必修课列入教学计划,每周1个学时,每学期计1个学分,四年共计8个学分。教研室抓紧教材建设,在两三年中先后编写出版《人生哲学》《法律基础》《财经伦理学概论》《成才修养》《形势与政策》5本教材。1991年5月,教研室并入新成立的思想理论教学部,继续开设"人生哲学""伦理学""形势与政策"3门课程,成为"两课"(指政治理论课和思想品德教育课)教学的组成部分。1998年9月起,根据国家教育部的"两课"教改方案,统一开设"大学生思想品德修养"课程,由思想品德教研室承担。2000年人文学院成立后,成立思想品德修养教研组,继续开设"大学生思想品德修养"课程。

2000年11月,党委宣传部制定《上海财经大学思想政治教育进网络工作实施办法》和《上海财经大学党委宣传部思想政治教育网站工作办法》,此后又发行《网上学生思想动态简报》,将学生思想教育与迅速发展的网络传播相结合。

2005年9月,党委宣传部发布《关于成立上海财经大学思想政治工作研究会理事会的通知》,明确上海财经大学思想政治工作研究会的性质、主要任务以及其执行机构理事会的主要职责和组成原则。

2006年4月至5月,党委宣传部、学生工作部等联合召开"学习贯彻胡锦涛总书记讲话精神、加强社会主义荣辱观教育"座谈会和"学习社会主义荣辱观师生大家谈座谈会",要求领会"八荣八耻"的深刻内涵,在学生中开展社会主义荣辱观教育,并做到知行合一、表里如一。

2007年,学校组织百余名学生赴上海市委党校参加中央宣讲团党的"十七大"精神报告会大学生专场,并邀请上海市十七大精神宣讲团成员、上海市社科院副书记童世骏教授面向学校1 400名大学生做专题报告。利用网络和报刊引导师生学习宣传贯彻党的十七大精神,校报和校园网开辟学习宣传党的十七大专栏,及时发布有关学习宣传贯彻党的十七大的情况。

2007—2008年,组织"学习十七大精神大学生座谈会"等多种形式积极宣传和贯彻落实党的十七大精神。分别定期召开大学生专题思想状况分析会4次和5次。

2009—2010年,共召开大学生思想状况分析会3次。深入开展爱国教育、诚信教育和社会主义核心价值观教育等,学校先后围绕"建国六十周年""理性爱国""五四运动90周年""迎接世博""易班建设"等主题开展学生活动,提高班团活动质量,通过精品活动提高思想教育有效性。2010年新生入学教育中,学校特别成立名师导航团,旨在进一步完善新生入学教育的形式和内容,创新学生思想教育模式,充分发挥专家学者、海外教师创新团队在育人教育中的积极作用。

2011年,坚持不懈地面向大学生开展中国特色社会主义理论体系和理想信念教育,加强大学生思想教育工作。把社会主义核心价值体系贯穿在学生思想政治教育与管理工作全过程,启动实施大学生思想政治教育质量工程,凝练和设立院系大学生思想政治教育创新示范项目。及时了解学生思想动态,持续推进"大学生专题思想状况分析会"品牌建设。启动实施网络思想教育创新计划,拓展易班(E-CLASS)的建设和使用。突出重点,围绕重大节庆活动开展主题教育系列活动。

2012年,坚持以社会主义核心价值体系教育为核心,加强学生思想教育工作。学习宣传贯彻党的十八大精神,对大学生开展理想信念教育。持续推进"大学生专题思想状况分析会"品牌建设。加大网络思想政治教育工作力度,建设网上育人新高地。推进辅导员利用易班开展学生思想政治教育工作,做好2012届毕业生思想教育。

2013年,以社会主义核心价值体系教育为核心,加强学生思想教育工作。2013年6月,在校长樊丽明的推动下,创办"科学·人文大讲堂",邀请国内外知名学者来校举办讲座,弘扬科学精神,创建人文校园。

2014年,学校组织学生认真学习党的十八大、十八届三中全会、十八届四中全会和习近平总书记系列讲话精神。以提升大学生思政工作科学化水平为目标,开展4期大学生专题思想状况分析会。

2015年,多渠道多载体组织学生认真学习党的十八大和十八届三中、四中和五中全会及习近平总书记系列重要讲话精神,把理想信念教育和社会主义核心价值观教育融入人才培养全过程。2015年,"科学·人文"大讲堂继续以"礼敬中国传统文化"为主题,深化社会主义核心价值观和"中国梦"宣传教育活动。2015年共举办33场讲座,吸引超过4 000名学生和教师前来聆听。

2016年,通过主题班会、形势与政策课、"科学·人文大讲堂"和易班等多渠道多载体组织学生认真学习党的十八大和十八届三中、四中、五中、六中全会及习近平总书记系列重要讲话精神,组织学生党员开展"两学一做"学习教育活动,把理想信念教育和社会主义核心价值观教育融入人才培养全过程。继续以"弘扬科学精神,提高人文素养"为目标,扎实推进"科学·人文大讲堂"建设工作,2016年共举办46场讲座,吸引超过6 000名学生和老师参加。

## 第二节 政治理论教育

民国十七年(1928年)开始,国民政府在各大学普遍推行党义教育,增设"党义"课程作为学生必修科目,并规定其教学内容为:建国方略、建国大纲、三民主义、本党重要宣言和五权宪法之原理及应用。根据这一规定,国立中央大学商学院在课程中规定一年级学生每周开设党义课2学时,课程时长半年,作1学分计;国立上海商学院时期则规定一年级下学期开设党义课,每周2学时,不计学分。

1950年上海财政经济学院更名初期,学院开始开设政治课程"社会发展史",由华东局宣传部部长徐伦讲授,华东军区文工团演出话剧《白毛女》等配合课堂教学。之后副院长姚耐亲自讲授"社会发展史",学校挑选2名留校学生任政治理论课助教,负责辅导事宜。

1951年上半年,学院共开设4门政治教育课程,分别为社会发展史、新民主主义论、政治经济学与政治讲座;设立全面领导政治教育的管理部门——政治教学委员会,副院长姚耐为主任委员,教务主任许本怡、教授袁孟超为副主任委员,成员由各系科主任及青年团、学生会代表组成。教学委员会下成立政治理论教研组,由袁孟超担任主任。同年10月下旬,根据教育部关于全国高校开设系统的政治理论课程的要求,学校派遣张有年、朱士耀、郭景涛3名青年教师去中国人民大学、北京马列学院分别学习"中国革命史""马克思主义基础(联共布党史)"和"政治经济学"3门政治理论课程(于1953年回校后开课讲授)。1952年高校院系调整后,政治理论教研组更名为马列主义教研组,仍由袁孟超教授担任主任,分为两个教学小组,分别讲授"中国革命史"和"马克思主义基础";"政治经济学"的教学划出独立为政治经济学教研组,卓如担任主任。1956年学院分设中国革命史和马克思主义基础两个教研组,张有年、朱士耀分别任主任。1957年初高校政治理论课全部停开,只开设一门"社会主义教育",以毛泽东《关于正确处理人民内部矛盾的问题》为教学主要内容。

1960年上海财经学院重建,重新成立马列主义教研室,杨昭伦兼任主任,开设"政治经济学""中共党史"和"马克思主义哲学原理"3门课程。

1978年,上海财经学院复校,马列主义教研室重新成立,张淑智、张有年先后担任主任,恢复讲授"政治经济学""马克思主义哲学"和"中国革命史"3门课程。1980年9月后,"政治经济学"课程划出马列主义教研室,划归经济系管辖。

1985年,根据改革开放后召开的第一次高校马列主义理论课座谈会的要求,学院增设"中国社会主义建设"课程,由革命史教研组承担教学并自编教材。同年,根据中央领导的意见,又增设"当代世界政治与国际关系"课程。直至1991年,马列主义教研室承担开设的政治理论课程计有"马克思主义哲学""中国革命史""中国社会主义建设""当代世界政治与国际关系",共4门。

1991年6月,学校马列主义教研室和德育教研室合并,成立思想理论教学部,负责全校的政治理论课程和思想品德教育课程(简称"两课")教学,张有年、陈新汉先后任主任。思想理论教学部共分3个教研室:中国革命史教研室,开设"中国革命和社会主义建设""世界政治与国际关系"课程;哲学教研室,开设"马克思主义哲学"课程;思想品德教研室,开设"人生哲学""伦理学""形势与政策"3门课程。

1992年,国家教委印发《关于高校马克思主义理论课和思想品德课教学改革的若干意见》,提出"两课"教学要以"邓小平同志建设有中国特色社会主义理论"为中心内容,要"编成教材,进入课堂",此后又提出将"邓小平理论"进课堂、进教材、进头脑的"三进"要求。学校于1995年2月以全校公共选修课的形式开设"邓小平理论研究"课程,进行实践探索。1996年,学校被确定为上海市高校"两课"重点改革与建设单位。1998年9月,将"邓小平理论研究"选修课改为"邓小平理论概论"必修课。

1998年,国家教育部公布"两课"98教改方案,明确规定高校"两课"教学的课程设置包括"邓小平理论""马克思主义原理"(包括政治经济学、哲学、科学社会主义等内容)、"大学生思想品德修养""法律基础",以及由"中国革命和社会主义建设"调整而成的"毛泽东思想概论",共计5门。其中,除"政治经济学"和"法律基础"分别由经济学院和法学院讲授以外,其他课程均由思想理论教学部承担,其中包括"邓小平理论概论""毛泽东思想概论""大学生思想品德修养""马克思主义哲学原理"和"当代世界经济与政治"。同年,学校将"两课"纳入公共课教改方案,实行任课教师挂牌教学,对提高教学质量起到积极作用,"两课"教师在学生评教中取得了优良评价。

2000年12月,由思想理论教学部与基础部汉语教研室合并组建的人文学院成立。学院创立"两课"教育教学新体制,2001年设立"两课"教学中心,整合学院内各系、所的师资力量,推进"两课"教学建设;2002年下半年,为加强"两课"教学新体系建设,学院设立马克思主义哲学教研组、毛泽东思想概论教研组、邓小平理论和"三个代表"重要思想概论教研组、思想品德修养教研组和世界经济与政治教研组。"两课"教师先后编成《邓小平理论和"三个代表"重要思想概论》等6本新教材,编写贴近大学生思想实际的课外理论读物11本,在"两课"教学中贯彻"三贴近"原则(贴近社会主义现代化实际、贴近学生专业课实际、贴近学生现实思想实际),贯彻理论联系实际的原则,注重增强"两课"教育教学的实效性。

根据教育部安排,2006年新生按照"05方案"调整政治理论和思想品德课,开设"毛泽东思想、邓小平理论和'三个代表'重要思想概论""马克思主义哲学""大学生思想品德修养""中国近现代史纲要","当代世界经济与政治"列为选修课,均由人文学院承担教学任务。"法律基础"与"马克思主义政治经济学"仍由学校法学院和经济学院分别开设。

2008年,按照教育部规定的大学生必修思想政治课程要求,学校恢复开设"形势与政策"课程,本科一年级采取教师集中授课、系统讲授的方式进行,共计1261名学生在第一学期修了该课程,23位教师共计开课302课时。按照教育部的课程大纲,组织了5次集体备课,发布了多份参考课件供任课教师共享,鼓励教师相互听课学习,建立了课程高质量督查制度,开辟了学生思想政治教育课堂教学新阵地。

2010年12月31日,在人文学院原有"思想政治理论教育教学部"基础上成立马克思主义理论教学科研部,同时并入人文学院思想理论教育教学及其相关人员,主要承担全校思想政治理论课教育教学及马克思主义理论学科建设等任务。

2011—2012年,学校抓大纲、抓集体备课、抓质量监督,建设好"形势与政策"课程。2014年,开设《中国传统文化与社会主义核心价值观》专题,并以"科学·人文大讲堂"为载体,邀请多位专家来校作学习社会主义核心价值观的主题报告。

2013年,马克思主义理论教学科研部开展听课活动,实行"传、帮、带"机制,提升青年教师的教学水平。编写思想政治理论课十八届三中全会精神"进课堂、进教材、进头脑"专题纲要,结合思想政治理论课4门课的内容和特点,把十八届三中全会精神凝练成19个相关专题,有机融入教材体系中,在课堂上进行讲授,并列入考核范围,取得良好效果。同年,《思想品德修养与法律基础》被列为上海市教委重点建设课程,学校重点建设课程《中国近现代史纲要》顺利结项。

2014年,由马克思主义理论教学科研部相关老师负责的主题为"人生的困惑与坚守"直播课,获得上海高校课程中心、东西部高校课程共享联盟共同颁发的《思想道德修养与法律基础》共享课程优秀组织奖,并在2014年度上海高校思想政治理论课教学活动月总结会暨第七届上海高校思想政治理论课教学论坛上获奖。

2015年,面向全校学生开设"中国传统文化与社会主义核心价值观""'一带一路'战略"等12个

"形势与政策"课专题,全校共有44名教师参与授课,2 021名学生修读此课程。大力推进思政课教学改革,制定《以体验式教学改革为抓手,推进思想政治理论"进头脑"——上海财经大学思想政治理论课教学改革试点方案》,举行思政课面对面"三人谈"活动,开展3次思政课体验式教学大课堂活动,参加体验式教学大课堂的学生近320人。同时,《思想品德修养与法律基础》教研室创新课堂教学形式,先后邀请全国先进工作者、控江路街道社区事务受理服务中心办公室主任刘海燕,上海市劳模、中国十大杰出青年志愿者、上海市教委宣传处副处长冯艾,海通证券公司自贸区分公司总经理许莉,上海市纪委纠风办主任邓云,支教返校学生乔经纬、何昕璐、黄晓晔,服役返校学生王建海等进入课堂,提升思想品德教育效果。12月7日,马克思主义理论教学科研部与2004年成立的马克思主义研究院合并成立马克思主义学院,继续承担全校思想政治理论课教育教学工作。

2016年,学校党委高度重视思想政治理论课教学改革,多次举办马克思主义学院全体教师集体培训研讨活动,思想政治理论课教学改革成果显著。通过体验式教学方式改革,利用思想政治理论课余时间,积极组织学生深入工厂、田间及改革开放前沿阵地,加深对于社会经济发展现实的了解与把握,提升对于党的治国理政新理念新思想新战略的认同与支持,切实解决大学生思想政治理论课教学"进头脑"这一关键难题。7月13日,马克思主义学院入选上海市示范马克思主义学院建设名单。

2017年,为贯彻习近平总书记有关高校"立德树人"的重要讲话精神,进一步深入推进学校思想政治理论课教育教学改革,继校党委书记丛树海教授走上思政课讲台后,校长樊丽明教授也走进《大学生思想品德修养》的课堂。章忠民教授以"真学真懂真信真用"为抓手,率领全体思政课教师将改革落实到每一个教育教学环节,力求取得思政课入耳入脑入心之实效,增强思政课的学生获得感。继"千村调查"团队走进思政课堂、全国劳模与大学生分享职业道德和职业理想等一系列形式多样的思政课课堂教学模式新探索后,"校领导走上思政课讲台"已成为学校思想政治理论课教育教学改革的又一新举措,受到了学生的欢迎和好评。

## 第三节 军训和征兵

### 一、军训

民国十七年(1928年)8月修订的《国立中央大学商学院院章》,根据该年5月全国教育会议通过的《中等以上学校军训教育方案》,规定学院设立军事训练委员会,由院长、军事教练官和院务会议公推3名代表组成,管理军训事宜。在"学制"章中规定,除女生外,其余学生均须经军事训练2年,每周3小时,及格方可毕业。在"学生通则"章设"军事训练规则",规定军训中闲谈嬉笑争骂者、违背侮辱官长者、无故缺席者均要接受警告、训诫、扣除学分直至开除等处罚。民国二十年(1931年)"九一八"事变日军侵占东三省后,全国掀起抗日救亡高潮。国立中央大学商学院院务会议认为军事训练为当务之急,议决全体男生每日晨六点至八点参加军训,全体女生组织看护队,学习救护之术。学院还组织起抗日义勇军,订立规程,制备服装,每日操练。

国立上海商学院独立后,民国二十一年(1932年)8月制定的学院《章程》仍规定学院设军事训练委员会,各科学生须修普通军事教育2年,每周3小时,女生选修看护学,及格方得毕业。民国二十二年(1933年)8月裴复恒担任院长后,推行文武并重、训教合一的方针,要求学生养成刻苦耐劳、忠勇勤奋之精神,为救国御侮做积极准备。民国二十三年(1934年)11月14—26日,国民政府训练总监部潘处长检阅上海市专科以上学校18所、高中及同等学校36所,国立上海商学院由于院长极力提倡,教官指导有方、教授得法,学生精神饱满、动作敏确、纪律严肃,荣获专科以上学校第一名。

民国二十四年(1935年)9月学院新院舍落成,自民国二十五年(1936年)3月起学院实施军事管理,学生集体生活完全军事化。学院设立军事训练总队,由院长兼任队长;全院师生一律穿着制服,参加晨夕升降旗典礼;进膳前整队而入,依次就座,膳毕同时离席;制定严格的军事管理作息时间;制定军训学生成绩考核表,并配备军服和训练设备等。这一管理制度一直延续到民国二十六年(1937年)"八一三"淞沪抗战中学院新校舍再次被焚毁为止。学院抗战期间及复员之后,未见有军训的记载。

20世纪50至60年代,上海财经学院时期曾有部分学生参加下连当兵或军事夏令营活动,但并未组织过全体学生参加的军训活动。

1983年5月下旬至6月初,学院按照市高教局统一安排,由武装警察部队某部派出指战员到院内对81级348名学生进行军事训练。1984年5月上旬和下旬、9月上旬,先后对82—84级本科生进行军训,除政治教育外,军事科目有:队列、刺杀基础训练和"三打三防"(打飞机、打坦克、打空降,防核、防细菌、防化学)理论教育,并完成一次实弹射击。

1985年初,教育部、总参谋部等单位制定《高等院校和高级中学军事训练试行办法》,规定高校开设军事课的各项要求。1986年7月,作为上海市大学生军训试点单位,学校利用1985学年实行的短学期(为时4周),在驻沪海军37970部队和空军86770部队的支持配合下,对85级本科生实施以军事课教学为主要形式的军事训练。军事课教学总时数为116学时,除队列训练、射击瞄靶训练、连(排)战术在室外进行,其余科目都在课堂内进行。军训严格进行考核,综合评定成绩,记入学生成绩登记表,及格者给予2学分,不及格者不准毕业。

1987年7月制定的《本科专业教学方案》规定,一年级军事训练7周,其中3周集中到部队训练,4周分散在两学期内进行军事理论教学,给予4个学分。同年9月,经与海军东海舰队训练基地联系,87级本科生到部队营区集中训练2周。1988年因基地有任务,军训又改在校内进行。1991年9月初,学校与海军东海舰队训练基地联系,该训练基地第四大队为学生学军基地;中旬,新生到第四大队营区集中训练2周,共计96学时。

1995年6月,学校制定的《本科学分制教学方案总则》明确,在新生入学后第一学期安排军训2周(1学分)。1996年,学校在《本科课程结构》"政治理论与德育课"中列有军事理论课2学分。1999年6月,军事理论课学分数调整为1学分(18课时)。

2001年6月,教育部、总参谋部、总政治部制定《普通高等学校军事课教学大纲》,作为高校实施学生军事训练和军事理论课教学的基本依据。学校根据该教学大纲将军训分成军事技能训练和军事理论教学两部分,各设1学分。军事技能训练安排在新生入学报到后,采取驻营军训的方式进行,实训10天左右,内容主要包括入营须知、兵役法、人民解放军三大内务条令、解放军光荣传统、56式半自动步枪练习训练和实弹射击、综合训练(行军)等。军事理论教学采用课堂教学的形式,在一年级完成,以学校人武部专职干部授课为主,内容有中国国防、毛泽东军事思想、中国古代军事思想、军兵种知识、中国周边安全环境、现代军事高技术、高技术战争等,并开设"孙子兵法"等选修课。2005年起军事技能训练因部队另有任务,不能入营实施,改为由承训部队官兵到学校进行。

2011年,学校教学计划调整,学生军训时间由新生入学后第一学期调整为第二学期期末。

2007—2016年，武装部每年均完成2 000名左右的新生军训工作，并针对军事理论教学政治性强的特点，加强教学内容的思想性和针对性，使学生通过军事理论的系统学习不断增强国防安全意识，达到了教书育人的目的。2007—2016年，每年均完成2 000余名本科生18课时的军事理论教学。

## 二、征兵

2001年，学校列为上海市在校大学生应征试点高校之一。2001年10月，学校征集4名大学生（男生）参军入伍。2004年以来，随着征集在校大学生新兵工作制度化、规范化，学校在市征兵办、虹口区人武部的领导下，规范有序地开展在校大学生新兵征集工作。

2004年10月，学校完成了上海市征兵办下达的征集10名大学生（男生）的应征任务。2005年10月，学校完成了8名大学生（男生）的征集任务。自2015年起，为鼓励在校大学生参军入伍，学校专门为参军入伍学生设定15个免试直研名额。2001—2016年，学校共征集在校大学生114名参军入伍。

# 第二章 体　　育

## 第一节　体　育　教　学

上海商科大学时期,体育课就已列入学校本科学程表,为一二年级必修课程,每周讲授1课时,实习(操练)1课时,教学年限2年,共计4学分。国立中央大学商学院时期,军训列为学生必修,学院未将体育课列入学程。国立上海商学院为求三育并进,极力提倡体育,将训练目标定为:体育普遍化,使全体学生运动之机会均等,以养成强健之体魄,并于团体运动中,训练公民道德精明勇敢团结合作之精神;使学生明了体育之意义及重要,增进技能,以求养成以运动为发展身心及娱乐之习惯。学院一方面把体育正课设为一二年级必修课,每周1小时,教练各项团体操及球类运动;另一方面,每日规定课外运动时间,使各个学生均有运动机会,并不时借比赛机会以求改进。

民国二十四年(1935年)9月迁入新院舍后,学院在附近向新华储蓄信托银行租地10亩余辟为操场,设篮球、排球、网球、足球场各1个,沙坑1个,更衣室2间,器械室1间,但至民国二十六年(1937年)"八一三",新院舍再次被毁后停用。民国三十六年(1947年)学院迁入中州路102号院址,运动场地得到改善,计有篮球场2个,排球场、网球场各1个,还建有体育馆和游泳池。

1952年高校院系调整后,上海财经学院迁入欧阳路校区,体育场地条件较为完善,拥有游泳池(25米×20米)2个,400米和200米田径场各1个,篮球场和排球场各3片,体操区1片。学院教务处下设体育组,1954年秋起改为体育教研组,负责体育教学。体育课列入学生教学计划,一二年级每周2课时;学生分别修读体育正课、特别班(身患疾病者)或免修。体育教研组在学习苏联和中国人民大学经验的基础上,拟订学院的体育教学大纲;教师根据大纲拟订教学日历,写出教案,分为四段教学法(时间支配、讲课内容、组织教学法和主副教材练习方法)。

1955年6月,全校学生中修读体育正课的437人,占77.9%;参加特别班的96人,占17%;免修29人,占5.1%。体育教研组有教师5人,承担体育正课19班、特别班2班,并负责指导学生课外锻炼。

1960年重建的上海财经学院,体育课教学时数由开始的一年级两学期各2周课时,逐步增加到1964年的一二年级前三学期2周课时,后一学期1周课时,总计125课时,体育教师人数也增加至8人。初期,共和新路校区体育场地较少,仅有篮球场、排球场各2片,乒乓房1间,体操区1片。1964年初迁至中山北一路校区后,学院有篮球场、排球场各2片,乒乓房、体操棚各1间,另有一个400米田径场。

1978年上海财经学院复校后,体育教研室恢复,隶属基础课教学部。本科一二年级开设体育课,每周2学时,体育场地设施逐步得到改善,教学也逐步走上正轨。1983年6月,《上海财经学院试行学分制的意见》规定：体育课每学期1个学分，共8个学分；一二年级必修课，每周2学时；三四年级可开设指定选修课，每周1学时。1987年7月，学校制定本科专业教学方案，将体育课列为五类必修课之一。从1995级本科开始全面实行学分制，其教学方案总则中规定一二年级开设体育必修课，每周2学时，每学期1个学分；限定选修课模块中列体育类选修课。

1999年1月起，学校体育课程启动全面教学改革，主要围绕两个主题展开：一是打破陈旧思想和观念的束缚，把"健康第一"的思想和"素质教育"的观念融入体育教学之中；二是消除传统体育教学模式的制约，全面推行"课内外一体化"，把培养学生自我运动能力和终身体育意识贯穿到体育教学之中。自2001年9月起，体育教学打破本科一二年级体育课程内容的界限，教学形式由行政班转为专项班，使学生在体育理论（体育与卫生知识、专项理论）、田径项目及某些专项上进一步提高，达到《大学生体育合格标准》的要求。体育课程的这一改革实践项目，于2005年获上海市高校优秀教学成果三等奖，大学体育课程被市教委评为上海市精品课程。2007年1月，该课程被列入2006年度"市教委重点课程建设"名单。2008年，以申请国家级课题为契机，学校体教部对课程的形式、内容进行了改进和创新，形成了包括球类、操类、水中类、其他类4个大项22个小项的课程体系。

2013年，以学生全面发展和未来发展为立足点，以体育俱乐部建设为主线，学校开展本科体育课程教学改革，以知识模块为单位并按目标人群实施教学，采取俱乐部模式组织各项教学活动，将体育课程向课外延伸，使体育课程不再局限于课内教学，形成体育教学与体育实践紧密结合、兼顾学生共性与个性需求、目标人群明确、分层分类教学、组织管理完善的体育课程体系。

至2017年初，作为学校精品课程，体育教学内容包括体育运动知识、技能、素质和能力。体育课程的设置包括：本科一二年级开设体育必修课，含专项课64学时，外加早操课外活动，共计3学分；本科三年级开设体育锻炼必修课，共32学时1学分。运动项目教学包括网球、羽毛球、乒乓球、篮球、排球、足球、游泳、武术、健美操、体育舞蹈、瑜伽、花样跳绳、跆拳道、击剑。原来以晨跑为主的早操形式改进为结合APP全天候可参与的"漫跑马拉松"。课外活动还包括操场慢跑、单杠（男）、仰卧起坐（女）、跳台阶、球类活动、健身跑、游泳以及各种形式的体育竞赛。此外，面向全校学生开设桥牌模块课和运动与审美通识课，各32学时1学分。

1983年起，学校在建设国定路新校区的同时，逐步改善体育场地条件，先后建成400米田径场1个，篮球场4片，排球场4片，体操区1片，乒乓房3间，健身房2间。2000年后，该校区又增添网球场4片，沙滩排球场2片，原田径场改为塑胶田径场，足球场铺上人工草坪。2004年，学校利用原凤凰自行车厂厂房，改造修建成羽毛球馆1座和风雨操场1座（含2片篮球场、2片网球场、8片高尔夫练习场）。2006年，学校在武川路校区新建综合性体育馆1座（含游泳馆、乒乓馆、网球馆、壁球馆等），在国定路校区增建网球场2片。2014年，武东路校区400米田径场1个、篮球场3片建成投入使用。2017年，学校在国定路田径场地址上建成校体育馆1座（含篮球馆、乒乓馆、健身馆、形体馆等），篮球场4片，多功能健身区1片；此外，学校还在风雨操场内设立体质健康测试中心，添置了较完备的体质健康测试仪器和设备。通过不断建设，至2017年初，学校体育场馆总面积已达6.8万平方米，生均面积达到4.84平方米，拥有体育馆2个、标准田径场1个、25米游泳池1个、篮球场19片、网球场8片、排球场6片、1座风雨操场、1座羽毛球馆、1个体质健康测试中心。学校各类体育场馆的功能日趋健全，保证了体育教学、运动训练、学生活动和运动锻炼的多方面需求，为体育教学、竞赛训练和群众体育活动提供了有力支撑。

## 第二节 学校运动队

上海商科大学时期,学校组织有篮球队,并曾在华东八大学篮球赛中夺得冠军。国立中央大学商学院时期,学院的运动队有足球队、篮球队、排球队、网球队、拉铃队等。国立上海商学院时期,学院倡导课外运动,组织足球、篮球、网球、排球、乒乓球、羽毛球等各项球类代表队,参加院际比赛;鼓励各年级队和私人组织运动团体,经相当训练和体育指导许可后参加对外比赛;院内则组织各项球类锦标赛;各种比赛规则,均遵照全国运动大会规则执行。

民国二十一年(1932年)11月发起成立太极社,以强身健体为宗旨,聘请专门教师予以训练指导。学院在对外比赛中取得不俗成绩:民国二十一年(1932年)11月举行的"湘青杯"网球单打赛,学生刘孝光夺获锦标;民国二十三年(1934年)12月女子篮球队参加上海市各独立学院篮球锦标赛,三战三胜轻松夺冠。民国二十五年(1936年)5月学院设立体育干事会,由体育指导遴选各级体育干事,并呈院长公布。该会负责安排各项体育事宜,成立后随即举行青旸港划船比赛、篮球联赛及越野赛跑等活动,大大激发学生参与锻炼的热情。

20世纪50年代上海财经学院成立的运动队有男子篮球队、女子篮球队、男子排球队、体操队、划船队和田径队,共有队员100余人。每队由体育教师任指导,每周专门训练3次,并多次参加上海市及大学生运动会。1960年上海财经学院重建后,学院运动队如男女篮球队、足球队、排球队、乒乓球队、田径队、武术队等相继成立,竞技水平逐步提高。1978年复校后,学校先后成立田径、篮球、排球、足球、武术、游泳、射击、龙舟、国际象棋、艺术体操等项目运动队。

1996年后,运动队经过不断调整、改革与发展,常年训练的运动队有棋类队、网球队、健美操队、游泳队、田径队、足球队、篮球队、乒乓球队。2003年4月,学校被教育部体育卫生与艺术教育司、国家体育总局棋牌运动管理中心批准为国际象棋传统学校。2004年11月1日,学校与中国国际象棋协会签订"教体结合"协议,在学校成立"中国国际象棋高水平后备人才培训基地"。2005年7月,学校被教育部批准为高水平运动队建设学校,学校的棋类和网球项目被教育部确定为可招收高水平运动员的项目,健美操队和游泳队被确定为学校重点运动队。2010年7月,游泳队被教育部确定为可招收高水平运动员的项目。各运动队在上海市高校、全国高校乃至世界大学生各项比赛中屡创优秀成绩。

截至2016年底,常年训练的运动队有棋牌队、网球队、游泳队、健美操队、足球队、篮球队、羽毛球队、乒乓球队、跳绳队、跆拳道队。学校运动队获国际比赛第一名81人次,获洲际比赛第一名49人次,获全国比赛第一名496人次,获上海市级比赛第一名972人次,展示出蓬勃向上的发展势头。

表7-1　1996—2016年运动队比赛成绩情况　　　　　　　　　单位:人次

| 比赛级别 | 第一名 | 第二名 | 第三名 | 第四名 | 第五名 | 第六名 | 第七名 | 第八名 | 小计 |
| --- | --- | --- | --- | --- | --- | --- | --- | --- | --- |
| 国际比赛 | 81 | 34 | 28 | 6 | 25 | 4 | 2 | 2 | 182 |
| 洲际比赛 | 49 | 29 | 19 | 11 | 7 | 3 | 2 | 0 | 120 |
| 全国比赛 | 496 | 427 | 299 | 218 | 179 | 99 | 71 | 53 | 1 842 |
| 省　市 | 972 | 590 | 373 | 238 | 193 | 157 | 88 | 40 | 2 651 |

## 第三节  群众体育活动

20世纪50年代,在毛泽东主席"发展体育运动,增强人民体质"指示的推动下,群众性体育运动迅速开展起来,推行"劳动和卫国"体育制度(简称劳卫制)是当时的一项重要举措。1954年10月,学院推行"劳卫制"预备级,91%的学生编成50个小组,进行经常性的锻炼,由体育教师进行技术指导,共青团和学生会负责组织和宣传工作。1955年底,上海市体育运动委员会正式批准学院推行"劳卫制"第一级,"劳卫制"锻炼在学生中更为自觉地开展起来。此外,学院还在每学期(或学年)举行全院运动大会(或田径运动会),经常举办各类专项体育比赛;由团委、学生会等组成的大学生体协理事会,负责组织各种群众体育活动。

1960年上海财经学院重建后,学院成立体育工作领导组织,由院领导挂帅,各系也有一位副系主任抓体育工作。体育组、学生会和工会共同出版体育园地,加强宣传工作。院内广泛开展早锻炼、课间操,各班每周固定安排一次课外活动,并举行小型多样的竞赛活动,如田径三项比赛、排球篮球班级联赛、乒乓象棋小型比赛等。

1982年6月,复校后的上海财经学院落实教育部、国家体委1979年10月颁发的《高等学校体育工作暂行规定(试行草案)》,成立由分管院领导为主任的体育运动委员会,加强对体育工作的领导。此后,学校按照《国家体育锻炼标准》的要求,因地制宜地开展群众体育活动,鼓励师生以各种方式参加有益于身心健康的体育活动,多次被评为上海普通高等学校群众体育先进单位。学校先后成立了网球、棒球、桌球、羽毛球、棋牌、武术、空手道、跆拳道等30多个学生体育社团,群众体育活动的形式有校运动会、体育文化节和SUFE SPORTS系列赛等活动,有体育选修课和多种形式的体育知识讲座、论坛等活动,初步形成具有学校特色的校园体育文化氛围和群众性体育活动体系。

校运会和体育文化节是学校开展体育活动和校园文化建设的重要形式之一。1986年11月,学校分别举行更名为上海财经大学后的第一届学生田径运动会和首届教工运动会。以后,学生田径运动会每年举行1次,教工运动会每2年举行1次。2001年3月,学校举行首届体育文化节,以后隔年举行1次。体育文化节是由校体育运动委员会主办、体育教学部承办、学生会社团联协办的全校性体育活动,同时也是集体育比赛、体育演讲、体育摄影、体育征文、体育游戏为一体的体育文化盛会。每届体育文化节一般历时3个月。

学校还创建了SUFE SPORTS系列体育赛事作为学校体育竞赛及体育文化活动的有效补充,例如全校范围的"学院杯"系列赛、新秀系列赛、跳绳强身计划系列赛事、校庆拔河比赛、教工健康体育活动周、教工健康咨询日等。2012年,以首届上海财经大学羽毛球公开赛(SUFE OPEN)举办为标志,学校开创了以高校学生体育协会为主体,校方为指导,重在交流而非竞赛,旨在传播体育文化而非争取成绩的新型赛事形式,包括复旦、交大、财大等17所高校在内的170余名学生参加比赛。本次羽毛球公开赛的举办,打造了"SUFE OPEN"体育文化品牌,有力地推动了学生体育协会的建设和校园体育文化交流,此后每年一届的羽毛球公开赛成为上海市阳光体育运动的创新模式。

# 第三章 校园文化

## 第一节 办学理念和校训

民国四年(1915年)8月,南高师校长江谦在《关于南京高等师范学校开办状况报告书》中称:"本校校训所用诚字,诚者自成,所以成物,先圣至言,实为教育精神之根本。"南高师设立商业专修科的第二年,即民国七年(1918年)10月,代理校长郭秉文在《关于本校概况报告书》中称:本校"以养成对于国家负责任之国民为意想中之人格"为标准,"……依据诚训,以养成思想及应用能力为智育标准"。

民国十三年(1924年),上海商科大学校长郭秉文在一篇阐明中国商业教育的英文专稿中称:上海商科大学的创立,是"商业教育发展的显著例子",其正在"致力于不仅仅是用商业知识和技能,还要用组织和领导能力来对学生进行培训"。

民国十七年(1928年)8月修订的《国立中央大学商学院院章》规定,学院是"中央大学区研究商业学术之最高机关","顺应社会需要,以培植商业专门人才,其学程则理论与实习并重"。民国十八年(1929年),院长程振基在其撰写的《商业教育之重要及其本身问题》一文中称:"大学商科之目的,则宜以养成熟悉商场富有判断力之学生为指归。至大学之责任,尤在引导商业趋于光明之路,庶学与用二者相辅而行。……如以此为鹄的,则关于商学之课程不当仅凭讲解,而应注重讨论,以启发其心思。"

民国二十一年(1932年)9月,国立上海商学院院长徐佩琨在一次讲话中称:"同人等办学之初衷,即在造就适宜之商业人才也。"10月1日,徐佩琨在《国立上海商学院之使命》中写道:"本院为研究商学而设,为培植商业人才而设,为领导商人而设,是则本院之使命,可谓重且大矣。"

民国二十三年(1934年)在国立上海商学院二三级毕业纪念刊上,院长裴复恒题词"自强不息",经济学教授、曾任上海商科大学首位教务主任马寅初题词"经济匡时"。民国二十六年(1937年)1月,裴复恒在《国立上海商学院院务报告》上发表《四年来之国立上海商学院》一文,称其主持学院,"始终以灌输高深商业技术智识,养成企业精神及提倡研究学术风气为固定不变之方针","而以精神训练,培养健全之人格,建立忠实之学风,为实施此项方针之基本步骤"。他又称:"商科教育之使命,绝非专门培植商业的技术人才,同时应培养富有创造精神,决断力及组织力之企业家,故企业精神之养成,实至为重要。"同年3月,裴复恒在《〈国立上海商学院季刊〉发刊辞》中写道:"大学教育之真义,在致力于各种科学之精进研究,以求一国学术水准之日见增高。本院既为吾国专事商学讲求之唯一学府,实负有提高商业学术水准之重大使命。"

民国三十五年(1946年)国立上海商学院复校后,院长朱国璋在报告复校经过时称其办学,"则有四项原则",即严格训练、树立制度、开诚布公、师生合作。翌年1月15日,朱国璋在《〈国立上海商学院院务月刊〉复刊词》中称:"至于教务、训育方面,首先注重培植淳厚朴实之学风,察勤惰,严考试,明纪律,崇矩镬,无稍假借……对于学生,先图灌输商业基本学识,然后从事分系专门训练,为使学以致用计,并拟配合事业机关之实习体验,以期理论、实务两相兼顾。"同年11月1日,朱国璋在《第一次月会院务报告》中又称:"本院办学素称严格,本人从前也曾受到此种训练,而深深感到它的益处,惟有严格训练才能提高学术水准,希望以后能照这个方向迈进,来发扬本院传统的精神。"

新中国成立后,1951年7月《上海财政经济学院半年来教学工作的基本总结》之"半年来的主要工作及其收获"部分指出:一是"确定了学校总的教学目标与各系科的具体任务(培养什么人才,毕业后将任什么职务),建立了正确的教学方向,并在这基础上审核现有课程内容,初步拟订了新学制与新课程";二是"加强理论联系实际,在正课中贯彻爱国主义政治思想教育"。同年印制的1950级毕业纪念刊上,院长孙冶方题词"跑出学校门,到实际工作中再去学习",副院长姚耐发表《进一步联系实际》一文。

1953年11月,院长姚耐在《上海财经学院一年来工作基本总结》中称:"上海财经学院的特点,是在不断变动中从一个旧型大学不断地改造自己向新型大学转变的过程。"又称:"一年来所以能够获得成绩,是由于重视理论与实际联系。去年开始设置专业,就力求与国家建设密切配合。……另一方面是重视生产实习。"1956年5月印制的《上海财政经济学院概况及系科专业设置简况表》称:"本院培养目标,是根据国家总路线总任务的要求,培养为国家社会主义建设服务的体格健全、热爱祖国、具有一定马克思列宁主义水平和具有一定经济理论与专业知识的高级经济理论人才及企业管理人才。为了适应国家经济建设的需要,除按照国家教育计划培养大学生外,并大力为业务部门培养与提高在职干部,设立夜校部,利用晚上时间进行教学。"又称:"本院建校以来,首先着重于教学改革工作,同时与业务部门联系参加生产实习,以使理论联系实际。"

1965年,上海财经学院在"专业介绍"中称:"上海财经学院是一所多科性的高等财经学校。它的任务是根据党的教育方针,培养为社会主义建设服务的又红又专的财经管理人才和商品技术人才。"

1979年1月22日,院长姚耐在上海财经学院复校后首届开学典礼上发表讲话,指出:"我们既要立足当前,又要规划长远。不仅要培养本科学生,而且要积极创造条件,着手准备招收研究生。不仅要搞好教学,而且要根据四个现代化实践过程中提出的新课题,积极开展科学研究工作,使财经学院成为既是教学基地,又是科研基地。"

1983年5月,教育部召开全国高等教育工作会议。上海财经学院副院长郭森麒在参会前主持组织撰写了一份交流材料——《加快步伐,开创高等财经教育的新局面》(《高等教育研究》1983年第3期登载时,标题改为"加速发展,探索新路")。交流材料称:"在全面改革和规划高等财经教育时,我们认为,最根本的问题是要明确新形势下办学的指导思想。"材料列有办学指导思想5条:(1)要从财经院校的特点出发,更好地适应中国社会主义现代化建设的需要;(2)要以培养高规格人才为主,采取多种形式办学;(3)专业设置要合理调整,有条件的要努力办成学科齐全;(4)要紧紧围绕培养目标,明确自己办学的原则,包括严格要求、打好基础、理论联系实际,"为培养学生成为未来的社会主义的'企业家'作出努力";(5)一靠培养、二靠管理,努力建设一支实力雄厚的教师队伍。

1985年3月12日,校长张君一在关于"本学期工作的重点是教学改革"的讲话中指出:"在修订教学计划时,我们应该根据'三个面向'的要求,进一步明确各专业的培养目标,适应经济对外开放的需要,按照掌握好国内和国外经济管理两套本领的要求,调整和更新各专业的知识结构(包括课程设置和授课内容)。"并提出修订教学计划的指导原则是:"加强基础,压缩课时,因材施教,拓宽知识,重视实践,提高能力。"

1989年4月11日,校长金炳华在学校第三次党代会上作题为《我校今明两年建设与改革的任务》的行政报告。报告提出:"我校学生的培养目标应是有理想、有道德、有文化、有纪律,德、智、体、美全面发展的合格人才,业务上要求学会能从事国内经济建设和涉外经济工作的两套本领,成为应用型、复合型、外向型人才,适应'一个中心,两个基本点'的需要。"

1991年7月12日,校党委书记兼校长金炳华在学校第二届教代会上作的行政工作报告指出:"今天,我们强调理论联系实际,加强社会实践,其意义不仅在于发扬光大学校的办学传统,更在于促进青年教师的健康成长,推进教学内容与教学方法的改革,培养高质量的应用型人才,建设有中国特色的社会主义大学";"为了把我校办成既是教学中心,又是科研中心,'八五'期间,我们必须把科学研究工作扎扎实实搞上去,争取有新的、较大的突破";"从培养跨世纪人才考虑,坚持不懈地开展社会主义精神文明建设,特别要建设好校风与学风,树立'文明、奉献、团结、进取'的校风和'勤奋、严谨、求实、创新'的学风"。

1995年12月8日,校长汤云为在学校第三届教职工代表大会上作行政工作报告。谈到未来发展总目标,报告提出:"从现在起,用15年左右的时间,努力把上海财经大学建设成为一所以理论经济学科为基础,应用经济学科为重点,经、管、法、文相结合,高层次、国际化为特色,经济、管理、财政、金融、贸易、会计等诸学科协调发展的社会主义大学;综合实力和整体水平在国内居于一流,在国际上有较大知名度,部分重点学科达到或接近国际先进水平;本科教育与研究生教育并重,教学与科研并重,成为财经类研究生培养、财经科学研究与国际学术交流、财经高级管理人才研修和国际从业资格考试培训基地。"报告还提出,在"九五"期间,要"真正实施一个根本(人才培养)、两个中心(教学、科研)、三个结合(教学、科研和社会服务)的办学方针"。

2000年5月15日,校党委书记兼校长谈敏在学校本科教学工作优秀评价汇报中指出:"我校在长期的办学过程中,逐步形成了明确的办学思想与教学工作思路。这就是:坚持社会主义办学方向,全面贯彻党的教育方针,立足上海,服务全国,放眼世界;把人才培养放在学校工作的首位,以本科为立校之本,本科教育、研究生教育和成人教育协调发展,提高教育质量和办学效益,主动适应社会主义现代化建设的需要;以教学为中心,教学科研互动,积极探索财经类创新人才培养模式,造就一支高素质的教师队伍,营造浓厚的学术文化氛围和良好的育人环境;面向社会,求真务实,励精图治,开拓进取,努力把我校建设成为一所以理论经济学科为基础,应用经济和工商管理学科为重点,经、管、法、文相结合,多学科协调发展,综合实力和整体水平在国内居于前列,在国际上有较大知名度,部分重点学科达到或接近国际先进水平,高层次、外向型的社会主义财经大学,成为我国经济学基础人才和企业家的摇篮。"在汇报"传统与特色"时提出:"特色之一:坚持理论联系实际,培养适应社会需要的'企业家型'人才。"并指出:"这是我校办学理念上的特色","简言之,就是'面向社会、求真务实、百年树人、经世济国'"。

2001年5月,学校制定《"十五"发展计划纲要》关于"十五"时期的奋斗目标,该纲要有一些新提法:一是"应用经济学科和管理学科为重点",二是"'经、管、法、文、理'多学科协同发展",三是"具有现代化、国际化、信息化发展框架的一流社会主义大学"。

2005年底,学校在进一步凝练办学理念的基础上,确立"厚德博学,经济匡时"的校训。

2006年1月9日,学校第四届第三次教职工代表大会审议通过的《上海财经大学"十一五"发展规划》,明确"学校'十一五'的奋斗目标是:进一步奠定以经、管学科为重点,经、管、法、文、理多学科协调发展的学科平台;显著增强学科竞争力,部分优势学科接近国际先进水平;着力开拓办学渠道和优化资源配置,明显缓解办学资源紧张的矛盾;整体提升办学质量和办学效益,综合水平居于国内前列;基本确立'一流三化'的发展框架,为创建具有鲜明财经特色的多科性研究型大学打下良好的基础"。关于人才培养,规划提出:"构建以'复合型、外向型、创新型'人才培养规格为特色的人才培养体系。"

2007年11月10日,校长谈敏在学校90周年校庆庆典上致辞,称:"回顾90年风雨历程,我们深切体会到,学校孜孜以求,执着探索,在仰天思索和躬行实践中,形成了值得珍视的上财精神。"他把上财精神概括为6个方面,即:经济匡时的信念,厚德博学的追求,以质取胜的方略,放眼世界的视野,海纳百川的胸襟,勤俭办学的传统。

2014年5月正式发布的《上海财经大学章程》,将"厚德博学、经济匡时"的校训和"面向社会、求真务实、立德树人、经世济国"的办学理念以制度的形式正式确定下来,并规定学校的代校歌是《从头超越》;学校的徽标整体构图为双圆环图案,外圈上为学校英文全称,下面"1917"是学校建校年份;内圈上为陈云题写的上海财经大学校名,校徽中央为一枚安阳铲形古币与一本打开书籍叠加的图案。校徽标准色为上财红,基准色值:C50,M100,Y100,K20。学校徽章是以陈云题写的校名为图案的证章。

## 第二节　精神文明建设

1978年复校以来,学校积极贯彻党中央精神,将精神文明建设作为学校发展的重要环节和内容。1992年12月,学校成立由11人组成的精神文明建设领导小组,统一规划学校的精神文明建设活动。1996年5月,在领导小组基础上调整改组为精神文明建设活动委员会,在党委宣传部设办公室,负责日常工作。

学校的精神文明建设成果丰硕,1986年校工业经济系和图书馆被上海市教卫系统评为1985年文明单位,并获铜牌和证书。1993年10月,学校被评为"全国财政系统先进集体"、获"上海市高教局1991—1992年度文明单位"称号。自1993年至今,学校连续24年、先后12次获得"上海市文明单位"称号。1999年2月,学校被授予"上海市花园单位"称号,并颁发证书。2000年9月,学校获得上海市教委上海市师德建设活动优秀组织奖。2006年4月,学校被批准为国家大学生文化素质教育基地。

通过开展上海财经大学文明单位、文明窗口、文明岗、教书育人标兵、精神文明十佳好人好事等的创建或评选活动,学校精神文明屡创佳绩。

### 一、精神文明建设历程

改革开放之初,学校大力开展学雷锋、创"三好"和"五讲四美三热爱"活动,还组织开展了以整顿校风、校纪、校容为主要内容的"三整顿"活动。1981年3月,学校在学生中开展了为期两周的"看谁最文明"的文明周活动;6月16日,校党委召开全体党员大会,表彰17名为教育事业做出贡献的优秀教职工党员和在"学雷锋、创三好"活动中的优秀学生党员;6月19日,学校举行"庆祝建党六十周年诗歌演唱会"。学校根据中央宣传部关于开展"文明礼貌月"活动的通知精神,从1982年开始至1984年的每年3月份,连续开展"文明礼貌月"活动。1983年5月,学校组织全校师生学习张海迪的先进事迹;10月7日,校党委召开1983年度学雷锋、学海迪、创"三好"表彰大会。该年还开始进行文明班级、文明宿舍评选活动。1984年,学校组织全校师生学习"华山抢险英雄"的英勇事迹。

1986年,中共中央发布《关于加强社会主义精神文明建设指导方针的决议》。学校组织开展以歌唱党、歌唱社会主义为主题的多种形式的活动。1985—1988年每年12月9日前后,学校通过举办报告会、座谈会、"理想之歌"歌唱比赛、先进教育工作者和"三好"学生事迹展览以及组织观看电影、录像等活动,激励和引导广大学生在新的历史条件下发扬"一二·九"运动的革命传统。

1991年1月4日,学校制定《关于当前加强社会主义精神文明建设,争创上海市高校文明单位的实施意见》;3月24日,学校党政联席会议研究《加强社会主义精神文明建设的五年规划》,并决定:4月份普遍开展一次对精神文明建设规划和"文明科室""文明教研室""文明班级"和"文明寝室"评比条例落实情况的检查,6月份结合全校"争优创先"活动开展一次精神文明建设活动的初评,年底搞一次总评。1992年4月3日,学校召开二届二次教代会和三届二次工代会,表决通过《社会主义精神文明建设五年规划》和"文明教研室""文明科室"2个暂行条例;9月,学校举办"迎国庆、话改革、创一流"文艺演出晚会;12月举办"纪念毛泽东同志诞辰一百周年书画作品展"和教工歌咏比赛;同年,学校开始组织"十佳"精神文明好人好事评选活动。1993年起,学校开始组织"文明窗口"和"文明岗"评选活动。1995年4月,为纪念抗日战争和世界反法西斯战争胜利50周年,学校承办由市教卫党委、市教委等单位共同主办的"95上海市大学生纪念歌会",全市33所高校的五千名大学生参加歌唱比赛,上海财经大学代表队获得第三名。5月,学校召开全校师生员工参加的社会主义精神文明建设大会,总结学校精神文明建设工作,表彰1993—1994年度文明单位、文明教研室、文明科室、文明班组等。

1996年4月10日,学校精神文明建设领导小组召开会议,提出精神文明建设工作的指导方针:"坚持以邓小平理论为指导,以培养高质量人才为目的,围绕中心,明确目标,突出重点,真抓实干,推动精神文明建设与'211工程'建设一体化发展。"同月中旬,学校与市教卫系统文明办联合举办"上海市高校'211工程'与精神文明建设"研讨会。5月26日,为了进一步加强学校的精神文明建设,校党委调整充实校精神文明建设领导小组,更名为精神文明建设活动委员会,党委书记潘洪萱任主任。11—12月,学校组织开展"贯彻执行六中全会决议,开创精神文明建设新局面"活动月,继续推进"211工程"和精神文明建设一体化发展。从这年起,学校组织开展每两年一次的校级文明单位评比活动,评选出校级文明单位、文明窗口、文明岗。学校积极在全校师生员工中组织开展各种献爱心活动和各种社会公益活动,由此大力提升学校的精神文明风貌。1998年9月,学校在全校师生员工中开展为灾区人民捐款、捐物活动。1999年1月,学校组织参加上海市"万人捐,帮万家,让特困家庭过好年"为主题的"99蓝天下的至爱——万人上街慈善募捐活动"。12月,学校组织80名大学生参加捐献骨髓的公益行动。2000年10月,学校组织开展为云南灾区和贫困地区捐款、捐物活动。

2000年5月,学校制订上海财经大学精神文明建设实施计划;10月底,学校制定《上海财经大学精神文明建设"十五"规划》,内容包括努力提高全校师生员工的思想道德素质,加强队伍建设,加强民主法制建设,以校园文明建设为重点,继续推进群众性精神文明创建活动。校精神文明建设活动委员会组织开展师德师风和机关工作作风评比活动,并在全校广泛开展以师德师风、思想作风和工作作风建设为主题的调查,开展"教书育人标兵"评选活动,大力促进学校的师德师风和工作作风建设。2002年上半年,校精神文明建设活动委员会根据师德师风的有关调查情况,修订和完善《教师道德行为准则》,并严格按照有关标准对教师进行考核,同时将师德师风纳入各种教师先进评比活动,如"我心目中的好老师""教书育人标兵",进一步促进师德师风建设。同年,学校文明办围绕贯彻《公民道德建设实施纲要》,组织全校师生参加由教育部、《光明日报》发起的《公民道德建设实施纲要》全国知识竞赛活动,并获得优秀组织奖。此后,学校积极落实《公民道德建设实施纲要》,在全校组织开展各种宣传活动,并着重以诚信教育为抓手,重点在大学生中推进诚信教育,从而提升全校师生的整体素质。2006年,学校制定《上海财经大学关于进一步加强师德建设的意见》,进一步推进学校的师风师德建设。

2007年5月23日召开的上海市科教系统精神文明建设表彰会上,学校荣获多项荣誉。学生就业指导中心荣获"2005—2006年度上海市级文明班组"称号;图书馆流通借还服务窗口荣获"2005—2006年度上海市科教系统文明组室"称号;"心系老区 无私奉献——财大成人教育学院对安徽省经济不发达地区进行知识援助"活动和"她像母亲一样温暖——财大纪委干部王霞莉常年资助贫困学生"事迹分别荣获2005和2006年度"上海市科教系统精神文明建设十佳好人好事"提名奖。2008年12月23日,上海财经大学获上海市文明委为迎世博600天而评选的"宣传教育贡献奖"。2011年,学校牵头召开上海高校宣传思想工作与新媒体管理调研会,承办上海高校文明办主任会议及高校文明创建工作研讨会。

2013年,学校志愿者连续16年参加"兴家"义务帮教助残活动项目获得"市教育系统十佳好人好事"称号;2014年,"科学·人文大讲堂"获得上海教育系统校园文化建设优秀项目;刘志远老师设立"刘立爱心教育基金"关爱学生事迹被评为"上海市教卫工作党委系统十佳好人好事",刘志远老师当选年度新闻人物;"海归教师国情教育:引培结合立师德,共筑精神新家园"获得上海教育系统师德建设优秀项目提名。2015年,"以千村调查为载体的制度化、常态化、科学化实践育人模式探索与实践"获得全国第八届高校校园文化建设优秀成果二等奖;"走千村,访万户,读中国——以千村调查为载体推动大学生服务'三农'"项目获得上海市文化科技卫生"三下乡"活动优秀项目;"法文化"法治教育特色活动获得上海市高校法治教育特色精品项目。2016年,"传播金融理财知识,助力农村创新创业——基于'千村调查'平台的服务'三农'系列下乡活动"被上海市教委批准立项;"服务+"创业实践项目入选上海高校实践育人创新创业基地;"爱在财大"捐资助学支教项目获得上海市文化科技卫生"三下乡"活动优秀项目。

## 二、精神文明评比活动

在精神文明建设活动中,学校坚持广泛参与、共建新风的原则,积极开展校内多种形式、多层次的评优创建活动。

### (一)校级文明单位评选

1996年,学校组织开展校级文明单位评比活动,评出会计学系、研究生部、法学系、基础部、学生工作处、党委办公室、成人教育学院、南德国际经济管理学院、党委组织部、工商管理学院、万泰国际投资学院、思想理论部、校工会、人事处、证券期货学院、保卫处、教务处、计算中心、图书馆19个校级文明单位。1997年,在19个申报单位的基础上投票选出了15个校级文明单位。

2006年7月,学校开展校级文明单位命名活动,会计学院、金融学院、财经研究所、信息管理与工程学院、体教部被命名为上海财经大学第一届(2005—2006年度)校级文明单位。

2007—2008年度,会计学院、国际工商管理学院、外语系、应用数学系、财经研究所等评为

2007—2008年度校级文明单位。2010年评选表彰校级文明单位6个。2012年6月,学校在全校院、系、所、部中开展了2011—2012年度校级"文明单位"的评选活动,最终评出7个单位为校级"文明单位"。学校于2014年6—7月开展了校级"文明单位"评选活动,党委发文《关于表彰上海财经大学2013—2014年度校级"文明单位"的决定》。

### (二)文明窗口及文明岗评选

为在全校进一步营造爱岗敬业、乐于奉献的良好育人氛围,牢固树立管理育人和服务育人的思想,1993年,学校组织开展文明窗口和文明岗评选,评出23个文明教研室、35个文明科室。1996年,评出财务金融学院保险教研室等9个文明教研室、财务金融学院学生工作办公室等14个文明科室。1997年,评出14个文明教研室、17个文明科室和29个文明班组。2004年,通过中期检查、师生座谈会、问卷调查和汇报交流等评比程序,在78个科室和班组申报文明窗口、68个岗位申报文明岗的基础上,共评选出25个文明窗口和23个文明岗。

2007—2008年度,全校共有69个科室、班组申报文明窗口,58个岗位申报文明岗,最后评选出25个文明窗口和23个文明岗。2010年,评选文明窗口29个,文明岗29个。学校开展2011—2012年度校级文明创建活动,共有59个科室、班组踊跃申报"文明窗口",57个岗位申报"文明岗",最终共评选出3个"文明示范窗口"、26个"文明窗口"和27个"文明岗"。学校开展2013—2014年度校级文明创建活动,最终评选出3个"文明示范窗口"、33个"文明窗口"和40个"文明岗"。学校开展2013—2014年度校级文明创建活动,最终评选出"文明示范单位"2家、"文明单位"12家、"文明示范窗口"3个、"文明窗口"54个和"文明岗"67个。

### (三)"教书育人标兵"评选

复校初期,学校就开展"教书育人青年积极分子"活动,调动广大教职工尤其是青年教师的工作积极性。1993年度,学校组织开展教书育人、管理育人、服务育人"三育人"先进评选活动,郭羽诞等8位教师和辅导员被评为"三育人"先进个人。为进一步提高教学质量,营造良好的教学氛围,2000年3月,学校制定《上海财经大学"教书育人标兵"评选奖励试行办法》及其《实施细则》,并自该年起开展"教书育人标兵"评选活动,每两年评选一次。王晖等7人被评为2000年第一届"教书育人标兵",乐艳芬等3人分别获得提名奖;孙建华等8人被评为2002年第二届"教书育人标兵",叶巍岭等2人分别获得提名奖;王人已等8人被评为2004年第三届"教书育人标兵",王彩萍等5人分别获得提名奖;马国贤等8人获得2006年第四届"教书育人标兵",王延明等5人获得提名奖。霍文文等10人获得2008年第五届"教书育人标兵",王延明等5人获得提名奖。刘浩等10人获得2010年第六届"教书育人标兵",卜祥志等3人获得提名奖。2012年评选出第七届"教书育人标兵"10名、"教书育人标兵提名奖"5名。2014年,10名教师荣获第八届"教书育人标兵"称号,5位教师获第八届"教书育人标兵提名奖"。

### (四)十佳精神文明好人好事评选

为了及时对学校不断涌现出来的好人好事进行总结表彰,为学校的精神文明营造良好的氛围,1992年,学校组织开展十佳精神文明好人好事评选。"捎上我们的一片情——财大学生献血记"等被评为1992—1993年度十佳精神文明好事。"保护环境、创建美好家园——上海财经大学牵手社志愿者活动"等被评为1998—1999年学校精神文明十佳好事,同时该精神文明好事也获得上海市教育系统 98 精神文明十佳好事,并作为"上海市教育系统 98 精神文明建设十八件好事"受到表彰。校团委组织的"APEC 志愿者服务活动"等被评为 2000—2001 年度学校精神文明十佳好事。同时,外语系教师张丽慧以笔为武器揭批"法轮功"获得上海市教育系统 2001 年精神文明十佳好事。"扶贫济困、关爱他人——职业技术学院师生捐助安徽金寨困难学生"等被评为 2002—2003 年度学校精神文明十佳好事。"让真情、爱心一路相伴——F1 中国大奖赛志愿者热心帮助外国车迷"等被评为2004—2005 年度学校精神文明十佳好事,"给秋天带来一抹绿——牵手社保护环境美化人生系列活动"等 4 项获得提名奖。"爱,在财大播撒——记公共经济与管理学院学生会组织学生献血挽救病危学生的事迹"等被评为 2006—2007 年度精神文明十佳好事,"节能减排,我们在行动——上海财经大学牵手社节能减排绿色环保系列活动"等 3 项获提名奖。

从 2008—2009 年度开始,"精神文明十佳好事"评选更名为"精神文明十佳好人好事"评选。2009 年,评选出"和谐会计义拍募资,倾情资助贫困学子——会计学院教师四载义拍募资帮助贫困学生回家过年"等 10 个集体和个人为精神文明十佳好人好事,3 个集体和个人为提名奖,并于 2010 年 10 月举行了表彰仪式。2012 年 4 月,评选出"马缨花开,用爱播撒希望——国际工商管理学院在贫苦山区开展爱心结对助学活动"等 10 个集体和个人为精神文明十佳好人好事,"同一片蓝天下的感动——法学院为农民工子女献上'心心相印·关爱成长'活动"等 3 个集体为精神文明十佳好人好事提名奖,并于 2012 年 9 月举行了表彰仪式。2014 年 4 月开展了 2012—2013 年度学校精神文明十佳好人好事评选活动。"播撒爱,延续爱,升华爱——百年校庆办刘志远老师设立刘立爱心教育基金关爱学生"等 10 个项目为精神文明十佳好人好事,3 个集体和个人为精神文明十佳好人好事提名奖。

(五)文明班级、文明宿舍评选

学校从 20 世纪 80 年代开始组织开展文明班级和文明宿舍评选活动。1983 年进行第一次文明宿舍、文明班级评选活动,共评出文明宿舍 52 个、文明班级 13 个。1990 年,评选出市级文明宿舍 6 个、校级文明宿舍 17 个。1993 年,评选出 12 个文明班级、61 个文明宿舍。1996 年,评选出文明班级 31 个、文明宿舍 91 个。1997 年,评选出 114 个文明宿舍。2011 年 1 月发布实施新的《上海财经大学学生寝室评比条例》。从 2011 年起,每年四五月由物业部门评选出"学生示范寝室",九、十月,经学生自行申报、物业部门初评、学生生活园区管理委员会组织现场评审等环节,最终评选出年度"学生示范寝室",并公示挂牌。这一活动受到同学们的热烈欢迎与广泛参与。2011 年评选出"学生示范寝室"150 间,2012 年获评 160 间,2013 年获评 182 间,2014 年获评 157 间,2015 年获评 138 间,2016 年获评 140 间,7 年间共计评选出"学生示范寝室"900 余间。

## 第三节　校庆活动和校史研究

### 一、校庆活动

学校校庆活动最早见于记载的是 1950 年 6 月举行的国立上海商学院 33 周年校庆纪念日活动。是年 8 月,学校更名为上海财政经济学院。1951 年 12 月 27 日,学校举办 34 周年校庆展览,主要内容为一年来学校教学和各项工作的改进,以及两年来祖国建设的伟大成就。1953 年全国高校院系调整完成后,学院将 11 月 1 日定为校庆日。该年校庆日,学院举行庆祝典礼、秋季运动大会和文娱晚会,举办中国革命史图片展览,学院还印行《1953年校庆特刊》,刊载院长姚耐《上海财经学院一年来工作基本总结》等纪念文章。1956年11月1日,学院举行庆祝建校39周年纪念大会,院长姚耐致开幕词,上海市高教局副局长李向群、上海市哲学社会科学委员会主任沈志远及东北财经学院、上海市第一轻工业局代表等致辞,交通大学校长彭康等兄弟院校、业务部门负责人及校友等到会祝贺。校庆活动连续举行3天,各系、教研室普遍举行教学座谈会和教学展览,全院举行科学讨论会,按政治经济学、财政信贷、贸易经济、统计学、会计学、工业经济等学科分组报告论文共35篇,此外还举行丰富的文娱晚会和球类比赛,整个校庆活动以教学科研为中心,气氛十分活跃。

20世纪60年代上海财经学院重建后,未见有校庆活动的记载。

1985年9月17日,财政部批复同意上海财经学院更名为上海财经大学。该年11月22日,隆重举行庆祝学校更名暨建校68周年大会,上海市委书记芮杏文、财政部副部长陈如龙等到会祝贺。学校将9月17日定为校庆日。

1987年9月25日,上海财经大学建校70周年庆祝大会暨1987年学术讨论会开幕式在中山北一路校区举行,主持工作的副校长叶孝理发表讲话,党委书记金炳华宣读教职工荣誉称号表彰名单,上海市政府教育卫生办公室主任王生洪、财政部教育司领导金之高、上海市副市长谢丽娟致辞祝贺,教职工、外籍专家、学生和校友代表先后发言。学术讨论会以"社会主义初级阶段的理论问题探讨"为主题,并邀请许涤新、陈秉权、金云辉等老校友作学术报告。王丙乾、芮杏文、江泽民、许涤新、夏征农、汪道涵、金云辉、陈秉权等领导和校友先后为校庆题词。校庆前夕,由副校长叶孝理主编的《上海财经大学校史(第一卷)》(1917—1949)由中国财政经济出版社出版,学校还编印了《上海财经大学画册》。

1992年12月1日,上海财经大学建校75周年庆典举行,党委副书记朱沪生主持,主持工作的副校长汤云为发表讲话,党委书记潘洪萱宣布组建校董事会等事宜,大会宣读费孝通、王丙乾、张劲夫等为校庆所写的题词及财政部贺电。学校各系、部、所同时举行1992年科学研讨会。

1997年9月20日,上海财经大学建校80周年庆祝大会举行,党委书记潘洪萱主持,校长汤云为发表讲话,副校长谈敏宣读党和国家领导人及上海市领导为校庆所写的题词与贺信,财政部部长助理刘长琨、上海市副市长龚学平以及兄弟院校和各地校友代表致贺词,原国立上海商学院院长朱国璋的夫人朱束冠男向母校捐赠教育基金。会后举行证券期货教研大楼奠基仪式和"面向21世纪中国高等财经教育"校长论坛。各院系广泛举行各种学术研讨、校友联谊、文艺联欢等活动。校庆前夕,中共中央总书记、国家主席江泽民为学校题词:"面向新世纪把上海财经大学建设成为具有一流水平的社会主义大学",李鹏、李岚清、陈至立、王丙乾、刘仲藜、徐匡迪、龚学平等领导也先后为校庆题词。此外,学校举办"曲折奋进八十载,踏实创新奔未来"上海财经大学80周年校庆展览,还印行校庆纪念画册、拍摄电视片。

2002年为建校85周年,9月,学校以"经世济国,追求卓越"为主题,邀请国内著名经济学家和上海市专家学者、政府领导为师生作报告。学校还举办学科建设和校史图片展览。

2007年是学校建校90周年。年初,学校就确定校庆工作的组织实施要紧紧围绕"学术为魂、校友为根、弘扬传统、开创未来"的宗旨展开,并开展大量的筹备组织工作。11月10日,上海财经大学90周年校庆庆典举行,党委书记马钦荣主持,校长谈敏作题为"厚德博学,经济匡时"的致辞,中共上海市委副书记、上海市市长韩正讲话,校友代表、师生代表、中外大学代表相继致辞,教育部副部长吴启迪发表讲话。出席庆典大会的领导和嘉宾还有:全国人大常委金炳华,上海市领导龚学平、蒋以任、殷一璀、杨定华,财政部副部长张少春,复旦大学校长王生洪,中国人民大学党委书记程天权,上海交通大学党委书记马德秀,武汉大学党委书记顾海良,原新疆维吾尔自治区常务副主席、新疆建设兵团司令员、校友金云辉等,以及国内外70多家单位、海内外校友和在校师生代表共1400多人。教育部、财政部等国内外40多家单位发来贺信贺电。校庆活动期间,学校先后举办"部长论坛""学术名家系列讲座""管理者论坛",邀请刘仲藜、项怀诚等部级领导、诺贝尔经济学奖获得者、英国剑桥大学教授詹姆士·莫里斯(James Mirrlees)、北京大学中国经济研究中心主任林毅夫等著名学者到校作高水平学术报告,各院系举办各类学术报告和学术研讨会总计300余场。学校正式设立校友会办公室,联络各地校友会和广大校友,做好校友服务工作,并召开第一次校友代表大会,庆典日当日到校校友近万人。学校通过校报、校园网等媒体,广泛进行学校历史、办学特色、校庆活动的宣传,并充分运用中央和上海市的电视台、报纸、电台、互联网等各种媒体展开宣传报道,各种主流报纸的相关报道达到100余篇,提升了学校的品牌和声誉。学校在原图书馆一楼新建展出面积达1300平方米的校史馆,编纂出版《上海财经大学90年》《上海财经大学志稿》《振兴路、奉献歌——上海财经大学老同志回忆录》《上海财经大学90年纪念画册》等图书,大力弘扬学校的悠久历史和优良传统。学校新图书馆、学术交流中心、经济学院办公楼等一批标志性建筑先后竣工,孙冶方塑像、马寅初塑像等标志性景观落成,校园建设取得新的进展。

2012年是学校建校95周年。学校开设校庆95周年专题网站,开展"95年历史回眸"校史图片征集活动,从收集的242幅历史图片中选择了134幅图片在校庆专题网"校史长廊"栏目中的"历史图片"板块集中展出。

2017年是学校百年华诞。为庆祝建校100周年,学校于2013年3月4日发文成立百年校庆筹备工作领导小组,组长为校党委书记丛树海、校长樊丽明,副组长为校党委副书记刘永章、副校长方华,其他校党政领导为成员。领导小组下设百年校庆筹备工作办公室(以下简称"百年校庆办"),设专职办公室主任、副主任各1人。学校百年校庆围绕"承上财厚德博学之志,传百年经济匡时之魂"的校庆主题,坚持"学术为魂、校友为根、师生为本、发展为要"的校庆宗旨,遵循"隆重、热烈、务实、俭朴"的工作原则,凸显"学术校庆、人文校庆、公益校庆"的活动特色,以回顾学校历史、总结办学经验、传承学校文脉、丰富大学文化、增进校友感情、凝聚师生力量、推进事业发展、扩大社会影响、努力建设国际知名具有鲜明财经特色的高水平研究型大学。2014年1月起,学校有关职能部门和学院以百年校庆为契机,把百年校庆的筹备工作与学校的事业发展和文化建设结合起来,分阶段实施修史建馆、新闻宣传、联络筹资、学术活动、校园文化、建设保障、庆典专项、校庆公益八大建设工程。2014—2016年期间,在学校党政领导的精心指导和大力支持下,在百年校庆办的积极组织和统筹协调下,在相关部门和学院的密切配合和热心参与下,经过共同努力,已完成了编撰《上财赋》《办学铭》《"上财精神"凝练》《校训释义》和树立郭秉文雕像、建图书馆一楼大厅百年校史浮雕墙、树立姚耐院长题字石、树立马寅初塑像及题字石、复建老校门、征集百年校庆标识、主题、吉祥物等21个项目。目前,有关部门正在抓紧编撰出版《上海财经大学志》《上海财经大学百年图说史》《上财文萃——上海财经大学获奖成果简介》《百名校友访谈录》,做好博物馆、校史馆布展大纲的定稿工作,深化博物馆、校史馆效果图和相应的施工图设计,修改、完善校歌,筹备百部学术著作、百篇优秀论文展示,策划、制作百年校庆宣传片、宣传册,筹划、举办面向学校、企事业单位、社区的百场公益讲座,谋划、开展"千村调查"十周年系列活动,等等。学校将于2017年9月17日(校庆日)举行百年校史研究成果发布暨百年上财鼎揭幕仪式,商学博物馆、校史馆开馆仪式暨财经类博物馆馆长论坛,百年校庆邮资明信片首发式、校友论坛、原创校史剧《匡时魂》演出等活动,并将于2017年11月18日(庆典日)前后举行上海财经大学建校100周年纪念大会、招待会、文艺晚会以及大学校长论坛、第二届校董会第三次会议、第十一次校友代表年会暨校友会一届三次理事会等各类庆典活动。

## 二、校史研究和展示

### (一) 校史研究渊源

学校早期的校史研究,主要记录在各时期编纂的学校概况、学校一览、毕业纪念刊等出版物中。民国十三年(1924年)编纂出版的《国立东南大学分设上海商科大学一览》,在"缘起"篇中明确将"国立南京高等师范学校于民国六年(1917年)秋设立商业专修科"作为校史的源头,并概述了从民国六年至民国十三年(1917—1924年)学校的发展情况。民国十七年(1928年)11月编纂出版的《国立中央大学商学院一览》和民国十九年(1930年)6月编纂出版的《国立中央大学一览》第八种《商学院概况》,分别设有"院史"和"沿革"篇,概述学校自民国六年(1917年)至编纂时的沿革情况。民国二十一年(1932年)10月,独立设置不久的国立上海商学院恢复《国立上海商学院院刊》的出版,第89期上刊有《本院之光荣小史》一文,1 000余字,概述了学校的历史,并将学校"固有之精神"概括为"教授著作之精神""同学研究之心切""师生共同之合作"3项。民国二十三年(1934年)编纂出版的《国立上海商学院第三届毕业纪念刊》刊有张珩所撰《校史》一文,概述校史,并称学校"综计先后变更名称六次,而性质则始终如一也"。民国二十五年(1936年)编纂出版的《国立上海商学院一览》,设"院史"篇,1 500余字,叙述学院沿革尤其是独立发展以来的情况。民国三十七年(1948年)刊印的《国立上海商学院民三六级毕业纪念刊》刊载石抗鼎所撰《谈母院之立校精神》一文,将学校的"立校精神"概括为"刻苦""进取"和"合作"3项。

上海财政经济学院时期,由于华东地区20所高校财经系科的并入,学院曾编过一些概况资料,但未正式印行。1956年11月的庆祝建校39周年纪念大会上,院长姚耐在开幕词中简要回顾学院沿革情况。1960年上海财经学院重建后,未见正式整理过校史。

### (二) 校史编研

上海财经学院复校后,1984年8月,教育部办公厅下发《关于编写校史的通知》,要求"所有文化大革命前建立的高等学校,立即着手组织力量,编写校史"。9月24日,学校函告上海市高教局:"经我院书记、院长会议通过,由副院长叶孝理同志担任校史主编,并建立3人编写小组,由张次博同志负责。"1985年4月底,校史编写组设立,先后参加校史编写工作的有:甘德君、许岩、金福林、刘罗云、王家泉、王仲炎等。编写组在校内查阅收集校史资料,赴各地档案馆、图书馆查阅档案资料和报刊,采访老校友;从1985年10月至1986年12月,先后编印《上海财经大学校史资料选辑》5辑,校内发行。1987年8月,《上海财经大学校史(第一卷)》(1917—1949)由中国财政经济出版社出版,向校庆70周年献礼。该书由王家泉执笔,李良品统稿,叶孝理定稿,老校长姚耐作序。全书13万字,分为"上海财经大学之渊源""中国历史上的第一所商科大学""北伐后隶属嬗递的商学院""国内唯一之专门培育商学人才的最高学府""'孤岛'时期的上海商学院""抗战胜利后上海商学院的复校和发展""迎接解放"共7章,全面记述学校32年间的发展历程,成为学校历史上第一部正式出版的校史。

2003年4月,新成立的学校档案馆根据学校要求,在筹建校史陈列室的同时,开展校史资料整理和研究。档案馆首次调查现存校史档案的分布情况,赴上海市档案馆了解国立上海商学院档案全宗的内容和数量,并抄录全部目录。同时,将已经少见流传的《上海财经大学校史资料选辑》5辑合并整理,重新编次,编印成《上海财经大学校史档案资料选辑》(1914—1950)一书,共30万字,校内发行。同年11月,学校研究室从事学校办学理念课题研究人员赴南京收集相关资料,随后在刊物《财经高教研究》上陆续发表《我校历史凝练的办学理念和校训探析》(张次博)、《我校办学理念与办学类型发展的综述》(应望江)等论文。

为迎接90周年校庆,2006年初,学校决定由档案馆牵头,开展《上海财经大学志》的编纂工作。至2007年11月,形成两项成果:《上海财经大学90年(1917—2007)》由上海财经大学出版社出版,《上海财经大学志稿(1978—2006)》在校内印行。此外,同年10月,《振兴路、奉献歌——上海财经大学老同志回忆录》由上海财经大学出版社出版。

2008年3月,学校成立校史研究室,挂靠档案馆,继续开展校史编研工作。至2017年初,先后出版《姚耐院长纪念集》(2008年11月)、《郭秉文与上海商科大学》(2010年5月)、《国立上海商学院史料选辑》(2012年4月)、《上海财经大学毕业生名录》(2012)、《上财记忆》期刊(4期)(至2017年3月)等。

### (三)史料收集

2004年,档案馆集中从校外机构复制一批早期校史档案资料:(1)从上海市档案馆扫描复制国立上海商学院档案全宗(共440卷)中的200卷,共12 000余页;(2)从南京中国第二历史档案馆扫描复制国立中央大学档案全宗中的20卷,共1 400余页;(3)从东南大学档案馆扫描复制南高师、中大商学院时期档案(复制件)21卷,共500余页。三处共复制档案240余卷,约14 000页,并编制《上海财经大学历史档案分类目录》。

从2013年起,启动开展百年校史资料征集工作。至2016年底,征集到各类校史实物资料、图片等700多件,电子照片500多张。同年,开展"百年校史人物寻访"专项工作,至2016年底,共计寻访53人,其中教师家属8人、教师12人、校友30人、校友后人3位。2014—2016年,连续三年协同校庆办举办博物馆、校史馆藏品捐赠证书授予仪式。

### (四)校史展示与宣传

学校的悠久历史和传统,长久以来没有固定的展示场所。2003年9月,上海财经大学校史陈列室落成揭幕,成为学校历史上第一个长期固定展出的校史陈列,校长谈敏剪彩。校史陈列室坐落于国定路校区档案楼二楼,展出面积400平方米。至2007年8月,校史陈列室共接待校内外参观者约10 000人次。2007年11月校庆90周年前夕,学校在国定路校区原图书馆底层新建的校史馆落成揭幕。校史馆在校史陈列室的基础上扩充而成,展出面积1 300平方米,系统展示学校90年的发展历程。至2016年底校史馆共接待校内外参观者约29 000人次,校史馆已成为学校师生和社会各界了解学校历史,宣传、宏扬上财文化的重要基地。为迎接百年校庆,学校对原校史馆进行改扩建,建设全新的百年校史馆,并定于2017年9月17日正式开馆。

举办各类展览,如"记忆与见证——上海财经大学复校30周年学校建筑物的变化与发展图片展"(2008年)、"忆校址变迁 看百年上财"(2014年)、"为中国寻找现代之路——郭秉文校长纪念展"(2014年)、"风雨愚园路 不绝上财人——纪念中国人民抗日战争胜利暨世界人民反法西斯战争胜利70周年"(2015年)、马寅初纪念展(2016年)等。

2014年10月起,开通"上财校史"官方微信,不定期发布学校校史上值得纪念的人或事。自2015年起,出版《上财记忆》杂志,立足于上财百年历史,涵盖学校不同发展阶段的方方面面,讲述上财人的故事,图文并茂、内容丰富。

2014年3月,设立上海财经大学"鸿声校史协会",招收学生会员,共同研究校史、宣传校史。

## 第四节 学生社团活动

学生社团活动是大学校园文化的重要组成部分。从上海商科大学开始,学校的各类学生社团相继成立,开展丰富多彩的活动,形成优良的传统,并且代代传承。体育运动队的活动参见本篇第二章第二节,本节不再赘述。

民国十四年(1925年)3月4日,国立东南大学上海商科会计学会在尚贤堂校舍第二教室举行成立大会,通过学会章程,选举第一届委员共5人。至民国十五年(1926年)3月,学会名誉会员有沈籁清、李道南、徐广德、周增奎、莫迪(美籍)和潘序伦等教授,普通会员共30人。同月,由会计学会主办的刊物《会计学杂志》出版创刊号,潘序伦撰写发刊词。这是学校历史上见诸记载的第一个学术类学生社团。

国立中央大学商学院时期,学生社团先后成立的有会计学会、银行学会、广告研究会、边务(边疆事务)研究会、读书会、演说研究会、党义研究会、摄影学会、音乐会、唱歌团、新剧团等。民国十九年(1930年)6月学院制定的《学生通则》规定:"学生得发起及组织学术及娱乐会社,惟其章程须经院长审查核准,始得成立。"

国立上海商学院时期,学院不仅重视"提高学生之商业智识与技术",同时也注重对青年"信心之培养、意志之锻炼、感情之陶冶、善良生活习惯之训练,与正确人生观之指导"(裴复恒《四年来之国立上海商学院》),学生社团的活动得到学院的大力支持,先后成立各类学生社团近30个(1946年复员后名称改动、宗旨略同之社团不重复计入)。学术研究方面,有会计学会、银行学会、经济学会、国际贸易学会、工商管理学会、统计学会、合作学会、保险学会等,这些学会都订有章程,定期开展活动,并发行相应丛刊与专号,提高学生的学术研究热情,促进他们在学术研究上向纵深发展。除此之外,还有日文学会、英文学会、军事学会等,以满足学生在不同领域的钻研兴趣,拓宽知识领域。文艺类社团有剧社、摄影学会、平剧社、口琴学会、歌咏团等,剧社还组织过多次公演。实践类社团有民国二十三年(1934年)二三级级会创办的实习商社、民国三十六年(1947年)成立的上商互助组等,它们既为师生提供价格实惠的生活必需品,也锻炼学生商业经营管理的能力;其他还有女生烹饪学会、学生膳食委员会等。联谊类社团有在校生同学会,如女同学会;在校生与毕业生联合同学会,如平社;校际联谊会,如上海大学生联谊会商学院分会等。民国二十二年(1933年)12月成立的毕业同学会,本着互助精神,积极谋求母校及毕业同学的发展,该会设有执委会,办有专门会刊,还曾以该会名义主办一所商业学校——上海高级商业学校,对母校的发展起到推动作用。

1978年上海财经学院复校后,学生的社团活动逐步恢复起来,并与"第二课堂"的教学相结合,至1984年,学院的学生社团(小组)总数达60个,参加人数占全校学生总数的一半。

1992年4月,学校颁布《上海财经大学学生社团管理条例(试行)》。1995年设立学生会社团部,进行全校学生社团的重新登记工作,建立校级学生自理管理委员会。1997年,学校成立社团联合会统一管理社团;1999年开始举办社团文化节进行集中展示;学校艺术团不断为学校争得荣誉,学生社团活动丰富多彩、生动活泼、不断有所创新。截至2017年3月,学校注册在籍的学生社团共有75个,下分学术、公益、文艺、体育、实践五个类别。

## 一、社团联合会

1997年,学校团委成立学生社团联合会专门管理各类社团,由一名专职团干部任秘书长,负责日常工作。截至当年12月,全校共有各类学生社团33个,会员3 000多人,涉及专业、艺术、文体和社会公益、环保等多个方面。1998年团委制定了《上海财经大学大学生社团管理规章》。据2001年统计,学校有各类学生社团41个,参与人数超过4 000人。至2006年12月,学校有各类学生社团58个,参与人数超过5 000人。到2017年初,学校有各类社团75个,参与人数超过1万人,这些社团分为学术、文艺、实践、体育、公益五大类。学术类有法学会、金融科学学会、工商管理学会、统计研究学会、公共经济学会、会计学会、人文社科学会等;文艺类有音乐联盟、风云动漫、舞蹈协会、电影协会、海光摄影协会、霖泉书画社、吉他社等;实践类有投资理财协会、英语沙龙(E.S)、秉文思辨社、英语交流协会(ECC)、心理协会、计算机协会、创业中心、股票研习社等;体育类社团有游泳协会、丹宝乐时尚运动坊、头脑竞技俱乐部、稻草人、户外运动协会、羽毛球协会、乒乓球协会、武术协会、棒垒球协会、跆拳道协会、空手道协会、网球协会、桌球协会、顾姿舞蹈教室、自行车协会等;公益类有牵手社、阳光之旅和i手语社。

1997—2014年,社团的管理和服务工作由社团联负责。社团联合会由人事部、档案部、秘书处、财务部、宣传部、外联部、网络部、监察部、编辑部组成。每年举办社团负责人培训班,主要对象是社团联各部主要负责人和各类社团主要负责人,培训学生干部应具备的素质,实施政策教育、上岗培训和管理学实用知识学习等。

2015年,校级学生组织架构调整,校学生会与社团联合会合并为上海财经大学学生联合会,下设社团总会,社团总会包括财务部、传媒部、办公室、发展部四个部门,分别完成社团财务报销、社团宣传、社团考评以及社团培训职能。

## 二、社团文化节

1999年11—12月,学校举办首届社团文化节,展示社团风采,评比优秀社团和社团干部,并开始参加上海市大学生社团文化的评比活动。当年由牵手社设立废旧电池回收箱,对居民进行环保知识宣传;法学会举办模拟法庭和法律咨询活动走入社区;参加五角场街道办"校园文化进社区"活动。同年,牵手社的"保护环境,创建美好家园——上海财经大学牵手社志愿团活动"获评上海市教育系统1998年精神文明建设十八件好事。

2000年在团市委"明星社团"的评选中,学校有2个社团被评为上海市"明星社团",1个社团被评为上海市"创明星社团"。

2001年社团联编辑出版《社团采风》,反映丰富多彩的社团活动。

2002年上海市大学生社团文化节上,工商管理学会蝉联"明星社团"称号,金融科学学会获得"优秀社团"称号。

2002年5月9日—6月11日,校团委、社团联合会举办主题为"真我风采——做自己的社团"的社团节活动。社团节期间进行了甲级社团和"优秀社团干部"的评比,评比学术、实践、文体三大类共12个甲级社团,优秀社团干部21名,社团节期间举办优秀社团活动项目3项。

2004年4—5月,学校举办第四届社团文化节,集中展示社团成果,评比表彰一批优秀社团和社团活动先进个人;举办培训班,对社团骨干进行系统培训;对社团活动经费进行规范管理,实施社团专项活动申请制度,重点扶植优秀社团的成长和发展;基本实现社团管理网络化,提高社团管理的效率。在当年上海市大学生社团文化节上,工商管理学会第三次获得上海市"明星社团"称号,金融科学学会获得上海市"优秀社团"称号。从第四届开始,社团文化节每年举办1次,成为学校的一项常规性校园文化活动。

2007年4月,第七届社团节以"似水年华,携手59种精彩;扬帆远航,承载光荣与梦想"为主题,首次以游园会为主要活动形式,展示社团风采,增进同学们对社团的了解,丰富同学们的第二课堂生活。此后的每年4月至5月,校社团联合会牵头,全校社团共同参与举办上海财经大学社团文化节。其中,2011—2014年的社团文化节分别以"九十载岁月变迁,十二年社团沉淀""畅想社团梦,传递正能量""社想随心,梦想随行""社有引力,团创新意"为主题,分别开展学术、文体、实践等类型60多个专项活动展现社团成果,并借此对社团工作进行年度总结,评比出五星级、四星级社团和社团先进个人。这也是社团展示自身风采、推进社团文化交流与传播的良好平台。

2013年10—12月,依托上海市社团文化节,校团委积极组织校内社团参赛展示,在理财规划大赛、社团logo评比、双语演讲比赛、明星社团评选等多个板块中获得奖项。其中,会计学会、创业中心经过层层筛选、现场答辩等环节荣获2012—2013学年度上海市"明星社团",本科生羽毛球协会、海光摄影协会荣获2012—2013学年度上海市"优秀社团",秦文佳、沈亦骏老师分别获得"优秀指导老师"奖项,校团委也荣获年度上海高校"学生社团工作先进单位"。

2015年,学校工商管理学会获评"2014—2015年度上海高校明星社团"荣誉称号。

### 三、校艺术团

学校下属的艺术团由民乐团、合唱团、话剧团、舞蹈队组成,经常参加各类比赛,并为学校争得荣誉。

学校民乐团筹建于1999年6月,自成立以来,每星期坚持常规排练,并积极参加校内外的各项演出活动。学校每年寒假期间举行"冬令营"活动,从应届中学毕业生中物色民乐人才。

2001年12月,上海市艺术教育委员会正式同意学校成立上海市大学生艺术团财经大学民乐团,这是上海高校中首家成立的大学生民乐团。2004年5月,校民乐团和合唱团在上海大剧院成功举办专场音乐会,前期制作艺术团宣传画册、灌制民乐团CD专辑。此次音乐会受到市教委、艺教委和团市委领导的高度评价。10月,民乐团参加上海市教委和中国国际乐器展览会主办的"蒂伊杯"上海市大学生乐队组合比赛,获三等奖。2005年3月,学校民乐团一行45名师生赴台湾开展主题为"两岸声韵"的艺术交流活动,被台湾《联合报》、上海教育电视台、《文汇报》、《青年报》等媒体报道。5月,在第四届上海市学生艺术节上,民乐团获合奏一等奖、古筝独奏一等奖。同月,学校被上海市教委授予"上海市大学生民乐艺术实践基地"称号。2006年12月,民乐团举办"中华古韵"上海市大学生民乐艺术实践基地巡演杨浦专场演出。2007年,举办"华音传韵"专场音乐会。作为上海市大学生民乐艺术实践基地,乐团每年举办专场音乐会,为学习民乐与热爱民族音乐的同学提供了一个良好的平台,培养了大批民乐人才。2014年11月,为庆祝97周年校庆,上海财经大学民乐团与上海飞云民族乐团合作举办了"民族韵·上财情"的专场演出。2016年11月,乐团举办了"承丝竹古韵,传匡时华章——古乐·新韵"上海财经大学99周年校庆学生民乐团专场音乐会。

学校合唱团成立于1998年6月。1999年4月,合唱团参加市教委组织的"爱国荣校——上海千校校歌革命歌曲大汇唱",获"最佳演出奖";参加1999年全国大学生艺术节,获上海赛区一等奖、全国三等奖。2005年5月,在第四届上海市学生艺术节上,合唱团获合唱一等奖,独唱二等奖。同年7月,在全国第一届大学生艺术展演上,合唱团获合唱一等奖,并获"优秀组织奖"称号,并灌制首张CD唱片。2006年12月,合唱团在上海音乐学院贺绿汀音乐厅,举办名为"旋律中的青春——合唱经典作品音乐会"。2008年11月23日,举办了"成长的足印——纪念上海财经大学复校三十周年暨校学生合唱团建团十周年专场音乐会"。2012年6月14日,举办"感恩与赞美"专场音乐会。9月23日,合唱团举办首场"艺声有你"艺术沙龙。2015年11月14日,举办"莘莘不息"校庆专场音乐会。

学校话剧团成立于2003年(前身为1997年12月成立的牵手社话剧团)。2009年6月,毕业团员在大礼堂成功演绎舞台版热播剧《奋斗》作为毕业献礼。2010年,《天堂隔壁是疯人院》走出校园,在多地进行演出,获得热烈反响。2013年6月,演出《匡时魂节选》。2016年,2012级毕业生排演赖声川经典话剧《遥远的星球一粒沙》;8月演出《一个青年人的死亡》;9月演出《未完待续(赵氏孤儿)》。

学校舞蹈团成立于2000年。舞蹈团承担了校内各大文艺活动的舞蹈演出工作,并在世博志愿者交接仪式、离园仪式等市内重大活动中承担舞蹈表演工作。2010年4月,舞蹈团举办"舞之渊,世之博"暨舞蹈团成立八周年专场演出。2012年10月11日,舞蹈团举办"拾梦"——学生舞蹈团建团十周年专场演出。2012年11月14日,舞蹈团在95周年校庆晚会"典藏记忆"上表演舞蹈《军旅莘莘》和《从头超越》。2012年11月,舞蹈团在校园十大歌手决赛表演舞蹈 *New Life*。2014年11月20日,舞蹈团举办"纪序"——十二周年专场演出。

# 第八篇
## 学科建设

# 概　　述

学科建设是大学整体建设的重要组成部分,是学校的龙头工作,高水平的一流大学必须拥有一批高水平的前沿学科。上海财经大学始终坚持"以学科建设为主线"的事业发展思路,把学科建设作为提高办学水平、创建一流大学的龙头和关键。

在上海财经大学百年的发展历程中,虽几经变迁,但始终未改变或偏离以财经学科为主体的特色,在办学理念中关于学科发展定位的提法也始终不渝地秉承了坚持财经学科的特色和优势。自民国六年(1917年)南京高等师范学校增设商业专修科至1978年复校时,学校的学科门类始终是非常单一的经济管理类。1985年9月,学校正式更名为上海财经大学,学科建设在学校发展中的重要地位日益凸显,到了"八五"末期,学校的学科布局已发展为以经济、管理学科为主,兼有法学和人文学科,其中部分学科已处于国内领先地位,从而为学校能够跻身"211工程"建设的行列奠定了坚实的基础。"九五"期间,学校抓住"211工程"建设的大好机遇,着力加强学科建设,推动学校学科建设的整体水平取得快速发展。在"十五"期间,学校提出了"以理论经济学科为基础,应用经济学科和管理学科为重点,'经、管、法、文、理'多学科协同发展"的学科建设思路,并且首次明确提出了学科群的建设思路。2003年,学校开创性地提出了"造峰填谷"的学科高原发展战略。"十一五"期间,学校按照内涵发展、科学发展和提升核心竞争力的要求,提出要以"顶天立地"的战略视野,凝练学科方向,组织学科建设。"十二五"期间,学校继续推进"造峰填谷"的学科发展战略。2014年学校提出了"高峰高原"学科战略,全面推进"学科竞争力提升计划"。2016年面对"双一流"国家战略,学校提出以创建世界一流学科为引领,重点建设、整体提升的学科建设思路。

为完善学科治理体系,改进学科管理方式,有效服务学科建设,2014年10月第一届上海财经大学学科建设委员会成立,作为第六届校学术委员会设置的专门委员会,对学校的学科建设事项进行审议、评定和咨询。学科建设委员会主任委员为蒋传海,副主任委员为应望江、郑少华,秘书处设在学科建设办公室。截至2017年3月,学科建设委员会在完善《上海财经大学学科发展规划(2014—2020年)》《上海财经大学学科竞争力提升计划》《上海高校高峰高原学科建设学校实施方案申报书》、新发展学科建设规划等方面发挥了积极的作用,提出了诸多建设性的意见和建议。

# 第一章　学科结构的调整和发展

民国六年(1917年)7月南京高等师范学校增设商业专修科,至民国九年(1920年),商业专修科共开办了3年,这是学校历史的源头。民国十年(1921年)上海商科大学创立之初,开设了普通商业、会计和银行理财3个系,后又增开了工商管理系和国际贸易系。民国十七年(1928年)后,上海商科大学改组为商学院,先后隶属于国立第四中山大学、江苏大学、国立中央大学,改系为科,开设了银行科、会计科、工商管理科和国际贸易科4个科。民国二十一年(1932年)8月商学院独立,民国二十二年(1933年)11月后,国立上海商学院改科为系,分别为银行系、会计系、国际贸易系和工商管理系4个系。民国三十五年(1946年),学校在学科建设方面有了新的发展,获教育部令准增设统计、保险和合作3个系,加上已有的4个系,学院共设7个系。

1950年8月,国立上海商学院更名为上海财政经济学院。上海法学院财经系科并入后,学院增设了经济系,并对3个系的名称做了更改。1951年,交通大学财务管理系并入,学院又增设财务管理系。1952年9月,学院在学系下面开始设置专业。根据1953年颁布的高等教育专业目录,学院设置的专业均归属为财经科一类。

1985年5月31日,学院在首届教代会上的工作报告提出:"争取在五年内把我们的学校办成一所以培养高级经济管理人才为主的、高层次、多学科、文理渗透的财经大学。"1987年开始,学校设置了法学类本科专业。此后,国家将财经类改称为经济、管理学类,学校按照1987年颁布的《普通高等学校社会科学本科专业目录》、1990年颁布的《授予博士硕士学位和培养研究生的学科专业目录》和1993年颁布的《普通高等学校本科专业目录》,增设和调整经济、管理学类本科、研究生学科专业。1995年底,学校"八五"计划纲要提出的"以经济、管理学类为主,经(济)、管(理)、理(工)、法(政)结合"的学科结构基本形成。

"九五"时期(1996—2000年),学校提出"以理论经济学科为基础、应用经济学科为重点,经、管、法、文相结合"的学科结构新要求。1996年,学校开始设置文学类本科专业。1997年和1998年,国家先后颁布新修订的《授予博士硕士学位和培养研究生的学科专业目录》《普通高等学校本科专业目录》,均将管理学列为独立的学科门类,学校据此调整研究生学科专业结构和本科专业结构,并于1998年获得应用经济学一级学科的博士、硕士学位授予权,同时开始设置哲学类、法学类研究生专业。2000年,学校获得理论经济学、工商管理2个一级学科的博士、硕士学位授予权,并开始设置理学类数学方面的本科专业和研究生学科专业,以及管理学类公共管理方面的本科专业。至"九五"末期,学校基本形成了以经济学、管理学为主,兼有法学、文学、哲学、理学的学科结构。

"十五"时期(2001—2005年),学校将学科建设重点由"应用经济学科"调整为"应用经济学科和管理学科",学科结构由"经、管、法、文"调整为"经、管、法、文、理"。2002年开始,学校重又设置工科本科专业。2003年,开始设置文学类以及管理学类公共管理、农业经济管理方面的研究生学科专业。

"十一五"时期(2006—2010年),学校对学科建设提出的总体目标是:进一步奠定以经、管学科为重点,经、管、法、文、理多学科协调发展的学科平台;做强经济学、工商管理优势学科,做全管理学科,做精法、文、理中与经、管形成紧密联系的新兴特色学科,做实法、文、理基础支撑学科;在夯实学科基础和筑高学科平台的同时,进一步凸显财经学科的特色和优势。2006年,学校获得了管理科学与工程一级学科的博士、硕士学位授予权,并开始设置史学类研究生学科专业。至此,学校的学科结构中又增加了工科、史学两类学科。2010年9月,国务院学位委员会公布2010年新批准的硕士专业学位授权点,学校新增金融硕士、保险硕士、税务硕士、资产评估硕士、国际商务硕士、应用统计硕士6个硕士专业学位点。至"十一五"期末,学校拥有一级学科博士点4个(理论经济学、应用经济学、管理科学与工程、工商管理),二级学科博士点38个,一级学科硕士点6个,二级学科硕士点76个(含专业硕士学位点)。

"十二五"时期(2011—2015年),学校对学科建设提出的总体目标是:学校将继续推进"造峰填谷"的学科发展战略,进一步健全以经济、管理学科为重点,经、管、法、文、理诸学科协调发展的学科体系,着力创新学科建设体制机制,进一步打造优势学科创新平台,促进学科交叉融合发展,构筑有生命力的学科生态,打造凸显核心竞争力的高水平学科。2011年8月5日,根据国务院学位委员会《关于下达按〈学位授予和人才培养学科目录〉进行学位授权点对应调整结果的通知》,学校新增统计学博士一级学科点和硕士一级学科点。2011年9月22日,根据国务院学位委员会《关于下达2010年审核增列的部分马克思主义理论博士和硕士学位授权一级学科名单的通知》,学校新增马克思主义理论博士一级学科点和硕士一级学科点。2012年教育部学位与研究生教育发展中心开展第三轮学科评估,根据评估结果,学校共4个学科进入全国前十(统计学学科排名第4、应用经济学排名第6、工商管理排名第8、理论经济学排名第10),也是国内唯一一所所有主干学科排名进入前十的财经类高校。2014年5月29日,新增汉语国际教育和工程管理2个硕士专业学位授权点。2016年9月23日,根据国务院学位委员会《关于下达2016年动态调整撤销和增列的学位授权点名单的通知》,增列法学一级学科博士点。

截至2017年3月,学校有一级学科16个,涉及哲学、经济学、法学、文学、历史学、理学、管理学7个学科门类,有理论经济学、应用经济学、法学、马克思主义理论、统计学、管理科学与工程和工商管理7个一级学科博士学位授权点,49个二级学科博士学位授权点,12个一级学科硕士学位授权点,12个专业硕士学位授权点,7个博士后流动站。

# 第二章 重点学科

## 第一节 国家重点学科

### 一、1988年：会计学

1987年2月4日,国家教育委员会发出《关于在试点学科中进行评选高等学校重点学科申报工作的通知》,明确经济学等四个学科为试点学科,并在附件《关于评选高等学校重点学科的暂行规定(试行草案)》中规定:"重点学科点应从符合条件的博士点中选定。"学校接到《通知》后,申报了会计学、经济学说史、财政学3个博士点学科。经过专家评议和国家教委审核批准,1988年6月10日,国家教委在《关于下达高等学校文、理、工科重点学科点名单的通知》中明确,上海财经大学的会计学科为全国高等学校重点学科。

### 二、2002年：经济思想史、财政学、会计学

2001年3月6日,国家教育部下发《关于开展高等学校重点学科评选工作的通知》。该《通知》指出:"为体现公平竞争和不搞终身制的原则,原国家教育委员会20世纪80年代末批准的高等学校重点学科重新参加此次高等学校重点学科的评选工作,其原高等学校重点学科名称自动取消。"还明确:"重点学科的评选以二级学科为依据划分";"申请学科须具有博士学位授予权且至少已正式招收一届博士生,并具备以下条件之一:(1)申请学科应属'九五'期间教育部批复预审的原101所'211工程'学校中的重点学科建设项目的组成部分;(2)申请学科在'九五'期间曾获得省部级二等奖(含二等奖)以上教学、科研奖励;(3)申请学科为国家或省部级重点实验室、社科研究基地、工程中心等的重要组成部分"。学校收到《通知》后,根据上述条件,组织申报了会计学、财政学、经济思想史、产业经济学和金融学5个学科。2002年1月18日,教育部在《关于公布高等学校重点学科点名单的通知》中称:"在学校申请、部门推荐和专家评议的基础上,经审核,批准你校有关学科点为高等学校重点学科(名单见附件)。"

**附件：高等学校重点学科点名单(分学校)**

单位代码：10272　　　　　　　　单位名称：上海财经大学
二级学科代码　　　　　　　　　二级学科名称
020102　　　　　　　　　　　　经济思想史

020203　　　　　　　　　　　　财政学
120201　　　　　　　　　　　　会计学
共 3 个学科点。

### 三、2007 年：经济思想史、财政学、会计学、金融学（培育）

2006 年 12 月 4 日，教育部下发《关于做好国家重点学科考核评估工作的通知》。通知指出："对考评成绩排名靠前的国家重点学科将保留其国家重点学科资格"；"对考评成绩排名靠后的国家重点学科则须进入第二阶段——国家重点学科增补与淘汰工作"。学校根据《通知》的要求，组织对经济思想史、财政学、会计学 3 个学科的建设情况逐一进行自我考评，并在此基础上报送了总结报告及汇总情况表等材料。教育部学位管理与研究生教育司委托有关单位，组织同行专家对上海财经大学 3 个国家重点学科进行了考核评估。2007 年 5 月 22 日，该司在下发的《关于公布国家重点学科考核评估结果的通知》中称，上海财经大学无国家重点学科"须进入国家重点学科建设工作第二阶段"。此后，该司又下发《关于开展国家重点学科增补工作的通知》。学校接此通知后，组织申报了金融学、统计学、政治经济学、西方经济学、产业经济学、企业管理 6 个学科。8 月 20 日，教育部下达《关于公布国家重点学科名单的通知》，称："通过考核评估、增补和一级学科认定三个阶段，在同行专家评议和我部确定的一级学科认定条件的基础上，审核批准了国家重点学科名单。"在国家重点学科名单上，上海财经大学二级学科国家重点学科为经济思想史、财政学、会计学。

2007 年 11 月 19 日，教育部下发《关于公布国家重点（培育）学科名单的通知》。该通知称："为进一步促进和带动高等学校的学科建设，完善学科结构和布局……我部决定在国家重点学科评选的基础上，从申报学科中再择优确定一批水平较高的学科，作为国家重点学科的培育对象，予以重点扶持。"在教育部审核批准的国家重点（培育）学科名单中，有上海财经大学的金融学。

## 第二节　上海市重点学科

### 一、上海市教育委员会重点学科：企业管理、货币银行学、国际贸易

为了充分发挥位居上海市的部委属高校的雄厚科研实力，实施"科教兴国、科教兴市"战略，为上海经济建设服务，上海市教育委员会决定从 1996 年起把"上海市教委重点学科"的建设范围由市属高校扩大到部委属高校，以资助项目研究的形式每年投入专款支持部委属高校的重点学科建设。这项工作于 1995 年 12 月左右下达，学校组织有关学科进行申请、论证，填写申报书。在综合专家组论证意见的基础上，市教委于 1996 年 7 月 12 日发出《关于"上海市教育委员会重点学科"（部委属院校）名单及科研课题经费的通知》，明确上海财经大学企业管理、货币银行学、国际贸易 3 个学科为市教委重点学科，第一年每个学科的科研课题核定经费为 4 万元。

### 二、2001 年：会计学、产业经济学、金融学

2000 年 5 月 10 日，上海市教育委员会印发《关于建设上海市重点学科的实施办法》。办法规定实施步骤为：学科提出具体建设规划——学校审核后分类申报——专家组论证与遴选——市教委

审批,并明确"上海市重点学科将分批确认及投入建设"。实施过程中,市教委将部属院校的上海市重点学科列为第二批确认。2001年8月27日,市教委发出《关于公布第二批上海市重点学科名单并下达首期建设经费的通知》,明确上海财经大学会计学、产业经济学、金融学3个学科为第二批上海市重点学科,首期下达经费每学科50万元;2002年9月中期检查后,又下达经费每学科50万元。2004年9月起,市教委对市重点学科建设进行评估验收,2005年3月公布评估验收结果,会计学科为"优",追加奖励10万元;产业经济学、金融学2个学科为"良"。

### 三、2007年:区域经济学、统计学、西方经济学

2007年5月8日,上海市教育委员会印发《关于部属高校申报上海市重点学科(第二期)工作的通知》,提出了上海市重点学科(第二期)申请条件,学校据此组织申报区域经济学等9个学科。同年7月9日,上海市教育评估院发出《关于部属高校上海市重点学科(第二期)评选工作的通知》,称:受市教委的委托,"承担本次评选的具体工作","采取专家集中评选的方式",时间定在7月下旬。8月8日,市教委在汇总专家意见的基础上,经研究确定部属高校75个学科列入上海市重点学科(第二期)建设计划。在公布的上海市重点学科(第二期)建设计划入选学科(部属高校)名单中,上海财经大学有区域经济学、统计学、西方经济学3个学科。

## 第三节 上海高校一流学科和Ⅱ类高峰学科

### 一、上海高校一流学科:理论经济学、统计学、应用经济学、法学、管理科学与工程、工商管理

2012年5月,上海市教委发布《上海市教育委员会关于开展上海高校一流学科申报工作的通知》(沪教委科〔2012〕30号),开始实施上海高校一流学科建设计划。该计划是为了对接教育部、财政部《高等学校创新能力提升计划》,推动上海高等教育国际化,提高高等教育质量,促使若干学科成为具有国际重大影响的学术高地而开展的。其建设目标是,保持上海高校重点学科建设水平国内的领先地位,力争若干学科成为国际上有重大影响的学术中心、上海世界一流大学和高水平大学建设的重要标志。学校认真组织做好学科遴选和申报工作。2012年9月,入选学科名单公布,学校有6个学科入选,理论经济学入选上海市一流学科(A类),应用经济学、工商管理、统计学、管理科学与工程,法学入选上海市一流学科(B类)。2013年,上海市教委根据《关于上海高校一流学科建设有关工作的通知》对上海高校一流学科进行动态调整,开展A类学科增补工作。2013年7月,学校统计学增补列入上海市一流学科(A类)。

### 二、上海高校Ⅱ类高峰学科:理论经济学

2014年上海市教委发布《上海市教育委员会关于印发〈上海高等学校学科发展与优化布局规划(2014—2020年)〉的通知》(沪教委高〔2014〕44号)、《上海市教育委员会关于印发〈上海高等学校学科发展与优化布局规划(2014—2020年)实施方案〉的通知》(沪教委科〔2014〕70号),根据文件精神和要求,学校积极组织开展申报工作,并于2015年1月提交《上海高校高峰高原学科建设学校实

施方案申报书》。3月,理论经济学通过上海市Ⅱ类高峰学科实施方案论证会。截至2017年3月,Ⅱ类高峰学科(理论经济学)上海市财政支持经费5 200万元(2015年度1 042万元、2016年度1 558万元、2017年度2 600万元),学校配套500万元。

## 第四节　财政部部属院校重点学科

1996年7月24日,财政部下发《关于印发部属院校重点学科建设规划和跨世纪学科(学术)带头人培养规划的通知》。在重点学科建设规划中,财政部确定"九五"期间建设部级重点学科点"为20个左右",其基本条件6项中有一项是"原则上应为基础好的硕士点"。10月3日,财政部下发给上海财经大学的《关于组织申报财政部部属院校重点学科和跨世纪学科(学术)带头人的通知》明确,重点学科首批"申报限额8个"。学校接到通知后,按照公开、竞争原则,实行学科自行申请与专家评审相结合的遴选办法,经学校审核,决定推荐财政学等8个学科为部属院校重点学科点,于11月5日将有关材料报送财政部。在财政部重点学科评审委员会专家对申报学科进行评审论证,提出重点学科点的建议名单之后,财政部对建议名单进行了审核,并于1997年1月31日下达了部属院校首批重点学科名单,上海财经大学的会计学、财政学、统计学、工业经济学4个学科名列其中。

# 第三章 "211工程"建设

## 第一节 进入国家"211工程"重点建设行列

1993年2月,中共中央、国务院发布《中国教育改革发展纲要》,指出:"要集中中央和地方等各方面的力量办好100所左右重点大学和一批重点学科、专业。"7月,国家教委按照中共中央、国务院的部署,在《关于重点建设一批高等学校和重点学科的若干意见》中宣布:"决定设置'211工程'重点建设项目,即面向21世纪,重点建设100所左右的高等学校和一批重点学科点。"并强调:"有关部委和地方政府要大力支持项目学校和重点学科点的建设,投入必要的资金,提倡和支持中央部委、地方、企业集团共同建设。"

从1993年9月起,学校根据国家教委的安排和要求,组织人员起草"211工程"立项申请报告,并根据财政部和上海市意见对立项报告进行多次修改,1994年12月立项报告定稿并报送财政部。1995年9月29日,国家教委"211工程"办公室发出《关于同意财政部开展"211工程"部门预审工作的通知》。11月13日,学校确定财政学、统计学、经济学、工业经济、国际贸易、金融6个学科为拟建重点学科,与会计学科一起按重点学科建设子项目论证提纲的要求,修改各学科的建设规划。

1995年12月,财政部部长刘仲藜和上海市副市长谢丽娟分别在北京、上海签署《财政部上海市人民政府关于共建上海财经大学的意见》。在共建意见中,财政部明确"按部党组重点建设上海财经大学的决定,从1995年起至本世纪末投资2亿元"。

1996年1月13—14日,受财政部委托,以北京大学校长吴树青为组长、由10位专家学者组成的财政部"211工程"预审专家组,对上海财经大学"211工程"建设项目进行预审。在部门预审会议上,吴树青宣读《财政部预审专家组对上海财经大学"211工程"建设项目的预审意见》,宣布:"与会专家一致认为,上海财经大学已经具备了国家'211工程'重点建设的基础和条件,同意通过部门预审。"部门预审的通过,标志着学校正式进入国家"211工程"重点建设的行列。

## 第二节 "九五"期间"211工程"建设

1996年3月,学校开始着手编制"211工程"建设项目可行性研究报告。5月8日,拟重点建设的学科项目论证报告以及《拟列入"211工程"重点学科建设项目简况表》,报送国家教委"211工程"办公室。7月,学校根据教育部反馈意见,对可行性研究报告作了修改。1997年5月16日,财政部组织并邀请以西南财经大学名誉校长刘诗白为组长的10位专家,分为整体审核和仪器设备审核两个组,对《上海财经大学"211工程"建设项目可行性研究报告》及附表进行论证与审核。学校根据专家组和"两委一部"(国家计划委员会、国家教育委员会、财政部)的意见进行了修改和调整,于6月20日将可行性研究报告及附表正式报送"两委一部"。

"九五"期间"211工程"建设中,重点学科建设项目有5个,即现代会计、统计及信息系统,财政税收,经济思想史与经济理论,产业经济与企业管理,现代金融管理;公共服务体系建设项目有4个,即财经文献资源信息中心,校园计算机网络,公共基础教学中心(含计算机教学中心、电化教学中心、人文社会科学与艺术教学中心),MBA教育中心。

1998年5月,国家发展计划委员会正式批复,"同意上海财经大学作为'211工程'项目院校,在'九五'期间进行建设"。该文还明确:"上海财经大学'211工程'建设总投资为8 200万元","用于重点学科建设及装备3 450万元(财政部2 600万元、学校850万元),用于公共服务体系建设4 750万元(财政部4 100万元、学校650万元)";"原则上同意另行由主管部门及学校自筹安排资金17 300万元,用于与学校'211工程'相配套的必要基础设施建设"。

2000年12月15—16日,财政部检查组到上海财经大学对"211工程"建设项目进行中期检查。2001年6月13—14日,受教育部委托,以中国人民大学校长纪宝成为组长的专家组到上海财经大学对"211工程""九五"期间建设项目进行整体验收。专家组意见称:"鉴于上海财经大学'211工程''九五'期间建设项目已经取得了明显效益和成果,专家组一致建议国家对上海财经大学继续实施'211工程'建设,促使上海财经大学尽早实现其总体建设目标。"

## 第三节 "十五"期间"211工程"建设

2002年9月学校着手编制"十五""211工程"建设项目可行性研究报告。9月下旬,学校将总体建设思路和重点学科建设项目调整情况上报教育部。9月底,教育部原则上同意学校提出的重点学科建设项目。10月21—22日,受教育部委托,以中国人民大学校长纪宝成为组长的专家组,对《上海财经大学"十五""211工程"建设项目可行性研究报告》进行论证及审核,认为"总体上论证充分,符合学校实际,科学合理,切实可行"。同月25日,教育部仪器设备专家组审核可行性研究报告中的仪器设备购置计划,认为"整体方案比较合理,经费预算适当"。

"十五"期间"211工程"建设中,重点学科建设项目有6个,即现代会计与公司财务,财政与公共管理,经济思想史与经济理论,产业经济与企业管理,金融创新与风险管理,资源、环境与经济信息统计。公共服务体系建设项目有4个,即财经文献信息中心二期工程、校园网络三期工程、多媒体课件制作中心和学校管理信息系统。

2003年6月,国家发展与改革委员会下达《关于上海财经大学"十五""211工程"建设项目可行性研究报告的批复》,"原则同意所报《上海财经大学"十五""211工程"建设项目可行性研究报告》",明确:"上海财经大学'十五''211工程'建设总投资20 000万元","用于重点学科建设及装备2 700万元,用于公共服务体系建设2 900万元,用于师资队伍建设1 400万元,用于基础设施建设13 000万元"。

2004年10月至12月中旬,学校对"十五""211工程"各类建设项目进行自查。2006年5月17—18日,受教育部委托,由东华大学校长徐明稚教授任组长的教育部验收专家组对学校"十五""211工程"建设项目进行了整体验收。专家评价意见中指出:"上海财经大学高度重视,严格管理,积极探索体制与机制创新,认真推进各项建设任务的顺利实施,全面完成了国家下达的'十五''211工程'建设任务,实现了国家发改委批复的上海财经大学'十五''211工程'的建设目标。"这标志着学校"十五""211工程"顺利通过国家整体验收。

## 第四节 "十一五""十二五"期间"211工程"建设

"十一五"期间(2006—2010年),学校开展"211工程"三期的建设工作。根据"211工程"立项和资金下达的特征,为保持建设的连续性,学校采取了"两步走"的立项建设方式,即先期垫资建设,随后正式立项建设。

2007年9月,鉴于国家正式立项和资金下达尚有一段时间,为争取建设时间,保证项目的长效运行,学校在"211工程"三期建设项目论证成熟的基础上,垫付资金提前启动了一批重点学科项目的科研、教学项目。12月,学校又投入第二批启动资金,以保证公共服务体系和师资队伍的各建设项目先行投入建设。

2008年2月,根据国家财政部、教育部、发改委关于"211工程"三期项目规划编制及论证工作的有关精神和部署,结合学校《"十一五"发展规划》的总体目标,学校精心组织了"211工程"三期项目的设计论证和申报工作。此次立项评审与前两期不同,专家组不再进校,由学校申报建设项目,三部委组织专家对学校申报的重点学科建设项目进行评审,并引入竞争机制,优胜劣汰。公共服务体系项目由于主要是校内建设项目,国家不进行评审,根据上海市教委的评审要求,学校提前设计论证的内容基本保持不变。2008年8月,教育部下达了评审结果,学校"211工程"三期重点学科建设项目全部通过立项审核。

"211工程"三期建设的主要任务包括四方面的内容,即重点学科建设项目、创新人才培养和队伍建设项目、校内公共服务体系建设项目和推进机制体制创新。重点学科建设项目7个,即现代会计与公司财务、经济思想史与经济理论、财政与公共管理、金融创新与国际金融中心建设、产业经济与企业管理、现代统计技术与社会经济统计、长三角区域协调发展与城市群经济。创新人才培养和队伍建设项目2个,其中创新人才培养项目实施"大学生社会实践与社会调查支持计划"(即"千村调查"项目)、"本科生创新培养支持计划"、"研究生创新培养支持计划",师资队伍建设项目实施"创新人才支持计划"、"高层次人才引进计划"和"国际化师资培养计划"。公共服务体系建设项目4个,即财经文献信息中心三期工程、校园网四期工程、数字教学资源平台和管理信息系统建设。

"211工程"三期建设总资金预算安排为15 000万元,重点学科建设项目计划投入4 850万元;创新人才培养和队伍建设项目计划投入7 250万元;公共服务体系建设项目计划投入2 900万元。其中,中央专项规划投入资金3 700万元,上海市共建资金规划投入3 700万元,学校自筹资金规划投入7 600万元。中央专项资金集中用于重点学科建设、创新人才培养和队伍建设;上海市配套资金重点用于部分重点学科建设、创新人才培养和队伍建设、公共服务体系建设。

2012年,"211工程"三期验收工作圆满完成。经国家验收专家评审、三部委审核,学校重点学科建设项目综合排名靠前,且有特别优秀的重点学科建设项目(在本学科所属一级领域排名前10%),学校作为28所高校之一,获得中央奖励资金,这标志着国家对学校"211工程"三期建设成效的充分肯定。"211工程"三期建设期间,学校在进一步理顺项目管理体制,创新项目运行机制,规范项目管理流程,全面梳理、调整和完善项目管理制度的基础上,依托多维动态财务分析系统,实时掌握各建设项目的资金动态使用情况,以信息化为支撑,进一步提高资金使用效率和项目管理水平。此外,学校还试行科研、教学项目年度滚动结项,项目结项率大幅提高。

# 第四章　经济学优势学科创新平台

上海财经大学经济学优势学科创新平台于2005年立项,于2006年底被列入教育部、财政部首批试点建设"优势学科创新平台项目",2007年9月被教育部、财政部批准列入"优势学科创新平台项目",跻身国家建设高水平大学项目行列。目前,其建设范围延展到经济学、管理学、统计学等相关学科。

经济学优势学科创新平台是一项示范性的经济学教育综合改革创新工程;是以传统优势的经济管理学科为基础,针对国内经济管理学教育中普遍存在的突出差距和问题而率先做出的系统性改革探索;是学校在总结百年办学经验的基础上,立足国情,借鉴国际经验,在办学思路和教育方法上做出的大胆创新。

经济学优势学科创新平台的建设思路:以国家需求为导向,以提高教育质量为根本,以制度创新为核心,以国际化办学为路径,以培育创新人才、创新团队和创新成果为目标。

经济学优势学科创新平台的建设目标:(1)打造创新团队。依托学校经济管理学科的特色和优势,参照国际规范和标准,着力通过营造良好的机制和氛围,大量引进海内外优势人才,同时注重对存量教师的培养和提高,努力培育出若干名国际公认的杰出人才,建设一个具有国际竞争力和持续发展能力的经济学创新团队。(2)培育创新型杰出人才。着力通过深化教育教学改革,全面改善学风、优化培养模式和课程体系、改善学习方法和提高学习能力,为国家培养大批具有全面的文化素质、扎实的经济学理论功底、开放的国际视野、持续的自我更新能力的高层次经济管理创新人才。(3)产生高水平研究成果。着力通过将自然科学的研究方法和工具引入社会科学领域,实施开放式、团队型、国际化的研究组织体制和模式创新,围绕中国问题,产生一批具有国际前沿水平的重大创新研究成果。

截至2016年底,平台拥有中央千人计划10人、长江学者12人、国家杰青2人、新世纪百千万人才工程国家级人选5人、教育部创新团队发展计划1个、上海领军人才5人、上海东方学者6人。在国际重要权威期刊发表高水平论文成果,总计发表(含接受发表)国际顶尖和著名经济学、商学学术期刊论文487篇,其中 *American Economic Review*、*Quarterly Journal of Economics*、*Journal of Political Economy*、*Journal of Economic Theory* 等国际顶尖及一类期刊文章148篇,《经济研究》《管理世界》等国内权威期刊发文205篇。承担国家杰出青年科学基金项目3个、国家自然科学基金资助项目213个、国家自然科学基金委优秀青年基金项目2个、国家自然科学基金委应急管理项目1个、国家社会科学基金重大项目4个、国家社会科学基金资助项目86个。*Frontiers of Economics in China* 2006年创刊至今,共出版11卷、44期刊物。平台坚持国际化战略和标准,遵循国际通行的学术规范,以教师为主体,积极推进全方位、多领域、高层次的国际学术交流与合作。

平台累计举办大中小型各类会议百余场,平均每年举办国内外大型学术会议 2~3 场,"上海专题研讨会"(Shanghai Workshop)4 场(Microeconomics、Macroeconomics、Econometrics、Economic History),专家圆桌论坛 2 场。同时,累计举办上财经济史学讲坛 17 场,每周定期研讨会(Seminar)共计 753 期。

# 第五章 "双一流"建设

2015年10月24日,国务院印发《统筹推进世界一流大学和一流学科建设总体方案》,致力于加快建成一批世界一流大学和一流学科(简称"双一流")。"双一流"建设是实现高等教育大国到高等教育强国跨越的国家重大战略决策,提出了推动一批高水平大学进入世界一流行列或前列的总体目标及"三步走"分目标。"三步走"分目标分别为:到2020年,若干所大学和一批学科进入世界一流行列,若干学科进入世界一流学科前列;到2030年,更多的大学和学科进入世界一流行列,若干所大学进入世界一流大学前列,一批学科进入世界一流学科前列,高等教育整体实力显著提升;到21世纪中叶,一流大学和一流学科的数量和实力进入世界前列,基本建成高等教育强国。"双一流"是"211工程""985工程"及"优势学科平台"的集成提高,主要解决以往重点建设中的身份固化、竞争缺失、重复交叉等问题。"双一流"提出:国家鼓励和支持不同类型的高水平大学和学科差别化发展;政府创新财政支持方式,更加突出绩效导向,实行动态支持,形成激励约束机制;完善政府、社会、学校相结合的共建机制,形成多元化投入,合力支持的格局;鼓励有关部门和行业企业积极参与一流大学和一流学科建设等支持措施,意味着今后国家高等教育资源配置方式的重要转变方向。

为贯彻落实国务院"双一流"建设方案文件精神,研究推进学校"双一流"建设工作,2016年6月29日,学校召开"双一流"建设工作会议。会议主题是"以创建世界一流学科为引领,加快推进国际知名具有鲜明财经特色高水平研究型大学建设"。校党政领导、教学科研单位和职能教辅部门主要负责人、学术委员会和学科建设委员会部分委员参加会议。会议就学校"双一流"建设的指导思想、"三步走"的建设目标、"双一流"的建设内涵和建设任务达成了共识。会议还发布了《上海财经大学推进世界一流大学和一流学科建设方案》。方案指出,面对"双一流"国家战略,学校要抓住机遇、趁势而为,加快实施优势学科攀登战略,努力推动一批优势学科进入世界一流行列,通过重点建设、整体提升,引领学校国际知名具有鲜明财经特色高水平研究型大学建设。方案提出学校"三步走"建设目标:到2020年,理论经济学、应用经济学、工商管理、统计学中力争1～2个学科进入世界一流学科行列;到2030年,力争2～4个学科进入世界一流行列,力争实现进入世界一流学科前列的突破,学校整体实力显著提升;以一流学科重点建设为引领,整体提升学校学科建设水平,到本世纪中叶,基本建成国际知名具有鲜明财经特色的高水平研究型大学。

# 第九篇
## 科学研究

# 概　　述

科学研究是高校的基本职能和基本任务之一,是高校发挥认识世界、传承文明、创新理论、教书育人、服务社会作用的重要途径,对于科教融合促进人才培养质量、增强实力提升学科建设水平、产学研结合提高服务社会能力具有重要作用。在学校发展的不同阶段,科学研究也表现出不同的特点,以下分三个时期进行概述。

## 一、上海商科大学至国立上海商学院时期

从上海商科大学至国立上海商学院时期,虽然学校也有"研究商业学术"的定位,但其主要功能是组织教学、培养人才。对于教师,学校在聘任时要考察其科研能力和成果,但平时不作考核;对于学生,学校指导和鼓励学生组织学术社团,开展科研活动,发表相关成果。师生的科研活动结合得较为紧密。

民国十四年(1925年)3月4日,上海商科大学会计系学生成立学校第一个学术团体"国立东南大学上海商科会计学会"。该会订立有章程和学会研究会细则。至民国十五年(1926年)3月,学会名誉会员有沈籁清、李道南、徐广德、周增奎、莫迪(美籍)和潘序伦等,普通会员共30人。民国十五年(1926年)3月,会计学会主办的刊物《会计学杂志》出版创刊号,潘序伦撰写发刊词。创刊号刊发会员论文7篇,译文4篇,另有演讲录1篇,并附录学会概况、章程、细则和会员录,共86页。

民国十七年(1928年)8月修订的《国立中央大学商学院院章》规定,学院为"国立中央大学区研究商业学术之最高机关",学院的科研活动得到较大发展。民国十九年(1930年)6月创刊商学院学报,而此时商学院学生会丛刊已出至第五期(每学期1期),两刊专门刊载教职员和学生研究学术的文章。另外,商学院院刊(旬刊)也间载短篇研究文字。学院教授的研究专著则列入中央大学丛书出版,如杨荫溥的《上海金融组织概要》《中国交易所论》,以及武堉干的《中国国际贸易概论》等。

民国二十一年(1932年)8月国立上海商学院独立后,继续将学院定位为"研究商业学术最高机关",从民国二十一年(1932年)至民国二十六年(1937年)的五年间,学院的科学研究发展较快,成果较多,主要体现在以下三个方面:

利用院刊刊发大量研究论文,并出版科学研究专号。《国立上海商学院院刊》(自1932年9月至1933年6月共出版24期)和《国立上海商学院院务半月刊》(自1933年10月至1936年6月共出版49期)刊发大量商学研究论文,《院务半月刊》还先后出版9期研究专号,计有《新年特大号》(1934年1月)、《金融问题专号》(1934年5月)、《会计问题专号》(1934年6月)、《白银问题专号》(1934年11月)、《新年特大号》(1935年1月)、《会计问题专号》(1935年1月)、《金融问题专号》

(1935年5月)、《工商问题专号》(1935年6月)和《国民经济建设运动专号》(1936年1月),仅专号总计刊发论文70余篇。

创办多种学术刊物,发表师生研究成果。院部创办的刊物有《商兑》(自1932年11月至1933年5月共出版8期)和《国立上海商学院季刊》(1933年3月和1937年3月先后两次创刊),学生学术社团创办的刊物有《经济学月刊》(经济学会)、《商学研究》(商学研究会)、《会计学专刊》和《会计月刊》(会计学会)、《银钱半月刊》(银行学会)等多种,这些学术刊物成为师生发表研究成果的主要阵地。学院还曾编辑"国立上海商学院丛书",教授金国宝的《统计学大纲》列入其中,民国二十三年(1934年)由商务印书馆出版,被各大学采用为教材。

建立多种学术团体,设立经济研究室。学院鼓励学生建立学术类社团,先后成立的有会计学会、银行学会、经济学会、国际贸易学会等。这些学会大多订立章程,建立组织机构,有计划地开展学术研究活动。院部则于民国二十五年(1936年)6月设立经济研究室,聘任教授张毓珊为主任,并订立工作计划,称研究室"为提高学生学术研究兴趣及研究商业上各种专门问题而设",工作范围分为材料之搜集、材料之整理、专门问题研究3类,学院每月给予经费,研究报告由院部出版,每年出版商学院年刊1册。

抗战期间,学院勉强维持办学,科研活动和成果少见记载。民国三十五年(1946年)学院复员后,修订后的《国立上海商学院组织大纲》重申学院"以培植商业专门人才、研究商业学术为宗旨",各项科研活动逐步恢复。院刊《国立上海商学院院务月刊》(自1947年1月至1948年10月共出版14期)继续刊发少量学术论文,学生学术社团的活动有所恢复,但与抗战前难以相比。

## 二、上海财经学院时期

1950年8月学校更名为上海财经学院以后,随着学习苏联先进经验的深入,科研工作逐步受到重视。由于苏联将科研工作作为高等学校的基本任务之一,强调把教学工作和研究工作密切联系,根据这一精神,1952年11月,学院成立研究处。研究处是学院科学研究的行政组织,主要职责为:组织和推动全院科研工作;审查各系科和汇编全院的科研工作计划和总结;组织科研专题报告会、座谈会、讨论会;组织教材翻译工作;收集全院性的财经参考资料;领导全院教材、参考资料和科研论文的印行与出版。研究处设主任、副主任各一名,周耀平(周有光)、邹依仁先后担任主任。研究处下设科学研究组、编辑翻译组和资料室。

1953—1954年,学院科研工作有所推进,以专题研究为主要形式,不少是集体研究,参与教师的比例占教师总数的30%。1954年10月,研究处制订《上海财经学院科学研究工作暂行办法》,规定"本院科学研究工作目的在提高教学质量,提高科学水平,在'理论结合实际,研究结合教学'的原则下进行"。规定科研范围为专题论文、编写教材、专著书籍等,强调科学研究为教师工作日内进行的工作之一种,由各教研组(或教学小组)组织,并注意贯彻个人钻研与集体互助相结合的精神。此后,学院的科研工作初步制度化,选题注重结合教学和生产实际。教研组负责人带头参加科研,并注意发挥集体力量,但也面临选题随意、缺乏资料、缺少时间、难以发表等问题。少数学生也开始组织科研小组,参加研究。

1956年初,根据党中央提出要在12年内把我国科学技术提高到世界先进水平的目标,研究处提出学院今后12年科研的主要方向为:前2年内结合教学、结合工商业社会主义改造、结合资产阶级学术思想批判进行;以后5年以结合生产、结合实际的会计核算和统计的科学研究为重点;最后5

年再推及工业经济与财政信贷贸易等方面,以充分发挥学院的人才优势。学院计划今后两年内从事科研的教师应达到50%,12年内达到90%～95%。1956年9月下旬,学院的学报《财经研究》季刊正式创刊,其目的在于贯彻"理论联系实际"和"百家争鸣"的方针,尽量鼓励财经学术研究上的创造性,以达到推动学术进步、培养新生力量、提高教学质量,并有助于社会主义建设。创刊号刊登论文8篇,至1958年7月共出版10期。1956年11月,在各系科分别举办科学讨论会的基础上,全院举办首次科学讨论会,按会计、统计、工业经济、财政信贷、贸易经济等系及共同课教研组8个分组进行。讨论会提交科研报告30余篇,如李炳焕的《我国过渡时期的商品生产和价值规律》、王惟中的《凯因斯商业循环学说批判》、工业会计教研组的《工业企业推行凭单日记账核算形式中的问题》等。除学校部分教师学生外,兄弟学校、各有关业务部门代表和若干校外人士也参加此次讨论会。在"大跃进"的背景下,学院教师人人制订科研计划,但取得实质性进展的项目不多。

  1960年上海财经学院重建时,并未恢复研究处的建制。1961年11月,学院决定成立科学研究工作小组,由各部门推选14人组成。其任务是:在党委和院部领导下,成为科研工作方面的助手,推动本院科研工作的开展,交流各系、室科研活动的情况和经验,组织全院性的科研活动。小组主要起推动工作开展的作用,具体科研任务的完成仍由各部、系、室负责。1962年9月,在上述科研小组的基础上,扩大成立学院科学研究委员会,由委员29人组成,负责领导、组织、推动全院科研工作的开展,其任务包括:制订全院科研计划,组织全院科研活动,推动各系、室科研工作的总结交流,负责对外联系和宣传报道。1961—1962年,学院的科研以编写教材和教学大纲为重点;1962年以后,逐步转入对与国家财经政策相关的实际问题和学术界热门问题的研究,各系、室普遍举行学术讨论会,1963年从事科研的教师占到全院教师的60%。1963年6月,举行"上海财经学院1963年科学讨论会",分农业经济、贸易经济、会计、统计等13个专业小组进行,讨论论文42篇、教材2本,邀请厦门大学校长王亚南作《当前经济科学研究三大任务》的学术报告,应邀出席讨论会的外地和本市来宾200余人。1965年11月,学院举行"建院五周年校庆科学讨论会",历时2周,讨论论文36篇,结合课程教学内容上重大理论问题和教学改革方面的论文占一半以上,研究当前财经问题的文章和深入基层调研后写成的报告约占1/3。60年代学院科研的标志性成果是上海人民出版社出版的彭信威的《中国货币史》(第二次修订补充版,1965年)。1966年"文化大革命"开始后,学院科研活动陷于停顿。

  1978年底上海财经学院复校后,学院领导把提高科研水平作为提高教师素质和教学质量的重要途径,一开始就加强科研队伍的建设,建立、调整和不断完善科研机构的设置,要求教师正确处理教学与科研的关系,坚持理论联系实际的原则,抓长期及年度科研规划的制订、实施和检查,组织大型学术讨论会等,从广度和深度上切实提高院系两级科研水平。复校不久,学院即筹建科研处,并组织力量翻译、出版《外国经济参考资料》(月刊),编辑、出版《经济调查研究资料》和《经济学术动态》内部刊物。1979年11月召开复校后第一次全院学术讨论会,全校共提交84篇学术论文。1980年1月,《财经研究》恢复出版发行;4月,成立上海财经学院第一届学术委员会,共有31名委员,院长姚耐为主任。1982年初筹建财政经济研究所(1984年12月成立),主要任务是搞好国内外财经科学方面的学术情报和资料工作,组织人员对重大经济理论和实际问题开展专题研究。1982年6月第一次编辑学术论文选集,收编教师、研究人员在1981年度内发表于公开发行期刊上的论文,以及1981年度提交院学术讨论会的部分论文,总计54篇。1983年5月第二次编辑学术论文选集,除收编教师、研究人员论文外,还收编部分学生发表的论文,总计31篇。在1983年上海市高教局组织评审上海高校文科科研成果奖中,上海财经学院有12项成果获奖。1983年9月,学院制定《上海财经学院科研成果优秀奖试行办法》,1985年第一次评奖中有5本图书和16篇论文获奖。复校初期,学院科研成果的代表性著作有教授胡寄窗的《中国经济思想史》(下册,上海人民出版社,1981年)、《中国经济思想史简编》(中国社会科学出版社,1981年)、《中国近代经济思想史大纲》(中国社会科学出版社,1984年)和英文论著《从世界范围考察十七世纪以前中国经济思想的光辉成就》(Chinese Economic Thought Before the Seventeenth Century,外文出版社,1984年),以及教授刘絜敖的《国外货币金融学说》(中国展望出版社,1983年)、教授娄尔行等的《资本主义企业财务会计》(中国财政经济出版社,1984年)等。

### 三、上海财经大学时期

1985年学校更名为上海财经大学之后,科学研究在学校各项工作中的地位进一步提升,并出现蓬勃发展的势头,取得突出成绩。从1986年开始至2017年初的学校七个五年发展计划("七五"至"十三五"前期)期间,科研工作稳步发展。

学校"七五"期间(1986—1990年)的科研方向是:为教学服务,为四化建设服务,为向教学、科研两个中心转移创造条件。"七五"期间,学校出版各类教材321种,其中正式出版177种;出版专著、译著166种,工具书46种;公开发表论文、译文2 903篇,其中在国际学术刊物和中央一级刊物上发表论文144篇,承接并完成各级各类理论和应用性科研项目136项,其中国际合作项目3项;获得各级各类科研奖励106项;主办各种学术研讨会231次,其中大型学术研讨会如1986年的上海市经济体制改革研讨会、1990年的国际经营战略研讨会等20余次;进行国际学术交流157次,参加人数达3 200余人次。

"七五"期间,学校专业教材集中建设的任务基本完成,科研项目由侧重于教材编写逐步转向紧密结合改革开放中出现的新情况、提出的新问题,为政府决策和经济建设服务,并逐步建立了科研激励措施。科研组织形式从专兼结合、以系为基础,向系所结合的方向发展;专职研究所(室)以从事新兴、边缘学科的研究为重点。1986年在上海市哲学社会科学优秀成果奖第一次评选中,学校有24项成果获奖,其中著作奖7项、论文奖17项。1987年6月,学校独立承接第一个国家社会科学基金课题"国民经济监督系统";此后陆续承接"九十年代我国财政发展战略研究"、"我国会计管理体制改革的设想"等多个财政部研究课题。1987年学校编辑出版《上海财经大学科研成果一览(1978—1986)》,收录学校教师自1978年复校到1986年间发表的论文、出版的图书和完成的研究报告。1988年财政部第一届优秀教材奖评选中,学校有8项成果获奖;国家教委第一届全国高等学校优秀教材评选中,学校有3项成果获奖,其中胡寄窗的《中国经济思想史简编》获特等奖。1990年学校编辑出版《上海财经大学科研成果汇编(1986—1989)》,收录学校教师1986—1989年间发表的论文、出版的图书和完成的研究报告。

"八五"期间(1991—1995年),学校的科研工作为实现教学、科研两个中心奠定基础,其要点为:配合各学科多层次办学的发展需要,结合课程改革,加强教材建设,进一步提高教材质量;以马克思主义为指导,加强对科学社会主义和重大经济理论问题的研究。学校积极探索科研机制的改革,先后与企业合作建立9个研究组织,并根据学科建设的需要,增设10个研究机构。完善教师科研工作考核制度和优秀成果奖励措施,1992年学校推出了《上海财经大学科研工作量管理规定(试行)》,开始对教师进行科研工作量考核工作。1991—1995年,学校先后获得7项国家社会科学基金项目立项,1994年学校独立承接第一项国家自然科学基金项目。1991年开始设立上海财经大学中青年优秀科研成果奖,分别在1991年、1993年和1995年评选3次,共有132项成果获奖。1992年开始上海财经大学校级优秀科研成果奖的第一次评选,以后在1994年和1996年又评选2次,3次评奖共有111项成果获奖。1994年学校与广东中振投资有限公司签订协议,设立"上海财经大学中振科学研究基金",用于奖励优秀科研成果。1992年财政部第二届全国财政系统大中专优秀教材奖评选中学校有13项成果获奖。同年国家教委第二届全国高等学校优秀教材评选中学校有4项成果获奖。1994年第二届上海市哲学社会科学优秀成果奖评选中学校有19项成果获奖。1995年第一届国家教委全国人文社会科学优秀成果奖评选中学校有3项成果获奖;第一届上海市邓小平理论研究和宣传优秀成果奖评选中学校有4项成果获奖;第一届上海市决策咨询研究成果奖评选中学校有4项成果获奖。

"九五"期间(1996—2000年),学校先后由财政部和上海市人民政府签署"共建"协议、通过国家"211工程"部门预审和"211工程"建设项目立项审核、划归教育部直属,这一系列体制上的重大变化,为学校的科研发展带来前所未有的良好机遇。学校始终坚持高校科研"为学科建设服务"、"为经济建设主战场服务"的基本方针,不断深化科研体制改革,科研水平和社会影响不断提升。学校承担省部级以上科研项目近200项,与"八五"相比增长300%,其中国家级课题29项,增加约150%;各类教材、专著、译著约800本,增加100%;论文数近3 500篇,增加50%,其中在国际学术刊物和国家一级刊物上发表论文433篇;获得各级各类科研奖励150项;主办各种学术研讨会近150次;进行国际学术交流近200人次。在研究机构和重点研究基地建设方面,2000年9月,学校会计与财务研究院正式列入教育部第二批普通高等学校人文社会科学重点研究基地建设计划。学校对原有的20多个科研机构和科研中心进行全面整顿,参照教育部重点研究基地的建设精神,建立校内3个重点研究基地,优化配置科研资源,深化科研体制改革。学校多渠道引进科研资金,拓展校外渠道筹集资金,先后与上海汽车工业教育基金会、英国保诚集团、韩国三星集团、广东中振集团公司等国内外企业合作,建立各类科研基金,专门用于资助教师的课题研究和成果出版以及奖励。

"十五"期间(2001—2005年),学校的科研工作以适应社会主义市场经济体制和现代化建设需要为目标,以建设重点学科为基本抓手,以取得世界前沿性研究为方向,发挥学校在理论经济、应用经济研究上的多学科合作力量和集团优势,加强对国家经济建设和改革开放中的重大现实问题的研究。由学校牵头完成的"世博会与上海新一轮发展内部讨论C方案"研究课题,为上海市委、市政府制定发展规划提供了十分有价值的理论依据,获得了市领导的高度评价。学校获准立项的国家社会科学基金、国家自然科学基金项目达到76项,比"九五"期间的29项增加162%;获准立项的省部级科研项目共325项,比"九五"期间的177项增加83.6%。完成各类教材、专著、译著约1 227部;发表论文4 280篇,其中在国际学术刊物和国家一级刊物上发表论文近735篇。国际三大检索(SCI、SSCI、EI)论文是学校"十五"期间的科研突破点,至"十五"末学校有68篇该类别的论文发表。获得省部级以上奖励89项,其中一等奖7项、二等奖28项、三等奖54项;主办的国际、国内有重大影响的学术研讨会200次左右,参加国内外学术会议3 500多人次,邀请国内外知名学者、专家做学术报告500多场;获得各类科研课题经费资助5 904.9万元,比"九五"期间的1 820.56万元增加224.3%。

"十一五"期间(2006—2010年),学校科研工作坚持"为学科建设服务"和"为社会发展和经济建设服务"的工作方针,坚持理论联系实际,推动理论创新,以全国和上海发展中的重大理论问题和现实问题为主攻方向,深化基础理论研究,加强应用对策研究,继续推动学校向着"一流三化"和创建高水平的研究型大学的战略目标迈进。为了统一全校思想和认识,落实学校"十一五"发展规划中提出的"创建多科性研究型大学"的各项工作任务,2006年12月15日学校召开了研究型大学建设工作会议。会议对学校创建研究型大学的内涵、定位、目标以及应重点抓好的主要工作等问题进行了深入研讨。

学校各类科研成果稳步增长,在若干重要指标上取得了突破。学校共承接131项国家级项目,其中国家社科基金课题立项68项,比"十五"期间增长65.9%,国家自然科学基金课题立项63项,比"十五"期间增长80%。国家社科基金重大项目和重点项目立项获得重大突破,国家社科基金重大项目立项5项,国家社科基金重点项目立项6项。学校承接各级各类课题的经费逐年增加,总科研经费投入力度逐渐加大,达到12 169.16万元,比"十五"期间增加了106.1%。学校教师发表的论文在保持数量不断增长的前提下,高质量的论文数也呈逐步增长的趋势。全校共公开发表论文6 077篇,其中在学校权威刊物上发表论文114篇,比"十五"期间增加了208.1%,在SSCI/SCI刊物上发表论文233篇,比"十五"期间增加了316.1%;学校共出版各类著作、教材1 199部。

随着以质量为导向的科研评价与激励机制的不断健全和完善,学校涌现了一批高质量、高显示度的成果。2010年鲁品越的《深层生成论:自然科学的新哲学境界》和徐国祥的《统计指数理论的发展与应用研究》2项成果入选2010年《国家哲学社会科学优秀成果文库》。《国家哲学社会科学优秀成果文库》入选成果反映了我国哲学社会科学研究相关领域的领先水平,体现着较高的学术荣誉。学校共有138项科研成果获奖,比"十五"期间增长了40.8%,其中一等奖13项、二等奖48项、三等奖77项。《中国财政发展报告》于2010年获得教育部哲学社会科学研究(发展)报告资助。为充分调动广大教师和科研人员从事科研工作的积极性和创造性,表彰在科研工作中做出突出贡献的先进个人,学校于2007年开始开展"科研标兵"评选活动,"十一五"期间共开展了两届评选活动,有21位教师荣获"科研标兵"称号。

学校大力提倡教研人员面向社会经济建设主战场进行科学研究,紧密围绕国家和地方经济社会发展战略需求,通过组织联合攻关,取得了一大批有价值的应用对策性成果。"十一五"期间,学校共承接上海市政府各类决策咨询课题100余项,其中重大(重点)课题40余项;承接上海市各委办局以及各区行政机关课题190余项。学校先后开展了应对金融危机系列、"三农"问题系列、医疗体制改革、预算法修改、世博会与上海社会经济发展系列、上海加快发展现代服务业系列等重大研究课题,并主动将研究成果报送国家和上海市的党政领导参阅,积极发挥"思想库"和"智囊团"作用,取得了显著成效。《世博会与上海社会经济发展系列研究》《后世博上海社会经济发展瓶颈、动力和机制系列研究》和《上海加快发展现代服务业研究》三个课题研究成果引起上海市有关领导高度重视并做出重要批示,《世博会与上海社会经济发展系列研究》的报告还获得了第七届上海市决策咨询研究成果奖一等奖。法学院张军旗提交的有关民用大飞机产业发展的成果专报受到中央有关领导同志和部门的重视,全国哲学社会科学规划办公室专门发文对张军旗教授进行表彰和通报。

学校研究基地建设取得新的进展。2010年5月会计与财务研究院顺利通过了教育部对人文社会科学重点研究基地的考核评估。学校新成立了500强企业研究中心、中国教育支出绩效评价研究中心、商务汉语研究中心、现代服务业研究院、现代服务科学与技术研究中心、经济法与社会法研究中心6个校级重点研究基地,使学校的校级重点研究基地总数达到15个。各基地在服务社会经济建设主战场、为党政决策提供咨询方面取得了良好成效。从2007年开始,应用统计研究中心每年每个季度发布上海市社会经济指数系列,在社会上引起广泛影响。由上海社会调查研究中心上海财经大学分中心承接完成的《上海出租车服务质量与形象调查报告》得到上海市有关党政领导的高度重视并做出重要批示。公共政策研究中心的"财政透明度"研究引起很大的社会反响；500强企业研究中心发布的500强企业竞争力排行榜在国内外引起广泛影响。

"十二五"期间（2011—2015年），学校科研工作紧紧抓住"高等学校哲学社会科学繁荣计划""高等学校创新能力提升计划""两部一市共建"等重大机遇，以建设高水平研究型大学为目标，以提升科研创新能力和提高社会服务水平为导向，不断深化科研体制机制改革，初步构建了"顶天立地"的科研发展格局。学校科研成果在数量上稳步增长，在质量上进一步提升。全校教师共发表SSCI/SCI论文856篇，有6篇论文入选ESI高被引论文，其中1篇入选热点论文；发表权威期刊A论文168篇。学校在优势学科和研究领域的国际学术竞争力不断增强。理论经济学博弈论与机制设计、劳动力市场、收入分配等领域在 American Economic Review、Econometrica、Journal of Political Economy、Quarterly Journal of Economics、Review of Economic Studies 五大国际顶尖经济学期刊发表高水平论文，获得国际同行高度评价。学校共承接国家级项目289项，比"十一五"期间增长了119%，其中国家级重大、重点项目25项，比"十一五"期间增长了108%。获得国家杰出青年科学基金项目1项，优秀青年科学基金项目2项，取得重要突破。学校分别于2013年获得国家自然科学基金"中国（上海）自由贸易试验区发展机制与配套政策研究"应急项目4项、2015年获得国家自然科学基金重大研究计划重点项目"金融大数据统计学习理论与方法及在互联网金融中的应用"1项，充分反映了学校在承担国家宏观管理及发展战略中急需解决的重要和关键性问题研究方面的实力。学校年均获得科研经费约3 000万元，较"十一五"时期增长37.2%；获各类省部级科研奖项100余项；共出版各类著作、教材649部。

学校以服务国家重大需求为导向开展科研平台建设。根据"对接需求、强化特色、完善布局、协调发展"的建设原则，学校创新体制机制、整合优质资源、推进内外协同、突出研究特色，初步形成了多层次、多类型的科研平台建设体系。为贯彻实施教育部、财政部《关于实施高等学校创新能力计划的意见》和《"高等学校创新能力提升计划"实施方案》（简称"2011计划"），大力推进学校协同创新机制、体制的构建，全面提升学校协同创新能力，学校牵头协同有关单位成立了经济学与中国转型发展协同创新中心（2012年6月）、会计改革与发展协同创新中心（2012年11月）、中国自由贸易试验区协同创新中心（2013年10月）三个协同创新中心。省部级科研平台建设取得重要进展，新增理论经济学教育部重点实验室（2011年），公共政策与治理研究院（2013年）、中国产业发展研究院（2013年）、上海国际金融中心研究院（2014年）等入选上海高校智库，民族复兴中国梦（2013年）、中国企业创新发展研究（2015年）入选上海市社科创新研究基地。

学校决策咨询研究工作取得良好成绩。学校以中国自由贸易试验区协同创新中心建设、实施两个行动计划等为抓手，围绕自贸试验区建设、国家财税改革、上海未来30年的发展战略、预算法修订、产业结构调整、上海国际金融中心建设等重大战略问题、热点问题和难点问题，组织开展一批重大研究项目，研究成果直接服务于党和政府的决策咨询。"十二五"期间，学校共向国家和上海市各党政部门报送专家建议400余份，其中有关中国粮食安全问题、第二轮分税制改革、营改增、自贸区负面清单等方面的110余份专家建议得到党和国家领导人、上海市主要领导同志批示并被有关部门采纳应用，或被全国哲学社会科学规划办《成果要报》、教育部《专家建议》、上海市人民政府发展研究中心《专家反映》和《决策参考信息》等重要内参刊载。

学校科研体制机制改革取得重要进展。学术委员会制度体系和组织架构进一步完善。2014年4月颁布实施的《上海财经大学章程》明确学术委员会为学校最高学术机构，对学术事务行使决策、审议、评定和咨询等职权。根据教育部《高等学校学术委员会规程》和《上海财经大学章程》的有关规定，学校颁布实施了新修订的《上海财经大学学术委员会章程》及学科建设委员会等五个专门委员会规程，并于2014年10月14日成立了第六届（新一届）学术委员会。第六届学术委员会严格按照教育部《高等学校学术委员会规程》规定的组成规则组成，明确界定了职责权限，进一步规范了运行程序。第六届学术委员会的成立，是学校在完善学术管理体系与组织架构方面取得的重要进展，为进一步构建符合现代大学制度要求的学术治理结构打下了坚实的基础。

为了全面总结"十二五"以来学校科研工作的成效和存在的主要问题，研讨面向"十三五"以及未来学校科研工作的发展战略，学校于2015年6月5日召开全校科研工作会议。会议围绕如何推进科研体制机制改革、推进科研评价的多元化、推进学校新型智库建设等重大议题进行了深入研讨，就未来一段时间特别是"十三五"期间学校科研工作的指导思想、科研工作目标和任务等重要方面达成了共识，提出实施学术治理能力提升、科研创新平台优化、科研评价机制改革、科研创新人才汇聚、学生创新能力提升、科研条件支撑保障"六大计划"。

从2016年开始，学校进入全面实施学校"十三五"发展规划阶段。"十三五"期间，学校科研工作以"双一流"建设为统领，坚持"顶天立地"发展战略，坚持"学科、科研、人才"三位一体发展路径，以激发创新活力为根本，以高质量、多元化为导向，以体制机制改革为动力，深化基础研究，强化应用研究，推进协同创新，增强智力服务能力，构建适应高水平研究型大学要求的科研创新体系，为学校实现"创建具有鲜明财经特色的高水平研究型大学"建设目标提供有力支撑。

2016年全校教师共发表各类学术论文604篇，其中发表在学校认定的权威期刊A上的有53篇，发表在SCI&SSCI国际索引期刊的有232篇。获得国家级项目立项54项，其中国家自然科学基金项目33项（其中国家杰出青年科学基金1项，重点项目1项），国家社科基金项目21项（其中国家社科基金重大项目4项、重点项目2项）。出版各类著作和教材87部。马艳的《现代政治经济学的前沿理论与中国特色研究》入选2016年度国家哲学社会科学优秀成果文库。在2016年度上海市第十一届中国特色社会主义理论体系研究和宣传优秀成果奖、第十三届哲学社会科学优秀成果奖评选中，学校有28项成果获奖（其中一等奖3项、二等奖25项），位居上海市第四。有39篇决策咨询研究成果获得有关政府部门领导批示或内刊收录，或入选全国社科规划办《成果要报》、被教育部社科司采纳、报中央领导决策参考等。

为表彰2015—2016年获奖科研成果，发挥示范、导向和引领作用，调动广大教师科研积极性，同时进一步推进和部署下一阶段的科研工作。2016年11月22日，学校召开了上海财经大学科研工作推进暨2015—2016年获奖科研成果表彰大会，主题为：追求卓越科研，推进理论创新；服务一流发展，传承学术精神。会议对学校科研工作进行了系统分析和对标，查找差距，进一步明确了在"双一流"建设背景下落实争创一流的科研工作"六大计划"。

学校省部级科研创新平台建设取得新进展，新增上海教育立法咨询与服务研究基地，公共政策与治理研究院、自由贸易区研究院、中国产业发展研究院、中国企业创新发展研究基地4个研究机构入选上海市高校智库内涵建设计划。

# 第一章 科研机构

## 第一节 专职研究机构

学校的专职研究机构成立于20世纪80年代,先后有财经研究所、数量经济研究室、中国经济思想史研究室等(后二者不久并入相关院系)。2006年7月,学校成立高等研究院。2006年11月,学校成立高等教育研究所。2012年5月,学校成立城市与区域科学学院,与财经研究所并列设置。

### 一、城市与区域科学学院/财经研究所

财经研究所是学校独立建制的财经类综合性专职研究机构,现为上海市人民政府发展研究中心常务理事单位。城市与区域科学学院是与财经研究所并列设置的独立教学科研单位。

（一）沿革

1982年初,院长姚耐指定由龚浩成、叶孝理、梅汝和3人组成筹备领导小组,负责筹建财政经济研究所,旨在培养和造就一批财经类专职研究人员,以适应中国快速发展的改革开放形势的需要。1982—1984年间,财政经济研究所筹备领导小组以学校科研处为依托,聚集校内一批专家、学者,带领刚从学校毕业的青年教师开展工作,对独立建制的研究所的性质、架构以及人员配置进行筹划。

1984年12月28日,上海财经大学财政经济研究所正式成立(2002年更名为财经研究所,以下简称财经研究所),为研究生学位教育与科学研究相结合的综合科研机构。财经研究所下设城市经济研究室、国际经济关系研究室、国际营销研究室、港台经济研究室、《英汉经济学系列词典》编辑室、《外国经济参考资料》(内部刊物)编译组(1985年1月该刊物公开发行后,改为《外国经济与管理》编辑部),以及资料室和办公室。全所教职工总计40余人,其中专职科研人员和编辑人员35人,包括教授4人、副教授(副研究员)10人、讲师(助理研究员)10人、研究实习员10人左右。

1984—1992年,财经研究所以《外国经济与管理》为依托,发表论文、译文、出版教材、专著、译著、辞典,并开始参与或主持省部级以上课题和政府、企事业单位委托的课题。

1991年合并国际经济关系研究室和国际营销研究室,成立国际化经营研究中心。1994—1995年,财经研究所进行人员结构调整,引进一部分在国内外取得博士学位的研究人员,并且对科室结构进行调整,于1995年增设房地产经济研究中心和区域经济研究中心。1996年,《外国经济与管理》编辑部脱离财经研究所。

1998年,财经研究所设立区域经济学(二级学科)博士学位授权点和硕士学位授权点,改变了长期以来没有学科支撑的局面。

2002年以后,财经研究所确定新的发展思路和功能定位:以世界一流研究型大学的研究机构为参照,以应用经济研究为基本业务,科研与研究生教育和学科建设协调配合、互相促进,整合多方面科研资源,形成团队合作研究平台,增强科研实力和综合学术竞争力,成为学校科研功能和社会服务功能的重要载体。主要功能是发挥财经类综合优势,完成学校下达的重大科研课题,产出团队合作的标志性科研成果,同时积极承接国家、各级政府、企事业单位的相关课题,服务社会。

2012年,学校为进一步整合学科资源,引进学科带头人及培育学科团队,吸收更优秀的生源,推进学科学术的高水平及国际化发展,于5月24日成立了城市与区域科学学院。城市与区域科学学院/财经研究所两个部门一套领导班子,时任院(所)长为赵晓雷,党总支书记为屠天峰。为整合学科资源和强化院(所)的发展特色,以及更好地聚焦城市化与城市经济研究的学科群特色,根据学科发展需要,对学科布局进行了调整:在硕士学位授权点基础上,设立城市经济与管理博士点,撤销能源经济与环境政策博士点,相关学科并入城市经济与管理学科;同时自主设立能源经济硕士点,以适应经济社会发展对能源经济的人才需求。2013年根据学科进一步发展的需要和学科布局,城市经济与管理学科调整到学校的自由贸易区研究院/上海发展研究院。

城市与区域科学学院/财经研究所下设的研究机构有:赵晓雷工作室、区域经济研究中心、城市经济规划研究中心、中国经济暨国民经济安全研究中心、现代都市农业经济研究中心、国防经济研究中心、能源经济与环境政策研究中心、房地产经济与管理研究中心、东北亚区域经济研究中心、城乡消费研究中心等。

截至2017年3月,城市与区域科学学院/财经研究所拥有区域经济学、城市经济与管理、国防经济、农业经济学4个博士点,拥有区域经济学、城市经济与管理、国防经济、能源经济、农业经济管理、林业经济管理6个硕士点。

截至2017年3月,城市与区域科学学院/财经研究所共有在编教师31人,含兼职党务干部1人,在编行政人员3人(含专职辅导员1人),师资型博士后3人。拥有博士学位的教师占教师总数的96.8%,其中在国外获得博士学位的有4人。教师中正高职称者占32.3%,副高职称者占41.9%,中级职称者占16.1%,共有21人次入选各类人才发展计划。

1985年1月至2017年3月,先后担任城市与区域科学学院/财经研究所院(所)长的有金慰祖、孙海鸣、赵晓雷、曹建华[副院(所)长,主持工作],担任副院(所)长的有龚维新、于孝同、储敏伟、朱德林、赵晓雷、李超民、徐龙炳、曹建华、张学良。

(二) 科学研究

1. 科研方向

城市与区域科学学院/财经研究所始终坚持理论联系实际,坚持科研为学科建设服务、为社会实践服务的方向。截至2017年3月,城市与区域科学学院/财经研究所已形成区域经济——城市经济及管理——能源经济、国防经济——国民经济安全、农业经济管理——林业经济管理三大板块发展的格局。研究方向包括区域经济学专业中的区域经济理论与政策、区域经济发展与规划、城市经济理论与城市群研究、农业经济学;城市经济与管理专业中的城市及城市群经济、城市建设与管理、城市能源经济与管理、城市房地产金融与管理、自由贸易区经济与管理;国防经济专业中的国防经济理论与政策、军工生产民营化、国防科技工业管理、国家安全及动员政策研究。

2. 科研概况

财经研究所建所初期,研究人员的成果主要以论文或译文的形式发表在校内刊物《外国经济与管理》和国内其他专业刊物上。根据初步统计,至80年代末,在各种期刊上发表的论文、译文近千篇,出版专著、译著和工具书87种,其中影响较大的有胡寄窗撰写的《中国近代经济思想史大纲》、梅汝和翻译的菲利普·科特勒的《市场营销学》、金慰祖组织翻译的哈罗德·孔茨和海因茨·韦里克合著的《管理学》、胡式如组织编撰的《英汉经济学词典》以及赵晓雷的《中国工业化思想及发展战略研究》等。

80年代末,财经研究所的研究人员开始参与和主持各类课题研究。1988年,储敏伟参与学校第一个国家社科基金课题"国民经济监督系统"的研究,1990年主持完成所内第一个省部级课题——财政部重大课题"1990年代中国财政发展战略研究",同年还承接上海市科学技术委员会委托课题"上海科技投资与财税配套政策改革研究"。1991年,金慰祖主持完成上海市科学技术委员会重大决策咨询课题"上海市利用外国贷款优化管理研究"。同年,彭辉芳主持完成财政部决策咨询课题"中国旅游经济与财税配套政策研究"。1993年,印堃华主持完成财政部重大课题"浦东开发开放与长江中下游地区经济格局调整研究",朱德林主持完成所内第一个国家社科基金课题"中国灰黑色金融市场研究"。1996年印堃华获国家社科基金课题"城市房地产开发与房地产市场规范化研究"立项资助。1998年,孙海鸣获国家社科基金课题"上海经济计量分析与预测研究"立项资助。

90年代末,财经研究所经过人员和组织结构调整,年轻学者迅速成长,为财经研究所的进一步发展增加了活力。1999年,孙经纬主持完成所内第一个国家社科基金青年项目"国有企业经理激励报酬的最优设计",同年取得所内第一个国家自然科学基金青年项目"股份公司治理结构的理论和实证研究"的立项资助。2001年,刘乃全获得国家社科基金青年项目"区域发展中的产业聚集:动态分析与模式研究"的立项资助。2002年,刘乃全获得国家自然科学基金青年项目"开放经济条件下区域政策有效性研究"的立项资助。

2004年,赵晓雷获得所内第一个国家自然科学基金主任基金课题"产权交易市场的功能和作用"立项资助,同年还获得国家社科基金规划课题"二十世纪中国经济思想史"的立项资助。2005年,所内有3名青年教师获国家社科基金项目资助:隋舵的国家社科基金重点项目"国际石油资源博弈与中国石油外交战略研究"、李健的国家社科基金青年项目"国有企业改制过程中的政府监控问题研究"和胡彬的国家自然科学基金青年项目"经济全球化条件下长江三角洲城市体系的网络化机制"。"十二五"期间,有3项课题获国家社科基金重大项目立项,分别为许庆的"城乡统筹发展背景下户籍制度改革与城镇化问题研究"、赵晓雷的"中国(上海)自由贸易试验区建设的实践探索与经验研究"、张学良的"新型城镇化背景下城市边界调整与城市综合承载力提升路径研究"。2016年,有2项课题获得国家自然科学基金项目立项、有2项课题获得国家社会科学基金项目立项。

3. 科研成果

院(所)的科研成果主要包括课题、论文和著作三大类。

截至2016年底,院(所)已承接或完成的国家科学基金课题57项,其中国家社会科学基金课题29项(含3项重大课题、3项重点课题),国家自然科学基金课题28项(含2项主任基金课题);承接或已完成省部级课题264项,其中国家科委软科学课题1项,国家教委(教育部)课题26项,财政部课题7项,上海市科委课题11项,上海市决策咨询课题93项,上海市哲学社会科学课题58项,上海市教委课题20项。与此同时,院(所)内研究人员还承接200多项横向课题研究。院(所)通过课题研究,参与政策咨询,为政府决策服务,为社会服务,取得良好的社会经济效益。

1996—2006年,院(所)研究人员在各种学术期刊上发表论文382篇,其中在核心期刊上发表论文241篇;公开出版著作60部,其中专著49部、教材6部、译著3部、工具书2部。

2007—2017年,院(所)研究人员在中文CSSCI核心学术期刊上发表论文459篇,在SCI/SSCI检索期刊上发表论文48篇,在EI检索期刊发表论文6篇;公开出版学术著作110多部。

4. 获奖成果

90年代中期以来,院(所)获省部级以上奖励科研成果总计近50项,其中孙冶方经济科学奖论文奖1项,全国普通高校优秀教材一等奖、二等奖各1项,国家计划委员会科技进步一等奖1项,国家建设部科技进步二等奖1项,全国财政系统优秀教材奖1项,上海市哲学社会科学著作二等奖4项、论文一等奖1项、论文二等奖9项、论文三等奖9项,上海市科委科技进步三等奖1项,上海市决策咨询成果二等奖4项、三等奖9项,上海市邓小平理论研究和宣传优秀成果三等奖4项。另外,还获得国家统计局、国家物价局、上海市统计局、上海市农业委员会、上海汽车工业教育基金会等其他部门奖16项。

### (三) 主要研究中心

1. 区域经济研究中心

区域经济研究中心成立于1996年6月30日,为财经研究所内的专职研究机构,是学校重点研究基地之一。1998年6月开始设有区域经济学博士学位授权点(二级学科)和硕士学位授权点(二级学科),主任为孙海鸣。中心研究范围包括区域发展战略、区域经济结构、区域空间结构、区域增长理论、区域功能定位、区域经济规划和区域合作与发展等。中心成立以来,已承接和完成国家社会科学基金一般项目1项、国家自然科学基金青年项目2项、国家社会科学基金青年项目2项、国际合作项目1项、国家部委及省市(直辖市)项目60余项,并与9个省市地方政府或企业有横向课题的合作研究。中心研究人员近5年来在CSSCI刊物上发表论文40篇,其他刊物上发表论文100余篇,出版专著、译著、教材20余种,在国内区域经济研究领域享有一定的知名度。从2003年起,每年出版《中国区域经济发展报告》,由孙海鸣、赵晓雷主编。

2. 城市经济规划研究中心

城市经济规划研究中心在建所初期的城市经济研究室的基础上组建,2004年4月起设有城市经济与管理硕士学位授权点(二级学科),主任为赵晓雷。中心研究范围包括城市经济理论与政策、城市经济发展与规划、城市经济管理等。中心承接或完成国家级课题5项,其中,国家自然科学基金十打项目1项、青年项目1项,国家社会科学基金规划项目1项、一般项目2项,国际合作项目1项;省部级以上项目40余项(其中部分项目与区域经济研究中心有重合),企业事业单位横向课题57项。发表论文100余篇,其中在CSSCI刊物上发表论文26篇。从2004年起,每年出版《上海城市经济与管理发展报告》,由赵晓雷主编。

3. 国民经济安全研究中心(中国经济研究中心)

国民经济安全研究中心(中国经济研究中心)成立于2005年8月15日,主任为徐龙炳。中心致力于宏观经济和产业安全研究,为政府决策提供有效信息和理论支持;主要工作是筹建具有时代特征、财经特色、适于研究特点的专业数据库,并逐步建立国民经济安全实验室,定期出版《中国国民经济安全》年刊。中心有专职研究人员6人,均具有博士学位。中心建立起专题网站,介绍中心的基本情况和发展过程,及时发布中心研究成果,报道中心各项活动。

#### 4. 现代都市农业经济研究中心

现代都市农业经济研究中心成立于 2002 年 9 月 30 日,主任为吴方卫,学术顾问为顾焕章。中心研究领域涉及都市农业经济、都市农业产业化、农业区域经济合作、城郊三农问题、都市农业与城市生态环境保持等。2003 年 9 月起设有农业经济管理硕士学位授权点(二级学科),2006 年 1 月起设有农业经济管理博士学位授权点(二级学科)、农林经济管理硕士学位授权点(一级学科)。中心共承担国家级和省部级研究课题 15 项,政府部门以及企事业单位横向课题 12 项,共出版学术专著 3 部,在国内外学术期刊上发表论文 40 余篇,其中 80% 以上发表在 CSSCI 刊物上。中心有专职研究人员 6 人,兼职研究人员 4 人。

#### 5. 国防经济研究中心

国防经济研究中心成立于 2005 年 1 月 6 日,由上海财经大学与南京航空航天大学合作共建,主任为陈晓和。中心研究范围包括国防经济理论与政策、国防工业经济布局理论与实践、国防科技工业管理、军工生产民营化、国防经济与国家安全等,设有国防经济博士、硕士学位授权点(二级学科)。中心与国防大学、国防科工委等机构建立长期合作关系,定期联合举办国防经济学术研讨会,并出版学术专著,发表学术论文。

#### 6. 能源经济与环境政策研究中心

能源经济与环境政策研究中心前身是石油石化战略研究中心,成立于 2003 年 8 月,主任为隋舵。中心研究范围涉及:能源和环境经济理论与政策,能源产业发展,能源结构改善,能源需求与供给,环境政策理论与实践以及社会、经济、环境全面协调可持续发展的问题等。2006 年 1 月起设有能源经济与环境政策博士、硕士学位授权学科点(二级学科)。中心承接或完成国家级课题 4 项,省部级以上课题近 10 项,在国内外学术期刊发表论文 30 余篇,并由中心研究人员主持出版 80 余万字的《2004 中国区域经济发展报告——东北老工业基地复兴研究》。

### (四) 学科建设和对外交流

院(所)的科学研究与学科建设、教学工作(主要是博士研究生和硕士研究生教学)有着密切的关系。1998 年,财经研究所第一个具有博士、硕士学位授予权的学科点——区域经济学二级学科获准设立,并于次年开始招收博士研究生和硕士研究生。

2016 年,学校出于整体学科发展的长远考虑,将农业经济管理二级学科博士学位授权点进行动态调整,取消该学科点,增列其他一级学科博士学位授权点,在应用经济学一级学科下增设农业经济学二级学科博士点。农业经济管理学科为学校的学科建设做出了重要贡献。区域经济学、城市经济与管理、能源经济的学科力量整合作为应用经济学一级学科下的区域与城市经济重要学科方向。同时,学校就农业经济学博士点转型做出安排,其中 2017 年农业经济学博士生的招生纳入区域经济学进行,农业经济学博士招生在按照教育部规定的程序完成增设工作后于 2018 年招生。

院(所)历来重视研究生教材建设,要求任课的研究人员结合自己的科研成果更新教材内容,注重研究性和创造性,不少教材同时具有专著性质。如区域经济学课程,主要以孙海鸣、赵晓雷主编的《中国区域经济发展报告》为基础,结合周起业、刘再兴主编的《区域经济学》教材授课;城市经济与管理课程,主要选用赵晓雷主编的《上海城市经济与管理发展报告》和丁健主编的《城市经济学》。2006 年,财经研究所开始新一轮研究生教材的编写工作,包括《区域经济学》《城市经济与城市群》《都市农业经济分析》《城乡资源整合论》《县域经济分析——资源的配置、整合与管理》《现代国防经济学》《国防工业经济学》《能源经济学》《环境经济学》《资源经济学》等 20 余种。

为提升院(所)研究生教育质量,扩大各学科的教学影响力,补齐院(所)缺少研究生课程教材的"短板",2016年,院(所)各学科带头人分别根据各自核心课程设置及专业教学特色,积极开展各学科专业的相关研究生课程教材的编写工作。

院(所)与国外、境外的大学、研究机构的交流与合作逐年增多,先后与日本、英国、荷兰、美国、加拿大、澳大利亚、韩国、法国、俄罗斯、土库曼斯坦等国家以及中国香港、台湾地区的大学、研究机构建立了不同程度的合作关系,进行了广泛的学术交流。90年代以来,财经研究所共有14人20余次派往国外参加国际学术会议或进行学术访问;派往加拿大多伦多大学进修的教师1人,派往日本大阪市立大学进修的教师2人,派往英国布鲁耐尔大学进行合作研究的教师1人,派往日本关西大学进行合作研究的2人,通过个人申请富布赖特基金(Fulbright Fund)前往美国爱荷华州立大学进行合作研究的1人,参与日本文部省课题合作研究的2人。同时,接受日本大阪市立大学访问学者的1人,接受英国利兹大学访问学者的1人。

2005年3月15日,日本早稻田大学教授川口浩率领日本经济思想史研究会代表团访问财经研究所,参加由中国经济思想史学会主办、财经研究所承办的"2005年中日经济思想史学术研讨会"。同年12月6日,俄罗斯管理大学校长鲍里什涅夫·阿那多里·戈奥里耶维奇教授应邀到财经研究所做"经济转轨的理论与实践"学术报告。2006年3月8日,财经研究所与解放日报社联合举办"经济学人上海圆桌会议",主题为:世界制造中心还是世界组装中心——中国在国际分工体系中的定位分析。2007年4月27日,财经研究所举办"2007年中韩大都市经济与管理学术研讨会",9月21日举办"捷克社民党的对外政策和捷克的经济发展情况国际研讨会"。2008年11月20日,财经研究所承办"上海市经济学会区域经济研究专业委员会成立大会暨科学发展观指导下的区域经济学学科发展研讨会"。2009年4月18—19日,财经研究所承办第三届中国青年经济学家联谊会学术会议,主题为:中国如何实现城乡和区域协调发展。2010年6月22—26日,财经研究所举办2010年农林经济管理学科发展高层研讨会。2011年5月24日,香港理工大学建筑及房地产学系许智文教授应邀到财经研究所做"房地产市场及发展周期"学术报告。2013年8月22日,由上海学位办主办,上海财经大学城市与区域科学学院/财经研究所、上海财经大学研究生院、上海财经大学学术期刊编辑部及中国区域科学协会承办的"2013年中国区域科学与城市经济前沿青年学者及研究生学术论坛"学术研讨会召开。2014年6月27日,美国弗吉尼亚联邦大学陈雪明教授访问城市与区域科学学院/财经研究所并且应邀做"中美两国高速铁路规划的比较研究"报告。同年7月24日,"上发中心——财大论坛:创新改革与转型发展"研讨会在城市与区域科学学院承办下顺利进行,对上海、长三角以及全国改革创新与转型发展中的突出问题、解决路径的内容进行深入探讨。2016年10月26日,中央军委装备发展部某中心游光荣研究员应邀做"国防经济学新视野:军事装备发展与装备经济基本问题"讲座。同年11月25日,上海社会科学院王振研究员应邀做"长江经济带创新驱动力的分层特征与区域协同创新"报告。

## 二、高等研究院

### (一)沿革

高等研究院成立于2006年7月,为学校直属的处级科研实体机构,是国家优势学科创新平台项目——"经济学创新平台"建设项目的重要组成部分。高等研究院是一个高起点、多层次、全方位的综合性学术和政策研究机构,实行董事会领导下的院长负责制。

高等研究院的使命为：以准确的数据为依据、先进的理论为指导、科学的研究方法为手段,理论结合实际,定性与定量分析并举,以项目的形式凝聚海内外研究力量,发挥群体作战的规模优势,联合攻关,研究中国改革和发展中出现的长远重大战略问题和当前难点热点问题,力图打造一个集科学政策咨询、重大项目研究、学术前沿探讨和高级人才培养于一体的大型综合研究机构。

现任高等研究院院长为田国强(2006年至今),党委书记为王昉(2014年至今),常务副院长为黄晓东(2016年至今),副院长为林立国(2013年至今)。历任常务副院长有艾春荣,副院长有俞卫、谭继军、王昉。

## (二) 科学研究

### 1. 科研方向

高等研究院以中国改革发展中出现的长远重大战略问题和当前热点难点问题为研究方向,主要包括农业与城乡协调发展、人口流动与劳动力、教育改革与发展、环境与自然资源、卫生经济与老龄化、市场机制设计与信息经济、生物经济学和决策、中国宏观经济、经济学研究全球竞争力评估等。

### 2. 科研概况

高等研究院以"国家急需,世界一流"为科研方针,通过全面细致的数据收集和处理,对经济社会实践活动进行独立、客观、深刻的分析,为政府机构和各种经济部门提供高水平的决策支持和咨询指导,并开展广泛的学术交流,培养锻炼学术人才和传播学术思想,已经形成一个高起点、多层次、全方位的研究平台。

第一,高等研究院致力于成为国际化、制度化、高标准的学术和政策研究机构,其核心研究人员都是由海内外优秀研究人员组成,这些聘任的研究人员通过高等研究院在学术与政策研究、咨询和其他相关专业活动等领域开展合作,产生高水平的理论和实用研究成果。

第二,高等研究院积极发展与政府和产业部门的密切联系,鼓励客观的经济分析与公开的学术讨论,为中国公共政策的形成与决策提供信息与帮助。并且,高等研究院努力将触角延伸至一般公众,以使创造性的学术思想得以广泛传播,从而对中国经济社会产生更为深远的影响。

第三,高等研究院鼓励独立的、客观的、严谨的学术研究,促进与国际研究机构在中国问题研究方面的学术交流。

第四,高等研究院定期组织学术讨论、研讨会和国际会议,通过政策研究报告系列、专家视点系列、专题论文、书籍和会议论文集等发表研究成果。

### 3. 科研成果

在数据调研中心数据库建设方面,高等研究院科学、系统、全面地采集、整理、开发中国经济社会调研数据,进行调研方法与相关技术的研究开发,同时积极加强与国家统计局、全国海关信息中心、国家疾病预防控制中心和环境保护部环境政策研究中心在调研方法和数据方面的合作、共享,为经济研究和政府决策提供数据支持,并在适当的时点向社会开放。已开展的课题研究项目包括:上海财经大学第六期"千村调查"项目、中国宏观经济形势分析与预测项目、"中国城镇化微观数据调查"项目、"民工子弟学校与流动儿童教育:基于上海的跟踪实证研究"项目等。

2013年,高等研究院联合经济学院组织了以"农村劳动力城乡转移状况"为主题的第六期"千村调查"项目,由田国强担任首席专家,首次采用返乡调查和随机抽样定点相结合的方式,首次引入带队老师参与实地调查,现场指导学生进行问卷调查,提高了所获数据的科学性和准确性,将社会实践与学术调研结合起来。2015年以来,相关教师利用高等研究院承担的第六期"千村调查"项目数据先后发表了数篇高水平论文。

在论文发表方面,2006年以来,高等研究院专职研究员在 Journal of Economic Theory、Games and Economic Behavior、Journal of Regulatory Economics、Frontiers of Economics in China、Environment and Development Economics、Energy Policy 等国际一流和知名期刊上发表论文10多篇,在《经济研究》《经济学(季刊)》《管理世界》《财经研究》《经济管理》《学术月刊》等国内权威期刊上发表了50多篇论文。

在政策研究报告发布方面,高等研究院围绕国家转型发展的重大战略部署,围绕转型发展中出现的长期和短期重大问题开展联合攻关,形成了50多篇政策研究报告和17篇专家视点。其中田国强所撰写的部分报告被中宣部、中组部、中财办等呈报中央常委参阅,以及被有关部门上报中办、国办,得到党和国家领导人的重视。2015年,《2015年中国宏观经济形势分析与预测年中报告》获上海市主要领导的批示。2016年,《中国宏观经济形势分析与预测年度报告(2015—2016)》和《对当前中国改革及平稳转型意义重大的三个问题——供给侧结构性改革的关键与有限政府的建立》分别获得中央财经领导小组办公室领导的批示。

2014年起,高等研究院下属的中国宏观经济研究中心积极推进模拟中国宏观经济运行模型的相关工作,定期发布"中国宏观经济形势分析与预测"系列报告。其中,2016年12月举办的"2016—2017中国宏观经济形势分析与预测年度报告发布会暨高峰论坛"邀请到中国人民银行参事盛松成、江苏省地税局局长江建平等参会点评和做主旨演讲,并首次在中国金融信息中心举办。中国宏观经济形势分析与预测系列报告已得到社会和媒体的高度认可和关注。

在著作出版方面,2014年以来出版的系列著作包括:田国强领衔主编的《中国教育改革:理念、策略与实践——前沿视点"问切"与上财改革实录》,高等研究院特聘教授、农业与城乡协调发展研究中心主任、美国三一学院经济系终身教授文贯中所著的《吾民无地——城市化、土地制度与户籍制度的内在逻辑》,田国强、陈旭东合著的《中国改革:历史、逻辑和未来——振兴中华变革论》,以及中国宏观经济形势分析与预测课题组的《2017中国宏观经济形势分析与预测年度报告——风险评估、政策模拟及其治理》等。

在内参刊物录用方面,2013年,田国强的《以国家公共治理模式重构跨越"中等收入陷阱"》被中组部《人才工作通讯》刊载;2014年,田国强的《对做好"千人计划"及其他高层次引人计划的思考与建议》被中组部《千人》刊载;2014年9月,田国强的《政府间事权划分事关国家治理体系全局》被人民日报社主管的《思想理论动态参阅》刊载;2015年3月,田国强的《处理好发展与治理的关系,保持中国经济增速处在合理区间》被上海市人民政府发展研究中心《决策参考信息》刊载;2015年9月,田国强与陈旭东的《中国经济新阶段的发展驱动转型与制度治理建设》被中财办选为内参刊载。

在媒体专栏文章刊载方面,研究员积极发挥学术专长在媒体上发表见解。建院以来,新华社、《人民日报》、《光明日报》、《解放日报》、《文汇报》、《中国社会科学报》、《新民晚报》、《第一财经日报》、《21世纪经济报道》、CCTV-NEWS、新华网、《千人》、《财经》、《留学生》等多家媒体对研究院活动、政策建议书、专家观点等做了相关新闻报道,有效地宣传了研究院政策咨询成果,扩大了社会影响。

4. 获奖成果

2013年,黄枫的《过度需求还是有效需求——城镇老人健康与医疗保险的实证分析》获第六届教育部人文社会科学优秀成果奖三等奖。2014年,田国强的《对中国大学及其学科评价体系的反思与建议》获上海市第十二届哲学社会科学优秀成果奖内部探讨奖；黄枫的《基于转移概率模型的老年人长期护理需求预测分析》获上海市第十二届哲学社会科学优秀成果奖论文类二等奖。2015年，田国强、陈旭东的《中国改革：历史、逻辑和未来——振兴中华变革论》获第16届孙冶方经济科学奖著作奖。2016年，田国强、陈旭东的《中国改革：历史、逻辑和未来——振兴中华变革论》获上海市第十三届哲学社会科学优秀成果奖二等奖；艾春荣、汪伟的《人口老龄化与中国储蓄率动态演化》获第二届中国消费经济学优秀成果奖。

（三）主要研究中心

1. 数据调研中心

数据调研中心成立于2006年7月。中心以推进中国的微观实证研究为宗旨，引进专业人才，采用先进的统计调查方法，与国际优秀调研中心进行交流合作，目标是发展成为中国数据调研领域的权威机构，出产一流的调研数据和研究成果。目前，中心主要围绕三个方面开展工作：第一，研究一流的调研方法，带动经济统计学科的整体发展；第二，新建高质量的微观数据项目，促进中国经济问题的实证研究；第三，收集盘活已有的存量数据，深化统计数据的高端分析利用。

2. 中国宏观经济研究中心

中国宏观经济研究中心成立的目的在于广泛吸引宏观经济领域的杰出学者，整合各界研究资源，运用现代经济学方法研究中国经济运行的基本特征和内在规律，通过严谨科学的研究成果为中国经济改革和发展服务。中心的工作重点之一是通过组建高水平的宏观经济政策研究与咨询团队，在对宏观经济运行机制进行深入研究的基础上，建成并完善中国宏观经济分析与季度性预测模型，通过科学分析和模拟计算对中国宏观经济运行做出判断和预测。

3. 农业与城乡协调发展研究中心

农业与城乡协调发展研究中心于2007年3月正式成立，由美国三一学院经济系终身教授文贯中博士担任中心主任。中心的工作目标是：促进农村和城市相关制度的改革，以符合市场经济的内在要求，逐渐消除城乡二元结构，使农村恢复内在活力，使农业日益现代化，使城乡收入差逐渐缩小，使城市化走上内生增长的道路，使城市化的成本下降以提高其消化农民和农民工的能力，使农民和农民工能够分享城市的繁荣。

4. 市场机制设计与信息经济研究中心

市场机制设计与信息经济研究中心致力于研究信息在市场中所起的作用，以及如何设计市场机制来解决信息不对称和有效分配资源等问题，并着重关注如何建立起一个更有诚信和效率的网络市场。中心的研究工作主要集中在三方面：第一，研究如何利用经济学理论来解决信息不对称的问题；第二，用实验经济学的方法和实证的方法来对理论模型进行论证；第三，定期邀请国内外资深专家和学者、政府官员以及非政府组织负责人等进行讲座、举办专题学术研讨会、互访等。

5. 环境与自然资源研究中心

环境与自然资源研究中心以科学规范的经济学方法推进有关中国环境和自然资源宏观与微观的理论和实证研究，密切关注环境资源领域的重大课题，为政府部门和环境保护组织制定科学有效的政策和策略提供依据。中心也注重为我国环境与资源领域培养高水平的后备人才，提高我国在该研究领域的整体研究水平，最终成为国家环境与资源经济问题的重点研究基地。中心目前的研究内容主要有：环境政策的效果评估、环境资源领域前沿问题、环境资源与经济发展之间的关系等。

6. 中国教育改革与发展研究中心

中国教育改革与发展研究中心旨在总结中国教育改革与发展的经验教训,以国家发展战略为导向,以国际先进育人经验为参照,思考我国教育的发展方向与方式,推动教育改革和发展,为培养大批具有自我创新能力和知识自我更新能力的高层次创新型人才探索体制路径。研究中心通过广泛开展各种形式的学术研讨会,以项目的形式凝聚海内外研究力量,推动国内外研究机构及人员在教育领域的思想交流,积极发展与政府决策部门和社会教育实践的密切联系,推动教育发展,并为国家和社会提供有益的政策研究与咨询。

7. 人口流动与劳动力市场研究中心

人口流动与劳动力市场研究中心成立于 2012 年 7 月,中心以数据为基础,采用最新的计量方法,研究我国移民与城镇化问题中的若干具有重大政策含义与社会意义的问题。中心主要进行的研究工作包括:第一,流动儿童教育问题研究。着眼于农村外迁人口中流入地面临的制度障碍和融入问题,该项目得到国家自然科学基金支持,初步建立了对于流动儿童长期跟踪的数据库,填补了国内一项空白。第二,农村人口向城市转移的决定因素研究。

8. 卫生经济与老龄化研究中心

卫生经济与老龄化研究中心依托"经济学创新平台"建设项目、数理经济学教育部重点实验室,以国家自然科学基金项目、上海市东方学者计划、上海市浦江人才计划等课题和人才项目为支撑,同国内外有关政府、科研机构和大学开展学术交流与合作,主要从事医疗卫生与人口老龄化问题的理论和应用研究、国际学术交流、政策评估与咨询等方面的工作,以期提高医疗卫生与人口老龄化政策的决策水平,推进卫生和老龄化政策的科学化进程。

9. 生物经济学和决策中心

生物经济学和决策中心是由高等研究院和复旦大学生命科学院于 2014 年 4 月合作创建的一所国际性研究机构,是中国第一个专门研究经济决策的生物神经基础的科研机构,旨在从神经生物学、神经遗传学、神经药理学、成像基因学、心理学和实验经济学的角度来研究人们的经济决策的生理基础。中心的研究领域主要集中在个体决策和社会决策两方面,具体目标包括:探究与经济决策相关的基因组区域,匹配与决策相关的基因组和神经连结,研究生物和环境对决策的交互影响以及寻找行为决策的生物指标。

10. 经济学研究全球竞争力评估中心

随着中国的经济学与世界接轨不断深入,以及国家对于建设世界一流大学的战略方针,构建一个具有全球视野的科学的评价体系,越来越受到来自社会各界的关注。中心采用科学、透明的评价方法,选取国际上公认的经济学最有影响力的 19 本期刊,其中包括 5 本顶尖的经济学综合期刊,14 本经济学主要分支领域最重要的期刊,以这些期刊上的发表论文为基础,对全球大学研究机构的经济学高端产出的竞争力提供一个持续的科学性评估。

11. 博士后中心

中心常年面向国内外重点大学和科研院所招收博士后研究人员,并鼓励他们在博士后研究工作中利用自己原有的学术背景,开展跨学科的研究,探索新的研究方向。

(四)对外交流

高等研究院连续多年坚持举行 Shanghai Workshop、国际研讨会、专题圆桌论坛、"中国经济:理论与政策"系列讲座、每周学术会议等多层次、有针对性的学术交流,已形成长期的良性互动机制。

　　由高等研究院各研究中心主办的系列研讨会包括：(1)"中国宏观经济形势分析与预测报告"发布会，由中国宏观经济研究中心主办，每年举行两次季度发布会、一次年终发布会和一次年度发布会，课题组聚焦中国宏观经济中面临的重大热点、难点问题，采取了国际前沿、国内较为独特的基于准结构模型的情境分析和政策模拟方法，在对统计数据和经济信息充分收集和进行科学鉴别校正的基础上，对中国宏观经济最新形势进行严谨的分析，对未来发展趋势进行客观的预测，并提供各种政策情景模拟结果供决策参考。(2)"土地制度、户籍制度与城市化"内部研讨会，由农业与城乡协调发展研究中心主办，已连续举办九届，社会影响力不断扩大，吸引越来越多的学界专家、政府官员的关注，部分政策建议得到国家相关部门的批示和采纳。(3)城市的未来：外来儿童教育政策研讨会暨校长论坛，由人口流动与劳动力市场研究中心主办，已连续举办五届，积累了大量样本数据，也取得了非常丰硕的研究成果。(4)"环境污染的健康影响及政策应对"研讨会，由环境与自然资源研究中心主办，已举办了六届，会议聚焦环境污染的健康影响及政策应对，除了经济学领域的专家参会之外，还邀请环境、卫生专业领域的学者进行跨学科交流。

　　2010年，主办"第四次全球产业转移浪潮下中国面临的问题和对策"研讨会；与教育部直属《世界教育信息》杂志联合主办"为过渡到在省域范围内义务教育均衡发展探讨一条合理的经费配置机制：中外经验与启示"研讨会。2011年，与中国留美经济学年会、上海财经大学经济学院共同主办"如何跨越中等收入陷阱"学术研讨会暨2011中国留美经济学会会长论坛；2011年，市场机制设计和信息经济研究中心主办"电子商务专题研讨会"。2012年，主办"中国人口、环境及中长期发展前景"研讨会。

　　2013年，联合经济学院、美国亚特兰大联邦储备银行、法国法兰西银行、DSGEnet、法国经济研究与应用中心Dynare项目组共同主办"第九届Dynare国际研讨会"。该届会议为首次在亚洲、在中国举办。2011年诺贝尔经济学奖得主、普林斯顿大学教授克里斯托弗·西姆斯（Christopher Sims）和欧洲中央银行研究总司、高级顾问奥瑞斯特·特里斯塔尼（Oreste Tristani）出席并做主题演讲。同年，主办"超越中等收入状态：国际经验和中国展望"（Quest beyond the Middle Income Status：International Experience and China's Prospect）国际研讨会，会议深入探讨了中等收入陷阱和中国的经济发展问题。

　　2014年，与数理经济学教育部重点实验室联合举办"未富先老"下的中国养老金改革：挑战与机遇（Rapid Aging and Chinese Pension Reform：Challenge and Opportunity）国际研讨会。会议的学术交流成果对进一步推进我国社会保障的理论创新和制度变革具有重要参考意义。同年，联合香港科技大学上海校友会、密歇根州立大学共同主办"全球视角下的网络经济高峰论坛"，会议就"尖端的互联网技术与研究"进行了圆桌讨论。

　　2015年，人口流动与劳动力市场研究中心成功主办"移民、人力资本和青少年发展专题研讨会"（Migration，Human Capital and Child/Youth Development Workshop），2000年诺贝尔经济学奖得主、美国芝加哥大学詹姆士·赫克曼教授（James Heckman）参加会议。2015年，高等研究院还举办了5场专题研讨会，包括"新时期下的国企与国企改革"政策研讨会、人口流动与劳动力市场研究中心举办的"中国人口流动与未成年人跟踪调查"第一次研讨会、卫生经济与老龄化研究中心主办的"人口老龄化背景下的中国健康和养老问题"国际研讨会。

　　2008—2017年，先后有美国前教育部助理副部长、美国劳工部美西总长、现南加州大学教授张曼君一行，经合组织（OECD）经济部文森特·科恩一行，世界银行高等教育处首席专家贾米尔·萨尔米(Jamil Salmi)教授,前国际社会学协会主席、荷兰VU大学博特·克兰德曼斯教授、北美华人社会学会前任主席、芝加哥大学社会学系赵鼎新教授,东盟与中日韩宏观经济研究室(AMRO)磋商代表团团长、首席经济学家Chaipat Poopatpibul一行,挪威主权财富基金全球资产配置部门相关负责人莫藤·特里斯尼斯(Morten Trysnes)一行,香港岭南大学校长郑国汉一行,台湾"清华大学"计量财务金融学系主任余士迪一行,剑桥大学出版社人文社科图书出版发展总监克里斯·哈里森博士一行,国家外国专家局教科文卫专家司副司长雷风云,高等教育出版社副总编查卫平一行,中国社会科学杂志社理论部副主任、《中国社会科学文摘》副主编舒建军一行,华东政法大学科学研究院一行等到高等研究院访问交流。

此外,研究院也鼓励研究员走出去交流互访,深化合作研究。近年来,研究员分别前往美国杜克大学、加州大学欧文分校、密歇根州立大学、俄勒冈大学,法国图卢兹经济学院做交流访问,并参加澳大利亚"2016澳大利亚健康经济学学会会议"(Australian Health Economics Society Conference 2016)、意大利米兰University of Milan‐Bicocca举办的IAAE会议、第21届国际经济与金融学会议(CEF2015)、第七届世界卫生经济大会、世界华人不动产学会2015年会、巴西里约热内卢住房金融国际联合会(IUHF)2015世界大会、印度尼西亚万隆住房国际论坛等做主题演讲或论文宣讲。

## 三、高等教育研究所

### (一) 沿革

上海财经大学高等教育研究所成立于2006年11月,其前身为1983年创立的高等教育研究室。高等教育研究所成立后与校研究室合署办公。2013—2014年高等教育研究所独立运行。2015年开始与发展规划处(学科建设办公室)、研究室合署办公。高等教育研究所是学校直属并独立建制的科研机构,定位为财经教育理论和实践核心研究机构及学校改革与发展的重要智库。

高等教育研究所现设有学科建设与评估、比较高等教育、教育经济与管理、商学教育研究四个研究中心,以及《财经高教研究》编辑部。高等教育研究所系中国高等教育学会理事单位、创新人才教育研究会理事单位,中国高等教育学会高等财经教育分会《高等财经教育参考资料》轮值执行主编单位,中国财经素养教育协同创新中心成员单位。

高等教育研究所所长为应望江(2006年11月— ),副所长有易驰(2013年5月—2017年3月)、高耀丽(2017年4月— )。

### (二) 科学研究

高等教育研究所自建所以来,先后在《高等教育研究》《复旦教育论坛》《江苏高教》《学位与研究生教育》《国家教育行政学院学报》《华东师范大学学报(教育科学版)》等期刊发表学术论文百余篇。出版和参编著作《世界知名院校调研报告:伦敦经济学院》《诺贝尔经济学奖之路》《中国高等教育改革与发展30年》《中国特色现代大学制度探索与实践》《中国社会新阶层的政治经济学研究》《大辞海(教育卷)》《高等教育全球化:理论与政策》等各类著作二十余部。获得纵向项目12项,其中国家级项目1项、省部级项目11项。详见表9-1。

表 9-1　2006 年以来高等教育研究所纵向项目情况

| 负责人 | 项 目 名 称 | 项目级别 | 立项时间 | 项目来源 |
| --- | --- | --- | --- | --- |
| 应望江 | 教育管办评分离问题及对策研究 | 国家级 | 2016 年 3 月 30 日 | 全国哲学社会科学规划办公室 |
| 应望江 | 基于校外实践教学基地建设的投资学专业人才培养机制改革 | 省部级 | 2015 年 4 月 13 日 | 上海市 |
| 应望江 | 社会科学类拔尖创新人才培养模式研究 | 省部级 | 2011 年 9 月 1 日 | 省教育厅社科项目 |
| 应望江 | 关于完善上海国际基础设施融资交易中心公共融资平台功能规划设计若干问题的研究 | 省部级 | 2011 年 6 月 22 日 | 地、市、厅、局等政府部门项目 |
| 高耀丽 | 基于学生体验调查的大学本科教育改革研究 | 省部级 | 2012 年 7 月 1 日 | 上海市教育委员会 |
| 高耀丽 | 教育过度研究综述 | 省部级 | 2015 年 8 月 1 日 | 教育部 |
| 高耀丽 | 高等教育管理机制改革：国际经验与中国的路径选择 | 省部级 | 2007 年 9 月 26 日 | 上海市教育委员会 |
| 高耀丽 | 英美高等教育问责制度及其启示研究 | 省部级 | 2007 年 4 月 3 日 | 教育部青年专项课题 |
| 宋旭璞 | 科研资助制度主导下高校青年教师学术生态的监测与治理研究 | 省部级 | 2014 年 9 月 30 日 | 上海市教育委员会 |
| 宋旭璞 | 高校青年教师学术行为模式与科研资助政策配套研究 | 省部级 | 2014 年 7 月 3 日 | 教育部 |
| 宋旭璞 | 科研资助制度的作用和影响研究 | 省部级 | 2013 年 7 月 1 日 | 上海市教育委员会 |
| 张洁 | 上海高校研究生事务管理的现状、问题及对策研究 | 省部级 | 2009 年 10 月 1 日 | 上海市教育委员会 |

高等教育研究所研究成果获得教育部和上海市以及其他奖项共计 14 项，其中《世界知名院校调研报告：伦敦经济学院》一书于 2011 年获得第四届全国教育科学研究优秀成果奖；《走千村，访万户，读中国——以千村调查为载体的创新人才培养模式探索与实践》于 2014 年获得国家级教学成果奖二等奖。

（三）学术刊物

1.《财经高教研究》

1983 年 7 月，上海财经学院决定成立财经教育研究室和编辑铅印刊物《财经教育研究》，并向中共上海市委宣传部报送《关于我院内部发行〈财经教育研究〉（铅印刊物）》的报告。报告明确《财经教育研究》的宗旨是：以马列主义、毛泽东思想为指导，从理论与实践的结合上进行高等财经教育规律的研究，认真总结和交流教育经验，推动教育改革，促进财经教育事业的发展。刊物主编由教务处副处长竹德操兼任，暂定为不定期出版。11 月 25 日，学院在向上海市高教局、出版局报送的《关于印制〈财经高教研究〉刊物的申请报告》中指出，前文所述的财经教育研究室更名为高等教育研究室，刊物《财经教育研究》定名为《财经高教研究》。1983 年 12 月，学院印制刊物《财经高教研究》第一辑（第二辑后改称期），刊名由院长姚耐题写，主持行政工作的副院长郭森麒发表"代前言"一文，题为《加强教育科学研究推进高等财经教育事业的发展》。1984 年 12 月后，刊物编印由教务处副处长张次博分管。

1987年,刊物定为半年刊,一年出2期。同年12月,学校决定成立《财经高教研究》编委会,主任为副校长王松年,副主任为教务处处长严学丰和副处长张次博。

1993年2月,经上海市新闻出版局批准,刊物取得"上海市内部期刊准印证0366号",由《财经高教研究》编辑部编辑出版,学校高教研究室发行。由副校长汤云为任主编,校长助理储敏伟、教务处处长唐豪、高专部主任张次博任副主编。7月出版的第一期封面改版,刊名仍用姚耐的题字;12月出版的第二期将主编、副主编及责任编辑名单印于封底。1994年起,编委会副主任由陈启杰(时为教务处副处长)担任。1997年2月18日,财政部人教司批复同意该刊物改为季刊。1998年春,经上海市新闻出版局报刊处验审后,刊物取得"上海市连续性内部资料准印证(K)第0366号"。

1999年第一期起,编委会主任调整为副校长储敏伟,副主任为教务处处长陈启杰、图书馆馆长张次博。2003年10月第三期起,编委会成员调整为6人,即:主编储敏伟,副主编王洪卫(时为校长助理兼研究室主任)、陈启杰(时为研究生部主任),以及何玉长(时为教务处处长)、张次博、应望江(时为研究室副主任)。发行单位改为校研究室(内设编辑部)。2004年9月第三期起,编委会主任为副校长王洪卫,副主任为陈启杰、应望江(时为研究室主任)、何玉长,另有编委2人,为干春晖(时为科研处处长)、张次博。2006年4月第一期起,编委会主任为副校长丛树海,副主任和编委会其他成员没有变化。是年第三期起,编委会成员增加田圣炳(时为研究室副主任),同时发行单位改为高等教育研究所(编辑部转入)。

2007年第一期起,编委会成员扩至30人,编委会成员由各院系和学校主要职能部门负责人组成。主编为丛树海(时为副校长)。2013年第一期开始,编委会主任为王洪卫,副主任为蒋传海、姚玲珍、应望江。第二期开始,主编改为应望江。责任编辑依次由崔志彦、胡红华、高耀丽、宋旭璞、陈祥龙、杨开太担任。现主要栏目有高等教育、比较教育、商学教育、通识教育、教学改革、研究生教育、高教信息、会议综述等。至2016年底共出版104期。

2.《高校发展参考》

《高校发展参考》(周刊)是上海财经大学关于国内外知名研究型大学发展动态的内部交流平台,由上海财经大学高等教育研究所和上海财经大学研究室共同编辑发布,供学校决策层和有关部门参阅。杂志第1辑发布于2004年2月23日。

杂志内容包括战略规划、学科建设、国际化办学、通识教育、高等教育质量保障、教育评估与教学评价、大学文化建设、内部治理结构、大学章程建设等,涉及大学人才培养、科学研究、社会服务各方面。

(四)咨询服务

作为学校改革与发展的研究支持机构和重要思想库,高等教育研究所自建所至今十年以来,在对内服务学校,对外服务财政部、教育部以及社会等方面开展了一系列对策研究和咨询服务工作。

1.校内服务

学校自2003年开始关注和研究英国伦敦经济学院,2007年9月,学校选派邹平、高耀丽和于洪组成专题调研小组赴英国伦敦经济学院进行实地调研,并将研究成果编写成《世界知名院校调研报告:伦敦经济学院》一书,由高等教育研究所所长应望江担任主编,于2010年12月由上海财经大学出版社出版。

商学博物馆建设是上海财经大学百年校庆的重要文化工程之一。2013年,高等教育研究所所长应望江和副所长易驰分别牵头承担了"筹建博物馆——商学教育研究"和"中国商学著作研究"两项课题。2014年,实地调研了多家博物馆、校史馆、主题陈列馆。2015年,商学教育研究课题组对商学教育进行了进一步的研究,召开了商学与商学教育概念研讨会,邀请了商学教育、晋商研究、中国经济思想史、经济哲学等领域的专家对商学教育和商学的概念进行了进一步的辨析,达成了初步共识,为下一步商学教育的研究奠定了基础。2016年,赴北京大学、清华大学、复旦大学、上海交通大学、中国人民大学、厦门大学、山东大学、中央财经大学、中南财经政法大学、国家图书馆等单位开展展品调研及征集。在前期研究的基础上,撰写博物馆布展大纲并完成初稿,同时收集展品。2017年,在征求专家意见的基础上,对展陈大纲进行多次修改,最终在2月份定稿。此后,继续完善布展和彩立面设计。商学著作研究课题组针对商学著作进行了系统的梳理,明确了选材标准,筛选了两千余部著作,初步确定了核心的商学名著。经过多轮专家评审,最终选出著作90余部。

自2007年开始,高等教育研究所开始研究学科绩效评估体系并对学校学科进行评估。为支持学科建设和学科评估工作,2009—2013年,高等教育研究所、发展规划处(学科建设办公室)、信息办等部门合作开发学科信息平台。2013年,学校通过了《上海财经大学学院(系、所)绩效拨款方案》,开始将学科评估结果与学科绩效拨款挂钩。绩效拨款方案将教育部第三轮学科评估结果、武汉大学的评估结果和校内评估结果结合,通过公式计算学院的学科建设绩效。在外部评估方面,持续对武汉大学中国科学评价研究中心、网大排行榜、QS排行榜等进行跟踪,通过横向比较展示学校学科发展状态,所写研究报告通过简报、发表论文等方式供学校参考,被学校多个院系和职能部门引用。

从2006年至今,高等教育研究所共完成服务学校研究课题50余项。针对学校人才培养、校院两级预算管理体制改革、学校专门学院的财务管理及收入分配制度的调研、学校纵向课题申报与立项问题研究(2006—2012)、投资系科调整工作的方案研究、学生满意度调查研究等问题进行调研,参与"财经类院校通识教育的方案设计"课题调研、撰写《继续教育学院与国际从业资格教育学院整合方案》、参与撰写学校《2012年本科教学质量报告》等。此外,还参与了学校"十一五""十二五""十三五"规划的前期调研工作和《上海财经大学章程》制定工作。围绕学校章程进行后续交流和跟踪研究,并展开学术专题研究,相关成果发表于《国家教育行政学院学报》。

2. 校外服务

自建所以来,高等教育研究所共承担横向课题30余项。其中有多项财政部、教育部咨询课题,如高等教育财政拨款制度、高校财务管理、中央高校管理改革等绩效拨款分配因素研究,人才培养模式的国际经验与改革研究等项目,上述研究成果获得相关部门和领导的肯定,取得了良好的社会效益。

(五)学术交流

1. 国内交流

2008年10月17日,上海市教育评估院召开上海市高等教育评估研究人员交流会议。所长应望江应邀参加会议,积极建言献策,分享学术观点,并就合作交流的途径与方式与到会专家展开热烈的讨论。

2008年10月24日,在上海师范大学召开"上海本科院校高教所所长研讨会",所长应望江应邀参加会议。会议的主题是高教所如何更好地为学校的建设和发展提供决策咨询服务,以及如何加强各高教所之间的交流与合作,以增进了解、合作共赢。会上应望江介绍了本单位的发展状况及目标,与专家学者就发展中的问题展开了交流探讨。

2013年11月2日,中国高等教育学会高等财经教育分会2013年年会暨高等财经教育论坛在济南召开。会议围绕"创新型人才培养"主题,就创新型人才培养目标、本科教改试点探索、本科教学质量年度报告、创新人才的社会责任和分工、创新人才培养的国际比较与经验借鉴等内容展开了热烈讨论。所长应望江应邀作了《向世界名校借鉴些什么》的主旨报告,受到与会领导和专家的欢迎。

2014年1月10—12日,易驰、杨开太、高耀丽、宋旭璞参加由中国教育学会教育经济学分会与西南大学教育学部共同主办的教育经济学年会。提交了"高校绩效评估的研究综述"的学术论文,并就相关的议题与到会专家开展深入交流。

2014年7月23—25日,教育部全国教育普法领导小组办公室在北京举办高等学校依法治校理论与实务研讨培训班。各省、自治区、直辖市教育厅(教委)负责政策法规工作的职能处室负责人和具体工作人员、部属及地方高校负责规章制度制定和依法治校工作的主管校领导和相关处室负责人员300多位代表参加了培训。所长应望江在会上作了"大学章程建设的思考与实践"的专题报告。

2014年11月6日,长三角地区第二届高教所所长论坛暨上海市第十届高教所所长论坛在上海举行。来自上海、浙江、江苏、安徽四省市高教学会会长及秘书长、高教所所长出席了本次论坛。本次论坛的主题为"特色办学与人才培养机制创新"。所长应望江应邀出席本次论坛,并作"向着有特色高水平大学的目标执着前行"的主旨报告。

2014年11月7日,上海财经大学主办、高等教育研究所承办的郭秉文教育思想研讨会在上海财经大学隆重召开。参加研讨会的人员包括郭秉文先生的家属、中国高等教育学会及《中国高教研究》的领导及编辑、国内著名院校的高等教育学者及郭秉文研究的专家等。研讨会紧紧围绕郭秉文先生教育思想的传承和发展,开展了深入的主题研讨和专题讨论。

2015年5月29日,根据上海市社联关于"第十四届上海市社会科学普及活动周"的安排,所长应望江应邀在上海港教育培训中心做了题为"上海市'十三五'规划与科创中心建设"的科普讲座。

2016年1月8日,所长应望江与来访的美国教育考试中心(ETS)资深计量专家王珍博士等人开展学术探讨和交流。双方侧重探讨了ETS最新专业测试理念对于分类选拔财经创新人才的合作可能性,未来学校将持续推进教育教学和课程管理的双语机制,营造卓越的国际化环境,培养学生成人、成才、成功。

2013年11月7—8日,易驰、高耀丽、杨开太、宋旭璞到北京大学教育学院、清华大学教育研究院进行调研和考察交流。双方围绕"为学校社会服务和加强研究实力的关系"以及相关实践困惑问题进行了详细讨论,学习了很多值得借鉴的具体经验做法。

2013年11月19—20日,易驰、杨开太、宋旭璞到厦门大学教育研究院和校史馆进行考察学习。与厦门大学教育研究院的部分教师一起座谈交流并深入调研,并与著名教育专家潘懋元教授就高等教育质量提升议题开展了学术探讨。

2015年6月24—27日,所长应望江带队与学校百年校庆办、档案馆等部门人员一同赴山西考察博物馆建设相关事宜并与山西财经大学交流了学科建设相关经验。

2015年12月14—16日,易驰、杨开太、陈祥龙赴西南财经大学、四川大学调研。一是考察学习两所学校高等商学教育历史,收集高等商学教育资料,为推动学校高等商学教育和商学博物馆建设提供新的史料支持和经验借鉴;二是考察两所学校高等教育研究情况,为本所今后发展提供经验借鉴。

2016年3月10—12日,高耀丽、陈祥龙与学校发展规划处、研究室同事共赴山东大学考察学习,对学校商学博物馆建设、继续教育和双一流建设等急需的问题展开调研。重点调研了山东大学商学教育发展历史的相关研究和实物收集工作。

2. 国际交流

2006年以来，所长应望江赴下列境外高校，进行高等教育和投资经济领域学术交流和院校管理领域专题调研：美国哈佛大学（2013）、哥伦比亚大学（2011，2014）、佐治亚州立大学（2013）、迈阿密大学（2011）、加拿大大不列颠哥伦比亚大学（2013）、女王大学（2011）、日本一桥大学（2006，2016）、九州大学（2016）、岐阜经济大学（2016）、挪威奥斯陆大学学院（2010）、阿哥德大学（2010）、俄罗斯莫斯科财经大学（2007）、国立圣彼得堡财经大学（2007）、法国波尔多商学院（2009）、波兰哥白尼大学（2007）、韩国德成女子大学（2006）、荷兰伊拉斯莫斯大学（2008）、芬兰汉肯经济学院（2010）、瑞士联合国贸易和发展会议（2008）、意大利伯卡尼大学（2009）、香港科技大学（2013）、香港理工大学（2013）。高耀丽于2014年8月至2015年8月赴美国佛罗里达州立大学从事高等教育政策研究；2009年7月至8月，访问日本一桥大学；2007年10月至11月，访问英国伦敦经济学院。杨开太于2014年4月至2015年4月赴美国加州州立大学奇科分校从事教育经济学研究。宋旭璞于2015年5月至2016年5月赴美国加州州立大学奇科分校从事教育经济学研究。

2014年10月23—27日，应望江、宋旭璞应邀参加了由美国哥伦比亚大学教育学院、哥伦比亚大学东亚图书馆、纽约华美协进社共同主办的"郭秉文与中国近现代高等教育发展和中美教育交流——纪念郭秉文先生从哥伦比亚大学博士毕业100周年国际研讨会"。提交了"郭秉文教育思想在中国商科院校的实践与发展"的学术论文，并与近百名中美高等教育研究专家、教育界人士开展了深入的专题交流。

2014年11月19—22日，高耀丽参加了在美国华盛顿哥伦比亚特区召开的2014年美国高等教育学会年会（ASHE Conference）。本届大会的主题是将学术与政策制定结合起来，为学者和政策制定者之间的对话交流提供平台。在参会过程中，通过聆听学术报告、参与学术讨论，更加深入地了解美国高等教育研究前沿。

2015年4月16—18日，所长应望江带队出席2015年亚太地区教育质量保障组织（APQN）国际学术研讨会。此次会议由云南省高等教育评估中心、云南大学、云南省高等教育学会联合承办，会议主题为"高等教育质量保障的全球性与多样性"。会上，应望江与到会专家就高校质量保障机制开展了深入探讨和交流。

2015年10月16—17日，宋旭璞参加了美国加州大学奇科分校举办的教育学务国际研讨会。此次会议的主题是探讨大学教学方法及高校教学管理的改进。会议期间，宋旭璞就中美高等教育质量提升议题与中外专家展开了交流探讨。

## 第二节 各级科研基地

学校着力构建"国家级＋省部级＋校级"三级智库目标体系，分阶段对科研平台进行顶层规划、优化整合，推进财经特色科研平台有序发展。各级科研基地由教育部基地、上海市基地、协同创新中心和校级重点研究基地等类别组成。

### 一、教育部科研基地

教育部先后批准学校设立了2个重点科研基地，分别为教育部人文社会科学重点研究基地会计与财务研究院和教育部重点实验室数理经济学实验室。

### (一) 教育部人文社会科学重点研究基地：会计与财务研究院

1999年，教育部推出了建设普通高等学校人文社会科学重点研究基地的重大战略举措，以深化高校科研体制改革、促进高校哲学社会科学繁荣发展。经过组织申报，上海财经大学会计与财务研究院于2000年9月入选第二批普通高等学校人文社会科学重点研究基地，孙铮为基地院长，陈信元、靳庆鲁先后为基地常务副院长。基地现拥有专兼职研究人员42名（专职36名，兼职6名），自2000年以来，在科学研究、人才培养、学术交流、资料信息建设、社会服务和深化科研体制改革等方面取得了比较显著的成绩。

1. 科学研究

会计与财务研究院（以下简称研究院）自成立以来（截至2016年12月），研究员在 *The Accounting Review*，*Journal of Accounting and Economics*，*Journal of Accounting Research*，*Review of Accounting Studies*，*Contemporary Accounting Research* 5种国际顶尖期刊共计发表论文14篇，在国内权威期刊发表论文400余篇，其中《经济研究》16篇、《管理世界》46篇、《管理科学学报》6篇、《会计研究》133篇、《中国会计与财务研究》59篇、《金融研究》23篇。2000年来，基地共承接57项国家自然科学基金项目、9项国家社科基金项目、31项教育部基地重大项目，其中有2项国家自然科学基金重点项目和1项国家杰出青年科学基金项目。基地有30余项成果分别获得普通高等学校人文社会科学研究成果奖、上海市哲学社会科学优秀成果奖、上海市决策咨询研究成果奖等奖项。

2. 人才培养

研究院依托良好的研究平台，培养了一批高素质的学术带头人和中青年学术骨干。专职研究员中有国家级教学名师1名，长江学者特聘教授3名，国家杰青1名，3人入选国家百千万人才工程，3人享受国务院政府特殊津贴，1人荣获"国家突出贡献中青年专家"称号；另有教育部跨世纪学科带头人1名，教育部新世纪优秀人才4名，上海市领军人才1名，上海市曙光学者6名；国家级教学名师1名。目前研究院形成了一支年龄结构和学缘结构合理、学科布局和职称结构平衡，且有一批在海内外具有较强学术影响力的国际化研究团队。

研究院积极推进研究生教学改革。自90年代中期起，研究院实施了一系列博士生培养改革，包括实证研究范式、硕博连读、延长学制和综合考试、申请考核制招生等。博士生导师规模逐年增加的同时博士生招生规模大幅缩减，年招生人数从历史最高的33人压缩至12人左右。

研究院已成为各类高层次会计与财务人才的培训基地。研究院公开向社会招收财务总监(CFO)高级研修班10期，累计有600余名学员。同时研究院还积极参与专业会计硕士(MPAcc)培养，为上海和周边地区培养了高级会计应用人才。

3. 学术交流

研究院积极开展国际国内学术交流活动，中国会计教授会秘书处、教育部会计学分教指委均设于研究院。2001年举办实证会计研究国际研讨会，2002年与香港城市大学、香港理工大学和国内高校合作举办国际研讨会，2002年举办保险监管会计国际研讨会，2003年10月举办管理会计国际研讨会，2004年10月举办公司财务国际学术研讨会，2005年3月举办中国与东亚国家公司治理国际研讨会，2006年6月举办管理会计在中国发展及实务运用国际研讨会，2006年10月举办转型经济中的审计问题国际研讨会，2007年10月举办了会计准则国际研讨会，2008年10月举办中外管理会计研究成果比较与借鉴国际研讨会,2009年11月举办新兴市场公司财务与治理国际研讨会,2009年12月举办长三角研究生学术论坛,2010年12月举办中国会计与财务研究国际研讨会,2011年5月举办首届两岸三校会计研究论坛,2011年6月举办第七届管理会计国际研讨会,2012年12月举办管理会计国际研讨会,2013年4月举办四校博士生论坛,2013年11月举办中国资本市场会计与财务问题国际研讨会,2014年4月举办IMA管理会计学术论坛,2014年4月举办XBRL应用学术研讨会,2014年5月举办第四届两岸三校会计研究论坛,2015年6月举办"金融机构审计、监管与数据分析应用"产学研联合论坛,2016年7月举办AOS国际研讨会,2016年11月举办扶贫产业基金投资企业全面预算管理信息化应用研讨会,这些学术活动在海内外产生了重大的影响。

6名海外兼职研究员每年都到研究院进行为期一个月的学术交流和合作研究。2000年以来,来自全球著名高校的海外学者累计320人次来访,并举办350余次学术讲座,研究院已成为名副其实的对外学术交流的窗口。此外,研究院研究员累计出访385人次,分别赴美国、加拿大、澳大利亚、英国、爱尔兰、丹麦、荷兰、日本、韩国、新加坡、马来西亚,以及中国台湾、香港等地进行合作研究和参加学术研讨会。

4. 资料信息建设

研究院每年订阅会计与财务类学术期刊,共有外文期刊84种,国内期刊188种,购置了WIND、CSMAR、WRDS、CCER、私募通、中诚信、锐思等数据库,并完善和维护自建数据库。研究院创办了电子学术期刊《会计与财务》,作为发表工作论文的阵地。为了保证稿件的质量,面向全国高校征稿,采用严格的匿名审稿制度。

5. 社会服务

在开展理论研究的基础上,研究院还积极主动承担国家、上海市及企业的委托课题和咨询研究课题,累计承接了79项重要课题。其中,联合国审计署课题1项、财政部长期共建研究项目3项、财政部共建课题14项、教育部课题20项、文化部共建课题1项,成果被有关部门采纳。另外,研究院有1名国际财务报告准则咨询委员会(IFRS咨询委员会)委员、2名财政部管理会计咨询专家、3名财政部企业会计准则咨询委员会委员、1名国务院学位委员会第七届学科评议组成员,对政府有关部门的决策提供咨询建议。

6. 深化科研体制改革

研究院构建和完善党支部、行政班子、学术委员会、专职研究员代表大会"四位一体"治理结构,充分发挥学术委员会在研究院治理中的作用,努力实践"教授治学"。研究院重视制度建设,制定了《会计与财务研究院学术成果和学术活动管理办法》《会计与财务研究院高质量学术成果奖励管理办法》《会计与财务研究院专职研究员经费配套办法》《会计与财务研究院教育部重点研究基地重大项目管理办法》《会计与财务研究院专职研究员管理办法》等系列规章制度。

(二)教育部重点实验室:数理经济学重点实验室

数理经济学教育部重点实验室(简称"实验室")于2011年底正式立项,2012年4月顺利通过论证,是以数理经济学理论和应用研究为主线的教育部重点实验室。实验室的主要研究方向包括数理经济学的基础理论与方法、博弈论及机制设计、数理统计模型与方法、金融建模与风险管理、宏观经济模型与预测等。成立以来,实验室在队伍建设、科学研究、人才培养、学术交流、资政启民等方面取得了一定的成绩。

1. 队伍建设

实验室成立以来,形成了一支涵盖国家"千人计划"入选者7人、国家杰出青年科学基金获得者2人、长江学者8人、国家优秀青年科学基金获得者1人、教育部新世纪优秀人才5人、"新世纪百千万人才工程"国家级人选入选者2人等各个层级人才的学术梯队,充分发挥了人才高地的辐射、带动作用。

在人员架构组织管理方面,实验室实行"旋转门"人才交流制度,积极引进业界、学界等知名学者与相关人士参与实验室的研究工作,并邀请知名学者来实验室开课讲授。目前已与美国俄亥俄州立大学的李龙飞教授、英国曼彻斯特大学的Terry Peach副教授等23位毕业于海内外知名院校的博士达成合作关系,成功引入专家学者及其团队力量,为实验室的科研创新打下坚实的基础;并在实验室的主要研究方向上形成了"学术带头人——学科骨干"的研究架构,在这种科学、系统、立体的研究架构下,各个方向的学科队伍形成合力,在一些学科相关的重大项目及学术活动上逐步获得影响力。

制度建设方面,实验室依据相关规定制定《上海财经大学数理经济学教育部重点实验室管理制度条例》,对实验室日常运行的工作进行制度规范,具体细化的制度有《数理经济学教育部重点实验室科研成果署名规范及奖励标准》等17项。

2. 科学研究

自成立以来,实验室共获得48项国家自然科学基金项目和11项国家社会科学基金项目立项。其中,2014年实验室更是在具有标志性意义的国家杰出青年科学基金、优秀青年科学基金项目上取得了零的突破。省部级科研项目方面,实验室有21个项目入选教育部人文社科研究项目、上海市哲学社会科学规划课题、上海市教育委员会课题、上海市"晨光计划"、上海市浦江人才计划、上海市自然科学基金面上项目、上海市社科规划项目等。

同时,在署名实验室的论文发表方面,实验室也取得了优异的成绩。从成立至今,实验室署名论文共有139篇,其中在国际顶尖期刊发表4篇,在国际一类期刊发表36篇,在国际二类期刊发表29篇,在国内权威刊物发表18篇。

3. 人才培养

人才培养方面,有来自澳大利亚国立大学克劳福德公共政策与管理学院、台湾"清华大学"计量财务金融学系、加拿大英属哥伦比亚大学副教务长和国际事务高级顾问一行等的相关人员访问实验室,双方就进一步深化和加强经济学人才培养合作、搭建学术交流合作平台达成了共识;实验室每年定期举办博士生论文中期报告会,近80名教师共同会诊博士生论文质量,该报告会已逐渐成为实验室大力提升博士培养质量的重要一环。在本科生培养上,实验室每年定期举办"全国高校本科生经济学年会",征集并筛选来自全国高校的优秀论文,邀请学生作者参加论文报告、圆桌交流会等活动。

除此之外,实验室联合经济学院利用暑期时间开展各类人才培养活动,坚持多年举办"现代经济学"全国研究生暑期学校、全国高校教师暑期师资课程进修班和"海纳百川,经世济国"全国优秀大学生经济学夏令营。三个暑期项目每年各招生100人左右,课程体系参照北美一流高校现代经济学基础课程标准设置,聘请专业雄厚的师资力量为学生授课及开设讲座。

4. 学术交流

实验室积极承办如"超越中等收入状态:国际经验和中国展望"(Quest beyond the Middle Income Status: International Experience and China's Prospect)国际研讨会、"9th Dynare

Conference Program"国际研讨会、"中国的环境挑战：一个全球视角"(China's Environmental Challenges: a Global Perspective)国际研讨会等，并每年定期举办"上海微观经济学、计量经济学、宏观经济学专题研讨会"(Shanghai Microeconomics/Econometrics/Macroeconomics Workshop)系列会议。同时坚持每周举行学术讲座，每年累计举办超过100场学术讲座，主讲者有来自美国哈佛大学、新加坡国立大学、加拿大多伦多大学、英国杜伦大学、韩国高丽大学、台湾大学、香港大学、北京大学等知名学府的学者，也有来自美联储、德意志联邦银行等机构的专家。

5. 资政启民

实验室联合高等研究院递送给政府相关部门的很多政策研究报告和专家视点引起了领导的高度关注，成立以来，实验室共发布18期政策研究报告和17期专家视点。其中，"中国宏观经济形势分析与预测"课题组发布的相关报告引起媒体的广泛关注和报道，包括新华网、中国新闻网、《光明日报》、《解放日报》等众多媒体均对《报告》进行了相关报道。《中国宏观经济形势分析与预测年度报告(2015—2016)》于2016年1月获中央财经领导小组办公室领导批示。

此外，实验室与高等研究院联合承办的上海财经大学2013年度"千村调查"项目取得了一定的影响力：依托"千村调查"项目所获得的原始数据，高等研究院已于2014年形成独立调研报告与多篇政策建议报告，并且在《光明日报》等媒体报刊整版发布，获得良好的社会影响。

## 二、上海市级基地

### （一）上海高校人文社会科学重点研究基地

学校中国公共财政研究院于2014年入选上海高校人文社会科学重点研究基地。中国公共财政研究院是以公共财政建设为研究方向，由原公共经济与管理学院下属的公共政策研究中心、中国教育支出绩效评价研究中心、公共治理研究中心、实证分析与调查研究中心、卫生政策与管理研究中心、社会保障研究中心、资产评估中心、资源环境政策与管理研究所、不动产研究所、投资研究所等与公共财政建设有关的中心(所)等学术资源整合形成。

中国公共财政研究院由上海财经大学公共经济与管理学院、厦门大学经济学院、北京大学法学院、财政部财科所、中国社会科学院财经战略研究院、斯坦福大学国际发展中心、一桥大学公共政策研究院、江苏省财政厅、江苏省地税局、上海市财政局、上海市税务局、浙江省国家税务局、浙江省财政厅以及北京师范大学收入分配研究院等理事单位共同打造。研究院院长为全国人大财政经济委员会原副主任委员、卫生部部长、财政部副部长高强。

2012年5月14日，教育部、财政部、上海市人民政府在上海签署了共建上海财经大学协议，学校开始实施服务国家财税事业和服务上海发展两个行动计划，中国公共财政研究成为服务国家财税事业行动计划的重要载体，每年为解决国家财政改革发展难题开展系列研究和服务工作。2014年2月，中国公共财政研究院被上海市教育委员会认定为上海高校人文社会科学重点研究基地，作为上海市和学校的重点平台进行建设。

### （二）上海高校智库

2013年9月，学校"公共政策与治理研究院"、"中国产业经济研究中心"2个智库被上海市教委认定为第一批"上海高校智库"。公共政策与治理研究院依托上海财经大学科研团队，吸收和组织校内经济学、管理学、社会学、政治学以及法学等不同学科研究人员，联合国内其他公共政策与治理研究机构，建立多学科融合、协同研究、机制创新的科研平台，对接国家战略，承担以政府需求为对象，力图运用科学有效的研究方法，破解中国经济社会发展中的难题，提出具有战略性、综合性、科学性的理论支撑和政策建议的高质量决策咨询报告，服务政府决策。产业经济研究中心自80年代初就围绕中国产业发展中的战略问题进行长期跟踪研究，在学术研究与政策咨询上产生广泛社会影响，是国家和上海经济转型和产业发展的重要智囊。为了积极响应中央关于建设中国特色新型高校智库号召，更好服务国家和上海"产业转型升级，创新驱动发展"的战略需求，中心依托上海财经大学在产业经济领域的学科优势，以财政部和上海市产业经济学重点学科为支撑，整合校内外专家，紧密协作企业和政府，开展产业发展与战略研究。

2012年6月，学校依托底蕴深厚的金融学及经济管理学科，牵头组建"上海国际金融中心研究院"，并入选第二批上海高校知识服务平台建设计划。2014年8月，该研究院作为知识服务平台通过上海市教委专家组中期验收，并于2015年开始也纳入上海高校智库进行建设与投入。该研究院紧跟上海国际金融中心建设的步伐，围绕上海国际金融中心建设面临的重大问题开展攻关，全力提供智力支持。

（三）上海市重点实验室

2012年7月，上海市科委批准学校作为"上海市金融信息技术研究重点实验室"的依托单位，实验室研究方向为：金融制度和金融监管研究、金融模式和金融产品创新研究、金融风险管理研究、金融数据标准和智能决策支持技术研究。实验室依托自身学科优势和特色，紧密围绕上海市重大发展战略，凝练和完善研究方向，强化人才队伍建设，进一步开展以应用为导向的产学研合作，持续增强自主创新能力，服务上海市金融改革与发展。

（四）上海市社会科学创新研究基地

2013年12月，上海市哲学社会科学规划办公室、上海市人民政府发展研究中心批准设立学校第1个上海市社会科学创新研究基地，研究方向为：民族复兴中国梦。

2015年12月，学校获批增补1个上海市社会科学创新研究基地，研究方向为：中国企业创新发展研究。

学校的上海市社科创新研究基地成立后，采取高效灵活、以用为主的队伍管理制度，建立相对客观科学的成果评价制度，重视重大基础理论研究，推进品牌论坛建设，在决策咨询成果获奖、批示及科研成果转化方面成效突出。

（五）上海市人民政府决策咨询研究基地工作室

2010年6月，上海市人民政府发展研究中心批准学校设立"上海发展战略研究所王洪卫工作室"，研究方向为：上海房地产市场调研与发展；同年11月，增补设立"上海发展战略研究所赵晓雷工作室"，研究方向为：城市经济规划与城市群经济；2012年3月又批准设立"上海发展战略研究所胡怡建工作室"，研究方向为：城市财政与税收。

2015年6月，上海市人民政府发展研究中心将上海发展战略研究所工作室更名为上海市人民政府决策咨询研究基地工作室，学校3个工作室分别更名为：上海市人民政府决策咨询研究基地王洪卫工作室、上海市人民政府决策咨询研究基地赵晓雷工作室、上海市人民政府决策咨询研究基地胡怡建工作室。

3个工作室自批准设立后,以负责人为首席专家,依托相关学科与研究方向,每年承担上海市政府发展研究中心若干重大决策咨询课题,高质量完成各项研究任务。

### (六)上海市社会调查研究中心

2009年10月,时任上海市委副书记、市长韩正等领导为上海社会调查研究中心各分中心授牌,学校时任副校长丛树海接受"上海社会调查研究中心上海财经大学分中心"授牌。该中心由上海市人民政府发展研究中心牵头,多所高校和研究院所共同发起成立,通过问卷调查等研究方式,就上海社会、民生、文化等领域的相关热点、焦点问题,直接问政、问需、问计于民,为市委、市政府决策提供参考。

除上述教育部和上海市基地外,学校省部级研究基地还包括:教育部国家汉办批准设立的"国际商务汉语教学与资源开发基地"(2010年2月)、上海市教育委员会批准的上海市协同创新中心"中国自由贸易试验区协同创新中心"(2015年4月,详见后文协同创新中心)、最高人民法院批准设立的"最高人民法院自贸区司法研究基地"(2015年7月)、上海市教育委员会批准设立的"教育立法咨询与服务研究基地上财分基地"(2016年3月),这些研究基地发挥学校学科优势和研究专长,积极服务社会,形成了重要影响力。

省部级科研基地是学校三级智库体系的重要组成部分,学校在制度、场地、资源、经费等方面全面给予支持与保障,逐步打造了一批影响力、知名度突出的财经领域"核心"智库。学校省部级科研基地情况见表9-2。

表9-2 省部级科研基地情况

| 序号 | 机构类型 | 名 称 | 批准设立时间 | 批 准 单 位 | 现任负责人 |
| --- | --- | --- | --- | --- | --- |
| 1 | 教育部人文社会科学重点研究基地 | 会计与财务研究院 | 2000年9月 | 教育部 | 孙 铮 |
| 2 | 教育部重点实验室 | 数理经济学重点实验室 | 2011年12月 | 教育部 | 田国强 |
| 3 | 上海高校人文社会科学重点研究基地 | 中国公共财政研究院 | 2014年2月 | 上海市教育委员会 | 刘小川 |
| 4 | 上海高校智库 | 上海国际金融中心研究院 | 2012年6月 | 上海市教育委员会 | 赵晓菊 |
| 5 |  | 公共政策与治理研究院 | 2013年9月 | 上海市教育委员会 | 胡怡建 |
| 6 |  | 中国产业发展研究院 | 2013年9月 | 上海市教育委员会 | 干春晖 |
| 7 | 上海市重点实验室 | 上海市金融信息技术研究重点实验室 | 2012年7月 | 上海市科学技术委员会 | 陈 云 |
| 8 | 上海市社会科学创新研究基地 | 民族复兴中国梦 | 2013年12月 | 上海市哲学社会科学规划领导小组办公室、上海市人民政府发展研究中心 | 张 雄 |
| 9 |  | 中国企业创新发展研究基地 | 2015年12月 | 上海市哲学社会科学规划办公室 | 江若尘 |
| 10 | 上海市协同创新中心 | 中国自由贸易试验区协同创新中心 | 2015年4月 | 上海市教育委员会 | 蒋传海 |

(续表)

| 序号 | 机构类型 | 名称 | 批准设立时间 | 批准单位 | 现任负责人 |
|---|---|---|---|---|---|
| 11 | 上海市人民政府决策咨询研究基地工作室 | 上海市人民政府决策咨询研究基地王洪卫工作室 | 2010年6月 | 上海市人民政府发展研究中心 | 王洪卫 |
| 12 | | 上海市人民政府决策咨询研究基地赵晓雷工作室 | 2010年11月 | 上海市人民政府发展研究中心 | 赵晓雷 |
| 13 | | 上海市人民政府决策咨询研究基地胡怡建工作室 | 2012年3月 | 上海市人民政府发展研究中心 | 胡怡建 |
| 14 | 上海市社会调查研究中心 | 上海社会调查研究中心上财分中心 | 2009年10月 | 上海市人民政府发展研究中心 | 徐国祥 |
| 15 | 其他省部级基地 | 国际商务汉语教学与资源开发基地（上海/教育部汉办） | 2010年2月 | 国家汉办/孔子学院总部 | 姚玲珍 |
| 16 | | 最高人民法院自贸区司法研究基地 | 2015年7月 | 最高人民法院 | 郑少华 |
| 17 | | 上海教育立法咨询与服务研究基地 | 2016年3月 | 上海市教育委员会 | 郑少华 |

### 三、协同创新中心

为贯彻落实《教育部、财政部关于实施高等学校创新能力提升计划的意见》文件精神，积极推动协同创新，大力提升学校的创新能力，学校汇聚整合全校之力，积极协同国内外知名高校、国家部委和委办局、企业与境外机构等相关部门，相继组建了"经济学与中国转型发展协同创新中心""会计改革与发展协同创新中心"和"中国自由贸易试验区协同创新中心"，并为各中心的运行提供了优质的硬件保障、政策保障和投入保障，确保中心各项工作的顺利启动与推进。

在体制机制建设方面，学校先后制定了《上海财经大学关于在本科教学中落实"2011计划"的意见》《上海财经大学关于在研究生培养中落实"2011计划"的意见》《上海财经大学关于在人事管理中落实"2011计划"的意见》《上海财经大学关于在国际合作与交流中落实"2011计划"的意见》《上海财经大学协同创新中心资源整合与共享管理办法》等制度，为协同创新中心建设在科学研究、人才培养、人事管理、财务管理、资源共享等方面提供政策倾斜和支持。

#### （一）中国自由贸易试验区协同创新中心

2013年10月26日，由学校牵头，协同对外经济贸易大学、上海对外经贸大学、华东政法大学等单位，成立"中国（上海）自由贸易试验区协同创新中心"。该中心为学校直属实体性研究机构，中心主任为蒋传海。2014年4月，上海交通大学新增为协同单位；2015年3月，为更紧密对接国家新一轮对外开放和加快实施自由贸易区战略，中心更名为"中国自由贸易试验区协同创新中心"；2015年4月，为进一步加强协同创新力量，更好地服务国家自由贸易试验区的改革发展，南开大学、中山大学、天津财经大学加入协同体,以发挥各自优势,加强区域合作,实现优势互补,更好地应对新形势、新挑战。该中心先后得到财政部、商务部政策研究室、商务部外商投资司、中国人民银行调查统计司、最高人民法院、最高人民检察院、上海市教育委员会、中国(上海)自由贸易试验区管委会、上海市商务委员会、上海市发展和改革委员会等部门的支持。2015年4月,中国自由贸易试验区协同创新中心被上海市教委认定为上海市协同创新中心。

中国自由贸易试验区协同创新中心基本包揽了以"自贸试验区"为主题的国家重大项目,深度参与完成了中国(上海)(广东)(福建)(天津)自由贸易试验区的主要创新任务,在服务上海自贸试验区发展方面取得了一系列标志性成效,主要体现在政策研究方面,如参与完成了上海自贸试验区改革框架的设计,负面清单2013版、2014版、2015版的编制,上海自贸试验区条例等自贸区法治改革工作,上海自贸试验区第三方评估工作等;基于这些研究成果,完成了一系列的高水平研究报告、发布了中国自由贸易区发展指数,42篇专家建议获上级部门领导批示或内参转载;出版的"自贸区系列丛书"于2016年入选"十三五"国家重点图书出版规划,自贸区系列品牌论坛和自贸区夏令营也在社会上形成广泛影响,在资政和启民方面发挥了突出作用。该中心目前已成为全国最具影响力和权威性的自贸区研究机构之一。

### (二)经济学与中国转型发展协同创新中心

2012年6月11日,学校牵头成立"经济学与中国转型发展协同创新中心",中心主任为田国强。该协同创新中心是在国家优势学科创新平台项目——"经济学创新平台"建设基础上进一步延展提出的,由上海财经大学与清华大学、西南财经大学联合组建,是我国首个经济学协同创新中心,旨在借鉴美国兰德公司、美国国家经济研究局的内涵式协同创新模式,通过体制机制创新,充分融合协同单位以及国内外各方面的优势资源,建成对国家发展战略需要和现代经济学学科发展具有显著贡献度的协同创新中心。

经济学与中国转型发展协同创新中心聚焦改革发展、城市化、政府职能转变、宏观经济预测等国家重大现实问题,产出大批高质量政策建议,密集推出改革论丛系列著作,关注中国改革、城市化及教育改革等重大难点热点问题,得到有关政府部门的高度重视和社会各界的积极关注。包括由中心主任田国强领衔主编的《中国教育改革:理念、策略与实践——前沿视点"问切"与上财改革实录》,中心专家、高等研究院特聘教授文贯中所著的《吾民无地——城市化、土地制度与户籍制度的内在逻辑》,以及田国强、陈旭东合著的《中国改革:历史、逻辑和未来——振兴中华变革论》等著作。其中,《中国改革:历史、逻辑和未来——振兴中华变革论》一书获得第十六届孙冶方经济科学奖著作奖。围绕国家转型发展的重大战略部署,自2012年至今,已累计报送专家建议60余篇,有29篇获上级部门领导批示或内参转载,其中田国强撰写的部分报告被中宣部、中组部、中财办等呈报中央常委参阅,以及被有关部门上报中办、国办,得到党和国家领导人的重视。孙宁牵头的市场机制设计与信息经济研究中心撰写的《关于改进上海车牌拍卖的建议方案》,针对上海一手车牌和二手车牌的拍卖分别做了可行性研究,引起众多媒体的广泛关注。

### (三)会计改革与发展协同创新中心

2012年11月6日,"会计改革与发展协同创新中心"成立,中心主任为孙铮。该中心依托学校优势学科会计学和教育部重点研究基地——会计与财务研究院,整合海内外资源,与财政部人教司、会计司、中国注册会计师协会、中国人民大学、中南财经政法大学、香港中文大学、上海国家会计学院、中央财经大学、清华大学、北京国家会计学院、厦门国家会计学院、东北财经大学、江西财经大学、山东财经大学,以及我国大中型会计师事务所等进行深度合作,形成协同创新的有机整体,以解决我国会计改革与发展的重大需求和重大科学问题。

会计改革与发展协同创新中心紧紧围绕科学发展主题和加快转变经济发展方式主线,以促进经济社会发展为目标,以提高会计信息质量为着力点,以改革创新为动力,对接财政部会计司、国家审计署,围绕会计(审计)准则、内部控制、中国管理会计体系、会计人才队伍建设等领域开展合作研究,多份研究报告受到部委领导的高度重视,服务经济社会成效突出。

### 四、校级重点研究基地

2001年,参照普通高等学校人文社会科学重点研究基地的运作机制,学校积极进行科研体制改革的探索,提出了建设校级重点研究基地的计划。本着科研资源配置最优化、科研成果产出最大化以及科研组织管理规范化、科学化和现代化的原则,学校在对原有的二十多个研究所、研究中心进行整合、重组的基础上,经过校内外专家的认真审核和筛选,于2001年8月成立了第一批校级重点研究基地3个:现代金融研究中心、区域经济研究中心、公共政策研究中心;2003年11月成立了第二批校级重点研究基地4个:海派经济学研究中心、现代市场营销研究中心、应用统计研究中心、现代经济哲学研究中心;2004年,成立了马克思主义研究院、世博经济研究院。"十一五"期间,学校成立了500强企业研究中心、中国教育支出绩效评价研究中心、商务汉语研究中心、现代服务业研究院、现代服务科学与技术研究中心、经济法与社会法研究中心6个校级重点研究基地。"十二五"期间,学校成立了上海发展研究院/自由贸易区研究院、中国公共财政研究院(2014年2月被认定为上海高校人文社会科学研究基地)、数据科学与统计研究院等校级研究机构。

为大力推进实施《上海财经大学服务上海发展行动计划》,积极响应国家建立中国(上海)自由贸易试验区重大举措,学校于2013年10月8日成立上海财经大学自由贸易区研究院/上海发展研究院。研究院以对接国家急需、开展公共政策研究为主要职能,围绕中国(上海)自由贸易试验区、上海建设"四个中心"、推进"创新驱动、转型发展"等重大战略,整合学校相关研究平台和研究资源,直接对接上海相关重大需求。研究院作为学校二级单位进行管理,设院长1名、副院长2名,淡化行政色彩,不设行政级别,充分发挥专家教授的组织管理作用。赵晓雷担任自由贸易区研究院、上海发展研究院院长,孙元欣担任自由贸易区研究院副院长,江若尘担任上海发展研究院副院长,共有专职研究员6名、兼职研究员4名、师资博士后3名、行政管理人员1名。研究院下设现代服务经济研究院、世博经济研究院、500强企业研究中心、城市经济规划研究中心等直属研究机构。研究院深入开展自由贸易区、未来30年上海发展战略、深化国资国企改革、500强企业等相关研究,成立至今共报送专家建议近30份,出版著作20多部,研究成果得到国家和上海市主要领导的批示,获上海市第十二届哲学社会科学内部探讨优秀成果奖等。

学校重点研究基地在科学研究、人才培养、学术交流和信息资料建设、咨询服务以及科研体制改革五个方面,全面参照教育部《普通高等学校人文社会科学重点研究基地管理办法》的建设标准进行建设。学校制定了《上海财经大学重点研究基地管理办法》及其实施细则,对基地的管理体制、运作机制、检查评估作了详细的规定,主要内容有:(1)校级重点研究基地采取学校和院系共建、以院系自建为主的方式,由科研处负责管理。作为学校直属的实体性研究机构,基地主任(院长)由校长聘任,实行基地主任(院长)负责制,负责向学校主管校长及科研处汇报工作。(2)校级重点研究基地设立学术委员会作为学术研究的指导机构,负责审议基地的学术研究方向及中长期研究发展规划、重大项目和其他研究课题的评审和申报、以及重大成果的评审鉴定工作。(3)校级重点基地设6个专职研究人员编制,并聘请一定数量的兼职研究人员。所有专兼职研究人员均由主任(院长)按"带(给)课题和经费进基地,完成课题后出基地"的要求聘任,签订责任、权利、利益明确且具有法律效力的定期聘任合同。(4)校级重点研究基地把承接重大研究项目、组织重大课题攻关、产出重大研究成果作为首要任务,并结合重大项目的研究,积极为党和政府以及社会各界提供决策咨询服务。(5)学校设立专项基金支持校级重点研究基地的建设,对每个基地每年投入不少于15万元的科研经费资助,依托院系按学校经费投入数1∶1的比例配套。(6)校级重点研究基地每年主办一次全国性或国际性学术会议,会议结束后将会议材料整理存档,并报科研处备案。(7)校级重点研究基地建立完备的科研档案管理制度,并由专人负责。(8)校级重点研究基地建立每半年一期的工作简报制度。(9)为促使校级重点研究基地尽快达到建设标准,学校每年组织一次年度检查、两年组织一次全面评估工作,对基地建设提供指导性意见,在检查和评估中发现有问题者,可视具体情况给予警告、减少拨款、停止拨款限期整顿、撤销资格等处理。

在校级重点研究基地的建设中,各基地充分发挥自主灵活的机制优势,围绕自己的研究方向,积极整合校内外的研究资源,进行团队合作和联合攻关,在既产出重大创新性成果的同时,又培养和造就一批学术带头人和中青年学术骨干队伍,在科学研究、人才培养、学术交流和信息资料建设、咨询服务以及科研体制改革等方面成为示范性的窗口;各依托院系把基地建设作为学科建设的重要组成部分,主动调整管理办法和分配制度,并加以适当的政策倾斜,使基地成为专门从事科研和高层次人才培养的"特区",成为推动院系科研发展、促进学科建设的火车头;学校充分尊重基地的运作自主权,给予各种政策倾斜(如学术休假优先、减轻教学工作量等),为其营造良好的运行环境,并通过严格的动态管理与检查评估,保证其在健康的轨道上发展,尽快达到建设标准。

经过十多年的建设,校级重点研究基地研究机制的优越性得以充分展现,取得明显的建设成效,主要表现在以下几个方面:

1. 各基地积极进行科学研究,组织力量对本学科研究领域的重大热点和难点问题进行探索,产生了一定影响,形成了各自的研究特色。如现代金融研究中心的汇率制度研究、金融系统风险测定研究,区域经济研究中心的区域经济理论与应用研究,现代经济哲学研究中心的货币哲学研究等皆在国内相关领域内达到了先进水平,在国内外学术界产生了较好的影响。

2. 通过有计划有组织的联合攻关,各基地都产出了一批有影响力的研究成果,在承接国家级和省部级研究项目,出版、发表高水平的著作、论文,成果获得各种类型的奖励等方面表现优良。

3. 各基地积极面向社会经济建设的主战场进行研究,为党和政府提供了一些重大决策咨询,为公司经营决策提供了一些应用对策建议,产生了较好的社会效益。

4. 各基地通过独特的人才引进与管理模式,通过人员整合和团队协作,初步形成了一支人员精、研究能力强、结构合理的学术队伍。各基地均初步形成了一支由1~2名在相关领域具有一定知名度和影响力的学术带头人为首,年龄结构、知识结构、学位结构比较合理的中青年学术骨干组合而成的创新团队。

2004年11月,根据《上海财经大学重点研究基地管理办法》及其实施细则的有关规定,为贯彻"竞争入选、定期评估、不合格淘汰、达标替补"的动态管理要求,通过检查评估保持校级重点研究基地的先进性,学校组织专家对第一、第二批校级重点研究基地进行了检查评估。检查评估的内容主要有:基地的全面建设情况,院系在设施、经费、政策等方面支持重点研究基地建设的措施落实情况,以及重点研究基地负责人的管理工作水平、效率和绩效。通过检查评估,学校对这些校级重点研究基地的建设情况进行了系统的梳理,及时总结了经验,发现了问题,并针对这些问题提出了建设性的指导意见,明确了下一步建设的方向。这次检查评估对于规范校级重点研究基地的运作、保证其在健康的轨道上快速发展,具有重要的积极意义。

2012年学校又开展了校级重点研究基地三年建设周期(2009—2011年)的评估工作,对所有校级基地在建设周期内的建设成效进行了全面的考察,总结成绩和经验,查找问题和困难,并在此基础上提出下一阶段基地调整和建设建议。

2016年,为解决校级机构"数量多、分散化"的短板问题,推进三级智库体系(国家级、省部级、校级)建设,学校对校级研究机构进行了优化调整。调整后,校级研究机构共保留5个,详情见表9-3。

表9-3 校级研究机构情况

| 基 地 名 称 | 负 责 人 | 成 立 时 间 |
| --- | --- | --- |
| 高等研究院 | 田国强 | 2006年7月 |
| 经济学与中国转型发展协同创新中心 | 田国强 | 2012年6月 |
| 会计改革与发展协同创新中心 | 孙 铮 | 2012年11月 |
| 上海财经大学自由贸易区研究院/上海财经大学上海发展研究院 | 赵晓雷 | 2013年10月 |
| 数据科学与统计研究院 | 黄坚、周勇 | 2015年3月 |

# 第二章 研究项目和成果

## 第一节 研 究 项 目

### 一、国家级研究课题

国家级研究课题主要包括国家社会科学基金研究课题和国家自然科学基金研究课题。

（一）国家社会科学基金研究课题

1987年，学校首次独立承接国家社会科学基金研究课题《国民经济监督系统》，获得课题经费9万元。该课题组由教授石成岳和杨公朴担任组长，30余位中青年骨干组成课题组。经过近3年的努力，先后有40多人（次）走访全国人大常委会和国务院所属的10多个经济监督部门和综合经济管理部门，30多人（次）调查10多个省市的监督和管理单位，收集大量的资料和信息。该课题于1989年底基本完成，课题组提交了16个分报告和1个总报告，共计24.5万字，发表的部分阶段性研究成果4.5万字。国内专家组成的课题评审组的评审鉴定认为："作为我国经济理论研究中重大的、复杂的和开创性的系统工程，该课题具有较高的难度"，总报告"指导思想明确，论述全面深入，切合我国国情，探索了我国国民经济监督的基本理论和系统实施的基本框架""丰富了我国宏观经济和国民经济管理理论""具有十分重要的理论、战略意义和现实意义"。

20世纪90年代开始，学校承担的国家社会科学基金课题逐渐增多，"八五"期间共承接9项，"九五"期间承接19项，"十五"期间承接42项，其中在2002年、2004年和2005年均有11项课题获得立项；在学科分布方面也取得突破，除原来的理论经济学、应用经济学、管理学等重点学科每年均有课题立项外，分别在统计学、哲学、法学、社会学、语言学、政治学和新闻学等领域获得了课题立项；2005年在重大课题立项上也取得了突破，程恩富教授的《科学发展观与中国经济改革和开放》获得国家社会科学基金重大课题立项。2006—2007年学校共立项国家社科基金课题19项，其中人文学院张雄教授的《科学发展观的科学内涵、精神实质和根本要求研究》获2007年度国家社科重大招标课题立项，信息管理与工程学院韩景倜教授的《经济建设与国防建设协调发展效能比较研究》获2007年度国家社会科学基金重点项目立项。

1987—2016年，学校共承担国家社科基金课题254项，重大项目数量不断上升，累计获得重大项目16项。仅2016年即获得4项重大项目，创历史新高。自2014年首次获得后期资助项目3项后，2015年、2016年每年都有2项后期资助获得立项，累计获得后期资助项目7项。2010年和2016年共有3项成果获得国家社科成果文库资助。国家社会科学基金课题具体情况见表9-4。

表9-4　1987—2016年承接的国家社会科学基金课题情况

| 序号 | 负责人 | 课题名称 | 经费（万元） | 立项日期 | 批准号 | 项目类别 |
|---|---|---|---|---|---|---|
| 1 | 石成岳 杨公朴 | 国民经济监督系统 | 9 | 1987年 | — | — |
| 2 | 娄尔行 | 改革开放形势下，我国会计准则研究 | 2.5 | 1991年5月 | 91BJB012 | 一般项目 |
| 3 | 谈 敏 | 1919—1949马克思主义经济学在中国的传播 | 1.5 | 1991年5月 | 91BJL024 | 一般项目 |
| 4 | 朱德林 | 中国灰、黑色金融市场研究 | 1.7 | 1992年5月 | 92BJB036 | 一般项目 |
| 5 | 石成岳 | 企业经营机制转换与财务会计改革 | 5.4 | 1992年5月 | 92AJB009 | 重点项目 |
| 6 | 谈 敏 | 新中国经济思想史 | 2.6 | 1992年5月 | 92AJL001 | 重点项目 |
| 7 | 谢 荣 | 中国注册会计师职业发展的战略 | 2 | 1994年5月 | 94BJB050 | 一般项目 |
| 8 | 费方域 | 西方产权理论研究 | 2.5 | 1994年5月 | 94BJL034 | 一般项目 |
| 9 | 徐国祥 | 体制转轨时期宏观经济分析和预测的方法研究 | 3 | 1994年5月 | 94BJB046 | 一般项目 |
| 10 | 夏大慰 | 社会主义市场经济条件下政府直接规制研究 | 2.3 | 1994年5月 | 94BJB037 | 一般项目 |
| 11 | 印堃华 | 城市房地产开发与房地产市场规范化研究 | 2 | 1996年5月 | 96BJB015 | 一般项目 |
| 12 | 陈信元 | 企业集团的会计控制与会计决策 | 1.5 | 1996年5月 | 96CJB009 | 青年项目 |
| 13 | 余 红 | 农民社会负担与农村社会发展的相关性研究 | 1.69 | 1996年5月 | 96BSH005 | 一般项目 |
| 14 | 葛守中 | 中国政府财政统计核算体系 | 2 | 1996年5月 | 96BJB081 | 一般项目 |
| 15 | 朱启贵 | 我国可持续发展评估指标体系与测算方法的研究 | 2.4 | 1997年5月 | 97CJB020 | 青年项目 |
| 16 | 杨大楷 | 国债规模的控制与管理研究 | 2.4 | 1997年5月 | 97BJB052 | 一般项目 |
| 17 | 孙海鸣 | 上海经济计量分析与预测研究 | 4 | 1998年5月 | 98BJY054 | 一般项目 |
| 18 | 陈启杰 | 未来十年中国食品供求结构的预测及对策研究 | 3 | 1998年5月 | 98BJY047 | 一般项目 |
| 19 | 孙经纬 | 国有企业经理激励报酬的最优设计 | 2.5 | 1998年5月 | 98CJL004 | 青年项目 |
| 20 | 颜光华 | 国有企业改革与企业家队伍建设研究 | 3.5 | 1999年5月 | 99BJL018 | 一般项目 |
| 21 | 陈学彬 | 当代金融危机的形成扩散与防范机制研究 | 3.5 | 1999年5月 | 99BJY062 | 一般项目 |
| 22 | 程恩富 | 经济学方法论体系与前沿研究 | 3 | 1999年5月 | 99BJL007 | 一般项目 |
| 23 | 马 艳 | 知识经济中的风险利益研究 | 3 | 1999年5月 | 99BJL027 | 一般项目 |
| 24 | 徐国祥 | 证券指数体系及应用研究 | 3.5 | 1999年5月 | 99BTJ004 | 一般项目 |

(续表)

| 序号 | 负责人 | 课题名称 | 经费(万元) | 立项日期 | 批准号 | 项目类别 |
|---|---|---|---|---|---|---|
| 25 | 王洪卫 | 中国住房金融资金筹措与风险防范机制研究 | 2.2 | 1999年5月 | 99CJY004 | 青年项目 |
| 26 | 赵建勇 | 政府财务报告问题研究 | 5 | 2000年5月 | 00BJY091 | 一般项目 |
| 27 | 高晓晖 | 公司治理结构的国际比较和对中国国企改革的意义 | 4 | 2000年5月 | 00CJL006 | 青年项目 |
| 28 | 施锡铨 | 金融风险的统计分析与博弈模型 | 5 | 2000年5月 | 00BTJ002 | 一般项目 |
| 29 | 杨大楷 | 中国海外直接投资问题研究 | 5 | 2000年5月 | 00BJL039 | 一般项目 |
| 30 | 张鸣 | 上市公司财务困境预测实证研究 | 4.5 | 2001年5月 | 01BJY014 | 一般项目 |
| 31 | 陈新汉 | 民众评价论研究 | 5 | 2001年5月 | 01BZX015 | 一般项目 |
| 32 | 刘乃全 | 区域发展中的产业聚集：动态分析与模式研究 | 4.2 | 2001年5月 | 01CJL011 | 青年项目 |
| 33 | 毛程连 | 公共财政理论的发展对我国国有资产管理理论的影响研究 | 4.2 | 2001年5月 | 01CJY017 | 青年项目 |
| 34 | 丁栋虹 | 西部大开发的基本理论问题研究 | 9 | 2001年5月 | 01AJL006 | 重点项目 |
| 35 | 杨君昌 | 中国税负归宿问题研究 | 6 | 2002年6月 | 02BJY120 | 一般项目 |
| 36 | 颜光华 | 中小企业管理模式与制度变迁研究 | 6.5 | 2002年6月 | 02BJY063 | 一般项目 |
| 37 | 干春晖 | 经济全球化背景下中国产业结构的战略性调整和升级 | 6.5 | 2002年6月 | 02BJY001 | 一般项目 |
| 38 | 潘飞 | 作业成本系统的设计——企业成本管理的模式转换 | 6 | 2002年6月 | 02BJY025 | 一般项目 |
| 39 | 胡永刚 | 体制改革与中国经济的长期增长和短期波动：一种经验分析 | 6 | 2002年6月 | 02BJL018 | 一般项目 |
| 40 | 李本乾 | 媒介经济在我国经济发展中的地位与作用 | 6.5 | 2002年6月 | 02BXW009 | 一般项目 |
| 41 | 徐国祥 | 我国股票指数产品创新及其风险控制研究 | 6 | 2002年6月 | 02BTJ011 | 一般项目 |
| 42 | 杨大楷 | 启动民间投资问题研究 | 6.5 | 2002年6月 | 02BJY122 | 一般项目 |
| 43 | 张军旗 | WTO与国家主权 | 4.5 | 2002年6月 | 02CFX017 | 青年项目 |
| 44 | 黄乾 | 高新技术企业人力资本——物质资本产权交易制度创新研究 | 5 | 2002年6月 | 02CJY015 | 青年项目 |
| 45 | 程恩富 | 马克思主义经济思想史研究 | 11 | 2002年6月 | 02AJL007 | 重点项目 |
| 46 | 陈信元 | 上市公司增资发股：定价及其经济后果 | 7 | 2003年9月 | 03BJY021 | 一般项目 |
| 47 | 马国贤 | 中国农村义务教育转移支付制度建设研究 | 8 | 2003年9月 | 03BJY092 | 一般项目 |

(续表)

| 序号 | 负责人 | 课题名称 | 经费(万元) | 立项日期 | 批准号 | 项目类别 |
|---|---|---|---|---|---|---|
| 48 | 丛树海 | 公共支出后评价研究 | 8 | 2003年9月 | 03BJY094 | 一般项目 |
| 49 | 张 雄 | 货币化生活世界的哲学批判 | 6 | 2004年5月 | 04BZX067 | 一般项目 |
| 50 | 赵晓雷 | 二十世纪中国经济思想史研究 | 6 | 2004年5月 | 04BJL046 | 一般项目 |
| 51 | 王克强 | 中国农业节水灌溉市场的有效性及政策绩效评价研究 | 5.5 | 2004年5月 | 04CZZ015 | 青年项目 |
| 52 | 杨大楷 | 国家企业债券市场发展战略与监理框架 | 6 | 2004年5月 | 04BJY088 | 一般项目 |
| 53 | 朱钟棣 | 当代国外马克思主义经济理论研究中的新思路、新方法 | 6 | 2004年5月 | 04BJL045 | 一般项目 |
| 54 | 沈国兵 | 中美贸易平衡问题对策研究 | 5.5 | 2004年5月 | 04CJY021 | 青年项目 |
| 55 | 张 觉 | 《韩非子》微观研究 | 6 | 2004年5月 | 04BZX031 | 一般项目 |
| 56 | 何建民 | 外资进入中国旅游业的现状、趋向及对策研究 | 6 | 2004年5月 | 04BJY069 | 一般项目 |
| 57 | 储一昀 | 中国上市公司交叉持股的经济后果研究 | 6 | 2004年5月 | 04BJY009 | 一般项目 |
| 58 | 毛程连 | 非经营性国有资产监督管理对策研究 | 12 | 2004年5月 | 04AJY002 | 重点项目 |
| 59 | 兰宜生 | 中国进入贸易大国行列后贸易政策及战略的修正研究 | 6 | 2004年5月 | 04BJL055 | 一般项目 |
| 60 | 骆玉鼎 | 打击跨国洗钱犯罪与恐怖融资问题研究 | 7 | 2004年11月 | 04XQJ002 | 西部专项 |
| 61 | 张军旗 | WTO体制中的国际法律责任制度研究 | 6 | 2005年2月 | 05CFX033 | 青年项目 |
| 62 | 程恩富 | 科学发展观与中国经济改革和开放 | 25 | 2005年5月 | 05&ZD004 | 重大项目 |
| 63 | 隋 舵 | 国际石油资源博弈与中国的石油外交战略研究 | 12 | 2005年5月 | 05AJY003 | 重点项目 |
| 64 | 李 曜 | 管理层收购后的中国上市公司治理绩效及其改进研究 | 5.5 | 2005年5月 | 05CJL011 | 青年项目 |
| 65 | 黄锦章 | 基于内容的商务汉语教学模式研究 | 7 | 2005年5月 | 05BYY031 | 一般项目 |
| 66 | 伍 装 | 社会主义市场经济体制中的非正式制度 | 6.5 | 2005年5月 | 05BJL013 | 一般项目 |
| 67 | 祁志祥 | 中国古代美学史的重新解读 | 6.5 | 2005年5月 | 05BZW010 | 一般项目 |
| 68 | 李 健 | 国有企业改制过程中的政府监控问题研究 | 6 | 2005年5月 | 05CZZ012 | 青年项目 |
| 69 | 张 彦 | 中国社会转型期城市非正规就业及其社会政策研究 | 7 | 2005年5月 | 05BSH024 | 一般项目 |
| 70 | 徐国祥 | 统计指数理论的发展与应用研究 | 6 | 2005年5月 | 05BTJ007 | 一般项目 |
| 71 | 靳玉英 | 经济全球化下金融危机国际传染性及对中国的政策含义研究 | 6 | 2005年5月 | 05CJL023 | 青年项目 |

(续表)

| 序号 | 负责人 | 课题名称 | 经费(万元) | 立项日期 | 批准号 | 项目类别 |
|---|---|---|---|---|---|---|
| 72 | 甄志宏 | 全球化背景下中国区域经济发展模式的内在危机和制度创新 | 7 | 2006年6月 | 06CSH011 | 青年项目 |
| 73 | 吴宏伟 | 维护公平竞争法律制度研究 | 8 | 2006年6月 | 06BFX026 | 一般项目 |
| 74 | 王德发 | 中华民国统计史研究 | 7 | 2006年6月 | 06BTJ001 | 一般项目 |
| 75 | 潘飞 | 预算制定在国有企业经理人薪酬契约中的激励作用 | 8 | 2006年6月 | 06BJY060 | 一般项目 |
| 76 | 陈信元 | 制度环境、公司治理与会计信息 | 8 | 2006年6月 | 06BJY016 | 一般项目 |
| 77 | 朱奎 | 马克思主义政治经济学基础理论的数理化研究 | 7 | 2006年6月 | 06CJL001 | 青年项目 |
| 78 | 薛宇峰 | 基于《资本论》的萨缪尔森《经济学》批判——创建新马克思经济学综合学派的基础研究 | 8 | 2006年6月 | 06BJL012 | 一般项目 |
| 79 | 干春晖 | "十一五"我国产业结构的优化与升级的自主创新战略研究 | 8 | 2006年6月 | 06BJL042 | 一般项目 |
| 80 | 王根蓓 | 经济全球化最新理论问题研究 | 8 | 2006年6月 | 06BJL054 | 一般项目 |
| 81 | 王昉 | 中国近代化转型中的农村地权关系：经济思想的变迁与制度的构建 | 7.5 | 2007年6月 | 07CJL020 | 一般项目 |
| 82 | 周仲飞 | 巴塞尔协议的法律性质及其在中国的应用 | 8 | 2007年6月 | 07BFX077 | 一般项目 |
| 83 | 郭士征 | 建立健全面向中低收入家庭的住房保障体系研究 | 9 | 2007年6月 | 07BZZ039 | 一般项目 |
| 84 | 晁钢令 | 居民消费增长缓慢原因分析和对策研究——基于"阶段性消费目标"的思考 | 9 | 2007年6月 | 07BJY123 | 一般项目 |
| 85 | 刘莉亚 | 从收益率、币种结构和资产配置的角度来研究我国外汇储备管理模式的转变 | 7 | 2007年6月 | 07CJL011 | 一般项目 |
| 86 | 丁剑平 | 人民币汇率变化趋势和完善汇率形成机制研究——编制参照指标系统 | 9 | 2007年6月 | 07BJY155 | 一般项目 |
| 87 | 马艳 | 现代政治经济学若干重要理论问题的数理分析 | 9 | 2007年6月 | 07BJL009 | 一般项目 |
| 88 | 李桂奎 | 修辞批评视角下的中国古代小说写人研究 | 8 | 2007年6月 | 07BZW029 | 一般项目 |
| 89 | 张雄 | 科学发展观的科学内涵、精神实质和根本要求研究 | 50 | 2007年12月 | 07&ZD002 | 重大项目 |
| 90 | 韩景倜 | 经济建设与国防建设协调发展效能比较研究 | 15 | 2007年12月 | 07AJY024 | 重点项目 |
| 91 | 张圣翠 | 中国仲裁法制改革研究 | 9 | 2008年7月 | 08BFX066 | 一般项目 |

(续表)

| 序号 | 负责人 | 课题名称 | 经费(万元) | 立项日期 | 批准号 | 项目类别 |
|---|---|---|---|---|---|---|
| 92 | 刘红梅 | 经济发达地区城乡土地市场一体化政策研究——土地市场一体化为城乡间的和谐创造条件 | 9 | 2008年7月 | 08BJL041 | 青年项目 |
| 93 | 金洪飞 | 汇率政策的福利效应:国际经验及对中国的启示 | 9 | 2008年7月 | 08BJL046 | 一般项目 |
| 94 | 孙铮 | 中国股市周期与企业会计政策选择——会计稳健策略的宏观视角研究 | 9 | 2008年7月 | 08BJY021 | 一般项目 |
| 95 | 陶婷芳 | 旅游业可持续发展问题研究 | 9 | 2008年7月 | 08BJY128 | 一般项目 |
| 96 | 胡永刚 | 中国财政政策对居民消费影响的特征事实与传导机制研究 | 9 | 2008年7月 | 08BJY128 | 一般项目 |
| 97 | 葛守中 | 我国政府财政统计核算改革研究 | 9 | 2008年7月 | 08BTJ004 | 一般项目 |
| 98 | 许建平 | 明清小说意图叙事与意味形式研究 | 9 | 2008年7月 | 08BZW043 | 一般项目 |
| 99 | 丁凤楚 | 医疗事故责任强制保险制度研究——来自交强险制度的启示 | 8 | 2008年7月 | 08CFX023 | 青年项目 |
| 100 | 宋晓燕 | 价值之平衡:国际金融监管中的消费者保护政策研究 | 8 | 2008年7月 | 08CFX057 | 青年项目 |
| 101 | 鲍晓华 | 中国产业安全问题研究——反倾销动因的实证分析与国际比较 | 7 | 2008年7月 | 08CJY029 | 青年项目 |
| 102 | 张虎祥 | 社区自治与社区参与:基于组织机制的研究 | 9 | 2008年7月 | 08CSH003 | 青年项目 |
| 103 | 于长锐 | 网络社区环境中基本领域本体的用户兴趣模型与个性化知识服务研究 | 8 | 2008年7月 | 08CTQ009 | 青年项目 |
| 104 | 林晖 | 新媒体与传统媒介融合研究——媒介融合构建新的舆论空间 | 8 | 2008年7月 | 08CXW013 | 青年项目 |
| 105 | 付春 | 民族地区族群认同与社会治理——以川、滇、黔地区十个民族自治县为研究对象 | 9 | 2008年7月 | 08CZZ010 | 青年项目 |
| 106 | 张锦华 | 教育发展、社会分层与弱势补偿机制构建及政策研究 | 6 | 2008年9月 | CAA080215 | 青年项目 |
| 107 | 王克强 | 经济发达地区率先构建新型工农、城乡关系战略研究 | 15 | 2009年4月 | 08AJL009 | 重点项目 |
| 108 | 王全兴 | 保障农民权益对策研究 | 15 | 2009年4月 | 08ASH009 | 重点项目 |
| 109 | 丁剑平 | 保持经济稳定、金融稳定和资本市场稳定对策研究 | 50 | 2009年4月 | 08&ZD036 | 重大项目 |
| 110 | 丛树海 | 调整国民收入分配和财政支出结构研究 | 50 | 2009年4月 | 08&ZD047 | 重大项目 |
| 111 | 鲁品越 | 立足当代实践:唯物史观对劳动价值论的继续构建和发展 | 10 | 2009年6月 | 09BZX010 | 一般项目 |

(续表)

| 序号 | 负责人 | 课题名称 | 经费(万元) | 立项日期 | 批准号 | 项目类别 |
|---|---|---|---|---|---|---|
| 112 | 豆建民 | 中国区域之间基本公共服务水平收敛性的实证研究 | 10 | 2009年6月 | 09BJL018 | 一般项目 |
| 113 | 金洪飞 | 美国金融危机对中国外商直接投资、出口和就业的影响及应对措施研究 | 10 | 2009年6月 | 09BJY003 | 一般项目 |
| 114 | 刘小川 | 完善和规范我国财政转移支付制度研究 | 10 | 2009年6月 | 09BJY093 | 一般项目 |
| 115 | 车维汉 | 基于全要素生产率测算的中日两国农业产业组织模式的比较研究 | 10 | 2009年6月 | 09BGJ020 | 一般项目 |
| 116 | 朱丽霞 | 明清文人游幕与文学 | 10 | 2009年6月 | 09BZW033 | 一般项目 |
| 117 | 郭丽虹 | 中小企业的融资条件与融资结构问题研究 | 8 | 2009年6月 | 09CJL015 | 青年项目 |
| 118 | 李 宏 | 中国金融开放创新和加强监管问题研究 | 8 | 2009年6月 | 09CJY082 | 青年项目 |
| 119 | 翟 青 | 推进自主创新的体制机制和政策措施研究 | 8 | 2009年6月 | 09CJY018 | 青年项目 |
| 120 | 常进雄 | 劳动报酬在企业初次分配中的比重及决定因素研究 | 8 | 2009年6月 | 09CJY027 | 青年项目 |
| 121 | 黄瑞红 | 基于语料库的英汉程度副词的极性特征对比研究 | 8 | 2009年6月 | 09CYY004 | 青年项目 |
| 122 | 郑少华 | 我国城市生态环境可持续发展与生态文明建设研究 | 20 | 2009年12月 | 09AD025 | 重点项目 |
| 123 | 温娇秀 | 教育机会分配公平性的配套改革问题研究 | 10 | 2010年7月 | 10CJY009 | 青年项目 |
| 124 | 胡 苑 | 环境法视阈下城市"垃圾围城"问题的法律治理研究 | 10 | 2010年7月 | 10CFX013 | 青年项目 |
| 125 | 汪如东 | 江淮方言泰如片与吴语的语法比较研究 | 12 | 2010年7月 | 10BYY016 | 一般项目 |
| 126 | 徐曙娜 | 公共财政责任视角下的政府预算体系改革研究 | 12 | 2010年7月 | 10BJY097 | 一般项目 |
| 127 | 李金满 | 语言类型学视角下的汉英关系从句使用处理模式对比研究 | 10 | 2010年7月 | 10CYY043 | 青年项目 |
| 128 | 汪 伟 | 中国"高储蓄现象"的理论与实证研究 | 10 | 2010年7月 | 10CJL014 | 青年项目 |
| 129 | 左 鹏 | 文人流动视野中的唐诗地理学研究 | 12 | 2010年7月 | 10BZW037 | 一般项目 |
| 130 | 王学成 | 媒介融合背景下中国报业发展趋势研究 | 12 | 2010年7月 | 10BXW012 | 一般项目 |
| 131 | 程 霖 | 新中国经济增长思想研究(1949—2009) | 12 | 2010年7月 | 10BJL010 | 一般项目 |
| 132 | 刘志阳 | 自主创新与我国高新技术产业模块化管理 | 10 | 2010年7月 | 10CJY013 | 青年项目 |

(续表)

| 序号 | 负责人 | 课题名称 | 经费(万元) | 立项日期 | 批准号 | 项目类别 |
|---|---|---|---|---|---|---|
| 133 | 于洪 | 社会保障基金支出管理与政府再分配职能研究 | 10 | 2010年7月 | 10CGL057 | 青年项目 |
| 134 | 王永德 | 留学生认知实验中的汉字教学法研究 | 12 | 2010年7月 | 10BYY039 | 一般项目 |
| 135 | 徐国祥 | 我国金属期货价格指数编制方法创新及实证研究 | 12 | 2010年7月 | 1010BTJ008 | 一般项目 |
| 136 | 李清伟 | 网络条件下的集体抗争及其法治化研究 | 12 | 2010年7月 | 10BFX011 | 一般项目 |
| 137 | 干春晖 | "十二五"期间加快推进我国产业结构调整研究 | 70 | 2011年1月 | 10ZD&011 | 重大项目 |
| 138 | 郑少华 | 生态文明法律机制建设研究 | 60 | 2010年11月 | 10ZD&045 | 重大项目 |
| 139 | 曹建华 | 实现2020年我国控制温室气体排放行动目标对策研究 | 20 | 2010年11月 | 10AZD015 | 重点项目 |
| 140 | 何建民 | 全面提升旅游业发展质量的基本理论、关键问题及对策研究 | 20 | 2010年11月 | 10AZD028 | 重点项目 |
| 141 | 余典范 | 加快推进我国自主创新技术成果产业化的体制机制与政策措施研究 | 15 | 2011年7月 | 11CJY017 | 青年项目 |
| 142 | 张一平 | 新中国城乡关系重构与城乡形态变迁研究(1949—1966) | 15 | 2011年7月 | 11CDJ009 | 青年项目 |
| 143 | 何韧 | 我国商业银行中小企业关系借贷及其应用研究 | 15 | 2011年7月 | 11BJL027 | 一般项目 |
| 144 | 黄赜琳 | 中国实际经济周期与税收政策效应研究 | 15 | 2011年7月 | 11CJL009 | 青年项目 |
| 145 | 陈晓和 | 国防经济资源保障绩效研究 | 25 | 2011年7月 | 11AJY004 | 重点项目 |
| 146 | 吴方卫 | 我国发展液态生物质燃料的社会成本收益分析研究 | 15 | 2011年7月 | 11BJY062 | 一般项目 |
| 147 | 邓淑莲 | 打开预算暗箱,建设责任政府——我国省级政府透明预算实现机制研究 | 15 | 2011年7月 | 11BZZ061 | 一般项目 |
| 148 | 陶勇 | 加强县级政府提供基本公共服务的财力保障机制研究 | 15 | 2011年7月 | 11BZZ046 | 一般项目 |
| 149 | 李耀华 | 近代中国的社会保险制度研究 | 15 | 2011年7月 | 11CZS038 | 青年项目 |
| 150 | 李贵 | 宋代文学的文化地理学研究 | 15 | 2011年7月 | 11CZW035 | 青年项目 |
| 151 | 周红 | 现代汉语动趋式致使性研究 | 15 | 2011年7月 | 11CYY045 | 青年项目 |
| 152 | 江若尘 | 民营大企业转型利益相关者的委托代理关系研究 | 15 | 2011年7月 | 11BGL049 | 一般项目 |
| 153 | 何骏 | 中国服务业国际化水平提升研究:理论与实证 | 15 | 2011年7月 | 11BGL099 | 一般项目 |

(续表)

| 序号 | 负责人 | 课题名称 | 经费（万元） | 立项日期 | 批准号 | 项目类别 |
|---|---|---|---|---|---|---|
| 154 | 唐 松 | 政治关联对会计信息质量的影响机制及其后果的研究 | 15 | 2011年7月 | 11CGL017 | 青年项目 |
| 155 | 王 丹 | 转型背景下中国企业集团成长模式研究 | 15 | 2011年7月 | 11CGL049 | 青年项目 |
| 156 | 许 庆 | 城乡统筹发展背景下户籍制度改革与城镇化问题研究 | 75 | 2011年10月 | 11&ZD037 | 重大项目 |
| 157 | 刘晓红 | 改革开放以来我国大众传播政策研究 | 15 | 2012年6月 | 12CXW015 | 青年项目 |
| 158 | 范宝舟 | 当代中国自觉把握世界历史进程的文化建构研究 | 15 | 2012年6月 | 12BZX014 | 一般项目 |
| 159 | 马 艳 | 现代政治经济学重大前沿问题的理论与实证研究 | 25 | 2012年6月 | 12AJL003 | 重点项目 |
| 160 | 王根蓓 | 经济全球化中的贫困化增长风险与中国的包容性贸易投资政策选择研究 | 15 | 2012年6月 | 12BJL062 | 一般项目 |
| 161 | 赖涪林 | 农村人口变动趋势及农民工流动疏导机制研究 | 15 | 2012年6月 | 12BJL044 | 一般项目 |
| 162 | 陈 波 | 经济金融化、利益共享式经济增长与社会公平研究 | 15 | 2012年6月 | 12CJL014 | 青年项目 |
| 163 | 张军旗 | WTO补贴规则与我国产业补贴政策的变革研究 | 15 | 2012年6月 | 12BFX139 | 一般项目 |
| 164 | 吴文芳 | 雇主组织参与劳动关系三方协调机制的法律保障研究 | 15 | 2012年6月 | 12CFX087 | 青年项目 |
| 165 | 朱迎平 | 《渭南文集》笺校 | 15 | 2012年6月 | 12BZW068 | 一般项目 |
| 166 | 靳玉英 | 世界经济周期性波动及其对我国宏观审慎监管框架构建的政策含义研究 | 25 | 2012年8月 | 12AZD051 | 重点项目 |
| 167 | 鲁品越 | 《资本论》哲学思想及其当代价值研究 | 25 | 2012年10月 | 12AZD066 | 重点项目 |
| 168 | 马国贤 | 我国预算绩效专项指标体系研究 | 25 | 2012年12月 | 12AZD097 | 重点项目 |
| 169 | 刘尧成 | 国际量化宽松冲击对中国经济的动态影响与应对策略研究 | 18 | 2013年6月 | 13CJL030 | 青年项目 |
| 170 | 张淑芳 | 无效行政行为的判定标准及司法审查研究 | 18 | 2013年6月 | 13BFX040 | 一般项目 |
| 171 | 汪 伟 | 我国低消费的原因与扩大消费需求的长期政策与长效机制研究 | 30 | 2013年6月 | 13AJL004 | 重点项目 |
| 172 | 何玉长 | 当前我国财富基尼系数与财富调节研究 | 18 | 2013年6月 | 13BJL003 | 一般项目 |
| 173 | 周晓梅 | 汉籍外译的价值取向与文化立场研究 | 18 | 2013年6月 | 13CYY008 | 青年项目 |
| 174 | 万君宝 | 仆从领导驱动下的服务型政府的顶层设计研究 | 18 | 2013年6月 | 13BGL072 | 一般项目 |

(续表)

| 序号 | 负责人 | 课题名称 | 经费(万元) | 立项日期 | 批准号 | 项目类别 |
|---|---|---|---|---|---|---|
| 175 | 李春琦 | 我国投资效率变动对宏观经济波动的影响研究 | 18 | 2013年6月 | 13BJY179 | 一般项目 |
| 176 | 朱为群 | 房地产税改革的决策机制及其实现路径研究 | 18 | 2013年6月 | 13BJY152 | 一般项目 |
| 177 | 张　觉 | 吴越春秋校证注疏 | 18 | 2013年6月 | 13BZW092 | 一般项目 |
| 178 | 谈　敏 | 马克思主义经济学在中国的传播启蒙研究(1917—1919) | 30 | 2013年6月 | 13AJL001 | 重点项目 |
| 179 | 兰宜生 | 保障城市住房供应的第二土地红线研究 | 18 | 2013年6月 | 13BJY056 | 一般项目 |
| 180 | 夏明月 | 劳动伦理与当代企业核心竞争力研究 | 18 | 2013年6月 | 13CZX070 | 一般项目 |
| 181 | 李　曜 | 并购型股权投资基金在企业重组转型中的作用机制、效应及支持制度研究 | 18 | 2013年6月 | 13BJL038 | 一般项目 |
| 182 | 燕红忠 | 近代中日货币战争研究(1906—1945) | 18 | 2013年6月 | 13BJL019 | 一般项目 |
| 183 | 徐　巍 | 图像时代文学演变与发展趋向研究 | 18 | 2013年6月 | 13CZW003 | 青年项目 |
| 184 | 朱卫红 | 日本现代短歌里的中国意象研究 | 18 | 2013年6月 | 13BWW018 | 一般项目 |
| 185 | 徐国祥 | 我国金融状况指数的构建与应用研究 | 18 | 2013年6月 | 13BTJ015 | 一般项目 |
| 186 | 王志军 | 基于汉英平行语料库的汉英动宾搭配对比研究 | 18 | 2013年6月 | 13BYY014 | 一般项目 |
| 187 | 刘守刚 | 西方现代国家制度建设中的财政问题研究 | 18 | 2013年6月 | 13BZZ015 | 一般项目 |
| 188 | 马祖琦 | 公共投资的溢价回收模式研究 | 18 | 2013年6月 | 13CGL023 | 青年项目 |
| 189 | 郝　云 | 财富的分配正义与共享性增长研究 | 18 | 2013年6月 | 13BZX080 | 一般项目 |
| 190 | 卜祥记 | 中国社会阶层结构变迁与财富观的嬗变 | 18 | 2013年6月 | 13BZX009 | 一般项目 |
| 191 | 张达球 | 汉英非宾格性题元关系及句法实现对比研究 | 20 | 2014年6月 | 14BYY002 | 一般项目 |
| 192 | 宋晓燕 | 自贸区金融法治问题研究 | 35 | 2014年6月 | 14AFX018 | 重点项目 |
| 193 | 赵晓雷 | 中国(上海)自由贸易试验区建设的实践探索与经验研究 | 80 | 2014年6月 | 14ZDA079 | 重大项目 |
| 194 | 李笑野 | 《周易》的观念形态论 | 20 | 2014年6月 | 14FZW001 | 后期资助项目 |
| 195 | 罗　姝 | 春秋世族作家群体与文学创作考论 | 20 | 2014年6月 | 14BZW038 | 一般项目 |
| 196 | 马拥军 | 需要结构的生产与经济空间的扩张研究 | 20 | 2014年6月 | 14BZX014 | 一般项目 |
| 197 | 陶婷芳 | 我国大型城市中旅游业与演艺业融合发展的理论、途径与效益研究 | 20 | 2014年6月 | 14BGL087 | 一般项目 |
| 198 | 潘　霁 | 主流媒体环境污染报道网络公信力研究 | 20 | 2014年6月 | 14CXW039 | 青年项目 |

(续表)

| 序号 | 负责人 | 课题名称 | 经费(万元) | 立项日期 | 批准号 | 项目类别 |
| --- | --- | --- | --- | --- | --- | --- |
| 199 | 李 眺 | 我国的雾霾治理与区域产业结构升级研究 | 20 | 2014年6月 | 14BJY079 | 一般项目 |
| 200 | 孙元欣 | 我国外资准入负面清单文本和管理模式研究 | 20 | 2014年6月 | 14BJY005 | 一般项目 |
| 201 | 严国海 | 中国民营工业企业发展的制度经济学研究(1912—1936年) | 20 | 2014年6月 | 14BJL117 | 一般项目 |
| 202 | 余 智 | 汇率变化对不同企业与产品进出口的影响及其政策含义 | 20 | 2014年6月 | 14BJL057 | 一般项目 |
| 203 | 胡 彬 | 经济结构调整与转变视角下的中国城市转型路径与机制研究 | 20 | 2014年6月 | 14BJL082 | 一般项目 |
| 204 | 豆建民 | 我国区域一体化进程中的污染产业转移与区域协调研究 | 20 | 2014年6月 | 14BJL084 | 一般项目 |
| 205 | 葛伟军 | 公司捐赠的法律逻辑与范式研究 | 20 | 2014年7月 | 14FFX018 | 后期资助项目 |
| 206 | 金洪飞 | 中国地方政府债务管理和风险预警机制 | 35 | 2014年7月 | 14AZD036 | 重点项目 |
| 207 | 干春晖 | 中高速增长阶段经济转型升级研究 | 80 | 2014年7月 | 14ZDA021 | 重大项目 |
| 208 | 乔晓妹 | 汉英双语者新学词汇心理表征的ERP研究 | 20 | 2014年11月 | 14BYY058 | 一般项目 |
| 209 | 张学良 | 新型城镇化背景下城市边界调整与城市综合承载力提升路径研究 | 80 | 2014年11月 | 14ZDB138 | 重大项目 |
| 210 | 付文林 | 财税制度、要素流动与中国经济增长动力研究 | 35 | 2014年11月 | 14AZD103 | 重点项目 |
| 211 | 章忠民 | 黑格尔的道德教育思想研究 | 18 | 2014年12月 | BEA140078 | 教育、艺术单列项目 |
| 212 | 张东辉 | 德国古典哲学中的法权与道德研究 | 20 | 2014年12月 | 14FZX038 | 后期资助项目 |
| 213 | 李学尧 | 司法公信力评估研究 | 35 | 2015年6月 | 15AFX012 | 重点项目 |
| 214 | 张 雄 | 政治经济学批判思想史研究 | 35 | 2015年6月 | 15AZX003 | 重点项目 |
| 215 | 李桂奎 | 中国文学写人传统及理论谱系研究 | 35 | 2015年6月 | 15AZW007 | 重点项目 |
| 216 | 刘乃全 | 长三角城市群人口空间分布优化研究 | 20 | 2015年6月 | 15BRK025 | 一般项目 |
| 217 | 徐 键 | 政府和社会资本合作的行政法研究 | 20 | 2015年6月 | 15BFX049 | 一般项目 |
| 218 | 叶榅平 | 健全自然资源国家所有权行使制度研究 | 20 | 2015年6月 | 15BFX155 | 一般项目 |
| 219 | 于 洪 | 社会保障事权与支出责任划分研究 | 20 | 2015年6月 | 15BJY141 | 一般项目 |
| 220 | 王克强 | 经济发达地区建设用地管理模式从增量化向减量化转轨机理及政策研究 | 20 | 2015年6月 | 15BGL159 | 一般项目 |
| 221 | 刘志阳 | 公益创投的契约机制及生态构建研究 | 20 | 2015年6月 | 15BGL166 | 一般项目 |
| 222 | 韩 元 | 中国当代文学影视改编的民族性问题研究 | 20 | 2015年6月 | 15BZW170 | 一般项目 |

(续表)

| 序号 | 负责人 | 课题名称 | 经费(万元) | 立项日期 | 批准号 | 项目类别 |
|---|---|---|---|---|---|---|
| 223 | 刘 焱 | 现代汉语反预期范畴研究 | 20 | 2015年6月 | 15BYY148 | 一般项目 |
| 224 | 冯金华 | 一般均衡价格与价值研究 | 20 | 2015年6月 | 15BJL007 | 一般项目 |
| 225 | 陈月娥 | 日本汉字问题与语言政策研究 | 20 | 2015年6月 | 15BYY188 | 一般项目 |
| 226 | 岳 崟 | 城市外来人口的社会流动与社会融入研究 | 20 | 2015年6月 | 15CSH010 | 青年项目 |
| 227 | 朱 璐 | 儒家"义"德政治哲学研究 | 20 | 2015年11月 | 15CZX059 | 青年项目 |
| 228 | 宋晓燕 | 基于国家金融安全的互联网金融立法与国际治理对策研究 | 80 | 2015年11月 | 15ZDB175 | 重大项目 |
| 229 | 谢家平 | 基于绿色全产业链的产业与企业转型升级研究 | 80 | 2015年11月 | 15ZDB161 | 重大项目 |
| 230 | 郑少华 | 政府与社会资本合作(PPP)模式的法律机制理路及其衡量方法研究 | 35 | 2015年11月 | 15AZD064 | 重点项目 |
| 231 | 徐晓萍 | 科技型中小企业融资征信需求特质研究 | 35 | 2015年12月 | 15AZD059 | 重点项目 |
| 232 | 李 宇 | 商业信托法研究 | 25 | 2015年12月 | 15FFX043 | 后期资助项目 |
| 233 | 张占江 | 政府反竞争行为的反垄断法规制研究 | 20 | 2015年12月 | 15FFX039 | 后期资助项目 |
| 234 | 应望江 | 教育管办评分离问题及对策研究 | 16 | 2016年3月 | WGA160012 | 教育、艺术单列项目 |
| 235 | 徐国祥 | 我国创新驱动转型发展评价指数的构建与应用研究 | 35 | 2016年8月 | 16ATJ004 | 重点项目 |
| 236 | 冒佩华 | "创新、协调、绿色、开放、共享"五大发展理念的政治经济学研究 | 20 | 2016年8月 | 16BKS060 | 一般项目 |
| 237 | 丁晓钦 | 积累的社会结构理论视角下的当代资本主义新变化及历史走向研究 | 20 | 2016年8月 | 16BKS081 | 一般项目 |
| 238 | 徐大建 | 西方经济伦理思想史 | 20 | 2016年8月 | 16BZX094 | 一般项目 |
| 239 | 谈 敏 | 从民国经济学著作看马克思主义经济学的传播研究(1920—1929) | 20 | 2016年8月 | 16BJL003 | 一般项目 |
| 240 | 孙 林 | 近代长江三角洲城乡经济关系研究(1840—1949) | 20 | 2016年8月 | 16BJL021 | 一般项目 |
| 241 | 胡永刚 | 垂直结构视角下的国企改革与中国经济波动研究 | 20 | 2016年8月 | 16BJL044 | 一般项目 |
| 242 | 郭丽虹 | 强制分红政策对资源配置效率的影响研究 | 20 | 2016年8月 | 16BJL047 | 一般项目 |
| 243 | 黄赜琳 | "一带一路"沿线地区经济周期协同性及其传导机制研究 | 20 | 2016年8月 | 16BJL098 | 一般项目 |
| 244 | 曾军平 | 可逆性检验有效的公平收入分配规则研究 | 20 | 2016年8月 | 16BJY155 | 一般项目 |

(续表)

| 序号 | 负责人 | 课题名称 | 经费(万元) | 立项日期 | 批准号 | 项目类别 |
|---|---|---|---|---|---|---|
| 245 | 何佳馨 | "健康中国"战略下分级诊疗制度建设的法律问题研究 | 20 | 2016年8月 | 16BFX161 | 一般项目 |
| 246 | 程 晓 | 资本形态的历史演变及其当代意义研究 | 20 | 2016年8月 | 16CZX007 | 青年项目 |
| 247 | 何 睿 | 基于社交媒体的健康传播话题与趋势监测研究 | 20 | 2016年8月 | 16CXW016 | 青年项目 |
| 248 | 黄天华 | 中国财政制度史 | 35 | 2016年10月 | 16FJL018 | 后期资助项目 |
| 249 | 杜恂诚 | 近代上海公共租界的土地制度与市政管理 | 20 | 2016年10月 | 16FJL014 | 后期资助项目 |
| 250 | 丁剑平 | 人民币加入SDR、一篮子货币定值与中国宏观经济的均衡研究 | 80 | 2016年11月 | 16ZDA031 | 重大项目 |
| 251 | 刘莉亚 | 全球经济新格局下最后贷款人制度的理论前沿与实践问题研究 | 80 | 2016年11月 | 16ZDA035 | 重大项目 |
| 252 | 付文林 | 中国的政府间事权与支出责任划分研究 | 80 | 2016年11月 | 16ZDA065 | 重大项目 |
| 253 | 燕红忠 | 近代中国金融市场发展与运行研究 | 80 | 2016年11月 | 16ZDA133 | 重大项目 |
| 254 | 许 庆 | 城镇化背景下我国城乡土地结构变化的动力机制 | 35 | 2016年11月 | 16AZD012 | 重点项目 |

### (二) 国家自然科学基金研究课题

1994年,施锡铨承接了学校第一个国家自然科学基金课题。1997年,储敏伟和杨大楷分别承接了国家自然科学基金重大项目《金融数学、金融工程与金融管理》的两个子课题。从1999年开始承接的国家自然科学基金项目数逐年递增,2005年有11项国家自然科学基金项目获得立项,2006年和2007年分别立项7项和9项。

1994—2016年,学校承担国家自然科学基金项目累计335项,2008—2010年,每年立项数在15项左右,2011年立项数达到了28项,2012年立项数达到了48项。2013—2016年每年立项数在38项左右。承接的国家自然科学基金项目不仅在数量上有了较大飞跃,在项目层次上也有了很大突破。2014年,冯帅章获得国家杰出青年基金项目资助。2016年,靳庆鲁获得国家杰出青年基金项目资助。2014年,朱利平获得优秀青年基金项目资助。2015年,杨金强获得优秀青年基金项目资助。潘飞、周勇(统计与管理学院)、陈信元分别在2010年、2015年、2016年获得重点项目资助。国家自然科学基金项目具体情况见表9-5。

表9-5 1994—2016年承接的国家自然科学基金课题情况

| 序号 | 负责人 | 课题名称 | 经费(万元) | 立项时间 | 批准号 | 类别 |
|---|---|---|---|---|---|---|
| 1 | 施锡铨 | 鞍点逼近和小样本理论 | 2.4 | 1994年9月 | 19471052 | 面上项目 |
| 2 | 陈学彬 | 我国货币供给总量控制模型研究 | 3.5 | 1996年9月 | 79670053 | 面上项目 |

(续表)

| 序号 | 负责人 | 课题名称 | 经费(万元) | 立项时间 | 批准号 | 类别 |
|---|---|---|---|---|---|---|
| 3 | 储敏伟 | 税收征管系统研究 | 34 | 1997年9月 | 79790134 | 重大项目 |
| 4 | 杨大楷 | 国债管理与利率研究 | 11 | 1997年9月 | 79790135 | 重点项目 |
| 5 | 陈信元 | 上市公司资产重组财务会计问题研究 | 8.5 | 1998年9月 | 79870010 | 面上项目 |
| 6 | 丁栋虹 | 我国企业家职业化的组织制度支撑体系研究 | 5 | 1999年9月 | 79900019 | 青年科学基金项目 |
| 7 | 戴国强 | 中国货币市场的监督、控制和管理研究 | 5 | 1999年9月 | 79941005 | 主任基金项目 |
| 8 | 孙经纬 | 股份公司治理结构的理论与实证研究 | 8.5 | 1999年9月 | 79900020 | 青年科学基金项目 |
| 9 | 金德环 | 中国证券市场波动与控制研究 | 5 | 2000年2月 | 70041038 | 主任基金项目 |
| 10 | 丛树海 | 中国扩张性财政政策的风险效应及控制研究 | 12 | 2000年9月 | 70073016 | 面上项目 |
| 11 | 孙铮 | 中国企业财务危机预警系统研究 | 12 | 2000年9月 | 70072018 | 面上项目 |
| 12 | 陈占锋 | 奇异型期权定价理论与应用研究 | 13.2 | 2000年9月 | 70003004 | 青年科学基金项目 |
| 13 | 陈学彬 | 中国商业银行治理结构微观模拟研究 | 1.5 | 2001年9月 | 70142010 | 专项基金项目 |
| 14 | 丁栋虹 | 中国家族企业管理专业路径模式与组织制度研究 | 14 | 2001年10月 | 70172007 | 面上项目 |
| 15 | 原红旗 | 会计信息和资源配置——来自中国上市公司配股的证据 | 10 | 2001年10月 | 70102006 | 青年科学基金项目 |
| 16 | 陈信元 | 转型经济中我国上市公司治理结构的经验研究 | 13 | 2001年10月 | 70172008 | 面上项目 |
| 17 | 戴国强 | 我国银行利率风险管理方法的研究 | 12 | 2001年10月 | 70173021 | 面上项目 |
| 18 | 陈学彬 | 我国货币政策效应动态微观模拟模型研究 | 13 | 2001年10月 | 70173020 | 面上项目 |
| 19 | 杨大楷 | 中国企业海外投资效应分析及对策研究 | 12 | 2001年10月 | 70172009 | 面上项目 |
| 20 | 陈启宏 | 分布参数系统若干最优控制问题及其计算方法 | 11 | 2001年10月 | 10171059 | 面上项目 |
| 21 | 储敏伟 | 税收稽查及其纳税评估方法应用研究 | 14 | 2002年9月 | 70273018 | 面上项目 |
| 22 | 刘乃全 | 开放经济条件下区域政策有效性研究 | 14 | 2002年9月 | 70203006 | 青年科学基金项目 |
| 23 | 奚君羊 | 中国商业银行内部管理优化研究 | 3 | 2003年1月 | 70241018 | 主任基金项目 |
| 24 | 王克强 | 中国农村集体土地资产化运作与农村社会保障机制建设研究 | 4 | 2003年9月 | 70341011 | 主任基金项目 |
| 25 | 丁剑平 | 汇率浮动的国际比较与中国对时机的选择 | 6 | 2003年9月 | 70341023 | 主任基金项目 |
| 26 | 颜光华 | 基于网络的中国海外企业治理组织控制研究 | 14 | 2003年10月 | 70372068 | 面上项目 |

(续表)

| 序号 | 负责人 | 课题名称 | 经费(万元) | 立项时间 | 批准号 | 类别 |
|---|---|---|---|---|---|---|
| 27 | 丁剑平 | 解决中国失业问题的宏观政策导向——贸易与非贸易部门变量的国际比较 | 14 | 2003年10月 | 70373075 | 面上项目 |
| 28 | 朱国泓 | 并购中的控制权私人收益：理论模型、经验证据与系统治理 | 8 | 2003年10月 | 70303014 | 青年科学基金项目 |
| 29 | 赵晓雷 | 产权交易所的功能和作用 | 4 | 2004年5月 | 70441017 | 主任基金项目 |
| 30 | 孙铮 | 公司控制权安排和投资者利益保护——理论模型与经验分析 | 14 | 2004年9月 | 70473055 | 面上项目 |
| 31 | 原红旗 | 上市公司关联交易监管研究 | 15 | 2004年9月 | 70472079 | 面上项目 |
| 32 | 胡奕明 | 债权管束与会计信息有效需求 | 10 | 2004年9月 | 70472078 | 面上项目 |
| 33 | 谢家平 | 废弃产品回收处理策略的经济性分析与优化 | 14 | 2004年9月 | 70472080 | 青年科学基金项目 |
| 34 | 靳玉英 | 汇率行为复杂性研究 | 10 | 2004年9月 | 70471082 | 青年科学基金项目 |
| 35 | 马国贤 | 中国义务教育的绩效指标体系研究 | 10 | 2004年9月 | 70473056 | 面上项目 |
| 36 | 冯苏苇 | 小波变换下的交通流宏观动力学建模及对交通管控策略评价 | 17 | 2005年9月 | 70571048 | 青年科学基金项目 |
| 37 | 张为国 | 会计准则导向与审计意见收买 | 15 | 2005年9月 | 70572078 | 面上项目 |
| 38 | 陈信元 | 政府干预、公司治理与企业价值：来自中国资本市场的经验证据 | 14 | 2005年9月 | 70572105 | 面上项目 |
| 39 | 李曜 | 新形势下我国企业年金的治理结构、投资与风险管理研究 | 13 | 2005年9月 | 70573067 | 青年科学基金项目 |
| 40 | 李劲松 | 团队工作环境下责任形成过程及责任行为研究 | 16.6 | 2005年9月 | 70501017 | 青年科学基金项目 |
| 41 | 张涛 | 基于MTO的混合流程制造业柔性合同计划方法的研究 | 17 | 2005年9月 | 70501018 | 青年科学基金项目 |
| 42 | 朱小斌 | 转型经济中的中小企业战略模式与战略风险研究 | 15 | 2005年9月 | 70502017 | 青年科学基金项目 |
| 43 | 王琴 | 核心企业权威与组织间治理模式研究 | 14 | 2005年9月 | 70502018 | 青年科学基金项目 |
| 44 | 贺小刚 | 创业型企业的企业家能力与转型机制的研究 | 15 | 2005年9月 | 70502019 | 青年科学基金项目 |
| 45 | 李眺 | 审计质量的保障机制研究：一个产业组织的视角 | 10 | 2005年9月 | 70503018 | 青年科学基金项目 |
| 46 | 胡彬 | 经济全球化条件下长江三角洲城市体系的网络化机制与区域组织动因研究 | 16 | 2005年9月 | 70503019 | 青年科学基金项目 |
| 47 | 许淑君 | 促进我国废旧汽车资源再生产业发展的政策研究 | 6 | 2006年6月 | 70641003 | 主任基金项目 |

(续表)

| 序号 | 负责人 | 课题名称 | 经费(万元) | 立项时间 | 批准号 | 类别 |
|---|---|---|---|---|---|---|
| 48 | 张 娥 | 关键字广告位定价策略及其优化研究 | 17 | 2006年6月 | 70602031 | 青年科学基金项目 |
| 49 | 薛 爽 | 经济周期与亏损公司定价：理论与实证研究 | 17 | 2006年6月 | 70602030 | 青年科学基金项目 |
| 50 | 孙元欣 | 我国家庭资产统计与统计管理 | 17 | 2006年6月 | 70673057 | 面上项目 |
| 51 | 王燕军 | 几何规划的分解类算法及全局优化算法研究 | 12 | 2006年6月 | 10601030 | 青年科学基金项目 |
| 52 | 徐龙炳 | 中国机构投资者投资行为及其监管研究 | 18 | 2006年6月 | 70673056 | 面上项目 |
| 53 | 潘 飞 | 管理会计控制系统与价值创造——全面质量管理实证研究 | 16 | 2006年6月 | 70671063 | 面上项目 |
| 54 | 戴国强 | 人民币外汇衍生品的市场发展策略及其风险管理 | 7 | 2007年9月 | 70741017 | 主任基金项目 |
| 55 | 何 萍 | Markov过程的游离理论及其应用 | 20 | 2007年9月 | 10771131 | 面上项目 |
| 56 | 王艳华 | Hopf代数的同调与表示理论 | 3 | 2007年9月 | 10726039 | 专项基金项目 |
| 57 | 夏立军 | 中国转型经济环境中的公共治理与民营企业公司治理研究 | 22 | 2007年9月 | 70772101 | 青年科学基金项目 |
| 58 | 张祥建 | 基于大股东利益的中国上市公司投资行为与效率研究 | 11 | 2007年9月 | 70702035 | 青年科学基金项目 |
| 59 | 刘雪峰 | 认知闭合需要对组织中冲突和绩效的影响 | 17 | 2007年9月 | 70702034 | 青年科学基金项目 |
| 60 | 田国强 | 和谐社会、科学发展观与幸福——收入之谜：主观福利的攀比理论及实证研究 | 19 | 2007年9月 | 70773073 | 面上项目 |
| 61 | 鲍晓华 | 技术性贸易壁垒及其自由化的贸易和福利效应测度 | 16 | 2007年9月 | 70703021 | 青年科学基金项目 |
| 62 | 吴方卫 | 我国生物燃料乙醇发展的社会经济影响和发展战略与政策研究 | 8 | 2007年9月 | 70741029 | 主任基金项目 |
| 63 | 孙 燕 | 随机变系数模型的研究及其在经济学中的应用 | 17 | 2008年9月 | 10801093 | 青年科学基金项目 |
| 64 | 周 建 | 小样本高维宏观经济统计数据计量经济联立模型诊断理论及其应用 | 18 | 2008年9月 | 70801040 | 青年科学基金项目 |
| 65 | 李增泉 | 我国民营企业家族化问题研究 | 16 | 2008年9月 | 70802035 | 青年科学基金项目 |
| 66 | 贺建刚 | 基于我国转型经济治理环境下的财务报告重述研究 | 16 | 2008年9月 | 70802036 | 青年科学基金项目 |
| 67 | 陆 蓉 | 基金治理与投资者利益保护研究 | 18 | 2008年9月 | 70803027 | 青年科学基金项目 |
| 68 | 刘 勇 | 知识产权保护、创新和经济增长：理论和中国经验 | 16 | 2008年9月 | 70803028 | 青年科学基金项目 |

(续表)

| 序号 | 负责人 | 课题名称 | 经费(万元) | 立项时间 | 批准号 | 类别 |
|---|---|---|---|---|---|---|
| 69 | 冯帅章 | 民工子弟学校与流动儿童教育：基于上海的跟踪实证研究 | 13 | 2008年9月 | 70803029 | 面上项目 |
| 70 | 张学良 | 交通基础设施对中国区域经济增长的空间溢出效应研究 | 18 | 2008年9月 | 70803030 | 青年科学基金项目 |
| 71 | 周亚虹 | 变换模型与内生哑变量模型的半参数估计方法及应用 | 23 | 2008年9月 | 70871073 | 面上项目 |
| 72 | 贺小刚 | 家族权威与私营企业成长机制研究 | 26 | 2008年9月 | 70872065 | 青年科学基金项目 |
| 73 | 原红旗 | 中国会计准则国际趋同的经济后果研究 | 25 | 2008年9月 | 70872066 | 面上项目 |
| 74 | 蒋义宏 | 制度环境、投资者保护与国际财务报告质量 | 25 | 2008年9月 | 70872067 | 面上项目 |
| 75 | 王晓玉 | 产品危机对分销渠道关系质量的影响机制与对策研究 | 24 | 2008年9月 | 70872068 | 青年科学基金项目 |
| 76 | 王新新 | 品牌社群的组织界定、形成和作用机理研究 | 24 | 2008年9月 | 70872069 | 面上项目 |
| 77 | 徐龙炳 | 境内上市资源流失与财富转移效应研究 | 23 | 2008年9月 | 70873080 | 青年科学基金项目 |
| 78 | 杨世海 | 高维Mobius群理论研究 | 3 | 2008年12月 | 10826025 | 专项基金项目 |
| 79 | 胡建华 | 基于大样本和决策论的增长曲线模型的统计推断研究 | 25 | 2009年9月 | 10971126 | 面上项目 |
| 80 | 陈启宏 | 无限维系统最优控制与数量金融若干问题研究 | 26 | 2009年9月 | 10971127 | 面上项目 |
| 81 | 艾春荣 | 空间面板数据模型理论与应用研究 | 28 | 2009年9月 | 70971082 | 面上项目 |
| 82 | 覃正 | 应对国际金融风险的危机—机遇模式研究 | 26 | 2009年9月 | 70971083 | 面上项目 |
| 83 | 朱凯 | 税制改革与公司财务决策研究：基于中国资本市场的经验分析 | 16 | 2009年9月 | 70972060 | 青年科学基金项目 |
| 84 | 储一昀 | 财务分析师跟进对公司内部人行为治理的研究 | 20 | 2009年9月 | 70972061 | 面上项目 |
| 85 | 谢家平 | EPR下废旧产品再制造生产计划及应用研究 | 26 | 2009年9月 | 70972062 | 面上项目 |
| 86 | 王艳华 | 具有特殊结构的Hopf代数的研究 | 16 | 2009年9月 | 10901098 | 青年科学基金项目 |
| 87 | 杨世海 | Mobius群的离散性及形变理论 | 16 | 2009年9月 | 10901099 | 青年科学基金项目 |
| 88 | 黄海量 | 不公正评价对网络交易行为的影响机理及其对策研究 | 17 | 2009年9月 | 70901049 | 青年科学基金项目 |

（续表）

| 序号 | 负责人 | 课题名称 | 经费（万元） | 立项时间 | 批准号 | 类别 |
| --- | --- | --- | --- | --- | --- | --- |
| 89 | 杨 晔 | 网络化创新环境中风险投资制度生长机理与效率边界研究 | 19 | 2009年9月 | 70903046 | 青年科学基金项目 |
| 90 | 柏 杨 | 基于二次推断函数和经验似然的纵向数据半参数建模及应用 | 16 | 2010年8月 | 11001162 | 青年科学基金项目 |
| 91 | 尤进红 | 具有多个响应的纵向数据的半参数与结构非参数统计建模及其推断 | 25 | 2010年8月 | 11071154 | 面上项目 |
| 92 | 韩松乔 | 移动自组网中基于QoS和资源节约的分布式服务组合关键技术研究 | 16 | 2010年8月 | 61003022 | 青年科学基金项目 |
| 93 | 于长锐 | Internet环境中基于语义Web的开放式决策支持系统关键技术研究 | 10 | 2010年8月 | 61074134 | 青年科学基金项目 |
| 94 | 陈 媛 | 考虑复杂情形的差异性分组模型与算法研究 | 17.7 | 2010年8月 | 71001058 | 青年科学基金项目 |
| 95 | 李欣苗 | 面向任务的开放式团队创新协同理论与方法研究 | 17 | 2010年8月 | 71001059 | 青年科学基金项目 |
| 96 | 高维和 | 市场互入与渠道互依下的营销协同策略研究 | 15 | 2010年8月 | 71002031 | 青年科学基金项目 |
| 97 | 邵 帅 | 中国区域层面资源诅咒效应传导机制与规避政策研究：基于内生增长的视角 | 19 | 2010年8月 | 71003068 | 青年科学基金项目 |
| 98 | 潘 飞 | 以价值为基础、以战略为导向的中国企业管理会计研究 | 132 | 2010年8月 | 71032005 | 重点项目 |
| 99 | 沈月林 | 利用部件互补性实现产品生命周期中的供应战略 | 20 | 2010年8月 | 71071091 | 青年科学基金项目 |
| 100 | 周 建 | 小样本高维宏观经济变量动态面板数据模型诊断理论及其应用 | 25 | 2010年8月 | 71071092 | 面上项目 |
| 101 | 靳庆鲁 | 经济制度发展与会计信息功能研究 | 24 | 2010年8月 | 71072036 | 面上项目 |
| 102 | 井然哲 | 在线客户群价值模型及其优化研究 | 26 | 2010年8月 | 71072037 | 面上项目 |
| 103 | 徐龙炳 | 有限理性对金融监管的影响研究 | 27 | 2010年8月 | 71073100 | 面上项目 |
| 104 | 肖俊极 | 价格逆需求周期波动的成因及消费者购买行为周期性变化分析 | 17 | 2010年8月 | 71002030 | 青年科学基金项目 |
| 105 | 杨大楷 | 证券分析师预测品质、市场反应及监管模式研究 | 29 | 2010年8月 | 71073101 | 面上项目 |
| 106 | 王清华 | 时滞随机微分方程及其在金融中的应用 | 3 | 2010年11月 | 11026058 | 专项基金项目 |
| 107 | 蔺 楠 | 新兴产业集群形成中公共风险资本和私人风险资本的合作机制研究 | 10 | 2010年12月 | 71050003 | 主任基金项目 |

(续表)

| 序号 | 负责人 | 课题名称 | 经费(万元) | 立项时间 | 批准号 | 类别 |
|---|---|---|---|---|---|---|
| 108 | 冯兴东 | 矩阵的数学期望以及其他统计量的维数检验 | 22 | 2011年8月 | 11101254 | 青年科学基金项目 |
| 109 | 赵海兵 | 大尺度多重假设检验中错误率的控制 | 22 | 2011年8月 | 11101255 | 青年科学基金项目 |
| 110 | 田 方 | 随机方法在图分割及相关优化问题中理论与算法应用研究 | 20 | 2011年8月 | 11101256 | 青年科学基金项目 |
| 111 | 张雷洪 | 线性判别分析的理论和算法的研究 | 22 | 2011年8月 | 11101257 | 青年科学基金项目 |
| 112 | 韩冬梅 | 基于语义网的多源地学空间数据融合与挖掘研究 | 51 | 2011年8月 | 41174007 | 面上项目 |
| 113 | 王利利 | 动力系统的多稳态研究 | 25 | 2011年8月 | 61101203 | 青年科学基金项目 |
| 114 | 陈 艳 | 基于软计算与统计方法的股票交易智能系统研究 | 20 | 2011年8月 | 71101083 | 青年科学基金项目 |
| 115 | 俞 立 | 面向产品规划的结构化时序知识挖掘及应用研究 | 20 | 2011年8月 | 71101084 | 青年科学基金项目 |
| 116 | 王兰芳 | 政府支持与创业投资决策及绩效：理论与实证研究 | 18.5 | 2011年8月 | 71102134 | 青年科学基金项目 |
| 117 | 王 甄 | 中国上市企业现金流敏感性的单期和多期效应研究 | 22 | 2011年8月 | 71102135 | 青年科学基金项目 |
| 118 | 黄 俊 | 集团化经营、业务关联与知识溢出效应的研究 | 22 | 2011年8月 | 71102136 | 青年科学基金项目 |
| 119 | 赵子夜 | 因"利"导"势"：公司代理人对信息权效的重构 | 20 | 2011年8月 | 71102137 | 青年科学基金项目 |
| 120 | 曾庆丰 | 基于理性行为理论的开放式在线外包市场中信任形成机制研究 | 21.5 | 2011年8月 | 71102138 | 青年科学基金项目 |
| 121 | 陈 波 | 进出口品种对我国生产力的影响 | 21 | 2011年8月 | 71103116 | 青年科学基金项目 |
| 122 | 赵桂芹 | 财产险公司保费增长与承保风险关系研究 | 21 | 2011年8月 | 71103117 | 青年科学基金项目 |
| 123 | 陈庆池 | 长期关系中的合作机制 | 27.3 | 2011年8月 | 71171125 | 面上项目 |
| 124 | 张 涛 | MTO-MTS管理模式下混合流程制造业多级库存匹配与合同计划协同管理方法研究 | 42 | 2011年8月 | 71171126 | 面上项目 |
| 125 | 周亚虹 | 因变量受限的面板数据模型的估计方法和应用 | 45 | 2011年8月 | 71171127 | 面上项目 |
| 126 | 蒋传海 | 基于消费者寻求多样化购买行为的企业动态竞争性歧视定价策略研究 | 45 | 2011年8月 | 71172139 | 面上项目 |
| 127 | 贺小刚 | 家族结构、组织行为与私营企业成长机制研究 | 45 | 2011年8月 | 71172140 | 面上项目 |

(续表)

| 序号 | 负责人 | 课题名称 | 经费(万元) | 立项时间 | 批准号 | 类别 |
|---|---|---|---|---|---|---|
| 128 | 孙铮 | 关系型交易与证券分析师行为研究 | 41.5 | 2011年8月 | 71172141 | 面上项目 |
| 129 | 夏立军 | 会计准则、公司治理与QFII投资 | 38 | 2011年8月 | 71172142 | 面上项目 |
| 130 | 薛爽 | 会计师事务所内部风险控制、市场竞争与签字会计师配置 | 44 | 2011年8月 | 71172143 | 面上项目 |
| 131 | 朱红军 | 我国券商分析师的独立性问题研究 | 44 | 2011年8月 | 71172144 | 面上项目 |
| 132 | 王新新 | 消费者创造价值及其对品牌忠诚的作用研究——基于社会互动的视角 | 43 | 2011年8月 | 71172145 | 面上项目 |
| 133 | 董静 | 风险投资机构对创业企业管理模式的选择研究：行业专长与不确定性的视角 | 44 | 2011年8月 | 71172146 | 面上项目 |
| 134 | 靳玉英 | 零利率下限约束下货币政策和财政政策组合研究 | 42 | 2011年8月 | 71173142 | 面上项目 |
| 135 | 江蕾 | 我国自主创新政策的供给演进、绩效测量与优化方案研究 | 44 | 2011年8月 | 71173143 | 面上项目 |
| 136 | 陈信元 | 国有企业绩效考核体系：改革及其经济后果 | 50 | 2012年8月 | 71272008 | 面上项目 |
| 137 | 张纯 | 声誉机制，媒体催化效应及公司价值研究 | 40 | 2012年8月 | 71272011 | 面上项目 |
| 138 | 靳庆鲁 | 产业竞争，管理层决策环境与公司投资的期权特征 | 56 | 2012年8月 | 71272012 | 面上项目 |
| 139 | 文东华 | 跨组织管理控制系统的导因、机制及业绩后果研究 | 50 | 2012年8月 | 71272013 | 面上项目 |
| 140 | 刘浩 | 中国董事会结构的内生决定：基于关系型交易的研究 | 17.5 | 2012年8月 | 71202002 | 青年科学基金项目 |
| 141 | 何贤杰 | 中国公司海外收购兼并研究：制度、治理与财务视角 | 20.5 | 2012年8月 | 71202003 | 青年科学基金项目 |
| 142 | 牛建军 | 监管制度、会计信息与量化投资策略研究 | 17.5 | 2012年8月 | 71202004 | 青年科学基金项目 |
| 143 | 孙燕 | 高维数据的空间变系数模型研究 | 60 | 2012年8月 | 11271242 | 面上项目 |
| 144 | 孙宁 | 多物品拍卖机制设计 | 48.5 | 2012年8月 | 71271129 | 面上项目 |
| 145 | 龚关 | 资源配置效率与全要素生产率的微观实证研究 | 50 | 2012年8月 | 71273162 | 面上项目 |
| 146 | 张永超 | 饱和概率空间及其在博弈论中的应用 | 22 | 2012年8月 | 11201283 | 青年科学基金项目 |
| 147 | 李哲 | 宏观环境政策与区域经济及福利 | 19 | 2012年8月 | 71203127 | 青年科学基金项目 |
| 148 | 李志远 | 中国进口与出口的联系及排除进口贡献后出口产品的技术升级 | 21 | 2012年8月 | 71203128 | 青年科学基金项目 |

(续表)

| 序号 | 负责人 | 课题名称 | 经费(万元) | 立项时间 | 批准号 | 类别 |
|---|---|---|---|---|---|---|
| 149 | 张敏 | 关于中国城镇居民收入中的"同工不同酬"问题的研究——基于搜寻匹配理论的分析 | 18 | 2012年8月 | 71203132 | 青年科学基金项目 |
| 150 | 李劲松 | 伦理型领导与团队创造性关系研究 | 54 | 2012年8月 | 71272007 | 面上项目 |
| 151 | 王晓玉 | 产品危机响应中的发言人效应研究 | 54 | 2012年8月 | 71272014 | 面上项目 |
| 152 | 谢家平 | 基于物联网的闭环产品服务链契约优化及应用研究 | 54 | 2012年8月 | 71272015 | 面上项目 |
| 153 | 魏航 | 有害物品运输网络逆向设计与优化研究 | 53 | 2012年8月 | 71272016 | 面上项目 |
| 154 | 鲍晓华 | 技术性贸易壁垒如何影响了国际贸易流量？基于新新贸易理论的实证研究 | 54 | 2012年8月 | 71273161 | 面上项目 |
| 155 | 吴隆增 | 职场负面谣言的影响后果：一项追踪研究 | 20.5 | 2012年8月 | 71202001 | 青年科学基金项目 |
| 156 | 江晓东 | 网络口碑对线上和线下渠道中产品销量的影响——口碑质量的调节作用 | 17.5 | 2012年8月 | 71202006 | 青年科学基金项目 |
| 157 | 殷允川 | 反射群及Hecke代数的W-图表示 | 40 | 2012年8月 | 11271239 | 面上项目 |
| 158 | 何萍 | Markov过程游离理论的若干相关问题及其应用 | 50 | 2012年8月 | 11271240 | 面上项目 |
| 159 | 王燕军 | 半定松弛与非凸二次约束二次规划研究 | 60 | 2012年8月 | 11271243 | 面上项目 |
| 160 | 刘春丽 | 半定规划松弛方法在无约束0—1二次规划问题中的理论研究及应用 | 21 | 2012年8月 | 11201281 | 青年科学基金项目 |
| 161 | 顾满占 | 大规模Jobshop排序问题渐近最优算法研究 | 22 | 2012年8月 | 11201282 | 青年科学基金项目 |
| 162 | 程业斌 | 非参数半参数分位数回归模型及其应用 | 60 | 2012年8月 | 11271241 | 面上项目 |
| 163 | 江渝 | 核磁共振弹性成像法反演人体组织粘弹性的算法研究 | 22 | 2012年8月 | 11201284 | 青年科学基金项目 |
| 164 | 周勇 | 复杂因素下金融风险度量与风险传染建模与风险管理 | 55 | 2012年8月 | 71271128 | 面上项目 |
| 165 | 崔翔宇 | 均值-风险动态投资组合模型中时间一致性问题的理论和实证研究 | 22 | 2012年8月 | 71201094 | 青年科学基金项目 |
| 166 | 曾旭东 | 不完全市场模型下涉及寿险相关产品的最优资产组合 | 58 | 2012年8月 | 71271127 | 面上项目 |
| 167 | 崔畅 | 我国主要价格结构转折点的诊断及其波动特征分析 | 19 | 2012年8月 | 71201095 | 青年科学基金项目 |

（续表）

| 序号 | 负责人 | 课题名称 | 经费(万元) | 立项时间 | 批准号 | 类别 |
|---|---|---|---|---|---|---|
| 168 | 陆蓉 | 基于投资者非理性的财富掠夺及其监管研究 | 54 | 2012年8月 | 71272009 | 面上项目 |
| 169 | 王峰 | 中国业主组织的内部治理与其组织有效性的关联性研究：基于北京和上海的实证调查 | 21.5 | 2012年8月 | 71202008 | 青年科学基金项目 |
| 170 | 张锦华 | 要素歧视、经济溢出与可持续发展——农村转移劳动力价格扭曲及其影响研究 | 21 | 2012年8月 | 71203129 | 青年科学基金项目 |
| 171 | 黄枫 | 社会长期护理保险：支出预测和政策建议 | 19 | 2012年8月 | 71203133 | 青年科学基金项目 |
| 172 | 韩景倜 | 应急保障网络的控制与效能分析 | 48 | 2012年8月 | 71271126 | 面上项目 |
| 173 | 刘莉亚 | 拉动—推动框架下跨境资本异常流动的识别、预警和监管研究 | 56 | 2012年8月 | 71273163 | 面上项目 |
| 174 | 徐龙炳 | 资本市场错误定价对实体经济的影响及其监管研究 | 56 | 2012年8月 | 71273164 | 面上项目 |
| 175 | 杨晔 | 中小企业创新的政策诱发机制及其对绩效的影响研究 | 55 | 2012年8月 | 71273165 | 面上项目 |
| 176 | 邓涛涛 | 公交优先战略下快速公交系统实施绩效的评价体系与方法研究 | 23 | 2012年8月 | 41201102 | 青年科学基金项目 |
| 177 | 牛志勇 | 零售商线上线下多渠道整合策略与协调机制研究 | 20 | 2012年8月 | 71202005 | 青年科学基金项目 |
| 178 | 杨金强 | 非完全市场下创业企业的投融资、定价与风险管理 | 17 | 2012年8月 | 71202007 | 青年科学基金项目 |
| 179 | 唐敏 | 网络媒体影响政治态度的因果机制的实验研究 | 18 | 2012年8月 | 71203130 | 青年科学基金项目 |
| 180 | 崔丽丽 | 支持部门间协同的电子政务实施管理框架研究——组织与制度的视角 | 20 | 2012年8月 | 71203131 | 青年科学基金项目 |
| 181 | 张祥建 | 连锁董事网络、社会资本与企业投资效率研究 | 56 | 2012年8月 | 71272010 | 面上项目 |
| 182 | 杨大楷 | 风险管理对我国企业新技术商业化项目绩效影响的理论与实证研究 | 55 | 2012年8月 | 71273166 | 面上项目 |
| 183 | 马俊美 | 控制变量蒙特卡罗方法及其在金融产品定价中的应用 | 3 | 2012年11月 | 11226252 | 专项基金项目 |
| 184 | 沈月林 | 网络展示广告中的广告投放计划和客户行为预测 | 56 | 2013年8月 | 71371114 | 面上项目 |
| 185 | 贺小刚 | 家族期望、投资决策与私营企业成长机制研究 | 53 | 2013年8月 | 71372037 | 面上项目 |

(续表)

| 序号 | 负责人 | 课题名称 | 经费(万元) | 立项时间 | 批准号 | 类别 |
|---|---|---|---|---|---|---|
| 186 | 童春阳 | 基于服务质量和服务时间的服务运营管理若干问题研究 | 59 | 2013年8月 | 71372043 | 面上项目 |
| 187 | 陶之杰 | 产品回流依赖于历史需求再制造系统的库存控制 | 20.5 | 2013年8月 | 71301093 | 青年科学基金项目 |
| 188 | 王雪华 | 消费者奉承行为对双态度、再购买倾向以及自尊的影响研究 | 17 | 2013年8月 | 71302077 | 青年科学基金项目 |
| 189 | 钱 驱 | 两种医疗系统拥塞解决机制的比较 | 23 | 2013年8月 | 71302078 | 青年科学基金项目 |
| 190 | 谢晓晴 | 在线多渠道分销模式下的酒店模糊定价策略与消费者行为研究 | 22 | 2013年8月 | 71302079 | 青年科学基金项目 |
| 191 | 孙 琦 | 同群效应对于我国新型农村合作医疗制度绩效的影响：基于微观数据的实证研究 | 21 | 2013年8月 | 71303148 | 青年科学基金项目 |
| 192 | 王绍立 | 非参数与半参数混合模型的统计推断及应用 | 62 | 2013年8月 | 11371235 | 面上项目 |
| 193 | 朱利平 | 超高维数据的变量筛选方法 | 55 | 2013年8月 | 11371236 | 面上项目 |
| 194 | 艾春荣 | 截面相依数据的建模、理论及应用 | 57.5 | 2013年8月 | 71371118 | 面上项目 |
| 195 | 吴纯杰 | 基于非正态分布的统计过程控制图方法研究及其应用 | 22 | 2013年8月 | 11301323 | 青年科学基金项目 |
| 196 | 黄 勉 | 半参数混合密度模型的理论及应用 | 22 | 2013年8月 | 11301324 | 青年科学基金项目 |
| 197 | 张 超 | 关联基础设施系统协同效应及失效控制策略研究 | 20.5 | 2013年8月 | 71301095 | 青年科学基金项目 |
| 198 | 张志远 | （超）高频数据下微观结构效应的计量建模与推断 | 19 | 2013年8月 | 71301097 | 青年科学基金项目 |
| 199 | 杨 楠 | 我国国际储备结构优化与风险管理中的黄金角色——基于非线性动力学分析 | 20 | 2013年8月 | 71303145 | 青年科学基金项目 |
| 200 | 杨翠迎 | 基于公平分配与就业促进的社会保障制度待遇标准、待遇梯度及其调整机制研究——以四项制度为基础的理论与实证 | 57 | 2013年8月 | 71373152 | 面上项目 |
| 201 | 唐 莉 | 国际科研合作与知识溢出效应的实证研究：以中美纳米技术合作为例 | 18 | 2013年8月 | 71303147 | 青年科学基金项目 |
| 202 | 黄 俊 | 上市公司IPO发审监管效率的研究：基于"关系"与"舆情"视角的分析 | 53 | 2013年8月 | 71372038 | 面上项目 |
| 203 | 余央央 | 我国老年照料服务的供给研究：影响机制与政策干预 | 20 | 2013年8月 | 71303150 | 青年科学基金项目 |

(续表)

| 序号 | 负责人 | 课题名称 | 经费(万元) | 立项时间 | 批准号 | 类别 |
|---|---|---|---|---|---|---|
| 204 | 曾庆生 | 我国内部人交易的激励效应和信息传递功能研究 | 47 | 2013年8月 | 71372039 | 面上项目 |
| 205 | 李 科 | 法律制度及其特征对公司治理和公司业绩的影响 | 22 | 2013年8月 | 71302074 | 青年科学基金项目 |
| 206 | 张为国 | 关联交易动机、资产评估质量与评估师独立性：基于供求理论视角 | 59 | 2013年8月 | 71372040 | 面上项目 |
| 207 | 罗 丹 | 中国可转换债券设计,定价和发行动机研究 | 20 | 2013年8月 | 71302075 | 青年科学基金项目 |
| 208 | 李增泉 | 我国财务分析师行为动因及经济后果问题研究 | 60 | 2013年8月 | 71372041 | 面上项目 |
| 209 | 李韶瑾 | 金融摩擦机制与企业间资本配置不当：基于全要素生产率视角与企业微观数据的实证研究 | 21 | 2013年8月 | 71303146 | 青年科学基金项目 |
| 210 | 唐 松 | 民营企业产权保护、透明度与公司价值——基于创业型和国有转制型民营企业的比较 | 54 | 2013年8月 | 71372042 | 面上项目 |
| 211 | 阴慧芳 | 分析师竞争机制研究 | 22 | 2013年8月 | 71302076 | 青年科学基金项目 |
| 212 | 范翠红 | 存在外部性的横向兼并中现金拍卖与利润份额拍卖的比较研究 | 51.2 | 2013年8月 | 71371116 | 面上项目 |
| 213 | 田国强 | 对一般博弈均衡存在性的完整考察——基于递归转移连续性考察的新方法 | 56 | 2013年8月 | 71371117 | 面上项目 |
| 214 | 付文林 | 转移支付制度与地方财政行为：激励效应与机制重构 | 56 | 2013年8月 | 71373150 | 面上项目 |
| 215 | 陈媛媛 | 民办农民工子弟学校的教学质量与相关政策的评估分析——基于面板数据的实证研究 | 20 | 2013年8月 | 71303149 | 青年科学基金项目 |
| 216 | 胡怡建 | 我国结构性减税制度变革、效应分析和风险控制研究 | 56 | 2013年8月 | 71373151 | 面上项目 |
| 217 | 陈 媛 | 考虑任务情境的双边差异性分组方法及应用研究 | 56 | 2013年8月 | 71371115 | 面上项目 |
| 218 | 邵 帅 | 能源依赖与中国区域经济发展效率的关联机制及其实证研究 | 56 | 2013年8月 | 71373153 | 面上项目 |
| 219 | 孟大文 | 具有最低消费限制的体验商品广告与定价策略研究 | 19 | 2013年8月 | 71301094 | 青年科学基金项目 |
| 220 | 郑大庆 | 社会资本与社会媒体使用行为的关系研究：以新浪微博、腾讯微信为例 | 21.7 | 2013年8月 | 71301096 | 青年科学基金项目 |

(续表)

| 序号 | 负责人 | 课题名称 | 经费(万元) | 立项时间 | 批准号 | 类别 |
|---|---|---|---|---|---|---|
| 221 | 田博 | BtoC电子商务中基于分层Bayesian网络的信任与声誉计算理论研究 | 20 | 2013年8月 | 71302080 | 青年科学基金项目 |
| 222 | 李枫柏 | 分数阶抛物守恒律方程解的大时间行为研究 | 3 | 2013年11月 | 11326157 | 专项基金项目 |
| 223 | 许庆 | 城镇化与农地细碎化背景下的农地流转：进展与挑战 | 20 | 2013年11月 | 71341031 | 主任基金项目 |
| 224 | 赵晓雷 | 中国（上海）自由贸易试验区发展机制与配套政策研究 | 20 | 2013年12月 | 71341045 | 专项基金项目 |
| 225 | 蒋硕亮 | 中国（上海）自由贸易试验区的制度创新和政府职能转变 | 15 | 2013年12月 | 71341046 | 专项基金项目 |
| 226 | 郑少华 | 促进中国（上海）自由贸易试验区发展的相关保障体制和政策体系 | 15 | 2013年12月 | 71341048 | 专项基金项目 |
| 227 | 丁剑平 | 离岸金融的国际比较及发展路径研究——"覆盖"离岸业务的上海自贸区的选择 | 15 | 2013年12月 | 71341047 | 专项基金项目 |
| 228 | 董毅 | 网络社交媒体、投资者行为与市场效率研究 | 23 | 2014年8月 | 71402026 | 青年科学基金项目 |
| 229 | 杨嬛 | 企业国际化的"年龄依赖"效应：基于进入时间、国际化能力与国际化动力的研究 | 21 | 2014年8月 | 71402085 | 青年科学基金项目 |
| 230 | 靳庆鲁 | 产业政策与公司投资：政府监管与企业之间的一个博弈 | 60 | 2014年8月 | 71472114 | 面上项目 |
| 231 | 徐龙炳 | 行为信号对市场化资源配置的影响及其监管研究 | 62 | 2014年8月 | 71473157 | 面上项目 |
| 232 | 朱梅 | 适应性学习下的互异代理模型均衡行为研究 | 22 | 2014年8月 | 11401365 | 青年科学基金项目 |
| 233 | 董慧 | 传染性消费灾难风险，资产价格和隐含波动率微笑 | 20 | 2014年8月 | 71401095 | 青年科学基金项目 |
| 234 | 俞卫 | 我国公立医院医生薪酬水平与激励机制研究 | 62 | 2014年8月 | 71473158 | 面上项目 |
| 235 | 吴芳 | 我国商业信任危机背景下的消费者信任及其建立机制对消费者选择行为的影响：以转基因产品为背景的实证研究 | 21 | 2014年8月 | 71402088 | 青年科学基金项目 |
| 236 | 周波 | 管理层语调、投资者反应与股价崩盘风险——基于档案研究与实验研究的双重检验 | 21 | 2014年8月 | 71402089 | 青年科学基金项目 |
| 237 | 黄蓉 | 不同企业社会责任类型对消费者品牌评价的影响和机制研究 | 59 | 2014年8月 | 71472115 | 面上项目 |

(续表)

| 序号 | 负责人 | 课题名称 | 经费(万元) | 立项时间 | 批准号 | 类别 |
|---|---|---|---|---|---|---|
| 238 | 沈彩霞 | 《中华人民共和国反垄断法》中转售价格维持协议的经济理论和实证分析 | 22 | 2014年8月 | 71403161 | 青年科学基金项目 |
| 239 | 何贤杰 | 上市公司文本信息分析研究：基于大数据的视角 | 57 | 2014年8月 | 71472113 | 面上项目 |
| 240 | 吴隆增 | 顾客服务主动性行为的内涵、形成机制与影响后果：一项追踪研究 | 60 | 2014年8月 | 71472116 | 面上项目 |
| 241 | 葛冬冬 | 压缩感知和稀疏优化中的非凸优化算法设计 | 60 | 2014年8月 | 11471205 | 面上项目 |
| 242 | 冯 玲 | 金融市场摩擦和企业动态的宏观效应 | 22 | 2014年8月 | 71403159 | 青年科学基金项目 |
| 243 | 王 能 | PE估值研究 | 63 | 2014年8月 | 71472117 | 面上项目 |
| 244 | 赵海兵 | 多重比较中控制FDR的有效检验方法 | 60 | 2014年8月 | 11471204 | 面上项目 |
| 245 | 邓 辛 | 企业并购中的代理问题和信息聚合问题 | 24 | 2014年8月 | 71402087 | 青年科学基金项目 |
| 246 | 常进雄 | 我国农村居民非农劳动供给特异性及其对经济可持续发展的影响研究 | 60 | 2014年8月 | 71473159 | 面上项目 |
| 247 | 荣 康 | 不完全信息下最后要价仲裁对讨价还价的影响——基于理论和实验的分析 | 20 | 2014年8月 | 71401094 | 青年科学基金项目 |
| 248 | 骆司融 | 统计估计与决策优化在库存和定价管理中的集成研究 | 58 | 2014年8月 | 71471107 | 面上项目 |
| 249 | 周亚虹 | 样本选择模型和广义可加模型的非参数识别和估计的理论与方法 | 58.5 | 2014年8月 | 71471108 | 面上项目 |
| 250 | 江 波 | 低秩张量优化问题的模型、算法及应用 | 22 | 2014年8月 | 11401364 | 青年科学基金项目 |
| 251 | 尤进红 | 纵向数据的动态半参数建模及其统计推断 | 57 | 2014年8月 | 11471203 | 面上项目 |
| 252 | 杨有智 | 农民工的失业和流动：一个基于动态一般均衡模型的分析 | 23 | 2014年8月 | 71403160 | 青年科学基金项目 |
| 253 | 朱利平 | 高维数据降维 | 100 | 2014年8月 | 11422107 | 优秀青年科学基金项目 |
| 254 | 郝晓玲 | 面向海量数据语义标注众包的任务管理方法研究 | 20 | 2014年8月 | 71401096 | 青年科学基金项目 |
| 255 | 王 悦 | 转移定价分部自治的影响因素和组织后果研究 | 20.5 | 2014年8月 | 71402086 | 青年科学基金项目 |
| 256 | 张学良 | 交通网络、城市聚集对城市群经济增长的作用机制研究与模型化解释：以长三角城市群为例 | 60 | 2014年8月 | 71473160 | 面上项目 |

(续表)

| 序号 | 负责人 | 课题名称 | 经费(万元) | 立项时间 | 批准号 | 类别 |
|---|---|---|---|---|---|---|
| 257 | 吴梦云 | 基于多类型数据融合的可重复网络生物标志物检测 | 26 | 2014年8月 | 61402276 | 青年科学基金项目 |
| 258 | 计小青 | 信任、投资者参与模式与股票市场发展研究 | 61 | 2014年8月 | 71473156 | 面上项目 |
| 259 | 冯帅章 | 劳动力市场与收入分配 | 280 | 2014年11月 | 71425005 | 国家杰出青年科学基金项目 |
| 260 | 何斯迈 | 投资组合管理及风险控制中的优化方法应用 | 10 | 2014年12月 | 71440014 | 专项基金项目 |
| 261 | 范子英 | 基于DMSP/OLS数据的政治关联对经济增长的影响研究 | 51 | 2015年8月 | 71573165 | 面上项目 |
| 262 | 朱红军 | 我国非营利公益组织会计、治理及其监管研究 | 48.15 | 2015年8月 | 71572101 | 面上项目 |
| 263 | 郑兵勇 | 腐败动机、基础设施建设与反腐败政策研究 | 48 | 2015年8月 | 71573168 | 面上项目 |
| 264 | 叶巍岭 | 非正式控制在销售管理体系中的协同作用及其应用研究——以顾客管家控制为例 | 49 | 2015年8月 | 71572103 | 面上项目 |
| 265 | 杨晔 | 制度学习、文化差异与跨境风险投资行为与绩效研究 | 50 | 2015年8月 | 71573163 | 面上项目 |
| 266 | 薛爽 | 会计师事务所合并后整合程度、审计风险控制与审计质量 | 45 | 2015年8月 | 71572102 | 面上项目 |
| 267 | 魏航 | 不对称信息下随机反恐阻止网络设计与资源分配研究 | 49.3 | 2015年8月 | 71571114 | 面上项目 |
| 268 | 罗素梅 | 外汇储备资产的多目标优化及动态投资组合研究 | 48 | 2015年8月 | 71573170 | 面上项目 |
| 269 | 刘莉亚 | 利率市场化进程中商业银行的信贷行为研究——理论分析与经验证据 | 48 | 2015年8月 | 71573167 | 面上项目 |
| 270 | 李增泉 | 我国财经媒体报道偏差的诱因及经济后果问题研究 | 47.5 | 2015年8月 | 71572100 | 面上项目 |
| 271 | 胡建华 | 复杂面板数据的统计建模及其推断 | 50 | 2015年8月 | 11571219 | 面上项目 |
| 272 | 高维和 | 因"商"生"情","商情"合一：商业性朋友关系的建构机制和平衡策略研究 | 47.5 | 2015年8月 | 71572099 | 面上项目 |
| 273 | 冯兴东 | 分位数回归过程的估计及其应用 | 45 | 2015年8月 | 11571218 | 面上项目 |
| 274 | 程江 | 城镇化过程中农村人口进城的商业养老保险研究 | 47 | 2015年8月 | 71573164 | 面上项目 |
| 275 | 陈艳 | 基于人工智能技术的金融预测与量化交易系统研究 | 46 | 2015年8月 | 71571113 | 面上项目 |

(续表)

| 序号 | 负责人 | 课题名称 | 经费(万元) | 立项时间 | 批准号 | 类别 |
| --- | --- | --- | --- | --- | --- | --- |
| 276 | 陈杰 | 中国城市住房供应模式变迁对居民住房选择行为的影响及经济社会效应 | 51 | 2015年8月 | 71573166 | 面上项目 |
| 277 | 常宁 | 经济转型中我国产业结构低碳化发展路径研究 | 48 | 2015年8月 | 71573169 | 面上项目 |
| 278 | 周俊杰 | 多维策略空间社交网络博弈：理论和应用 | 17.4 | 2015年8月 | 71501118 | 青年科学基金项目 |
| 279 | 周静 | 分析师在传递公司、行业、市场信息中的成本和效益权衡 | 17.5 | 2015年8月 | 71502095 | 青年科学基金项目 |
| 280 | 张征宇 | 因变量截尾时平均处理效应的识别、估计与应用 | 18 | 2015年8月 | 71501116 | 青年科学基金项目 |
| 281 | 张熠 | 老年劳动参与率变化机制研究：基于内生退休理论的解释和政策干预 | 17 | 2015年8月 | 71503154 | 青年科学基金项目 |
| 282 | 杨哲 | 合作均衡的本质稳定性研究 | 18 | 2015年8月 | 11501349 | 青年科学基金项目 |
| 283 | 刘单 | 带磁薛定谔算子的非线性方程零点集的定量研究及其应用 | 18 | 2015年8月 | 11501346 | 青年科学基金项目 |
| 284 | 夏怡斐 | 中国资本市场的投资者信息解读：基于实验研究的心理学探索 | 19 | 2015年8月 | 71502096 | 青年科学基金项目 |
| 285 | 夏宁宁 | 高维高频数据下金融资产积分波动率矩阵的统计分析 | 18 | 2015年8月 | 11501348 | 青年科学基金项目 |
| 286 | 李会平 | 中国城市的地方政府治理对公共服务提供机制的影响研究 | 17 | 2015年8月 | 71503157 | 青年科学基金项目 |
| 287 | 李枫柏 | 带拟微分算子粘性项的守恒律方程解的大时间行为研究 | 18 | 2015年8月 | 11501347 | 青年科学基金项目 |
| 288 | 王子田 | 税务稽查的决定因素和经济后果——来自中国的研究 | 17 | 2015年8月 | 71502097 | 青年科学基金项目 |
| 289 | 金飞 | 半参数空间自回归模型的理论研究及应用 | 18 | 2015年8月 | 71501119 | 青年科学基金项目 |
| 290 | 王文斌 | 可再生能源产能与能源存储技术的综合投资优化决策及应用研究 | 18.5 | 2015年8月 | 71501121 | 青年科学基金项目 |
| 291 | 蒋竺均 | 我国成品油价格机制改革的影响研究——基于补贴和税收的角度 | 19 | 2015年8月 | 71503155 | 青年科学基金项目 |
| 292 | 苗彬 | 时间偏好及风险偏好的理论与实验研究 | 17 | 2015年8月 | 71503158 | 青年科学基金项目 |
| 293 | 高翔 | 操作风险动态量化方法研究：从微观机构到宏观系统 | 15.5 | 2015年8月 | 71501117 | 青年科学基金项目 |
| 294 | 蔡亚华 | "明星员工"的同伴效应：个体与团队层次的实证研究 | 18.5 | 2015年8月 | 71502094 | 青年科学基金项目 |

(续表)

| 序号 | 负责人 | 课题名称 | 经费(万元) | 立项时间 | 批准号 | 类别 |
|---|---|---|---|---|---|---|
| 295 | 刘志阔 | 中国高新技术企业认定政策的实施效果及影响机制 | 17 | 2015年8月 | 71503159 | 青年科学基金项目 |
| 296 | 崔雪婷 | 金融优化中非凸优化模型理论与算法研究 | 17.4 | 2015年8月 | 71501122 | 青年科学基金项目 |
| 297 | 刘江华 | 能源约束和气候变化背景下中国新型城镇化进程中的能源消费研究——基于中国与发达国家的比较视角 | 17 | 2015年8月 | 71503156 | 青年科学基金项目 |
| 298 | 杨金强 | 动态投融资与资产定价 | 130 | 2015年8月 | 71522008 | 优秀青年科学基金项目 |
| 299 | 陈杰 | 中英（NSFC-ESRC）城市转型合作研究项目双边评审会 | 1.5 | 2015年8月 | 71581230409 | 专项基金项目 |
| 300 | 陈强 | 高频环境下连续时间模型的计量检验及其在金融市场分析中的应用 | 17.4 | 2015年9月 | 71501120 | 青年科学基金项目 |
| 301 | 田国强 | 防范通货紧缩预期对经济增长影响的政策研究 | 20 | 2015年9月 | 71541018 | 专项基金项目 |
| 302 | 周勇 | 金融大数据统计学习理论与方法及在互联网金融中的应用 | 240 | 2015年11月 | 91546202 | 重点项目 |
| 303 | 徐龙炳 | 中英"支持中国可持续发展的金融管理研究"研讨会 | 19.25 | 2016年6月 | 71681330328 | 国际合作与交流项目 |
| 304 | 张敏华 | 连续策略博弈的模拟动态及其在经济学中的应用 | 17 | 2016年8月 | 71601102 | 青年科学基金项目 |
| 305 | 杨超林 | 双补货渠道下的多级随机库存管理研究 | 15 | 2016年8月 | 71601103 | 青年科学基金项目 |
| 306 | 方慧 | 基于信任理论与机器学习的在线评价质量评估模型研究 | 17.5 | 2016年8月 | 71601104 | 青年科学基金项目 |
| 307 | 崔翔宇 | 基于期权信息的预测与投资组合选择研究 | 49.3 | 2016年8月 | 71671106 | 面上项目 |
| 308 | 张杭辉 | 具有异方差或内生性的广义变换数据模型的估计与预测 | 17 | 2016年8月 | 71601105 | 青年科学基金项目 |
| 309 | 孙铮 | 交易机制、市场信息中介与资本市场定价效率研究——基于融资融券环境下空头交易的经验研究 | 49 | 2016年8月 | 71672104 | 面上项目 |
| 310 | 韩潇 | 基于多模态社会关系的P2P借贷用户信用评估模型研究 | 17.5 | 2016年8月 | 71601106 | 青年科学基金项目 |
| 311 | 贺小刚 | 家族连带、决策行为选择与私营企业成长机制研究 | 50 | 2016年8月 | 71672105 | 面上项目 |
| 312 | 盖庆恩 | 农村要素市场改革对中国经济增长的影响研究 | 17 | 2016年8月 | 71603154 | 青年科学基金项目 |

(续表)

| 序号 | 负责人 | 课题名称 | 经费(万元) | 立项时间 | 批准号 | 类别 |
|---|---|---|---|---|---|---|
| 313 | 王兰芳 | 文化差异、社会关系和跨国创业投资行为及其绩效研究 | 48 | 2016年8月 | 71672106 | 面上项目 |
| 314 | 樊海潮 | 中间产品贸易自由化与进出口产品价格：集约边际和广延边际影响的理论与实证分析 | 17 | 2016年8月 | 71603155 | 青年科学基金项目 |
| 315 | 马文杰 | 定向增发的折价策略及其"支持"与"掏空"机制：理论与实证 | 44 | 2016年8月 | 71672107 | 面上项目 |
| 316 | 张牧扬 | 新常态下的地方官员治理模式改革与经济可持续发展 | 17 | 2016年8月 | 71603156 | 青年科学基金项目 |
| 317 | Kwan Ho Kwong（关浩光） | 家庭支持型领导的内涵、跨层次影响机制及其影响：一项追踪研究 | 48 | 2016年8月 | 71672108 | 面上项目 |
| 318 | 张思思 | 中国城市住房制度变迁及房价波动对劳动力市场的影响 | 16 | 2016年8月 | 71603157 | 青年科学基金项目 |
| 319 | 张敏 | 新常态下的劳动力市场摩擦风险：周期波动与长期失业——基于DMP搜寻摩擦理论的研究 | 49 | 2016年8月 | 71673172 | 面上项目 |
| 320 | 孙聪 | 城市空间视角下交通对区位价值与环境质量的影响机制研究 | 17 | 2016年8月 | 71603158 | 青年科学基金项目 |
| 321 | 许庆 | 农地确权对农地流转的影响与应对研究——基于农村劳动力转移的视角 | 48 | 2016年8月 | 71673173 | 面上项目 |
| 322 | 周晓岚 | 中国汽车的国际贸易政策的理论和实证分析 | 17 | 2016年8月 | 71603159 | 青年科学基金项目 |
| 323 | 吴一平 | 企业创新的财政激励机制扭曲：形成机制、经济后果与改革策略 | 47 | 2016年8月 | 71673174 | 面上项目 |
| 324 | 顾旭旻 | 磁流体力学方程的自由边值问题 | 18 | 2016年8月 | 11601305 | 青年科学基金项目 |
| 325 | 靳庆鲁 | 制度、体制改革与会计及财务问题研究 | 245 | 2016年8月 | 71625002 | 国家杰出青年科学基金项目 |
| 326 | 周建 | 城乡分割、区域差异和国际经济冲击二重复杂现状下的中国宏观经济系统稳定性、抗冲击承受力及反冲击政策研究 | 48 | 2016年8月 | 71673175 | 面上项目 |
| 327 | 王佳捷 | 非一致可积Skorokhod嵌入的构造与应用 | 13 | 2016年8月 | 11601306 | 青年科学基金项目 |
| 328 | 韩邈 | 纵向数据和复发事件数据的半参数统计分析及其应用 | 18 | 2016年8月 | 11601307 | 青年科学基金项目 |
| 329 | 李善军 | 石油价格、公共政策与中国消费者对于新能源汽车的需求：基于销售数据的实证分析 | 18 | 2016年8月 | 71628303 | 国际合作与交流项目 |

(续表)

| 序号 | 负责人 | 课题名称 | 经费(万元) | 立项时间 | 批准号 | 类别 |
|---|---|---|---|---|---|---|
| 330 | 杨翠迎 | 基于就业促进和生活保护的社会保险制度费率调整与保障功能优化研究 | 48 | 2016年8月 | 71673176 | 面上项目 |
| 331 | 刘可伋 | 三层介质波导区域中反散射问题的数值算法研究 | 18 | 2016年8月 | 11601308 | 青年科学基金项目 |
| 332 | 张雷洪 | 若干与极小化Rayleigh商相关的非线性特征值问题的研究 | 48 | 2016年8月 | 11671246 | 面上项目 |
| 333 | 陈信元 | 互联网时代企业的财务行为与治理特征 | 240 | 2016年8月 | 71632006 | 重点项目 |
| 334 | 鲍晓华 | 反倾销、我国企业出口与贸易利得——基于新新贸易理论的实证研究和政策模拟 | 48 | 2016年8月 | 71673177 | 面上项目 |
| 335 | 陈 杰 | 中国城市发展的金融化趋势及金融风险 | 166.65 | 2016年11月 | 71661137004 | 国际合作与交流项目 |

## 二、省部级研究课题

省部级研究课题包括教育部、财政部、其他部委、上海市社会科学、上海市政府、上海市科委、上海市教委及其他省市级的研究课题。1991—2007年,学校共承接省部级课题684项,其中包括教育部课题131项、财政部课题36项、上海市社科课题178项和上海市政府决策咨询研究课题134项,具体情况见表9-6。

表9-6 1991—2007年承接的省部级课题情况

| 年份 | 教育部 | 财政部 | 其他部委 | 上海市社科 | 上海市政府 | 上海市科委 | 上海市教委 | 其他市级 | 合计 |
|---|---|---|---|---|---|---|---|---|---|
| 1991 | — | — | — | — | — | 1 | 3 | 2 | 6 |
| 1992 | — | — | — | 7 | — | 1 | 1 | 2 | 11 |
| 1993 | — | — | — | 4 | — | — | — | — | 4 |
| 1994 | 1 | — | — | — | — | — | — | 1 | 2 |
| 1995 | — | — | — | 5 | — | — | 1 | — | 6 |
| 1996 | 11 | 11 | — | 7 | 4 | 1 | 7 | — | 41 |
| 1997 | 3 | — | 1 | 2 | 1 | 5 | 6 | 1 | 19 |
| 1998 | 4 | — | — | — | 8 | — | 8 | — | 20 |
| 1999 | 4 | 19 | 3 | 5 | 8 | 3 | 13 | — | 55 |

(续表)

| 年份 | 教育部 | 财政部 | 其他部委 | 上海市社科 | 上海市政府 | 上海市科委 | 上海市教委 | 其他市级 | 合计 |
|---|---|---|---|---|---|---|---|---|---|
| 2000 | 4 | — | — | 13 | 13 | 1 | 11 | — | 42 |
| 2001 | 23 | 1 | 2 | 21 | 10 | 2 | 6 | — | 65 |
| 2002 | 11 | — | 5 | 12 | 8 | 6 | 8 | — | 50 |
| 2003 | 8 | 3 | 3 | 27 | 15 | 5 | 10 | — | 71 |
| 2004 | 6 | 2 | 6 | 19 | 16 | 7 | 9 | 1 | 66 |
| 2005 | 21 | — | 1 | 13 | 16 | 12 | 7 | — | 70 |
| 2006 | 15 | — | 6 | 25 | 12 | 2 | 3 | 7 | 70 |
| 2007 | 20 | — | 7 | 18 | 23 | — | 17 | 1 | 86 |
| 合计 | 131 | 36 | 34 | 178 | 134 | 46 | 110 | 15 | 684 |

2008—2016年，学校共承接省部级课题911项，其中，教育部课题205项，上海市哲学社会科学规划课题126项，上海市人民政府发展研究中心课题191项，中央、国家各部委课题71项，具体情况见表9-7。

表9-7 2008—2016年承接的省部级课题情况

| 年度 | 教育部 | 中央、国家各部委课题 | 上海市哲学社科 | 上海市政府 | 上海市科委 | 上海市教委 | 其他市级 | 合计 |
|---|---|---|---|---|---|---|---|---|
| 2008 | 7 | 3 | 4 | 2 | 5 | 4 | 2 | 27 |
| 2009 | 42 | 2 | 26 | 14 | 11 | 16 | 6 | 117 |
| 2010 | 37 | 10 | 23 | 20 | 9 | 9 | 5 | 113 |
| 2011 | 28 | 5 | 8 | 21 | 6 | 30 | 12 | 110 |
| 2012 | 23 | 3 | 9 | 18 | 5 | 22 | 8 | 88 |
| 2013 | 28 | 12 | 19 | 28 | 7 | 15 | 8 | 117 |
| 2014 | 18 | 10 | 19 | 36 | 6 | 18 | 29 | 136 |
| 2015 | 10 | 11 | 13 | 24 | 1 | 11 | 32 | 102 |
| 2016 | 12 | 15 | 5 | 28 | 5 | 16 | 20 | 101 |
| 合计 | 205 | 71 | 126 | 191 | 55 | 141 | 122 | 911 |

## 三、横向课题

横向课题指受企事业单位委托研究、向社会提供技术咨询服务的科研项目。1996—2016年间学校教师共承接 2 456 项横向课题,引进科研经费共计 23 226 万元,具体情况见表 9-8。

表 9-8 1996—2016 年承接的横向课题情况

| 年　　份 | 项　目　数 | 总经费(万元) |
|---|---|---|
| 1996 | 13 | 27 |
| 1997 | 34 | 80 |
| 1998 | 54 | 145 |
| 1999 | 38 | 110 |
| 2000 | 38 | 118 |
| 2001 | 65 | 322 |
| 2002 | 93 | 424 |
| 2003 | 97 | 463 |
| 2004 | 131 | 828 |
| 2005 | 110 | 677 |
| 2006 | 129 | 685 |
| 2007 | 125 | 1 199 |
| 2008 | 175 | 1 524 |
| 2009 | 167 | 1 188 |
| 2010 | 173 | 1 735 |
| 2011 | 137 | 1 525 |
| 2012 | 155 | 1 937 |
| 2013 | 190 | 2 522 |
| 2014 | 196 | 3 238 |
| 2015 | 184 | 2 418 |
| 2016 | 152 | 2 061 |
| 合计 | 2 456 | 23 226 |

## 第二节　学术论文和著作

1978 年复校以前,学校的学术论文和著作难以作系统的统计。1978 年复校以后,学校的科研产出量不断增加,成果的质量不断提高,其中高质量的论文数量也不断增长。1978—2016 年学校科研成果产出情况见表 9-9。

表 9-9　1978—2016 年科研成果产出情况

| 年　　份 | 著　作 | 获　奖 | 论　文 | 项　目 |
|---|---|---|---|---|
| 1978—1985 | 451 | — | 2 312 | — |
| 1986—1990 | 343 | 24 | 2 903 | 136 |
| 1991—1995 | 537 | 44 | 2 429 | 300 |
| 1996—2000 | 898 | 95 | 3 756 | 518 |
| 2001—2005 | 1 292 | 86 | 4 385 | 898 |
| 2006—2010 | 1 213 | 126 | 6 143 | 1 182 |
| 2011—2015 | 839 | 92 | 6 398 | 1 415 |
| 2016 | 110 | 28 | 1 077 | 253 |

# 一、发表论文总数

自 1991 年起，学校对教师、科研人员发表的论文进行登记、统计，计算科研工作量，至 2005 年的论文发表情况见表 9-10。2005 年 4 月校学术委员会决定以 CSSCI 收录刊物为基础做为学校的核心期刊目录，2006—2016 年的论文发表情况见表 9-11。

表 9-10　1991—2005 年教师、科研人员论文发表情况　　　　　　　　　　单位：篇

| 年　　份 | 国外(含境外) | 全国性刊物 | 地方性刊物 | 合　　计 |
|---|---|---|---|---|
| 1991 | 4 | 136 | 53 | 193 |
| 1992 | 8 | 361 | 135 | 504 |
| 1993 | 11 | 369 | 135 | 515 |
| 1994 | 12 | 411 | 177 | 600 |
| 1995 | 2 | 407 | 208 | 617 |
| 1996 | 9 | 420 | 146 | 575 |
| 1997 | 13 | 379 | 242 | 634 |
| 1998 | 19 | 564 | 352 | 935 |
| 1999 | 6 | 551 | 293 | 850 |
| 2000 | 2 | 501 | 259 | 762 |
| 2001 | 16 | 485 | 259 | 760 |
| 2002 | 20 | 466 | 239 | 725 |
| 2003 | 40 | 545 | 261 | 846 |
| 2004 | 47 | 642 | 313 | 1 002 |
| 2005 | 80 | 664 | 308 | 1 052 |
| 总　　计 | 289 | 6 901 | 3 380 | 10 570 |

表 9-11  2006—2016 年教师、科研人员论文发表情况　　　　　　　　　　　　　单位：篇

| 年　份 | 权威期刊 A | 权威期刊 B | 核心期刊 | 国外(含境外) | 其他刊物 | 合　计 |
|---|---|---|---|---|---|---|
| 2006 | 22 | 114 | 262 | 114 | 636 | 1 148 |
| 2007 | 24 | 88 | 308 | 159 | 653 | 1 232 |
| 2008 | 23 | 126 | 369 | 154 | 708 | 1 380 |
| 2009 | 24 | 132 | 306 | 164 | 552 | 1 178 |
| 2010 | 21 | 126 | 328 | 235 | 495 | 1 205 |
| 2011 | 27 | 124 | 299 | 244 | 495 | 1 189 |
| 2012 | 30 | 130 | 314 | 224 | 482 | 1 180 |
| 2013 | 36 | 154 | 358 | 292 | 482 | 1 322 |
| 2014 | 33 | 147 | 375 | 310 | 544 | 1 409 |
| 2015 | 47 | 162 | 340 | 299 | 450 | 1 298 |
| 2016 | 55 | 155 | 226 | 291 | 350 | 1 077 |
| 总　计 | 342 | 1 458 | 3 485 | 2 486 | 5 847 | 13 618 |

## 二、国际检索论文

为鼓励教师和科研人员潜心研究，多发表高质量的科研论文，从 2001 年开始，学校对被国际检索(SCI&SSCI、EI)收录的高质量论文给予奖励。2001—2016 年国际三大检索论文发表情况见表 9-12。

表 9-12  2001—2016 年国际检索论文发表情况　　　　　　　　　　　　　　　单位：篇

| 年　份 | SCI&SSCI | EI |
|---|---|---|
| 2001 | 1 | — |
| 2002 | 1 | 1 |
| 2003 | 12 | 1 |
| 2004 | 14 | 6 |
| 2005 | 29 | 15 |
| 2006 | 28 | 14 |
| 2007 | 38 | 14 |
| 2008 | 41 | 15 |
| 2009 | 49 | 11 |
| 2010 | 80 | 16 |
| 2011 | 105 | 17 |

(续表)

| 年 份 | SCI&SSCI | EI |
|---|---|---|
| 2012 | 135 | 13 |
| 2013 | 180 | 22 |
| 2014 | 207 | 23 |
| 2015 | 231 | 12 |
| 2016 | 251 | 13 |
| 总 计 | 1 402 | 193 |

## 三、出版学术著作

1991—2008年学校教师出版的学术著作、教材呈现不断增长的趋势,但自2009年起学术著作、教材有所减少,具体情况见表9-13。

表9-13 1991—2016年学术著作、教材出版情况　　　　　　　　　　　　　　单位:部

| 年 份 | 著 作 | 教 材 | 译 著 | 其 他 | 合 计 |
|---|---|---|---|---|---|
| 1991 | 15 | 18 | 1 | 14 | 48 |
| 1992 | 14 | 35 | 15 | 21 | 85 |
| 1993 | 19 | 60 | 4 | 48 | 131 |
| 1994 | 34 | 51 | 6 | 34 | 125 |
| 1995 | 46 | 73 | 5 | 24 | 148 |
| 1996 | 28 | 100 | 5 | 36 | 169 |
| 1997 | 39 | 85 | 6 | 36 | 166 |
| 1998 | 50 | 77 | 7 | 38 | 172 |
| 1999 | 72 | 67 | 5 | 38 | 182 |
| 2000 | 82 | 88 | 10 | 29 | 209 |
| 2001 | 91 | 65 | 13 | 39 | 208 |
| 2002 | 121 | 84 | 12 | 39 | 256 |
| 2003 | 117 | 89 | 16 | 41 | 263 |
| 2004 | 108 | 99 | 29 | 43 | 279 |
| 2005 | 114 | 103 | 26 | 43 | 286 |
| 2006 | 119 | 119 | 32 | 5 | 275 |
| 2007 | 105 | 122 | 20 | 10 | 257 |
| 2008 | 119 | 136 | 29 | 5 | 289 |
| 2009 | 95 | 85 | 23 | — | 203 |

(续表)

| 年　份 | 著　作 | 教　材 | 译　著 | 其　他 | 合　计 |
|---|---|---|---|---|---|
| 2010 | 111 | 60 | 13 | 5 | 189 |
| 2011 | 99 | 79 | 15 | 1 | 194 |
| 2012 | 90 | 71 | 16 | 4 | 181 |
| 2013 | 75 | 57 | 13 | 5 | 150 |
| 2014 | 73 | 52 | 17 | 1 | 143 |
| 2015 | 83 | 79 | 7 | 2 | 171 |
| 2016 | 54 | 46 | 10 | — | 110 |
| 总计 | 1 973 | 2 000 | 355 | 561 | 4 889 |

## 第三节　获奖成果

学校科研成果的获奖主要包括教育部普通高校人文社会科学研究成果奖、上海市哲学社会科学优秀成果奖、上海市邓小平理论研究和宣传优秀成果奖、上海市决策咨询研究优秀成果奖、孙冶方经济科学优秀成果奖以及校级科研成果奖等类别。

### 一、国家级、省部级科研成果奖

（一）国家教委（教育部）普通高等学校人文社会科学研究成果奖

| 序号 | 获奖者 | 获奖成果名称 | 等　级 |
|---|---|---|---|
| 第一届 | | | |
| 1 | 盛松成 | 现代货币经济学 | 著作二等奖 |
| 2 | 程恩富 | 文化经济学 | 著作二等奖 |
| 3 | 汤云为 | 重置成本会计论——物价变动的会计对策 | 著作二等奖 |
| 第二届 | | | |
| 4 | 娄尔行 | 会计审计理论探索 | 著作一等奖 |
| 5 | 夏大慰 | 产业政策论 | 著作三等奖 |
| 6 | 戴国强 | 中国货币需求分析——货币需求函数中的规模变量问题研究 | 著作三等奖 |
| 7 | 丛树海 | 社会保障经济理论 | 著作三等奖 |
| 8 | 孙　铮 | 论证券市场管理中的会计规范 | 著作三等奖 |
| 9 | 汤云为 | 财务会计发展所面临的挑战与出路 | 著作三等奖 |
| 10 | 费方域 | 控制内部人控制——国企改革中的治理机制研究 | 著作三等奖 |
| 11 | 晁钢令 | 浦东新区商贸功能定位及营销策划 | 报告三等奖 |

(续表)

| 序号 | 获奖者 | 获奖成果名称 | 等级 |
|---|---|---|---|
| 第三届 | | | |
| 12 | 陈信元 | 上市公司资产重组财务会计问题研究 | 论文二等奖 |
| 13 | 谈 敏 | 中国经济学的过去与未来——从王亚南先生的"中国经济学"主张所想到的 | 论文三等奖 |
| 14 | 陈学彬 | 宏观金融博弈分析 | 论文二等奖 |
| 第四届 | | | |
| 15 | 马国贤 | 中国公共支出与预算政策 | 著作三等奖 |
| 16 | 孙 铮 | 股价反应、企业绩效与控制权转移：来自中国上市公司的经验证据 | 论文三等奖 |
| 17 | 刘莉亚 | 银行危机与货币危机共生性关系的实证研究 | 论文三等奖 |
| 18 | 豆建民 | 人力资本间接定价机制的实证研究 | 论文三等奖 |
| 第五届 | | | |
| 19 | 郑少华 | 试论环境法上的社会连带责任 | 论文三等奖 |
| 20 | 毛程连 | 非经营性国有资产监督管理对策研究 | 报告三等奖 |
| 21 | 马国贤 | 政府绩效管理 | 著作三等奖 |
| 22 | 李增泉 | 国家控股与公司治理的有效性——一项基于中国证券市场的实证研究 | 著作三等奖 |
| 23 | 夏立军 | 市场化进程、国企改革策略与公司治理结构的内生决定 | 论文二等奖 |
| 24 | 孙 铮 | 市场化程度、政府干预与企业债务期限结构——来自我国上市公司的经验证据 | 论文二等奖 |
| 25 | 伍山林 | 农民、农村与农业发展——制度分析与实证考察 | 著作三等奖 |
| 26 | 胡永刚 | 劳动调整成本、流动性约束与中国经济波动 | 论文三等奖 |
| 27 | 孙 宁 | 替代与互补不可分物品的均衡 | 论文二等奖 |
| 28 | 徐国祥 | 金融指数产品创新及其风险控制研究 | 著作二等奖 |
| 第六届 | | | |
| 29 | 黄 枫 | 过度需求还是有效需求？——城镇老年人健康与医疗保险的实证分析 | 论文二等奖 |
| 30 | 田国强 | 对引进海外顶尖、领军和高层次优秀人才的若干建议 | 报告二等奖 |
| 31 | 谈 敏 | 回溯历史——马克思主义经济学在中国的传播前史 | 著作二等奖 |
| 32 | 张 雄 | 财富幻象：金融危机的精神现象学解读 | 论文三等奖 |
| 第七届 | | | |
| 33 | 邓 辛 | Corporate Social Responsibility and Stakeholder Value Maximization: Evidence from Mergers（企业社会责任和利益相关者价值最大化：来自兼并的证据） | 论文二等奖 |
| 34 | 鲁品越 | 深层生成论——自然科学的新哲学境界 | 著作三等奖 |

(续表)

| 序号 | 获奖者 | 获奖成果名称 | 等级 |
|---|---|---|---|
| 35 | 徐国祥 | 统计指数理论、方法与应用研究 | 著作三等奖 |
| 36 | 李 贵 | 中唐至北宋的典范选择与诗歌因革 | 著作三等奖 |
| 37 | 林 晖 | 断裂与共识：网络时代的中国主流媒体与主流价值观构建 | 著作三等奖 |
| 38 | 付文林 | 均等化转移支付与地方财政支出结构 | 论文三等奖 |
| 39 | 李 华 | 政府卫生支出对中国农村居民健康的影响 | 论文三等奖 |
| 40 | 伍山林 | 劳动收入份额决定机制：一个微观模型 | 论文三等奖 |

### （二）上海市哲学社会科学优秀成果奖

| 序号 | 获奖者 | 获奖成果名称 | 等级 |
|---|---|---|---|
| 第一届 | | | |
| 1 | 胡寄窗 | 中国经济思想史（下） | 优秀著作奖 |
| 2 | 龚清浩 | 会计辞典 | 优秀著作奖 |
| 3 | 刘絜敖 | 国外货币金融学说 | 优秀著作奖 |
| 4 | 曹立瀛 | 资本主义国家财政 | 优秀著作奖 |
| 5 | 娄尔行 | 基础会计 | 优秀著作奖 |
| 6 | 李儒训 | 经济核算中的几个理论问题 | 优秀著作奖 |
| 7 | 李鸿寿 | 审计学 | 优秀著作奖 |
| 8 | 张淑智 | 经济杠杆与经济体制 | 论文奖 |
| 9 | 杨公朴 | 试论提高我国小型工业企业的素质 | 论文奖 |
| 10 | 竹德操 | 农业技术改造要讲求经济效果 | 论文奖 |
| 11 | 黄树颜 | 时间数列修匀的时差及其估计 | 论文奖 |
| 12 | 姚廷纲 | 战后美国工人阶级被剥削程度进一步提高 | 论文奖 |
| 13 | 徐政旦 | 论内部会计控制在社会主义条件下的具体运用 | 论文奖 |
| 14 | 李柱锡 | 关于我国工农业的增长轨道 | 论文奖 |
| 第二届 | | | |
| 15 | 汤云为 | 重置成本会计论——物价变动的会计对策 | 著作一等奖 |
| 16 | 胡寄窗 | 对投资规模问题的理论剖析 | 论文一等奖 |
| 17 | 杨公朴 | 上海技术引进消化吸收政策研究 | 论文一等奖 |
| 18 | 谈 敏 | 法国重农学派学说的中国渊源 | 著作二等奖 |
| 19 | 刘絜敖 | 国外货币金融学说（增订本） | 著作二等奖 |

(续表)

| 序号 | 获奖者 | 获奖成果名称 | 等级 |
| --- | --- | --- | --- |
| 20 | 裘逸娟 | 社会主义和资本主义的对立统一 | 论文二等奖 |
| 21 | 杨大楷 | 国债效益论 | 论文二等奖 |
| 22 | 祝慈寿 | 中国工业发展史（古代 近代 现代） | 著作三等奖 |
| 23 | 李儒训 | 中外财务管理百科全书 | 著作三等奖 |
| 24 | 朱 元 | 证券投资学原理 | 著作三等奖 |
| 25 | 娄尔行 | 审计学概论 | 著作三等奖 |
| 26 | 雍 同 | 公有制经济中积累率的经济分析 | 论文三等奖 |
| 27 | 程恩富 | 构建"以市场调节为基础，以国家调节为主导"的新型调节机制 | 论文三等奖 |
| 28 | 李石泉 | 企业机制转换与企业制度创新 | 论文三等奖 |
| 29 | 颜光华 | 上海汽车工业总公司改组为股份制企业集团的方案 | 论文三等奖 |
| 30 | 朱东平 | 混合所有制下企业内部的最佳激励机制 | 论文三等奖 |
| 31 | 赵晓雷 | 社会主义国家所有制的产权关系及劳动力商品 | 论文三等奖 |
| 32 | 金慰祖 | 论我国出口投资型跨国经营策略 | 论文三等奖 |
| 33 | 俞文青 | 投资总量和结构的宏观调控 | 论文三等奖 |
| 34 | 马 洪 | 论市场经济与法律 | 论文三等奖 |
| 35 | 唐 豪 | 现代技术贸易理论与实务 | 著作二等奖 |
| 36 | 潘洪萱 | 中国民居 | 著作三等奖 |
| 第三届 | | | |
| 37 | 戴国强 | 中国货币需求分析——货币需求函数中的规模变量问题研究 | 著作一等奖 |
| 38 | 杨公朴 | 上海在亚太地区经济中的产业定位问题研究 | 论文一等奖 |
| 39 | 程恩富 | 国家主导型市场经济论——社会主义经济调节机制研究 | 著作二等奖 |
| 40 | 夏大慰 | 产业政策论 | 著作二等奖 |
| 41 | 裘逸娟 | 明晰产权 制度创新——改革攻坚的重要突破口 | 论文二等奖 |
| 42 | 陈学彬 | 对我国宏观经济波动的AD-AS模拟分析 | 论文二等奖 |
| 43 | 陈新汉 | 评价论导论——认识论的一个新领域 | 著作三等奖 |
| 44 | 林 珏 | 战后美国对外贸易政策研究 | 著作三等奖 |
| 45 | 丛树海 | 中国财政探索 | 著作三等奖 |
| 46 | 汤云为 | 高级财务会计 | 著作三等奖 |
| 47 | 宋承先 | 经济增长、通货膨胀与我国当前的宏观调控 | 论文三等奖 |
| 48 | 孙海鸣 | 政府资产管理体系的改革与模式设计 | 论文三等奖 |

(续表)

| 序号 | 获奖者 | 获奖成果名称 | 等级 |
|---|---|---|---|
| 49 | 晁钢令 | 建立适应市场经济的大商业管理体制 | 论文三等奖 |
| 50 | 董勤发 | 论社会主义市场经济的财政范围 | 论文三等奖 |
| 51 | 孙 铮 | 论中国证券市场会计信息披露的规范 | 论文三等奖 |
| 第四届 | | | |
| 52 | 谈 敏 | 新中国经济思想史纲要(1949—1989) | 著作一等奖 |
| 53 | 陈学彬 | 非对称信息与政策信息披露对我国货币政策效应的影响分析 | 论文一等奖 |
| 54 | 胡景北 | 工资增长的发展经济学导论 | 著作二等奖 |
| 55 | 汤云为 | 会计理论 | 著作二等奖 |
| 56 | 赵晓雷 | 西方经济学对现代中国经济学发展的影响 | 论文二等奖 |
| 57 | 费方域 | 控制内部人控制——国企改革中的治理机制研究 | 论文二等奖 |
| 58 | 陈新汉 | 社会评价论——社会群体为主体的评价活动思考 | 著作三等奖 |
| 59 | 杨公朴 | 中国经济监督研究 | 著作三等奖 |
| 60 | 王根蓓 | 市场秩序论 | 著作三等奖 |
| 61 | 潘洪萱 | 走向新世纪的上海市场 | 著作三等奖 |
| 62 | 丛树海 | 社会保障经济理论 | 著作三等奖 |
| 63 | 瞿卫东 | 金融工程学 | 著作三等奖 |
| 64 | 林 珏 | 论美国两大政党之争对外贸政策的影响及我国的对策 | 论文三等奖 |
| 65 | 陈荣辉 | 论开放经济体系下民族工业发展的政策选择 | 论文三等奖 |
| 66 | 孙海鸣 | 城市化进程中乡村集体产权与组织调整研究 | 论文三等奖 |
| 67 | 赵建勇 | 非营利组织编制财务报告目的的研究 | 论文三等奖 |
| 68 | 朱启贵 | 国民大核算体系论 | 论文三等奖 |
| 69 | 金晓斌 | 商业银行与工商企业交易关系的理论分析 | 论文一等奖 |
| 第五届 | | | |
| 70 | 谈 敏 | 新中国经济思想史丛书 | 著作二等奖 |
| 71 | 陈学彬 | 宏观金融博弈分析 | 著作一等奖 |
| 72 | 费方域 | 企业的产权分析 | 著作二等奖 |
| 73 | 奚君羊 | 国际储备研究 | 著作三等奖 |
| 74 | 杨君昌 | 1999中国财政发展报告 | 著作三等奖 |
| 75 | 丁栋虹 | 制度变迁中企业家成长模式研究 | 著作三等奖 |
| 76 | 陈信元 | 资产重组的市场反应——1997年沪市资产重组实证分析 | 论文一等奖 |

(续表)

| 序号 | 获奖者 | 获奖成果名称 | 等级 |
|---|---|---|---|
| 77 | 杨公朴 | "九五"期间上海产业结构优化和产业转移研究 | 论文二等奖 |
| 78 | 杨大楷 | 发展资本市场,扩大国内需求 | 论文三等奖 |
| 79 | 胡景北 | 中国经济长期发展的一种可能机制 | 论文三等奖 |
| 80 | 伍山林 | 中国农作制变迁的政治经济学分析——从农户行为与政府偏好角度进行分析 | 论文三等奖 |
| 81 | 董逢谷 | 1992年与1987年上海市投入产出表完全消耗系统比较研究——上海市支柱行业实证分析 | 论文三等奖 |
| 82 | 陈新汉 | 论自由向必然的转化——关于"必然中包括自由"命题的思考 | 论文三等奖 |
| 第六届 | | | |
| 83 | 徐国祥 | 全国统一股价指数编制研究——指数期货标的物选择实证分析 | 论文三等奖 |
| 84 | 杨大楷 | 以国债利率为突破口,加速利率市场化进程 | 论文三等奖 |
| 85 | 杨公朴 | 面向21世纪的上海产业结构优化 | 论文三等奖 |
| 86 | 陈信元 | 预期股票收益的横截面多因素分析:来自中国证券市场的经验证据 | 论文三等奖 |
| 87 | 戴国强 | 论我国货币市场发展的目标及路径 | 论文三等奖 |
| 88 | 胡永刚 | 国际交换价值与比较利益 | 论文三等奖 |
| 89 | 程恩富 | 科学地认识和发展劳动价值论 | 论文三等奖 |
| 90 | 谈 敏 | 中国经济学的过去与未来——从王亚南先生的"中国经济学"主张所想到的 | 论文三等奖 |
| 91 | 伍山林 | 中国粮食生产区域特征与成因研究:市场化改革以来的实证研究 | 论文二等奖 |
| 92 | 孙 铮 | 收益指标价值相关性实证研究 | 论文二等奖 |
| 93 | 张 磊 | 产业融合与互联网管制 | 著作三等奖 |
| 94 | 施兵超 | 新中国金融思想史 | 著作三等奖 |
| 95 | 陈学彬 | 当代金融危机的形成、扩散与防范机制研究 | 著作三等奖 |
| 96 | 李 新 | 向市场经济过渡:俄罗斯与中国 | 著作二等奖 |
| 97 | 储敏伟 | 2001中国财政发展报告——转轨经济中的税收变革 | 著作三等奖 |
| 98 | 赵晓雷 | 中国现代经济理论1949—2000 | 著作二等奖 |
| 99 | 施锡铨 | 博弈论 | 著作一等奖 |
| 第七届 | | | |
| 100 | 李本乾 | 中国大众传媒议程设置功能研究 | 著作二等奖 |
| 101 | 张 雄 | "阳光驿站"——探索非公有制经济组织"党员活动中心"新模式 | 内部探讨奖 |
| 102 | 谈 敏 | "世博会与上海新一轮发展"内部研讨C方案 | 内部探讨奖 |

(续表)

| 序号 | 获奖者 | 获奖成果名称 | 等级 |
|---|---|---|---|
| 103 | 张　彦 | 计算机犯罪的多因素分析与犯罪社会学的发展 | 论文三等奖 |
| 104 | 韩　元 | 历史文化的重现与反思——析新时期历史小说的文化内涵 | 论文三等奖 |
| 105 | 朱平芳 | 政府的科技激励政策对大中型工业企业R&D投入及其专利产出的影响 | 论文三等奖 |
| 106 | 陈信元 | 机会主义资产重组与刚性管制 | 论文三等奖 |
| 107 | 原红旗 | 上市公司配股的长期业绩 | 论文三等奖 |
| 108 | 刘小兵 | 中国医疗保险费率水平研究 | 论文三等奖 |
| 109 | 干春晖 | 我国轿车工业的产业组织分析 | 论文三等奖 |
| 110 | 胡　彬 | 长江三角洲区域的城市网络化发展内涵研究 | 论文三等奖 |
| 111 | 赵晓雷 | 中国的资本形成条件与货币政策效应 | 论文三等奖 |
| 112 | 孙　铮 | 股价反应、企业绩效与控制权转移：来自中国上市公司的经验证据 | 论文二等奖 |
| 113 | 刘莉亚 | 银行危机与货币危机共生性关系的实证研究 | 论文二等奖 |
| 114 | 豆建民 | 人力资本间接定价机制的实证分析 | 论文二等奖 |
| 115 | 毛程连 | 公共财政理论与国有资产管理 | 著作三等奖 |
| 116 | 沈国兵 | 汇率制度的选择——兼论对人民币汇率制度的启示 | 著作三等奖 |
| 117 | 李超民 | 常平仓：美国制度中的中国思想 | 著作二等奖 |
| 118 | 程恩富 | 经济学方法论——马克思、西方主流与多学科视角 | 著作二等奖 |
| 119 | 张　雄 | 经济哲学——从历史哲学向经济哲学的跨越 | 著作二等奖 |
| 120 | 杜恂诚 | 上海金融的制度、功能与变迁(1897—1997) | 著作一等奖 |
| 第八届 | | | |
| 121 | 陆世敏 | 关于应用"备用信用证"解决本市海外企业短期资金融通困难的建议 | 内部探讨奖 |
| 122 | 郭士征 | 上海市城镇"低保"制度的问题分析及完善方案 | 内部探讨奖 |
| 123 | 干春晖 | 经济全球化背景下中国产业结构战略性调整和升级的对策 | 内部探讨奖 |
| 124 | 林　晖 | 从新词流行看全球媒体的新变化 | 论文三等奖 |
| 125 | 盛邦和 | 日本亚洲主义与右翼思潮源流——兼对戚其章先生的回应 | 论文三等奖 |
| 126 | 夏纪军 | 人口流动、公共收入与支出——户籍制度变迁动因分析 | 论文三等奖 |
| 127 | 张　雄 | 货币幻象：马克思的历史哲学解读 | 论文三等奖 |
| 128 | 丁剑平 | 实际汇率、工资和就业——对中国贸易部门和非贸易部门的实证研究 | 论文三等奖 |
| 129 | 原红旗 | 大股东配股行为及其经济后果 | 论文三等奖 |
| 130 | 朱钟棣 | 反倾销措施对产业的关联影响 | 论文三等奖 |
| 131 | 贺小刚 | 企业家能力与企业成长：基于中国经验的实证研究 | 论文三等奖 |

(续表)

| 序号 | 获奖者 | 获奖成果名称 | 等级 |
|---|---|---|---|
| 132 | 吴方卫 | 教育平等的地区分化与地区分化下的教育平等 | 论文三等奖 |
| 133 | 孙铮 | 市场化程度、政府干预与企业债务期限结构 | 论文三等奖 |
| 134 | 黄赜琳 | 中国经济周期特征与财政政策效应 | 论文三等奖 |
| 135 | 刘小兵 | 个人合作提供公共品的实验研究 | 论文二等奖 |
| 136 | 鲁品越 | 资本与现代性的生成 | 论文二等奖 |
| 137 | 沈国兵 | 贸易统计差异与中美贸易平衡问题 | 论文二等奖 |
| 138 | 薛宇峰 | 中国农村收入分配的不平等及其地区差异 | 论文一等奖 |
| 139 | 李增泉 | 国家控股与公司治理的有效性 | 著作三等奖 |
| 140 | 杜恂诚 | 金融制度变迁史的中外比较 | 著作三等奖 |
| 141 | 于洪 | 中国税负归宿研究 | 著作三等奖 |
| 142 | 丛树海 | 财政扩张风险与控制 | 著作三等奖 |
| 143 | 马国贤 | 中国农村义务教育转移支付制度研究 | 著作二等奖 |
| 144 | 伍装 | 中国经济转型分析导论 | 著作二等奖 |
| 145 | 薛爽 | 亏损上市公司实证研究 | 著作一等奖 |
| 第九届 | | | |
| 146 | 张雄 | 现代性逻辑预设何以生成 | 论文一等奖 |
| 147 | 田国强 | 对"幸福—收入之谜"的一个解答 | 论文一等奖 |
| 148 | 胡永刚 | 劳动调整成本、流动性约束与中国经济波动 | 论文一等奖 |
| 149 | 黄天华 | 中国税收制度史 | 著作一等奖 |
| 150 | 赵晓雷 | 2007上海城市经济与管理发展系列报告 | 著作二等奖 |
| 151 | 杜恂诚 | 近代上海钱业习惯法初探 | 论文二等奖 |
| 152 | 鲍晓华 | 反倾销措施的贸易救济效果评估 | 论文二等奖 |
| 153 | 许建平 | 货币观念的变异与农耕文学的转型——以明后期市井小说为论述中心 | 论文二等奖 |
| 154 | 王学成 | "现实"与"理念"下的分裂——重思西方新闻专业主义 | 论文二等奖 |
| 155 | 陆蓉 | 基金业绩与投资者的选择——中国开放式基金赎回异常现象的研究 | 论文二等奖 |
| 156 | 黄赜琳 | 地方保护与市场分割：来自中国的经验数据 | 论文三等奖 |
| 157 | 贺小刚 | 动态能力的测量与功效：基于中国经验的实证研究 | 论文三等奖 |
| 158 | 夏立军 | 市场化进程、国企改革策略与公司治理结构的内生决定 | 论文三等奖 |
| 159 | 陈信元 | 政府干预、多元化经营与公司业绩 | 论文三等奖 |
| 160 | 孙铮 | 所有权性质、会计信息与债务契约 | 论文三等奖 |

(续表)

| 序号 | 获奖者 | 获奖成果名称 | 等级 |
| --- | --- | --- | --- |
| 161 | 金洪飞 | 人民币升值能解决美国对华贸易赤字吗？ | 论文三等奖 |
| 162 | 冯金华 | N维线性商品空间中的比较优势效率 | 论文三等奖 |
| 163 | 鲁品越 | 资本逻辑与当代现实 | 著作三等奖 |
| 164 | 丛树海 | 公共支出评价 | 著作三等奖 |
| 165 | 王克强 | 城市郊区集体土地价格形成机制与利益分配研究 | 著作三等奖 |
| 166 | 卜祥记 | 青年黑格尔派与马克思的哲学革命 | 著作三等奖 |
| 167 | 付　春 | 民族权利与国家整合——以中国西南少数民族社会形态为研究对象 | 著作三等奖 |
| 168 | 陆世敏 | 关于缓解国家外汇储备增长过快问题的建议 | 内部探讨奖 |
| 169 | 马国贤 | 浦东新区2006年度义务教育财政支出绩效评价报告 | 内部探讨奖 |
| 第十届 | | | |
| 170 | 王克强 | 中国农业节水灌溉市场的有效性及政策绩效评价研究 | 著作二等奖 |
| 171 | 赖涪林 | 长三角农民工的非稳态转移——理论探讨、实证分析与现状调查 | 著作二等奖 |
| 172 | 谈　敏 | 回溯历史——马克思主义经济学在中国的传播前史 | 著作一等奖 |
| 173 | 干春晖 | 改革开放以来产业结构演进与生产率增长研究 | 论文二等奖 |
| 174 | 吴方卫 | 教育不平等、贫困与低发展——一个关于农村教育的理论框架 | 论文二等奖 |
| 175 | 田国强 | 对引进海外顶尖、领军和高层次优秀人才的若干建议 | 内部探讨奖 |
| 176 | 张圣翠 | 强行规则对国际商事仲裁的规范 | 论文三等奖 |
| 177 | 何建民 | 上海世博会旅游经济增量效应及优化对策研究 | 论文三等奖 |
| 178 | 李增泉 | 金融发展、债务融资约束与金字塔结构——来自民营企业集团的证据 | 论文三等奖 |
| 179 | 丁剑平 | 从多本位的视角研究货币汇率指数的属性 | 论文三等奖 |
| 180 | 鲁品越 | "创新劳动"价值与社会生产历史进程——两层次劳动价值创造论 | 论文三等奖 |
| 181 | 张一平 | 地权变动与社会重构——苏南土地改革研究（1949—1952） | 著作三等奖 |
| 182 | 余典范 | 适宜技术、制度与产业绩效——基于中国制造业的实证检验 | 论文二等奖 |
| 183 | 蒋　洪 | 2009中国财政透明度报告——省级财政信息公开状况评估 | 著作二等奖 |
| 184 | 卜祥记 | 福斯特生态学语境下的马克思哲学境域——《马克思的生态学》的旧唯物主义定向 | 论文三等奖 |
| 185 | 刘小兵 | 中国公共财政政策研究 | 著作三等奖 |
| 186 | 许　庆 | 农地制度、土地细碎化与农民收入不平等 | 论文三等奖 |
| 187 | 黄赜琳 | 中国经济周期特征事实的经验研究 | 论文三等奖 |
| 188 | 祁志祥 | 中国美学通史（1—3卷） | 著作三等奖 |
| 189 | 王永德 | 外国留学生阅读汉语句子时对无关信息的抑制 | 论文三等奖 |

(续表)

| 序号 | 获奖者 | 获奖成果名称 | 等级 |
|---|---|---|---|
| 190 | 徐国祥 | 我国金属期货价格指数编制及其实证研究 | 论文三等奖 |
| 第十一届 | | | |
| 191 | 梁兴国 | "上海市信息化促进条例"立法调研 | 内部探讨奖 |
| 192 | 杨大楷 | 关于上海科技型中小企业上市融资状况的调研报告 | 内部探讨奖 |
| 193 | 汪 伟 | 计划生育政策的储蓄与增长效应：理论与中国的经验研究 | 论文三等奖 |
| 194 | 周亚虹 | 从农村职业教育看人力资本对农村家庭的贡献——基于苏北农村家庭微观数据的实证分析 | 论文三等奖 |
| 195 | 蒋传海 | 网络效应、转移成本和竞争性价格歧视 | 论文三等奖 |
| 196 | 楼国强 | 竞争何时能有效约束政府？ | 论文三等奖 |
| 197 | 李 科 | 融资约束、债务能力与公司业绩 | 论文三等奖 |
| 198 | 赵晓雷 | 2011年上海城市经济与管理发展报告——上海试行"金融特区"政策可行性研究 | 著作三等奖 |
| 199 | 吴方卫 | 液态生物质燃料发展的社会影响分析 | 著作三等奖 |
| 200 | 李 曜 | 管理层收购后的中国上市公司治理问题 | 著作三等奖 |
| 201 | 张 雄 | 财富幻象：金融危机的精神现象学解读 | 论文二等奖 |
| 202 | 高维和 | 协同沟通与企业绩效：承诺的中介作用与治理机制的调节作用 | 论文二等奖 |
| 203 | 干春晖 | 中国产业结构变迁对经济增长和波动的影响 | 论文一等奖 |
| 204 | 邵 帅 | 上海工业能源消费碳排放的估算、特征及决定因素研究：1994—2009 | 论文二等奖 |
| 205 | 徐国祥 | 统计指数理论、方法与应用研究 | 著作二等奖 |
| 第十二届 | | | |
| 206 | 鲁品越 | "价值"的层次与"相对普世价值"的生成 | 论文一等奖 |
| 207 | 徐大建 | 伦理转型：从身份伦理到契约伦理 | 论文一等奖 |
| 208 | 李 华 | 政府卫生支出对中国农村居民健康的影响 | 论文一等奖 |
| 209 | 陈志俊 | 社会信息处理视角下的同事对员工的影响 | 论文一等奖 |
| 210 | 郑少华 | 中国（上海）自由贸易试验区的司法试验 | 论文一等奖 |
| 211 | 燕红忠 | 中国的货币金融体系（1600—1949）——基于经济运行与经济近代化的研究 | 著作二等奖 |
| 212 | 胡怡建 | 2013中国财政发展报告——促进发展方式转变"营改增"研究 | 著作二等奖 |
| 213 | 王 悦 | 集团转移定价、定价参与和组织后果：理论分析与实证研究 | 著作二等奖 |
| 214 | 杨翠迎 | 社会保障可持续发展研究——上海案例及其分析框架 | 著作二等奖 |
| 215 | 林 晖 | 断裂与共识：网络时代的中国主流媒体与主流价值观构建 | 著作二等奖 |
| 216 | 王克强 | 中国能源开采业全要素生产率的测度框架与实证研究 | 论文二等奖 |

(续表)

| 序号 | 获奖者 | 获奖成果名称 | 等级 |
|---|---|---|---|
| 217 | 冯金华 | 一般均衡理论的价值基础 | 论文二等奖 |
| 218 | 张 熠 | 养老金双轨制改革：求同还是存异 | 论文二等奖 |
| 219 | 卜祥记 | 《资本论》的理论空间与哲学性质 | 论文二等奖 |
| 220 | 付文林 | 均等化转移支付与地方财政支出结构 | 论文二等奖 |
| 221 | 周 建 | 中国农村消费与收入的结构效应 | 论文二等奖 |
| 222 | 邵 帅 | 能源回弹效应的理论模型与中国经验 | 论文二等奖 |
| 223 | 李增泉 | 监督者还是掠食者——机构投资者对卖方分析师的影响 | 论文二等奖 |
| 224 | 龚 关 | 中国制造业资源配置效率与全要素生产率 | 论文二等奖 |
| 225 | 黄 枫 | 基于转移概率模型的老年人长期护理需求预测分析 | 论文二等奖 |
| 226 | 孙元欣 | 负面清单（2013版）的评估和改进方向等5期专家建议 | 内部探讨奖 |
| 227 | 田国强 | 对中国大学及其学科评价体系的反思与建议 | 内部探讨奖 |
| 228 | 刘小川 | 中国粮食安全问题调查研究报告 | 内部探讨奖 |
| 第十三届 | | | |
| 229 | 周亚虹 | 政府扶持与新型产业的发展——以新能源为例 | 论文一等奖 |
| 230 | 李 科 | 公司治理、融资约束与公司业绩——因果关系与经济机理 | 著作二等奖 |
| 231 | 汪 伟 | 中国高储蓄现象的理论与实证研究 | 著作二等奖 |
| 232 | 李桂奎 | 中国小说写人研究 | 著作二等奖 |
| 233 | 张 熠 | 中国公共养老金体系研究：模式选择与改革路径 | 著作二等奖 |
| 234 | 田国强 | 中国改革：历史、逻辑和未来——振兴中华变革论 | 著作二等奖 |
| 235 | 陈 杰 | 公共住房的未来：东西方的现状与趋势 | 著作二等奖 |
| 236 | 丛树海 | 收入分配与财政支出结构 | 著作二等奖 |
| 237 | 伍山林 | 劳动力流动与收入分配——以思想史为基础的考察 | 著作二等奖 |
| 238 | 黄赜琳 | 中国的实际经济周期与税收政策效应 | 论文二等奖 |
| 239 | 李 科 | 卖空限制与股票错误定价——融资融券制度的证据 | 论文二等奖 |
| 240 | 刘莉亚 | 中国银行业净息差与非利息收入的关系研究 | 论文二等奖 |
| 241 | 付文林 | 税收激励、现金流与企业投资结构偏向 | 论文二等奖 |
| 242 | 伍山林 | 收入分配格局演变的微观基础——兼论中国税收持续超速增长 | 论文二等奖 |
| 243 | 杨金强 | Valuing Private Equity | 论文二等奖 |
| 244 | 宋晓燕 | 中国（上海）自由贸易试验区的外资安全审查机制 | 论文二等奖 |
| 245 | 樊丽明 | 公共转移支付减少了贫困脆弱性吗？ | 论文二等奖 |

(续表)

| 序号 | 获奖者 | 获奖成果名称 | 等级 |
|---|---|---|---|
| 246 | 张 雄 | 政治经济学批判：追求经济的"政治和哲学实现" | 论文二等奖 |
| 247 | 李 哲 | 信用交易与通货膨胀的福利损失——基于货币搜寻理论的视角 | 论文二等奖 |
| 248 | 冒佩华 | 农地经营权流转与农民劳动生产率提高：理论与实证 | 论文二等奖 |

## （三）上海市邓小平理论研究和宣传优秀成果奖

| 序号 | 获奖者 | 获奖成果名称 | 等级 |
|---|---|---|---|
| 第一届 | | | |
| 1 | 裘逸娟 | 社会主义政治经济学的伟大变革——邓小平经济思想学习体会 | 论文一等奖 |
| 2 | 吴惠之 | 对邓小平社会主义本质论的深层理解 | 论文三等奖 |
| 3 | 林 珏 | 关于发展中大国农村工业化中的几个问题 | 论文三等奖 |
| 4 | 余先予 | 认真学习《邓小平文选》中的法制思想 | 论文三等奖 |
| 第二届 | | | |
| 5 | 吴梦宇 | 从人类行为因果链看社会主义市场经济的合理性 | 论文二等奖 |
| 6 | 应望江 | 学习邓小平关于经济波浪式发展理论 | 论文二等奖 |
| 7 | 程恩富 | 邓小平经济理论的八大辩证思维及其现实意义 | 论文三等奖 |
| 8 | 陈新汉 | 精神生产的两重性与精神文明建设 | 论文三等奖 |
| 第三届 | | | |
| 9 | 程恩富 | 重构和完善社会主义初级阶段的基本经济形态 | 论文二等奖 |
| 10 | 包亚钧 | 制度创新与完善所有制结构 | 论文三等奖 |
| 11 | 陈新汉 | 邓小平认识论思想论纲 | 论文三等奖 |
| 12 | 赵晓雷 | 中国改革开放后经济理论的发展与创新 | 论文三等奖 |
| 13 | 马 艳 | 国有产权多样化流动中的利益透视及政府行为 | 论文三等奖 |
| 第四届 | | | |
| 14 | 马 艳 | 邓小平的风险观与知识经济 | 论文三等奖 |
| 15 | 孙海鸣 | 我国社会主义改革实践过程对人们思想的影响研究 | 论文三等奖 |
| 16 | 胡景北 | 略论服务业资本——马克思"资本论"体系的一个扩展 | 论文三等奖 |
| 17 | 叶正茂 | 关于劳动力产权的探索 | 论文三等奖 |
| 18 | 张 雄 | 永远行进在时代的前列 | 论文三等奖 |
| 19 | 赵晓雷 | 中国现阶段收入差距扩大的经济学分析 | 论文三等奖 |

(续表)

| 序号 | 获奖者 | 获奖成果名称 | 等级 |
|---|---|---|---|
| 第五届 | | | |
| 20 | 郭士征 | 深化认识劳动价值论,改革我国收入分配制度 | 论文三等奖 |
| 21 | 张 雄 | 学习与解读:始终代表中国先进生产力的发展要求 | 论文三等奖 |
| 22 | 赵晓雷 | 中国现代经济理论史论纲 | 论文三等奖 |
| 第六届 | | | |
| 23 | 常进雄 | 城市化进程中失地农民合理利益保障研究 | 论文二等奖 |
| 24 | 陈 波 | 弱势群体的利益补偿问题 | 论文三等奖 |
| 25 | 戴国强 | 2005中国金融发展报告 | 著作二等奖 |
| 26 | 鲁品越 | 剩余劳动与唯物史观理论建构——走向统一的马克思主义理论体系 | 论文二等奖 |
| 27 | 张 彦 | 试析市场经济的伦理基础 | 论文三等奖 |
| 第七届 | | | |
| 28 | 陈 波 | 协调利益关系,构建利益共享的社会主义和谐社会 | 论文二等奖 |
| 29 | 田国强 | 和谐社会构建与现代市场体系完善 | 论文二等奖 |
| 30 | 丛树海 | 中国经济发展史(1949—2005) | 著作二等奖 |
| 31 | 马 艳 | 经济学理论分野与中国主流经济学的创新——兼论中国马克思主义经济学与西方经济学的逻辑关系 | 论文三等奖 |
| 32 | 鲁品越 | 改革开放的内在逻辑及其发展阶段 | 论文三等奖 |
| 33 | 张 雄 | 拜物逻辑的批判:马克思与波德里亚 | 论文三等奖 |
| 第八届 | | | |
| 34 | 马 艳 | 马克思主义资本有机构成理论创新与实证分析 | 论文一等奖 |
| 35 | 张 雄 | 科学发展观精神实质初探 | 论文三等奖 |
| 36 | 干春晖 | 中国经济体制改革30年 | 著作三等奖 |
| 37 | 赵晓雷 | 新中国基本经济制度研究 | 著作二等奖 |
| 第九届 | | | |
| 38 | 冯金华 | 试论社会主义初级阶段的基本经济制度及其科学依据 | 论文一等奖 |
| 39 | 卜祥记 | "生态文明"的哲学基础探析 | 论文三等奖 |
| 40 | 马 艳 | 现代政治经济学数理分析 | 著作一等奖 |
| 第十届 | | | |
| 41 | 邵 帅 | 资源产业依赖如何影响经济发展效率? | 论文二等奖 |

(续表)

| 序号 | 获奖者 | 获奖成果名称 | 等级 |
|---|---|---|---|
| 第十一届 | | | |
| 42 | 夏国军 | 社会主义与市场经济关系的哲学追问 | 论文一等奖 |
| 43 | 鲁品越 | 国际体系与中国现代化道路的两个阶段——立足唯物史观对"中国奇迹"的解读 | 论文二等奖 |
| 44 | 戴国强 | 金融消费者保护与金融危机——基于全球142个经济体的实证研究 | 论文二等奖 |
| 45 | 鲍晓华 | How Do Technical Barriers to Trade Affect China's Imports? | 论文二等奖 |
| 46 | 冒佩华 | 农地制度、土地经营权流转与农民收入增长 | 论文二等奖 |
| 47 | 叶名怡 | 真实叙事的边界——隐私侵权抗辩论纲 | 论文二等奖 |
| 48 | 葛伟军 | 第一本法律漫画书——图解日常法律知识 | 通俗理论读物二等奖 |

## （四）上海市决策咨询研究优秀成果（政策建议）奖

| 序号 | 获奖者 | 获奖成果名称 | 等级 |
|---|---|---|---|
| 第一届 | | | |
| 1 | 王学青 | 浦东新区金融体制模式研究 | 三等奖 |
| 2 | 印堃华 | 浦东三个市级开发区资金筹措及其运行模式研究报告 | 三等奖 |
| 3 | 孙海鸣 | 上海机械装备制造业推行进口替代战略研究 | 提名奖 |
| 4 | 储敏伟 | 上海科技投资与财政税收的配套改革研究 | 提名奖 |
| 第二届 | | | |
| 5 | 孙海鸣 | 上海海外经济发展战略研究 | 二等奖 |
| 6 | 朱荣恩 | 债券评级研究 | 二等奖 |
| 7 | 印堃华 | 陆家嘴金融贸易区房地产市场发展研究 | 政策建议奖 |
| 8 | 葛守昌 | 上海劳动就业的历史、现状、趋势和对策研究 | 政策建议奖 |
| 第三届 | | | |
| 9 | 王洪卫 | 上海住房金融风险防范机制研究 | 一等奖 |
| 10 | 孙海鸣 | 上海市级财政支出结构合理比例比较研究 | 二等奖 |
| 11 | 赵晓雷 | 建立风险基金及柜台交易系统促进上海民营高科技企业发展 | 三等奖 |
| 12 | 赵晓雷 | 货币政策与财政政策配套研究 | 三等奖 |
| 13 | 郭士征 | 关于转移部分"国有资产"充入养老保险基金的可行性和方策研究 | 三等奖 |
| 第四届 | | | |
| 14 | 赵晓雷 | 全社会创新体系问题研究 | 三等奖 |

(续表)

| 序号 | 获奖者 | 获奖成果名称 | 等级 |
|---|---|---|---|
| 15 | 王洪卫 | 上海发展个人消费信贷研究 | 二等奖 |
| 16 | 郭羽诞 | 上海发展境外工程承包业务存在的问题及对策研究 | 三等奖 |
| 17 | 蒋义宏 | 上市公司会计信息失真现状及对策研究 | 三等奖 |
| 第五届 | | | |
| 18 | 赵晓雷 | 上海土地储备发展战略研究 | 三等奖 |
| 19 | 王洪卫 | 上海远郊地区加快开发对策研究 | 三等奖 |
| 20 | 姚玲珍 | 上海公共住房政策模式研究 | 二等奖 |
| 第六届 | | | |
| 21 | 王克强 | 城乡统筹下的上海市生态环境政策 | 三等奖 |
| 22 | 张 欣 | 上海市城市治理与小商贩管理问题研究 | 二等奖 |
| 第七届 | | | |
| 23 | 吴方卫 | 上海农业的生态功能及其作用研究 | 三等奖 |
| 24 | 王克强 | 上海市广场集市试点研究 | 二等奖 |
| 25 | 胡怡建 | 两税合一对上海影响及对策研究 | 二等奖 |
| 26 | 毛程连 | 非经营性国有资产监督管理对策研究 | 二等奖 |
| 27 | 王洪卫 | 上海建设未上市股份公司"股权交易市场"的探索与研究 | 二等奖 |
| 28 | 刘小川 | 上海财政转移支付制度研究 | 二等奖 |
| 29 | 方 芳 | 上海市城乡一体化进程中农地规模经营实现途径研究 | 二等奖 |
| 30 | 陈信康 | 世博会与上海社会经济发展系列研究 | 一等奖 |
| 31 | 干春晖 | "十一五"我国产业结构优化与升级的自主创新战略研究 | 二等奖 |
| 32 | 王 玉 | 上海国有工业企业集团发展生产性服务业的方式和措施研究 | 三等奖 |
| 33 | 孙 铮 | 中国2010年上海世博会项目财务管理研究 | 二等奖 |
| 34 | 陆世敏 | 关于推进上海国际金融中心建设的建议 | 三等奖 |
| 35 | 徐国祥 | 上海财经大学上海市社会经济指数系列研究 | 三等奖 |
| 第八届 | | | |
| 36 | 江若尘 | 500强企业竞争力评价体系研究 | 二等奖 |
| 37 | 赵晓雷 | 上海加快新城发展推进城镇体系建设研究 | 三等奖 |
| 38 | 张军旗 | 我国政府补贴民用大飞机产业的建议 | 三等奖 |
| 39 | 王克强 | 上海迈向全球化城市与能源需求(2010—2040) | 三等奖 |
| 40 | 胡怡建 | 上海城市转型时期财源长效增长机制和财政体制研究 | 二等奖 |
| 41 | 晁钢令 | 上海加快发展现代服务业研究 | 二等奖 |

(续表)

| 序号 | 获奖者 | 获奖成果名称 | 等级 |
|---|---|---|---|
| 42 | 姚玲珍 | 上海进一步完善住房保障体系研究 | 二等奖 |
| 43 | 陈信康 | 后世博上海社会经济发展瓶颈、动力和机制系列研究 | 二等奖 |
| 44 | 徐国祥 | 上海市出租车服务质量与形象调查 | 二等奖 |
| 45 | 干春晖 | 提高自主创新能力,加快发展高技术产业,为上海经济振兴和发展转型注入新的动力研究 | 三等奖 |
| 第九届 | | | |
| 46 | 胡怡建 | 上海增值税试点过程中的风险与效应评估 | 一等奖 |
| 47 | 王洪卫 | 上海市小微企业金融支持机制创新研究 | 一等奖 |
| 48 | 姚玲珍 | 上海公共租赁住房退出机制研究 | 二等奖 |
| 49 | 徐国祥 | 上海市出租车司机状况调查研究 | 二等奖 |
| 50 | 吴方卫 | 上海餐饮废油"能源化"潜力大,亟待政策引导 | 三等奖 |
| 51 | 赵晓雷 | 碳减排约束下的上海对外贸易商品结构优化政策研究 | 三等奖 |
| 52 | 王春燕 | 上海城市国际贸易竞争力评价研究 | 三等奖 |
| 53 | 张学良 | "十二五"时期上海改革的顶层设计研究 | 三等奖 |
| 54 | 丛树海 | "十二五"时期上海虹桥商务区经济社会发展规划若干问题研究 | 三等奖 |
| 第十届 | | | |
| 55 | 赵晓雷 | 中国(上海)自由贸易试验区发展机制与配套政策研究 | 一等奖 |
| 56 | 孙元欣 | 上海自贸试验区外资负面清单管理研究 | 一等奖 |
| 57 | 陈 杰 | 完善城镇住房供应体系研究 | 一等奖 |
| 58 | 姚玲珍 | 上海房产税税收效应评价与创新研究 | 二等奖 |
| 59 | 郑少华 | 促进中国(上海)自贸试验区发展的相关保障体制和政策体系 | 二等奖 |
| 60 | 王克强 | 经济发达地区率先构建新型工农、城乡关系战略和对上海的启示研究——基于对沪苏浙粤闽的分析 | 二等奖 |
| 61 | 胡怡建 | 房地产税功能定位研究 | 三等奖 |
| 62 | 徐国祥 | 上海出租车行业管理模式调查研究 | 三等奖 |
| 63 | 崔丽丽 | 农村电子商务发展系列调研报告 | 二等奖 |

(五) 其他省、部级科研成果奖

1. 孙冶方经济科学优秀成果奖

| 年份 | 获奖者 | 获奖成果名称 | 奖项类别 |
|---|---|---|---|
| 1997 | 赵晓雷 | 对毛泽东工业化思想的经济学分析 | 论文奖 |
| 2014 | 田国强 | 中国改革:历史、逻辑和未来——振兴中华变革论 | 著作奖 |
| 2014 | 谈 敏 | 回溯历史:马克思主义经济学在中国的传播前史 | 著作奖 |

### 2. 安子介国际贸易研究奖

| 序号 | 获奖者 | 获奖成果名称 | 等级 |
| --- | --- | --- | --- |
| 第十届 | | | |
| 1 | 张军旗 | WTO监督机制的法律与实践 | 三等奖 |
| 2 | 丁剑平 | 传统的国际贸易理论能否解释我国的经济现象 | 三等奖 |
| 第十一届 | | | |
| 3 | 沈国兵 | 论汇率与利率关系：1993—2000年泰国事例检验 | 二等奖 |
| 第十三届 | | | |
| 4 | 孙　铮 | 贸易救济会计——理论与实务 | 三等奖 |
| 5 | 沈国兵 | 贸易统计差异与中美贸易平衡问题 | 三等奖 |
| 第十五届 | | | |
| 6 | 鲍晓华 | 技术性贸易壁垒的经济效应和政策选择——基于发展中国家视角的分析 | 二等奖 |
| 7 | 鲍晓华 | 反倾销措施的贸易救济效果评估 | 二等奖 |
| 第十七届 | | | |
| 8 | 鲍晓华 | 中国是否遭遇歧视性反倾销？——兼与其他出口国的比较 | 三等奖 |
| 第十八届 | | | |
| 9 | 陈　波 | 金融危机、融资成本与我国出口贸易变动 | 三等奖 |
| 10 | 张　燕 | 反倾销调查对中国出口企业影响的实证分析 | 三等奖 |
| 第十九届 | | | |
| 11 | 鲍晓华 | 技术性贸易壁垒的差异化效应：国际经验及对中国的启示 | 三等奖 |

### 3. 上海市科技进步奖

| 年份 | 获奖者 | 获奖成果名称 | 等级 |
| --- | --- | --- | --- |
| 1993 | 余兴发 | 科技兴贸、发展以高雅为特色的淮海中路商业街 | 三等奖 |
| 2009 | 陈启宏 | 非线性最优控制的存在性、正则性和必要条件 | 二等奖 |

### 4. 全国统计科研优秀成果奖

| 序号 | 获奖者 | 获奖成果名称 | 等级 |
| --- | --- | --- | --- |
| 第四届 | | | |
| 1 | 王德发 | 中日城市居民消费的比较分析 | 论文三等奖 |
| 第五届 | | | |
| 2 | 董逢谷 | 1992年与1987年上海市投入产出表完全消耗系统比较研究——上海市支柱行业实证分析 | 论文三等奖 |
| 3 | 葛守中 | 森林总经济价值核算研究 | 论文三等奖 |

(续表)

| 序号 | 获奖者 | 获奖成果名称 | 等级 |
|---|---|---|---|
| 4 | 徐国祥 | 期货市场保证金和涨跌停板数量界限及实证研究 | 论文二等奖 |
| 5 | 董逢谷 | 上市公司统计规范化研究 | 课题三等奖 |
| 6 | 葛守中 | 中国GFS核算通论 | 课题三等奖 |
| 7 | 徐国祥 | 上市公司综合测评方法及其实证研究 | 课题二等奖 |
| 第六届 | | | |
| 8 | 徐国祥 | 证券指数体系及其应用研究 | 课题一等奖 |
| 9 | 王德发 | 生态环境统计及其应用研究 | 课题一等奖 |
| 10 | 董逢谷 | 上海市黄浦区中小商业抽样调查方案设计研究 | 课题三等奖 |
| 第七届 | | | |
| 11 | 朱小斌 | 连续竞价市场中的流动性 | 博论二等奖 |
| 12 | 董逢谷 | 上市公司综合评价——方案设计与应用研究 | 专著二等奖 |
| 13 | 徐国祥 | 债券指数编制研究 | 课题一等奖 |
| 第八届 | | | |
| 14 | 杨 楠 | 中国房价指数编制理论改进与应用拓展研究 | 博论二等奖 |
| 15 | 徐国祥 | 我国指数期货保证金水平设定方法及其实证研究——极值理论的应用 | 论文三等奖 |
| 16 | 王德发 | 综合环境与经济核算体系 | 论文三等奖 |
| 第九届 | | | |
| 17 | 徐国祥 | 吴江市国税局绩效考评体系研究 | 项目三等奖 |
| 第十届 | | | |
| 18 | 杨 楠 | 质量控制型房价指数的编制理论及应用模式研究 | 博论三等奖 |
| 19 | 徐国祥 | 统计指数理论的发展与应用研究 | 课题一等奖 |
| 第十一届 | | | |
| 20 | 周 勇 | 变点统计检验方法及其在经济结构变化中的应用 | 二等奖 |
| 21 | 杨 楠 | 房价指数的编制、管理与应用 | 著作二等奖 |

5. 全国人事科研成果优秀奖

2001年徐国祥的"上海人才指数体系及相关系统研究"获全国人事科研成果优秀成果三等奖。

6. 上海市委宣传部向国庆50周年献礼成果优秀奖

2000年学校有3项成果获上海市委宣传部向国庆50周年献礼成果优秀奖，分别为：

(1) 谈敏主编的《新中国经济思想史丛书》；

(2) 丛树海、张桁主编的《新中国经济发展史》；

(3) 谈敏主编的《当代经济学前沿问题研究》。

7. 上海汽车工业教育基金会优秀成果奖

从1994年起至2016年,学校获上海汽车工业教育基金会优秀成果奖共147项。

## 二、校级科研成果奖

### (一)上海财经大学中振科学研究基金优秀成果奖

1994年上海财经大学与广东中振投资有限公司签订协议,设立"中振科学研究基金"用于奖励优秀科研成果,成果评奖每年评审一次。从1994年至2016年底,已评审优秀成果奖23届,共有625项成果获奖。

### (二)上海财经大学校级优秀科研成果奖

上海财经大学校级优秀科研成果奖从1992年开始设立,每两年评审一次。至1996年共评审三次,111项成果获奖。1997年随着《上海财经大学优秀科研成果奖励暂行条例》的实施,此奖励取消。

### (三)上海财经大学中青年优秀科研成果奖

上海财经大学中青年优秀科研成果奖从1991年开始设立,每两年评审一次。至1995年共评审三次,132项成果获奖。1997年随着《上海财经大学优秀科研成果奖励暂行条例》的实施,此奖励取消。

# 第四节　重要获奖成果简介

此部分对获(教育部)全国普通高校人文社会科学研究优秀成果奖二等奖以上成果作简要介绍。

## 一、《重置成本会计论——物价变动的会计对策》

作者汤云为,上海人民出版社1989年版,该成果于1995年获教育部全国普通高校首届人文社会科学研究优秀成果奖二等奖,1994年获上海市哲学社会科学优秀成果奖著作一等奖。

本书从理论、实务两方面深入地分析了在我国实行重置成本会计的必要性、合理性和可行性。作者提出应以重置成本会计新模式取代传统原始成本会计模式。原始成本会计所传递的信息已严重脱离经济生活的现实,可能导致国有资产的严重流失,影响到我国企业的健康发展,而重置成本会计可以克服上述缺点,成为应对我国物价上涨的重要对策。

本书作者在全面深刻地分析了我国当时的经济运行状况后提出,现行原始成本会计在物价上涨条件下已成为国有企业生存困难的重要原因之一,如果采用重置成本会计,上述困难就可能得到克服。本书指出,重置成本会计可作为资产计价和收益决定的基础,将资金平衡表和利润表归于统一,增强了会计制度内在的稳定性。

## 二、《现代货币经济学》

作者盛松成,中国金融出版社1992年版,该成果于1995年获教育部全国普通高校首届人文社会科学研究优秀成果奖二等奖。

本书"是我国第一部系统研究西方货币经济学的专著,且具有完全不同于国外同类著作的独特的理论体系"(《上海金融》1992年第11期对《关于货币经济学的内容和体系》一文所加编者按)。全书分为英文"preface"、序言、导论及九章正文:第一章,货币定义的理论;第二章,货币需求理论;第三章,货币供给理论;第四章,利率理论;第五章,货币与经济均衡及经济波动的理论;第六章,货币与就业、产出及收入的理论;第七章,货币与经济增长的理论;第八章,通货膨胀理论;第九章,货币政策理论。

## 三、《文化经济学》

作者程恩富,中国经济出版社1993年版,该成果于1995年获教育部全国普通高校首届人文社会科学研究优秀成果奖二等奖。

本书是我国第一部"大文化"经济领域的专著。以文化为主,涵盖教育、新闻出版、图书馆、科技等,广泛探讨了文化与经济、文化资源、文化供给与需求、文化投资、文化消费、文化市场、文化商品、文化商品价格、文化劳动生产率和劳动报酬、文化经济效益和经济核算、文化发展计划、文化经济管理体制等一系列文化经济领域的经济学范畴,科学地分析了文化生产力和文化生产关系的矛盾运动,揭示出社会主义文化经济运行机制及其发展规律,是一门新兴学科。全书分十二章,约26万字。

全书充分体现中共十四大和八届人大确立的社会主义市场经济体制的基本精神,对文化经济领域的分析具有全面系统、理论新颖、对策适当、取材广泛和资料丰富的特点。它是广大读者了解社会主义市场经济条件下文化经济学知识的启蒙书。此书由著名经济学家于光远题词,胡寄窗教授作序并推荐。

## 四、《会计审计理论探索》

作者娄尔行,上海立信会计出版社1993年版,该成果于1998年获教育部普通高等学校第二届人文社会科学研究成果奖经济学一等奖。

本书是作者历年所发表的会计、审计论文集,合计30篇,共5个方面:会计理论、审计理论、中外比较会计、会计审计教学、国际会计述评。

本书的基本观点及理论创新包括:(1)建立具有中国特色的会计理论体系。认为建立该理论体系应满足三个条件:浑然一体、协调一致、首尾一统。还必须做到三个坚持:坚持马克思主义原则、坚持与中国实践相结合、坚持敢于借鉴国外科学。(2)建立我国会计准则。① 首次在会计学术界提出了会计要素的概念;② 明确指出会计准则实质是提出质量要求、计量规划、会计业务处理准绳;③ 会计准则可分为基本准则、编报准则以及具体业务会计准则。(3)建立我国审计学理论体系。① 审计与会计既有联系又有区别;② 审计基本职能为:经济监督、经济评价、经济鉴证;③ 审计可分为财务审计与经济效益审计。(4)开辟了中外比较会计的先例。① 揭示了不同社会经济制度对会计的影响;② 中美两国会计职能的异同点;③ 指出了各国通行的会计六大假设;④ 比较研究了会计准则及制订程度。

本书将我国会计理论、审计理论推进了一大步,使我国会计改革受到国际会计界高度评价,因此具有重大的实践意义。

### 五、《上市公司资产重组财务会计问题研究》

作者陈信元,该文发表于《会计研究》1998年第10期。该成果于2003年获教育部普通高等学校第三届人文社会科学研究成果奖二等奖。

本文第一次系统地对上市公司四类资产重组所产生的会计问题进行了分析,其中的一些观点在后来的会计准则和制度中都得到了不同的体现,说明了文章的前瞻性和现实性。(1)对股权转让,当时的实务中对被控股合并的企业采用账面价值的计价,本文的观点是应当由收购方聘请会计师对上市公司进行价值评估,在条件成熟的条件下,应当采用公允价值进行调账。(2)对公司对外扩张收购,原来不对商誉进行处理,本文论证了要对商誉进行分摊的必要性,在2000年财政部颁布的《股份有限公司会计制度》中采纳了这一观点。(3)对资产置换,本文对实务中出现的不规范现象及其后果进行了分析,本文还提出了对资产置换进行会计规范的建议,其中的一些观点和2001年修订的《非货币性交易》准则相一致。(4)对资产剥离,本文提出要对一般意义上的资产剥离和企业终止经营进行区分,采用不同的会计方法进行处理。(5)对公允价值的界定,本文对资产重组过程中的一些共性问题做了探讨,本文提出要对进行置换的资产采用收益现值的方法进行评估,对目前应用较多的重置成本进行了明确的范围界定,这对提高交易的真实性可以起到一定的作用。(6)对重组前利润的处理,当时的上市公司对公司合并前的利润进行合并,以提高公司当年的业绩,本文指出,这种做法理论上的缺陷,阐明应当严格限制在权益合并法的使用。(7)关于按照购买法合并企业,本文对调账基准日的确定进行了深入的分析,对当时随意提前调账日的后果进行了剖析。(8)本文对资产重组信息的披露进行分析提出了提高透明度的建议。提出编制合并和资产负债表的建议。(9)本文对损益表提出了改进建议。尤其针对目前营业外收支概念不清晰问题,提出了可以与现金流量表进行协调统一的损益表编制方法。

### 六、《宏观金融博弈分析》

作者陈学彬,上海财经大学出版社1998年版,该成果于2003年获教育部普通高等学校第三届人文社会科学研究成果奖二等奖。

本书应用博弈论方法深入广泛地讨论了在稳定币值、经济增长、充分就业、保持国际收支平衡、金融稳定等不同的政策目标和完全信息与不完全信息、对称信息与非对称信息条件下我国货币政策行为及其效应的决定问题;信息披露、目标偏好、政策可信度、政策制定者信誉等因素对货币政策效应的制约和影响问题;通货膨胀持续性与货币供给适应性、银行不良资产与金融风险、国际收支平衡与货币贬值效应等宏观金融运行中面临的许多理论和实际问题。

### 七、《市场化进程、国企改革策略与公司治理结构的内生决定》

作者夏立军,发表于《经济研究》2007年第7期,该成果于2009年获教育部普通高等学校第五届人文社会科学研究成果奖二等奖。

论文第一节介绍了论文的研究动机、研究内容、研究方法和过程、研究发现和贡献;第二节对地区市场化进程、国企改革策略与公司治理结构的关系进行了理论分析,并提出了待检验的研究假说;第三节给出了实证检验方法;第四节是实证检验结果及分析;最后一节给出了研究结论和启示。

该文以 2001 年至 2003 年间中国地方政府控制的上市公司为对象,考察了各地区市场化进程差异以及中央政府基于公司规模和行业特征采取的"抓大放小"和"战略调整"的国企改革策略对公司最终控制人政府级别、政府持股比例以及政府持股方式的影响。研究发现:在市场化进程越快的地区,上市公司更可能由低级别地方政府控制、政府持有股权比例更低,并且,大规模公司、管制性行业公司更可能由高级别地方政府控制、政府持有股权比例更高。但在政府持股方式上,市场化进程的影响并不稳定,而大规模公司由政府直接持股的可能性更小,并且管制性行业与非管制性行业公司无显著区别。这些结果表明,地区市场化进程以及中央政府采取的国企改革策略对公司治理结构的形成具有重要影响(主要体现在政府级别和持股比例上)——地区市场化进程减轻了地方政府控制公司的经济动机,而国企改革策略使得地方政府具有控制大规模公司和管制性行业公司的政治动机。上述结论在剔除深圳和上海地区公司以减轻样本特殊性问题、采用工具变量法以减轻内生性问题以及一系列稳健性检验后仍成立。

## 八、《市场化程度、政府干预与企业债务期限结构——来自我国上市公司的经验证据》

作者孙铮,该文发表于《经济研究》2005 年第 5 期,该成果于 2009 年获教育部普通高等学校第五届人文社会科学研究成果奖二等奖。

本文以产权经济学为基础,实证分析了外部经济制度如何影响公司的债务期限结构。债务融资是企业重要的财务决策行为,债务期限则是债务契约的重要内容。债务期限越长,未来的不确定性越高,风险越大,债权人在提供贷款时就会更注重外部的履约机制。但是在司法体系尚不完善的制度环境下,"政治关系"和公有产权制度的存在会降低债务契约的履约成本,从而会对企业的债务期限结构产生影响。本文以我国上市公司 1999—2003 年的经验数据为样本,实证分析了地区市场化程度对当地企业债务期限结构的影响。结果表明,企业所在地的市场化程度越高,长期债务的比重就越低。进一步分析发现,这种差异主要归因于地方政府对企业干预程度的不同。基于此,本文分析认为,当司法体系不能保证长期债务契约得以有效执行时,"政府关系"是一种重要的替代机制。

## 九、《替代与互补不可分物品的均衡》

作者孙宁,发表于 *Econometrica*,Vol.74,No.5(September,2006),该成果于 2009 年获教育部普通高等学校第五届人文社会科学研究成果奖二等奖。

论文由五部分构成。在第 1 节序言里指出了在现实中存在着像配置计算机硬件与软件这类同时配置两类不可分物品(同类替代、异类互补)的经济现象,说明了研究该问题、证明竞争均衡和线性均衡价格存在的意义。在第 2 节具体地用一个交换经济模型刻画了本文所研究的两类不可分物品的配置问题,给出了 GSC 条件(同类替代、异类互补)和竞争均衡的严格定义。论文假设在存在 $S_1$(不同的硬件)和 $S_2$(不同的软件)两类不可分物品,并且满足某个物品价格的上升会导致同类其他物品需求的上升,同时也会导致异类物品需求的下降。由于对消费者而言商品之间是替代关系还是互补关系通常是由商品的物理属性决定的,因此本文的 GSC 条件要求对所有的消费者商品之间呈现出相同的替代和互补关系是合理的。在第 3 节提出并证明了"在两类不可分物品(同类替代、异类互补)的一般均衡模型中存在竞争均衡和线性均衡价格"这一主要结论。进一步,作为这主要结论的一个应用例子,在第 4 节考察了企业最优分配工人和机器这一经典问题,证明了对企业而言工人与机器之间满足 GSC 条件,从而就证明了竞争均衡的存在。这一结论将沙普利(Shapley,1962)的经典结果大大地向前推进了一步。最后,在附录里本文给出了所有技术性的结果和证明。该论文突破现有的研究框架,研究了两类不可分物品(同类替代、异类互补)的配置问题,证明了竞争均衡和线性均衡价格的存在,从而揭示了通过线性价格体系的多物品拍卖机制来有效地配置两类不可分物品(同类替代、异类互补)的可能性。

### 十、《金融指数产品创新及其风险控制研究》

作者徐国祥,上海财经大学出版社 2005 年版,该成果于 2009 年获教育部普通高等学校第五届人文社会科学研究成果奖二等奖。

本著作共分六章。第一章,股票价格指数。本章首先研究了国际四大股票价格指数体系(Dow Jones 股价指数、S&P 股价指数、MSCI 股价指数和 FTSE 股价指数)和其他著名股价指数,总结了其编制特点和趋势。然后介绍了我国证券市场股票价格指数(上证指数系列、深证指数系列和其他指数)的编制。最后本章实证编制了全国统一综合指数,全国 100、200、300 和 500 成分股指数,并对各成分股指数进行了多方面的对比研究,以作为我国股价指数产品创新的标志物。

第二章,债券价格指数。本章首先阐述了我国编制债券价格的意义。然后本章对国际上著名的债券指数系列[主要包括美林(Merrill Lynch)债券指数、JP 摩根(JP Morgan)债券指数、雷曼兄弟(Lehman Brothers)债券指数、所罗门史密斯邦尼(Salomon Smith Barney)债券指数、Dow Jones 公司债券指数、MSCI 债券指数和 HSBC 债券指数等]的编制方法和特点进行了逐一的剖析,并总结了其编制共性。最后编制了我国证券市场债券价格指数,并进行了实证分析。此研究成果已作为上海证券交易所推出上证债券指数的重要依据。

第三章,证券投资基金价格指数。本章阐述了编制证券投资基金价格指数的意义,研究了证券投资基金价格指数的编制方法和调整方法,并对我国证券投资基金指数进行了实证分析。

第四章,国际市场金融指数产品创新评析。本章研究了国际金融指数产品的基本机理和类别,对各种类型的指数产品(如指数期货、指数期权、指数权证、指数存托凭证、指数债券和指数存款等)进行了一般性分析,并研究了国际证券市场指数产品的结构特征、创新经验以及风险管理和控制措施,为我国指数产品创新进行了经验准备和铺垫。

第五章,我国股价指数产品创新的可行性分析与策略研究。本章先从政策环境、法律环境、技术环境和市场环境等多个角度,首次全面分析了我国指数产品创新的可行性。然后,又对我国指数产品创新的策略进行了深入研究。

第六章,我国股价指数产品创新及其风险控制。第一节,我国股价指数期货产品设计及其风险控制。本章详细设计了我国股价指数期货的合约规格、交易风险控制条款以及交易方式。第二节,我国股价指数期权产品设计及其风险控制。在我国指数产品创新策略的基本框架下,本章首次详细设计了我国股价指数期权的合约规格、交易风险控制条款以及交易方式。指数期权推出时所面临的市场环境与指数期货有很大差异,而这一差异主要体现在两个方面:一是由于指数期货的存在,证券市场结构已经有所不同;二是现货市场经过进一步的发展,市场规模、波动性等诸多方面也已经有所不同。因此本著作对指数期权产品设计的研究方法也有所区别,其主要方法是对比研究国际上同一标的指数的期货产品成本与产品设计的特征,从中发现指数合约的共性,并结合我国证券市场的实际进行指数产品设计。

## 十一、《对引进海外顶尖、领军和高层次优秀人才的若干建议》(研究报告)

作者田国强,该报告于2013年获全国高校第六届人文社会科学研究优秀成果奖二等奖。本报告从引得进、留得住、用得好三个方面阐述了如何建立海外顶尖、领军和高层次优秀人才的长效机制。本报告从建立综合配套设施体系、改革绩效评价标准、实施双轨人事管理三个方面阐述了如何更有针对性地引进、留住、用好海外优秀人才。引得进的核心是如何发现真正的海外尖端人才,要建立海外高层次人才储备库,实行海外同行专家评审机制;采取"动之以情、待之以礼、安之以利"的12字引人方针。留得住的关键是要建立一个与长周期、高质量的考核评价体系相对应的人事制度安排。用得好根本在于实行松绑放权的教育改革,允许并鼓励基层教育制度创新;在松绑放权的教育改革条件还不成熟的情况下,可以先搞一些改革试点,摸索经验。

## 十二、《回溯历史:马克思主义经济学在中国的传播前史》

作者谈敏,上海财经大学出版社2008年版,该著作于2010年获上海市第十届哲学社会科学优秀成果奖一等奖,于2013年获全国高校第六届人文社会科学研究优秀成果奖二等奖,于2015年获第十六届(2014年度)孙冶方经济科学奖著作奖。

《回溯历史:马克思主义经济学在中国的传播前史》是"十一五"国家重点图书。全书主要介绍了中国经济思想的转型,以近代而言,包括两次重大转折:一次是1840年鸦片战争后,另一次是1917年俄国十月革命尤其是1919年五四运动后,本书所回溯的,是在两次转折之间,或在第二次转折之前,马克思经济学说传入中国的初步介绍过程,故称之为马克思主义经济学在中国的传播前史。全书分为绪论;1896—1904:马克思经济学说传入中国的开端;1905—1907:论战期间传入中国的马克思经济学说;1908—1911:马克思经济学说传入中国的新起点;1912—1916:马克思经济学说传入中国的初步扩展阶段;马克思主义经济学说在中国的传播前史综述六个部分进行论述。

## 十三、《企业社会责任和利益相关者价值最大化:来自兼并的证据》

作者邓辛,该文发表于 *Journal of Financial Economics* 2013年10月刊,于2015年获全国高校第七届人文社会科学研究优秀成果奖二等奖。

本文包括五节,第一节引言,第二节介绍数据来源,给出了关键变量的描述性统计分析,概述了实证方法,第三节讨论了主要实证结果,第四节给出了稳健性检验结果,第五节是本文的总结和结论。论文通过对美国兼并样本的研究来论证企业社会责任或者说利益相关者理论与企业价值关系。研究发现与利益相关者价值最大化理论一致,并购企业的社会责任感是兼并绩效和兼并成功概率的重要决定因素。具体表现为,社会责任感高的收购企业在公告日前后可以实现更高的累计超额收益率和协同增益,从长期来说可以实现更好的经营效益并获得更高的股票回报率。在利益相关者的支持下,此类兼并成功概率更高,需要的时间更短。

# 第三章 学术交流

## 第一节 主办学术会议

20世纪50至60年代,上海财经学院多次召开全院性的科学讨论会,以综合讨论与分组讨论相结合的形式,讨论提交的论文和教材等成果,参加人员不仅有全院师生,还有不少本市和外地来宾,对促进学院的科研工作起到了积极作用。1978年学校复校后,随着教学科研工作的恢复与发展,以及内外交流活动的日益增加,学校主办或承办的学术会议在数量上不断增加,层次上也不断提升。1981—2002年学校主办或参与联合主办的重要研讨会有:

1985年2月5—7日,学校与上海市体改办、市经济研究中心、市社科院、市经济学会、市委研究室、市府研究室以及市计委经济研究所联合主办的"上海城市经济体制改革讨论会"在院召开。市领导汪道涵、阮崇武、黄菊出席并作重要讲话,有370人与会。

1990年11月26日,学校国际化经营研究中心成立,同时主办"国际化经营战略研讨会"。

1991年11月29日,学校主办"搞好国营大中型企业理论与实践问题研讨会",市委宣传部部长金炳华到会讲话。

1992年12月12日,学校与万国证券公司联合举办"股份制经济与证券市场研讨会"。

1995年2月,学校主办首次"统计学科建设研讨会"。

1997年9月16日,学校举办"上海制度经济研究所成立大会暨海派经济论坛第五次研讨会"。

1999年10月9—10日,学校主办"中国精算教育研究圆桌会议",全国15所高校的精算教师代表与会。

2000年11月17—19日,学校与教育部全国高等学校外语专业指导委员会联合举办"2000年全国外语教学研讨会"。

2002年5月18—19日,学校会计与财务研究院、香港理工大学中国会计与金融研究中心、深圳市国泰安信息技术有限公司联合举办"中国会计与金融青年学者学术研讨会"。

同年5月25—28日,公共经济与管理学院主办"2002全国财政学科教学研讨会"。

学校从2003学年开始对举办的学术会议进行登记备案和统计。从2003年到2016年,学校历年主办学术会议数量分别为:2003年11次、2004年25次、2005年40次、2006年次24次、2007年42次,2008年42次,2009年54次,2010年59次,2011年52次,2012年49次,2013年69次,2014年101次,2015年65次,2016年49次,总计682次。会议的主题涉及学校的各个学科,如应用经济学、理论经济学、数量经济学、会计学、语言学、管理学、法学等。2003—2016年学校主办的重要全国性学术会议有(举办的国际性学术会议参见第十篇第一章第三节有关内容):

2003年11月21日,财经研究所、经济学院举办"纪念胡寄窗教授一百周年诞辰暨胡寄窗教授学术思想研讨会"。

同年12月24日,人文学院、现代经济哲学研究中心举办"全国货币哲学高级研讨会"。

2004年1月10日,金融学院、现代金融研究中心举办"两岸金融风险管理研讨会"。

同年11月17日,经济信息管理系举办第二届"中国管理科学与工程论坛"。

同年12月25—26日,公共经济与管理学院举办"国际税收与中国税制改革全国研讨会"。

2005年8月25—29日,经济学院举办第二届"全国计量经济学高级研讨会"。

同年11月4—5日,法学院举办中国法学会国际经济法学研究会第一届年会。

同年11月8日,国际工商管理学院举办"战略人力资源管理与企业竞争优势：理论与实践"全国研讨会。

同年12月23—25日,人文学院举办"全国资本哲学高级研讨会"。

2006年3月8日,财经研究所举办"经济学人上海圆桌会议"。

同年4月21日,会计与财务研究院举办"海峡两岸财务学研讨会"。

同年5月19—20日,国际工商管理学院举办"'两岸三地'创新和竞争力"博士论坛。

同年5月26—28日,人文学院举办"全国资本哲学高级研讨会"。

同年11月24日,经济学院举办"首届上海青年经济学者论坛"。

2007年1月18日,体育教学部举办2006年教育部直属综合类高校体育年会。

同年4月21日,公共经济与管理学院举办"公共支出绩效管理研讨会"。

同年5月24日,统计学系举办"统计科学前沿论坛"。

同年5月26—27日,经济学院举办"首届全国现代政治经济学数理分析研讨会"。

同年5月27日,国际工商管理学院举办"世博会：和谐发展的盛会"全国研讨会。

同年11月3—4日,会计与财务研究院举办"财务总监论坛"。

2008年5月24—25日,信息管理与工程学院举办"第六届中国管理科学与工程论坛"。

同年10月7日,经济学院举办"改革开放30年暨孙冶方诞辰百年纪念经济理论研讨会"。

同年10月11日,公共经济与管理学院举办"改革开放三十年暨《中国财政发展报告》10周年：中国财政改革回顾与展望研讨会"。

同年12月5—6日,法学院举办第一届法院院长论坛暨"民生问题与司法公正"研讨会。

2009年4月11—12日,会计学院举办第七届"上海财经大学·清华大学·中山大学·南京大学"四校会计学博士生论坛。

同年7月30日,公共经济与管理学院举办"《预算法》修订若干重大问题学术研讨会"。

同年10月30日,金融学院、现代金融研究中心举办"2009年人民币国际化与上海四个中心建设研讨会"。

同年11月7—8日,经济学院举办"第三届中国政治经济学年会"。

2010年1月16日,500强企业研究中心举办"500强企业竞争力指数发布会暨500强企业研讨会"。

同年6月9—10日,学校承办"教育部社会科学委员会经济学学部2010年工作会议暨世博会·长三角与中国经济发展研讨会"。

同年7月30日,财经研究所举办"同城化时代长三角城市群经济发展的机遇与挑战研讨会"。

同年11月27日,金融学院、现代金融研究中心举办"保持中国金融稳定学术研讨会"。

同年12月19日,经济学院、高等研究院举办"上海财经大学经济学院政治经济学系揭牌仪式暨第四届全国现代政治经济学数理分析研讨会"。

2011年5月27日,统战部举办"历史、经验、展望——90年来中国共产党的民族理论与民族政策研讨会"。

同年7月9日,公共经济与管理学院举办"当前我国公共财政建设中的突出问题"研讨会。

同年12月10—11日,经济学院举办"第十一届(2011年)中国经济学年会"。

同年12月15日,金融学院举办"全球金融动荡下的中国金融中心建设"研讨会。

2012年3月24日,公共经济与管理学院举办"2012全国财政学新面孔学术研讨会"。

同年6月17日,经济学院举办"第四届中国经济思想论坛"。

同年7月16日,法学院举办"第十三届全国经济法前沿理论研讨会"。

同年12月30日,统计与管理学院举办"2012统计前沿研讨会"。

2013年4月27日,经济学院、高等研究院举办第二届"上财经济史学论坛"暨纪念胡寄窗诞辰110周年研讨会。

同年7月12日,统计与管理学院举办"大数据时代的统计学:机遇与挑战——首届中国经济统计论坛"。

同年10月19日,人文学院举办"全国经济哲学研究会成立大会暨学术研讨会"。

同年10月26日,学校举办"中国(上海)自由贸易试验区协同创新中心签约揭牌仪式暨首届申江论坛"。

同年11月23日,经济学院、高等研究院举办"第七届全国现代政治经济学数理分析研讨会暨SSA学派与全球变化研讨会"。

2014年3月23日,国际工商管理学院举办"2014中国产业经济高端论坛——中国经济转型与产业升级:新改革与大转型"。

同年5月24日,中国公共财政研究院举办"首届长三角财税论坛"。

同年10月25日,中国(上海)自由贸易试验区协同创新中心举办"第二届申江论坛——自贸区试验与开放型经济新体制"。

同年11月15日,公共经济与管理学院举办"第四届全国'社会保障与社会政策'优秀研究生学术论坛"。

2015年3月28日,统计与管理学院举办上海财经大学、国家统计局共建"大数据统计科学中心"揭牌仪式暨"大数据统计分析研讨会"。

同年5月23日,人文学院举办"政治经济学批判:21世纪资本论与资本论高端学术研讨会"。

同年9月12日,金融学院举办"经济新常态下的中国金融市场改革与创新"高峰论坛。

同年9月17—18日,国家自然基金委主办,上海财经大学承办第142期"双清论坛",主题为:"新常态经济转型发展过程中的理论创新与学术前沿"。

同年10月30日,经济学院举办"第三届'上财经济史学论坛'暨'中国经济史研究'创刊30周年研讨会"。

同年11月22日,外国语学院举办"日本文学研究高峰论坛"。

同年12月19日,经济学院举办"第九届全国现代政治经济学数理分析研讨会"。

2016年1月14日,信息管理与工程学院举办"大数据环境下的知识图谱与语义计算学术研讨会"。

同年6月12日,金融学院举办"中国金融改革开放的理论与实践"高峰论坛暨全国博士后学术论坛。

同年11月9日,国际工商管理学院举办"全球互联时代的营销创新"学术研讨会。

同年12月10日,人文学院举办"首届中华儒商论坛——儒商:从历史走向未来"。

## 第二节 举办学术报告

学校历史上非常重视邀请知名专家学者来校演讲,以开阔学生视野,提高知识素养。如上海商科大学时期,就曾邀请胡适、余日章、王宠惠、顾维钧等人来校演讲。国立中央大学商学院时期,曾举办"公开演讲",邀请"海上积学之士莅院讲演重要经济问题",各校学生均可旁听。上海财经学院时期,曾邀请马寅初、王亚南等著名学者来校演讲。1978年复校后,学校举办的学术报告数量日渐增多。1981—2002年学校举办的重要学术报告有:

1981年10月,美国哥伦比亚大学教授、前联合国会国公司中心资料分析司司长、联合国发展计划预测及政策中心副司长王念祖博士来院讲学。

1982年4月,美国杜罗司会计公司英里逊等4名会计专家来院讲学。

同年6月1日,"1982年国际杰出会计师资"美国加州大学伯克利分校教授施托勃来院讲学。

同年8月12日,美国威斯康星大学教授沈叔勤来院讲学。

1983年7月5日,美国教授诺顿一行4人学术讲习团来院讲授美国银行制度、商事法规。

1984年2月,美国哥伦比亚大学教授维克雷来院讲授西方财政、税收、城市经济及宏观与微观经济。

同年4月16日,联邦德国慕尼黑大学统计学教授汉斯·斯尼维斯博士来院进行专题讲学。

1985年11月20日,诺贝尔经济学奖获得者、美国宾州大学教授克莱因来校作"中国经济之展望"报告。

1986年12月,美国得克萨斯大学国际会计发展中心主任、教授阿道夫·J.H.恩索文来校讲学。

1987年5月20日,美国明尼苏达大学管理学院教授高登·戴维斯来校讲学。

1988年5月10日,荷兰王国外贸大臣范罗伊女士率领荷兰对外贸易官方代表团一行7人来校访问,并作专题演讲。

同年11月17日,世界银行副行长、首席经济学家费舍尔来校做专题学术报告。

1990年10月25日,日本大阪市副市长矶村隆文(博士)来访讲学。

同年12月4日,中国社会科学院副院长刘国光来校作"当前经济形势和90年代展望"的学术报告。

1991年5月6日,全国政协常委、原财政部会计事务管理司司长杨纪琬教授来校作学术报告。

同年10月15日,中国社会科学院数量与经济研究所所长、研究员李京文来校作"当前的经济形势及明年的市场预测"的学术报告。

1994年6月17日,著名经济学家吴敬链应邀来校作题为"当前中国经济发展中的若干问题"的报告。

同年12月9日,复旦大学教授蒋学模来校作题为"马克思主义经济学的命运"的讲座。

1995年3月10日,上海市副市长蒋以任来校作"上海工业经济的现状、变化和发展"的报告。

同年11月28日,华东政法学院副院长曹建明来校作"国际商贸法律制度与关贸总协定"的报告。

1996年5月28日,全国政协常委、经济委员会常务副主任刘鸿儒来校作"中国资本市场现状与发展"的学术报告。

1997年11月8日,全国政协常委杨纪琬教授来校作"我国会计准则制定现状"的报告。

2001年4月17日,财政部部长项怀诚来校作"财政十年回顾与思考"的专题报告。

2002年5月10日,美国财政部副部长肯尼思·达姆(Kenneth Dam)来校为300多名师生作题为"美国对中国的展望"的演讲。

同年9月19日,经济学家樊纲来校作"当前中国经济市场化进程中的难点分析"的报告。

同年9月20日,前国务院政策研究所宏观司司长李晓西来校作"我国加入WTO的经济形势与对策"的报告。

同年10月18日,对外经济贸易部副部长龙永图来校作"关于世界贸易组织问题"的报告。

学校从2003年开始对举办的学术报告进行登记备案和统计。从2003年至2016年,学校邀请国内外专家、学者来学校做学术报告共4912次,其中2003年38次、2004年89次、2005年85次、2006年205次、2007年312次、2008年284次、2009年321次、2010年391次、2011年437次、2012年433次、2013年562次、2014年737次、2015年600次、2016年418次。2003—2016年学校举办的重要学术报告有:

2003年4月1日,诺贝尔经济学奖获得者、英国剑桥大学詹姆士·莫里斯(James Mirrlees)教授来校作"金融制度及其最优管理激励"报告。

同年9月8日,美国哥伦比亚大学诺贝尔经济学奖获得者蒙代尔教授来校作"国际货币体制:关于人民币汇率的有关问题"报告。

同年9月23日,中科院院士陈希孺教授来校作"概率统计的近代发展"报告。

同年11月19日,世贸组织总理事会主席马奇先生来校作"新一轮全球贸易谈判:十字路口的WTO"报告。

同年12月30日,上海市人民政府发展研究中心主任王战来校作"上海经济2004年发展预测"报告。

2004年6月24日,诺贝尔经济学奖获得者罗伯特·威廉·福格尔教授来校作"亚洲经济的高速增长"报告。

同年9月17日,清华大学外语系王宁教授来校作"全球化与文化研究"报告。

同年10月18日,上海世博会事务协调局副局长吴云飞教授来校作"世博会与上海城市新一轮发展"报告。

2005年3月11日,耶鲁大学管理学院陈志武教授来校作"金融技术、经济增长与文化"报告。

同年6月6日,诺贝尔经济学奖获得者、美国加州大学克莱夫·W.J.格兰杰(Clive W. J. Granger)教授来校作"经济预测的前景"报告。

同年10月14日,林肯土地政策研究院主席兼执行总裁、世界银行前评估局局长、哈佛大学经济学博士、教授格里高利·英格拉姆(Gregory Ingram)来校作"世界其他地区城市发展的一般规律及其对中国城市发展的启示"报告。

同年10月31日,中共中央党校著名历史学家、国务院学科评议组成员许全兴教授来校作"人的自由、全面发展的新思考"报告。

2006年3月23日,北京大学光华管理学院张维迎教授来校作"创新、发展与和谐"报告。

同年6月2日,中华人民共和国保险法起草委员会副主任王恩韶教授来校作"中国再保险事业的发展与再保险监管"报告。

同年6月21日,上海市政府发展研究中心主任周振华研究员来校作"上海市社会热点问题探讨"报告。

同年7月2日,1996年诺贝尔经济学奖获得者詹姆士·莫里斯(James Mirrlees)教授来校作"中国经济和谐发展:效率、公平与法治"研讨会专题发言。

2007年6月19日,国家体育总局政策法规司司长梁晓龙来校作"体育产业热点问题研究"报告。

同年6月22日,教育部语言文字信息管理司司长李宇明教授来校作"构建和谐语言生活"报告。

同年9月28日,全国社会保障基金理事会理事长项怀诚来校作"中国财税改革回顾"报告。

同年10月31日,世界银行高等教育处首席专家杰弥尔·萨尔米博士来校作"创建知识社会:高等教育面临的新挑战"报告。

同年11月6日,全国政协常委、经济委员会主任刘仲藜来校作"财政、金融热点问题谈"报告。

同年11月8日,北京大学中国经济研究中心林毅夫教授来校作"寻找经济发展的终极可变决定因素"报告。

同年11月10日,诺贝尔经济学奖获得者、英国剑桥大学政治经济学教授詹姆士·莫里斯(James Mirrlees)来校作"公共经济中的道德风险问题"报告。

同年12月29日,国家图书馆馆长、党委书记詹福瑞教授来校作"中国古代文学的特质与文学的自觉"报告。

2008年1月9日,美国卡耐基梅隆大学顾朝阳教授来学校作"原因还是结果:股票增发前后的盈余管理"(Causes or Consequences? Earnings Management around Seasoned Equity Offerings)报告。

同年3月6日,法国马恩河谷大学经济学教授让·克罗德·迪劳内来校作"中国与全球化:一个转折点?"报告。

同年5月13日,中国社会科学院特邀顾问王洛林教授来校作"改革开放与可持续发展"报告。

同年6月6日,著名财经作家、北京大学案例研究中心中国企业史研究室主任吴晓波来校作"激荡三十年:中国企业的30年成长历程"报告。

同年12月18日,英国伦敦政治经济学院安德里亚·普莱特(Andrea Prat)教授来校作"公司与经理的匹配"报告。

2009年2月25日,上海市第一中级人民法院院长潘福仁来校作"民事案件中当事人心理研究"报告。

同年5月19日,新华都集团总裁兼CEO、微软(中国)公司终身荣誉总裁唐骏来校作"金融危机下的职业规划"报告。

同年6月20日,国资委经济研究中心党委书记李保民来校作"应对金融危机下的企业改革发展"报告。

同年10月21日,申银万国证券股份有限公司党委书记、总裁冯国荣博士来校作"中国证券业的过去、现在与未来"报告。

同年10月23日,上海市长宁区人民法院院长、高级法官邹碧华来校作"审判思路与证据规则"报告。

同年12月18日,中共上海市金山区委书记杨建荣教授来校作"金山区及杭州湾北部新一轮发展战略构想"报告。

2010年1月4日,原美国联邦教育部副部长、时任美国劳工部美西总长张曼君女士来校作"美国的教育结构和西方的教育理念"报告。

同年5月31日,国际著名经济学家、美国斯坦福大学麦金农教授来校作"全球金融信誉危机和中国汇率"报告。

同年6月11日,中国社会科学院学部委员靳辉明教授来校作"我国当前主要社会思潮剖析"报告。

同年10月12日,全国教书育人楷模、我国著名语文特级教师、杨浦区高级中学名誉校长于漪来校作"在教学科研中坚持职业精神与职业道德"报告。

同年12月17日,日本一桥大学大学副校长田近荣治教授来校作"日本地方财政制度的变迁与改革"报告。

2011年3月17日,皖北煤电集团公司董事长葛家德来校作"皖北煤电精细化管理"报告。

同年4月1日,中共上海市杨浦区委书记陈寅来校作"三区联动,创新驱动——杨浦转型发展道路的实践与思考"报告。

同年4月20日,教育部社科司副司长徐维凡教授来校作"思想政治理论课改革与创新"报告。

同年5月20日,中国国际金融有限公司董事总经理贝多广来校作"资本市场趋势与经济改革方向"报告。

同年8月28日,国民经济研究所所长樊纲来校作"美欧债务危机与中国经济发展"报告。

同年10月21日,国家统计局副局长许宪春来校作"国民经济核算与经济分析"报告。

同年11月4日,胡润百富总裁胡润来校作"从百富榜看成功者的经营之道"报告。

同年12月11日,中国文化软实力研究中心主任张国祚教授来校作"文化自觉的几个理论问题"报告。

2012年5月8日,亚洲开发银行首席经济学家万广华来校作"中国经济面临的挑战与中国城市化道路"报告。

同年9月25日,光明集团副总裁葛俊杰来校作"中国企业国际化"报告。

同年11月5日,海通证券股份有限公司李迅雷来校作"中国经济:下一轮增长靠什么"报告。

同年11月10日,国际会计准则理事会张为国教授来校作"国际会计准则的动向及对策"报告。

同年11月23日,中国商飞上海飞机制造有限公司党委书记肖云来校作"中国大飞机产业的现状和未来"报告。

2013年3月12日,英格兰及威尔士特许会计师协会会长马克·斯波福斯(Mark Spofforth)来校作"成功的职业会计师的必备技能及其职业可持续发展"(Essential Skills for a Successful Professional Accountant and the Continuous Professional Development)报告。

同年4月9日,摩根士丹利华鑫证券首席策略官兼资本市场部总经理娄刚来校作"大道至简:建立正确的投资理念"报告。

同年5月13日,中国社会科学院哲学研究所李景源研究员来校作"中国梦的哲学思考"报告。

同年10月29日,2011年诺贝尔经济学奖获得者克里斯托弗·A.西姆斯(Christopher A. Sims)教授来校作"金融压力测试与宏观变量相互作用模型"(Modeling the Interaction of Financial

Stress Measures with Macro Variables)报告。

同年11月8日,国家税务总局收入规划核算司司长杨元伟来校作"税收制度和政策效应的经济学分析"报告。

同年11月9日,德国安联集团中国区总裁陈良来校作"后危机时期的中外保险业的机遇与挑战"报告。

2014年3月26日,住房与城乡建设部住房改革与发展司司长倪虹来校作"中国住房制度改革与新型城镇化"报告。

同年4月25日,上海报业集团总经理高韵斐来校作"新媒体环境下中国报业集团战略转型"报告。

同年6月18日,国际货币基金组织秘书长林建海来校作"变化中的全球经济版图:挑战与机遇"报告。

同年9月29日,北京大学国家发展研究院荣誉院长林毅夫来校作"新结构经济学与产业政策"报告。

同年10月28日,美国《科学与社会》(Science & Society)(SSCI)主编大卫·莱伯曼来校作"经济学背后的政治经济"(Political Economy after Economics)报告。

同年11月1日,亚洲开发银行首席经济学家、美国哥伦比亚大学金融学教授魏尚进来校作"亚洲经济展望"报告。

2015年3月29日,上海市人民政府发展研究中心主任肖林来校作"上海自贸区发展的现状和展望"报告。

同年3月31日,麻省理工学院教授迪米特里·伯特希卡斯(Dimitri P. Bertsekas)来校作"凸优化:理论与算法"(Convex Optimization: Theory and Algorithms)报告。

同年9月22日,上海申迪(集团)有限公司副总裁程放来校作"上海迪士尼项目和国际旅游度假区"报告。

同年11月19日,2000年诺贝尔经济学奖获得者詹姆士·赫克曼(James Heckman)教授来校作"教育对收入和健康的影响"报告。

同年12月2日,西部证券股份有限公司投资银行总部总经理张亮来校作"创业与风险投资"报告。

同年12月9日,财政部会计司司长舒惠好来校作"会计改革与发展问题"报告。

2016年3月17日,中南财经政法大学原校长、中国法学会知识产权研究会名誉会长吴汉东来校作"企业知识产权战略选择与资本运营"报告。

同年4月19日,伦敦玛丽女王大学商科管理学院原院长、英国学术评估委员会委员马丁·拉芬(Martin Laffin)来校作"比较视野中的政府紧缩政策(英国、德国与荷兰)"[Interngovernmental Politics of Austerity in Comparative Perspective (England, Germany and Netherlands)]报告。

同年5月23日,美国耶鲁大学中国中心执行主任罗伯特·威廉姆斯(Robert Williams)来校作"法与中美关系:一个美国人的视角"(Law and China-U.S Relations: An American Perspective)报告。

同年11月29日,中国工程院院士李建刚来校作"磁约束聚变——人类未来理想的战略能源"报告。

同年12月13日,澳大利亚罗伯茨·格雷律师事务所执行主任里斯·罗伯茨(Rhys Roberts)和首席公司事务顾问里斯·沃森(Rhys Watson)来校作"如何学习和实践习惯法"(How to Learn and Practice Common Law)报告。

## 第三节 出版学术刊物[①]

为促进学术交流,学校先后主办了《财经研究》(1956年)、《外国经济与管理》(1979年)和《上海财经大学学报》(1999年),现由学术期刊社统一管理;于1983年创办了《财经高教研究》,由高等教育研究所编辑出版。此外,学校还于2003年创办《海派经济学》季刊,于2011年起编辑出版 Frontiers of Economics in China 全英文学术季刊。

### 一、《财经研究》

（一）沿革

《财经研究》为中华人民共和国教育部主管、上海财经大学主办、面向国内外公开发行的经济类核心学术期刊,月刊。设公共经济与管理、经济史·经济思想史研究、金融研究、财务与会计研究、区域经济研究、产业经济研究、国际经济研究、中国经济论坛、海外归来等栏目。

《财经研究》由上海财经学院于1956年9月创办,季刊,16开64页。1958年因学院与其他单位合并组建上海社科院而停刊,其间共出刊17期。1978年底上海财经学院复校,《财经研究》于1980年1月复刊,季刊,16开88页,院长姚耐题写刊名,主管部门为中华人民共和国财政部,主办单位为上海财经学院。1982年改为双月刊,16开80页。1985年上海财经学院更名为上海财经大学,1986年《财经研究》改为月刊,16开64页。2000年,因高校管理体制改革,上海财经大学划归教育部,《财经研究》的主管部门变更为教育部。2002年《财经研究》改版为大16开,80页。2004年扩版为16开,144页。2014年改版为大16开,144页。

《财经研究》复刊以后,着重研究和阐述中国改革开放和现代化建设的重大理论和实践问题,积极探索有中国特色的社会主义经济发展规律,重视经济学的基础理论研究,注重吸收和借鉴西方经济理论和实践中的有益成果,以为中国改革开放以及宏观经济决策服务为宗旨,以追求不断提高学术质量为办刊方针。

80年代至今,《财经研究》编辑部一直是中国高校文科学报学会(后更名为全国高等学校文科学报研究会)的会员单位和上海市高校学报研究会的会员单位。自1990年起,编辑部主任先后担任全国高等学校文科学报研究会常务理事和全国高等学校文科学报研究会财经高校联络中心主任。

1956年9月《财经研究》创刊时,由校财经研究编辑委员会编辑出版。1980年《财经研究》复刊,院长姚耐任主编,编辑部由科研处管理。《财经研究》编辑部1984年12月从科研处独立出来,成为处级部门,副校长叶孝理任主编,裘逸娟任副主编(兼《财经研究》编辑部主任)。1992年7月,副校长谈敏任主编。1998年1月,刘志远任副主编(时任《财经研究》编辑部主任,1999年8月任学术期刊编辑部主任)。2004年2月,张桁任副主编(兼学术期刊编辑部主任)。2014年1月,校长樊

---

① 本节主要介绍学校目前主办和公开出版的学术刊物,学校历史上出版的学术刊物,请参见第十一篇第二章第一节相关内容。

丽明任主编,陆蓉任副主编(兼期刊社社长)。具体沿革情况见表9-14。

表9-14 《财经研究》沿革

| 时间 | 主编 | 职务 | 副主编 | 职务 | 刊期 | 开本 | 页数 | 备注 |
|---|---|---|---|---|---|---|---|---|
| 1956年9月 | | | | | 季刊 | 16开 | 64 | 出刊17期 |
| 1959—1979年 | | | | | | | | 停刊 |
| 1980年1月 | 姚耐 | 院长 | | | 季刊 | 16开 | 88 | 复刊 |
| 1982年 | | | | | 双月刊 | 16开 | 80 | |
| 1984年12月 | 叶孝理 | 副校长 | 裘逸娟 | 《财经研究》编辑部主任 | | | | |
| 1986年 | | | | | 月刊 | 16开 | 64 | |
| 1992年7月 | 谈敏 | 副校长(校长) | | | | | | |
| 1998年1月 | | | 刘志远 | 《财经研究》编辑部主任,1999年8月起任学术期刊编辑部主任 | | | | |
| 2002年 | | | | | | 大16开 | 80 | |
| 2004年2月 | | | 张桁 | 学术期刊编辑部主任 | | 16开 | 144 | |
| 2014年1月 | 樊丽明 | 校长 | 陆蓉 | 学术期刊编辑部主任(期刊社社长) | | 大16开 | 144 | |

(二)编审制度

1980年复刊后,《财经研究》编辑部坚持"三审一会"制度:三审是指编辑初审、室主任复审、主编终审;一会是指定稿会,在定稿会上对每期稿件进行最后审定。每年年终,编辑部根据经济研究的重大理论与实践问题确定第二年的选题。逐步制订和完善来稿登记制度、校对制度及档案制度,以及编辑人员工作考核制度和奖罚条例等。

2003年《财经研究》在扩大双向匿名评审的范围和覆盖全国的匿名评审专家库的基础上逐渐完善双向匿名评审制度。2005年实行栏目责任编辑制度。

(三)获奖与影响

《财经研究》为高校主办期刊中的经济学龙头期刊,多次在全国和上海市获奖。1990年被评为上海市优秀学报;1994年获中共上海市委宣传部和上海新闻出版局颁发的首届华东地区优秀期刊提名奖;1997年获华东地区优秀报刊评审委员会颁发的华东地区第二届优秀期刊奖;1998年获中国人文社科学报学会颁发的第一届全国百强学报;2000年被评为首届全国优秀经济期刊;2001年被国家新闻总署确定为"中国期刊方阵"的"双效"期刊;2002年获中国人文社科学报学会颁发的第二届全国"双十佳"学报;2006年获中国人文社科学报学会颁发的第三届全国"三十佳"学报;2009年获第四届华东地区优秀期刊奖、上海市最佳学报;2012年获国家社科基金学术期刊资助;2014年"公共经济与管理"栏目入选教育部名栏建设工程,在第五届全国高校社科期刊评优中获"全国高校精品社科期刊";2015年入选国家新闻出版广电总局评选的"百强报刊",获上海市高校学报研究会颁发的上海市学报名刊;2012—2016年获"中国知网"评选的中国国际影响力优秀学术期刊;2016年入选上海市文教结合"高水平高校学术期刊计划"。具体情况见表9-15。

表9-15 《财经研究》获奖情况

| 时 间 | 奖 项 | 颁 奖 单 位 |
| --- | --- | --- |
| 1990 | 上海市优秀学报 | — |
| 1994 | 首届华东地区优秀期刊提名奖 | 中共上海市委宣传部和上海新闻出版局 |
| 1997 | 华东地区第二届优秀期刊奖 | 华东地区优秀报刊评审委员会 |
| 1998 | 第一届全国百强学报 | 中国人文社科学报学会 |
| 2000 | 首届全国优秀经济期刊 | — |
| 2001 | "中国期刊方阵"的"双效"期刊 | 国家新闻总署 |
| 2002 | 第二届全国"双十佳"学报 | 中国人文社科学报学会 |
| 2006 | 第三届全国"三十佳"学报 | 中国人文社科学报学会 |
| 2009 | 第四届华东地区优秀期刊奖 | — |
| | 上海市最佳学报 | |
| 2012 | 国家社科基金资助学术期刊 | 全国哲学社会科学规划办 |
| 2014 | 教育部第三批名栏建设工程 | 教育部 |
| | 全国高校精品社科期刊 | — |
| 2015 | 百强报刊 | 国家新闻出版广电总局 |
| | 上海市学报名刊 | 上海市高校学报研究会 |

《财经研究》所刊文章影响力逐年提高。据南京大学中国社会科学研究评价中心统计,《财经研究》2003年在CSSCI的影响因子为0.4068,在全国高校学报中排名第一,在经济学类刊物中排名第十三;2014年,入选中国社科院中国社会科学评价中心"《中国人文社会科学期刊评价报告(2014)年》'经济学'核心期刊",在高校经济学期刊中排名第一。2015—2016年,在"中国知网"《中国学术期刊影响因子年报(人文社会科学)》中位列"综合性经济科学"全国第一。《财经研究》所刊论文的转载率也较高,2015年共被转载文章18篇,在全国高校经济类期刊中排名第一。

《财经研究》注重信息化技术和新媒体传播。2009年启用采编系统进行网上投审稿;2015年8月开通网站HTML全文阅读功能;2015年11月开通微信公众号"财经研究";2016年6月开通微信全文阅读功能;2017年期刊采用XML数字化排版。

## 二、《外国经济与管理》

《外国经济与管理》是中华人民共和国教育部主管、上海财经大学主办、面向国内外公开发行的管理类核心期刊,月刊。设创业研究、创新研究、人力资源管理、营销、战略管理、公司治理、公司财务、跨国经营、东方管理等栏目。

## (一) 沿革

《外国经济与管理》创刊于1979年1月。1978年上海财经学院复校,根据党的十一届三中全会精神和"洋为中用"的原则,于1979年1月15日创办月刊《外国经济参考资料》(后更名为《外国经济与管理》)。《外国经济参考资料》前4期为油印,从第5期(48页)起采用铅印,从第6期开始每期固定为40页。1980年《外国经济参考资料》正式成为有刊号的内部刊物,定位是为中国财经高教和科研提供国外最新的经济管理信息。从1984年第1期起,《外国经济参考资料》更名为《外国经济与管理》,由学校财政经济研究所负责编辑出版,研究所所长金慰祖担任主编兼编辑部(室)主任。《外国经济与管理》开始设立栏目,并刊发非翻译文章,主要栏目有经济理论、经营管理、国际贸易、国际金融、营销、财政税收、会计、统计。

1985年第1期起,《外国经济与管理》正式向国内公开发行,扩版为48页,刊名由学院原副院长郭森麒书写。发行量迅速上升,最多时超过10 000册。1987年9月获国内统一刊号CN31-1063;自1988年第1期起,向国内外公开发行。

1993年4月,《外国经济与管理》由副校长谈敏任主编。1994年7月,由校财政经济研究所所长孙海鸣任副主编,《外国经济与管理》定位向学术性转变,由普及型专业期刊转变为学术信息性专业期刊。1999年9月,《外国经济与管理》纳入校学术期刊编辑部(2016年更名为期刊社)统一管理,2005年起扩版为64页,研究型特色更加鲜明,偏重于学术信息分析、研究和综述,着重评介外国经济与管理的前沿研究成果。2010年1月起,由副校长丛树海任副主编,2012年扩版为80页。

2014年1月,《外国经济与管理》由校长樊丽明任主编,副校长蒋传海任副主编。在保持期刊原有风格和特色的前提下,稳步推进期刊向原创理论研究方向发展。2015年第3期起扩版为96页,2016年第1期起扩版为112页,2016年第10期起扩版为128页。具体情况见表9-16。

表9-16 《外国经济与管理》沿革

| 时间 | 主编 | 职务 | 副主编 | 职务 | 刊期 | 页数 | 备注 |
| --- | --- | --- | --- | --- | --- | --- | --- |
| 1979年1月15日 | | | | | 月刊 | 40 | 原名《外国经济参考资料》 |
| 1984年1月 | 金慰祖 | 财政经济研究所所长(兼编辑部主任) | | | | | 更名为《外国经济与管理》 |
| 1985年1月 | | | | | | 48 | 国内公开发行 |
| 1987年9月 | | | | | | | 获国内统一刊号 |
| 1988年1月 | | | | | | | 国内外公开发行 |
| 1993年4月 | 谈敏 | 副校长(校长) | | | | | |
| 1994年7月 | | | 孙海鸣 | 财政经济研究所所长 | | | 向学术性转变 |
| 2005年 | | | | | | 64 | 偏重于学术信息分析、研究和综述 |
| 2010年1月 | | | 丛树海 | 副校长 | | | |
| 2012年 | | | | | | 80 | |

（续表）

| 时间 | 主编 | 职务 | 副主编 | 职务 | 刊期 | 页数 | 备注 |
|---|---|---|---|---|---|---|---|
| 2014年1月 | 樊丽明 | 校长 | 蒋传海 | 副校长 | | | 向原创理论研究方向发展 |
| 2015年3月 | | | | | | 96 | |
| 2016年1月 | | | | | | 112 | |
| 2016年10月 | | | | | | 128 | |

（二）编审制度

《外国经济与管理》实行"三审三校"制度（即编辑初审、编辑部主任复审和主编终审，下同）。2012年以后，期刊全面实行匿名审稿。2013年底起，在"中国（上海）自贸区研究""公司治理"栏目实行"栏目主持人"制度。2016年第7期起，"东方管理"栏目实行"双外审"和栏目编委会制度。

（三）获奖与影响

进入21世纪以来，《外国经济与管理》的学术影响不断扩大。影响因子在CSSCI管理类收录期刊中始终名列前十。2012年、2013年入选"中国国际影响力优秀学术期刊"；2014年入选"全国高校百强社科期刊"；2016年入选中国管理现代化研究会期刊工作委员会副理事长单位。

《外国经济与管理》在全国"管理学"期刊中人大复印报刊资料全文转载率和综合指数2009—2016年连续八年排名全国第一。《新华文摘》《中国社会科学文摘》《人大复印报告资料》《高等学校文科学术文摘》等二次文献转载的转载率常年在40%左右。

2009年5月，在上海市新闻出版局举行的"迎世博600天行动计划——期刊编校质量检查"中荣获零差错佳绩（全市唯一一本获得零差错的社科期刊）。在上海市新闻出版局组织的编校质量检查中，多年获期刊编校质量优秀奖。

《外国经济与管理》是国内开设"创业研究"栏目最早的期刊，该栏目于2010年被全国高校学报研究会评为"特色栏目"。据南开大学创业管理研究中心2011年的统计，该栏目刊文数量占全国管理学期刊同一研究领域论文的1/3。《外国经济与管理》注重刊发国家自然科学基金和国家社会科学基金项目成果，是刊发基金成果最多的管理学期刊之一，相关前沿成果推动了我国管理学科的知识创新。

《外国经济与管理》不断推进期刊数字化、网络化、国际化建设。2009年启用采编系统进行网上投审稿；2015年3月创设网络学术沙龙等网络投审稿和学术报告新方式；2015年第5期纸刊上开始印制二维码，与视频等新媒体方式对接；2015年8月开通网站HTML全文阅读功能；2015年第9期起，开始采用XML数字化排版；2015年11月开通微信公众号"外国经济与管理"；2016年6月开通微信全文阅读功能。

## 三、《上海财经大学学报》

《上海财经大学学报》是中华人民共和国教育部主管、上海财经大学主办、面向国内外公开发行的综合类学术期刊，双月刊。设人文经济、经济史学、经济哲学、经济法学、经济社会、经济管理等栏目。

### （一）沿革

《上海财经大学学报》创刊于1999年10月，校长谈敏任主编，副校长丛树海任副主编，由财政部主管，国内刊号为CN-5005/F。2000年，《上海财经大学学报》随学校改由教育部主管，国内刊号变更为CN31-1817/C。2014年1月，校长樊丽明任主编，副校长蒋传海任副主编。2004年2月，《上海财经大学学报》由64页扩版为80页，2006年2月扩版为96页，2014年2月扩版为112页，2016年2月扩版为128页。具体情况见表9-17。

表9-17 《上海财经大学学报》沿革

| 时间 | 主编 | 职务 | 副主编 | 职务 | 刊期 | 页数 | 备注 |
|---|---|---|---|---|---|---|---|
| 1999年10月 | 谈敏 | 校长 | 丛树海 | 副校长 | 双月刊 | 64 | 刊号为CN-5005/F |
| 2000年 | | | | | | | 刊号变更为CN31-1817/C |
| 2004年2月 | | | | | | 80 | |
| 2006年2月 | | | | | | 96 | |
| 2014年1月 | 樊丽明 | 校长 | 蒋传海 | 副校长 | | | |
| 2014年2月 | | | | | | 112 | |
| 2016年2月 | | | | | | 128 | |

《上海财经大学学报》致力于多学科、跨学科的综合研究特色，充分体现经、管、文、法兼容的综合性学术研究特点，全面反映综合社会学科的科研成果。既鼓励经济学、管理学的研究，也探讨与经济学相交叉的哲学、法学、史学等交叉学科问题，形成了独特的经济哲学、人文经济、经济社会、经济管理、经济史学、经济法学等栏目。

### （二）编审制度

《上海财经大学学报》编辑部制定了编辑岗位责任制、编辑工作流程、编辑人员工作量年度考核奖惩条例等规章制度，严格按照编辑制度和编审程序来规范编辑出版工作。在编审流程上，采用"三审三校制"。2000年起部分稿件实行专家匿名评审，2014年以后全面实行专家匿名评审制度，重点栏目实行"栏目主持人"制度。

### （三）获奖与影响

《上海财经大学学报》为全国高等学校文科学报研究会及上海市高校文科学报研究会理事单位。2002年8月被中国人文社科学报研究会评为第二届全国"优秀社科学报"。2003年、2005年和2013年，在上海市高等学校学报评优活动中被评为"上海市最佳学报"。2003年7月，获中国学术期刊编辑委员会颁发的"统计刊源证书"（CAJCED）。2006年成为中国社会科学研究评价中心的中国人文社会科学引文数据库（CSSCI）来源期刊。2006年4月，被中国人文社科学报研究会评为第三届全国"百强社科学报"。2008年被中国社会科学院文献计量与科学评价中心评为"中国人文社会科学核心期刊"。在中国人文社会科学引文数据库（CSSCI）来源期刊中，2010—2011年名列高校综合性社科学报第 7 位,2012—2013 年名列经济类期刊第 27 位,2014—2015 年名列经济类期刊第 29 位,2016—2017 年名列经济类高校学报第 6 位。在中国学术期刊影响因子年报(中国知网)中,2016 年影响因子在"综合性经济科学"学科排序为 22/96。

《上海财经大学学报》注重信息化技术和新媒体传播。2009 年启用采编系统进行网上投审稿;2015 年 8 月开通网站 HTML 全文阅读功能;2015 年 11 月开通微信公众号"上海财经大学学报",2016 年 6 月实现微信全文阅读;2015 年期刊采用 XML 数字化排版。

### 四、《财经高教研究》

详见本篇第一章第一节。

### 五、《海派经济学》

《海派经济学》创办于 2003 年,由著名经济学家、马克思主义学院特聘教授程恩富担任主编,经济学家顾海良、裴长洪、林岗担任学术委员会主任,国内外数十名知名教授担任学术委员。每年的 3 月、6 月、9 月和 12 月出版。《海派经济学》每期约 20 万字,10 多年来文章总量已经达到了 900 余篇,约 900 多万字,是国内连续、定期出版的学术集刊中最为规范、历史最长的经济学集刊。作为国内第一家学派性的经济刊物,主要发表经济学各学科的论文、译文、书评、综述以及经济学家介绍和学术访谈,对争鸣文章尤其欢迎。自办刊以来,推动了具有中国特色的社会主义经济学和"后马克思经济学综合学派"的发展,已日益成为国内最有影响的经济学刊物之一,并在国际上产生了一定的影响。由于其丰富的理论和参考价值,《海派经济学》已于 2012 年成为中国社会科学引文索引(CSSCI)的来源集刊,并以经济学科排名第三的成绩继续被列为 2014—2015 年度 CSSCI 来源集刊,同时被中国学术文献网络出版总库全文收录,为中外研究理论经济学和经济发展的各界人士源源不断地提供和展现最前沿的学术话题与创新理论。

### 六、*Frontiers of Economics in China*

*Frontiers of Economics in China* 英文简称为 FEC,中文名称为《中国经济学前沿》,创刊于 2006 年,隶属于教育部发起并主管的"中国前沿"系列英文期刊,是由高等教育出版社和上海财经大学合作编辑出版的全英文学术季刊。2011 年 *Frontiers of Economics in China* 编辑部迁至学校,并组建编辑团队,田国强担任主编,文贯中担任执行主编,艾春荣、陈智琦、黄晓东、王能担任共同主编。组建了包括诺贝尔经济学奖获得者、中央部委正部级领导及邹至庄、吴敬琏等资深海内外著名经济学家在内的顾委会,以及包括钱颖一、陈晓红、陈志武、方汉明、谭国富、魏尚进等数十位著名华人经济学家在内的编委会。2012 年 6 月被正式列入上海财经大学常任轨期刊目录国际三类期刊。2013 年 9 月,共同主编陈智绮接替文贯中担任执行主编,文贯中任共同主编;从第 8 卷第 4 期开始调整为经济学各个方向的理论性、实证性论文,特别是与中国经济及其他转型经济相关论文。2015 年以来,最近 3 年已刊发稿件通过高教社网站免费全文开放,该刊稿件的检索和下载量迅速增加。根据高教社网站后台统计数据,2015 年 11 月至 2016 年 10 月期间全文下载量达 10 788 次,摘要浏览数达 23 070 次。

FEC 实行双向匿名审稿制度,在编辑制度上则向国际顶尖经济学刊物 *Econometrica* 看齐,采用主编/共同主编制度。期刊以印刷版和电子网络版在国际国内同步发行,投稿作者覆盖亚洲、北美、欧洲、澳大利亚、非洲等二十多个国家/地区,已刊发稿件来源地国际国内占比约为 1∶1,绝大多数为原创英文稿件。

创刊以来,该刊已被国际上多个数据库收录:Academic OneFile,CAB Abstracts,CAB International,Cabell's Directories,EconLit,E-JEL,Emerging Sources Citation Index (ESCI),Gale,Google,OCLC,Research Papers in Economics (RePEc),SCOPUS,Summon by Serials Solutions。2014、2015 连续两年获评"中国国际影响力优秀学术期刊";2016 年 11 月获评"2016 中国最具国际影响力学术期刊",根据《中国学术期刊国际影响力报告》,FEC 的国际他引影响因子从 2015 年公布的 0.133 跃升至 2016 年的 0.274,国际他引总被引次数从 42 上升到 61。2017 年 1 月经专家评审并报全国哲学社会科学规划领导小组批准,*Frontiers of Economics in China* 期刊获国家社科基金中华学术外译项目资助,资助期为 3 年(2016—2018 年)。

# 第四章 科 研 管 理

## 第一节 管理制度和方法

1980年4月上海财经学院学术委员会成立以后,规划和领导全院的科研工作。学院设立科研处作为管理科研工作的职能部门,同时也是学院学术委员会的日常办事机构。

80年代,学校陆续制定和发布了一系列有关科学研究的规章制度,如1980年3月制定的《上海财经学院学术委员会暂行条例》、1983年9月制定的《上海财经学院科研成果优秀奖试行办法》等。"七五"期间(1986—1990年),学校制定了《科研经费管理暂行条例》,以保证校、系二级科研活动的正常开展;《校科研项目资助申请和管理试行办法》,保证在有限的科研经费条件下,使重点科研项目得以优先落实;《关于教材、专著资助出版暂行办法》,既保证教材质量,又解决出书难的问题;《关于引进校外科研项目经费管理条例》,鼓励教师多承接社会各级各类科研项目;《中青年科研奖励基金管理办法》,鼓励中青年多开展科研,为学术梯队的新老交替创造条件。

90年代后期,学校以制度创新为抓手,在科研管理方面出台了一系列新的制度,其中较为重要的有:《上海财经大学科研工作量管理规定》(1997年12月),不仅规定了学校教师每年所应完成的科研工作量,还对其科研成果的"质"提出了相应规定;《上海财经大学"预研究"工作管理条例》(1997年7月),该制度主要是由学校前期投入一笔资金,组织校内教师对一些学科前沿问题以及国家重大财经理论和实践问题进行预研究,经过2—3年的积累,为承接国家级重大课题和产出重大研究成果提供基础;《优秀科研成果奖励暂行条例》(1997年12月),鼓励教师提高研究质量,产出学术精品;《关于加强科研机构管理的暂行办法》(1997年6月),为学校的科研机构从无序走向有序提供了保证。1999年制定的《上海财经大学科研行为道德规范》,对于规范科研行为,营造健康的学术风气具有促进作用。

"十五"期间,学校共新增科研管理条例4项:《上海财经大学科研项目管理办法》(2003年11月)、《上海财经大学科研项目经费管理办法》(2003年11月)、《上海财经大学校级重点研究基地管理办法及实施细则》(2003年11月)、《上海财经大学学术会议基金管理办法》(2003年11月);修订科研管理条例5项:《上海财经大学科研行为道德规范》、《上海财经大学科研工作量管理规定》、《上海财经大学优秀科研成果奖励暂行条例》、《上海财经大学横向课题管理办法》、《上海财经大学学术专著出版资助实施办法》。其中《上海财经大学科研工作量管理规定》(2004年12月)的修订和《上海财经大学核心期刊目录》(2004年12月)的调整,规定了以质量标准为科研考核的重点,实现科研考核成果评价体系从"数量型"向"质量型"转变,引导广大教师进行潜心研究,多出精品力作。

为了规范科研行为,为进一步发展和繁荣学校的科学研究事业,保持"勤奋、严谨、求实、创新"的优良学风,维护学术道德,严明学术纪律,规范学术行为,引导全校教研人员树立正确的科学研究学术规范,提高学术自律意识,2005年6月学校制定了新的《上海财经大学学术行为规范管理规定》,规定了科学研究的基本规范,对各种学术失范行为加以严格界定,对学术失范行为的处理和惩戒公正适度,具有可操作性。

"十一五"时期,学校大力加强制度创新,以提高质量为导向改革科研评价和激励机制。学校制定了8项科研管理条例,对10余项科研管理条例做了修订,并调整了学校的核心期刊目录,主要包括四个方面:一是以质量为标准,对高质量科研成果给予更高的评价和奖励,以调动教研人员加强科研创新、产出高质量科研成果的积极性,这方面的制度建设有《上海财经大学国家级科研项目经费配套管理办法》《关于资助在〈中国社会科学〉〈经济研究〉刊物发表论文作者后续研究的试行办法》等的制定,以及《上海财经大学科研工作量管理规定》和《上海财经大学优秀科研成果奖励办法》等的修订。二是采用主流评价体系,完善和健全符合学校特点的科研评价体系,这方面的制度建设有修订学校核心期刊目录、采用SSCI/SCI/EI刊物体系并制定符合学校特点的分类和奖励制度,制定了《上海财经大学优秀科研成果奖励条例补充规定》《上海财经大学SSCI期刊目录分类暂行规定》等。三是进一步健全学校科研项目的管理规章制度体系,如新制定了《上海财经大学院系自主设立科研项目管理办法》、《上海财经大学基本科研业务费管理办法(试行)》等。四是进一步加强学术规范制度建设,建立健全科研健康发展的约束机制,如修订了《上海财经大学学术行为规范及管理规定(试行)》。

"十二五"期间,学校充分发挥科研评价对推动科研管理创新、优化科研资源配置、引导师生科研行为的重要作用,深入推进科研评价激励机制改革,着力提升研究质量和创新能力,营造良好学术氛围,促进学校科研工作健康快速发展。学校新制定或修订了《上海财经大学学术行为规范及管理规定》、《上海财经大学科研保密工作管理办法(试行)》《上海财经大学学术成果认定办法》、《上海财经大学年度重要科研成果奖励办法》《上海财经大学"政治学"等国际期刊分类目录》《上海财经大学权威期刊A增补目录》《上海财经大学权威期刊B增补(调整)目录》《上海财经大学学术奖评选奖励办法(修订)》《上海财经大学科研经费管理办法》《上海财经大学科研项目管理办法》等科研管理制度近20余项,同时还颁布了《上海财经大学提升科研创新能力实施意见》和《上海财经大学推进新型智库建设的实施意见》两份科研纲领性文件,为学校科研事业的健康快速发展提供了良好的制度保障。

"十二五"至今,学校所构建的科研管理制度体系,涵盖了学术行为、学术评价、学术激励、学术治理等科研工作的各个方面,进一步强化了质量导向,同时建立健全了分类评价标准,构建了年度重要科研成果奖、中振科研基金优秀成果奖、学术奖三大科研评奖和奖励系列,引导鼓励教师多出高质量学术研究成果。这一系列科研规章制度的制定和实施,标志学校经过多年努力的"高质量、多元化"导向的科研管理制度体系初步构建完成。

学校是上海市最早实施网上申报课题的高校之一。教师在申报课题时,通过校园网提供课题申请书的下载,科研资料的网上查询等,获得了较大的便利。学校从全校和院系两个层面"点面结合"地深入开展申报辅导和动员,邀请专家或具有丰富经验的教师作辅导报告,并努力拓展申报学科面,调整申报项目结构,鼓励科研人员跨学科申报,同时加强申请书的形式审查和填写辅导工作,探索召开项目预审会议完善申请书论证质量。通过这些项目申报组织工作创新,有力提高了学校项目的申报质量,提高了项目立项率。在项目研究过程中,完善项目的"过程管理",对重大项目进行跟踪管理服务,有关项目管理的新办法及时通知到课题负责人,以保证课题的按时保质完成。高质量的管理和服务为学校广大教师出"精品力作"提供了良好保障。

## 第二节 科 研 经 费

学校的科研经费与学校的科研工作有着紧密的正相关关系,随着科研的发展,学校对科研工作投入的经费和引进的各类科研经费也随之不断增长。科研经费"八五"时期(1991—1995年)为500万元,"九五"时期(1996—2000年)增长到1 820万元,"十五"时期(2001—2005年)为5 904万元,"十一五"时期(2006—2010年)达到1.2亿元,"十二五"时期(2011—2015年)为1.5亿元。

在科研经费的管理和使用过程中,学校根据财政部、教育部等部门的要求,将科研经费纳入学校财务部门统一管理、集中核算,并确保科研经费专款专用,保证了学校各项科研工作的顺利实施。同时,科研经费管理部门不断提高经费管理水平,优化管理程序,提高工作效率,为广大教研人员提供优质的科研经费管理和报销服务。

在科研经费管理的制度建设方面。学校先后制定了《科研经费管理暂行条例》、《关于引进校外科研项目经费管理条例》、《上海财经大学科研项目经费管理办法》等管理条例,建立起较为完善的校内经费管理制度,对各类课题特别是横向课题经费的管理和使用做了明确的规定。

2016年学校认真贯彻落实中共中央办公厅、国务院办公厅《关于进一步完善中央财政科研项目资金管理等政策的若干意见》(中办发〔2016〕50号),制定了《上海财经大学科研经费管理办法(试行)》。该办法对科研经费的预算编制、间接费使用、劳务费使用、结余结转经费使用、横向课题经费管理等做了进一步修订和完善,改革和创新学校科研经费使用和管理方式,提高经费使用效益,以充分激发广大教研人员的积极性。

# 第十篇
## 交流合作

# 概　　述

　　郭秉文作为一名教育家,很早就倡导大学教育要增进国际间的交流合作。他在民国十二年(1923年)世界教育大会泛太平洋小组会上作题为"太平洋国家的大学如何促进国际间了解与友谊"的讲演,对大学国际间的交流合作设计一系列方法。在国立中央大学商学院和国立上海商学院的办学过程中,学校与国内外的交流合作虽已起步,但总体水平较低。上海财经学院时期,学院开始接待外宾到访,1956—1966年,先后有12个外国代表团31人次外宾到校访问。1978年复校后,学校与国内外的合作交流开始迅速发展。

　　学校与国际和港澳台地区的交流日益扩大。据统计,截至2017年3月,先后有40多个国家和地区17 200余人次到校访问;学校领导率团出访共215批次,访问目的地有美国、英国、法国、德国等39个国家和中国香港、澳门、台湾3个地区;1993年起,经教育部、上海市政府外事办公室等上级部门批准,由学校主办或联合主办的国际学术会议及学校同港澳台地区合作举办的学术会议共152次。学校与国际和港澳台地区的合作日益深入。1985年至2017年3月,学校先后与美国、英国、法国、日本、俄罗斯等40多个国家和中国香港、澳门、台湾地区的近200所高校和国际机构签订校际合作协议,建立合作交流关系。国际化办学的形式不断发展,主要包括中外合作本科教育项目、MBA项目、EMBA项目、孔子学院等。其中中外合作本科教育项目经历了从办学规模逐年扩大、招生专业不断增加到保留优势专业、调整办学规模的演变。学校的国际合作培训包括国际从业资格培训项目、MBA项目、上海国际银行金融学院,与佩斯大学会计学硕士合作项目、与迪肯大学专业会计硕士合作项目、与格林威治大学合作专科教育项目,留学预科学院,与世界银行的合作培训、与联合国开发计划署(UNDP)的合作以及与其他国外组织的合作等。其中先后与英国、美国、澳大利亚等国建立了10个项目的国际从业资格培训。1984年起,学校通过国家外国专家局、教育部以及自筹资金等多项渠道来源聘请外籍教师,引进国外优质教育资源,共聘请长期外籍教师867人、短期外籍教师2 430人,并授予一批境外专家学者名誉教授、兼职教授和顾问教授等荣誉职称。

　　学校的国内交流合作主要包括与国内高校的交流、合作办学,与国内企业的合作以及与地方政府开展的合作等。与国内高校的交流,一是参与以"京津沪地方财经院校协作年会"为模式的财经院校的对口交流,二是学校多专业接受国内访问学者的工作。与国内高校合作办学项目主要有:1989—1997年,与上海外国语学院联合举办国际会计专业,合作培养5届学生;1997年起,与上海市东北片复旦大学、同济大学等高校合作,实行学生跨校选课,推行跨校辅修制度;2000年起,与新疆财经学院、贵州财经学院、兰州商学院、云南财贸学院4所西部财经类高校开展合作办学;2012年3月起与上海金融学院联合培养金融硕士专业学位研究生;2014年12月起与上海政法学院联合培养"上合组织与多边国家合作"方向博士研究生等。在与国内企业合作办学方面,1993—1998年,学校先后与一些企业协商联合举办二级学院,包括南德国际经济管理学院、恒通工商管理学院、证券期货学院、万泰国际投资学院、财务金融学院等;学校的工商管理学院和会计学院先后与相关企业合作建立学院教育发展基金;学校还探索与企业合作开展科研。2004 年起,学校与企业合作,联合培养研究生,并建立产学研紧密合作关系。与地方政府合作方面,包括与上海市有关区政府、外省市地方政府围绕人才培养和交流、决策咨询和产学研合作、共建附属中学等签署了一系列合作协议;积极响应财政部号召,与多省市财政系统、税务系统以及企事业单位建立合作关系,开展各类财政干部培训项目;2008 年,与浙江省金华市浙中教育集团合作举办上海财经大学浙江学院,2014 年与青岛市人民政府合作建设青岛财富管理研究院等。

学校积极探索与社会各界合作共赢的发展模式,打造校友会、校董会、基金会"三会合一"的合作发展工作机制,为加大开放力度、争取社会支持探索了一条新路子。2012 年 11 月 10 日,上海财经大学校董会成立。截至 2017 年 3 月 21 日,学校与校董单位签署各类合作协议 20 份、各类捐赠协议 34 份,促成了校企在学生实习就业、合作科学研究、第二课堂教学、干部及员工培训、校园文化建设等多领域的深入合作,取得丰硕成果。上海财经大学教育发展基金会成立于 2008 年 10 月,其宗旨为:通过多渠道筹集办学资金,争取国内外企事业单位及个人的支持和捐助,不断改善办学条件,创造良好的教学和科研环境,提高教育质量和学术水平,推动教育事业的发展。基金会成立以来,秉承"凝聚爱心、传递爱心、实践爱心"的理念,接受的社会捐赠逐年增加,对学校发展和建设的支持力度逐年攀升。同时,透明度和社会公信力不断提升。根据 2017 年 1 月 3 日公布的"中基透明指数"(FTI),在全国 5 470 家基金会中,上海财经大学教育发展基金会排名并列第一名,获得满分的最高评价。

# 第一章　国际及港澳台地区交流

## 第一节　到　　访

1954年6月初,苏联专家布列也夫、波格达诺维奇到学院讲学,主题分别为国民经济计划和工业经济,为时2周左右。1955年5月25日,高教部苏联顾问戈里斯谦柯在高教部有关司副司长陪同下到学院视察;10月16日,苏联文化代表团团员布拉金斯基到学院作关于苏联人民执行五年计划的报告。1956年4月,学院成立外宾接待小组,由院长办公室主任、教务长及有关部门负责人共同组成。1956—1966年,先后有奥地利教员代表团、智利教员代表团、保加利亚文化教育代表团、澳大利亚学生代表团、印度尼西亚学生代表团、挪威学生代表团、印度师生代表团、越南财经学院代表团、越南国家银行考察团、法国全国学联代表团、民主德国教授代表团、日本教育工会考察团等到学校访问。

1978年复校后,截至2017年3月,学校接待来自40多个国家和地区的到访外宾17 200余人次。到校访问者中,有捷克社民党主席伊日·帕鲁贝克(Jiri Paroubek)、荷兰伊拉斯谟大学校长万·埃因霍恩(J.C. van Eijndhoven)、美国驻沪领事馆新闻文化领事何大伟等,以及5位诺贝尔经济学奖获得者:劳伦斯·克莱因(Lawrence R. Klein)、詹姆斯·莫里斯(James Mirrlees)、罗伯特·F.蒙代尔(Robert F. Mundell)、罗伯特·威廉·福格尔(Robert William Fogel)、克莱夫·格兰杰(Clive Granger)。重要外宾到访情况见表10-1。

表10-1　1985—2017年重要外宾到访情况

| 序号 | 时间 | 国家/地区 | 活　　动 |
| --- | --- | --- | --- |
| 1 | 1985年 | 美国 | 诺贝尔经济学奖获得者、美国宾州大学教授劳伦斯·克莱因(Lawrence R. Klein)访问学校并讲学,这是诺贝尔奖获得者首次访问学校 |
| 2 | 1985年 | 美国 | 美国威斯康星—密尔沃基大学校长弗兰克·霍尔顿(Frank E. Horton)率团访问学校,校长张君一与代表团签署两校合作协议 |
| 3 | 1986年 | 菲律宾 | 菲律宾前驻中国大使杨应琳(博士)偕夫人、女儿以非官方身份访问学校并作学术报告,12月20日学校聘请杨应琳(博士)为名誉教授 |
| 4 | 1987年 | 美国 | 美国明尼苏达大学管理学院教授高登·戴维斯(Gordon B. Davis)来华访问期间到校讲学,学校聘高登·戴维斯为顾问教授 |
| 5 | 1988年5月10日 | 荷兰 | 由荷兰王国外贸大臣范罗伊女士率领的荷兰对外贸易代表团一行7人到校访问并作专题演讲 |

(续表)

| 序号 | 时间 | 国家/地区 | 活动 |
|---|---|---|---|
| 6 | 1988年11月17日 | — | 世界银行副行长、首席经济学家费舍尔到校作专题学术报告 |
| 7 | 1989年1月11日 | 澳大利亚 | 澳大利亚驻沪总领事馆总领事麦默瑞和夫人到校访问 |
| 8 | 1990年10月25日 | 日本 | 大阪市副市长矶村隆文访问学校并作报告 |
| 9 | 1990年12月 | — | 世界银行经济发展学院院长戈兰到校进行工作访问 |
| 10 | 1991年3月15日 | 德国 | 德意志联邦共和国联邦统计局卡斯顿·史德沫博士到学校访问,并作学术报告 |
| 11 | 1991年6月25日 | 美国 | 美国国际经营管理研究生院院长赫伯格(Roy A. Herberger Jr.)访问学校,校长金炳华与赫伯格签订两校教师和学生交流项目备忘录 |
| 12 | 1992年9月6日 | 中国台湾 | 台湾淡江大学管理学院院长蔡信夫一行10人到访,副校长汤云为与蔡信夫签署两校交流项目意向书 |
| 13 | 1995年4月21日 | 美国 | 美国鸿国相互人寿保险公司高级副总裁徐伟士一行4人到访,校长汤云为与徐伟士就鸿国公司在上财设立保险图书室和资助在上财建立人寿保险管理师资考试中心事宜签订协议书 |
| 14 | 1996年1月15日 | 美国 | 纽约人寿环球控股公司执行副总裁威廉·墨怀德一行5人到访,校长汤云为与威廉·墨怀德签署"纽约人寿奖学金和教师奖励金"协议书 |
| 15 | 1998年9月2日 | 日本 | 日本丽泽大学校长广池干堂率团到访,校长汤云为与广池干堂签署两校长期交流合作关系的协议书 |
| 16 | 2000年6月 | 美国 | 美国西弗吉尼亚大学工商经济学院院长迪仁杰·李博士一行4人到访,两校签署联合培养学生的备忘录 |
| 17 | 2001年12月6日 | 美国 | 美国夏威夷州州长本杰明(J. Benjamin.)、卡耶塔诺(J. Cayetano.)、卡拉尼·英格利希(Kalani English)参议员及夏威夷大学代表到访,两校签署友好合作协议书 |
| 18 | 2002年4月4日 | 中国台湾 | 台湾政治大学访问团一行16人到访,博士郑丁旺作"会计准则之过去、现在与将来"的学术报告 |
| 19 | 2002年5月10日 | 美国 | 美国财政部副部长肯尼思·达姆(Kenneth Dam)为学校师生作题为"美国对中国的展望"的报告 |
| 20 | 2002年12月12日 | 美国 | 旅美经济学家、美国加州大学教授钱颖一应邀到校为师生作题为"经济学在美国"的专题讲座,校长谈敏向钱颖一颁发兼职教授聘书 |
| 21 | 2003年1月20日 | 中国台湾 | 台湾辅仁大学校长李宁远一行到访,双方签署学术合作备忘录 |
| 22 | 2003年1月22日 | 中国台湾 | 台湾逢甲大学校长刘安之一行到访,双方签署学术交流备忘录 |
| 23 | 2003年4月1日 | 英国 | 英国剑桥大学教授、1996年诺贝尔经济学奖得主詹姆斯·莫里斯(James Mirrlees)应邀专程到校访问讲学 |

(续表)

| 序号 | 时间 | 国家/地区 | 活动 |
|---|---|---|---|
| 24 | 2003年9月8日 | 美国 | 美国哥伦比亚大学经济学教授、1999年诺贝尔经济学奖获得者罗伯特·F.蒙代尔(Robert F. Mundell)应邀到校讲学,学校聘请罗伯特·F.蒙代尔为名誉教授 |
| 25 | 2003年11月19日 | 美国 | 加拿大对外贸易部前部长、时为驻WTO大使塞吉奥·马奇到校作题为"坎昆后全球贸易谈判：徘徊在十字路口的WTO"的报告 |
| 26 | 2004年3月25日 | 俄罗斯 | 俄罗斯圣彼得堡财经大学校长T.塔拉谢维奇等10人到访,两校签署合作意向书 |
| 27 | 2004年4月26日 | 菲律宾 | 菲律宾前驻华大使杨应琳(Alfonso T. Yuchengco)等到访 |
| 28 | 2004年5月10日 | 荷兰 | 荷兰国际集团执行董事会董事金文洛(Mr. Alexander H. G. Rinnooy Kan)等到访 |
| 29 | 2004年5月28日 | 世界银行 | 世界银行"全球扶贫项目"大会"青年交流项目"代表20余人到访交流 |
| 30 | 2004年6月3日 | 英国 | 布鲁耐尔大学校长史蒂文·施瓦兹(Steven Schwarts)等到访,启动"中国—欧盟比较研究项目"合作 |
| 31 | 2004年6月24日 | 美国 | 诺贝尔经济学奖获得者、美国芝加哥大学教授罗伯特·威廉·福格尔(Robert William Fogel)应邀到访并作学术演讲 |
| 32 | 2004年9月15日 | 美国 | 美国国务院第四任经济事务特别代表弗兰格·莫茅德(Mr. Frank Mermoud)到访并作报告 |
| 33 | 2004年12月8日 | 瑞士 | 瑞士再保险公司(人寿、健康险)总经理、精算师钟熙和到访 |
| 34 | 2004年12月22日 | 美国 | 美国联邦存款保险公司银行监管及消费者保护部主任迈克尔·扎莫斯基(Mr. Michael Zamorski)到访并作题为"Deposit Insurance Act Reform in USA"的报告 |
| 35 | 2005年2月24日 | 英国 | 英国南安普顿大学校长比尔·韦克汉姆(Prof. Bill Wakeham)率团到访,续签合作协议 |
| 36 | 2005年3月11日 | 美国 | 著名经济学家、美国耶鲁大学管理学院教授陈志武应邀到学校作学术演讲 |
| 37 | 2005年4月6日 | 加拿大 | 加拿大康考迪亚大学校长弗雷德里克·罗伊(Dr. Frederick Lowy)到访,签署合作协议 |
| 38 | 2005年4月18日 | 中国台湾 | 台湾逢甲大学副董事长高承恕、校长刘安之一行到访,合作培养企业高级管理人才 |
| 39 | 2005年4月20日 | 法国 | 法国圣太田市市长米盖尔·蒂尔利赫(Michel Thiolliere)、圣太田管理学校校长雅克·路易斯·喀斯乐(Jacques‐Louis Keszler)、圣路易学校校长多米尼克·贝尔特(Dominique Bertheas)等15人代表团到访 |
| 40 | 2005年5月31日 | 英国 | 英国伦敦城市大学副校长大卫·莱因德(David Rhind)到访,商谈两校MBA等领域的合作 |
| 41 | 2005年6月6日 | 美国 | 2003年诺贝尔经济学奖获得者克莱夫·W. J.格兰杰(Clive W. J. Granger)(教授)到访并作报告："经济预测的前景" |

(续表)

| 序号 | 时间 | 国家/地区 | 活动 |
|---|---|---|---|
| 42 | 2005年9月12日 | 墨西哥 | 墨西哥公共教育部高教司司长欧亨尼奥·塞丽娜·瓦迪奥(Dr. Eugenio Cetina Vadillo)率团到访,商谈开展合作的新领域 |
| 43 | 2005年9月16日 | 日本 | 日本东京经济大学校长村上胜彦到访,签署合作协议 |
| 44 | 2005年10月8日 | 俄罗斯 | 俄罗斯金融科学院院长阿拉·格雷兹诺瓦(Alla Gryaznova)一行28人代表团到访签署合作协议,进行科研合作、学生交流 |
| 45 | 2006年1月9日 | 英国 | 英国政府首席精算师克里斯·戴金(Chris Daykin)到访,举行颁证仪式并举办精算专题报告会 |
| 46 | 2006年3月17日 | 英国 | 英国Brunel大学教授唐纳德·詹姆士·劳埃德(Donald James Lloyd)率团访问学校,续签两校合作协议,商讨进一步加强合作事宜 |
| 47 | 2006年4月11日 | 联合国 | 联合国南南合作局资深技术顾问罗恩·麦吉尔(Ron McGill)(博士)等到访,商谈"上财—联合国发展中国家政府官员培训中心项目合作意向"事宜 |
| 48 | 2006年4月20日 | 日本 | 日本岗三(上海)投资顾问有限公司董事、总经理盐川克史等到访,向学校捐赠人民币20万元用于金融学院的文献资料建设 |
| 49 | 2006年4月21日 | 日本 | 日本大垣共立银行组织"中国经济考察团"到访,纪念其成立110周年(2005年8月,副校长黄林芳率团访问日本大垣共立银行,并代表学校签署产学合作协议) |
| 50 | 2006年5月15日 | 美国 | 美国富布赖特学者、教授查尔斯·恩雷(Charles Twonley)作学术报告:"知识管理:知识经济中组织成功的关键",启动"上财美国富布赖特学者系列讲座" |
| 51 | 2006年5月16日 | 英国 | 英国皇家特许保险学会培训部经理塔姆辛·米尔斯(Tamsin Mills)到访,向上财国际从业资格教育学院捐赠一套英国皇家特许保险学会ACCI书籍,共28册,价值8万余元 |
| 52 | 2006年5月26日 | 韩国 | 韩国建国大学副校长康英启率团访问学校,两校签署合作协议 |
| 53 | 2006年6月6日 | 墨西哥 | 墨西哥索诺拉大学(University of Sonora)师生代表团到访,洽谈项目合作 |
| 54 | 2006年6月15日 | 美国 | 亚拉巴马州奥本大学财经专业学者詹姆斯·巴斯(James R. Barth)到校作学术报告 |
| 55 | 2006年6月27日 | 美国 | Bryant大学文理学院院长优妮(V. K. Unnie)和商学院院长杨宏(音)等到访,洽谈交换学生等合作事宜 |
| 56 | 2006年7月3日 | 美国 | 伊利诺伊大学金融学教授、北美意外险精算学会前主席和现任理事会主席史蒂夫·阿尔希(Steve D'Arcy)等到访,出席上海财经大学举办的"非寿险精算与风险管理国际研讨会" |
| 57 | 2006年9月22日 | 美国 | 林肯土地政策研究院总裁兼首席执行官格雷戈里·英格拉姆(Gregory Ingram)率团到访,探讨合作成立研究中心等事宜 |
| 58 | 2006年10月16日 | 加拿大 | 证券专业学会副会长埃米利奥·桑切斯(Emilion Sanchez)到访,出席"上海财经大学与加拿大证券专业学会合作签字仪式暨金融衍生产品专业证书推介会" |

(续表)

| 序号 | 时间 | 国家/地区 | 活动 |
| --- | --- | --- | --- |
| 59 | 2006年10月18日 | 美国 | Toledo(托莱多)大学研究生院院长马丁·亚伯拉罕(Martin Abraham)等到访,出席"上海财经大学与美国Toledo大学谅解备忘录签字仪式" |
| 60 | 2006年10月23日 | 英国 | 特许公认会计师公会ACCA行政总裁布理维率团到访,了解学校的教学与发展,洽谈深入合作等事宜 |
| 61 | 2006年10月24日 | 澳大利亚 | 澳洲会计师公会主席保罗·米克尔约翰(Paul Meiklejohn)率团访问学校,签订《上海财经大学和澳洲会计师公会谅解备忘录》 |
| 62 | 2006年11月7日 | 美国 | 杜克大学法学院博士凯文·马尔(T. Kevin Marr)到校作学术报告 |
| 63 | 2007年1月8日 | 英国 | 精算学会主席尼克·登伯克(Nick Dumbreck)和英国政府精算师克里斯·迪肯(Chris Daykin)到访,出席学校一年一度的英国精算技能证书颁证仪式 |
| 64 | 2007年1月16日 | 中国台湾 | 逢甲大学副董事长高承恕、校长刘安之等7人访问学校,两校签署合作协议 |
| 65 | 2007年3月23日 | 俄罗斯 | 莫斯科财政工业大学副校长弗拉迪米尔·理德内卫(Vladimir Lednev)一行访问学校,商谈合作项目并达成共识 |
| 66 | 2007年4月19日 | 美国 | 2006—2007年度美国富布赖特学者、美国索诺马州立大学教授拉里·肖特韦尔(Larry Shotwell)作"美国货币政策近期修改方案(Recent Modifications in the US Monetary Policy Approach)"的学术报告 |
| 67 | 2007年4月19日 | 菲律宾 | 亚洲管理学院(the Asian Institute of Management "AIM")院长弗兰西斯·埃斯特拉达(Francis Estrada)到访,商谈合作项目 |
| 68 | 2007年5月31日 | 美国 | 北卡罗来纳州立大学校长詹姆斯·奥布林格(James L. Oblinger)率团访问学校,与学校签署合作谅解备忘录 |
| 69 | 2007年6月1日 | 美国 | 德克萨斯A&M大学副校长迪克·尤因(Dick Ewing)等一行访问学校,商谈合作事宜 |
| 70 | 2007年6月8日 | 美国 | 迈阿密大学商学院院长罗杰·詹金斯(Roger Jenkins)到访,商谈合作事宜 |
| 71 | 2007年6月20日 | 韩国 | 德成女子大学校长智恩熙(Chi Eun Hee)率团到访,商谈合作事宜 |
| 72 | 2007年7月26日 | 美国 | 纽约大学Stern商学院副院长萨利·布朗特里昂(Sally Blount‑Lyon)率团到访,在学生互访、进修和合作研究等方面达成共识 |
| 73 | 2007年9月14日 | 美国 | 国会图书馆亚洲部主任李华伟(博士)应邀到访,在学校图书馆讲座上介绍海外图书馆及出版事业的现状及发展动态 |
| 74 | 2007年9月21日 | 捷克 | 社民党主席、前政府总理伊日·帕鲁贝克(Jiri Paroubek)率领的捷克社会民主代表团一行访问学校,并作"捷克社民党的对外政策和捷克的经济发展情况"的专题报告 |
| 75 | 2007年10月25日 | 澳大利亚 | 邦德大学校长罗伯特·斯特布尔(Robert Stable)等一行到访,商谈两校合作项目 |
| 76 | 2007年10月29日 | 澳大利亚 | 南昆士兰大学前副校长、商学院院长艾伦·林顿(Allan Layton)到访,和经济学院讨论合作事宜 |

(续表)

| 序号 | 时间 | 国家/地区 | 活动 |
| --- | --- | --- | --- |
| 77 | 2007年10月30日 | 俄罗斯 | 圣彼得堡财经大学校长马克西姆赛·伊果(Maksimsev Igor)教授一行到访,签署两校合作协议 |
| 78 | 2007年10月30日 | 英国 | 苏格兰学历管理委员会首席执行官珍妮特·布朗(Janet Brown)、战略发展部主管约翰·麦克唐纳(John McDonald)等一行4人到访,商谈合作项目 |
| 79 | 2007年11月26日 | 荷兰 | 伊拉斯谟大学中荷教育与研究中心主席拉默斯·范·布伦(Lammerts van Bueren)率团到访,商谈两校博士生培养项目 |
| 80 | 2007年12月6日 | 日本 | 岗山证券株式会社会长加藤哲夫率团到访,捐赠20万元人民币,建立金融学院资料室 |
| 81 | 2008年4月10日 | 英国 | 苏格兰内阁教育大臣菲奥纳·希斯洛普(Fiona Hyslop)女士率团到访,商谈合作项目 |
| 82 | 2008年6月3日 | 泰国 | 泰国国家学术研究委员会秘书长Ahnond Bunyaratvej教授率团到访,了解学校师资培养、科研和发展规划等情况 |
| 83 | 2008年11月11日 | — | 世界银行行长高级顾问奥尔特曼·西蒙斯(Oltmann Siemens)先生率团来访,商谈合作项目 |
| 84 | 2009年4月2日 | 美国 | 美国注册管理会计师协会主席弗雷德里克·E.斯奇(Frederick E. Schea)先生率团到访,商谈合作项目 |
| 85 | 2009年4月16日 | 英国 | 英国伦敦大学学院副校长郭正晓教授率团到访,商谈合作项目 |
| 86 | 2009年9月25日 | 日本 | 日本一桥大学副校长田近荣治先生率团到访,双方签署学生交换协议 |
| 87 | 2010年1月5日 | — | 联合国贸易和发展会议科技与物流司司长安妮·米鲁克斯(Anne Miroux)女士访问学校,商谈合作项目 |
| 88 | 2010年3月10日 | 澳大利亚 | 澳大利亚昆士兰大学经济学院院长弗莱维奥·梅内塞斯(Flavio Menezes)教授一行3人来校交流访问,双方签署《学术交流谅解备忘录》及其附属协议《海外学习项目合作协议》 |
| 89 | 2010年4月 | 英国 | 英国伦敦大学学院校长马尔科姆·格兰特(Malcolm Grant)教授率团到访,商谈合作项目 |
| 90 | 2010年6月7日 | 美国 | 美国福特汉姆大学高级副校长、学术总长斯蒂芬·弗雷德曼(Stephen Freedman)教授、福特汉姆大学商学院院长罗伯特·F.希默尔贝格(Robert F. Himmelberg)教授和副院长伊兰·阿比尔(Ilhan Akbil)教授一行来学校经济学院交流访问 |
| 91 | 2010年9月17日 | 英国 | 英国巴克莱集团副主席杰里米·威尔逊(Jeremy Wilson)先生到访,进行中国经济及银行体系问题座谈会 |
| 92 | 2010年10月 | 法国 | 法国欧洲商学院副院长阿兰·谢瓦利埃(Alain Chevalier)教授率团到访,商谈学生交流项目合作 |
| 93 | 2010年11月 | 加拿大 | 加拿大麦克马斯特大学副校长陈万华教授到访,商谈合作项目 |
| 94 | 2011年4月8日 | 澳大利亚 | 澳大利亚西悉尼大学副校长约翰·英格尔森(John Ingleson)教授率团到访,双方签署合作谅解备忘录与学生交换协议 |

(续表)

| 序号 | 时间 | 国家/地区 | 活动 |
| --- | --- | --- | --- |
| 95 | 2011年4月22日 | 韩国 | 韩国建国大学校长金辰圭率团到访,商谈合作项目 |
| 96 | 2011年10月31日 | 新西兰 | 新西兰坎特伯雷大学校长洛德·卡尔(Rod Carr)教授率团到访,商谈合作项目 |
| 97 | 2011年12月20日 | 越南 | 越南教育培训部本科教育司司长、越南政治理论课课程内容革新提案指导组组长PHAN MANH TIEN博士等一行8人来校访问,交流高校教学工作、尤其是马列主义理论课的教学工作 |
| 98 | 2012年4月 | 新加坡 | 新加坡管理大学校长阿诺德·德·迈耶(Arnoud De Meyer)教授率团到访,商谈合作项目 |
| 99 | 2012年9月11日 | 荷兰 | 荷兰鹿特丹伊拉斯姆斯大学(Erasmus University Rotterdam)校长保利娜·梅尔·莫尔(Pauline van der Meer Mohr)女士率团来校访问并续签合作协议 |
| 100 | 2012年9月 | 美国 | 美国韦伯斯特大学伊丽莎白·J.斯特罗布尔(Elizabeth J. Stroble)率团到访,商谈合作项目 |
| 101 | 2012年12月 | 匈牙利 | 匈牙利驻沪总领事馆总领事库蒂·拉兹罗(Kuti Laszlo)先生率团到访,出席匈牙利驻沪总领事馆在学校举办的"匈牙利邮票艺术欣赏展" |
| 102 | 2013年10月 | 英国 | ACCA亚太区总监罗美仪女士率团到访,出席学校与ACCA合作20周年庆典 |
| 103 | 2013年11月 | 美国 | 美国西弗吉尼亚大学副校长乔斯·萨尔塔里(Jose Sartarelli)博士率团到访,商谈合作项目 |
| 104 | 2013年12月19日 | 美国 | 美国工程院院士、斯坦福大学亚瑟·维诺特(Arthur Veinott)教授向学校捐赠毕生藏书,校长樊丽明到场致辞 |
| 105 | 2014年1月 | 美国 | 美国威斯康星大学麦迪逊分校(University of Wisconsin-Madison)及其商学院到访,双方签订合作谅解备忘录 |
| 106 | 2014年1月 | 法国 | 法国巴黎高等商学院国际发展部亚太区主管吉拉维芙·巴尔(Geneviève Barrr)女士率团到访,商谈合作项目 |
| 107 | 2014年1月 | 美国 | 美国亚利桑那州立大学商学院副院长阿杰伊·文兹(Ajay Vinze)教授率团到访,商谈合作项目 |
| 108 | 2014年3月 | 美国 | 美国驻沪总领事馆总领事葛瑞风先生率团到访,商谈中美高等教育文化交流与合作等 |
| 109 | 2014年4月 | 中国台湾 | 台湾政治大学到访,双方正式签署校际合作谅解备忘录及交换学生项目协议 |
| 110 | 2014年6月 | 英国 | 英国伦敦玛丽女王大学校长西蒙·加斯克尔(Simon Gaskell)教授率团到访,商谈合作项目 |
| 111 | 2014年6月 | 美国 | 美国约翰·霍普金斯大学商学院院长伯纳德·费拉里(Bernard Ferrari)教授率团到访,商谈合作项目 |
| 112 | 2014年9月 | 美国 | 美国斯蒂文斯理工学院副教务长康斯坦丁·查斯皮斯(Constantin Chassapis)教授率团到访,商谈合作项目 |

(续表)

| 序号 | 时间 | 国家/地区 | 活动 |
|---|---|---|---|
| 113 | 2015年6月8日 | 中国香港 | 香港特别行政区驻上海经贸办事处主任邓仲敏女士率团访问,商谈合作项目 |
| 114 | 2015年7月2日 | 新加坡 | 新加坡管理大学校长阿诺德·德·迈耶(Arnoud De Meyer)教授率团到访,商谈合作项目 |
| 115 | 2015年10月29日 | 加拿大 | 加拿大约克大学副校长朗达·列顿(Rhonda Lenton)教授率团到访,双方签署学生交换协议 |
| 116 | 2015年11月11日 | 加拿大 | 加拿大蒙特利尔大学副校长盖伊·勒费布尔(Guy Lefebvre)教授率团到访,商谈合作项目 |
| 117 | 2015年12月3日 | 爱沙尼亚 | 爱沙尼亚塔林大学副校长普里特·瑞斯卡(Priit Reiska)教授率团到访,商谈合作项目 |
| 118 | 2015年12月23日 | — | 联合国人居署城市经济与社会发展局局长章兴泉先生到访,受聘为学校国际组织人才培养项目顾问委员会专家 |
| 119 | 2015年12月28日 | — | 联合国贸发会经济事务官员梁国勇先生到访,受聘为学校国际组织人才培养项目顾问委员会专家 |
| 120 | 2016年2月23日 | 英国 | 英国伦敦政治经济学院迈克尔·巴兹雷(Micheal Barzelay)教授到访,交流学科发展经验 |
| 121 | 2016年2月 | 美国 | 美国康奈尔大学(Cornell University)到访,双方签署校际合作谅解备忘录 |
| 122 | 2016年3月4日 | 中国香港 | 香港岭南大学协理副校长夏尔马教授率团到访,商谈合作项目 |
| 123 | 2016年3月25日 | — | 新开发银行副行长祝宪博士到访,商谈合作项目,进行"国际发展机构的现状及前瞻,新开发银行的发展"讲座 |
| 124 | 2016年6月15日 | 加拿大 | 加拿大蒙特利尔大学副校长盖伊·勒费布尔(Guy Lefebvre)教授率团到访,双方签署学生交换协议 |
| 125 | 2016年6月22日 | 加拿大 | 加拿大多伦多大学管理学院院长提夫·麦克勒姆(Tiff Macklem)教授率团到访,商谈合作项目 |
| 126 | 2016年6月24日 | 美国 | 美国康奈尔大学管理学院中国事务学术院长陈雅如教授率团到访,商谈合作项目 |
| 127 | 2016年8月 | 英国 | 学校与牛津大学圣彼得学院(St. Peter's College)签署海外学习项目合作备忘录 |
| 128 | 2016年9月19日 | 澳大利亚 | "2016汉语桥—澳大利亚中小学校长团"一行访问学校 |
| 129 | 2016年10月10日 | 美国 | 美国乔治·华盛顿大学商学院副院长维韦卡·常赫里(Vivek Chounhury)教授率团到访,商谈合作项目 |
| 130 | 2016年10月27日 | 爱尔兰 | 爱尔兰都柏林大学校长Andrew Deeks教授率团到访,双方续签合作谅解备忘录,并签署学生交换协议 |
| 131 | 2016年11月10日 | 荷兰 | 荷兰蒂尔堡大学校长科恩·伯克林(Koen Becking)一行来访并与学校签署合作协议 |

(续表)

| 序号 | 时间 | 国家/地区 | 活动 |
|---|---|---|---|
| 132 | 2016年12月9日 | 澳大利亚 | 澳大利亚麦考瑞大学到访,并签署合作备忘录 |
| 133 | 2016年12月16日 | 瑞士 | 瑞士日内瓦大学校长伊夫斯·弗拉克格(Yves Flueckiger)教授率瑞士大学团到访,商谈合作项目 |
| 134 | 2017年3月3日 | — | 新开发银行战略与合作局局长塞吉奥(Sergio)率团到访,商谈合作项目 |
| 135 | 2017年3月10日 | 爱尔兰 | 爱尔兰都柏林大学社科与法学学部的副部理查德·科林斯(Richard Collins)博士率团到访,达成法学方向硕士联合培养合作意向 |
| 136 | 2017年3月13日 | 英国 | 伦敦玛丽女王大学市场与沟通部门副主任帕特·珀尔(Pat Power)先生率团到访,沟通学生项目实施情况 |
| 137 | 2017年3月14日 | 美国 | 福特汉姆大学加贝利商学院副院长弗朗西斯·佩特(Francis Petit)博士率团到访,商谈合作项目 |

# 第二节 出 访

1981年5月22日,院长姚耐率财经教育考察团一行9人访问日本,历时3周。考察团副团长为郭森麒,秘书长为叶孝理,成员中包括中央财政金融学院、辽宁财经学院、江西财经学院和财政部人教司的负责人。考察团先后考察大阪市立大学、大阪府立大学、奈良县立短期大学、神户大学、关西大学、京都大学、一桥大学、早稻田大学、东京都立大学、庆应义塾大学的经济学部、商学部、经营学部和经济研究所,参观大阪市副食品中央批发市场、大和银行、三井综合商社、东京证券交易所、夏普电子工厂等。此后,从1983年至2017年3月,校领导率团出访共215批次,访问美国、英国、法国、德国、瑞典、澳大利亚、荷兰、加拿大、新西兰、新加坡、芬兰、瑞士、俄罗斯、西班牙、意大利等39个国家和中国香港、澳门、台湾3个地区,具体情况见表10-2。

表10-2 1981—2017年校领导出访情况

| 年 份 | 出访批次 | 国 家 和 地 区 |
|---|---|---|
| 1981 | 1 | 1个国家(日本) |
| 1983 | 1 | 1个地区(中国香港) |
| 1984 | 1 | 1个地区(中国香港) |
| 1985 | 1 | 1个地区(中国香港) |
| 1986 | 3 | 3个国家(菲律宾、荷兰、美国) |
| 1987 | 1 | 1个国家(美国) |
| 1989 | 2 | 1个国家(美国) |
| 1990 | 1 | 1个国家(美国) |

(续表)

| 年 份 | 出访批次 | 国 家 和 地 区 |
|---|---|---|
| 1991 | 3 | 3个国家(美国、日本、菲律宾) |
| 1992 | 2 | 2个国家(日本、美国) |
| 1993 | 1 | 2个国家(新加坡、泰国) |
| 1994 | 1 | 2个国家(英国、美国) |
| 1995 | 5 | 3个国家(澳大利亚、美国、加拿大)和2个地区(中国香港、中国台湾) |
| 1997 | 1 | 1个国家(菲律宾) |
| 1999 | 7 | 10个国家(以色列、英国、瑞士、奥地利、日本、法国、德国、美国、巴西、菲律宾) |
| 2000 | 2 | 4个国家(美国、加拿大、菲律宾、新加坡)和1个地区(中国香港) |
| 2001 | 3 | 3个国家(美国、加拿大、马来西亚) |
| 2002 | 12 | 9个国家(美国、英国、法国、德国、日本、澳大利亚、新西兰、瑞典、印度尼西亚)和2个地区(中国台湾、中国香港) |
| 2003 | 8 | 5个国家(澳大利亚、新西兰、日本、加拿大、法国)和2个地区(中国澳门、中国香港) |
| 2004 | 12 | 10个国家(新西兰、澳大利亚、印度、埃及、瑞典、芬兰、英国、德国、日本、菲律宾)和2个地区(中国香港、中国台湾) |
| 2005 | 15 | 9个国家(德国、日本、英国、法国、美国、加拿大、澳大利亚、巴西、荷兰)和2个地区(中国香港、中国台湾) |
| 2006 | 15 | 15个国家(德国、英国、日本、韩国、澳大利亚、尼日利亚、俄罗斯、匈牙利、美国、巴西、南非、瑞士、瑞典、法国、加拿大)和2个地区(中国香港、中国台湾) |
| 2007 | 11 | 12个国家(澳大利亚、波兰、俄罗斯、法国、芬兰、荷兰、美国、瑞典、瑞士、西班牙、希腊、新西兰)和3个地区(中国香港、中国澳门、中国台湾) |
| 2008 | 14 | 10个国家(澳大利亚、俄罗斯、荷兰、捷克、美国、瑞典、瑞士、土耳其、新西兰、英国)和1个地区(中国香港) |
| 2009 | 10 | 9个国家(阿根廷、澳大利亚、丹麦、法国、美国、日本、瑞典、新西兰、意大利)和1个地区(中国香港) |
| 2010 | 10 | 13个国家(奥地利、冰岛、德国、法国、芬兰、捷克、美国、摩洛哥、挪威、瑞典、瑞士、西班牙、印度尼西亚)和1个地区(中国香港) |
| 2011 | 9 | 11个国家(澳大利亚、德国、法国、加拿大、肯尼亚、美国、墨西哥、南非、瑞士、土耳其、新西兰)和2个地区(中国香港、中国台湾) |
| 2012 | 11 | 10个国家(澳大利亚、俄罗斯、芬兰、加拿大、美国、葡萄牙、瑞典、希腊、新西兰、英国)和2个地区(中国香港、中国澳门) |
| 2013 | 15 | 8个国家(巴西、法国、荷兰、加拿大、美国、西班牙、新加坡、英国)和2个地区(中国香港、中国台湾) |
| 2014 | 10 | 9个国家(奥地利、澳大利亚、波兰、加拿大、美国、新西兰、匈牙利、意大利、英国)和1个地区(中国香港) |

(续表)

| 年份 | 出访批次 | 国家和地区 |
|---|---|---|
| 2015 | 7 | 10个国家（爱沙尼亚、澳大利亚、德国、拉脱维亚、美国、瑞士、新西兰、以色列、意大利、英国）和2个地区（中国香港、中国台湾） |
| 2016 | 7 | 8个国家（阿联酋、比利时、荷兰、加拿大、美国、瑞士、泰国、英国）和1个地区（中国香港） |
| 2017（截至3月） | 1 | 1个国家（美国） |

## 第三节　主办国际（境外）学术会议

1982年6月7—9日，根据上海市市长汪道涵等领导批示，以上海财经学院和上海外贸学院为主，联合市进出口办、市计委、市外贸局、市投资信托公司等单位，同美国加州洛杉矶大学代表团（副校长埃尔温·斯文森为团长）举行学术讨论会，涉及外贸、投资、法学、金融、生产管理等领域，讨论会由上海财经学院副院长龚浩成和上海外贸学院副院长邹博文共同负责。6月9日，洛杉矶大学代表团一行20人到学院参观。此后至2016年12月，经教育部、上海市政府外事办公室等上级部门批准，由学校主办或联合主办的国际学术会议及学校同港澳台地区合作举办的学术会议共153次，会议主题涉及会计、审计、经济学、工商管理、市场管理、保险精算、金融风险、银行业务、信息管理、房地产、法学、语言学等领域。详情见表10-3。

表10-3　1993—2016年主办或联合主办国际（境外）学术会议情况

| 序号 | 会议名称 | 主办单位 | 时间 |
|---|---|---|---|
| 1 | 中国海峡两岸会计、审计研讨会 | 上海财经大学 | 1993年11月 |
| 2 | MBA案例编写与教学国际研讨会 | 上海财经大学、美国西弗吉尼亚大学 | 1995年 |
| 3 | 两岸证券市场管理理论与实务研讨会 | 证券期货学院 | 1995年9月19—20日 |
| 4 | 沪港商业银行业务研讨会 | 上海财经大学 | 1995年 |
| 5 | 中国国际商务学术研讨会 | 上海财经大学 | 1998年 |
| 6 | 上财-鹰星保险精算实务研讨会 | 上海财经大学 | 1998年 |
| 7 | 第二届中日价值哲学学术研讨会 | 上海财经大学 | 2000年9月13—18日 |
| 8 | 经济全球化与中国市场体系的构建 | 上海财经大学 | 2000年11月24—26日 |
| 9 | 中国会计与资本市场问题国际研讨会 | 上海财经大学 | 2001年11月6—8日 |
| 10 | 中国保险监管会计准则与保险数据管理国际研讨会 | 会计学院 | 2002年4月17—18日 |
| 11 | 国际工商学会东南亚分会会议 | 上海财经大学 | 2002年7月18—20日 |
| 12 | 第六届亚太风险与保险学会年会 | 上海财经大学 | 2002年7月21—24日 |
| 13 | 亚太会计与经济杂志2003年年会 | 会计学院 | 2003年1月6—8日 |

(续表)

| 序号 | 会议名称 | 主办单位 | 时间 |
| --- | --- | --- | --- |
| 14 | 经济全球一体化与亚洲经济结构调整 | 亚洲经济研究所 | 2003年3月28—29日 |
| 15 | 管理会计国际研讨会 | 会计与财务研究院、会计学院 | 2003年11月6—8日 |
| 16 | 两岸金融风险研讨会 | 上财金融学院、证券期货学院 | 2004年1月10日 |
| 17 | 两岸保险业风险管理实务研讨会 | 国际从业资格教育学院 | 2004年4月5日 |
| 18 | 中国经济增长的制度分析国际学术研讨会 | 经济学院 | 2004年6月23日 |
| 19 | 第二届数量经济理论及应用学术国际研讨会 | 经济学院 | 2004年6月30日 |
| 20 | 高校教育改革与课程设置：区域经济与社会发展研讨会 | 人文学院 | 2004年8月4日 |
| 21 | 中澳国际非寿险精算研讨会 | 中国保监会、澳大利亚精算学会、澳大利亚保险集团、上海财经大学 | 2004年9月2—3日 |
| 22 | 中国与东亚国家公司治理国际研讨会 | 会计与财务研究院、会计学院 | 2005年3月11—13日 |
| 23 | 两岸经济与金融学术研讨会 | 经济学院 | 2005年3月20日 |
| 24 | 中国地区CGA办学模式高层研讨会 | 会计学院 | 2005年3月23—24日 |
| 25 | 智能信息管理与技术国际会议 | 上海财经大学 | 2005年3月25日 |
| 26 | 海峡两岸管理决策学术研讨会 | 信息管理与工程学院 | 2005年4月4日 |
| 27 | 国际经济法与国际经济发展伦敦论坛（上海） | 法学院 | 2005年5月13—16日 |
| 28 | 2005年资本市场创新与金融工程发展研讨会 | 金融学院、证券期货学院 | 2005年5月20—21日 |
| 29 | "大学生人格教育与伦理行为评价"国际学术研讨会 | 人文学院 | 2005年5月31日—6月2日 |
| 30 | 2005年全国高级计量经济学学术研讨会 | 经济学院 | 2005年8月23—25日 |
| 31 | 汉语功能主义语法研究专家讨论会 | 国际文化交流学院 | 2005年10月1日 |
| 32 | 宏观调控下的中国房地产市场国际研讨会 | 公共经济与管理学院、不动产研究所 | 2005年10月30日 |
| 33 | 全球化与经济增长：开放、创新与人力资本的使用 | 经济学院、瑞典厄尔布鲁大学 | 2005年11月4—6日 |
| 34 | 中国法学会国际经济法学研究会2005年年会 | 法学院 | 2005年11月4—6日 |
| 35 | 论可持续发展：中、日、韩经济发展的经验与教训 | 经济学院亚洲经济研究所 | 2005年11月5日 |
| 36 | 转型国家制度变迁与经济发展国际研讨会 | 经济学院转型经济研究中心 | 2005年11月7—8日 |

(续表)

| 序号 | 会议名称 | 主办单位 | 时间 |
|---|---|---|---|
| 37 | 2005年中国金融改革与风险防范国际研讨会 | 现代金融研究中心和金融学院 | 2005年11月25—27日 |
| 38 | 中美富布赖特项目2006年春季研讨会 | 美国驻华大使馆、美国驻沪总领事馆、港美中心、外事处 | 2005年2月10—12日 |
| 39 | 经济全球化与现代马克思主义经济学——世界政治经济学学会首届论坛 | 世界政治经济学学会、上海财经大学、中国社会科学院马克思主义研究院共同举办 | 2006年4月2日 |
| 40 | 海峡两岸财务学研讨会 | 会计学院、会计与财务研究院 | 2006年4月14日 |
| 41 | 政府绩效预算管理理论与实践高级研讨会 | 公共经济与管理学院、MPA教育中心 | 2006年4月5—9日 |
| 42 | 上财"沪、港、台'创新与竞争力'博士论坛" | 国际工商管理学院企管系 | 2006年5月19—20日 |
| 43 | 资本哲学高级研讨会 | 人文学院、现代经济哲学研究中心与中国社会科学院哲学所《哲学研究》 | 2006年5月26—28日 |
| 44 | 公共财政前沿理论与方法研讨会 | 公共经济与管理学院 | 2006年6月10日 |
| 45 | 管理会计在中国发展及实务运用国际研讨会 | 会计与财务研究院 | 2006年6月24—25日 |
| 46 | 龙与象：中国与印度的经济改革国际会议——2006年中国留美经济学年会预备会议 | 上海财经大学、中国留美经济学会和浦东干部学院 | 2006年7月1—2日 |
| 47 | 中国留美经济学会2006年年会 | 上海财经大学、中国留美经济学会 | 2006年7月2—3日 |
| 48 | 非寿险精算与风险管理国际研讨会 | 国际从业资格教育学院 | 2006年7月3日 |
| 49 | 2006年国际计量经济学大会 | 高等研究院、经济学院数量经济研究所 | 2006年7月14日 |
| 50 | 第二届中国学会论坛—经济金融分会 | 上海社会科学院、现代金融研究中心 | 2006年9月21—22日 |
| 51 | 转型经济中的审计问题国际研讨会 | 会计与财务研究院、会计学院 | 2006年10月27—28日 |
| 52 | 中加资本市场最新发展国际研讨会暨2006年加拿大会计师协会中国区会员年会 | 加拿大注册会计师协会、会计学院 | 2006年11月3—4日 |
| 53 | 两岸财经法律研讨会2006年年会 | 法学院和台湾政治大学财经法研究中心 | 2006年11月11—13日 |
| 54 | 社会保障国际研讨会 | 公共经济与管理学院 | 2006年12月29日 |
| 55 | 现代马克思主义经济学与应用经济学创新 | 马克思主义研究院、贵州大学经济学院、中国社会科学院马克思主义研究院、世界政治经济学学会 | 2007年3月9—11日 |

(续表)

| 序号 | 会议名称 | 主办单位 | 时间 |
|---|---|---|---|
| 56 | 城市经济与土地政策国际研讨会 | 公共经济与管理学院、《中国土地科学》、Chinese Economy | 2007年3月24—25日 |
| 57 | 亚洲竞争政策国际研讨会 | 国际工商管理学院 | 2007年5月31日 |
| 58 | 管理创新国际会议 | 信息管理与工程学院、多伦多大学风险中国研究中心(Risk China Research Center, University of Toronto)、复旦大学管理学院、美国内布拉斯加大学、职业风险管理师国际协会(PRMIA: The Professional Risk Managers' International Association) | 2007年6月4—6日 |
| 59 | 市场营销国际学术论坛 | 国际工商管理学院、现代市场营销研究中心、复旦大学管理学院 | 2007年6月21—23日 |
| 60 | 2007年亚太国际贸易研讨会 | 国际工商管理学院 | 2007年7月7—8日 |
| 61 | 行为金融与中国金融国际学术研讨会 | 金融学院、现代金融研究中心 | 2007年7月13—14日 |
| 62 | 地缘经济：寻求全球化的和谐 | 经济学院、转型经济研究中心 | 2007年9月27—28日 |
| 63 | 2007世界投资报告发布暨国际投资高层研讨会 | 联合国贸易和发展会议、上海市外国投资促进中心、公共经济与管理学院、上海对外贸易学院 | 2007年10月18日 |
| 64 | 会计准则国际研讨会 | 会计与财务研究院、会计学院 | 2007年10月26—27日 |
| 65 | 提高政府财政管理能力国际研讨会 | 联合国开发署南南合作特设局、上财公共经济与管理学院 | 2007年11月16—17日 |
| 66 | 2008应用经济学国际研讨会 | 经济学院 | 2008年5月17—18日 |
| 67 | 新制度主义与发展理论：全球化与中国发展模式转型国际会议 | 人文学院 | 2008年5月26—27日 |
| 68 | 2008年金融工程与风险管理国际会议 | 统计学系 | 2008年6月8—10日 |
| 69 | 供应链管理与运营管理国际会议 | 国际工商管理学院 | 2008年6月9日 |
| 70 | 2008暑期博弈论学术研讨会 | 经济学院 | 2008年6月21—22日 |
| 71 | 上海财经大学商务汉语国际研讨会 | 国际文化交流学院 | 2008年6月26—28日 |
| 72 | 第十三届亚洲房地产学会年会 | 公共经济与管理学院 | 2008年7月12—15日 |
| 73 | 中外管理会计研究成果比较与借鉴研讨会 | 会计学院 | 2008年10月31日 |
| 74 | 全球金融危机与亚洲金融体系 | 金融学院 | 2009年3月15日 |
| 75 | 迎接老龄社会的挑战：国际经验和上海的选择 | 人文学院 | 2009年5月22—24日 |
| 76 | 统计与管理科学国际会议 | 统计与管理学院 | 2009年7月17—19日 |

(续表)

| 序号 | 会议名称 | 主办单位 | 时间 |
| --- | --- | --- | --- |
| 77 | "政府绩效管理"学术研讨会 | 公共经济与管理学院 | 2009年11月7—8日 |
| 78 | 转型经济中的公司治理与公司财务学术论坛 | 会计学院 | 2009年11月6—7日 |
| 79 | 中国、意大利体育产业管理学术交流会议 | 体育教学部 | 2009年10月23—24日 |
| 80 | 第三届中法环境法学术研讨会 | 法学院 | 2010年1月14—15日 |
| 81 | 管理创新国际会议 | 信息管理与工程学院 | 2010年6月7—9日 |
| 82 | 转型时期的中国与俄罗斯：经济与社会 | 马克思主义研究院 | 2010年11月11—12日 |
| 83 | 2010年中国会计与财务研究学术会议 | 会计学院 | 2010年12月4—5日 |
| 84 | 中外商务合作跨文化交际与商务汉语教学学术会议 | 国际文化交流学院 | 2010年12月17—19日 |
| 85 | 英语写作教学学术会议 | 外国语学院 | 2011年4月16—17日 |
| 86 | 2011上海微观经济学学术研讨会 | 经济学院 | 2011年6月16—17日 |
| 87 | 管理会计学术会议 | 会计学院 | 2011年6月24—25日 |
| 88 | 2011上海宏观经济学学术研讨会 | 经济学院 | 2011年6月24—26日 |
| 89 | 如何跨越中等收入陷阱学术会议 | 经济学院、高等研究院 | 2011年12月10—11日 |
| 90 | 2012上海计量经济学学术研讨会 | 经济学院 | 2012年5月17—18日 |
| 91 | 2012上海宏观经济学学术研讨会 | 经济学院 | 2012年6月9—11日 |
| 92 | 2012上海微观经济学学术研讨会 | 经济学院 | 2012年6月9—10日 |
| 93 | 全球化对国际间经济传导机制的影响 | 国际工商管理学院 | 2012年6月21—22日 |
| 94 | 案例式商务汉语教学与跨文化交际学术会议 | 国际文化交流学院 | 2012年6月29日—7月1日 |
| 95 | 第三届台湾大学、广州中山大学、上海财经大学公共治理三校论坛 | 公共经济与管理学院 | 2012年6月30日—7月1日 |
| 96 | 两岸高校体育教学与运动训练研讨会 | 体育教学部 | 2012年7月31日—8月4日 |
| 97 | 亚太知识管理国际会议 | 信息管理与工程学院 | 2012年10月11—12日 |
| 98 | 管理会计学术会议 | 会计与财务研究院、会计学院 | 2012年12月15—16日 |
| 99 | 中印农村发展比较学术会议 | 马克思主义研究院 | 2013年5月18日 |
| 100 | 超越中等收入：国际经验与中国前景学术会议 | 高等研究院 | 2013年7月3日 |
| 101 | 2013上海微观经济学学术研讨会 | 经济学院 | 2013年6月20—21日 |
| 102 | 2013上海宏观经济学学术研讨会 | 经济学院 | 2013年6月22—24日 |

(续表)

| 序号 | 会 议 名 称 | 主 办 单 位 | 时 间 |
|---|---|---|---|
| 103 | 上海计量经济学学术研讨会 | 经济学院 | 2013年6月20—21日 |
| 104 | 中国资本市场会计与财务问题国际研讨会 | 会计学院 | 2013年11月1—2日 |
| 105 | 第九届Dynare国际研讨会 | 经济学院 | 2013年10月29—30日 |
| 106 | 21世纪科技发展与人类进步国际研讨会 | 马克思主义研究院 | 2013年10月31日 |
| 107 | 从全球视角看中国的环境挑战国际研讨会 | 高等研究院 | 2014年3月13—14日 |
| 108 | 第二届比较民商法与判例研究学术研讨会 | 法学院 | 2014年4月26—27日 |
| 109 | 中加集体劳动争议处理高级研讨会 | 法学院 | 2014年5月19—21日 |
| 110 | 2014上海宏观经济学学术研讨会 | 经济学院 | 2014年5月24—26日 |
| 111 | "未富先老"下的中国养老金改革：挑战与机遇国际研讨会 | 高等研究院 | 2014年6月3日 |
| 112 | 第五届中外商务合作跨文化交际与商务汉语教学国际研讨会 | 国际文化交流学院 | 2014年6月13—15日 |
| 113 | 2014上海微观经济学学术研讨会 | 经济学院 | 2014年6月14—15日 |
| 114 | 上海计量经济学学术研讨会 | 经济学院 | 2014年6月29—30日 |
| 115 | 全球城市公共政策与治理创新学术研讨会 | 公共政策与治理研究院 | 2014年7月4—6日 |
| 116 | 计量财务金融研讨会 | 经济学院 | 2014年10月15日 |
| 117 | 上海经济史学研讨会 | 经济学院 | 2014年11月1—2日 |
| 118 | 大数据统计：方法、理论与应用研讨会 | 统计与管理学院 | 2014年11月11—14日 |
| 119 | 全球化视野·大学图书馆馆长论坛 | 图书馆 | 2014年11月18—20日 |
| 120 | 2014年两岸自由贸易法治问题研讨会 | 法学院 | 2014年12月5—6日 |
| 121 | 国际知识产权学术年会 | 法学院 | 2014年12月15—16日 |
| 122 | 第三届"比较民商法与判例研究"学术研讨会 | 法学院 | 2015年4月26—27日 |
| 123 | 上海财大—交大高金—斯坦福金融建模与数据分析论坛 | 信息与管理学院 | 2015年5月8—9日 |
| 124 | 2015上海应用经济学学术研讨会 | 经济学院 | 2015年6月6—7日 |
| 125 | 公共政策挑战与治理创新国际论坛 | 公共政策与治理研究院 | 2015年6月6—7日 |

(续表)

| 序号 | 会议名称 | 主办单位 | 时间 |
|---|---|---|---|
| 126 | 2015上海微观经济学学术研讨会 | 经济学院 | 2015年6月13—14日 |
| 127 | 2015上海宏观经济学学术研讨会 | 经济学院 | 2015年6月13—15日 |
| 128 | 2015暑期国际金融研讨会 | 国际工商管理学院 | 2015年6月15—18日 |
| 129 | 2015产业组织研讨会 | 国际工商管理学院 | 2015年6月17—19日 |
| 130 | 2015上海计量经济学研讨会 | 经济学院 | 2015年6月23—24日 |
| 131 | 大数据统计与金融计量研讨会 | 统计与管理学院 | 2015年7月6—7日 |
| 132 | 第二届"东亚—拉美法律论坛"暨中国—拉美法律研讨会 | 法学院 | 2015年9月15—16日 |
| 133 | 国际权威财经数据应用研讨会 | 图书馆 | 2015年10月16日 |
| 134 | 新常态下人民币"走出去"新模式国际研讨会 | 金融学院 | 2015年10月16日 |
| 135 | "自由贸易与劳动标准"国际研讨会 | 法学院 | 2015年11月5—6日 |
| 136 | 第四届中拉学术论坛——迈向命运共同体：中拉整体合作新阶段、新目标、新挑战 | 法学院 | 2015年11月26—27日 |
| 137 | 2016产业组织与反垄断研讨会 | 国际工商管理学院 | 2016年5月13—14日 |
| 138 | 应对全球气候变迁：正义、原则与人类福祉国际会议 | 人文学院 | 2016年5月15—17日 |
| 139 | 2016暑期国际贸易与投资研讨会 | 国际工商管理学院 | 2016年5月26—29日 |
| 140 | 商务孔子学院发展与汉语国际教育暨第六届中外商务合作跨文化交际与商务汉语教学研讨会 | 国际文化交流学院 | 2016年6月10—12日 |
| 141 | 中英"支持中国可持续发展的金融管理研究"研讨会 | 科研处 | 2016年6月16—17日 |
| 142 | 2016上海微观经济学学术研讨会 | 经济学院 | 2016年6月22—23日 |
| 143 | 2016上海计量经济学学术研讨会 | 经济学院 | 2016年6月22—23日 |
| 144 | 2016人力资源管理研究前沿国际研讨会 | 国际工商管理学院 | 2016年6月25—26日 |
| 145 | 2016上海宏观经济学学术研讨会 | 经济学院 | 2016年6月25—27日 |
| 146 | 2016暑期产业经济学研讨会 | 国际工商管理学院 | 2016年6月27—29日 |
| 147 | 第四届国际生物统计学会中国分会生物统计会议 | 统计与管理学院 | 2016年7月2—3日 |

（续表）

| 序号 | 会议名称 | 主办单位 | 时间 |
| --- | --- | --- | --- |
| 148 | AOS管理会计国际研讨会 | 会计学院 | 2016年7月14—15日 |
| 149 | 全球视野下的中西经济思想比较暨第48届英国经济思想史年会 | 经济学院 | 2016年9月2—4日 |
| 150 | 制度、思想、社会组织与经济发展国际会议 | 经济学院 | 2016年9月10—11日 |
| 151 | 新型城镇化与城市治理现代化国际会议 | 公共政策与治理研究院 | 2016年9月26—28日 |
| 152 | 第二届上海风险论坛 | 金融学院 | 2016年12月18日 |
| 153 | 信息学与计算技术进展国际会议 | 信息管理与工程学院 | 2016年12月23—25日 |

# 第二章　国际及港澳台地区合作

## 第一节　签订合作协议

1985年10月,学校与美国明尼苏达大学管理学院签订第一份合作交流协议。至2017年3月,学校与美国、加拿大、英国、法国、德国、瑞士、瑞典、比利时、荷兰、挪威、西班牙、芬兰、俄罗斯、乌克兰、巴西、澳大利亚、新西兰、日本、韩国、越南、菲律宾等40多个国家和中国香港、澳门、台湾地区的近200所高校和国际机构签订了校际合作协议,建立了合作交流关系,具体情况见表10-4。

表10-4　与国外和港澳台地区高校签订校际合作协议项目情况

| 序号 | 国家/地区 | 学校(组织)名称 | 签署日期 | 主　要　内　容 |
|---|---|---|---|---|
| 1 | 美国 | 明尼苏达大学 | 1985年10月25日 | 学术交流 |
| 2 | 美国 | 威斯康星—密尔沃基大学 | 1986年1月9日 | 教学与科研合作 |
| 3 | 加拿大 | 曼尼托巴大学 | 1987年4月14日 | 签署学术交流协议 |
| 4 | 加拿大 | 多伦多大学 | 1988年1月13日 | 教学与科研合作 |
| 5 | 美国 | 乔治亚大学 | 1988年1月21日 | 合作 |
| 6 | 日本 | 一桥大学 | 1988年9月14日 | 合作课题、互访、交流 |
| 7 | 日本 | 神户学院大学 | 1988年11月15日 | 互访、交流 |
| 8 | 美国 | 曼彻波里顿州立学院 | 1989年11月13日 | 交流、教学、科研合作 |
| 9 | 美国 | 圣克劳德州立大学 | 1989年11月13日 | 教学与信息管理合作 |
| 10 | 美国 | 国际经营管理研究生院 | 1991年6月25日 | 互访、学生交流、教师培训 |
| 11 | 菲律宾 | 德拉萨拉大学 | 1992年1月8日 | 教师、学生、学术资料交流 |
| 12 | 澳大利亚 | 悉尼麦科理大学 | 1992年5月15日 | 合作课题、互访、交流 |
| 13 | 中国台湾 | 台湾淡江大学 | 1992年9月6日 | 互访、交流 |
| 14 | 美国 | 西北理工大学 | 1992年9月26日 | 经济管理人员培训、考察合作、教师短期访问 |
| 15 | 澳大利亚 | 悉尼麦科理大学 | 1993年11月27日 | 学术合作、交换师生 |
| 16 | 美国 | 北伊利诺伊州立大学 | 1994年3月25日 | 互访、交流 |

(续表)

| 序号 | 国家/地区 | 学校(组织)名称 | 签署日期 | 主要内容 |
|---|---|---|---|---|
| 17 | 美国 | 西弗吉尼亚大学 | 1994年3月29日 | 教师培训、教师互访、交换教学材料、参加研讨会 |
| 18 | 英国、中国香港 | 渥威克大学、香港理工大学 | 1994年6月1日 | 三方合作交流 |
| 19 | 澳大利亚 | 皇家理工学院 | 1994年6月17日 | 合作课题、交流互访 |
| 20 | 澳大利亚 | 悉尼麦科理大学 | 1994年6月29日 | 学生交流、学术交流 |
| 21 | 英国 | 格林威治大学 | 1995年4月8日 | 教师交流互访 |
| 22 | 美国 | 麻省鸿国相互人寿保险公司 | 1995年4月21日 | 赠送教材、资助LOMA项目培训 |
| 23 | 中国香港 | 香港城市大学 | 1995年6月14日 | 人员、资料和学术交流 |
| 24 | 美国 | 韦伯斯特大学 | 1995年10月27日 | 合作培养MBA |
| 25 | 美国 | 国际经营管理研究生院 | 1996年7月12日 | 美方派遣学生参加暑假项目、财大派遣教师访问 |
| 26 | 澳大利亚 | Curtin商学院 | 1997年5月9日 | 信息交换、合作研究、研讨班、交流师生 |
| 27 | 英国 | E W Fact PLC | 1998年2月21日 | CIMA培训及考试 |
| 28 | 美国 | 丘博保险集团,美国财产和意外险注册承保师学会(AICPCU),国际精算协会(IAA) | 1998年3月9日 | 培训并组织参加AICPCU和IAA的考试项目 |
| 29 | 英国 | 鹰星人寿保险 | 1998年9月25日 | 精算师资格培训 |
| 30 | 中国香港 | Hong Kong Institute of Chartered Secretaries (HKICS)香港特许秘书公会 | 1998年10月19日 | 学科评估、设立考试中心等 |
| 31 | 澳大利亚 | 格里菲斯大学 | 1998年12月22日 | 学术交流备忘录 |
| 32 | 日本 | 岐阜经济大学 | 1999年7月7日<br>2000年4月1日生效 | 交流学生、研究人员、教育和学术交流、互赠学术资料及文献 |
| 33 | 英国 | 鹰星人寿保险 | 1999年10月9日 | 精算师资格培训(续签) |
| 34 | 越南 | 国民经济大学 | 1999年12月9日 | 学生、教师、学者交流;信息、资料交流等 |
| 35 | 菲律宾 | 德拉萨拉大学 | 2000年2月29日 | 教师、学生交流;合作培训、短期访问;信息交流 |
| 36 | 美国 | 西弗吉尼亚大学工商与经济学院 | 2000年6月6日 | 交流项目 |
| 37 | 法国 | 波尔多商学院 | 2000年6月29日 | 本科、研究生交流 |
| 38 | 韩国 | 三星火灾海上保险公司 | 2000年9月6日 | 学术交流访问、资助相关学术活动等 |

(续表)

| 序号 | 国家/地区 | 学校(组织)名称 | 签署日期 | 主要内容 |
|---|---|---|---|---|
| 39 | 美国 | 佩斯大学鲁宾商学院 | 2000年10月23日 | 合作培养会计学硕士项目 |
| 40 | 澳大利亚 | 迪肯大学、澳大利亚会计师公会、中国注册会计师协会 | 2000年12月12日 | 合作培养会计学硕士、注册会计师 |
| 41 | 英国 | 南安普顿大学 | 2001年7月1日 | 中外合作本科教育项目 |
| 42 | 英国 | 布鲁耐尔大学 | 2001年7月1日 | 学生、教师互派交流 |
| 43 | 美国 | 丘博保险集团 | 2001年9月12日 | 培训并组织参加AICPCU和IAA的考试项目 |
| 44 | 英国 | 纽卡索诺森伯兰大学 | 2001年10月9日 | 教学研究、人员互访、课程开发 |
| 45 | 加拿大 | 英属哥伦比亚大学工商管理学院 | 2001年11月2日 | 学生访问学习交流 |
| 46 | 芬兰 | 瓦萨大学 | 2001年12月6日 | 学生交流 |
| 47 | 美国 | 夏威夷大学 | 2001年12月6日 | 学生、学者、学术信息交流;合作学术活动、短期培训课程 |
| 48 | 中国台湾 | 台湾中央大学 | 2002年2月1日 | 学生、教师交流等 |
| 49 | 瑞典 | 厄勒布鲁大学 | 2002年2月25日 | 学生、师资交流 |
| 50 | 美国 | 美国非寿险精算协会 | 2002年4月1日 | 组织保险精算考试 |
| 51 | 美国 | 皇家山学院 | 2002年4月8日 | 交流学生短期培训 |
| 52 | 美国 | 大峡谷州立大学塞得门商学院 | 2002年7月11日 | 学生、教师交流 |
| 53 | 英国 | 赫瑞瓦特大学 | 2002年10月7日 | 教师进修、学生培养 |
| 54 | 新西兰 | 威灵顿维多利亚大学 | 2002年10月16日 | 学生培养 |
| 55 | 中国香港 | 香港理工大学商管资讯系统学院 | 2003年1月6日 | 学生、教师交流 |
| 56 | 中国台湾 | 辅仁大学 | 2003年1月20日 | 教师、学生、资料交流 |
| 57 | 中国台湾 | 逢甲大学 | 2003年1月22日 | 经营管理、财经保险的教学与科研合作;互换学术资料、师生交流 |
| 58 | 美国 | 瓦尔帕莱索大学工商管理学院 | 2003年1月24日 | 访问学者、访问学生、举办学术会议等 |
| 59 | 中国香港 | 香港理工大学工商管理学院 | 2003年2月12日 | 学生交换 |
| 60 | 荷兰 | 伊拉斯谟大学 | 2003年6月2日 | 学生、教师、材料交流 |
| 61 | 澳大利亚 | 墨尔本皇家技术学院 | 2003年8月29日 | 合作培养研究型商科硕士 |
| 62 | 日本 | 丽泽大学 | 2003年9月1日 | 学生、教师互派;学术、研究、文献交流 |
| 63 | 美国 | 美国财产意外险学会 | 2004年2月6日 | 金融保险培训等 |

(续表)

| 序号 | 国家/地区 | 学校(组织)名称 | 签署日期 | 主要内容 |
|---|---|---|---|---|
| 64 | 美国 | 美国寿险管理协会 | 2004年2月6日 | LOMA*STAR考试中心、保险专升本、金融保险等 |
| 65 | 俄罗斯 | 圣彼得堡财经大学 | 2004年3月25日 | 学术交流合作意向书 |
| 66 | 英国 | 布鲁耐尔大学 | 2004年6月3日 | 中国—欧盟比较研究项目 |
| 67 | 中国台湾 | 政治大学 | 2004年11月13日 | 合作研究、学术研讨等 |
| 68 | 英国 | 埃克塞特大学 | 2004年11月26日 | 合作科研等 |
| 69 | 韩国 | 德成女子大学 | 2004年12月14日 | 学术交流、汉语学习班 |
| 70 | 韩国 | 朝鲜大学校 | 2004年12月28日 | 举办汉语培训班 |
| 71 | 荷兰 | 阿姆斯特丹商学院 | 2005年1月20日 | 工商管理硕士预科项目 |
| 72 | 日本 | 立命馆大学 | 2005年1月31日 | 教师、学生互换，合作科研项目、学术会议及文化项目 |
| 73 | 芬兰 | 瓦萨大学 | 2005年2月2日 | 交换学生增补条款 |
| 74 | 荷兰 | 方提斯市场营销管理学院 | 2005年2月20日 | 交换学生项目 |
| 75 | 英国 | 南安普顿大学 | 2005年2月24日 | 中外合作本科教育项目(续签) |
| 76 | 日本 | 日本岐阜经济大学 | 2005年3月30日 | 交流学生、研究人员、教育和学术交流、互赠文献(续签) |
| 77 | 韩国 | 成均馆大学 | 2005年3月31日 | 学生交流、教师互派等 |
| 78 | 美国 | 韦伯斯特大学 | 2005年4月6日 | 中外合作办学项目 |
| 79 | 加拿大 | 肯考迪亚大学 | 2005年4月6日 | 合作协议 |
| 80 | 日本 | 大垣共立银行 | 2005年8月2日 | 产学合作协议 |
| 81 | 美国 | 韦伯斯特大学 | 2005年8月30日 | 合作协议修订备忘录 |
| 82 | 日本 | 东京经济大学 | 2005年9月16日 | 合作交流意向书 |
| 83 | 俄罗斯 | 金融科学院 | 2005年10月8日 | 合作科研、学生交流等 |
| 84 | 中国台湾 | 静宜大学 | 2006年1月6日 | 交流备忘录 |
| 85 | 英国 | 英国精算学会 | 2006年1月9日 | 谅解备忘录 |
| 86 | 英国 | 布鲁耐尔大学 | 2006年3月17日 | 财经专业国际教育合作协议书 |
| 87 | 法国 | 图鲁兹高等商学院 | 2006年4月24日 | 交换学生 |
| 88 | 韩国 | 建国大学 | 2006年5月26日 | 教师、学生交换等 |
| 89 | 英国 | 伦敦市场营销中心 | 2006年6月1日 | 课程培训 |
| 90 | 法国 | 圣艾蒂安高等商业学校 | 2006年6月30日 | 本科学生交换 |
| 91 | 美国 | 美国特利多大学 | 2006年6月30日 | 交换教师、学生、学术资料，进行共同研究的谅解备忘录 |
| 92 | 美国 | 美国注册财务策划师学会 | 2006年9月19日 | 美国注册财务策划师中国资格认证项目合作协议书 |

(续表)

| 序号 | 国家/地区 | 学校(组织)名称 | 签署日期 | 主要内容 |
|---|---|---|---|---|
| 93 | 加拿大 | 加拿大证券专业学会 | 2006年10月16日 | 合作协议 |
| 94 | 美国 | 美国特利多大学 | 2006年10月18日 | 谅解备忘录增订 |
| 95 | 澳洲 | 澳洲会计师公会 | 2006年10月24日 | 谅解备忘录 |
| 96 | 中国香港 | 香港理工大学工商管理学院 | 2006年12月15日 | 学生交换计划协议书 |
| 97 | 中国台湾 | 台湾逢甲大学 | 2007年1月16日 | 教师交流、学生交换、合作研究 |
| 98 | 美国 | 加州州立大学富乐顿分校 | 2007年1月17日 | 教育、学术合作 |
| 99 | 瑞典 | 瑞典厄勒布鲁大学 | 2007年2月25日 | 学生、师资交流,合作研究等 |
| 100 | 日本 | 日本国近畿大学法学部 | 2007年4月1日 | 教师交流、学生交换 |
| 101 | 美国 | 迈阿密大学 | 2007年4月13日 | 学生交换 |
| 102 | 美国 | 北卡罗来纳州立大学 | 2007年5月31日 | 教师互访、学生交流、合作研究 |
| 103 | 俄罗斯 | 莫斯科财政工业大学 | 2007年7月24日 | 学生交换 |
| 104 | 俄罗斯 | 圣彼得堡财经大学 | 2007年7月26日 | 教师交流、学生交换 |
| 105 | 英国 | 赫瑞瓦特大学 | 2007年8月1日 | 访问学生 |
| 106 | 荷兰 | 阿姆斯特丹国际大学 | 2007年11月2日 | 学生交换 |
| 107 | 英国 | 伦敦城市大学 | 2008年1月31日 | EMBA海外学习 |
| 108 | 德国 | 科隆商学院 | 2008年3月6日 | 访问学习 |
| 109 | 英国 | 布鲁耐尔大学 | 2008年3月12日 | 学术合作 |
| 110 | 日本 | 一桥大学 | 2008年4月1日 | 学生交换、教师互访、研究生短期学习 |
| 111 | 荷兰 | 汉恩大学安和恩商学院 | 2008年5月8日 | 学生交换 |
| 112 | 荷兰 | 鹿特丹伊拉斯谟大学 | 2008年6月16日 | 合作研究、教师互换、博士联合培养 |
| 113 | 西班牙 | 德斯多大学—圣塞巴斯蒂安 | 2008年6月26日 | 学生交换 |
| 114 | 加拿大 | 康考迪亚大学 | 2008年11月7日 | 谅解备忘录 |
| 115 | 土耳其 | 比尔肯特大学 | 2008年12月17日 | 学生交换、教师互访 |
| 116 | 英国 | 牛津大学哈福特学院 | 2008年12月18日 | 学生海外培训实习 |
| 117 | 捷克 | 马萨里克大学 | 2009年3月2日 | 谅解备忘录 |
| 118 | 英国 | 剑桥大学JUDGE商学院 | 2009年3月9日 | 谅解备忘录、MBA服务项目 |
| 119 | 法国 | 南特高等商学院 | 2009年3月10日 | 谅解备忘录、合作办学 |
| 120 | 法国 | 图卢兹高等商学院 | 2009年3月23日 | 谅解备忘录 |
| 121 | 日本 | 松山大学 | 2009年3月26日 | 学生交换 |
| 122 | 加拿大 | 维多利亚大学 | 2009年4月1日 | 访问项目 |

(续表)

| 序号 | 国家/地区 | 学校(组织)名称 | 签署日期 | 主要内容 |
| --- | --- | --- | --- | --- |
| 123 | 美国 | 加利福尼亚大学 | 2009年4月1日 | MBA项目 |
| 124 | 日本 | 丽泽大学 | 2009年4月1日 | 谅解备忘录 |
| 125 | 美国 | 罗切斯特大学 | 2009年4月20日 | 预科项目 |
| 126 | 美国 | 西东大学 | 2009年5月18日 | 本科、硕士联合培养 |
| 127 | 澳大利亚 | 澳大利亚国立大学 | 2009年6月11日 | 硕士联合培养 |
| 128 | 英国 | 布鲁耐尔大学 | 2009年7月1日 | 合作办学 |
| 129 | 中国台湾 | 静宜大学 | 2009年7月7日 | 谅解备忘录、学生交换 |
| 130 | 日本 | 早稻田大学 | 2009年7月8日 | 谅解备忘录 |
| 131 | 中国台湾 | 义守大学 | 2009年8月12日 | 谅解备忘录、学生交换 |
| 132 | 美国 | 圣何塞州立大学 | 2009年10月9日 | 谅解备忘录 |
| 133 | 加拿大 | 渥太华大学 | 2009年10月15日 | 谅解备忘录 |
| 134 | 美国 | 俄克拉荷马州立大学 | 2009年10月16日 | 学术合作 |
| 135 | 加拿大 | 女王大学 | 2009年11月10日 | 谅解备忘录、访问项目 |
| 136 | 法国 | 圣埃蒂安高等商学院 | 2009年11月27日 | 谅解备忘录 |
| 137 | 日本 | 一桥大学 | 2009年12月21日 | 学生交换、教师互访、学术合作 |
| 138 | 日本 | 一桥大学 | 2010年1月1日 | 学生交换 |
| 139 | 加拿大 | 女王大学 | 2010年1月19日 | 访问学习、谅解备忘录附属协议 |
| 140 | 瑞典 | 厄尔布鲁大学 | 2010年2月4日 | 学生交换 |
| 141 | 意大利 | 博卡尼商业大学 | 2010年2月9日 | 谅解备忘录、学生交换 |
| 142 | 法国 | 圣埃蒂大学 | 2010年3月12日 | 谅解备忘录 |
| 143 | 新西兰 | 坎特伯雷大学 | 2010年3月15日 | 谅解备忘录 |
| 144 | 日本 | 岐阜经济大学 | 2010年4月1日 | 谅解备忘录、学生交换 |
| 145 | 澳大利亚 | 昆士兰大学 | 2010年4月9日 | 谅解备忘录、谅解备忘录增补协议、学生交换、访问学习 |
| 146 | 日本 | 东京经济大学 | 2010年4月14日 | 谅解备忘录 |
| 147 | 中国台湾 | 彰化师范大学 | 2010年4月15日 | 谅解备忘录、学生交换 |
| 148 | 西班牙 | 卡洛斯三十大学 | 2010年5月4日 | 谅解备忘录、学生交换 |
| 149 | 西班牙 | 巴塞罗那大学 | 2010年9月1日 | 谅解备忘录 |
| 150 | 荷兰 | 鹿特丹伊拉斯谟大学 | 2010年9月27日 | 学生交换 |
| 151 | 挪威 | 阿哥德大学 | 2010年10月27日 | 学生交换 |
| 152 | 美国 | 韦伯斯特大学 | 2010年12月8日 | 中外合作办学 |

(续表)

| 序号 | 国家/地区 | 学校(组织)名称 | 签署日期 | 主要内容 |
|---|---|---|---|---|
| 153 | 西班牙 | 庞培法布拉大学 | 2010年12月10日 | 学生交换 |
| 154 | 加拿大 | 麦克马斯特大学 | 2011年1月25日 | 谅解备忘录 |
| 155 | 芬兰 | 图尔库大学经济学院 | 2011年2月8日 | 学术合作、学生交换 |
| 156 | 美国 | 佛罗里达大学 | 2011年2月21日 | — |
| 157 | 日本 | 岐阜经济大学 | 2011年4月1日 | 赠送学术文献 |
| 158 | 意大利 | 特兰多大学 | 2011年4月4日 | 谅解备忘录、博士联合培养 |
| 159 | 新西兰 | 坎特伯雷大学 | 2011年4月6日 | 学生交换 |
| 160 | 澳大利亚 | 西悉尼大学 | 2011年4月8日 | 谅解备忘录、学生交换 |
| 161 | 英国 | 英国伦敦大学学院 | 2011年4月12日 | 访问学习 |
| 162 | 中国台湾 | 台北大学 | 2011年4月21日 | 谅解备忘录 |
| 163 | 美国 | 迈阿密大学 | 2011年4月25日 | 学生交换 |
| 164 | 美国 | 雪城大学 | 2011年4月25日 | 谅解备忘录 |
| 165 | 瑞典 | 斯德哥尔摩大学 | 2011年5月16日 | 谅解备忘录、学生交换 |
| 166 | 韩国 | 建国大学 | 2011年6月1日 | 谅解备忘录 |
| 167 | 瑞士 | 洛桑大学 | 2011年6月15日 | 谅解备忘录、学生交换 |
| 168 | 中国台湾 | 实践大学 | 2011年6月15日 | 谅解备忘录 |
| 169 | 英国 | 南安普顿大学 | 2011年8月3日 | 中外合作办学 |
| 170 | 英国 | 牛津布鲁克斯大学 | 2011年8月7日 | 预科项目 |
| 171 | 英国 | 赫瑞·瓦特大学 | 2011年8月12日 | 学生交换 |
| 172 | 日本 | 松山大学 | 2011年9月30日 | 谅解备忘录、学生交换 |
| 173 | 法国 | ESCP欧洲商学院 | 2011年10月5日 | 谅解备忘录 |
| 174 | 法国 | 蒙彼利埃商学院 | 2011年10月7日 | 学生交换 |
| 175 | 澳大利亚 | 麦考瑞大学 | 2011年10月28日 | 谅解备忘录 |
| 176 | 英国 | 布鲁耐尔大学 | 2011年11月17日 | 预科项目 |
| 177 | 美国 | 韦伯斯特大学 | 2011年12月15日 | 中外合作办学 |
| 178 | 爱尔兰 | 都柏林国立大学 | 2012年1月1日 | 谅解备忘录 |
| 179 | 英国 | 班戈大学 | 2012年1月9日 | 预科项目 |
| 180 | 德国 | 法兰克福大学 | 2012年1月28日 | 谅解备忘录 |
| 181 | 加拿大 | 魁北克大学蒙特利尔分校 | 2012年1月30日 | 谅解备忘录 |
| 182 | 加拿大 | 女王大学 | 2012年2月23日 | 访问学习 |
| 183 | 加拿大 | 拉瓦尔大学 | 2012年3月13日 | 预科项目 |

(续表)

| 序号 | 国家/地区 | 学校(组织)名称 | 签署日期 | 主要内容 |
|---|---|---|---|---|
| 184 | 德国 | 法兰克福商业管理学院 | 2012年4月3日 | 学生交换 |
| 185 | 美国 | 西弗吉尼亚大学 | 2012年5月8日 | 谅解备忘录、预科项目 |
| 186 | 法国 | 克莱蒙费朗高等商学院 | 2012年5月22日 | 预科项目 |
| 187 | 意大利 | 特兰多大学 | 2012年5月22日 | 博士联合培养 |
| 188 | 英国 | 伦敦政治经济学院 | 2012年5月23日 | 访问学习 |
| 189 | 美国 | 明尼苏达大学莫里斯分校 | 2012年5月30日 | 预科项目 |
| 190 | 美国 | 和丽山大学 | 2012年6月11日 | 谅解备忘录、教师互访、访问学习、海外实习 |
| 191 | 新加坡 | 新加坡理工大学 | 2012年6月27日 | 学生交换 |
| 192 | 芬兰 | 瓦萨大学 | 2012年7月6日 | 学生交换 |
| 193 | 美国 | 韦伯斯特大学 | 2012年8月16日 | 中外合作办学补充协议 |
| 194 | 美国 | 巴鲁克学院 | 2012年9月1日 | 学生交换 |
| 195 | 荷兰 | 鹿特丹伊拉斯谟大学 | 2012年9月11日 | 谅解备忘录 |
| 196 | 奥地利 | 库夫施泰因应用科技大学 | 2012年9月30日 | 学生交换 |
| 197 | 英国 | 伦敦玛丽女王大学 | 2012年11月28日 | 谅解备忘录、学生交换 |
| 198 | 德国 | 奥拓贝森管理学院 | 2012年12月12日 | 学生交换 |
| 199 | 中国香港 | 香港理工大学工商管理学院 | 2012年12月12日 | 学生交换 |
| 200 | 荷兰 | 阿姆斯特丹应用科技大学经济管理学院 | 2013年1月11日 | 学生交换 |
| 201 | 美国 | 加州大学伯克利分校 | 2013年1月23日 | 谅解备忘录、访问学习 |
| 202 | 美国 | 俄亥俄州立大学 | 2013年2月27日 | 谅解备忘录 |
| 203 | 英国 | 剑桥大学露西·卡文迪许学院 | 2013年5月6日 | 访问学习 |
| 204 | 新西兰 | 新南威尔士大学 | 2013年5月20日 | 访问学习 |
| 205 | 法国 | 图卢兹商学院 | 2013年5月27日 | 学生交换 |
| 206 | 美国 | 加州大学圣地亚哥分校 | 2013年6月12日 | 访问学习 |
| 207 | 美国 | 宾夕法尼亚州立大学 | 2013年6月14日 | 谅解备忘录 |
| 208 | 中国香港 | 香港科技大学 | 2013年6月26日 | 学生交换 |
| 209 | 墨西哥 | 蒙特雷科技大学 | 2013年6月28日 | 谅解备忘录 |
| 210 | 法国 | 诺曼底商学院 | 2013年8月29日 | 学生交换 |
| 211 | 英国 | 巴斯斯巴大学 | 2013年9月26日 | 谅解备忘录、学生交换 |
| 212 | 新加坡 | 新加坡管理大学 | 2013年10月10日 | 谅解备忘录、博士联合培养 |
| 213 | 中国台湾 | 东吴大学 | 2013年10月13日 | 谅解备忘录、学生交换 |

(续表)

| 序号 | 国家/地区 | 学校(组织)名称 | 签署日期 | 主要内容 |
|---|---|---|---|---|
| 214 | 中国香港 | 香港城市大学 | 2013年10月23日 | 谅解备忘录、学生交换 |
| 215 | 美国 | 威斯康辛大学麦迪逊分校 | 2013年12月19日 | 谅解备忘录 |
| 216 | 加拿大 | 魁北克大学蒙特利尔分校 | 2013年12月19日 | 学生交换 |
| 217 | 荷兰 | 海牙大学 | 2013年12月19日 | 谅解备忘录、学生交换 |
| 218 | 日本 | 长崎大学 | 2013年12月27日 | 谅解备忘录 |
| 219 | 美国 | 蒙特雷国际研究院 | 2013年12月30日 | 谅解备忘录 |
| 220 | 美国 | 乔治·华盛顿大学 | 2014年1月9日 | 暑期项目 |
| 221 | 美国 | 亚利桑那州立大学 | 2014年1月22日 | 谅解备忘录、硕士联合培养 |
| 222 | 法国 | 雷恩商学院 | 2014年2月18日 | 谅解备忘录、学生交换 |
| 223 | 西班牙 | IE商学院 | 2014年2月28日 | 谅解备忘录、学生交换 |
| 224 | 中国台湾 | 台北大学 | 2014年2月28日 | 学生交换 |
| 225 | 美国 | 圣文森特学院 | 2014年3月21日 | 学生交换 |
| 226 | 美国 | 西弗吉尼亚大学 | 2014年3月25日 | 学生交换 |
| 227 | 中国台湾 | 铭传大学 | 2014年3月28日 | 谅解备忘录、学生交换 |
| 228 | 荷兰 | 汉恩应用科技大学 | 2014年4月25日 | 谅解备忘录、学生交换 |
| 229 | 中国台湾 | 政治大学 | 2014年4月25日 | 谅解备忘录、学生交换 |
| 230 | 中国台湾 | 中央大学 | 2014年4月25日 | 学生交换 |
| 231 | 德国 | 科隆大学管理、经济学与社会科学学部 | 2014年4月28日 | 学生交换 |
| 232 | 日本 | 长崎大学 | 2014年5月2日 | 学生交换 |
| 233 | 美国 | 西东大学 | 2014年5月8日 | 学生交换 |
| 234 | 中国香港 | 岭南大学社会科学学院 | 2014年5月29日 | 学生交换 |
| 235 | 瑞士 | 瑞士西北应用科技大学 | 2014年6月27日 | 学生交换 |
| 236 | 西班牙 | 桑坦德银行上海银行 | 2014年8月7日 | 谅解备忘录 |
| 237 | 韩国 | 淑明女子大学 | 2014年10月10日 | 谅解备忘录、学生交换 |
| 238 | 中国香港 | 香港城市大学商学院 | 2014年10月23日 | 学生交换 |
| 239 | 波兰 | 华沙大学 | 2014年11月14日 | 谅解备忘录、学生交换 |
| 240 | 意大利 | 罗马第一大学 | 2014年11月17日 | 谅解备忘录、学生交换 |
| 241 | 意大利 | 博洛尼亚大学 | 2014年11月18日 | 谅解备忘录、学生交换 |
| 242 | 英国 | 剑桥大学露西·卡文迪许学院 | 2014年11月21日 | 谅解备忘录 |
| 243 | 美国 | 哥伦比亚大学 | 2014年11月24日 | 访问学生 |
| 244 | 法国 | 南特高等商学院 | 2014年11月26日 | 学生交换 |

(续表)

| 序号 | 国家/地区 | 学校(组织)名称 | 签署日期 | 主 要 内 容 |
|---|---|---|---|---|
| 245 | 土耳其 | 比尔肯特大学 | 2014年11月27日 | 学生交换 |
| 246 | 英国 | 伦敦大学学院 | 2014年11月28日 | 访问学生 |
| 247 | 爱沙尼亚 | 塔林大学 | 2014年12月11日 | 谅解备忘录、孔子学院 |
| 248 | 荷兰 | 鹿特丹伊拉斯谟大学 | 2014年12月12日 | 学生交换 |
| 249 | 美国 | 佛罗里达大学 | 2014年12月15日 | 访问学生 |
| 250 | 美国 | 斯蒂文斯理工学院 | 2014年12月23日 | 谅解备忘录 |
| 251 | 意大利 | 特伦多大学 | 2014年12月30日 | 谅解备忘录、博士生联合培养 |
| 252 | 澳大利亚 | 新南威尔士大学 | 2015年1月15日 | 学生交换 |
| 253 | 加拿大 | 蒙特利尔大学 | 2015年2月23日 | 学生交换 |
| 254 | 澳大利亚 | 昆士兰大学 | 2015年3月10日 | 谅解备忘录 |
| 255 | 新加坡 | 新加坡义安理工学院 | 2015年3月12日 | 谅解备忘录 |
| 256 | 澳大利亚 | 莫纳什大学 | 2015年4月21日 | 硕士联合培养 |
| 257 | 澳大利亚 | 澳大利亚国立大学 | 2015年4月22日 | 谅解备忘录 |
| 258 | 中国香港 | 香港城市大学 | 2015年6月16日 | 学生交换 |
| 259 | 法国 | KEDGE商学院 | 2015年6月18日 | 谅解备忘录 |
| 260 | 韩国 | 韩国建国大学 | 2015年8月5日 | 学生交换 |
| 261 | 比利时 | 鲁汶大学 | 2015年8月18日 | 学生交换 |
| 262 | 荷兰 | 阿姆斯特丹应用科技大学 | 2015年9月28日 | 硕士联合培养 |
| 263 | 美国 | 北卡罗来纳大学夏洛特分校 | 2015年10月8日 | 合作办学 |
| 264 | 新加坡 | 新加坡管理大学 | 2015年10月12日 | 访问协议 |
| 265 | 美国 | 韦伯斯特大学 | 2015年10月27日 | 谅解备忘录 |
| 266 | 英国 | 南安普顿大学 | 2015年10月29日 | 学生交换 |
| 267 | 加拿大 | 约克大学 | 2015年10月29日 | 合作办学 |
| 268 | 英国 | 伦敦玛丽女王大学 | 2015年11月4日 | 合作办学 |
| 269 | 美国 | 俄亥俄大学 | 2015年11月13日 | 学生交换 |
| 270 | 拉脱维亚 | 拉脱维亚大学 | 2015年11月16日 | 谅解备忘录、学生交换 |
| 271 | 芬兰 | 图尔库大学 | 2015年11月19日 | 学生交换 |
| 272 | 加拿大 | 女王大学 | 2015年11月19日 | 合作办学 |
| 273 | 中国香港 | 香港中文大学 | 2015年11月23日 | 谅解备忘录、学生交换 |
| 274 | 爱沙尼亚 | 塔林大学 | 2015年12月3日 | 学生交换 |
| 275 | 日本 | 名古屋商科大学 | 2015年12月9日 | 短期培训 |

(续表)

| 序号 | 国家/地区 | 学校(组织)名称 | 签署日期 | 主要内容 |
|---|---|---|---|---|
| 276 | 美国 | 加州大学戴维斯分校 | 2015年12月11日 | 合作办学 |
| 277 | 美国 | 亚利桑那州立大学 | 2015年12月14日 | 谅解备忘录 |
| 278 | 美国 | 福德汉姆大学 | 2015年12月15日 | 学生交换 |
| 279 | 澳大利亚 | 澳大利亚国立大学 | 2015年12月16日 | 预科项目 |
| 280 | 芬兰 | 乌特勒支商学院 | 2015年12月21日 | 孔子学院 |
| 281 | 加拿大 | 女王大学 | 2016年1月14日 | 谅解备忘录、学生交换 |
| 282 | 中国香港 | 香港中文大学 | 2016年1月21日 | 学生交换 |
| 283 | 瑞士 | 提挈诺大学 | 2016年2月2日 | 学生交换 |
| 284 | 日本 | 一桥大学 | 2016年2月16日 | 学生交换 |
| 285 | 西班牙 | 马德里自治大学 | 2016年2月18日 | 学生交换 |
| 286 | 英国 | 埃塞克斯大学 | 2016年2月20日 | 学生交换 |
| 287 | 巴西 | 圣保罗大学 | 2016年2月24日 | 谅解备忘录、学生交换 |
| 288 | 美国 | 康奈尔大学 | 2016年2月25日 | 谅解备忘录、硕士联合培养 |
| 289 | 乌克兰 | 基辅国立经济大学 | 2016年2月25日 | 谅解备忘录、学生交换 |
| 290 | 荷兰 | 马斯特里赫特大学 | 2016年3月15日 | 学生交换 |
| 291 | 中国台湾 | 台湾政治大学 | 2016年3月15日 | 学生交换 |
| 292 | 美国 | 代顿大学 | 2016年3月23日 | 谅解备忘录、访问学习 |
| 293 | 荷兰 | 方提斯应用科学大学 | 2016年4月14日 | 学生交换 |
| 294 | 法国 | 布雷斯特商学院 | 2016年4月20日 | 谅解备忘录、学生交换 |
| 295 | 英国 | 纽卡斯尔大学 | 2016年5月11日 | 预科项目 |
| 296 | 美国 | 斯蒂文斯理工学院 | 2016年6月7日 | 学生交换 |
| 297 | 澳大利亚 | 学习集团和高等教育国际集团 | 2016年6月13日 | 预科项目 |
| 298 | 加拿大 | 蒙特利尔大学 | 2016年6月15日 | 学生交换 |
| 299 | 法国 | 蒙彼利埃商学院 | 2016年6月22日 | 学生交换 |
| 300 | 澳大利亚 | 莫纳什大学 | 2016年6月30日 | 预科项目 |
| 301 | 美国 | 达拉斯德克萨斯大学 | 2016年7月5日 | 预科项目 |
| 302 | 美国 | 佩斯大学 | 2016年7月7日 | 约克项目 |
| 303 | 美国 | 加州大学伯克利分校 | 2016年8月4日 | 访问学习 |
| 304 | 英国 | 牛津大学圣彼特学院 | 2016年8月24日 | 访问学习 |
| 305 | 瑞士 | HES–SO Valais–Wallis | 2016年8月29日 | 谅解备忘录 |
| 306 | 瑞士 | 洛桑大学 | 2016年9月12日 | 谅解备忘录、学生交换 |
| 307 | 乌兹别克斯坦 | 塔什干金融学院 | 2016年9月12日 | 谅解备忘录 |

(续表)

| 序号 | 国家/地区 | 学校(组织)名称 | 签署日期 | 主要内容 |
|---|---|---|---|---|
| 308 | 美国 | 辛辛那提大学 | 2016年9月27日 | 硕士联合培养 |
| 309 | 美国 | 福特汉姆大学加贝利商学院 | 2016年10月6日 | 硕士联合培养 |
| 310 | 爱尔兰 | 爱尔兰都柏林大学 | 2016年10月27日 | 谅解备忘录、学生交换 |
| 311 | 加拿大 | 约克大学 | 2016年10月31日 | 预科项目 |
| 312 | 荷兰 | 蒂尔堡大学 | 2016年11月10日 | 谅解备忘录、学生交换 |
| 313 | 美国 | 乔治·华盛顿大学 | 2016年11月15日 | 硕士联合培养 |
| 314 | 美国 | 圣母大学 | 2016年11月21日 | 访问学习 |
| 315 | 英国 | 伦敦玛丽女王大学 | 2016年12月7日 | 学生交换、合作研究、硕士联合培养 |
| 316 | 德国 | 法兰克福大学 | 2016年12月12日 | 学生交换 |
| 317 | 美国 | 北卡罗来纳大学夏洛特分校 | 2017年1月2日 | 硕士联合培养 |
| 318 | 英国 | 伦敦政治经济学院 | 2017年1月16日 | 访问学习 |
| 319 | 美国 | 泛美开发银行 | 2017年1月18日 | 海外实习 |
| 320 | 加拿大 | 康考迪亚大学 | 2017年1月30日 | 谅解备忘录 |
| 321 | 韩国 | 德成女子大学 | 2017年2月19日 | 学生交换 |
| 322 | 西班牙 | 巴塞罗那大学 | 2017年2月21日 | 学生交换 |
| 323 | 美国 | 蒙特雷国际研究院 | 2017年3月15日 | 谅解备忘录 |

## 第二节 国际化办学

自1978年复校以来，学校探索中外合作办学的途径和方式。到2017年3月底，学校共有3个本科中外合作办学项目和1个硕士中外合作项目，分别为：上海财经大学与英国南安普顿大学合作举办经济学专业本科教育项目、上海财经大学与英国南安普顿大学合作举办金融学专业本科教育项目、上海财经大学与美国韦伯斯特大学合作举办工商管理专业本科教育项目和上海财经大学与美国韦伯斯特大学合作举办工商管理专业硕士学位项目。

### 一、中外合作本科教育项目

1999年12月28日，学校向财政部人教司报送《关于由我校与美国韦伯斯特大学、英国南安普顿大学合作举办本科专业的请示》，表示与外国大学开展培养本科专业合作项目的目的，是进一步拓宽办学渠道，培养更多适应21世纪财经管理与国际接轨专门人才。2000年1月下旬和2月初，财政部人教司下达同意学校与两校合作办学的批复。3月，学校向市教委报送《关于合作办学的报告》。9月，招收的4个专业184名学生到校就读，中外合作本科教育项目正式启动。学校中外合作办学本科项目至今已经有近18年办学历史，项目以培养拥有良好知识体系和理论基础、具备全球视野的优秀人才为目标,是学校优势本科专业基础上的国际化延伸。

（一）办学规模

自2000年至2002年,中外合作本科教育项目办学规模逐年扩大,招生专业不断增加,由最初的4个专业共计4个专业方向(工商管理、财务管理、数量经济、银行与国际金融)扩展到6个专业共计8个专业方向[数量经济、银行与国际金融、国际会计(CGA、ACCA、美国会计)、国际经济与贸易、国际商务、房地产经营管理],班级数由2000级的4个扩大至2002级的9个。2002—2013年招生规模保持稳定,除2005年外,其他每年招收9个班级,420名左右的学生。2013年接受教育部评估后,保留优势专业并从2014年起缩减招生规模。2016年5月,学校国际会计(ACCA)参与了上海市教委组织的评估,被确立为"中外合作办学示范性项目"。到2017年3月,在校学生1109人。中外合作专业情况见表10-5。

表10-5　2000—2017年开设的中外合作专业情况

| 年份 | 专业数量 | 专 业 名 称 | 班级数量 | 入学人数 |
|---|---|---|---|---|
| 2000 | 4 | 数量经济、银行与国际金融、财务管理、工商管理 | 4 | 184 |
| 2001 | 5 | 数量经济、银行与国际金融、财务管理、国际会计、国际经济与贸易 | 5 | 232 |
| 2002 | 6 | 数量经济、银行与国际金融、国际会计、国际经济与贸易、国际商务、房地产经营管理 | 9 | 410 |
| 2003 | 6 | 数量经济、银行与国际金融、国际会计、国际经济与贸易、国际商务、房地产经营管理 | 9 | 404 |
| 2004 | 6 | 数量经济、银行与国际金融、国际会计、国际经济与贸易、国际商务、房地产经营管理 | 9 | 405 |
| 2005 | 5 | 数量经济、银行与国际金融、国际会计、国际经济与贸易、国际商务 | 8 | 357 |
| 2006 | 6 | 数量经济、银行与国际金融、国际会计(CGA、ACCA、美国会计)、国际经济与贸易、国际商务、房地产经营管理 | 9 | 432 |
| 2007 | 6 | 数量经济、银行与国际金融、国际会计(CGA、ACCA、美国会计)、国际经济与贸易、国际商务、房地产经营管理 | 9 | 434 |
| 2008 | 6 | 数量经济、银行与国际金融、国际会计(CGA、ACCA、美国会计)、国际经济与贸易、国际商务、房地产经营管理 | 9 | 424 |
| 2009 | 6 | 数量经济、银行与国际金融、国际会计(CGA、ACCA、美国会计)、国际经济与贸易、国际商务、房地产经营管理 | 9 | 439 |
| 2010 | 6 | 数量经济、银行与国际金融、国际会计(CGA、ACCA、美国会计)、国际经济与贸易、国际商务、房地产经营管理 | 9 | 425 |
| 2011 | 6 | 数量经济、银行与国际金融、国际会计(CGA、ACCA、美国会计)、国际经济与贸易、国际商务、房地产经营管理 | 9 | 420 |
| 2012 | 6 | 数量经济、银行与国际金融、国际会计(CGA、ACCA、美国会计)、国际经济与贸易、国际商务、房地产经营管理 | 9 | 420 |

(续表)

| 年份 | 专业数量 | 专业名称 | 班级数量 | 入学人数 |
|---|---|---|---|---|
| 2013 | 6 | 数量经济、银行与国际金融、国际会计(CGA、ACCA、美国会计)、国际经济与贸易、国际商务、房地产经营管理 | 9 | 406 |
| 2014 | 4 | 数量经济、银行与国际金融、国际会计(CGA、ACCA)、国际经济与贸易 | 6 | 263 |
| 2015 | 4 | 数量经济、银行与国际金融、国际会计(ACCA)、国际经济与贸易 | 5 | 218 |
| 2016 | 3 | 数量经济、银行与国际金融、国际会计(ACCA) | 4 | 156 |
| 2017 | 4 | 数量经济、银行与国际金融、国际会计(ACCA)、国际商务 | 5 | 240 |
| 合计 | — | — | 136 | 6 269 |

### （二）合作模式

中外合作本科教育项目包括核心合作、一般合作和智库合作等不同层次的合作关系。核心合作是指双方合作正式获得过国家或上海市教育管理机构的许可和批准,拥有管理机构颁发的许可文件。一般合作是指双方签订了正式的合作协议,可以互派交流学生和访问学生。智库合作指双方可以进行师资交流、教学资源共享等智力方面的合作。具体情况见表10-6。

表10-6 中外合作本科教育项目合作院校情况

| 合作层次 | 合 作 院 校 |
|---|---|
| 核心合作 | 美国韦伯斯特大学、英国南安普顿大学 |
| 一般合作 | 英国布鲁耐尔大学、英国赫瑞瓦特大学、芬兰瓦萨大学、瑞典厄勒布鲁大学、法国波尔多商学院、日本岐阜经济大学、荷兰方提斯大学、香港理工大学、荷兰方提斯市场营销管理学院 |
| 智库合作 | 美国亚利桑那州立大学、美国夏威夷大学 |

### （三）管理体制

中外合作本科教育项目的管理体制由集中管理转向院系和原中外合作办公室(中外合作办公室于2012年由教务处并入外事处)分工共同管理。原中外合作办公室主要职能为:筹措配置优质教育资源;负责国外大学合作事项;协调相关院系管理工作;制定合作办学管理规范;评估相关院系办学成果等。院系主要职能为:规划和落实本院系相关专业的对外合作办学;具体安排各合作专业教学计划;负责学生日常管理工作;等等。

### （四）师资队伍

定期选拔授课教师到国外进修,目前该项目授课教师中60%以上具有国外学习背景。外语听说课程由语言外籍教师授课,30%以上的专业课程聘请外籍教师授课。从2003年开始,学校每年将中外合作专业学费收入的30%作为聘请专业课外教的专项经费。外教所授课时数占总课时数的比例逐年增高。授课教师包括由国际处(原中外合作办公室)直接管理的长期外教、合作高校派驻的短期外教、学校常任轨教师和学院自主聘请的短期临时外教等。

### （五）学生交流

从2002年9月起,中外合作本科教育项目按照合作协议和原定计划,陆续向国外合作大学派遣访问学生（大三赴海外学习一学年）和交换学生（大三赴海外学习一学期）。其中,2000级学生总数184人,出国交流访问人数73人;2001级学生总数233人,出国交流访问人数40人。2002级学生总数412人,出国交流访问人数72人;2003级学生总数402人,出国交流访问人数69人;2004级学生总数421人,出国交流访问人数79人;2005级学生总数378人,出国交流访问人数87人;2006级学生总数433人,出国交流访问人数87人;2007级学生总数434人,出国交流访问人数70人;2008级学生总数428人,出国交流访问人数81人;2009级学生总数456人,出国交流访问人数71人;2010级学生总数408人,出国交流访问人数84人;2011级学生总数424人,出国交流访问人数95人;2012级学生总数422人,出国交流访问人数90人;2013级学生总数410人,出国交流访问人数109人;2014级学生总数263人,出国交流访问人数70人。

学生海外学习的目的院校也已由最初的法国波尔多商学院、芬兰瓦萨大学、日本岐阜经济大学、瑞典厄勒布鲁大学等6所,增加至2016年的美国宾夕法尼亚大学、英国伦敦政治经济学院、澳大利亚新南威尔士大学等85所。

学校依托中外合作本科教育项目的优势平台,自2004年起,开始逐步尝试将交换生项目的选派对象外延至全校各本科专业,为在校生赴海外学习提供更广阔的资源平台。当年学校出国交流的学生人数为88人。2005—2008年学校赴海外交流学习的人数稳步上升,分别达到了84人、90人、107人、142人。

自2009年起,学校开始规划设立一流大学项目,派遣学生至世界一流大学学习,并逐步形成了以交换项目为基础、一流大学项目为提升的海外学习交流格局。2009年学校赴海外学习的本科生达到118人,2010年为168人,2011年为200人,2012年为246人,2013年283人,2014年为333人,2015年达到了349人,2016年为305人。

### （六）教学资源

学校为中外合作专业提供专用授课教室,将第一教学楼作为中外合作授课的专用教学楼,并且配备现代化的教学设施,要求教师使用现代化的教学手段,为教学提供良好环境;通过接受亚洲基金会捐赠、直接海外购买、与国内知名出版社联系等途径获得一流教材,专业课程基本全部采用英文教材。

### （七）素质教育

中外合作本科教育项目贯彻"以学生为中心"的教育理念,从创建伊始就引入导师制,为每一个中外合作班指定一名学术骨干或有海外学习背景的教师作为导师。该导师不但负责该班级学生的思想工作,而且要担负起学生学术研究的指导工作。支持学生开展第二课堂活动,支持学生在学期间组织大型学术交流和社会实践活动。

### （八）毕业就业

中外合作本科教育项目从2004年至2016年有12届学生毕业。据学校就业指导中心的统计资料显示,各年度的就业率情况见表10-7。

表 10-7　2004—2016 年中外合作本科生就业率情况　　　　单位：%

| 毕　业　年　份 | 中外合作本科生就业率 |
| --- | --- |
| 2004 | 97.8 |
| 2005 | 97.4 |
| 2006 | 99.5 |
| 2007 | 99.22 |
| 2008 | 99.3 |
| 2009 | 97.53 |
| 2010 | 98.2 |
| 2011 | 96.39 |
| 2012 | 95.75 |
| 2013 | 96.79 |
| 2014 | 98.13 |
| 2015 | 97.25 |
| 2016 | 96.54 |

## 二、中外合作 MBA 项目

### (一) 中美合作 MBA 项目

中美合作 MBA 项目设立于 1996 年，是分别经中国国务院学位委员会办公室和美国中北美高等教育学院委员会批准的中外合作办学项目，对外称"中国上海财经大学—美国韦伯斯特大学合作举办工商管理硕士学位教育项目"。根据教育部有关规定，自 2006 年起更名为"中国上海财经大学—美国韦伯斯特大学合作举办工商管理专业外国硕士学位项目"。

该项目从 1996 年开始招生，21 年间合计招生逾 2 000 名，已有 19 届学生完成课程学习，合计有 2 000 多人获得美国韦伯斯特大学工商管理硕士学位(统计至 2017 年 3 月 31 日)。近十年来每年招生/毕业的人数分别为：80/91(2008 年)；62/75(2009 年)；54/60(2010 年)；46/50(2011 年)；91/50(2012 年)，108/68(2013 年)；122/56(2014 年)；107/133(2015 年)；56/96(2016 年)。

该项目由上海财经大学和韦伯斯特大学选派优秀教授担任教学工作，采用全英文授课，选用最新版本的美国教材，广泛引进案例教学，使学员能够学习和了解当今世界最新的工商管理知识。在学习期间，学员也可以申请至韦伯斯特大学美国圣·路易斯总部学习 9 周。学员各门课程成绩合格，修满学分，由韦伯斯特大学发给工商管理硕士学位证书，具有不出国门实现留学目的的效果。2001 年，该项目荣获上海市优秀教学成果一等奖和国家优秀教学成果二等奖。2016 年，该项目又获得"第二届上海市示范性中外合作办学机构(项目)评选"表扬和认可。

### (二) 中英合作 EMBA 项目

中英合作 EMBA 项目设立于 2002 年，是经中国国务院学位委员会办公室批准的中外合作办学项目，对外称"中国上海财经大学—中国银行—英国伦敦城市大学联合举办高层管理人员工商管理硕士学位教育项目",自 2006 年起更名为"中国上海财经大学—中国银行—英国伦敦城市大学合作举办高级管理人员工商管理专业外国硕士学位项目"。

该项目从 2003 年开始招生,共招生两期,合计招生 86 人。第一期学员已完成课程学习,共 37 名学员前往英国伦敦参加毕业典礼,并获得伦敦城市大学高级管理人员工商管理硕士(EMBA)学位。第二期也有 47 名学员完成课程学习毕业。

项目课程由伦敦城市大学负责设计,并由上海财经大学和伦敦城市大学选派优秀教师担任课程教学,学员修完 12 门必修课和 3 门选修课,并完成毕业论文的撰写,由伦敦城市大学发给高级管理人员工商管理硕士(EMBA)学位证书,具有不出国门实现留学目的的效果。

2008 年 1 月 31 日两校签署第二期合作协议,经教育部复核,批准书有效期从 2008 年 1 月 31 日起至 2010 年 6 月 11 日。2010 年 7 月,在批准书到期时,项目向教育部申请新批准书。根据教育部要求,该项目批准书有效期至 2013 年 12 月 31 日。

### 三、中外合作其他教育项目

(一)上海财经大学—佩斯大学会计学硕士合作项目

该项目经国务院学位委员会办公室和教育部国际合作与交流司批准,2002 年开始招生,首期入学人数 12 人。2003 年 1 月开班,项目以课堂授课、案例讨论、多媒体教学、课后研究、互动式教学、全英文授课等方式开展,其中 8 门课程由佩斯大学资深教师执教,3 门课程由学校教师授课,12 名学员于 2005 年 1 月完成全部课程学习,全部按期毕业,并获得美国佩斯大学会计学硕士学位。该项目为会计学院项目,后因合作双方国际账务往来困难,只招收了一届学生。

(二)上海财经大学—迪肯大学专业会计硕士合作项目

2002 年起上海财经大学与澳大利亚迪肯大学、澳大利亚注册会计师公会、中国注册会计师协会四方合作开展 MPA/CPA 项目,共招收 43 名学员。该项目师资力量雄厚,外方、中方各 15 名,都是兼具理论和实务的资深教师。课程设置、教学内容等同于迪肯大学在其所属国澳大利亚的标准和要求。所使用的教材由迪肯大学无偿捐助,项目采用案例教学以提高学员的综合知识能力。项目努力做到语言水平与专业水平并重,注重学术水平和教学水平并重。由于合作双方对进一步招生的相关条款未能达成共识,该项目于 2006 年 3 月结束。

(三)上海财经大学—格林威治大学合作专科教育项目

该项目自 2003 年 9 月起招收两届共 248 名大专学历教育学生。学生毕业时被颁发由中国教育部统一印制的上海财经大学专科毕业证书。英方派遣专人作为合作项目负责人,双方共同设计教学计划和课程设置。在合作办学的 3 个专业中,各引进 5 门课程的优秀教材,并由英方派教师授课。在整个教学计划中专业基础课和专业课有 22 门,外籍教师授课 8 门,占 36%,外籍教师还承担英语写作、英语口语、英美概况等课程的授课任务。2006 年,因项目承办院系职业技术学院停止招生,该项目终止合作。

### 四、孔子学院

学校大力推动孔子学院建设,积极促进中外文化的交流合作,目前已经在爱沙尼亚塔林大学和英国伦敦玛丽女王大学建成两所孔子学院。为做好学校与海外高校合作建设孔子学院的相关工作，学校于2014年设立孔子学院工作领导小组，下设孔子学院工作办公室（挂靠国际文化交流学院），以落实建设规划和工作计划，以及国家汉办/孔子学院总部的相关工作指示和任务。目前学校已出台《上海财经大学关于加强孔子学院工作的意见》《上海财经大学孔子学院中方院长和教师选派及管理办法》《上海财经大学孔子学院汉语教师志愿者管理实施细则（试行）》等相关工作条例，为孔子学院的建设提供了制度保障。

### （一）爱沙尼亚塔林大学孔子学院

2014年12月11日，在充分沟通商谈的基础上，经国家汉办/孔子学院总部同意，学校与爱沙尼亚塔林大学签订《上海财经大学与爱沙尼亚塔林大学关于合作建设塔林大学孔子学院的执行协议》，标志着学校首个海外孔子学院——爱沙尼亚塔林大学孔子学院正式成立，外国语学院张达球受聘为爱沙尼亚塔林大学孔子学院首任中方院长，于2015年1月就任。

2015年，爱沙尼亚塔林大学孔子学院夏令营、爱沙尼亚教育者代表团首次访问学校。同年6月，姚玲珍副校长率学校代表团赴爱沙尼亚及拉脱维亚高校进行访问，其间调研了塔林大学孔子学院，出席了塔林大学孔子学院第一次理事会会议，讨论了未来5年孔子学院发展计划，制定了2016年孔子学院项目计划及预算；9月，首批2名爱沙尼亚塔林大学孔子学院奖学金生开始在上海财经大学学习汉语。

2015年12月，姚玲珍副校长会见了来访的爱沙尼亚塔林大学副校长、塔林大学孔子学院理事会主席Priit Reiska以及塔林大学孔子学院外方院长Mikk Kasesalk，双方签署了校际学生交换合作协议，进一步加深了两校之间的交流合作。

2016年5月，上海市教委主办的"2016中国上海教育展"在塔林大学举办，塔林大学孔子学院承担当地接待工作。爱沙尼亚教育与科研部副秘书长Mr. Madis Lepajõe、塔林大学副校长Prof. Priit Reiska、中国驻爱沙尼亚大使曲喆、上海市教委副主任李瑞阳分别致辞并共同剪彩。通过本次教育展，加深了爱沙尼亚民众对中国和上海教育的了解，促进了两地教育机构之间的合作交流，扩大了上海高等教育的国际影响。

2016年12月7日，上海市政协副主席张恩迪携代表团访问爱沙尼亚，举行"城市、生活、文化"文化对话会，并参观孔子学院。

### （二）伦敦玛丽女王大学孔子学院

2015年10月23日，学校与英国伦敦玛丽女王大学合办的伦敦玛丽女王大学孔子学院在伦敦正式揭牌，标志着学校第二所海外孔子学院顺利启动。国家汉办/孔子学院总部总干事许琳、国家汉办副主任马箭飞、中国驻英大使馆公参沈阳、学校校长樊丽明等出席揭牌活动。这所孔子学院以"文化孔院、金融孔院"为特色，以培养具有多种语言能力、多元文化理解力和职业竞争力的全球化人才为目标，并计划建设成两校间师生、学术交流合作的平台，共同促进中英经济和文化交流繁荣发展。

2016年7—8月，伦敦玛丽女王大学孔子学院与伦敦金史密斯孔子学院共同组织为期2周的中国暑期夏令营活动。此外，孔子学院还成功申请到中英人文交流机制的8周夏令营项目，20名来自伦敦玛丽女王大学的本科生首次访华，进行学分课程学习和中国文化体验。

2016年9月，姚玲珍副校长率领伦敦玛丽女王大学孔子学院理事会中方理事赴英国参加孔子学院第一次理事会会议，并与伦敦玛丽女王大学David Sadler副校长共同签署两校科研合作备忘录。

在孔子学院的积极推动下,学校与伦敦玛丽女王大学签订"1+1+1"硕士项目,首批共8名中国学生于2016年9月赴伦敦玛丽女王大学学习。同期,孔子学院推荐的首名伦敦玛丽女王大学孔子学院奖学金获得学生来校学习汉语。

### 五、国际认证

学校积极参与国际高质量认证,促进研究生教育发展。目前已顺利通过AMBA认证,力争在AACSB和EQUIS国际认证方面实现新突破,并继续推进公共管理专业硕士(MPA)国际认证工作。学校进一步扩大参与国际认证的专业学位数,并逐步构建起能与一流大学对接的专业和人才培养体系。

(一) 国际商学认证

2011年3月,学校正式成为国际高等商学院协会(AACSB)会员,同时加入GMAC国际组织,成为GMAT使用院校。2014年2月28日,学校向AACSB提交认证资格申请,并于3月15日通过认证资格审查;8月10—13日,香港大学商学院院长周荫强教授作为AACSB官方指定的认证导师(Mentor)对学校商学院进行首次访问并指导AACSB的认证工作。2015年6月19日,学校正式向AACSB初审委员会(IAC)提交初始认证自评报告(iSER)。2016年6月20日,正式向AACSB初审委员会(IAC)提交认证中期进展报告(iSER Update);9月18日,收到AACSB初审委员会(IAC)官方决定,同意学院提交认证中期进展报告,可以进入现场认证筹备阶段;10—11月,AACSB委任现场认证专家组成员;12月20—22日,AACSB现场认证专家组主席对商学院开展预认证访问。

2012年5月,商学院成为欧洲管理发展基金会(EFMD)的正式会员。2013年5月31日,EFMD旗下中欧商校联盟(ACE)创立仪式在法国昂热高等商学院(ESSCA)举行,商学院是创始会员之一。在ACE框架下,商学院分别与欧美多家世界知名商学院建立了合作关系,如2014年商学院分别与荷兰伊拉斯谟大学鹿特丹管理学院(RSM)和意大利米兰理工大学MIP管理学院签署合作协议,建立"MBA+X"合作双学位项目。同时,商学院与多家海外院校达成交换生项目合作,包括剑桥大学JUDGE商学院、瑞士西北应用科技大学商学院、日本名古屋商科大学、意大利米兰理工大学MIP管理学院、斯洛文尼亚卢布尔雅那大学、荷兰伊拉斯谟大学鹿特丹管理学院等。

2011年1月,商学院书面向英国工商管理硕士协会(AMBA)表达参与认证意向;11月,AMBA国际认证中国区总负责人王重鸣教授到学校进行第一次预认证访问,商学院领导做预认证报告。2012年2月,孙铮副校长签署校AMBA自评报告并正式提交;4月22—24日,AMBA现场认证专家组对商学院开展现场认证访问,商学院顺利通过现场认证评估;11月,孙铮、骆玉鼎、薛丽萍代表学校商学院出席AMBA亚太区年会,接受颁证,获得五年期AMBA国际认证。

(二) MPA国际认证

2015年6月,上海财经大学MPA项目国际认证自评委员Prof. Kaifeng Yang(Florida State University/中国人民大学公管学院院长)、Prof. Patrick Keehley(Southern Utah University)及Prof. Ning Li(Eastern Washington University)在学校凤凰楼实地访查MPA国际认证工作。这次实地访查促使学校公共经济与管理学院进一步完善MPA项目的培养标准与质量体系,就推动国际认证项目的成功提出了更高层次、更具国际视野的发展方针,迈出了公共管理专业硕士(MPA)国际认证工作的关键一步。

## 六、国际化示范学院

2015年6月9日,国家外国专家局和教育部联合下发通知,宣布上海财经大学列入第二批"高校国际化示范学院推进计划"试点院校,建设学院为国际工商管理学院。上海财经大学是其中唯一一所人文社科类院校,也是第一所获得该项目的财经类院校。"国际化示范学院"申报成功,是学校国际化发展的新里程碑,建设国际化示范学院将助力打造学校外专引智新平台,全面深化管理体系、师资队伍、人才培养、科学研究和管理服务等方面的国际化发展,进一步加强国际合作交流,为学校营造更加良好的国际化生态环境。

### (一)师资队伍的国际化建设

2016年7月,荷兰蒂尔堡大学TIAS商学院院长Kees Koedijk教授与学校签署了意向工作合作书与岗位聘任协议,于同年10月正式到岗工作,并于2017年1月起,担任学院国际化示范学院外籍副院长。2017年3月,学院与三位相关领域著名学者达成初步意向,担任国际化示范学院外籍联合系主任。截至2017年3月,学院有海外毕业背景的教师34名,占学院教师总人数的46%。

### (二)学生培养的国际化建设

2015年在学校统一部署下,国际化示范学院与研究生院、国际处等部门,按照《国家中长期教育改革和发展规划纲要(2010—2020年)》,以"为国家培养、输送具有国际视野、通晓国际规则、能够参与国际事务与国际竞争的国际化人才"为目标,积极设计、组织、细化各项培养方案,设立国际组织人才培养基地班(国际商务方向)。2015年和2016年,分别招收19名和20名学生。

2015年,学院启动全英文国际商务硕士项目。2015年招收来自16个国家的22名留学生,2016年招收来自21个国家的33名留学生。

2014年,学院与香港理工大学商学院签署《博士生联合培养计划》,每年选派3位左右优秀博士生前往香港理工大学商学院学习。至2017年3月,累计派出7位博士生赴香港进行为期一年的学习;2017年1月,与美国康奈尔大学双硕士学位培养项目通过学校研究生教指委审议。

2014—2016年,学院累计开设暑期国际课程16门,邀请来自剑桥大学、瑞尔森大学、明尼苏达大学、北佛罗里达大学、瑞士西北应用科技大学、加州州立大学北岭分校等大学的9名专家学者到校授课,累计选课人数达350人。

### (三)国际(境外)合作交流

从2016年到2017年3月,学院接待来自美洲开发银行、英国伦敦玛丽女王大学、台湾亚洲大学、联合国人居署、香港浸会大学、联合国贸发组织、联合国南南组织、日本北九州市立大学、西蒙弗雷泽大学、康奈尔大学、亚洲发展银行、北伊利诺伊大学、罗马大学、意大利FOUR STARS高校联盟、挪威Agder大学、西班牙EADA商学院等近二十家境外院校和机构来访。2016年8月29日—9月2日,学院与瑞士西北应用科技大学瓦莱州分校合作举办"中瑞服务研究"研习班项目。

## 第三节 合 作 培 训

学校的国际合作培训包括与世界银行合作培训、与联合国开发计划署(UNDP)合作培训、与其他国外组织的合作培训、国际从业资格培训项目以及上海国际银行金融学院、留学预科学院开展的合作培训等。

### 一、与世界银行合作培训

1981年初,经上海市市长汪道涵举荐,世界银行经济发展学院(EDI)在上海地区为数众多的高等院校中,甄选上海财经学院为世界银行在华投资项目培训合作的主要伙伴。是年3月,财政部和上海市人民政府协商,决定在上海财经学院建立"上海国际经济管理学院";4月23日,上海国际经济管理学院成立,与EDI合作举办"一般项目计划中级官员讲习班"。上海国际经济管理学院成为世界银行经济发展学院与中国第一个合作的培训机构,并作为世界银行在华业务的一个重要组成部分。1981—1990年,双方合作举办21期讲习班,为来自全国各地、各部门的800名专业人员和中级官员提供培训,具体情况见表10-8。

表10-8 举办世界银行贷款项目管理讲习班情况

| 序 号 | 开班时间 | 期 限 | 项 目 名 称 | 人 数 |
| --- | --- | --- | --- | --- |
| 1 | 1981年5月 | 10周 | 一般项目计划管理讲习班 | 40 |
| 2 | 1982年2月 | 8周 | 国民经济管理讲习班 | 38 |
| 3 | 1982年4月 | 6周 | 投资银行讲习班 | 42 |
| 4 | 1982年7月 | 10周 | 一般项目计划师资讲习班 | 39 |
| 5 | 1982年10月 | 51天 | 第二期运输项目讲习班 | 45 |
| 6 | 1982年11月 | 7周 | 地区发展计划讲习班 | 43 |
| 7 | 1983年3月 | 55天 | 第二期国民经济管理讲习班 | 45 |
| 8 | 1983年5月 | 58天 | 第一期城市项目讲习班 | 40 |
| 9 | 1983年10月 | 62天 | 第一期农业投资分析与筹资讲习班 | 40 |
| 10 | 1983年12月 | 49天 | 港口项目讲习班 | 39 |
| 11 | 1984年3月 | 52天 | 第二期一般项目计划师资讲习班 | 39 |
| 12 | 1984年5月 | 42天 | 第一期项目执行实施讲习班 | 40 |
| 13 | 1984年5月 | 53天 | 第二期农业投资分析与筹资讲习班 | 37 |
| 14 | 1984年11月 | 48天 | 第三期一般项目计划讲习班 | 38 |
| 15 | 1985年3月 | 41天 | 国际经济管理讲习班 | 35 |
| 16 | 1985年5月 | 55天 | 城市项目的准备与实施讲习班 | 40 |

(续表)

| 序号 | 开班时间 | 期限 | 项目名称 | 人数 |
|---|---|---|---|---|
| 17 | 1985年9月 | 51天 | 第三期农业投资分析和筹资讲习班 | 37 |
| 18 | 1985年10月 | 55天 | 第五期一般项目计划和执行讲习班 | 33 |
| 19 | 1986年9月 | 47天 | 农业外资项目讲习班 | 44 |
| 20 | 1986年11月 | 48天 | 第六期一般项目计划与执行讲习班 | 49 |
| 21 | 1987年 | 48天 | 国际经济管理讲习班 | 40 |

在此期间，学校为培训项目翻译700多种（约500万字）由EDI提供的教材，整理编写和出版《世界银行项目管理》《城市项目评估》《运输项目经济评估》《农业项目评估手册》和《项目评估用复利表和贴现表》等实用手册和教材。

## 二、与联合国开发计划署（UNDP）合作培训

上海财经大学与联合国开发计划署的合作始于1981年，至1992年，双方合作培训中国国际金融、会计、审计专业人员及中级官员共计7次，学员人数近300人。具体情况见表10-9。

表10-9 与联合国开发计划署（UNDP）合作培训情况

| 序号 | 开班时间 | 期限 | 项目名称 | 人数 | 学员层次 |
|---|---|---|---|---|---|
| 1 | 1981年9月 | 1个半月 | 国际金融干部训练班 | 51 | 专业人员 |
| 2 | 1983年6月 | 1个月 | 管理会计研究班 | 38 | 专业人员 |
| 3 | 1983年9月 | 4周 | 经济信息管理讲习班 | 37 | 专业人员 |
| 4 | 1983年10月 | 6周 | 工业审计培训班 | 33 | 专业人员 |
| 5 | 1985年 | 3周 | 作业成本会计 | 50 | 专业人员 |
| 6 | 1990年5月 | 2周 | 会计准则 | 30 | 专业人员 |
| 7 | 1992年7月 | 1个月 | 联合国跨国公司中国人员项目 | 60 | 中级官员 |

## 三、与其他国外组织的合作

20世纪80年代，学校与国外的一些经济组织，如柯柏斯·赖布兰德（Coopers & Lybrand）会计咨询公司、杜罗斯（Touch Ross）会计咨询公司、普华永道（Pricewaterhouse Coopers）会计公司等合作，共同培训中国会计、审计专业人员。1980年6—11月开办的"中外合资企业财会人员讲习班"是中国财政系统第一个与国外合作的培训项目，合作对象柯柏斯·赖布兰德（Coopers & Lybrand）是当时世界八大会计咨询公司之一。1981年9月—1982年1月初，与美国杜罗斯会计公司合办"中外合营企业会计审计讲习班"，1982年2月中旬—6月中旬，又合办第二期"中外合营企业会计审计讲习班"。

1995年3月,受国际货币基金组织和世界银行委托,举办为期3个月的"市场经济与财务分析"培训班,为亚洲10个国家的经济转轨培养高级管理干部。1995年10月受财政部委托,在世界银行的支持和协作下,举办由全国财政系统厅局级官员参加的"财政法制建设高级研讨班"。

2000年7月起,学校与英国文化教育委员会合作举办6期"中国金融项目"培训班,参与培训的人员来自银行、证券、保险等金融界的中高级管理主管达210人次。

### 四、国际从业资格培训项目

1992年,学校率先与英国特许公认会计师公会(ACCA)合作,开始国际从业资格的培训。此后十年间,学校先后与英国、美国、澳大利亚等国建立了10个项目的国际从业资格培训,详见表10-10。

表10-10 国际从业资格培训项目情况

| 年份 | 合作伙伴 | 合作内容 | 培训人次 | 考试通过人员 | 备注 |
|---|---|---|---|---|---|
| 1992 | 英国特许公认会计师公会(ACCA) | 注册会计师资格证书培训 | 1 832 | 330人(考试通过率全球第一) | 1994年,上财把此项目纳入本科教学,共计培养432人,培训1 400多人 |
| 1994 | 加拿大注册会计师公会(CGA) | 注册会计师资格证书培训 | 700 | 112人(单科获全球第一) | 从2002年开始没有培训,统一由CGA网上培训。本科项目从2001年开始,现有16人全部通过 |
| 1995 | 美国寿险管理师学会(LOMA) | 培养寿险管理人才 | — | 150人(两人总分获全球第一) | — |
| 1998 | 英国特许管理会计师公会(CIMA) | 合作培训项目 | — | 举行16次考试/1 300人参加 | |
| 1998 | 英国精算学会(FoA&IoA) | 合作培训项目 | 200 | 20人获财务与投资技能证书,58人获精算技能证书 | — |
| 1998 | 美国财产意外险学会(CPCU) | 合作培训项目 | 273 | 29人通过考试,2人取得证书 | |
| 2000 | 澳大利亚注册会计师公会(CPA) | 合作硕士项目 | 32 | 通过率100% | |
| 2000 | 英国皇家特许保险学会(CII) | 培养从业资格人才 | 160 | 举行12次考试/700人参加 | |
| 2001 | 国际项目管理专业资质证书(IPMP) | 国际项目管理 | 779 | 860人参加考试,478人通过 | |
| 2002 | 美国意外险精算师学会(CAS) | 精算人才培养 | — | 境内第一家考试中心 | — |

学校国际从业资格教育学院建立4个国际资格考试中心:

1. 英国皇家特许保险学会(CII)考试中心

CII是英国皇家特许保险学会(the Chartered Insurance Institute)的简称。CII成立至今已有100多年的历史,是在全球保险和金融服务领域处于先导地位的专业组织,它所举办的资格考试在国际保险界享有较高的声誉。2000年6月,CII保险资格考试在上海正式设立考试中心,由上海财经大学负责管理具体事务,英国皇家太阳联合保险学会提供支持。根据CII与学校签署的合作备忘录,双方努力开发上海及华东地区保险人才培训市场,并在有关国际性课题研究与研讨活动方面加强合作。2006年5月16日,CII向国际从业资格教育学院捐赠一套考试用书,共计28本,价值8万余元。截至2016年,共有约700人次参加考试。

2. 英国精算学会(FoA&IoA)考试中心

英国精算学会(the Faculty and Institute of Actuaries)于1998年9月在上海成立考试中心。上海财经大学与英国精算学会及英国赫瑞瓦特大学共同组织的培训已进行15次,有200余人参加培训,300余人参加考试。截至2005年12月,上海财经大学有58人获得英国精算学会颁发的"精算技能证书",20人获得财务与投资技能证书。

3. 美国财产意外险学会(CPCU)考试中心

1998年5月,美国财产意外险学会(CPCU)资格认证考试在上海正式设立考试中心,这是中国境内第一家美国财产和意外险承保资格考试中心。该项目由国际从业资格教育学院负责承办具体事务。2001年9月,上海财经大学与美国联邦保险集团签署合作协议,丘博保险集团公司(the Chubb Group of Insurance Companies)资助学校CPCU考点的运作,并每年资助学校10名保险专业的学生参加CPCU考试。截至2006年3月底,共有273人次参加该项目的考试,29人通过全部8门考试,2人取得CPCU资格证书。其中一人获得CPCU全球(非美国家)优秀考生资格。

4. 美国意外险精算师学会(CAS)考试中心

CAS是美国意外险精算师学会(Casualty Actuarial Society)的简称。2002年4月,CAS资格考试在上海正式设立考试中心,由国际从业资格学院负责具体事务。双方就CAS在上海财经大学设立考试中心的有关问题签署授权协议。这是CAS在中国的首家也是目前唯一的一家经授权的考点。CAS自2002年4月在上海财经大学建立考点以来,每年进行春季和秋季两次考试。2005年8月开始,又在每年的2月和8月增开VEE的考试。CAS每门课程的考试时间为4个小时;VEE的考试时间为每门1.5小时。截至2016年底,共有约850人次参加考试。

## 五、上海国际银行金融学院

上海国际银行金融学院创始于2004年,是由中国上海财经大学和德国法兰克福财经管理大学共同创办的教育培训机构,经中华人民共和国教育主管部门许可,由上海市教委批准的中外合作办学独立法人机构。经过十余年的发展,学院已经形成了聚焦行业的财经培训聚合平台,在金融行业培训、政府培训、投资者教育培训、CFA、FRM、ACCA、CMA、CPA等国际国内从业资格培训项目,国际名校本科、硕士学分课程项目中具有显著的竞争优势和良好的行业影响力。

学院实行理事会领导下的管理团队负责制,自成立以来,先后经过三个发展阶段:

初创期(2004年4月—2012年7月)。学院提供范围广泛的职业教育与培训课程,从常规的单科公开课程、内训课程到成熟的研修课程,包括针对高级管理人员的高级金融证书以及金融风险师和全球高级行政人员课程。学院教学模式偏重理论模型与案例分析相结合,课堂讲授与互动学习相结合,国际惯例与中国国情相结合,以及国内授课与境外考察相结合。学院师资队伍汇集了上海财经大学、德国银行家协会研究院和世界银行集团国际金融公司全球分支机构的教授学者,同时特聘一批来自高盛、花旗银行、德意志银行、渣打银行、中金公司等全球著名金融机构的高管组成实战化的师资团队。

过渡调整期（2012年8月—2016年7月）。学院在初创期的市场验证和探索基础上，调整经营思路，着力拓展了聚焦于行业的银行与金融培训、非金融企业培训、政府培训、股票投资者教育培训、ACCA认证培训等财经培训项目，并在此过程中提升教学质量，建立师资资源库，逐渐形成B2B和B2C两大类业务模式，提高行业影响力。同时增强了在银行、政府、投融资领域的研究活动。

全面发展期（2016年7月至今）。学院在过渡调整期的持续经营成果基础上，研究市场需求，丰富产品模块，建立了涵盖B2B和B2C模式的四大业务模块：（1）企业内训模块，包括银行培训、党政教育培训、EDP培训；（2）职业认证模块，包括CFA、FRM、ACCA、CMA、CPA等国际国内证书培训项目；（3）职业实训模块，包括金融实战培训、岗前教育培训；（4）国际证书与学历衔接课程培训模块，包括UC Berkeley Extension方向、CMA美国管理会计师方向。

学院依托培训业务联系，整合业界学术资源，同时设立三大研究中心开展特色研究：（1）银行业务研究中心，重点开展银行同业业务研究、新兴业务研究、信贷技术研究、银行转型研究；（2）政府项目研究中心，重点开展财税与金融研究、PPP项目研究；（3）投融资研究中心，开展新三板研究。

学院立足于职业技能提升和就业机会两个需求，不断探索定位于"课程＋媒体＋社群"的金融在线教育平台建设。

学院自成立以来，累计培养金融从业人员53 000多人次，非金融企业在职人员1 700多人次，政府机构工作人员3 900多人次，ACCA证书项目学员1 680人（数据截至2016年12月）。由学院研究中心撰写的研究咨询报告《商业银行转型研究》《供应链金融方案设计》《银行柜员转型培训体系》等分别被交通银行等机构采纳应用。

学院先后与多家国际证书管理机构和海外知名大学签署合作协议：2014年与法兰克福财经管理大学签署《MM、FM和MIB三个硕士衔接课程项目的联合培养协议》，2016年与法兰克福财经管理大学签署《银行业小微金融项目共同研究和实施协议》，2016年与美国加州大学伯克利分校签署《项目合作办学协议》。

## 六、留学预科学院

上海财经大学留学预科学院是国家留学基金管理委员会留学预科学院与学校合作创办的一所专门从事留学预科教育的学院，成立于2004年12月1日。留学预科学院荷兰阿姆斯特丹商学院MBA预科项目2005年3月第一次招生，共招收10名学生；2005年9月有3个项目招生〔英国高等教育文凭（HND）项目、法国高商硕士预科项目、荷兰阿姆斯特丹商学院MBA预科项目〕，共计招生114人；2006年3月瑞典厄勒布鲁大学预科项目招生23人。

留学预科学院成立之前曾作为英国SQA（苏格兰学历管理委员会）的合作者招收英国高等教育文凭（HND）项目的学生，2003年9月招生50人，2004年9月招生135人。截至2006年6月，留学预科学院招收学生共计332人。具体情况见表10－11、表10－12。2007年4月，经学校批准，留学预科学院更名为国际教育学院（国际教育学院相关内容详见第十二篇第十八章）。

表 10－11　留学预科学院招生情况

| 项目及专业名称 | | 2003 级 | 2004 级 | 2005 级 | 2006 级 | 总　计 |
|---|---|---|---|---|---|---|
| 英国高等教育文凭(HND) | 国际商务 | 28 | 61 | 73 | — | 258 |
| | 国际理财 | 22 | 55 | | | |
| | 商务会计 | — | — | | | |
| | 国际营销 | — | 19 | | | |
| 荷兰阿姆斯特丹商学院 MBA 预科 | | | | 春季班 10 | | 21 |
| | | | | 秋季班 11 | | |
| 法国高等商学院硕士预科 | | — | — | 30 | — | 30 |
| 瑞典厄勒布鲁大学经济学、计量经济学硕士预科 | | — | — | — | 春季班 23 | 23 |
| 总　计 | | 50 | 135 | 124 | 23 | 332 |

表 10－12　留学预科学院校际合作办学情况

| 时　间 | 合　作　伙　伴 | 合　作　内　容 |
|---|---|---|
| 2003 年 9 月 | 中国留学服务中心、苏格兰学历管理委员会 | 英国高等教育文凭(HND) |
| 2005 年 1 月 | 荷兰阿姆斯特丹商学院 | 荷兰阿姆斯特丹商学院 MBA 预科 |
| 2005 年 4 月 | 国家留学基金管理委员会留学预科学院、法国商校联盟 | 法国高等商学院硕士预科 |
| 2005 年 6 月 | 荷兰海牙大学 | 荷兰海牙大学会计与财务监控(MAAC)硕士预科 |
| 2005 年 11 月 | 瑞典厄勒布鲁大学 | 瑞典厄勒布鲁大学经济学预科、计量经济学硕士预科 |
| 2006 年 4 月 | 英国牛津布鲁克斯大学、布鲁耐尔大学、梯赛德大学、格林威治大学、法国昂日高商学院等 | 英法商科硕士预科 |
| 2006 年 5 月 | 瑞典厄勒布鲁大学 | 瑞典厄勒布鲁大学应用统计学硕士预科 |
| 2006 年 5 月 | 国家留学基金管理委员会留学预科学院、国际商校联盟 | 国际管理硕士预科 |

## 第四节　合　作　研　究

20 世纪 80 年代初,学校就开始聘请国外大学知名教授到校讲学。截至 2017 年 3 月,学校聘请国外高校教授或著名学者到校任教讲学的达 2 500 多人次。学校邀请的专家学者除诺贝尔经济学奖获得者外,还有世界银行前副行长马歇尔、荷兰前副总理、美国财政部副部长、美国会计学会会长、日本会计学会会长、美国统计学会会长以及世界著名经济预测学家《大趋势》作者奈斯比特(John Naisbitt)等。

1981年3月,学校受中国会计学会、中国财政学会委托,与美国加州大学洛杉矶分校管理研究生院合作研究"中美比较会计"。研究小组中方成员有娄尔行、石成岳、裴静之、冯正权。1983年8月,《英汉、汉英会计名词汇译》一书完稿,由上海人民出版社和香港三联书店分别出版发行。1984年底,"中美比较会计"专题研究报告完稿。此后,学校先后与包括日本一桥大学在内的数十家国外科研机构、学术单位完成合作科研近百项。1998年,学校和复旦大学、上海交通大学、上海海运学院,与荷兰伊拉斯谟大学共同建立中荷教育研究中心,为中心成员及教师赴欧洲进修深造和共同研究创造条件。2000年以来,学校教师和科研人员同国际企业集团、保险公司合作的科研项目有10多项,引进科研基金100多万元。

从20世纪80年代初期以来,学校教师学生积极参加各类国际学术会议。1981年3月,教授谢树森赴浙江杭州,参加由中国社会科学院世界经济研究所与美国斯坦福国际咨询研究所联合举办的世界经济讨论会;同年,教授马家骅赴北京,参加由中国企业管理协会与欧洲管理论坛联合举办的企业管理国际讨论会(1982年第二次讨论会,马家骅与副教授李儒训参加)。1983年2月下旬和1984年3月中旬,教授娄尔行两次受命作为中国政府代表,出席联合国"国际会计和报告准则"政府间专家工作组会议,首次在国际论坛上树立中国会计的地位。1989年,娄尔行出席联合国在苏联召开的"计划经济国家特区经济问题国际研讨会",他的报告被列为联合国论文专集。20世纪90年代后期以来,学生出国参加学术会议也日趋频繁,如参加国际经济管理理论研讨会(ISC)征文活动,2012年10月金融学院本科生赴美参加国际金融管理协会(FMA)年会并宣读论文等。学校与境外合作科研主要项目见表10-13。

表10-13 与境外合作科研主要项目情况  单位:万元

| 序号 | 合作科研项目名称 | 上财负责人 | 对方国别(地区) | 合作方 | 合作开始时间 | 对方投入 |
|---|---|---|---|---|---|---|
| 1 | 中国医疗保险精算研究 | 谢志刚 | 德国 | 汉诺威再保险公司 | 2001年4月4日 | 3.2 |
| 2 | 寿险公司资本充足测试方法研究 | 谢志刚 | 瑞士 | 瑞士再保险公司 | 2001年8月1日 | 5 |
| 3 | 银行与保险机构的合作机制研究 | 赵晓菊 | 新加坡 | 新加坡大东方人寿保险公司 | 2001年10月30日 | 2 |
| 4 | 风险管理的VAR和RBC方法研究 | 李社环 | 新加坡 | 新加坡大东方人寿保险公司 | 2001年10月30日 | 2 |
| 5 | 小额信贷研究国内外金融机构子项目 | 骆玉鼎 | 联合国 | 联合国开发计划署(UNDP) | 2002年12月11日 | 13 |
| 6 | 保险公司偿付能力监管指标及预警系统研究 | 谢志刚 | 新加坡 | 新加坡大东方人寿保险公司 | 2003年2月20日 | 2 |
| 7 | 中国主要城市寿险市场及产品追踪研究 | 王小群 | 新加坡 | 新加坡大东方人寿保险公司 | 2003年2月20日 | 4 |
| 8 | 发展中国家行政干部经济政策制定能力的开发教育 | 王惠玲 | 日本 | 日本东京国际大学 | 2003年4月29日 | 3 |
| 9 | 保险公司核心竞争力研究 | 许谨良 | 美国 | 美国大都会人寿保险公司 | 2003年4月8日 | 0.8 |

(续表)

| 序号 | 合作科研项目名称 | 上财负责人 | 对方国别（地区） | 合作方 | 合作开始时间 | 对方投入 |
|---|---|---|---|---|---|---|
| 10 | 开放、技术与增长：来自瑞典与上海的微观比较 | 朱平芳 | 瑞典 | 瑞典国际发展合作局 | 2003年9月11日 | 24 |
| 11 | 雪城大学与上财经济学院研究生教学与研究项目 | 朱平芳 | 美国 | 雪城大学（Syracuse University） | 2004年6月2日 | 15 |
| 12 | 华东市场调研 | 岳咬兴 | 加拿大 | 加拿大驻上海总领事馆 | 2004年6月29日 | 2 |
| 13 | 中国-欧盟比较研究 | 刘乃全 | 英国 | 布鲁耐尔大学刘绍佳 | 2004年 | 15 |
| 14 | 保险公司资产与投资风险分析报告 | 赵桂芹 | 中国香港 | 香港寰宇投资顾问有限公司 | 2006年4月1日 | 15 |
| 合计 | — | — | — | — | — | 106 |

## 第五节 接受海外捐赠

学校接受海外捐赠主要包括奖励基金和相关项目，分别见表10-14、表10-15。

表10-14 接受海外捐赠奖励基金情况

| 序号 | 名称 | 设立时间 | 捐资人 | 金额 |
|---|---|---|---|---|
| 1 | 纽约人寿奖学金和教师奖励金 | 1996年1月15日 | 纽约人寿环球控股公司 | 5万美元 |
| 2 | 乾隆教育奖励基金 | 1996年10月15日 | 台湾乾隆集团 | 100万元人民币 |
| 3 | 中韩保险交流中心 | 1999年 | 三星保险公司 | 100万元人民币 |
| 4 | 美国意外险学会学生考试费 | 2002年6月 | 美国联邦保险公司（CHUBB） | 8万美元 |
| 5 | 上财—瑞士再保险精算资料中心 | 2004年7月1日 | 瑞士再保险公司 | 17.5万元人民币 |
| 6 | 助老敬老专项 | 2009年5月 | 李慧芬 | 2万美元 |
| 7 | 上海财经大学教育事业发展 | 2012年12月 | 梅建平 | 10万美元 |
| 8 | 上海商储银行奖学金 | 2012年12月 | 上海商储银行 | 40万元人民币 |
| 9 | 思源助学金 | 2013年5月 | 香港思源基金会 | 96万元人民币 |
| 10 | 郭秉文奖学金 | 2015年9月 | 徐芝韵 | 3万美元 |

表10-15 接受海外捐赠重大项目情况

| 序号 | 国家或地区 | 捐赠者 | 捐赠项目 | 价值 | 时间 |
|---|---|---|---|---|---|
| 1 | 菲律宾 | 杨应琳大使 | 捐给上财世界经济系 | 1万美元 | 1995年 |
| 2 | 中国台湾 | 叶万安 | 奖学金 | 10万美元 | 1997年 |

(续表)

| 序号 | 国家或地区 | 捐赠者 | 捐赠项目 | 价值 | 时间 |
|---|---|---|---|---|---|
| 3 | 中国台湾 | 朱束冠男 | 资助校庆 | 10万元人民币 | 1997年 |
| 4 | 美国 | 惠普公司 | 校园网建设 | 20万美元 | 1997年 |
| 5 | 中国台湾 | 冯拙人 | 捐给会计学院 | 20万元人民币 | 1997年 |
| 6 | 中国香港 | 香港汉荣书局有限公司总经理石汉基 | 向上财图书馆捐赠50种458本书籍 | 2.5万元人民币 | 1999年10月 |
| 7 | 日本 | 日本岗三证券株式会社 | 捐赠给金融学院文献资料建设 | 20万元人民币 | 2006年4月20日 |
| 8 | 英国 | 英国皇家特许保险学会（CII） | 上财国际从业资格教育学院CII系列考试用书 | 8万元人民币 | 2006年5月16日 |

# 第三章 国(境)外教师聘用

## 第一节 外籍教师聘请

学校外籍教师聘请工作实行两级管理。国际处作为学校归口聘请和管理外国专家工作的办事机构,其基本职能是规范管理(包括"牵头"的作用)和服务。主请部门是实现聘请目标的主体,要以"为我所用""按需聘请"作为基本出发点和归宿,做好教学管理和相关工作。各部门根据需要每年向学校提出聘请外籍教师的申请,然后由学校有关专家进行评估,主管部门审核,经主管校长批准后实施。

学校聘请的专业外籍教师,均具有3~5年以上的教学和科研经历,其中长期外籍教师具有硕士以上学位或讲师以上职称以及相当的资历,短期外籍教师具有博士学位或副教授以上职称并在该学术领域有一定造诣;一般语言外籍教师,具有大学本科以上学历,受过语言教学的专门训练并具有一定的语言教学经验。此外,聘请对象均对华友好,愿与学校合作,业务水平较高并符合学校需要,身体健康。

到校任教一学期以上(含一学期)的外籍教师必须与学校签订合同,合同的基本内容应包括:受聘方被聘任的起止日期,每周授课时数,应享受的各种待遇;在合同中要明确规定外教应遵守中国法律、法规、校纪、校规,并不得干预中国内部事务和进行传教,对受聘方在华期间的要求及受聘方违反合同规定应负的责任等。

聘请外籍教师的部门在专家来华前成立与外教合作的小组,认真分析研究外教专长、特点和本专业领域教学、科研急需解决的问题,制订较为合理的接待计划和合作计划。外教到校后学校立即落实教学和科研等方面的工作。

1984—2017年学校聘请外籍教师人数统计见表10-16。

表10-16 1984—2017年聘请外教情况

| 年 份 | 长期外教(人) | 短期外教(人) |
| --- | --- | --- |
| 1984 | 13 | 1 |
| 1985 | 16 | 2 |
| 1986 | 13 | 3 |
| 1989 | 7 | 3 |
| 1990 | 6 | 4 |
| 1991 | 3 | 1 |

(续表)

| 年　份 | 长期外教(人) | 短期外教(人) |
| --- | --- | --- |
| 1992 | 8 | 2 |
| 1993 | 8 | 2 |
| 1994 | 7 | 3 |
| 1995 | 6 | 3 |
| 1996 | 6 | 2 |
| 1997 | 4 | 4 |
| 1998 | 8 | 4 |
| 1999 | 8 | 8 |
| 2000 | 14 | 14 |
| 2001 | 29 | 14 |
| 2002 | 42 | 49 |
| 2003 | 56 | 67 |
| 2004 | 35 | 80 |
| 2005 | 40 | 159 |
| 2006 | 55 | 100 |
| 2007 | 42 | 102 |
| 2008 | 47 | 137 |
| 2009 | 35 | 114 |
| 2010 | 48 | 154 |
| 2011 | 29 | 219 |
| 2012 | 38 | 228 |
| 2013 | 36 | 198 |
| 2014 | 33 | 219 |
| 2015 | 41 | 191 |
| 2016 | 70 | 343 |
| 2017 | 64 | — |
| 合　计 | 867 | 2 430 |

## 第二节　名誉职称的授予

学校授予境外专家学者的荣誉职称包括名誉教授、兼职教授和顾问教授。

名誉教授是学校授予境外著名专家学者的荣誉性学术称号。其聘请对象一般具有博士学位或者教授职务,学术造诣深、知名度高,曾在某一学科领域取得重大成就,获得国际学术界公认,并能够在推进学科建设、促进学术交流和国际合作等方面发挥重要作用。具体授予对象见表10-17。

表10-17 授予外籍和港澳台人士"名誉教授"称号情况

| 序号 | 国家或地区 | 姓　名 | 性别 | 所在机构/任职 | 授予时间 |
| --- | --- | --- | --- | --- | --- |
| 1 | 美　国 | 王念祖 | 男 | 美国哥伦比亚商学院教授 | 1983年10月4日 |
| 2 | 美　国 | 杨叔进 | 男 | 世界银行高级经济专家 | 1983年11月2日 |
| 3 | 加拿大 | 陈乃九 | 男 | 加拿大曼尼托巴大学教授 | 1985年4月6日 |
| 4 | 菲律宾 | 杨应琳 | 男 | 前菲律宾驻中国大使 | 1986年12月20日 |
| 5 | 美　国 | 蒙代尔 | 男 | 美国哥伦比亚大学经济学教授、诺贝尔经济学奖获得者 | 2003年9月8日 |
| 6 | 日　本 | 池田大作 | 男 | 国际创价学会会长、日本创价学会名誉会长 | 2005年4月 |
| 7 | 美　国 | 范剑青 | 男 | 美国普林斯顿大学教授 | 2007年6月22日 |

兼职教授的授予则由拟聘院系向校人事处递交聘请报告，并附拟聘人员的个人简历及"聘请兼职教授申报表"，报请校长办公会议讨论通过，在适当的时候举行仪式，向拟聘人员授予"兼职教授"聘书。具体授予对象见表10-18。

表10-18 授予外籍和港澳台人士"兼职教授"称号情况

| 序号 | 国家或地区 | 姓　名 | 性别 | 所　在　学　校 | 授予时间 | 聘请院系 |
| --- | --- | --- | --- | --- | --- | --- |
| 1 | 中国香港 | 章和轼 | 男 | 香港南洋高级会计师 | 1994年11月1日 | 财经研究所 |
| 2 | 英　国 | 邓　肯 | 男 | 英国政府精算署 | 1998年9月22日 | 金融学院 |
| 3 | 中国香港 | 陈建文 | 男 | 香港科技大学副教授 | 1998年9月22日 | 会计学院 |
| 4 | 英　国 | 陆懋祖 | 男 | 南安普顿大学 | 1999年10月29日 | — |
| 5 | 中国台湾 | 谢邦昌 | 男 | 台湾辅仁大学 | 2001年 | |
| 6 | 俄罗斯 | 伊凡·博伊科 | 男 | 俄罗斯圣彼得堡大学 | 2001年 | |
| 7 | 美　国 | 钱颖一 | 男 | 美国加州大学 | 2002年12月20日 | |
| 8 | 美　国 | 陈关荣 | 男 | 香港城市大学讲座教授 | 2003年11月 | |
| 9 | 英　国 | 约瑟夫·诺顿（Mr. Joseph J. Norton） | 男 | 英国伦敦大学约翰·卢布克（John Lubbock）爵士银行法教授、美国南美以美大学法学院詹姆斯·沃尔什（James L Walsh）杰出教员及金融法教授 | 2005年5月 | — |
| 10 | 美　国 | 张　诚 | 男 | 美国运通财务顾问公司 | 2005年7月 | 金融学院 |
| 11 | 中国台湾 | 赖淑珠 | 女 | 奥维金融策略咨询中国区总裁 | 2008年10月 | MBA学院 |
| 12 | 菲律宾 | 冼莱铭 | 男 | 胜达国际集团（亚洲）主席 | 2008年10月 | MBA学院 |

"顾问教授"称号具体授予对象见表10-19。

表10-19 学校授予外籍和港澳台人士"顾问教授"称号情况

| 序号 | 国家或地区 | 姓　名 | 性别 | 所　在　学　校 | 授予时间 |
|---|---|---|---|---|---|
| 1 | 美　国 | 托　马 | 男 | 美国埃玛赫斯特学院商业和经济学中心教授 | 1985年 |
| 2 | 美　国 | 顾衍时 | 男 | 原美国洛杉矶大学分校教授、中美人才交流协会会长 | 1985年 |
| 3 | 美　国 | 基　什 | 男 | 美国密歇根大学社会科学研究学院调查研究中心社会规划主任 | 1985年 |
| 4 | 美　国 | 高登·戴维斯 | 男 | 明尼苏达大学管理学院 | 1987年5月20日 |
| 5 | 日　本 | 铃木祥弘 | 男 | 日本NEC集团 | 1995年5月4日 |
| 6 | 日　本 | 宫川公男 | 男 | 日本丽泽大学 | 1996年12月 |
| 7 | 美　国 | 爱德华·克劳福德 | 男 | 美国派克·欧哈尔国际工业集团公司 | 2000年9月 |

2007年,学校为进一步加强高层次人才队伍建设,大力实施人才强校战略,提高学校办学层次和教学科研质量,推动学科建设,特制定《上海财经大学特聘教授管理办法(试行)》(上财人〔2007〕3号),聘任国内外知名高校、科研机构等单位中具有较高学术水平的教授、研究员等,或在某一领域有较大学术影响和研究能力的国内外知名人士为校特聘教授。特聘教授岗位是学校师资队伍建设的重要组成部分。以按需设岗、学科建设导向、规模控制原则设置特聘教授岗位,原则上每个二级学科可申请设置一个特聘教授岗位。对于省部级以上重点学科以及仅以一个二级学科组成的院系,根据需要可适当放宽岗位名额限制。对特聘教授岗位职责、聘任程序作了明确要求,由学院教授委员会确定拟聘人选,报校长办公会议审批,审批通过后学院与特聘教授签订聘任合同,聘期一般为2—3年,聘期结束后若双方同意,可以续聘。聘期内,学校提供特聘津贴,每年人民币5万—10万元,学校向特聘教授发放聘书。具体授予对象见表10-20。

表10-20 授予外籍和港澳台人士"特聘教授"称号情况

| 序号 | 国家或地区 | 姓　名 | 性别 | 所　在　学　校 | 授予时间 |
|---|---|---|---|---|---|
| 1 | 美　国 | 陈晓红 | 女 | 美国纽约大学经济系 | 2006 |
| 2 | 美　国 | 方汉明 | 男 | 美国耶鲁大学经济系 | 2006 |
| 3 | 美　国 | 潘　军 | 女 | MIT金融系 | 2006 |
| 4 | 美　国 | 陈勇民 | 男 | 美国州立科罗拉多大学波德分校 | 2006 |
| 5 | 加拿大 | 陈智琦 | 男 | 加拿大卡尔顿大学 | 2006 |
| 6 | 中国香港 | 丘东晓 | 男 | 香港科技大学 | 2006 |
| 7 | 加拿大 | 郁志豪 | 男 | 加拿大卡尔顿大学经济学院 | 2006 |
| 8 | 美　国 | 吴国俊 | 男 | 美国休斯敦大学 | 2007 |
| 9 | 美　国 | 文　一 | 男 | 美国圣路易斯联邦储备银行 | 2007 |
| 10 | 美　国 | 黄京志 | 男 | 美国宾州州立大学商学院 | 2007 |

(续表)

| 序号 | 国家或地区 | 姓名 | 性别 | 所在学校 | 授予时间 |
|---|---|---|---|---|---|
| 11 | 美国 | 钱军 | 男 | 美国波士顿学院金融系 | 2007 |
| 12 | 美国 | 高柏 | 男 | 美国杜克大学社会学系 | 2007 |
| 13 | 美国 | 彭军 | 男 | 美国亚利桑那大学 | 2007 |
| 14 | 加拿大 | 陈宏 | 男 | 加拿大英属哥伦比亚大学 | 2007 |
| 15 | 美国 | 虞彤 | 男 | 美国罗德岛大学管理学院 | 2008 |
| 16 | 美国 | 文贯中 | 男 | 美国三一学院 | 2008 |
| 17 | 美国 | 赵金华 | 男 | 美国密歇根州立大学 | 2008 |
| 18 | 美国 | 黄晓东 | 男 | 美国范德堡大学 | 2008 |
| 19 | 加拿大 | 蔡军 | 男 | 加拿大滑铁卢大学 | 2008 |
| 20 | 美国 | 张欣 | 男 | 美国俄亥俄州立托列多大学亚洲研究所所长 | 2009 |
| 21 | 美国 | 丁元 | 男 | 美国加州州立大学公共管理研究生教研主任 | 2009 |
| 22 | 中国台湾 | 苏彩足 | 女 | 台湾大学政治学系主任 | 2009 |
| 23 | 英国 | 刘科成 | 男 | 英国雷丁大学信息科学研究中心 | 2009 |
| 24 | 美国 | 蔡江南 | 男 | 美国马萨诸塞州医疗卫生局高级研究员、中欧工商学院 | 2010 |
| 25 | 美国 | 黄春燕 | 女 | 美国德州大学奥斯丁分校 | 2010 |
| 26 | 美国 | 吴甦 | 男 | 美国堪萨斯大学 | 2010 |
| 27 | 美国 | 刘勇 | 男 | 美国亚利桑那大学 Eller 管理学院 | 2010 |
| 28 | 美国 | 迪安·莱西（Dean Lacy） | 男 | 美国达特茅斯学院政府系-政治与法律专业主任 | 2010 |
| 29 | 美国 | 大卫·M.科兹（David M. Kotz） | 男 | 美国马萨诸塞大学 | 2010 |
| 30 | 英国 | 马德斌 | 男 | 英国伦敦政治经济学院 | 2010 |
| 31 | 加拿大 | 邱嘉平 | 男 | 加拿大麦克马斯特大学商学院终身副教授 | 2010 |
| 32 | 美国 | 范延琴 | 女 | 美国范德比尔特大学 | 2010 |
| 33 | 美国 | 姜近勇 | 男 | 美国亚利桑那大学 Eller 金融系 | 2010 |
| 34 | 美国 | 温泉 | 男 | 美国范德比尔特大学 | 2010 |
| 35 | 中国香港 | 王鹤丽 | 女 | 香港科技大学 | 2011 |
| 36 | 美国 | 李龙飞 | 男 | 美国俄亥俄州立大学 | 2011 |
| 37 | 美国 | 方向 | 男 | 美国俄克拉荷马州立大学 | 2011 |
| 38 | 新加坡 | 陆丁 | 男 | 加拿大菲沙河谷大学 | 2011 |
| 39 | 加拿大 | 陈万华 | 男 | 加拿大麦克马斯特大学 | 2011 |

(续表)

| 序号 | 国家或地区 | 姓名 | 性别 | 所在学校 | 授予时间 |
|---|---|---|---|---|---|
| 40 | 英国 | 特里(Terry Peach) | 男 | 英国曼彻斯特大学 | 2011 |
| 41 | 美国 | 查涛 | 男 | 美国亚特兰大联邦储备银行、美国埃默里大学 | 2011 |
| 42 | 美国 | 孙燕青 | 女 | 美国北卡罗来纳大学夏洛特分校 | 2011 |
| 43 | 新加坡 | 柯滨 | 男 | 新加坡南洋理工大学 | 2011 |
| 44 | 美国 | 顾朝阳 | 男 | 美国明尼苏达大学 | 2011 |
| 45 | 美国 | 陈捷 | 男 | 美国爱达荷州立大学 | 2011 |
| 46 | 中国香港 | 黄旭 | 男 | 香港理工大学,管理及市场学系教授 | 2012 |
| 47 | 美国 | 沈伟 | 男 | 美国亚利桑那州立大学终身副教授 | 2012 |
| 48 | 美国 | 赵志荣 | 男 | 美国明尼苏达大学汉弗莱公共事务学院 | 2012 |
| 49 | 加拿大 | 田卫东 | 男 | 美国夏洛特大学 | 2012 |
| 50 | 加拿大 | 魏占顺 | 男 | 加拿大多伦多大学 | 2012 |
| 51 | 美国 | 范明 | 男 | 美国华盛顿大学商学院 | 2012 |
| 52 | 加拿大 | 马赫什·纳加瑞安(Mahesh Nagarajan) | 男 | 加拿大英属哥伦比亚大学 | 2013 |
| 53 | 美国 | 黄德尊 | 男 | 香港中文大学 | 2014 |
| 54 | 加拿大 | 达伦·达尔(Darren Dahl) | 男 | 加拿大英属哥伦比亚大学 | 2014 |
| 55 | 荷兰 | 张树中 | 男 | 明尼苏达大学工业与系统工程系主任 | 2014 |
| 56 | 新加坡 | 周恕弘 | 男 | 新加坡国立大学 | 2014 |
| 57 | 加拿大 | 谭国富 | 男 | 美国南加州大学 | 2014 |
| 58 | 美国 | 郑兴 | 男 | 美国佛罗里达大学信息系统与运营管理系 | 2015 |
| 59 | 美国 | 刘传海 | 男 | 美国普渡大学 | 2015 |
| 60 | 英国 | 关大博(Dabo Guan) | 男 | 英国东英吉利大学 | 2015 |
| 61 | 美国 | 阿夫纳·格雷夫(Avner Greif) | 男 | 美国斯坦福大学 | 2015 |
| 62 | 美国 | 叶荫宇 | 男 | 斯坦福大学 | 2015 |
| 63 | 美国 | 肯尼思·I.福斯特(Kenneth I. Forster) | 男 | 亚利桑那大学 | 2016 |
| 64 | 以色列 | Ben-tal | 男 | 以色列理工大学MINERVA优化中心 | 2016 |
| 65 | 加拿大 | 王树勋 | 男 | 新加坡南洋理工大学南洋商学院 | 2016 |
| 66 | 美国 | 李涌 | 男 | 纽约州立大学布法罗分校 | 2016 |

## 第三节 引智项目

从2009年至2017年3月,学校共获批文教类"高等学校学科创新引智平台""国际化示范学院推进计划""引进海外高层次文教专家重点支持计划""海外名师项目""学校特色项目""教育部重点项目"等国家重点项目25项,各类项目周期1至5年不等。2015年6月,上海财经大学列入第二批"高校国际化示范学院推进计划"试点院校。2016年9月,荷兰蒂尔堡大学TIAS商学院院长Kees Koedijk受聘为学校特聘教授,并于2017年1月1日起担任学校国际化示范学院的外籍副院长,这标志着学校国际化工作进入一个新阶段,即从师资国际化阶段到管理团队国际化阶段,也标志着引进专家在学校国际化发展进程中的角色转变和时代发展对引进专家要求的转变,从此外籍专家不仅要承担传统意义上的教学和人才培养任务,还要参与到学科、学院和学校的管理和建设当中。2009—2016年度获批国家重点引智项目的具体情况见表10-21,2013—2016年度获批上海市外专局"高端外国专家项目"的具体情况见表10-22,2015—2016年度获批上海市外专局"教科文卫重点引智项目"的具体情况见表10-23。

表10-21 2009—2016年度获批国家重点引智项目情况

| 立项时间 | 学院 | 项目分类 | 内容 | 项目周期（单位：年） |
| --- | --- | --- | --- | --- |
| 2009 | 经济学院 | 教育部重点项目 | "经济学创新平台"建设 | 1 |
| 2009 | 公共经济与管理学院 | 教育部重点项目 | 医院医疗服务成本管理与决策支持系统 | 1 |
| 2009 | 信息管理与工程学院 | 教育部重点项目 | 钢铁企业柔性合同计划方法研究 | 1 |
| 2009 | 经济学院 | 教育部重点项目 | 不完全信息下的技术许可证拍卖 | 1 |
| 2009 | 人文学院 | 教育部重点项目 | 全球化与中国经济发展模式转型研究 | 1 |
| 2009 | 高等研究院 | 教育部重点项目 | 上海市环境资源问题的经济学分析 | 1 |
| 2010 | 金融学院 | 引进海外高层次文教专家重点支持计划 | 黄明,美国,康奈尔大学,行为金融学 | 1 |
| 2010 | 会计学院 | 海外名师项目 | 张国昌,加拿大,会计学（项目编号：MS2010SHCJ041） | 3 |
| 2010 | 人事处 | 学校特色项目 | 推进高水平大学建设聘请外教特色项目（项目编号：TS2010SHCJ032） | 1 |
| 2011 | 金融学院 | 引进海外高层次文教专家重点支持计划 | 黄明,美国,康奈尔大学,行为金融学 | 1 |
| 2011 | 统计与管理学院 | 引进海外高层次文教专家重点支持计划 | 周晓华,美国 | 1 |
| 2011 | 国际工商管理学院 | 海外名师项目 | Zhihao Yu（郁志豪,加拿大,国际贸易学）（2011年度新增项目,编号MS2014SHCJ022;周期：3年;联合实施：上海大学） | 3 |
| 2011 | 人事处 | 学校特色项目 | 引进海外高层次人才,推进高水平大学建设特色项目（2011年度立项项目,编号TS2011SHCJ031;周期：3年） | 3 |

(续表)

| 立项时间 | 学　　院 | 项目分类 | 内　　　　容 | 项目周期（单位：年） |
|---|---|---|---|---|
| 2012 | 金融学院 | 引进海外高层次文教专家重点支持计划 | 黄明,美国,康奈尔大学,行为金融学 | 1 |
| 2012 | 统计与管理学院 | 学校特色项目 | 复杂数据下半参数建模及应用(2012年度新增项目,编号：TS2012SHCJ025;周期：3年) | 3 |
| 2013 | 金融学院 | 引进海外高层次文教专家重点支持计划 | 黄明,美国,康奈尔大学,行为金融学 | 1 |
| 2014 | 国际工商管理学院 | 海外名师项目 | Zhihao Yu(郁志豪,加拿大,国际贸易学)(2014年度立项项目,编号 MS2014SHCJ022;周期：5年;联合实施：上海大学) | 5 |
| 2014 | 法学院 | 学校特色项目 | 涉外卓越法律人才培养体系建设聘请外教特色项目(2014年度新增项目,编号：TS2014SHCJ026;周期：3年) | 3 |
| 2015 | 金融学院 | 引进海外高层次文教专家重点支持计划 | 黄明,美国,康奈尔大学,行为金融学 | 1 |
| 2015 | 统计与管理学院 | 引进海外高层次文教专家重点支持计划 | Annie Qu,美国,伊利诺伊大学厄巴纳香槟分校,统计学 | 1 |
| 2015 | 统计与管理学院 | 学校特色项目 | 大数据时代的统计理论、应用及其计算(2015年度新增项目,编号：MS2015SHCJ026;周期：3年) | 3 |
| 2015 | 国际工商管理学院 | 国际化示范学院推进计划 | 2015年获批 | — |
| 2016 | 信息管理与工程学院 | 海外名师项目 | Opher Baron(厄弗·巴伦,加拿大\以色列,管理科学与工程)(2016年度新增项目,编号：MS2016SHCJ024;周期：4年;联合实施：南京财经大学) | 4 |
| 2016 | 信息管理与工程学院 | 学校特色项目 | 管理科学人才培养及运营管理应用科研创新聘请外教项目(2016年度新增项目,编号：MS2016SHCJ030;周期：3年) | 3 |
| 2016 | 经济学院 | 高等学校学科创新引智基地("111计划") | 经济学前沿理论与方法学科创新引智基地 | 5 |

表10-22　2013—2016年度获批上海市外专局"高端外国专家项目"情况

| 立项年度 | 学　　院 | 外　专　姓　名 | 中方负责人 |
|---|---|---|---|
| 2013 | 经济学院 | Wolfgang Keller | 龚　关 |
| 2014 | 国际工商管理学院 | Riki Takeuchi | 陈志俊 |
| 2014 | 经济学院 | Terrence McDonough | 马　艳 |

(续表)

| 立项年度 | 学　　院 | 外　专　姓　名 | 中方负责人 |
|---|---|---|---|
| 2015 | 经济学院 | Terrence McDonough | 马　艳 |
| 2015 | 统计与管理学院 | J. GEORGE SHANTHIKUMA | 骆司融 |
| 2016 | 经济学院 | Terrence McDonough | 马　艳 |
| 2016 | 统计与管理学院 | J. GEORGE SHANTHIKUMA | 骆司融 |
| 2016 | 法学院 | Lawrence Mitchell | 胡　凌 |

表10-23　2015—2016年度获批上海市外专局"教科文卫重点引智项目"情况

| 立项年度 | 学　院 | 项　目　名　称 | 专　家　姓　名 | 中方负责人 |
|---|---|---|---|---|
| 2015 | 数学学院 | 关于广义MHD方程的数学理论研究 | Yasuhide Fukumoto；Bae Yeong | 周　勇 |
| 2015 | 马克思主义研究院 | 可持续发展的现代化之路：新时期中国和俄罗斯、乌克兰的经济改革比较研究 | Maliy Ivan；Kolot Anatolii | 刘晓音 |
| 2016 | 实验中心 | 互联网金融系统的复杂性建模与风险分析 | 张翼成 | 韩景倜 |

2016年11月学校经济学院"经济学前沿理论与方法学科创新引智基地"入选"高等学校学科创新引智平台"（"111计划"），这是学校成建制引进外籍团队的又一突破。"国际化示范学院"和"111计划"的成功获批标志着学校国际化水平特别是外专引智工作迈上了一个新台阶。

# 第四章　国内交流和合作

## 第一节　国内交流

### 一、与财经院校的对口交流

1984年7月,在上海召开的京津沪三市高教局第三次协作年会倡议今后开展三市同类院校的对口交流。12月,由北京经济学院牵头并承办了京津沪财经院校的第一次协作交流会。作为部属高校,上海财经大学应邀与会,此后便成为特邀成员单位。第一次协作交流会协商决定,以后每年举行一次,参加人员主要是各院校的书记、院(校)长及教务处长,组织工作由各院校轮流主持。每次年会都围绕着高校在改革与发展中遇到的一些问题进行广泛的交流和研讨,如:加强党的建设,坚持社会主义办学方向;加强和改进德育工作,全面贯彻党的教育方针;加强师资队伍建设(提高素质、优化结构、稳定骨干);深化教学改革、提高教育质量;积极探索教学、科研和社会实践相结合的办学模式;深化内部管理体制改革等。会议期间,还商定了一些协作项目。后因为其他地方财经院校要求参加,1990年第七届年会决定将"京津沪财经院校协作年会"改为"京津沪地方财经院校协作年会"。为了保持会议的连续性与功效性,1992年第九届年会上,经协商决定成立联络小组,由北京经济学院、天津财经学院、上海财经大学组成,北京经济学院牵头。

### 二、接受国内访问学者

1986年1月下旬,国家教委教师管理办公室下发《高等学校接受国内访问学者的试行办法》。学校经研究,提出并上报了申请接受国内访问学者计划。1988年11月16日,国家教委教师管理办公室批复学校:"经审核,同意你校1989—1990学年度接受10名国内访问学者。"其中,胡寄窗4名、席克正2名、徐政旦2名、郑德如2名。《批复》还明确,"访问学者申请期限为一九八九年三月一日至六月十五日"。

2001年,根据"接受国内访问学者,是发挥重点高校师资、设备及教学科研经验丰富的优势,为一般高校培养学术带头人和学术骨干,提高师资队伍素质的重要形式"的要求,学校正式启动接受国内访问学者的工作。为做好这项工作,学校制定《上海财经大学国内访问学者管理暂行办法》,于当年7月2日印发。2001—2002学年,学校接受国内访问学者9名,涉及专业有会计学、财政学(含税收、公共政策)、财务管理;2002—2003、2003—2004、2004—2005学年,分别接受国内访问学者23、21、22名,涉及专业扩至金融学、保险学、经济学、西方经济学、市场营销、国际贸易、产业经济、企业管理、统计学、应用数学、区域经济等。

2004年10月8日,教育部办公厅印发《高等学校青年骨干教师国内访问学者项目实施办法》,强调选派青年骨干教师作为访问学者到国内重点高等学校的优势学科研修。2005年9月至2007年12月,共接受外校青年骨干教师访问学者43名。2014—2016年学校接受国内访问学者情况见表10-24。(说明:人数统计中,凡跨学年度的计入上一学年,如访问时间为2015年2月至2016年1月的计入2014—2015学年。)

表10-24　2014—2016年接受国内访问学者情况

| 学　　年 | 国内高级访问学者 | 其　　他 | 总　　计 |
| --- | --- | --- | --- |
| 2014—2015学年 | 21名 | "西部之光"1名 | 22名 |
| 2015—2016学年 | 17名 | 少数民族特培学员1名 | 18名 |
| 2016—2017学年 | 22名 | "西部之光"1名 | 23名 |

## 第二节　与国内高校合作办学

### 一、与上海外国语学院联合举办国际会计专业

1988年11月22日上午,校长金炳华、副校长王松年以及章仪桓、张次博、龚维新、金会虎,在上海外国语学院(简称上外)同院长胡孟浩、副院长戴炜栋等举行会谈。双方领导同意就联合办学、教师互相兼课、毕业生分配对等考虑、教师进修等进行合作,并确定成立工作班子,上海财经大学工作班子由王松年负责,成员有张次博、龚维新、金会虎。同月29日,工作班子举行会议,初步落实相互兼课、毕业生分配方面的合作事项;对于联合办学的专业,各自表达了意见。后经协商,初步确定以国家教委和财政部批准的在上海财经大学设置的国际会计专业作为两校联合办学的专业。

12月13日,学校召开党政联席会议,讨论由上外起草的校际合作、联合办学两份协议书草案,提出修改意见,并决定指派教务处副处长张次博赴京向财政部教育司汇报,与上外人员一起向国家教委高教一司汇报,在此基础上两校共同修改拟定两份协议书,在听取有关系的意见后,提交党政联席会议审定。同月27日下午召开的学校党政联席会议,审议关于校际合作和联合举办国际会计专业的协议书。

1989年1月16日上午,在学校举行两校校际合作签字仪式。金炳华、胡孟浩在《关于校际合作的协议书》上签字,王松年、戴炜栋在《关于联合举办国际会计专业的协议书》上签字。校党委书记叶麟根及校长助理汤云为、校办主任何行道、师资办主任章仪桓、会计学系主任石成岳、基础部副主任金会虎、教务处副处长张次博出席签字仪式。

两校《关于校际合作的协议书》称:"为适应我国对外经济发展的需要,培养高层次的从事涉外经济工作的人才,本着友好合作、平等互利,充分发挥两校各自优势的原则,一致同意在五个主要方面进行合作。"5个合作项目为:联合举办涉外经济专业,互派进修教师,互派兼课教师,相互支援毕业生,互派借读生。"为了保证本协议的执行,双方各确定一位教务处负责同志作为学校联系人","上海财经大学联系人员是张次博副处长"。

两校《关于联合举办国际会计专业的协议书》称:"为执行两校《关于开展校际合作的协议书》提

出的第一个合作项目,通过协商确定,业经国家教委和财政部批准的在上海财经大学会计学系设置的国际会计专业,作为两校1989年联合办学的专业。"双方达成协议的问题涉及培养目标、学制、招生名额与地区、培养形式、教学安排、管理工作、培养经费、毕业和分配8个方面。关于"招生名额",明确该专业当年招生45名及两校各自负责招生的人数(上财大25名、上外20名)。关于"培养形式",明确"学生前两年在上海外国语学院住读,后两年在上海财经大学住读"。关于"教学安排",明确"专业教学计划由两校共同制定,在执行过程中如需变更,也由双方共同商定。四年间,外语课程教学由上海外国语学院承担,会计专业课程教学由上海财经大学承担,其他课程的教学原则上按前后各两年由两校分别承担"。关于"毕业",明确"取得毕业资格的学生,由两校共同盖章,联合颁发毕业证书"。

1990年3月19日,国家教委高等教育司对上外要求联合培养国际会计专业人才的批复中称:"同意两校联合培养国际会计本科专业人才(专业设在上海财经大学)。"

1994年4月13日,校长汤云为及储敏伟、张次博与上外校长戴炜栋等就两校联合办学问题举行会谈。双方一致认为,"合作方向对头,成效明显","为高校间联合办学提供了经验与范例"。鉴于"近年来,随着高等教育改革的深化,各高校由于隶属关系和学校情况的不同,教育改革不同步和改革内容差异日趋明显。改革中出现的新情况,给两校联合办学提出了新的问题"。对于1993年招生中出现的新问题,双方认为,"原有协议的部分条款已经不适应变化的新形势,两校合作的方式与内容需要进一步探讨研究"。双方确认,"1994年暂停执行原协议,各校各自招生与培养"。

1989年开始招生,1997年送走最后一批毕业生,两校合作培养5届国际会计专业人才共212名。

## 二、与上海市其他高校的合作办学

### (一)与东北片高校合作

1997年3月起,上海财经大学与上海市东北片7所高校合作,实行学生跨校选课办法,目的在于各校优势互补、资源共享,以利于拓宽学生的知识面和加强学生全面素质的培养。该学期,学校开设的选修课是国际投资,来自复旦、同济、体育学院、水产大学的学生122人报名选读。1997—1998学年第一学期,学校开设的金融交易技术课,外校选修学生为153人,同时,学校也有33名学生参加跨校选课;第二学期,学校有495名学生参加跨校选读,外校选读学校开设课程的学生人数增加近百名。

1998—1999学年开始,学校与东北片复旦大学、同济大学等8所高校合作,在本科生中推出跨校辅修制度。参加跨校辅修的学生,学分积点必须在2.5以上,经报名录取。学校向其他高校开设2个辅修专业,即工商管理和会计学。该学年,学校有11名学生获准选读外校开设的辅修专业,外校学生数十人获准修读上海财大开设的2个辅修专业。

### (二)与上海金融学院合作

为贯彻上海市政府关于推进部属高校带动地方高校发展的要求,加速培养适应上海国际金融中心建设急需的高素质应用型金融人才,2012年3月,经上海财经大学与上海金融学院协商,决定两校联合培养金融硕士专业学位。联合培养项目的招生计划由上海财经大学制定,上海金融学院参与对联合培养项目的招生宣传,教学管理以上海财经大学为主,上海金融学院参与制定联合培养项目的培养方案;联合培养项目实行双导师制,导师成员由上海财经大学、上海金融学院及行业导师共同构成。

该合作培养 2013 年招收首届联合培养学生 25 人,至 2016 年合作培养招生结束,四年间共计合作招生培养金融硕士专业学位研究生 93 人。

### (三) 与上海政法学院合作

为支持上海政法学院发展高层次研究生教育,2014 年 12 月,经两校友好协商,达成合作培养博士研究生协议,在学校法学院法律经济学专业博士点下增设"上合组织与多边国家合作"方向,每年招收不超过 5 名博士研究生,围绕国家战略目标和经济发展中的重大国际性问题,以联合培养博士研究生的方式,培养具有国际视野、创新精神、参与并处理国际政治、经济和法律事务能力的高端复合型学术人才。

2016 年招收首批合作培养博士研究生 3 名,2017 年招收第二批合作培养博士研究生 2 名。

## 三、与西部 4 所财经类高校合作办学

2000 年 2 月直属国家教育部管理后,学校为贯彻实施中共中央关于加快开发西部经济发展的战略,本着资源互补、优势互补的原则,积极开拓与西部各地财经院校的紧密合作。2000 年 4 月 27 日,上海财经大学与西部部分高等财经院校建立校际合作的意向书签字仪式在上海财经大学举行。学校党委书记兼校长谈敏与新疆财经学院、贵州财经学院、兰州商学院、云南财贸学院的党委书记或院长分别在合作意向书上签字。

与西部 4 所财经类高校合作意向书明确的合作内容有:(1) 根据合作学校的要求,上海财经大学每年(或每学期)对口接受一定数量的访问学者(免收进修费);(2) 上海财经大学依托合作学校的教学管理资源开设硕士研究生学位班;(3) 根据合作学校情况,上海财经大学给予研究生入学的部分单考指标;(4) 双方积极开展学科、专业建设上的合作与开发,上海财经大学参与合作学校部分学科及专业建设;(5) 双方每年不定期互派一定数量的教学管理人员及高水平的专业教师进行短期交流;(6) 结合西部社会经济发展实际,双方合作在西部学校建立科研基地,共同承接科研课题,为政府及社会各界提供经济政策咨询服务。合作意向书最后明确,合作双方将由校(院)长办公室牵头、相关职能部门具体落实上述合作内容。

2001—2007 年,学校每年均拿出一定的单独考试指标,定向招收培养合作高校在职教师,7 年间为 4 所财经类高校共计招收培养 27 名在职教师,2007 年以后学校不再招收单独考试类硕士研究生。具体情况见表 10-25。

表 10-25　2001—2007 年为西部 4 所财经类高校培养在职教师情况

| 年　份 | 新疆财经学院 | 贵州财经学院 | 兰州商学院 | 云南财贸学院 | 小　计 |
| --- | --- | --- | --- | --- | --- |
| 2001 | 3 | — | 3 | — | 6 |
| 2002 | 1 | 2 | 1 | — | 4 |
| 2003 | 3 | — | 1 | 2 | 6 |
| 2004 | 1 | — | 2 | — | 3 |

(续表)

| 年　份 | 新疆财经学院 | 贵州财经学院 | 兰州商学院 | 云南财贸学院 | 小　计 |
|---|---|---|---|---|---|
| 2005 | 1 | 2 | 1 | — | 4 |
| 2006 | 1 | 1 | 1 | — | 3 |
| 2007 | — | 1 | — | — | 1 |
| 小　计 | 10 | 6 | 9 | 2 | 27 |

## 第三节　与国内企业合作

### 一、合作举办二级学院

1993年起,学校为贯彻执行中共中央、国务院印发的《中国教育改革和发展纲要》要求,根据《财政部关于扩大部属院校自主权的意见》中关于学校可按国家规定与社会实体联合办学的精神,与一些企业协商合作举办二级学院。

（一）南德国际经济管理学院

1993年3月29日,学校向财政部教育司报送《关于成立上海财经大学南德国际经济管理学院的请示》,提出与南德经济集团合作办学的设想。5月8日,财政部教育司给学校下发同意成立南德国际经济管理学院的批复。同月10日,主持工作的副校长汤云为代表学校与南德经济集团签署《关于合作创建上海财经大学南德国际经济管理学院的协议书》,明确:学院以招收自费生为主,1993年开始招生,第一年招收四年制本科生200人；学院实行院董事会领导下的院长负责制,院董事会由7人组成,上海财经大学占4名(此前学校党政联席会议决定委派陈和本担任副董事长,张次博、唐豪、夏大慰担任董事),院长由学校提名,董事会委任(经学校提名,夏大慰任院长);学院经费来源除学费收入以外,前4年南德经济集团每年投入200万元办学经费。是年,学院招生专业为国际金融、国际贸易和国际企业管理。学院设立专家委员会,对课程设置、教师聘任等问题向院长提供决策咨询,主任由原校长张君一担任,委员中有原副校长王松年、世界经济系主任朱钟棣和副主任汪保健、博士生导师杨公朴和席克正。1997年7月,学院第一届本科生毕业。后因合作方资金投入不保证,学院停办,国际金融和国际贸易两专业的在校生划归世界经济系管理,国际企业管理专业在校生划归工商管理学院管理。

（二）恒通工商管理学院

1993年4月14日,学校向财政部教育司报送《关于成立上海财经大学恒通经理学院的请示》,提出与珠海恒通置业股份有限公司合作办学的设想,明确恒通经理学院是专门培养工商管理硕士(MBA)为内容的二级学院。5月8日,财政部教育司下达同意成立的批复,并将学院名称改为"恒通工商管理学院"。5月31日,主持工作的副校长汤云为与恒通置业有限公司总裁杨博签署《关于合作创建上海财经大学恒通工商管理学院(MBA)协议书》,明确:学院以招收国家计划生、自费生及委培生为主,1993年开始招生,第一年先招收MBA生20人；学院实行董事会领导下的院长负责制,院董事会由7人组成,上海财经大学占4人(第一届董事会学校委派谈敏任副主席,冯正权、骆祖望任董事),院长由上海财大(骆祖望)担任;学院经费来源除学费收入以外,收支相抵后的缺口,由合作企业每年投资 100 万元办学经费。学院设专家委员会,为院长决策提供咨询。1998 年 7 月 6 日,学校党政班子鉴于合作企业资金投入不保证,决定恒通工商管理学院更名为 MBA 教育中心,归学校研究生部管理。

### (三) 证券期货学院

1994 年 4 月 6 日,学校向财政部教育司报送《关于成立上海财经大学证券期货学院的请示》,提出与上海证券交易所(以下简称上证所)合作办学的设想。同月 22 日,财政部教育司下达同意成立的批复。6 月 8 日,校长汤云为与上证所总经理尉文渊签署《关于合作创办上海财经大学证券期货学院协议书》,明确:学院实行董事会领导下的院长负责制;院董事会由 5 人组成,其中上海财经大学代表 3 人(学校委派朱沪生任副董事长,丛树海、金德环任董事),院长由董事会聘任(董事长龚浩成兼任);学院重点培养硕士研究生和本科生,并兼办高级培训班、进修班,从 1994 年开始招生,第一年先招收本科生 40 人;学院日常经费来源由上证所每年拨付 100 万元,年终结余转下年使用;对学院在开办和发展中的专项增资需求,由上证所以专款形式拨入学院,专项拨款所形成的资产,其所有权归上证所。1998 年 7 月 6 日,根据学校党政班子的决定,证券期货学院与其他金融类学院合并组建新的金融学院,但学院的牌子及其培训任务保留。

### (四) 万泰国际投资学院

1994 年 11 月 25 日,上海财经大学代表汤云为与万泰集团签署《关于合作创办上海财经大学万泰国际投资学院协议书》,明确:学院以培养本科生为主,进一步完善和扩大现有的硕士研究生的培养,同时积极创造条件,培养博士生;学院创办初期设置投资经济管理(国际投资)、房地产经营与管理两个专业,1995 年招收首届本科生;学院实行董事会领导下的院长负责制,院董事会由 7 人组成,上海财大占 4 名(第一届董事会学校委派陈和本任副董事长,储敏伟、樊天和任董事),院长由学校提名,董事会委任(学校提名储敏伟任院长);学院经费来源,除学费收入外,万泰集团每年投入 100 万元作为办学经费,同时集团拨出 500 万元作为"万泰教育基金",由集团操作。

1995 年 1 月 16 日,学校向财政部人事教育司报送《关于成立上海财经大学万泰国际投资学院的请示》,提出与万泰集团合作办学的申请。同月 23 日,财政部人事教育司下达同意成立的批复。1998 年 7 月 6 日,因合作企业资金投入不保证,学校党政班子决定:万泰国际投资学院与其他金融类学院合并组建新的金融学院。

### (五) 财务金融学院

1995 年 1 月 25 日,上海财大与上海能源化工总公司通过友好协商,一致同意合作办学,双方法人代表汤云为与胡华梁签署《关于合作创办上海财经大学金融学院的合同》,明确:合作企业方投入 1 000 万元设立"上海财经大学金融教育基金",由双方合作成立的"上海财务金融咨询有限公司"具体负责基金运作,并保证每年至少支付给学院 200 万元办学经费;学院实行董事会领导下的院长负责制,院董事会由 8 人组成,其中上海财大委派 4 名,院长由上海财大提名、董事会委托;规定双方在合作办学上的责任,以及院董事会的职责。2 月 6 日,学校向财政部人事教育司报送《关于成立上海财经大学财务金融学院的请示》,提出与上海能源化工总公司合作办学的申请,明确学院名称为"财务金融学院"。3 月 8 日,学校发出《委派书》,委派季德元出任副董事长,欧阳令南、刘少波、戴国强、蔡希良出任董事。3 月 29 日,财政部人教司下达同意成立的批复。1998 年 7 月 6 日,因合作企业资金投入不保证,学校党政班子决定:财务金融学院与其他金融类学院及世界经济系国际金融学科合并组建新的金融学院。

## 二、合作建立学院教育发展基金

### (一)工商管理学院教育发展基金

1994年3月22日,学校印发的《关于筹建上海财经大学工商管理学院的决定》称:经校党政联席会议研究决定,同意工业经济系、贸易经济系合作筹建上海财经大学工商管理学院。《决定》明确筹建工作小组成员名单。10月17日,汤云为与上海市糖业烟酒(集团)公司张培正、上海家化联合公司葛文耀、上海海能实业公司徐伟良分别签署《合作办学协议》,明确:3家企业分别投资30万元,参加工商管理学院教育发展基金,并参与和指导学院的建设,为学院学生提供专业实习的机会和条件;上海财大向三家企业提供基金理事单位享受的优惠待遇。同月20日,学校向财政部人教司报送《关于成立上海财经大学工商管理学院的请示报告》,称"目前已经吸纳了社会资助办学资金100万元"。11月3日,财政部人教司下达同意成立的批复。1995年3月10日,工商管理学院举行揭牌仪式。1998年7月6日,学校党政班子决定,工商管理学院与世界经济系国际贸易学科合并,组建为国际工商管理学院。

### (二)会计学院教育发展基金

1997年8月26日,学校向财政部人教司报送《关于成立上海财经大学会计学院的请示》,文中称:"根据我校'211工程'建设规划,经校党委常委研究,拟以会计学系为基础成立会计学院,作为学校的二级学院。""在办学经费方面,得到了企业界的大力支持。上海石化公司和上海大华会计师事务所将根据达成的协议分别投入人民币300万元,共600万元。学校拟建立会计学院教育发展基金,并且成立基金理事会来统一管理这笔基金。"9月8日,会计学院教育发展基金捐设于上海市教育基金会,由后者统一管理。10月9日,财政部人教司下达同意成立的批复。11月8日,会计学院举行揭牌仪式。

## 三、联合培养研究生

2004年12月8日,上海财经大学主管研究生教育的副校长孙铮与上海电气集团股份有限公司负责人签署合作协议,明确:为落实上海市科教兴市和人才强市战略,合作双方联合在上海电气集团建立研究生培养基地,实施上海电气高层次人才培养战略计划。合作协议包含三方面内容:一是建设目标,二是合作方式,三是经费。

2005年3月下旬,根据学校提出的"各院系要尽快和大型企业集团建立研究生培养基地"的要求,国际工商管理学院与上海纺织控股(集团)公司经友好协商达成初步协议。4月14日,副校长孙铮和上海纺织控股(集团)公司负责人签署《联合培养研究生合作协议》。合作协议明确,合作双方联合在上海纺织控股(集团)公司建立研究生培养基地,实施该公司高层次人才培养战略计划。此后,学校又先后与上海世博集团有限公司、上海期货交易所签订了联合培养研究生的合作协议,建立了产学研联合培养基地,分别在企业管理、市场营销、财务管理、会计学、投资经济等7个专业联合培养研究生。

产学研联合培养将博士生培养的部分环节置于企业集团中,每位研究生除了在校内有导师以外,合作企业还专门配备了一名导师,在原有的固定课程之外提供大量实地考察的机会。

2006年,学校在上海电气集团股份有限公司中选聘了3名兼职博士生导师,在上海纺织控股集团公司中聘任了3名硕士生导师作为研究生联合培养基地的导师。

### 四、合作科研

1992年8月15日,上海财经大学主持工作的副校长汤云为与中国纺织机械股份有限公司(简称中纺机)的法人代表黄关从签署《合作协议书》,明确双方以互助、互利、互惠为前提,通力合作共建两个基地,即中纺机成为上海财经大学教师和学生的实习基地,上海财经大学成为中纺机中、高级管理人员的培训与科技合作基地。协议有效期5年,自1992年8月15日至1997年8月14日止。

同月,汤云为与上海二纺机股份有限公司法人代表郑克钦签署《加强企校协作协议书》,明确二纺机为上海财大设立科教文基金,用于资助和奖励上海财经大学教师和科研人员的科研活动。

1993年4月27日,学校主管科研副校长谈敏与上海二纺机股份有限公司郑克钦签署协议书,双方同意合作开办"上海市场经济研究所",实行董事会领导下的所长负责制,聘请高尚全、汪道涵、金炳华为高级顾问,吴敬琏为名誉所长,谈敏任副董事长,费方域任所长。

1994年3月1日,学校党委书记潘洪萱与长江口商城股份有限公司黄宗良签署协议书,双方同意联合创办"上海财经大学现代企业研究所",实行董事会领导下的所长负责制,潘洪萱任名誉董事长,夏大慰任副董事长,李则兆任董事兼所长;长江口商城股份有限公司提供30万元,作为研究所基金;双方合作期限为5年。

1994年12月,汤云为与广东省中振投资有限公司代表梁咏签署《关于设立"上海财经大学中振科学研究基金"协议书》,明确由中振公司投入100万元作为基金来源,每年12月从该项运作资金中提取不低于25%的收益作为资助、奖励经费;成立基金理事会,由学校4人、企业1人共5人组成;成立奖励、资助项目评审委员会。

1995年5月19日,学校下发的《关于成立"上海财经大学期货研究中心"的决定》称:该研究中心引进上海粮油商品交易所的机制和资金,积极探索学校科研人员与企业联办研究中心的新路子;实行董事会领导下的主任负责制,朱国华任主任。

2004年4月1日,校长谈敏与上海市第一食品商店股份有限公司负责人签署《校企合作协议书》,称:合作协议的目的是"为了贯彻执行上海市委和市政府'科教兴国'的战略目标,充分发挥产学研紧密合作的独特作用,为双方的持续发展提供帮助"。合作内容包括:学校在合作企业设立博士后流动站、建立国际工商管理学院研究工作室、建立大学生实习基地,合作企业在学校建立企业管理人员培训基地,建立企业奖学金,双方共同开发教学案例库。

2005年4月27日,根据4月8日"上海世博局、世博集团领导与上海财经大学领导会谈纪要"的精神,学校党委书记马钦荣与上海世博(集团)有限公司负责人签署《产学研一体化战略合作协议》。其要点:一是合作启动有关2010年上海世博会市场开发计划中的相关科目预研课题工作;二是建立长期的"上海世博(集团)有限公司——上海财经大学产学研基地",包括组建长期的联合研究体、建立博士后工作站、建立研究生合作培养基地;三是合作开展面向外企的培训工作;四是合作建立上海世博会专门人才培训基地。

2014年11月8日,在校党委书记丛树海和中信兴业投资集团有限公司副董事长、总经理王炯的见证下,上海财经大学与中信兴业投资集团有限公司签署了《上海财经大学·中信兴业投资集团有限公司关于设立"中信奖学金"的协议》。根据协议内容,每年从"中信奖学金"中划出部分资金,用于资助上海财经大学专家、教授的研究工作,发挥上海财经大学在会计、金融、投资、工商管理等学科领域的优势,为中信集团创新发展提供智力支持和咨询服务。从2015年开始,中信集团根据发展和经营管理的需要,每年向学校提出一些科研课题需求,学校经公开招标确定中标课题开展研究工作,通过研究,提出符合中信集团公司发展实际的可行性建议。同时,课题的承担者还须就其所擅长的研究领域为中信集团的领导人员培训授课,授课时长为16个课时/年/人(可分四个半天,不同选题进行)。

### 五、合作建立"书扉"上海财经大学纪念品专营中心

依据学校有关文件精神,学校合作发展处于2014年6月开始筹备建立上海财经大学纪念品专营中心。经过近一年的调研、系统规划与评估,于2015年4月设立纪念品专营管理岗,确定运营模式、采购机制及专营中心用房等细则。同年6月,开始上海财经大学首批纪念品的设计及制作。后与校友阮振球合作,以校友为法人代表并出资设立公司,合作发展处负责具体运营管理的模式,于2016年5月31日正式注册成立上海书扉企业管理咨询有限公司。同年10月,"书扉"上海财经大学纪念品专营店正式营业。

"书扉"上海财经大学纪念品专营中心设立在武川路校区创业中心一楼,占地207平方米,是集图书阅览区、校友交流区和上财纪念品展示销售区于一体的多功能活动交流中心,旨在服务广大师生及校友,成为上财文化的传播窗口。

## 第四节 与地方政府合作

### 一、合作举办上海财经大学浙江学院

上海财经大学浙江学院由上海财经大学与浙江省金华市浙中教育集团合作举办,是一所按新机制和新模式运作、具有独立法人资格的全日制本科独立学院。2008年5月经国家教育部批准成立。

学院坐落在著名的国家历史文化名城、全国电子商务之城金华,地处金华市环城南路多湖高教园区,毗邻金华市金东区政府,规划占地面积1 005亩,实际占地面积829.63亩,校园建筑面积22万平方米,教学仪器设备1 793.5万元,纸质图书57.2万册。学院交通便利,教学设施先进,生活设施齐全,校园环境幽静,是理想的求学之地。现有在校本科生6 000余人,生源覆盖全国24个省、市、自治区。

学院现有教职员工262人,具有副高以上职称的75人,硕士及以上学历的224人,另有来自中科院、国家发改委、浙江大学、复旦大学、厦门大学等外聘教授55人,逐步形成了一支数量充足、结构合理、爱岗敬业、素质优良的师资队伍。

学院坚持"共建共享共融共赢"的办学理念,紧密结合地方经济社会发展实际,秉承上海财经大学"厚德博学、经济匡时"的校训,依托母体学校的品牌资源优势,积极借鉴利用国内外优质高等教育资源,深化教育教学改革,强化学院内部管理,优化学科专业建设,为提高人才培养质量、服务区域经济发展奠定了坚实基础。学院设有会计学、财务管理、经济学、金融学、投资学、保险学、应用统计学、工商管理、物流管理、人力资源管理、市场营销、国际经济与贸易、国际商务、电子商务、商务英语、会展经济与管理等21个本科专业、6个专业方向,建有19个专业实验室、25个实习实训基地,

已建成会计学、金融学、国际经济与贸易3个浙江省新兴特色专业建设项目,"三位一体"自主招生、专升本教育、继续教育等业务不断扩大,初步形成了以财经类专业为主,经、管、文、理、工等学科协调发展的良好态势,学院综合实力和办学水平逐年提高。

学院在金华市委、市政府的直接领导下,在上海财经大学的关心支持下,全体师生员工以服务地方经济社会发展为己任,以建设地方性应用型本科高校为目标,团结一致,和衷共济,紧抓机遇,奋发有为,坚持走地方性、应用型、特色化的发展道路,为把学院建设成为全省乃至全国有一定影响力的应用型财经类本科院校而努力奋斗。

## 二、合作建立青岛财富管理研究院

2014年2月10日,经国务院同意,中国人民银行等11个部门联合向山东省人民政府下发《关于印发青岛市财富管理金融综合改革试验区总体方案的通知》(银发〔2014〕38号),标志着山东省青岛市财富管理金融综合改革实验区正式获国家批复,青岛市成为我国以财富管理为主题的金融综合改革试验区。2014年2月22日,青岛市委书记李群携市委市政府一行拜会了校长樊丽明,就加强校地之间互动,深化国际金融模式研究、经济改革创新等领域合作,加快推进青岛市国家级金融综合改革试验区建设等达成合作意向。通过青岛市人民政府和上海财经大学等各方不懈努力,2014年12月,上海财经大学与青岛市人民政府签署《战略合作框架协议》与《共建"上海财经大学青岛财富管理研究院"协议》,双方约定充分融合发挥上海财大的高端学术资源优势和青岛市的地域优势及政策优势,紧密围绕财富管理金融综合改革试验区建设这一国家战略,在人才培养、研究咨询和启民服务等方面开展长期、深入合作,为青岛市经济转型升级特别是金融服务业创新发展提供人才支撑与智力支持。上海财经大学青岛财富管理研究院于2015年1月正式在青岛市注册为教育科研事业单位法人。

研究院实行理事会领导下的院长负责制,理事会为研究院的最高决策机构,理事会成员由青岛市人民政府及辖区内企事业单位的领导、上海财经大学的领导、相关领域的知名学者和专家组成。理事会负责制定修改研究院章程,审议研究院的发展目标、发展战略,推选研究院院长,监督检查研究院工作。院长由理事会在上海财经大学在职教职工内推选,由上海财经大学聘任。院长负责研究院的全面工作,并就研究院的发展规划、人才聘任、财务预算等重大事项定期向理事会汇报。第一届理事会由19名理事组成,其中上海财经大学9人、青岛市9人、独立理事1人。首任院长为戴国强教授,执行院长为姜晖博士。

研究院根据自身业务特点和发展需要共设立了4个支持部门和6个业务部门(见图10-1),现有全职员工46人,聘任校外兼职教授和职业导师25人。

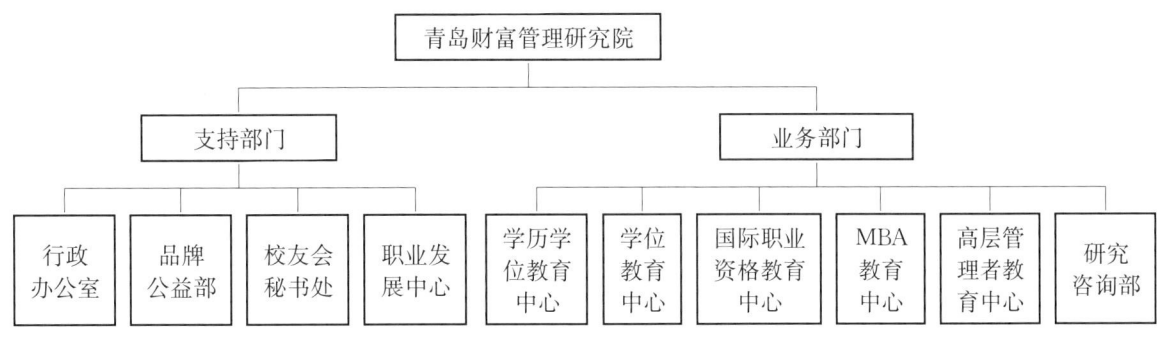

**图10-1　上海财经大学青岛财富管理研究院组织结构**

研究院开展的工作主要包括人才培养、研究咨询和启民服务三个方面。

### （一）人才培养

为金融及相关行业培养高层次专门人才和管理人才是研究院的核心业务。上海财经大学自2003年起就在青岛举办高级管理人员工商管理硕士（EMBA）项目，研究院成立后又先后开设了金融学高级研修项目和"上财—伯克利金融硕士（全球财富管理方向）"学历学位教育项目，并与企业和政府部门广泛合作开展各类公开课程和定制培训项目。截至2017年3月，研究院在读研究生和研修生共约220人，通过各类非学位教育项目累计培训17 000余人次。其中，"上财—伯克利金融硕士"学历学位教育项目参加了2016年青岛市金融创新奖评选活动，并从17个参评项目中脱颖而出，获得"项目创新奖"三等奖。

2016年8月11日，研究院与美国加州大学伯克利分校签约成立"上财（青岛）—伯克利（哈斯）国际人才培养基地"，合作双方以落地双学位教育项目为最终目标，迈出了探索高级金融人才国际化培养模式的第一步。

2017年，研究院新增国际MBA、会计专业硕士（MPAcc）和财务管理高级研修班等多个项目。此外，受青岛市委、市政府委托，研究院与英国特许证券与投资协会（CISI）合作开展的财富管理资格认证项目已正式启动。在非学位教育方面，研究院开展首席财务官课程、董事会秘书课程和新三板上市实战课程等多个项目。

### （二）研究咨询

研究院立足青岛、辐射山东全省，为金融企业、金融监管部门、立法机构等单位提供一流的智力支持和咨询服务，成为推动山东省金融改革、促进山东省金融事业的优良载体。

研究院先后承接《青岛市"十三五"金融业发展专项规划与财富管理中心建设推进方案配套课题研究报告》等政府和企业委托课题共计24个。其中，谈儒勇承担的《青岛金家岭金融区"十三五"发展规划》参加了2016年青岛市金融创新奖评选活动，并荣获"研究创新奖"二等奖。

### （三）启民服务

为传递最新财经资讯、解读前沿金融问题，研究院自2015年初起持续举办"上财金融家俱乐部·青岛金家岭财富管理沙龙"活动，致力于为青岛市打造一张崭新的金融城名片。经过两年多的发展，金融家俱乐部已逐步由一个纯学术交流平台发展为一个集学术研讨、资源分享、兴趣发展和投融资对接服务于一体的高品质、专业级俱乐部。截至2017年3月，研究院成功举办22期金融家俱乐部活动，邀请了23位著名经济学家或业界领袖到青岛进行演讲和互动，吸引了近3 200名政府决策者、金融机构和实体企业高层管理人员参与，并有10余家媒体持续跟踪报道。

此外，研究院还坚持打造"金融智荟"沙龙、"菁融课堂"和"上财·青岛财富管理基金业协会沙龙"等分行业学术交流平台，上述各类活动已举办21期，累计参加超过1 500人次。通过举办这些学术公益活动，研究院已成为一个高效的财经文化传播者和积极的金融生态系统建设者，并且提升了上海财经大学在当地的社会影响力。

### 三、开展各类财政干部培训项目

学校充分发挥财政干部培训师资库的作用,积极响应财政部号召,紧贴政策热点开展干部教育培训工作。学校积极承接财政部、西部地区以及各地财税系列培训项目,先后与多省市财政系统、税务系统以及企事业单位建立了长期友好的合作关系,并与江苏、浙江、河南、湖北、湖南等地财税系统企业建立了长期的财税人才培养计划。自2000年以来,学校每年举办"财政部西部地区地(市、州、盟)财政局长培训班"和"财政部英语口语强化培训班"。2015年举办各类政企培训项目139项,参训学员超过1万人次。2016年举办政企培训182个班次。主要培训项目除上述两个培训班外,还有"财政部援新、援青、援藏财政干部培训班""湖北省自贸区建设系列培训项目""静安区干部专题培训班""东风汽车公司财务管理课程进修项目"等。学校不断探索完善"课堂教学＋研讨交流＋参观考察"三位一体的培训模式,开发新的培训课程,着力提高培训质量,打造培训品牌。如在财政部培训及各类政企培训中穿插开展政府和社会资本合作(PPP)模式培训,开发PPP模式专题培训课程,广邀各领域专家分享观点与看法,使财政部门和企业的相关人员熟悉PPP的运作模式和管理要点,更好地在实践中运用PPP模式,对PPP模式的推广给予支持和帮助。

### 四、其他合作

除上述合作外,学校还围绕人才培养和交流、决策咨询和产学研合作、共建附属中学等与上海市有关区政府、外省市地方政府等签署了一系列合作协议,主要有:1991年7月6日,学校与上海市宝山区人民政府举行"产学合作协议签字仪式暨学农恳谈会";2007年10月31日,学校与上海市杨浦区人民政府签订协议,合作共建上海财经大学附属中学;2008年12月22日,学校与上海市杨浦区人民政府签订"进一步加强全面合作联手推进自主创新框架协议";2010年3月31日,学校与江苏昆山花桥政府及凯捷咨询(中国)有限公司昆山分公司签订政校企三方合作协议,建立学校与昆山政企人才输送的长期战略合作关系;2013年6月7日,学校与上海市虹口区人民政府签署战略合作框架协议,在资源共享、人才交流和大学科技园建设等方面开展战略合作;2014年7月7日,学校与江西宜春市人民政府签署战略合作框架协议,在经济、科技、教育等领域展开多方面、全方位合作;2016年2月2日,学校与上海市虹口区人民政府签订协议,合作共建北郊高级中学;2017年3月23日,学校与河南省财政厅在河南郑州签订战略合作协议等。

# 第五章 校 董 会

上海财经大学校董会成立于 2012 年 11 月 10 日。同年 12 月 5 日,学校成立合作发展处,校董会工作正式纳入学校"三会"(校友会、校董会、教育发展基金会)事业蓝图。以学校统筹"三会"工作为契机,上海财经大学校董会的各项工作逐步步入正轨,合作交流事项逐步开展,校董会服务大学、服务校董单位的功能初具雏形。校董会以常设机构校董会办公室为依托,围绕"物色发展校董""深化交流互动""落实捐赠资金""推动校企合作"四大主线持续推进工作,切实保障校董会的日常运行工作,积极开展交流访问活动,持续推动校企合作交流,认真落实捐赠及合作项目,努力延揽更多精英加入本会。校董会越来越多地为学校教育事业发展注入新的机遇和活力,同时也为加强学校和社会各界的联系发挥越来越重要的作用。

## 第一节 组 织 建 设

经过近年的发展,上海财经大学校董会在组织建设和服务功能方面初见成效。校董会秘书处已基本健全了校董会组织管理和服务体系,包括校董及校董单位的信息资料库建设、校董及校董单位的活动邀请、学校与校董单位的合作项目沟通交流机制等。截至 2017 年 3 月,上海财经大学第一届、第二届校董会共邀请并聘任校董 62 人,详情见表 10-26。除美国、英国各 1 人外,国内校董分布于上海、北京、广东、江苏、浙江、安徽、福建、四川、新疆、香港 10 个省(市)、自治区、直辖市及特别行政区。校董会设有名誉主席、主席、校董、名誉校董 4 个层次荣誉体系,学校校董呈现地域分布广、年龄结构轻、组成结构好的特点。

表 10-26 第一届、第二届校董会校董名录

| 上海财经大学第一届校董会校董名录(35 人) ||||
|---|---|---|
| 校董会名誉主席 | 刘仲藜 | 财政部原部长 |
| | 金云辉 | 新疆维吾尔自治区原党委副书记、新疆生产建设兵团原司令员 |
| | 金炳华 | 全国人大常委、全国人大教科文卫委员会主任委员 |
| | 陈曾焘 | 香港思源基金会主席、恒隆集团原董事长 |
| 校董会主席 | 丛树海 | 上海财经大学党委书记 |
| 校董会秘书长 | 方 华 | 上海财经大学副校长 |

(续表)

| | | |
|---|---|---|
| 校董（按姓氏笔画排序） | 王 炯 | 中国中信集团有限公司副董事长、总经理 |
| | 王 江 | 中国建设银行上海市分行党委书记、行长 |
| | 王兰凤 | 苏州银行董事长 |
| | 刘永章 | 上海财经大学党委副书记 |
| | 邬建辉 | 大华会计师事务所董事长 |
| | 吴 清 | 上海市虹口区委书记 |
| | 谷 澍 | 中国工商银行总行副行长 |
| | 张 诚 | 美国张氏金融公司CEO |
| | 张为国 | 国际会计准则委员会理事 |
| | 沈立强 | 中国工商银行上海市分行党委书记、行长 |
| | 连柏林 | 招商银行行长助理、招银金融租赁有限公司董事长 |
| | 陈云华 | 江苏悦达集团有限公司原董事局主席 |
| | 陈爱莲 | 万丰奥特控股集团有限公司董事长 |
| | 周太彤 | 上海市政协副主席 |
| | 金兴明 | 上海市人民政府副秘书长 |
| | 金 煜 | 上海银行党委书记、行长 |
| | 夏大慰 | 上海国家会计学院原院长 |
| | 徐建国 | 中国印刷及设备器材行业协会理事长、上海电气（集团）总公司党委书记、董事长 |
| | 翁先定 | 新产业投资股份有限公司董事长、新华信托股份有限公司原董事长 |
| | 顾逸臻 | 上海财源投资发展有限公司董事长 |
| | 尉文渊 | 新盟投资发展有限公司董事长 |
| | 崔 波 | 百丽集团地产公司执行董事 |
| | 曹江林 | 中国建筑材料集团有限公司总经理 |
| | 梁 咏 | 中振企业集团董事长 |
| | 黄化锋 | 铜陵市副市长 |
| | 程 光 | 三林集团中国区总裁 |
| | 童丽霞 | 成都农商银行副行长 |
| | 樊丽明 | 上海财经大学校长 |
| | 潘岳汉 | 中国银行上海市分行党委书记、行长 |

(续表)

| | | 上海财经大学第二届校董会校董名录(54人) |
|---|---|---|
| 校董会名誉主席 | 刘仲藜 | 财政部原部长 |
| | 金云辉 | 新疆维吾尔自治区原党委副书记、新疆生产建设兵团原司令员 |
| | 金炳华 | 第十一届全国人大常委、教科文卫委员会副主任委员、中国作协原党组书记 |
| | 周太彤 | 上海市政协原副主席 |
| 校董会主席 | 丛树海 | 上海财经大学党委书记 |
| 校董(按姓氏笔画排序) | 丁国其 | 上海复星高科技(集团)有限公司执行董事、高级副总裁、CFO |
| | 万黎峻 | 冠生园(集团)有限公司总经理、党委书记 |
| | 王 江 | 交通银行党委委员、副行长 |
| | 王兰凤 | 苏州银行董事长 |
| | 王运丹 | 上海电力股份有限公司董事长、党委书记 |
| | 方 华 | 上海财经大学副校长(校董会秘书长) |
| | 刘晓春 | 浙商银行行长 |
| | 刘永章 | 上海财经大学党委副书记 |
| | 许宪春 | 国家统计局副局长 |
| | 邬建辉 | 大华会计师事务所董事长 |
| | 陈爱莲 | 万丰奥特控股集团董事局主席 |
| | 陈 戈 | 富国基金管理有限公司总经理 |
| | 杨建荣 | 上海市国际贸易促进委员会会长、上海国际商会会长、上海国际经济贸易仲裁委员会主任 |
| | 吴 清 | 上海证券交易所理事长 |
| | 吴益强 | 中国建设银行上海市分行党委委员、副行长 |
| | 谷 澍 | 中国工商银行行长 |
| | 连柏林 | 招商银行总行行长助理、招银金融租赁有限公司董事长 |
| | 张为国 | 国际会计准则委员会理事 |
| | 张 诚 | 美国张氏金融公司合伙人兼CEO |
| | 张 兴 | 史带财产保险股份有限公司董事长 |
| | 张国华 | 浙江兴力集团董事长 |
| | 金兴明 | 上海市人民政府副秘书长、上海市国有资产监督管理委员会党委书记、主任 |
| | 金文忠 | 东方证券股份有限公司总裁 |
| | 金 煜 | 上海银行党委书记、董事长 |
| | 其 实 | 东方财富信息股份有限公司董事长兼CEO |
| | 郑育健 | 上海宏伊集团有限公司董事长 |
| | 贺贤汉 | 杭州大和热磁电子有限公司、上海申和热磁电子有限公司总裁、副董事长 |

(续表)

| | | |
|---|---|---|
| 校董（按姓氏笔画排序） | 俞丽萍 | 洛希尔（香港）有限公司大中华区主席 |
| | 侯彦卫 | 上海云贝投资控股集团有限公司董事长 |
| | 胡春元 | 立信会计师事务所副董事长、管理合伙人 |
| | 赵　蓉 | 中国银行上海市分行党委书记、行长 |
| | 夏大慰 | 上海国家会计学院原院长 |
| | 顾国明 | 中国工商银行上海市分行党委书记、行长 |
| | 徐建国 | 中国印刷及设备器材工业协会理事长 |
| | 翁先定 | 新产业投资股份有限公司董事长 |
| | 高　央 | 中静实业（集团）有限公司董事长 |
| | 曹江林 | 中国建材集团有限公司董事、总经理、党委常委 |
| | 曹立强 | 上海市虹口区委副书记、区长 |
| | 盛松成 | 中国人民银行调查统计司司长 |
| | 尉文渊 | 新盟投资发展有限公司董事长 |
| | 黄化锋 | 安徽省铜陵市副市长 |
| | 梁　咏 | 中振企业（集团）有限公司董事长 |
| | 崔　波 | 百丽集团地产公司执行董事、总经理 |
| | 谢坚钢 | 上海市杨浦区委副书记、区长 |
| | 蒋云明 | 兴业银行监事会主席 |
| | 童丽霞 | 上海嘉轶金融信息服务有限公司董事长、总裁 |
| | 熊　雄 | 上海山屿海投资集团有限公司董事长、总裁 |
| | 樊丽明 | 上海财经大学校长 |
| | 薛　峰 | 光大证券股份有限公司董事长、党委书记、总裁 |

2012年11月10日，上海财经大学校董会成立大会暨第一届第一次会议在中山北一路校区举行。财政部原部长刘仲藜、新疆建设兵团原司令员金云辉等20余位社会知名人士、著名学者、杰出企业家、校友代表、上海财经大学代表作为校董候选人出席大会，校党政领导、院系和机关处室负责人以及海内外各地校友会代表100余人列席会议。会上通过《上海财经大学校董会章程草案》、首届校董会成员候选人名单以及校董会主席、名誉主席、秘书长建议人选。首届校董会主席丛树海向校董会名誉主席和校董们颁发聘书。

2013年11月9日，召开学校第一届校董会第二次会议，会上校长樊丽明发表题为"改革驱动、内涵发展，扎实推进财经特色高水平研究型大学建设"的报告，汇报了学校事业发展情况，感谢校董们集思广益，为学校发展积极建言献策。财政部原部长、上海财经大学校董会名誉主席刘仲藜以"立足创新型人才培养，开创学校工作新局面"为题发表讲话，充分肯定了学校在人才培养模式上的改革与创新，鼓励学校面向经济社会发展需要，努力培养具有宏观决策和创新能力的高层次人才。

2014年11月8日，召开第一届校董会第三次会议，校董会名誉主席刘仲藜、金云辉、金炳华等23位上海财经大学第一届校董会成员出席会议。学校副校长黄颖、副校长蒋传海、校长助理姚玲珍与部分校董单位领导、部分学校职能部门负责同志、院(所、部)负责同志共同列席了本次会议。校党委书记丛树海、校长樊丽明在会议上均作了重要讲话。

2015年11月14日,举行上海财经大学第二届校董会成立大会暨第二届校董会第一次会议。来自海内外社会各界的44位校董、校董代表汇聚一堂,围绕学校"十三五"发展规划共商学校发展大计。校董会秘书长方华向大会作《第一届校董会工作报告》,校长樊丽明为与会校董发表题为《新起点新形势新任务——上海财经大学"十二五"规划执行情况和"十三五"规划》的报告。此后,校董会名誉主席刘仲藜、金云辉、金炳华、周太彤发表了重要讲话。金兴明、谢坚钢、俞丽萍等校董立足当前的国际、国内形势,围绕学校"十二五"执行情况和"十三五"规划,从学校教育事业顶层设计的指导思想、坚持内涵发展道路、稳定人才培养质量、大力推进国际化战略、积极开展智库建设、创新教育教学模式、开放办学合作发展等多个方面,为学校教育事业的未来发展建言献策。校董会主席、校党委书记丛树海作总结讲话。

2016年11月12日,举行上海财经大学第二届校董会第二次会议。校董会名誉主席刘仲藜、金云辉、金炳华,及其他31位来自海内外社会各界的第二届校董会成员汇聚一堂,围绕"迎百年校庆,创一流大学"的主题共商学校发展大计,积极建言献策。校董会秘书长、副校长方华向大会做《2015—2016学年校董会工作报告》。校长樊丽明以"创一流大学,续百年华章"为题向大会做主题报告。校董会名誉主席刘仲藜、金云辉、金炳华发表了重要讲话。高央、顾国明、曹立强、王运丹、张诚、俞丽萍、徐建国、翁先定、其实、连柏林、金煜、曹江林、刘晓春13位校董分别从"双一流"建设、百年校庆、国际化人才培养、文化建设、智库建设、校地合作、校董会建设等方面,积极为学校的各项改革发展出谋划策,贡献了许多建设性意见和建议。校董们纷纷表示要进一步深化合作,助力百年校庆,支持学校"创一流大学"建设。校董会主席、校党委书记丛树海为大会作总结讲话。会议间歇,校长樊丽明、方华理事长、校董高央董事长分别代表学校、校教育发展基金会与现代创新控股有限公司签署三方协议。校长樊丽明、校董顾国明行长分别代表学校与中国工商银行上海分行签署新一轮战略合作协议。

## 第二节 合作交流

### 一、合作互访

校董会积极采取各种形式传递信息,凝聚校董会大家庭成员,以多种沟通方式不定期将校董活动情况、校董会工作和学校建设发展情况等信息传递给校董,保持与校董情感与信息交流。此外,校董会开展了一系列"常来常往"的拜访活动。校领导、处领导及相关负责同志不定期拜访校董,认真听取校董及校董单位对学校建设发展的意见和建议,商讨校企合作。由学校和校董及校董单位共同组织、参与的各类活动达70余次,活动内容涵盖人才培养、学术交流、学习调研、文化活动、慈善项目、典礼节庆等多个方面。学校与校董单位签署各类合作协议20份,具体情况见表10-27。

表10-27 校董(单位)合作协议情况

| 序号 | 签约日期 | 校董/校董单位 | 协议名称 |
| --- | --- | --- | --- |
| 1 | 2009年4月30日 | 中国工商银行上海市分行 | 中国工商银行上海市分行上门收单协议书 |
| 2 | 2010年3月19日 | 中国工商银行上海市分行杨浦支行 | 中国工商银行上海市杨浦支行上海财经大学校银合作协议 |

(续表)

| 序号 | 签约日期 | 校董/校董单位 | 协议名称 |
|---|---|---|---|
| 3 | 2012年11月30日 | 中国银行股份有限公司 | 上海财经大学—中国银行股份有限公司战略合作协议 |
| 4 | 2012年11月30日 | 中国建设银行股份有限公司 | 上海财经大学—中国建设银行股份有限公司战略合作协议 |
| 5 | 2012年11月30日 | 招商银行股份有限公司 | 上海财经大学—招商银行股份有限公司战略合作协议 |
| 6 | 2012年11月30日 | 中国工商银行股份有限公司上海市分行 | 上海财经大学—中国工商银行股份有限公司上海市分行战略合作协议 |
| 7 | 2013年5月2日 | 新华信托股份有限公司 | 上海财经大学—新华信托股份有限公司合作协议 |
| 8 | 2013年6月14日 | 苏州银行股份有限公司 | 上海财经大学苏州银行战略合作协议 |
| 9 | 2013年11月19日 | 立信税务师事务所有限公司 | 中国注册税务师同心服务团"税务同心助学金"项目合作协议书 |
| 10 | 2014年8月7日 | 上海银行 | 上海财经大学—上海银行战略合作协议 |
| 11 | 2014年8月7日 | 上海银行 | 上海银行—桑坦德银行—上海财经大学合作备忘录 |
| 12 | 2014年8月28日 | 民生银行上海分行 | 上海财经大学—民生银行上海分行合作框架协议 |
| 13 | 2014年11月8日 | 中信兴业投资集团有限公司 | 上海财经大学·中信兴业投资集团有限公司关于设立"中信奖学金"的协议 |
| 14 | 2014年11月14日 | 上海山屿海投资集团 | 上海财经大学上海山屿海集团合作协议 |
| 15 | 2015年4月24日 | 云贝投资控股集团有限公司 | 上海财经大学与云贝投资控股集团有限公司合作协议 |
| 16 | 2015年5月5日 | 杭州大和热磁电子有限公司、上海申和热磁电子有限公司 | 上海财经大学与杭州大和热磁电子有限公司、上海申和热磁电子有限公司合作框架协议 |
| 17 | 2015年11月12日 | 崔波 | 上海财经大学"山佳奖学金"捐赠协议书 |
| 18 | 2016年3月22日 | 上海宏伊企业集团有限公司 | 上海宏伊集团有限公司向上海财经大学捐赠款项（首笔捐赠）实施方案 |
| 19 | 2016年6月11日 | 力丰奥特控股集团 | 上海财经大学与力丰奥特控股集团"中国商学博物馆保险馆"项目合作协议 |
| 20 | 2017年3月14日 | 中国工商银行上海市分行 | 上海财经大学商学博物馆与中国工商银行上海市分行银行博物馆合作共建备忘录 |

## 二、智力支持

为增进校董与学校师生之间的交流，加深莘莘学子对优秀校友杰出事迹的了解，校董会举办春晖大讲堂、校董论坛等活动，邀请校董走上上财讲坛分享人生感悟、提携晚进、传道授业、点拨后学，"春晖大讲堂"成为深受广大师生欢迎的品牌项目。

表 10-28  春晖大讲堂、校董论坛举办情况

| 序号 | 时间 | 内容 |
| --- | --- | --- |
| 1 | 2014年5月8日 | "上海财经大学蘭基金"设立仪式暨春晖大讲堂报告会 |
| 2 | 2014年5月23日 | "春晖大讲堂"黄化锋校董专场报告会 |
| 3 | 2014年9月17日 | 陈爱莲校董受聘仪式暨春晖大讲堂专场报告会 |
| 4 | 2015年10月20日 | 熊雄校友在春晖大讲堂作创业故事分享报告 |
| 5 | 2016年3月1日 | 金文忠校董作《我国资本市场变革与证券业创新发展》专题报告 |
| 6 | 2016年3月5日 | 丁国其校董出席"聚首2016投资与房地产论坛"校友论坛 |
| 7 | 2016年3月20日 | 盛松成校董出席学校金融学院"与中国金融改革同行：回顾与展望"首届校友高峰论坛 |
| 8 | 2016年3月22日 | 张国华校董校外导师受聘仪式暨"创业成就梦想"春晖大讲堂报告会 |
| 9 | 2016年4月16日 | 侯彦卫、万黎峻校董春晖大讲堂校董专场报告会暨圆桌论坛 |
| 10 | 2016年6月4日 | 2016校董论坛(金兴明校董作《上海国资国企改革发展的思考》主题报告) |
| 11 | 2016年7月4日 | 其实校董受聘创业学院顾问并作创业创新大讲堂演讲 |
| 12 | 2016年10月30日 | 刘晓春校董、张兴校董出席金融学院"2016年国际与国内金融形势"校友高峰论坛 |
| 13 | 2016年12月18日 | 盛松成校董出席学校2016—2017中国宏观经济形势分析与预测年度报告发布会暨高峰论坛 |

## 第三节  校董捐赠

校董会成立以来,学校与校董单位签署各类《捐赠协议》34份,促成了校企在学生实习就业、合作科学研究、第二课堂教学、干部及员工培训、校园文化建设等多领域的深入合作,取得显著成果。1位校董设立科学研究奖励基金,持续奖励优秀科研成果达20年之久。1位校董设立科学研究基金,每年资助学校80万元人民币,同时资助学校3个横向科学研究课题,与学校联合开展产学研一体化的合作研究。15位校董设立奖助学金及专项基金支持上财教育事业发展,其中13位校董设立了15项奖助学金项目;5家银行校董单位为学校提供不同业务的校园金融服务。先后有6位校董登上上海财经大学的讲坛,3位校董受聘创业导师,为学校人才培养、创新创业教育提供支持。校董会已经成为支持学校各项事业进步发展、促进学校教育事业改革创新的重要力量。

截至2017年3月29日,第一届、第二届校董会校董向学校意向捐赠资金总额达6791余万元;校董(单位)设立奖助学金项目见表10-29,合作协议与捐赠协议汇总见表10-30。

表 10-29  校董(单位)设立奖助学金项目情况

| 序号 | 校董/校董单位 | 奖助学金名称 |
| --- | --- | --- |
| 1 | 香港思源基金会 | 思源助学金 |
| 2 | 三林万业(上海)企业集团有限公司 | 三林万业奖学金 |

(续表)

| 序号 | 校董/校董单位 | 奖助学金名称 |
|---|---|---|
| 3 | 中信兴业投资集团有限公司 | 中信奖学金 |
| 4 | 上海山屿海投资集团 | 山屿海奖学金 |
| 5 | 上海宏伊企业集团有限公司 | 郑育健全额奖学金<br>郑育健助学金 |
| 6 | 苏州银行 | 蘭基金 |
| 7 | 杭州大和热磁电子有限公司 | 帮困兴教 FERROTEC CHINA 奖学金<br>帮困兴教 FERROTEC CHINA 助学金 |
| 8 | 崔波 | 山佳奖学金 |
| 9 | 尉文渊 | 新盟助学金 |
| 10 | 大华会计师事务所 | 徐政旦奖学奖教金 |
| 11 | 立信资产评估有限公司 | 立信资产评估奖学金 |
| 12 | 张诚 | 张诚奖学金 |
| 13 | 泸州柒泉华中酒类销售有限公司 | 上海财经大学泸州老窖奖励基金 |

表 10-30 校董(单位)捐赠协议情况

| 序号 | 签约日期 | 校董/校董单位 | 协议名称 |
|---|---|---|---|
| 1 | 1994 年 12 月 | 广东省中振投资有限公司 | 关于设立"上海财经大学中振科学研究基金"协议书 |
| 2 | 2008 年 1 月 1 日 | 杭州大和热磁电子有限公司、上海申和热磁电子有限公司 | 杭州大和、上海申和公司和上海财经大学在上海财经大学设立"帮困兴教 FERROTEC CHINA 奖助学金"协议书 |
| 3 | 2012 年 7 月 5 日 | 张　诚 | 捐赠协议书 |
| 4 | 2012 年 11 月 22 日 | 安徽六国化工股份有限公司 | 捐赠协议书 |
| 5 | 2012 年 11 月 30 日 | 苏州银行股份有限公司 | 上海财经大学—苏州银行股份有限公司捐赠协议 |
| 6 | 2013 年 1 月 4 日 | 崔　波 | 上海财经大学—崔波校董捐赠协议 |
| 7 | 2013 年 1 月 18 日 | 泸州柒泉华中酒类销售有限公司 | 捐赠协议书 |
| 8 | 2013 年 1 月 24 日 | 大华会计师事务所 | 上海财经大学—大华会计师事务所捐赠协议 |
| 9 | 2013 年 1 月 26 日 | 上海立信资产评估有限公司 | 捐赠协议书 |
| 10 | 2013 年 4 月 10 日 | 上海逸祺投资管理有限公司 | 上海财经大学—上海逸祺投资管理有限公司捐赠协议 |
| 11 | 2013 年 4 月 26 日 | 上海悦达新实业集团有限公司 | 上海财经大学—上海悦达新实业集团有限公司捐赠协议 |

(续表)

| 序号 | 签约日期 | 校董/校董单位 | 协议名称 |
|---|---|---|---|
| 12 | 2013年4月26日 | 新华信托股份有限公司 | 上海财经大学—新华信托股份有限公司捐赠协议 |
| 13 | 2013年5月1日 | 三林万业(上海)企业集团有限公司 | 上海财经大学—三林万业(上海)企业集团有限公司捐赠协议 |
| 14 | 2013年5月7日 | 香港思源基金会 | 《上海财经大学"香港思源奖助学金"》协议书 |
| 15 | 2013年12月1日 | 苏州银行股份有限公司 | 上海财经大学蘭基金捐赠协议书 |
| 16 | 2014年1月3日 | 广东华锐投资有限公司 | 捐赠协议 |
| 17 | 2014年7月28日 | 上海证大金融信息服务有限公司 | 捐赠协议 |
| 18 | 2014年11月14日 | 上海山屿海投资集团 | 上海财经大学上海山屿海集团捐赠协议 |
| 19 | 2014年11月25日 | 熊雄 | 上海财经大学教育发展基金会与熊雄捐赠协议 |
| 20 | 2015年1月22日 | 中国建设银行上海分行 | 上海财经大学—上海健怡投资管理有限公司捐赠协议 |
| 21 | 2015年4月24日 | 云贝投资控股集团有限公司 | 上海财经大学教育发展基金会与云贝投资控股集团有限公司捐赠协议 |
| 22 | 2015年5月5日 | 杭州大和热磁电子有限公司、上海申和热磁电子有限公司 | 捐赠协议 |
| 23 | 2015年5月18日 | 童丽霞 | 上海财经大学—童丽霞捐赠协议 |
| 24 | 2015年6月16日 | 熊雄 | 熊雄捐赠协议 |
| 25 | 2015年9月21日 | 西藏新盟投资发展有限公司 | 上海财经大学教育发展基金会与西藏新盟投资发展有限公司捐赠协议书 |
| 26 | 2015年10月18日 | 绍兴县舒美针织有限公司 | 捐赠协议 |
| 27 | 2015年10月30日 | 上海宏伊企业集团有限公司 | 上海财经大学与上海宏伊企业集团有限公司捐赠协议 |
| 28 | 2016年3月11日 | 立信会计师事务所 | 立信会计师事务所捐赠协议 |
| 29 | 2016年3月16日 | 上海银行股份有限公司 | 上海财经大学与上海银行股份有限公司捐赠协议 |
| 30 | 2016年3月21日 | 上海银行股份有限公司 | 上海财经大学与上海银行股份有限公司捐赠协议 补充协议 |
| 31 | 2016年6月11日 | 万丰奥特控股集团 | 上海财经大学教育发展基金会与万丰奥特控股集团有限公司捐赠协议 |
| 32 | 2016年11月28日 | 大华会计师事务所(特殊普通合伙)上海分所 | 上海财经大学教育发展基金会与大华会计师事务所(特殊普通合伙)上海分所捐赠协议 |
| 33 | 2016年12月22日 | 高央 | 上海财经大学教育发展基金会与上海宋庆龄基金会捐赠协议 |

# 第六章　教育发展基金会

## 第一节　组织建设

上海财经大学教育发展基金会(以下简称基金会)是经上海市民政局批准设立的非公募基金会,于2008年10月成立,业务主管单位是上海市教育委员会。基金会的宗旨是:通过多渠道筹集办学资金,争取国内外企事业单位及个人的支持和捐助,不断改善办学条件,创造良好的教学和科研环境,提高教育质量和学术水平,推动教育事业的发展。基金会最高决策机构为理事会,现任理事长为副校长方华,现任理事共11名,由长期支持上海财经大学教育事业发展的校友和校领导组成。理事会接受监事会的监督,监事会现设监事3名,其中1名为监事长,由校党委副书记刘永章担任。理事会下设秘书处、投资咨询与风险控制委员会及投资决策委员会。秉承"凝聚爱心、传递爱心、实践爱心"的理念,基金会所接受的社会捐赠逐年增加,对学校发展和建设的支持力度逐年攀升,支持形式渐趋多样化态势。同时,基金会的内部管理体制逐渐优化,透明度和社会公信力不断提升。根据2017年1月3日公布的"中基透明指数"(FTI),在全国5 470家基金会中,上海财经大学教育发展基金会排名并列第一名,获得满分的最高评价。

在组织架构和制度建设方面,2013年5月中旬基金会集中召开第一、第二届理事会会议,成功完成换届选举工作。"十二五"以来,基金理事会每年召开会议。2014年2月21日,召开第二届理事会第二次会议。与会理事审议并通过了基金会《2013年预算执行及相关工作报告》和《2014年工作计划及预算方案》。会议增补蒋传海、李维群和姜晖为基金会第二届理事会理事,选举副校长方华为第二届理事会理事长,选举副校长蒋传海为第二届理事会副理事长。与会理事审议并表决通过了关于基金会理财运营授权、章程修订和副秘书长任命等一系列提案。

2014年12月21日下午,举行第二届理事会第三次会议。与会理事、监事对《上海财经大学教育发展基金会2014年预算执行及相关工作报告》和《上海财经大学教育发展基金会2015年工作计划及预算方案》进行审议,还表决通过了《关于选举上海财经大学教育发展基金会秘书长的提案》,邓伟当选为基金会第二届理事会秘书长。

2015年5月,基金会以通讯方式召开第二届理事会第四次会议。会议审议通过了《上海财经大学教育发展基金会2015年预算中期调整方案》和《上海财经大学教育发展基金会资金运营管理办法》,成立了基金会投资咨询与风险控制委员会和投资决策委员会,表决通过了基金会投资决策委员会成员名单和投资咨询与风险控制委员会成员名单,并对基金会部分理事成员和监事成员进行调整。

2015年6月19日,基金会投资咨询与风险控制委员会召开第一次会议,与会人员就基金会资金如何增值保值进行了讨论,并就基金会投资组合类型和比例初步达成一致。8月28日,召开第一届投资决策委员会第一次会议。会议根据学校教育发展基金会投资咨询委员会的建议,议决了基金会的中长期投资方案。

2017年1月15日,基金会召开第二届理事会第七次会议,会议审议通过了《2016年预算执行及工作报告》和《2017年工作计划及预算方案》、相关内部制度、办公地点更改、新闻发言人、申请慈善公益组织等一系列提案,并对2016年度基金会工作进行了评价。

2017年3月20日,基金会投资咨询与风险控制委员会召开第二次会议。会议报告了2015—2016年度基金会捐赠收入情况、资产情况及理财情况,与会人员听取了多家银行及企业的投资组合计划,并就基金会投资理财、保值增值等发表了意见,会议还通过了增补张晖、吴刚两名委员的建议。

2017年3月30日,基金会投资决策委员会召开第三次会议,会议审议了出资300万元购买"华澳臻鑫54号(海航航空集合资金信托计划)"、出资3 000万元购买"富国基金上海财大债券专户产品"的请示。

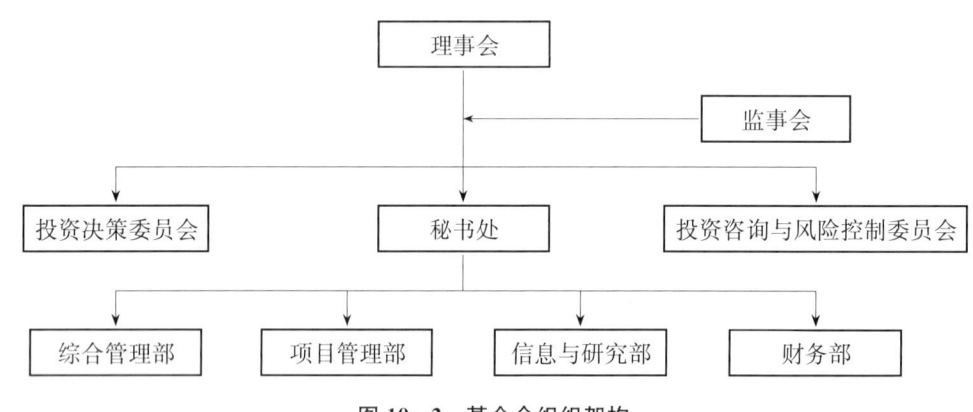

**图10-2 基金会组织架构**

基金会理事名单见表10-31,基金会监事名单见表10-32,投资咨询与风险控制委员会委员名单见表10-33,投资决策委员会委员名单见表10-34。

表10-31 基金会理事名单

|  | 理事长 | 副理事长 | 秘书长 | 理事 |
|---|---|---|---|---|
| 第一届理事会 | 马钦荣 | 孙铮、王洪卫 | 方华 | 马钦荣、孙铮、王洪卫、方华、尉文渊、杨青、吴亚东、蔡松棋、魏峻峰 |
| 第二届理事会 | 方华 | 孙铮、蒋传海 | 邓伟 | 方华、蒋传海、李迅雷、李维群、杨青、吴亚东、梁建昌、钟茂如、孙铮、蔡松棋、邓伟、姜晖 |
| 二届五次会议(2015) | 方华 | 蒋传海 | 陈红梅 | 方华、蒋传海、李迅雷、钟茂如、蔡松棋、吴亚东、梁建昌、杨青、李维群、陈红梅、姜晖 |
| 二届六次会议(2016) | 方华 | 蒋传海 | 陈红梅 | 方华、蒋传海、李迅雷、钟茂如、蔡松棋、吴亚东、梁建昌、杨青、李维群、陈红梅、王峰 |
| 二届七次会议(2017) | 方华 | 蒋传海 | 陈红梅 | 方华、蒋传海、李迅雷、钟茂如、蔡松棋、吴亚东、梁建昌、杨青、李维群、陈红梅、王峰 |

表 10-32 基金会监事名单

|  | 监 事 长 | 监 事 |
|---|---|---|
| 2008 年 | 刘永章 | 钱玲 |
| 2014 年 | 刘永章 | 杨晖、钱玲 |
| 2015 年至今 | 刘永章 | 杨晖、杨忠莲 |

表 10-33 投资咨询与风险控制委员会委员名单

|  | 主 任 | 委 员 |
|---|---|---|
| 第一次会议 | 李迅雷 | 王忠、武飞、陈戈、陈红梅、陈兵、姜皓天、徐晓萍 |
| 第二次会议 | 李迅雷 | 王忠、武飞、陈戈、陈红梅、陈兵、姜皓天、徐晓萍、吴刚、张晖 |

表 10-34 投资决策委员会委员名单

|  | 委 员 |
|---|---|
| 第一次会议 | 方华、蒋传海、陈红梅、李维群、杨晖、杨忠莲、姜晖 |
| 第二次会议 | 方华、蒋传海、陈红梅、李维群、杨晖、杨忠莲、王峰 |
| 第三次会议 | 方华、蒋传海、陈红梅、李维群、杨晖、杨忠莲、王峰 |

# 第二节 捐 赠 情 况

2008—2016 年,基金会捐赠收入如表 10-35 所示。

表 10-35 2008—2016 年基金会捐赠收入情况　　　　　　单位:万元

| 年 份 | 2008 | 2009 | 2010 | 2011 | 2012 | 2013 | 2014 | 2015 | 2016 |
|---|---|---|---|---|---|---|---|---|---|
| 捐赠收入 | — | 100.68 | 78.38 | 3 125.62 | 2 082.43 | 1 794.65 | 1 404.16 | 2 458.41 | 3 338.45 |

从捐赠收入来源结构来看,主要以校友、校董以及社会企业为主;按照捐赠来源类别分析,校董捐赠额最大。2008—2016 年基金会接受捐赠情况见表 10-36。

表 10-36 2008—2016 年基金会接受捐赠情况

| 序号 | 协议签订日期 | 项 目 内 容 |
|---|---|---|
| 1 | 2008 年 1 月 5 日 | 上海财经大学 90 工经班、上海景尚投资有限公司捐赠 50 万元,支持上海财经大学教育事业发展项目。 |
| 2 | 2008 年 2 月 4 日 | 新理益集团有限公司捐赠 100 万元,支持上海财经大学教育事业发展项目。 |
| 3 | 2008 年 3 月 6 日 | 杭州市商业银行捐赠 100 万元,设立杭州市商业银行奖学金。 |
| 4 | 2008 年 | 杭州校友会暨杭州大和热磁电子有限公司捐赠 100 万元,设立"帮困兴教 FERROTEC CHINA 奖助学金"。 |

(续表)

| 序号 | 协议签订日期 | 项 目 内 容 |
|---|---|---|
| 5 | 2009年5月21日 | 昌明集团酒店管理有限公司捐赠100万元,支持上海财经大学教育事业发展项目。 |
| 6 | 2011年7月12日 | 上海淳大源地实业有限公司捐赠1 048万元,支持上海财经大学教育事业发展项目。 |
| 7 | 2011年7月12日 | 上海淳大源地实业有限公司捐赠455.8万元,支持上海财经大学教育事业发展项目。 |
| 8 | 2011年8月15日 | 上海财大科技园有限公司捐赠2 000万元,支持上海财经大学教育事业发展项目。 |
| 9 | 2011年8月26日 | 上海新环经济咨询有限公司捐赠200万元,支持上海财经大学教育事业发展项目。 |
| 10 | 2011年10月1日 | 上海淳大源地实业有限公司捐赠630万元,支持上海财经大学教育事业发展项目。 |
| 11 | 2012年11月22日 | 安徽六国化工股份有限公司捐赠300万元,支持上海财经大学教育事业发展项目。 |
| 12 | 2013年1月1日 | 苏州银行股份有限公司捐赠500万元,支持上海财经大学教育事业发展项目。 |
| 13 | 2013年1月4日 | 崔波捐赠300万元,支持上海财经大学教育事业发展项目。 |
| 14 | 2013年1月26日 | 上海立信资产评估有限公司捐赠50万元,支持"上海财经大学公共经济与管理学院资产评估专业硕士学科建设与发展"。 |
| 15 | 2013年4月15日 | 北京诺华制药有限公司捐赠50万元,设立"诺华奖学金"。 |
| 16 | 2013年4月26日 | 上海悦达新实业集团有限公司捐赠300万元,支持上海财经大学教育事业发展项目。 |
| 17 | 2013年5月1日 | 三林万业(上海)企业集团有限公司捐赠300万元,设立三林万业奖学奖教金,支持上海财经大学教育事业发展项目。 |
| 18 | 2013年5月7日 | 香港思源基金会捐赠96万元,设立上海财经大学香港思源奖助学金。 |
| 19 | 2013年12月16日 | 用友软件股份有限公司捐赠50万元,支持上海财经大学商学院教育事业发展项目。 |
| 20 | 2013年 | 上海逸祺投资管理有限公司捐赠300万元,支持上海财经大学教育事业发展项目。 |
| 21 | 2014年7月3日 | 上海证大金融信息服务有限公司捐赠80万元,支持上海财经大学商学院教育事业发展项目。 |
| 22 | 2014年10月5日 | 上海申美饮料食品有限公司捐赠50万元,支持上海财经大学后勤管理处软硬件建设。 |
| 23 | 2014年11月8日 | 中信兴业投资集团有限公司协议捐赠1 000万元,设立"中信奖学金"。 |
| 24 | 2014年11月14日 | 南宁市晨丰小额贷款有限公司捐赠100万元,支持上海财经大学从事小额信贷等金融服务业的研究及相关活动;设立以该公司名义冠名的商科教席基金,以及举办各类校友活动。 |

(续表)

| 序号 | 协议签订日期 | 项　目　内　容 |
|---|---|---|
| 25 | 2014年11月14日 | 山东永泰集团有限公司捐赠100万元,支持上海财经大学教育事业发展项目。 |
| 26 | 2014年11月14日 | 上海山屿海集团捐赠100万元,支持上海财经大学从事度假地产等现代服务业的研究及活动,以及举办各类校友活动。 |
| 27 | 2014年11月25日 | 熊雄捐赠100万元,支持上海财经大学教育事业发展项目。 |
| 28 | 2015年4月 | 上海周宁实业有限公司捐赠300万元,支持上海财经大学教育发展项目。 |
| 29 | 2015年4月24日 | 云贝投资控股集团有限公司捐赠100万元设立"云贝教育基金",支持上海财经大学商学院创业与创新教育事业。 |
| 30 | 2015年1月25日 | 上海健怡投资管理有限公司捐赠100万元,支持上海财经大学教育事业发展项目。 |
| 31 | 2015年5月5日 | 杭州大和热磁电子有限公司捐赠300万元,设立上海财经大学帮困兴教奖助学金。 |
| 32 | 2015年6月16日 | 熊雄捐赠100万元,支持上海财经大学教育事业发展项目。 |
| 33 | 2015年6月18日 | 上海嘉英广告有限公司捐赠100万元,支持上海财经大学教育事业发展项目。 |
| 34 | 2015年7月15日 | 徐远重、李铭等捐赠1 000万元,用于上海财经大学创业中心建设及硬件配置项目。 |
| 35 | 2015年7月28日 | 上海宏铭投资管理有限公司捐赠500万元,用于宏铭助学金项目。 |
| 36 | 2015年9月12日 | 潘洪萱捐赠300万元,设立上海财经大学醉学创业基金。 |
| 37 | 2015年9月21日 | 西藏新盟投资发展有限公司捐赠100万元,支持上海财经大学教育事业发展项目。 |
| 38 | 2015年10月15日 | 陈云捐赠76.3万元,用于救助身患重病的上海财经大学在编教职工项目。 |
| 39 | 2015年10月18日 | 绍兴县舒美针织有限公司捐赠400万元,支持上海财经大学商学博物馆建设项目。 |
| 40 | 2015年10月30日 | 上海宏伊企业集团有限公司捐赠300万元,支持上海财经大学教育事业发展项目。 |
| 41 | 2015年11月12日 | 崔波捐赠300万元,用于上海财经大学山仕奖学金项目。 |
| 42 | 2015年12月10日 | 汇天泽投资有限公司捐赠100万元,支持上海财经大学教育事业发展项目。 |
| 43 | 2016年3月11日 | 立信会计师事务所捐赠300万元用于上海财经大学教育事业发展。 |
| 44 | 2016年3月12日 | 信息管理与工程学院校友谢红捐赠200万元用于提升信息管理与工程学院人才培养质量,激发学生的创业热情、创新精神和实践能力,鼓励信息管理与工程学院全日制在校生开展创业、创新活动。 |
| 45 | 2016年3月20日 | 上海银行股份有限公司捐赠150万元用于上海财经大学教育事业发展。 |
| 46 | 2016年3月22日 | 上海宏伊集团股份有限公司捐赠64万元,设立"郑育健全额奖学金",奖励上海财经大学经济学院招收的2016级本科生。 |

(续表)

| 序号 | 协议签订日期 | 项目内容 |
|---|---|---|
| 47 | 2016年4月7日 | 李永顺捐赠100万元用于设立"永顺助学金",捐助上海财经大学金融学院家境贫困、学业成绩优良的学生。 |
| 48 | 2016年5月24日 | 友山基金管理有限公司捐赠300万元用于上海财经大学教育事业发展。 |
| 49 | 2016年5月27日 | 上海立昌企业管理咨询有限公司捐赠60万元用于上海财经大学教育事业发展。 |
| 50 | 2016年6月11日 | 万丰奥特控股集团有限公司捐赠500万元用于上海财经大学教育事业发展。 |
| 51 | 2016年7月 | 新道科技股份有限公司捐赠150万元用于上海财经大学教育事业发展。 |
| 52 | 2016年7月 | 上海经佳文化产业投资股份有限公司捐赠80万元用于上海财经大学教育事业发展。 |
| 53 | 2016年9月22日 | 厦门市嘉晟对外贸易有限公司捐赠50万元用于上海财经大学商学院EMBA教育事业发展。 |
| 54 | 2016年10月14日 | 厦门跑跑体育产业有限公司捐赠50万元用于上海财经大学商学院举办全国高校卡丁车比赛的活动。 |
| 55 | 2016年10月18日 | 无锡市光华企业咨询服务有限公司捐赠60万元用于上海财经大学教育事业发展。 |
| 56 | 2016年10月18日 | 无锡太湖教育投资发展有限公司捐赠90万元用于上海财经大学教育事业发展(博物馆藏品征集)。 |
| 57 | 2016年10月18日 | 太湖学院捐赠50万元用于上海财经大学教育事业发展(博物馆藏品征集)。 |
| 58 | 2016年10月18日 | 无锡太湖学院教育发展基金会捐赠60万元用于上海财经大学教育事业发展(博物馆藏品征集)。 |
| 59 | 2016年10月31日 | 东方睿赢(北京)软件技术有限公司捐赠120万元资助上海财经大学金融学院"量化金融研究中心"建设发展。 |
| 60 | 2016年10月 | 大华会计师事务所(特殊普通合伙)上海分所捐赠275万元,设立徐政旦奖学奖教金。 |
| 61 | 2016年11月 | 上海财经大学江苏校友会(筹)捐赠100万元,支持上海财经大学"国立上海商学院老校门复建工程"。 |
| 62 | 2016年11月 | 上海财经大学台湾校友会捐赠60万元,支持上海财经大学"郭秉文塑像"项目。 |
| 63 | 2016年11月 | 上海财经大学浙江校友会捐赠100万元,支持上海财经大学"马寅初塑像与题字石"项目。 |
| 64 | 2016年11月 | 现代创新控股有限公司协议捐赠1亿元,支持上海财经大学教育事业发展。 |
| 65 | 2016年11月 | 上海瀛东律师事务所捐赠100万元,奖励上海财经大学法学院品学兼优的全日制研究生。 |
| 66 | 2016年11月 | 上海智钧投资有限公司捐赠200万元,设立如壹基金,用于资助上海财经大学国际工商管理学院市场营销系双一流建设事业发展。 |
| 67 | 2016年11月30日 | 黄明捐赠100万元,设立"上海财经大学睿策—超凡助学金",帮助上海财经大学金融学院家境困难的学生顺利完成学业。 |
| 68 | 2016年12月 | 上海嘉奥信息科技发展有限公司捐赠100万元,支持上海财经大学国际工商管理学院学生公益活动。 |

(续表)

| 序号 | 协议签订日期 | 项　目　内　容 |
|---|---|---|
| 69 | 2016年12月17日 | 上海泽稷教育培训有限公司捐赠100万元,用于支持上海财经大学国际工商管理学院教育事业发展。 |
| 70 | 2016年12月20日 | 上海协问教育投资有限公司捐赠200万元,支持上海财经大学教育事业发展。 |
| 71 | 2016年12月22日 | 上海宋庆龄基金会资助上海财经大学"流动儿童"项目,学校教师组织学生开展课外实践,长期跟踪调研流动儿童的迁徙经历和成长轨迹,建设我国首个大型流动儿童跟踪数据库。 |
| 72 | 2016年12月 | 上海何爱琴律师事务所捐赠50万元,用于奖励上海财经大学法学院品学兼优的学生。 |

## 第三节　支　出　情　况

2009—2016年基金会支出如表10-37所示。

表10-37　2009—2016年基金会支出情况　　　　　　　　　　　　　单位:万元

| 年份 | 2009 | 2010 | 2011 | 2012 | 2013 | 2014 | 2015 | 2016 |
|---|---|---|---|---|---|---|---|---|
| 支出 | 46.91 | 44.53 | 168.09 | 318.13 | 559.26 | 843.18 | 2 094.55 | 1 816.67 |

2009—2016年基金会支出情况见表10-38。

表10-38　2009—2016年教育发展基金会支出情况　　　　　　　　　单位:元

| 年份 | 项　目　名　称 | 支出金额 | 项　目　内　容 |
|---|---|---|---|
| 2009 | 老教授协会活动费(助老敬老专项) | 11 550 | — |
| 2009 | 委托发放(易方达教育基金助学金) | 125 000 | — |
| 2009 | 其他支出 | 332 550 | — |
| 2010 | 发放2009年友利奖学金 | 60 000 | — |
| 2010 | 发放2009年申银万国助学金 | 28 000 | — |
| 2010 | 发放杭州银行奖学金 | 138 000 | — |
| 2010 | 发放易方达助学金 | 125 000 | — |
| 2010 | 基金会校友论坛费用 | 11 424 | — |
| 2010 | 基金会校友论坛费用 | 7 051.9 | — |
| 2010 | 退协活动费(助老敬老专项) | 10 648 | — |
| 2010 | 退协活动费(助老敬老专项) | 3 600 | — |
| 2010 | 退协活动费(助老敬老专项) | 9 150 | — |
| 2010 | 其他支出 | 52 426.1 | — |

(续表)

| 年份 | 项目名称 | 支出金额 | 项目内容 |
|---|---|---|---|
| 2011 | 杭州商业银行奖助学金 | 348 000 | 奖励成绩优秀学生、资助家庭困难学生 |
| 2011 | PERROTECT CHAIN 奖学金 | 60 000 | 奖励成绩优秀学生 |
| 2011 | PERROTECT CHAIN 助学金 | 50 000 | 资助家庭困难学生 |
| 2011 | 叶万安王珏奖助学金 | 30 000 | 奖励成绩优秀学生 |
| 2011 | 叶万安等校友助学金 | 140 000 | 资助家庭困难学生 |
| 2011 | 花旗集团金融信息科技优秀奖学金 | 26 559 | 奖励成绩优秀的本科生 |
| 2011 | 花旗集团助学金 | 5 788 | 资助家庭困难学生 |
| 2011 | 申银万国奖助学金 | 85 500 | 奖励成绩优秀学生、资助家庭困难学生 |
| 2011 | 友利银行奖助学金 | 125 000 | 奖励成绩优秀学生、资助家庭困难学生 |
| 2011 | 吕亚浩助学金 | 10 000 | 资助家庭困难学生 |
| 2011 | 嘉英奖学金 | 160 000 | 奖励品学兼优学生 |
| 2011 | 助老敬老奖学金 | 6 400 | 资助、奖励退休教师 |
| 2011 | 基建修葺奖学金 | 600 000 | 学校图书修葺建设,为学生营造良好环境 |
| 2011 | 校友活动奖学金 | 33 700 | 资助 EMBA 校友联络联谊活动 |
| 2012 | 申银万国助学金 | 28 000 | 资助家庭困难学生 |
| 2012 | 大和热磁助学金 | 40 000 | 资助家庭困难学生 |
| 2012 | 图书馆屋顶改造项目 | 300 000 | 改造教学设施 |
| 2012 | 德勤教育发展基金奖励 | 60 000 | 奖励优秀学生 |
| 2012 | 勤源电线资助基金 | 30 000 | 资助科研成果出版活动 |
| 2012 | 助老活动基金 | 3 735 | 资助退休教师协会活动 |
| 2012 | 勤源电线资助基金 | 70 000 | 资助学术研讨会 |
| 2012 | 侯荣灿奖学金 | 31 200 | 奖励资助优秀学生 |
| 2012 | 广州倍智优秀奖学金 | 10 000 | 奖励成绩优秀学生 |
| 2012 | 远闻律所奖学金 | 10 000 | 资助成绩优秀家庭困难学生 |
| 2012 | 富兰德林奖学金 | 50 000 | 奖励成绩优秀学生 |
| 2012 | 国宏君澜奖学金 | 50 000 | 奖励成绩优秀学生 |
| 2012 | 江三角律师所奖学金 | 50 000 | 奖励成绩优秀学生 |
| 2012 | 东方公证奖学金 | 50 000 | 奖励成绩优秀学生 |
| 2012 | 沈四宝奖学金 | 30 000 | 奖励成绩优秀学生 |

(续表)

| 年份 | 项 目 名 称 | 支出金额 | 项 目 内 容 |
|---|---|---|---|
| 2012 | 李碧伟奖学金 | 10 000 | 资助成绩优秀家庭困难学生 |
| 2012 | 薛康生资助东台项目 | 100 000 | 资助学生及校友活动 |
| 2012 | 德勤奖教金 | 40 000 | 奖励成绩优秀学生 |
| 2012 | 杭州银行奖学金 | 146 000 | 奖励成绩优秀学生 |
| 2012 | Ferrotec China奖学金 | 58 500 | 奖励成绩优秀学生 |
| 2012 | 友利奖学金 | 75 000 | 奖励成绩优秀学生 |
| 2012 | 叶万安奖学金 | 30 000 | 奖励成绩优秀学生 |
| 2012 | 上海商储银行奖学金 | 100 000 | 奖励成绩优秀学生 |
| 2012 | 财大公益支出 | 1 800 000 | 资助学校后勤设施添置、教学设施改造 |
| 2012 | 其他支出 | 8 865 | 银行手续费、会议费用等行政支出 |
| 2013 | 学生奖助 | 1 748 000 | 奖励优秀学生,资助困难学生 |
| 2013 | 讲席教授 | 2 800 000 | 加强师资队伍建设,吸引和稳定一批高层次人才 |
| 2013 | 基建修葺 | 216 456 | 为学校洗衣房增加大型设备 |
| 2013 | 校园文化建设 | 59 600 | 开展创业大赛 |
| 2013 | 助老基金 | 21 400 | 资助退休教职工开展活动 |
| 2013 | 校友、校董活动 | 612 683.38 | 资助大型校友、校董活动 |
| 2013 | 同源基金 | 10 000 | 资助遭受灾病学生或校友 |
| 2013 | 其他支出 | 124 460.6 | — |
| 2014 | 奖助学金 | 2 408 113 | 发放各类奖助学金45项,受益学生566人 |
| 2014 | 学生创业创新活动 | 1 372 548.36 | 用于泸州老窖商学院创业计划、ERP沙盘模拟大赛、花旗杯金融创新应用大赛、高顿杯财经挑战赛、德勤税务精英挑战赛、上海财经大学商学院健康服务产业联盟等项目 |
| 2014 | 校园文化活动 | 1 203 722.8 | 体教部文化专项、团委校园文化节、培林杯跳绳比赛、购买博物馆藏品 |
| 2014 | 校友总会、校董会议活动 | 530 466.44 | — |
| 2014 | 讲席教授、讲席副教授 | 2 800 000 | 根据《上海财经大学关于进一步加强师资队伍建设的意见》(上财人〔2013〕56号)与校第七届党代会要求,学校人事处评选了讲席教授副教授,拟资助讲席教授10人,每人12万元;讲席教授20人,每人8万元 |

(续表)

| 年份 | 项 目 名 称 | 支出金额 | 项 目 内 容 |
|---|---|---|---|
| 2014 | 其他支出 | 116 949.4 | — |
| 2015 | 奖助学金 | 4 733 600 | 该项目属于长期、常规项目,由39个分项目构成,其宗旨是奖励上海财经大学优秀学生,资助困难学生,范围涵盖本科、硕士和博士不同学历的学生。奖助学金包括校级和院级两类。助学金数量和资助额度逐年增加,为实现"不让一个大学生因家庭经济困难而失学"的目标起到重要的保障作用。奖学金的形式和内容逐渐丰富,从传统的奖励品学兼优的学生,到奖励单方面表现突出的学生,如专业能力强、研究水平高、有创新精神、乐于公益的各类学生,社会奖学金对学校多元化创新人才的培养起到了良好的激励作用 |
| 2015 | 博物馆建设 | 9 710 000 | 上海财经大学是中国按照西方现代化商学院建立的最早的一所商科大学,即将迎来百年校庆,学校拟建立中国商学博物馆。商学博物馆展厅主要由中国高等商学教育发展、商学著作、商业伦理、税赋票证、保险和钱币等。该项目的达成将对传承商学文脉、融汇商学智慧、推动商学研究、培植商学人才、传播商业文明起到重要作用 |
| 2015 | 创新创业项目 | 1 910 512 | 为了提升上海财经大学人才培养力量,激发学生的创业热情、创新精神和实践能力,鼓励在校生开展创业创新活动,倡导学以致用、学用结合、学创结合,本基金会设立了该项目,属长期项目,该项目在全校范围实施,学生参与率高,达到了预期效果 |
| 2015 | 创业中心建设 | 954 489 | 为了给在校生提供良好的孵化基地和创客空间,上海财经大学将原自行车厂旧厂改建为创业中心。该项目持续时间为3年,得到5位校友热烈响应,创业中心目前已投入使用 |
| 2015 | 服务师生实事项目 | 209 419 | 用于改善师生教学及生活环境。属于常规项目,项目内容由上海财经大学需求决定,如补贴学生洗衣、烘干费用和云打印系统的费用等 |
| 2015 | 关爱弱势项目 | 128 634.18 | 用于资助遭受重大疾病或灾难的校友和在校生,属长期常规项目,如资助刘仪伟肝移植校友和患舌癌教师 |
| 2015 | 科研支持项目 | 769 000 | 用于支持上海财经大学教职工开展科学研究,属长期项目 |
| 2015 | 体育文化建设 | 400 000 | 用于扶持上海财经大学高水平运动队的发展,属长期项目 |
| 2015 | 校园文化景观项目 | 610 000 | 属于学校百年校庆项目,用于制作具有文化传播传承意义的校园景观,如制作姚耐题字石和国际工商管理学院院铭石 |

(续表)

| 年份 | 项　目　名　称 | 支出金额 | 项　目　内　容 |
| --- | --- | --- | --- |
| 2015 | 青春助力基金 | 787 120 | 用于支持上海财经大学开展第二课堂活动,属长期项目 |
| 2015 | 学生实践活动 | 57 690.2 | 用于支持上海财经大学在校生开展社会实践活动,增强理论联系实际能力,属长期项目 |
| 2015 | 学术论坛支持 | 250 000 | 用于支持上海财经大学举办大型学术论坛,促进文化交流,属短期项目 |
| 2015 | 校友会发展项目 | 132 000 | 用于支持上海财经大学校友总会及校友分会举办成立大会等活动 |
| 2015 | 其他支出 | 293 035.62 | — |
| 2016 | 学生培养 | 4 180 905.80 | 发放各类奖助学金 |
| 2016 | 学生创新活动 | 415 000.00 | 为了提升上海财经大学人才培养力量,激发学生的创业热情、创新精神和实践能力,鼓励在校生开展创业创新活动,倡导学以致用、学用结合、学创结合,本基金会设立了该项目,属长期项目 |
| 2016 | 校园文化活动 | 8 802 951.43 | 购买博物馆藏品,"流光溢财上海财经大学校园文化节",sufe open 等活动 |
| 2016 | 校园实事 | 1 463 761.45 | 云打印补贴,洗衣机、烘干机补贴等校园实事 |
| 2016 | 支持科研 | 1 895 210.00 | 中信科研基金、中振科研基金等 |
| 2016 | 资助学校师资 | 590 003.70 | 中国文化思想选读课程奖教金等 |
| 2016 | 慈善项目 | 690 587.00 | 助力腾飞毕业生补助、同源基金等 |
| 2016 | 校庆专项 | 27 580.00 | 用于校庆相关活动 |
| 2016 | 管理费用 | 100 734.91 | 行政支出等管理费用 |

# 第十一篇

## 服务保障、校办产业和附属中学

# 概　　述

学校教学、科学研究、人才培养等各项中心工作，都离不开公共服务体系的支持以及后勤基建部门的保障和校办产业的支撑。本篇记载学校各时期的公共服务、出版发行、后勤保障、校园建设和校办产业等的建设情况。

学校的公共服务体系主要包括图书馆、档案馆、就业指导中心、教育技术中心、实验中心、医疗健康服务中心、商学博物馆等。

学校图书馆的设立始于上海商科大学时期。20世纪30年代，图书馆全部馆藏两次毁于日军的炮火。民国三十六年（1947年）国立上海商学院复员后，在中州路校区新建三层图书馆馆舍，至1949年5月，馆藏图书量达22 000册。上海财经学院时期，馆藏量曾达到22万余册，但因学校两次合并或撤销，损失巨大。1978年复校后，图书馆发展迅速，先后在中山北一路校区、国定路校区、武川路校区新建或改建馆舍3座，面积分别为3 209、8 200和30 503平方米，使馆舍总面积达到33 712平方米；馆藏量从10万册逐步增加到262万册（件），文献载体形式从纸本书刊发展为纸本、电子书刊并存，并建立完备的文献流通、阅览、读者教育、信息咨询等服务；馆内的自动化、网络化、数字化建设大步迈进，并广泛开展馆际合作和交流。截至2016年12月底，图书馆拥有文献资源累积量为864万余册（其中，图书累积总量为770万余册），电子数据库总量为119个（其中，国外数据库65个，国内数据库54个）。

学校档案机构成立于1956年，1984年建立综合档案室，2002年成立档案馆，逐步建立和健全档案管理制度，实现学校档案的集中统一管理。馆藏档案有两个全宗，截至2016年底，馆藏综合档案共133 608卷、11 490件。2000年，学校建起总面积1 350平方米的独立档案楼；2017年1月，档案馆搬迁至育衡楼E区，总建筑面积1 546.15平方米，并配备先进的现代化设施。档案馆编制多种检索工具，做好档案开放工作，开发档案信息资源，为学校广大师生、各部门和社会各界提供服务，同时利用馆藏档案开展校史编研和展示。

学校学生就业指导中心成立于2001年12月，是处理学生就业实习日常工作并为学生提供生涯辅导和服务的机构，其工作宗旨是：促进和展示学生综合素质，以学生为本，充分发挥窗口和桥梁作用，服务学生、服务学校、服务社会。在体现公开、公平、公正的原则下，对学生的就业活动进行辅导、提供服务，力求做到使学生能学以致用、人尽其才。

学校教育技术中心成立于1999年9月，由复校以来先后建立的计算中心、网络中心（筹）和教务处电教科撤并重组而成，主要承担校园网络基础平台和数字教学资源平台的建设与管理。截至2017年3月，中心日常管理维护网络端口约24 000个，其中无线AP 2 994个；协调管理全校多媒体教室249间，其中"教室集中控制系统"远程管理188间；公共计算机房8间，高清自动录播多媒体教室7间。

学校实验中心成立于2015年4月3日,负责全校实验室建设与管理工作。截至2017年3月,学校共建有25个专业实验室,其中教学为主的实验室8个、科研为主的实验室5个、教学科研型实验室12个。

学校医疗健康服务中心的前身是保健科。1978年复校后,保健科承担着全校师生的医疗保健任务。2000年,经上海市卫生局资质评审,保健科提升为门诊部,成为医保局认可的全市定点医疗机构。2005年,门诊部迁入武川路校区800平方米的独立楼宇。2013年9月,门诊部更名为医疗健康服务中心。2014年9月,医疗健康服务中心迁入国定路校区,启用新大楼,建筑面积为1800平方米,基础设施明显改善,临床医疗和健康服务项目全面开展。

为迎接百年校庆,学校于2013年启动建设一座旨在传播展示商学百年发展的博物馆,以填补学校通识教育、博物馆教育领域的空白。2014年11月,原中共中央政治局常委、国务院副总理李岚清为筹建中的博物馆题写馆名"商学博物馆",博物馆由此定名。商学博物馆定于2017年9月17日校庆日正式开馆。

学校出版发行工作主要包括校报校刊出版和上海财经大学出版社的建设。上海商科大学至国立上海商学院时期,学校不定期地编辑出版《一览》《概况》等介绍学校基本情况的出版物;民国十六年至民国二十五年(1927—1936年)连续出版《国立中央大学商学院院刊》《国立上海商学院院刊》《国立上海商学院院务半月刊》,民国三十六年至民国三十七年(1947—1948年)出版《国立上海商学院院务月刊》;20世纪30年代先后出版《商兑》《国立上海商学院季刊》等学术刊物。上海财经学院时期,1954年10月至1958年7月,出版《上海财经学院院刊》120期,1956年创刊学报《财经研究》。复校之后,1983年5月《上海财经学院院刊》复刊,后改名为《上海财经大学学报》。2001年起,学校连续编印《上海财经大学年鉴》。学校的学术类期刊有《财经研究》《外国经济与管理》《上海财经大学学报》《财经高教研究》《海派经济学》、*Frontiers of Economics in China* 等。

1995年1月,国家新闻出版署批准成立上海财经大学出版社。出版社以财经教育出版为主体,做好教材开发建设;实施精品战略,推出高水平、高质量的学术专著和大众财经读物;适应国际化要求,积极推进版权贸易。2005年,学校又建立电子出版社,隶属出版社管理。2006年,出版社被列入国家第一批文化体制改革试点单位名单。2009年7月完成转企改制。

学校的后勤保障体系主要包括财务管理、后勤管理、资产管理和安全保卫等方面。

上海商科大学至上海财经学院时期的经费收支情况,缺乏系统的统计资料。1985年更名为上海财经大学后,学校教育事业快速发展,经费投入逐年增长,总收入从1985年的567万元增长到2016年的126 423万元,总支出从1985年的220万元增长到2016年的133 357万元,学校资产总量从1985年的1 681万元增长到2016年的323 534万元。学校不断推进财务管理制度改革,实行"统一领导、分级管理、集中核算"的财务管理体制,成立财经领导小组,对全校的财务管理工作进行指导,并提供决策咨询。学校通过综合预算管理体系覆盖各项收入及支出预算,实施学校和院系两级预算管理,每年校内预算须经财经领导小组审议,并报党委常委会通过后执行,实行"收支两条线"核算管理。

自上海商科大学开始,学校先后设立事务部、事务处、总务处等机构,承担学校的后勤保障工作。1988年,学校总务处开始实行承包责任制改革,对内为服务实体,对外为经营实体,成立实业公司。1999年,学校成为上海高校后勤社会化改革试点单位之一,至2006年,基本形成以后勤管理处为甲方、上财后勤实业发展中心为乙方服务提供者的格局。后勤管理处主要承担房产管理、设备管理、修缮管理、物业管理、绿化管理、能源管理和学生园区管理等方面的职能。

2013年12月,学校成立资产管理处,负责全校国有资产统筹管理工作。2014年4月,学校成立校国有资产管理委员会,作为统一管理学校国有资产的领导机构。资产管理处在校国资委的统一领导下,在全校范围内开展资产管理工作。资产管理处成立以来,学校资产管理工作在组织建设、制度建设、信息化建设等方面都有了重点推进,各项工作有序开展,资产管理规范化程度有了显著提高。

1985年,学校设立保卫处,全面负责校园的安全保卫工作,包括校内治安秩序管理和安全防范、日常防火管理、学生集体户口户籍管理、查处校内各类刑事和治安案件,以及维护学校的政治稳定。学校在各主要出入口、道路和重要场所安装了监控系统,消防器材和设施也不断更新。目前学校已基本构建起"数字化、高清化、覆盖化、网络化、智能化"的技防管理体系。

学校的基本建设包括校园规划和校舍建设以及基建的投资管理。上海商科大学至国立上海商学院时期,学校大多赁屋办学,多次搬迁,两次新建校舍都毁于日本侵略军炮火。上海财经学院时期由于两次合并或撤销,校园规划也未能实施。1978年底,学校在中山北一路校址复校,1981年起在原宝山县五角场公社国定大队征地339亩,建设新校区;2000年起又陆续在周边购置土地399亩扩建校区。至2016年底,学校实有土地共818.56亩,包括国定路、武东路、武川路、中山北一路和昆山路5个校区。2003年,学校首次编制《上海财经大学校园规划》,并逐步投入实施。学校的校舍,包括办公用房、教学及辅助用房和生活用房,由复校初的2万余平方米增加到2017年初的57万余平方米,近40年间增长了28倍,并陆续修建起国定路校区教学楼、图书馆、行政楼和武川路校区学生公寓、风雨操场、新图书馆、学术交流中心等一批标志性建筑,极大地改善了办学条件。"十二五"以来,博思楼、武东校区地下停车场、大学生创业实训基地、武东路校区学生食堂、主校区学生宿舍等重要设施建设完成并投入使用。每个学院实现独立楼宇,为教师提供了良好的工作环境。

学校的校办产业始于1985年成立的大华会计师事务所,1992年至1996年发展较快,校办产业总数达26家。1996年开始清理整顿,并按现代企业制度进行改制,校办产业数量大幅精简。至2017年初,学校正常存续、经营的校办产业共有7家。2006年3月,学校与杨浦区政府共同筹建上海财经大学现代服务产业园区(上海财大科技园)。2009年3月,学校科技园通过教育部和科技部的联合审查,获得"上海财经大学国家大学科技园"称号,成为国内仅有的两家以人文社科为特色的国家大学科技园。截至2016年底,财大科技园已形成了"创业载体、创业咨询、创业孵化、创业金融"四位一体的服务创新创业的运作模式,建立了杨浦、虹口共5个产业孵化基地,在杨浦、虹口园区注册企业共计1 936家,注册资金达251亿元,总共孵化25家高新技术企业,8家企业已经挂牌新三板。

截至2016年底,学校有两所附属中学:上海财经大学附属中学、上海财经大学附属北郊高级中学。

# 第一章 公共服务

## 第一节 图 书 馆

### 一、沿革

民国十年(1921年)上海商科大学成立后,即设立图书室,聘有专职管理员。民国十五年(1926年)学校迁至霞飞路834号后,图书室扩展为图书馆。民国十七年(1928年)国立中央大学商学院时期,图书馆占屋5间,馆藏商业图书5 000余册。民国二十年(1931年)2月,江湾西体育会路新校舍落成,辟有阅览室、阅报室等。1932年1月28日,全部馆藏与馆舍悉数毁于日军炮火之中。

民国二十二年(1933年)起,国立上海商学院图书馆设主任,总理馆务;下设总务、登记、编目、流通四股;人员除主任外,计有管理员3人及服务生和工役各1人。学院另设图书委员会,职责是拟定图书馆一切兴革事宜、审定图书经费之分配等。民国二十四年(1935年)8月在江湾重建校舍落成,图书馆占据新办公楼三楼半部,设有阅览室、参考室,可容纳百余人;书库可藏书3万册。民国二十六年(1937年)"八一三"淞沪抗战中,连同图书馆在内的校舍再次被日军炮火付之一炬。学校临时迁往愚园路40号三层小楼房,图书馆仅一小间。据民国二十五年和民国三十三年(1936年和1944年)的学院教职员一览(呈报)表显示,图书馆主任为王宏谟。抗战胜利后,国立上海商学院在中州路102号恢复重建,教务处下设图书室。民国三十六年(1947年)7月图书室新建馆舍,为三层楼房。

1950年8月,国立上海商学院更名为上海财政经济学院,图书馆隶属教务处,主任为王作求;1953年9月后唐如尧为干事。1957年10月19日,学院成立图书馆委员会(委员11人),副院长褚葆一为主任委员。1960年9月上海财经学院重建后,图书馆仍隶属教务处。1963年6月,为加强图书馆工作,学院调吕若谦任图书馆副馆长,并将图书馆改为由院部直接领导。1964年初,学校迁往中山北一路369号,新建图书馆于年底落成。1972年4月,上海财经学院被撤销,馆藏文献资料全部移交给复旦大学等高校。

1978年底,上海财经学院复校之初,图书馆缺乏馆舍,借用行政大楼一角及部分教室作为借书、阅览之用,面积约150平方米,工作人员8人。馆内设中文图书采编、中文图书流通、外文图书管理和报刊4个工作组。1983年8月,总面积为3 209平方米的图书馆楼在中山北一路校区竣工启用。馆内设3部1室:采编部、流通阅览部、期刊情报部和办公室,工作人员增至53人。1985年,图书馆被上海市高教局评为文明单位。同年10月,图书馆成为世界银行藏书图书馆(WB

Depository Library)。1987年11月,根据国家教委的有关规定,学校成立以主管校长为主任的校图书情报工作委员会(简称图工委,成员共19人)。1988年12月,面积为8 200平方米的新图书馆在国定路校区落成。至此,图书馆总面积达到11 000平方米,设采编部、流通阅览部、报刊部、技术服务部、情报服务部、369分部和办公室,后又增设计算机服务部。图书馆利用世界银行贷款和学校设备经费,添置复印机、视听设备、微机、监视仪、缩微系统等,充实服务功能。1990年,图书馆工作人员发展到88名,其中中高级职称人员占24%;与会计学院合作建立会计资料中心。1991年6月,图书馆被财政部评为财政部部属院校优秀馆。1992年4月,学校图工委调整,成员共22人。1993年4月,图书馆被上海市高教局评为A级馆;同年,被国家教委图书工作委员会评为全国高校图书馆先进单位。1994年,图书馆在各系资料室基础上成立"经济文献研究中心"。1998年5月起,先后与英国鹰星保险公司、瑞士再保险公司和苏黎世金融服务集团合作建立保险精算资料中心;10月,学校图工委调整,成员共19人。为适应学校"211工程"建设的需要,保障和推进图书馆网络化、自动化、数字化建设,2000年初馆内机构调整为采访部、编目部、流通部、阅览部、信息咨询部、自动化部、369分部和办公室。后又设资料中心,管辖法学院等院系资料室。2001年2月,与经济学院合作建立理论经济学资料中心暨国家经济学基础人才培养基地图书资料室。2005年起,图书馆被授权成为国际货币基金组织(IMF)出版物的指定收藏馆;同年3月,学校图工委调整,成员共25人。

2007年2月,在原凤凰自行车厂厂房基础上改建的图书馆新馆在武川路校区启用。新馆主楼7层、辅楼5层,总面积达30 503平方米,阅览座位达3 000个,馆藏能容纳250万册各类文献信息,自动化、网络化、数字化程度大幅提高,充分体现了现代图书馆的开放式服务的理念。2007年11月14日,500强企业文献资料特藏馆揭牌成立。2011年,学校与香港城市大学签署图书馆战略合作框架协议,双方馆员互访、资源共享。2012年,图书馆以馆际互借、e读、CCC外文期刊网3个优秀项目被中国高等教育文献保障系统(CALIS)管理中心授予全国高校示范馆。2013年11月,经济科学出版社向学校捐赠图书8 000册。2014年,图书馆流通借还台获得2011—2013年度上海市"教育先锋号"称号。同年11月,世界政治经济学学会特藏馆揭牌成立。2015年,图书馆"悦读"推广计划系列出版物获得首届全国高校图书馆阅读推广案例大赛决赛二等奖;悦读书友会被评为"2015上海青少年深阅读计划示范性读书项目"。截至2016年12月底,图书馆文献资源累积量达到864万册/件,其中,图书累积总量770.1万册(中文纸质图书184.7万册、外文纸质图书10.5万册、电子图书及电子学位论文574.9万册),期刊合订本累积达到89.5万册,其他文献累积达到4.4万册,数据库总量达到119个。

1979年至2017年3月,先后任图书馆馆长的有王涵清、洪家敏、谈敏、郭庠林、张次博、李笑野、朱为群,任副馆长的有林贤本、夏宪、张人骥、刘惠娟、刘弘、王前进、李笑野、陈骁、戴洪霞、汪洋。1987年至2017年3月,先后任学校图书情报工作委员会主任委员的有叶孝理、谈敏、夏大慰、丛树海,任副主任委员的有林贤本、冯正权、郭庠林、张次博、杨大楷、刘兰娟、李笑野。

## 二、馆藏文献资源建设

民国十年(1921年)上海商科大学成立时,从南京带来的商业图书仅150册。后由朱进之捐赠商业经济图书780册。民国十二年(1923年),北京银行公会捐洋1 515元,添购图书500余册。民国十三年(1924年)发起"募捐图书团",由教职员、学生分队担任,募到图书费约2 000元,用以添置图书。民国十七年(1928年),学校又从常规经费中节省出2 500元图书费,向国内各书局和欧美订购商业图书。其时馆藏商业图书计5 000余册,价值近20 000元。民国十八年(1929年)6月,图书馆编有《国立中央大学商学院图书馆图书目录》一册(计63页),对外出版发行。民国十九年(1930年)6月统计,馆藏中文图书3 589册,外文(英、日、法、德、拉丁文)图书2 589册,中外文杂志790册,总计价值23 000余元。

国立上海商学院独立后,图书馆重新扩充,至民国二十二年(1933年)8月,馆藏中西文图书有3 300余册。其后几年内又加快馆藏建设,至民国二十五年(1936年)6月,馆藏中西文图书达9 883册,杂志604种共8 657册(中文477种共5 714册,西文95种共2 727册,日文32种共216册),其中商科类杂志179种共3 276册(中文117种共1 582册,西文66种共1 694册),包括《商业月报》《银行周报》《钱业月报》《工商半月刊》《中行月报》《国际贸易专报》《东方杂志》及其他有关商科杂志,无不蓄意搜求,俾成全帙。当时,学校藏书在国内各商学院中素称完备,但抗战中多次蒙难,散失不少。

抗战胜利后,国立上海商学院复员,从教育部特派员办公处接收中文图书16 738册、西文图书3 431册。民国三十六年(1947年)呈请教育部转呈行政院核准图书费5 000美元,向美国麦克美伦公司等订购西文书籍2 000册。至1949年5月,馆藏中文书约18 000册、英文书4 000册。

经过20世纪50年代前期的院系调整,华东地区20所财经院校(系)先后并入上海财政经济学院,也带来大批图书和期刊。1956年初,经整理编目,学院图书馆馆藏图书总数达226 552册,其中中文书195 694册,外文书30 858册,另有期刊13 959册。图书馆馆舍总面积1 440平方米,工作人员26人。1958年学院并入上海社会科学院后,图书资料也一并归入。1960年上海财经学院重建时,从上海社科院调拨回一部分图书。至1961年7月,学院图书馆馆藏图书为122 000册。其后几年内,经过不断增购、扩充,至1972年学院撤销前,学院图书馆馆藏达到图书200 200册、期刊9 800册。学院撤销后,21万册馆藏被调拨到上海各高校。

1978年底学校恢复重建,图书馆从复旦大学、同济大学、上海纺织工学院、上海海运学院等高校收回旧书籍10万册,经过整理以应教学之急;同时,图书馆开始按照学校教学科研的需求,进行有计划的馆藏文献资源建设。学校在图书馆馆藏建设经费上给予了大力支持,1979年至1985年图书购置经费占学校总经费平均8.5%以上(教育部规定5%)。此外,充分利用了文科专款和世界银行贷款,以及国外学术团体、金融机构、专家学者个人的捐助进行馆藏建设。至1984年6月底,图书馆馆藏初具规模:中文图书37万册,外文图书3.2万册(其中财经类图书占了绝大部分);中文报刊1 465种,外文报刊457种。馆藏内包括:1951年以来出版的整套美国会计学会会刊《会计学评论》、美国公证会计师协会会刊《会计工作杂志》及世界银行的出版物;新中国成立前出版的数十种财政、经济、统计和会计类期刊,如创刊于民国六年(1917年)的《银行周报》、创刊于民国二十八年(1939年)的《财政评论》、创刊于民国二十二年(1933年)的《会计杂志》等,以及《四部备要》《四部丛刊》《四库全书珍本》《古今图书集成》等古籍丛书。

1985年10月,世界银行在上海举办"世界银行图书展览",会展结束后将全部文献资料约3 000册赠送给学校图书馆。内容主要有《世界银行年度报告》《世界银行发展报告》《世界银行成员工作报告》等定期或不定期连续出版物。1987年,美国亚洲基金会向图书馆赠送1 000册专业图书。1988年底,图书馆举办进口财经图书展览会,继续引进了一批最新的高质量财经图书,极大地丰富了馆藏资源。

1988—1989年,配合全国和高校系统的文献资源调查工作,图书馆对馆藏文献进行普查,对重点学科会计学文献进行书目核对,并做了引文分析,为馆藏建设特别是重点学科文献建设提供客观依据和发展路径。1989年,馆藏文献总量已经达到53.9万册。图书馆对于会计、财政、经济、金融、工商、统计、贸易、保险等学科专业文献,尤其是这些专业的西文文献进行重点收集。"上财—瑞士再保险中心"收藏英国鹰星人寿保险公司和瑞士再保险公司的文献外,还收集美国丘博保险公司、美国友邦保险公司、北美精算学会、英国精算学会、澳大利亚精算学会等文献,其中专业图书2 000多册、专业期刊30种、专业报纸5种。

在学校通过"211工程"部门预审后,图书馆提出"财经文献信息中心"建设项目,成为学校"211公共服务体系"建设的重要组成部分。1998年9月,根据学校要求,图书馆成立以馆长为组长的课题组,经过调查研究,11月初形成《上海财经大学图书馆现代化建设总体方案的研究报告》。11月18日,该研究报告经专家组评审通过。研究报告主要内容为面向21世纪图书馆建设目标的基本内涵、图书馆现代化建设的要点与步骤、图书馆藏书建设的主要原则与经费分配、图书馆内部组织机构的调整与队伍建设。其中,藏书建设包括中文图书收藏、外文图书收藏、中文期刊收藏、外文期刊收藏和光盘收藏。为配合学校的学科建设和发展,2004年底,图书馆在一年多的调研基础上形成《藏书发展政策纲要》,并在2005年3月18日校图工委会议上审议通过。该《纲要》提出,要在加强财经、管理类传统优势学科文献收集的同时,强化与经、管学科有着紧密联系的应用数学、人文、法学和计算机信息等学科文献的收集。

2005年2月,图书馆被授权成为国际货币基金组织(IMF)出版物的收藏馆,根据协议,第一批获赠有关金融、统计等著作以及定期或不定期的连续出版物,共计3 000多册。同年4月,成为接受教育部"中华再造善本工程"赠书的图书馆。

进入21世纪以来,图书馆注重多元化类型资源的收集,馆藏资源结构发生较大变化,经济管理类电子文献资源大幅度增长,电子资源基本覆盖全校所有学科专业。自建文献数据库5种,自建数字资源量2.3GB。初步构建起具有鲜明财经学科特色的数字资源群:国外报刊数据库主要有"Proquest系列数据库""EBSCO数据库""OCLLC全文数据库"等;国内报刊数据库主要有"中国期刊网全文数据库""维普中文科技期刊数据库""人大复印资料全文数据库"和"中国财经报刊数据库"等。中外事实型数据库主要有"中经网"和"国研网"提供的数据,以及ZEPHYR(全球并购交易分析库)、BANKSCOPE(全球银行与金融机构财务分析库)、ISIS(全球保险财务分析库)、OSIRIS(全球上市公司分析库)、LexisNexis Statistical(美国统计资源数据库)、Lexis.com(法律大全)。通过合作方式免费引进了世界银行三大权威数据库:WorldBank-WDI Online(世界发展指标数据库)、WorldBank-GDF Online(全球发展金融数据库)和WorldBank-Library(世界银行电子图书)。数据库镜像站文献信息量达到1 000 GB(1 T),电子图书量达到80万册,电子期刊1万多种。数字图书馆初见端倪。

经过37年的建设,在馆藏结构方面,已经从最初单一的财经文献逐步调整到以财经文献为主,经、管、法、文、理多学科文献协调发展的格局;在文献载体类型方面,已从单一的纸质文献发展为纸质文献和电子文献并重的局面;在馆藏数量方面,从1978年10万册旧书刊发展到2016年拥有图书馆文献资源累积量达到864万余册,其中,图书累积总量770万余册,数据库总量达到119个。丰富的馆藏资源为学校的教学和科学研究提供了切实有效的保障。1979—2016年图书馆经费和馆藏变化情况见表11-1。

表 11-1 1979—2016 年图书经费和馆藏文献数量情况

| 年 份 | 文献购置经费(元) | 馆藏文献总量(册) | 年 份 | 文献购置经费(元) | 馆藏文献总量(册) |
|---|---|---|---|---|---|
| 1979 | 203 000 | 180 000 | 1998 | 1 741 127 | 736 980 |
| 1980 | 210 000 | — | 1999 | 1 565 820 | 753 529 |
| 1981 | 203 600 | — | 2000 | 2 293 883 | 779 780 |
| 1982 | 223 000 | 358 000 | 2001 | 3 066 424 | 814 474* |
| 1983 | 250 685 | 371 000 | 2002 | 3 227 817 | 1 135 358* |
| 1984 | 322 863 | 487 500 | 2003 | 4 155 800 | 872 668 |
| 1985 | 450 000 | — | 2004 | 7 601 745 | 977 014 |
| 1986 | — | — | 2005 | 12 272 459 | 1 523 005* |
| 1987 | — | — | 2006 | 12 168 331 | 1 892 849* |
| 1988 | 753 240 | 540 973 | 2007 | 6 223 048 | 2 624 612 |
| 1989 | 672 000 | 539 984 | 2008 | 6 952 199 | 2 994 663 |
| 1990 | 820 000 | 618 555 | 2009 | 6 978 333 | 3 411 832 |
| 1991 | 638 740 | 641 758 | 2010 | 8 291 126 | 3 833 440 |
| 1992 | 530 000 | 651 980 | 2011 | 9 328 587 | 4 206 681 |
| 1993 | 637 000 | 658 834 | 2012 | 9 043 588 | 4 438 492 |
| 1994 | 772 400 | 669 551 | 2013 | 10 068 908 | 5 855 574 |
| 1995 | 770 000 | 685 155 | 2014 | 11 652 361 | 7 370 171 |
| 1996 | 869 600 | 695 610 | 2015 | 12 357 894 | 7 948 331 |
| 1997 | 919 600 | 712 424 | 2016 | 14 464 126 | 8 640 200 |

注：以上数据含电子文献。

## 三、读者服务

### (一) 文献流通

1978年复校之初，书库对学生半开架、对教师全开架。1987年起图书馆实行全开架服务，流通率提高15个百分点。1989年书库安装监视仪，图书上磁条。1993年，完成 HP-3000 流通图书借还管理软件安装调试。1995年，完成20多万册图书的数据建库。1999年，计算机信息查询检索系统替代传统的卡片式检索目录。图书出借量为：1988年13万册、1996年14万册、2000年13.6万册、2005年26.6万册、2010年16万册、2015年9万册、2016年7万余册。书库开放时间从每周30小时增加到98小时，延时开放区域每周开放时间达112小时。

### (二) 文献阅览

1983年设置学生报刊、学生参考书、教师报刊3个阅览室，学生阅览室每周开放70小时。1987年各阅览室接待读者11万人次。1988年，随着国定路新馆启用，阅览面积达1 950平方米，座位

1 000多个。据1997年统计,当年阅览人次达到20万。各个阅览室,包括重点建设的世界银行资料、会计资料、理论经济学资料、保险精算资料4个专业特色阅览室,不仅对校内读者开放,也接待本市文献资源共享馆协作网的28家成员馆读者。2007年2月,武川路校区新馆舍(总馆)启用后,总馆和分馆按照文献和专业类型设有近20个阅览室,实行"师生合一、借阅合一、书刊合一"的服务模式,阅览人次达到20万。年入馆读者总量大幅上升,2007年为975 286人次,2010年达到1 573 295人次;此后,随着电子资源数量的增加及校内学习空间的完善,图书馆到馆人次有所回落,2013年为136万人次,2016年为123万人次。阅览室周开放时间为96小时。

### (三) 读者教育

图书馆长期利用物理空间(如橱窗、宣传栏、黑板报、长廊等)以及网络平台(如人人网、微博、微信等)向读者介绍图书馆概况,推荐新书,宣传数字资源,普及图书分类、检索等常识。课程建设方面,从1986年起,对新生进行"利用图书馆"教育,对二、三年级学生开设"经济文献检索与利用"讲座,1989年改为选修课,1999年起增加电子信息检索内容,并在电子阅览室上课。自1989年起,编辑《上海财经大学图书馆读者指南》小册子,此后不断进行修订,对馆藏文献资源与布局、读者服务内容及推广活动等作详细介绍。2015年秋季学期,面向全校本科生的"信息素养与知识发现"课程,作为校通识核心课,开始授课。目前,除持续进行的新生入馆培训外,图书馆已通过春季学期的文献研究方法系列培训、秋季学期的数据库资源培训及师生不定期预约的不同专题的嵌入式培训,逐步建成比较完备的读者教育体系。2016年各类培训课程共4 490人次参与。

### (四) 信息咨询服务

多年来图书馆为教学科研提供的两次、三次文献有:《经济内部资料索引》《世界银行年度报告篇名索引》《财经教研参考资料(中文版、编译版)》(季刊)、《财经文献信息动态》(季刊)、《界面》以及《上海财经大学课程参考书目选》《会计专业参考书目选》《财政专业参考书目选》等。此外,图书馆多次编制《数字资源使用指南》,介绍数字资源使用方法。积极参与学校科研课题研究,并提供大量咨询。设立总咨询台,由专业馆员随时回答读者咨询。开通MSN实时咨询、在线咨询、邮件咨询、BBS管理咨询、电话咨询等,2005年咨询服务2 187人次。2003年在图书馆主页发布在线参考咨询系统,解答读者问题;2014年正式引入LibAnswers参考咨询平台,与读者进行实时互动咨询。2011年开始建设学科导航至今,已经建立了12个学科研究类导航、9个通识教育类导航和9个信息素养类导航。"十一五"期间,在原有的参考咨询服务基础上,开始摸索实践学科化服务,希望通过学科化服务来引领整个图书馆各个窗口服务及内部管理在内涵上不断创新。如:每年有多名馆员,至少10多次走入院系开设文献利用讲座;有多名馆员与教师合作,根据其课程教学内容精心设计,并承担1—2个课时的专题文献检索教学工作;有多名馆员与教师合作,为教师所承担的各类重点课题研究提供深入的专题咨询服务。"十二五"期间,累计有14 579人次的读者参加了图书馆开设的"经济文献检索与利用"选修课及各类信息素养系列讲座。结合服务设计需要,面向院系用户开展30次读者需求的专题调研,其中涉及学科服务需求的调研约有20次,已在金融学院、商学院、经济新闻系、经济社会学系、法学院、外国语学院等10个院系开展嵌入式培训、专题资源采购等方面的服务支持,设立了6个院系联络人,承担院系联络和沟通工作。

## （五）宣传推广

校园网图书馆主页于1999年下半年开通，设有读者服务、入馆指南、数字资源、网络咨询、学科导航、用户教育等服务项目，并提供书目查询、文献传递与馆际互借等服务。2004年11月，图书馆与团委、宣传部联合举办"损毁书刊展览"活动，上海市多家媒体做了报道。自2008年创立"悦读"文化品牌以来，定期开展讲座、工作坊、征文、展览、人文行走等形式多样的阅读推广活动。2011—2015年与香港城市大学图书馆联合举办"悦读·行者的故事"征文活动4次，于2014年获教育部专项资金支持，共同开展"行走沪杭·文化寻迹——'悦读·行者的故事'阅读推广合作交流项目"，并出版优秀作品文集2册。2014年5月，该项目在教育部高等学校图书情报工作指导委员会主办的首届全国高校图书馆服务创新案例大赛中获得三等奖；2014年9月在中国图书馆学会阅读推广委员会主办的"高校阅读推广活动优秀案例"征集活动中获得一等奖。在首届全国高校图书馆阅读推广案例大赛中，图书馆提交的案例《作为课外学习工具的图书馆出版品——上海财经大学图书馆"悦读"系列出版计划》（出版物类）获得二等奖。为了与读者共创良好的阅读环境，2006年12月图书馆创立"图书馆学生管理委员会"，并以"读者之友"志愿者服务队为核心展开共建工作，其根本任务为建立并完善图书馆与读者之间良性互动的长效机制，并配合开展各类阅读推广活动，至2014年"图书馆学生管理委员会"逐步转型并成立学生读书组织"悦读书友会"，倡导校园阅读文化。2015年，在由市团委、市新闻出版局联合举办的阅文杯"悦读青春"2015上海青少年深阅读计划示范性读书会评选活动中，"悦读书友会"被评为"2015上海青少年深阅读计划示范性读书项目"。

## （六）其他服务

1987年图书馆成立复印中心，以后又增设复制磁带、电脑打字、输入、扫描和彩扩等服务项目，为读者提供各种方便。2001年6月7—10日，图书馆与中国教育图书进出口公司合作，在中山北一路校区举办"2001年上海国际MBA教材展览"，系统展示近20家国外权威专业出版商最新出版的MBA教材及其教辅材料，以及经济管理和经济理论类学术专著近5 000种，3天内接待读者逾4 000人次。为改善和提高服务质量，图书馆负责人每学期两次与研究生和本科生代表进行恳谈、沟通，听取意见和建议，并通过网上调查、书面问卷、BBS评分来了解读者的想法。制定《图书馆服务公约》，开展"文明窗口"竞赛活动，推行个性化服务、微笑服务等。2010年，面向教师及研究生开通校外访问系统，读者通过校园账户即可访问图书馆数据库资源。2011年11月，引入自助打印服务一体机，读者安装客户端后，通过个人校园账户，即可完成复印、打印、扫描等自助服务。2015年5月起，总馆七楼学习共享空间逐步开始对外开放使用，新的空间设计、技术实施与资源服务整合，让图书馆进一步融入学习研究进程，搭建知识共享与创新的学习交流社区。

## 四、自动化、网络化、数字化建设

图书馆自1986年配备两台IBM-PC微型电子计算机，开始了采用电子计算机辅助图书管理的电算化应用之路。

1993年，图书馆引进HP3000/922LX小型计算机系统，应用于图书编目、借还、查询管理，建成了图书馆图书编目数据库。

1997年，作为"211工程"公共服务体系建设子项目之一的图书馆"财经文献信息中心"建设项目立项并开始建设,经过"九五""十五"建设,图书馆建成了以100BASE-T为网络基础架构的馆域网,并实现了通过校园网与中国教育与科研计算机网络(CERNET)和国际互联网(INTERNET)的连通。

1998年,图书馆引进"金盘图书馆集成管理系统",开始了图书馆图书资源的信息化管理和流通服务,2001年引进"汇文图书馆集成管理系统",并建立了图书馆电子阅览室,初步实现了图书馆流通业务的计算机管理。

2000—2006年,图书馆以招投标方式引进了美国惠普公司的HPLH3服务器和联想公司的4200服务器并配置了应用存储容量为500 GB的磁盘存储阵列;购买美国PLASMON公司的光盘库和美国柯达公司的1500D高速扫描仪。建成了技术应用水平处于国内领先水平的TRS全文检索软件与网上信息收集及数字化制作、加工、发布平台;创立了图书馆Web主页(后改为数字图书馆主页),并搭建了图书馆内部信息管理平台,开创了图书馆信息化全面发展之路。

2007—2011年,图书馆以数据库建设为重点,开始了数字文献资源建设与应用服务体系建设。先后建成了中文馆藏书目数据库、西文馆藏书目数据库、中文期刊目录数据库和西文期刊目录数据库等图书编目数据库;建设开发了上海财经大学重点学科网络资源导航库、世界银行出版物数据库、世界银行出版物专题数据库以及上海财经大学学位论文全文数据库;在特藏数据库建设方面,重点建设了500强企业信息库,建成了一批具有财经类高校特色的专业特藏数据库。

2012—2013年,图书馆启动信息基础设施改造工程。在原图书馆网络和信息化应用管理的基础上,升级改造了图书馆的内部网络,使图书馆内部计算机网络成了具有万兆核心主干、WiFi无线网络(支持802.11ac协议)全覆盖、安全可靠的图书馆内部局域网络;改造了图书馆IT机房,使之成为能有效承载服务器虚拟化及统一存储管理技术的具有一定扩展能力的安全高效能机房。图书馆利用两年的时间,在夯实图书馆信息基础设施的同时,为图书馆的信息化建设和应用服务创造了较为有利的发展条件。

2014—2015年,图书馆开展信息化应用项目建设工作,相继建成并投入应用的有图书馆OA办公自动化系统、图书馆分布式信息发布系统、图书馆采访辅助管理系统、图书馆特藏资源应用平台、图书馆移动阅读平台、图书馆学习共享空间统一管理平台(含RFID智能化座位预约管理系统)以及ERU图书馆电子资源利用率统计分析平台等,逐步形成较为系统的信息化基础设施和信息化应用布局。

2016年,图书馆对业务管理信息化进行功能聚合,重新进行功能定位与规划,确定了以信息安全、读者服务和资源共享作为信息化建设的重点,提出了建设图书馆资源数据中心、业务管理信息平台、图文信息资源建设平台、图文信息资源服务平台的建设目标,以"一个中心、三个平台"的图书馆信息化建设与应用架构对接学校争创"双一流"建设目标。

2016年,图书馆完成了图书馆业务数据统计分析平台(一期)、图书馆OA智能办公系统(二期)建设任务,有效提升了图书馆业务管理信息化水平。

在面向读者服务方面,图书馆完成了数字媒体资源管理系统、图书馆主页改版、图书馆微信公众号、微信服务门户的建设项目,并建成了Call Center图书馆语音参考咨询平台,有效提升了图书馆对读者和学科化的服务水平。

在信息安全保障方面,图书馆强化了对网络信息资源安全保障系统建设,修订了图书馆网络与信息安全管理条例(含关键业务系统故障紧急处置预案),配备了Web安全防火墙(WAF)、关键业务持续数据保护系统(CDP),开展了针对图书馆关键业务系统(LibSYS图书馆管理系统和图书馆主页)的信息安全等级测评和备案,通过系统加固和信息安全整治措施的落实,有效提升了图书馆信息系统的安全门槛,保障了图书馆业务和管理工作的顺利开展。

### 五、馆际合作与交流

1987年,图书馆成为财政部院校图书资料中心工作委员会(图工委)成员馆,牵头担任外文期刊协调工作,连续多年编制《财政部部属院校外文及港台报刊预订目录》等。1982年和1993年先后成为上海市高校图书情报工作委员会的委员馆和常委馆。1992年成为上海市经济院校图书情报协作网负责馆。1994年加入上海市文献资源共建共享协作网,参加联机合作编目等活动,编写上海市外文新书、外文与港台报刊联合目录。1995年参加上海市东北片10所高校合作办学图书馆协作组,参与编写《全国高校图书馆进口报刊预订联合目录》。1998年成为"中国高等教育文献保障体系"(CALIS)的成员馆,参与数据库建设、联机合作编目等项目。2000年12月成为上海教育网络图书馆的成员馆,并参与特色资源项目建设。1999年8月11日,教育部发出通知,决定成立教育部高等学校图书情报工作指导委员会,并公布组委会人员名单,学校图书馆馆长张次博被聘为委员。2004年成立第二届教育部高等学校图书情报工作指导委员会,学校图书馆馆长李笑野被聘为委员。2001年11月3日,在全国财经院校图书馆数字化建设研讨会暨上海财经大学图书馆建馆80周年庆祝会上,与会院校同意建立新的合作机制,即以全国财经院校图书馆馆长年会方式推进财经院校的馆际合作,并由教育部直属5所大学的图书馆为馆际协作核心馆,推举上海财经大学图书馆作为今后协作的牵头馆。

此外,图书馆是中国图书馆学会团体会员单位、上海市图书馆学会常务理事单位,与国家图书馆、上海图书馆、中国社会科学院文献情报中心及上海市兄弟院校图书馆建立了较为密切的文献交换传递、资源共建共享和专业人员往来等合作关系。

在会议举办方面,图书馆分别于2010年和2014年召开了第一届和第二届"全球化视野·大学图书馆馆长论坛",加强了与国内外大学图书馆的联系与交流,提升了学校的影响力。

在业务交流方面,2000年有2人赴德国、法国的大学图书馆进行业务考察。同年,首次组团(4人)赴香港考察香港岭南大学等4所大学图书馆。2002年,1人参加台湾逢甲大学图书馆学术研讨会。2003年10月,台湾逢甲大学、香港浸会大学图书馆馆长以及台湾联合大学教务长等到馆访问交流,并签订馆际之间多项合作协议。"十一五"期间,共派出76批110人次参加了在内地、香港、澳门以及美国等地举办的中、短期学术研讨及访问学者交流活动。"十二五"期间,派出5批共8名馆员赴香港城市大学图书馆、美国西弗吉尼亚大学图书馆、加拿大女王大学图书馆和荷兰伊拉姆斯大学图书馆学习与交流,接待1批共2名西弗吉尼亚大学图书馆馆员回访交流。此外,先后选派5位业务骨干及管理干部参加了4场海外学术会议并作主题演讲。

## 第二节 档 案 馆

### 一、沿革

国立上海商学院时期,总务处文书组兼管学校的文书档案。上海财政经济学院时期,校长办公室下设秘书科,秘书科内设机密资料室,负责保管全校机密资料和文书档案,教学档案由教务科统一管理。1956年8月,"肃反"运动办公室撤销后,改为档案科。1960年秋上海财经学院重建后,由党委办公室机要秘书司云恩兼管学校的文书档案,教学档案和人事档案分别由教务科和人事科管理。"文化大革命"期间,学院档案遭造反派哄抢,散失较多。1971年,党办机要秘书陆静梅等对遗存档案集中进行整理、分类、装订成册。1972年学院撤销时,档案移交给上海市教育局。

1978年底复校后,学院立即开始恢复、整顿档案工作。党委办公室专职档案干部金德玉先后去上海社会科学院、上海市教育局接收原上海财经学院的档案3 749卷,并逐步建立和健全了学校文书档案的管理制度。1982年1月,学校通过了上海高教文书档案检查组(东片)的验收,完成了档案恢复整顿工作。

1984年12月,学校建立综合档案室,隶属党委办公室,同时接受上级档案行政管理部门的领导、监督和检查。其职责包括:规划和组织全校的档案工作,负责对各系、所、部门的档案工作进行指导、监督和检查,集中统一管理全校各类档案,负责对全校兼职档案员的业务培训,开展档案政策、法规的宣传贯彻,积极开发利用档案资源为学校的各项工作服务。1989年10月,综合档案室隶属关系转入校长办公室。1994年起,综合档案室开始对以前散失的档案进行抢救、补收,使档案工作逐步走上正轨。1995年12月,综合档案室被国家档案局授予1995年度"全国档案工作先进集体"称号。1999年9月,综合档案室在机构改革中定为学校直属的教辅部门之一。2000年学校档案楼落成,建筑面积1 350平方米,其中库房520平方米。库内安装有264节密集架、8组24台空调机及防火、防盗、去湿等现代化设施。馆舍总体条件居于上海高校前列。1994年至2002年先后担任综合档案室主任的是陈红英、朱迎平。

2002年12月,综合档案室改制为学校档案馆,原人事处人事档案室并入。档案馆由学校统一领导,同时接受上级档案行政管理部门的指导、监督和检查。

2014年11月,档案馆、校史馆、博物馆三馆合一,内设立五部一室,即收集部、管理部、信息部、校史部、博物馆部和人事档案室。

2017年1月,档案馆搬迁至育衡楼E区,总建筑面积1 546.15平方米,设有综合档案库房和人事档案库房,面积为239.74平方米。会计凭证库房、校史馆、博物馆库房位于育衡楼C区五楼部分,于2017年4月投入使用,总面积533.83平方米。新馆库房配置了智能密集架和固定档案架系统、智能LED灯光控制系统、恒温恒湿净化系统、高压细水雾消防系统、门禁和监控系统等专业设备。

2004年至2017年4月担任档案馆馆长的是朱迎平、喻世红,2002年至2017年4月先后担任副馆长的有朱迎平(主持工作)、姜淑娟、喻世红、王青云、金星。

## 二、档案管理

### (一) 管理体制

自1984年成立综合档案室以来,文书档案、教学档案、科技档案等由综合档案室集中管理;2002年档案馆成立后,干部人事档案和学生档案管理也全部并入,实现了学校各类档案的集中统一管理。

学校的档案工作实行学校、部门二级管理。学校把档案工作纳入学校规划,纳入管理制度,纳入有关人员的职责范围,保证档案机构在人员、经费、库房、设备等方面的需求。档案馆负责对各部门档案工作的监督、指导、检查,负责接收档案,并分类编目、鉴定、保管、统计、编研,开展利用和服务等工作。每部门都有一名领导分管档案工作,保证部门档案工作的顺利开展;设立兼职档案员承担各部门档案的整理、立卷和向档案馆移交。学校建立并执行档案形成部门立卷制度,推行预立卷制度,有效提高了文件材料的归档率、合格率、完整率。

学校逐步建立和健全了档案管理制度。1985年,党委办公室印发了《部门文书立卷归档办法》《关于文书档案案卷卷目及保管期限表》等6项规章制度。1993年,综合档案室依据《中华人民共和国档案法》和《普通高等学校档案管理办法》等法规,修订了学校档案管理的规章制度,编成《上海财经大学档案管理制度汇编》。1995年起,学校按照高等学校档案实体分类法管理全部档案。档案馆成立后,进一步修订完善了学校档案工作以及档案馆工作的各项规章制度,2003年编印了《上海财经大学档案工作规范汇编》,并梳理了部门档案工作流程,制定了操作规范,先后编印了《部门档案工作手册》和《干部人事档案工作手册》。

为了加强学校档案集中统一管理,2001年7月,学校成立档案工作委员会。分管校领导和两办主任分别担任正、副主任,学校主要职能部门负责人任委员,其主要职责为:制定学校档案工作的发展规划,审定档案工作的有关规章制度,听取学校档案部门的工作汇报,讨论决定重大事宜,协调档案工作和各部门工作的关系,以及监督检查全校的档案工作等。2013年3月,学校对档案工作委员会作了调整,由校长担任主任,分管档案工作的副校长担任副主任,档案馆馆长任秘书长。

(二) 馆藏档案

档案馆馆藏档案主要包括山东财经学院和上海财经大学2个全宗,另有人事档案和历史档案,馆藏档案资源不断丰富和完善,截至2016年底,馆藏综合档案共133 608卷、11 490件,案卷排架长度达2 076米(见表11-2)。

表11-2 1993—2016年馆藏综合档案案卷情况

| 年 份 | 馆藏案卷数 | 馆藏件数 | 年 份 | 馆藏案卷数 | 馆藏件数 |
| --- | --- | --- | --- | --- | --- |
| 1993 | 11 306 | — | 2005 | 58 377 | — |
| 1994 | 13 864 | — | 2006 | 64 178 | — |
| 1995 | 18 500 | — | 2007 | 70 224 | — |
| 1996 | 25 000 | — | 2008 | 77 233 | 44 |
| 1997 | 30 099 | — | 2009 | 84 310 | 1 362 |
| 1998 | 33 182 | — | 2010 | 91 143 | 2 794 |
| 1999 | 36 492 | — | 2011 | 97 943 | 4 226 |
| 2000 | 39 113 | — | 2012 | 104 383 | 5 676 |
| 2001 | 43 082 | — | 2013 | 111 536 | 7 098 |
| 2002 | 46 710 | — | 2014 | 118 452 | 8 622 |
| 2003 | 50 019 | — | 2015 | 125 682 | 10 067 |
| 2004 | 53 672 | — | 2016 | 133 608 | 11 490 |

1. 山东财经学院档案全宗(1947年10月—1953年8月)

共140卷,其中核心卷49卷、长期卷91卷。内容包括学校概况、校历及大事记、学校组织机构、人员配备及隶属关系变更等文件、院务会议记录、历年教学计划与总结、高等学校普查表及各种调查表等。

2. 上海财经大学档案全宗(1949—2016年)

包括1949年至1950年国立上海商学院末期、1950年至1958年上海财政经济学院时期、1960年至1972年上海财经学院时期、1978年上海财经学院复校以及1985年更名上海财经大学以来的档案。其中：1978年以前的档案共3 889卷，按照核心、长期一、长期二、后库四类编目排架；1978年以后的档案全部按照实体分类法编目和排架，总共分为党群类、行政类、教学类、科研类、校产类、基建类、设备类、出版类、外事类、财会类、声像类11大类。

3. 人事档案

主要包括全校教职工和各类学生的档案。至2016年底，教职工人事档案2 900余卷，在校学生档案等14 000余卷，其他各类材料50 000余份。

4. 历史档案

2003年起，从上海市档案馆、中国第二历史档案馆等单位复制学校历史档案共240卷，约14 000页，主要包括南京高等师范学校商业专修科、上海商科大学、国立中央大学商学院和国立上海商学院时期的部分档案，其中国立上海商学院时期200卷，约12 000页。这部分档案均为扫描的电子文件。

（三）档案资源的开发和利用

1. 编制多种检索工具，做好档案开放工作

1979年接收原上海财经学院档案时，除总目录外无其他检索工具。此后，档案管理人员陆续编制了分类案卷目录、基建档案专题目录、"211工程建设"专题目录、基础数据汇编、学校发文汇编、干部任免文件汇编、文书档案查阅指南、学籍档案查阅指南等查询工具，并开发了学生档案、学位档案、基建档案、出国人员档案查询数据库等电子检索工具，大大提高了调卷速度及准确率。

2. 开发档案信息资源，服务学校和社会

利用馆藏学籍档案，提供学历学位证明，出具成绩总表，为历届毕业生出国深造、职称评审、档案补建、户口申报等需求提供服务；同时，为社会企事业单位、学历查证机构、国外教育机构等核查学历学位提供证明。至2016年，接待毕业生学历成绩查询23 581人次，接待单位学历学位查核4 754人次。为学校及社会提供资料检索、凭证查核等服务。至2016年，接待工作查考3 860人次，接待档案利用54 406人次，利用案卷75 469卷次，提供翻译10 491次(见表11-3)。指导、培训兼职档案员近2 000人次。2013年至今，共接待学校各部门、学院利用档案数字资源90余次。2009年至今，利用馆藏档案资源为特定校友提供毕业纪念册制作服务。

表11-3　1993—2016年档案利用情况

| 年 份 | 卷 次 | 人 次 | 年 份 | 卷 次 | 人 次 |
| --- | --- | --- | --- | --- | --- |
| 1993 | 555 | 182 | 1997 | 1 680 | 720 |
| 1994 | 519 | 194 | 1998 | 2 078 | 750 |
| 1995 | 715 | 388 | 1999 | 2 935 | 1 091 |
| 1996 | 1 500 | 450 | 2000 | 2 548 | 1 490 |

(续表)

| 年 份 | 卷 次 | 人 次 | 年 份 | 卷 次 | 人 次 |
|---|---|---|---|---|---|
| 2001 | 2 743 | 1 637 | 2009 | 3 997 | 2 557 |
| 2002 | 4 270 | 1 289 | 2010 | 2 907 | 3 840 |
| 2003 | 2 543 | 1 047 | 2011 | 4 209 | 3 073 |
| 2004 | 3 000 | 1 360 | 2012 | 5 463 | 2 799 |
| 2005 | 3 801 | 1 737 | 2013 | 2 659 | 3 699 |
| 2006 | 11 723 | 2 152 | 2014 | 2 370 | 5 815 |
| 2007 | 4 575 | 2 012 | 2015 | 2 795 | 8 081 |
| 2008 | 3 300 | 2 024 | 2016 | 2 584 | 6 019 |

利用馆藏图片档案等，参与国际档案日活动，以展览及讲座形式，让校内外公众了解档案。

至2016年底，人事档案室接收干部人事档案归档材料50 000余份，接收学生档案44 204份，共转递教职工档案269卷、学生档案41 114卷，提供利用咨询等28 094人次。人事档案室2004年12月荣获中央组织部颁发的"干部人事档案工作目标一级单位"称号。

档案馆管理部2004年以来连续获校"文明窗口"称号，2014年以来连续两次获"文明示范窗口"称号。收集部获2008—2009年度杨浦区"巾帼文明岗"、2009年"上海市教育系统巾帼文明岗"等荣誉称号。

（四）学术交流活动

综合档案室成立后，多次参加由财政部、上海市档案局及市高校东片档案工作协作组等组织的档案学术研讨会。1993年11月，财政部办公厅、教育司在上海财经大学联合召开部属院校档案工作座谈会。2001年起，学校档案馆(室)先后当选为部属高校档案协会理事单位、上海市档案学会高校专业委员会常务理事单位。2000年以来，档案工作人员撰写专业论文15余篇，其中在刊物上正式发表7篇，获上海市和部属高校档案协会各级奖项12项。

（五）档案信息化建设

档案应用系统建设方面：2001年，综合档案室引进上海市教委开发的上海高校计算机辅助档案管理系统，开始案卷目录系统录入工作。2003年，人事档案室引进市委组织部的人事档案管理系统，干部人事档案基本信息实现系统化管理。建立了学生档案寄出查询系统和考研到档情况查询系统，2006年又建立了学生滞留档案情况查询系统。2006年至今，档案馆启用和推广了"南大之星"档案管理系统，实现档案管理网络化。2009年，档案管理系统与学校办公自动化系统(OA系统)成功对接。2009—2010年，基于档案数字化项目的开展，先后开发了校报档案和教学档案专题查询界面。2011年，"档案查档登记统计系统"投入试运行。2014年，"学生人事档案管理系统"投入使用。2015年，"声像档案管理系统"建成上线，照片档案管理模块面向全校专兼职档案员投入使用。

档案信息资源建设方面：(1)馆藏档案全文数字化工作。2009年至今，先后开展了校报类、学籍类、基建类和照片类档案数字化工作，共数字化档案4 949卷，395 122页。其中，校报类档案35

卷、23 006 页;学籍类档案(包括全日制本专科学生、自考学生和高职高专学生成绩档案、全日制本专科和夜大函授学生学籍卡档案、高考录取名册)4 592 卷、360 429 页;基建类(基建竣工图)档案322 卷、6 169 页;照片类档案 5 518 张。(2) 老档案目录数字化工作。2007 年至今,档案馆不断推进存量老档案目录数字化工作,共完成老档案目录数字化 68 780 条,其中案卷目录 16 220 条,卷内文件目录 52 560 条。与此同时,档案馆也注重数字化质量的提高,加大了对已完成目录的统计汇总、与实体档案目录核对以及信息校对修改工作,以保证数字化目录的完整性、准确性。(3) 专题数据库建设工作。先后建成并逐年完善了全日制本专科毕业生、研究生毕业生、高职高专毕业生、自考毕业生、夜大函授毕业生数据库等。

2006 年开始,档案馆开设主页网站。2015 年,"上海财经大学"微信企业号"档案服务"微信频道开通,"上财人事档案室"微信公众号开通。

## 第三节　就业指导中心

### 一、沿革

20 世纪 20 年代,上海商科大学时期设有介绍部,作为毕业生就业的推荐和介绍机构。自 1951 年起,学校成立协助毕业生分配工作委员会,保证毕业生统筹分配工作的顺利完成。60 年代,学校亦设有毕业生分配委员会。1986 年 10 月,学校成立学生处时,下设毕业生分配办公室。1995 年 9 月,毕业生分配办公室更名为就业指导办公室。2001 年 12 月,学校在就业指导办公室基础上成立独立设置的就业指导中心。就业指导中心工作职责包括:制定学校毕业生就业工作意见和具体实施办法,安排毕业生就业工作日程,规范毕业生就业行为;及时向教育部和上海市教委报送毕业生资源情况和就业方案;开展生涯咨询和指导,帮助全体学生充分认识自我、认识社会,教育和引导学生树立正确的择业观念,使学生充分就业;建立和完善生涯服务信息网络,提供信息化服务,向社会发布毕业生求职信息,收集用人单位需求信息并及时发布;组织校园宣传招聘活动,为学校与用人单位的供需见面和毕业生与用人单位之间双向选择创造更好的机会和条件;办理就业协议书的鉴证手续,形成毕业生就业方案;负责毕业生派遣事宜和遗留问题的处理;建立毕业生跟踪调查反馈系统,注意收集社会对毕业生质量、人才素质要求等方面的市场信息,为学校人才培养工作提供参考;等等。2001 年以来,先后任中心主任的有金申荣、谭予絮、褚华。

### 二、就业管理与服务

2003 年起,学校就业工作实行"一把手工程"和"二级管理"。学校成立了毕业生就业工作领导小组,由校长谈敏和副书记刘永章分别担任组长和副组长,各院系的院长、系主任和相关职能部门的正职领导为组员,全面领导学校的就业工作。学校把就业工作纳入《上海财经大学教学单位群体考核实施办法》,作为学生工作一级指标体系,并占有较大权重,从而在体制上和机制上保证就业工作得到充分重视与全面落实,使得校院两级工作体系发挥越来越大的作用。

(一) 就业市场开拓工作

就业指导中心利用社会和政府资源,积极拓展就业渠道,挖掘各类单位的实习生需求和招聘需求,积极拓展毕业生就业市场。校园招聘的单位数量从2004年的1 000多家、2010年的2 000多家增加到2016年的4 000多家,招聘岗位综合供需比例超过1∶10。与此同时,与陆家嘴金融城管委会、上海外服、上海市注册会计师行业协会以及杨浦区人力资源和社会保障局等重点机构达成紧密合作,每年召开对口专场招聘会,金融企业、外资企业和会计行业专场招聘会成为学校校园招聘的品牌。

### (二)毕业生基层就业工作

就业指导中心通过营造氛围、加强引导、提供服务和设立奖励基金等举措推进毕业生基层就业工作。一是通过项目带动基层就业,协同校团委、武装部等相关部门实施"三支一扶""西部志愿者""大学生村官""研究生支教团""大学生预征兵入伍"等计划,以及"上海市大学生社区服务计划"等基层就业项目。二是自2012年起设立"赴西部地区、艰苦边远地区和基层单位就业毕业生奖励金",支持和帮助毕业生到基层就业,每年发放奖励金额20多万元。

### (三)就业工作人才队伍发展及培养

为培养专业人员、稳定工作队伍、提升职业化专业化水平,从2003年起,鼓励和选送人员参加全国职业指导师和上海市职业咨询师培训,截至2016年,全校获得"全国职业指导师"认证的有6人,获得"上海市职业咨询师中级"认证的有30多人。

### (四)信息化建设

借助学校推进信息化工作的契机,结合全国大学生就业信息服务一体化系统和上海市高校就业管理平台,就业指导中心推进了就业网升级改版和就业管理系统的二次开发,实现了企业招聘、学生就业手续、职业生涯教育活动全部网络化管理,同时实现了就业进展的动态监控。2003年9月第一版就业管理系统投入使用,2008年9月学生管理信息系统就业模块投入使用,2016年9月"春华秋韵"就业管理信息系统投入使用。

此外,学生就业指导中心于2010年3月开通了人人网公共主页、2011年5月开通了微博主页以及2014年3月开设了微信公众号。

### (五)职业生涯教育体系

学生就业指导中心建立起具有核心项目、全程辅导、全面参与、以信息化服务平台为支撑的就业职业生涯教育体系。

第一课堂方面,2008年开设"大学生职业发展与实践指导"选修课,2010年下半年本科生教学计划调整后,"大学生职业发展与实践指导"从选修课列入模块课。目前每学期开设5~8个平行班,约300多名学生选修。2013年,该课程参加"全国高校职业发展与就业指导示范课程"评选,经层层选拔,在上海赛区脱颖而出,位列上海赛区第三名。

第二课堂方面,从2009年起,学生就业指导中心着力构建"一体两翼"的生涯教育工作模式,形成以"普及教育、系统提升、重点解决"三级生涯教育层次为"一体",打造涵盖生涯规划与就业指导的"生涯规划月""就业服务月"系统集中的全程化生涯教育"两翼"平台。每年举办讲座、团体辅导、体验式培训、个别咨询、参观访问、社会调查、竞赛等各类培训和活动100多场。

### (六) 实习实践国际化项目

为配合学校"创新型、国际化"人才培养战略实施,提升学生的国际化职业发展竞争力,从2004年3月开始,逐步推出海外实习和实践项目。先后与香港城市大学联合举办"事业之星"暑期职业发展研习营3次,新加坡暑期实践项目1次。2013年暑期与美国密歇根州立大学职业发展中心合作,16名本科生赴美访问高盛投资、通用汽车和罗宾逊物流等著名公司,开展调研实践;2015年开始,学生就业指导中心、法学院与国际司法学会合作,开展美国法院专项实习项目。

2016年,以"财经特色海外实习育人平台建设"为题,成功申报上海财经大学人才培养国际化专项基金及上海高校毕业生就业工作创新基地,与密歇根州立大学职业发展中心签署部门国际合作备忘录。同时,举办了华尔街金融实习项目,与德国CP(Corporate Planning)公司合作开展德国营销人才储备项目,派遣中心教师赴密歇根州立大学开展为期3个月的访问学习;2017年推出美国商务精英见习项目和美国社会组织与公共管理专项调研项目。

此外,学生就业指导中心在2014—2015年间3次接待MSU(密歇根州立大学)、香港能仁专上学院师生代表团访问上海项目。

### (七) 各项创新和示范基地建设

就业指导中心牵头申报或参与了全国及上海市的多项创新和示范项目或就业工作评比,多项完成项目验收,建设效果得到了专家及同行的认可。主要成果包括:

2009年,获教育部"第一届全国高校就业工作先进单位50强"荣誉称号。

2011年,申报上海市毕业生就业工作创新基地获得立项。

2014年,"创新财经人才生涯工作室"和"CQ训练营"入选上海市职业(生涯)发展教育工作室项目;金融人才数据库建设获上海市教委立项。

2015年,"会计人才跨文化商务能力培养工作室"入选上海市职业(生涯)发展教育工作室项目。

2016年,"财经特色海外实习育人平台"获上海高校毕业生就业工作创新基地立项;"i-career生涯工作室"入选上海市职业(生涯)发展教育工作室项目。

## 三、学生就业状况

### (一) 毕业生就业流向

数据显示,最近十多年,学校毕业生就业形势保持稳定,总体就业率在95%以上,本科生签约率在85%,硕士研究生签约率在94%以上。

本科生方面,境内外升学比例逐年加大,从2004年的16.4%上升到2016年的39.89%;境外升学的趋势尤为明显,呈现逐年上升特征,从2004年的5.4%上升到2016年的24.75%。

研究生方面,主要以到单位就业为主,境内外升学比例约5%,而且数据保持稳定。

### (二) 毕业生就业行业

数据显示,学校本科毕业生单位就业行业比较集中,在商业银行、会计师事务所、咨询、制造业、IT、政府事业机关和房地产七大行业,合计超过70%,其中商业银行和会计师事务所两大行业历年合计均超过45%。商业银行和会计师事务所的就业比例有一定的波动性,商业银行在2013年达到最高值之后出现下降趋势,以资产管理、消费金融和互联网金融等为代表的新金融行业比例逐渐上升。

硕士研究生就业行业与本科有相似之处,但证券行业数量逐年上升。2015年以前就业行业第一位的是商业银行,2016年证券行业成为第一。

（三）毕业生主要就业岗位

学校毕业生就业岗位主要分布在审计、客户经理/销售、财务会计、管理培训生、行业研究/投资分析、市场营销、咨询顾问和银行业等相关岗位。在岗位分布上,本科生和研究生差异较大。本科生排名前三的岗位分别是审计、客户经理/销售（主要是银行、保险等金融行业的销售）和财务会计。硕士研究生排名前三的岗位分别是客户经理/销售（主要是银行、保险等金融行业的销售）、行业研究/投资分析和管理培训生。

从趋势上看,本科生从事审计的起伏较大,2013年开始客户经理/销售类岗位有下降趋势,管理培训生比例逐步上升;硕士研究生去向第一的客户经理/销售类岗位从2012年开始出现下降趋势,行业研究/投资分析、管理培训生和投资银行比例逐步上升。

## 第四节　教育技术中心

### 一、沿革

教育技术中心的前身是学校计算中心、网络中心（筹）和教务处电教科3个部门。

1978年复校后,教务处成立电教科,设电视组、电声组。1987年5月,根据世界银行贷款项目成立电教中心（筹）,设电视室、语言实验室、卫星接受室、录像复制室和办公室。1994年重新成立教务处电教科,在编技术人员共10人。担任部门负责人的先后有胡勇甫、吴龙生、郑新顺、高民治、尹毅等。

1987年7月学校成立计算中心,负责建立计算机房和微机教室,承担计算机基础课程教学和师生课外用机实习。设有系统运行室、教学研究室、小机运行组、动力室、微机组和办公室,在编教师和工程技术人员共33人。担任计算中心副主任的先后有林步黎（常务）、王琦、王前进、陆徐福（主持工作）、赵龙强。

1996年底,学校成立网络中心（筹）,负责校园网的建设、运行和维护。担任负责人的有刘兰娟、刘弘。

1999年9月,为充分发挥教育技术的整体优势和作用,学校根据信息化建设发展的需要,将计算中心、网络中心（筹）和教务处电教科3个部门撤并重组成立教育技术中心。中心负责校园网络基础平台和数字教学资源平台的建设、管理与服务,为构筑数字信息化公共服务体系,为学校建设高水平大学提供强有力的技术支撑与保障。其职责主要包括：承担校园网的规划、建设、运行、管理和维护;承担数据中心（IDC）机房的规划、建设、管理,提供全校各部门服务器托管服务;负责全校数字教学资源的开发与管理,承担"上财教学网"教学支撑平台和教学实验软件平台的规划、建设、管理;承担全校公共计算机房、多媒体教室等数字教学设施设备的建设与管理。伴随教育技术中心部分职能的转移和网络数据中心的建立（如2006年原"视频新闻"与校园网主页职能移交党委宣传部,2007年原"实验教学中心"职能移交教务处,2009年原"语音实验室"移交外语系等),中心下设部门先后重组为五部一室,即校园网络管理部、数据中心管理部、数字教学资源管理部、教学设施管理部、教育技术服务部和办公室。截至2017年3月,中心在编人员共24人,其中正高级职称1人、副高级职称3人、中级职称18人。

2005年教育技术中心与人文学院合作的《大学语文》网络教学课件,获得"教育部国家级优秀教学成果二等奖"和"上海市优秀教学成果一等奖"。2006年1月,教育技术中心获得"上海教育与科研计算机网十年建设先进集体"称号。

2002—2017年,担任教育技术中心主任的是刘弘,1999—2017年先后担任副主任的有刘弘(主持工作)、潘立东、陈岗、潘美娣、沈宏。

## 二、校园网络基础平台建设

### (一)校园网络建设

1996年起,校园网建设列入学校公共服务体系重点建设项目,为学校信息化建设创造良好的网络应用环境。1996—2007年校园网建设大致分为3个阶段:初创阶段是以构建校园网络体系结构与校园主干网,以64 K DDN数据通信专线和用户拨号上网为主的校园网;第二阶段是以校区间千兆主干光缆连接,楼宇间100兆互联带宽,形成覆盖三个校区统一网络平台,并使网络终端进入所有的本科生与研究生宿舍;第三阶段是以校区间主干光缆环形拓扑互联,楼宇间千兆连接,桌面达到100兆,形成以"全面覆盖、全体使用、全网应用"为特点的网络通讯环境。至2007年底,校园网出口信道有2条,即中国电信300兆和中国教科网1 000兆,是上海教科网主干节点院校之一。全校联网计算机达到8 050台,其中学生联网用户达到6 200多台。学校于2002年9月启动"网络移动工程"建设项目,在国定路校区和中山北一路校区的部分教学楼和重要活动场所覆盖WiFi无线网,安装AP点107个,用户数282个。校园有线网络与无线网络互补,提高公共服务体系和教学手段现代化的总体水平。同时,学校引进大容量的光纤网络存储系统,配置12 TB存储容量和3组(32片)惠普刀片服务器,以及目录服务、电子邮件、FTP和安全认证等多种网络应用软件,可为每位教师提供500兆存储空间和200兆电子邮箱,还为全校数字资源应用和数据共享平台提供强有力的技术支撑。

2009年,上海财经大学成为教育部CNGI IPv6升级项目的100所试点院校之一,校园网在高速接入CERNET和CNGI-CERNET2的基础上,整体升级到下一代互联网,实现校园网用户IPv6千兆链路普遍访问和信息资源的IPv6普遍应用。宿舍校园网络中"中国联通"出口带宽由千兆升级为万兆链路,并引入"中国电信"2 000兆链路;办公教学校园网络在保留原有"中国联通"300兆链路的基础上,新增"中国电信"400兆链路。2016年继续扩容教科网出口带宽,从原来的800 Mbps协议带宽增至2 Gbps,增加1.5倍。目前校园网络带宽充裕,出口总带宽达到14.7 G(运营商免费直联带宽12 G),网络基础支撑环境得到明显改善。

随着校区建设项目的扩容和改造,2012年实施校园网四期建设工程,校园网及时配套改造11幢楼宇,全校楼宇联网覆盖率继续保持100%。对校园网络主干进行持续优化,其中国定路校区光缆进行全面改造,光缆由架空敷设改为走地下管道,增设4个1 440芯光缆交接箱,不仅美化了校园环境,而且提升了网络的承载能力和安全性。

2010年加入上海教委"高校无线通"项目,2011—2013年陆续引入电信、移动、联通三大网络运营商无线信号,有效满足各类用户移动终端互联网接入需求;由于学生用户移动终端无线接入的需求日益迫切,中心在2013—2015年陆续进行学校宿舍无线网络覆盖工程,覆盖学生宿舍楼宇35栋,安装无线AP近2000个。通过持续投入和建设,校园WiFi无线网络覆盖质量和范围均大幅提高,基本实现校园无线网全覆盖,截至2017年3月底,校园无线AP数量达到2994个,每日在线活跃用户终端超过13000个。

中心高度重视学生宿舍网络建设,2006年就开始和上海电信合作,引入运营商宽带,为学生提供更多选择;2008年完成了国定路、武川路学生宿舍有线网络改造工程,统一订购网线,网络桥架单独施工,每个宿舍由1个网络端口新增至4个,采用QinQ大二层方式接入核心认证设备,2009—2012年完成其余宿舍有线网络改造工程;2013年暑期,中心与上海联通公司合作,完成宿舍网络联通用户接入的"二次认证"改造,采用校园网与运营商网络对用户进行联合认证、统一管理的首创性技术方案,2014年上海电信也采用该方案重新接入宿舍网络;2016年,中心引进前置BRAS设备对宿舍校园网络进行双架构创新技术体系改造,前置BRAS设备能够根据用户不同的认证信息,自动转发到对应运营商BRAS设备进行认证,减轻运维压力,为更多社会运营商网络资源接入校园网提供技术可能。

至2017年初完成校园网新主干网建设,充分体现SDN、VxLAN等下一代校园网技术特色,实现校区之间40G高带宽互联,拥有更高效的网络管理能力和更大的带宽,满足学校"十三五规划"期间网络通信的需求,成为上海高校第一个落地的基于SDN的校园主干网。

截至2017年3月,校园网铺设光缆总长度为86公里,有线网络信息点达到23000个,其中学生宿舍信息点16000个,教学、科研和管理信息点4200个;无线网信息访问点达到2994个。网络出口平均流量达到1.6G,网络出口峰值流量达到4.2G(宿舍运营商流量峰值2.4G)。据上海教科网数据分析,上海财经大学教育网信息总流量位居上海高校前列。

2002年计算机网络管理部被上海市教育委员会评为"1998—2002年度上海普通高校实验室管理工作先进集体"称号。2013年和2015年被上海高等教育学会校园网络专业委员会两度授予"优秀服务案例奖"。2006年网络管理中心被上海市教科网授予"上海市高校校园网建设与管理示范单位"。2016年获上海高校校园网络学会年度应用案例奖。

(二)网络管理系统建设

随着校园网络的飞速发展,网络管理的要求也日益提高,中心通过多年努力,消化吸收、整合各种网管工具,包括大量免费软件搭建网络管理系统,层次清晰、功能完善,在国内院校中处于先进水平。网管系统第一层次是网络链路的故障管理,采用SNMPc系统搭建,校园网内任何一台网络设备故障在5~10秒钟内即可反映到网管系统平台上;第二层次是设备性能管理,使用SolarWind系统可以判断整体网络的运行性能;第三层次是流量管理,分别使用MRTG监控网络流量和防火墙进行抓包分析;第四层次是各种专业化网管系统,包括AirWave无线网管系统、无线运维管理系统、机房环境监控与视频监控系统等。

2014年中心开始新一代网络监控中心整体建设,由15块46寸屏幕组成5×3米的矩阵超大视频幕墙,能自动调整屏幕输出内容和自由组合数据,基于ITIL(IT Infrastructure Library)的管理理念,充分发挥系统可视与实时监控主机、网络线路和应用等信息资源,能够快速发现问题和"瓶颈",配合网络运维质量管理、技术文档与故障应急预案建设,提供网络故障定位和排除的精准预判。

2016年中心与无线厂商紧密协作,定制开发无线运维管理系统,对校园无线AP点位优化、解决信道干扰进行有针对性的平台支持,对关键 Wifi 环境指标参数和无线信道进行监控,便于网络管理人员实时掌握无线网络运行状态,缩短发现问题的时间。

### (三) 网络安全系统建设

网络安全工作一直是校园网络建设的重要方面。中心着重加强网络基础设施和网络安全制度建设,通过组织专人进行评估和漏洞检测,针对安全隐患编制网络安全应急预案,配置专业网站检测设备对 WEB 站点进行针对性扫描和防护,近年来未发生重大安全事件。

中心在 2015—2016 年对网络安全体系进行了全面梳理和重构,对公共服务器网段、网关进行加固,更新升级防火墙,提升校园网络与信息系统的安全性。包括:引进铱讯 WAF 防火墙,在提供实时应用深度防御的同时,实现 Web 应用加速与防止敏感信息泄露的功能,为 Web 应用提供全方位的防护解决方案,有效解决所面临的各类网站安全问题;应用 ASA 防火墙提供广泛的威胁防御功能,加强网络防御,增强网络安全链的强度;新增堡垒机设备,有效解决托管服务器远程管理问题;新增明观、Tenable 等安全防御及扫描设备。

在运维环境安全方面,2010 年完成机房气体消防系统和 UPS 配电系统改造工程,增配大容量 UPS 和 3 台柴油发电机,实现 IDC 强电系统两路供电;2012 年完成各校区机房气体消防系统联网,并和上海市城市火灾报警中心联动。2012—2014 年完成新 IDC 机房建设,具有美观大方和功能实用的特点,全面提升学校 IT 基础设施服务质量;2016 年,机房气体消防系统和视频监控系统完成与保卫处统一监控平台的对接。

中心加强网络安全制度建设,不断完善数据中心安全体系,对原有网络应急预案进行年度评估和更新,在服务器托管、防火墙配置、远程访问等关键环节严格流程和制度,强化托管前和日常网络扫描,落实专人负责,发现 SQL 注入漏洞、Struts2 安全漏洞、XSS 跨站漏洞、手机/短信相关服务账号泄露、远程恶意控制、服务器存在 BT 下载等 20 余次高风险安全漏洞,并及时通告相关应用部门整改;根据教育部相关要求,完成重点系统等保测评工作,截至 2017 年 3 月底,已完成教学平台、教师 E-mail 等 5 个二级系统等保测评工作。

### (四) 数据中心(IDC)建设

随着校园网及信息技术发展的需要,数据中心机房(IDC)逐步发展壮大。1997 年最早的校园网核心机房面积仅有 15 平方米,2001 年面积增至 60 平方米,机柜数量逐步增加到 16 个,2003 年设立托管服务器机房,面积为 24 平方米,机柜数量为 8 个,2005 年面积扩大至 180 平方米,机柜数量达到 32 个。

随着学校各类服务器存放数量的迅速上升,设在教育技术中心大楼三楼的原有数据中心,无论是楼层设计承载力和消防安全指标等因素,都已远远不能适应学校教育信息化发展规划的需要。2012 年根据国家《电子信息系统机房设计规范》的 A 级标准,由上海财经大学和戴尔(中国)有限公司合作,共同打造融科学性、合理性和实用性于一体的"绿色数据中心",建成业内设计先进、功能合理、适应未来中长期发展的现代化中心机房。新数据中心机房面积超过 200 平方米,机柜数量 55 个,于 2014 年 8 月投入运营。

随着新 IDC 机房的使用,需要在管理与服务方面继续提升,在管理方面,除做好数据中心服务器日常托管、维护管理工作外(截至 2017 年 3 月底,各类服务器 458 台,各类存储 7 套),中心在 2014 年引进 DCIM 基础设施管理系统作为 IDC 机房软件管理平台,通过 PowerIQ 和 DcTrack 两套软件,将信息技术和设备管理结合起来对数据中心关键设备和链路(光缆、UTP 和强电)进行统一监控、容量规划等集中管理,结合资产管理、工作流程管理、智能 PDU 对设备实现精细化管理。

在服务方面,IDC 具备较强的计算服务和存储服务。随着越来越多的师生对教学实验软件的计算性能有了更高的要求,中心在 2014 年完成 18 个计算节点的高性能计算(HPC)方案,该服务在校园网络环境下提供,满足任意时间、任意地点的大规模使用要求,能够为教师进行科研提供高性能计算平台,提高教师在科学计算方面的效率,能够为更多学生提供实践实训的平台,提高学生的动手实践能力,对学校教学、科研起到支撑作用。IDC 中心采用 DELL SC8000 作为主存储,裸机存储容量达到 210 T,可在线扩容至 1 024 T,网络存储采用 SAN 和 iSCSI 模式,实现数据集中存储和备份,以适应未来数据快速增长的需要。

(五) 网络应用建设

在进一步夯实校园网建设、运维管理的基础上,中心将工作重心转向各类网络应用系统建设上,推进公共服务平台建设,并根据当前信息技术与应用的发展状况,重点建设移动互联网应用系统。

2012 年开发 APP "iSufe"移动应用,支持 iPhone 和 Android 终端,已推出的服务包括黄页通讯录、新闻、招聘信息、校园地图、无线宽带、服务指南、空闲教室查询、我的图书馆等实用功能。

2014 年完成基于分级管理的网络认证平台"NetID"系统建设,用户在校园网上的网络身份标识(含账号、密码、组织架构、身份属性等信息)统一认证和授权管理,还可提供相关部门在开发各自的网络应用系统时直接调用,并独立管理各自系统的用户信息。

2015 年 5 月上海财经大学"微信企业号"正式上线,截至 2017 年 3 月,关注人数已达 22 000 人,平均日访问次数已达 6 000~9 000 人次,服务模块近 30 个,用户通过微信绑定自己的 NetID 账号,即可提供各类移动应用。与此同时,还开通微信支付功能(免手续费),为用户提供新的互联网支付手段。2015 年新开发的自助服务系统 2.0 正式上线,对整个业务流程进行重大调整,用户不仅能在网上自助选择相应的网络服务,而且对支付、领卡等环节进行优化,特别是支持手机移动设备全流程操作,可通过微信或支付宝进行付费,将账号和密码发送到用户的微信端,实现完全的线上操作。

2016 年,中心与保卫处合作完成移动端车辆报备及一键报警平台建设;升级开发移动支付分发平台,并与学校财务账务系统对接。

## 三、数字教学资源共享平台建设

(一) 数字教学资源建设

2000 年中心设置多媒体课件部时正处于视频模拟制式,承担着全校视频教学资源开发、管理和新闻传播三大任务,曾留下大量名师的教学视频和课件。2006 年组建数字教学资源管理部后,学校引进国际知名的 Blackboard 教学互动平台,拥有 12 000 个用户。教师可依托以课程为中心的平台创建内容丰富、形式多样的个性化教学资源,增强师生实时和非实时的教学互动,并对学生学习过程进行跟踪和全方位评价。平台提供丰富的国内外优秀课程、课件资源,还具有教学质量的监控和教学统计功能,直接提升学校教学信息化水平。

2009 年中心在 Blackboard 教学平台框架基础上,经二次自主开发和整合各类教学资源,搭建一个集网络互动教学、共享教学资源、在线视频课堂和教学社区门户诸功能为一体的校级网络公共教学平台——"上财教学网",为师生提供现代模式的教学信息化环境与技术支持。2011年Blackboard教学系统从7.0版升级到9.1版,操作系统从32位升级到64位,使用校园网络认证平台,并同步完成《Blackboard教学系统教师操作手册2.0版》的改编。据2016年底统计,用户总数为20 773个,活跃用户数11 810个,基本满足全日制本科生、研究生、教师和部分继续教育学院学生远程教学的需要。网上运行课程共有6 871门,其中活跃课程2 900门,最活跃日期的页面访问量达625 107人次。2016年引进"数字资源云服务平台"打造校级大数据、大存储服务平台,支撑Blackboard教学平台开展MOOC在线教学,支持各院系师生共同参与教学资源的建设、开发与利用,满足全校数字资源交换与共享需要,使网络环境下精品课程、在线课堂、远程课堂、视频课程和学术讲座等数字教学资源数量稳步增长。

据2016年底统计,中心协助院系完成73门精品课程网站的设计和制作;完成数字课程资源拍摄与制作110讲,其中教育部精品视频公开课21讲、上海高校资源共享课81讲、来华留学生国际文化课2讲;完成上海市6门微课(上海市精品课程)。完成《上财大讲堂》系统部署、平台发布、页面设计,以及对手机APP功能测试、充实、整理,每学期至少50个学术讲座的视频在该平台上发布,目前已上传学术报告视频资源396讲。2016年完成行政楼两个报告厅和创业中心三个网络高清视频直播系统建设,转播10次教育部全国高校网络视频会议。

中心受学院委托协助整体开发的"市场营销学"课程被评为国家级精品课程;整合教学资源实现立体教学模式的"《货币银行学》教学网",荣获第六届国家级教学成果二等奖;撰写《会计学专业国际化人才培养的实践与创新》专题片剧本、拍摄与制作,该项目荣获第七届国家级优秀教学成果二等奖。2010年数字教学资源管理部获得教育部教育管理信息中心授予的ITAT教育工程十周年突出贡献奖;2013年获得全国高等学校教育技术协会"信息技术与教学融合"优秀政策奖、案例征集优秀组织奖等。

### (二) 教学实验软件平台建设

为了满足教学、科研和个体化应用及集群高性能计算应用环境需求,中心在2013年开始教学实验软件共享平台建设,首期提供基于微软Hyper V系统框架的应用环境,提供基于网络的SAS统计分析系统及个体数据存储。2014年建成含18个计算节点的高性能计算(超算)环境,全面提供C等一般编程语言、MATLAB、STATA计量分析软件等服务。2015年引进在经济建模领域的最顶尖MATLAB软件产品和服务,成为中国大陆首批为数不多的采用校级许可证的大学。截至2017年3月,除提供高性能运算环境外,还提供Eviews、GAMS、ArcGIS、Scientific Workplace等软件的网络下载和授权,联合厂商举办10余次用户培训和推广活动,所有应用工具面向全校师生24小时开放,以达到基础性公共教学实验软件系统基于校园网的普遍提供与使用。

### (三) 教学环境与设施平台建设

1985年原计算中心使用"世界银行贷款第一个大学发展项目"资金18万美元,从日本引进一套MV/4000小型机系统。1987年使用"世界银行贷款第二个大学发展项目"资金104万美元,从美国IBM公司引进一套IBM/4381/MII中型机系统。还使用世界银行教育贷款项目的直接采购资金,引进LF/1650超级微机系统等多批微机设备,以供计算机基础课程教学和课外师生用机实习使用。到1999年8月,已建有微机教室5个,共有250多台P2和P3计算机。计算中心还承担全校本科生"计算机应用基础"课程的教学工作等。

1978年教务处电教科成立时的主要工作为常规电化教学服务。1979年起,利用世界银行2次教育贷款项目和财政部拨款购置电教设备,包括电视摄录系统及导控室、6个教室的闭路电视系统、9座同声翻译室、143座位简易多功能阶梯教室和48座语言实验室2套,以及电视卫星接收系统等。到1999年8月,建有多媒体教室9间、CAI教室2间、语音实验室4间以及调频广播系统1套等。至1998年共制作和出版的电视教材《1870年以来的西方经济学说》《基础会计》《会计模拟实验》《娄尔行——中国会计学泰斗》等10余部。

1999年教育技术中心成立后,公共机房与多媒体教室等一系列教学第一线设施不断进行升级换代,管理模式也随之改变。中心在2009年重组计算机管理部、电化教学管理部,成立教学设施管理部和教育技术服务部,由教学设施管理部统筹管理公共机房与多媒体教室,由教育技术服务部提供全校性网络技术服务与保障。2014—2016年中心分三年陆续对主要教学楼近200间多媒体教室进行全面升级改造,对讲台、电子中控、话筒进行更换,增配网络电话和高清摄像头。2016年完成新一代"机房和多媒体教室集中控制中心"整体建设,由12块55寸屏幕组成4×3米的矩阵超大视频幕墙,包括教室网络视频监控系统和网络电话系统,实现后台操作人员"可视化",加快教学第一线异常事件的反应速度,有效提升教学服务质量。平台还与学校的教务、一卡通系统数据对接,提高管理效率和自动化程度。配合教学楼的整体改造,目前协调管理全校多媒体教室249间,其中"教室集中控制系统"远程管理188间。2008年以来,先后改建公共计算机房10间,更新计算机758台,目前管理公共计算机房8间,计算机总数380台。

## 第五节 实 验 中 心

### 一、沿革

上海财经大学专业实验室建设发端于2000年5月金融科学实验室的设立;从2004年开始,学校集中建设实验室并施行"学校—学院"二级管理体制;2006年成立财经科学实验中心,2007年更名为经济与管理实验教学中心,2007年批准为上海市市级实验教学示范中心建设单位,2008年批准为"十一五"国家级实验教学示范中心建设单位,2012年批准为"十二五"国家级实验教学示范中心建设单位,2014年上海财经大学金融科学虚拟仿真实验中心获批为国家级虚拟仿真实验中心;2015年4月3日,实验中心成立,全面负责实验室建设与管理工作。是年11月30日,举行实验中心揭牌仪式。

实验中心与上海财经大学鲜明财经特色的高水平研究型大学发展目标相适应,以知识创新、技术开发、产学研结合为建设理念,坚持"教学支撑、科研助推、平台共享、资源集成"的定位。实验中心的建设目标是国内一流、国际领先的财经人才实践教学培养基地和科学研究基地。

截至2017年3月,上海财经大学拥有国家级实验教学示范中心1个(经济与管理实验教学示范中心)、国家级虚拟仿真实验中心1个(金融科学虚拟仿真实验中心)、教育部重点实验室1个(数理经济学教育部重点实验室)、上海市重点实验室1个(上海市金融信息技术研究重点实验室)。

截至2017年3月,上海财经大学共建有25个专业实验室,其中教学为主的实验室8个、科研为主的实验室5个,教学科研型实验室12个。

2015年12月,中国高等教育学会高等财经教育分会下发函件,同意由上海财经大学牵头组建

"经管实验发展研究协作中心"。上海财经大学为经管实验发展研究协作中心主任委员单位,实验中心为负责部门。2016年6月2—4日,经管实验发展研究协作中心成立大会在上海财经大学召开。

2017年2月,"上海财经大学新建主校区科研实验中心"大楼结构封顶。与上海财经大学"双一流"建设目标相衔接,主校区科研实验中心大楼是全校共享的实验教学和科研基地。

### 二、教育教学与人才培养

实验中心以指导和管理实验场地、硬件设备、数据库和实验软件考核等工作为着力点,为支持高水平的实验课程开发、实验平台建设、科研项目支持以及产学研的一体化提供保障。

2015年7月,上海财经大学实验中心与上海证券交易所签署合作备忘录,合作培育金融衍生品后备人才。

### 三、制度与设施

依据实验室建设项目管理制度,实验中心负责组织实施实验室建设项目立项、评审与建设管理工作。

主校区科研实验中心大楼的主要功能是建立各学科实验室、实习实训基地、科研共享空间,容纳相关学科的实验教学和实验科研活动,并为校内各部门提供集成化公共服务和设备运维保障。主校区科研实验中心大楼以"合理布局、学科融合、资源开放、空间共享"为原则,在具体安排上遵从教学优先、同类整合、考虑发展、留有余地。

### 四、队伍建设

从2007年开始,时任教务处处长的何玉长负责申报国家级实验教学示范中心。上海财经大学经济与管理实验教学示范中心于2008年获批国家级实验教学示范中心,何玉长任第一任主任。

从2006年开始,韩景倜主持建设"ERP实验教学中心"并参与申报国家级实验教学示范中心。2008年,韩景倜任上海财经大学经济与管理实验教学示范中心副主任。2015年2月,韩景倜被任命为实验中心第一任主任,同时兼任上海财经大学经济与管理实验教学示范中心主任。

截至2017年3月,实验中心设主任1人,副主任1人;下设综合计划部、平台运维部和教学科研实验部。实验中心现有教师共6人,其中综合计划部2人、平台运维部1人、教学科研实验部3人。各学院专职实验人员共4人,兼职实验室主任共11人。

## 第六节　医疗健康服务中心

学校医疗健康服务中心的前身是保健科。1978年学校在中山北一路校区复校时,保健科医务人员5人,负责人刘坡科长。1980年后保健科迁址到一座二层小楼,设有门诊、药房、化验、X光等部门,医务人员增至10人,负责人胡敬芳医师。

1987年校本部迁至国定路校区,保健科随迁新校区,同时设中山北一路校区分部。本部办公地点在第二宿舍底层,医务人员达20人,有内、外、中医、针灸、妇科、计划生育、防保、护理、化验、X光透视、口腔、简易传染病门诊、药房等科室,顾培源医师担任保健科科长。保健科担负起6 000余名师生的医疗保健任务。

1997年学校进入国家"211工程"重点建设行列,保健科也进入新一轮发展。诊所迁入8号宿舍底层,医疗用房达20间;加强了基本医疗设施,添置了B超机、心电图机、理疗按摩针灸机,更新了检验仪器,扩大了化验范围,提高了广大师生员工的就医条件。

1985年保健科只有一名主治医师。20世纪90年代开始吸纳毕业于高等医学院本科的青年医师,逐步使具有大专以上学历的医师达90%左右。保健科职称结构也发生了根本变化,90年代末已有2名副高职称、16名中级职称医师,中高级职称人员占比达70%以上。

从1985年起,保健科每隔两年对40岁以上教工进行一次全面体检,掌握中老年教工的基本健康状况,加强对中老年教工慢性病的防治。2000年起改为全校教职工每两年进行一次体检。应广大教职工要求,2002年起教职工体检周期改为每年一次,参检率达90%以上。并对检查结果进行统计分析,做好检后咨询讲座、建立体质健康防治监测系统等后期工作。此外,每年承担数千名各类学生的入学体检及毕业体检,以及2 000多名学生的预防接种。为加强学校女性教工的健康保护,自20世纪80年代末起,保健科在搞好计划生育工作的同时,每年组织女教职工乳腺普查,定期邀请专家来校门诊,指导乳腺癌的防治工作。

1988年起,保健科承担起全校师生员工献血的组织工作。2003年开始,学校全部实行自愿无偿献血,每年超额完成无偿献血计划,连续多年被评为高校献血先进集体,得到了市血液中心的好评。

1988年成立校红十字会,根据"人道、博爱、奉献"的红十字精神开展多项红十字会活动,如卫生保健宣传、献血宣传、为学校患重病同学捐款、"中华骨髓库"大型宣传、学生急救培训及AIDS病同伴教育等。

20世纪90年代,保健科开发了一套适合于高校保健管理的系统软件,得到了有关领导及兄弟院校的好评,市高教局体卫处在学校召开了现场会。开展健康校园建设后,保健科设计了学校公共卫生管理软件,建立了教职工电子健康检查档案系统,为健康管理信息化奠定了基础。

20世纪90年代初,保健科开设大学生健康教育讲座,作为必修课纳入教学计划,学生健康基本知识普及率达到100%。2004年由戈甲主编、科内6位医务人员合作,编写了18万字的《健康教育实用手册》,同时制作了相应的医学教学多媒体课件,由出版社正式出版,作为全校健康教育课教材,得到了广大师生及兄弟院校的好评。

2000年,经上海市卫生局资质评审,将保健科提升为门诊部,由戈甲医师担任门诊部主任,成为医保局认可的全市定点医疗机构,极大地方便了广大教职工及学生的医疗就诊。

门诊部应用综合干预方法来防治学生心理障碍,在健康教育课中加强心理卫生教育。学生心理卫生咨询室迁到门诊部后,将教育心理学与医学心理学相结合,提高了学生心理咨询的质量。同时,请上海市精神卫生中心的专家前来指导,并对疑难病例进行会诊。门诊部建立了慢性病报告、登记制度,建立个人慢性病档案、肿瘤病例登记,以掌握全校教工慢性病发病率及患病率。

2003年,国内部分地区相继发生"非典"及禽流感疫情。为有效预防、及时控制和妥善处理突发公共卫生事件,减轻对学校的影响,维护学校稳定,门诊部制定了"非典及禽流感防治预案",在全校范围内开展预防传染病的宣传,发送宣传资料,并在校园网上开设宣传专栏。

2005年门诊部迁至武川路111号新校区,建筑面积800余平方米,基础设施和工作条件得到较大改善，给病人创造了良好的就诊环境。

门诊部加强内部管理，制定了门诊管理规章制度，成立了医疗质量管理小组，组织人员定期检查处方质量，使护理管理逐步规范化，疾病的诊断符合率、治愈率不断提高，转诊率显著降低。门诊部参与学校"建设健康校园工作领导小组和技术指导小组"，利用各种渠道加强宣传，营造"健康校园"良好氛围。门诊部荣获2005年无偿献血优秀组织奖，被评为2006年上海市教委学校卫生工作先进集体。

2007—2008年，开发了适合于高校保健的管理系统软件及健康管理中心网页，建立了教职工电子健康检查档案模块。将大学生健康教育课程纳入必修课，编写《健康教育手册》作为健康教育课的教材；编写《大学生健康教育宣传资料》，做到新生人手一册。开展健康院系行活动，设立健康咨询热线电话，建立亚健康预警及行动干预机制。荣获2007—2008年杨浦区健康教育工作优秀奖、2006—2008年第二轮建设健康城市健康单位示范称号。

2009—2010年，对大学生健康教育教材进行了全新改版编写，何敏主编。开发"大学生健康教育网上考试信息系统"，并实现与学校教学管理系统的全面对接。自2009年起，对教职工中高血压、高血糖、高血脂、体重超重等高发病人群开展"知己健康管理"活动。2009年荣获杨浦区健康教育工作优秀奖；2010年，荣获健康教育与健康促进规划纲要终末评估工作先进示范单位以及上海市健康促进志愿者12320分队优秀组织奖。

2011年起，同社会医院合作开展专家进校园活动，建立医疗资源整合模式，形成病人"双向转诊"运行机制，对门诊部分就诊项目给予技术支持。学校荣获2011年度上海市全民健康生活方式行动优秀单位奖、"爱国卫生合格单位"称号。"大学生健康教育"课程取消笔试测试方式，上网机考系统上线，大学生统一上网考试。

2012年，完成《大学生健康教育》（第二版）编写工作，何敏主编。在杨浦区关于国家慢病防控示范区的申报活动中，学校被推荐为特色单位参加现场考评。中国疾控中心慢病社区处处长施小明带领卫生部考评专家组一行来学校考核评估。学校将大学生健康教育纳入必修课、在教职工重点人群中持续开展健康管理及管理信息化等特色工作获得卫生部专家组的好评，授予学校为杨浦区慢病综合防控示范单位的典范。2012年底，中国疾病预防控制中心特邀学校参加"2012年中国慢性病防控论坛"，同时学校荣获上海市首届"WHO健康城市合作中心健康促进单位优秀示范点"荣誉称号。

2013年，为解决师生对医疗健康服务需求不断提高的状况，校常委会讨论决定：门诊部更名为医疗健康服务中心，并建造新医疗办公楼；引进专业技术人员，购买医疗设备仪器，重建有关科室；将医疗健康服务中心设为独立的教辅部门，副处级建制。同年，《大学生健康教育》必修课程被评为上海市高校市级"体育和健康教育"精品课程。上海市健康促进委员会办公室（Shanghai Health Promotion Committee Office）和世界卫生组织健康城市化合作中心（WHO Collaborating Center for Healthy Urbanization）授予学校"Healthy Workplace"荣誉称号。

2014年9月，医疗健康中心新办公楼启用。新办公楼位于国定路校区，建筑面积1 800平方米。新办公楼的建成使用，使医疗服务的项目逐步增加，师生就医和公共卫生服务硬件环境明显改善：改建了口腔门诊、心电图室、B超室，新添了输液设备，与专业临床检验公司合作，增添了9个大项、36个小项的检验项目。新购置了常规十二导联心电图仪1台、24小时动态心电图监测仪1台、24小时动态血压监测仪1台、口腔牙片机、理疗仪器等设备。

在日常门诊诊疗方面增设专家门诊，即以长期固定综合门诊和不定期专科门诊相结合的方式，聘请上海市各大医院的主任医师来校坐诊,涉及科室有内、外、妇、儿、耳鼻喉、皮肤、中医、精神心理等。根据患病人群的特点,增加相关专科医生进校的服务次数,如心内科、中医内科、皮肤科、针灸理疗,弥补专科不足的局面。离退休教职工来校活动时,专门派医生提供医疗保健服务。

2014年,完成《大学生健康教育》(第三版)编写工作,何敏主编。配合大学生健康教育必修课程的理论学习,与上海市红十字培训中心联合,定期举办"师生现场初级急救培训"。

2015年,新添彩色多普勒超声诊断仪1台。健康管理平台Ⅱ期完成验收,上线使用。常态化开展师生初级急救培训,提高师生应对突发现场的自救与互救能力。同年,组织在校大学生自愿参加无偿献血,获得上海市教育委员会、上海市卫生与计划生育委员会颁发的"上海市高校无偿献血组织奖(2013—2015年度)",同时获得上海市卫生与计划生育委员会、上海市红十字会颁发的"无偿献血促进奖(2014—2015年度)"。

2016年,与华山医院二度合作,调研大学生入校后身心状况,以2014级全体本科生入校前、入校后为样本,监测身高、体重、BMI、内科、外科、视力、血液生化检查、SDS、SAS等,经统计分析发现学校大学生入校后健康状况总体好于入校前。

## 第七节　商　学　博　物　馆

为迎接2017年百年校庆,学校于2013年启动建设一座旨在传播展示商学百年发展的博物馆,以填补高校通识教育、博物馆教育领域的空白。2014年,原中共中央政治局常委、国务院副总理李岚清为筹建中的博物馆题写馆名"商学博物馆",博物馆由此定名。商学博物馆定于2017年9月17日正式开馆。

学校成立博物馆筹建领导小组,校党委书记丛树海、校长樊丽明任组长,并成立筹建工作组,校庆办主任刘志远任组长。下设六个小组:商学教育研究组,负责人应望江;商学名人研究组,负责人戴国强;商学著作研究组,负责人易驰;商学实物征集组,负责人喻世红;商学体验研究组,负责人戴国强、孙冰;职业道德研究组,负责人章益国。2014年11月,学校决定将博物馆与档案馆、校史馆三馆合一进行建设和管理。

商学博物馆位于上海财经大学国定路校区育衡楼内,总建筑面积4 482平方米。商学博物馆采用"1+4+1"模式设置展馆,以商学馆为主展馆,辅以保险馆、税票馆、货币馆、算具馆4个主题展馆与临时展馆。同时,商学博物馆三层还设置逾300平方米公共学术区域,包含150人汇报厅、20人会议室及小型会客厅,可开展各类国内、国际学术交流,成为全国高等商学教育研究基地。商学博物馆立志打造成为学科教育场所、校园文化中心,并设立目标成为面向大众的商学和财经知识科普基地。

至2017年3月,共收到国家税务总局等有关单位捐赠的藏品15批次、校内外收藏家捐赠的藏品13批次、学校师生员工捐赠的藏品21批次。各类藏品有:商学馆,与高等商学教育相关的学校章程、书籍期刊、高校校徽、学校宣传册页、学生毕业证书等各类藏品共700余件(组);保险馆,涉及清代至今与保险相关的公司保单、公司章程、保险宣传品、月份牌、书籍、期刊、照片等各类藏品8 800余件(组);税票馆,藏品近8万枚;钱币馆,古代钱币297枚,主权国家所使用的货币(包括纸币与辅币)145种;算具馆,藏品总计500余件。

# 第二章 出版发行

## 第一节 校报校刊出版

校报校刊是学校编辑出版的报纸和刊物,它详细记录学校的发展轨迹,是反映学校各时期状况的珍贵史料。

### 一、1921—1950 年的校刊出版

民国十二年(1923年)4月出版的《国立东南大学一览》中包括《商科一览》,内容有商科概况、商科学程详表和商科大学教授、职员、学生一览。民国十三年(1924年)单独出版《国立东南大学分设上海商科大学一览》,内容包括:校景图片,东大校董、商大委员题名,校历,缘起,教职员、学生一览,普通规程、升级及毕业、特别生规程、夜校规程,学程详表、各系必修学程表等。

民国十六年(1927年)学校更名为第四中山大学商学院后,即开始出版院刊,刊名随学校名称的变更(从第四中山大学商学院、江苏大学商学院到国立中央大学商学院)而变化,至民国二十年(1931年)12月共出版86期。该刊为旬刊,内容"传达本院重要新闻,间载研究文字"。民国十七年(1928年)11月出版《国立中央大学商学院一览》,内容包括学院概况、院章、学程提纲、教职员表、学生名录、历届毕业生名录等。民国十九年(1930年)6月出版《国立中央大学一览》第八种《商学院概况》,内容包括绪言、摄影图片、沿革、组织、课程、设备、经费及学校规章、学生人数、毕业生统计等。民国二十一年(1932年)春季出版《国立中央大学商学院概况》,内容包括绪言、教职员表、各科学程详表和各科学程提纲。国立中央大学商学院还出版有《商学院学报》和《商学院学生会丛刊》,刊载教职员和学生研究学术的文字,《丛刊》每学期一期。

民国二十一年(1932年)至1950年,国立上海商学院出版的校刊十分丰富,18年内总计有20种左右,主要可分为院务、学术和纪念3类。

(一)院务类

《国立上海商学院院刊》为院部主办的旬刊。此刊接续《国立中央大学商学院院刊》,从民国二十一年(1932年)9月21日起以《国立上海商学院院刊》之名恢复出版第87期一直到1933年6月110期止。

《国立上海商学院院务半月刊》为院部主办的半月刊,16开本,每期约3万字,每月1日、16日定期出版。民国二十二年(1933年)10月1日创刊,内容为刊载校闻、学生课外活动消息、研究文章

和文艺作品等,至民国二十五年(1936年)6月15日共出版49期。

《国立上海商学院院务报告》为院部主办的半年刊,16开本。此刊改变《半月刊》的体例,增加篇幅,从民国二十五年(1936年)上学期起,每学期编印一册,汇集学院工作报告、统计图表、重要校闻及学院文件,也附刊毕业生论文提要和新生入学试题。此刊仅存民国二十五年(1936年)上学期一期。

《国立上海商学院一览》为院部编印的学院概况介绍,民国二十五年(1936年)6月出版,内容包括院史、设施、组织大纲、学程纲要、学生通则、各种法规、教职员、毕业生、在校生一览等。

《国立上海商学院院务月刊》为院部主办的月刊,16开本。此刊为国立上海商学院复员后出版,创刊于民国三十六年(1947年)1月15日,至民国三十七年(1948年)10月31日共出版14期。

《新上商》有两种,报道校内新闻:一种为国立上海商学院学生自治会新上商社发行,1949年4月22日出版第一期,后停刊。1949年9月25日恢复出版新一期,改为油印;12月1日出版的新六期,改为上商学生会学艺部新上商社编辑。另一种为学院新上商出版委员会出版,自1950年1月1日至3月8日共出版4期,7月间又出版由学院政治学习委员会学生会学艺部出版组编印的《新上商·暑期通讯》2期。

（二）学术类

《商兑》为院部编印的出版物,由戴蔼如主编,民国二十一年(1932年)11月1日创刊,至1933年5月共出版8期。这是面向社会的综合性刊物,其定名为"商兑","盖语义双关,就表面而言,则商也,兑也,举为商学上之名词;而就其含义,则商兑者,商榷也。该刊为国立上海商学院之出版物,又所以为社会之贡献,而愿与国人共同商榷者也"(《商兑发刊词》)。

《国立上海商学院季刊》为院部编印的学术期刊。有前后两种:一种为民国二十二年(1933年)3月创刊,32开本,发刊词称,学院"仿外国大学之成例,发为季刊。一面固足为本院师生学术之言论机关,一面亦为院外学者及工商业家关于商学学术之言论机关"。另一种为民国二十六年(1937年)3月创刊,发刊词称院部"先于二十五年度之始,设立经济研究室,从事于商业研究基本资料之收集,期年以来,规模略具。去年,季刊编辑委员会成立,编行刊物之举,更积极进行,期以今春创始"。

（三）纪念类

《国立上海商学院第三届毕业纪念刊》于民国二十三年(1934年)出版。其内容包括发刊词、校训、校史、级史、名人题词（马寅初、孙科、于右任等10余幅）、帅长赠言、院舍、导师、毕业同学、团体、各种统计、通讯录等。

《国立上海商学院民三六级毕业纪念刊》于民国三十六年(1947年)出版。其内容包括院长序言、校史、级史、校景照片、学校生活照片、师长、毕业同学等。

此类刊物还有《国立上海商学院第二届毕业纪念刊》(1932)、《国立上海商学院新院舍落成纪念刊》(1935)等。

## 二、20世纪50年代的校报校刊出版

1950年学校更名为上海财政经济学院后,于1954年10月正式出版《上海财经学院院刊》。出

版者先后署院刊委员会、院刊编委会、院刊编辑室。院刊为四开版面,铅印出版。刊期大致每月两期,每期4版,也有根据需要增至10版的。版面主要刊载学院重要文件、领导讲话、政治运动消息、校内新闻、学生活动等,并先后设有党的生活、团的生活、职工生活、体育与运动、上财文艺、向日葵、大观园、读者来信等多种副刊和专栏。1958年7月28日,院刊出版第120期,编辑室刊发"告读者":《上海社会科学院再见》,院刊出版告一段落。

1956年9月28日,学院学报《财经研究》创刊号正式出版,编辑者为上海财政经济学院财经研究编辑委员会,出版者为新知识出版社,1958年第2期开始改为上海财政经济出版社。创刊时为季刊,1958年第1期起改为双月刊。创刊号《编者的话》说:"《财经研究》是一个财经科学方面的学术性刊物,也是学院的学报。我们出版这本刊物,是为了响应党和政府号召知识分子向科学进军的要求,适应目前社会主义经济建设高潮中对于财经刊物的迫切需要,并推动学院科学研究工作迈步前进,从而进一步提高学院的教学质量。""我们的方向,在于宣扬马克思列宁主义关于财经科学的理论,贯彻理论联系实际,阐明党和政府的财经政策,并本着'百家争鸣'的精神,鼓励财经学术上的独立思考和自由争论;同时,我们还将着重注意到上海地区的社会主义建设和社会主义改造事业的发展和存在的问题。"《财经研究》至1958年8月总共出版11期,由于学院合并,从1958年第6期(总12期)起由上海社会科学院编辑出版,至1959年总17期停刊。1978年,随着上海财经学院的复校,《财经研究》也于1980年2月复刊。

## 三、1978年之后的校报校刊出版

### (一)校报

1983年5月1日,《上海财经学院院刊》复刊。院刊为月刊,由上海财经学院院刊编辑室编辑,四开四版,铅印出版。1984年9月起刊期改为20天。1985年11月,随着学校的更名,校报改名为《上海财经大学校刊》,由上海财经大学校刊编辑室编辑。1986年起刊期改为半月刊。1987年4月,校刊编辑室改为编辑部。1990年,校报在上海市高校校报第一次评估中获得合格校报称号。1992年3月,上海市新闻出版局向校报颁发上海市内部报刊准印证。1992年12月30日始,校报告别了铅字排版,改为电脑激光照排、胶版印刷,并在刊头"上海财经大学"后加"报"字。1993年4月,校报复刊10周年,财政部副部长刘积斌和中共上海市委常委、宣传部部长金炳华分别为校报题词。1995年2月,校报在上海市高校校报第二次评估中获表扬校报称号。1999年5月,经国家新闻出版署批准、上海市新闻出版局审核,校报由原来的内部资料刊号"沪报字第85号"编入"国内统一刊号CN31-0812/G";10月,校报开通电子校报。2000年1月,校报在上海市高校校报第三次评估中获优秀校报称号。2004年3月15日始,校报版面全部改为彩报。2006年12月30日,校报整合原学生记者队伍,与学校两办、学生处等部门联合发起成立上海财经大学学生通讯社。2006年11月至2007年11月,校报先后出版上海财经大学90周年校庆专刊第一至第五期。2016年11月至2017年3月,校报先后出版上海财经大学100周年校庆专刊第一至第四期。自1983年5月至2017年3月,校报共出版579期。

### (二)年鉴

1997年6月,学校党委办公室、校长办公室首次编辑《上海财经大学年鉴1996》,内容包括学校简介、学校"211工程"建设规划、党政工作要点、院系简介、各部门工作简介、各类人员名单及大事记等。2001年起,开始连续编印学校年鉴,至2016年先后编印《上海财经大学年鉴2000》《上海财经大学年鉴2001》《上海财经大学年鉴2002》《上海财经大学年鉴2003》《上海财经大学年鉴2004》《上海财经大学年鉴2005》《上海财经大学年鉴2006》《上海财经大学年鉴2007—2008》《上海财经大学年鉴2009—2010》《上海财经大学年鉴2012》《上海财经大学年鉴2013》《上海财经大学年鉴2014》《上海财经大学年鉴2015》《上海财经大学年鉴2016》共14种。从2012年开始,学校年鉴按照国际国内通例,当年出版的年鉴反映上一年学校各方面的发展情况。2003年起,档案馆参与编辑工作。年鉴栏目逐年调整,《上海财经大学年鉴2016》的栏目包括特载、重要文件、机构与干部、院系简介、教育教学及学科建设、奖学金助学金、人事与师资、交流与合作、科学研究、体育文化卫生、图书档案出版、资产与基建、师生获奖名录、人物、附录等。

(三) 学术期刊

1978年复校后学校编辑出版的学术类期刊主要有6种:《财经研究》《外国经济与管理》《上海财经大学学报》《财经高教研究》《海派经济学》、*Frontiers of Economics in China*。

各学术刊物情况详见第九篇第三章第三节"出版学术刊物"。

## 第二节　上海财经大学出版社

### 一、沿革

为了更好地为学校教学和科研服务,保证学术著作和教材的及时出版,从1984年至1987年,学校多次向国家财政部、国家新闻出版署、国家教委申报成立上海财经大学出版社。1993年8月1日,国家教委致函国家新闻出版署,同意创办上海财经大学出版社。1995年1月27日,国家新闻出版署批复上海财经大学,同意成立上海财经大学出版社,核准其主管单位为财政部、主办单位为上海财经大学;核准出书范围为:学校设置的主要学科、专业、课程所需要的教材、教学参考书和教学工具书,与学校主要专业方向相一致的学术专著、译著;分配中国标准书号为ISBN 978-7-81049,后追加分配中国标准书号ISBN 978-7-81098和978-7-5642。

1995年3月,财政部批复上海财经大学,同意学校增设出版社为处级机构,明确出版社为全民所有制单位,实行企业化经营。学校划拨55万元固定资产、向财政部贷款50万元,共105万元作为出版社的注册资金,由熊诗平任法定代表人,向上海市工商行政管理局杨浦分局申请企业法人工商登记并获得批准。办公场所设在国定路校区教学行政大楼内,面积200平方米。7月,出版社出版第一本图书《邓小平理论教程》。11月,经学校同意,出版社设编辑部、出版科、发行科、办公室、财务科,原属总务处的印刷厂划归出版社管理。12月,办公场所迁至中山北一路校区印刷厂内,经营面积扩大到1400平方米,同时工商注册地由杨浦区变更为虹口区。截至当年年末,出版新书22种,实现销售收入33万元,利润13万元。

1996年初,经申请,学校同意将国定路校区大门口原属图书馆的上海杨浦区财经书刊经营部划归出版社,位于中山北一路校区南大门原属学校校友会的上海金友书刊社划入出版社(该书刊社于10月后更名为财大书店)。

1997年,出版社在校庆80周年之际推出80种由学校教师编写的图书,当年还设立总额为100万元的出版基金,每年以10万元用于资助重点教材和学术著作的出版。

1998年,出版社重点抓好6套30多种国家及省部级"九五"重点图书的出版;图书对外合作出版工作正式起步,当年完成版权贸易图书2种。

1999年,为迎接新中国成立50周年,出版社完成22种国家新闻出版署等省部级"九五"重点图书和教材的出版任务。

2000年1月起,出版社实行全员岗位聘任制,职工按照劳动法规签订劳动合同;出版社下属机构出版、发行2科改为2部,增加版权贸易编辑室,将印刷厂并入出版部;分配政策上向选题策划者倾斜,编辑队伍初步具备走出去组稿的能力,选题质量有较大提高。出版社对1997年1月制订的管理制度进行全面修订,涉及书稿工作流程、编校质量控制体系、书稿档案归集等,并将图书编校质量与编校人员的绩效考核挂钩。当年,出版社分别从美国、日本等国家引进27种版权,其中教材7种、学术著作10种、普及性读物10种。同年,对印刷厂电脑排版系统进行联网升级改造,还开辟出版社的专业网站,宣传推广图书。出版社注重优化选题结构,加大财经普及类、教辅类读物选题的开发,力争找到新的经济增长点;同时,加强编辑出版队伍的建设,完善基础管理工作。

2001年,出版社重点充实编辑和营销队伍,下属的财大书店在上海国家会计学院和河南路增设门市部。

2002年2月,出版社办公地点迁至武东路321号,办公及经营面积达3 000多平方米。同时,建立内部小型局域网络,购置网络版的编辑、出版管理系统软件。

2003年5月起,出版社人才引进由出版社根据人才的需求情况自行引进、自行管理。出版社重点抓好国家"十五"重点图书及一批发行码洋大的教辅图书的出版,加大组稿力度,推进教材的系列化、配套化、精品化建设,同时积极推进版权贸易工作,加强教材推介,积极开拓图书市场。

2005年12月25日,出版社举办建社10周年庆典活动,召开"大学出版社改革与发展"座谈会,邀请中宣部出版局副局长刘建生作专题报告,举行出版社向学校图书馆赠书、设立"上财出版"大学生社会调查专项基金仪式,并举行招待会。中国作家协会党组书记金炳华,全国政协委员、新闻出版总署原副署长桂晓风,国家统计局党组纪检组组长、国家统计局培训学院院长、中国统计学会副会长章国荣等领导和专家及作者代表共计200人出席会议,金炳华和桂晓风为上海财经大学电子出版社成立揭牌。

2006年上半年开始,随着国家文化体制改革的进一步深化,学校向教育部申请将出版社列入全国第一批文化体制改革试点出版社,按照试点先行、逐步推开的改革思路,出版社从人事、用工、分配"三项制度"改革出发,坚持自身的办社特色和目标,稳步推进企业转制的各项工作。

2007年5月,出版社配合学校研究室,制定了《转制方案》报教育部,由教育部函报新闻出版总署。11月,出版社《转制方案》获批。

2009年,根据财税〔2005〕1号、2号文件精神,出版社作为转企改制试点单位,享受免征2009年至2013年企业所得税的优惠经济政策。主管部门在书号配置上也对转企改制单位实行了政策倾斜。

2009年5月,学校批准出版社以净资产出资,注册资金增加到1 200万元,并按照资产评估结果,经上海市市委宣传部文化体制改革办公室和上海市新闻出版局盖章确认后,进行公司制的工商注册登记申请,委派熊诗平担任出版社法定代表人并兼任董事长。7月,通过了以转制为目标的公司制企业工商注册登记,设立了董事会、监事会。

2009年9月,根据财政部、教育部的有关通知及批复,学校组织对出版社开展全面清产核资工作,清产核资的基准日为2008年2月29日。

2009年11月,学校向教育部报送了《关于申请确认上海财经大学出版社清产核资结果的函》。

2009年12月,出版社被上海市财政局评为2008年度上海市A类财务会计信用单位,成为上海市财务A类和税务A类的"双A类"企业。

2010年3月,根据教育部操作规程的要求,学校以2009年12月31日为基准日,编制了出版社资产评估(含财务审计)报告,报送教育部。6月,学校收到教育部转发财政部同意出版社清产核资结果的确认函。11月,出版社国有资产评估项目备案手续得到教育部财务司的批准,评估结果净资产为49 416 415.36元。

2010年4月,出版社面向国内公开招聘职业经理人。7月,经比选,报董事会批准,聘任黄磊担任出版社总经理。出版社成为按照现代企业制度运作、具备完善的法人治理结构的新型企业,实现了向产权清晰、权责明确的现代企业转型。

2010年8月,出版社的AES创新数字出版平台项目入选新闻出版总署"出版改革发展项目库",并与北大方正电子有限公司签署建设协议,当年末完成了第一阶段建设任务并通过验收。

2010年11月,出版社所属电子出版社的《转制方案》得到新闻出版总署同意批复,同时工商注册申请也得到上海市新闻出版局的复函,出版社据此完成了所属电子出版社工商重新登记,转制为公司制企业。

2011年2月,出版社通过了修订后的《全员聘任制管理暂行办法》,实行以岗定薪、按劳取酬、优劳优酬,把岗位分配与履行岗位职责、完成工作任务的数量与质量、对提高出版社社会效益和经济效益的贡献大小挂钩。同时,按照出版社改制方案的要求,改制后出版社事业编制员工不再参照学校的加薪办法,统一执行出版社员工的薪酬待遇。3月,出版社中标"2012年度《上海中小企业信息速递》刊物的编辑出版服务"项目。11月,出版社AES创新数字出版平台的搭建基本完成,实现了门户网站、资源管理、电子商务、社区服务、在线学习"五位一体"。

2012年5月,学校投资50多万元,购置一套按需印刷系统(POD)交付出版社印刷厂使用。

2013年6月,出版社AES创新数字出版平台项目通过了上海市新闻出版局的结项验收。11月,出版社领导班子开展群众路线教育活动。12月,财政部正式批准出版社国有资产产权登记申请,这也标志着出版社持续6年的转企改制手续基本完成。

2014年4月,出版社制定"三重一大"决策制度实施办法和党政联席会议的议事规则。同年4月,出版社和上海交通大学出版社共同中标《上海市志》(经济部类二,共计40部),出版社担任其中20部志书的编辑出版,总中标金额为500万元。

2014年12月,学校委派马洪任出版社董事长、总经理,黄磊任直属党支部书记、总编辑。

2015年9月,出版社启动建社以来最大规模的去库存项目,2015年实际去库存图书码洋400万元左右。

2015年,时值出版社建社20周年之际,为进一步提升出版社品牌效应和社会知名度,12月,出版社在中国新闻出版广电报上刊登了题为《廿年耕耘,春华秋实》的社庆文章,对建社以来的奋斗历程和今后的发展进行了回顾与展望。

2016年4月,曹建被聘为董事长、总经理。出版社提速内部机制转换进程,从加强发展规划和制度建设出发,编制了《出版社"十三五"发展规划纲要》,集中出台或修订了一批内部管理制度。7月,在上海市新闻出版局组织的2015年上海市图书出版单位社会效益考核评估中,出版社得分93分,在上海市高校出版社中排名第6位;在上海市37家出版社中排名第18位。该项评估从2004

年起,每年开展一次,出版社历年综合评分均在90分以上,综合排名始终保持在上海市高校出版社前4~6位。

2016年7月,为适应互联网络出版需要,出版社启动互联网网络出版权的申请工作。为加快数字化转型升级步伐,建立了天猫旗舰店、微店直营店,同时开展图书"书云"数字资源管理平台建设。2016年还建立了正常的去库存制度,提出每年去库存图书码洋200万~400万元的设想,为出版社今后的发展腾挪出空间。

2017年初,为应对激烈的市场竞争,出版社主动转换机制,整合调整内部组织架构,组建成立新媒体运营中心和教育出版中心,同时在部分部门试点人员聘用改革。2月,出版社南蕴藻路图书成品仓库合同到期退租,在江苏浏河重新租借4500平方米库房作为图书成品仓库。3月,出版社服从学校发展大局,办公场地整体迁入中山北一路369号校区。当月,互联网出版权申请经新闻出版广电总局核准。

从1995年1月至2009年7月(出版社转企改制前),先后担任出版社社长的有谈敏(兼)、熊诗平,担任总编辑的有裘逸娟、丛树海、曹均伟。从2009年7月起至2017年3月(出版社转企改制后),先后担任出版社董事长的有熊诗平、马洪、曹建,先后担任总经理的有黄磊、马洪、曹建,担任总编辑的有黄磊。

## 二、发展概况

建社20余年来,出版社始终坚持党的出版方针,把"坚持精品育人,追求办社特色"作为办社理念,牢固确立创品牌、出精品、以质量取胜的竞争观念,不断提高出版社的核心竞争力,使社会效益和经济效益不断提高,办社规模不断扩大,成长为专业上有特色,社会上有一定影响的大学专业出版社。截至2017年3月,出版社累计出版图书5 000多种(含重版、修订版),其中教材占48%、学术专著占30%、大众财经读物(含商业图书、教辅图书等)占22%;年发行码洋由50多万元增加到7 000多万元(含书店);年销售收入由33万元增加到4 000多万元(含书店、印刷厂);资产规模由344万元增加到1.2亿元(含书店、印刷厂);员工人数由初创时期的20多人增加到70多人。期间,共有425种图书获得各类奖项,其中170种图书获得省部级以上奖励。

出版社历来重视出版国际化和出版"走出去"战略。建社以来,已签约引进版权图书470余种,输出版权80多种,有6套译丛获得上海市优秀引进版图书奖和中国版协引进版社科类优秀图书奖。合作的伙伴有剑桥大学出版社、牛津大学出版社、普林斯顿大学出版社、约翰·威利出版集团、培生教育集团、巴伦教育出版集团、圣智出版集团、麦格劳—希尔出版集团、斯普林格出版集团等国际知名出版商。版权贸易引进的图书品种以国外教科书和商业图书为主,同时引进了一批经典名著和畅销工具书。从2005年起,出版社相继推出证券、会计、保险、商务管理、银行、不动产、营销、国际商务、国际投资、金融与投资、经济学、计量经济学等方面的专业辞典。这些辞典均为国际上著名出版商在各自专业领域的代表性作品,许多辞典在国外多次重版。这些高质量教科书、经典名著和工具书的引进,大大提高了出版社在财经专业出版领域的地位。

建社以来,出版社引进版图书屡获殊荣,其中:《战略资产配置》获得首届中华优秀出版物(图书)奖提名奖;《1929年大崩盘》被中国出版集团评为"改革开放30年最具影响力的300种图书"和"新中国60年最具影响力的600种图书",并获得上海图书奖一等奖;此外,"新世纪高校经济学教材译丛""新世纪高校金融学教材译丛""当代制度分析前沿译丛""企业领袖书架""常青藤·学术经典译丛""世界资本经典译丛""汉译财经辞库"等项目先后获得上海市版权贸易优秀引进版图书。

2007年,出版社为上海财经大学90周年校庆共出版了校志、回忆录、专题研究报告、论文选等10多种,其中《上海财经大学90周年》《上海财经大学志稿》《上海财经大学老同志回忆录》三种出版物时间紧、篇幅大,出版社全力以赴,按时保质保量完成了校庆图书的出版任务。同时,为表达对90周年校庆的祝贺,出版社捐赠100万元。

出版社20余年的发展,主要体现于三个方面:

（一）以财经教育出版为主体,做好教材的开发和建设

出版社建社初期的优势在于财经类资格考试教辅参考书,每年的发行码洋约占总发行码洋的40％左右。随着市场的发展,资源优势越来越少,多家出版社参与竞争,造成折扣低、退货率高、回款不稳,财经类教辅参考书的利润空间也越来越小,对出版社的发展带来了严重的威胁。2000年以后,随着高等教育的大发展,尤其是大学的分层化,使高等教育教材使用取向向名牌大学倾斜,为出版社在教育出版业的重新洗牌中获得了新的发展机遇。出版社认真贯彻落实"大财经、大教育"的发展战略,依托学校学科门类齐全、师资力量雄厚的综合实力和在财经类院校中排名前列的有利条件,积极参与和介入学校的"九五"和"十五"教材重点规划项目、"211工程"重点学科建设项目和精品课程建设计划等,集中精力推出了包括研究生、本科、高职高专、成教等各层次以及核心课、公共课、必修课和选修课等各类别的系列财经教材,不少还配有案例、习题、模拟实验等辅助教材。从品种上看,出版社出版的本科教材已基本覆盖了教育部1998年颁布的本科专业目录,已形成了门类齐全、体系完整、成龙配套的财经类教材、教学用书体系。出版社教材的发行码洋占出版社总发行码洋的比例在70％左右。此外,在社会行业培训、资质考试等方面,出版社陆续推出了证券、注册会计师和会计职称考试等辅导书,在市场上已有一定的知名度,并为银行、证券从业人员出版了一批培训教材,为继续教育提供了出版服务。

（二）实施精品战略,推出高水平、高质量的学术专著和大众财经读物

出版社坚持以学术为本,弘扬精品意识,实施精品战略,相继推出了一批高水平、高质量的学术精品,引领学术发展。建社以来,有100多种图书分别列入国家和上海市自"九五"后历次五年计划重点图书项目。年度经济报告类图书也是出版社的标志性产品,主要有《中国财政发展报告》《中国金融发展报告》《中国投资发展报告》《中国区域发展报告》《中国产业发展报告》等。这些报告类图书内容丰富、数据翔实,深受业务部门以及教学、科研部门的欢迎。在财经学术出版方面,出版社聚集了一批具有学术功力的作者队伍,形成了本社的专业特色和品牌,一批学术专著获得了省部级以上大奖,如《战略资产配置》一书获首届中华优秀出版物（图书）提名奖;《新中国经济思想史纲要》《宏观金融博弈分析》《博弈论》分别获上海市第四、五、六届哲学社会科学优秀成果一等奖;《邓小平理论教程》《会计理论》《走向新世纪的上海市场》《中国经济监督研究》《中国财政发展报告》《新中国经济思想史丛书》《新中国经济发展史》《中国农村义务教育转移支付制度研究》等26种获第四至第八届上海市哲学社会科学优秀成果奖。《博弈论》《当代国际垄断》《1929年大崩盘》分别获2002年、2004年、2007年上海图书奖一等奖。《1929年大崩盘》入选"改革开放30年最具影响力的300本书"和"新中国60年最具影响力的600本书"。《会计大百科辞典》差错率低于万分之0.01,被国家出版基金规划管理办公室评选为2009—2010年已结项国家出版基金项目的优秀项目。《回溯历

史——马克思主义经济学在中国的传播前史》分别于2010年获得第二届中国出版政府奖提名奖和上海市第十届哲学社会科学优秀成果奖一等奖,于2013年获第六届高等学校科学研究优秀成果奖二等奖,于2016年获"第16届(2014年度)孙冶方经济科学奖"。《产业创新战略》于2011年入选国家新闻出版总署主办的第三届"三个一百"原创图书出版工程。《黄金游戏》《短线点金》《五线开花》《大博弈:中国之危与机》获得2008—2013年度"全行业优秀畅销书荣誉称号"。《科学发展观与中国经济改革和开放》于2013年获得上海图书奖一等奖。《中国经济发展史(1949—2010)》获得国家出版基金资助并被列为教育部2014年高校主题出版项目;《当代中国经济实证分析丛书》项目获得2014年度"服务高校重大战略出版工程"专项基金资助。

出版社还根据市场需求状况,先后开发了一批行文通俗浅显、适合一般读者或非专业读者阅读的大众财经读物,如"股市散户专递系列""投资论语书系""新世纪励志书系""顾客服务锦囊""营销策划丛书""财经人生文丛""小企业核算与管理系列丛书""京城四剑客丛书""德鲁克管理译丛""企业领袖书架""生活形态营销系列丛书""现代基金管理与投资译丛""世界资本经典译丛""短线点金系列丛书""东航金融衍生产品系列丛书""汇添富·世界资本经典译丛""中大经济研究院·国际证券期货经典译丛"等。出版社的大众财经类图书深受读者欢迎和好评,如《股票作手回忆录》重印了21次,销售量达7万多册;《短线点金》(1~4)总销售量突破50万册;占豪作品《黄金游戏》(1~5)、《大博弈》《货币战争背景:中国经济与应对方略》《新战国:迷雾重影下的大国博弈》累计销售量超过100万册。这些图书的推出丰富了出版社的图书品种,扩大了出版社的知名度和市场美誉度,产生了较好的社会效益和经济效益。

(三) 适应对外开放和国际化的要求,积极推进版权贸易工作

对外版权引进工作一方面丰富了出版社的图书品种,增强了出版社的品牌知名度和核心竞争力,另一方面也引起了国外出版商对出版社的关注,版权贸易对象已扩大到数十家国外出版商以及我国香港、台湾地区的出版商,其中大多数是国际著名的出版商。2003年,出版社在上海市新闻出版局组织的引进版图书评比中名列第二。2005年被评为上海市版权贸易先进集体。

### 三、重点图书和获奖图书

(一) 重点图书

出版社承担出版的重点图书包括:国家"九五"重点图书9种、重点教材3种;上海市"九五"重点图书25种、重点教材9种;国家和上海市"十五"重点图书30种、国家"十五"重点教材8种;国家和上海市"十一五"重点图书44种、国家"十一五"重点教材44种;国家"十二五"重点图书9种、重点教材16种(20本);上海市"十二五"重点图书8种;国家"十三五"重点图书2种;上海市"十三五"重点图书7种。

(二) 主要获奖图书

出版社成立以来出版的各类图书获省部级以上奖励242次,其中获出版、图书等行业类奖项清单见表11-4[①]。

---

① 因大部分教材类、学术类获奖与本志第六篇第四章第三节和第九篇第二章第三节有重复,故此处对上述两类获奖名单不再列示。

表 11-4　1997—2016 年出版社主要获奖(出版、图书等行业类)图书情况

| 书　名 | 获奖人 | 获　奖　名　称 | 获奖时间 | 获奖等级 |
|---|---|---|---|---|
| 社会保障:基本理论与国际比较 | 设计者:周卫民 | 全国高校出版社装帧艺术奖 | 1997 年 | 二等奖 |
| 经济法原理新编 | 马　洪 | 第三届全国高校出版社优秀畅销书 | 1998 年 | 优秀双效书荣誉奖 |
| 统计学教程 | 刘汉良 | 第三届全国高校出版社优秀畅销书 | 1998 年 | 优秀双效书奖 |
| 产业经济学教程 | 杨公朴　夏大慰 | 第三届上海市图书编校质量奖 | 1998 年 | 一等奖 |
| 基础会计新编 | 娄尔行 | 第四届全国高校出版社优秀畅销书奖 | 2000 年 | 提名奖 |
| 1999 中国财政发展报告 | 设计者:周卫民 | 第五届全国书籍装帧艺术展览封面设计奖 | 1999 年 | 优秀奖 |
| 中国经济思想史 | 设计者:周卫民 | 第五届全国书籍装帧艺术展览封面设计奖 | 1999 年 | 三等奖 |
| 新中国经济发展史 | 丛树海 | 上海市优秀图书 | 2000 年 | 二等奖 |
| 财务会计 | 管一民 | 第四届全国高校出版社优秀畅销书 | 2000 年 | 提名奖 |
| 税收学 | 胡怡建 | 第四届全国高校出版社优秀畅销书 | 2000 年 | 优秀奖 |
| 带你入市 | 吴福明 | 《股市散户专递系列》获中国书刊发行协会颁发的第十三批全国优秀畅销书证书 | 2000 年 | — |
| 细说板块 | 吴福明 | | | |
| 与庄共舞 | 吴福明 | | | |
| 跑赢大市 | 吴福明 | | | |
| 全球猎商机 | 麦基尔 | PA18 新概念个人理财服务中心与文新集团《上海星期三》报社主办的"2000 年十佳投资理财书籍" | 2000 年 | — |
| 现代政治经济学 | 程恩富 | 中国书刊发行行业协会 2001 年全国优秀畅销书 | 2001 年 | — |
| 会计账簿规范与记账技术 | 李　敏 | 中国书刊发行行业协会 2001 年全国优秀畅销书 | 2001 年 | — |
| 货币银行学 | 戴国强 | 2002 年度全国优秀畅销书(社科类) | 2002 年 | — |
| 人力资源管理教程 | 朱　舟 | 2002 年度全国优秀畅销书(社科类) | 2002 年 | — |
| 博弈论 | 施锡铨 | 上海市优秀图书 | 2002 年 | 一等奖 |
| 姚明之路 | 肖春飞 | 2003 年度全国优秀畅销书(社科类) | 2003 年 | — |
| 国际商法(新版) | 张圣翠 | 2003 年度全国优秀畅销书(社科类) | 2003 年 | — |
| 基础会计(新版) | 娄尔行 | 2003 年度全国优秀畅销书(社科类) | 2003 年 | — |
| 证券交易制度分析 | 吴林祥 | 第五届上海市图书编校质量评比鼓励奖 | 2003 年 | — |
| 基础会计(新版) | 娄尔行 | 第六届全国高校出版社优秀畅销书 | 2004 年 | 一等奖 |
| 物业管理(新版) | 方　芳 | 第六届全国高校出版社优秀畅销书 | 2004 年 | 二等奖 |

(续表)

| 书　　名 | 获奖人 | 获　奖　名　称 | 获奖时间 | 获奖等级 |
|---|---|---|---|---|
| 国际贸易（核心课） | 彭福永 | 第六届全国高校出版社优秀畅销书 | 2004 年 | 二等奖 |
| 当代国际垄断 | 李　琮 | 上海图书奖 | 2004 年 | 一等奖 |
| 高校团队与卓越领导译丛 | 设计者：钱宇辰 | 第六届全国书籍装帧艺术展览暨评奖 | 2004 年 | 优秀作品奖 |
| 金融市场计量经济学 | — | 上海市 2003—2004 年度优秀输出版图书 | 2005 年 | — |
| 人民币实际汇率长期调整趋势研究 | — | 上海市 2003—2004 年度优秀输出版图书 | 2005 年 | — |
| 中外会计与财务经典案例评析 | — | 上海市 2003—2004 年度优秀输出版图书 | 2005 年 | — |
| 公共服务职能与公共财政体制 | — | 上海市 2003—2004 年度优秀输出版图书 | 2005 年 | — |
| 国有企业改革与企业家队伍建设 | — | 上海市 2003—2004 年度优秀输出版图书 | 2005 年 | — |
| 企业领袖书架 | — | 上海市 2003—2004 年度优秀引进版图书 | 2005 年 | — |
| 当代制度分析前沿系列译丛 | — | 上海市 2003—2004 年度优秀引进版图书 | 2005 年 | — |
| 金融工程学 | 周洛华 | 第七届全国高校出版社优秀畅销书 | 2006 年 | 二等奖 |
| 现代企业管理教程 | 黄顺春 | 第七届全国高校出版社优秀畅销书 | 2006 年 | 二等奖 |
| 证券投资分析 | 王明涛 | 第七届全国高校出版社优秀畅销书 | 2006 年 | 二等奖 |
| 企业领袖书架（共 6 种图书） | — | 2005 年度引进版社科类优秀图书奖 | 2006 年 | — |
| 最新企业会计准则导读 | 张卓奇　等 | 2006 年度全行业优秀畅销品种 | 2006 年 | — |
| 战略资产配置 | 陈学彬　译 | 首届中华优秀出版物（图书）奖 | 2006 年 | 提名奖 |
| 入世　博弈　共赢 | 刘光溪 | 2003—2005 年上海图书奖 | 2006 年 | 二等奖 |
| 常青藤·学术经典译丛 | — | 上海市 2005—2006 年度优秀引进版图书 | 2007 年 | |
| 世界资本经典译丛 | — | 上海市 2005—2006 年度优秀引进版图书 | 2007 年 | |
| 金融计量学 | 邹　平 | 上海市 2005—2006 年度优秀输出版图书 | 2007 年 | |
| 中国企业再造实务 | 张俊杰 | 上海市 2005—2006 年度优秀输出版图书 | 2007 年 | |
| 现代政治经济学 | 程恩富 | 上海市 2005—2006 年度优秀输出版图书 | 2007 年 | |
| 世界资本经典译丛 | — | 第六届（2006 年度）引进版社科类优秀图书奖 | 2007 年 | |
| 企业会计准则实用指南——新旧企业会计准则差异比较与应用 | 编写组 | 2007 年度全行业优秀畅销品种（社科类） | 2007 年 | — |

(续表)

| 书　名 | 获奖人 | 获　奖　名　称 | 获奖时间 | 获奖等级 |
|---|---|---|---|---|
| 股票作手回忆录 | 郑佩芸　译 | 2007年度全行业优秀畅销品种（社科类） | 2007年 | — |
| 现代物流管理学 | 黄中鼎 | 2008年度"物华图书奖" | 2008年 | 一等奖 |
| 物流营销与客户关系管理 | 魏农建 | 2008年度"物华图书奖" | 2008年 | 二等奖 |
| 物流管理信息系统 | 邵建利 | 2008年度"物华图书奖" | 2008年 | 三等奖 |
| 1929年大崩盘 | 沈国华　译 | 上海图书奖（2005—2007） | 2008年 | 一等奖 |
| 短线点金（之一） | 徐文明 | 2008年度全行业优秀畅销品种 | 2008年 | — |
| 短线点金（之二） | 徐文明 | 2008年度全行业优秀畅销品种 | 2008年 | — |
| 货币金融学（货币银行学第二版） | 戴国强 | 第八届全国高校出版社优秀畅销书 | 2008年 | 一等奖 |
| 1929年大崩盘 | 沈国华　译 | 60年中国最具影响力的600本书 | 2009年 | — |
| 封面设计的形式与意蕴 | 黄　磊 | 第七届全国书籍设计艺术展览论文优秀作品 | 2009年 | — |
| 长三角农民工的非稳态转移 | 设计者：张克瑶 | 第七届全国书籍设计艺术展览入选作品 | 2009年 | — |
| 高等职业教育财经类专业综合实训教材系列 | 设计者：钱宇辰 | 第七届全国书籍设计艺术展览入选作品 | 2009年 | — |
| 黄金游戏（二）：熊市能赚钱 | 占　豪 | 2009年度全行业优秀畅销品种 | 2009年 | — |
| 中国经济发展史（1949—2005）（上下册） | 丛树海等 | 第二届"三个一百"原创图书出版工程 | 2009年 | — |
| 中国经济发展史（1949—2005） | 丛树海等 | 2007—2009上海图书奖 | 2010年 | 一等奖 |
| 中国近代股份制企业研究 | 朱荫贵 | 2007—2009上海图书奖 | 2010年 | 二等奖 |
| 回溯历史——马克思主义经济学在中国的传播前史（上、下） | 谈　敏 | 2007—2009上海图书奖 | 2010年 | 提名奖 |
| 黄金游戏（三） | 占　豪 | 2010年度全行业优秀畅销品种 | 2010年 | — |
| 回溯历史——马克思主义经济学在中国的传播前史（上、下） | 谈　敏 | 第二届中国出版政府奖 | 2010年 | 提名奖 |
| 常青藤·汉译学术经典 | — | 上海市2009—2010年度版权贸易优秀引进版图书 | 2011年 | |
| 汉译财经辞库 | — | 上海市2009—2010年度版权贸易优秀引进版图书 | 2011年 | |

(续表)

| 书　名 | 获奖人 | 获奖名称 | 获奖时间 | 获奖等级 |
|---|---|---|---|---|
| 百年沪商 | 设计者：张克瑶 | 2009—2010年上海书籍设计艺术奖入围作品 | 2011年 | — |
| 会计大百科辞典 | 于玉林 | 国家出版基金规划管理办公室评选为2009—2010年国家出版基金优秀项目（差错率低于万分之0.01） | 2011年 | |
| 产业创新战略：基于网络状产业链内知识创新平台的研究 | 芮明杰　张琰 | 第三届"三个一百"原创图书出版工程（人文社科类） | 2011年 | |
| 黄金游戏（四） | 占豪 | 2011年全行业优秀畅销品种 | 2011年 | — |
| 黄金游戏（五） | 占豪 | 2011年全行业优秀畅销品种 | 2011年 | — |
| 剑桥统计学辞典 | 钱晓明 译 | 上海图书奖（2009—2011） | 2011年 | 二等奖 |
| 会计大百科辞典 | 于玉林 | 上海图书奖（2009—2011） | 2011年 | 二等奖 |
| 微博改变一切 | 李开复 | 第七届文津图书奖推荐图书（国家图书馆举办） | 2012年 | |
| 产业发展与结构转型研究 | 设计者：张克瑶 | 第七届华东地区书籍设计双年展优秀奖 | 2012年 | |
| 后危机时期国际经济金融结构与中国金融政策 | 巴曙松 | 2013年8月中国高校出版社书榜 | 2013年 | |
| 五线开花④：神奇的密码线 | 上海操盘手 | 2012—2013年度全行业优秀畅销书 | 2013年 | — |
| 大博弈：中国之危与机（经济篇） | 占豪 | 2012—2013年度全行业优秀畅销书 | 2013年 | — |
| 科学发展观与中国经济改革和开放 | 程恩富 | 上海图书奖（2011—2013） | 2013年 | 一等奖 |
| 政治思想史 | 秦传安译 | 上海图书奖（2011—2013） | 2013年 | 二等奖 |
| 国家破产 | 钟伟 | 上海图书奖（2011—2013） | 2013年 | 提名奖 |
| 青春不应被浪费 | 袁岳 | 中国图书评论学会"大众好书榜"4月上榜图书 | 2014年 | — |
| 欧元的悲剧 | — | 全国图书馆推荐书目（2013年度） | 2014年 | |
| 时寒冰说：未来二十年，经济大趋势 | 时寒冰 | 2014年度腾讯·商报华文好书 | 2014年 | |
| 顺势而为 | 伊莱恩·克努斯 | 2014年度腾讯·商报华文好书 | 2014年 | — |
| 中国经济发展史（1949—2010） | 丛树海等 | 上海图书奖（2013—2015） | 2016年 | 二等奖 |
| 诺贝尔经济学奖获得者文库 | — | 上海图书奖（2013—2015） | 2016年 | 二等奖 |
| 探寻网络法的政治经济起源 | 设计者：张克瑶 | 首届全国新闻出版行业平面设计大赛职工（专业）组书籍设计类 | 2016年 | 一等奖 |

# 第三章 后勤保障

## 第一节 财务管理

### 一、学校财务状况的演变

上海商科大学时期,学校经费在东南大学办学经费中单独列支。据《东大及高师历年经常费、临时费支出分类表》载,民国十一年度(1922年度)经常费为50 319元(东南大学总数为419 029元),临时费为4 061元;民国十二年度(1923年度)经常费为60 845元(东南大学总数为488 396元),临时费为2 617元;民国十三年度(1924年度)经常费为69 344元(东南大学总数为347 277元)。

国立中央大学商学院时期,学院经费由中大本部按月拨给。民国十六年(1927年)秋,大学筹备委员会规定为每月5 000元。院舍的房租房捐以所收学费补助,每月约经费6 000元。民国十七年(1928年)上报预算书,请月增经常费1 000元、临时建筑费10万元、设备费9 000余元。民国十八年(1929年)经费,校务会议议决全年112 000元,除去公摊本大学实验学校经费1 428元,实支110 572元。其中:教员薪俸57 120元,职员薪俸13 140元,工友薪资2 664元,办公费6 300余元,杂费22 100余元(内房租10 200余元),建设费9 240元。

民国二十一年(1932年)8月国立上海商学院从国立中央大学划出独立时,国民政府教育部确定的岁出经常预算数为每年15万元。

据民国二十六年(1937年)《全国大学及专科学校概况调查表》记载,民国二十五年度(1936年度)国立上海商学院收支决算为:收入国库款11.6万元,学费0.34万元,总计11.94万元;支出教学费(教员薪金、教学消耗)5.58万元,行政费(行政人员薪金、工饷、办公费、公用费、校舍修缮)3.59万元,建置费(图书费、学科设备)0.93万元,其他支出(特别办公费、归还建筑借贷本息、杂支等)1.41万元,总计11.51万元。

据《二十九年度国立上海商学院经费概况简表》记载,民国二十九年度(1940年度)国立上海商学院岁入3 860元(全部为学费收入);岁出160 132元,包括俸给费89 565元、办公费37 085元、学术研究费3 846元、特别费25 550元和永久性财产购置费4 086元。

据民国三十六年(1947年)1月15日《国立上海商学院院务月刊》第一卷第一期记载,民国三十五年(1946年)5月,国民政府教育部核列国立上海商学院年度经常费700万元,教职员75人、工役50人全年支出薪俸29.7万元。6月,国民政府教育部核列学院复员费2.8亿元。8月,国民政府教育部追加学院年度经常费2 100万元。10月,国民政府教育部追加学院新设统计、保险、合作三系经费300万元,另追加复员费1.1亿元。11月,国民政府教育部加拨学院复员费

1亿元。

据《国立上海商学院三十七年度岁出决算表》,民国三十七年度(1948年度)国立上海商学院支出经常费143 061.9万元,包括俸给费34.1万元、办公费104 059.6万元、购置费14 644.7万元、学术研究费12 078.9万元和特别费12 244.6万元;支出临时费1 104 951.7万元,包括建筑及扩充改良费79 961.5万元、生活补助费861 367.3万元、教育学术研究补助费17 620.3万元、学生膳食补助费146 002万元和图书仪器设备费等0.6万元;经常费和临时费共计1 248 013.6万元。

20世纪50年代上海财政经济学院时期的财务资料基本散失。学校总支出经费1954年为1 128 500万元;1955年为1 434 656.5万元,其中包括工资728 653.5万元、包干生活费15 083.4万元、职工福利22 146.7万元、公务费119 253万元、固定资产购置费65 415.9万元、人民助学金171 962.1万元和基本建设费312 141.9万元。

1960年上海财经学院重建后,当年学校总支出经费61.8万元。1961年学校总支出经费71.9万元。1962年学校总支出经费81.2万元。1963年学校总支出经费90.3万元。

1978年上海财经学院复校后,从1979年至1984年6年间,学校从中央获得的教育经费拨款分别为220万、250万、277万、277万、334万和460万元,学校教育事业支出(包括事业支出、人员支出、公用支出和补助支出)分别为220万、207万、279万、274万、347万和464万元;学校总资产1980年至1984年5年间分别为413万、596万、693万、793万和1 584万元。

1985年学校更名为上海财经大学之后,学校的教育事业快速发展,尤其是1996年学校进入国家"211工程"重点建设大学的行列,学校各项事业全面发展,规模日益扩大。到2016年末,学校总资产达到323 534万元,是1985年1 681万元的近200倍。同时,学校经费的来源日益多元化,财政投入与学校自筹经费不断增长。2016年,学校共获得各项拨款67 279万元,教育事业收入为46 500万元,事业支出为133 357万元。与1979年学校的220万元财政拨款与220万元总支出相比,收支规模分别是306倍和606倍。学校财务管理不断完善,1997年以后,学校的预算内财政拨款及其支出的管理模式,由原来的"全额预算,结余上缴"改为"核定收支,结余留用",从区分预算内、预算外资金核算管理到"收支两条线"核算管理,全面反映学校各类收入及支出情况,严格各类收费管理,并规范了预算管理体系。2006年,学校全面实施以财务预算管理为龙头的两级管理体制改革,并于年初在13个院系开始推行院系财务两级管理。与此同时,基于Oracle开发的财务管理信息系统和个人收入系统也投入使用。学校从2010年起开始积极尝试通过信息化手段构建综合预算管理系统,有效避免了办学资源的重复投入。2012年,财务信息化新型平台"财务综合服务平台"上线并投入使用。

## 二、学校资产规模

学校资产逐年增长,其中1995年、2000年增长尤快,这与办学规模扩大、学生人数增加相关。从资产具体构成来看,固定资产占大多数,其次是银行存款和无形资产。在固定资产中,主要为房屋设备,其次为图书资料。2016年末,学校资产总额为323 534万元,相比1982年的588万元增长了550倍。

1998年开始,行政事业单位决算要求编制资产负债表,学校资产被划分为负债和净资产两部分。随着学校规模的扩大,净资产与负债也随之增长,负债的增长超过净资产的增长。学校积极从各种渠道筹措资金,为重大建设和进一步发展提供财力保障。2004年,教育部同意学校校园建设规划及贷款方案,同意学校以贷款(包括教育部投入)方式先行启动有关建设项目,并将以多种方式帮助学校在几年内逐步归还贷款本金(5亿元)及利息。同时,学校财务管理强调资金使用效率,优化债务结构,及时归还到期债务,2001年在上海市贷款企业资信评估中的资信等级是AA级;2006年被评为AA+级。截至2012年末,学校已将全部贷款偿还,此后学校的负债规模逐渐缩小。1985—2016年学校总资产及资产结构情况见表11-5。

表11-5　1985—2016年总资产及资本结构情况　　　　　　　　　　单位:万元

| 年　份 | 总　资　产 | 净　资　产 | 负　债 |
| --- | --- | --- | --- |
| 1985 | 1 681 | — | — |
| 1986 | 2 452 | — | — |
| 1987 | 2 963 | — | — |
| 1988 | 3 292 | — | — |
| 1989 | 3 563 | — | — |
| 1990 | 7 784 | — | — |
| 1991 | 7 986 | — | — |
| 1992 | 7 963 | — | — |
| 1993 | 7 443 | — | — |
| 1994 | 9 966 | — | — |
| 1995 | 13 617 | — | — |
| 1996 | 16 397 | — | — |
| 1997 | 24 264 | — | — |
| 1998 | 30 941 | 27 983 | 2 958 |
| 1999 | 40 539 | 37 351 | 3 188 |
| 2000 | 70 166 | 50 315 | 19 851 |
| 2001 | 75 266 | 52 141 | 23 125 |
| 2002 | 92 164 | 67 084 | 25 080 |
| 2003 | 103 489 | 74 642 | 28 847 |
| 2004 | 124 119 | 85 117 | 39 002 |
| 2005 | 163 610 | 99 798 | 63 812 |
| 2006 | 170 114 | 93 287 | 76 827 |
| 2007 | 167 068 | 98 651 | 68 417 |
| 2008 | 139 734 | 86 025 | 53 709 |
| 2009 | 144 146 | 112 337 | 31 809 |
| 2010 | 147 277 | 114 838 | 32 439 |
| 2011 | 239 120 | 203 720 | 35 400 |

(续表)

| 年　份 | 总　资　产 | 净　资　产 | 负　债 |
|---|---|---|---|
| 2012 | 247 978 | 232 287 | 15 691 |
| 2013 | 257 691 | 245 190 | 12 501 |
| 2014 | 304 584 | 291 649 | 12 935 |
| 2015 | 326 280 | 316 400 | 9 880 |
| 2016 | 323 534 | 315 130 | 8 404 |

## 三、财务收入

学校财务收入主要包括财政拨款、事业收入和其他收入。

### （一）财政拨款

财政拨款主要包括财政上安排直接用于教育的教育经费拨款、上级补助收入以及间接用于教育的其他经费拨款（主要有公费医疗、住房补贴拨款等），按照来源又分为中央财政拨款以及地方财政拨款。作为财政部部属高校，在20世纪80年代，中央政府的教育事业拨款一直是学校办学经费的唯一来源。1995年底，财政部与上海市人民政府签订共建上海财经大学协议，约定上海市人民政府每月拨付30万元的共建经费，以后逐年递增。学校加大了外源筹资的力度，资金的来源日趋多元化，但国家拨款依然是学校教育经费的重要来源。

1997年进入"211工程"后，其项目建设资金由中央专项资金、地方政府配套资金和学校自筹资金三部分组成。在"九五""十五"期间，学校"211工程"建设总投资为45 500万元，主要用于重点学科建设、公共服务体系建设及基础设施建设，其中获得专项资金拨款累计为35 721万元，学校自筹资金10 263万元。

1985—2016年中央和上海市向学校提供的财政拨款累计达66.39亿元，这些经费的投入对学校各项事业的发展起到了决定性的作用。历年经费拨款情况见表11-6。

表11-6　1985—2016年财政拨款情况　　　　　　　　　　　　　单位：万元

| 年　份 | 中央财政拨款 | 地方财政拨款 | 总　计 |
|---|---|---|---|
| 1985 | 567 | — | 567 |
| 1986 | 651 | — | 651 |
| 1987 | 717 | — | 717 |
| 1988 | 789 | — | 789 |
| 1989 | 901 | — | 901 |
| 1990 | 1 112 | — | 1 112 |
| 1991 | 1 274 | — | 1 274 |
| 1992 | 1 446 | — | 1 446 |

(续表)

| 年　份 | 中央财政拨款 | 地方财政拨款 | 总　　计 |
|---|---|---|---|
| 1993 | — | — | — |
| 1994 | 2 075 | — | 2 075 |
| 1995 | 2 565 | 158 | 2 723 |
| 1996 | 2 670 | 649 | 3 319 |
| 1997 | 4 663 | 908 | 5 571 |
| 1998 | 4 082 | 1 047 | 5 129 |
| 1999 | 6 520 | 1 137 | 7 657 |
| 2000 | 8 048 | 1 166 | 9 214 |
| 2001 | 6 995 | 1 490 | 8 485 |
| 2002 | 14 289 | 1 201 | 15 490 |
| 2003 | 13 145 | 1 481 | 14 626 |
| 2004 | 14 262 | 2 958 | 17 220 |
| 2005 | 16 617 | 3 410 | 20 027 |
| 2006 | 13 655 | 2 561 | 16 216 |
| 2007 | 17 077 | 2 699 | 19 776 |
| 2008 | 22 268 | 3 398 | 25 666 |
| 2009 | 47 754 | 5 917 | 53 671 |
| 2010 | 57 802 | 5 977 | 63 779 |
| 2011 | 39 131 | 8 612 | 47 743 |
| 2012 | 45 598 | 6 009 | 51 607 |
| 2013 | 53 737 | 6 422 | 60 159 |
| 2014 | 56 521 | 5 601 | 62 122 |
| 2015 | 71 015 | 5 856 | 76 871 |
| 2016 | 54 912 | 12 367 | 67 279 |

(二) 事业收入

学校的事业收入主要包括教育事业收入和科研事业收入。

教育事业收入反映高等学校开展教学及其辅助活动取得的收入,主要包括学费、住宿费、考试考务费等。随着高等教育办学模式的改革,1983年起收取委培生培养费;1988年起收取自费生培养费;90年代初,对本专科学生全面收取学杂费和住宿费。从此,教育事业收入逐渐成为学校教育经费的一项重要来源。由于办学规模扩大、本科和研究生扩招、收费标准逐年提高等因素,学校的教育事业收入逐年增长。学校的学杂费、住宿费收入,1994年为295万元,1995年为691万元,1997年增加到1 435万元,1999年开始出现快速增长趋势,2005年收入达26 474万元,2016年收入为46 500万元。

科研事业收入主要反映高等学校开展科研及其辅助活动取得的收入,包括通过承接科研项目、开展科研协作、转化科技成果、进行科技咨询等取得的收入。2016年学校的科研事业收入为5 333.08万元,是1991年7.72万元的691倍,学校的科研事业不断发展,服务国家和地方政策咨询以及承接各级各类科研项目的能力不断提高。

### (三) 其他收入

其他收入主要由对外投资收益、房租收入、利息收入、社会捐赠收入及其他杂项收入组成。对外投资收益包括对校办企业的投资收益及其他投资收益两部分。除1999年因校办产业股权改制导致当年投资收益增加,2011年因土地置换及转让导致收入增加之外,学校的其他收入一直保持平稳发展的态势。1994—2016年学校其他收入情况见表11-7。

表11-7 1994—2016年其他收入情况　　　　　　　　　　　单位:万元

| 年份 | 1994 | 1995 | 1996 | 1997 | 1998 | 1999 | 2000 | 2001 | 2002 | 2003 | 2004 | 2005 |
|---|---|---|---|---|---|---|---|---|---|---|---|---|
| 收入 | 310 | 752 | 927 | 1 237 | 1 174 | 7 539 | 2 357 | 3 029 | 3 082 | 3 070 | 6 032 | 2 919 |
| 年份 | 2006 | 2007 | 2008 | 2009 | 2010 | 2011 | 2012 | 2013 | 2014 | 2015 | 2016 | — |
| 收入 | 3 052 | 6 055 | 4 213 | 4 413 | 3 943 | 13 770 | 3 923 | 5 598 | 5 012 | 5 966 | 7 311 | — |

## 四、财务支出

学校财务支出包括拨出经费、事业支出、对附属单位补助支出以及结转自筹基建等,其中主要为事业支出,反映了高等学校事业活动发生的各项支出总额。根据各类经费的用途,学校的事业支出分为人员支出、公用支出及对个人和家庭的补助支出三大类。1979—2016年间,学校每年的事业支出总额及分类数额见表11-8。

表11-8 1979—2016年事业支出情况　　　　　　　　　　　单位:万元

| 年　份 | 事业支出总数 | 人 员 支 出 | 公 用 支 出 | 对个人和家庭补助支出 |
|---|---|---|---|---|
| 1979 | 220 | 45 | 163 | 12 |
| 1980 | 207 | 67 | 114 | 26 |
| 1981 | 279 | 80 | 167 | 32 |
| 1982 | 274 | 93 | 141 | 40 |
| 1983 | 347 | 120 | 186 | 41 |
| 1984 | 464 | 136 | 284 | 44 |
| 1985 | 652 | 180 | 413 | 59 |
| 1986 | 864 | 232 | 549 | 83 |
| 1987 | 966 | 260 | 594 | 112 |

(续表)

| 年份 | 事业支出总数 | 人员支出 | 公用支出 | 对个人和家庭补助支出 |
|---|---|---|---|---|
| 1988 | 992 | 253 | 603 | 136 |
| 1989 | 1 073 | 337 | 584 | 152 |
| 1990 | 1 213 | 397 | 649 | 169 |
| 1991 | 1 481 | 395 | 884 | 202 |
| 1992 | 1 690 | 553 | 902 | 235 |
| 1993 | 2 043 | 702 | 1 061 | 280 |
| 1994 | 2 846 | 1 162 | 1 255 | 429 |
| 1995 | 3 740 | 1 432 | 1 760 | 548 |
| 1996 | 4 284 | 1 732 | 1 946 | 606 |
| 1997 | 6 751 | 1 967 | 4 082 | 702 |
| 1998 | 7 251 | 2 272 | 3 171 | 1 808 |
| 1999 | 12 757 | 3 141 | 7 475 | 2 141 |
| 2000 | 15 640 | 4 154 | 9 212 | 2 274 |
| 2001 | 18 764 | 5 239 | 10 732 | 2 793 |
| 2002 | 21 920 | 8 201 | 9 478 | 4 241 |
| 2003 | 24 102 | 10 698 | 11 036 | 2 368 |
| 2004 | 33 212 | 11 969 | 18 313 | 2 930 |
| 2005 | 42 320 | 13 431 | 25 691 | 3 198 |
| 2006 | 45 671 | 13 943 | 28 453 | 3 275 |
| 2007 | 52 695 | 15 660 | 32 361 | 4 674 |
| 2008 | 70 088 | 15 453 | 51 168 | 3 467 |
| 2009 | 80 527 | 18 688 | 47 886 | 13 953 |
| 2010 | 95 281 | 19 871 | 42 913 | 32 497 |
| 2011 | 81 999 | 25 336 | 51 331 | 5 332 |
| 2012 | 82 754 | 30 646 | 47 144 | 4 964 |
| 2013 | 97 000 | 32 669 | 57 951 | 6 380 |
| 2014 | 112 547 | 36 880 | 66 263 | 9 404 |
| 2015 | 138 011 | 45 518 | 78 269 | 14 224 |
| 2016 | 133 357 | 52 223 | 66 810 | 14 324 |

备注：人员支出从2007年开始改称为工资福利支出。

## 第二节 后勤管理

### 一、沿革

上海商科大学、国立中央大学商学院和抗战胜利前的国立上海商学院时期,学校均设事务处。民国三十五年(1946 年)后改称总务处。1952 年 9 月,上海财政经济学院总务处下设管理科、财务科、供应科、医务室。60 年代上海财经学院时期,先设总务科,1962 年 5 月设行政办公室,下辖总务科;1963 年 6 月行政办公室改为总务处,下辖总务科、财会科、膳食科、保健科。

1978 年复校之初,院部设院务处,下辖总务科、基建科、保健科、校产设备科及膳食科。1981 年 3 月,设立基建办公室。1984 年底成立总务处,下设总务科、膳食科、保健科、设备科、房产科、修缮科、招待科以及车队、劳动服务队,其后经增设和调整,1996 年有膳食科、总务科、宿管科、保健科、综合服务部、处办公室、设备科、房产科、修缮科、生活服务中心、车管科、招待科、爱卫办 13 个科室。1988 年,总务处进行承包责任制改革,对内为服务实体,实施各项承包责任制;对外为经营实体,成立实业公司。

1999 年学校参加上海高校后勤社会化改革的首批试点,将原后勤管理机构与后勤服务机构分离开来,成立后勤管理办公室,下设房产管理科、设备科、修缮管理科、行政科、369 校区管理科 5 个科室,以及学生生活园区管理办公室和 369 校区管委会 2 个事务性机构,同时对学校门诊部的日常行政事务进行直属领导。原经营性机构进行社会化转制,成立上海财经大学后勤实业发展中心。后勤管理办公室代表学校与中心签订有关服务任务、服务标准、服务质量方面的合同。中心和学校整体规范分离后,作为教育后勤服务性质的经济实体存在。2003 年 6 月,后勤管理办公室更名为后勤管理处。2008 年底学校成立"建设节约型校园工作领导小组"。领导小组负责节约型校园工作的综合协调和监督管理,领导校园能耗和水耗定额指标体系的建设工作。领导小组下设节能办公室,常设机构在后勤管理处,承担节约型校园的职能管理工作。2013 年 12 月,学校成立资产管理处,负责全校国有资产宏观管理工作的行政职能部门。2014 年起后勤管理处设备管理的职责只包括公共设备的购置、校内新进人员电脑办公家具的经费支出和维修保养。

### 二、后勤管理主要职能

(一) 房产管理

房产管理范围主要包括全校公有房屋与土地实物账和价值账登记,房地产权证办理,公用房调配,新建和改建房屋及建筑物的移交和接收,校内房产出租出借,教室借用,教职工住房补贴,教职工周转房,博士后流动站人员、高级访问学者和短期进修学员的住宿、公有居住房屋等工作。

1978 年复校后,学校规模不断扩大,房产数量也不断增多。至 2016 年,学校土地面积 818.56 亩,学校产权校舍建筑面积 569 228.07 平方米。其中,教学科研及辅助用房建筑面积 146 349.29 平方米,行政办公用房建筑面积 42 076.66 平方米,学生宿舍建筑面积 175 429.02 平方米。

根据 2005 年 8 月 23 日同济大学、上海财经大学、上海申教投资有限公司三方共同签署的《关于同济大学武东路 100 号校区移交接收及补偿协议》文件精神,2009 年 1 月 20 日,同济大学与学校签订了《同济大学武东路 100 号校区移交接收协议》,同济大学于 2009 年 1 月 20 日将武东路 100

号校区的土地和校舍建筑物("新天地一条街"和二层楼房除外)和武川路222弄住宅的土地和建筑物全部移交给学校,由学校行使管理职能。2011年4月,学校取得武川路222弄住宅小区房地产权证,同年11月,学校取得武东路100号校区房地产权证。2011年12月27日,同济大学与学校签订《武东路100号校区两幢房屋交接协议》,并于2012年1月1日将武东路100号校区"新天地一条街"和二层楼房使用管理权移交给学校,支付补偿款400万元。至此移交工作全部完成。

2009年,学校加强经营性用房的管理,将财大软件公司房屋移交给学校,并不再与新东方学校和江海证券续约,将武东路321号一至三层房屋收回学校使用。2013年,学校购置一幢商品房作为人才引进住房并取得产权。2009—2016年,开展校内新建和改建房屋的房地产权证办理工作,完成武川路校区学术交流中心、会计学院楼和综合体育馆3栋房屋的产权办理工作,取得房地产权证。

1978年以后,在原来祥德路宿舍的基础上,学校又先后在祥德路274弄、国定路600弄、政立路580弄等地修建几批教职工宿舍,并分配给教职员工。1996年起,根据国家住房改革的政策,这些教工宿舍先后出售给教工,学校不再拥有其产权。2003年,学校分别与上海宏阳物业有限公司、上海生乐物业管理有限公司签订《协议书》,将教工宿舍的管理权移交给对方。自2008年开始,学校根据国家及上海市住房制度改革的相关政策,启动房改工作。2009—2010年,学校教代会、教代会主席团审议通过了一系列住房补贴政策:《上海财经大学住房补贴方案》(校发〔2009〕21号)、《上海财经大学住房补贴实施细则(试行)》(校发〔2009〕22号)、《上海财经大学住房补贴实施细则(修订稿)》(校发〔2009〕28号)、《上海财经大学教职工住房补贴实施对象及面积核定补充条款》(校发〔2010〕10号)。2011年制定《上海财经大学新进人员住房补贴实施办法》(校发〔2011〕22号)。这些规章制度的制定,保障了房改工作的有序顺利开展。2011—2013年间,学校提供国权北路6弄、政立路580弄共计82套周转房供新进教职工申请租住,并委托上海生乐物业管理公司对教职工周转房进行服务,不断改善周转房设施设备条件,逐年规范和完善物业服务标准,努力为新进教职工解决现实困难。2014年10月,发布《上海财经大学教职工周转房管理办法(试行)》(校发〔2014〕62号)。11月,在经历了近半年的规划、装修、配置、整理后,三门路第一批92套新周转房对教职工开放。截至2015年12月底,2014年以前装修的教职工周转房已全部安排教职工入住,合计解决161位教职工的长期入住问题。

2000年以后,学校先后印发《上海财经大学房产管理条例》(2001)、《上海财经大学办公用房管理办法》(2003)、《上海财经大学教室借用级差收费标准》(2006)、《教室借用管理办法》(2007)、《上海财经大学固定资产登记细则》(2015)、《上海财经大学房产出租出借管理细则》(2015)等规章制度,对学校各类房产进行规范管理。

(二) 设备管理

学校设备管理在校资产管理领导小组的领导下开展工作。学校设备管理的基本原则是严格预算管理,按学校设备管理有关规定的程序进行操作。学校设备管理的基本程序包括:设备预算的申报、立项及审批,设备的请购,设备的购置,设备的登记和经费结算,设备的日常管理和使用,捐赠设备的管理,设备的维修,设备的报废及处置等。

设备管理范围主要指学校所有用于教学、科研、办公、生活及用于公共管理和服务的一切设备(专用设备单价800元以上,一般设备单价500元以上)。批量耐用的低值设备,一次采购总价在20 000元以上的,也列入设备管理。2015年11月3日发布的《上海财经大学设备管理办法(修订版）》（校发〔2015〕57号文），将固定资产的标准提高到1 000元及以上，并将单价达到200元及以上、单次批量采购金额达到5万元的低值设备，按照低值品管理方式进行管理。对于单价在10万元以上或批量购置经费在30万元以上的设备采购项目，在通过设备质量认定小组论证、资产管理领导小组审核的基础上，以招标形式进行。控购设备还须由设备科和财务处向市教委申报和办理控购的审批手续。2016年11月，上海财经大学招标管理办法中将批量设备购置项目招投标的标准调整为20万元。

1978年复校时，学校各类设备资产总值239.43万元，其中：仪器仪表71.84万元，机电设备53.33万元，电教设备44.92万元，家具设备46.99万元，行政事务设备22.35万元。至2005年，学校教学科研仪器设备总值7 176万元，行政办公及其他用途设备总值4 528万元，各类家具总值3 303万元，三项设备总值达15 007万元，是复校初的62倍多。截至2014年底，学校入账设备（含教学、科研、行政、生活后勤）总资产为27 048.89万元、家具6 399.42万元。其中教学、科研仪器设备固定资产共计11 451.86万元、14 713件（套）；单价10万元以上的仪器设备计3 280.07万元、98件（套）。

2014年起后勤管理处设备管理的职责只包括公共设备的购置、校内新进人员电脑办公家具的经费支出和维修保养。2014年度完成学校各院系部门的设备清查与相关分析。同时配合教室改造、宿舍座椅更换、教师周转房配套家具设备以及新食堂配套家具设备，新配课桌椅480套，更换女生公寓座椅880把。完成三门路92套教师周转房的家具、家电配套。启动新学生公寓1 054套家具、新食堂厨房补缺设备、新食堂餐厅餐桌椅、新食堂餐厨具的项目招标工作。完成28台电梯井道的整改工作。配合做好相关院系、部门办公室调整中的设备家具服务。协助相关院系部门做好办公室调整中家具、设备和办公电话的安装与配置。会同校董会完成中国银行100万捐赠设备的接收与分配工作，并配合中国银行完成每年的捐赠设备资产清查工作。会同信息办、财务处完成资产管理系统设备管理模块与财务系统的对接以及设备入账流程的更改，部门在设备登记入库的同时即可打印设备标签，提高了部门设备管理的效率。

2015年配合新建楼宇的启用和三门路教师公寓的装修，做好相关家具和设备的配置工作。在学生宿舍楼方面，共配置家具1 331套、窗帘529套，公共区域配置开水机、LED电子显示屏等配套设备。武东路新食堂新购桌椅1 083人位；清真餐厅新购桌椅184人位；教学楼方面，完成二教椅子、窗帘更新，增配教学楼公共开水机和教师休息椅等配套设备。完成三门路教师公寓102套家具、电视和冰箱等设备的配套工作，在生活设施方面的投入共计443.77万元。同时在相关学院办公设备上的投入为146.06万元。

2016年学生宿舍方面，对使用年限过长，达到或超过报废年限的设备进行更新，包括热水器208台（含燃气热水器22台）、电开水器53台、小冰箱280台、油烟机5台（国定路7号留学生宿舍）、空调149台、电视机97台（中山北一路校区）。教师周转房方面，配合国权北路6弄教师公寓装修改造，完成相关设备的更新配置工作。教学楼方面，完成第一教学楼和第二教学楼椅子更新，配置215把教师休息椅。配合中山北一路校区教工餐厅改造，完成餐桌椅（72人位）和厨房设备设施的配置工作。在生活设施方面，共计投入567.72万元。同时，2016年共完成116人次新进教师家具或电脑采购的审核及报销工作，相关投入为206.66万元。

（三）修缮管理

修缮管理主要承担学校各类土木建筑维修、家具制作维修、水电安装维修以及其他的零星修缮业务。1999年学校进行后勤社会化改革，将修缮管理方面的事务交由后勤管理办公室下修缮管理科进行统一管理,原具体执行维修任务的功能划归改制后的上财后勤实业发展中心管理。修缮管理科在校资产管理领导小组的领导下进行工作,负责学校所有由教育部专项拨款或由学校自筹资金投资修缮或改造的各类土建项目、安装项目、建筑装潢及维修、大型或批量设备购置等项目的日常管理。

2007年为配合做好90周年校庆工作,完成校园绿化调整工作,学校对校园内植被进行了较大面积的调整和改造,完成春晖园及老配电间外围环境整治工作以及国定路校区中心道路拓宽改造工程;完成步行街的整体改造;完成大礼堂改造及其南侧停车场改建工程。全面配合外语系和国际文化交流学院完成了"外语自主学习中心"和"HSK(汉语水平考试)中心"两个机房的建设工作;配合有关部门完成了雅思考点的课桌椅、设备的配置;完成学生宿舍、食堂及水、电、煤气等服务设施的整修、改造工作,全年完成修缮项目投资共计600余万元。

2008年重点推进校园基础设施改造和校园环境整治工作。完成了国定路校区道路改造、地下管道清淤、米饭生产线安装、留学生宿舍装修、学生浴室及咖啡馆改造等18项修缮工程;完成了育衡楼二楼E段、红瓦楼五楼、会计学院楼等教师家具配置,以及学生浴室、咖啡馆及大学生活动中心相关设备配套工作。全面推进节约型校园建设工作,先后完成了国定路校区燃煤锅炉改造、计次改计时浴室装修、饮用热水机进宿舍、智能用电(表)系统安装等多项节能项目。全年中小零星维修项目160余项,内容涵盖学生宿舍、校园环境、教学及办公楼宇等各种硬件设施,范围涉及5个校区。全年累计投入修缮、修购资金近千万元。

2009年结合武东校区接收,重新规划调整校区格局,完成了经济学院楼、会计学院楼周边环境整治、校园绿化零星调整等项目,逐步优化校园环境。全年完成逾200项中、小型维修工作。

2010年完成了节能项目国定路校区第二教学楼钢窗改造、行政楼大厅玻璃屋顶隔热工程;武川路校区23、25号公寓以及国定路校区第5、6宿舍浴室改造项目;国定路校区第1、5、6宿舍屋顶红瓦改造项目;景观河道清淤及堤岸加固工程;武川路校区经济学院楼前停车场改造项目、国定路校区后门绿化改造项目、武东路校区人文学院楼前绿化改造项目;国定路校区第5、6宿舍空调用电电缆敷设项目等。

2011年加强校园环境整治。完成武东路校区统计与管理学院楼、人文学院楼、第三教学楼、同德楼周边绿地改造与局部校园道路新建项目,完成中山北一路校区学生公寓楼前大草坪的改造;完成校园配电设施及供电线路整体检修与整改、调整新辟校园自行车停车场地、调整优化校园夜间照明、多媒体教室及高访学者周转房换装遮光窗帘、学生浴室地坪新做防滑垫及浴室钢化玻璃防爆贴膜等,全年累计落实日常修缮项目200余项。

2012年加强修缮工作管理,共落实日常修缮项目18批次,累计200余项。实施国定路校区第一宿舍、北四宿舍浴室的热水淋浴系统以及中山北一路校区第一宿舍浴室的改造;完成了大礼堂、9—10女生公寓新增残疾人通道工程,改造了两间学生宿舍爱心小屋等。完成了清真食堂等部分食堂操作间改造及部分设备更新,对生乐食堂的厨房地坪、上下水进行了改造。配合95周年校庆,完成中央大草坪绿地改造,完成了国际工商管理学院、新大学生活动中心周边道路和绿化改造,配合田径场改扩建移植百余棵树木;对静思园老围墙的拆除以及园内草坪的部分改造等。

2013年努力改善师生办公、学习与生活条件。完成红瓦楼非机动车棚、国定路校区后门非机动车棚、中山北一路校区留学生宿舍电动车充电点安装,落实武川路校区篮球场、图书馆等3处路灯照明,完成中山北一路校区食堂面包房装修改造,完成梯八教室改建模拟法庭、教技中心一楼厕所改造、中山北一路校区第一宿舍1—2层整修、财经研究所三楼办公室装修、国权北路6弄及研究生公寓15号楼周转房装修、行政楼一楼贵宾接待室改造等十余项专项工程。完成离退休处办公楼改建、金融实验中心改建、留学生宿舍工程、教技中心机房改造、田径场改扩建、武东路校区食堂改建等项目周边绿化移植。全年完成修缮项目400余项。

2014年推进民生工程，改善环境。完成临时垃圾堆场、档案馆数字化工作室改造，改善步行街路灯照明，完成国权北路98套教师周转房的装修改造和家具、家电配置；三门路5、6号宿舍楼大修；北四宿舍楼热水器系统增补；武东路围墙油漆及绿化种植；红瓦楼局部绿化调整；中山北一路校区市政道路、武川路校区经济学院楼、学生创训中心、国定路校区医疗中心工程、武川路校区配电站、法学院办公楼等项目周边绿化移植等。

2015年重点完成清真食堂、教工餐厅的装修改造和设备、家具更新，三门路教师周转房（二期）102套房间的装修改造和家具、家电配置。改善绿化环境，完成国定路校区、武东路校区、武川路校区及中山北一路校区相关部位绿化景观设计和改造施工；配合校园新建项目，完成国定路校区足球场周边、原第一食堂改造周边、体育馆周边、新建科研中心楼周边以及中山北一路校区图书馆周边树木绿化移植。完成部分学生公寓等暑期毕业班宿舍大修任务。全年完成日常零星维修工作300余项。

2016年重点完成风雨操场、羽毛球馆、武川路校区室外篮球场、室外网排球场、国定路校区室外网球场、室内外运动场馆灯光翻新，北四宿舍、第五宿舍、静思园（共577间宿舍）大修及钢窗改造，静思园12—17宿舍热水系统更新，武川路校区23—25号学生宿舍热水系统改造。完成三门路公寓3、5号楼（28套）留学生过渡宿舍整修，武川路校区人行道及绿化改造，武东路校区主道路翻新及绿化调整，改造武川路校区机动车单行道、凤凰楼前绿地、一教周边新种樱花、国际工商管理学院多功能厅门前、武川路校区新开校门、武东路校门周边、中山北一路校区原老锅炉房周边、武川路校区26号宿舍楼周边、保卫处周边、复建老校门周边等绿地的施工和改造工作，改造面积共计9 011平方米。完成日常零星修缮项目200余项。

（四）物业管理

1999年，根据市政府及市教委关于加快高校后勤改革、整体推进高校后勤社会化的指示精神，在市教委的认可下，学校成为上海高校后勤社会化改革的试点单位之一。改革的主要方式是使学校后勤服务与学校行政管理分离，在体制上从校办后勤转变为教办后勤，在机制上从无偿或部分有偿服务转变为规范的有偿服务。依照现代企业制度进行的方式，将学校总务处及其承担的学校后勤工作，在一定的范围内进行社会化转制，进入上海市高校后勤服务中心，从而以上财后勤实业发展中心为载体，通过各种途径和方式，将现有后勤服务部门组建成各类专业公司，形成了新的后勤服务体系。

2000年开始至今，由上海环球饮食股份有限公司（2009年改名为"上海盛环餐饮管理有限公司"）提供武川路校区盛环餐厅的餐饮服务；2001年开始，由上海东方大学城物业管理有限公司提供武川路校区学生公寓的管理服务。到2007年，学校校内后勤服务市场基本形成多家社会乙方参与的良性竞争格局，并逐年调整完善后勤社会化市场布局。到2009年，基本形成国定路、武东路校区由上财后勤实业发展中心提供服务，武川路校区由上海东方大学城物业管理有限公司提供服务，中山北一路校区由上海生乐物业管理有限公司提供服务的校内物业服务格局。此外，2008—2016年，由上海嘉瑞绿化工程有限公司负责提供武川路校区绿化养护服务。2016年，完成2017年主校区绿化养护、武川路校区物业管理、中山北一路校区物业管理三个项目的公开招标，上海宝绿园林绿化有限公司、上海东方大学城物业管理有限公司、上海生乐物业管理有限公司分别中标。

随着后勤服务社会化程度的不断提升,专业化水平的不断深化,后勤管理处作为甲方,也着眼于对整个学校后勤服务市场的管理与监督,完善制度、创新举措、提升能力。2009年起,联合学校学生统计学会,每年完成后勤服务质量满意度问卷调查;组织开展各类后勤管理服务质量抽查、检查活动;建立甲乙方例会制度。2010年起,由后勤管理处组织开展年度后勤管理服务总结与表彰活动,在奖项的设立和方式上,结合学校每年度重点工作保障和后勤服务管理的特点与时俱进,通过每年弘扬榜样示范作用,在各后勤乙方之间有效强化后勤服务的自豪感与认同感,推动和谐后勤的构建,提高学校后勤服务工作的软实力。2015年,修订《上海财经大学物业管理服务质量考核办法》,该办法涵盖了各后勤乙方单位和各后勤服务事项,明确了考核标准、考核方式、考核程序、评分标准、奖惩细则。

每年完成对各物业服务单位的预决算、经费审核、合同签订工作。每年对学校新(改)建楼宇通过公开招标、商务谈判等方式完成物业管理服务的跟进。2010年,依据统一服务、两级管理、合理分担、市场运作、公共支出均等化等原则,制定了《上海财经大学独立办公楼物业管理办法(试行)》(校发〔2010〕14号),开创了学院独立办公楼的物业两级管理制度。2013年,建立了《上海财经大学物业服务、耗材采购管理办法》。2015年以来,进一步深度贯彻成本分摊机制和定额管理机制,提高资源配置效率。

### (五) 能源管理

学校于2008年底成立了由校长担任组长、分管校长担任副组长,后勤管理处(房产、设备、修缮)、财务处、新建办、信息办等部门负责人组成的"建设节约型校园工作领导小组(以下简称"领导小组")。领导小组负责节约型校园工作的综合协调和监督管理,领导校园能耗和水耗定额指标体系的建设工作。领导小组下设节能办公室(以下简称"节能办"),承担节约型校园的职能管理工作。各部门负责人作为部门参与节约型校园建设的责任人,按照各自职责,协同做好节约型校园建设目标和各项工作的落实。

以三年行动计划为指导方针,学校各部门齐心协力,进行计量监控系统和节能改造项目建设,确保学校建设节约型校园工作和谐、稳定进行。学校主要从平台建设、节能改造、制度建设、宣传促进四个方面开展工作。

1. 平台建设

学校基本上完成能源监管平台建设,达到用电二级全计量、学生宿舍用电预付费全覆盖、校园路灯智能管理全覆盖,以及完成武川路校区、中山北一路校区给水管网监控,实现了网络实时操作、实时计量监控,随时了解学校的用电、用水情况;形成学校能耗、水耗远程计量和人防、技防监测体系,对教学、科研、实验、办公、公共服务、基建和后勤保障等资源消耗进行统计分析、支持管理决策。结合数据公示要求,开发了相关数据报表并在公共数据平台上集成展示,供师生实时查看。2013年完成学生宿舍预付费网上充值一卡通和支付宝集成,2015年完成学生宿舍预付费微信集成,大幅度减少了人工充值的工作强度,实现$7 \times 24$小时网络充值,为学生电费充值提供便利。

2010年建设完成校园智能路灯管理系统后,通过网络管理路灯,实现路灯网络控制,减少了人工操作,也取得较好的节能效果。2011年1—4月抽样比较用电同比下降24.7%,年节约标准煤约10.9吨。2011年武川路校区、中山北一路校区给水管网检测系统建成后,结合区域水平衡分析,学校发现多次隐蔽性漏水,及时抢修,年节约用水约 15 万吨。

2. 节能改造

学校逐步开展现有建筑的节能改造工作。采用钢窗改造新节能技术,陆续对教学楼、办公楼等楼宇进行钢窗改造,同时对全校教学楼、办公楼宇、图书馆等逐步进行节能灯具改造,总计完成30 000 套,年节能量 48 万度电,约 144 吨标准煤。2011 年 3 月完成第一教学楼空调照明控制试点,减少了楼宇物业的空调、照明管理成本,整体节电率约 30%;年度节约用电 52 413.61 度,年节约 15.7 吨标准煤。学校陆续完成第二、三、四教学楼和武东阶梯教室等楼宇的空调、照明节能控制项目,项目实施后,其中第四教学楼照明插座用电综合年节约 5 万度,折合 15 吨标准煤。武川路校区图书馆在 VRV 集中控制系统安装后,通过系统进行空调温度设定以及时间控制,经过 2011 年 10 月至 2012 年 3 月的评估,空调节能效果约 25%,一年节约用电 25 万度,折合 75 吨标准煤。2013—2016 年又推进建设了凤凰楼和红瓦楼的空调集中控制。

学校继续推进生活服务基础设施的节能改造工程。2008 年学校废除原有煤锅炉,完成米饭线锅炉改造(米饭生产线)项目,即在原有场地安置一条为全校食堂(除中山北一路校区外)供应米饭的全自动米饭生产线,年节约各类费用约 30 万元,年节约标准煤约 12 吨。2008—2009 年采用空气源热泵技术与太阳能技术相结合,废除了国定路校区煤锅炉,建设国定路校区太阳能、空气源热泵浴室项目,在提高浴室服务水平的同时节省了能源,年节约量可以达到 50 吨标准煤,1 吨热水年运行成本下降约 50%。2009 年开始采用太阳能和空气源热泵技术等逐步建设浴室进宿舍工程,提升学生淋浴服务水平,目前已经覆盖绝大部分学生宿舍。2013 年陆续完成武东路校区、国定路校区 14 组太阳能路灯建设,年节约用电 0.7 万度,折合 2 吨标准煤。2016 年落实建设新能源汽车充电桩,已建设安装 22 个充电桩。

3. 制度建设

学校高度重视制度建设,利用制度规范推进节能工程。学校着重建设水电管理制度,建立了既有建筑分类、分项能耗统计和能效评估公示制度,推进学校院系和部门试点指标定额工作,经济学院、国际文化交流学院、研究生院等试点院系和部门的用电增长速度得到了较好的控制,师生节约意识有所增强。学校积极探索教学楼、图书馆、院系部门的分类用能制度,2012 年制定了图书馆空调使用管理办法、食堂空调使用管理办法,完善教学楼空调使用管理办法,加强节约型校园能力建设。

2014 年 4 月启动公共机构示范单位创建工作,在现有节约型校园的基础上不断完善改进,于 2015 年 12 月获得由国家机关事务管理局、国家发改委和财政部共同颁发的节约型公共机构示范单位证书。节能办公室副主任卢志坚 2016 年荣获第一届中国教育节能人物 GREEN 奖。

4. 节能宣传

学校加强宣传教育行动,加深师生节约意识,营造建设节约型校园良好氛围;建设节约型校园网站,配合推进管理节能;打破学校水电承包体系,对全校食堂实施指标核定收费和部分办公楼宇、房间能耗数据公示,逐步推进管理节能。同时协助学生社团,在"地球日""世界水日"进行节能知识宣传,开展"节能志愿者""地球一小时"以及废纸回收等活动。

(六) 学生生活园区管理

2007 年和 2012 年,先后两次修订《上海财经大学学生宿舍管理实施细则》;2008 年,制定《上海财经大学学生假期临时集中住宿规定》;2011 年,制定《上海财经大学学生寝室评比条例》;2012 年,制定《上海财经大学学生假期临时集中住宿规定》《上海财经大学校友回访宿舍活动组织管理办法》;2013年,制定《上海财经大学学生伙食价格平抑基金管理实施细则》(上财后〔2013〕1号)。2007—2016年间,不断建立或修订全日制生、短期培训生、延期毕业生、留学生等各类住宿协议文本,梳理建立《学生住宿申请表》《学生校外租房(走读)退宿申请备案表》《学生园区活动宣传申请表》《"爱心小屋"使用申请表》等一系列流程文本。

2008年,开始启动学生信息系统进行日常宿舍管理,该系统集成了资源管理、住宿分配、卫生成绩、晚归登记、违章电器等一系列日常活动,并试点留学生网上选房;2010年,首批试点完成博士新生网上自选宿舍工作。2013年,学校完成学生住宿系统(二期)的开发建设,并于2014年正式投入使用,新系统较老版加入了中英文双语服务、房型图直观展示、空置资源和房间设备实时统计等新理念,重新建立系统角色和权限体系;结合该系统的上线使用,在所有学生宿舍楼管理室配置了联网电脑,全面实现线上学生住宿管理。2015年,后勤管理处与教育技术中心合作启动"我的后勤"微信企业号平台建设,内容从学生园区服务着手试点,一期完成通知公告发布,爱心小屋、活动室、洗衣房、浴室等资源查询,寝室电费查询和充值等功能;2016年,完成二期(餐饮服务)功能需求分析,并于2017年投入开发建设。

2009年,学校整体接收原同济大学沪东校区为武东路校区,增加18号(宁远楼)、19号学生宿舍楼,同时完成了国定路校区原12—16号学生宿舍(原小木屋)的清空;2011年,完成国权北路研究生公寓1—12号楼的清空与家具调整;2015年,国定路校区新建20号学生宿舍楼投入使用,结合学生规模与结构需求、硬件条件提升需求等因素,制定阶段性学生宿舍资源规划调整方案,报学校常委会讨论通过实施。

2012年,为学生宿舍安装空调,学校全日制学生宿舍空调安装率达87.6%;同年12月,试点在男、女生宿舍区各开辟一间"爱心小屋",室内特别配置残疾人设施,供因各种原因导致的行动不便或生病需要家长照顾的在宿学生临时居住,《青年报》(2012年11月1日)、《上海学校后勤》(2012年第9期)分别作了专题报道,截至2017年3月,学校的"爱心小屋"数量已达8间。2013年,在所有学生宿舍楼实现了洗衣机、烘干机配置全覆盖,并通过学校教育基金会专项补贴,将学生单次使用洗衣机、烘干机的成本由5元降低为3元;在所有学生宿舍安装电子显示屏。2015年,完成浴室进入学生宿舍楼的全覆盖;实施学生宿舍公共空间改造,在学生宿舍楼配置活动室、自修室等,截至2017年3月,学生园区内共配置活动室15间、自修室1间。

2008年,与学生工作部(处)合作推进住楼辅导员制度,并陆续选派新入职辅导员代表入住学生宿舍,参与学生宿舍的思政工作、党建工作、突发事件应急处置。截至2017年3月,全校共建设有住楼辅导员房间11间,在住住楼辅导员9名。

2015—2016年,国定路、武东路校区部分学生宿舍参加了上海高校"六T(六个天天)"实务现场管理达标公寓创建活动,专家评估组通过查看资料、实地走访和听取汇报等环节,对申报的宿舍楼宇进行了现场评估。2015年,申报的南3号楼、20号楼荣获"五星级示范楼"称号,2号楼、8号楼、9—11号楼荣获"四星级达标楼"称号。2016年,申报的北4号楼、5号楼、18号楼荣获"五星级示范楼"称号;16号楼、17号楼、22号楼荣获"四星级达标楼"称号。

## 第三节 资产管理

2013年12月,学校成立资产管理处,负责全校国有资产统筹管理工作。2014年4月,学校成立校国有资产管理委员会(简称"校国资委")。资产管理处在校国资委的统一领导下,在全校范围内开展资产管理工作。校国资委是统一管理学校国有资产的领导机构,下设校国有资产管理办公室(简称"校国资办")。校国资办是校国资委的日常办事机构,机构常设在资产管理处,由资产管理处代行其职能。校国资委主任由校长担任,副主任分别由分管资产、财务、后勤工作的副校长担任,成员单位覆盖资产管理处、财务处、审计处、纪委办公室、后勤管理处、科研处、基本建设处、校产业投资管理公司、出版社、校现代服务园区办公室等多个部门。自资产管理处成立以来,学校资产管理工作在组织建设、制度建设、信息化建设等方面都有了重点推进,各项工作有序开展,资产管理规范化程度有了显著提高。

### 一、制度建设

从2014年至2017年,学校先后出台或修订了《上海财经大学国有资产管理办法》《上海财经大学固定资产使用管理规程》《上海财经大学国有资产处置管理规程》《上海财经大学固定资产登记细则》《上海财经大学房产出租、出借管理细则》《上海财经大学设备管理办法》《上海财经大学设备验收管理办法》《上海财经大学设备配置、使用和管理绩效考评办法》和《上海财经大学政府采购管理办法》等十余项管理制度。这些制度的建立,填补了学校在某些资产管理方面的制度空白,完善了学校的资产管理工作体系,使学校的国有资产管理工作有章可循、有法可依,为学校全面规范国有资产管理工作奠定了扎实的基础。

### 二、信息化建设

为提高资产管理工作效率,学校优化改进了原有的"资产管理信息系统",梳理、再造了原有的业务操作流程,实现了设备管理系统对内的适时对账和对外的系统对接,满足了学校财务处和教育部财务司对于资产数据统计、数据对传和核对的需要,大大提高了学校资产管理工作的效率。从2014年起,学校通过资产管理信息化系统,不断更新、完善各类资产"卡片"信息,并按教育部要求全面实现资产管理事项"电子化",校内资产业务处理"一网通"。

### 三、出租出借管理

资产管理处成立后,通过对全校范围内的资产清查,全面摸清了资产"家底",并重点对出租出借房产与出租出借事项进行了系统清理。在清理的基础上,学校制定了《上海财经大学房产出租、出借管理细则》,全面规范了出租出借门面房的招租、退租以及报批报备工作。学校规范了对学术交流中心大楼、博思楼、浦东斯米克大厦等房产的出租出借行为,推进了出版社(公司)、财大科技园(公司)等独立核算部门有偿使用学校房屋的资源使用费核算工作,切实维护了国有资产权益。另外,为配合学校百年校庆、整顿校园周边秩序、提升学校社会形象,资产管理处协同杨浦区人民政府全力推进校园周边环境整治和违章建筑拆除工作,为学校营造有序、祥和的校庆氛围。

### 四、解决历史遗留问题

2014—2017年初,学校先后接受了教育部组织的国有资产管理情况专项检查和专项巡视两项检查,其中均涉及国有资产管理事项。在检查中,学校暴露出资产管理工作的一些薄弱环节和历史遗留问题。对照检查,按照教育部要求,学校认真落实各项整改措施,如期完成了各项整改任务。通过整改,一方面使历史遗留问题得到全面解决,另一方面也大大提升了学校的资产管理水平。在巡视发现问题的整改中,学校重点加强了对企业国有资产的管理工作,全面完善了企业国有资产管理制度,有效防范了企业国有资产管理风险,坚持企业资产和事业资产两手抓,实现国有资产保值增值。

## 第四节 安 全 保 卫

1978年上海财经学院复校后,学校保卫工作由人事处负责管理,下设保卫科。1985年1月,学校设立保卫处(兼管人民武装部工作)。1985年9月,学校更名为上海财经大学后,保卫处下设治安科和政保科。治安科全面负责校园的安全保卫工作,包括校内治安秩序管理和安全防范、学校日常防火管理、学生集体户口户籍管理、查处校内各类刑事和治安案件。政保科主要职责是维护学校的政治稳定,了解、掌握和化解不稳定因素,防止发生政治性事端和境内外敌对势力渗透。自1990年起,学校逐步推进技防建设,在各主要出入口、主干道路和重要场所安装监控系统,并不断更新监控系统、消防器材等技防设施。1991年,增设户政科,协助派出所管理学校集体户口。1996年,保卫处成立校卫队。2001年,增设案件侦查科。2009年,公安文保体制改革,裁撤案件侦查科,其基本职能改由治安科承担;裁撤户政科,治安科下设户政受理室配合管理集体户口;校卫队长调任公安工作。2009年,增设消防科,综合负责学校消防设备管理、车辆管理和特种设备管理。2016年底,为推动集体户口的规范化管理,恢复户政科。2016年底,学校明确校卫队为正科级建制,设专职校卫队队长。自1985年以来,保卫处多次被上海市公安局评为先进集体、被市教委评为综合治理先进集体、被市综治委评为先进单位。

### 一、治安管理

治安科主要负责学校内部的治安秩序管理和安全防范,根据"打防结合,预防为主"的保卫工作方针,抓好和落实安全防范措施。其主要工作包括:负责学校治安管理和学校日常教学、生活秩序,兼管门卫管理及校园内部昼夜间的巡逻检查、学生宿舍安全防范、外来人员管理、特种行业和公共场所的管理以及校内大型活动的安全保卫工作。2009年裁撤案件侦查科后,治安科承担起处置各类校内案(事)件的职能,年均受理处置案(事)件200余件。

为更好地掌控校园情况和增强防范能力,从1990年起,学校逐步推进技防建设,主要包括监控系统、周界报警系统、应急门禁系统、电台寻呼系统等。截至2017年3月,共有监控摄像头1 403个(至2013年基本实现校园监控全覆盖)、电子围栏26个防区(3 500米)、红外周界报警238对、110报警联动系统26套、防火防盗应急逃生门64套、门禁系统30套,标准化电子监控考场205个。2016年,在实时监控、信息查询、电台寻呼、信息发布、入侵报警等基础平台建设的基础上,学校开发了上海财经大学平安校园智能管理平台V1.0,实现了消防、水压、电子围栏、人脸识别、人员定位、车辆管理、巡更系统等诸多子系统建设;对17栋独立楼宇监控进行联网,完成了技防系统校内联网工作。截至2017年3月,学校已基本构建起"数字化、高清化、覆盖化、网络化、智能化"的技防管理体系。

## 二、政保工作

学校始终将政保工作作为内部政治稳定的重要工作。1985年,自成立保卫处始就设立政保科。在日常工作中开展调查研究,建立有效力量,沟通信息渠道,建立信息档案,掌握和注意发现疑点线索及可能影响学校内部政治稳定的不安定因素,积极、稳妥地处置突发性政治案(事)件。

## 三、户政管理

1978年复校后,校址地处中山北一路,学生在校集体户口由虹口公安分局广中路派出所管辖,保卫科一名工作人员兼管学生户籍。1984年国定路新校址确定后,国定路校区的集体户口由杨浦公安分局五角场派出所管辖,造成一所学校的集体户口分属两区公安派出所管辖。1988年9月学校成立公安派出所,集体户口由地区派出所管辖归到学校派出所负责。随着学校的发展,1991年保卫处增设户政科,协助派出所管理学校集体户口。1996年7月,为了便于学校集体户口统一管理,经市公安局户政管理处与虹口分局、杨浦分局户政科协商,将学校集体户口合并为一处(国定路777号),业务归属杨浦公安分局户政科领导。2004年10月,根据市公安局文件精神,学校集体户口中的教职工户籍归属地区派出所管辖,学校派出所负责受理在校外地学生的集体户口。2009年公安文保体制改革后,学校集体户口全部归属杨浦区五角场派出所管辖,裁撤户政科,治安科下设户政受理室配合管理集体户口。2016年底,为推动集体户口的规范化管理,增设户政科。1978—2017年初,学校集体户口变动及在册数见表11-9。

表 11-9 1978—2017年集体户口变动及在册情况

| 年 份 | 年内迁移入人数 | 年内迁移出人数 | 年末在册人数 |
| --- | --- | --- | --- |
| 1978 | — | — | — |
| 1979 | 408 | 4 | 404 |
| 1980 | 421 | 5 | 820 |
| 1981 | 400 | 11 | 1 209 |
| 1982 | 433 | 18 | 1 624 |
| 1983 | 538 | 529 | 1 633 |
| 1984 | 701 | 238 | 2 096 |
| 1985 | 912 | 313 | 2 695 |
| 1986 | 903 | 231 | 3 367 |
| 1987 | 997 | 713 | 3 651 |
| 1988 | 1 012 | 859 | 3 804 |
| 1989 | 989 | 551 | 4 242 |
| 1990 | 925 | 956 | 4 211 |

(续表)

| 年　　份 | 年内迁移入人数 | 年内迁移出人数 | 年末在册人数 |
|---|---|---|---|
| 1991 | 1 013 | 1 050 | 4 174 |
| 1992 | 1 120 | 1 068 | 4 226 |
| 1993 | 1 351 | 812 | 4 765 |
| 1994 | 1 429 | 1 025 | 5 169 |
| 1995 | 1 201 | 1 056 | 5 314 |
| 1996 | 1 510 | 1 012 | 5 812 |
| 1997 | 1 343 | 1 078 | 6 077 |
| 1998 | 1 309 | 1 182 | 6 204 |
| 1999 | 678 | 1 287 | 5 595 |
| 2000 | 1 146 | 1 436 | 5 305 |
| 2001 | 1 678 | 1 274 | 5 709 |
| 2002 | 1 716 | 1 286 | 6 139 |
| 2003 | 1 741 | 976 | 6 904 |
| 2004 | 1 800 | 1 173 | 7 531 |
| 2005 | 1 787 | 1 545 | 7 773 |
| 2006 | 1 807 | 1 794 | 7 786 |
| 2007 | 1 837 | 1 956 | 7 667 |
| 2008 | 1 991 | 1 792 | 7 866 |
| 2009 | 1 981 | 1 753 | 8 094 |
| 2010 | 1 778 | 1 689 | 8 183 |
| 2011 | 1 707 | 1 742 | 8 148 |
| 2012 | 1 748 | 1 647 | 8 249 |
| 2013 | 1 543 | 1 732 | 8 060 |
| 2014 | 1 467 | 1 478 | 8 049 |
| 2015 | 1 537 | 1 567 | 8 019 |
| 2016 | 1 408 | 1 341 | 8 086 |
| 2017 | 17 | 15 | 8 088 |

## 四、案件侦查

案件侦查原由治安科负责。随着学校规模的不断扩大和社会治安形势的变化，为有效打击违法犯罪活动和维护师生员工利益，2001年保卫处增设案件侦查科。其主要职责是查处发生在校内的各类刑事和治安案件,有效打击违法犯罪活动,维护师生员工利益。成立后,仅2004和2005两年,共受理各类案件80起,其中刑事案件43起,治安案件37起;侦破刑事案件16起,协助外区公安分局侦破校内盗窃案3起,查处治安案件35起。2009年,根据市教卫党委、市教委和市公安局关于高校公安机构划转的相关要求和规定,保卫处完成了派出所民警转制工作,共有5位同志转入公安,并做好了转制财产移交工作,将各类公安法律文书、警具等移交文保分局;同时裁撤案件侦查科,其基本职能改由治安科承担。

### 五、消防管理

复校以来,消防管理工作归属保卫科。1985年1月设立保卫处后,治安科同时负责学校日常防火管理。1990年,保卫处设一名消防专职干部,负责学校范围内的消防设施和消防器材的维护、保养、配置、更换工作。

1994年,学校列入杨浦区防火重点单位。2000年,根据《消防法》及公安部61号令规定,学校公安派出所对消防工作实行三级监督检查的管理职责。学校每年拨出消防专项经费,为配置、维修、保养、更换现有的消防器材和消防设施提供保障。截至2005年底,全校共有烟感报警、水喷淋系统装置2套(烟感探头217只),其中1套与消防报警控制中心联网;室外消火栓28只,室内墙式消火栓334只;室内消防泵28台(其中14台为备用泵);消防水带14 600余米;水枪680把;各类型号的灭火器2 213只;照明应急灯832只以及公共部位的各种安全出口疏散指示标志。

2009年,增设消防科,主要负责学校消防设备管理、车辆管理和特种设备管理。消防科主要落实上级下发的消防计划、安排和要求,认真做好校园消防设备维保工作,定期开展校园安全检查,消除校园安全隐患,定期开展师生消防培训和演练。2012年,消防科更名为安全管理科,并将特种设备管理移交后勤管理处。

2016年,对301只灭火器进行了换药剂和整体更新,新增灭火器30只,配套的灭火器箱子60只,调换应急灯、疏散指示灯、安全出口灯等370只,新增消防水带21根,全校室外消火栓维护保养2次,更换室外消火栓2个,各楼宇内消防设施墙式消火栓是否有效完善进行放水测试检查6次,张贴灭火器操作指示牌195块,为校内涉及施工的动火单位开具同意动用明火证21张,清除马蜂窝2处。

保卫处还将消防常识列入军事理论课程教学中,并组织学期末考核。还利用讲解消防器材的使用、展出逃生知识图片、发放宣传资料、组织灭火演练等多种形式,开展不定期的防火宣传。

### 六、校卫队管理

1996年,为规范校卫队队伍管理,学校同意保卫处成立校卫队,由副处长兼任校卫队队长,配一名专职副队长协助队长工作。校卫队在校卫队队长、副队长的指导下,负责校门门卫管理、校园安全保卫和治安巡逻,协助处内科室做好公共场所、道路交通、车辆停放等安全管理工作。

2009年,上海公安文保体制改革,校卫队队长调任公安工作。2016年底,学校进一步明确校卫队为正科级建制,设专职校卫队队长。

# 第四章 基本建设

## 第一节 校址变迁和校园规划

上海商科大学时期,学校一直赁屋办学。国立中央大学商学院时期,学院于民国十八年(1929年)秋购入江湾西体育会路附近11亩土地建设校舍,民国二十一年(1932年)"一·二八"战火中被焚毁。民国二十四年(1935年)初国立上海商学院在原址再次建设校舍,民国二十六年(1937年)"八一三"战火中再遭焚毁。此后,学院又一直赁屋办学。抗战胜利后,教育部拨中州路102号原第六日本国民学校为国立上海商学院校舍。因此上海商科大学至国立上海商学院时期,学校校址多次变迁,虽维持办学,但谈不上校园规划和建设。

1952年上海财政经济学院迁至欧阳路原光华大学校址后,因院系调整后规模迅速扩大,曾规划在沙泾港附近征地100亩,建造图书馆、风雨操场、学生宿舍等。1958年学院并入上海社科院,这一计划未能实施。

1960年在原上海商业学校大专部基础上重建的上海财经学院,位于共和新路1482号,占地49.5亩,建筑面积12 868平方米。1963年,为适应学生规模的扩大,曾向上海市高教局呈报申请在学院西南角柳营路桥附近增建教室和学生宿舍3 313平方米。1964年初,市高教局、水产局、市商业二局商定将中山北一路369号原上海市水产学校校址调拨给上海财经学院,占地105亩。学院遂迁入新址,直至1972年被撤销。

1978年底,上海财经学院在中山北一路原址复校。1980年6月,依据教育部1979年颁布的《一般高等学校用地面积定额》的精神,学校制定《上海财经学院基本建设总体规划》,提出根据学校发展规模、定额标准和现有校舍状况,总计需要土地400亩,要求在学院附近划地建设。按照上海市的安排,1981年起,学校在宝山县五角场公社国定人队所属范围内(即政立路以南、国定路东西两侧)分4批征地共约279亩,其中1981年征用70.242亩、1983年征用29.254亩、1985年征用81亩、1986年征用98.54亩(包括带征土地27.47亩、城市规划道路5.27亩),并着手国定路新校区的建设。至1986年底,建成校舍25 531平方米。

1987年8月,校本部由中山北一路369号校区迁至国定路777号校区。国定路校区主要用于校本部和本科生教育,中山北一路校区主要用于成人教育、研究生教育和留学生教育。同年,根据上海市增加培养学生数量的要求,学校再次申请征用国定大队土地56亩。1988年9月,市土地管理局批准征地59.702亩(含城市公路用地10.822亩、带征土地0.312亩)。

2000年起,学校积极在主校区周边扩展校区面积。2001年购置原手表三厂土地19.02亩(12 680.64平方米),购置武川路原自行车三厂土地189.34亩(126 229平方米)。2005年,在全市高校格局调整中,学校购置位于武东路的同济大学沪东校区土地 190.51 亩(127 007.3 平方米)。

2003 年,按照教育部的要求,学校编制《上海财经大学校园规划》。经过 4 个相关专业设计公司的竞标,学校基本采用上海现代建筑设计(集团)有限公司提出的《上海财经大学校园规划及建筑设计方案》。该方案以杨浦大学城的发展规划为宏观依据,在国定路校区及历史文脉的基础上,拓展整合武川路校区和武东路校区的综合土地规划设计。方案依循关注人性化、体现整合性、关注社会化和体现可持续发展的规划设计理念。方案总规划面积 662 亩,总体布局将校园生活区(住宿、就餐等)置于中心,行政办公、教学置于外围,运动区与景观绿化穿插在这两大部分中间。校园空间结构形成"一带、三心、五区"的空间布局,即:加强国定支路作为东西校区联系纽带作用,扩大这一线性空间的尺度;在原有三个地块中形成风格统一的开放场所和核心空间;分别形成生活区、本科生行政办公区、本科生教学区、研究生行政教学区和运动区。方案还提出了分期开发建设的措施。这一规划成为学校历史上第一个完整意义上的校园规划,并逐步投入实施。

2005 年开始实行的学校"十一五"发展规划,提出的校园建设任务为:以 2007 年 90 周年校庆为重要时间节点,进一步规范和美化校园环境,加强校园硬件环境建设与文化环境建设的有机结合,加快推进图书馆、学术交流中心等标志性建筑的建设;以校园规划为依据,进一步推进武川路校区的建设和全面展开武东路校区的建设,并适度改造国定路校区,力争形成"三位一体,各具特色"的校园风貌。

至 2016 年底,学校实有土地共计 818.56 亩。其中国定路 777 号校区 267.31 亩,武东路 100 号校区 185.41 亩,武川路 111 号校区 191.2 亩,中山北一路 369 号校区 103.4 亩,昆山路 146 号校区 5.3 亩,武东路 321 号西侧 5.89 亩,三门路 409 号等 60.05 亩。

## 第二节 校舍建设

上海商科大学筹建之初,即于民国十年(1921 年)4 月租定法租界霞飞路 290 号尚贤堂房屋办学。校舍包括校长室、教师休息室、教室、图书室、各处办公室等。学校租借附近巨籁达路(今巨鹿路)宝康里、淡水路民房作为学生宿舍,可住 100 余人。尚贤堂校舍租期至民国十五年(1926 年)6 月到期,上海商科大学搬迁至霞飞路 834 号中国营业公司房屋继续办学。

国立中央大学商学院时期,院舍仍暂设霞飞路 834 号,内分院长室、会议室、教授办公室、各处科办公室、大会堂、银行实习室、教室、女生寝室、图书馆、阅报室、阅书室、打字室等。男生宿舍租赁拉斐德路道达洋行新建的桃源村 50—53 号四幢房屋,可住 60 余人,距学院仅数百米。

民国十八年(1929 年)秋,学院在沪北江湾西体育会路购地 11 亩建造院舍。民国十九年(1930 年)夏破土动工,至民国二十年(1931 年)3 月落成。新院舍共建成四层楼房 2 幢,内分院长室、会议室、大会堂、教授办公室、各处课办公室、各部办公室、教室、图书馆、阅书室、阅报室、打字室、中大实习银行、中大消费合作社、会计实习室、商品陈列部、男生宿舍、女生宿舍等。总计建筑费 20 万元,仪器标本及一切校具共 30 余万元,图书 50 万元,总值 100 余万元。学院迁入不到一年,民国二十一年(1932 年)"一·二八"淞沪抗战中,江湾一带为日军占领,学院院舍设备被全部焚毁。

民国二十一年(1932 年)5 月,学校租赁霞飞路 1348 号大厦一座为院舍继续办学,学生宿舍则分布在麦琪路桃源坊、霞飞路广寒坊和兰村新厦的民居内,直至民国二十四年(1935 年)8 月。

民国二十三年(1934 年)7 月,教育部准拨国立上海商学院临时建筑费 10 万元,在江湾原址重建院舍。9 月成立院舍建筑委员会,规划院舍重建。民国二十四年(1935 年)1 月破土动工,8 月底落成。新院舍包括建筑4幢：一座三层教学办公大楼，内有办公室、教室、图书馆、商品陈列室、经济研究室等；两座两层大楼，分别为男女生宿舍；一座可容纳300余人就餐的饭厅。另建有门楼及门房等。民国二十六年(1937年)8月13日，日军大举进攻上海，新校舍再次全部毁于炮火，损失为20余万元。

民国二十六年(1937年)10月，学院租赁愚园路40号三层小楼一幢为校舍，包括办公室、教室、图书室，学生全部走读，直至民国三十五年(1946年)5月。

民国三十五年(1946年)4月，教育部拨中州路102号原第六日本国民学校为国立上海商学院校舍。7月开始迁入，逐步完成旧校舍修葺。民国三十六年(1947年)起先后新建三层图书馆大楼一座、教职员宿舍两座，以及学生饭厅、教工餐厅及浴室等，并整修开放了游泳池，还在校外福生路新民路口租地建造学生宿舍一所。

1950年8月，学校更名为上海财政经济学院。随着院系调整中大量财经院系的并入，中州路校舍无法容纳。1952年8月，学院迁入欧阳路221号(原光华大学及光华附中校址)，该址占地61.3亩，主要建筑有解放楼6 038平方米、和平楼4 198平方米；同时在祥德路264号购地20.754亩建造学生和教职工宿舍9 500平方米；1954年底又购地22.76亩建造职工宿舍和运动场。至1955年5月，上海财经学院共占地140.7亩，校舍总面积32 857平方米，其中教学行政用房13 089平方米、生活用房17 698平方米、租赁面积2 070平方米。同时，学院夜校部昆山路校区占地6.19亩，校舍面积5 092平方米，另租赁校舍1 751平方米。

1960年，上海财经学院在闸北区共和新路1482号上海商业学校原址重建，占地面积49.5亩，校舍建筑面积12 868平方米。原昆山路校区仍划归学院夜校部。

1964年初，学校迁至中山北一路369号，校区占地105.36亩，建筑面积16 669平方米。至1972年学院被撤销时，校舍建筑面积19 829平方米，包括教学楼5 785平方米、办公楼1 125平方米、实验楼1 081平方米、工场598平方米、宿舍8 702平方米、大礼堂兼食堂1 898平方米和其他附属用房640平方米。昆山路146号夜校部校区占地6.19亩，建筑面积4 135平方米，包括教学楼1 401平方米、办公楼149平方米、厨房101平方米、风雨操场133平方米和宿舍(家属)2 351平方米。

1978年上海财经学院复校后至1985年，学院在中山北一路校区原有校舍的基础上新建第一学生宿舍、图书馆、第四教学楼和专家楼等，并在国定路新校区建设教学楼、第一食堂和第一、二学生宿舍。1983年，学校还在虹口区祥德路274弄建设教工宿舍1—14号。

1985年学校更名为上海财经大学后，以国定路校区的校舍建设为重点，主要包括教学办公用房建设、学生宿舍建设和教职工宿舍建设三部分。

1986—1990年"七五"期间，主要建有国定路校本部的图书馆、教技大楼、第一、二教学楼、阶梯教室、第一、二食堂、第三、四、五、六宿舍、配电房、锅炉房、浴室、前大门、中山北一路校区的教学楼，以及国定路600弄部分教工宿舍等。

1991—1995年"八五"期间，校舍建设总面积19 022平方米，主要建有校本部的教学行政大楼、大礼堂、第七宿舍，中山北一路校区的专家楼(扩建)、锅炉房、浴室、前大门，以及国定路600弄和政立路580弄部分教工宿舍等。

1996—2000年"九五"期间，主要建有校本部的行政楼、教辅楼、综合楼、档案楼、第八宿舍、学生公寓(9—11号)，中山北一路校区的食堂、MBA教育中心、研究生公寓、变电所等。至2000年底，学校全部学生宿舍实现4人住一间的目标，从根本上改善了学生居住条件。

2001—2005年"十五"期间,主要建有中山北一路校区的培训中心综合楼及国际文化交流学院、武川路校区的学生公寓(21—26号)、食堂、风雨操场及第五教学楼、第六教学楼、阶梯教室和改建凤凰办公楼,此外还建成出版社大楼等。

2006—2007年,学校主要建有武川路新图书馆(厂房改建)、学术交流中心、国定路变电所等。

2010—2016年,建成并投入使用的有育英楼、武东校区田径场改扩建工程、大学生创业实训基地、武东校区学生食堂改扩建工程、主校区学生宿舍5个项目。主校区体育馆、主校区科研实验中心、武川校区实验楼项目已开工建设。

1986—2016年学校校舍情况统计见表11-10。

表11-10　1986—2016年学校校舍情况　　　　　　　　　　　　　　单位:平方米

| 年　份 | 教学及辅助用房 | 行政办公用房 | 生活用房及其他 | 合　计 |
|---|---|---|---|---|
| 1986 | 29 084 | 1 365 | 32 603 | 63 052 |
| 1987 | 25 375 | 18 405 | 68 753 | 112 533 |
| 1988 | 25 375 | 18 405 | 68 753 | 112 533 |
| 1989 | 33 630 | 18 412 | 74 076 | 126 118 |
| 1990 | 49 401 | 3 732 | 74 124 | 127 257 |
| 1991 | 46 934 | 3 732 | 76 591 | 127 257 |
| 1992 | 37 910 | 14 193 | 87 152 | 139 255 |
| 1993 | 37 910 | 14 193 | 96 682 | 148 785 |
| 1994 | 36 511 | 24 654 | 98 080 | 159 245 |
| 1995 | 50 455 | 16 706 | 104 315 | 171 476 |
| 1996 | 50 455 | 16 706 | 104 315 | 171 476 |
| 1997 | 50 455 | 12 129 | 116 222 | 178 806 |
| 1998 | 51 692 | 12 864 | 134 741 | 199 297 |
| 1999 | 51 692 | 12 864 | 137 759 | 202 315 |
| 2000 | 53 012 | 12 864 | 172 103 | 237 979 |
| 2001 | 64 001 | 24 798 | 195 424 | 284 223 |
| 2002 | 66 108 | 24 798 | 204 720 | 295 626 |
| 2003 | 71 585 | 24 798 | 243 399 | 339 782 |
| 2004 | 75 771 | 29 468 | 270 117 | 375 356 |
| 2005 | 105 969 | 38 037 | 306 620 | 450 626 |
| 2006 | 105 969 | 38 037 | 303 599 | 447 605 |
| 2007 | 128 221 | 46 288 | 268 624 | 443 133 |
| 2008 | 121 225 | 53 895 | 268 624 | 443 744 |

(续表)

| 年 份 | 教学及辅助用房 | 行政办公用房 | 生活用房及其他 | 合 计 |
| --- | --- | --- | --- | --- |
| 2009 | 109 069 | 46 179 | 215 163 | 370 411 |
| 2010 | 109 069 | 46 179 | 245 788 | 401 036 |
| 2011 | 109 069 | 60 344 | 235 503 | 404 916 |
| 2012 | 102 014 | 76 243 | 261 674 | 439 931 |
| 2013 | 102 014 | 82 177 | 241 557 | 425 748 |
| 2014 | 98 504 | 87 062 | 351 453 | 537 019 |
| 2015 | 135 161 | 40 554 | 394 973 | 570 688 |
| 2016 | 146 349 | 42 076 | 380 803 | 569 228 |

## 第三节  基建投资和管理

由于相关档案的缺失,1978年上海财经学院复校前的基建投资和管理情况缺乏系统资料,以下记载复校后的情况。

### 一、基建拨款和使用

从1981年起,学校基建拨款分为国家拨款和自筹款两部分。国家拨款从1981年起逐年增加,至1996年780万元达到最高值,以后大幅度下降;自筹款1993年起增长较快。从2008年开始,学校加快基本建设,各项投资数量增大。基建投资完成数的变化与拨款数略同。1981—2016年基建拨款与投资完成情况统计见表11-11。

表11-11  1981—2016年基建拨款与投资完成情况　　　　　　　　　　　　　单位:万元

| 年 份 | 基 建 拨 款 数 | | 投 资 完 成 数 | |
| --- | --- | --- | --- | --- |
| | 国家拨款 | 自 筹 款 | 国家拨款 | 自 筹 款 |
| 1981 | 82 | 60 | 82 | 39.80 |
| 1982 | 140 | 60 | 140 | 37.54 |
| 1983 | 204 | 95 | 204 | 16.69 |
| 1984 | 200 | 230 | 200 | 102.62 |
| 1985 | 230 | 215 | 230 | 252.60 |
| 1986 | 400 | 250 | 400 | 249.90 |
| 1987 | 525 | 500 | 525 | 529.76 |
| 1988 | 605 | 100 | 605 | 41.98 |
| 1989 | 280 | 100 | 280 | 100.02 |

(续表)

| 年份 | 基建拨款数 国家拨款 | 基建拨款数 自筹款 | 投资完成数 国家拨款 | 投资完成数 自筹款 |
|---|---|---|---|---|
| 1990 | 483 | 150 | 483 | 149.99 |
| 1991 | 600 | — | 600 | — |
| 1992 | 160 | 240 | 160 | 239.33 |
| 1993 | 200 | 1 350 | 200 | 1 349.28 |
| 1994 | 300 | 1 200 | 300 | 1 199.93 |
| 1995 | 430 | 80 | 430 | 799.77 |
| 1996 | 780 | 750 | 780 | 749.97 |
| 1997 | 150 | 3 650 | 150 | 3 649.95 |
| 1998 | — | 3 672 | — | 3 671.83 |
| 1999 | — | 3 200 | — | 3 199.84 |
| 2000 | 180 | 4 500 | 180 | 4 999.95 |
| 2001 | 110 | 6 090 | 110 | 6 066.88 |
| 2002 | 107 | 910 | — | 905.38 |
| 2003 | 107 | — | — | — |
| 2004 | 107 | — | — | — |
| 2005 | 107 | 78 | — | 78.00 |
| 2006 | 107 | — | 428 | — |
| 2007 | 107 | 10 041 | 214 | 9 531.29 |
| 2008 | 600 | 17 163 | 600 | 2 930 |
| 2009 | 1 000 | 16 661 | 1 000 | 9 233 |
| 2010 | 1 000 | 7 000 | 1 000 | 2 115 |
| 2011 | 600 | 10 500 | 600 | 7 614 |
| 2012 | 1 200 | 8 446 | 1 200 | 1 034 |
| 2013 | 6 000 | 4 800 | 6 000 | 40 277 |
| 2014 | 6 000 | 13 073 | 6 000 | 4 704 |
| 2015 | 8 040 | 4 166 | 8 040 | 5 299 |
| 2016 | 4 595 | 10 670 | 4 595 | 2 834 |
| 合计 | 35 736 | 130 000 | 35 736 | 114 002 |

## 二、基建管理

### （一）基建项目管理

学校基建项目管理遵循以下原则：决策科学化、程序规范化、管理精细化、信息公开化；遵守基本建设程序，坚持先规划论证、后设计施工。

工程项目实行项目法人责任制度。学校主要领导对工程项目负总责，分管校领导对相关工作负领导责任，基建处、财务处、后勤处、审计处、纪检监察等部门对工程项目的组织实施、资金管理、招标投标、资产交付、审计监督、廉政建设等工作负责。

凡属学校基建项目均需报送教育部批准，列入学校年度计划。基建处负责学校基建各项手续的办理，施工项目全程管理。为严格按基本建设程序工作，有效控制投资规模，提高投资效益，学校基建项目按以下工作程序进行：

1. 立项

基建项目立项需报教育部审批，批准后方可实施。按照学校"三重一大"原则，工程项目的实施需严格按照学校党委常委会和校长办公会（以下简称"两会"）议决及教育部批复进行。基建项目如改变建设选址、建设用途、建筑面积、建设标准和项目投资，需向教育部重新报批。

2. 设计

工程项目取得立项批复后，项目管理部门按工程地点、工程条件、工程规模、工程方案要求、投资估算及资金来源等编写完整的工程项目设计任务书，提供给设计单位。

中标的设计单位需向学校项目管理部门提交设计方案、初步设计和施工图设计，包括投资估算和设计概算。方案设计需满足上海市规划、环保、民防、绿化等部门要求。

大型基建项目的设计方案，需由项目管理部门组织相关部门举行设计方案论证，广泛听取各方面意见。确定的设计方案及工程概算需报学校两会决议通过后方可实施。

3. 前期

基建开工准备阶段，主要办理工程建设项目报建以及直至取得项目施工许可证阶段的前期手续。

招投标。工程项目依法实行招标投标制度。工程项目的勘察、设计、施工、监理、设备和材料的采购、工程咨询及社会审计、代建单位等均依据《上海财经大学招标管理办法（试行）》等相关规定实行招标。

签订施工合同。确定承包方式、材料供应方式、施工质量等级、造价、工期及奖惩措施等。

设计交底。组织设计单位、施工单位、使用单位及基建施工管理部门对设计图纸和施工方案进行会审。

4. 施工

施工阶段主要按合同对施工工程的质量、工期和投资进行监督管理。

工程项目需严格按审定的设计图纸施工，不得随意提高建设标准、增加建设内容，须规范技术核定单或签证单流程。凡涉及设计标准、功能变更的，按照学校"三重一大"原则报学校审批；涉及重大变更的，按照教育部有关项目变更的要求实施。

5. 竣工

工程项目竣工后，由项目管理部门组织设计、施工、监理等有关单位进行竣工验收，经验收合格后方可交付使用。竣工验收合格后,项目管理部门需及时向学校档案馆移交工程项目档案。基建项目需向主管部门申请竣工备案。

决算审核。工程项目竣工后,项目管理部门对施工单位编制的竣工结算报告进行初审。初审后的结算报告,由项目管理部门送交学校审计处,或由审计处委托的具有相应资质的造价咨询单位进行审计。

项目管理部门根据审计处或造价咨询单位出具的审计(价)报告与施工单位结算工程款,并向学校财务处提出项目竣工财务决算申请。

基本建设年度财务决算报告和基本建设项目竣工财务决算报告由学校财务处编制。基本建设项目竣工财务决算报告需在工程项目竣工后 3 个月内完成,经审计处委托的有相应资质的会计师事务所评审通过后,报教育部审核。

(二)建设工程质量管理

为加强对学校建设工程质量的监督管理,提高施工管理人员的责任意识,树立"质量第一"的思想,学校明确建设工程质量管理的责任,不断提高工程质量,抓住关键的五个方面:(1)认真贯彻执行国家基本建设的方针政策,实行工程质量监督制度,狠抓施工质量;(2)按照土建进展情况,抓好配套,抓紧施工进度;(3)做好工程收尾工作,抓好工程竣工验收工作;(4)认真做好质量的复算工作,努力控制工程标准和投资;(5)提倡采用新技术和适用新技术,帮助施工单位提高技术水平,提高工程质量的等级。

工程项目管理部门须严格要求参建单位贯彻国家和地方建设工程质量标准,制定项目管理体系,完善质量管理制度。要严格执行基本建设程序,坚持先勘察、后设计、再施工的原则。

工程项目质量管理按照"谁主管、谁负责"的原则,将党风廉政建设"一岗双责"的要求落实到项目管理的各个环节之中。各参与管理和监督的部门,应督促参与工程项目实施的相关单位和人员,认真履行职责,遵守有关工作纪律,廉洁自律,自觉接受监督。

# 第五章 校办产业

## 第一节 校办产业

作为以经济管理类人才培养为主的高等财经院校,学校发展校办产业,有利于进一步发挥学校的学科优势和潜力,促进理论与实践相结合,提高人才培养质量,提升学校服务社会的能力。校办产业的发展,为学校教育教学改革的实践与发展起到了积极推进作用。

1985年初,会计学系主任娄尔行和副主任徐政旦、石人瑾、石成岳等,围绕经济社会发展需求,结合学校学科优势,从试点会计学系教学改革考虑,提出了建立大华会计师事务所的建议。在学校的支持下,该年2月,具有法人资格、自负盈亏的独立经济实体大华会计师事务所正式成立,这在全国财经院校中属于首创,开启了学校校办产业的"第一扇门"。大华会计师事务所的建立,为学校校办产业的发展起到了引领和示范作用。1987年4月,在深圳开设大华会计师事务所深圳分所,徐政旦兼任分所所长。1994年,学校与普华会计师事务所合资成立普华大华会计师事务所,汤云为任董事长,徐政旦、石人瑾、石成岳任董事。1998年,普华国际会计总公司与永道国际会计总公司合并经营,原合资事务所停业解散。同年,根据国家主管部门的有关规定,大华会计师事务所与学校脱钩,改制成为大华会计师事务所有限公司。

1992年以后,学校校办产业呈现快速发展趋势。为适应这一趋势,学校于1992年9月成立了校办产业管理办公室(简称"校产办"),对校办产业进行统一管理。校产办的成立,为学校校办产业日后的规范管理奠定了扎实基础。至1996年底,学校校办产业总数达到26家,其中包括大华会计师事务所、上海瑞达公司、上海财经大学索飞软件公司、上海新世纪投资服务公司、上海索飞科技发展公司、上海索飞工贸实业公司和上海索飞园林环境艺术开发中心等。在校办产业蓬勃发展的时期,各校办产业为学校的人才培养和实践教学工作做出了重要贡献。

1996年,为适应现代企业制度建立的要求,学校各校办产业从自身实际出发,先后进行了合并、改制和重组,全面实行了企业化管理。改制后的各校办产业,进一步明晰了产权关系,理顺了管理体制,增强了自身活力,经济效益和社会效益逐年提高。

2002年,学校撤销校产办,成立了上海财大产业投资管理有限公司(简称"产业投资公司")。产业投资公司代表学校统一管理学校的校办产业和对外投资,是学校与市场之间筑起的一道坚实"防火墙"。产业投资公司的成立,标志着学校经营性资产的管理进入了一个新时期。

2006年下半年,为发展现代服务产业,学校与杨浦区人民政府共同组建了上海财经大学现代服务产业园区,并成立了上海财大科技园有限公司。2008年,为加强学校体育场馆的运营和管理,学校成立了上海财大体育场馆管理有限公司。2011年,为加强中山北一路校区博思楼的管理与运营,学校成立了上海财科投资管理有限公司。

截至2016年末,校办产业总资产为25 365.61万元,负债总额为6 999.77万元,所有者权益为18 365.84万元。

## 第二节 科技园区

为促进产学研一体化,把学校的人才、技术、信息、图书资料等综合智力优势与其他社会资源优势相结合,为知识创新和成果转化提供服务,学校从2005年起酝酿筹建上海财经大学现代服务产业园(又称上海财经大学科技园),目标是使之成为学校技术创新的基地、高新技术企业孵化基地、创新创业人才聚集和培育基地以及产学研结合示范基地。

2005年12月22日,上海市杨浦区人民政府和上海财经大学双方会谈,确立园区重点集聚发展现代服务产业的功能定位,明确园区用地和功能政策配套等政府支持,明确园区"政府推动、市场导向、多元投资、企业运作"和"总体规划、分步实施"的建设方式。

2006年3月,学校同意设立上海财大现代服务产业园管理办公室,负责筹建和管理工作。园区办公室经过详细论证,提出上海财经大学科技园由学校、杨浦区人民政府、上海市科技创业中心及其下属单位联合建设,并设立相应的法人主体——上海财大科技园有限公司的建议。3月15日,杨浦区人民政府办公室发出《关于同意成立上海财经大学科技园有限公司的函》,上海财经大学科技园有限公司(以下简称"财大科技园")在杨浦区成功注册登记,并完成税务登记的办理。

2006年3月29日,上海财经大学学术交流中心项目奠基仪式举行,学校党政领导、杨浦区人民政府及相关职能部门领导、上海市科技创业中心领导出席。这标志着上海财经大学现代产业园(上海财大科技园)园区载体建设的全面启动。

2006年6月6日,上海财大科技园正式启动五角场万达商业广场B幢10层楼收购事宜,标志着园区第二基地的正式形成。

2006年6月17日,上海财大科技园成立仪式举行,学校党政领导、杨浦区人民政府领导及其相关职能部门的领导、上海市科技创业中心的领导出席。这标志着园区招商工作以及园区建设和发展的全面开展。

2007年11月,上海财经大学学术交流中心项目竣工并投入使用。该工程获得学校历史上第二个"上海市建设工程白玉兰奖"。该项目的竣工投入使用,使得科技园引进产业集聚获得新的载体。

2009年3月,上海财大科技园通过了教育部和科技部的联合审查,获得"上海财经大学国家大学科技园称号",成为国内仅有的两家以人文社科为特色的国家大学科技园。

2010年7月,上海财大科技园与金丰投资合作成立上海财金产业投资有限公司,负责科技园区虹口基地的运营以及瞿溪路项目建设。同年虹口基地被评为"财大科技园金融服务孵化器"。

2010年9月,上海财大科技园被科技部评为"高校学生科技创业实习基地"。

2011年2月,上海财大科技园被正式命名为"上海财经大学金融服务外包专业园区",成为全市第一家以金融服务外包为特色的专业园区。

2011年8月,上海财大科技园被杨浦区人保局评为"大学生创业园"。

2013年2月,上海财大科技园先后被上海市中小企业办评为上海市中小企业服务机构、上海市中小企业服务示范平台。

2014年6月,上海财大科技园虹口园区被认定为上海市创业示范基地,同时科技金融服务平台纳入张江的服务示范平台。

2014年7月,上海财大科技园建设的瞿溪路项目竣工。

2015年7月,上海财大科技园被上海市经信委、张江高新区认定为以创新金融为特色的"上海市四新创新建设基地"。

截至2016年底,上海财大科技园已形成"创业载体、创业咨询、创业孵化、创业金融"四位一体的服务创新创业的运作模式,园区已建立杨浦、虹口共5个产业孵化基地,孵化面积达66 338平方米,在杨浦、虹口园区的注册企业共计1 936家,注册资金达251亿元,形成"科技金融企业+科技创新企业"规模化集聚效应。园区已集聚投资机构120余家,管理资本规模已达170亿元以上,其中杨浦园区资本规模超过120亿元。初步形成了从基础金融服务到高端金融服务的产业集聚,在园区金融产业集聚的拉动下,目前园区总共孵化了25家高新技术企业,8家企业已经挂牌新三板。

上海财大科技园一直坚守回馈学校的使命感。在为学校创新创业服务方面,园区依托其优势建立起"创业咨询+创业培训+创业苗圃+专业孵化+投融资"的模式来服务学校创新创业。园区通过创造有利条件吸引学校在校师生、校友到科技园创办企业。园区充分发挥科技部"高校学生科技创业实习基地"的作用,通过免费提供创业基地、免费提供创业咨询、积极引入天使投资基金等服务全力支持学校师生创新创业。目前,园区已为140余名学校校友创业提供服务,学校校友不同领域的创业成功案例不断涌现。

# 第六章 附属中学

## 第一节 上海财经大学附属中学

上海财经大学附属中学始建于1933年,原名斯高学院,1951年改名上海市建设中学,2007年更为现名。

建校80多年来,学校始终秉承着"对国家民族负责,对人民大众负责"的社会责任,以"办人民满意的教育"为指导,教书育人、科教兴国,形成了优良的办学传统和鲜明的办学特色,先后为国家输送了中科院院士王自强、高考状元车晓东、伦敦奥运会亚军曹忠荣等一大批优秀人才和上万名合格建设者。2009年被命名为杨浦区实验性示范性高级中学。

上海财经大学附属中学位于杨浦大桥北端宁武路151号,占地近40亩,校内绿树成荫,环境优美,教学设施完善,是一所现代化的花园学校。学校现有教学班24个,学生643名,教职工115名。教师队伍中,90%拥有中高级职称,其中有杨浦区学科带头人2名,杨浦区骨干教师5名,杨浦区中心组成员14名,硕士研究生学位14人,年轻教师中多人在市、区教学大奖赛中获奖。

学校注重特色的传承与发展,确立了"好学致用,立诚向善"的办学理念和"德优学精"的培养目标。在德育教育上,以"两纲教育课堂渗透""社团课程建设""社会实践课程""校园文化建设"等为主要途径打造了"共享都市阳光"特色德育品牌,在区域内产生了广泛的影响。在艺体教育上,学校的游泳和合唱有着深厚的传统,近年来民乐也有了长足的发展,被命名为杨浦区体育传统项目学校和杨浦区艺术教育项目特色学校。2009年,杨浦区基础教育创新试验区实验基地的财经实验室落户学校。学校将新的生长点放在了财经特色的建设上,以财经实验室为载体,先后开发了"银行""保险与基金""证券""期货"等特色校本课程,实现课程共享、资源共建,在区域内广泛辐射,产生了广泛的社会影响。目前为上海市特色高中建设对象,正在积极创建上海市特色普通高中。

近年来学校连续被评为"上海市文明单位",还先后获得了上海市花园单位、上海市安全文明校园、上海市心理教育实验校、上海市基础教育创新实验区基地学校、上海市优秀家长学校等多项荣誉称号。

## 第二节 上海财经大学附属北郊高级中学

上海财经大学附属北郊高级中学有100多年历史,其前身是1897年建校的晏摩氏女中和1906年建校的沪江大学附中,1952年两校合并,改名为上海市北郊中学,1960年被命名为虹口区重点中学,2001年更名为上海市北郊高级中学,2005年被命名为上海市实验性示范性高级中学。

2016年2月2日,上海财经大学与上海市虹口区人民政府签订协议,合作共建北郊高级中学。3月,学校更名为上海财经大学附属北郊高级中学。学校实行理事会领导下的校长负责制。理事长由分管教育的副区长与上海财经大学副校长担任,理事由上海市基教处、虹口区教育局、虹口区人力资源和社会保障局、上海财经大学党委校办、教务处、学生处、合作发展处、上海财经大学附属北郊高级中学校长等组成。

学校地处虹口区曲阳路497号,占地面积14 565平方米,建筑面积23 902平方米。学校现有教职员工107人（教师91人）,其中特级校长1名,特级教师2名,区学科带头人、区骨干教师13名,区教学能手7名;高级教师占教师比例的50%。

学校秉持"文化立校,素质立人"的办学理念和"德高、体健、学勤、行笃"的育人目标,倡导"尊重、合作、包容、共生"的文化精神,以"厚德博学"致"经济匡时",积极探索大学与高中贯通式财经拔尖创新人才培养模式。

100余年的办学历史,积淀了深厚的文化传统和人文底蕴,学校在人文、艺术、体育等方面形成了鲜明的特色,并取得了一定的声誉。近年来,学校以培育"国际都市公民素养的高素质人才"为核心,形成了涉及人文情怀、审美情趣、博雅学识、国际视野、创新潜质和财经素养六大类型24个模块的特色课程群,不断做强人文传统,活化科技创新,彰显艺体品牌,凸显财经特色。

学校曾荣获国家教委现代教育技术实验学校、全国群众体育先进集体、全国体育传统项目学校先进单位、上海市文明单位、上海市依法治校标兵示范校、上海市德育先进单位、上海市三八红旗集体、上海市爱国卫生先进单位、上海市艺术教育特色学校、上海市"十佳"中小学行为规范标兵校等称号。

# 第十二篇

## 教学单位

# 概　　述

民国六年(1917年)秋,南京高等师范学校设立商业专修科。民国十年(1921年)9月,上海商科大学设置普通商业、会计、工商管理、银行理财、国际贸易、交通运输和保险7个系,但交通运输和保险两系未招生。民国十七年(1928年)7月,国立中央大学商学院设会计、工商管理、银行理财、国际贸易4科。民国二十二年(1933年)9月后,国立上海商学院改科为系,设置会计、工商管理、银行理财、国际贸易4系,民国三十五年(1946年)7月又增设保险、统计及合作3学系。系下设教研组(室)始于1950年。1952学年起在学系下设置专业。1950—1953年,上海财政经济学院汇集华东地区各高等学校财经系科,到1956年5月,设有财政信贷系、会计学系、贸易经济系、统计学系、工业经济系5个系。1962年9月,上海财经学院经过调整,形成工业经济系、贸易经济系、财经金融系、会计统计系、工业品商品系5个系的格局。1978年12月,上海财经学院恢复重建,设有工业经济系、贸易经济系、财政金融系、会计学系、统计学系5个系,1980年成立世界经济系、经济学系,1982年成立经济信息管理系。1987年财政金融系改组成立财政学系和金融学系;1992年12月,成立经济法学系、经贸外语系。1993年5月,学校与南德经济集团联合创办南德国际经济管理学院,与恒通集团股份有限公司合作创办恒通工商管理学院;1994年6月,学校与上海证券交易所合作创办证券期货学院;1995年5月,学校与上海能源化工总公司合作创办财务金融学院;1995年6月,学校与上海万泰集团合作创办万泰国际投资学院。1996年3月,学校工业经济系与贸易经济系合并组建工商管理学院;1997年10月,在会计学系的基础上成立会计学院。1998年7月,经济学系与数量经济研究所合并,成立经济学院(筹);经济法系、经贸外语系分别更名为法学系和外语系;恒通工商管理学院归研究生部管理。同年9月8日,由财务金融学院、万泰国际投资学院、证券期货学院、世界经济系国际金融学科在内的属于大金融范畴的二级学科合并组成新的金融学院;9月15日,由工商管理学院与世界经济系国际贸易学科合并组建为国际工商管理学院;12月2日,撤销法学系,成立法学院。1999年10月,成立职业技术学院。2000年4月,成立经济学院;8月,成立应用数学系和体育教学部;12月,成立人文学院。2001年7月,成立国际从业资格教育学院;9月,成立公共经济与管理学院和国际文化交流学院;2003年6月,成立MBA学院。2005年1月,成立上海财经大学国金留学预科学院;5月,在经济信息管理系的基础上成立信息管理与工程学院。2007年4月,国金留学预科学院更名为国际教育学院,成人教育学院更名为继续教育学院。2009年6月,统计学系更名为统计与管理学院。2010年12月,在人文学院"思想政治理论教育教学部"基础上成立马克思主义理论教学科研部。2011年4月,在MBA学院基础上成立商学院。2012年5月,成立城市与区域科学学院,与财经研究所实行两个部门一套领导班子。2014年6月,外语系更名为外国语学院;7月,应用数学系更名为数学学院。2015年7月,依托国际工商管理学院成立创业学院;12

月,将马克思主义理论教学科研部与马克思主义研究院合并,成立马克思主义学院。

民国六年(1917年)至1949年,各系(科)均设主任1人。1950年起,各院(系)院长(主任)通常设1正2副。2004年起,学校在全球范围内公开招聘院长。至2016年12月,先后聘请10人次的海外知名专家学者担任学校体制内的非全时实职院长。至2017年初,学校有21个学院(所、部),即会计学院、金融学院、国际工商管理学院、经济学院、高等研究院、公共经济与管理学院、法学院、人文学院、马克思主义学院、信息管理与工程学院、统计与管理学院、外国语学院、数学学院、体育教育部、城市与区域科学学院/财经研究所、国际文化交流学院、商学院、继续教育学院、国际教育学院、国际从业资格教育学院、创业学院。

本篇重点介绍上述除城市与区域科学学院/财经研究所、高等研究院以外的19个教学单位以及历史上设置过的教学单位。城市与区域科学学院/财经研究所、高等研究院作为综合性的专职研究机构,在第九篇第一章"科研机构"中作专门介绍。

# 第一章 会计学院

## 第一节 发展概况

### 一、沿革及本科专业设置

民国十年(1921年)9月成立的上海商科大学设立会计系。以后随着学校名称的几经嬗变，1950年8月定名为上海财政经济学院会计学系，上海法学院会计系并入；1951年8月光华大学会计系并入；1952年8月，复旦大学财经学院会计系、大同大学商学院会计系、浙江财经学院会计系、东吴大学法学院会计系、沪江大学商学院会计系并入。1951年6月，上海财经学院会计学系与并入的交通大学财务管理系合并为财务会计系。1953年8月，山东财经学院会计系并入。1954年8月后，财务专业停办，财务会计系改名为会计学系，设立会计学专业。1960年上海财经学院重建后，设立会计统计系。1972年4月，会计统计系随上海财经学院一起被撤销。

1978年上海财经学院复校后，恢复设立会计学系及会计学专业。1985年增设审计学专业，1988年增设国际会计专业。1994年，审计学专业撤销，国际会计专业改为专门化归属会计学专业。与此同时，根据上级要求，学校在会计学专业增设注册会计师专门化，翌年又增设电算化会计专门化。1995年7月，会计学系成为在中国会计学会下成立的中国会计教授会秘书处常设单位。1997年10月，经财政部同意，在会计学系基础上成立会计学院。1998年，电算化会计专门化撤销。1999年，财务管理专业从金融学院整体转入会计学院。1989年，学校与上海外国语学院签署协议，联合培养国际会计专业本科生。1994年，联合培养暂停，学校会计学专业独立招生，开设国际会计美国会计方向本科班；是年起，会计学系又与英国特许公认会计师公会及英国牛津布鲁克斯(Oxford Brookes)大学等机构合作，开设国际会计ACCA方向本科班。2001年5月4日，学校与加拿大注册会计师公会(CGA)签署协议，从是年起，会计学院与CGA共同培养国际会计中外合作CGA本科生。

### 二、硕士研究生专业设置

1981年11月，获会计学硕士学位授予点，研究方向：财务会计(含会计理论)、管理成本会计、国际会计、会计信息系统、审计。1993年12月，获企业财务管理专业硕士点。2002年12月，学校在工商管理一级学科博士点内自主设置财务管理硕士点，研究方向：公司财务、财务理论。2002年起，会计学院分别与美国佩斯大学鲁宾商学院和澳大利亚迪肯大学开展联合培养MPAcc(职业会计硕士)项目。会计硕士采用实务型和学术型两种培养模式，实务型硕士培养借鉴国外案例教学，加大案例讨论比例;学术型硕士重点加强基础理论和方法的培养,强化经济理论、计量经济学和研究方法论的基础训练。2004年,经国务院学位委员会办公室批准,会计学院开始招收会计硕士(MPAcc)专业学位人员(单证班)。2017年起,单证MPAcc停止招生。实务型硕士开始分全日制和非全日制招生。

### 三、博士研究生专业设置

1981年11月,获会计学博士学位授予权。研究方向:财务会计(含会计理论)、管理成本会计(含财务理论)、国际会计、会计信息系统、审计。2002年12月,学校在工商管理一级学科博士点内自主设置财务管理博士点。研究方向:公司财务、财务理论。2001年6月,经学校学位评定委员会批准,会计学院试点开展硕博连读,即从2002级起选拔优秀硕士生进入硕博连读程序。2012年起,学院博士生招生入学考试取消,改为申请考核制。

### 四、历任行政领导

民国十一年(1922年)2月,李道南任上海商科大学会计系主任;民国十六年(1927年)8月,张直夫任国立第四中山大学商学院会计科主任;民国十七年(1928年)2月,林襟宇任会计科主任;民国十七年(1928年)8月,国立中央大学商学院院长程振基兼任会计科主任;民国十八年(1929年)2月,刘驷业任会计科主任;民国十九年(1930年)2月,雍家源任会计科主任;民国二十年(1931年)9月,嵇储英任会计科主任;民国二十二年(1933年)8月,金国宝任国立上海商学院会计系主任;民国二十三年(1934年)2月,安绍芸任系主任;民国三十五年(1946年)8月,许本怡任系主任。

新中国成立后,1951年8月,薛迪符任会计学系主任;1952年8月,杨荫溥任系主任;1957年5月,薛迪符任系主任,娄尔行任系副主任。1962年9月至1966年,龚清浩任会计统计系主任,贾宏宇任系副主任。

1978年12月,上海财经学院复校,徐政旦、石人瑾、王松年担任会计学系的临时召集人、负责人。1980年7月,娄尔行任系主任,徐政旦、石人瑾、石成岳任系副主任;1984年12月,石成岳任系主任,娄尔行任名誉系主任,石人瑾、林世怡、周勤业、张为国先后任系副主任;1992年4月,张为国任系主任,孙铮、谢荣任系副主任;1997年4—7月,孙铮任系主任,陈信元、袁树民任系副主任;1997年7—10月,陈信元任系副主任(主持工作),袁树民任系副主任。

1997年10月,陈信元任会计学院副院长(主持工作),袁树民任副院长;2000年1—9月,薛云奎任副院长;2000年10月,陈信元任院长,潘飞、张鸣、王蔚松任副院长;2011年11月,陈信元任院长,潘飞、李增泉、朱红军任副院长;2015年4月,李增泉任院长,潘飞、靳庆鲁、薛爽任副院长;2016年3月,李增泉任院长,靳庆鲁、朱凯任副院长。

2000年,上海财经大学会计与财务研究院被遴选为教育部人文社会科学重点研究基地。孙铮任会计与财务研究院院长,陈信元、原红旗、靳庆鲁先后任副院长。

### 五、学院荣誉

1987年,上海财经大学会计学系被财政部、中国财贸工会委员会评为"全国财税系统先进集体";1988年6月,会计学科被国家教委确认为全国高等学校重点学科;1992年,会计学系被财政部评为"全国财政先进单位";1995年,会计学系被财政部评为"全国先进财会工作集体",成为全国235个获奖单位中唯一的会计教学研究单位。同年,被上海市政府授予"上海市模范集体"荣誉称号。1997年1月,会计学科被财政部遴选为财政部部属院校重点学科;2000年9月,会计与财务研究院入选教育部人文社会科学重点研究基地;2001年8月,会计学科被上海市教委确认为上海市重点学科;2002年1月,会计学科被教育部批准为全国高等学校重点学科;2003年上海市重点学科建设中期检查中,会计学科被评为优秀;2004年,会计与财务研究院通过教育部的三年期评估。2007年8月,会计学科再次被教育部批准为国家重点学科。2010年6月,会计与财务研究院通过教育部组织的第二次考核评估。

## 第二节 教 学

### 一、师资队伍

1951年9月,会计学系教师12人,其中教授5人、副教授1人;财务管理系教师12人,其中教授6人。1956年7月,会计学系教师85人,其中教授27人(含长期生病3人)、副教授14人;评定工资级别时,教授中杨荫溥、龚清浩2人定为二级,娄尔行等6人定为三级。1958年8月后,会计学系有教师20人赴吉林、安徽、河南等地财经院校工作,其余教师转入上海社会科学院。1960年4月,从上海社会科学院调回上海财经学院的教师有:杨荫溥、龚清浩、蒋凤五、蒋士麒、潘兆申、袁际唐、王涵清、钱培均等教授,李振宇、徐政旦、吴沪生、朱新宝、李桢华、梁倩恩等副教授。1972年4月,上海财经学院被撤销,会计学系大部分教师被分到复旦大学经济系。

1978年12月,会计学系恢复招收本科生,大部分教师从复旦大学经济系调回。1980年7月,娄尔行从复旦大学调回任会计学系主任。1982—1983年,会计学系留下毕业研究生和一批毕业本科生留校担任教师和教育行政工作。1988年底,会计学系有教师89人,其中教授13人、副教授9人、讲师27人、助教40人、博士生导师2人。截至2016年12月,会计学院有专任教师53人,其中教授14人、副教授22人、讲师8人、常任轨助理教授9人。

1981年11月,娄尔行成为会计学科第一位博士生导师。1986年4月,徐政旦成为会计学科第二位博士生导师。1987年,会计学系培养出学校第一位博士汤云为。1989年,石成岳获"全国先进工作者"称号。1989年,张为国获霍英东教育基金会"全国高等院校优秀青年教师奖",1990年获"上海市优秀青年教师奖",1995年获"全国优秀教师"称号。1997年,汤云为被美国会计学会评为"杰出国际访问教授"。2000年,陈信元获"霍英东教育基金会青年教师奖""上海市劳动模范"称号;孙铮获教育部"高校青年教师奖"。2002年,孙铮入选"新世纪百千万人才工程"国家级人选;原红旗获"霍英东教育基金会青年教师奖"。2003年,陈信元获教育部"第一届全国高等学校教学名师奖"和"上海市高等学校教学名师奖"称号。2004年,潘飞获"上海市育才奖",原红旗入选"新世纪优秀人才支持计划"。2006年,陈信元获"上海市杰出会计工作者""长江学者特聘教授"。2007年,原红旗获得"上海市育才奖"。2009年,陈信元入选"新世纪百千万人才工程"国家级人选。2014年,靳庆鲁获"长江学者特聘教授",并于2015年入选"百千万人才工程"国家级人选。2016年,李增泉被评为"长江学者特聘教授",靳庆鲁获"国家杰出青年科学基金项目"资助。

## 二、教学建设

新中国成立后,会计学系教师集体编写的教材有《会计核算原理》《工业会计核算》(一、二、三分册)和《工业企业经济活动分析》(上下册)3种,构成一个系列于20世纪50年代中期出版。

1978年上海财经学院复校后,会计学系于1981年起开展第一轮本科教学改革,建立会计学专业核心课程体系,编写出版《基础会计》《财务会计》(上下册)、《成本会计》《管理会计》和《审计学概论》5种教材,其中2本获"全国高校优秀教材"一等奖、5本获财政部优秀教材一等奖。1982年,龚清浩和徐政旦主编的《会计辞典》出版。该书获1984年上海市高等院校文科科研成果奖和1986年上海市哲学社会科学优秀著作奖。娄尔行主编的《基础会计》获国家教委颁发的1988年第一届普通高校全国优秀著作奖。1988年出版的《会计学原理》教材作为全国高等教育自学考试主要参考教材,1989年,国际会计专业的所有专业核心课和专业方向课都采用原版教材、双语教学。

1992年9月开始第二轮教学改革,革新本科专业核心课程体系,核心课程由5门扩充为8门,组织教师集体编写新的教材,因其内容已与国际接轨,而为国家教委、财政部肯定,并向全国推荐。8本教材分别为:《基础会计》《中级财务会计》《管理会计》《成本会计》《电算化会计》《高级财务会计》《财务管理》《审计》。从1994级起,将英国公认会计师公会(ACCA)的12门培训课程纳入国际会计专业方向教学计划。1997年开始的第三轮教学改革,重点改革研究生教学,明确博士生、硕士生的培养模式。1994年起,中国注册会计师协会在全国重点高校培养注册会计师专门化人才,其中指定必修课的9本教材中,学校会计学系承担3本的编写,分别为:汤云为主编《高级财务会计》、张为国主编《中级财务会计》、袁树民主编《电算化会计》。1999年,全国重点高校培养注册会计师专门化人才的指定教材改为6本,其中《中级财务会计》和《高级财务会计》由会计学院孙铮和陈信元主编。2001年8月出版的《国际会计前沿》被教育部研究生工作办公室推荐为研究生教学用书,2005年1月发行第二版。1995年,为配合和支持财政部要求企业推广应用会计电算化的工作,学科点建立电算化会计实验室,作为上海市会计电算化考试考场。2005年,开发电算化会计、电算化审计、财务软件3门实验课程。2006年,开发会计模拟教学软件和多媒体教学课件,增加了管理信息系统、管理会计、成本会计等实验课程。至2016年底,有3门课程被评为国家级精品课程,分别为"会计学""成本会计"及"管理会计"。

1989—2013年,"会计学专业教学改革""发挥两校优势培养高质量国际会计人才""深化高校会计学教学改革""会计学专业研究生教学改革""中英合作培养ACCA人才""开拓创新,与时俱进,培养具有国际竞争力的会计学专业人才""会计学专业国际化人才培养实践与创新"等教学项目分别获得第一至第七届国家级优秀教学成果奖。2007年,"会计学国际化人才培养"项目被批准为2007年度第一批全国高等学校特色专业建设点;2008年,"成本管理会计"被列为国家级双语示范课程建设项目,"会计信息系统课程建设与推广"被列为教育部"使用信息技术工具改造课程"立项项目。2013年9月28日,成立上海财经大学会计学院教学工作指导委员会。

## 三、学生获奖

2002年,王跃堂的博士论文获上海市优秀博士论文奖;张田余的硕士论文获上海市优秀硕士论文奖。2003年,赵宇龙的博士论文被教育部评为全国百篇优秀博士学位论文;2003年,朱红军的博士论文获全国首届"杨纪琬"优秀成果奖。2005年,李增泉的博士论文获得教育部全国百篇优秀博士学位论文提名;2007年,曾庆生的博士论文获得教育部全国百篇优秀博士学位论文。

2003—2007年,5篇研究生论文被评为上海市优秀学位论文,依次为2003年王志台的硕士论文、2004年李增泉的博士论文、2006年曾庆生的博士论文、2007年刘凤委和黄俊的博士论文。

2007—2016年,本科生公开发表论文81篇,参与学校本科生科研创新资助项目200多项;有1名学生获得英国特许公认会计师公会全球考试单科全球第一、6名学生先后获得单科中国区第一。

### 四、上海大华会计师事务所

1985年2月,在学校党政领导的大力支持下,以会计学系为主体,创办上海大华会计师事务所,娄尔行任董事长,徐政旦为主任会计师。作为会计教学改革的一个重要成果,事务所在促进学校实践教学和学科建设方面发挥了重要作用。学校分期分批地把中青年教师、博士生、硕士生安排到事务所进行实习,丰富了师生的专业视野,巩固了实践教学成果。事务所作为教学实践基地,在会计学科申报全国重点学科中发挥了重要作用。1998年,事务所与学校脱钩,改制成为大华会计师事务所有限公司。

### 五、各类毕业生

民国十四年(1925年)至1949年,本科毕业生404人;1950—1969年,本科毕业生1 426人;1982—2006年,本科毕业生4 795人,硕士毕业生997人,同等学力硕士毕业生90人,博士毕业生166人。

2007—2016年,学院本科毕业生13 305人,硕士毕业生2 741人,博士毕业生234人。硕士研究生就业率分别达到98%左右,本科生就业率达到97%左右。

## 第三节  科学研究与对外交流

### 一、科研机构

民国十四年(1925年)3月,成立学术团体——东大上海商科会计学会。民国十五年(1926年)3月,该会计学会主办《会计学杂志》出版创刊号。

1995年,会计学系与香港城市大学、加拿大注册会计师公会合作成立"中国会计教育与研究中心",该中心收集国内已经发表的博士论文、硕士论文、国内外研究生教学方案、教学参考资料、国内外会计学术团体资料、国内外优秀出版著作,供境内外学者参考。

2000年9月,会计学院申报的"会计与财务研究院"入选第二批全国普通高等学校人文社会科学重点研究基地;2013年3月,上海财经大学与财政部人事教育司等15家协同单位共同组建了"会计改革与发展协同创新中心";2013年11月,学院与英国特许公认会计师公会合作成立"管理会计研究中心";2014年与财政部合作,成立"上海财经大学会计信息化暨XBRL中国地区组织应用研究中心";2016年,成立"会计与财务大数据研究中心",努力建设中国会计财务大数据智库,服务国家和地方经济与社会发展战略。

## 二、科研成果

1991—2016年,会计学科的教师公开发表论文1 200余篇。其中,1998年5月至2007年12月,学院教师在国际顶尖期刊JAE、TAR、AH各发表1篇论文,在BAR发表2篇论文。在国内学术期刊上发表论文262篇,其中国家级杂志《经济研究》23篇,《管理世界》17篇,《管理科学学报》和《中国科学》各1篇;《会计研究》67篇,《金融研究》9篇,《审计研究》20篇,《中国会计与财务研究》22篇,《中国会计评论》9篇。2007—2016年,在国际顶尖期刊JAE、BAR、JCAF、JAR、JAAF、JIFMA、JEF、FR、JIBS、MS上各发表论文1篇,TAR发表5篇,RAS和CAR各发表2篇,JCF和JAPP共发表论文9篇;在《经济研究》《管理世界》《管理科学学报》《中国科学》《中国会计与财务研究》《金融研究》《会计研究》《经济学季刊》等国内权威和重要期刊共发表论文236篇,其他CSSCI期刊32篇。

1999—2007年,会计与财务学科教师共承接208项研究课题,其中,国家自然科学基金课题12项,国家社会科学基金课题7项;教育部项目29项,其中14项为教育部重点研究基地重大课题;中央其他部委项目15项,上海市政府及有关部门项目52项,企事业单位委托项目49项。累计科研经费1 535.1万元。2007—2016年,会计学院共承担国家级课题50多项(其中2项国家自然科学基金重点课题、1项国家杰出青年科学基金项目)、省部级课题70多项。

## 三、国(境)外合作研究

1980年,娄尔行等人受中国会计学会和中国财政学会委托,与美国洛杉矶大学会计学者合作进行"中美比较会计研究",发表成果论文,并在上海和香港出版《英汉、汉英会计名词汇译》。1987年,娄尔行、王松年与美国达拉斯德州大学教授恩托文合作出版国内第一部英文介绍中国会计与审计的专著《中华人民共和国的会计与审计》(Accounting and Auditing in the People's Republic of China),此书以后又被译成日文在日本出版。1989年,石成岳等人与香港会计师公会遴选的专家合作编撰出版了《英汉会计词汇》,1994年出版修订版。1991年,汤云为与墨尔本皇家技术学院教授库珀(Barry Cooper)、香港理工大学仇林明英合作,用英语编写出版了第二本介绍中国会计与财务的著作《中国的会计与财务》(Accounting and Finance in China)。石人瑾、林宝环等人与日本中央大学教授根本光明等合作进行中日比较会计研究,其成果以日汉两种文本(Accounting Issues in China: An Analytical Approach)由国际一流出版社Prentice Hall出版。

此外,学院还在1993年与英国特许公认会计师公会、英国皇家特许管理会计师公会、澳洲会计师公会、澳大利亚国家会计师协会建立合作关系;2006年11月,取得英国特许公认会计师公会最高培训机构资格;2007年10月,获得英国特许公认会计师公会授予的最高级别培训证书——白金级。

## 四、对外交流

1983年2月和1984年3月,娄尔行两次作为中国政府代表,出席联合国国际会计和报告准则政府间专家工作组会议,登上国际会议论坛作报告,介绍中国会计工作特点,支持发展中国家的主张,并维护台湾是中国一个省份的立场。1987年9月,娄尔行、王松年参加日本"国际教育研讨会";1989年9月,娄尔行参加联合国在苏联召开的"中央计划经济国家经济特区"国际研讨会;1990年,徐政旦赴日本参加会计史第六次国际年会；1997年10月，徐政旦参加南非摩斯伦国际代表会议。

1985—2006年，到校访问交流的国外境外学者有：国际著名会计学者Ray Ball、Mary Barth、Ross Watts、James Ohlson；美国会计学会前会长教授Katherine Schipper、赖斯大学教授Stephen Zeff、奥斯汀德州大学教授Glenn Welsch；美国注册会计师协会前会长、密执安州立大学教授Alvin Arence；伯克利加州大学教授George Staubus；洛杉矶加州大学教授Eric Flamholtz；南加州大学教授林文雄、Ken Merchant；纽约州大学教授Bertrand Horwitz；纽约大学教授Rrichard Brief；明尼苏达大学教授Jack Gray；孟菲斯大学教授Robert Sweeney；达拉斯德州大学教授Adolf Enthoven；芝加哥伊利诺伊大学教授陈立齐；阿拉巴马大学教授David Phipps等。来自英国的有牛津大学的Anthony Hopwood；国际会计教育研究学会会长、渥威克大学教授Sidney Gray等。来自澳大利亚的有国际会计教育研究学会前会长、国际史学会前会长、悉尼大学教授Murray Wells；墨尔本皇家技术学院教授Barry Cooper。来自日本的有日本会计学会前会长、骏马台大学教授饭野利夫；早稻田大学教授染谷恭次郎、藤田幸男；名古屋大学教授津谷原弘；九州大学教授西村明；大阪市立大学教授山上达人。来自香港地区的有香港科技大学教授李志文；香港中文大学教授陈冠雄、辜飞男；香港理工大学教授张国梁；香港城市大学教授徐林倩丽。来自台湾地区的有政治大学教授郑丁旺、汪泱若、林美花；台湾大学教授杜荣瑞；淡江大学教授蔡信夫、Joe Schultz，加拿大著名会计学家Jerry.Feltham等。

2007—2016年期间，学院与海外学术界的交流日益紧密，教师和学生总计有466人次前往国（境）外进行访问交流、进修、合作研究以及参加学术会议。学院邀请了101位外籍教师为本科生、研究生等上课，79位国（境）外学者来院举办学术报告，并接待其他来访外宾165位。为创新多层次研讨模式、提升学术交流成效，学院每年举办约30余次学术报告，报告嘉宾既包括美国德州州立大学达拉斯分校、香港科技大学、香港中文大学、新加坡南洋理工大学等国际知名院校学者、教授，又有国内知名会计院系学者、教授，为广大师生提供了优质的学术交流平台。

学院举办的重要学术研讨会有：1993年，举办"海峡两岸会计审计研讨会"；1995年、1996年，主办第一届、第二届"中国会计教授会年会及学术研讨会"，两届会议上美国会计学会会长北美华人会计教授会会长均到会发表演讲；2001年，举办中国会计与资本市场问题国际研讨会；2002年，与香港城市大学和国家会计学院等合作承办"亚太会计与经济研讨会"；2003年1月，与香港城市大学、香港理工大学合作举办"亚太会计与经济学杂志2003年年会"；2005年3月，与香港中文大学举办"中国与东亚国家公司治理国际研讨会"；2006年4月，举办"海峡两岸财务学研讨会"；2006年10月，与香港城市大学合办"转型经济中的审计问题国际研讨会"；2006年11月，与CGA－Canada合办"2006加拿大注册会计师协会中国区会员年会暨中加资本市场最新发展国际研讨会"；2007年，举办"会计准则国际研讨会"；2008年10月，与英国特许管理会计师公会联合举办"中外管理会计研究成果比较与借鉴国际研讨会"；2009年11月，与香港中文大学经济和金融研究中心联合主办"新兴市场公司财务与治理国际研讨会"；2010年12月，与香港理工大学会计与金融学院联合主办"2010年中国会计与财务研究国际研讨会"；2011年5月，与台湾大学会计学系、香港城市大学会计学系联合主办"2011年两岸三校会计研究论坛"；2013年11月，与香港中文大学公司治理中心联合举办"中国资本市场会计与财务问题国际研讨会"；2014年4月，与美国管理会计师协会共同主办"第二届IMA管理会计学术论坛"，与XBRL中国地区组织联合主办"XBRL应用学术研讨会"；2015年6月，与Arbutus Software China协办"金融机构审计、监管与数据分析应用"产学研联合论坛。

# 第二章　金融学院

## 第一节　发展概况

### 一、沿革

民国十年(1921年)9月成立的上海商科大学设银行理财系。民国十六年(1927年)秋,银行理财系更名为银行科。民国二十二年(1933年)11月,银行科更名为银行系。民国三十五年(1946年),学院增设保险学系。1950年8月底,上海法学院银行系并入;10月,银行系改名为财政金融系(简称财金系)。1951年8月,光华大学商学院银行系并入。1952年8月,上海财政经济学院和浙江财政经济学院两校的财政金融系与复旦大学、大同大学、沪江大学3校的银行系以及上海财政经济学院保险学系合并组成新的财金系。1955年9月,财金系更名为财政信贷系(简称财信系)。1958年9月,学院并入上海社会科学院,财信系停止招生。1960年9月,学院重建,恢复财金系。1972年4月,学院被撤销。1978年上海财经学院重建后,恢复财金系。1987年5月,财金系一分为二,分别设立财政系和金融系。1995年5月,金融系与财政系下设的财务专业合并组建财务金融学院。1995年6月,金融系证券专门化的教师与学生整体转入证券期货学院。1998年9月,由财务金融学院、证券期货学院、万泰国际投资学院和世界经济系国际金融专业合并组建金融学院。1999年,财务专业转入会计学院。2001年9月,投资系转入公共经济与管理学院。

系下设教研组(室)始于1950年。20世纪50年代,财金系下设财政教研组(室)、金融教研组(室)、国民经济各部门财务教研组(室)。60年代,财金系下设财政教研组、财务教研组、金融教研组。1978年12月,恢复重建财金系,下设4个教研室,金融教研室是其中之一。1987年5月,金融系下设金融理论教研室、金融业务教研室、证券教研室、保险教研室、外国金融教研室。1995年5月,财务金融学院下设货币银行教研室、保险教研室、保险精算教研室、财务管理教研室。1998年9月后,金融学院设有银行系、保险学系、国际金融系、证券期货系,2007年增设公司金融系。至2017年3月,金融学院设有银行系、国际金融系、证券期货系、保险学系、公司金融系5个系,不设教研室。

### 二、本科专业设置

民国十年(1921年)至1952年8月,银行理财系(银行科、银行系)、财政金融学本科不设专业。1952年9月,财金系设置财政学、货币与信贷、国内保险3个专业。1953年3月,国家保险专业撤销。1954年,在货币与信贷专业下设立"短期信贷专门化"。60年代,设财政金融专业。1978年底,财金系设财政、金融本科专业;1979年5月设基建财务与信用专业。1985年,设保险学专业。1987年5月后,金融系设有金融学、保险学专业;1991年4月,金融学专业增设证券专门化。1994年,保险学专业增设保险精算专门化。1995年5月后,设货币银行学、保险、理财学专业。1998年8月后,金融学院设金融学、工程管理专业;2001年9月后,设金融学、保险学专业;2002年2月,增设信用管理专业;2003年2月,增设金融工程专业。2001—2015年,设金融学、保险学(保险精算方向)、信用管理、金融工程专业。2016年至今,设金融学、保险学(保险精算方向)2个本科专业。

### 三、硕士研究生专业设置

1979年10月,财金系招收金融专业财政金融研究方向研究生。1981年11月,获全国首批货币银行学硕士点,研究方向为国外货币金融学说、货币银行理论。1986年,货币银行学专业的研究方向调整为:货币银行理论、西方货币金融学说、社会主义货币银行学、农村金融学、保险学等。1987年4月,国家教委决定从在职人员中通过单独考试招收应用类研究生,对全国有关高校货币银行学专业硕士研究生进行教学质量的检查和评估,规定对通过评估结果排列前五名的高校有关专业,可招收应用类硕士研究生。1987年5月,国际金融和货币银行学两个硕士点在全国高校硕士点教学评估中均获得第三名。1989年9月,国家教委通知上海财经大学金融系货币银行学专业作为招收应用类硕士研究生的试点。货币银行学专业硕士研究生的研究方向调整为:中央银行理论与实践(含应用类)、金融业务与经营管理(含应用类)、货币经济学(原"西方货币金融学说"研究方向的发展)、证券经营管理、保险学。1996年6月,保险学学科获得硕士学位授予权。1997年8月,学校根据国家有关部门颁布的研究生专业目录,调整硕士研究生专业,货币银行学专业改名为金融学专业,下设货币银行学、国际金融、保险学等方向。2000年起,学校实行硕士研究生专业调整,金融学专业的硕士研究生培养方案也做相应调整。金融学专业下设货币银行学、国际金融、证券期货3个方向,学制均为2年。2003年1月,自主设置保险学、信用管理、金融数学与金融工程3个硕士点。2015年,学院为对接上海国际金融中心建设紧缺人才需求,在专业硕士培养方面,联合统计与管理学院、信息管理与工程学院、法学院等学院,充分发挥交叉学科的互补优势,对"金融数学与金融工程"培养方案进行全面修订,并更名为"金融工程与量化投资",新设立"信用风险管理与互联网金融"交叉创新人才培养方案,并于2016年招收第一届学生。至2017年3月,学院设有金融硕士、保险硕士2个专业硕士学位。

### 四、博士研究生专业设置

1991—1994年,在"经济学说史"博士点下设立金融学方向,招收在职博士生。1996—1998年,在财政学博士点下设西方货币理论与政策方向,招收博士研究生。1998年起,获金融学博士点,研究方向:货币理论与政策、国际金融、金融市场理论与实践、投资经济、保险、保险精算,招收博士研究生,同时接收博士后研究人员。2003年起,经教育部批准,学校与香港金融管理学院联合招收港澳台博士研究生,由金融学院负责教学与培养。至2016年底,学院拥有4个博士点,即:金融学、保险学、金融数学与金融工程、信用管理,学制均为4年。

### 五、历任行政领导

民国十年(1921年)9月上海商科大学成立后,沈籁清任银行理财系主任。民国十六年(1927年)9月,陈清华任银行科主任;民国十九年(1930年)2月,刘驷业任银行科主任;民国十九年(1930年)9月,教务主任徐佩琨兼银行科主任;民国二十年(1931年)9月,戴蔼庐任银行科主任。民国二十二年(1933年)9月,程绍德任银行系主任;民国三十一年(1942年),蒋嘉祥任银行系主任。民国三十五年(1946年)7月,吴道坤兼任保险学系主任;8月,褚葆一任银行系主任;民国三十六年(1947年)8月,徐宗士任银行系主任。50年代初,关可贵任保险学系主任;1950年10月至1987年5月,先后任财政金融系主任的是雍文远、周伯棣、苏挺、李儒训,担任系副主任的是冯定璋、龚浩成、李儒训、万伯涵、俞文青、王学青;1987年5月至1995年5月,王学青任金融系主任,先后任系副主任的是刘波、许谨良、张庆渭、戴国强、盛松成;1995年5月至1998年8月,欧阳令南任财务金融学院院长,副院长是戴国强、盛松成、蔡希良;1998年9月至2009年5月,先后任金融学院院长的是丛树海、戴国强、黄明,副院长是戴国强、金德环、许少强、应望江、赵晓菊、谢志刚、邹平、骆玉鼎、周继忠、柳永明。2009年5月至2017年3月,任院长的是王能,副院长是骆玉鼎、赵晓菊、刘莉亚、柳永明、周继忠、何众志、陈选娟、李曜。

## 第二节 教 学

### 一、师资队伍

20世纪20年代至新中国成立初期,教职人员实行聘任制。先后执教银行系的有沈籁清(美国哥伦比亚大学商科硕士,曾任浙江兴业银行会计主任)、杨荫溥(清华学校毕业、美国劳伦斯大学经济科学士、美国西北大学商科硕士)、章乃器[毕业于浙江省立甲种商业学校(浙江工商大学的前身),长期在银行界、工商界任职]、陈清华(美国加州伯克利大学经济学硕士,曾任汉口工商银行行长)、刘驷业(英国伦敦大学经济学博士、美国宾夕法尼亚大学经济学硕士、美国西北大学商科硕士)、程绍德(巴黎大学经济学博士)、徐宗士(国立中央大学经济系学士,曾在英国伦敦大学政治经济学院从事研究)、蒋嘉祥(英国伦敦大学经济学硕士)等。1951年9月,财金系教师8人,其中教授3人、副教授2人;保险学系教师5人,其中教授2人、副教授1人。1956年7月,财信系教师33人,其中教授16人、副教授2人;评定工资级别时,教授中周伯棣定为二级,朱斯煌等5人定为三级。金融教研室教师17人,其中有教授朱斯煌、彭信威、刘絜敖、吴国隽、关可贵、冯定璋、宗植心。1960年,财金系教师队伍的规模与50年代相当。1978年复校初期,财金系教职员工25人。1987年,教职员工增加至103人,教师增加至91人,其中教授16人、副教授32人、讲师30人。是年5月成立金融系,有教师30人;1994年12月,教师50人,其中教授12人、副教授17人、讲师17人。1987年5月,金融系建立后,聘请了黄达、刘鸿儒、赵海宽、李祥瑞、毛应樑、洪葭管、唐雄俊、吴筹中以及诺贝尔奖获得者蒙代尔为兼职教授或兼职硕士生导师。1995年5月,吸纳海外博士学位获得者2人。1998年9月后,吸纳海外博士9人、国内博士15人,在职教师有3人获得博士学位。2004年4月,学院召开全体教师大会,民主选举产生第一届教授委员会,成员9人,戴国强任主任,奚君羊任副主任。2007年8月,戴国强获教育部第三届高等学校教学名师奖。王能、张橹入选中组部千人计划,黄明、邱嘉平入选教育部"长江学者"特聘教授。周继忠、徐龙炳、陆蓉、金洪飞、刘莉亚、杨金强等先后入选教育部"新世纪优秀人才计划",陈选娟、黄京志、何治国等先后入选上海市"千人计划"。杨金强于2015年入选教育部"青年长江学者",并获国家自然优青项目资助。截至2017年3月,学院拥有专职教师75人,其中教授26人、副教授25人,绝大部分教师具有博士学位,其中获得海外博士学位32人,常任轨(tenure track)教师24人;特聘教授7人,兼职研究生导师142人。

## 二、教学建设

20世纪60年代,财金系组织教师自编专业教材。1963年,朱斯煌编著《中华人民共和国的货币流通计划化》;1965年,冯定璋、王学青编著《货币信用学》(资本主义部分)、《货币信用学》(中国部分)。1980年,《货币信用学》教材重印。1987—1994年,金融系出版教材19本,其中刘絜敖编著的《国外货币金融学说》(1983年出版,1989年再版)获中国人民银行总行1988年全国高等学校金融类优秀教材一等奖,同时获财政部系统1988年大专院校优秀教材一等奖;该书1989年版获中国人民银行总行1991年金融类优秀教材一等奖。童一平主编的《银行会计学》(1987年出版)1988年获全国财政系统优秀教材二等奖。王学青主编的《货币银行学原理》(1989年出版)1991年获中国人民银行总行金融类优秀教材二等奖,1994年获中国金融教育发展基金会首届院校"金晨"优秀教材二等奖,先后三次作为教育部推荐教材。由盛松成、施兵超、陈建安编著的《现代货币经济学》(1992年出版)1995年获国家教委优秀科研成果二等奖和霍英东青年教师科研二等奖。由刘波、戴国强、赵晓菊编著的《西方商业银行经营与管理》(1992年版)1996年获中国人民银行总行优秀教材二等奖。1994年,通过公开招标,组织教师编写证券期货专业方向的教材。1995年,朱元编著《证券投资学》,戴国强编著《基金管理》;1996年,徐国祥编著《证券投资分析》,施兵超编著《金融期权与期货》,李扣庆编著《商品期货学》。此外,1996年欧阳令南编著《跨国公司财务》,陆世敏编著《中国商业银行经营管理》(被国家教委评为1998年度经济、工商管理类专业"推荐教材");1997年许谨良编著《保险学》。1998—2007年,学院教师编写出版54本教材,其中获奖项目有:施锡铨编著《博弈论》(2000年出版)获2002年教育部高校优秀教材二等奖;戴国强主编《货币银行学》(1999年出版)获2002年教育部高校优秀教材二等奖;金德环编著《投资银行学》(1999年出版)获2004年上海市优秀教材三等奖。2001年8月,金融学科被上海市教委批准为上海市重点学科。2003年,货币银行学课程(负责人戴国强)被评为首批国家级精品课程。2006年,本科有16门双语课程,硕士有76门双语课程;保险学课程被列入上海市教委重点课程建设。2007年11月,金融学科被教育部批准为国家重点(培育)学科;12月,货币银行学(丁剑平)、国际金融(周继忠)、公司金融(徐晓萍)3门课程被教育部、财政部批准为2007年度双语教学示范课程。2007—2009年,货币银行学、国际金融、公司金融、金融计量学分批被评为国家级双语示范课程。2008年,金融学被评为国家级特色专业(第一类)。2009年,金融学教学团队被评为国家级教学团队。2010年,由奚君羊负责的"国际金融"被评为上海市级精品课程。2013年,由金德环负责的"投资学"被评为上海市级精品课程。2016年,由李曜牵头的"公司金融"被评为上海市级精品课程;保险学课程被列入上海市重点建设课程。

## 三、实验室建设

民国十七年(1928年)春,国立中央大学商学院建立银行实习室。民国十八年(1929年)3月,在原银行实习室的基础上,扩充改为"中大实习银行"。由商学院拨现金2 000元,移充实习银行的基金,银行实践课程讲师严慧锋兼任总经理。民国二十年(1931年)3月,商学院新院舍落成,仍设有中大实习银行;9月,院长徐佩琨任董事长,聘戴蔼庐为总经理。民国二十一年(1932年)1月28日,中大实习银行毁于日军的炮火之中。

1990年,金融系引进银行实务模拟系统,建立银行模拟实验室,吴以雯任主任。实验室创立了"银行模拟系统""计算机在银行中的应用"课程,形成金融电脑化信息系统的理论和实践教学体系。1991年1月,金融系经中国人民银行上海市分行批准,建立上财城市信用合作社(简称"上财信用社"),为金融专业学生提供会计和信贷等银行业务的实习基地。1994年12月,上财信用社并入上海城市合作银行(后改名为"上海银行")。1999年起,学院将"211工程"建设项目"现代金融管理"建设经费投入金融实验室建设,启动资金为120万元,由戴国强担任筹建小组负责人,吴以雯具体负责金融实验室的设计和规划,引进上海银行的部分对公及对私业务流程、世华公司的证券市场数据库以及英国的保险数据库。2000年下半年,建立金融科学实验室,对学生和教师开放。2002年起,邹平(2002—2004年)和柳永明(2004—2007年)兼任金融科学实验室主任。金融科学实验室成立后与上海中学、晋元中学、控江中学、财大附中等上海市重点高中建立了长期合作关系,深入开展针对高中生的金融实验教学活动;与中国工商银行合作,建设高水准银行模拟实验室,通过"实践、创意、研究"三个环节,激发大学生创新意识和能力。2015年,金融科学实验室荣获国家级虚拟仿真实验教学中心称号。

2012年7月,上海市科学技术委员会将上海市金融信息技术研究重点实验室(负责人为陈云)依托单位调整为上海财经大学。上海市金融信息技术重点实验室成立于2004年1月,是上海市科学技术委员会于2003年批准成立的5家市级重点实验室之一。学校是上海市金融信息技术重点实验室前期创建和建设的参与单位之一。

### 四、各类毕业生

民国十四年(1925年)至1949年,银行科(系)本科毕业生335人。1950—1969年,财政金融系本科毕业生766人。1982—2007年,本科毕业生5 474人,硕士毕业生1 400人,博士毕业生112人。2008—2016年,本科毕业生2 620人,硕士毕业生1 300人,博士毕业生189人。

## 第三节 科学研究与对外交流

1987年,金融系建立后,成立金融系学位评定分委员会,评审教师申报中、高级职务以及审批教师申报硕士研究生导师的资格等。1992年,全系教师采取民主推荐的方法,建立金融系的学术梯队。金融系每学年拟订科研规划,组织汇总教师的科研成果,定期召开科研讨论会,邀请学术理论界人士和高年级学生参加,进行学术交流。从1988年开始,每周举办金融、保险、证券系列讲座,邀请金融部门和兄弟院校的专家、教授为金融系的教职工、研究生和本科生进行讲授。金融学科点与中国金融学会、中国城市金融学会、中国国际金融学会、中国农村金融学会、中国投资学会、中国保险学会以及在上海的有关学会等学术组织建立了稳定的学术联系,经常进行学术交流。华东六省一市金融学会,每年一次年会在六省一市轮流举行,金融系每年轮流派教师带论文参加学术交流,回校后传达讨论会精神和学科发展动态。

## 一、科研机构

1995年,成立证券期货研究中心,金德环任主任。1998年,成立保险研究中心(许谨良任主任)、精算研究中心(谢志刚任主任)、国际金融研究中心(奚君羊任主任)。1999年,成立房地产研究中心,丁健任主任。2001年,成立现代金融研究中心,丁剑平任主任。2002年,成立信用管理研究中心,朱荣恩任主任。2003年,成立金融工程研究中心,王安兴任主任。2007年4月,与上海农村商业银行合作成立小企业融资研究中心,徐晓萍任主任。2012年6月,上海国际金融中心研究院入选上海高校第二批知识服务平台建设名单,执行院长为赵晓菊。2014年6月,上海国际金融中心研究院通过上海市教委组织的中期检查,被纳入"上海高校智库"建设计划,从2015年开始按照智库方式予以投入和考核。

## 二、科研成果

1954年10月,彭信威撰写的著作《中国货币史》由上海群联书店出版,1958年11月由人民出版社再版,1965年11月第三版。1978—1986年,教师发表专著1本、论文92篇、翻译文章4篇。1987年金融系成立后到1994年止,出版专著21部、教材19本、译著2本、辞书11部,发表论文171篇。1998年金融学院建立后至2016年底,教师主编或参编图书521部,发表论文655篇,承接各类课题285项,获得省部级以上奖励成果24项。

## 三、对外交流

1995—1998年,证券期货学院与美国西弗吉尼亚大学建立了学术交流与合作关系,万泰国际投资学院与加拿大哥伦比亚大学建立了学术交流与合作关系。1998年以来,金融学院与美国的瓦尔帕莱索大学、罗德岛大学、纽约大学,日本的立命馆大学、一桥大学、大阪市立大学,英国南安普顿大学,德国波恩大学,香港城市大学等建立了院际交流关系,与立命馆大学建立了合作研究关系。

1987—2001年,选送赵学林、邹平、陈力农、周继忠、姚玲珍、梁国勇赴日、英、美、德、荷等国攻读金融和保险硕士、博士学位。金融学院还鼓励教师通过申请国家留学基金以及争取学校或学院资助方式出国进修。出国进修的教师先后有23位。1998年后,每年至少选派教师4~5人出国进修或攻读学位。2005年,奚君羊获得富布来特基金资助,赴美国进行学术交流一年。至2017年3月,学院95%的教师有出国访问、进修或攻读学位的经历。

2013年7月10日,金融学院与清华大学、上海交大高金学院联合主办2013中国金融国际年会,这是亚洲地区最高层次的金融学术年会。金融学院有十多位教师以论文宣讲人、点评人和分会主持人的身份参加会议,在国际学术舞台扩大学术影响力。

# 第三章 国际工商管理学院

## 第一节 发 展 概 况

### 一、沿革

民国十年(1921年)9月成立的上海商科大学设有工商管理系、普通商业系、国际贸易系等。民国十六年(1927年)7月后,工商管理系和国际贸易系改称工商管理科和国际贸易科,普通商业系停办;民国二十二年(1933年)11月,两科又改称系。民国三十五年(1946年)7月,国立上海商学院增设合作系。1950年10月,上海财政经济学院的工商管理系改名为企业管理系,国际贸易系改名为贸易系。1951年7月,企业管理系改名为工业管理系;8月,光华大学工商管理系和国际贸易系分别并入工业管理系和贸易系。1952年8月,上海财经学院、江南大学的工业管理系与复旦大学、浙江财经学院的企业管理系及大同大学、沪江大学的工商管理系合组成新的工业管理系;上海财经学院、复旦大学、浙江财经学院3校的贸易系及沪江大学的国际贸易系合组成新的贸易系;上海财经学院、复旦大学的合作系合组成新的合作系。1953年7月,厦门大学企业管理系并入工业管理系。1954年9月,工业管理系改名为工业经济系;合作系与贸易系合并改名为贸易经济系。60年代重建的上海财经学院设有贸易经济系、工业经济系及工业品商品系。1978年12月,恢复工业经济系、贸易经济系。1980年9月,经上海市高教局批准,学校成立世界经济系。1995年3月,工业经济系与贸易经济系合并组建工商管理学院。1998年9月,世界经济系国际贸易专业并入工商管理学院,成立国际工商管理学院。截至2017年3月,学院下设产业经济系、世界经济与贸易系、企业管理系、市场营销系、人力资源管理系、旅游管理系和运营管理系7个系,涵盖了3个一级学科。

### 二、本科专业设置

1952年9月,合作系下设供销合作专业,贸易系下设国内贸易、国外贸易2个专业,经济计划系下设工业经济专业。1953年9月,在工业管理系下设机器制造厂组织与经济专业。1954年暑假,经济计划系下设的工业经济专业调整到工业管理系;9月,根据中央高教部指示,工业管理系及其所属机器制造厂组织与经济专业改为工业经济系及工业经济专业,供销合作专业改称供销与消费合作社专业,国内贸易专业改为贸易经济专业,国外贸易专业停办。1956年9月,供销与消费合作社专业改为供销合作社经济专业。60年代,学院重建贸易经济、工业经济专业。1978年12月,恢复设置工业经济专业、贸易经济专业。1984年春,恢复设立对外贸易专业。1985年,贸易经济专业增设工商行政管理专门化(仅招两届)。1987年春,设立工业企业管理专业;10月,对外贸易专业改为国际贸易专业,贸易经济专业增设市场营销专门化;1991年4月,工业企业管理专业增设国际企业管理专门化。1994年起,工业企业管理专业改为企业管理专业。1996年2月,设立国际企业管理、市场营销专业。1996年,"企业管理""国际贸易"被评定为上海市教委重点学科;1997年1月,工业经济学科被评定为财政部部属院校首批重点学科;5月,"产业经济与企业管理"被列为"九五"期间"211工程"重点学科建设项目。1998年9月,根据教育部颁布的本科专业目录,本科专业设置调整为工商管理、市场营销、人力资源管理、国际经济与贸易4个专业。2001年,在工商管理专业内设电子商务方向(仅招一届)、在市场营销专业内设物流管理方向。2002年,在国际经济与贸易专业内设国际商务方向。2003年2月,增设旅游管理专业,自主设置国际商务专业。2005年3月,自主设置物流管理专业。至2017年3月,学院共有6个本科专业:国际经济与贸易、国际商务、工商管理、市场营销、人力资源管理和物流管理。

### 三、硕士研究生专业设置

1981年11月,工业经济系获工业经济专业硕士点,贸易经济系获商业经济专业硕士点。1984年,世界经济系获国际贸易专业硕士点,研究方向为国际贸易理论、国际商务。1990年,获企业管理专业硕士点,研究方向为组织与战略、物流与运营、人力资源管理。1991年3月,获工商管理硕士专业学位点。1997年7月,根据国家教委颁布的研究生专业目录,工业经济和商业经济2个专业硕士点合并调整为产业经济学专业硕士点。研究方向为产业结构与政策、产业组织与公共政策、期货产业经济分析。2000年12月,获增旅游管理专业、世界经济专业硕士点。2002年12月,自主设置市场营销学硕士点。2010年,新增国际商务专业学位硕士点。至2017年3月,共有产业经济学、国际贸易学、世界经济、企业管理、市场营销学、旅游管理6个学术学位硕士点和国际商务1个专业学位硕士点。

### 四、博士研究生专业设置

1990年11月,获工业经济专业博士点。1996年5月,获企业管理专业博士点,研究方向:企业管理理论与实践、企业战略管理理论与方向、企业理论与组织制度、信息管理与信息系统。1997年7月,工业经济专业博士点改名为产业经济学专业博士点,研究方向:产业经济理论、产业组织理论、产业组织与公共政策以及产业结构与产业政策。1998年6月,增设国际贸易学专业博士点,研究方向为国际经济贸易理论与政策、国际商务(包括电子商务)、国际贸易组织与中国。2000年12月,增设世界经济专业、旅游管理专业博士点。世界经济研究方向:世界经济理论、美国经济、日本与东亚经济以及俄罗斯、东欧与中亚经济;旅游管理研究方向:旅游业经营管理理论与实践、国际旅游集团与旅游目的地研究。2002年12月,自主设置市场营销学专业博士点,研究方向:市场营销理论、国际营销理论、战略营销、服务营销、营销渠道管理。至2017年3月,共有6个博士点,即产业经济学、企业管理、市场营销、国际贸易学、世界经济、旅游管理。2004年起,产业经济学、国际贸易学、企业管理3个博士点先后开展硕博连读培养博士研究生。

## 五、博士后流动站

1999年3月,经第四届全国博士后科研流动站专家委员会审批,人事部、全国博士后管委会批准,学校经济学流动站获设工商管理等3个一级学科流动站。

## 六、历任行政领导

民国十一年(1922年)2月,李道南兼任普通商业系主任。民国十六年(1927年)8月至1950年7月,先后担任工商管理科(系)主任的是陈璨(1927年至1928年)、杨荫溥(1929年至1930年)、张素民(1931年至1932年)、蔡正雅(1933年8月至1945年7月)、倪惠元(1947年9月至1950年)。民国十八年(1929年)2月至1950年7月,先后担任国际贸易科(系)主任的是陈长桐(1929年)、武堉幹(1930年2月至1933年7月)、胡纪常(1933年8月至1934年1月、1934年8月至1937年8月)、张毓珊(1934年2—7月、1937年9月至1945年7月)、褚葆一(1946年10月至1950年)。民国三十五年(1946年)9月至1950年1月担任合作系主任的是杨开道。1950年8月后,罗虔英任合作系主任,褚葆一任贸易系主任,孙怀仁任企业管理系主任。1954年9月,贸易系与合作系合并为贸易经济系后,罗虔英任系主任(1957年10月初撤除),1958年5月,范秉彝任系主任。1962年9月,任天洛任贸易经济系主任,李剑华任工业经济系主任。

1980年7月至1983年8月,马家骅任工业经济系主任,杨公朴、严学丰、李葆坤任系副主任;1984年12月至1991年5月,杨公朴任系主任,李葆坤、严学丰、程兆汾、朱镇邦先后任系副主任;1991年5月至1995年3月,颜光华任系主任,夏健明、孙海鸣任系副主任。1978年至1983年,梅汝和任贸易经济系主任,蒋克珍、彭辉芳任系副主任;1984年12月至1995年,余兴发任系主任,崔德邻、周锡樵、潘达然、唐豪、晁钢令先后任系副主任。1980年9月至1984年12月,朱元任世界经济系主任,唐小妹任系副主任;1984年12月至1986年12月,席克正任系主任,许心礼、郭羽诞任系副主任;1986年12月至1991年5月,龚维新任系主任,郭羽诞、王整风、杜公朴、许沛云先后任系副主任;1991年5月至1998年8月,朱钟棣任系主任,汪保健、郭羽诞任系副主任。1995年3月至1997年,晁钢令任工商管理学院副院长(主持工作),夏健明任副院长。1998年9月至2001年,晁钢令任国际工商管理学院院长,郭羽诞、夏健明、王玉、陈信康先后任副院长。2002年至2006年5月,孙海鸣任院长,王玉、陈信康、干春晖、孙经纬先后任副院长。2006年5月至2013年3月,谭国富任院长,牟维汉、蒋传海、靳玉英先后任常务副院长,孙经纬、靳玉英、贺小刚、魏航、李劲松先后任副院长。2014年3月起,鞠建东任院长,先后任常务副院长的有靳玉英、魏航,先后任副院长的有李劲松、刘志阳。

## 第二节　教　　学

### 一、教师队伍

1949年,工商管理系有专任教授1人、兼职教授2人、专任讲师2人、兼任讲师1人、助教1人;国际贸易系有专任教授3人、助教1人;合作系有专任教授2人、兼任教授2人、兼任副教授1人、助教1人。1951年9月,工业管理系有教授4人、副教授2人、助教4人;贸易系有教授2人,讲师、教员各1人,助教4人;合作系有教授1人、副教授2人、助教3人。1950年至2000年,在学院任职的教授有孙怀仁、马家骅、杨先之、程兆汾、李葆坤、杨公朴、颜光华、严学丰、梅汝和、彭辉芳、吴智伟、黄志民、李湘、朱骥、刘荔娟、屠修德、穆庆贵、胡企彭、余兴发、许心礼、黄颂、汪鸿鼎、龚维新、朱钟棣等。2001—2006年,共引进教师24人,其中博导4人,具有博士学位的24人,美籍教师1人,其中教授包括王新新、车维汉、兰宜生、何建民、吴纪元,副教授包括杨浩、门峰、邹琪、谢家平、范建亭、许淑君。2007年,学院引进童春阳、沈月林、居恒三位海外博士,从美国南加州大学、科罗拉多大学、亚利桑那大学、加拿大UBC大学、卡尔顿大学、香港科技大学、中国社会科学院聘请谭国富、陈智琦、陈勇民、郁志豪、丘东晓、张昕竹6人为特聘教授。截至2017年3月,学院共有专职教师74人,其中教授19人、副教授31人;94%的教师具有博士学位,其中获得海外博士学位的占46%。学院聘请特聘教授9人,兼职博士生导师7人,兼职硕士生导师32人。拥有"长江学者奖励计划"特聘教授1人,上海市千人计划2人,教育部新世纪人才培养计划9人,上海市曙光学者6人,上海市浦江人才计划11人。

## 二、教学建设

1978—2007年,教师编写教材、专著521部。获奖教材有:1988年8月,严学丰、程兆汾编著的《社会主义工业企业管理》获全国财政系统优秀教材一等奖;1992年4月,余兴发编著的《现代企业定价》获第二届全国财政系统大中专优秀教材一等奖,杨公朴编著的《工业结构》获第二届全国财政系统大中专优秀教材二等奖;1996年3月,夏大慰编著的《产业组织学》获第三届全国财政系统大中专优秀教材荣誉奖,陈信康编著的《市场营销学》获第三届全国财政系统大中专优秀教材一等奖,李泉斌编著的《国际经贸地理》获第三届全国财政系统大中专优秀教材二等奖;2000年2月,杨公朴等编著的《产业经济学教程》获上海市教委优秀教材二等奖;2002年10月,陈启杰编著的《市场调研与预测》获全国普通高等学校优秀教材一等奖;2004年6月,王玉编著的《企业战略管理教程》获上海市教委优秀教材二等奖;2007年10月,晁钢令编著的《市场营销学》获上海市普通高校优秀教材二等奖。2008年到2017年3月,学院教师编写、出版教材及著作193部,获上海市优秀教材奖9项、上海财经大学优秀教材奖18项,6本教材入选"十二五"普通高等教育本科国家级规划教材。

2007年,"创新与创业人才培养试验区"获批教育部、财政部人才培养基地。2008年,"市场营销"入选国家精品课程;2010年,"工商管理"项目被批准为全国高等学校特色专业建设点;2012年,"产业经济与企业管理"通过"211工程"三期重点学科建设项目专家组验收,被评为优秀;2014年,"战略管理"与"市场营销"课程入选教育部精品课程,"管理学"入选上海市精品课程,市场营销创新教学团队入选"上海财经大学创新团队支持计划",另获上海市优秀教学成果奖二等奖1项;2015年,获得国家级质量工程项目2项,"人力资源管理""市场营销学"入选上海市东北片高校在线课程,"市场调研"入选上海市精品课程,"消费者行为学""供应链管理""运营管理"入选上海市重点课程;2016年,1个教改项目入选2016年度上海高校本科重点教学改革项目;5门课程获校创新创业人才培养课程建设立项。2001年"产业经济学"入选上海市重点学科。2015年"国际贸易"入选全国特色专业。

此外,学院还举办了为数众多的暑期学校、研究生论坛和培训活动。从2007年开始,学院每年向全国高校教师推出"国际贸易"全国高校教师暑期培训班,至2015年,暑期培训已从国际贸易领域扩展到产业经济、国际金融等多个专业领域。2013年,学院与上海糖酒集团共同建立了上海财经大学国际商务硕士专业学位研究生实践基地,该基地获得"上海市专业学位研究生实践基地建设项目";2015年7月,学校整合校内外资源,以国际工商管理学院为依托,成立创业学院;2016年,学校入选全国高校创新创业50强。

### 三、实验室建设

50年代,工业经济系设有物理、化学实验室,贸易经济系设有商品学实验室。60年代,工业品商品系设物理、化学、电工、机械、纺织品等5个实验室和3个商品陈列室。1978—1998年,工业经济系设电子实验室和金工实验室,贸易经济系设商品实验室。2012年,学院设立了工商管理综合实验室、行为观察实验室2个实验室。2016年11月起,学院开始建设市场营销行为观察实验室、国际商务综合实验室、工商管理综合实验室(搬迁扩建)3个专门实验室,实验室总共面积达220平方米。

### 四、实践基地建设

2004—2005年,学院分别与荣海(上海)模锻有限公司、上海电气集团股份有限公司、上海家化(集团)有限公司、上海宝山钢铁(集团)公司、上海百联集团人力资源部5家企业合作,签约建立5个校外实习、实践基地;2010—2012年,与东海证券有限责任公司、上海杨浦区实训基地、上海糖酒集团等单位合作,建立3个校外实习、实训和实践基地;2015—2016年,与上海东方广播有限公司、冠生园(集团)有限公司、深圳市幸福成长文化有限公司、北京网聘咨询有限公司(智联招聘)上海分公司、上海踏瑞计算机软件有限公司、北京特恩斯市场研究咨询有限公司上海分公司、峰越教育、北京外企德科人力资源服务上海有限公司8家企业合作,建立8个校外实习、实训和实践基地,并聘请8位校外企业经理和负责人担任本科校外实践导师。

校外实践基地建设,既探索和建立了富有财经特色的"校企合作共建、校内校外协同"人才培养模式,又为学生创造了更多实践的机会,加强了学生综合素质和实践能力的培养。

### 五、各类毕业生

本科毕业生,民国十四年(1925年)至1949年,工商管理系152人,国际贸易系61人,普通商业系34人;1950—1969年,工业经济系1594人,贸易经济系1030人,商品系624人。1983—2007年,本科毕业生4824人。1982—2007年,硕士毕业生1527人。1994—2007年,博士毕业生158人。

2008年至2017年3月,本科毕业生2241人,硕士毕业生1151人,博士毕业生272人。

## 第三节 科学研究与对外交流

### 一、科研机构

1991年9月成立世界经济研究所,朱钟棣任所长,主要研究当代世界经济中的热点问题。1999

年,成立产业经济研究中心,杨公朴为主任。2003年11月,成立现代市场营销研究中心,晁钢令任主任。2004年10月18日,成立世博经济研究院,陈信康任院长。世博经济研究院与上海世博集团签订产学研一体化战略合作协定,在上海世博集团建立博士后工作站,双方对现代服务业发展所急需的高层次人才进行合作培养。至2017年3月,学院设有中国产业发展研究院(上海高校智库)、自贸区研究中心、世界经济研究中心、中国国际贸易研究会、案例研究中心、创新与创业研究中心、民营企业竞争力研究中心、品牌研究中心、现代国际贸易与电子商务研究中心等研究机构。

## 二、科研成果

1978—2007年,教师编写图书、教材、专著、译著等673部,完成课题265项,教师发表论文2 209篇。1978—1985年,6人获上海高校文科科研成果奖,2人获经济学奖。1986—1999年,2人获上海市哲学社会科学奖,1人获上海市哲学社会科学学会联合会优秀学术科学奖,5人获上海市哲学社会科学优秀成果奖(著作)。1986—2006年,10人获上海市哲学社会科学优秀成果奖(论文)。1990—2001年,3人获上海市决策咨询研究成果奖。1998—2003年,2人获上海市第三届邓小平理论研究和宣传优秀成果奖。1994—2002年,43人获上海发展汽车工业教育基金会"社会主义市场经济管理理论奖"。1996—2007年,承担国家社会科学基金项目15项、国家自然科学基金项目13项;2001—2007年,承担国家教育部、商务部项目15项,上海市政府及主管部门项目64项,企事业单位委托项目168项。2004年,教师史东辉参加以国务院总理温家宝为组长、国务委员陈至立为办公室主任的国家重大专项科技项目研究,受到国家的嘉奖,同时还为上海市委决策咨询委员会主持完成"上海市民用航空飞机发展战略"研究。

2008—2016年,学院教师承担国家级课题63项、省部级课题82项。2008—2010年,共获得省部级优秀科研成果一等奖1项、二等奖4项、三等奖5项;2012年,获上海市第八届决策咨询研究成果奖二等奖2项、三等奖1项,上海市第十一届哲学社会科学优秀成果奖一等奖1项、三等奖1项,安子介国际贸易研究成果奖三等奖1项;2014年,获上海市第十二届哲学社会科学优秀成果奖一等奖1项、其他奖1项,安子介国际贸易研究成果奖三等奖1项,霍英东高等院校青年教师奖三等奖1项;2015年,获第十届上海市决策咨询研究成果奖一等奖2项。

## 三、对外交流

2005年5月,学院与日本亚洲经济研究所联合举办"亚洲经济研讨会";同年邀请第八届孙冶方经济学奖著作奖获奖者、南开大学教授刘骏民,香港浸会大学市场营销系教授张华樑,美国富布赖特基金学者中山大学教授孙海法,国际知名"学习型组织大师"美国乔治·华盛顿大学教授迈克尔·马奎特,日本关东学院大学教授久保新一等到学院作学术交流。2006年,先后邀请香港科技大学教授丘东晓、加拿大UBC教授Chen Hong、佛罗里达大学教授艾春荣、卡内基·梅隆大学教授Sun Baohong和加拿大卡尔顿(Carleton)大学教授Chen Zhiqi等到学院进行学术交流。2007年,学院举办了"亚洲竞争政策国际研讨会""第四届产业组织与管理战略国际研讨会""第五届市场营销国际学术论坛""亚太国际贸易研讨会"4场国际性学术会议;2008年6月,主办首届"运营管理国际研讨会";2009—2015年,每两年举办"市场营销管理国际研讨会";2011—2015年,每年举办"战略管理国际学术研讨会";2012年6月,召开"产业组织与竞争政策国际研讨会"、"全球化对国际间经济传导机制影响"国际学术研讨会;2013—2015年,每年主办"人力资源管理研究前沿论坛";2014年3月,与美国达拉斯联邦储备银行共同主办"国际贸易、全球经济不平衡的微观基础及其对货币政策的影响"国际学术研讨会;11月,举办"第二届运营管理论坛";2015年,先后主办或协办"自由贸易区与开放新阶段"高峰论坛、"反垄断法执法研讨会""全球史视野下的大国(区域)经济热点问题学术研讨会";2016年,先后举办"产业组织和反垄断研讨会""战略管理国际研讨会""人力资源管理研究前沿论坛""上海市市场学会2016年年会暨全球互联时代的营销创新学术研讨会"等重要学术会议。

学院与美国南加州大学、科罗拉多大学、亚利桑那州立大学、北卡罗来纳州立大学、俄克拉荷马州立大学,加拿大英属哥伦比亚大学、卡尔顿大学、西蒙菲莎大学,日本的一桥大学、长崎大学,香港科技大学、香港大学、香港理工大学、香港城市大学等海外20余所著名大学的相关院系和研究机构建立了良好的学术交流网络。其中,与日本长崎大学建立了教师互访和合作研究关系;与马来西亚英迪大学签订合作培养协议。2008年首批马来西亚英迪大学的6位学生来学院完成相关课程的学习;2014年启动了与香港理工大学联合培养博士生的合作项目。2015年6月,学院成功入选第二批国家外国专家局和教育部联合推出的"高校国际化示范学院推进计划"试点院校,在国际化办学道路上迈出历史性一步。同年,学院申报的"国际商务方向国际组织人才培养项目"获得国家留学基金委员会资助,有助于学院学生提高国际竞争力、胜任国际组织工作,满足国家高素质国际化人才的培养需求。

## 四、国际化示范学院

参见第十篇第二章第二节。

# 第四章 经济学院

## 第一节 发展概况

### 一、沿革

经济学院的历史可追溯到 20 世纪 30 年代国立上海商学院创办的经济研究室。1950 年 8 月底,上海法学院经济系并入,上海财政经济学院设立经济系;1951 年 6 月,经济系更名为经济计划系;8 月,光华大学商学院经济系并入。1952 年 8—10 月,大同大学商学院经济系、圣约翰大学文学院经济系、东吴大学文学院经济系并入经济计划系;1953 年 8 月,山东财经学院经济计划系并入,系主任为汪旭庄。1955 年 8 月,经济计划系停办。

1979 年 6 月,姚耐等院领导在规划学院建设时决定重建经济学系。1980 年 9 月,经上海市高等教育局批准成立经济学系,下设政治经济学教研室、中国经济史学教研室和中国经济思想史研究室。此后又增设资本论和外国经济学说史、劳动经济教研室。1997 年数量经济研究室更名为数量经济研究所,1998 年 7 月,经济学系与数量经济研究所合并筹建经济学院。1998 年 10 月,教育部批准上海财经大学理论经济学学科为"国家经济学基础人才培养基地"。2000 年 4 月,经济学院成立,下设经济学系、数量经济学系,以及数量经济研究所、制度经济研究所、亚洲经济研究所。2001 年 4 月,通过教育部专家组对国家经济学基础人才培养基地的中期检查,评估结果为优秀。2002 年 1 月,经济思想史学科被教育部批准为全国高等学校重点学科。2003 年 11 月,接受教育部专家组对国家经济学基础人才培养基地终期验收评估,成绩为优秀;学院成立学校重点研究基地——海派经济研究中心。2007 年 8 月,经济思想史学科被教育部再次批准为国家重点学科,西方经济学学科入选上海市重点学科;11 月,国家经济学基础人才培养基地入选首批国家级人才培养模式创新实验区。

2011 年 10 月,学院改革原有学科管理构架,下设 4 个系:政治经济学系、经济史学系、经济学系和数量经济学系。对较大的系下设若干教研室,各系采用中外双系主任制的方式,由一位学院的教师担任国内系主任和一位海外知名教授担任海外联席系主任。2011 年底,获批数理经济学教育部重点实验室。2012 年理论经济学在教育部学位与研究生教育发展中心一级学科评估中排名全国第十,同年 9 月进入上海高校一流学科(A 类)建设计划。2013 年 12 月,成立首届经济学院学术委员会,主任由院长田国强担任,学术委员会委员共 22 人。2015 年 10 月,理论经济学入选上海市高峰学科(Ⅱ 类)。2016 年 11 月,"经济学前沿理论与方法"学科创新引智基地入选国家"111 计划"。

## 二、本科专业设置

1980年,设立政治经济学专业。1987年,增设经济法专业。1988年初,政治经济学专业调整为经济学专业。1991年10月,经济法专业划入经济法学系。1992年1月,经济学专业增设劳动经济专门化。1994年,经济学专业增设人力资源管理专门化。1998年3月,设置人力资源管理专业;7月,经济学专业增设数量经济专门化。1999年2月,设置劳动与社会保障专业;7月,人力资源管理专业划入国际工商管理学院,经济学专业设置理论经济学方向(基地班)。2001年7月,劳动与社会保障专业划入公共经济与管理学院。2002年,经济学专业重新设置劳动经济学方向。2003年,经济学专业设置世界经济方向。2013年,开办首届"数理经济实验班"并面向全校本科新生进行公开选拔。至2016年底,学院设有涵盖国家经济学基础人才培养基地班、数量经济、劳动经济、世界经济、数理经济实验班5个方向的经济学本科专业。

## 三、硕士研究生专业设置

1980年,政治经济学专业中国经济思想史研究方向招收研究生。1981年11月,设立政治经济学硕士研究生专业,研究方向为社会主义市场经济理论、当代资本主义经济。1984年1月,设立中国经济思想史、外国经济思想史硕士研究生专业。1990年11月,设立数量经济学硕士研究生专业,研究方向为计量经济模型与经济决策、金融计量经济分析。1996年5月,设立西方经济学硕士研究生专业(由"外国经济思想史"调整而成),研究方向为西方经济学。1997年8月,根据新修订的研究生学科专业目录,中国经济思想史硕士研究生专业改名为经济思想史硕士研究生专业,研究方向为中国经济思想史、外国经济思想史、马克思主义经济思想史。1998年6月,设立劳动经济学硕士研究生专业,研究方向为劳动经济与社会保障。2000年12月,设立人口、资源与环境经济学硕士研究生专业,研究方向为人口、资源与环境经济学。2005年12月底,经国务院学位委员会办公室备案,自主设立行为经济学、计量经济学、实验经济学、卫生经济和公共政策硕士研究生专业,学制均为2年。2015年,西方经济学专业下增设数理金融经济学方向,数量经济学专业下增设大数据经济学方向。2016年,学术硕士学制延长至3年。2017年,增设金融专业(金融计量方向)硕士。至2017年3月,学院设有政治经济学、经济思想史、经济史、西方经济学、数量经济学、人口、资源与环境经济学、劳动经济学、金融学8个硕士专业。

## 四、博士研究生专业设置

1984年1月,设立中国经济思想史专业博士点,专业研究方向为中国封建地主经济后期的经济思想。1987年4月,国务院学位委员会办公室同意学院试点招收"经济学说史"专业博士研究生,1996年5月改为西方经济学博士点,研究方向为西方经济学。1997年8月,根据新修订的研究生专业目录,中国经济思想史博士点改名为经济思想史博士点,研究方向为中国经济思想史、外国经济思想史、马克思主义经济思想史。1998年6月,设立数量经济学、劳动经济学2个博士点,数量经济学专业研究方向为计量经济,劳动经济学专业研究方向为劳动经济与社会保障。2000年12月,设立政治经济学、经济史、人口资源与环境学3个博士研究生专业。政治经济学专业研究方向包括中外制度经济理论、社会主义市场经济理论与政策、经济法学;经济史专业研究方向为中国经济史;人口、资源与环境经济学专业研究方向为人口、资源与环境经济学。2005年12月,自主设置行为经济学、计量经济学、实验经济学、卫生经济和公共政策4个博士研究生专业,博士研究生学制均为4年。2005年2月,与国际工商管理学院、金融学院、公共经济与管理学院联合启动硕博连读项目,招收硕博连读研究生,专业方向为政治经济学、经济思想史、经济史、西方经济学、数量经济学、人口、资源与环境经济学、劳动经济学。学制为5年。

截至2017年3月,共有政治经济学、经济思想史、经济史、西方经济学、数量经济学、人口、资源与环境经济学、劳动经济学7个博士专业。

## 五、博士后流动站

在全国博士后管委会、财政部和上海市博士后工作办公室的大力支持下,1992年建立上海财经大学经济学博士后科研流动站。

## 六、历任行政领导

1980年9月至1986年12月,张淑智任系主任;1982年4月至1984年12月,吕芳举任系副主任;1982年4月至1984年12月,戴振纲任系副主任;1982年4月至1984年12月,郭庠林任系副主任;1984年12月至1988年10月,谈敏任系副主任;1984年12月至1987年4月,朱钟棣任系副主任。1986年12月至1994年6月,裘逸娟任系主任;1987年9月至1988年3月,戴振纲任代理系主任;1986年12月至1989年11月,胡永刚任系副主任;1987年9月至1991年5月,郭庠林任系副主任;1989年至1994年,雍同任系副主任;1991年5月至1994年6月,程恩富任系副主任。1994年6月至2000年4月,程恩富任系主任;1994年9月至1996年5月,朱东平任系副主任;1998年9月至2000年4月,何玉长任系副主任。2000年4月至2003年3月,程恩富任院长;2000年4月至2003年6月,何玉长任副院长;2000年4月至2003年8月,朱平芳任副院长。2003年5月至2004年7月,胡景北任院长;2003年8月至2004年7月,朱平芳任副院长。2004年7月至2017年,田国强任院长;2003年10月至2005年4月,朱保华任副院长;2004年7月至2006年3月,朱平芳任副院长;2005年1月至2006年3月,胡永刚任副院长;2006年3月至2013年9月,胡永刚任常务副院长;2006年3月至2013年9月,龚关任副院长;2007年6月至2013年9月,夏纪军任副院长;2013年9月至2017年3月,龚关任常务副院长;2013年9月至2017年,常进雄任副院长;2013年9月至2017年孙燕任副院长;2017年3月起,夏纪军任常务副院长。

# 第二节 教 学

## 一、教师队伍

1980年9月,经济学系成立初期,有专职教师31人,其中教授1人、副教授6人。2000年4月,经济学院成立初期,有专职教师34人,其中教授9人、副教授11人、博士生导师7人。

截至2016年12月,经济学院拥有全职教师91人,教授18人,占20%;副教授46人,占50%;

常任教职教师11人,占12%;学院教师中拥有海外一流大学博士学位占比约65%。学院聘请了16位长期任职于国际著名研究型大学的经济学终身教授担任特聘教授,其中包括美国人文与科学院院士、斯坦福大学Greif教授,美国俄亥俄州立大学李龙飞教授,美国华盛顿大学范延琴教授,美国范德堡大学黄晓东教授,美国约翰霍普金斯大学胡颖尧教授等。教师中有国家"千人计划"特聘专家5人、长江学者特聘教授1人、长江讲席教授4人、国家百千万人才工程1人、教育部"新世纪优秀人才支持计划"4人、上海市曙光学者2人。

## 二、教学建设

学院分阶段进行教学改革。1980—1999年,教学与课程设置的重点在纯经济理论方面。2000—2002年,突破纯经济理论教学与研究的框架,经济学专业除基地班外,还设立数量经济、劳动经济、世界经济方向;2000年9月,与英国南安普顿大学合作办学,设置经济学专业数量经济(中外合作)方向,专业课实行全英语教学或双语教学,部分专业课程由外籍教师讲授,选派优秀三年级学生到英国南安普顿大学学习一年。2003年,建立面向全校硕士研究生的高级经济学教学体系。

2004年开始启动全方位经济学教育改革。在本科教育中,加强学生《资本论》原著以及经典著作的阅读,全面推行"数学分析"课程(代替原来的"高等数学")。在研究生教学中,开设"资本论Ⅰ-Ⅱ",作为研究生必修的学科基础课程,并要求硕士研究生必修"高级微观经济学Ⅰ-Ⅱ""高级宏观经济学Ⅰ-Ⅱ""高级计量经济学Ⅰ-Ⅱ"和"经济数学"4门基础课。博士生学习年限由3年延长至4年,并要求所有专业的博士生都必须学8门基础课程:《资本论》Ⅰ、经济数学、高级微观经济学Ⅰ-Ⅱ、高级宏观经济学Ⅰ-Ⅱ、高级计量经济学Ⅰ-Ⅱ、高级微观经济学Ⅲ、高级宏观经济学Ⅲ和高级计量经济学Ⅲ。2005年6月,学院推出经济学—数学双学位项目。2006年,博士生招生采用国际通用的专业方向报考制,学生入校后,完成基础课学习且通过综合考试,可在原报考的专业内双向选择确定导师。2007年实施硕士研究生招生改革方案,大口径招生,学生分数知晓后填报志愿,分专业录取。2013年在"金融计量经济学"专业硕士培养项目中建立兼职导师制度,首批引入了22位金融及相关领域精英担任兼职导师。

优秀教学成果方面,1986年胡寄窗《中国经济思想史》(下册)获上海市委宣传部第一届上海市哲学社会科学优秀著作奖;1988年胡寄窗《中国经济思想史简编》获国家教委全国高等学校优秀教材特等奖,《中国近代经济思想史大纲》获财政部优秀教材一等奖。1990年,葛寿昌主编《社会保障经济学》获劳动部、中国劳动学会优秀成果奖。1992年,胡寄窗、谈敏《中国财政思想史》获第二届全国财政系统大中专优秀教材荣誉奖(最高奖),张淑智上编《政治经济学(资本主义部分)》获财政部全国财政系统大中专优秀教材二等奖,胡寄窗《1870年以来的西方经济学说》获国家教委第二届全国高等学校优秀教材优秀奖。1994年,宋承先《现代西方经济学》获国家教委教材一等奖和中国图书奖。1996年,胡寄窗《西方经济学说史》、程恩富《文化经济学》获第三届全国财政系统大中专优秀教材荣誉奖(最高奖)。1998年,谈敏《新中国经济思想史纲要》获第四届上海市哲学社会科学优秀成果奖著作一等奖。1999年,葛寿昌、郭士征、沈志义合编《社会保障经济学》获财政部重点规划教材、高等财经院校试用教材、上海市教学成果三等奖。2014年,赵晓雷主编《中国经济思想史》获评"十二五"普通高等教育本科国家级规划教材;2015年,《中国经济思想史》(第三版)荣获上海普通高校优秀教材奖。

2005年,马艳、程恩富、何玉长、张银杰、齐新宇的"政治经济学教学课件"获上海市优秀教学成果一等奖。2004年10月,政治经济学课程(负责人程恩富)被评为2004年度上海高等学校教学质量与教学改革"市级精品课程",2005年7月入选2005年度市教委重点课程建设项目,2006年2月被评为"国家级精品课程"。2009年,学院申报的"经济学创新平台建设"获上海市教学成果奖一等奖。2014年,"基于优势学科创新平台的经济学学术拔尖人才培养模式"获上海市教学成果一等奖,杜宁华获上海市育才奖。2016年,"经济学学术拔尖创新人才培养的十年改革与实践"项目获中国学位与研究生教育学会研究生教育成果奖二等奖,"经济学思想与方法"入选教育部"精品视频公开课","政治经济学"入选第一批"国家级精品资源共享课"。

2006—2016年,经济学院学生在《经济研究》《管理世界》等国内权威A类期刊上发表论文62篇,在《财经研究》《统计研究》等国内权威B类期刊上发表论文119篇,另在国际知名期刊发表论文13篇。其中,2012年10月学院自主培养的博士生孟大文与田国强教授合作的论文"Multi-task Incentive Contract and Performance Measurement with Multidimensional Types"被博弈论国际顶尖期刊 *Games and Economic Behavior*(SSCI)接受发表;2011届本科毕业生胡关亮与龚关副教授合作的论文"中国制造业资源配置效率与全要素生产率"发表于《经济研究》2013年第4期首篇;2012届本科毕业生项俊夫基于毕业论文的成果发表于《中国人口科学》2013年第3期,并被《新华文摘》全文转载;2014年,2007级西方经济学专业博士生孙楚仁的博士学位论文"异质性企业组织与贸易的若干研究"(导师为田国强)荣获第六届"黄达—蒙代尔经济学奖";2015年,经济史学系经济思想史专业博士生岳翔宇的论文"气候变化、农业低产与重农理论——以晁错'贵粟论'为中心"发表于《历史研究》2015年第3期。2016年学院自主培养的博士生焦振华与其导师田国强的合作论文"The Blocking Lemma and Strategy-Proofness in Many-to-Many Matchings"被 *Games and Economic Behavior* 接受发表。

### 三、毕业生

1980—2016年,本科毕业生2 961人,硕士毕业生1 094人,博士毕业生275人。

## 第三节　科学研究与对外交流

### 一、科研机构

1984年11月14日,学校同意经济学系成立由胡寄窗负责的中外经济思想史研究室,加强中外经济思想史的研究工作。1985年3月,经财政部人教司同意,设置西方统计教研室(后改名现代应用统计教研室),属系级建制,黄树颜为主任;1989年3月,财政部教育司批复学校调整处级机构设置的请示报告,其中包括"撤销现代应用统计教研室,成立数量经济研究室";1991年5月,姜国麟被聘为研究室副主任;1998年7月,学校做出重组经济学院(筹)决定时,明确数量经济研究室同时改为数量经济研究所,研究领域涉及计量经济学理论与方法、金融计量经济学、微观计量经济学、应用统计等方向,担任所长的有姜国麟、朱平芳、郑旭。

1993年9月成立亚洲经济研究所,主要研究和承接有关亚洲经济、特别是中国经济以及中国经济发展同亚洲经济的关系等课题,裴逸娟、胡永刚、程霖先后任所长。1997年7月成立制度经济研究所,宗旨是通过加强基础经济理论与实际部门的联系与合作,完成"211工程"中"经济学说史与经济理论"重点建设项目,主要研究课题为社会主义市场经济条件下的劳动价值论研究、产权经济研究、收入分配研究以及马克思主义经济思想史研究等,程恩富、沈志义先后任所长。2003年成立经济史与经济思想史研究中心,以中国经济史和经济思想史为研究重点,主任为杜恂诚。2004年5月成立劳动经济研究中心,为有关劳动与社会保障的热点问题作理论研究、实证与实践指导,主任为沈志义。2006年7月2日成立高等研究院,是一个集科学政策咨询、重大项目研究、学术前沿探讨和高级人才培养于一体的综合研究机构,田国强任院长,艾春荣任常务副院长,谭继军任副院长。

2011年12月,经济学院联合高等研究院、统计与管理学院申报的"数理经济学"教育部重点实验室获教育部批准立项建设。在此平台基础上,2013年黄坚牵头组建的"复杂经济数据的建模与应用"团队入选该年度"创新团队发展计划",成为学校首个教育部创新团队。自成立以来,实验室分别完成第一批(9项课题)和第二批(14项课题)开放课题的建设评审立项工作,至2016年共发表署名论文106篇。

2012年,由经济学院、高等研究院共同牵头,联合西南财经大学、复旦大学及上海社科院、国家统计局中国经济景气监测中心等协同单位的优势资源,组建"经济学与中国转型发展协同创新中心"。

## 二、科研成果

1980—2016年,学院教师共承担国家级科研项目66项,省部级科研项目88项,出版著作703部,发表论文2 506篇,其中国际重要权威期刊论文219篇,获得孙冶方经济科学奖3项,教育部高等学校科学研究成果奖9项,上海市哲学社会科学优秀成果奖81项,上海市邓小平理论研究和宣传优秀成果奖8项。

其中,60年代至90年代,胡寄窗先后出版了《中国经济思想史》(上、中、下),以及 *Chinese Economic Thought Before the 17th Century* 和 *A Concise History of Chinese Economic Thought* 等中英文著作;1996年,赵晓雷论文《对毛泽东工业化思想的经济学分析》获第7届孙冶方经济科学奖论文奖;2014年,由程霖、王昉与特聘教授特里·皮奇(Terry Peach)主编的英文论文集 *The History of Ancient Chinese Economic Thought* 出版。2015年,谈敏《回溯历史——马克思主义经济学在中国的传播前史》、田国强和陈旭东《中国改革:历史、逻辑和未来》2部著作获第16届孙冶方经济科学奖著作奖;同年,姚澜及合作者在国际顶尖经济学期刊 *Quarterly Journal of Economics* 发表论文,实现经济学院全职教师在 *AER*、*Econometrica*、*JPE*、*RES*、*QJE* 五大顶尖经济学期刊发表论文的"大满贯"纪录。2016年,马艳的国家社科重点项目研究成果"现代政治经济学的前沿理论与中国特色研究"入选2016年度国家哲学社会科学成果文库。

2012—2015年间,上海财经大学经济学科在荷兰蒂尔堡大学全球经济学研究机构多种排名默认35本国际权威经济学期刊上的高质量论文发表数在大中华地区位列第一,亚洲排名第二,仅次于新加坡国立大学,世界排名第56。

## 三、学术期刊:*Frontiers of Economics in China*

参见第九篇第三章第三节。

## 四、对外交流

2003年11月,学院召开"20世纪中国经济:制度变迁与增长"国际研讨会。2004年6月,学院邀请1994年诺贝尔经济学奖得主罗伯特·威廉·福格尔作题为"亚洲经济的高速发展"的学术报告;2003、2004年分别召开第一、二届数量经济理论及其应用国际研讨会;2005年11月举办"全球化和经济增长:开放、创新和人力资本的作用——来自微观数据的实证分析国际研讨会"及"论可持续发展:中、日、韩经济发展的经验与教训国际研讨会",12月举办"转型国家制度变迁与经济发展国际研讨会";2006年7月,与中国留美学会、中国浦东干部学院联合召开"中国经济和谐发展:效率、公平与法治"的国际研讨会,诺贝尔经济学奖获得者、剑桥大学教授詹姆斯·莫里斯应邀作演讲;7月,数量经济研究所主办国际计量经济学大会。2008年10月,召开"改革开放30年暨孙冶方诞辰百年纪念经济理论研讨会";2009年11月,召开第三届"中国政治经济学年会";2013年10月,召开"第九届Dynare国际研讨会",诺贝尔经济学奖得主、普林斯顿大学教授克里斯托弗·A.西姆斯发表题为"金融压力测试中的宏观经济变量相互影响模型"(Modeling the Interaction of Financial Stress Measures with Macro Variables)的讲演;2016年3月,召开"ULI年度(2016)学术奖颁奖典礼及获奖者主题讲座与沙龙";同年9月,召开"第48届英国经济思想史年会暨全球视野下的中西经济思想比较研讨会"。

2007年以来,学院定期举办研讨会(seminar)。至2017年3月,微观、宏观、计量、应用、经济史学、行为与实验经济学、政治经济学7个序列研讨会(seminar)累计举办763期。2010年起,学院每年举办"上海宏观经济学专题研讨会"(Shanghai Macroeconomics Workshop)和"上海微观经济学专题研讨会"(Shanghai Microeconomics Workshop),并于2011年开始举办"上海计量经济学专题研讨会"(Shanghai Econometrics Workshop),2014年举办"上海经济理论专题研讨会"(Shanghai Economic Theory Workshop),2015年举办"上海应用经济学专题研讨会"(Shanghai Applied Economics Workshop)。

在合作方面,学院与美国罗彻斯特大学、得州A&M大学、斯顿霍尔大学、波尔州立大学,法国图卢兹大学、南特高等商学院,英国南安普顿大学,加拿大维多利亚大学,澳大利亚国立大学,香港城市大学等海外大学进行学生培养方面的合作;与美国联邦储备银行、耶鲁大学、杜克大学、宾夕法尼亚州立大学,俄罗斯圣彼得堡大学,加拿大多伦多大学,澳大利亚新南威尔士大学等大学和机构建立了良好的学术交流网络。

# 第五章　公共经济与管理学院

## 第一节　发展概况

### 一、沿革

公共经济与管理学院源于1950年10月建立的财政金融系(简称"财金系")。1952年8月,保险学系并入财金系。1955年9月,财金系改名为财政信贷系(简称"财信系"),1958年9月,根据上海市委决定,上海财经学院与华东政法学院、复旦大学法律系、中国科学院上海经济研究所合并成立上海社会科学院(简称"上海社科院")。财信系大部分教师在上海社科院继续任教。1955级、1956级、1957级3届本科生随同教师转入上海社科院继续学习,直至毕业。1960年9月,经中共上海市委批准,重建上海财经学院,设立财金系,下设财金专业,原财信系大部分教师调回上海财经学院财金系。1966年,"文化大革命"开始,学校停止招生。1972年4月,学校被撤销,财金系教师被安排在复旦大学经济学系任教。1978年12月,国务院批准恢复上海财经学院,财金系恢复设立并招收本科生。1987年5月,学校将财金系一分为二,分别设立金融学系、财政学系,并将金融、保险专业学科点划入金融系;将财政、税收、基建财务与信用专业学科点划入财政系。1995年5月18日,成立财务金融学院,学校将财务管理专业学科点教师与学生整体转入财务金融学院。1995年9月,由万泰集团出资与学校合作办学,成立万泰国际投资学院,学校将投资经济管理专业的师生整体转入万泰国际投资学院。1998年8月,万泰国际投资学院终止校企合作办学,并入金融学院,设立投资系。1999年,学校将财务管理专业教师和学生整体转入会计学院。2001年7月,学校决定金融学院投资系、经济学院劳动与社会保障专业与财政学系合并组建公共经济与管理学院(简称"公管学院");9月,公共经济与管理学院挂牌成立。

至2016年12月,学院共设有5个系:财政系、税收系、公共管理系、投资系、社会保障与社会政策系;3个专业硕士学位教育中心:公共管理硕士(MPA)教育中心、税务硕士教育中心、资产评估硕士教育中心;10个研究机构:公共政策研究中心、中国教育支出绩效评价(研究)中心、卫生政策与管理研究中心、社会保障研究中心、资产评估研究中心、资源环境政策与管理研究所、不动产研究所、投资研究所、公共治理研究中心、实证分析与调查研究中心;1个实验室:政策模拟仿真实验室。学院财政学学科是教育部首批批准设立的财政学硕士点之一,该学科1997年被遴选为财政部部属院校重点学科,2002年被教育部评为国家级重点学科,2007年再次被评为国家级重点学科。

## 二、本科专业设置

1952年9月,设有财政学、货币与信贷、国家保险3个专业。1955年,财政专业下设财政专门化和国民经济各部门财务专门化,货币与信贷专业下设短期信贷专门化。60年代,设有财政金融专业。1978年底,财金系设立财政、金融专业,招收本科生。1979年5月,增设基建财务与信用专业。1983年,受财政部委托,设置财政师范班(本科)。1987年底增设税收专业后,财金系拥有财政、税收、基建财务与信用、金融、保险5个本科专业。1988年初,基建财务与信用专业更名为投资经济管理专业;11月,增设财务学专业。1991年4月,财政学专业增设国有资产管理专门化;1994年,财务学专业改为理财学专业,投资经济管理专业改为投资经济专业,税收专业改为税务专业;10月,增设房地产经营管理专业;1997年7月,国有资产管理专门化更名为资产评估与管理专门化。1998年7月,根据教育部的本科专业目录,投资经济专业改为工程管理专业,理财学专业改为财务管理专业,税务专业纳入财政学专业。1999年2月,增设劳动与社会保障专业。2001年3月,增设公共事业管理专业。2002年2月,增设行政管理、土地资源管理专业。2005年3月,经教育部备案,重新设立税务、投资学专业,增设项目管理专业。同年,公共管理系本科采取大口径招生政策。截至2016年底,学院共有9个本科专业,分别为财政学、税收学、投资学、工程管理、房地产开发与管理、公共事业管理、行政管理、劳动与社会保障、土地资源管理。

## 三、硕士研究生专业设置

1981年11月,财政学科获硕士学位授予权,研究方向为财政理论与政策、公共预算管理、外国财政、社会主义财政、生产财务和基建财务。1982年开始招收硕士研究生。1986年生产财务研究方向改设为财务学研究方向;1987年,增设外贸财务、税收研究方向。1990年11月,投资经济获硕士学位授予权。1993年4月,增设企业财务管理硕士点。1997年8月,根据新修订的研究生专业目录,投资经济硕士点改名为国民经济学硕士点,研究方向为国民经济管理、宏观经济理论与政策。2001年1月,设立技术经济及管理专业硕士点,研究方向为技术经济、项目管理。2003年1月,经国务院学位办备案,自主设立教育经济与管理专业硕士点,研究方向为教育经济理论与政策、比较教育政策;设立社会保障专业硕士点,研究方向为社会保障基金管理、社会保障国际比较;设立土地资源管理专业硕士点,研究方向为土地经济管理、土地利用管理、资源环境管理与政策。同年9月,设立投资经济专业硕士点,研究方向为投融资、国际投资。2004年4月,经国务院学位办备案,自主设立税收学专业硕士点,研究方向为税收理论与政策;设立公共经济政策学专业硕士点,研究方向为区域经济公共政策、产业经济公共政策。2005年2月,设立公共管理硕士专业学位研究生(MPA)培养点。2006年1月,获得公共管理一级学科硕士学位授予权,一级学科下面的行政管理、社会医学与卫生事业管理2个专业增立为硕士点。2008年,经国务院学位办备案,自主设立房地产经济学专业硕士点。2010年9月,设立税务硕士和资产评估硕士2个专业学位研究生培养点。

至2016年底,学院有财政学、国民经济学、房地产经济学、公共经济政策学、税收学、投资经济学、技术经济及管理、行政管理、社会医学与卫生事业管理、教育经济与管理、社会保障、土地资源管理、税务硕士、资产评估硕士和公共管理硕士,共15个硕士点(含3个专业硕士学位点)。

### 四、博士研究生专业设置

1986年8月,财政学专业学科点获博士学位授予权,设3个研究方向:财政理论与宏观财政政策、公共支出与社会保障、公共管理与公共政策。1998年6月,国民经济学专业学科点获博士学位授予权,设4个研究方向:国民经济管理、宏观经济理论与政策、土地与资源环境经济理论及政策、可持续发展理论与政策。2000年12月,技术经济及管理专业学科点获博士学位授予权,设2个研究方向:供应链管理、客户关系管理。2003年1月,经国务院学位办备案,自主增设投资经济博士点,设3个研究方向:投融资理论与政策、国际投资理论与政策、固定资产投资理论与政策。2004年3月,经国务院学位办备案,自主增设税收学、公共经济政策学2个博士点,公共经济政策学设6个研究方向:社会保障理论与政策、卫生经济与政策、科技创新与政策、城市发展与政策、公共部门绩效与管理、政治经济理论与方法。至2016年底,学院拥有财政学、国民经济学、房地产经济学、公共经济政策学、税收学、投资经济学和技术经济及管理7个博士点。

### 五、博士后流动站

至2016年,学院拥有1个博士后流动站。依托中国公共财政研究院和公共政策与治理研究院两个研究平台招收科研博士后。

### 六、历任行政领导

1950年10月至1958年,雍文远、周柏棣先后任财金(信)系主任,冯定璋任副主任;1961年2月至1972年4月,苏挺任财金系主任,冯定璋任副主任;1980年7月至1984年12月,苏挺任财金系主任,龚浩成、李儒训、万伯涵任副主任;1984年12月至1987年5月,李儒训任财金系主任,俞文青、王学青任副主任;1987年5月至1992年4月,李儒训任财政系主任,俞文青、周慈铭、金德环、欧阳令南先后任副主任;1992年4月至1995年4月,欧阳令南任副主任(主持工作),金德环、丛树海任系副主任;1995年4月至1999年4月,蒋洪任系副主任(主持工作),胡怡建任系副主任;1999年4月至2001年9月,蒋洪任财政系主任,胡怡建任副主任;2001年9月至2006年1月,蒋洪任公管学院院长,胡怡建、应望江、朱为群、姚玲珍、毛程连、刘小兵等先后任副院长;2006—2009年,张欣任院长,刘小兵、刘小川任副院长;2009年至2012年10月,牛铭实任院长;2011—2013年,俞卫任常务副院长,刘小川、刘小兵任副院长。2013—2016年,俞卫任院长;刘小兵、刘小川、方芳、付文林任副院长。2016年起,刘小兵任院长,付文林、杨翠迎、王峰任副院长。

## 第二节 教 学

### 一、教师队伍

1951年9月,财金系教师8人,其中教授3人、副教授2人。1956年7月,财信系教师33人,其中教授16人,包括周伯棣、冯定璋、朱斯煌、彭信威、刘絜敖、吴国隽、关可贵、王宏儒、宗植心等人。1960

年,多数教师从上海社会科学院调回上海财经学院财金系。1978年复校初期,财金系有教师20余人。1987年,财金系教师增至91人,其中教授16人,副教授32人。是年成立的财政系,拥有教师50人,其中教授、副教授24人,讲师22人。2001年,公共经济与管理学院成立,拥有教师30人,其中教授5人、副教授12人、讲师13人。截至2017年3月,学院共有专职教师76名,包括正高级职称14名,副高级职称33名;教师中具有博士学位的70位,占教师总数的92.1%。其中20位是近年从斯坦福大学、南加州大学、东京大学、雪城大学等海外知名大学引进的海归博士。教师中有教育部新世纪优秀人才获得者2名,财政部跨世纪学科带头人5名,曙光学者3名,晨光学者1名,上海领军人才1名,浦江人才7名,上海教学名师1名,校资深教授2名,上海市华侨华人专业人士杰出创业奖获得者1名,校讲席教授3名,校创新团队首席专家2名,此外还聘有海外著名高校学者特聘教授4名。

1990年以前,有2名教授赴日本讲学。1990—2000年,有25人次赴美国、日本、德国、法国、西班牙以及中国香港和台湾等地进行学术访问、讲学,参加各种学术研讨会,并发表论文。2001—2017年3月,学院教师出国参加长期学术交流(6个月以上)的有28人次,短期学术出访的有156人次。约有6人次赴美国、加拿大、澳大利亚进行双语师资培训,培训课程包括公共管理、财政、技术管理、房地产、社会保障等。2001—2016年,学院聘请校外专家14人担任兼职教授。

## 二、教学建设

20世纪50年代,新成立的财金系注重课程和教材建设,编写符合中国国情的财政学教材,其中包括尹文敬编《财政学》和周伯棣著《中国财政史》。80年代初,财金系开始将西方财政理论引入教学中,开设外国财政、外国税制、外国财金学说,并组织编写新教材。1984—1999年,教师通过社会调查,理论联系实际,编写专著16部、教材48部、译著以及工具书22部。葛惟熹编著的《国际税收概论》是中国改革开放后的第一本国际税收论著。1986年,曹立瀛、王传曾主编的《资本主义国家财政》教材获上海市哲学社会科学优秀成果奖优秀著作奖,该教材最早系统地引入西方财政理论,被财政部所属院校采用。20世纪90年代,朱萍主编的《资产评估学教程》、曹建元主编的《房地产金融》、杨大楷主编的《国际投资学》、何康维主编的《建设工程的概预算与决算及算例与习题》获上海市教委优秀教材奖。90年代初,财政学专业开设的涉外课程有国际贸易、国际金融、西方财政学、资产阶级财金学说、西方财务、外国税制、国际税收、外国预算管理等,西方财政学采用美国的原版教材。1992年,李儒训主编的《工业财务学》获第二届财政部全国财政系统大中专优秀教材奖二等奖;葛惟熹主编的《国际税收学教程》获第二届财政部全国财政系统大中专优秀教材奖和第二届国家教委全国普通高等学校优秀教材奖。1996年,葛惟熹主编的《国际税收学》获第三届国家税务总局全国税收类优秀教材奖一等奖和第三届上海市教委优秀教材奖二等奖,被财政部所属院校采用。蒋洪主编的《财政学教程》教材获第三届财政部全国财政系统大中专优秀教材奖荣誉奖和上海市教学成果一等奖。2001年,财政系的集体成果《财政学专业教材和教学参考资料建设》获得上海高校优秀教学成果市级奖一等奖。2002年,蒋洪主编的《财政学》、胡怡建主编的《税收学》获全国普通高等学校优秀教材奖二等奖;2003年,蒋洪负责的财政学课程被列为上海市级精品课程;2007年又列入国家精品课程建设项目。2014年6月,丛树海、刘永章、俞卫、吴卫平、刘小川、朱为群等教师完成的"国情教育与科研训练相结合的创新人才培养模式探索与实践——以千村调查为载体"获得2013年上海市级教学成果奖(高等教育)特等奖,蒋洪、樊丽明、刘小兵、刘小川、胡怡建、朱为群、马国贤、丛树海、曾军平、温娇秀等教师完成的"培养学生社会责任和实践能力的财税教学内容与方法改革"获得一等奖。

2001年学院成立后,财政学的教学内容引入西方经济学的经典理论,融入公共财政学与公共管理的内容。本科教学采用的教材与亚当·斯密以来经济学的经典原著相结合,与发表在世界一流杂志上的经典论文相结合,与人类生活的实践经验(案例)相结合。硕士、博士研究生教学采用的教材是国际权威杂志发表的与本学科有关的经典论文。课程设置参照肯尼迪政府学院课程设置的模式,增加学生数理经济学、计量经济学的课时;增加史学与政治学等相关课程。20世纪80年代,曹立瀛创建图表教学法,将"资本主义财政""西方财政理论与政策""税收经济学"三门课程的教材内容绘制成各种图表,便于学生系统掌握知识。2003年,着手财政与公共管理的案例库建设,实行案例教学。2005年,宋健敏负责建立公共管理案例库,完成15个公共管理案例。2007年完成4个实验室及数据库项目的建设。2014年,学院新改建公共政策模拟与仿真实验室,提供统计类、计算类、仿真类、GIS类、专业类和文字处理类等数十种软件环境,实现IT管理的效率提升、成本降低、功能改善等目标。

### 三、毕业生

1950—2006年,本科毕业生5 309人,硕士毕业生637人,博士毕业生56人。2007—2015年,本科毕业生2 397人,硕士毕业生1 305人,博士毕业生210人。

## 第三节　科学研究与对外交流

### 一、科研机构

1995年12月,成立公共政策研究中心,马国贤任主任。中心宗旨是以强化中国公共管理为目标的研究和教学,为社会提供较高学术政策水平的公共财政管理人才。该中心定期组织骨干教师出版公共政策研究报告,内容涉及农业、教育、水利、矿产、财政税收等主题。1999年起,每年组织编写一本《中国财政发展报告》,由上海财经大学出版社出版。

2009—2016年,学院共设有10个研究机构,分别是:公共政策研究中心、中国教育支出绩效评价(研究)中心、卫生政策与管理研究中心、社会保障研究中心、资产评估研究中心、资源环境政策与管理研究所、不动产研究所、投资研究所、公共治理研究中心、实证分析与调查研究中心。

### 二、科研成果

1988年4月,地质矿产部海洋地质综合研究大队委托财政系承担"东海重点海区油气田勘探开发条件的研究"经济评估科研项目。李儒训、周慈铭、应望江等负责该项目,于1990年完成。1996年2月,财政系被国家科委授予"全国科普工作优秀集体"称号。2001年,学院启动公共经济学应用系列研究,有7个子项目,即:毛程连主持的"公共财政理论的发展对我国国有资产管理理论的影响研究",杨大楷主持的"中国企业海外投资效应分析及对策研究""启动民间投资问题研究""国家企业债券市场发展战略与监理框架",杨君昌主持的"中国税负归宿问题研究",丛树海主持的"公共支出后评价研究",王克强主持的"中国农业节水灌溉市场的有效性及政策绩效评价研究",均获得国家哲学社会科学基金或国家自然科学基金立项资助,并通过鉴定结项。《中国农村义务教育转移支付制度研究》等众多研究报告报送财政部教科文司与教育部财务司等政府决策部门。2009—2016年,学院教师发表各类学术论文1 314篇,出版著作182部,承接国家级项目116项,省部级课题370项,学院每年出版《中国财政发展报告》《中国投资发展报告》《中国财政透明度报告》,至今已形成了系列报告;2016年又成功推出《中国财政发展报告蓝皮书》《中国财政透明度报告白皮书》和《社会保障发展报告橙皮书》。

2009年,学院博士生张阳的论文"中国税负归宿的一般均衡分析与动态研究"获第四届"黄达—蒙代尔经济学奖";2010年,学院博士毕业生汪冲的毕业论文"中国基本公共服务收益均等化转移支付方案研究"获2010年全国优秀博士学位论文提名奖;2012年4月,学院荣获四项"第五次全国优秀财政理论研究成果"奖,其中刘小川、徐曙娜、曾军平《2010中国财政发展报告——国家预算的管理及法制化进程》、学院课题组《2010中国财政透明度报告——省级财政信息与部门行政收支公开状况评估》分获二等奖,于洪《社会保障筹资机制研究》、刘守刚《国家成长的财政逻辑》分获三等奖;同年,唐莉博士毕业论文"中美合作、知识中介及中国科技发展关系的实证研究:以纳米技术为例"荣获"美国公共政策和管理学会2011—2012年度最佳博士论文奖(亚洲研究)";2013年,胡怡建主持的《上海增值税试点过程中的风险与效应评估》荣获上海市决策咨询成果一等奖;同年,胡光元等合作的论文"中美在高新技术领域的研究现状、发展轨迹及政策建议"获得"第十三届全国科技评价学术研讨会"优秀论文奖;2014年,唐莉作为第二发明人的实用新型专利"Identification Disambiguation in Databases(数据库姓名消歧)"于2014年8月5日在美国商标专利局USPTO正式授权,专利号US8799237B2;2014年12月,学院常任轨教师的创新团队(唐敏、呼和那日松)论文被国际顶级政治学期刊 *British Journal of Political Science* 接受刊发,该文是国内首篇完全由国内教师在国际顶级政治学期刊发表的论文。

### 三、对外交流

1994年9月,财政系与台北市公会联合主办"中国海峡两岸税制税务研讨会",主要探讨中国税制改革的背景、基本框架以及完善中国税制的对策等问题;2002年5月,学院承办"2002全国财政学学科教学研讨会";2003年11月,公共政策研究中心和公共经济与管理学院联合举办中国农村义务教育政策高级研讨会;2004年10月,学院与日本电子计算机软件著作权协会(ACCS)联合举办以软件反侵害和著作权保护为主题的讲座;2010年9月,学院承办的"2010年研究方法暑期研讨班"得到全球知名的ICPSR"暑期培训课程"的全力支持与成果认证,并获得MPA专业学位教育指导委员会的大力推介;2012年9月,学院与日本一桥大学合办中日财税问题研讨会;2014年7月,公共政策与治理研究院和北大—林肯土地研究院共同举办首届"全球城市公共政策挑战与治理创新研究"国际论坛;2015年6月,公共政策与治理研究院和中国公共财政研究院共同承办"老龄社会公共政策挑战与治理创新"国际论坛。2016年9月,公共经济与管理学院和公共政策与治理研究院共同举办了"新型城镇化与城市治理现代化"国际研讨会。

在交流合作方面,学院与美国雪城大学(Syracuse University)麦克斯威尔学院(Maxwell School)、英国赫瑞瓦特大学、美国斯坦福大学国际发展中心、美国南加州大学政策规划与发展学院、新加坡国立大学房地产研究院、日本一桥大学、美国明尼苏达大学、英国伦敦玛丽女王大学、美国罗格斯大学、澳大利亚麦卡瑞大学等知名院校建立友好合作关系,聘请其优秀学者为客座教授,并签订了教师、学生交流合作备忘录。

# 第六章 法 学 院

## 第一节 发 展 概 况

### 一、沿革

法学院前身是1980年设置的国际贸易与经济法教研室;1981年1月,国际贸易与经济法教研室的法学教师调入经济学系,组成经济法教研室,从事经济法和法律基础的教学;1987年初,经济学系增设经济法学专业;1991年12月,以经济法教研室教师和经济法专业学生为基础成立经济法系;1998年8月,为适应中国高校本科专业目录调整的需要,经济法系更名为法学系,并着手筹建法学院;同年12月,法学院成立。

法学学科先后入选教育部首批卓越法律人才教育培养基地(应用型、复合型)、国家级法学教育实践基地、教育部专业综合改革示范点;入选上海卓越法律人才培养基地、上海涉外卓越法律人才培养基地、上海高校一流学科(B类)、上海国际法重点研究基地、上海市专业学位研究生实践示范基地、上海财经大学自由贸易·金融·法律产学研基地(上海市学位办)、上海教育立法咨询与服务研究基地;获批最高人民法院自贸区司法研究基地、中国法学会中国—拉美法律研究中心和中国—拉美法律培训基地。这些高端平台有力地支撑了法学学科的快速发展。

### 二、各类专业设置

1987年初,经济学系设置经济法学专业,并于同年8月招收本科生。1997年1月,增设国际经济法专业。1998年8月,根据教育部7月颁布的本科专业目录,专业名称调整为法学专业,下设经济法、国际经济法、民商法3个专业方向。1998年7月,设立经济法学硕士点;2001年1月,设立宪法学与行政法学硕士点;2003年9月,设立国际法学硕士点。2005年2月,经国务院学位办批准,设立法律硕士专业学位点。2006年1月,设立民商法学硕士点和法学理论硕士点。2007年1月,经国务院学位办审核备案,自主设置法律经济学与法律金融学两个博士点;2011年获批法学一级学科硕士学位授予权;2012年设立财经法学博士点;2016年获批法学一级学科博士授予权,并于2017年开始按照宪法学与行政法学、民商法学、经济法学、环境与资源保护法学和国际法学5个专业招收法学博士研究生。

### 三、历任行政领导

1991年12月至1994年9月,史文清任系主任,顾伟如任系副主任;1994年6月至1998年6月,陈大钢任系副主任(主持工作),马洪任系副主任;1998年9月至2004年5月,丁邦开任院长,马洪、周仲飞任副院长;2004年5月至2005年4月,周仲飞兼院长,副院长为马洪、洪庚明;2005年4月至2007年1月,吴宏伟任院长,副院长为马洪、洪庚明;2007年2月至2014年12月,郑少华任院长,副院长为马洪、洪庚明、杨峰;2014年12月至2016年8月,李学尧任院长,副院长为杨峰、胡凌、葛伟军;2016年11月,宋晓燕任副院长(主持工作),副院长为胡凌、葛伟军。

## 第二节 教 学

### 一、师资队伍

法学院成立初期,有教师13人,其中教授3人。至2016年,有教师46人,其中教授18人、副教授13人、讲师15人;有博士生导师22人,硕士生导师40人;具有博士学位的教师39人,占学院教师总数的84.8%。学院拥有长江学者(青年)1人、教育部新世纪优秀人才计划4人、享受国务院政府特殊津贴1人、上海市优秀中青年法学家3人、上海市曙光学者3人、上海市千人计划2人、中美富布莱特研究学者2人、东方学者1人、9人12次担任全国性法学社团负责人、4人15次担任中央机关咨询专家。

### 二、教学建设

1997年12月,马洪编写的《经济法原理新编》获上海市教委优秀教材奖二等奖。2000年2月,余先予编写的《国际司法教程》获上海市教委优秀教材奖二等奖。2001年,马洪、叶朱合作的经济法概论课程建设获上海市高校优秀教学成果一等奖,丁邦开、周杰普合作的"以学生社团为依托,开拓第二课堂教学"课题获二等奖。2004年6月,张圣翠主编的《国际商法》获上海市教委优秀教材奖二等奖。2014年,郑少华领衔申报的教学成果"对接国家战略需求,培养具有国际竞争力的卓越财经法律人才"获上海市教学成果奖一等奖。

2012年,法学学科成功入选国家首批卓越法律人才教育培养基地(应用型、复合型法律职业人才教育培养基地),同年入选上海"卓越法律人才培养基地""涉外卓越法律人才培养基地"。以此为契机,学院推动了专业数据库引进和实验室建设,购买了北大法意案例库、法学实验教学系统(LETS)、北大法意模拟审判系统,并重建模拟法庭、新建模拟仲裁庭和网络实验室等,为实践教学的深化拓展新局面。

2012年,学院开设全英文硕士(LL.M)项目,并于2014年开设法律金融学专业全英文博士(PhD)项目,招收国际留学生。从2012年起,学院在中国大陆首开"英美法证书班",对本科生进行全英文系统性英美法训练。该项目采用全英文授课与英美原版教材,旨在培养学生在英美法方向的兴趣,学习英美法思维方式和研究模式,为将来进一步学习或从事中国法与英美法的比较研究、从事国际金融与国际经贸法律业务等打下良好基础。截至2017年3月,该项目两届学生中有15

人被多所世界一流大学,包括哈佛大学、乔治华盛顿大学、加州大学戴维斯分校、英国伦敦大学等法学院 LL.M 和 J.D 项目录取,参加日常国际交流交换 30 余人次。

2013 年起,学院法学硕士和法律硕士从一年级开始实行"双导师制",由校内硕士生导师和实践部门兼职硕士生导师共同指导研究生;同年,学院面向法学硕士、全日制法律硕士创设"自贸区高级法律人才培养项目";同年 9 月,学院申报的"法学一级学科博士点引导布局与建设培育"项目成功入选 2013 年上海市研究生教育创新计划实施项目(第二批)。2014 年起,学院还联合国际工商管理学院和金融学院,共同设立上海财经大学自贸区专门化硕士研究生项目——"自由贸易·金融·法律"特班。

### 三、各类毕业生

1987—2016 年,本科毕业生 2 012 人。1999—2016 年,硕士毕业生 2 361 人。2001—2016 年,攻读中国法方向的国外留学生和中国港、澳、台学生 34 人毕业,获得法学硕士学位。

## 第三节　科学研究与对外交流

### 一、科研机构

2002 年,设立法治研究中心,丁邦开任主任,中心完成"经济犯罪研究"等课题,出版《中国现代法治发展研究报告》。同年设立金融法研究中心,周仲飞任主任。2005 年 4 月,设立台商法务研究中心,宋锡祥任主任,对台商在大陆开展经贸活动中所经常遇到的法律问题开展实务研究。同年,设立财经税收法律研究中心,李清伟任主任。2005 年 6 月,设立外商投资企业法律研究中心,宋锡祥任主任。2010 年 4 月,法学院与上海市杨浦区人民法院合作建立金融审判研究基地。2013 年 4 月,成立自贸区法治研究中心。自贸区法治研究中心成立以来,于 2013 年承接"上海自贸区法治保障研究""自贸试验区首轮条例规定论证及立法研究""促进中国(上海)自贸试验区发展的相关保障体制与政策体系"等课题;先后与《法学》编辑部、《华东政法大学学报》编辑部、《政治与法律》编辑部联合举办三届自由贸易法治论坛;启动了《自由贸易法治译丛》的首批七部著作的翻译工作和《自由贸易法治评论》与《自贸区法治发展年度报告》的编撰工作;2014 年,又承接了 7 项国家级和省部级课题,郑少华被聘为《中国(上海)自由贸易试验区条例》立法咨询专家。2015 年,中心完成了上海市哲学社会科学规划办、上海市人民政府发展研究中心、中国法学会、自贸区管委会等部门立项的一系列有关自贸区法律问题的研究课题,还承接了福建、广东等地自贸区条例专家建议稿的起草工作。《自由贸易区法律适用》(2015 年卷)于 2015 年 7 月出版。2016 年,完成"中国自由贸易区建设的法治保障研究""上海自贸区税收征管法律制度创新与立法完善"等课题,撰成《中国(广东)自由贸易试验区条例草案建议稿及立法说明》《中国(福建)自由贸易试验区条例草案建议稿及立法说明》《引入行政预裁定,填补"证照分离"改革中的监管真空》等内参报告,还承接了中国法学会课题"我国自由贸易区法制创新实证研究"、广东省商务厅委托课题"广东自贸试验区金融开放创新研究项目"、上海市法学会课题"对接国际高标准投资规则的自贸区法律制度创新研究"等。

截至 2016 年底,学院共有最高人民法院自贸区司法研究基地、中国法学会中国—拉美法律研究中心、中国法学会中国—拉美法律培训基地、上海教育立法咨询与服务研究基地 4 个省部级研究、培训中心,经济法与社会法研究中1个校级研究基地,环境资源法研究中心、金融服务法与金融消费者保护研究中心、自由贸易与ADR发展研究中心、自贸区法治研究中心、自贸区司法研究中心、司法研究与法律教育中心、法与税收科学研究中心、法治研究中心、知识产权法研究中心、比较民法与判例研究所、外商投资企业法律研究中心、两岸财经法治研究中心、金融法研究中心、港澳台经济与法律研究所、台商法务研究中心、法学实验与实践中心16个院属研究机构。

## 二、科研成果

截至2016年底,学院共立项国家社科基金项目25项,其中重大项目2项,分别为郑少华的"生态文明法律机制建设研究"(2010)、宋晓燕的"基于国家金融安全的互联网金融立法与国际治理对策研究"(2015),重点项目5项,分别为王全兴的"保障农民权益对策研究"(2009)、郑少华的"我国城市生态环境可持续发展与生态文明建设研究——法治视野下的生态城市塑造"(2009)、宋晓燕的"自贸区金融法治问题研究"(2014),郑少华的"政府与社会资本合作(PPP)模式的法律机制理路及其衡量方法研究"(2015)、李学尧的"司法公信力评估研究"(2015)。教育部哲学社会科学研究重大课题攻关项目1项:周仲飞的"国际金融中心法制环境研究"(2011)。国家自然科学基金委应急项目1项:郑少华的"促进中国(上海)自由贸易试验区发展的相关保障体制和政策体系"(2013)。

1994年,马洪撰写的《论市场经济与法制》获上海哲学社会科学优秀成果奖论文三等奖。1995年9月,余先予撰写的论文《认真学习〈邓小平文选〉中的法制思想》获"上海市邓小平理论研究和宣传优秀成果奖"论文三等奖。2002年12月,张军旗撰写的《WTO监督机制的法律与实践》获"安子介国际贸易研究奖"著作三等奖。2010年9月,张军旗有关民用大飞机产业的建议得到全国哲学社会科学规划办公室表彰,该报告受到中央有关领导同志和部门的重视。2012—2016年,法学院师生的成果先后获得中国法学会第二届"中国法学优秀成果奖"论文类三等奖、第八届上海市决策咨询研究成果奖三等奖、上海市第十一届哲学社会科学优秀成果奖(内部探讨优秀成果奖)、上海市第十二届哲学社会科学优秀成果奖一等奖、第十届上海市决策咨询研究成果奖二等奖、上海市第十一届中国特色社会主义理论体系研究和宣传优秀成果奖二等奖、上海市第十三届哲学社会科学优秀成果奖二等奖等各类科研奖项。

## 三、举办学术会议

2004年10月,学院与香港大学联合主办"中国银行业的自由化及其重构"(China Bank Liberaliszation and Restructuring)学术研讨会。2005年11月,学院承办中国法学会国际经济法学研究会2005年年会暨第一次年会。2006年5月,学院承办"欧洲专利实践研讨会";11月,承办"海峡两岸财经法律论坛2006年年会"。2009—2016年间,学院先后举办了100余场学术会议,包括:2010年1月与武汉大学环境法研究所、法国巴黎五大法学院、法国中法法律研究与交流协会共同主办第三届中法环境法高级研讨会;2011年举办第二届中德私法比较研讨会;2013年与澳大利亚莫纳什大学共同举办"2013年比较商法国际研讨会";2014年与加拿大蒙特利尔大学劳资关系学院联合举办"中加集体谈判和劳动争议处理研讨会"、与美国纽约市立大学穆尔菲劳动关系学院联合举办"中美比较集体劳动法研讨会"、与美国印第安纳大学麦肯尼法学院联合举办"中美知识产权最新理论与实践研讨会"、与台湾东吴大学法学院及苏州大学王健法学院共同举办"第一届两岸自由贸易法治论坛";2015年举办"调解、仲裁与自贸试验区争议解决研讨会""中拉法律研讨会暨中国—拉美法律研究中心(上海)、中国—拉美法律培训基地(上海)成立仪式""'自由贸易与劳动标准'国际研讨会""第四届中拉学术高层论坛"等。

自2008年起,学院陆续举办各类系列讲座,如"财经法律论坛""司法前沿""检察理论与实践""检察制度与实务""审判前沿""外商投资法律实务""外商投资企业法律实务""国光法学前沿论坛""法律实训""海外法律论坛""法学论坛""判断技术分析""法律诊所与模拟法庭训练""公司并购(中国)法律实务""国际法沙龙""比较法与判例研究前沿论坛""金融法律论坛"等。

### 四、国内外合作

2001年3月,学院与德国马丁·路德大学法学院签订有关合作培养研究生、合作开展科研项目以及两校教师互访的协议。2002年6月,与日本近畿大学法学院签订有关学术交流的协议。2004年11月,周仲飞、丁邦开应邀参加台湾政治大学财经法研究中心举办的学术年会,与台湾政治大学签订《合作交流协议》。

2007—2008年,学院通过与美国南卫理公会大学(SMU)法学院的交流活动,每年推荐研究生赴SMU攻读LLM学位;选派研究生赴台湾大学短期交流;2011年1月,法学院与意大利特伦托大学签署学术交流协议和博士生联合培养协议,选派博士生张孟霞赴意大利进行联合培养;2011年5月,与瑞典斯德哥尔摩大学签署院际学术交流备忘录,开展包括学生交换留学和教师互访在内的交流合作;2012年,与法国阿图瓦大学、美国休斯敦大学、美国俄亥俄州立大学签订了框架性合作协议;2013年,与英国斯特拉斯克莱德大学法学院、澳洲新英格兰大学法学院、台湾东吴大学法学院签署学生交换、教师互访等方面的合作备忘录;与澳大利亚莫纳什大学经济系商法与税收中心签订合作协议,商讨开展学位合作项目;2014年,与台湾铭传大学及法学院签署合作协议,与加拿大蒙特利尔大学等形成初步合作意向;2014年,与意大利特伦托大学法学院联合培养的唐伟森博士通过毕业答辩,成为学校第一个通过联合培养取得意大利学位的法学人才;2015年,正式与纽约福特汉姆(Fordham)大学法学院、美国加州大学戴维斯(Davis)分校法学院等院校就全面启动包括"1(国际金融法方向法律硕士/J.M.)+1(L.L.M)"的国际金融法方向双硕士合作培养模式、为国际组织培养人才等内容的合作协议,并与香港城市大学、德国法兰克福歌德大学、美国缅因大学、美国蒙大拿大学等法学院签订了学生交换协议。2016年,参与国际组织人才培养基地班,并与国外3所知名法学院建立了合作伙伴关系。

国内合作方面,截至2016年底,学院已与上海市第一中级人民法院、上海海事法院、上海证交所法律部、福建省省委党校、江苏省国税系统、上海市光明律师事务所、上海市杨浦区人民法院、北京炜衡(上海)律师事务所、北京隆安律师事务所(上海分所)等签署合作协议,与司法实务部门建立合作关系。

# 第七章 人文学院

## 第一节 发展概况

### 一、沿革

2000年12月,以思想理论教学部和基础部汉语教研室为主体成立人文学院。思想理论教学部的前身是1951年上半年成立的政治教研组。1952年,高校院系调整后更名为马列主义教研组,下设中国革命史教学小组、马克思主义基础教学小组。1956年,建立中国革命史教研组、马克思主义基础教研组。1958年9月,马克思主义教研组解散,教师被安排到上海社会科学院工作。1960年9月,上海财经学院重建马列主义教研室。1960—1972年,马列主义教研室下设政治经济学教研组、中共党史教研组、哲学教研组。1978—1991年,马列主义教研室下设中国革命史教研组、马克思主义哲学原理教研组。1980年,"政治经济学"课程的任课教师划归经济学系。1983年4月,建立德育教研室。1991年6月,马列主义教研室和德育教研室合并成立思想理论教学部,设有中国革命史教研室、哲学教研室、思想品德教研室。基础部汉语教研室的前身是60年代建立的普通课教研室下属汉语教研组。1972年,教师被安排到上海其他高校任教。1978年,学校重建基础课教研室汉语教研组。1981年4月,学校成立基础课教学部,汉语教研组改名为汉语教研室。1993年,基础部被撤销,在原基础部外语、汉语两个教研室基础上成立经贸外语系。1994年,重建基础部,将汉语教研室从经贸外语系划归基础部。2000年6月,学校做出成立人文学院的决定;12月,人文学院揭牌,并于是年起招收本科生。2006年4月,国家大学生文化素质教育基地获批成立。2011年5月,学校成立马克思主义理论教学科研部,人文学院思想理论教育教学及其相关人员并入马克思主义理论教学科研部。2015年12月,马克思主义理论教学科研部与马克思主义研究院合并组成马克思主义学院,与人文学院分设。至2017年3月,人文学院下设5个系(哲学系、中文系、经济新闻系、经济社会学系、历史系)、1个中心(人文素质与艺术教育中心)。

### 二、本科专业设置

2000年,成立经济新闻系,设置经济新闻专业方向(属经济学专业);2001年3月,获准设置新闻学专业。2001年,成立中文系,增设对外汉语专业(学校于1999年2月获准设置),2011年中文系停止招收本科生。2002年,成立经济社会学系,设置经济社会学专业方向(属新闻学专业);2004年3月,获准设置社会学专业。

### 三、硕士研究生专业设置

1998年7月,获准设置伦理学专业硕士点,研究方向为经济伦理、企业伦理、市场经济与诚信。2001年1月,获准设置马克思主义哲学专业硕士点,研究方向为经济学与哲学、现代化进程中的哲学问题、科学发展观、马克思主义哲学与西方哲学比较研究。2002年12月,获准自主设置经济哲学专业硕士点,研究方向为理论经济学中的哲学问题、企业哲学、中外经济哲学比较。2003年9月,获准设置社会学专业硕士点,研究方向为社会学理论与方法、经济社会学、企业社会学;设置中国古代文学专业硕士点,研究方向为先秦两汉六朝文学、唐宋元明清文学、古代文献文论、古今文学流变,并招收企业管理的媒介管理研究方向的硕士研究生。2006年1月,获准设置马克思主义基本原理硕士点,研究方向为马克思主义世界观与方法论研究、马克思主义与西方社会思潮;设置马克思主义中国化研究硕士点,研究方向为马克思主义中国化理论形态的研究、建设中国特色社会主义的理论与实践研究、马克思主义与中国现代化进程关系问题研究;设置思想政治教育硕士点,研究方向为高校思想政治教育、现代企业公共关系研究;设置科学技术哲学硕士点,研究方向为科学发展观与现代化进程的研究、现代科技与经济社会互动的发展研究;设置中国现当代文学硕士点,研究方向为20世纪中国文学人性研究、中国现代文学重点作家研究、中国现当代女性文学研究;设置中国古典文献学硕士点,研究方向为古典文献校释、中国传统文化、古代经济文献;设置新闻学硕士点,研究方向为媒介经营与管理、经济新闻、新闻实务;设置专门史硕士点,研究方向为史学与中国文化、中国文化与经济现代化、比较文化与经济社会发展,并把企业管理专业的媒介管理研究方向纳入新闻学专业。2010年,学院新增中国语言文学、新闻学、马克思主义理论3个一级学科硕士学位授权点。2011年,中文系新设置文艺理论专业硕士点,2012年招生。2012年,设立传播学二级学科硕士点。至2017年3月,学院拥有2个一级学科硕士点:中国语言文学、新闻传播学;11个二级学科硕士点:马克思主义哲学、伦理学、科技哲学、经济哲学、中国古代文学、中国现当代文学、文艺学、新闻学、传播学、社会学、专门史。

### 四、博士研究生专业设置

2002年12月,在理论经济学一级学科范围内自主设置经济哲学专业博士点,2003年秋季招生,研究方向为经济学与哲学、企业哲学(含企业发展战略)、经济伦理、中外拍卖业发展问题的哲学研究。2003年9月,获马克思主义哲学专业博士点,研究方向为马克思主义经济哲学研究、现代化进程中哲学问题、科学发展观、辩证逻辑与方法论。2006年1月,获马克思主义中国化专业博士点,研究方向为马克思主义中国化理论形态研究、建设中国特色社会主义的理论与实践研究、马克思主义与中国现代化进程中的重大思想认识问题研究、经济法哲学问题研究。2011年,"马克思主义理论"获准为博士学位授权一级学科。2012年,新增马克思主义基本原理(法学类)、中国近现代史基本问题研究(法学类)2个二级学科博士点。2009年,学院获准设立哲学一级学科博士后流动站。2012年,增设马克思主义理论一级学科博士后流动站。2015年12月,马克思主义理论一级学科博士学位授权点和博士后流动站划归新成立的马克思主义学院。至2016年底,学院拥有1个博士后流动站(哲学)、2个二级学科博士学位授权点(马克思主义哲学、经济哲学)。

## 五、历任行政领导

2000年9月至2001年12月,陈新汉任人文学院院长,李笑野、赵鸣歧任副院长。2002年1月至2016年9月,张雄任人文学院院长,先后任副院长的有裴毅然、章忠民、许建平、郝云、李桂奎。2016年9月至2016年12月,院长空缺,郝云、李桂奎任副院长。2016年12月起,陈忠任人文学院院长,郝云、李桂奎任副院长。

# 第二节 教 学

## 一、教师队伍

1978年12月,马列主义教研室专任教师13人,汉语教研室专任教师5人。1984年德育教研室专任教师3人。2000年人文学院成立时有专任教师34人,其中教授5人、副教授10人,拥有博士学位9人。2002年起,先后引进教授鲁品越、盛邦和、张彦、许建平。张雄、鲁品越、盛邦和均享受国务院特殊津贴并担任博士生导师。还聘请世界著名学者池田大作为名誉教授。2014年,张雄当选为校第六届学术委员会副主任委员、校通识教育指导委员会副主任委员。2000—2016年,教师中有60余人次赴美国、加拿大、英国、日本、澳大利亚、俄罗斯、韩国等国家以及中国香港、台湾、澳门地区访学、进修。2016年,教师中有校聘资深教授2人、讲席教授2人、讲席副教授3人、科研创新团队1个(经济哲学)、教育创新团队1个(经济新闻)、校特任研究员1人、校特聘教授2人次。

截至2017年3月,学院共有教职工59人,其中专任教师52人、行政人员和专职辅导员7人。专职教师中,教授10人、副教授19人、讲师23人、博士生导师10人,教师中具有博士学位的47人。

## 二、教学建设

### (一)教材建设

骆祖望编写的《企业公共关系学》和邱宣煌编写的《财经应用文写作》分别于1992年和1996年获全国财政系统大中专优秀教材二等奖;陈新汉编写的《马克思主义哲学原理新编》于1997年获上海市教委优秀教材二等奖。哲学系教师编写了《马克思主义哲学原理》《马克思主义哲学与现时代》《科学研究方法论》等教材;政治系教师结合当今世界形势新发展、新变化,编写了《当代世界经济与政治》《当代世界经济与政治新编教程》《邓小平理论与"三个代表"重要思想》《大学生思想品德》等教材;经济新闻系教师编写了《经济新闻学概论》《新闻报道新教程:视角·范式与案例解析》《财经新闻》等教材;经济社会学系教师编写了"经济社会学丛书"、《社会统计学》(该教材列入教育部社会学专业主干课教材和"十一五"国家级规划教材,该课程入选上海市重点课程)等教材;中文系教师编写了《中国古代文学理论》《大学语文》《经济写作》《外国文学教程》等教材,"大学语文"网上课件在2005年获上海市优秀教学成果一等奖,并获得国家优秀教学成果二等奖。社会统计学课程(负责人张彦)被评为2007年度上海高校市级精品课程。2008年,徐萍主编的《消费心理学教程(第三版)》被教育部高教司评为"2008年度普通高等教育精品教材";林晖撰写的教材《新闻报道新教程:

视角·范式与案例解析》被列为普通高等教育"十一五"国家级规划教材。

### （二）教学类获奖

2000—2007年,共有1人次获"上海市优秀教育工作者"称号,1人次获得"上海市科教系统优秀共产党员"称号,2人次获得"上海市优秀思想政治理论课教师"称号,2人次获得学校"教书育人标兵"称号,18人次获得学生评选的"我心目中的好老师"称号。2008—2016年,学院获上海市育才奖3人次,获上海财经大学学术奖2人次,校"我心目中的好老师"37人次,校"教书育人标兵"5人次、提名奖5人次,校教学基金奖17人次,获上海市教学技能奖、申银万国奖教金优秀奖等各类市级、校级荣誉称号近50人次。获上海市优秀博士学位论文1篇,上海市优秀硕士学位论文3篇。2篇博士生学位论文获上海市哲学社会科学出版基金资助出版。

### （三）实验室建设

2005年1月,学院建立经济新闻实验室。该实验室可以开展报纸编辑、电视节目制作、新闻摄影、新闻采访、网络传播等实验项目,作为经济新闻专业师生进行教学和实验的场所。2015年11月,经济新闻实验室进行二期扩建,新增高清摄录、摄影设备,更换媒资存储与协同编辑系统,并增加金融数据终端。

## 三、各类毕业生

2004—2016年,本科毕业生1 255人,其中经济新闻专业612人、经济社会学专业355人、对外汉语专业288人;硕士毕业生699人,博士毕业生82人。

# 第三节　科学研究与对外交流

## 一、研究机构

### （一）全国经济哲学研究会

全国经济哲学研究会隶属中国马克思主义哲学史学会,是全国性的二级学术研究机构。该会经中国马克思主义哲学史学会、中国社会科学院哲学研究所同意并报中华人民共和国民政部,于2012年9月24日获批成立,办公机构设在上海财经大学人文学院,首任会长为人文学院张雄,秘书长为卜祥记。2013年10月,全国经济哲学研究会正式成立。自成立以来,全国经济哲学研究会先后主办和承办高层学术会议8次,编辑出版《中国经济哲学评论·政治经济学批判专辑》和《中国经济哲学评论·社会主义与市场专辑》。

### （二）上海市社会科学创新研究基地"民族复兴中国梦"

2013年12月,上海财经大学"民族复兴中国梦"社会科学创新研究基地由上海市哲学社会科学规划办公室和上海市人民政府发展研究中心共同批准设立。基地依托上海财经大学哲学、马克思主义理论、政治经济学等多个学科的支撑,围绕"民族复兴中国梦",重点形成4个研究方向:中国梦与历史唯物主义、经济哲学视域中的中国梦、政治哲学视域中的中国梦、中国梦与中国传统文化精粹的关联。

### (三)中华儒商研究中心

2016年1月8日,由上海市儒学研究会与上海财经大学人文学院联合筹建的"中华儒商研究中心"在上海财经大学成立。人文学院院长、全国经济哲学研究会会长张雄担任中心主任,上海樽轩实业有限公司董事长丁兴才任执行主任,人文学院鲁品越、郝云等任副主任,朱璐任秘书长。同年12月,召开首届中华儒商论坛。

### (四)人文素质与艺术教育中心

2000年12月,学院建立"人文素质与艺术教育中心"。学校学生在校学习期间必须选修人文课程,人文素质与艺术教育中心设置模块课程体系,并提出相关的学分要求和规定,使学生在学好专业课的同时,具备一定的人文知识。2006年4月,教育部批准上海财经大学为国家大学生文化素质教育基地。2007年4月30日,国家大学生文化素质教育基地举行揭牌仪式,同时成立由章培恒、余秋雨等10位专家担任的校外专家委员会,基地日常工作由人文学院承办,人文学院院长张雄兼任基地办公室主任。

### (五)现代经济哲学研究中心

2004年5月,学校设立现代经济哲学研究中心。中心确立马克思主义经济哲学思想史研究、马克思主义哲学对西方经济学的反思与评析、经济哲学思想史、现代经济哲学原理、中国现代化进程的经济哲学问题、现代企业伦理、经济本体论、经济认识论等学科研究方向和领域。

### (六)历史学研究所

2004年6月,学院成立历史学研究所。研究所下设比较文化史研究室、中国文化史研究室、日本·亚洲研究中心,盛邦和任研究所主任兼日本·亚洲研究中心主任,聘请日本著名学者滨下武志等担任顾问,并承担"中国近现代史纲要"课程的教学与科研任务。

### (七)其他院级研究机构

至2016年底,学院还设有经济社会研究中心、经济伦理研究所、事件文化与都市经济转型研究中心、国学研究所、中华文化理论原创中心、数据财经新闻教研中心等院级研究机构。

## 二、科研成果

课题研究。2007—2016年,学院承担国家社科基金重大项目"科学发展观的科学内涵、精神实质和根本要求研究"(负责人张雄)1项(于2013年免检结项),国家社科基金重点项目2项,国家级、省部级哲学社会科学课题91项,其他类别课题360余项;完成中宣部重点调研课题1项。此外,学院还承担了学校2014年"千村调查"项目,以"农村养老问题现状调查"为主题,在全国21个省、市、自治区的31个县展开调研,并对调研数据进行整理、挖掘,形成调研总报告1份、成果专报7份,相关成果被70余家媒体广泛报道,出版了相关著作2部。

科研成果。学院教师在《中国社会科学》《哲学研究》《哲学动态》《学术月刊》《文学评论》《文学遗产《新闻与传播研究》《马克思主义研究》《历史研究》《社会学研究》等权威期刊发表高质量论文160余篇,为《中国哲学年鉴2012》撰写专题论文形式特稿1篇,在重要报刊发表文章近50篇,其他核心期刊论文千余篇;在国外发表高质量论文10余篇;收入中宣部、教育部内部参考资料1篇。出版学术专著、编著以及"中国经济哲学评论"系列、"中国经济哲学博士文库"系列等著作140余部。

科研获奖。1998年6月,吴梦宇撰写的《从人类行为因果链看社会主义市场经济的合理性》获上海市邓小平理论研究和宣传优秀成果论文二等奖;2004年9月,张雄撰写的《经济哲学:从历史哲学向经济哲学的跨越》和《"阳光驿站"——探索非公有制经济组织"党员活动中心"新模式》分别获上海市哲学社会科学优秀成果著作二等奖和内部探讨奖,李本乾撰写的《中国大众传媒议程设置功能研究》获上海市哲学社会科学优秀成果著作二等奖;2006年12月,鲁品越撰写的《剩余劳动与唯物史观理论建构》和《资本与现代性的生成》分别获上海市第六届邓小平理论研究和宣传优秀成果论文二等奖和上海市第八届哲学社会科学优秀成果论文二等奖。2007—2016年,学院获国家及教育部奖项10项,上海市哲学社会科学优秀成果和邓小平理论研究和宣传优秀成果等省部级奖项40余项,上海财经大学中振科研基金优秀成果奖26项,上海财经大学学术奖2人,上海财经大学"科研标兵"称号2人。2009年,林晖的课题获"曙光计划"立项资助;2010年,鲁品越的《深层生成论:自然科学的新哲学境界》入选《国家哲学社会科学优秀成果文库》;2014年,卜祥记的《〈资本论〉的理论空间与哲学性质》一文被推选为"上海市社联2014年度十大推介论文";2016年,张雄的《金融化世界与精神世界的二律背反》一文被推选为"上海市社联2016年度十大推介论文"。

### 三、对外交流

2002年5月17日,德国经济伦理研究会主席、汉诺威哲学研究所创办所长、教授彼得·科斯洛夫斯基到学院讲学。2004年9月14日,日本创价学会副会长三津木幸到学院访问,意大利《共和报》资深记者、美国加州大学客座教授弗德里科(Federico)到学院讲学;11月1日,美国《华盛顿邮报》(财经版)主编杰尔达特(Jrlldutt)和亚洲站站长戈德曼·彼得(Goodman Peter)到学院讲学。2005年5月下旬,美国杜克大学教授高柏到学院讲学;10月14日,杜克大学教授高柏和法国国家科研中心近现代中国研究中心主任、教授伊丽莎白到学院讲学;11月1日,加州大学洛杉矶分校教授史嘉柏和罗文大学历史系主任、教授王晴佳到学院参加学术研讨会。2006年2月21日,美国加州律师梁富麟到学院讲学;4月7日,意大利《共和报》资深记者、教授弗德里科(Federico)到学院讲学;5月31日,美国博尔德科罗拉多州大学的麦格·莫里茨(Meg Moritz)和美国西北大学的加里·E. 斯旺森(Gary E. Swanson)到学院讲学;6月2日,美国天普大学教授赵善阳到学院讲学;9月23日,美国杜克大学亚太所所长林南到学院讲学。2007年3月27日,英国诺丁汉特伦特大学文化与媒介研究所高级讲师奥尔加·贝利(Olga Bailey)到学院讲学。10月9日,美国天普大学人文学院传播系主任、教授霍华德·塞弗(Howard Sypher)到学院讲学;12月14日,美国杜克大学高柏教授到学院讲学。

2007—2016年,共邀请30余位国际著名专家、100多位国内重要专家学者来校作报告和讲座,如:台湾逢甲大学副董事长高承恕、美国杜克大学高柏教授、耶鲁大学著名学者托马斯·鲍格(Thomas Pogge)教授、美国著名杂志《科学与社会》(*Science & Society*)(SSCI)主编大卫·莱伯曼(David Laibman)、哈佛大学费正清中国研究中心研究员洪浚浩、英国约克大学托马斯·威廉(Thomas William)和查尔斯·斯托汉姆(Charles Stoneham)教授、牛津大学彼得·J.凯尔(Peter J.

E. Kail)教授、圣三一大学詹姆士·鲁切特(James Luchte)教授、韩国亚洲大学梁闲淳教授、日本早稻田大学内山精也教授、英国约克大学安德鲁·沃德(Andrew Ward)教授、美国哈佛大学张凤教授、美国汉瑞克斯学院哲学与宗教系杰伊·迈克丹尼尔教授、美国中美后现代发展研究院大卫·格里芬研究员、英国皇后玛格丽特大学戈德·布莱特教授、美国塔夫茨大学钟雪萍教授、斯坦福大学帕特里克·科隆奈尔·萨皮斯(Patrick Colonel Suppes)教授、澳大利亚悉尼科技大学罗伯特·哈里斯教授、法国国家科学研究中心杰勒德·达门奈尔(Gerard Dumenil)研究员、美国俄亥俄州芒特尤宁(Mount Union)大学尹良武教授、里昂人文高等师范学校东亚研究所罗兰研究员、美国西北大学社会学系布鲁斯·G.卡罗塞斯(Bruce G. Carruthers)教授等。

举办国际国内学术研讨会20余次。重要会议有：2008年5月，学院与上海市社会学学会共同主办"新制度主义视野下的自主创新与产业升级"国际论坛；2009年5月，主办"应对老龄社会的挑战：国际经验与上海选择"国际学术研讨会；2011年10月，人文学院经济社会学系主办、法国国家科学院协办"国家、市场与社会：2011中法经济社会学论坛"，3名法国著名教授(Laurence Roulleau Berger、Philippe Steiner、Pascale Trompette)和6名国内著名社会学学者(刘世定、周长城、桂勇、沈原、邱海雄、杨典)参加会议；2013年10月，召开全国经济哲学研究会成立大会暨首次高层学术研讨会"中国经济改革的哲学在场性：走向新政治经济学批判"；2015年5月，召开"政治经济学批判：《21世纪资本论》与《资本论》高端学术研讨会"；2016年5月，与美国耶鲁大学哲学系联合举办"应对全球气候变迁——正义·规则·人类福祉"国际学术研讨会；12月，举办"财富的分配正义与共享性发展研究"研讨会等。

交流合作方面，2011年，澳大利亚悉尼科技大学哈里斯博士来访，并与学院签署事件文化研究合作备忘录；2016年7月，哈佛商学院高级副院长潘夏琳(Lynn S. Paine)教授来学院商讨经济伦理领域的合作事宜，双方在教学、科研、学术交流等方面达成了初步合作的意向。2016年10月31日，新西兰梅西大学人文学院院长克里·泰勒(Kerry Taylor)来访。2016年11月24日，荷兰伊拉斯谟大学社会研究院副院长WilHout教授来访。2016年12月4日，澳大利亚麦考瑞大学艺术学院副院长朱利安·诺尔斯(Julian Knowles)教授来访。2016年12月26日，英国爱丁堡市议员卡尔唐尼来访，就文化产业与事件经济等合作事项进行了沟通交流。

# 第八章　马克思主义学院

## 第一节　发展概况

### 一、沿革

马克思主义学院前身可追溯到1951年上海财政经济学院建立的政治教研组。1960年学校重建及1978年复校后均恢复马列主义教研室。1983年建立德育教研室。1991年在马列主义教研室和德育教研室的基础上,组建思想理论教学部。2010年12月31日,在人文学院原有"思想政治理论教育教学部"基础上成立马克思主义理论教学科研部,同时并入人文学院思想理论教育教学及其相关人员。2015年12月,马克思主义理论教学科研部与2004年成立的马克思主义研究院合并成立马克思主义学院。2016年9月,马克思主义学院获批成为上海市示范马克思主义学院。

### 二、专业设置

2011年,马克思主义理论教学科研部获得马克思主义理论一级学科博士学位和硕士学位授权点,这是国内财经类高校中首个获得马克思主义理论一级学科博士学位授权点的单位。2012年,马克思主义理论教学科研部获批新增马克思主义理论博士后科研流动站。至2016年底,马克思主义学院拥有马克思主义理论一级学科博士后流动工作站、马克思主义理论一级学科博士学位授权点、马克思主义理论一级学科硕士学位授权点,当代马克思主义经济理论自主设置二级学科博士学位授权点,当代马克思主义经济理论自主设置二级学科硕士学位授权点,制度经济学自主设置二级学科硕士学位授权点等学科平台。马克思主义基本原理、马克思主义中国化研究、中国近现代史基本问题研究、当代马克思主义经济理论4个二级学科博士学位授权点招收博士研究生;马克思主义基本原理、马克思主义中国化研究、思想政治教育、中国近现代史基本问题研究、当代马克思主义经济理论和制度经济学硕士点6个二级学科硕士学位授权点招收硕士研究生。

### 三、历任行政领导

马克思主义研究院2004年成立时,程恩富任院长,冯金华任常务副院长。马克思主义理论教学科研部2010年成立时,范宝舟任教研部副主任,主持工作。2015年12月,马克思主义学院成立时,章忠民任院长。

# 第二节 教　　学

## 一、教师队伍建设

2012年,马克思主义理论教学科研部引进教授1人、讲师1人;2013年,马克思主义理论教学科研部引进教授1人,鲁品越受聘为上海财经大学资深教授;2014年,马克思主义研究院引进讲师1人;2015年,引进副教授1人;2016年,章忠民任首届上海市高等学校思想政治理论课教学指导委员会"思想道德修养与法律基础课"分教学指导委员会的副主任委员;马拥军任"马克思主义原理课"分教学指导委员会委员;学院引进讲师2人、专职辅导员1人。

截至2017年3月,马克思主义学院共有专职教学科研人员28人,校级特聘教授1人,其中行政管理人员4人。教学科研人员中,教授9人,副教授5人、讲师(助理研究员)15人,高级职称占比50%,博士生导师9人,教师中具有博士学位的21人,占比75%。

## 二、教学建设

2011年,谭群辉在第四届上海高校思想政治理论课教学论坛暨第一届上海高校思想政治理论课教学比赛中获优秀奖。2012年4月,耿志敏荣获"第五届上海高校思想政治理论课教学论坛暨第二届上海高校思想政治理论课教学比赛决赛"三等奖,9位教师分别获得"上海市育才奖"、上海教卫系统"优秀共产党员""我心目中的好老师""教师育人提名奖"、校先进工作者、校教学基金奖等奖励14项。2013年5月,汪堂峰、韩炯分获第三届上海高校思想政治理论课教学比赛二、三等奖;11月,汪堂峰荣获第二届长三角高校思想政治理论课教学比赛三等奖。在2014年5月举行的第四届上海高校思想政治理论课教学比赛中,夏明月获三等奖;同年,范静的教研论文"从道德观念灌输走向道德实践自觉"获全国高校"思想品德修养与法律基础"课教学研究百题(第二期)征文一等奖。2015年4月,范静获全国高校思想政治理论课教师2014年度影响力提名人物;5月,在2014年度上海高校思想政治理论课教学活动月总结会暨第七届上海高校思想政治理论课教学论坛上,夏明月获三等奖表彰。2016年,曹东勃获上海高校"形势与政策"课教学展示活动三等奖。

2013年,马克思主义理论一级学科在教育部学位与研究生教育发展中心组织的第三轮学科整体水平评估中整体排名第17位,其中学位论文质量、教师人均论文发表数双项指标均居全国第一,代表性学术论文质量总体居全国第三;同年,"思想品德修养与法律基础"被列为上海市教委重点建设课程。2016年,校党委书记丛树海在思想政治理论课堂教学第一线讲授"思想品德修养与法律基础"。

## 三、在校生

2017年,在校硕士研究生、博士研究生近70人,博士后流动工作站在站人员10人。

## 第三节　科学研究与对外交流

### 一、研究机构

至2017年3月,学院的基本教学和科研单位包括:马克思主义原理教研室、中国化马克思主义理论教研室、思想品德修养与法律基础教研室、中国近现代史纲要教研室、形势与政策教研室、研究生思想政治理论课教研室;马克思主义理论研究中心、马克思主义研究院、海派经济学研究中心等研究机构;《海派经济学》编辑部、《世界政治经济学评论》编辑部。

### 二、科研成果

2011—2017年,马克思主义理论教学科研部及马克思主义学院教师共发表论文340余篇,出版专著、译著、教材等38部。一批论文发表在《哲学研究》《马克思主义研究》《伦理学研究》《财经研究》等权威刊物上;出版的重要著作有《马克思主义与中国梦》《与时俱进的科学发展观》《鲜活的资本论——从深层本质到表层现象》等。学院承接多项国家级课题。2012年,范宝舟的"当代中国自觉把握世界历史进程的文化建构研究"获国家社科基金一般项目立项;2013年,夏明月的"劳动伦理与当代企业核心竞争力研究"获国家社科基金青年项目立项;2014年,马拥军的"需要结构的生产与经济空间的扩张研究"获国家社科基金项目一般项目立项;2015年,冯金华的"一般均衡价格与价值研究"获国家社会科学基金项目一般项目立项。2016年有2项课题获国家社科基金项目一般项目立项,分别为徐大建的"西方经济伦理思想史"和丁晓钦的"积累的社会结构理论视角下的当代资本主义新变化及历史走向研究"。

学院多项成果获省部级以上科研奖励。2012年,冯金华的"试论社会主义初级阶段的基本经济制度及其科学依据"获上海市第九届邓小平理论研究和宣传优秀成果奖一等奖;2014年,冯金华的"一般均衡理论的价值基础"获上海市第十二届哲学社会科学优秀成果论文类二等奖;2015年,鲁品越的"深层生成论:自然科学的新哲学境界"获第七届高等学校科学研究优秀成果奖(人文社会科学)三等奖;2016年,鲁品越的"国际体系与中国现代化道路的两个阶段——立足唯物史观对'中国奇迹'的解读"获上海市第十一届中国特色社会主义理论体系研究和宣传优秀成果奖二等奖。

### 三、学术刊物

(1)《海派经济学》(参见第九篇第三章第三节)

(2)《世界政治经济学评论》(英国伦敦出版、英文)

为进一步扩大马克思主义政治经济学的世界影响力,推动中国学术"走出去"步伐,从2010年起每年的3月、6月、9月和12月出版《世界政治经济学评论》(英文名称:*World Review of Political Economy*)。该刊由程恩富与世界著名经济学家大卫·科茨(美)、大西广(日)、让-克劳德·迪劳内(法)分别担任主编和副主编,编委会由来自17个国家的24名经济学家组成,由英国伦敦柏拉图出版社出版。2015年6月该刊进入汤森·路透的ESCI索引(新兴文献索引目录)。《世界政治经济学评论》(英文版)的主要栏目有论文、争鸣文章、书讯、动态、人物等,较为全面地展现了当今世界学术界对政治经济学的理论发展和探索。

## 四、世界政治经济学学会特藏馆

为更好地发展马克思主义中国化和国际化,学院与世界政治经济学学会、上海财经大学图书馆共同建设世界政治经济学学会特藏馆。2014年12月14日,世界政治经济学学会特藏馆揭牌仪式暨赠书仪式在上海财经大学图书馆举行。世界政治经济学学会会长程恩富教授、美国麻省大学阿姆赫斯特分校经济系教授、世界政治经济学学会副会长大卫·科茨(David Kotz)以及来自世界各地的世界政治经济学学会会员等出席仪式。世界政治经济学学会特藏馆是世界政治经济学学会与上海财经大学合作的载体,是学会学术成果资源的托存管理单位,主要收集来自学会的中英文期刊及相关捐赠物品。

## 五、对外交流

2011年1月,汪堂峰赴美国怀俄明大学进行为期半年的交流访学活动;2012年12月,选派博士生参加上海市首届马克思主义理论学科博士生论坛;2013年,董必荣赴英国开展访学;同年,先后派出教师参加"中国道路与马克思主义哲学研究"理论研讨会暨中国马克思主义哲学史学会2013年会、第21次中韩伦理学国际学术研讨会、中国国际共运史学会2013年年会暨学术研讨会等国内国际高水平学术研讨会和相关培训共计20余人次;2014年4月,徐大建和郝云应邀参加在韩国首尔召开的第22届中韩伦理学国际学术大会;12月,徐大建应邀参加在台湾举行的"第八届海峡两岸企业管理学术研讨会";先后派出10余人次参加国内高水平学术研讨会和相关培训;2015年10月,章忠民应邀参加主题为"发展21世纪中国的马克思主义"第十二届马克思主义哲学创新论坛并作大会发言;2016年,全院教师参加全国学术会议30余场次,如章忠民参加"马克思主义基本原理概论"分教学指导委员会2016年年会暨教学研讨会,冯金华参加"马克思主义理论研究和建设工程重点教材《西方经济学》修订会"、第十届政治经济学年会,马拥军参加"德意志意识形态"与马克思主义哲学的当代发展研讨会,丁晓钦参加在科伦坡大学召开的"'一带一路'与中斯关系的政治经济学——斯里兰卡政治经济学论坛"等。

2016年11月,学院与基辅国立经济大学城市规划研究院签署合作协议,推进了马克思主义学院的国际化进程。2017年3月31日,院长章忠民代表学院与莫斯科政治学院院长安德烈·舒多夫签署合作协议,涉及合作研究、教师互访、学生互派等内容,为学院与国际知名院校之间的紧密合作搭建了良好平台。

2016年1月,举行上海财经大学马克思主义学院成立揭牌仪式暨高校马克思主义学院院长圆桌会议;3月,法国著名马克思主义经济学家、世界政治经济学学会副会长、马恩河谷大学Jean Claude Delaunay教授来学院访问;4月,中国人民大学马克思主义学院副院长、博士生导师侯衍社教授应邀来院访问,并作"浅谈中国道路、中国经验、中国模式"的学术报告;6月,承办上海市马克思主义研究论坛第二季度论坛,章忠民和鲁品越作大会专题报告;同月,伦敦大学亚非学院、中国人民大学经济学院卢荻教授来院访问,作"中国'走出去'与世界发展"的学术报告;10月,中央财经大学马克思主义学院院长冯秀军教授来访,进行以"聚焦问题深耕教材,着眼需求读懂学生——以'问题链教学法'创新推动高校思政课综合改革"为主题的经验交流;11月,学院举办"习近平治国理政思想研究暨学习贯彻十八届六中全会精神"全国研究生学术论坛。

# 第九章　信息管理与工程学院

## 第一节　发展概况

### 一、沿革

信息管理与工程学院的前身是经济信息管理系。1981年9月,学校决定筹建经济信息管理系,同年12月行文财政部,提出建系并开设经济信息管理专业的申请。1982年1月,获批并成立经济信息管理系,下设管理信息系统教研室、计算机应用教研室、信息处理教研室、高等数学教研室、经济数学教研室、计算机站。1995年,学校重组基础课教学部,把高等数学教研室、经济数学教研室从经济信息管理系划出,并入基础课教学部。2000年,经济信息管理系组建电子商务教研室。2002年,经济信息管理系在计算机应用教研室基础上组建计算机科学与技术教研室。2005年3月29日,经学校研究决定,撤销经济信息管理系,成立信息管理与工程学院;5月17日,信息管理与工程学院挂牌成立。信息管理与工程学院下设信息管理与信息系统系、电子商务系、计算机科学与技术系和管理科学系。

### 二、专业设置

1982年初,设置经济信息管理专业,1985年更名为管理信息系统专业,毕业生授予工学学士学位。1990年11月,信息经济(试办)获硕士点。1997年,依据国务院学位委员会对《授予博士硕士学位和培养研究生的学科专业目录》的调整,硕士点由信息经济专业改为管理科学与工程专业。研究方向:管理科学、管理信息系统。1999年,管理信息系统专业更名为信息管理与信息系统专业。2000年,增设电子商务专业。2002年,增设计算机科学与技术专业。在工商管理一级学科内自主设置电子商务硕士专业,研究方向:电子商务、电子政务。2003年9月,在工商管理一级学科内自主设置企业信息管理博士专业,研究方向:管理信息系统、电子商务/电子政务、企业信息化风险、信息化与管理创新。2004年1月,在工商管理一级学科内自主设置企业管理决策博士专业,研究方向:决策与系统的理论、方法及应用,战略决策,经济决策,决策支持系统。2006年1月,经国务院学位委员会批准,信息管理与工程学院获得管理科学与工程一级学科博士学位授予权,企业信息管理、企业管理决策2个二级学科获得博士学位授予权。2007年,管理科学与工程、电子商务获硕士学位授予权。2014年5月,工程管理专业获硕士专业学位授予权。2014年9月,管理科学与工程博士后科研流动站获批设立。截至2016年底,学院拥有信息管理与信息系统、电子商务、计算机科学与技术3个本科专业;管理科学与工程、电子商务、服务科学与工程、金融信息工程、网络知识管理5个学术硕士点以及工程管理1个专业硕士点;管理科学与工程、电子商务、服务科学与工程、金融信息工程4个二级学科博士点。

### 三、历任行政领导

1982年6月至1986年12月,经济信息管理系由林步黎任系副主任主持工作;1986年12月至1994年12月,由朱幼文任系副主任主持工作;1994年12月至1997年11月,王兴德任系主任;1997年11月至1998年9月,张靖任代理系主任;1998年9月至2000年8月,由刘兰娟任系副主任主持工作;2000年8月至2005年2月,刘兰娟任系主任;2005年2月至2005年5月,覃正任系主任。其间先后担任系副主任的有严惠萍、朱幼文、徐乃则、赵可培、王汝勇、张靖、曹风、蒋传海、刘亚彬。2005年3月撤系建院。2005年3月至2011年9月,覃正任院长,韩冬梅任副院长,2008年4月起韩景倜任副院长。2011年9月至2013年3月,韩景倜任副院长主持工作,韩冬梅任副院长。2013年3月至今,岳劲峰任院长,韩冬梅任副院长。2013年3月至2015年10月,韩景倜任常务副院长,黄海量任副院长。2015年10月至今,黄海量任常务副院长,葛冬冬任副院长。

## 第二节 教 学

### 一、教师队伍

1982年建系时,有教职工45人,其中专任教师37人,副教授2人,讲师24人,专任教师中硕士学位比例为14%。2000年9月,聘请复旦大学教授薛华成担任兼职教授。2004年11月,聘任中国工程院院士、西安交通大学教授汪应洛为双聘教授。2005年建院时,学院有教职工39人,其中专任教师33人,正高级职务3人,副高级职务14人,专任教师中的博士学位比例为52%。2010年,学院有教职工47人,其中专任教师38人,正高级职务6人,副高级职务20人,专任教师中的博士学位比例为76%,获得境外学位的教师比例为5.3%。2013年,引进第一位常任轨教授。截至2016年底,学院有教职工72人,其中专任教师59人,正高级职务14人,副高级职务25人,专任教师中博士学位比例为86%,获得境外学位的教师比例为29%。2017年初,引进第一位外籍全职常任轨教师。

学院自2009年9月开始聘请国外知名大学的教授担任特聘教授,于2013年11月首创海外访问教授流动岗制度。截至2017年4月,共有特聘教授8人,聘请流动岗教授24人次。学院特聘教授、纽约大学张家伟教授入选中央千人计划创新短期项目,成为本批次全国管理科学领域唯一入选者。理论计算机科学研究中心的常任轨副教授尼古拉·格拉温(Nikolai Gravin)入选国家千人计划青年项目,属学校首例。学院特聘教授刘科成、樊卫国入选上海市千人计划创新长期项目,院长岳劲峰教授入选上海市千人计划创新短期项目。学院长期访问教授、多伦多大学的奥弗·巴伦(Opher Baron)入选上海市千人计划创新短期项目、国家外专局海外名师项目。学院常任轨教授何斯迈入选东方学者特聘教授。2014年和2016年,学院何斯迈教授、葛冬冬教授获评中国运筹学会青年科技奖。

### 二、教学建设

课程与专业建设方面,2000年5月,电子商务课程成为学校"211工程"重点课程建设项目。

2002年下半年,学院与IBM公司签订合作伙伴协议,成立"上海财经大学—IBM电子商务学科发展中心",共建电子商务学科。IBM公司捐赠价值250万元的服务器设备,用于学院的实验室建设。2003年,学校从"教育振兴行动计划"中立项,建设经济信息管理系综合实验室和网络实验室。2006年,建立ERP实验教学中心,向全校首开"ERP综合实验"公开课程。

"十二五"期间学院新建3个实验室,即普通物理实验室、电子商务实验室、创新创业实验室,并对原有的ERP实验中心和计算机网络两个实验室进行了软、硬件的更新改造。2012年学院入选第一批上海高校创新创业教育实验基地。2013年8月学院与美国亚利桑那州立大学凯瑞商学院签订协议建立联合培养商业分析等科学硕士项目("3+1+1"),目前已经有6位学生加入该项目。2014年学院相继进行了"信息管理与信息系统专业综合改革"和"计算机科学与技术专业综合改革",以落实教育部和财政部关于"十二五"期间实施"高等学校本科教学质量与教学改革工程"的意见,启动了信息管理实验班。2016年推进专业教育教学改革项目,内容包括实验班选拔机制、实验班学生指定导师、学生参与科研工作以及电子商务专业结构调整优化。截至2016年底,学院共建成3门上海市精品课程,分别是"经济管理中的计算机应用""信息系统分析与设计""企业资源计划"。学院与国际商业机器(中国)有限公司(IBM)、东方财富信息股份有限公司、上海电信科技发展有限公司、上海企源科技有限公司等12家企业合作建立实践实习教学基地,聘请近20位企业导师来指导学生的专业实践活动。

教学成果方面,1997年,王兴德负责的"管理决策与Excel课堂教学支持软件"项目获第二届全国普通高等学校优秀计算机辅助教学软件二等奖。2000年2月,王兴德编著的《财经管理计算机应用》获上海市教委优秀教材奖二等奖。2001年,由王兴德、劳帼龄、刘兰娟、曹风、张雪凤合作的"财经院校计算机应用课程建设"项目获上海市优秀教学成果二等奖;《电子商务安全与管理》教材入选国家级"十五规划"教材,获上海市教委青年基金课题立项。2005年,刘兰娟、张雪凤、李卫峰、赵龙强、杜梅先合作的"财经类本科'计算机应用'课程改革"项目获上海市高校优秀教学成果一等奖;劳帼龄、陈元忠、刘兰娟、张雪凤、李文斌合作的"多渠道宽口径培养电子商务专业人才"项目获上海市高校优秀教学成果二等奖;《财经管理中的计算机应用》教材与教学辅助资源建设入选教育部高等学校文科计算机基础教学研究项目;"计算机应用"入选上海市教委重点课程建设项目;邓祖新编著的《SAS系统和数据分析》教材获国家统计局第五届优秀统计教材三等奖。2011年,"实验课程集成及虚拟实验平台"项目获得立项,该项目累计建设19门实验课程,出版实验教材6部,获上海市教学成果奖;刘兰娟编著的《经济管理中的计算机应用——Excel数据分析、统计预测和决策模拟》获上海普通高校优秀教材一等奖;劳帼龄编著的《电子商务》获上海普通高校优秀教材二等奖,劳帼龄编著的《电子商务安全与管理》(第二版)入选"十二五"普通高等教育本科国家级规划教材。2013年,韩冬梅、刘兰娟、李艳红、郝晓玲、黄海量、王淞昕、韩松乔、张勇、陈海建、褚文庆合作的"基于云环境的实验、实践创新虚拟平台建设——以第一、二课堂有机结合的视角"项目获上海市高校优秀教学成果一等奖。2015年,刘兰娟编著的《经济管理中的计算机应用》(第二版)获上海普通高校优秀本科教材奖。

学生专业实践方面,2004年12月,2003级硕士研究生胡姝婕在劳动与社会保障部、国家职业技能鉴定专家委员会、电子商务专业委员会联合举办的"中国首届电子商务大赛"(国家级一类竞赛)个人赛中获得银奖,同时被上海市电子商务行业协会授予"上海市电子商务杰出人才"称号。2005年1月,2001级本科生刘斌在参加上海市劳动与社会保障局、上海市总工会、上海市教育委员会、上海市信息化委员会等单位联合举办的"上海市职业技能竞赛电子商务员(师)比赛"个人赛中获得一等奖。2007年,学院学生获得第三届"用友杯"全国大学生ERP沙盘模拟对抗赛上海赛区总决赛第一名。2010—2016年,共获得全国大学生计算机应用能力大赛一等奖6项、二等奖11项、三等奖10项、优胜奖2项,以及上海市计算机应用能力大赛一等奖2项、二等奖11项、三等奖24项、优胜奖11项。2013年,在"花旗杯"金融信息技术大赛中获得全国总冠军以及最佳实现奖2个奖项。2015年,获大学生"互联网+"创新大赛暨第二届跨校联盟杯虚拟商业社区企业经营模拟大赛获一等奖。

### 三、毕业生

1986—1998年,经济信息管理(管理信息系统)专业本科毕业生464人。1999—2016年,信息管理与信息系统专业本科毕业生1 338人,2004—2016年,电子商务专业本科毕业生1 013人。2006—2016年计算机科学与技术专业本科毕业生412人。1986—2016年本科毕业生总计3 227人。1993—1999年授予经济学硕士学位28人,2000—2016年授予管理学硕士学位655人,2005—2016年授予管理学博士学位42人。

## 第三节 科学研究与对外交流

### 一、研究机构

1998年12月,成立计算机管理咨询培训中心,王兴德任主任,研究方向:会计、统计、经济学等领域中应用现代计算机管理决策方法。2000年9月,成立电子商务研究中心,薛华成任主任,研究方向:电子商务领域的多学科交叉融合,电子商务的教学工作。2005年12月,成立电子商务/电子政务研究所,曾庆丰任主任,研究方向:企业电子商务运营战略、政府电子政务流程变革、电子商务/电子政务相关技术。2005年12月,成立决策管理咨询研究所,郝晓玲任主任,研究方向:为政府和企业高层次的IT决策提供客观分析和决策帮助,促进与国际研究机构在IT治理与决策领域的学术交流。2006年,与英国雷丁大学合作成立管理创新(英国)研究中心,与加拿大多伦多大学合作成立管理创新(加拿大)研究中心。

2013年4月,与英国雷丁大学亨利商学院合作成立中英金融信息服务工程联合研究中心,中方和英方主任分别为韩景倜和刘科成,研究方向:金融智能、金融仿真、金融风险管理、金融信息技术与服务、金融信息安全和行为金融等金融信息工程前沿领域研究。9月,成立管理科学与量化信息研究中心,中心主任为葛冬冬,以管理科学中的量化方法为突破方向,对国际研究潮流中的前沿问题开展研究。12月,亚瑟·维恩诺特(Arthur Veinott)纪念图书室(Arthur F."Pete" Veinott, Jr. Library)揭牌,维恩诺特(Veinott)教授的夫人阿德里安娜·迪纳-维恩诺特(Adriana Diener-Veinott)女士、斯坦福大学叶荫宇教授出席捐赠仪式。维恩诺特(Veinott)教授是美国工程学院院士、运筹学理论的顶级学术期刊 *Mathematics of Operations Research* 的创始人和首任主编,也是运筹学最高奖冯·诺伊曼理论奖的创立者之一。2015年,与美国斯坦福大学金融与风险分析所合作建立并行优化国际合作实验室,中方主任为葛冬冬,美方主任为叶荫宇,研究方向:开发优化算法求解器(Optimization Solver)及基于GPU/CUDA架构的全面的优化算法求解器。2016年6月,成立理论计算机科学研究中心,主任为陆品燕。2017年1月,以大数据和人工智能等计算机技术与管理学、财经类等多个方向交叉研究为重心,建设上海财经大学交叉科学研究院,下设管理科学与量化信息、共享经济、金融科技研究中心、并行优化国际实验室,并受委托对学院试点班进行管理和多项改革。

## 二、科研成果

2005年至今,学院教师在各级期刊和国际会议上发表论文1302篇,其中国内权威期刊论文45篇,国内核心期刊论文210篇,国际SCI、SSCI检索论文147篇,国际EI检索论文420篇。在管理科学与工程领域国际一流期刊如 *MIS Quarterly*、*Operations Research*、*Mathematics of Operations Research*、*Mathematical Programming*、*Information System Research*、*Production and Operations Management* 等上,以及理论计算机顶级会议SODA、计算经济学顶级会议EC、机器学习顶级会议NIPS、人工智能顶级会议AAAI等会议上均有论文发表。出版著作或教材115部,其中专著32部、编著19部、译著3部、教材61部。内参成果5项,其中3项为中央国务院内参成果。科研获奖方面,共获得省部级以上奖项6项,其他奖项16项。在科研课题立项方面,共立项纵向项目105项,其中国家自然科学基金项目32项,国家社科基金项目2项,国家863计划项目2项,省部级课题69项;横向课题97项;纵横向课题合计到账经费3070万元。

## 三、学术会议

学院(系)于2002年4月和2005年4月主办两届"海峡两岸电子商务研习营"专题活动,台湾中央大学有200名学生应邀来院(系)进行电子商务专业研讨、交流访问。2002年10月和2005年10月,学院(系)共选派100名学生到台湾中央大学等单位访问、交流。2007年6月,学院与加拿大多伦多大学风险研究中心共同主办第一届管理创新国际会议,中国、加拿大、美国、德国、韩国、西班牙、印度等国家和地区的110名学者参加会议。2010年6月,与国家自然科学基金委联合举办第二届管理创新国际会议,来自海内外专家学者共100余人参加会议。2012年10月,与国家自然科学基金委、香港理工大学、上海理工大学等单位联合举办第六届亚太地区知识管理国际会议。2013年4月,举办中英金融信息服务工程联合研究中心揭牌仪式暨2013金融信息服务工程论坛,来自英国雷丁大学、澳大利亚南昆士兰大学、北京航空航天大学、上海交通大学以及国家科技部的专家学者参加了论坛。2014年,先后举办IEEE信息学与计算技术进展国际会议、第15届信息与组织符号学国际会议(ICISO 2014)、大数据时代的管理科学与信息管理高峰论坛等重要学术会议。2015年5月,举办上海财大—交大高金—斯坦福金融建模与数据分析论坛,美国数理统计学院院士、斯坦福金融与风险建模研究所主管黎子良教授,中国科学院院士、山东大学数学研究所所长彭实戈教授,美国工程院院士、哥伦比亚大学工业工程与运筹系姚大卫教授,上海高级金融学院副院长陈宏教授等知名学者与工银瑞信工银全球基金、全球精选基金经理游凛峰博士等业界专家参加了论坛,参会人员达600人次。

## 四、国(境)外专家来院讲学

2001年以来,为促进合作研究和人才培养,学院多次邀请国(境)外的专家来院讲学。尤其是2013年以来,学院通过流动岗教授制度、暑期国际课程项目,邀请了哈佛大学、斯坦福大学、普林斯顿大学、麻省理工学院、芝加哥大学等国外知名大学的著名教授及活跃于本领域研究前沿的青年学者,到学院开设学术讲座和暑期国际课程。其中,2013年开设学术讲座44次;2014年开设学术讲座11次,暑期国际课程8门;2015年开设学术讲座27次,暑期国际课程16门;2016年开设学术讲座41次,暑期国际课程15门。比较有代表性的讲座有:2013年9月,举办管理科学与量化信息研究中心揭牌仪式暨线性规划及其应用最新进展学术讲座,冯·诺依曼理论奖首位华人得主,国际知名的优化、运筹学专家,斯坦福大学管理科学与工程系和电子工程系终身教授叶荫宇致辞并作报告。2016年4月,举办高频交易论坛,邀请毕业于纽约州立大学石溪分校的喻甫祥博士主讲。2016年5月,举办鲁棒优化讲习班,由运筹优化领域国际著名学者、以色列理工大学阿哈·本-塔尔(Aharon Ben-Tal)教授主讲;6月,举行理论计算机科学研究中心揭牌仪式暨上海理论日研讨会,美国科学院工程院两院院士、图灵奖得主约翰·E. 霍普克罗夫特(John E. Hopcroft)教授出席会议并致贺词,上海市计算机学会理事长、上海交通大学傅育熙教授,ACM fellow、千人计划特聘专家、上海交通大学邓小铁教授,中国计算机学会上海分部主席、复旦大学计算机学院院长王晓阳教授,微软亚洲研究院高校关系组资深经理刘康平等专家到会祝贺,来自香港中文大学、南洋理工大学5位嘉宾发表了大会演讲。

# 第十章　统计与管理学院

## 第一节　发展概况

### 一、沿革

民国三十五年(1946年)7月,国立上海商学院成立统计学系。1950年8月初,更名为上海财政经济学院统计学系;8月底,上海法学院统计系并入;1952年8月,复旦大学财经学院统计系并入,统计学系设工业统计专业;1954年9月更名为统计学专业。1958年9月,上海财经学院与华东政法学院等合并成立上海社会科学院,统计学系撤销。1960年9月,上海财经学院重建,建立会计统计系,设统计学专业。1972年4月,统计学专业随学校被撤销。1978年底,上海财经学院复校,重设统计学系。

民国三十五年(1946年)至1951年,统计学系设系主任1人,负责聘请教师、组织教学等工作;配备助教1人,协助系主任处理日常行政事务工作。1952年9月后,统计学系下设教研组。50年代有统计学原理、工业统计、贸易统计、经济统计等教研组;60年代有工业统计、商业统计教研组;1982年后,统计学系改设教研室,时有统计理论、数理经济、经济统计教研室;2007年12月,统计学系下设金融统计教研室、数理统计教研室、经济管理统计教研室以及统计调查实验室、应用统计研究中心。2009年6月,统计学系更名为统计与管理学院。2013年11月,统计与管理学院开始设系,共设4个系,分别为经济统计系、统计学系、应用统计系、金融统计与风险管理系。下设科研机构有：应用统计研究中心、大数据统计科学中心(后更名为数据科学与统计研究院)、上海征信研究院、统计调查实验室、高速模拟计算中心、数量与金融管理研究中心、上海社会调查研究中心上财分中心。

### 二、本科专业设置

1952年9月,设立工业统计专业;1954年9月,更名为统计学专业。1984年9月,统计学专业增设现代应用统计专门化;1987年更名为应用数理统计专门化。1999年9月,统计学专业设经济统计和数理统计2个方向;2001年9月,增设金融统计方向;2002年9月,增设决策统计方向;2005年9月后,专业方向仅1个,即金融保险统计。2014年开设统计学实验班,借鉴北美一流大学统计学专业课程设置方式,使学生掌握现代统计学的核心知识与框架的同时,致力于重点培养学生的逻辑思维能力、独立思考能力及创新研究能力。从2014年开始实行统计学类宽口径招生模式,每年招收150名本科生,其中30人经过选拔入选实验班,其余分为统计学1~3班在一、二年级统一培养,三年级开始分专业方向培养。至2016年底,设有统计学(实验班)、应用统计学(大数据技术与数据科学方向)、经济统计学

(经济与商务统计方向)、经济统计学(金融统计与风险管理)4个专业方向。

### 三、硕士研究生专业设置

1981年11月,经国务院学位委员会通过,设立统计学硕士点。1985年9月起,分设2个研究方向,即经济管理统计和应用数理统计。2000年9月,增设金融证券投资统计研究方向。2006年设硕博连读研究生专业,研究方向为经济管理统计、应用数理统计、数量金融与风险管理,学制5年。至2016年底,硕博连读设有数理统计学、经济统计学、金融统计与风险管理、应用统计学4个专业。2011年增设应用统计专业硕士学位授权点,下设研究方向：数量金融、风险管理、生物统计、应用统计、经济统计、数据科学与商务统计、金融投资与风险管理。

### 四、博士研究生专业设置

1986年7月,经国务院学位委员会批准,设立统计学博士点,研究方向为应用数理统计、经济管理统计、数量金融与风险管理。2006年起,开展硕博连读培养博士研究生工作。至2016年底,设有数理统计学、经济统计学、金融统计与风险管理、应用统计学4个专业。

### 五、博士后流动站和博士后科研流动站

1996年,经国务院学位委员会批准设立全国首批统计学博士后流动站。2012年10月,经人力资源和社会保障部、全国博士后管委会批准,统计学设立博士后科研流动站。2016年,共有10名在站博士后从事科学研究工作。

### 六、历任行政领导

民国三十五年(1946年)9月至1952年8月,邹依仁任系主任。1952年9月至1955年7月,薛仲三任系主任。1952年9月至1956年1月,柴作楫任系副主任。1956年2月至1958年8月,杨国璋任系主任,桂世祚、贾宏宇任系副主任。1962年9月至1972年4月,贾宏宇任系副主任。1980年7月至1984年12月,贾宏宇任系主任,郑菊生任系副主任。1984年12月至1994年1月,郑菊生任系主任。1984年12月至1986年5月,刘汉良任系副主任。1986年5月至1993年6月,王惠玲任系副主任。1987年8月至1988年10月,励怡康任系副主任。1991年至1994年2月,李长凤任系副主任。1994年2月至2003年5月,徐国祥任系主任,董逢谷任系副主任。2003年5月至2006年7月,韩小亮任系主任。2003年7月至2004年10月,朱建中任系副主任。2004年10月至2006年10月,王小明任系副主任。2006年10月起,王黎明任系副主任。2006年7月至2009年10月,艾春荣任系主任。2008年8月至2009年10月,周勇任系常务副主任。2009年10月9日起,周勇担任统计与管理学院常务副院长。2009年10月9日至2013年10月16日,杨楠任副院长。2009年10月9日至今,尤进红任副院长。2013年10月16日至今,周勇任院长。2013年10月16日至今,吴纯杰任副院长。

## 第二节 教　　学

### 一、教师队伍

据学院1951年度教员名单,统计学系有专任教员10人,其中教授4人、助教6人,另有兼任教授6人。50年代初,随着华东地区高校院系调整,褚凤仪、薛仲三、金国宝、朱君毅、王思立、陈善林等教授调入统计学系。1956年,据教师工资定级材料统计,统计学系有专任教师56人,其中教授11人(褚凤仪、邹依仁因担任行政工作未计入)、副教授5人、教师18人、教员7人、助教15人。1960年9月学院重建,部分专任教师回校,统计专业教师有11人。1972年4月,学校被撤销,统计专业教师调至其他高校。1978年上海财经学院复校,统计专业教师有12人,其中有陈善林、郑德如、贾宏宇、胡国华、马家善、田竞和、黄树颜、郑菊生等资深教授。2007年,统计专业教师有30人,其中教授7人、副教授16人、讲师7人;艾春荣教授入选中组部"千人计划"。"十二五"期间(2010—2015年),学院先后引进中组部"千人计划"专家3位,分别是美国爱荷华大学统计与精算系黄坚教授、美国明尼苏达大学统计系沈晓彤教授和美国耶鲁大学经济系陈晓红教授,担任学科带头人;周勇教授入选教育部长江特聘教授;引进朱利平(2014年获国家自然科学优秀青年基金)、冯兴东、黄涛等7位优秀青年海归人才充实团队中坚力量。至2016年12月,学院拥有教师45人,其中教授8人、副教授21人,具有博士学位教师39名(其中海外留学回国常任轨教师17名)。

### 二、教学建设

民国三十五年(1946年)至1952年,统计教学仿效欧美国家高校的课程体系和课程内容,对数学要求比较高。1953—1958年,统计教学仿效苏联高校的课程体系和课程内容。1961—1972年,统计专业课程体系和课程内容的改革和建设进展缓慢。80年代中期教学改革中,统计教学除了统计学原理、工业、商业、固定资产投资等主要部门统计和国民经济综合平衡统计以外,还开设数理统计,并进而在数理统计课程方面增设"经济计量学"以及数理统计分支课程;在经济统计课程方面,新增联合国实施的有关市场经济国家通行的统计体系和方法理论的课程。90年代中期,统计学系在教学建设中实施"两结合、两并重",即经济与数学结合、方法与应用结合;经济统计与数理统计并重,中国统计与外国统计并重。

1997年,统计学被评为财政部重点学科;2007年8月,统计学被评为上海市重点学科;2011年,统计学被列入上海市高校一流学科(B类)建设计划;2012年,统计学在教育部统计学一级学科评估中位居全国第4名;2013年统计学增补列入上海市高校一流学科(A类)建设计划。1995—2016年,出版教材50余部。1996年《统计预测与决策》获国家财政部优秀教材二等奖、国家教委"九五"重点规划教材、上海市优秀教材二等奖,刘汉良的《统计学教程》入选全国经济管理类专业部分主干课程推荐教材;1999年《统计学教程》获上海市优秀教材一等奖、高校图书出版社优秀教材奖,《市场经济统计》获国家统计局优秀教材奖;2003年,徐国祥的《统计学》获上海市优秀教材一等奖。2014—2015年"统计学专业综合改革试点项目"获得高等学校"专业综合改革试点"教学工程项目,徐国祥的《统计学》(第二版)、《统计学学习指导与习题》(第二版)均荣获"十二五"普通高等教育本科国家级规划教材。2014年"校企联动培育创新型统计人才的实践研究"获上海市教学成果奖二等奖;2015年,徐国祥的《统计预测和决策》(第四版)获上海普通高校优秀教材奖。

2002年,建立统计调查实验室,其宗旨是利用先进的CATI工具,拓宽统计调查的方法,将统计教学与社会实践、理论研究与社会服务相结合。2004年3月,购置上海南康科技开发公司开发的ITACATI系统软件,该系统软件可支持16条电话线同时进行访问。2011年,统计教学实验室、高速模拟计算中心建成并投入使用。自2007年起,统计调查实验室在承担相应实验课程教学和抽样调查教学任务的同时,还承担了"上海财经大学上海市社会经济指数系列"等项目的调查任务。2015年3月,为与国家统计局联合共建的"大数据统计科学中心"相配套,建设了一个先进、实用和高效的大数据计算分析平台——数据科学重点实验室。2013—2016年,成功举办了"'汇丰杯'中国高校SAS数据分析大赛"上海赛区的比赛。

### 三、毕业生

1950—1969年,本科毕业生789人;1983—2007年,本科毕业生1 845人,硕士毕业生332人,博士毕业生29人;2008—2016年,本科毕业生1 059人,硕士毕业生509人,博士毕业生90人。

## 第三节　科学研究与对外交流

### 一、科研机构

2003年11月,成立校级重点研究基地应用统计研究中心,徐国祥任主任。中心从2007年10月起,每个季度定期发布"上海财经大学上海市社会经济指数系列",指数系列包括上海市消费者信心指数(季度)、上海市投资者信心指数(季度)和上海市消费者满意度指数(年度),每次指数发布都引起了社会和媒体的高度关注。2009年10月,上海市人民政府发展研究中心在学校设立上海社会调查研究中心上海财经大学分中心,徐国祥任主任,中心与应用统计研究中心合署办公。中心承担上海社会调查研究中心委托的研究任务,完成的《上海市出租车服务质量和形象调查》《上海出租车司机状况调查研究》等,得到上海市主要党政领导的重视并做出重要批示。

2015年3月28日,上海财经大学与国家统计局联合成立了大数据统计科学中心。中心主任由黄坚和周勇担任,中心首席科学家为美国普林斯顿大学终身教授范剑青。中心围绕大数据挖掘与计算方法、大数据在国民经济统计中的应用、大数据在互联网金融中的应用以及大数据基础理论和交叉领域等开展系列研究和攻关。中心配套建设了数据科学重点实验室(后更名为大数据科学重点实验室),建立了基于Hadoop的Spark分布式计算系统,实现了大数据分布式并行计算,可以承担社会经济领域中大数据相关研究项目,从而支撑中心对大数据处理、高性能计算的迫切需求。中心先后与上海数据交易中心、上海正信方晟资信评估有限公司、浦东新区经济统计调查中心、北京聚源锐思数据科技有限公司、百度等单位建立合作关系。2016年12月4日,大数据统计科学中心因发展需要更名为"数据科学与统计研究院",周勇、黄坚担任研究院院长,冯兴东担任研究院副院长并主持工作。

### 二、科研成果

2000—2016年,教师主持参加的科研项目有:国家自然科学基金35项、国家社会科学基金12

项、教育部 13 项、中央有关部门 15 项、上海市政府及主管部门 89 项、企事业单位委托项目 180 项。获省部级科研奖励 31 项,其中一等奖 6 项、二等奖 10 项、三等奖 15 项。教师发表论文、出版专著 775 余篇(部),其中 SCI 收录论文 242 篇、国内核心期刊论文 176 篇、EI 收录论文 16 篇、权威 A/B 期刊论文 108 篇;出版专著 30 本,出版译著 5 本。2010 年徐国祥教授的《统计指数理论的发展与应用研究》入选《国家哲学社会科学优秀成果文库》。2013 年,以黄坚为负责人的"数理统计与计量经济学"团队入选教育部"创新团队支持计划";朱利平的"高维数据降维"获得国家自然科学优秀青年基金资助。2015 年,以周勇为负责人的"金融大数据统计学习理论与方法及在互联网金融中的应用"获得国家自然科学基金重大研究计划"大数据驱动的管理与决策研究"重点项目资助,为全国首批进入该重大研究计划的三个重点项目之一。

重要获奖科研成果有:2012—2015 年,徐国祥的上海市出租车行业系列调查成果获上海市决策咨询研究成果奖二等奖 2 项、三等奖 1 项;2013 年,周勇的"变点统计检验方法及其在经济结构变化中的应用"和杨楠的"房价指数的编制、管理与应用"均获全国统计科学研究优秀成果奖二等奖;2015 年,柏杨的"纵向数据的统计分析研究"获教育部高校科研成果自然科学奖二等奖,徐国祥的"统计指数理论、方法与应用研究"获教育部高校科研成果奖(人文社科)三等奖。

### 三、对外交流

2003—2016 年,学院邀请国内外专家作学术报告 350 余场,承办国际国内学术研讨会 24 场。重要的学术会议有:2008 年的金融工程与风险管理国际会议,2009 年的统计与管理科学国际会议,2010 年的 2010 中英管理科学会议,2013 年的"大数据时代的统计学:机遇与挑战"国际会议,2015 年的 2015 "大数据统计学,金融计量经济学及其超越"(Big Data Statistics, Financial Econometrics and Beyond Workshop),2016 年的第四届国际生物统计学大会,等等。

学院充分利用海外师资丰富、国际业内人脉广泛的优势,力邀全球统计界高水平学者,面向国内统计学专业青年教师和博士研究生开设暑期学校。2011 年以来连续举办了六期,包括考普斯总统奖(COPSS)获得者、国际顶级统计期刊 *Annals of Statistics* 主编、JASA 主编在内的 20 多位国际著名统计学家先后加盟授课,将国际前沿理论和方法传授给学员。暑期学校坚持公益性,在不收取报名费的同时免费向学员提供必要食宿。6 年来,共招收来自高校和科研机构的学员 700 多人次,生源已全面覆盖 34 个省区市和特别行政区,同时重点向西部及统计教育资源相对薄弱的偏远地区倾斜。近年来,该项目社会影响逐步凸显,在全国统计学界留下良好的口碑。

# 第十一章 外国语学院

## 第一节 发展概况

### 一、沿革

1993年5月5日,学校向财政部教育司呈报建立经贸外语系的申请,并成立由唐豪、金会虎、赵孝盛、郭羽诞组成的经贸外语系筹备小组;6月30日,学校发文:决定以基础课教学部为基础组建经贸外语系。同年9月,经贸外语系成立,下设高年级英语教研室、经贸英语教研室、大学英语教研室、俄、日语教研室和汉语教研室。1994年12月,学校决定重新建立基础课教学部;翌年1月,汉语教研室从经贸外语系转入基础部。1998年7月,学校根据学科建设的需要和国家新修订的本科专业目录,决定经贸外语系更名为外语系。外语系下设教学机构有英语教研室、大学英语教研室。1999年增设日语教研室。2007年4月,外语自主学习中心建成并投入使用。2008年12月,成立日本文学研究所。2009年9月,外语自主学习中心扩建工程(二期)通过专家验收,正式投入使用。2009年11月17日,成立英语测试研究中心。

2014年6月17日,外语系更名为外国语学院,设有英语系、日语系、大学外语教学部3个基础教学单位,以及现代语言研究中心、加拿大研究中心、外国文学研究中心、英语测试研究中心和日本文化研究中心5个科研机构。

### 二、各类专业设置

1992年1月,国际贸易专业增设外贸英语专门化。经贸外语系成立之初,设置外贸英语专门化。1996年2月,经财政部批准,设置英语(经贸英语)专业(属专门用途外语类)。1998年8月,根据新修订的本科专业目录,专业名称调整为英语专业,内设经贸方向。1999年2月,经财政部批准,增设日语专业,内设经贸方向。2006年2月,获批"英语语言文学"二级学科硕士点,研究方向为英美文学与翻译、外国语言学与外语教学。2007年招收首届英语语言文学专业硕士研究生。2008年,外语系获批设立商务英语本科专业。2009年招收首届商务英语专业本科生。2011年,获批"外国语言文学"一级学科硕士点,同年增设"外国语言学及应用语言学""日语语言文学"2个二级学科硕士点。2011年9月招收首届日语专业(经贸方向)高起点班本科生;2012年9月招收首届外国语言学及应用语言学、日语语言文学专业硕士研究生。

### 三、历任行政领导

1993年9月至1997年1月,王惠玲任系主任;1993年9月至1996年9月,赵孝盛任系副主任;1996年9月至2000年1月,赵孝盛任系副主任并主持工作;1993年9月至1995年12月,谢浩范任系副主任;1996年5月至1999年4月,周国强任系副主任;2000年1月至2001年1月,蒋保忠任系副主任并主持工作;2000年1月至2002年6月,徐宪光任系副主任;2001年2月至2001年9月,徐宪光任系副主任并主持工作;2001年9月至2014年3月,王晓群任系主任;2002年6月至2005年4月,周越美任系副主任;2005年4月至2014年6月,王志军任系副主任;2013年3月至2015年12月,李锋任外语系副主任、外国语学院副院长;2014年3月至2015年12月,吕世生任外国语学院院长;2015年12月至2016年9月,李锋任副院长主持工作;2014年10月起,赵珂任副院长;2015年7月至2016年9月,乔晓妹任副院长;2016年9月起,乔晓妹任副院长并主持工作;2016年11月起,李金满任副院长。

## 第二节 教　　学

### 一、教师队伍

1993年,经贸外语系有英语教师39人,其中副教授6人、讲师26人。2000—2007年,先后聘用博士毕业生13人,分别来自上海外国语大学、复旦大学、上海交通大学、厦门大学、香港大学以及日本筑波大学、九州大学和新潟大学等高校。2009年,引进美国亚利桑那大学语言学博士1人;2010年,引进院级兼职教授1人,共聘请13名外籍教师讲授语言和文化课程;2014年,李健博士获得"上海市浦江人才计划"资助;共聘请12名外籍教师讲授语言和文化课程;2015年,张达球副教授赴爱沙尼亚塔林大学担任学校孔子学院中方院长;1人被聘为校级特聘教授,共聘请14名外籍教师讲授语言和文化课程。

2016年,外国语学院有在编教职工67名,58名专任教师中有教授5名、副教授24名。40名教师具有博士学位,占教师总数的86.21%,70%以上的教师有在海外学习或工作的经历。同年,学院引进副教授1人、教学科研岗青年教师1人、师资博士后1人,聘请校级特聘教授1人、校级兼职教授1人。另有在任校级特聘教授1人、院级兼职教授1人,共聘请13名外籍教师讲授语言和文化课程。

### 二、教学建设

学院突出以外语教学理论为指导,逐步建立以语言知识与应用技能、跨文化交际和学习策略为主要内容,并集多种教学模式和教学手段为一体的教学体系。2007年4月,总投资为110万元的数字化多媒体(152座)外语自学中心建成投入使用。利用这一设施,可以强化学生口语训练和听说能力的培养。2009年9月,总投资为300万元的数字化多媒体外语自学中心扩建工程(二期)通过专家验收,投入使用。扩建后的外语自主学习中心达到8个语音室(364座)规模。

2003年,外语系被教育部确定为首批大学英语教学试点单位。1993—2008年,外语系教师承担教育部大学英语教学改革和扩展项目3项。2009年10月,外语系"大学英语"项目获得上海市重点项目立项;11月17日,英语测试研究中心成立。2009—2010年,外语系围绕学校"十一五"规划和外语系的学科建设目标,形成了"现代英语小说与西方批评理论研究""理论语言学与英汉对比研究""英语语言测试学和教学法研究""翻译理论与实践研究""日本文学与中日比较文学"和"日本语言学与文化研究"6个科研团队,培养了一批中、青年教学与科研骨干。

2011年,外语系推出"西方文化""学术写作"和"外国文学"等通识教育课程,完成上海市重点课程"大学英语"建设项目;日语专业(经贸方向)改为招收日语高起点(中学已完成6年日语学习的)学生,该高起点班在国内尚属首创。2013年,上海市重点建设课程"综合英语"验收结果为优秀;"商务英语专业人才培养与教学改革"获得2013年上海市教学成果奖一等奖;商务英语和日语两个专业完成2013年度上海高校本科专业达标评估工作;正式启动学术英语教学改革,成立了由10位教学骨干组成的学术英语教改小组,以财经类学术英语为突破点,在课程内容、教学方法、教学评估手段等方面进行改革。

2014年,学院成功申报高等学校专业综合改革试点项目,全面启动商务英语专业综合改革。2015年,学院完成"高等学校专业综合改革试点"续建项目,成功申报上海市教改项目1项,验收通过上海市精品课程1门。

2016年,学院完善从"通用学术英语"到大商学背景下的"通用专门学术英语"的分级教学模式,学术英语教学覆盖新生的比例从2015年的近50%增加至75%;上海高校本科重点教学改革项目"创新学习视域下的财经大学通识英语教学模式探索与实践"项目顺利通过验收。2016年,学院教师获第七届"外教社杯"全国高校外语教学大赛(上海市赛区)一等奖和三等奖,并获第二届上海学术英语公开课比赛"上海高校学术英语教学示范教师"称号。在《2015—2016中国大学及学科专业评估报告》中,学院"商务英语"专业排名全国第三,在财经类院校中排名第一。此外,学院还于2016年3月举办第二届"上海国际辩论公开赛",于6月举办"上海大学生国际学术论坛",于10月承办"外研社杯"全英商务实践大赛华东赛区的赛事等。

### 三、毕业生

1997—2004年,经贸英语专业毕业281人,经贸日语专业毕业42人,授予经济学学士学位。2005—2012年,英语专业(经贸方向)毕业384人,日语专业(经贸方向)毕业454人,授文学学士学位。2013—2016年,商务英语专业毕业176人,日语专业(经贸方向)毕业111人。2009—2016年,英语语言文学专业毕业硕士研究生78人;2014—2016年,外国语言学及应用语言学专业毕业硕士研究生14人,日语语言文学专业毕业硕士研究生12人。其中,2009届为英语语言文学专业首届硕士毕业生,2013届为商务英语专业首届本科毕业生,2014届为外国语言学及应用语言学、日语语言文学专业首届硕士毕业生,2015届为日语专业(经贸方向)首届高起点班毕业生。

## 第三节 科学研究与对外交流

### 一、科研成果

1993—2008年,共发表论文479篇,其中核心期刊论文85篇、权威期刊论文9篇、境外期刊论文14篇、EI收录论文1篇、A&HCI期刊论文2篇;出版专著15部,译著15部,教材93部,其他图书58部。

2009年6月,黄瑞红的课题"基于语料库的英汉程度副词的特性特征对比研究"获2009年国家社科基金青年项目立项,此次成功申报是外语系在国家级课题方面"零"的突破;2010年6月,李金满的"语言类型学视角下的汉英关系从句使用处理模式对比研究"获2010年度国家社科基金青年项目立项;2009—2010年,出版学术专著2部、译著7部,在权威期刊《外语教学与研究》发表论文1篇,在核心期刊上发表论文10篇。

2011年,获上海市教委科研创新项目资助1项,教育部人文社科项目立项1项,在核心期刊发表论文10篇。2012年,在中外核心期刊上发表论文8篇;刘向军的课题"中国文化对外输出导向下的汉译英研究——以卢曼的功能系统理论为视角"获得教育部人文社会科学研究一般项目资助。2013年,外语系教师在国内外各类核心期刊上共发表论文23篇;王志军、朱卫红、周晓梅共获得3项国家社科基金项目立项,赵冬梅获得1项上海市社科规划项目立项,周晓梅获得1项上海市教委科研创新(重点)项目立项。2014年发表高质量SSCI教学研究论文2篇;吕世生、乔晓妹、张达球共获得3项国家社科基金项目立项。2015年,陈月娥的"日本汉字问题与语言政策研究"获国家社科基金项目立项,至此学院共获得国家社科基金项目8项;学院教师共出版日本文学、商务英语、语言学、翻译学等领域的学术专著5部,在权威B期刊发表论文1篇、核心类期刊发表论文5篇、境外期刊发表论文4篇、其他期刊发表论文9篇。2016年,学院教师在SSCI、A&HCI、权威B期刊上发表论文5篇,在CSSCI核心期刊发文4篇,在境外期刊发文5篇,在其他期刊发文9篇;出版语言学、文学、翻译学术专著4部。

## 二、对外交流

1993年12月,召开首届经贸外语系科学研讨会,教师30人在会上宣读论文。2000年9月,主办全国英语教学研讨会。2002年10月,主办全国"赛意德学术思想研讨会";11月,主办全国财经院校英语教学研讨会;12月,成立加拿大研究中心,王晓群任主任,研究加拿大文化和中加文化差异。同年,与加拿大皇家山学院签署合作协议,此后每年暑假组织学生赴加拿大皇家山学院进行一个月左右的英语强化训练。2004年11月,主办当代西方批评理论与走向学术研讨会。2004—2005年,选派2名教师赴日本歧阜大学讲学。2005年4月,与《外国文学》杂志社联合举办全国"20世纪外国文学批评理论的回顾与反思"研讨会;11月,主办语言学动态学术研讨会。2007年7月和8月,先后有4批80名学生赴加拿大皇家山大学进行为期4周的英语强化学习,有3名教师赴美国、英国等研修。1993—2007年,共邀请国内外著名专家32人来系讲学;每年选派2名青年教师赴英国、美国、新西兰等国进修;选派1~2名三年级学生赴日本或其他国家学习一年。2009年9月,根据学科建设和商务英语专业教学需要,商务英语教师出国培训计划开始实施。此后5年内每年派出1位青年骨干教师赴国外进修商务英语。2009—2010年暑期先后有5批共93名学生赴加拿大皇家山大学和女王大学等进行为期4周的英语强化学习;有7名教师赴美国、英国、日本、奥地利等国研修、支教。

2010年10月,由外语系与中国社科院外国文学研究所、福达大学外文学院联合举办"外国文论与比较诗学研究会"第二届学术研讨会;2011年4月,承办首届"英语写作教学与研究"国际研讨会;7—8月,先后有3批共63名学生赴加拿大皇家山大学和女王大学进行为期4周的英语强化学习,先后有5位教师赴美国、英国、日本、澳大利亚等国研修;10月,举办"消费文化语境下的文学研究"学术研讨会(暨研究生创新论坛)。2012年1月,举办第十届上海高校日语教师文学年会暨第四届翻译研讨会;7—8月先后有3批共98名学生赴加拿大、英国进行为期4周的英语强化学习,2位教师先后赴英国和美国研修。2013年,召开上海市级学术会议1场(上海市大学英语教学改革试点研讨会),邀请澳门大学、香港大学、英国伦敦大学、美国亚利桑那州立大学、同济大学等国内外高校知名学者做学术报告8场;共有5名教师赴海外进修,5名本科生赴海外游学;7—8月先后组织3批共计69名学生赴加拿大皇家山大学、英国密德赛斯大学、美国宾夕法尼亚大学进行为期2~4周的英语强化学习。2014年5—6月,主办"2014年当代外语教学法及研究方法学术论坛";共有5位教师赴海外进修,24名本科生赴海外游学;暑期先后组织2批共计20名学生赴加拿大皇家山大学、美国宾夕法尼亚大学进行为期2~4周的英语强化学习。2015年,共有4位教师赴海外进修,33名本科生赴海外游学;暑期先后组织2批共计69名学生赴美国宾夕法尼亚大学进行为期4周的英语强化学习;11月,与中国日语教学研究会上海分会联合主办"中国日本文学研究高层论坛暨第二期上海市高校日本文学沙龙"。2016年,共有3位教师赴海外进修,32名本科生赴海外游学;暑期先后组织2批共计124名学生赴美国宾夕法尼亚大学进行为期4周的英语强化学习;美国乔治亚州立大学应用语言学系主任、国际知名的二语写作研究专家黛安·贝尔彻(Diane Belcher)教授作为富布莱特高级专家来院进行为期一个月的学术访问。

# 第十二章 数 学 学 院

## 第一节 发 展 概 况

### 一、沿革

2000年6月,学校决定以基础部数学教研室为主成立应用数学系。同年8月,应用数学系成立,下设大学数学学科组、应用数学学科组、概率论与数理统计学科组、运筹学与控制论学科组等教学科研机构。2012年初,应用数学系成立教授委员会。2014年7月,应用数学系更名为数学学院。

### 二、各类专业设置

2001年1月,经上海市学位委员会审核同意,设立概率论与数理统计硕士点;3月,经教育部批准,设立数学与应用数学本科专业。2003年1月,经国务院学位办备案,自主设立金融数学与金融工程博士点(与金融学院共建);2月,经教育部批准,设立信息与计算科学本科专业;9月,经上海市学位委员会审核同意,设立运筹学与控制论硕士点。2006年1月,经国务院学位委员会批准,设立应用数学硕士点。

2011年,学校申报"统计学"(一级学科)博士点之际,"概率论与数理统计"硕士点纳入"统计学"申报,后教育部批准了学校"统计学"一级学科博士学位授予权,同时取消"概率论与数理统计"(二级学科)硕士学位授予权。2012年在"统计学"(一级学科)下设立"应用概率"(二级学科)博士点、"应用概率"(二级学科)硕士点。2013年"应用概率"博士点开始招收博士生。

2017年初,学院新设"财经数学实验班",自2017年开始招收本科生。

### 三、历任行政领导

2000年8月至2001年8月,陈慧玉任系主任;2001年9月至2004年11月,陈启宏任系主任;2004年12月至2013年,梁治安任系主任;2000年8月至2005年4月,杨晓斌任系副主任;2005年4月至2013年,何其祥任系副主任。2014年起,周勇任数学学院院长;2014年起,王燕军任副院长。2016年起,程晋任数学学院院长;2016年起,徐定华任副院长。

## 第二节 教　　学

### 一、教师队伍

2000年8月,有专任教师18人,其中副教授6人、讲师11人。教师中有博士学位的2人。梁治安担任教育部2006—2010年数学基础课程教学指导委员会委员、教育部数学学科评议组通讯委员,并被美国数学杂志《优化通讯》(Optimization Letters)聘为编委。

截至2017年3月,学院共有专职教师50人,其中:正高级职称17人,占34%;副高级职称16人,占32%。50名专任教师中,具有博士学位的42名,占75%。2016年先后引进数学学科带头人4名。学院拥有数学类专业教学指导委员会委员、中国数学会高等教育委员会主任委员,有全国优秀教师、省级教学名师,教学团队在"拔尖人才"培养方面获得国家级和省部级教学成果奖多项。

学院拥有教育部"新世纪优秀人才"支持计划获得者1名,上海市曙光学者1名,入选上海浦江人才计划1名,入选汤森路透"高被引科学家"1名,教育部数学基础课程教学分指导委员会委员1名、全国运筹学学会理事1名、上海市数学学会理事1名、上海市运筹学学会常务理事1名、上海市工业与应用数学学会理事1名、美国 Optimization Letters 期刊编委1名、国际一般系统论研究会中国分会理事1名。

### 二、学生获奖和毕业生人数

1999年,在"1999创维杯全国大学生数学建模竞赛"中获全国一等奖1项、二等奖2项及上海赛区一等奖1项、二等奖4项、成功参赛奖4项。在2001年全国大学生数学建模竞赛中,2个队获全国二等奖,3个队获上海赛区一等奖,1个队获上海赛区二等奖;2004年3月,在全国大学生数学建模竞赛中,2001级3名学生完成的《SARS疫情预测及其对经济的影响》论文获全国一等奖、上海市一等奖。在2005全国大学生数学建模竞赛中,获全国一等奖3项、全国二等奖3项,2个队获上海市一等奖,4个队获上海市二等奖,6个队获上海市三等奖。在2006"高教杯"全国大学生数学建模竞赛中,3名学生获全国甲组一等奖。2007年2月,在美国数学建模竞赛中获一等奖2项、二等奖3项、成功参赛奖4项。2009—2010年,2名本科生应邀参加英国举办的第四届IEEE管理和服务科学国际学术会议,合作论文在核心期刊发表并被收入EI索引。2007—2015年,组织学生参加美国大学生数学建模竞赛,获特等提名奖1项、一等奖34项;参加全国大学生数学建模竞赛,获全国一等奖5项、二等奖36项。2010—2016年,学院每年举办上海财经大学数学竞赛暨上海市大学生数学竞赛(非数学组)财大校内选拔赛,选拔出来的学生在上海市大学生数学竞赛专业组和非专业组均取得优异成绩;2016年,在全国大学生数学竞赛中取得全国一等奖3项、二等奖2项、三等奖1项的优异成绩。

从2005年7月拥有首届毕业生至2016年12月,数学学院本科毕业生537人,硕士毕业生207人。

### 三、教材建设

2003年,殷承元主编的《高等数学》出版;2004年,何其祥主编的《概率论与数理统计》、张远征主编的《线性代数》、郎艳怀主编的《经济数学方法与模型教程》出版;2005年8月,殷承元主编的《数学分析》、何萍主编的《概率论》出版。2007—2015年,学院教师共出版著作和教材29本,新增校级精品课程4门,校级实验课程3门,获校级优秀教材二等奖3次,上海市普通高校优秀本科教材奖1项。

## 第三节　科学研究与对外交流

### 一、科研成果

2002年,陈启宏的"分布参数系统若干最优控制问题及其计算"获国家自然科学基金项目立项。2003年,陈启宏承担"面向21世纪教育振兴行动计划"专项资金项目"无限维最优控制理论及其在经济金融中的应用";2003年,顾桂定的"Sylvester矩阵方程的数值方法"、梁治安的"多目标规划理论及在最优控制中的应用"获国家自然科学基金项目立项。2001—2007年,应用数学系教师共发表论文118篇,其中SCI刊物54篇、权威期刊7篇、核心期刊43篇、其他期刊14篇。

2007—2016年,学院新增高等学校科技创新工程重大项目培育资金项目1项,国家自然科学基金专项基金面上项目6项,国家自然科学基金专项基金项目(天元基金)3项;合作申报国家自然科学基金项目2项、国家自然科学基金青年基金项目(含天元基金项目)13项;教育部留学回国人员项目5项;上海市各项基金、创新项目22项。以第一获奖单位获得上海市科学技术进步奖(省部级)二等奖1项;学院教师共发表论文266篇,其中SCI刊物175篇、SSCI刊物1篇、EI期刊17篇、权威期刊17篇、核心期刊56篇。2012年,张雷洪参加第四届数值代数与科学计算国际会议(NASC)并荣获最佳论文奖。

### 二、学术交流

2005年,叶玉全赴香港理工大学出席"人力资源问题的算法研究"会议,陈启宏赴新加坡国立大学出席"国际运筹学研讨会",顾桂定赴香港大学出席"图像恢复与数值代数"会议,有6人次赴国外大学合作研究和学术访问。2006年8月,顾桂定参加香港大学举办的数值代数与图像恢复国际会议;10月,顾桂定参加中科院举办的第一届国际数值代数会议。应邀来系短期讲学、授课的国(境)外专家有:芬兰伊索塔洛-蓬塔宁(Isotalo-Puntanen),俄罗斯科学院系统规划研究所系统分析中心齐尔林(Tsirlin),香港城市大学杨海亮,华盛顿大学陈振清,香港理工大学杨晓琪,香港科技大学万旭虎,阿尔伯塔大学(University of Alberta)陈通文,新加坡国立大学储德林、罗杰·谭(Roger Tan)、李讯、林·桑(Ling San),加州大学里弗塞德·B.沙伊布勒(Riverside B. Schaible)等。

2007年,举办"运筹学与金融数学暨学术月"研讨会;2008年,举办"应用数学"学术月研讨会;2009年,举办"复杂经济系统中的数学理论应用与研究暨2009学术月"学术研讨会;2010年,举办

"上海财经大学应用数学系系庆十周年暨2010学术月"学术报告会；2011年，举办"2011年金融工程、金融优化与控制理论"专题研讨会（workshop）以及"2011年应用优化与计算"学术报告会；2012年11月，承办第八届上海市科学与工程计算方法研讨会，中国计算数学理事长、中国科学院石钟慈院士作"中国计算数学的发展历程"的主题报告；同年，举办"最优化应用与科学计算"学术研讨会暨上海财经大学应用数学系校庆95周年学术月学术研讨会；2013年，举办"运筹学与计算数学前沿问题研讨会暨上海市研究生学术论坛"以及"科学计算与最优控制"学术研讨会暨数学学院（筹）学术月研讨会；2014—2015年间，数学学院共举办7次全国性学术会议，邀请到李大潜院士、陈恕行院士、励建书院士、辛周平教授、蒋尔雄（Yasuhide Fukumoto）教授、李仁仓、吴国宝、程晋、王晓明、汤华中、塞巴斯蒂安·德·伯诺·洛林（Sebastian del Bano Rollin）、马里奥·阿里奥利（Mario Arioli）等国内外知名学者作82场学术报告；2016年，数学学院举办Workshop on El Nino and Related Inverse Problems、离散分析在图结构及相关经济优化问题应用研讨会、2016上海财经大学偏微分方程研讨会、上海财经大学2016年优化及其应用学术研讨会等4次学术会议，并举办学术报告25场。

# 第十三章　体育教学部

## 第一节　发展概况

### 一、沿革

民国二十一年(1932年)8月制定的《国立上海商学院章程》规定,学院设立体育委员会。民国二十八年(1939年)初,《国立上海商学院要览》载明,学院训导处下设有体育卫生组,内有体育指导员,由院长任用之。50年代初,学院设有体育组,隶属学院保健委员会,1956年2月称体育教研组。60年代,学院设立体育教研组,隶属于普通课教研室。1978年复校后,体育教研组(室)先后隶属于基础课教研室、基础课教学部。1984年12月,体育教研室定为半处级机构,脱离基础部,由教务处代管。1995年3月,体育教研室划归新成立的基础部。2000年6月,学校党委常委扩大会议决定,基础部体育教研室独立,设置为体育教学部,为处级建制。

### 二、课程及硕士研究生专业设置

学校本科一二年级开设体育必修课,含专项课64学时,外加早操课外活动,共计3学分。本科三年级开设体育锻炼必修课,共32学时、1学分。运动项目教学包括网球、羽毛球、乒乓球、篮球、排球、足球、游泳、武术、健美操、体育舞蹈、瑜伽、花样跳绳、跆拳道、击剑。2004年,与国际工商管理学院联合开设体育经营管理专业。2005年4月,经国务院学位办备案,自主设置体育经营管理硕士点,研究方向为体育营销管理、体育产业管理、体育赛事组织与管理。2014年,新增体育健康经济方向。截至2016年,硕士毕业生50人。

### 三、历任行政领导

1953年9月起,邵鸿章任体育组召集人、组长;1962年9月至1972年,王泉汀任体育教研组副主任;1979年至1981年,龚焕章任体育教研组主任;1981年至1984年,刘祖怡任副主任并主持工作,李原道、袁珊媛为副主任;1984年12月至1987年11月,黄思九任体育教研室主任;1985年至1991年5月,刘祖怡、汤际云任副主任;1987年11月至1991年5月,孙炳香任副主任。1991年5月至1994年12月,刘祖怡任主任;1991年5月至1993年3月,饶纲任副主任;1991年5月至1994年11月,顾少华任副主任;1995年1月至1996年7月,魏顺兴任主任;1996年7月至1999年4月,

805

袁珊媛任主任,沈建华、戴勇任副主任;1999年4月至2000年6月,陈晓任体育教研室主任;2000年6月至2011年7月,陈晓任体育教学部主任;2000年8月至2006年1月,孙建华任副主任;2003年8月起,杜富华任副主任;2007年1月至2013年,李洪斌任副主任;2011年7月起,吕季东任体育教学部主任;2015年4月起,李洪斌任副主任。

## 第二节 教 学

### 一、教师队伍

1953年9月,体育组有教师9人,其中副教授1人、讲师4人、助教4人。1978年复校后,体育教师7人。2001年12月,体育教学部有教师23人,其中教授1人、副教授2人、讲师16人,有硕士学位的4人。截至2016年底,体育教学部共有教职工31人,其中正高级职务3人、副高级职务9人、中级职务13人。29位专任教师中,具有博士学位的教师比例为10.34%,具有硕士学位的教师比例为72.41%。

### 二、教学建设

1999年1月至2002年7月,体育课程改革第一阶段,围绕两个主题:一是把"健康第一"的思想和"素质教育"的观念融入体育教学之中;二是全面推行"课内外一体化",把培养学生自我能力和终身体育意识贯穿到体育教学之中。2002年,第一阶段课程教学改革获学校教学成果二等奖。2002年8月至2004年1月,体育课程改革第二阶段,提出"大学体育可持续发展"的理念。课程设置从"以学科为中心"转向"以学生为中心";课程内容从教方决策转向教与学双方决策。2004年,第二阶段课程教学改革获学校教学成果一等奖、上海市高校教学改革成果三等奖,大学体育课程被列入首批校级精品课程建设行列。2004年起,体育课程改革第三阶段,课改小组提出了建设大学体育精品课程的目标和计划。2005年7月,大学体育课程被列入上海市重点课程建设项目;9月,被评为上海高校市级精品课程。2008年,体育教学部以申请国家级课题为契机,对课程的形式、内容进行了改进和创新,形成了包括球类、操类、水中类、其他类4个大类22个小项的课程体系;2013年,体育教学部以2013级新生为试点,开展第四阶段本科体育课程教学改革,以知识模块为单位并按目标人群实施教学,采取俱乐部模式组织各项教学活动。

## 第三节 科学研究与对外交流

### 一、科研机构和成果

2002年,体育教学部成立体育科研所。体育科研所把体育健康促进和体育产业经济作为研究方向。研究体育健康促进主要是结合生理学、心理学、教育学理论与方法,汲取亚健康、体育康复、特殊教育等研究成果,针对大学生群体特点,在教学内容和教学方法等方面开展研究;研究体育产业经济主要是根据体育经营管理专业研究生的教育需要,在体育市场营销、体育消费预测、体育资产评估等领域研究体育经营管理人才的培养模式。2002—2016年,体育教师共发表论文446篇,其中核心期刊论文72篇、SSCI索引期刊论文3篇、SCI索引期刊论文4篇、EI会议论文2篇、其他论文365篇;出版专著、教材24部,其中专著5部、教材5部、电子出版物3部、其他读物3部、编著8部;完成省部级以上课题63项。

## 二、学术交流

随着学校体育事业的发展,体育教学部组织多次重要学术和赛事交流活动,与国内外同仁的交流更加频繁和深入。2001年,体育教学部被选为上海普通高等学校体育协作组组长单位;同年,举办第一届"上财杯"国际象棋国际邀请赛。2003年,举办第二届"上财杯"国际象棋国际邀请赛。2006年,举办首届全国体育产业学术会议;承办2006年全国教育部直属综合性大学体育协会理事会和年会。2007年,举办教育部直属综合性大学体育年会。2008年,举办上海市高校体育改革与发展三十年高峰论坛。2009年,主办中、意体育产业管理专家论坛暨2009年上海高校体育科学论文报告会。2010年,举办国家中长期教育改革和发展规划纲要下大学体育课程改革与发展研讨会。2012年,举办首届上海财经大学校园体育论坛;同年,体育教学部与台湾屏东科技大学体育室、休闲运动保健系正式签署了"两校体育合作与交流备忘录",双方约定在体育课程信息交换、人员互访交流等方面建立合作关系,并举办了2012年两岸高校体育教学与运动训练研讨会。2013年6月,举办2013年中美动作技能学习论坛,邀请美国印第安纳大学心理学与脑科学系的乔佛瑞·宾汉姆教授和怀俄明州立大学的朱骎博士担任主讲嘉宾。

# 第十四章　国际文化交流学院

## 第一节　发展概况

### 一、沿革

1957年10月初,上海财经学院根据越南驻华大使馆的要求,接收中南财经学院转来的越南留学生2人,在财政与信贷专业二年级学习,于1960年7月毕业。1961年9月,上海财经学院接收16名越南留学生,其中财政金融专业2人、贸易经济专业9人、商业财会统计专业5人,于1965年7月毕业。1993年6月,学校成立经贸外语系,开始接收留学生学习汉语。1999年4月,成立留学生办公室。2001年2月,留学生办公室更名为留学生部;6月,留学生部更名为国际文化交流学院;9月,国际文化交流学院挂牌成立。2003年9月,成为中国政府奖学金留学生接收院校。

学院设有商务汉语系(下设汉语教研室、商务汉语教研室、文学与文化教研室、汉语写作教研室)、HSK(中国汉语水平考试)&BCT(商务汉语考试)考试中心、商务汉语研究中心、语言学及应用语言学研究所、招生科、培养科、院办公室等机构。2014年,设立学生事务管理科,全面负责全校留学生和学院中国研究生的管理服务工作。

2010年国家汉办在学校设立"国际商务汉语教学与资源开发基地(上海)",办公室挂靠国际文化交流学院。2014年,学校设立孔子学院工作办公室,挂靠国际文化交流学院。

### 二、历任行政领导

1999年4月至2007年6月,王惠玲先后任留学生办公室主任、国际文化交流学院院长;2001年7月至2006年12月,葛守中任副院长;2006年3月至2007年6月,姚玲珍任副院长;2007年7月至2012年10月,姚玲珍任院长;2008年1月至2012年11月,孙冰任副院长;2012年11月起,孙冰任院长;2013年3月起,杨鸿任副院长;2015年起,金洪飞任挂职副院长;2001年9月起,陈仁凤任名誉院长。

## 第二节　教　　学

### 一、师资队伍

2001年10月,有专职教师9人,其中教授3人、讲师6人。截至2017年3月,学院共有教职工

39人,其中正高级职称2人、副高级职称13人。26名专任教师中,具有博士学位的教师比例为85%。

2004—2006年,学院相继聘请时任教育部语言文字信息管理司司长李宇明、北京大学陆俭明、上海师范大学范开泰任兼职教授。2013年,山东大学国际教育学院院长宁继鸣受聘为兼职教授。2010年至今,美国哥伦比亚大学刘乐宁、美国加州大学圣塔芭芭拉分校关道雄、美国宾夕法尼亚大学蒋冕华、日本丽泽大学三潴正道、韩国延世大学金铉哲等陆续受聘为国际商务汉语教学与资源开发基地(上海)专家委员会专家。

## 二、教学类型

### (一)留学生

#### 1. 学历学位生

学院招收各个专业不同学历层次的留学生。2001年9月,设立对外汉语本科专业。2006年,与金融学院合作,启动全英文金融学硕士项目;2007年,与信息管理与工程学院合作,开设管理科学与工程博士项目;2008年,与金融学院合作,增设全英文金融学博士项目;2012年,与法学院合作,开设全英文法学硕士项目,2014年增设全英文法律金融学博士项目;2015年,与国际工商管理学院合作,开设全英文国际商务硕士项目。

#### 2. 语言生

语言生以学习汉语语言文化为主,滚动招生。有常年班、暑假班和寒假班等,开课形式灵活多样。小班上课人数为6~15人。语言生长期班学习至少半年,每周20~22课时,半年计340课时,分普通汉语班和商务汉语班:普通汉语班分初级汉语班、中级汉语班和高级汉语班;商务汉语班分商务初级、商务中级、商务高级三个层级。

### (二)中国学生

2006年2月,学院设立语言学及应用语言学硕士专业,研究方向为理论语言学与对外汉语教学,2007年开始招生。截至2017年,共计招收中国学生106人,毕业89人,目前在读17人。2014年,学院新增汉语国际教育专业学位硕士点,2015年开始招生,截至2017年,共计招收中国学生79人。

## 三、教学建设

### (一)课程改革

学院秉持课程学习与汉语国际教育实践相结合、汉语国际教育与中华文化传播相结合的理念,服务于培养应用型、复合型、国际化的高级专门人才,形成了规范的商务课程体系,包括:(1)商务汉语类课程。为学历学位留学生和非学历语言进修生开设了不同层级、不同内容的商务汉语和商务文化类课程,采用立体的案例式商务汉语教学,总计课程门数为13门,并依托商务汉语国家级基地进行案例库建设,完成中外商务合作跨文化交际案例354个,培育汉语国际教育专题课程6门,建设精品课程17门。(2)中国经济系列课程。依托学校的优势学科,整合国际化办学成果,开设介绍中国经济改革与发展的各类课程。(3)中华商务文化类课程。为全校师生开设"中国文化"

"中国国情""中国历史""中国礼仪"以及"中国商务文化"等系列课程。(4) 中华商务文化体验课程。依托"中华商务文化体验与学习中心",为商务汉语学习者、爱好者、教师、商务人士等开设"中华商务理念""中华商务礼仪""中华商务习俗""中华商务谋略""中华商务沟通"等系列中华商务文化体验课程,培育中华商务文化专题课程5门。(5) 商务汉语考试类课程。为参加汉语水平考试、商务汉语考试者开办了不同等级的汉语考试(HSK&BCT)培训班,提供考前培训,强化汉语应用能力。(6) 商务汉语培训类课程。通过一系列的中英文相结合、学习与实践相结合、语言与文化相结合的专题培训,增进留学生对当代中国尤其是上海经济发展状况的体验与了解。

### (二) 教材建设

商务汉语是学院的特色课程,学院教师致力于三个方向的商务汉语教材编写:(1) 商务汉语金桥系列(语言进修生使用);(2) 中级商务汉语教程(汉语国际教育专业本科生使用);(3) 财经汉语教程(经贸类专业本科生使用)。

2007—2017年3月,共出版系列商务汉语教材24本,如《商务汉语金桥》系列、《卓越汉语·商务致胜》系列、《纵横商务汉语》系列、《实用商务汉语二》《商务秘书概论》《中外商务合作跨文化交际初探》等;出版留学生本科生汉语教材8本:《中国现当代文学经典导读》《跨文化言语交际学教程》《现代汉语词汇学》《经济新闻听力》《留学生中国文学读本》《商务汉语写作(上/下)》。

## 四、各类毕业生

1999年至2017年3月,共有17 841名外国留学生到校学习,其中学历学位生4 653人、非学历学位生7 488人、短期生5 700人。累计培养学历学位毕业生1 565人,其中博士生46人、硕士生398人、本科生1 121人。2007年至2017年3月,学院共培养语言学及应用语言学专业中国研究生89人。

# 第三节 科学研究与对外交流

## 一、教学与研究机构

2001年,设立商务汉语系,主要负责语言生及对外汉语的教学、研究。2001年,设立HSK中心,主要负责汉语言测试理论及技术研究、题库与考试系统建设、商务HSK研发等工作;2004年9月,配合国家汉语国际推广领导小组办公室HSK(商务)研发试题,组织并完成国家汉办HSK(商务)试题大样本测试工作。2005年11月,学院成立商务汉语研究中心,主要负责商务汉语案例、商务汉语教材的研发。2007年9月,该中心成为校级重点研究基地。2005年11月,学院成立语言学与应用语言学研究所,主要负责开展语言学及应用语言学硕士点学科建设、以汉语为对象的语言学理论研究、以商务汉语教学为主要应用目标的第二语言习得模式及教学模式研究。2010年,国家汉办在学校设立"国际商务汉语教学与资源开发基地(上海)",为全国19个汉语国际推广基地之一,同时也是学校第4个国家级基地。2014年,国家汉办同意学校承办爱沙尼亚塔林大学孔子学院。2015年,国家汉办同意学校承办英国伦敦玛丽女王大学孔子学院。

## 二、科研成果

2007年至2017年3月,学院教师出版学术专著22部,参与编著8部,教材32本,发表学术论文410篇,承接各类科研项目100余项,其中国家级项目8项、省部级项目28项。学院教师科研成果获奖共计16项,其中省部级奖5项、校级奖7项、其他4项。2008年,王永德的《外国留学生习得不同标记汉语句子的实验研究》获上海市第九届教育科学研究成果一等奖(教育理论创新);2015年,周红的专著《语篇知识建构与对外汉语写作教学研究》获上海市第28次马克思主义学术著作、哲学社会科学学术著作出版资助。

## 三、对外交流

2001年至2017年3月,学院共有130余人次参加各类海外教育展,涉及五大洲37个国家。学院积极开展与海外大学、教育机构的交流合作,与美国哥伦比亚大学、加州大学、密歇根大学、和丽山大学,法国蒙彼利埃大学,日本一桥大学、松山大学、丽泽大学,韩国建国大学,哈萨克斯坦教育部国际计划中心,越南教育部等进行了富有成效的接触,开展实质性合作。2014年,在学校校友总会的领导下先后在韩国和老挝成立中外学生校友会。

2007年,学院与美国迈阿密大学、波士顿大学以及AIFS、GEA等教育机构开展不同形式的合作,哈佛大学、加州大学伯克利分校等美国名校的学生来校修读学分课程。2008年,与日本一桥大学确立交换项目;与美国东北大学、日本松山大学、韩国建国大学等开展短期项目合作。2009年,与美国IES、哈萨克斯坦国际计划中心等签订合作协议。2010年,承接"越南165项目"培养任务,属上海承接培养任务的两所高校之一,负责培养其中的3名学员;2010年6—8月,承办美国国会主办的"核心语言奖学金(Core Language Scholarship)"项目;2010年7—8月,承办国家汉办"汉语桥——俄罗斯中学生夏令营"项目、"汉语桥——美国高中生夏令营"项目;同年7—8月,与韩国建国大学合作开展亚洲青年领袖项目;2012年,新增欧中战略联盟国际课程项目、美国全球教育联盟东北大学项目、美国哈佛实习团组、美国IES暑期项目、日本立命馆大学等项目;2013年,新增合作单位5家,新签合作协议5份;2014年,招生宣传材料扩充至9个语种,新签及续签合作协议20份;2015年,接待美国、乌拉圭、西班牙、日本、韩国、新加坡等国的多批重要来访团组,承接商务部援外高级学历学位教育专项,新签及续签合作协议4份。2016年,接待新加坡、加拿大、保加利亚、澳大利亚、韩国等国的来访团组45个,承办上海暑期学校—中国商务(3S)项目,新签合作协议8份。

2014年,学校首个海外孔子学院——爱沙尼亚塔林大学孔子学院成立,中方院长、教师等于同年外派。2015年,第二所孔子学院——英国伦敦玛丽女王大学孔子学院正式挂牌,中方院长、教师等于同年到任工作;是年,爱沙尼亚塔林大学孔子学院夏令营、爱沙尼亚教育者代表团首次来访;9月,首批2名爱沙尼亚孔子学院奖学金生来校学习汉语。

2007年6月,与教育部语言文字应用研究所联合主办"应用语言学与商务汉语教学专家研讨会";2008年6月,与日本一桥大学社会言语研究院、美国佛罗里达大学亚非语文学系和商学院国际商业教育与研究中心共同主办"当代语言学理论与商务汉语教学国际研讨会暨上海财经大学商务汉语研究中心成立大会";2010年12月,举办"中外商务合作跨文化交际与商务汉语教学国际研讨会";2011年5月,与美国和丽山大学联合举办"全球视野中的中国——语言、经济与文化"国际研讨会;2012年6月,与美国哥伦比亚大学、美国加州大学圣塔芭芭拉分校共同举办"案例式商务汉语教学与跨文化交际国际研讨会";2014年6月,与美国哥伦比亚大学合办"第五届中外商务合作跨文化交际与商务汉语教学研讨会";2016年6月,与哥伦比亚大学联合承办由世界汉语教学学会主办的"商务孔子学院发展与汉语国际教育暨第六届中外商务合作跨文化交际与商务汉语教学研讨会"。

# 第十五章 商 学 院

## 第一节 发 展 概 况

### 一、沿革

1991年3月,学校获国务院学位委员会和教育部批准,试行培养工商管理硕士(简称MBA)研究生,成为我国第一批试办工商管理硕士(MBA)研究生培养的九所试点高校之一。当年,学校研究生部负责MBA研究生招生和教学管理,招收第一期MBA学历学位生。1993年6月,成立恒通工商管理学院,专职MBA招生和教学管理。1996年,经国务院学位办批准,与美国韦伯斯特大学商学院合作举办授予美国韦伯斯特大学工商管理硕士学位的MBA教学项目(IMBA)。1998年7月,为统一管理和组织MBA教学项目,恒通工商管理学院更名为MBA教育中心,归属研究生部,具有行政管理和教学培训双重职能。2000年,MBA教育中心通过MBA学位教学合格评估。2001年,中美合作MBA学位项目通过教育部组织的中外合作项目合格评估。2002年,经国务院学位委员会和教育部批准,成为全国首批高级管理人员工商管理硕士(EMBA)教育试点院校之一。2003年6月,MBA教育中心从研究生部划出,独立建制,成立MBA学院。2005年,MBA学院通过国务院学位委员会学位教育评估。2011年4月,在MBA学院的基础上成立商学院,撤销MBA学院。同年,上海财经大学与清华大学、北京大学、中国人民大学、复旦大学共同成为"淡马锡计划"支援中西部院校MBA教育发展的5所中国领先院校。2013年2月,商学院成立教学研究部及教学效果保障办公室。

至2016年底,学院下设MBA中心、EMBA中心、国际MBA项目办公室、项目发展中心、教师教育与发展中心、教学研究及AOL办公室、招生办公室、行政部、商学院在线教育中心、信息技术部、国际交流与认证办公室、商界精英教育项目办公室、合作发展办公室、职业发展中心、案例中心、金融家俱乐部、EDP中心共17个部门。

### 二、历任行政领导

1993年6月至2002年3月,骆祖望任恒通工商管理学院院长、研究生部副主任兼MBA教育中心主任。2003年3月至2007年7月,骆祖望任MBA学院院长。2007年7月至2011年4月,戴国强任MBA学院院长;2011年4月起,孙铮任商学院院长;2011年4月至2012年,戴国强、骆玉鼎、艾春荣任商学院副院长;2013年至2014年,戴国强任副院长,骆玉鼎、薛丽萍任副院长,王少飞任院长助理;2015年起,骆玉鼎任执行院长,戴国强、薛丽萍任副院长,王少飞、杨建平任院长助理;2016年起,陈信元任商学院院长,骆玉鼎任执行院长,薛丽萍任副院长,王少飞、杨建平、韩玉兰任院长助理。

## 第二节 教　　学

### 一、教师队伍

学院总体师资分为学术型学者、实践型学者、学术型从业者及实践型从业者四类。截至2016年底,校内任课教师130人,校外任课教师41人。

### 二、教育项目

MBA学院拥有6个教育项目:学历学位MBA(1991年9月起)、学位MBA(1997年起)、EMBA(2002年起)、与美国韦伯斯特大学合作的MBA(1996年起)、与英国伦敦城市大学合作的MBA(2002年起)、与香港金融管理学院合作的MBA(2000年10月起)。2009年,MBA学院与上海市经济团体联合会成为合作伙伴,并与英国剑桥大学Judge商学院和美国加州大学伯克利分校Haas商学院确立长期、密切的合作关系,共同举办"上海财经领军人才发展项目暨上海财经大学全球EMBA项目",开创了国内财经名校联手世界顶尖大学商学院为上海"两个中心"建设培养高端人才的一种新模式。同年底,成立"上海财经大学MBA学院EDP中心"和"上海财经大学MBA学院国际职业资格培训中心",学院非学位教育项目全面启动。

2011年起,商学院共有3个学位项目:学历学位MBA、与美国韦伯斯特大学合作的国际MBA、EMBA,并在学历学位MBA教育项目中开设了国际班。

### 三、培养方案及模块

(一)培养方案

MBA方面,2011年5月,商学院与校内各院系所通力合作,先后完成《上海财经大学本科商学平台课程改革方案》《硕士研究生核心课程改革方案》《新版MBA培养改革方案》,即2011版培养方案。2014年,在总结2011版方案利弊的基础上,重新核定模块和学分构成,推出2014版培养方案。EMBA方面,2011年脱胎于MBA培养方案,推出培养方案2.0版。随着中国经济步入"新常态",2013年在培养方案2.0版基础上推出3.0版。学院培养目标涵盖"Knowing、Doing、Being"三方面,要求培养方案全面覆盖培养流程和培养目标,通过课程/模块的设置突出学校财经专业特色,通过选修模块及第二课堂满足学生的个性化需要。

(二)模块

学院设金融家俱乐部、商界精英论坛、财经"E+e"新教育实践项目、整合实践项目、MBA金融投资班等教学模块。

## （三）第二课堂

MBA方面：广邀海内外各个领域的顶尖人物前来讲学，每月2~3期，每期大约60名左右学员参与，是对第一课堂有益的补充和延展。另外，每年通过开展案例赛、创业赛、ERP沙盘模拟大赛等学术比赛，为MBA学员提供实践课堂管理知识的平台。EMBA方面：由"财经下午茶""鸿声文化沙龙""雅志小筑""博雅智慧课堂""博约课堂""财经前沿论坛"构成。内容涉及政治、经济、文化、艺术等多个领域，为学生提供更新和拓展知识，接触最新时事热点的平台。在此基础上，学生俱乐部也已成为第二课堂的重要载体，目前共有16个俱乐部。

## （四）职业发展教育

近三年累计对学生提供职业性倾向测试2 700余人次，生涯工作室"职发面对面"咨询400余场次，聘请60余位职业发展导师，其中全日制MBA全部配备职业发展导师。2013年起，每年秋季均由商学院主办"上海名校MBA专场招聘会"，上海地区MBA学生近700名参加。

## （五）创新创业教育

学院开展的创业创新系列活动有$S^n$创业季活动、上财创课堂、上财创投基金、EMBA财智荟、创新创业俱乐部矩阵等。

## （六）公益活动

包括开展MBA公益俱乐部活动、成立希望小学、开展"墨扉悦动"杯作文竞赛等。

## 四、各类毕业生

1994—2007年，MBA项目毕业1 708人；1998—2007年，中美合作的MBA项目毕业938人；2004—2007年，EMBA项目毕业360人；2005—2007年，中英合作的EMBA项目毕业84人。2008—2015年，MBA项目毕业4 230人；中美合作的MBA项目毕业679人；EMBA项目毕业874人。

# 第三节　科学研究与对外交流

## 一、科研成果

2012年，学院发布"中国城市竞争力排行榜"，为政府、企业等做出合理决策、促进城市及区域经济社会发展提供重要参考依据及意见建议，迄今共发布4期。2013年，学院与湘财证券合作，承担并完成中国证券业协会2013年重大课题"券商柜台市场做市商机制研究"，荣获2013年度中国证券业协会优秀课题奖；与新疆财经大学合作，承担并完成新疆维吾尔自治区人事厅重大项目"新疆评比达标表彰活动规范化管理研究"；与中国人民银行上海总部合作，组织开展"2013年长三角地区金融生态评估"项目，取得了阶段性研究成果"2013年江浙沪城市商业银行竞争力排行榜——融入绿色金融战略的城商行排名"并公开发布；共计开发案例200篇，《上海财经大学MBA教育优秀案例集》结集出版,其中有 2 篇案例入选"2013 年第四届全国百篇优秀管理案例";与加拿大西安大略大学毅伟商学院及中国管理案例中心合作举办"上海财经大学第二届案例教学研讨班";与中国证券业协会合作共建"中国资本市场案例库",与 ACCA 联合创建 ACCA-SUFE 案例中心。

2014 年,学院研究课题"证券公司柜台市场做市商交易机制研究"获 2013 年上海金融业改革发展优秀研究成果一等奖;在国际顶级管理类学术期刊 Academy of Management Journal (AMJ)发表论文 1 篇,姜波在 SSCI 来源期刊 Journal of Interactive Marketing 发表论文 1 篇。由李思志、王少飞、孙安怡撰写的《心融网商业模式之惑》案例入选第五届全国"百篇优秀管理案例"。

2015 年,韩玉兰在 Academy of Management Journal 上发表论文 1 篇;姜波在 International Journal of Production Research 上发表论文 1 篇;曹洁在 Human Resource Management 上发表论文 1 篇,在 Sloan Management Review 上发表论文 1 篇;李思志、王少飞承担的课题"MOOC 冲击下的商学教育改革及对策研究"获上海市高等教育学会二等奖;王少飞主持的案例入选"2015 年全国百篇优秀管理案例";《上海财经大学 MBA 整合实践项目(2015)汇编》出版。

2016 年,由戴国强、骆玉鼎、李良松、肖立伟、钱乐乐、邓文慧、张健、方鹏飞、武鹏飞完成的"'十三五'实现上海基本建成国际金融中心目标的重点难点问题研究"荣获上海市"十三五"规划前期研究公开选聘课题成果奖三等奖;戴国强、陈晨完成的"金融消费者保护与金融危机——基于全球 142 个经济体的实证研究"荣获上海市第十一届中国特色社会主义理论体系研究和宣传优秀成果奖(2014—2015)论文类二等奖;韩玉兰的合作论文《人员管理中的矛盾式领导行为:前因与结果变量》(Paradoxical Leader Behaviors in People Management: Antecedents and Consequences)荣获美国管理学会 2015 年组织行为领域杰出发表奖。

截至 2016 年底,学院累计荣获百优案例 11 篇;开发入选中国工商管理国际案例库 13 篇;出版商学优秀案例集 4 本;开发优秀教学案例 87 篇。另据不完全统计,学院教师及员工承担的商学教育课题和咨询课题共计 52 项,发表各类论文近 50 篇。

## 二、国际交流与合作

2008 年起,MBA/EMBA 项目先后与美国加州大学伯克利分校(HASS)、斯坦福大学、弗吉尼亚大学(Darden)、英国剑桥大学(Judge)达成合作协议,每年派遣约 40 名左右 EMBA/MBA 学员到对方学校进行为期 2 周的海外模块学习。

2013 年起,商学院分别与荷兰伊拉斯谟大学鹿特丹管理学院(RSM)和意大利米兰理工大学 MIP 管理学院签署合作协议,建立"MBA+X"合作双学位项目。同时与剑桥大学 Judge 商学院、瑞士西北应用科学大学商学院、日本名古屋商科大学、意大利米兰理工大学 MIP 管理学院、斯洛文尼亚卢布尔雅那大学、荷兰伊拉斯谟大学鹿特丹管理学院、密利克大学签署互派交流学生协议。另推出针对外国著名商学院的"中国行商"(Doing Business in China)暑期学分模块,每年约 60 名来自美国、欧洲、亚洲著名商学院的团队到访,并与 MBA 学生混合学习。该项目累计培训境外商学院 MBA 学生近 200 人,覆盖美、欧、亚近 20 所著名商学院。

2015 年,举办"首届全球夏令营和国际暑期项目",来自 20 所海外知名高校近 30 名国际学生修读商学院暑期模块;2016 年,新增美国加州大学伯克利分校开展海外学习模块;2017 年初,新增金融投资班国际化模块:美国加州大学圣地亚哥分校睿迪管理学院 MBA 海外学习模块。

# 第十六章　继续教育学院

## 第一节　发展概况

### 一、沿革

民国十年(1921年)8月,上海商科大学校址内增设夜校,凡具有中等学校毕业或相当程度、自量有听讲能力者均可报名免考入学。9月30日,上海商科大学夜校举行开学典礼,第一学期学生达180人。学生习完一学程经考试及格者,由学校发给该学程修业证书。

上海财经大学继续教育学院的前身是上海财经学院夜校部。1952年8月,在华东地区部分高校财经院系与上海财经学院合并的同时,沪江大学城中区商学院、上海学院夜班、立信会计专科学校城区部、震旦大学法学院夜专修科、中华工商专科学校夜班、上海商业专科夜校、东吴大学法学院会计系夜校合并组建上海财经学院夜校部。1958年9月,上海财经学院与华东政法学院等单位合并组建的上海社会科学院成立,夜校部改名为上海社会科学院业余大学。1960年5月,随着上海财经学院重建,上海社会科学院业余大学恢复为上海财经学院夜校部。1966年7月,夜校部停办。1979年7月,上海财经学院恢复夜校部。1981年3月,学校决定从暑期招生起,夜校部改名夜大学。1984年12月,学校决定设置夜大学办公室管理各类成人教育,下设教务科、行政科、自学考试办公室、函授科(对外称函授办公室)。1986年12月,夜大学办公室改名为成人教育处,下设办公室、夜大学教务科、函授办公室、自学考试办公室、图书资料室。1989年3月,经财政部批准,在成人教育处的基础上组建成人教育学院。1990年1月,成人教育学院成立,下设办公室、夜大学部、函授部3个副处级机构。1999年,成人教育学院增设继续教育部(副处级)。2002年11月,根据教育部有关机构改革的精神,成人教育学院定为学校的二级学院,正处级教学单位。至2007年,学院下设行政管理部、学历教育部、培训中心、自学考试办公室、综合教研室。2007年4月,成人教育学院更名为继续教育学院。2016年继续教育学院建制为"五部二室",下设学历教育部、培训部、国际合作与从业资格培训部、网络教育与信息管理部、行政部及综合教研室、自学考试办公室。

2011年12月,继续教育学院被教育部授予"高等学校继续教育示范基地"。

### 二、历任行政领导

1952年8月至1958年6月,李鸿寿兼任夜校部主任,陈德恒任副主任,郭森麒任副主任。1960年4月至1966年5月、1979年7月至1980年4月,李鸿寿兼任夜校部主任。1980年5月至1984

年11月,刘景航任主持工作的副主任;1984年12月至1989年12月,刘景航先后任夜大学办公室主任、成人教育处处长;1985年10月至1998年8月,张保梁先后任夜大学副主任、成人教育处副处长、成人教育学院副院长;1986年12月至1989年12月,盛春祺任成人教育处副处长;1990年1月至1995年2月,汤云为兼任成人教育学院院长;1991年5月至2000年8月,管一民先后任副院长、常务副院长、院长;1998年9月至2002年10月,储敏伟兼任院长,唐如青任副院长;1999年9月至2000年8月,张祖芳任副院长;2000年9月至2005年10月,袁树民任院长;2002年11月至2006年8月,凌伯强任副院长;2002年11月至2007年3月,冯杰任副院长;2004年10月至2017年3月,钱淑萍任副院长;2005年11月至2006年5月,党支部书记朱建中主持学院工作;2006年6月至2007年9月,尤家荣任院长;2007年10月至2008年4月,党支部书记朱建中主持学院工作;2008年4月至2013年11月,刘鹏任院长;2013年11月至2017年1月,门峰任院长;2017年2月起,谭予絮任院长。

## 第二节　教　　学

### 一、教工队伍

民国十年(1921年)9月上海商科大学夜校创办时,所聘教员皆欧美大学商科博士及硕士并熟悉国内商情,如朱进之担任经济学学程、周启邦担任银行学及国际汇兑学程、瞿季刚担任银行簿记学程、刘树梅担任商业簿记学程等。1952年11月至1958年、1960年至1966年,夜校部设置专任教师负责授课等教学相关工作。1978年复校,由学校各院系教师和校外聘请的教师兼职授课。1990年,成人教育学院成立后组建专职教师队伍。同年4月,从学校会计学系、贸易经济系、基础部等调入5位教师至成人教育学院。截至2016年,学院共有在编教职工39人,其中专任教师16人、管理人员23人。

### 二、教育类型

继续教育学院的教育分为学历教育和非学历教育两大类。学历教育有夜大学、函授和高等教育自学考试。学习形式有基本业余、全业余、全脱产等。基本业余为每周2个半天及2～3个晚上上课;全业余为每周3～5个晚上或双休日上课;全脱产是星期一至星期五白天上课。非学历教育包括助学教育、岗位培训和在职研修。

夜大学的教育层次包括专科、专升本和高中起点本科。函授教育层次包括专升本和专科。高等教育自学考试的教育层次包括本科、独立本科段和专科。

非学历教育中的助学教育是为各类助学者参加考试而举办的辅导班;岗位培训主要为上岗前或在岗的干部进行培训;在职研修是为政府部门及企事业单位的各类在职人员培训和其他紧缺人才中、短期培训。

学院大力发展非学历培训,逐步形成了较为完善的以政府企业培训、国内(国际)从业资格培训和在线培训为主体的非学历培训体系。2014年,学院举办了财政部西部地区地(市、州、盟)财政局长培训班等政企培训项目、东风汽车财务管理研修班等企业培训项目和"财经大讲堂"等公开课程。国际合作与从业资格培训方面,积极拓展了ACCA(The Association of Chartered Certified

Accountants)、EDBA(Executive Doctorate in Business Administration)等一系列国际化从业资格培训项目,取得良好社会影响。2015年,国际合作与从业资格培训进一步探索开发CMA(Certified Management Accountant)项目,新开发了对冲基金培训、董事会秘书培训、管理咨询师、财务总裁班等项目。2016年,学院共举办各类培训182班次,包括财政部西部地区地(市、州、盟)财政局长培训班及增设的2期援新、援青、援藏财政管理与创新培训班。学院还承办了上海市财政局主办的援助项目,包括遵义市财政干部能力提升培训班、喀什地区财政改革发展与实践专题培训班,以及上海财经大学对口支援云南省元阳县的中青年干部培训班等。

### 三、本专科专业设置

1954年9月,夜校部设置会计学、货币与信用专业的本科和专科,同时设工业经济、贸易经济特别班,学员为科级以上的领导干部。1962年和1964年,设置工业会计、工商会计全日制专科,学制2年。1979年,夜校部恢复招收专科生,设有工业经济、工业统计、工业会计、商业会计、财政、金融6个专科。1982年,设置基建财务与信用专科。1983年,增设会计学专业本科。1986年,增设金融学专业本科。1987年,增设工业经济管理、财政、统计学专业本科。1988年,设置国际金融、投资经济管理、保险3个专科。1990年,增设国际贸易、贸易经济专科。1992年,增设专科起点的本科会计学专业。1993年,增设市场营销学专科;增设第二专科,招收具有大专学历以上的在职职工。同年,举办全日制双招班,即学生毕业后获大专文凭,由委托培养单位负责安排工作。1994年,增设计算机信息管理、房地产经营管理、涉外会计专科。1995年,增设金融、货币银行学、证券期货专修科。1997年,增设货币银行学专业本科;增设物业管理专科;取消涉外会计专科。1999年,增设会计学专科脱产班;取消物业管理、贸易经济专科。2000年,增设会计学本科脱产班;增设会计学、金融学、工商管理学专业专升本;增设工商管理、经济法和商务秘书专科。2002年,取消商务秘书专科。2005年,增设保险学专业专升本;取消计算机信息管理专科。2007年,增设投资学、物流管理专业专升本。2011年,增设国际商务专业专升本、会计学专业(会计师方向)专升本和会计学专业(注册会计师方向)专升本。2015年,增设人力资源管理、行政管理专业专升本。至2017年初,设置的高中起点本科专业有:会计学、金融学;设置的专升本专业有:会计学、会计学(会计师方向)、会计学(注册会计师方向)、金融学、工商管理、投资学、物流管理、国际商务、人力资源管理、行政管理。

### 四、函授站专业设置

夜校部函授成人教育始于1957年在南京设立的函授站,是上海解放后第一批招收函授生的学校之一,招收工业会计专门化学员75人。1966年,函授教育遭"文化大革命"破坏而停办。1985年7月,经财政部批准,学校恢复函授部,举办函授学历教育。1985—2003年,在福州、莆田、合肥、芜湖、无锡、宣城、江阴、太原、海口、玉溪、上海、吴江、大理、峨山、易门、贵阳、常德、郑州、呼和浩特、南昌、深圳、益阳等地先后设置会计学专科;1985年,与中国人民建设银行安徽省分行合作,设置基建财务与信用专科;1985—1991年,在济南、烟台、青岛、潍坊等地先后设置财政税收专科;1988年,在南京设置工业会计专科;1988—1991年,在青岛、潍坊、济南等地先后设置财务会计专科;1993年,受江苏省金坛县和武进县人事局、常州市计委委托,培养第二专科涉外会计专业,在南通和常州增设国际金融专科;1993—2000年,在南通、常州、海口、兰州、江阴、嘉兴等地先后设置金融学专科;

2001年,在海南、兰州增设证券投资专科;在兰州增设计算机信息管理专科;2003年,在大理增设工商管理专科。2006年,各函授点全部招收会计学专科生。

1988年招收一届财务税收专科生。1992年招收涉外会计第二专科生,1995年停招。1993年招收国际金融专科生,1994年后停招。货币银行学专科1993年和1994年招生,1995年后停招。证券投资学专科2001年招生,2002年后停招。1994年设置函授会计学专科升本科。1993年设置财政税收专科升本科,该专业1994年后停招。2000年设置金融学专科升本科。2010年停招函授,2012年产生了最后一届函授毕业生。

### 五、自学考试专业设置

1981年6月,上海市人民政府批准上海市高等教育自学考试暂行办法(沪府发〔1981〕118号),上海市高等教育自学考试委员会(以下简称"市自考委")公布五所院校试行高等教育自学考试制度,指定上海财经学院作为会计学专修科的自学考试主考高校。同年11月,经市自考委同意,学院对外公布会计学专修科自学考试简章,提供考试大纲和教材,首次举行会计学专修科自学考试。同年12月,在《关于举办高等教育会计学专修科自学考试的情况报告》中,学校向财政部人事教育司提出建立自学考试办公室的组织机构,自学考试办公室和夜大学合署办公。1983年5月,增设统计学、商业经济专业专科自学考试;1986年,上海市物价局、财政局委托上海财经大学举办价格学、财政学专业自学考试。1987年上半年,学校增设价格学专业专科自学考试,下半年增设财政学专业专科自学考试。1989年4月,市自考委同意从1989年下半年增设会计学、统计学专业本科自学考试;对会计学、财政学专科专业考试计划的个别课程设置与学分进行调整。1990年上半年,学校增设税收学专业本科、专科自学考试。2004年4月,全国高等教育自学考试委员会和国家统计局联合发文,增设调查与分析专业和调查分析证书考试。2005年5月,市自考委、上海市统计局同意在上海市开考调查与分析、市场营销专业,并遴选上海财经大学为主考单位。2005年10月,自学考试调查与分析、市场营销专业(独立本科段)首次开考。2007年4月,上海市自考委同意上海财经大学作为采购与供应管理(专科、独立本科段)的主考学校,同年10月,采购与供应管理(专科、独立本科段)首次开考。为了提升本市高等教育自学考试质量,2016年,上海市教育考试院将上海市各高校开考的自考专业分为优势专业、常规专业和预警专业三类。上海财经大学的会计(独立本科段)专业被列入优势专业。2016年起,调查与分析专业(独立本科段)停考。截至2016年12月,已举行69次高等教育自学考试,在籍电子注册考生11万余人。

### 六、毕业生

1950—1958年,夜校部专科毕业生6 647人;1960—1966年因资料不全不详。1982—2016年,毕业生48 584人,其中夜大学毕业生34 555人,函授毕业生14 029人;1985—2016年,自学考试专科毕业生19 561人;1991—2016年,自学考试本科毕业生15 277人,其中10 237人获成人高等教育管理学或经济学学士学位。

# 第十七章 国际从业资格教育学院

## 第一节 发展概况

2001年5月,学校成立国际从业资格教育学院。2001年12月底,学校对有关院系举办的会计、保险、保险精算、国际项目管理等国际从业资格认证项目进行整合,统一归国际从业资格教育学院管理。2002年4月21日,美国意外险精算学会(CAS)在学院设立北美财产险精算考试中心。2003年,学院增设上财—瑞士精算资料中心。2002年4月至2011年12月,学院下设考试中心、精算研究中心及精算资料中心,拥有16个认证考试项目。2011年,学院协同继续教育学院开展工作。

2001年5月至2006年3月,谢志刚任院长。2006年3月起,粟芳任院长;2013年10月起,门峰任院长;2017年3月起,谭予絮任院长。

## 第二节 国际从业资格考试项目

学院的国际从业资格考试项目主要有英国公认会计师公会(Association of Chartered Certified Accountants,ACCA)项目、加拿大注册会计师协会(Certified General Accountants Association of Canada,CGA)项目、澳大利亚注册会计师公会(Chartered Professional Accounting Australia,CPA Australia)项目、英国特许管理会计师公会(Chartered Institute of Management Accountant,CIMA)项目、美国财产意外险学会(American Institute for CPCU and Insurance Institute of America,CPCU)项目、英国精算学会(The Faculty and Institute of Actuaries,FOA & IOA)项目、美国寿险管理师学会(Life Office Management Association,LOMA)项目、英国皇家特许保险学会(Chartered Insurance Institute,CII)项目、国际项目管理专业资质证书(International Project Management Professional,IPMP)项目、美国意外险精算学会(Casualty Actuarial Society,CAS)项目等。

2001—2006年学院开展的各类考试项目参见第十篇第三章第三节有关内容。

2007年学院共举办英国精算学会(IOA)、英国皇家特许保险学会(CII)、美国意外险精算学会(CAS)及美国财产与意外学会(CPCU)的考试100场次,共有937人次参加了考试;2008年共举办42场,393人次参加了考试。

2009—2010年,学院共举办英国精算学会(IOA)、英国皇家特许保险学会(CII)、美国意外险精算学会(CAS)、美国财产与意外险学会(CPCU)、企业风险管理师(CERM)职业资格、美国注册财务策划师(IFM)和中国总会计师(CFO)资质水平测试认证等国内外项目的考试共198场,共有1 355人次参加。在以考试为中心工作的同时,还开展各种以从业资格认证为依托的高端培训。其中,开展英国精算学会(IOA)和美国意外险学会(CAS)联合举办的职业资格培训和专业培训、各保险公司从业人员的岗前培训、保险中介从业人员的继续教育、银行从业人员资格培训及总会计师职业资格认证培训等项目,共有1334人次参加培训。

2011年,学院为英国精算学会(IOA)、英国皇家特许保险学会(CII)、美国意外险精算学会(CAS)等举办考试81场,428人次参加考试;举办中国总会计师(CFO)资质水平测试认证、中国税务会计师(CTAC)认证等考试6场,184人次参加考试;举办中国总会计师(CFO)培训班两期,培训学员190人;为安复仕软件开发(上海)有限公司IT人员培训保险专业知识等。

2012年,学院举办英国精算学会(IOA)、英国皇家特许保险学会(CII)、美国意外险精算学会(CAS)等国际从业资格考试450人次;中国总会计师(CFO)资质水平测试认证、中国税务会计师(CTAC)认证等国内从业资格认证考试213人次。首次成功举办特许金融分析师(CFA)培训项目,第一期共有40人参加培训班的学习,并同步实现了网络在线课程;成功举办亚太风险与危机管理协会的注册风险管理师(CERM)培训项目,近50人次参加培训。常规项目有财务总监(CFO)项目、税务会计师(CTAC)项目等,超过210人次参加培训。学院继续为安复仕软件开发(上海)有限公司IT人员进行授课。

2013年,学院举办英国精算学会(IOA)、英国皇家特许保险学会(CII)、美国意外险精算学会(CAS)等国际从业资格考试469人次;中国总会计师(CFO)资质水平测试认证、中国税务会计师(CTAC)认证等国内从业资格认证考试126人次。首次成功举办中英剑桥高级财务总监第一期培训班,招生11人。常规培训项目有:中国总会计师(CFO)资质水平测试认证第九期56人、中国税务会计师(CTAC)认证2期培训班超过70人、特许金融分析师(CFA)培训项目第2~3期培训班超过105人、注册风险管理师(CERM)培训项目4期培训超过110人等,共计341人次参加培训。学院继续为安复仕软件开发(上海)有限公司IT人员进行授课。

2014年,学院举办英国皇家特许保险学会(CII)、美国意外险精算学会(CAS)、中国总会计师(CFO)资质水平测试认证等国际、国内从业资格考试467人次。主要培训项目有英国特许公认会计师公会(ACCA)培训项目735人、中国总会计师(CFO)资质水平测试认证第10期24人、特许金融分析师(CFA)培训项目224人、注册风险管理师(CERM)培训项目65人等。学院继续为安复仕软件开发(上海)有限公司IT人员进行授课。

2015年,学院举办英国皇家特许保险学会(CII)、美国意外险精算学会(CAS)、中国总会计师(CFO)资质水平测试认证等国际、国内从业资格考试192人次。主要培训项目有英国特许公认会计师公会(ACCA)培训项目357人、特许金融分析师(CFA)培训项目250人等。学院继续举办企业内训项目,为IBM公司中层管理人员进行授课。

2016年,学院举办英国皇家特许保险学会(CII)、美国意外险精算学会(CAS)、国际从业资格考试193人次。学院举办主要培训项目有:英国特许公认会计师公会(ACCA)培训项目830人、特许金融分析师(CFA)培训项目150人等。

## 第三节 科学研究与对外交流

### 一、科学研究

1998年,创办上海保险学会精算专业委员会的会刊《精算通讯》。并将1997—2008年各期《精算通讯》汇编为《中国精算进展》，由上海科教出版社出版。编译出版《英国精算实务标准》《机动车保险及费率制度》《寿险公司财务管理》等教材。其中《寿险公司财务管理》为中国人身保险从业人员资格考试教材，并作为长期项目，每年研发、更新。学院教师还参与中国保监会一系列应用研究类课题，如参与制定《保险公司非寿险业务准备金管理办法（试行）》（保监发〔2004〕13号），编写保险公司非寿险业务准备金管理办法的《实务指南》，编写中国保监会非寿险精算师资格考试教材《非寿险责任准备金评估》；承担中国保监会课题"保险公司风险资本额（RBC）报告制度研究"；参与欧盟资助中国保监会的课题 Europe Aid 112901/C/SV/CN（EU-China Financial Services Cooperation：Policy Advice on Regulatory Experience on the Insurer's Solvency Margin in Development Countries），完成"保险公司偿付能力风险预警指标系统设计"等。

## 二、对外交流

2004年9月，学院承办中澳国际非寿险精算研讨会。澳大利亚保险学会的理事弗雷德·洛维利（Fred Rowely）为保险精算专业的研究生和教师讲授澳大利亚精算内控系统。学院每年召开英国精算颁证仪式暨精算专题讲座，以及英国精算师职业课程授课。每年邀请国际及港台专家、学者来学校进行讲学、交流。已应邀来访的专家有英国精算学会前主席及1997年后的各任主席、英国政府前首席精算师克里斯·戴金（Chris Daykin）先生、各任SOA前主席及加拿大滑铁卢大学精算教授哈里·潘尼尔（Harry Panjer）、香港精算学会前主席陆健瑜、台湾精算学会前主席罗文浩、台湾政治大学张士杰、英国邱吉尔保险公司刘延平等。

2011年，学院组织来自美国普渡（Purdue）大学克兰纳特（Krannert）管理学院、荷兰蒂尔堡（Tilburg）大学 IiasNimbas 商学院、德国GISMA商学院和匈牙利欧洲中央大学CEU商学院等国外商学院41名EMBA师生来沪开展来华游学。

2012年10月，来自美国普渡（Purdue）大学克兰纳特（Krannert）管理学院、荷兰蒂尔堡（Tilburg）大学 TiasNimbas 商学院、德国GISMA商学院和匈牙利欧洲中央大学CEU商学院四所院校的40名EMBA师生，参加了由学院组织的"上海实习项目"的学习。

2013年，学院积极参加了日本OLIS组织《日本人寿保险销售的现状与课题》的英文研讨会。为落实教育部《香港与内地高等学校关于进一步深化交流与合作意向书》相关内容，学院大力拓展香港高校师生内地交流项目，实施2013年香港与内地高校师生交流计划，成功举办香港浸会大学传理学院、香港教育学院的师生交流活动，并上报教育部在2014年1月初举行香港教育学院亚洲及政策研究系师生交流项目。

2014年，学院实施2014年香港与内地高校师生交流计划，成功举办了香港岭南大学、香港浸会大学和香港教育学院亚洲及政策研究系的师生交流活动。

## 三、境外培训

2006年，学院拓展以国际从业资格认证项目为依托的境外高级管理人才培训。2006—2007年，共进行两期日本OLIS培训，为来自15家保险公司的80名高级管理干部进行专业培训。2008年除完成第三期日本OLIS培训外，还积极拓展其他境外培训渠道。2009—2010年，完成两期的OLIS研讨会，共有10余家保险公司的70名高管参加了研讨。与英国皇家特许保险学会（CII）合作,开展保险公司高管2009年与2010年英国培训,在英国培训期间,参观了英国劳合社、CII和瑞士再保险公司伦敦分公司,共有三家公司的29名高管参加了培训。与美国圣约翰大学合作,开展2010年美加保险高管培训,还参访了美国人寿保险公司、加拿大宏利保险集团公司,共有9名高管参加了培训。2013年,学院设计了保险高管的境外培训项目,包括日本、美加、英法和澳新的多个项目,并顺利完成了日本OLIS项目的境外培训工作。

# 第十八章　国际教育学院

## 第一节　发展概况

国际教育学院的前身是留学预科学院,成立于2004年12月。2007年4月,经学校批准,改称国际教育学院。它是由国家留学基金管理委员会留学预科学院与上海财经大学合作创办的一所从事国外知名高等院校预科教育、学术英语及桥课程培养等跨境教育项目的二级学院;是教育部留学服务中心SQA HND项目首批授权院校,教育部留学服务中心华东地区首家战略合作伙伴,教育部考试中心雅思、托福、GRE等考试授权考点,教育部出国留学培训与研究中心及中国教育国际交流协会会员单位。

截至2017年3月,学院在校生规模953人,其中美国大学本科预科项目("1+3")61人、英澳新项目("2+2")338人、英国高等教育文凭项目("3+1")554人。从2006年第一批毕业生起,学院已累计培养超过3 500名学生。目前学院与英、美、澳、新、加、法6个国家建立了合作关系,其中包括英国考文垂大学等40多所"3+1"项目合作院校,美国明尼苏达大学、佩斯大学等7所"1+3"项目合作院校,加拿大约克大学、法国SKEMA商学院、澳大利亚西澳大学等18所"2+2"项目合作院校,美国德州大学达拉斯分校、澳大利亚纽卡斯尔大学等9所硕士预科项目合作院校。目前学院教职员工74人,其中专业教师15人(90%为海归硕士或博士)、语言教师8人、外籍教师6人。

学院设有专业教师办公室、语言教研中心、教学管理和课程建设办公室、招生办公室、学生服务中心、资产保障办公室、海外考试中心、学院办公室、国际交流与合作中心、信息与数据办公室、EDP中心共11个部门。2007年起,叶朱任院长;2014年12月起,钱玲任院长;2016年4月起,冯润民任院长;2007年至今,林华任副院长。

## 第二节　教　　学

### 一、教学项目

(一)英国高等教育文凭(HND)项目

该项目是中国留学服务中心(CSCSE)和苏格兰政府资格监管局(SQA)在中国大陆开展高等教育文凭HND(Higher National Diploma)的教学项目。该项目设有国际商务、国际理财、商务会计、国际营销等专业,引进全套国外教学模式和评估体系,使用英文原版教材授课。学生在国内接受三年预科教育,达到相关语言要求和专业课水平,可赴英国、澳大利亚、荷兰、马来西亚等国继续攻读学士学位。

### (二) 法国高等商科硕士预科项目

该项目由国家留学基金管理委员会留学预科学院(FCCSC)和法国商校联盟(Universal)共同设计开发,在国内的预科课程分为英语类、法语类和专业类课程,针对高中毕业生采用"3+2"留学模式,即3年在国内进行预科教育,2年在法国高等商学院学习,学生毕业后可获得法国院校颁发的中国、法国教育部认可的管理学硕士学位(Master of Science and Management)。

### (三) 荷兰阿姆斯特丹商学院MBA预科项目

该项目针对本科毕业生或优秀的专科生,学生通过一年的预科学习,达到相应的雅思要求,并通过专业课程(国际商务、营销学、会计学、公司财务、沟通技巧)的考核,即可赴阿姆斯特丹商学院继续攻读12~15个月,获得MBA硕士学位。

### (四) 荷兰海牙大学会计与财务监控(MAAC)硕士预科项目

该项目与荷兰海牙大学合作开发,招收相关专业大学毕业生在国内完成一年的预科学习,通过语言关和课程考核后,赴海牙大学攻读MAAC硕士学位。

### (五) 瑞典厄勒布鲁大学经济学计量经济学国际硕士预科项目

该项目与瑞典厄勒布鲁大学合作开发,招收有经济学学术背景的优秀本科毕业生。学生在上海财经大学国际教育学院学习半年至一年,获得合格的托福成绩,并通过严格的专业课评审,可赴瑞典厄勒布鲁大学继续学习两年,获得经济学硕士学位。

### (六) 瑞典厄勒布鲁大学应用统计学硕士预科项目

该项目与瑞典厄勒布鲁大学合作开发,招收有统计学学术背景的优秀本科毕业生。学生在上海财经大学国际教育学院学习一年,达到相关语言要求,并通过严格的专业课评审,可赴瑞典厄勒布鲁大学继续攻读硕士学位。

### (七) 国际管理硕士预科项目

该项目由国家留学基金管理委员会留学预科学院(FCCSC)与国际商校联盟(International Partnership of Business Schools)共同设计开发。经外方挑选后的学生在国内进行为期一年的英语语言及商科专业基础知识学习,成绩合格并经面试后赴国际商校联盟学校攻读一年的硕士学位。国际管理硕士国内预科阶段的课程包括英语语言培训、统计学、商务企业、商务决策、商法和硕士论文写作指导等。

### (八) 英、法商科硕士预科项目

该项目与英国牛津布鲁克斯大学、布鲁内尔大学、梯赛德大学、格林威治大学等英国著名高校以及法国昂日高等商学院共同设计开发。国内预科课程设置分为英语语言培训、商科专业课程、欧洲文化背景知识讲座及签证准备共三个阶段。专业课含商务沟通技巧、市场营销、基础会计、国际商务、计算机应用技巧等;采用英文原版教材,全英语教学。

## （九）英澳新大学本科项目

该项目的前身是英国赫瑞·瓦特大学管理项目，是携手英国、澳大利亚、新西兰3国多所世界名校为优秀高中毕业生设计的大学本科项目。目前该项目开设有商务与管理方向，可衔接国外大学金融、经济学、会计、市场营销、管理等热门专业。合作院校包括英国考文垂大学、赫瑞·瓦特大学、班戈大学，澳大利亚西澳大学、纽卡斯尔大学，新西兰惠灵顿维多利亚大学等世界知名院校。学生在上海财经大学国际教育学院学习两年，达到相关语言要求，可赴英、澳、新等国继续攻读学士学位。

## （十）美国大学本科项目

该项目与美国明尼苏达大学莫瑞斯分校等美国院校合作开发，学生在上海财经大学国际教育学院学习一年，达到相关语言要求，可赴美国继续攻读学士学位。

## 二、学生培养

2004年12月至2007年12月，学院共培养207人，出国留学占90%以上。2007—2008年，在校生近800人。2009—2010年，在校生900多人。2011年，在校生755人。2012年，在校生700人。2013年，在校生746人。2014年，在校生774人。2015年，在校生944人。2016年，在校生1 000余人。截至2017年3月，在校生953人。

# 第三节　对　外　交　流

2008年开始，学院频繁与国外大学和机构进行项目合作交流，力求在开发新项目与完善已有项目等方面有更大的突破。学院与法国兰斯商学院、英国赫瑞瓦特大学、英国阿尔斯特大学、英国南安普顿大学、英国布鲁内尔大学、加拿大乔治布朗学院、澳大利亚ACU国立大学、澳大利亚卧龙岗大学、澳大利亚悉尼大学、荷兰海牙大学、瑞典厄勒布鲁大学和英国SQA、美国明尼苏达大学、美国加州大学（河岸分校）和英国爱丁堡特尔福德学院、加拿大拉瓦尔大学、爱尔兰都柏林大学和澳大利亚纽卡斯尔大学等院校或机构签署了合作协议；并在2013年实现本科学分豁免项目（英、澳、新大学本科项目）成功落地，同时拓展了美国方向的合作院校和合作项目：（1）与美国田纳西大学签署合作协议，合作开展美国大学本科预科项目；（2）美国方向硕士预科项目进一步完善，首批伊利诺伊理工大学硕士预科项目学生于2013年8月赴美留学。

2014年，学院与美国威斯康星大学河瀑分校、英国赫尔大学、美国瑞德大学等9所院校签署了合作协议。其中包含已有项目的合作院校拓展（主要针对美国大学本科预科项目和英澳新大学本科项目），也包含已有项目新的升学路径拓展（主要针对英国高等教育文凭项目美国方向），还包含新的硕士层面的学分豁免项目（美国瑞德大学硕士预科项目）。

2015年，学院重点拓展世界排名前列的院校，分别与澳大利亚西澳大学签署了"2+2"本科合作项目；与澳大利亚国立大学预科达成签约意向。与美国德州大学达拉斯分校Jindal管理学院达成硕士预科签约意向。

2016年，学院与20余所海外院校或机构进行了意向洽谈和合作沟通，并与其中13所院校或机构完成了签约工作，签约院校层次进一步提升，如澳大利亚国立大学、蒙纳士大学，美国达拉斯德克萨斯大学管理学院、佩斯大学鲁宾商学院及其会计系，加拿大约克大学等。

# 第十九章 创 业 学 院

## 第一节 发 展 概 况

上海财经大学创业学院于2015年7月15日揭牌成立。作为学校综合体制改革试点,学院主要依托国际工商管理学院师资和学科力量,同时整合教务处、团委、合发处以及科技园等校内资源与广大校友和企业家等外部资源。学院定位是一所高起点、高水平、精品化、重实践的学院,使命是培育全校学生的创业创新精神,为国家创新驱动战略提供人才保障和智力支持;愿景是建设成为具有鲜明财经特色、具有国内外影响力的服务业创新创业人才培养基地和研究高地。

学院面向全校学生开设创业通识课程、大学生创业创新计划训练、创业创新大讲堂、创业大赛、创业咖啡等活动。同时,吸收部分有强烈创业意愿的学员进入"匡时班",在提供独具财经特色的创业模块课程基础上,通过企业导师团的辅导,创业实验室众创空间的创业机会检验,创业资金的培育孵化以及创业媒体的助推放大,有针对性地强化培养部分有强烈创业意愿的同学成为中国大学生创业的引领者。

### 一、组织架构

学院构建"三层保障体系":成立创新创业教育工作推动领导小组、创新创业教学指导委员会(以下简称"教指委")、学院顾问委员会。创新创业教育工作推动领导小组由校长樊丽明担任组长,学生就业指导中心、教务处、研究生院、学生处、合作发展处、团委等部门负责人参与,以推动学校创新创业教育发展并商讨创业学院各项工作事宜,已召开4次工作会议。教指委主任由副校长刘兰娟担任,委员为教务处、研究生院、发展规划处、研究室、合发处、科技园、团委等各部门负责人,旨在对创新创业人才培养方案、培养质量、培养标准进行审核督导,推动各项措施落实到位,已召开3次工作会议。学院顾问委员会由校领导和社会、企业界知名人士组成,如上海市副市长周禹鹏、阿里巴巴CEO张勇等,充分发挥学校与企业资源、信息共享优势,为学院的发展献计献策。

### 二、学院领导

2015年7月至今,学院名誉院长为厉无畏,顾问委员会联席主席为樊丽明,院长为刘兰娟,执行副院长为刘志阳。

## 第二节 教学与创业服务

### 一、师资队伍

学院主要依托国际工商管理学院师资，开设相关创业类课程，并坚持每年派出教师前往美国百森商学院参加创业学师资培训。师资队伍主要由教师和导师两部分组成。导师队伍主要来自企业高级管理层，创业学院共聘请了60余位资深的校内外创业导师，如冠生园集团总经理万黎峻，原阿里巴巴副总、优联资本董事长王孝华，东方财富网创始人其实，北极光创投董事总经理姜皓天，复星集团副总裁钱建农等诸多具有丰富经验的企业家、风险投资人和资深教授，实行多种多样的教学方式开拓学员的创新思维，打磨学员创新创业能力，为上财"服务＋"创新创业人才培养奠定基础。

### 二、课程建设

学院从财经院校的特点入手，以《2016年上海高校本科重点教学改革项目》为抓手，制定了《上海财经大学创新创业型人才培养方案》和《上海财经大学创业学院"匡时班"培养方案》，不断完善学校创新创业型人才培养模式。匡时班采取小班集中教学和训练方式，课程全部纳入学分制管理，共13个学分，包含2学分的通识教育课程、5学分的创新创业必修课程、4学分的选修课程（其中包括2学分的限定选修课和2学分的选修课程）和2学分的实践课程。学院借鉴国内外先进成熟的课程及教材，加大自主教材建设。2015年校长樊丽明牵头编纂的《当代中国创新创业前沿丛书》入选"十三五"国家重点图书，第一辑4本教材《创业管理》《创业修炼》《"服务＋"创业型人才培养——上海财经大学创业企业案例集》《初创企业风险管理》已出版。在教学管理上，学院建立了匡时班学员与全校创业型人才个性化培养学分积累与转换制度，通过修读13学分的创业课程和创业实践获得创业结业证书。同时，学院开发多元的教学发展模式，引入在线课程、翻转课堂等理念，"创业学"入选上海市精品在线课程。

### 三、创业服务

学院提供"五项创业服务"：充足的创客空间、一定的创业孵化资金、贴近创业实际的创业课程、企业家导师的专项辅导以及创业媒体的助推宣传。举办各类创新创业活动，已举办24期创客星期五、4期创业诊所、4期创新思维工作坊、5场创客集市、8场创新创业大讲堂，为创业者们创造浓厚的创业氛围，打造创新创业展示平台，同时帮助创业者们提升决策智慧、突破管理"瓶颈"、解决现实问题、集聚校内外资源。

学院每年举办各种创新创业大赛，如主办全国财经院校创新创业大赛，共有近千人参赛；举办"冠生园杯"上海财经大学创新创业大赛，全校师生广泛参与；校外选送优秀项目参加"挑战杯"创业大赛。学院对获得创新创业活动奖项的学生予以加分，更提供创客空间优先入驻、创业基金资助、创业导师辅导等多方面的奖励机制。

学院积极与社会各界对接，充分借助校内外资源，开展校政合作、校企合作、校校合作，围绕创新创业开展系列特色活动,建立高校领先的"创业＋创新＋创投＋创课"生态链。学院与虹口区人民政府建立合作关系,联手建立虹口社区创业学院,同时开展众创空间共建合作;与杨浦区人民政府五角场街道签署《创新创业合作框架协议》;与杨浦科创中心共建的基地入选上海市高校创新创业实践基地。学院积极与企业合作,建立了冠生园集团、创客大爆炸、沪江网蚂蚁空间3个创业实践基地;与台湾工业技术研究院达成合作意向,共同为创业者提供一系列创业资讯服务和企业孵化服务;与上海市静安区金融办、东方教育集团等达成合作意向。学院成功当选中国校企协同产学研创新联盟常务理事单位,标志产教融合和创新创业教育工作迈上新台阶;与十余家企业合作开展创新创业教育工作。学院还通过全国财经院校创新创业协作组、上海市高校创新创业教育联盟,与各成员单位合作开展各项创新创业教育工作;与剑桥大学、德国法兰克福大学、法兰克福财经管理大学、瑞士西北应用科技大学等建立联系,为今后的合作奠定了基础。

在条件保障方面,学院为学生提供3 000多平方米的宽敞空间作为学生创业基地,其中创客空间近400平方米,大型路演会场400多平方米,大型会议室6间,学生独立创业办公室8间。经费方面,学院联合校外资本,共同搭建大学生创业企业融资服务平台,多渠道引入社会各种风险投资基金帮助学生项目孵化。2015年成立的公益天使基金——"醉学创业资金"已资助学生项目3批。2016年成立"经佳创新创业奖学金",主要用于奖励学生创新创业研究成果。

## 第三节  创新创业成效

### 一、培养创新创业人才

学院"匡时班"开设于2015年7月,迄今两期学员共99名。"匡时班"张思雨同学创办的"精通创服",聚焦于初创企业的品牌建设,已服务300多家大学生企业,成为双创服务的典型。张思雨同学获评2016全球创业周上海"30位30岁以下青年创客"称号。曹一纯同学创立的"E电充"项目已与多家新能源汽车厂商合作,通过共享经济打造停车充电领域的Uber。该项目已经成为上海市新能源充电桩的排头兵,估值达到1亿元,成为新时期共享经济的典型代表。曹一纯同学亦受聘为KAB全国创业导师。在读期间曾参与"挑战杯"创新创业训练项目的校友张勇,已出任阿里巴巴集团CEO;校友陈敏创立的"途虎养车网"已成为中国最大的汽车后市场B2C电商平台;校友肖逵创办的"运去哪"已进入2015中国B2B企业品牌影响力百强榜。截至2017年3月,在学校科技园登记过的校友创业企业近200家。

### 二、打造创新创业项目

"匡时班"一期创业项目37个,32％的项目已经注册。获得国家级奖项1项、市级奖项8项。二期项目40个,获得国家级奖项2项、市级奖项3项。"匡时班"两期学生创业项目都有非常明显的"服务＋"特色,如"服务＋金融"的"挂科险""量化交易平台"项目、"服务＋文创"的"牙谷剧社"、"服务＋社会服务业"的"纸绘生活"项目等。2015年,学生项目获"创青春"国家银奖铜奖各1项,上海市金奖1项、银奖3项、铜奖4项;"三创赛"全国一等奖2项,上海市特等奖1项、一等奖2项、二等奖3项,"互联网＋"大赛上海市三等奖1项(入围国赛)。2016年,"E电充""挂科险"类保险服务家、"子归"团聚计划等"匡时班"学员项目获得国家级奖项9项,上海市级奖项十余项。

### 三、推动高校综合教育体制改革

创新创业教育为高校综合体制改革积累了许多经验,如资金外部化,募得相当数量的外部资金捐赠;师资共享化,打通校内外师资、导师共享,建立双导师制;科研模块化,统筹活动、讲座与研究,使之形成可分解与整合的有效系统;成果媒体化,获得主流媒体报道200余次,取得良好的媒体效应;创院品牌化,结合校情,打造有鲜明财经特色的创业学院和创新创业教育体系。

学校的创新创业教育得到上级部门的认可:2008年获批教育部创业创新人才培养实验区、2016年7月获得教育部创新创业典型经验高校(50强)、2015年5月获批上海高校实践育人创新创业基地、2016年9月获批上海市"服务+"创业实践基地、2016年1月被评为上海市创新创业教育宣传示范基地、2016年5月获上海市青年中心"梦创工坊"等荣誉称号。

# 第二十章　历史上设置过的教学单位

## 第一节　工业品商品系

工业品商品系是由生产资料商品系与日用工业品商品系于1962年8月合并而成的。1960年9月,上海财经学院重建时,设有生产资料商品系(下设电工器材商品、五金机械商品、交通与农机商品3个专业)和日用工业品商品系(下设针纺织品商品、百货文化用品2个专业)。1961年7月,学院商品专业由5个调整为3个,即电工商品、机械商品和纺织品商品。工业品商品系设有上述3个商品专业,直至1972年4月学院被撤销。

工业品商品系成立之初,系主任为徐翰章,是原日用工业品商品系主任兼党支部书记;副主任为陈兆信,是原生产资料商品系副主任。1963年1月,学院的饮食服务系撤销,副主任李志远调任工业品商品系副主任;8月下旬,学院党委因工作需要调徐翰章任院长办公室副主任。1965年春,系实验室主任林步黎升任系副主任。

工业品商品系建有电工、机械、针纺织、化学、物理5个教研组,化学、物理、电工、机械、纺织品5个实验室,以及3个商品陈列室。1963年12月,计有学生248人,教师38人,实验员14人,设备40余万元。1964年底设备总金额估算为52万元左右。1965年9月,计有教师46人,实验员16人,实验室建筑总面积为1670平方米。

## 第二节　高 等 专 科 部

1992年8月,学校扩大专科教育规模,共招收7个专业480多名学生,其中上海自费生310余名、委培生130余名,专科教学活动集中在中山北一路校区。为了加强对自费生的教学管理和学生管理,校党政班子经研究,决定成立高等专科教学部(后改称高等专科部,简称高专部),并列为学校教学改革试验区。9月14日,学校党委发文同意张次博任部主任。1993年2月20日,学校党委在高专部建立直属党支部,张次博兼任书记。1996年初,学校通过"211工程"部门预审后,明确从当年起,自费专科招生缩减为一个班40人左右,归专业所在系管理。1997年7月,高等专科部在最后一届学生毕业后即终止工作。

高等专科部成立之初,对已有7个专科专业中部分专业名称做了调整,并从上海地区第三产业和外向型经济发展的实际出发,确定设置涉外会计、国际商务、国际金融、市场营销、涉外企业经营管理、金融管理、房地产经营管理、国际商务英语、涉外经济法、计算机信息管理等专科专业(因专科规模的缩减,后2个专业没有招生)。1992年9月24日,高等专科部根据国家教委高教司《关于印发普通高等学校财经类专科教育和法律专科教育四个教学指导文件的通知》的精神,提出《关于制订或修订专科各专业教学计划的意见》。1993年6月,上述10个专科专业的教学计划全部编制完毕。同年9月,高专部汇编印制《上海财经大学专科专业教学计划一览》,在"专科专业学分制教学计划总则"中明确提出专科专业教学计划的指导原则是"强化基础、注重实用、突出涉外"。

1992年11月上旬,高专部拟订《自费专科学生管理的补充规定》,共6部分23条,后经学校批准试行。该规定与学校有关规定的不同点是:(1)试行学分制,实行弹性学习年限;(2)取消补考制度,实行重修制度,即课程考核不及格者必须重读,并按重读课程学分数缴纳相应的学费;(3)少量课程由考试改为考查;(4)课程考试成绩除实际得分外,还要按比例评定相应的等级,其中考试课程为A(优秀)、B(良好)、C(中等)、D(及格)、F(不及格)5级,考查为P(合格)、F(不合格)2级;(5)确立激励机制,包括在德、体合格的前提下按平均学分绩点评定奖学金等级的制度、单项奖励制度和优秀专科生选拔培养制度。1992年9月至1997年7月的5年时间里,高专部培养4届专科生共1 186人,其中如期毕业1 094人,延期毕业23人,结业1人,升入本科继续学习68人;共发展专科生新党员31人,其中1992级5人、1993级4人、1994级10人、1995级12人,预备党员转正4人。

1993年9月起,学校在长寿路上海纺织职工大学建立高专部沪西分部,当年扩招的74名专科生在分部上课。1996年7月,高专部95级学生回归中山北一路校区,沪西分部撤销。

高等专科部内部不设科,只设教学管理、学生管理、行政管理3种岗位,按岗位配备素质较好的干部。1993年底,在校专科生近千人,高专部在岗管理干部仅5人(不包括部主任),另聘用1名退休干部。1992年11月中旬,高专部开始不定期编印《高专简报》,向校党政领导报告情况,向有关职能部门和各系(部、室)传递专科教育信息,截至1997年7月中旬,共编印35期。

## 第三节 马列主义教研室·思想理论部

1950年上海财政经济学院更名初期,学院开始开设马列主义课程"社会发展史",由华东局宣传部部长徐伦、虹口区委书记兼区长张勉讲授,华东军区文工团演出《白毛女》等配合课堂教学。1951年上半年,学院成立以姚耐为主任委员、许本怡和袁孟超为副主任委员的政治教学委员会,下设教研组,袁孟超为主任;开设的政治教育课程除"社会发展史"外,还有新民主主义论、政治经济学、政治讲座,副院长姚耐亲自讲授"社会发展史"。

根据教育部关于全国高校开设系统的政治理论课程的要求,学校于1950年10月和1951年10月先后派遣吕芳举和张有年、朱什耀3名青年教师去中国人民大学分别学习政治经济学、中国革命史和马克思主义基础(联共布党史)3门政治理论课程,回校后开课讲授。

1952年高校院系调整后,政治理论教研组更名为马列主义教研组,仍由袁孟超任主任,分两个教学小组分别讲授"中国革命史"和"马克思主义基础","政治经济学"的教学划出独立成立教研组,卓如任主任。1956年学院分设中国革命史和马克思主义基础两个教研组,张有年、朱士耀分别任主任,"马克思主义基础(联共布党史)"不久改为"马克思主义哲学原理"。1957年初高校政治理论课全部停开,只开设一门"社会主义教育",以《关于正确处理人民内部矛盾的问题》为教学主要内容。

1960年上海财经学院重建,重新成立马列主义教研室,党委宣传部长杨昭伦兼任主任,副主任为张宏芳,下设政治经济学、中共党史、哲学3个教研组。1972年学院撤销,马列主义教研室的教师分别调至全市有关高校。

1978年上海财经学院复校以后,马列主义教研室重新成立,张淑智任主任。当时马列主义教研室共有教师13人,恢复讲授政治经济学、马克思主义哲学和中国革命史3门课程。1980年,政治经济学课程划出马列主义教研室,纳入经济学系。1982年4月,张有年任主任。1983年4月,学校成立德育教研室,党委副书记张婉如兼任主任;1984年12月,张斌任主任,先后开设人生哲学、法律基础、财经伦理、成才修养、形势与政策等课程。

1985年,根据改革开放后召开的第一次高校马列主义理论课座谈会的要求,学院增设中国社会主义建设课程,并自编教材。同年,根据中央领导的意见,又增设世界政治和国际关系课程。直至1991年,马列主义教研室承担开设的政治理论课程有马克思主义哲学、中国革命史、中国社会主义建设、当代世界政治与国际关系4门。

1991年6月,马列主义教研室和德育教研室合并,成立思想理论教学部,负责全校的政治理论课程和思想品德教育课程(简称"两课")教学,张有年、陈新汉先后任主任,王鸿生、骆祖望、王晖先后任副主任。思想理论教学部共分3个教研室:中国革命史教研室,开设中国革命和社会主义建设、世界政治与国际关系课程;哲学教研室,开设马克思主义哲学课程;思想品德教研室,开设人生哲学、伦理学、形势与政策3门课程。1994年,思想理论教学部提出并实施"贴近现实、贴近专业、贴近学生思想实际"的"三贴近"教学原则。1996年,被确定为上海高校"两课"重点改革与建设单位。1999年,"三贴近"教学原则获"上海市高校'两课'改革与建设优秀教学方法奖"。

1995年2月,面向全校学生以公共选修课的形式开设"邓小平理论研究"课程,连续开设7个学期,1998年下半年,将邓小平理论概论课程列为全校必修课。

1998年,教育部公布"两课"98教改方案,明确规定高校"两课"教学的课程设置包括邓小平理论、马克思主义原理(包括政治经济学、哲学、科学社会主义等内容)、大学生思想品德修养、法律基础,并将中国革命和社会主义建设调整为毛泽东思想概论,共计5门。思想理论教学部承担"98方案"中的课程是邓小平理论概论、毛泽东思想概论、大学生思想品德修养、马克思主义哲学原理和当代世界经济与政治。同年,学校将"两课"纳入公共课教改方案,实行任课教师挂牌教学,对提高教学质量起到积极作用,"两课"教师在学生评教中取得优良评价。

1998年7月,思想理论教学部以经济人文研究所名义申请到伦理学硕士点,并于同年招收第一批硕士研究生。

2000年6月,学校决定组建人文学院,思想理论教学部作为主要组成部分之一,整体并入人文学院。

## 第四节　普通课教研室·基础课教学部

1960年上海财经学院重建时,即成立普通课教研室(1963年1月修订的《上海财经学院领导体制和组织分工暂行规定》又称共同基础课教研室),隶属教务处管理。1965年5月,学院决定将普通课教研室改名为基础课教研室。基础课教研室下设汉语、外语(1962年9月后分设英语、俄语)、数学、体育4个教研组,承担全院学生的基础课教学。1963年基础课教研室共有教师38人,其中教授3人、讲师7人、教员21人、助教7人。张根生任教研室主任,向哲濬任英语教研组主任,王玉符任俄语教研组主任,副主任为陈永德,赵友良任汉语教研组主任、副主任为黄昌汉,李为仪为数学教研组副主任,王泉汀任体育教研组副主任。基础课教研室开设的课程有汉语、形式逻辑;大一俄语、大二俄语、大三俄语、俄语翻译指导;大一英语、大二英语、大三英语、英语口语;财经类高等数学、商品类高等数学、计算技术；大一体育、大二体育等十余门。这一组织机构和教学格局延续到1966年"文化大革命"开始。1972年上海财经学院撤销，基础课教师调入全市有关高校。

1978年上海财经学院复校之初，设基础课教研室，李志远任主任，林步黎任副主任，下分汉语、外语、高等数学、运筹学、体育5个教研组。

1981年4月，组建基础课教学部，与专业系同级，李志远任主任，林毓霞、何友诚、金会虎、叶子雄先后任副主任，林毓霞任支部书记。下设汉语、外语、数学、体育4个教研室，先后开设文章选读、语法修辞、写作、大学语文、大学英语、大学俄语、高等数学等课程及各类体育课程。1982年6月，数学教研室并入新成立的经济信息管理系。1984年12月，体育教研室升为半处级机构。1991年5月，基础部领导调整，金会虎任主任，谢浩范任副主任，李光治任支部书记。1993年9月，学校成立经贸外语系，汉语教研室并入，基础部撤销。

1995年3月，学校在深化教学改革和学科调整的背景下，重新成立基础课教学部，陈慧玉、俞纪东、魏顺兴为副主任，下设汉语、数学、体育3个教研室。1997年5月起，陈慧玉任主任，袁珊媛、朱迎平、陈晓先后任副主任，罗万钧任支部书记。1997年基础部共有教职工65人，其中教授3人，副教授16人，讲师38人。基础部为本专科学生开设大学语文、经济写作、微积分、线性代数、概率论、公共体育等必修课，另有中国文学概论、外国文学概论、中外文学比较、言语交际学、广告语言、影视艺术、运筹学、武术与欣赏、足球与欣赏等选修课，还为研究生开设经济数学的方法与研究、计量经济学课程，并承担学校留学生的各类汉语教学，体育教研室还承担全校各类运动队的训练和群众性体育活动的组织工作。基础部先后编撰出版《中国语文》《经济写作》《微积分》《概率论》《线性代数》《高等数学学习辅导》等基础教材。

2000年6月，为进一步促进学科发展、完善学科布局，学校决定撤销基础课教学部，汉语教研室与思想理论部合并组建人文学院，数学教研室组建成应用数学系，体育教研室独立设置为体育教学部。

## 第五节　职业技术学院

1999年10月，经财政部和上海市教委批准，学校成立职业技术学院。学院下设行政办公室、教学管理办公室、学生工作办公室、就业与实训办公室、后勤管理办公室，实行主管负责制。2000年8月至2002年12月，张祖芳任常务副院长；2002年12月至2006年6月，叶朱任院长；2000年8月至2006年6月，吴宪和任副院长。2006年6月，学院停止招生。

1999年筹建学院时，有5名管理人员。2000年9月，学院分管教学的副院长、教学管理人员、后勤管理人员、学生辅导员、行政管理人员共7人。2005年，管理人员20人，其中专职教师6人，本科以上学历者15人，占教职工总数的75%；中级职称以上者10人，占教职工总数的50%。

2000年2月，获准设置会计、信息管理与计算机应用、英语（经贸英语）、文秘（商务秘书）、物业经营管理、商务管理6个专业（方向），均为三年全日制专科。2000年11月，增设市场营销、国际商务（国际商务与报关）、金融统计3个专业（方向）。2001年11月，增设金融保险、日语（经贸日语）、旅游管理与实务3个专业（方向）。2003年1月，增设房地产经营管理（房地产中介）专业。2003年1月，经上海市教委批准，与英国格林威治大学商学院合作办学，设立会计、商务管理、信息管理与计算机应用三个中外合作专业。2006年6月，市场营销、商务管理实务、经济法概论3门课程被评为上海市精品课程。2002年，会计专业被上海市教委批准为上海市专业教学改革试点专业。2003

年1月,国际商务专业为第四批部级专业教学改革试点专业。

2003—2008年毕业生共计1 898人,其中2003届毕业生394人,就业率97.46%;2004届毕业生473人,就业率98.73%;2005届毕业生414人,就业率98.31%。2006届毕业生315人,就业率97.46%。2007届毕业生201人,就业率98%。2008年7月,学院2008届101名学生顺利毕业。这是学院最后一届学生。至此,学院从2000年招收第一届学生,到2008年送走最后一届,八年六届累计培养近2 000名高等职业技术应用人才。

至2005年,学院教师和管理人员在各类刊物上共发表论文16篇,出版各类专著及书籍33本(册),完成研究课题1项。叶朱撰写的《经济法概论》获上海市优秀教材三等奖;任毅沁、林华、宣羽畅的《商务管理实务教学软件》荣获"2005年高等教育上海市级教学成果三等奖";林华、刘国洁、金阳、叶朱、吴宪和的《求真务实开拓创新积极推进高职学生综合素质的培养》荣获"2005年高等教育上海市级教学成果三等奖"。

# 第十三篇

## 人　物

# 概　　述

　　上海财经大学百年的历史,是由各时期的学校领导、教职员工、学生、校友共同书写的。100年里,担任过学校领导的有数十人,受学校聘用的教职员工有数千人,在学校学习过的历届学生更达数万人。本编分为人物传略、人物简介、人物名录三章,按照不同体例载录校史上的各类人物。

　　"人物传略"章载录在校史上做出重要贡献的人物92位,包括学校创始人、曾担任学校主要职务的领导,以及在学科发展和学校建设中做出杰出贡献的教授学者。传略概述人物的主要经历及其在校史上的主要贡献。"人物传略"遵循"生不立传"原则。

　　"人物简介"章载录在学校领导岗位和学术岗位上做出重要贡献的人物68位,简介概述人物的简要经历及其著述。"人物简介"记述健在人物。

　　"人物名录"章载录校史上下述几类人物的名录:1956年定级的上海财政经济学院教授108名;1980—2016年审定通过的正高级职称人员378名、副高级职称人员1 013名;1979—2016年间离休教职员工63名、退休教职员工1 055名。1978年学校复校后曾在学校任职的高级职称人员以及在学校离退休的全体教职员工,他们都曾在不同岗位上为学校的发展做出过贡献。1978年复校之前曾在学校任职的教职员工名录,由于缺乏完整的档案资料,除1956年定级的108名教授外,只能暂付阙如。曾在学校就读的各时期各类学生,尤其是历届毕业生的名录,由于数量巨大,拟另编专题资料,本志暂不编入。

# 第一章 人物传略

（以生年为序，再以姓名拼音为序）

| 江　谦 | 郭秉文 | 马寅初 | 谢　霖 | 杨端六 | 卫挺生 | 程振基 | 胡明复 | 向哲濬 | 徐佩琨 |
|---|---|---|---|---|---|---|---|---|---|
| 朱君毅 | 潘序伦 | 杨杏佛 | 陈清华 | 金国宝 | 程其保 | 陈长桐 | 林振彬 | 蔡正雅 | 叶元龙 |
| 褚凤仪 | 胡纪常 | 罗虔英 | 凌舒谟 | 武堉幹 | 杨荫溥 | 杨开道 | 袁贤能 | 雍家源 | 钟伟成 |
| 安绍芸 | 程绍德 | 李炳焕 | 刘攻芸 | 周伯棣 | 蒋凤五 | 裴复恒 | 胡寄窗 | 蒋士麟 | 王惟中 |
| 袁孟超 | 申玉洁 | 吴道坤 | 周有光 | 邹宗伊 | 陆晶清 | 倪惠元 | 彭信威 | 许本怡 | 薛仲三 |
| 朱斯煌 | 张毓珊 | 刘絜敖 | 梅达君 | 孙冶方 | 邹依仁 | 陈善林 | 龚清浩 | 李鸿寿 | 孙怀仁 |
| 吴承禧 | 薛迪符 | 姚　耐 | 徐宗士 | 朱　雯 | 杨先之 | 罗　俊 | 吴永珣 | 朱国璋 | 褚葆一 |
| 娄尔行 | 陆慕云 | 郭森麒 | 顾　理 | 胡　也 | 马家骐 | 王伟才 | 王薰香 | 王星九 | 郑德如 |
| 徐政旦 | 席克正 | 杨公朴 | 石成岳 | 叶孝理 | 叶麟根 | 颜光华 | 张尧庭 | 施锡铨 | 杨君昌 |
| 胡远声 | 许浪旋 | （共92人） | | | | | | | |

**江　谦**（1876—1942）　字易园，号阳复，安徽婺源人。著名教育家。曾任南京高等师范学校校长。早年受业于南京文正书院，为山长张謇所赏识。后受张謇邀请，担任南通通州师范学堂堂长、校长。1909年任安徽省咨议局议员。1912年任安徽省议会副议长。一度曾担任江苏省教育司长。1914年8月，江苏巡按史韩国钧委任江谦为南京高等师范学校校长，就两江师范学堂勘察校舍筹备开学。江谦任校长期间，延聘许多知名学者到校任教，并注重德、智、体全面发展，提倡"三育并举"。1917年秋，南京高等师范学校增设商业专修科。1919年，因病辞职。后定居南通，耕读为业。晚年精进研究佛教。著有《说音》等。

**郭秉文**（1880—1969）　字鸿声，江苏江浦人，生于江苏青浦（今上海青浦）。中国现代著名教育家、社会活动家。曾任上海商科大学校长。1896年毕业于上海清心书院。1908年赴美留学，1911年获伍斯特学院理学士学位；随即进入哥伦比亚大学师范学院攻读教育学，1912年获硕士学位，1914年以论文《中国教育制度沿革史》获哲学博士学位。留学期间曾任中国留美学生联合会会长并兼任会刊主编、北美中国学生基督教联合会总干事。回国后曾任商务印书馆编辑。1915年初应聘任南京高等师范学校教务主任，1918年3月因校长江谦病休开始代理校务，1919年9月正式出任校长。在他的推动下，1921年9月南京高等师范学校被改建为国立东南大学，他被任命为首任校长，并兼任国立东南大学分设上海商科大学校长。在担任校长期间，他积极引入欧美先进学制、引进大批学有专长的留学生、开办一系列新学科，使得国立东南大学在当时成为中国高等教育现代化的典范。1925年1月因故被北洋政府教育部免职，随即赴欧美讲演和访问。1923年起连续三届当选世界教育会副主席兼亚洲分会主席。1925年任中华教育促进会会长。1926年5月与门罗在美国纽约创立"华美协进社"，担任首任社长。1931年回国后，先后出任上海信托公司总经理、国民政府实业部国际贸易局局长等职，对银行金融界贡献甚多。抗战爆发后，历任驻英大使馆财务参赞、国民政府财政部常务次长，参与国民政府与英、美等国的外交谈判，为国内抗战借款，购买军需，做出了贡献。后曾代表国民政府参加联合国粮食与金融会议、布雷顿森林会议等重要国际会议。1944年出任联合国救济总署副署长兼秘书长，并定居美国。1947年任华盛顿中美社会科学协会总干事。1957年在美发起组织中美文化协会，历任副会长、会长，举办学术交流活动，对中美文化交流有重大贡献。

郭秉文是中国近代高等教育的先驱，郭秉文在多方面对中国高等教育的现代化起到了重要作用。他是中国在哥伦比亚大学师范学院获得博士学位的第一人。他的博士论文《中国教育制度沿革史》被誉为中国教育制度史研究的开山之作，1915年由哥伦比亚大学师范学院出版，1916年商务印书馆出版中译本。郭秉文的教育思想，主张融会贯通中西教育思想的优秀成果，即"以西方之所长，与吾国数千年行之而宜者融合之"。他提倡三育并举，全面发展：训育（德育）"以养成对于国家负责任之国民为意想中之人格"，智育"以养成思想及应用能力为标准"，体育"以养成坚强之体魄、充实之精神为标准"。他还将其办学方针归纳为"四个平衡"，即通才与专才的平衡、人文与科学的平衡、师资与设备的平衡、国内与国际的平衡。郭秉文在民国初年教育界与蔡元培齐名，他创办的东南大学与北京大学南北并立。他是中国商科教育最早的倡导者，提出高等商科教育应"致力于培养一大批不仅具有商业知识和技能，还有组织能力和领导素质的学生"，他创办的上海商科大学是中国第一所商科大学。

**马寅初（1882—1982）** 名元善，字寅初，浙江嵊县人。著名教育家、经济学家、人口学家、社会活动家。曾任上海商科大学教务主任。曾为学校题词："经济匡时"。1901年考入天津北洋大学冶金学专业。1907年赴美国耶鲁大学、哥伦比亚大学留学，先后获经济学硕士、博士学位。1915年回国，出任北京大学经济学系教授兼主任，1919年任北京大学第一任教务长。1920年赴上海考察工商业，帮助郭秉文创办国立东南大学。1921年9月被聘为上海商科大学教务主任，并教授经济学。1923年创立中国经济学社，任社长。1927年任浙江大学经济学教授、浙江省政府委员兼财政委员会主席。1928年起历任立法院立法委员兼财政委员会委员长、经济委员会委员长，并兼任交通大学、南京中央大学、金陵大学经济学教授。1938年初任重庆大学商学院院长兼经济系教授。1940年12月因抨击国民党政府经济政策被逮捕，直至1942年8月获释。抗战胜利后曾参与国立上海商学院复校。1946年9月在上海私立中华工商专科学校任教。1949年8月出任浙江大学校长，并先后兼任中央人民政府委员、中央财经委员会副主任、华东军政委员会副主任等职。1951年任北京大学校长。1960年1月辞去北大校长职务。1979年9月担任北大名誉校长，当选第五届全国人大常委会委员。1981年当选中国人口学会名誉会长、中国经济学团体联合会第一届理事会顾问。专长经济学和教育行政管理，为我国人口科学的发展做出了历史性的贡献。著有《经济学概论》《资本主义发展史》《我的经济理论哲学思想和政治立场》《新人口论》《马寅初经济论文集》等。

**谢霖（1885—1969）** 字霖甫，江苏武进人。著名会计学家，中国会计师制度的创始人。曾任国立上海商学院教授。1905年东渡日本求学，先在日本明治大学学习法律，后转入日本早稻田大学攻读商科，1909年获商学学士学位。回国后任四川总督衙门秘书、劝业道署商务科员、科长兼成都商学堂教员，开始会计教育生涯。1912年出任大清银行（后来的中国银行）总司账。之后担任南京临时政府交通部邮政司科长、交通银行总会计师；1918年，谢霖上书北洋政府农商部、财政部，呈请执行会计师业务获批。成为中国会计师第一人，并开设我国第一家会计师事务所——正则会计师事务所，开创我国注册会计师事业之先河。先后担任北京大学、国立上海商学院、光华大学、复旦大学、四川大学等院校教授,担任复旦大学会计系主任、光华大学会计系主任及商学院院长、光华大学成都分校副校长等职。1944年,美国加利福尼亚州立大学授予其名誉博士学位。新中国成立后,谢霖先后担任成都市商业局顾问、市人民代表、四川省工商联委员、省政协委员等职。谢霖在簿记与会计、银行簿记与会计、成本会计及政府会计等领域多有著述,主要著作有《银行簿记学》《实用银行会计》《实用银行簿记》《银行计算法》《实用改良中式账簿》《实用基础簿记》《会计学》《簿记学》《成本会计》和《改良中式会计》等。

**杨端六(1885—1966)** 原名杨勉,后易名杨超,湖南长沙人。著名经济学家。曾任国立第四中山大学商学院院长。1903年毕业于湖南省师范学堂。1906年赴日本留学,先后就读于东京正则英语学校、东京第一高等学校、岗山第六高等学校。留日期间加入中国同盟会。1913年,入伦敦大学政治经济学院攻读货币银行专业。1920年回国后即在吴淞中国公学兼任经济学、会计学教授,在商务印书馆担任会计主任。1927年7月,杨端六奉命接掌国立第四中山大学商学院院长一职。1930年后一直受聘于国立武汉大学,曾任法学院院长、教务长、教授兼经济系主任、文科研究所经济学部主任。抗战期间曾兼任国民政府参政员、军事委员会审计厅上将厅长,当选国民党第六届中央执行委员。1942年当选国民政府教育部部聘教授。新中国成立后,任武汉大学教授,兼任中南军政委员会财经委员会委员。其著作有《货币与银行》《工商组织与管理》《现代会计学》《清代货币金融史稿》《中国近百年金融史》等。

**卫挺生(1890—1977)** 又名体国、绍浚、韬,字申父、琛甫,号经野,湖北枣阳人。知名经济学者。曾任南京高等师范学校商业专修科教授。1906年留学日本,入大成中学。1911年9月,公费留学美国,先后在密歇根州立大学文理学院及商业学院、哈佛大学文理学院及商业学院学习政治、经济、财政、金融等科,获商业管理及文学两个硕士学位。1920年回国后,任南京高等师范学校商业专修科教授一职,讲授商业通论,商业地理等课程,后参与筹办国立东南大学。曾任中国银行总管理处秘书,并在燕京大学等处兼课。1927年南京国民政府成立后,历任立法院立法委员、湖北省政府委员等职,起草了大量经济相关法律,并同时在交通大学、国立中央大学、复旦大学等处任教。1934年,与潘序伦、邹曾侯、安绍芸、杨汝梅、雍家源、顾询、李鸿寿、许敦楷等51人发起成立中国会计学社,并担任理事。1948年后,赴香港、台湾、美国等地生活,从事研究工作。其著作有《财政改造》《中国今日之财政》《战时财政》《欧战中英法美之金融》等十余种。

**程振基(1891—1940)** 字铸新,安徽婺源(今江西婺源)人。曾任国立第四中山大学、江苏大学、国立中央大学商学院院长。早年毕业于安徽高等学堂。1912年赴英国格拉斯哥大学、爱丁堡大学留学,1918年获经济学硕士学位。归国后历任北京大学经济学讲师、北京高等师范学校英语部主任兼总务主任、北平师范大学秘书兼会计主任、北京艺术专门学校英文教授兼事务长、武昌商科大学教授等。1924年任国立西北大学教务长、代理校长,兼陕西卷烟特税处处长。1925年参与筹备安徽大学。1927年7月起历任国立第四中山大学、江苏大学、国立中央大学商学院院长,1931年5月卸任。在任期间他着力整顿校务、完善学校组织结构、维持教学活动,并主持了学校历史上第一个自建校舍计划的实施。1929年兼任中国农工银行杭州分行经理。1934年任全国学术咨询处主任。1935年1月任国民政府教育部秘书,同年任安徽地方银行行长等职。担任安徽地方银行行长期间时,初步建成安徽全省金融网络,正式开展安徽省内地方银行的相关业务。在抗战初期的艰难岁月,程振基主持皖南战时金融,围绕物产运销,发展经济建设,支持抗战。译著有《政治理想》《正义与自由》等。

**胡明复(1891—1927)** 原名孔孙,后改名为达,字明复,江苏无锡人。曾任上海商科大学数学教授。1901年考入南洋公学(上海交通大学前身)附属小学。从南洋公学附属中学毕业后先后进入上海中等商业学校、南京高等商业学堂就读。1910年,考取第二届庚子赔款留美生,与胡适、赵元任等人一同赴美国康奈尔大学留学,并成为同班同学。留美期间,被推选为美国大学生联谊会会员和美国科学学术联谊会会员。1914年夏,毕业于康奈尔大学,获文理学士学位。1914年6月10日,同在美国康奈尔大学留学的赵元任、任鸿隽、秉志、杨杏佛等人筹备创立"中国科学社"和《科学》杂志。1914年秋,进入哈佛大学研究院,专攻数学,并于1917年完成博士论文,获哲学博士学位,胡明复也因此被认为是中国第一位现代数学博士。1917年回国后,曾任上海商科大学数学教授,同时协助其兄长胡敦复主持大同大学的教学、校务以及维持迁至国立东南大学的"中国科学社"的活动和刊物。1927年他不幸溺水而亡。他在短短的一生中为我国的科学教育事业的发展和现代数学的推广做出了较大贡献。

**向哲濬(1892—1987)** 湖南宁乡人。著名法学家。曾任上海财经学院教授。1911年入北京清华学校求学,1917年赴美国留学,先后获耶鲁大学文学士、华盛顿大学法学士学位。1925年归国,先后任教于北京大学、北京交通大学、北京政法大学。1927年任国民政府司法行政部部长王宠惠的秘书。1932年任吴县地方法院院长。1933年任上海第一特区地方法院首席检察官。抗战期间到重庆任国防最高委员会秘书、高等法院湘粤分庭检察处检察长。日本投降后,被任命为上海高等法院首席法官,随即受命组团参加远东国际军事法庭对日本甲级战犯的审判,担任中国代表团首席检察官,对日本战犯实施了正义的审判,并应邀见证了7名甲级罪犯被执行绞刑。1948年底回国,1949年2月受聘为大夏大学和东吴大学法学院教授。1952年院系调整后任复旦大学法律系教授,1958年并入上海社会科学院。1960年调任上海财经学院,担任基础部英语教研室主任。

**徐佩琨(1892—1980)** 字叔刘,江苏苏州人。曾任国立中央大学商学院、国立上海商学院院长。1914年毕业于国立交通大学土木工程科,后留学美国,先后在宾夕法尼亚大学、芝加哥大学和俄亥俄大学攻读铁路、经济财贸等专业,获俄亥俄大学经济学硕士学位。1926年回国后,曾任交通大学交通与管理学院教授兼首任院长。1930年秋受聘到国立中央大学商学院任职,担任教务主任兼银行科主任。1931年6月起历任国立中央大学商学院代理院长、院长、国立上海商学院院长,1933年8月因故离职。在任期间,恰逢"一·二八"事变爆发,国立中央大学商学院校舍遭战火焚毁,他全力保存学校、维持校务,并迅速复课。1946年起任国立北平铁道管理学院院长。新中国成立后,应国立新加坡南洋大学商学院之聘,担任教授兼院长,后又在台湾、香港的清华大学、华侨大学、香港理工大学等校任教。1976年冬由港返沪定居。1979年10月受聘上海文史馆馆员。著有《商情调查》《金本位之末日》等。

**朱君毅(1892—1963)** 原名斌魁,浙江江山人。统计学家。曾任上海财经学院教授。1910年考取北京清华学堂留美预备生。1916年秋赴美国留学,获霍普金斯大学教育系学士学位。后进入哥伦比亚大学研究所,专攻教育心理学与教育统计学。1922年夏,获哥伦比亚大学哲学博士学位,回国时与梅贻琦、沈隽淇等取道欧洲,赴英国、法国、德国、荷兰、比利时、意大利考察教育事业,并合写《欧洲经验谈》,介绍西欧各国教育制度。归国后,历任国立东南大学、南京女子师范学校、清华大学、北京大学、北京师范大学、厦门大学教授等职。教育思想上受美国杜威思想影响极深,提倡实验主义教育学说,强调智力测验,主张因材施教。1931年起,受国民政府考试院聘,兼任历届文官高等考试襄试委员。1934年任南京国民政府主计处主计官兼统计局副局长。1947年任总统府统计局副局长。同年8月,以中华民国首席代表身份出席国际统计学会及第二十五届世界统计大会。会后又与蒋廷黻、张彭春赴纽约近郊成功湖,参加联合国召开的国际社会经济理事会等会议。1949年2月任教重庆正阳学院。1950年,任杭州之江大学统计学教授。1952年调入上海财经学院,任教授。著有《教育统计学》《教育测验与统计》《统计与测验名词英汉对照表》《中国历代人物之地理的分布》《统计学概要》等,译著有《教育统计学纲要》《心理学与教育之统计法》、《统计方法大纲》等。

**潘序伦(1893—1985)** 原名嗣曾,江苏宜兴人。著名会计学家、会计教育家、会计实务家,被誉为"中国现代会计之父"。曾任上海商科大学教务主任。1921年毕业于圣约翰大学,保送进入美国哈佛大学商业管理学院,选学会计学科,两年后获企业管理硕士学位,后又获哥伦比亚大学商业经济学博士学位。1924—1927年任教于上海商科大学,担任教务主任兼会计系主任,讲授会计学。1927年创办立信会计师事务所。1928年投身于立信会计教育。1930年任国民政府主计处筹委会委员,1931年任国民政府主计处主计官。1934年,与徐永祚、杨汝梅(众先)、安绍芸等51人发起成立中国会计学社并担任理事;1937年筹备组建立信会计专科学校及校董事会,被推举为校长。1946年任国民政府经济部常务次长,1947年受聘为国民政府全国经济委员会委员。1957年被推选为上海市政协委员。1979年和1980年,分别被上海市会计学会和中国会计学会推选为学会顾问。1980年8月,发起倡议复办立信会计专科学校。同年10月,被推选为复校后的校务委员会委员、名誉校长。1981年初,上海市会计师事务所成立,担任事务所董事长。潘序伦独立或合作撰写论文90余篇,出版著作30部、译著17部。主要著作有《会计师业概况》《会计学》(上、下册)、《政府会计》《公司会计》等。

**杨杏佛(1893—1933)** 名铨,谱名宏甫,字杏佛、衡甫。江西清江人。社会活动家,民主战士。曾任南京高等师范学校商业专修科主任。1911年8月考入唐山路矿学堂。辛亥革命后投身民主革命,同年加入同盟会。1912年孙中山当选为中华民国临时大总统后,在总统府秘书处任收发组组长。10月赴美留学,先后获康奈尔大学机械工程硕士学位和哈佛大学商学硕士学位。1918年回国后,历任汉冶萍公司成本会计科科长,南京高等师范学校商科主任、教授,国立东南大学教授兼工学院院长。1924年赴广州担任孙中山的秘书,同年11月随孙中山北上。次年3月孙中山病逝,被推为治丧筹备处总干事。1926年1月任国民党上海市党部执行委员兼宣传部长。1927年10月被聘为国民政府大学院教育行政处主任,后升任大学院副院长,并任国民党中央研究院总干事兼社会科学研究所经济组主任。1932年12月,与宋庆龄、蔡元培等在上海发起组织中国民权保障同盟,任执行委员兼总干事,主持日常工作。次年同盟上海分会成立,任执行委员。1933年6月18日在上海法租界被国民党特务暗杀,年仅40岁。遗著有《杏佛文存》《杨杏佛讲演集》等。

**陈清华(1894—1978)** 字澄中,湖南祁阳人。经济学家、藏书家。曾任国立中央大学商学院教授。毕业于复旦大学,后赴美国加州伯克利大学留学,攻读世界经济史,获经济学硕士学位。1919

年回国,曾任汉口工商银行行长、武昌国立商科大学教务长、国立东南大学经济系主任及中央银行秘书长、总会计等职。1928年任国立中央大学商学院副教授兼银行系主任,讲授劳工问题、银行制度、经济学、货币论、近世经济思潮等课程。译著有《中央银行概论》《经济学说史》等。30年代开始收藏中国古籍善本,成为著名藏书家,号为"郇斋",藏有宋元善本、明清钞校稿本、罕见善拓500余部。

**金国宝(1894—1963)** 字侣琴,江苏吴江人。著名统计学家。曾任国立上海商学院、上海财经学院教授。早年就读于复旦公学,1917年毕业于复旦大学。1919年9月1日,他用金侣琴的名字在《解放与改造》半月刊创刊号上发表了从英文转译的李宁(即列宁)论《鲍尔雪维克之所要求与排斥》一文,是我国最早中译的列宁著述。1921年,获南阳烟草公司总经理简照南资助,与潘序伦等赴美留学,入哥伦比亚大学攻读统计学,1924年获经济学硕士学位。回国后曾任复旦大学、国立上海商学院等校统计学教授及国民政府财政部科长。1928年,奉大学院院长蔡元培之命前往欧美各国考察统计事业,长达一年。他还与朱祖晦、刘大钧等人发起成立中国统计学社,担任筹备委员会委员。中国统计学社于1930年3月成立,金国宝当选为社务委员会副主席,并作为代表出席国际统计学会第19届会议。1947年9月,作为中国政府代表出席国际统计学会第25届会议,并于1950年当选为国际统计学会会员。新中国成立后,历任复旦大学教授兼统计专修科、贸易专修科主任、上海财经学院教授、上海社会科学院经济研究所教授。金国宝一生多数时间从事统计教育和财政金融工作,曾出版(或发表)《英国所得税论》《统计学大纲》《中国经济问题之研究》《凯恩斯之经济学说》《统计学》《中国棉业问题》《高级统计学》和《工业统计学原理》等专著、教材或论文,译著有《伦敦货币市场概要》《遗产税》等。

**程其保(1895—1975)** 名琛,别号稚秋,江西南昌人。中国现代知名教育学家。曾任上海商科大学主任。1912年考入清华学堂中等科,1914年升入高等科,在求学期间,与同学创办周末半日学校,热衷于乡村社会教育,1918年毕业。随即赴美国留学,先后获明尼苏达州韩林大学学士、芝加哥大学硕士,哥伦比亚大学师范学院博士学位。1923年毕业回国后,被聘为国立东南大学执行秘书兼教育系教授。1925年底受聘任国立东南大学分设上海商科大学主任,主持校务。1927年3月辞去职务,任齐鲁大学教务长,并主持教育系。1928年,任国立中央大学教育系教授。1931年,程其保与邰爽秋等发起并联络宁、沪教育界人士,拟定每年6月6日为教师节,还发表《教师节宣言》,提出改善教师待遇、保障教师工作、增进教师修养3项目标,在全国产生了一定影响。1931年任国立中央大学教育行政学教授、教育学院院长。1933年6月任湖北省政府委员兼教育厅厅长。1937年1月任中央政治学校教授。抗战爆发后入川,任边疆学校主任、中央党政工作考核委员会教育主任、西康省政府委员兼教育厅厅长。1948年当选为立法委员,又奉派出席巴黎联合国教科文组织年会,并任该组织教育处副处长。1949年赴美国任汉诺威大学教职,先后创立中美文化圆桌会议、全美华学教师协会,主持中华文化协会、中华文化复兴促进会。著有《小学行政概论》《初等教育》《教育法概论》《学务调查》《近百年留美学生史》等。

**陈长桐(1896—1983)** 字庸孙,福建福州人。曾任国立中央大学商学院教授。1919年毕业于清华学校。"五四运动"学生领导人之一。1921年毕业于科罗拉多大学银行系,1923年获纽约州立大学研究院银行(金融)学硕士学位。回国后曾执教于国立东南大学商科,后任国立中央大学商学院国际贸易科主任。后进入青岛中国银行,从站柜台、数钞票的基层业务做起。1930年任中国银行国外部营业部主任。1939年赴仰光主持中国银行驻缅甸经理处工作。1941年经宋子文提名,蒋介石允准,在缅甸仰光担任"中国国防供应公司"驻国外办事处代表,负责菲律宾、马来半岛国家、缅甸与印度范围的业务,主要负责处理抗战时中国租借美国军援物资的重要事务;1942年,因战事发展,负责将办事处撤往印度加尔各答的同时,也将中国银行驻缅甸经理处撤往印度。其时,中印尚无正式直接外交关系,宋子文电请蒋介石任命陈长桐兼任"中国驻印度事务联络官"。抗战时期,他还出任国民政府财政部贸易委员会委员、军事委员会运输会议参事等,为宋子文得力助手之一。长期担任"中华民国驻世界银行常任代表";后升任中国银行副总经理、总经理,台湾"中央银行"副总裁,并兼任中国国民党中央党务顾问等职。

**林振彬**(1896—1976)  字吟秋,福建福州人。曾任上海商科大学教授。早年就读于福州英华书院,1911年至1916年就读于清华学校,后考取庚款留学名额,前往美国罗彻斯特大学、哥伦比亚大学、纽约大学学习,先后取得学士、硕士学位,专攻广告学和心理学。1922年回国后进入商务印书馆工作,担任发行所事务部部长。1923—1925年间担任国立东南大学分设上海商科大学教授。于1926年创办中国历史上第一家华商广告公司。其最具影响力的案例即是他在代理美国著名饮料公司Coca-Cola公司广告的同时,把该公司的产品名称翻译成世人皆知的"可口可乐"四个字。他作为中国现代广告业的开拓者和代表人物,终身从事广告业,因其独特的历史贡献,享有"中国广告之父"的赞誉。

**蔡正雅**(1897—?)  浙江吴兴人。曾任国立上海商学院教授。毕业于美国纽约大学,获理学士学位。曾任暨南大学、光华大学教授。1933年起任国立上海商学院教授,兼工商管理系主任。

**叶元龙**(1897—1967)  安徽歙县人。曾任上海商科大学、上海财经学院教授。1915年考取上海大同大学,后留学美、英、法三国,获美国威斯康星大学经济学硕士学位。回国后历任金陵大学、大同大学、光华大学、上海商科大学等校教授,并任国立中央大学教务处长兼法学院经济系副教授。曾担任国民政府安徽省教育厅厅长,贵州省教育厅、财政厅厅长等职务。1938—1941年任重庆大学校长。抗战胜利后任全国善后救济总署安徽分署署长兼安徽学院院长、上海中孚银行名誉董事长,长期从事难民救济工作。1952年随大同大学商学院并入上海财经学院,1958年后任上海社会科学院历史研究所研究员。主要著作有《马歇尔价值学说批判》《现代经济思想》《中国财政》《苏联的经济贸易》等,译有《货币、信用与商业》。

**褚凤仪**(1898—1975)  浙江嘉兴人。曾任上海财经学院副院长。1917年留学日本,1920年转赴法国南锡理学院学习数学,1923年再赴德国柏林大学哲学院攻读经济学。1926年回国后历任暨南大学、复旦大学、大夏大学、光华大学等校教授及上海法学院院长。1950年并入上海财经学院任教授、副院长。1956年定为二级教授。1958年调任上海社科院经济研究所教授。曾任九三学社上海市委常委,上海市政协委员,上海市第一、二届人民代表大会代表。专长统计学,编著有《投资数学》《速算》《统计辞典》等,编译有《经济统计学教程》《世界劳动手册》《世界人口手册》等。

**胡纪常**(1898—?)  江苏无锡人。曾任国立上海商学院教授。毕业于法国巴黎大学,获经济学博士学位。曾任中央研究院社会科学研究所研究员兼秘书。1933年起任国立上海商学院教授,兼教务主任、银行系主任。著有《国际商会概论》《国际贸易统计上之货物名目及分类》(合著)等。

**罗虔英(1898—1962)** 曾用名国梁、罗任侠,广东丰顺人。曾任上海财经学院教授。复旦大学社会科学系毕业。新中国成立前曾任丰顺县代理县长。新中国成立后任上海市供销合作总社副主任,华东区合作事业管理局副局长。后担任上海财经学院合作系主任、贸易经济系主任。

**凌舒谟(1898—1989)** 湖南平江人。曾任国立上海商学院教务主任。早年毕业于美国伊利诺伊大学,获经济学博士学位。曾任中国公学商学院院长、湖南大学文学院院长、重庆大学银行保险系主任及暨南大学、复旦大学、中国大学等校教授。1946年起任国立上海商学院教授、教务主任。1949年5月任国立上海商学院校务委员会委员。1958年随上海财经学院合并进入上海社会科学院。著有《关于临时财产税之研讨》《外汇统制问题》等。

**武堉幹(1898—1990)** 湖南溆浦人。国际贸易学家。曾任国立中央大学商学院、上海财经学院教授。1917年入国立武昌商业专门学校,1921年在《东方杂志》发表论文《国际版权同盟与中国》,引起关注。大学毕业后任商务印书馆会计员。1924年任《东方杂志》编辑,先后发表200余篇有关国际贸易和国际问题的文章,出版《中国国际贸易史》等专著。1928年,应聘国立中央大学商学院任副教授,后兼任国际贸易科主任、教务主任。1933年后历任国立中央大学经济系教授、中华书局总公司经理兼账务部长、上海信昌洋行杂货部经理。抗战期间,坚拒日伪威胁利诱,辗转返回湖南老家,先后任省立商专教授兼工商管理系主任、复旦大学经济研究所导师。抗战胜利后被国民政府聘为设计委员会专门委员,兼任湖南大学工商管理系主任、商学院院长。新中国成立后任复旦大学教授,1952年调入上海财经学院任教授兼国际贸易系主任。1954年9月调任北京对外贸易学院任教授。曾任中国国际贸易学会顾问等职。专长对外贸易史研究,著有《鸦片战争史》《中国国际贸易概论》和译著《人口问题》等。

**雍家源(1898—1975)** 字海楼,江苏南京人。会计学家。曾任国立中央大学商学院、上海财经学院教授。1921年毕业于金陵大学经济学系。曾任中学英文教师数载,后赴美国留学,1925年获西北大学商学硕士学位。1928年回国后历任金陵大学、金陵女子大学、光华大学、中央政治学校、国立中央大学商学院教授,并任国立中央大学商学院会计科主任、代理教务主任。曾先后担任国民政府审计院协审、审计部秘书、审计院审计和驻外审计、湖南审计处处长、南京市政府会计长、财政部会计委员会专员等职。1949年后任复旦大学教授兼会计系主任,1952年调入上海财政经济学院任教授。1958年随学校进入上海社会科学院,任历史研究所研究员,主要负责太平天国史外文史料翻译工作。专长现代政府会计制度设计研究,著有《中国政府会计论》《中央财务会计》《会计核算原理》等。

**杨开道(1899—1981)** 号导之,湖南新化人。社会学家。曾任国立上海商学院教授。1924年6月毕业于南京高等师范学校农科,随即赴美留学,先后在艾奥瓦农工学院和密歇根农业大学攻读农村社会学,先后于1925年和1927年获得硕士和博士学位。1927年4月回国,先后任大夏大学、复旦大学、国立中央大学农学院社会学教授、燕京大学社会学教授兼系主任、法学院院长。1928年组织燕大社会学系学生到清河镇调查,并于1930年在清河镇建立实验区。同年组织发起成立中国社会学社。1946年9月任国立上海商学院教授、合作系主任。新中国成立后历任武汉大学农学院院长、华中农学院筹委会主任和院长、中国科学院湖北分院筹委会副主任、湖北省图书馆馆长和研究员。1979年被聘为中国社会学研究会顾问。专长社会学,著有《农村社会学》《社会学研究法》《社会学大纲》《农场管理学》《农业教育》《农村问题》《中国乡约制度》《农村社会》等。

**袁贤能(1898—1983)** 浙江天台人。经济学家。曾任上海财经学院教授。1921年毕业于复旦大学,后入燕京大学经济研究所,一年即获硕士学位。1927年在纽约州立大学获得博士学位,1929年回国后辗转任教于复旦大学、国立中央大学、南开大学、燕京大学等高校。擅长西方经济学说和国际贸易理论研究。抗战期间袁贤能因抗日言行和拒绝出任伪职三次入狱,后创办私立天津达仁经济学院并兼任院长,收留沦陷区拒绝与日军合作的学生。新中国成立后,袁贤能相继在南开大学、杭州之江大学和上海财经学院担任教授。1954年9月从上海财经学院调入北京对外贸易学院,继续从事西方经济思想史、国际贸易理论研究。译有《英国得自对外贸易的财富》《对劳动的迫害及其救治方案:或强权时代与公理时代》《人口原理》(合译)等著作。

**杨荫溥(1898—1966)** 字石湖,江苏无锡人。著名金融学家。曾任国立中央大学商学院教授,代理院长、上海财经学院教授。1914年考入上海南洋公学。1918年转入北京清华学校,1920年7月毕业后公费选送美国鲁伦司学院经济系、西北大学商学院研究院求学,1923年8月毕业,获硕士学位。曾在美国大陆商业信托储蓄银行实习。1925年7月回国后,曾任天津直隶省长公署英文秘书。1926年8月受聘任光华大学商科副教授。1927—1931年,受聘任国立中央大学商学院副教授、教授、工商管理系主任、教务主任、代理院长。1931—1936年,任上海浙江兴业银行总行总秘书、储蓄部经理、调查研究处主任。1936—1941年,任国民政府驻日内瓦中国国际联盟代表办事处经济专员。1941年2月至1949年8月,历任邮政储金汇业局首席秘书兼经济研究室主任、总务处长、"四联总处"秘书及银行人员训练所教育长、中央信托局储蓄处经理、上海证券交易所协理兼业务处经理、上海现代经济通讯社社长等职,并兼任重庆大学商学院教授兼银行保险系主任、交通大学管理学院教授兼财务管理系主任、光华大学商学院教授兼副院长等。其后专任交通大学教职,兼任华东军政委员会财经委员会委员。1950年2月加入中国民主建国会。1951年8月随交通大学财务管理系调入上海财政经济学院,任教授、财务会计系主任。1956年定为二级教授。1958年随学校并入上海社会科学院经济研究所任研究员。1960年调回上海财经学院任财政金融系教授。杨荫溥专长财政金融学,精通英、法两国语言。1930—1936年间,他先后出版《上海金融组织概要》《中国交易所论》《中国金融论》《各国币制》《中国金融研究》等著作。他长期担任高等学校商科院系主任,为金融学科的发展做出了贡献。60年代,他曾参加过《中国财政史》《财政学》的编著。

**钟伟成(1898—1986)** 江苏江都人。管理教育家。曾任上海商科大学教授。1915年就读于上海圣约翰大学。1918年赴美留学。1921年获伊利诺伊大学商学学士,再入芝加哥大学研究院研修管理学。1922年回国,先后担任交通部秘书、暨南大学教授等。1923年起担任上海商科大学教授。1929年起担任国立交通大学教授、管理学院院长达20年之久。新中国成立后曾任国立交通大学校务委员会常务委员、东吴大学第一副校长。1954年调整入复旦大学经济系工作。作为新中国成立前中国唯一的管理学院院长,钟伟成为我国早期管理学科的发展做出了开创性成就。专长铁路材料管理、企业管理,著有《铁路材料管理学》《工商管理》等。

**安绍芸**(1900—1976) 河北武清人。会计教育家、新中国会计制度的奠基人。曾任国立上海商学院教授。1915年入清华学校中等科学习。1923年赴美国威斯康星大学深造,1926年获经济学硕士学位,当年回国受聘于复旦大学,担任会计学教授。1928年在立信会计师事务所工作近一年,后在上海美商大美查账局担任查账员。1929年任复旦大学工商管理系首任系主任。1933年与袁际唐等联合创办大成会计统计事务所,担任主任会计师和多家企业的会计顾问。1934年,与卫挺生、潘序伦、徐永祚、杨汝梅(众先)等51人发起成立中国会计学社。1930—1948年间,任国立交通大学财务管理系教授兼校审核委员会委员;1933—1946年,先后任国立上海商学院副教授、教授和会计学系主任;在国立暨南大学、震旦女子文理学院、光华大学等高校兼授会计学课程。1949年受命赴京担任政务院财政经济委员会会计计划局成本价格处处长,后因全国的会计工作划归财政部管理而调入财政部,同年被任命为财政部会计制度处处长。1951年任会计制度司第一任司长。曾当选民进中央委员,全国政协第四届委员会委员。安绍芸在会计制度司任职期间,主持设计统一会计制度,协调统一新中国会计管理、会计制度和会计方法,奠定了新中国的会计制度基础,并创办《新会计》《工业会计》等刊物进行会计制度和会计理论宣传。主要著作有《经济学说史纲要》、英文版《会计学大纲》和《中级会计大纲》、《会计师查账之实践》等。

**程绍德**(1900—1954) 字敬六,江苏盐城人。曾任国立上海商学院教授。早年留学法国,获巴黎大学经济学博士学位。回国后曾任中央银行编译科主任,主编《中央银行日报》《经济汇报》。1934年起任国立上海商学院教授、教务主任兼银行系主任。1942年后历任重庆大学教授、上海法政学院教授、国立中央大学教授兼经济系主任。新中国成立后在华东财经委员会从事国际贸易和货币理论研究。著有《中外金融市场》《论白银问题》等。

**李炳焕**(1900—1975) 福建福州人。曾任上海财经学院副院长。1922年毕业于复旦大学文科。1927年获美国伊利诺伊州立大学经济学硕士学位。曾任暨南大学、国立中央大学、国立上海商学院、光华大学、上海法学院教授,及复旦大学经济系主任、商科研究所主任、商学院院长、教务长等。1952年调入上海财经学院任教授、副院长,兼任复旦大学经济学教授。1956年定为二级教授。1958年随学校并入上海社会科学院经济研究所任研究员。1960年调回上海财经学院任基础部英语教授。后调任上海业余政治大学副校长等。著有《经济思想史》《货币政策与经济稳定》《苏联计划经济问题》等。

**刘攻芸**(1900—1973) 原名驷业,别名泗英,福建福州人。曾任国立中央大学商学院教授。早年入清华大学,后从圣约翰大学肄业,1919年赴美留学,获美国宾夕法尼亚大学经济学学士、西北大学商科硕士。1924年留学英国,获英国伦敦大学经济学博士学位。1927年回国后执教于清华大学,1930年任国立中央大学商学院副教授兼银行科主任。1929年任中国银行总会计,曾主持该行账册更新,为总经理张嘉璈所赏识。1935年7月中央信托局成立,任副局长。1937年后任邮政总局副局长、邮政储金汇业局局长,创办华侨汇款业务,吸引了大量外汇,使邮汇局受到银行界的瞩目。1943年当选为国民党中央委员。抗战胜利后任敌伪产业处理局局长、中央信托局局长、上海文化信用合作社理事会常务理事,并任中国银行、交通银行监察,大中国茶叶公司、中国农民银行、中央合作金库等处董事。1947年3月任中央银行副总裁兼业务局局长。1949年1月,任中央银行总裁。1949年3月任国民政府财政部长。1950年春任新加坡华侨银行顾问,继为华侨保险公司董事经理,退休后经营矿业。

**周伯棣（1900—1982）** 浙江余姚人。金融学家。曾任上海财经学院教授。1930年毕业于上海东亚同文书院。1933年毕业于日本大阪商科大学金融系。回国后曾任中华书局经济编审、新中华杂志编辑,及中山大学教授、广西大学教授兼经济系主任,以及中山大学、交通大学、复旦大学等校教授。新中国成立后任复旦大学教授兼银行系主任。1952年调入上海财经学院任教授兼财政金融系主任。1956年定为二级教授。1958年调入上海社会科学院经济研究所任研究员。1972年退休。曾任上海市政协第一、第二、第三、第四届委员、上海经济学会理事等。专长财政金融学,著有《中国货币史纲》《经济学纲要》《国际经济概论》《金融政策》《中国财政思想史稿》《中国财政史》等。

**蒋凤五（1901—1983）** 江苏省常州市人。曾任上海财经学院教授。1901年出生,1921年考入上海南洋大学(现上海交通大学)铁路管理科,1925年7月毕业,同年10月,曾作为优秀毕业生被学校推荐为校派出国留学候选人。大学毕业后曾任国民政府南京铁路轮渡会计主任,叙昆铁路局会计课长,交通大学教授等职。1950年加入九三学社。1951年院系调整,调入上海财经学院担任教授、生产技术财务计划教研室主任。1958年随上海财经学院并入上海社会科学院。1959年3月,与娄尔行、潘兆申、余性元、王有枚、钱培钧、龚清浩等13人当选为薛迪符领衔的上海社会科学院会计系系务委员会成员。1960年调回上海财经学院工作至退休。曾出版《农村记账》等著作。

**裴复恒（1902—?）** 江苏苏州人。曾任国立上海商学院院长。1926年毕业于复旦大学社会科学科。后留学法国,获巴黎大学法学博士学位。曾任国民党中央政治会议特务秘书。1930年7月任复旦大学新创建的法律学系主任。1932年9月至1934年2月任国民政府参谋本部秘书。1933年8月出任国立上海商学院院长。1943年兼任汪伪全国经济委员会委员、汪伪财政部中央储蓄监理委员会监理事等职。1944年11月辞去院长职务,出任汪伪江苏省财政厅厅长。抗战胜利后去向不明。

**胡寄窗（1903—1994）** 四川天全人。经济思想史学家。曾任上海财经学院教授。1922年考入燕京大学,1926年毕业于北平大学法学院。1936年春赴英留学,1938年底获英国伦敦大学政治经济学院经济学科硕士学位。回国后历任西安天水行营政治部主任秘书、陕西省政府参议兼人事科长等职,并兼任陕西省立商业专科学校教授、校长,四川大学经济系教授。1945年10月起任北平市政府参事室参事,并兼任北京中国大学商学系主任,朝阳大学和东北大学经济系教授,辅仁大学、北京大学、北京师范大学兼职教授等。1949年2—10月,任北京市人民政府参事室参事。1949年10月调任杭州之江大学商学院、浙江财经学院系主任、院长。1952年9月全国高校院系调整,随浙江财经学院并入上海财政经济学院,任经济计划系教授。1958年随学校并入上海社会科学院经济研究所任教授。1960年8月调入江西大学经济系任教授。1974年5月退休。1979年7月受聘返回上海财经学院经济系,历任教授、博士生导师、中外经济思想史研究室主任,并兼任中国社会科学院经济研究所特约研究员和华东师范大学、苏州大学兼职教授。生前享受国务院特殊津贴。曾任上海市政协委员、民革上海市委委员、民革中央监察委员会常委。1989年荣获全国优秀教师称号。胡寄窗专长中外经济思想史。先后出版《中国经济思想史》三卷本、《中国经济思想史简编》、《中国古代经济思想的光辉成就》、Chinese Economic Thought Before the Seventeenth Centure、《中国近代经济思想史大纲》、《当代西方基本经济理论》、《1870年以来的西方经济学说》、《政治经济学前史》、A Histery Concise of Chinese Economic Thought、《经济理论歧见剖析》、《中国财政思想史》（合作）、《西方经济学说史》（合作）等10余种著作，总计约600万字，并主持国家社科基金重点课题《新中国经济思想史》的研究，在中外经济思想史研究领域贡献卓著。1980年发起成立中国经济思想史学会，并任会长、名誉会长。

**蒋士麟**（1903—1997） 字嘉禾，上海市人。会计教育家。曾任上海财经学院教授。1922年考入南洋大学铁路管理科，1926年以优异成绩毕业。毕业后即留校任教，先后在交通大学历任助教、讲师、副教授。1945年晋升为教授，并担任交通大学财务管理系主任。1951年随交通大学财务管理系并入上海财政经济学院，任夜校部会计专修科主任。1956年加入九三学社。1958年随学校进入上海社会科学院工作。1964年调回上海财经学院。1972年调入复旦大学国际政治系任教授。1974年退休。主要学术领域为会计基本理论、交通会计理论和经济政治理论。主要著作包括《会计核算原理》《工业企业经济活动分析》《基本建设财务与会计》等，并参与《辞海》（经济分册）财务、会计条目编撰工作。

**王惟中**（1903—1996） 原名德均，字子美，安徽合肥人。经济学家。曾任上海财经学院教授。1927年毕业于圣约翰大学，并留校任教。1934—1937年先后在奥地利维也纳商科大学及德国柏林大学留学，1936年获维也纳商科大学博士学位。1938年回国后历任贵阳邮政管理局、重庆邮政储汇局专员、经理，并任中国大学、重庆大学、交通大学、金陵大学教授，兼南京邮政储汇局经济研究室主任。新中国成立后历任南京大学、交通大学教授，兼上海人民银行储蓄部副理。1952年调入上海财政经济学院任教授。1956年定为二级教授。1958年调入上海社会科学院经济研究所任教授。曾任上海市第三、第四、第五届人大代表，中国《资本论》研究会理事、全国外国经济学说史学会理事。专长《资本论》研究，著有《〈资本论〉提纲》，合著《资本论专题研究》《资本论专题研究及其运用》等。

**袁孟超**（1905—1991） 原名袁家铺，化名宋三、张文清、严英，四川资阳人。曾任上海财经学院教授。1920年于成都第一师范毕业。1925年7月加入中国共产党。1926年8月于国立东南大学地学系毕业后到徐州江苏省立第11中学任史地教员。1927年1月任武汉国民革命军第11军第71团政治指导员。10月到莫斯科中山大学英文班学习。1929年9月毕业。1930年2月任伯力远东共产主义大学中国部主任兼副教授。1932年8月赴莫斯科参加赤色职工国际工会工作进修班学习，1933年1月回国，进入上海中央局工作。1933年5月任中共江苏省委书记。1934年2月任上海全总筹备处书记兼秘书长。同年6月被捕，11月保释出狱。1936年11月起主编《世界文化》《中苏文化》杂志。1947年8月任上海法学院教授。1949年5月起，先后在上海法学院、上海财经学院任教授兼任上海财经学院马列教研组主任。1958年支边到吉林省长春市，任吉林财贸学院教授、科学研究室主任、论史教研室主任。1978年后，任吉林财贸学院财经教研室主任、经济研究所名誉所长、全国财经院校《资本论》学会顾问。1986年，中共吉林省委对其历史进行重新审查，批准其重新加入中国共产党。党龄从1949年算起。曾任吉林省第三、第五、第六届政协委员。

**申玉洁**（1906—1998） 河北唐县人。曾就读于河北省立第二师范学校。曾任上海财经学院党委书记。早年参加革命,1930年加入中国共产党。1937年起,任唐县抗日自卫队宣传部长、县政府财政科长,秘书,晋察冀边区第四专署财政科长、行政委员会北平办事处财政科长,晋察热行政公署财政厅副厅长等职。1948年起任晋察热解放区长城银行副行长,东北银行总行副经理。1950年起任中国人民银行东北区行副行长、行长兼东北银行专门学校校长,后任中国人民银行总行工业信贷局局长。1958年从中国人民银行总行调入上海财经学院任党委书记。1958—1966年任上海社会科学院党委副书记,其中1960年起兼任院党委监委书记。1974年起任长宁区"革委会"顾问,人民政府顾问等,1985年离休。

**吴道坤**（1906—1953） 字贯一,江苏宜兴人。曾任国立上海商学院教授。1928年毕业于国立中央大学社会经济学系,毕业后在湖南大学任教。1935年公派赴德国柏林大学统计保险系深造,毕业获哲学博士学位。回国后创建国立商业专科学校并任校长。1940—1946年在重庆任国民党中央组织部中央统计室主任,兼任国立中央大学、重庆大学教授。抗战胜利后返沪,1946年起任国立上海商学院教授兼总务主任、保险学系主任。1950年4月,在镇反运动中被捕、判七年徒刑,后送江苏泗县劳改,1953年病故。1985年彻底平反。

**周有光**（1906—2017） 原名周耀平,江苏常州人。中国著名语言学家。曾任上海财经学院教授。早年毕业于圣约翰大学,后赴日本东京大学、京都大学留学。1935年起先后在光华大学、上海银行、新华银行等处工作。1949年起担任复旦大学、上海财经学院教授,并任上海财经学院研究处主任。1955年调往北京,进入中国文字改革委员会,专职从事语言文字研究,参与制定汉语拼音方案,并主持制定了《汉语拼音正词法基本规则》,后被誉为"汉语拼音之父"。1955年起先后担任中国文字改革委员会、国家语言文字工作委员会研究员,第一研究室主任。1958年起在北京大学、中国人民大学讲授汉字改革课程。他主要从事中国语文现代化的研究,对中国语文现代化的理论和实践做了全面科学的阐释,著有《汉字改革概论》等著作。

**邹宗伊**（1906—？） 又名宗儒、钟隐。湖北随州人。曾任上海财经学院教授。国立上海劳动大学经济系肄业。曾任汉口市立职业学校商科主任,国立交通大学财务管理系教授,国立重庆大学教授,上海财政经济学院经济计划系教授、贸易经济系副主任,复旦大学国民经济计划和管理教授。1956年加入民盟。主要从事国民经济计划管理及财政金融方面的教学与科研工作。主要著译作有《自由贸易问题》《价值论概要》《金融经济大纲》《中国战时金融管制》《民生主义金融政策》《谈谈苏联的第六个五年计划》《国民经济计划中的速度和比例》。

**陆晶清**（1907—1993） 女,原名陆秀珍,白族,云南昆明人。作家。曾任国立上海商学院、上海财经学院教授。1922年毕业于云南女子初级师范学校,同年考入北京女子高等师范学校国文科,与许广平、刘和珍同学,常向李大钊、鲁迅等师长请教,1930年毕业。20年代著名女诗人,并积极参加学生运动。1926年起任国民党中央党部妇女部干事、河北《国民日报》副刊主编。1931年与丈夫王礼锡在上海经营神州国光出版社,出版进步书刊,受到国民党当局通缉,于1933年流亡欧洲,积极投入国际反战援华运动。1938年底回国投身抗日。1940年起先后在重庆市女中和求精商业专科学校任教,并主编《扫荡报》副刊。1945年春赴欧采访,参加了1945年11月在巴黎召开的首次国际妇女代表大会,采访了1946年初于伦敦举行的第一届联合国大会和7月起召开的"巴黎和会"。1948年初归国,任《和平日报》副总编辑,暨南大学中文系教授。1949年9月起任国立上海商学院、上海财经学院教授。1958年随学校并入上海社会科学院。1960年调回上海财经学院图书馆工作。1965年退休。曾任民革上海市委常委、民革中央监察委员会委员。著有诗集《低诉》、散文集《素笺》、专著《唐代女诗人》等。

**倪惠元(1907—?)** 浙江吴兴人。曾任国立上海商学院教授。毕业于美国伊利诺伊大学研究院,获硕士学位。曾任金陵大学、光华大学、齐鲁大学、川康农工学院教授,金陵大学经济系主任。1946年至1949年初任国立上海商学院教授,兼工商管理系主任。著有《公司理财》等。

**彭信威(1907—1967)** 江西安福人。货币史学家、钱币学家。曾任上海财经学院教授。1926年毕业于天津南开中学。1927年4月赴日留学。1931年底毕业于日本东京高等师范学校英文科。1932年3月起历任南京内政部科员、上海神州国光社编辑、福建人民政府新闻科科长兼人民通讯社社长。1934年底至1936年底赴英国伦敦政治经济学院研修。回国后在上海社会经济调查所编辑《社会经济月报》。1937年6月起任中国银行总管理处国外部办事员、副主任。1943年8月受聘任重庆复旦大学银行学系教授。1945年1月至1946年任《扫荡报》派驻美国和联合国特派记者。1946年8月任复旦大学银行学系教授。1952年9月,全国高校院系调整,随复旦大学财经学院并入上海财政经济学院,任财政金融系教授。1956年定为三级教授。1958年随学校并入上海社会科学院任教授。1960年调回上海财经学院任财政金融系教授。专长中国货币史,并是著名的钱币收藏家,藏有中外古今钱币数千种。他精通英文和日文,通晓德文、俄文和法文。译述有《各国预算制度》《中欧各国农业状况》《战后世界金融》等。著有《银行学》、*Shanghai Money Market* 等。他早年在国内外搜集了大量货币史资料,从1943年开始撰写《中国货币史》,数易其稿。1954年上海群联出版社出版了《中国货币史》上、下两卷,1958年上海人民出版社出版修订第二版,1965年又出版增订第三版,总计77万字,成为研究中国货币发展历史的巨著。1994年美国西华盛顿大学出版社出版资深汉学家卡普兰(Edward. H. Kaplan)的该书英译本 *A Monetary History of China*,在国际上产生了很大影响。

**许本怡(1907—1983)** 又名许哲士,安徽歙县人。会计学家。曾任国立上海商学院、上海财经学院教授。1933年2月毕业于国立上海商学院会计系。1934—1937年先后在美国俄亥俄大学、西北大学、哈佛大学研究院及英国伦敦大学经济学院就读,1936年获商业管理硕士学位。1937年回国后历任金陵大学经济系教授兼系主任、国立中央大学经济系、重庆大学会计系、重庆求精商业专科学校会计系教授。1946年8月起任国立上海商学院教授兼会计学系主任,兼任国立中央大学经济系、复旦大学会计系教授。1950年8月起任上海财政经济学院教授、教务主任、系主任、副教务长。1956年定为二级教授。1958年随学校并入上海社会科学院任会计系教授、情报室组长、学术秘书室负责人等。1978年10月起任上海社会科学院情报研究所副所长、《文摘》杂志主编。专长会计学。著有《财务报告分析》《基本会计》等,参加翻译《美国历史上的几个总统》《非洲经济发展》《美国黑人在觉醒中》等。

**薛仲三**(1907—1988)　河北宝坻人。数理统计学家。曾任上海财经学院教授。早年入读私塾。1924年毕业于辽宁省立第四师范学校。1930年毕业于沈阳东北大学,获数学专业理学士学位,后留校任数学专业助教。1931—1941年在北平协和医学院从事医用数理统计的工作和研究,并主编《两千年中西历对照表》。1943年毕业于美国约翰·霍普金斯大学公共卫生学院统计系,获卫生统计学专业医学硕士学位。1943—1945年任重庆中央卫生实验院卫生资料组主任及教授。抗战胜利后任复旦大学统计系主任及教授。1952年9月随复旦大学财经学院进入上海财经学院工作,任教授、统计学系主任。1954年调入上海第二军医大学,任军队卫生教研室教授,1958年后任军事医学科学院、总后勤部卫生部、卫生勤务研究所、后勤学院统计学教授。1956年定为一级教授。编著有《高等统计学》《普通统计学》等。

**朱斯煌**(1907—1985)　字苣征,浙江余姚人。金融学家。曾任上海财经学院教授。1925年考入复旦大学商学院。1928年赴美国深造,两年后获美国哥伦比亚大学经济学硕士。于1931年回到复旦大学,任银行学系教授、系主任。1952年9月随复旦大学财经学院进入上海财经学院工作,任财政金融学教授,同时兼任上海市私营金融业第一联营集团秘书长等职。1956年参加中国民主同盟。曾担任《信托季刊》《银行周报》主编,著有《银行经营论》《信托总论》《中华人民共和国的货币流通计划化》等。

**张毓珊**(1907—1958)　又名张玉珊,江苏金坛人。曾任国立上海商学院教授。毕业于中国公学,获文学学士学位。法国巴黎大学研究院肄业。曾任中国公学、暨南大学、上海法政学院教授。1933年至1944年任国立上海商学院教授,曾任国际贸易系主任、经济研究室主任。新中国成立后先后任教于复旦大学、上海财经学院,1954年因院系调整,调往北京对外贸易学院任教。著有《国际贸易原理》《经济思想史》等。

**刘絜敖**(1908—1995)　四川大邑人。金融学家。曾任上海财经学院教授。早年就读于成都师范大学历史系。1928年赴日本留学,先后在早稻田大学政治经济科、日本士官学校炮兵科求学。1932年再赴德国莱比锡大学留学,1935年毕业于柏林大学经济系。回国后被聘为暨南大学商学院教授。其后任中国农民银行襄理、副理,及汇通银行经理,同时兼任复旦大学、暨南大学教授、成都光华大学银行系主任。1948年8月起任复旦大学商学院教授,兼任交通大学、上海法政学院、大同大学、立信会计专科学校教授。1952年全国高校院系调整,随复旦大学财经学院并入上海财政经济学院,任财政金融系教授。1956年定为三级教授。1958年并入上海社会科学院任教授。1960年调回上海财经学院任财政金融系教授。1972年学校撤销,调入复旦大学经济研究所任教授。1978年上海财经学院复校,调回任财政金融系教授。生前享受国务院特殊津贴。刘絜敖教授专长西方货币金融学说和经济学说史,精通英、日、德三国外语。早在留日期间,他就撰有《比例代表法概论》一书,由商务印书馆于1931年出版。1935—1936年间,他又先后撰写《营业预算论》和《经济学方法论》,均由商务印书馆出版,后者被列入《大学丛书》,马寅初评为"功力甚深、造诣颇高的佳作",至今仍是系统论述西方经济学方法论的专著之一。他50年代在上海财经学院讲授《货币银行学》和《资产阶级经济学说》课程,开始系统研究西方货币金融学说,60年代初撰写《国外货币金融学说》作为校内教材。同期他还翻译出版了奥地利经济学家门格尔的《国民经济学原理》。上海财经学院复校后,他继续修改撰写《国外货币金融学说》,于1983年正式出版,著名学者陈翰笙作序称其为"我国第一部系统论述西方货币金融学说的专著";同年还翻译出版了瑞典学派创始人魏克赛尔的代表作《国民经济学讲义》。

**梅达君**(1908—1993)  安徽宣城人。曾任上海财经学院副院长。1930年毕业于东吴大学政治系。历任苏州女子职业中学教员,国民党安徽省政府秘书、贵州省政府秘书、贵州省贵定县县长等职。1938年参加革命工作,任上海慈愿难民收容所副主任,并从事抗日救亡宣传。1939年10月加入中国共产党,奉命在国统区做上层统战工作。1945年底与马叙伦、王绍鏊等共同创建中国民主促进会,投入反对内战、争取民主的斗争。1949年作为民进代表出席全国政协第一届全体会议,并参加开国大典。新中国成立后历任上海市政府交际处处长、市委统战部第四处处长、市政府办公厅副主任、市政协副秘书长。1954年调任中国驻苏联大使馆政务参赞,次年回国。1957年10月任上海市民族事务委员会副主任。1962年4月调任上海财经学院副院长。1972年调华东纺织工学院。1978年9月起任华东纺织工学院顾问。1984年离休。曾任中国民主促进会第三届中央理事,第四、第五、第六、第七届中央委员,第二、第三届中央参议委员会副主席,及上海市第一、第二届人大代表。

**孙冶方**(1908—1983)  原名薛萼果,江苏无锡人。著名马克思主义经济学家。曾任上海财经学院院长。1923年在无锡竢实学堂加入中国社会主义青年团,1924年底转为中共党员,任无锡党支部第一任书记,同时也加入中国国民党。1925年从事学生运动和工人运动。同年11月受党组织派遣,去苏联莫斯科中山大学学习。1927年夏毕业后,在该校和莫斯科东方劳动者共产主义大学任政治经济学讲课翻译。1928年在莫斯科中山大学继续任政治经济学讲课翻译。1930年9月回国后,任上海人力车夫罢工委员会主席,未几又改任人力车夫总工会筹备委员会主席。同年底,调任沪东区工人联合会筹备委员会主席。在上海从事工人运动和左翼文化运动,积极参加组织中国农村经济研究会,并编辑《中国农村》杂志,以孙冶方笔名发表了许多具有马克思主义观点的中国农村经济论文,在理论战线上对托派及王明的"左"倾错误进行了斗争。"九一八"事变后,在史沫特莱主编的《中国论坛报》担任撰稿人。1933年与陈翰笙等发起成立中国农村经济研究会。1935年又开设新知书店、中国经济资料室,发行《中国农村》月刊,并任月刊编辑,还任英文《中国论坛》通讯员。抗日战争爆发后,1937年9月调任中共江苏省委文化工作委员会书记,后来长期从事马克思主义理论教育和经济部门的领导工作。1941年6月,去苏北根据地,在华中局宣传部任宣传教育科科长。后调往中共华中局党校教学,并兼任教育科科长。1941年在华中党校工作期间,提倡加强理论与实际的联系,加强干部的马克思主义理论教育。其后还担任中共淮南津浦路西地委宣传部部长、苏皖地区货物管理总局副局长。在山东工作时任华东财办秘书长。1949年随军到上海,任上海市军管会工业处处长。新中国成立后任华东军政委员会工业部副部长,并兼任上海财政经济学院首任院长(1951年1月到任),1954年任国家统计局副局长,1957年底起任中国科学院经济研究所所长,1977年起担任经济研究所顾问、中国社会科学院顾问、国务院经济研究中心顾问、全国五届政协委员等职,1982年出席中共十二大,当选为中央顾问委员会委员。著有《社会主义经济的若干理论问题》及续集、《社会主义经济论稿》《孙冶方文集》等。他从30年代起从事经济理论研究,对中国社会主义经济建设中的重大实际问题和理论问题进行了广泛的创造性的研究,提出了一系列卓有远见的社会主义经济理论,推动了社会主义经济理论研究的深入发展,对我国经济学的发展做出了巨大贡献,而以他名字命名的"孙冶方经济科学奖"是我国经济学领域的最高奖项之一。

**邹依仁(1908—1993)**　江苏无锡人。著名统计学家。曾任国立上海商学院、上海财经学院教授。1929年毕业于国立中央大学数学系。1930年至1937年先后就读于法国巴黎大学统计学院、美国密西根大学研究生院,获文学硕士、理学硕士学位和统计师职称。1935年加入美国统计学会、数理统计学会。1938年回国后,历任复旦大学统计系教授兼统计专修科主任、中央大学经济系教授。1946年起任国立上海商学院教授兼统计学系主任,兼任国立中央大学经济系教授。新中国成立后任上海财政经济学院教授兼统计学系主任、研究处副主任。1956年定为二级教授。1958年8月调入上海社会科学院部门经济研究所任教授。1988年3月退休。曾任上海市第二、三、四届政协委员,享受国务院特殊津贴。1980年加入欧洲国际质量管理协会,1985年10月被聘为第一届亚太质量分会主席。专长统计学,著有《高级统计学》《工业统计学》《统计学和质量管理》《质量控制的历史发展及其在各国的做法》《质量管理原理与方法》《旧上海人口变迁的研究》等。

**陈善林(1909—1996)**　上海奉贤人。曾任上海财经学院教授。1931年毕业于国立暨南大学商学院。历任上海市社会局统计兼编译员,中央信托局购料处科长、专员,上海对外贸易总公司科长等职,并兼任上海法学院、立信会计专科学校、东吴大学等校教授。1951年2月调入上海财政经济学院统计学系任教授。1958年并入上海社会科学院任教授。1960年调回上海财经学院任会计统计系教授。1972年调入复旦大学政治经济学系任教授。1978年11月调回上海财经学院统计学系任教授。1987年2月退休。曾任中国统计学会理事、上海统计学会副会长。专长统计学,著有《统计制图学》《统计学》《贸易统计学》《统计预测法》《统计发展史》等。

**龚清浩(1909—2001)**　上海崇明人。会计学家。曾任上海财经学院教授。1930年毕业于交通大学铁路管理学院。毕业后先后在国民政府胶济铁路管理局会计处、铁道部"会计统计统一委员会"任职。1934年夏由国民政府铁道部派赴美国留学,1935年获美国伊利诺伊大学会计学硕士学位,随即转入美国西北大学研究院,1937年获工商管理硕士。1936年起在芝加哥赫勃鲁会计师事务所任兼职审计员,并先后加入美国会计学会和美国成本会计人员协会。1937年回国后,先后任交通大学讲师、副教授,以及大夏大学教授、会计系主任,1945年起任交通大学教授,并兼任复旦大学、光华大学、沪江大学、东吴大学、圣约翰大学等校教授。1949—1951年曾任上海市人民政府公用事业局会计顾问。1951年7月调入上海财政经济学院任财务会计系教授。1956年定为二级教授。1958年随学校并入上海社会科学院,任会计系、经济研究所教授。1960年上海财经学院重建,调回任教授、会计统计系主任。1962年加入九三学社。1972年学校撤销,调入复旦大学任教授。1978年上海财经学院复校,调回任会计学系教授。生前享受国务院特殊津贴。曾任上海市第五、第七、第八届人大代表,以及中国会计学会副会长、顾问、上海市会计学会副会长、上海审计学会顾问、上海市高级会计师评审委员会副主任。专长会计学,主张会计理论要与实践相结合,要努力建立具有中国特色的会计理论体系。他在会计教学中强调"三基",即基本理论、基础知识和基础技能的训练。他于1957年编著的《工业会计核算》(第二分册)被全国不少高等财经院校用作教材。自60年代初到70年代末,一直负责大型辞书《辞海》会计类词目的编撰工作。从1960年至1964年,主持《会计简明词典》的编写工作,因"文化大革命"开始而未能出版。1978年又重新主编《会计辞典》,1982年由上海人民出版社出版,并于1984年获上海市高等学校文科科研成果二等奖、上海市哲学社会科学优秀著作奖。

**李鸿寿**(1909—1998)  字朋三,江苏扬州人。会计学家、教育家。曾任上海财经学院副院长。1931年毕业于复旦大学商学院。毕业后就职于立信会计事务所,并在立信会计夜校任教,1933年起历任立信会计学校教授、副校长、校长,并先后兼任复旦大学、沪江大学、国立上海商学院教授,同时担任立信会计事务所执行会计师、上海会计师公会监事等,参加编辑《立信会计丛书》和《立信会计季刊》。1952年全国高校院系调整,立信会计专科学校并入上海财政经济学院,他被任命为副院长,并负责创办夜校,任夜校部主任。1956年定为二级教授。1958年随学校并入上海社会科学院任教授、上海社会科学院业余大学副校长。1960年上海财经学院重建,调回继续任副院长兼夜校部主任。1972年学院撤销,调入复旦大学任教授。1978年上海财经学院复校,再次调回任副院长兼夜校部主任。1984年8月退出领导岗位,继续担任教授至1991年3月退休。生前享受国务院特殊津贴。曾任上海市第二至第六届政协常委、中国民主同盟第五届中央委员、民盟第五至第八届上海市委常委、副秘书长、民盟中央参议委员等职,并被选为中国会计学会、上海审计学会、上海注册会计师协会等团体的顾问。著有《会计学》《会计学数学用表》《会计学概要》《专业会计制度》《审计学》《会计学原理及实务》(合译)、《企业管理中的数量方法》(合译)等。他从80年代起担任全国高等教育自学考试指导委员会委员、经济管理专业委员会副主任委员、上海市高等教育自学考试委员会副主任委员、上海高等职工教育学会副理事长等职,并为全国高等教育自学考试经济管理专业审定了约150万字的教材,为成人教育事业做出了重要贡献。

**孙怀仁**(1909—1992)  浙江杭州人。经济学家。曾任上海财经学院教授。1932年毕业于日本东京早稻田大学。回国后曾任《申报年鉴》经济部分主编,并历任沪江大学、上海法政学院、上海法学院、国立上海商学院教授,暨南大学国际贸易系主任兼教务长,英士大学教务长兼法学院院长等。1950年8月后担任上海财经学院教授、企业管理系、工业经济系主任。1956年定为二级教授。1958年调入上海社会科学院经济研究所主持工业经济研究组工作,1978年后任上海社会科学院副院长兼经济研究所所长、上海市经济学会会长。著有《中国农村现状》《金本位动摇之意义》《中国财政的病态及其批判》等。

**吴承禧**(1909—1958)  安徽歙县人。金融学家。曾任上海财经学院教授。1931年毕业于复旦大学商学院银行系。曾任中央研究院社会科学研究所研究员、上海兴业银行襄理、副经理。1937年底当选为上海银钱业业余联谊会理事及机关刊物《银钱界》主编。抗日战争期间参加筹办《经济周报》,主持社务和编辑。新中国成立后曾任中国人民银行华东区计划处处长,1952年调任上海财经学院教授、教务长。1956年定为二级教授。同年任中国科学院上海经济研究所筹备处副主任。曾任民盟中央委员和民盟上海市委常委、民建上海市临时工作委员会常委、上海市人大代表及上海市政协常委。1956年加入中国共产党。著有《中国的银行》《政治经济学的对象》《厦门的华侨汇款与金融组织》等。

**薛迪符**(1909—1959)  江苏武进人。会计学家。曾任上海财经学院教授。1926年考入上海光华大学商学院,师从薛迪靖、谢霖等会计名家。1930年大学毕业后留校任教,先后担任会计学教授、系主任,后升任商学院院长。期间先后兼任国民政府交通部办事员、国信银行襄理、经理等职。1951年7月曾参与华东师范大学筹建工作。同年,随光华大学商学院并入上海财经学院,担任会计学系教授、系主任。1958年调入上海社会科学院工作。专长会计学,著有论文《中国农村经济问题》、译著《会计学原理及实务》等。

**姚耐(1909—1991)** 福建福州人。经济学家、教育家。曾先后担任上海财经学院党委书记、院长。早年曾就读于北平朝阳大学经济系。1936年赴日本留学,在东亚日本语学校学习日语,并从事学生运动,任东京留日学生文化联合会理事,期间加入中共领导的地下党组织——社会主义青年同盟。1937年"卢沟桥事变"爆发后回国投身抗日斗争,任上海留日同学救亡会理事。1938年5月在武昌抗战教育研究会工作期间加入中国共产党。抗日战争时期历任山西民族革命大学教授、新四军教导队政治教员、训练处指导员、新四军第一师宣传科长、盐城抗大五分校政治科长、苏中大队主任教员、抗大九分校训练处副主任、政治处副主任。解放战争时期历任华中建设大学民政系副主任、预科部副主任、山东大学预科部主任、教务长,山东财办党委教育部长兼工人干部学校副校长。1949年随军南下,历任山东财办南下干部总队政治部副主任、上海财经接管委员会人事处副处长、华东财经学校副校长、华东军政委员会人事局教育处处长等。1951年1月调任上海财政经济学院副院长,1952年8月任院党委书记,1953年12月起任院长兼党委书记。1958年9月随学校并入上海社会科学院,任副院长兼经济研究所所长、党组书记。1973年底任市委写作组经济组顾问。1978年7月起主持上海财经学院复校工作,1979年1月任党委书记兼院长。1984年7月离休。曾任上海市第一、第二届人大代表、上海市第五届政协常委兼经济工作研究委员会副主任、中国财政学会副会长、上海市经济学会副会长、上海市哲学社会科学联合会副主席、中国围棋协会副主席等职。

姚耐从1951年至1984年间,前后两个时段担任学校主要领导共计13余年,为学校的组织建设、学科建设、队伍建设、校舍建设等呕心沥血,贡献了全部力量,是上海财经学院的重要奠基人。他在办学中强调理论联系实际,坚持高等财经教育与国家经济建设的实际密切结合,并勇于改革,探索新路,为中国高等财经教育做出了重要贡献。他专长马克思主义政治经济学,1959年出版专著《论社会主义制度下价值规律的作用》(合著),1961年主编并出版《政治经济学(社会主义部分)》,1979年后撰有《关于中国式现代化道路的几个问题》《从历史经验看高等财经教育的改革》等论文。

**徐宗士(1910—1997)** 字世平,上海奉贤人。曾任国立上海商学院教授。1931年毕业于国立中央大学法学院经济系,获法学士学位。毕业后任《生活周刊》驻南京特约记者,兼《时事月报》编辑。1933年起在国民政府资源委员会财政组工作。1937年被公派送往英国伦敦政治经济学院留学,研究各国战时财政。1940年初回国后去重庆继续在资源委员会经济研究室工作,1942—1945年兼任国立中央大学教授,1945年9月起任国立上海商学院教授、银行系主任。他是国内最早介绍并翻译凯恩斯学说的学者之一。1949年上海解放后,任中国银行总管理处经济研究室研究委员。1951年任南京大学经济系教授,1952年底任华东工业部计划处专员。1953年调第一机械工业部上海管理学校任副校长。1956年调任上海交通大学造船经济教研组主任、生产组织教研室副主任。1972年调任复旦大学国际政治系西欧研究室副主任。1986年4月受聘担任同济大学原联邦德国研究所顾问教授。译著有:《战时经济学》《汉森经济理论批判》《经济政策和充分就业》《现代资本主义》《丰裕社会》《凯恩斯学说指南》《经济思想流派》《法国政府机构》《西欧社会民主党》《联邦德国政府与政治》《西德、法国和美国的外交政策》《比较政府体制》等。

**朱雯（1911—1994）** 原名朱皇闻，笔名王坟、蒙夫。上海松江人。曾任上海财经学院教授。1932年毕业于东吴大学。朱雯在大学期间即开始文学活动，创办文学旬刊《白华》。大学毕业后在松江中学任教。抗战爆发后西行，在长沙时曾参加田汉主办的《抗战日报》的创刊工作。1938年2月应邀前往广西桂林中学任教。曾主编文艺半月刊《五月》。1939年初到上海，曾任中学教员和新闻翻译，并与陶亢德合编《天下事》，与吴岳彦合办《国际间》。后前往安徽屯溪，在上海法学院任教。抗战胜利后回到上海。历任江苏省立松江中学、广西省立桂林高级中学教师，上海法学院教授。1950年调入上海财经学院任外语教授，同时任工农速成中学语文教师。1956年调入上海师范学院工作，任外语系、中文系教授、文学研究所所长。上海市第八届人大代表、市文联第四届全委。著有长篇小说《动乱一年》，散文集《百花洲畔》《烽鼓集》，短篇小说集《现代作家》，译著长篇小说《苦难的历程》《彼得大帝》《西线无战事》《凯旋门》《生死存亡的时代》《流亡曲》《妄自尊大的人》《里斯本之夜》等。

**杨先之（1912—1990）** 安徽安庆人。曾任上海财经学院教授。1937年毕业于清华大学机械工程系。1941年赴美留学，1942年毕业于美国丹佛航空机械学校。回国后曾任国民政府航委会航政处科员、上海新绥公司航空运输部总工程师兼经理等职。1948年起历任上海中华工商专科学校教授兼机械科主任、上海南京工业专科学校教授兼机械科主任、校委会主任。1951年8月起任上海财政经济学院教授，商品系机械教研室主任。1958年随学校并入上海社会科学院任教授，1961年调回上海财经学院任教授、技术学教研室主任。1972年4月调入上海纺织工学院纺织系、机械系任教授。1978年10月调回上海财经学院工业经济系任教授、工业技术学教研室主任。专长工业技术学，编著有《机械基础》《标准化理论基础》《汽车运输学概论》等。

**罗俊（1913—2003）** 江苏昆山人。大夏大学肄业。曾任国立上海商学院教授。1930年参加革命工作，1931年加入中国共产党。曾任大夏大学党支部书记、中国革命互济会全国总会宣传部部长。1936年日本东京农业大学本科毕业。同年回国，后任中国工业合作协会总会视察、中国农民银行上海分行副经理、复旦大学教授。抗战胜利后开始兼任国立上海商学院合作系教授，在校期间通过授课等方式秘密宣传进步思想。新中国成立后，历任中国人民银行上海分行副行长，华东合作事业管理局副局长，中国农业合作银行副经理，北京农业银行副经理，中华全国供销合作总社财会局局长。1958年任对外文化联络委员会副主任，后分管对外书刊工作。1961年3月兼任外文出版社社长。后历任国务院港澳办公室副主任，中国外文出版发行事业局党组书记、局长、顾问，对外文化联络委员会副主任等职，曾当选为中国共产党第十二次全国代表大会代表，第三届全国人民代表大会代表，中国人民政治协商会议第六、第七届全国委员会委员。

**吴永珣（1913—1997）** 河北滦县人。曾任国立上海商学院教授。1936年毕业于北平税务专门学校。毕业后先后在上海江海关、青岛胶海关担任税务员。1941年赴美留学，1943年获得威斯康星大学经济学硕士学位，同年进入芝加哥大学研究院修习，1944年加入美国经济学会，1947年获得威斯康星大学经济学博士学位。回国后先后任输出推广委员会（上海）专门委员、天下公司（上海）顾问、暨南大学教授。1949年任国立上海商学院教授。1951年担任上海财经学院国际贸易系副主任。1954年因高校调整，调任北京对外贸易学院任教授。其中1972年至1974年，任对外贸易部国际贸易研究所教授。著有《对外贸易价格条件》《资产阶级经济学家关于亚非国家经济发展的理论》《资产阶级经济理论中的比较成本说简介》《国际贸易的交易方法和交易术语》《美国〈一九七四年贸易法〉剖析》。编写有《英汉国际贸易与金融辞典》等。

**朱国璋(1913—1981)** 字仲谋,浙江湖州人。会计学家。曾任国立上海商学院院长。1936年毕业于国立上海商学院会计系,获商学士学位,后留学英国伯明翰大学,获商学硕士学位。回国后曾任暨南大学会计系教授,后任重庆大学商学院教授、工商管理系主任、会计统计系主任,同时担任国立中央大学兼任教授,因受师生的崇敬,1943年重庆大学商学院学生以民主投票方式,一致通过推请他出任商学院院长,是我国教育史上由学生选举出院长的第一人。1946年2月受聘为国立上海商学院复校筹备委员会委员,6月出任院长,并且代表教育团体当选"国民大会"代表。是年11月1日,恢复的国立上海商学院正式开学。国立上海商学院复校筹备期间,朱国璋坚持面向社会办学、聘请名师为办学的第一要务和师资与设备并重的办学理念,积极争取校舍、添置教学设施,聘请海内外教学名师,恢复与扩充教学院系,为学院营造良好的教学环境。在担任国立上海商学院院长期间,提出"严格训练,树立制度,开诚布公,师生合作"的办学四项原则和"理论实务两相兼顾"的教学方针。还提出校园文化建设问题。他认为,"每一个大学应该有一种大学空气(College atmosphere)",这种大学空气应该包括:"第一是浓厚的学术空气,第二是活泼的运动空气,第三是和气的家庭空气"。1949年4月辞职离校。去台湾后,历任台湾大学、政治大学教授、美国伊利诺伊大学客座教授,并兼任台湾省台北市会计师公会常务理事、会计问题评议委员会主任委员、"考试院"考试委员等职。1977年退休。专长会计学,著有《高等会计学》《成本会计之理论与实务》《近代会计理论之介绍》等。其中,《高等会计学》和《成本会计之理论与实务》堪称会计名著。《近代会计理论之介绍》一书,对外国会计理论的发展过程进行了系统的阐述,于国人了解西方会计理论起到推动作用。

**褚葆一(1914—2011)** 浙江嘉兴人。世界经济研究学者。曾任国立上海商学院教授、校务委员会主任委员。1933年毕业于国立上海商学院工商管理系,后赴燕京大学研究院学习。1934年赴欧留学,先后在英国伦敦政治经济学院、德国法兰克福大学、柏林大学和柏林经济学院学习,攻读国际经济关系学、国际贸易学、银行学、国际金融学等专业。1938年归国后任国立中央大学经济系教授、系主任。时年仅26岁的褚葆一成为国立中央大学最年轻的教授,后又随校迁往重庆直至抗战胜利,同时他还在重庆大学商学院、南开大学经济研究所兼课或者合作从事科研工作。1946年10月,国立上海商学院复校,他受聘担任国立上海商学院教授,国际贸易系、银行系主任,并兼任国立中央大学、复旦大学教授。这期间,他参加了陈望道等人组织的大学教授联合会,在校积极讲授马克思主义经济学说,并同情学生运动,保护进步学生。1949年5月,他被任命为国立上海商学院校务委员会主任委员。1951年起任上海财政经济学院副院长。1956年加入中国共产党。同年定为二级教授。1958年随学校一同并入上海社会科学院并负责世界经济研究所的工作,曾任《辞海》编委和分科主编。1978年任上海社会科学院世界经济研究所所长,历任教授、博士生导师、中国世界经济学会和上海世界经济学会副会长、世界经济研究所名誉所长等。著有《当代美国经济》《当代帝国主义经济》《世界经济学原理》《褚葆一文集》等。褚葆一一生发表了大量的学术文章和著作,同时还培养了一大批学术人才,在多个经济研究领域提出了自己独特的见解,为中国世界经济学科的建设与发展做出了巨大贡献,被誉为中国世界经济学研究领域的"泰斗"级人物。

**娄尔行(1915—2000)** 浙江绍兴人。会计学家。曾任国立上海商学院教授。1937年毕业于国立上海商学院会计系。同年赴美留学,1939年毕业于美国密歇根大学研究生院,获企业管理硕士学位(MBA)。回国后先后在国立上海商学院、光华大学、国立临时大学任讲师、副教授。1946年9月起任国立上海商学院教授。1950年8月起任上海财政经济学院教授、工业会计教研室主任、会计学系副主任。1958年随学院并入上海社会科学院经济研究所任教授、工业经济组副组长。1978年2月调入复旦大学任教授。1980年3月调回上海财经学院任教授、会计学系主任、名誉主任,并兼任江西财经学院、浙江财经学院等校教授及大华会计师事务所董事长。生前享受国务院特殊津贴。曾任中国会计学会副会长、中国审计学会副会长、上海市会计学会副会长、财政部会计准则中方专家咨询组成员等职。

娄尔行教授专长会计学,是会计学专业新课程体系的主要创始人。1950年,他出版了第一部专著《成本会计学》,随后又主编出版了《工业会计核算》(一、二、三分册)。1984年,他主编的《资本主义企业财务会计》首次系统介绍了西方会计学的基本理论和实务。随后又主编了《基础会计》《财务会计》《审计学概论》及《英汉、汉英会计常用名词汇译》等,被众多高校选用为教材。1994年初,他出版专著《会计审计理论探索》,对建立中国的会计、审计理论体系进行了全面的创造性探索。娄尔行教授积极倡导会计教学改革,80年代提出"扩大知识面,培养广博而专精的人才"的指导思想,重新设置会计学专业课程体系,1989年获国家级优秀教学成果奖。他是全国首批会计学博士生导师,培养了一批有影响的中青年会计学者,为中国的会计教育做出了重要贡献。

**陆慕云(1915—1987)** 江苏六合人。曾任上海财经学院党委书记、院长。早年在安徽芜湖、宣城等地求学、当学徒、店员,并参加抗日活动。1939年起在皖东北根据地、苏中四分区任政府金库主任、税务局副局长等职。1941年加入中国共产党,历任浙东行政公署财政经济处处长兼浙东银行副经理、华东野战军先遣纵队后勤部部长、第八兵团后勤部副部长。新中国成立后历任南京市工商局局长,华东行政委员会商业管理局局长,上海市财经委员会副主任,上海市第三、第二、第一商业局党委书记兼局长。1960年9月至1964年11月兼任上海财经学院党委书记、院长。1973年10月起任上海市第一商业局革委会副主任。1978年4月起任上海市供销合作社党委书记兼主任。1980年11月任上海市人民政府财贸办公室副主任。1986年12月离休。曾任上海市第三、第四、第七届人大代表、市政协第四届委员会委员。

**郭森麒(1917—1986)** 福建福州人。曾任上海财经学院副院长。1936年起先后求学于南京金陵大学、长沙湖南大学,1941年毕业于昆明西南联合大学经济学系。毕业后在四川任教,1947年进入上海立信会计专科学校,历任副教授、教授、教务处副主任、主任,并兼任交通大学、大夏大学等校教授。1950年加入中国共产党。1952年并入上海财政经济学院,任教授、夜校部副主任。1958年并入上海社会科学院任教授、业余大学办公室主任。1960年调回上海财经学院,先后任教务处副处长、处长。1972年调入复旦大学教育革命组、国际政治系工作。1978年调回上海财经学院任副院长,1983年2月主持全院行政工作。1984年8月退出领导岗位,1985年退休。

**顾理(1919—1984)** 江苏如皋人。曾任上海财经学院副院长。早年曾就读于南通师范初中部,1938年失学后参加抗日活动,1940年加入中国共产党,长期在苏中地区从事党务工作和工会工作。1950年在全国总工会干部学校学习,后任全国总工会东办事处办公厅副主任、政策研究室主任。1955年起先后担任复旦大学校长办公室主任、南洋工学院筹备处主任等职。1956年调入上海财经学院任工业经济系副主任兼党总支书记。1958年调上海社会科学院任职。1961年任上海财经学院教务处长。1962年起任华东局宣传部理论干部班主任兼总支书记。1977年起任中国科学院植物生理研究所党委副书记。1978年8月调任上海财经学院副院长。1983年12月离休。

**胡也**(1919—2006)　又名曾国铭、曾之毅，广东广州人。曾任上海财经学院党委副书记。早年在广州新亚英文学校求学，后入军队任职。1937年8月在山西太原参加军政训练班，1940年9月加入中国共产党。历任山西青年抗敌决死队政治指导员、宣教干事，《前线报》主编，晋绥军区宣教干事，《晋绥日报》《晋南日报》编辑、记者等职。1950年起任《川西日报》采访室主笔、新华社川西分社采编主任、北京新华总社国内部编辑。1954年调任上海造船学院办公室主任、机械系党总支书记。1957年7月起历任上海交通大学起运系、无线电系、基础部党总支书记，校党委副书记。1963年3月调任上海财经学院党委副书记，主持党委工作。1972年调任上海海运学院教育革命组，次年起任远洋系革委会副主任。1978年8月起任上海海运学院副院长，兼任上海海运学院分院院长、党委书记。1983年离休。1986年荣获上海市老干部局先进离休干部称号。

**马家骅**(1919—1983)　上海川沙人。曾任上海财经学院教授。1940年毕业于交通大学实业管理系，1947年赴美留学。1949年获纽约大学工商管理硕士学位，当年回国任复旦大学财经学院副教授。1952年调入上海财政经济学院任副教授。1958年随学校并入上海社会科学院任工业经济系教授。1960年调回上海财经学院任工业经济系副教授、副系主任。1972年调入复旦大学经济研究所工作。1978年调回上海财经学院工业经济系，任教授、系主任。1981年当选上海市第七届人大代表，人大常委会委员、财经委员会委员。专长企业管理，编著有《工业企业组织工作》《美国工业管理》《资本主义工业托拉斯经营管理方法》等，译著有《技术定额》《社会主义政治经济学》。

**王伟才**(1919—1985)　浙江鄞县人。曾任上海财经学院党委书记。1933—1940年任职于中国国货公司，1946—1949年任上海中信银行主任襄理。1938年加入中国共产党，历任中共中国国货公司支部书记、中共上海百货业委员会副书记、书记。1949年上海解放后历任上海军管会财政接收委员会金融处副处长、中国人民银行私人业务局副局长，1958年出任中国人民银行上海分行副行长。1961年1月调入上海财经学院，历任党委副书记、副院长、党委书记。1962年10月调任上海市物价委员会副主任。1963—1967年任中国银行伦敦分行副总经理，1975—1979年任总经理。1979年任中国银行副行长、副董事长，1980年兼任国际货币基金组织副理事。1982年11月出任国家外汇管理总局局长。1983年任中国人民银行理事会理事兼秘书长。20世纪80年代初，王伟才受命参与恢复我国在国际货币基金组织和世界银行的合法席位的谈判，有较大贡献。

**王蕙香**(1919—1987)　山东博兴人。曾任上海财经学院党委副书记。1940年参加革命工作并加入中国共产党，历任临淄县辖博兴县四区和广饶县三区区委委员、副区长，临淄县第一、第五区区长，章历县粮食局副局长等职。1949年6月起在华东革命大学第一、第二、第三期任支部书记、班主任。1952年起先后任华东师范大学组织科科长、上海水产学院党委副书记、上海体育学院党委副书记。1964年2月任上海财经学院党委副书记。1978年8月起历任上海师范大学组织部部长、华东师范大学纪委副书记。1984年3月离休。

**王星九(1920—2015)**　山东寿光人。曾任上海财经学院党委副书记。1938年1月参加八路军，同年4月加入中国共产党。1941年起历任中共垦利县四区区委书记、县委宣传部长、渤海区工商局支局局长、干部学校教导主任等职。1949年9月起任华东财经学校三部主任、上海财经学院研究部班主任、政治辅导处副主任。1954年1月至1958年9月任上海财经学院党委副书记。1958年以后任中国科学院华东分院生理研究所党总支书记兼副所长。1970—1978年任中国科学院华东分院上海生理研究所党总支书记、革委会主任。1979年1月调任上海财经学院党委副书记兼副院长。1985年离职休养。

**郑德如(1921—2014)**　女，江苏武进人。曾任上海财经学院教授。1943年毕业于重庆大学。先后在重庆交通大学、武昌中华大学、国立上海商学院等校任教。1948年1月赴美留学，就读于爱荷华大学、伊利诺伊大学研究院，获硕士学位。1950年回国后历任国立上海商学院、南开大学、之江大学、浙江财经学院讲师、副教授。1952年起历任上海财经学院、上海社会科学院、复旦大学副教授。1978年调回上海财经学院统计学系任副教授、教授、博士生导师。1992年3月退休。曾任上海市统计学会理事等。1986年被授予上海市"三八红旗手"称号。专长统计学，著有《回归分析和相关分析》《数理统计学》《资本主义国家经济统计》（主编）等，发表《自相关和自回归预测》《评价工业企业经济效果的统计指标》等论文多篇。

**徐政旦(1922—2013)**　江苏无锡人。曾任上海财经大学教授。1946年毕业于大夏大学经济学系，获法学学士。1948—1952年先后任大夏大学、震旦大学、立信会计专科学校讲师、副教授。1952年起担任上海财经学院副教授。1958年随学校并入上海社会科学院工作。1960年调回担任上海财经学院会计学系副教授。1972年起任复旦大学经济系副教授。1979年起任上海财经学院、上海财经大学会计学系副教授、教授、博士生导师、副系主任，兼任复旦大学、上海大学等校顾问（兼职）教授。1986年参与创办大华会计师事务所，任副董事长、主任会计师。1986年任世界银行顾问。曾任中国审计学会理事、上海市审计学会副会长等职。先后荣获上海市和全国先进工作者称号，享受国务院政府特殊津贴。主编著作有《会计辞典》《成本会计》《世界银行贷款会计》《现代内部审计学》《审计理论前沿》等20余种，多次获国家教委、财政部、上海市优秀著作（教材）奖。

**席克正(1924—1996)**　四川成都人。曾任上海财经大学教授。1948年毕业于武汉大学经济系。1949—1955年赴美留学，获密西根大学研究院经济学硕士学位，并从事研究工作。回国后入上海财政经济学院财政信贷系任教员。1958年随学校并入上海社会科学院经济研究所任教员。1978年8月调入上海财经学院财政金融系任副教授。1981—1983年赴世界银行中国执行董事办公室任顾问。1983年调回上海财经学院世界经济系任副教授、教授、博士生导师、系主任。专长财政学，著有《古典学派的财政学说》《资本主义国家财政》等。

**杨公朴(1926—2016)**　浙江余姚人。曾任上海财经大学教授。1952年毕业于上海财经学院工业管理系，留校任教。1958—1978年在上海社会科学院从事研究工作。1979年起在上海财经学院、上海财经大学工业经济系任副教授、教授、博士生导师，并历任校学术委员会副主任、工业经济系主任、工业经济系党总支书记、产业经济研究中心主任。曾兼任上海国际问题研究中心和浙江经济研究中心等特约研究员、香港大公报特约评论员、上海管理教育学会等副会长。荣获全国优秀教师和上海市劳动模范,享受国务院政府特殊津贴。主要研究方向:产业经济学、中国经济管理。先后出版《产业结构:上海的抉择和优化》等著作6部,主编《产业经济学》等教材11部,主持"中国经济监督研究"等国家和省部级课题10余项,发表论文60余篇。荣获省部级优秀成果奖7项。

**石成岳(1927—2000)** 辽宁海城人。曾任上海财经大学教授。1950年7月毕业于国立上海商学院会计学系,留校任教。1952—1955年中国人民大学教师研究班研究生毕业。1955—1958年在上海财经学院任讲师。1958年并入上海社会科学院任讲师和研究人员。1965年调入解放日报社任编辑。1978年10月调回上海财经学院会计学系,先后任讲师、副教授、教授、系副主任、系主任。曾兼任上海交通大学管理学院会计及财务学系主任及多所院校教授。曾任中国会计学会常务理事、上海会计学会常务理事等。先后荣获上海市劳动模范和全国先进工作者称号,享受国务院特殊津贴。1994年3月退休。专长会计学、审计学,编著有《基础会计》《财务会计》《国民经济监督系统》《中国会计改革实务全书》《英汉会计词汇》等。

**叶孝理(1928—1994)** 浙江鄞县人。曾任上海财经学院副院长、上海财经大学副校长。1946年9月考入之江大学,1947年9月转入国立上海商学院会计学系就读,积极参加进步学生运动,1949年4月加入中国共产党,并先后任支部组织委员、支部书记。1951年毕业后留校,历任教务处副科长、工业经济系党总支书记等职。1958年后担任上海社会科学院经济研究所支部书记、工业经济组负责人。1979年3月调回上海财经学院,历任科研处处长、财经研究所所长、《财经研究》编辑部主任。1984年起任上海财经学院副院长、上海财经大学副校长,1986年8月至1988年8月间主持学校行政工作,以后担任校务委员会副主任至1992年5月离休。先后兼任上海市税务学会副会长、上海市基本建设经济研究会副理事长、上海工商行政管理学会副会长等职。专长工业经济学,参编《简明工业经济辞典》《中国工业管理讲义》,主编《社会主义初级阶段理论与实践》《现代城市管理手册》《上海财经大学校史》(第一卷)等。

**叶麟根(1930—2015)** 上海市人。曾任上海财经大学党委书记。1950年7月毕业于中华工商专科学校工商管理、会计系。1956—1958年就读于上海财经学院夜大学。1947年8月加入中国共产党。1948年至1949年5月参加中共上海地下学委、地下学联工作。1949—1984年在上海市学联、上海市总工会、中共上海市江宁区委、华东纺织党委、上海市纺织党委、上海市纺织工业局、浦东张桥人民公社、上海凌桥中学、上海科学技术大学等单位工作。1984年起历任上海财经学院、上海财经大学党委副书记兼纪委书记、副校长、党委书记、校务委员会副主任。1991年离休。曾任上海政务志编纂委员会委员,参加《上海人民政府志》等多种志书审定;并兼任上海商品学会顾问、上海财务学会顾问、中华工商专科学校校友会会长。曾获上海市和全国"关心下一代先进工作者"及上海市"离休干部先进个人"称号。

**颜光华(1933—2016)** 福建永春人。曾任上海财经大学教授。1954年1月加入中国共产党。1956年毕业于复旦大学经济系。1956—1969年在中国人民解放军后勤学院任教。1969—1980年在上海轻工业局下属企业工作。1980年3月起在上海财经学院、上海财经大学工业经济系任副教授、教授、博士生导师,担任教研室主任、系主任。曾任上海市政协第七、第八届委员,上海市侨联第五、第六、第七届委员。兼任中国国民经济管理学会理事、上海市系统工程学会理事等。先后荣获上海市优秀教育工作者、全国优秀设备工作者称号,享受国务院颁发的政府特殊津贴。专长企业管理和管理系统工程。主编、合著《系统工程学概论》《实用经济控制论》《企业财务决策与分析》《涉外企业经营管理》《中国企业管理百科全书》等。

**张尧庭(1933—2007)** 上海市人。曾任上海财经大学教授。1956年7月毕业于北京大学数学力学系,留校任教。1962年10月升为讲师。1978年4月在武汉大学数学系任讲师,1980年越级升为正教授,1983年任博士生导师。1989年任武汉大学管理学院院长。1994年4月调入上海财经大学任教授、博士生导师,并任北京大学、中国人民大学兼职教授。曾任武汉市科协副主席、中国统计学会理事、《数学研究与评论》副主编。享受国务院政府特殊津贴。2003年退休。著有《多元统计分析引论》《定性资料统计分析》《金融市场的统计分析》《多元统计分析选》、*Generalized Multivariate Analysis* 等著作27部,发表论文75篇。

**施锡铨(1944—2013)** 浙江湖州人。曾任上海财经大学教授。1968年毕业于复旦大学数学系,毕业后在水电部第十四工程局工作,担任技术员。1982年研究生毕业于华东师范大学,获得概率统计专业理学硕士学位。1982—1988年任武汉水利电力学院讲师、副教授。1988—1992年担任复旦大学管理学院副教授。1992年调入上海财经大学金融系工作,任教授。1993年评为博士生导师。曾赴美国威斯康星—麦迪逊大学、加拿大女王大学、滑铁卢大学做访问学者。曾主持国家自然科学基金项目、国家社会科学基金项目多项,出版著作《数据分析方法》《抽样调查——理论、方法与实践》《博弈论》《策略与博弈》等,在国内外权威期刊上发表论文60多篇。其中《刀切法、自助法及其他再抽样方法》曾荣获1993年国家教委科学技术进步三等奖。

**杨君昌(1946—2010)** 江苏苏州人。曾任上海财经大学教授。1962年考入上海财政金融学校。1964—1978年在上海财政局工作,担任财政驻厂员、业务组长、企业财务处处长。1981年毕业于比利时鲁汶大学,获得工商管理硕士学位。同年回国被聘为上海财经学院财政金融系讲师和副教授。1985年调任上海立信会计专科学校副校长,主持学校行政工作8年。1992年于上海财经大学获博士学位,同年晋升教授职称。1993年起任上海财经大学教授、博士生导师。1983年和1985年,先后出版《看不见的手》和《凯恩斯革命》两书。此后又出版《企业税制优化论》《微观宏观经济学》《西方经济学》《财政学》等学术专著,另有《企业经济学》《管理财务学》《发展中国家城市财政学》《学校理财》等译著。曾主持完成国内第一本《中国财政发展报告》。曾任中国国家税收研究会理事,中国财政教学研究会常务理事。

**胡远声(生卒年不详)** 浙江镇海人。曾任上海财经学院副院长。1935年毕业于燕京大学。1960年初主持筹建上海财经学院,9月起任上海财经学院副院长、党委代理副书记、院务委员会副主任。1964年10月起主持院务工作至"文化大革命"开始。1978年5月任上海市物价局副局长。1981年5月至1983年12月任上海外贸学院党委副书记、副院长。

**许浪旋(生卒年不详)** 1953年9月调入上海财政经济学院任第一副教务长,1956年9月任党委副书记。1958年9月调往中国科学院药物研究所任党总支书记兼副所长。

# 第二章 人物简介

（以生年为序，再以姓名拼音为序）

| 徐之河 | 龚浩成 | 张君一 | 王松年 | 张婉如 | 潘洪萱 | 季德元 | 朱沪生 | 陈和本 | 金炳华 |
| 陈慧玉 | 汤云为 | 李龙飞 | 马钦荣 | 陈启杰 | 鲁品越 | 谈　敏 | 蒋　洪 | 储敏伟 | 夏健明 |
| 戴国强 | 胡永刚 | 夏大慰 | 张　雄 | 黄林芳 | 赵晓雷 | 黄　颖 | 刘永章 | 孙海鸣 | 田国强 |
| 丛树海 | 张为国 | 孙　铮 | 樊丽明 | 陈　宏 | 刘兰娟 | 徐国祥 | 艾春荣 | 谭国富 | 查　涛 |
| 方　华 | 黄晓东 | 鞠建东 | 孙　宁 | 周仲飞 | 陈信元 | 范延琴 | 黄　坚 | 黄　明 | 沈晓彤 |
| 温　泉 | 朱鸣雄 | 周　勇 | 陈晓红 | 姚玲珍 | 王洪卫 | 郑少华 | 蒋传海 | 靳庆鲁 | 张　橹 |
| 邱嘉平 | 王　能 | 冯帅章 | 李增泉 | 朱利平 | 张学良 | 范子英 | 杨金强 | （共 68 人） | |

**徐之河（1917—　）** 浙江江山人，经济学家。教授，博士生导师。曾任国立上海商学院教授。1942 年毕业于国立中央大学经济学系，1944 年赴美国留学，先后在哥伦比亚大学商学院、宾夕法尼亚大学沃顿商学院学习，1946 年获得 MBA 学位。回国后先后在暨南大学、复旦大学、交通大学等高校任职。1949 年起在国立上海商学院、上海财经学院担任教授。1958 年随学校并入上海社会科学院从事理论研究和人才培养工作。曾任上海社会科学院部门经济研究所所长，民建中央委员，第六、第七两届全国政协委员，积极参政议政，为政府提供咨询建议，倡导股份制改革。

**龚浩成（1927—　）** 江苏武进人，中共党员。研究员。曾任上海财经学院副院长。1951 年毕业于上海财经学院，留校任助教。1955 年毕业于中国人民大学货币教研室研究生班，1956 年晋升为讲师。1958 年并入上海社会科学院，在经济研究所任总支秘书、学术组负责人。其间，1962 年到宝山县任大队支部书记。1964—1966 年先后担任金山县廊下公社四清工作组副组长和松江县泗联公社工作队副队长。"文化大革命"中，1969 年起下放到黑龙江省呼玛县新华公社插队落户。1976 年被借调到文汇报社理论部担任编辑。1978 底回上海财经学院，任财政金融系总支书记、系副主任，并晋升为副教授，后又任院党委委员、副院长。1984 年调至中国人民银行上海市分行任副行长，并兼任上海市金融工会主席，晋升为研究员，并在上海财经大学任兼职教授，后担任中国人民银行上海市分行党组书记、行长、外汇管理局上海分局局长，并兼任上海金融学会会长，以及中国金融学会及上海市社联理事，并任上海市第九届人民代表大会代表。1991 年底退出领导岗位，担任中共上海市委咨询委员。1995 年退休，但仍兼任上海证券交易所主持工作的常务理事、上海财经大学证券期货学院院长。

**张君一（1929—　）** 江苏常州人，中共党员。副研究员。曾任上海财经大学校长。1950 年圣约翰大学经济系毕业。1950—1952 年任圣约翰大学助教，1952—1958 年任上海财经学院工业经济系助教、讲师。1955 年毕业于中国人民大学工业经济教研室，获研究生学历。1958 年至 1962 年任上海社会科学院工业经济系讲师。1962—1970 年任中共华东局办公厅干部。1970—1978 年任上海远洋运输公司宣传组副组长、组长、办公室副主任。1978—1984 年任上海国际问题研究所美国室主任。1984年调任上海财经学院院长、党委副书记,1985年任上海财经大学校长、党委副书记。1986—1990年任世界银行副执行董事、执行董事。1991年退休。

**王松年(1930— )** 浙江绍兴人,中共党员。教授、博士生导师。曾任上海财经大学副校长。1951年7月毕业于上海财经学院会计学系,留校任教。1952—1955年就读于中国人民大学,获研究生学历。1955—1958年在上海财经学院任教。1958—1978在上海社会科学院和中共中央华东局等单位工作。1978年回到上海财经学院会计学系工作,1986年起任会计学院教授、博士生导师。1984—1991年任上海财经学院副院长、上海财经大学副校长。1979—1981年在前南斯拉夫卢布尔雅那大学进修,1991—1992年在美国 Metropolitan State College of Denver 任客座教授。曾任上海市会计学会副会长、上海市总会计工作研究会顾问、上海市企业效率研究所专家委员会专家等,享受国务院政府特殊津贴。主要专长为会计学和国际会计,著有 Accounting and Auditing in the Peoples Republic of China 英文版和日文版(副主编)、《国际会计教程》《国际会计前沿》《新编会计学教程》等。

**张婉如(1930— )** 女,上海市人,中共党员。副教授。曾任上海财经大学党委副书记。1948年7月就读东吴大学法学院。1949年7月参加华东随军南下服务团,1949年10月起历任福建人民革命大学、福建省委党校组织干事、福建省委宣传部学校教育科副科长。1954年8月起,在华东师范大学历任物理系总支书记、政治部副主任兼党办主任、化学系党总支书记、校党委副书记。1981—1982年参加上海高等教育研究班和学生思想政治教育研究班学习。1982年12月调入上海财经学院担任党委副书记兼思想政治教育研究室主任、副教授,分管思想政治工作、宣传工作、学生工作。曾任全国高校思想教育课程建设组成员。上海市高校思想理论研究会副理事长,全国女性人才研究会副会长。1993年离休。曾主编、副主编《财经伦理学概论》等思想教育系列教材九本。1991年被评为上海市高等学校优秀思想政治工作者,被授予全国高等学校思想政治教育研究会开拓奖。

**潘洪萱(1935— )** 江苏宜兴人,中共党员。研究员。曾任上海财经大学党委书记。1957年7月毕业于同济大学桥梁与隧道专业,在校期间任学生辅导员、上海市学生联合会副主席、代主席。毕业后留校历任桥隧教研室党支部书记、讲师,学校师资科科长、人事处副处长、党委办公室主任。1985年调往上海市人民政府,历任教育卫生办公室秘书长,市智力开发研究所所长、研究员,市计划委员会副主任、纪检组组长、机关党委书记。1991年10月调任上海财经大学党委书记。1998年4月离任后担任上海新世纪资信评估投资服务有限公司董事长、上海市退(离)休高级专家协会副会长。享受国务院政府特殊津贴。主编有关古建筑教育及应用经济类书籍28部。

**季德元(1937— )** 江苏启东人,中共党员。曾任上海财经大学党委副书记兼纪委书记。1961年毕业于上海师范学院中文系,2月提前留校任教。先后在马列主义教研室、中文系、教育管理系工作,历任助教、讲师、政治辅导员、党支部书记、系党总支副书记、书记等职。1987年2月调入上海财经大学工作,历任校党委办公室主任、人事处处长兼机关党总支书记。1991年任校党委副书记兼纪委书记,分管党建、干部、统战、离退休及纪检等工作。1997年退休。退休后担任上海老年大学上海财经大学分校校长。

**朱沪生**(1940—　) 女,江苏镇江人,中共党员。曾任上海财经大学党委副书记、纪委书记。1965年毕业于武汉大学汉语言文学系。毕业后先后在长春市重工业局中等技术学校和青海省重型机床厂子弟学校任教。1980年调入上海财经学院工作,先后任教务处师资科科长、教务处副处长、研究生部副主任、校学位委员会秘书长等职。1991年任上海财经大学党委副书记,1998年后兼任纪委书记,2001年7月退休。2003年起至2013年被校党委任命为"学校关心下一代工作委员会"会长。期间,于2007年、2010年先后荣获"全国关心下一代工作先进工作者"称号,2009年被评为上海市教卫党委系统离退休干部先进个人,2016年荣获"全国关心下一代工作终身荣誉奖"。参加编写《研究生系统管理》《研究生教育发展预测与可选方案》等。论文有《实现高校思想政治教育工作根本好转的思考》《经济研究生教育发展的几点意见》《试谈研究的智能培养》等。

**陈和本**(1941—　) 浙江奉化人,中共党员。曾任上海财经大学副校长。1962年安徽大学数学力学专业毕业。先后在安徽大学、马鞍山二中、马鞍山教育局工作。1979年调入上海财经学院基础课教学部任教,从事高等数学、概率论和数理统计、经济数学等课程的教学工作,编著《企业管理决策支持系统》。1984年起任上海财经学院副院长、上海财经大学副校长,先后分管总务处、财务处、基建处、保卫处、审计处、计算中心、校产管理办公室和"九五"期间"211工程"建设办公室等职能处室,组织实施学校后勤社会化改革,曾任全国高校后勤研究会副理事长,上海高校后勤研究会副理事长、理事长。

**金炳华**(1943—　) 浙江绍兴人,中共党员。教授。曾任上海财经大学党委书记、校长。1965年毕业于复旦大学哲学系,毕业后留校任教。先后任复旦大学哲学系党支部书记、代理党总支书记、校团委书记兼上海市学联副秘书长、校党委办公室副主任、学生工作部部长,校党委副书记等职。1985年任上海财经大学党委书记。1986年任上海市教育卫生工作党委副书记。1988年任上海财经大学校长。1991年任上海财经大学党委书记兼校长。同年任中共上海市委宣传部部长。1992年任中共上海市委常委、宣传部部长。2000年任中国作家协会党组书记、副主席、书记处书记。现为中央马克思主义理论研究和建设工程咨询委员、中国作家协会名誉副主席、上海财经大学校董会名誉主席。曾当选中国共产党第十四、第十五、第十六、第十七次全国代表大会代表,第十、第十一届全国人大代表,第十届全国人大常委会委员、教科文卫委员会委员,第十一届全国人大常委会委员、教科文卫委员会副主任委员。长期从事马克思主义理论研究、教学工作和宣传思想文化工作。著有《现代世界的哲学沉思》《社会主义初级阶段运行机制》等。主持《哲学大辞典》修订工作,任编委会主任;主编《马克思主义哲学大辞典》《毛泽东思想大系》《学习邓小平文艺思想文集》等书,撰写论文近百篇。成果获中宣部"五个一"工程奖、上海市哲学社会科学优秀成果一等奖等。

**陈慧玉**(1944—　) 女,浙江嘉兴人,中共党员。副教授。曾任上海财经大学应用数学系党总支书记。1966年毕业于华东师范大学数学系。毕业后,先后在山东化工学院、闽江工程局水电中学、浙江大学数学系任教。1985年7月起到上海财经大学任教。1990年晋升为副教授,1995—2001年担任基础课教学部主任。2001年应用数学系成立之初担任党总支书记。陈慧玉几十年辛勤耕耘在教学第一线,全身心投入教学工作,得到广大师生的一致好评。多次受到表彰,曾荣获上海市优秀教师称号,获宝钢优秀教育奖、上海市育才奖、学校首届及第二届教书育人标兵、校教学一等奖等奖项。连续多次被评为"我心目中的好老师"。主编教材2本,参编教材1本,在国内核心期刊发表论文十余篇。1998年组织带领上海财经大学学生首次参加上海市大学生数学建模竞赛,倾注了大量的精力,上海财经大学参赛队获得了可喜的佳绩,上海市数学建模组委会给予高度评价,为此后每年参赛连创佳绩积累了宝贵的经验,奠定了基础。陈慧玉为成立应用数学系做了大量筹备工作,并负责主持工作,积极引进人才,为应用数学系的后续发展打下坚实基础。2004年退休后,被聘为校教学督导组成员,后担任组长。

**汤云为(1944— )** 上海市人,中共党员。教授、博士生导师。曾任上海财经大学校长。1967年毕业于上海财经学院,1980年考入上海财经学院先后攻读硕士和博士学位,1987年获会计学博士学位,成为学校培养的首位博士。毕业后留校任教,历任副教授、教授,并先后担任校长助理、副校长。1991—1993年,任上海财经大学主持工作的副校长,1993—1998年任校长。1999年被派往国际会计准则委员会任高级研究员。2000年回国后历任大华会计师事务所董事长、安永大华会计师事务所所长。享受国务院政府特殊津贴。曾任国务院学位委员会管理学科评议组负责人、中国审计学会副会长、上海市会计学会会长、中国会计准则委员会委员、财政部审计准则委员会委员、上海证券交易所上市公司专家委员会委员等职。曾获香港大学、香港城市大学名誉教授、英国公认会计师公会名誉会员、美国会计学会杰出国际访问教授等荣誉。专长会计学,著有《中国的财务与会计》(英文版)、《高级财务会计》《会计理论》《重置成本会计论》等。其中《重置成本会计论》获国家教委优秀科研成果二等奖、上海哲学社会科学一等奖。《会计理论》获上海哲学社会科学二等奖。另在国内外发表学术论文数十篇。

**李龙飞(1948— )** 现任上海财经大学经济学院特聘教授、数量经济学系海外联席系主任,国家"千人计划"入选者。1971年毕业于香港中文大学联合书院数学专业,获理学学士学位。1972年获加拿大滑铁卢大学数学硕士学位,1974年获该校统计硕士学位。1976年毕业于美国罗彻斯特大学,获经济学硕士学位,1977年获该校经济学博士学位。1976—1991年,任美国明尼苏达大学经济系助理教授、副教授、教授。1991—1996年,任美国密歇根大学经济系教授。并先后担任美国佛罗里达大学计量经济学和科学决策中心客座副教授、教授,香港科技大学经济系教授,北京大学、香港科技大学特聘教授等。现为美国俄亥俄州立大学教授、世界计量经济学会会士。主要研究领域为微观计量经济学和理论计量经济学,近年来专注于空间计量经济学领域的理论与应用研究。目前已在国际经济学期刊上累计发表近百篇论文,其中在国际计量经济学顶尖期刊 *Econometrica* 上发表论文8篇,另外在其他如 *Review of Economic Studies*、*International Economic Review*、*Journal of Econometrics*、*Review of Economics and Statistics* 等世界一流期刊上发表论文30余篇。

**马钦荣(1948— )** 广东潮阳人,中共党员。教授,博士生导师。曾任上海财经大学党委书记。1982年研究生毕业于华东师范大学,获哲学硕士学位并留校任教。1997年获逻辑学专业教授职称。1988年2月起历任哲学系副主任、总支书记、华东师范大学党委宣传部部长。1993年起历任华东师范大学党委副书记、副校长。2004—2012年任上海财经大学党委书记。曾兼任教育部中学校长培训中心主任、教育部华东教育管理干部培训中心主任、教育部华东高师培训中心主任、中国高等教育管理研究会副会长、中国逻辑学会副会长、上海逻辑学会会长。曾当选两届普陀区人大代表。3次获得上海市教育成果奖。享受国务院政府特殊津贴。主要学术领域:传统逻辑、辩证逻辑、西方逻辑史、高等教育学。

**陈启杰(1949— )** 上海市人,无党派人士。现任上海财经大学通识教育中心主任,博士生导师,享受国务院政府特殊津贴专家。1982年获上海财经学院经济学学士学位。1989年获上海财经大学经济学硕士学位。1993年获美国国际管理研究生院国际管理硕士学位。2001年获厦门大学经济学博士学位。1990年晋升为副教授。1994年任上海财经大学教务处副处长(主持工作)。1994年晋升为教授。1996年任上海财经大学教务处处长。1996年被聘为企业管理专业博士生导师。2003年任上海财经大学研究生部主任。2014年被聘为上海财经大学资深教授。2015年被聘为上海财经大学通识教育中心主任。曾兼任国务院学位委员会第五届学科评议组(工商管理)成员,教育部高等学校第一、第二届工商管理类教学指导委员会委员,教育部普通高等学校第一、第二届本专科教学工作评估专家委员会委员,上海市第十一、第十二、第十三届人大代表,中国高等商科教育学会副会长,中国市场学会常务理事,中国高校市场学研究会常务理事,美国市场营销科学学会会员,上海市价格学副会长。现兼任全国高校商务管理研究会执行会长。先后主持或作为主要成员完成国家级、省部级和其他课题41项、主编或参编各类著作45本、公开发表论文207篇。先后获得上海市劳动模范、上海市优秀教育工作者、上海市统一战线先进个人、宝钢优秀教师奖等上海市、学校等颁发的各类奖励15次;获国家优秀教材一等奖、国内贸易部优秀高教科研论文奖一等奖、上海市教学成果奖一等奖等科研和教学成果奖50余次。

**鲁品越(1949— )** 安徽芜湖人,中共党员。现任上海财经大学人文学院教授、博士生导师,享受国务院政府特殊津贴专家。1981年获中国人民大学哲学硕士学位。1992年晋升为东南大学教授。1995—2002年任南京大学教授、博士生导师。2003年起至今任上海财经大学教授、博士生导师。2013年被评为上海财经大学首批资深教授。中国人学学会常务理事,全国经济哲学研究会副会长,2011年入选中国校友会网"中国杰出人文社会科学家"。长期从事马克思主义哲学和经济学的研究与教学工作。出版专著10部,其中1部入选首批"国家哲学社会科学成果文库",发表论文约200多篇,其中在《中国社会科学》《哲学研究》《马克思主义研究》等权威杂志有数十篇。先后主持国家社科项目5项(一项为重点),教育部项目2项。获得教育部第七届哲学社会科学优秀著作三等奖、上海市哲学社会科学一、二等奖等多项奖励。并获得上海财经大学首届学术奖、教书育人标兵等多项荣誉。

**谈敏(1949— )** 上海市人,中共党员。教授、博士生导师。曾任上海财经大学校长,现任上海财经大学资深教授、博士生导师。1977年毕业于安徽师范大学。1977—1980年在安徽马鞍山锻压设备厂任组织科干事。1983年获得上海财经学院经济学硕士学位并留校任教。1984年起,历任上海财经学院、上海财经大学经济学系副主任、校长助理、副校长、党委书记、党委书记兼校长。1989年10月获上海财经大学经济学博士学位。1993—1994年在美国哥伦比亚大学作高级访问学者。自1980年攻读上海财经学院硕士学位起,师从著名经济学家胡寄窗教授,从事中国经济思想史研究和教学工作。曾出版多种学术著作,其中与胡寄窗教授合著《中国财政思想史》荣获财政部优秀教材一等奖并获第四届中国图书奖二等奖;专著《法国重农学派学说的中国渊源》获上海市哲学社会科学优秀成果二等奖;主编《新中国经济思想史纲要》获上海市哲学社会科学优秀成果一等奖;著作《回溯历史:马克思主义经济学在中国的传播前史》获第16届孙冶方经济科学奖著作奖。

另外还主编和撰写了多部著作,并在《经济研究》《中国史研究》等期刊上发表学术论文数十篇。

**蒋洪**(1950— ) 广东阳春人,中国国民党革命委员会党员。现任上海财经大学资深教授、上海财经大学公共政策研究中心主任、博士生导师。1983年于上海财经学院获经济学学士学位,1987年于上海财经大学获经济学硕士学位,1995年于上海财经大学获经济学博士学位。1988年赴英国肯特大学担任访问学者,1997年赴美国哈佛大学担任高级访问学者。1996年,晋升为教授。2002—2009年,任上海财经大学公共经济与管理学院院长,2013年聘为上海财经大学首批资深教授。蒋洪长期从事公共财政理论与政策、公共支出分析、公共政策等方面研究。曾承担或参与国家社科、教育部、财政部等多项国家、省部级课题,出版《公共支出分析的基本方法》《公共财政管理》等著作十余部,《公共经济学(财政学)》教材是国内最有影响的教材之一。在《财经研究》《财政研究》等重要学术刊物上发表论文十余篇。荣获上海市优秀教育工作者、全国教学成果二等奖、上海市教学成果一等奖等多项荣誉及奖励。历任第十一届、第十二届上海市人大代表,第十一届、十二届全国政协委员,上海市政府参事。由他主持的《中国财政透明度报告》连续7年评价了中国财政信息公开的状况,致力于影响并推进中国的政府信息公开进程;他参与的"预算法修订预研究"持续7年之久,为全国人大和财政部提供了数项研究成果。

**储敏伟**(1951— ) 上海市人,中共党员。曾任上海财经大学常务副校长。享受国务院政府特殊津贴。1983年毕业于上海财经学院财政金融系并留校任教,1986年1月上海财经大学财政系研究生毕业,获硕士学位。1987年起历任上海财经大学财经研究所副所长、校长助理兼国际投资学院院长、副校长、校党委常委。原财政部部属院校跨世纪学科带头人、上海市政府决策咨询研究专家委员会专家。获首届"上海市高校优秀青年教师"荣誉称号。2004年5月调离学校。

**夏健明**(1951— ) 江苏镇江人,中共党员。曾任上海财经大学党委副书记。1983年1月毕业于上海财经学院工业经济系,获经济学学士学位,留校任教;1988年7月毕业于上海财经大学工业经济系,获经济学硕士学位。1990年赴美国圣克劳德州立大学研修计算机辅助管理;1995年在世界银行经济发展学院研修项目管理。1983年起在工业经济系任助教、讲师、副教授、教授、博士生导师,并先后担任企业管理教研室主任、工业经济系副主任、主任、国际工商管理学院副院长;党办校办主任、校长助理、校党委副书记、纪委书记。兼任中国企业管理研究会常务理事。主要学术专长为现代企业管理理论和战略管理。先后获申银万国优秀教师奖和宝钢优秀教师奖。2004年1月调离学校。

**戴国强**(1952— ) 上海市人,中共党员。现任上海财经大学资深教授、博士生导师。1983年获上海财经学院经济学学士学位。1987年获上海财经大学经济学硕士学位。1994年获复旦大学经济学博士学位。1995年6月晋升为教授。1997年10月至1998年1月,赴新加坡国立大学统计与金融学院作访问学者。2002年2—9月,赴美国纽约大学斯特恩商学院和美国国民经济研究局作访问学者。1994年12月,任上海财经大学金融系副主任(主持工作)。1995年5月至1998年8月,任上海财经大学财务金融学院副院长。1998年8月至1999年3月,任上海财经大学金融学院常务副院长。1999年3月至2006年4月,任上海财经大学金融学院院长。2006年4月至2007年7月,任上海财经大学金融学院党委书记。2007年7月至2011年4月,任上海财经大学MBA学院院长兼直属党支部书记。2011年4月至2016年3月,任上海财经大学商学院直属党支部书记兼副院长。长期从事金融学教学科研工作,曾主持国家级和省部级课题10多项,其中国家自然科学基金课题3项。出版学术著作7部、教材5部、译著3部,与国外学者合编教材1部。在《经济研究》《金融研究》《世界经济》《财经研究》《解放日报》《文汇报》等刊物和报纸上发表文章90多篇。研究成果获得上海市哲学社会科学优秀成果奖,教育部人文社会科学研究成果奖。教学成果获得国家级优秀教学成果奖,全国研究生教育改革优秀成果奖等。主持的《货币银行学》课程被评为我国首批精品课程、首批精品资源共享课程。获得教育部第三届全国高校教学名师、国家首批"万人计划"教学名师、宝钢优秀教师奖等荣誉称号。

**胡永刚(1952— )** 浙江宁波人,中共党员。现任上海财经大学资深教授、博士生导师,享受国务院政府特殊津贴专家。1982年,获黑龙江大学经济学学士学位,1985年获上海财经大学经济学硕士学位。1996年任副教授,1999年晋升为教授。1989—1990年赴英国剑桥大学做访问学者,1992—1995年赴澳大利亚麦考理大学经济与金融学院任研究员和客座讲师。主要从事宏观经济学、国际经济学方面的研究。曾先后承担国家社会科学基金项目2项,上海市哲学社会科学基金项目1项。曾获得上海市哲学社会科学优秀成果(论文类)一等奖、三等奖,教育部高等学校科学研究优秀成果奖(人文社会科学)三等奖。并在《经济研究》《数量经济技术经济研究》等期刊上发表学术论文数十篇,出版著作3部。

**夏大慰(1953— )** 上海市人,中共党员。曾任上海财经大学常务副校长。1982年毕业于长春工业大学,获工学学士学位。1985年毕业于上海财经大学,获经济学硕士学位,并留校任教。曾在日本大阪市立大学担任客座研究员。1993年起先后担任上海财经大学南德国际经济管理学院院长、校长助理、副校长、常务副校长等职务。2000年奉调组建上海国家会计学院并担任党委书记、院长。享受国务院政府特殊津贴。兼任中国工业经济学会副会长、产业经济学学科专业委员会主任、中国会计学会副会长、财政部会计准则委员会咨询专家,复旦大学管理学院兼职教授、上海证券交易所上市公司专家委员会委员等职务。从事产业经济与企业管理的研究与教学工作。入选国家"百千万人才工程"。2000年调离学校。

**张雄(1953— )** 安徽安庆人,中共党员。现任上海财经大学资深教授、博士生导师。上海财经大学学术委员会副主任委员。享受国务院政府特殊津贴。1977年毕业于东南大学,1987年南京大学哲学系硕士毕业,1993年复旦大学哲学系博士毕业。2002年1月任上海财经大学人文学院院长,2016年卸任。兼任全国经济哲学研究会会长,上海市哲学学会副会长,上海市学位委员会哲学学科评议组成员。曾获上海市优秀教育工作者、上海市科教党委系统优秀共产党员、上海市育才奖、上海财经大学教书育人标兵、上海财经大学科研标兵。主持国家哲学社会科学重大课题1项、重点课题1项。获中宣部"五个一工程"奖2项、中国图书奖1项、教育部优秀学术成果三等奖1项、上海市哲学社会科学优秀学术成果一等奖1项、二等奖3项。在发表的论文中:《中国社会科学》6篇、《新华文摘》全文转载15篇。出版专著5部。

**黄林芳(1955— )** 女,江苏淮安人,中共党员。曾任上海财经大学副校长。1984年获上海财经学院统计学系经济学学士学位。2005年获复旦大学马克思主义理论与思想政治教育专业法学博士学位。2001—2011年,任上海财经大学党委常委,副校长。分管后勤、资产管理、学生管理、继续教育、保卫安全、合作办学、校园建设等工作。2006年,参加教育部中国大学校长赴法国、德国研修。2007年晋升为教授。1999年,被授予上海市育才奖。2008年,被瑞典厄尔布鲁大学授予荣誉博士称号。长期从事高等教育管理、大学生思想政治工作与大学生管理的研究,以及马克思主义中国化的研究工作。著有专著2部,主持教育部人文社会科学重大课题1项,任首席研究员。撰写课题研究报告、论文10余篇。

**赵晓雷(1955— )** 浙江缙云人,中共党员。现任上海财经大学资深教授、博士生导师,上海发展研究院院长,自由贸易区研究院院长,国务院学位委员会学科评议组成员,享受国务院政府特殊津贴专家。1983年获华东师范大学学士学位。1986年获华东师范大学硕士学位。1992年获上海财经大学经济学博士学位。1986年至今,在上海财经大学任教。1993年晋升为副教授,1995年晋升为教授。1995年任财经研究所副所长。2002年至2016年5月任财经研究所所长。2012年5月至2016年5月任城市与区域科学学院院长。兼任中国经济思想史学会副会长,中国区域科学协会副理事长,上海市政府决策咨询研究基地赵晓雷工作室首席专家,中国社会科学院陆家嘴(上海)研究基地学术委员会委员。自1988年攻读上海财经大学经济学说史专业博士学位起,师从著名经济学家胡寄窗教授,从事经济思想史、区域经济、宏观经济政策研究。曾获第7届孙冶方经济科学奖、第3届"刘诗白经济学奖"、全国优秀教师荣誉称号等,入选财政部部属院校首批跨世纪科研(学术)带头人。承担国家和地方各类课题数十项,其中包括国家社科基金重大招标项目、国家自然科学基金应急研究项目、上海市决策咨询重点课题及自贸区总体方案升级版、中国(上海)自由贸易试验区综合评估报告(第三方评估)等重大课题。曾获教育部全国普通高等学校优秀教材二等奖、上海市决策咨询优秀成果一等奖、上海市决策咨询政策建议奖、上海市普通高校优秀教材一等奖、上海市哲学社会科学优秀成果奖等。在权威期刊及核心期刊发表学术论文数十篇。出版多种学术著作,其中主编教材《中国经济思想史》入选"十一五""十二五"普通高等教育本科国家级规划教材。

**黄颖(1956— )** 女,上海市人,中共党员。曾任上海财经大学副校长。1978—1981年在法国莱恩第二大学学习法国语言文学专业,取得学士学位。1988—1993年在法国巴黎第八大学比较教育学专业学习,获硕士、博士学位。1981—1988年任国家教委外事局科员、副主任科员、主任科员,1993—1994年任国家教委外事司国外工作处副处长,1994—1997年任国家教委外事司欧洲处副处长,1997—2004年任教育部国际合作与交流司欧洲处调研员,2004—2009年任驻瑞士使馆教育处参赞(副司级),2009—2012年任教育部国际合作与交流司副巡视员;2012—2016年任上海财经大学副校长(挂职)。

**刘永章(1956— )** 上海市人,中共党员。曾任上海财经大学党委副书记。1983年毕业于上海财经学院工业经济系获经济学学士学位,1995年1—6月在美国芝加哥伊利诺伊大学进修,1997年毕业于上海财经大学金融学院货币银行学专业,获经济学硕士学位。1985—1997年先后任上海财经大学团委书记、学生工作部(处)部(处)长、党委常委、党委组织部部长,1997—2005年任上海财经大学党委副书记。2005—2013年任上海财经大学党委副书记、纪委书记,2013—2017年任上海财经大学党委副书记。曾主持完成《全球化背景下的民族精神教育研究》《高层次财经创新人才培养机制和模式研究》等省部级科研项目以及《国家级人才培养模式创新实验区:财经人才创业教育创新实验区》等国家级本科生教学项目;曾在《求是》《财经研究》《思想教育研究》等期刊发表论文;主持撰写《商业银行营销管理》《导师伴我成长》等著作。

**孙海鸣(1956— )** 江苏江阴人,中共党员。曾任上海财经大学党委副书记。1986年毕业于上海财经大学工业经济系,获经济学硕士学位。毕业后留校任教。1988年起在上海财经大学工业经济系任副教授、教授,1991年起先后担任上海财经大学工业经济系副主任、财经研究所所长、国际工商管理学院院长、上海财经大学党委副书记。长期兼任上海市政府决策咨询专家、中国工业经济学会常务副理事长、产业经济学学科建设专业委员会委员等,先后荣获上海科技功臣、宝钢奖教金优秀教师奖、上海市高校优秀共产党员等荣誉称号。主要研究领域为区域经济学与产业经济学。发表论文近百篇,著有《企业战略高级教程》,1999—2001年每年主编《上海经济分析与预测》,2003年起每年主编《中国区域经济发展报告》。2011年3月调离学校。

**田国强(1956— )** 湖北公安县人。现任上海财经大学经济学院、高等研究院院长,教授、博士生导师,教育部"长江学者"讲座教授。1982年获华中工学院(现华中科技大学)数学硕士学位。1987年获美国明尼苏达大学经济学博士学位。1987年博士毕业后任教于美国得州A&M大学,现为该校经济系Alfred F. Chalk讲席教授。2004年7月起任上海财经大学经济学院院长,并于2006年7月起兼任上海财经大学高等研究院院长。首批入选国家"千人计划"。英文学术期刊 *Frontiers of Economics in China* 主编,*Annals of Economics and Finance* 共同主编。曾任上海市人民政府特聘决策咨询专家(2008—2010),中国留美经济学会会长(1991—1992)。主要研究领域包括经济理论、激励机制设计、博弈论、拍卖理论、匹配理论、数理经济学、经济转型、中国经济等。著作《中国改革:历史、逻辑和未来》获第16届孙冶方经济科学奖。在包括《经济研究评论》《国际经济评论》《博弈与经济行为》等国际知名学术期刊发表论文80多篇,国内权威期刊发表论文70多篇。

**丛树海(1957— )** 现任上海财经大学党委书记,兼任中国财政学会常务理事、中国社会保险学会常务理事、中国社会保障学会副会长。1983年毕业于上海财经学院财政学专业,1995年取得经济学博士学位。1983年7月起进入上海财经大学工作,主要研究领域为财政学、社会保障学。

**张为国(1957— )** 上海市人,中共党员。曾任上海财经大学教授、博士生导师。1982年毕业于上海财经学院,获经济学学士学位,1985年获上海财经学院经济学硕士学位,1989年获上海财经大学经济学博士学位。此间,1986—1987年间赴澳大利亚新南威尔士大学进修,并在德勤会计师事务所实习。1987年被评为讲师,1988年被破格评为副教授,1992年又被破格评为教授。1993年被选拔为会计学博士生导师。1991年起任上海财经大学会计学系副主任、主任。1996年9月至1997年1月任香港城市大学访问学者。1997年1月调任中国证监会首席会计师,并继续在上海财经大学指导博士生。2000年起在清华大学经济管理学院任博士生导师。兼任财政部会计准则委员会成员、中国注册会计师协会常务理事、中国会计学会常务理事、中国评估协会常务理事。研究成果曾数十次获各类各级奖励。曾获霍英东教育基金会"全国高等院校优秀青年教师奖""上海市优秀青年教师奖""全国优秀教师"等荣誉。

**孙铮**(1957— ) 上海市人,中共党员。曾任上海财经大学副校长。现任上海财经大学学术委员会主任委员,会计与财务研究院院长,享受国务院特殊津贴专家。毕业于上海财经大学,获经济学(会计学)博士学位。曾在英国华威大学交流学习。1997—1998年作为Research Scholar在美国康涅狄克大学从事研究工作,并在美国联合技术公司财务领导发展总部实习。2008年在澳大利亚悉尼大学、墨尔本大学学习大学管理。2016—2017年在美国哥伦比亚大学作访问学者。曾兼任中国会计学会副会长,财政部会计标准战略委员会委员,财政部会计准则委员会委员,国务院学位委员会学科评议组(工商管理学科)成员,全国工商管理专业学位研究生教育指导委员会成员,教育部工商管理类学科专业教学指导委员会副主任委员,教育部会计学专业教学指导分委员会主任委员。拥有丰富的教学、研究及大学管理的成果与经验,新世纪百千万人才工程国家级人选,中国注册会计师协会资深会员,澳大利亚注册会计师公会(CPA Australia)资深注册会计师、荣誉会员(FCPA)。其研究领域涉及会计理论、财务会计、公司治理与资本市场。在《经济研究》《管理科学学报》、*Journal of Corporate Finance*、*Accounting Horizons*、《管理世界》《会计研究》《审计研究》《金融研究》等境内外学术期刊上发表论文多篇;曾主持完成国家自然科学基金、国家哲学社会科学基金课题多项。

**樊丽明**(1958— ) 女,山东淄博人,中共党员。现任上海财经大学党委副书记、校长,教授、博士生导师,享受国务院政府特殊津贴专家。兼任教育部财政学类教学指导委员会主任委员、教育部学科建设与专业设置委员会委员、教育部普通高校本科教学工作评估专家委员会委员、中国财政学会常务理事、中国税务学会常务理事等职。主要研究方向为财政理论与政策、税收理论与制度、高等教育管理。1978年3月进入山东大学经济学系学习,1982年2月在中南财经大学财政金融系攻读硕士学位。1984年起在中南财经大学任教,1986年起在山东大学经济学系任教,先后被聘为副教授、教授,1991年任山东大学经济系副主任,1994年任山东大学经济学院副院长,1999年获经济学博士学位,2000年3月任山东大学经济学院院长,其间,2000—2003年在厦门大学从事博士后研究工作,2001—2002年在美国杜克大学作高级访问学者。2003年起任山东大学党委常委、副校长。2012年起任上海财经大学党委常委、校长,2017年4月任上海财经大学党委副书记。主持完成国家级科研项目6项,省部级科研项目16项;核心期刊发表论文百余篇,权威期刊发表论文近60篇。独立或作为第一作者出版专著、教材13部,曾获教育部哲学社会科学优秀成果奖,全国教学成果奖,财政部财政理论研究成果奖,上海市第十三届哲学社会科学优秀成果奖,山东省哲学社会科学优秀成果奖多项。

**陈宏**(1960— ) 吉林梨树人,中共党员。现任上海财经大学党委常委、副书记、纪委书记。1978—1982年在吉林大学数学系学习,获学士学位。1982—1986年在西安地质学院任教。1986—1989年在西北大学数学系学习,获理学硕士学位。1989—1991年在西北大学数学系任教。1991—1994年在复旦大学数学系学习,获理学博士学位。1994—1996年在武汉大学数学博士后流动站做博士后研究。1996年起在上海财经大学工作,先后任金融学院教师、研究生部党总支副书记、党委组织部副部长、党委组织部部长。2012年起任上海财经大学党委副书记。2013年起任上海财经大学党委副书记、纪委书记,2014年1月至2016年1月挂职江西省宜春市市委常委、市政府副市长。主要研究领域涉及数学不适定性问题和金融资产定价;主要研究成果发表在《中国科学》(自然科学版)、《计算数学》《数学物理学报》《中国证券报》等刊物上;主持上海市政府重点课题1项,主持上海市教卫党委党建课题 3 项。2001—2009 年期间被聘为中国证券业协会考试命题（教材）专家组成员。

**刘兰娟(1960— )** 女，上海市人，中共党员。现任上海财经大学副校长。1982 年毕业于复旦大学计算机科学系，获理学学士学位。1988—1990 年就读于复旦大学管理学院管理信息系统专业进修班。1982 年至今在上海财经大学任助教、讲师、副教授和教授等职，其间，1998 年担任经济信息管理系主持工作的副系主任，2000 年任经济信息管理系系主任。2005 年任上海财经大学校长助理。2005 年取得管理学博士学位。2012 年，任上海财经大学党委常委、副校长。主要研究方向涉及信息系统解决方案、信息资源管理、IT 辅助预测与决策等。曾主持和参与完成省部级以上各类纵向课题 12 项，公开发表论文 80 余篇，编写教材 20 余本。兼任教育部高等学校电子商务类专业教学指导委员会副主任委员、教育部评估中心审核评估专家、上海市计算机专业教学指导委员会委员、上海市学位委员会学科评议组专家等。先后获得上海市教学成果一等奖、上海市教育系统先进女教工、"宝钢教育基金"优秀教师奖和上海市"三八红旗手"称号。

**徐国祥(1960— )** 浙江绍兴人，中共党员。现任上海财经大学统计与管理学院教授、博士生导师，上海财经大学应用统计研究中心主任，上海社会调查研究中心上海财经大学分中心主任，兼任教育部高等学校统计学类专业教学指导委员会副主任委员、国家社会科学基金学科规划评审组专家、中国统计学会常务理事、中国金融学会金融统计研究专业委员会副会长、上海市统计学会副会长、上海证券交易所指数专家委员会委员和中证指数有限公司专家委员会委员、上海市统计高级职称评审委员会副主任委员等职。享受国务院政府特殊津贴专家。1982 年和 1985 年分别获上海财经大学统计学专业经济学学士学位和硕士学位。2009 年，获厦门大学统计学专业经济学博士学位。1989 年 9 月至 1990 年 12 月，作为访问学者赴加拿大亚伯达大学进修。1994—2003 年任上海财经大学统计学系系主任。曾荣获教育部全国高校优秀青年教师奖、宝钢教育基金会"优秀教师奖"、教育部"新世纪优秀人才支持计划""上海市模范教师"称号。主要从事经济统计、金融统计、统计指数理论及应用、金融指数产品创新研究。曾主持国家社科基金项目 7 项、省部级项目 48 项。获省部级教学和科研优秀成果奖 24 项。在各类国家级权威刊物上发表科研论文 30 多篇，出版专著 10 部、国家级规划教材 5 部。还参与上证指数和中证指数体系的建立，沪深 300 指数期货标的物、各类上证指数的推出。

**艾春荣(1962— )** 湖北浠水人。曾任上海财经大学统计与管理学院院长。教育部"长江学者"讲座教授。1982 年获华中科技大学（原华中工学院）应用数学专业学士学位。1985 年获华中科技大学应用数学硕士学位。1990 年获美国麻省理工学院经济学博士学位。2010 年入选国家"千人计划"。2006 年 7 月任上海财经大学统计学系主任、上海财经大学高等研究院常务副院长。2009 年 7 月任上海财经大学统计与管理学院院长。2011 年 4 月任上海财经大学商学院副院长。长期从事计量经济学理论与方法、实证产业经济、实证金融、中国经济的教学和科研工作。主持或主持过国家自然基金面上项目 2 项和重点项目 1 项。在国际主要经济学期刊上发表论文四十余篇。对环境、经济增长、扩大农民消费等中国经济问题的研究成果发表在《经济研究》《管理世界》《管理科学学报》《中国科学》《数量经济与技术经济研究》《统计研究》等国内期刊上。

**谭国富**（1962— ） 湖南慈利人。现任上海财经大学特聘教授，教育部"长江学者"讲座教授。1982年，获中国矿业大学数学系学士学位。1985年，获华中理工大学数学系数量经济专业经济学硕士学位。1987年，获美国加州理工学院经济学硕士学位。1990年，获美国加州理工学院经济学博士学位。1990—1996年，任加拿大英属哥伦比亚大学经济系助教授。1996—1999年，任香港科技大学副教授。1996—2003年，任加拿大英属哥伦比亚大学经济系副教授和终身教授。2000—2001年，任加拿大政府竞争局高级经济顾问、产业经济学讲座教授。2003年至今，任美国南加州大学经济系教授。2004年12月，访问岭南大学亚太研究中心和公共政策研究中心。2004年6—7月，访问长江商学院。2003—2006年，任清华大学特聘教授。2006—2013年，任上海财经大学国际工商管理学院教授、院长。2014年至今，担任上海财经大学特聘教授。谭国富长期从事拍卖机制设计理论与应用、产业组织、竞争与反垄断法、微观经济学、中国经济等方面研究。发表国际期刊论文40余篇，其中，在 *Econometrica*、*Review of Economic Studies*、*American Economic Review* 等国际顶尖经济学期刊上发表学术论文6篇。

**查涛**（1962— ） 现任上海财经大学经济学院特聘教授，教育部"长江学者"讲座教授。1982年6月毕业于成都理工大学数学专业，获理学学士学位。1985年6月，获西南财经大学统计学硕士学位。1988年5月毕业于美国华盛顿州立大学，获经济学硕士学位。1992年12月，获美国明尼苏达大学经济学博士学位。1987年7—8月，任国际货币基金组织（IMF）亚洲部实习经济学家。1989年9月至1990年8月，任美国明尼阿波里斯联邦储备银行实证宏观经济学研究所研究部研究助理。1990年9月至1992年9月，在美国耶鲁大学经济系做访问学者。1992年9月至1995年6月，任加拿大Saskatchewan大学经济学助理教授。1995年7月至2008年9月，任亚特兰大联邦储备银行研究部经济学家、研究部高级经济学家、副总裁助理、研究部政策顾问、研究部高级政策顾问。2007年9月至2009年8月，任美国Emory大学经济系兼职教授、特聘教授。2008年10月至2013年12月，任亚特兰大联邦储备银行数量经济研究中心主任。自2009年9月起至今，任Emory大学经济学教授。同时任亚特兰大联邦储备银行数量经济研究中心执行董事、美国国民经济研究局货币经济学项目和经济波动与经济增长项目研究员，并担任 *Econometrica*，*Journal of Econometrics*，*Journal of Applied Ecomometrics* 等经济学顶尖和一流期刊副主编。研究领域为宏观经济、金融经济学、中国经济、计量经济学等，在 *Econometrica*，*American Economic Review*，*Journal of Political Economy*，*Review of Economic Studies* 等经济学国际顶尖和一流期刊上发表论文数十篇。

**方华**（1963— ） 上海市人，中共党员。现任上海财经大学党委常委，副校长。1980年9月至1984年7月在上海财经学院经济系学习。1984年7月留校任教。1986年12月至1990年1月任上海财经大学团委副书记；1990年1月至1995年11月任上海财经大学经济系教师；1995年11月至1999年9月任上海财经大学校长办公室副主任；1999年9月至2001年4月任上海财经大学党委、校长办公室副主任；2001年4月至2005年1月任上海财经大学党委、校长办公室主任，其间，至上海市委党校中青年干部培训班培训；2005年11月至2012年6月任上海财经大学校长助理，其间，于东北财经大学人文学院政治经济学专业学习并取得博士学位；2012年6月任上海财经大学党委常委、副校长。主持完成省部级课题2项；曾在《财经研究》《社会科学》等期刊发表论文，编写《政治经济学》《社会主义市场体系》等著作，参与编写《市场体系的构造与耦合》等著作。曾获上海财经大学优秀成果奖、2004年度上海市教育系统党建研究课题成果奖。

**黄晓东（1963— ）** 现任上海财经大学高等研究院常务副院长、高等研究院中国宏观经济研究中心主任、中国宏观经济形势分析与预测课题组首席专家，教育部"长江学者"讲座教授，入选国家"千人计划"。1998年获美国明尼苏达大学经济学博士学位。1992年9月至1998年7月，任明尼苏达大学讲师。1998年8月至2002年6月，任美国犹他州立大学经济学助理教授。2002年6月至2004年6月，任美联储堪萨斯分行高级经济学家。2004年7月至2007年8月，任美联储费城分行经济顾问、高级经济顾问。2010年7月至2013年6月，担任英文学术期刊 Canadian Journal of Economics 编委会顾问。2006年8月至今，任美国 Vanderbilt 大学经济系终身教授。同时担任英文学术期刊 China Economic Review 和 Frontiers of Economics in China 共同主编，英文学术期刊 Macroeconomic Dynamics 副主编。主要研究领域为宏观经济学、金融经济学、货币与财政政策、中国经济。在包括 American Economic Review，Economic Journal，Journal of Economic Theory，Journal of International Economics，Journal of Money，Credit and Banking，Journal of Monetary Economics，Review of Economic Dynamics 等国际顶尖、一流学术期刊发表论文几十篇。自担任高等研究院中国宏观经济形势分析与预测课题组首席专家以来，带领团队初步构建上海财经大学高等研究院中国宏观经济预测量化准结构模型（IAR-CMM Model），采用国际前沿、国内较为独特的基于准结构模型的情境分析（Counter-factual Analyses）和政策模拟（Policy Simulations）方法，在对统计数据和经济信息充分收集、进行科学鉴别校正的基础上，对中国宏观经济最新形势进行严谨的分析，对未来发展趋势进行客观的预测。

**鞠建东（1963— ）** 江苏如皋人，现任上海财经大学国际工商管理学院院长、"长江学者"特聘教授，上海市"千人计划"入选者。1982年获南京大学数学学士学位。1988年获清华大学经济学硕士学位。1995年获美国宾夕法尼亚州立大学经济学博士学位。1982—1985年担任南京农业大学数学教研室教师。1987—1990年担任清华大学经济管理学院讲师。1995—2014年担任美国俄克拉荷马大学（University of Oklahoma）经济系助理教授、副教授（终身聘任）、教授。2009—2015年担任清华大学经济管理学院教授、国际经济研究中心主任。曾任国际货币基金组织常驻学者，世界银行咨询顾问。鞠建东的研究领域集中在国际贸易、国际金融和产业组织，在国际一流学术杂志上发表论文多篇，获2016"浦山世界经济学优秀论文奖"。

**孙宁（1963— ）** 江苏常州人。曾任上海财经大学经济学院教授、教育部"长江学者"特聘教授、国家百千万人才工程入选者。1998年，毕业于日本筑波大学社会工学研究科获经济学博士学位。1998年4月至1999年3月，任日本筑波大学社会工学系助教。1999年4月至2006年9月，任日本秋田县立大学系统科学技术学院讲师、副教授。2006年9月至2008年1月，任上海交通大学安泰经济与管理学院副教授。2008年调入上海财经大学经济学院。2009年获教育部高等学校科学研究优秀成果奖（人文社会科学）二等奖，获首届上海财经大学学术奖、上海财经大学先进工作者、上海财经大学申银万国奖教金（特等奖），上海财经大学"我心目中的好老师"等荣誉奖励。孙宁一直从事微观经济理论、拍卖机制设计、市场机制设计的教学与研究，特别是近几年围绕多物品拍卖展开了系列性的研究，曾承担国家自然科学基金项目1项，在 Econometrica、Journal of Political Economy 等国际顶尖和一流经济学期刊上发表论文10多篇。

**周仲飞**(1963— ) 浙江宁波人,中共党员。曾任上海财经大学副校长。1990年7月毕业于中国政法大学研究生院,获法学硕士学位。1990年7月起在南开大学法学系担任助教、讲师、副教授、系副主任。1996年11月赴英留学,2000年9月获伦敦大学商法研究中心法学博士学位。曾在伦敦大学商法研究中心担任Sir John Lubbock基金研究员。2001年10月回国进入上海财经大学任教,历任上海财经大学法学院副院长、院长、校长助理、副校长、教授、博士生导师。2002年被评为上海曙光学者,担任上海法学会金融法研究会副总干事、中国法学会国际经济法研究会副会长。专长金融法学,代表作有 Chinese Banking Law and Foreign Financial Institutions、Financial Crisis in the 1990s A Global Perspective、《银行法原理》等。承担或参与了世界银行、亚洲发展银行、香港特区政府、司法部等多个金融法制项目。2014年12月调离学校。

**陈信元**(1964— ) 浙江宁波人,中共党员。现任上海财经大学党委常委、副校长,教育部"长江学者"特聘教授,兼任《中国会计与财务研究》《管理科学学报》等期刊编委,中国会计学会理事,中国会计教育分会常务理事、秘书长,教育部会计学专业教学指导分委员会秘书长、委员,全国会计学专业研究生教育指导委员会副主任,国际财务报告准则咨询委员会委员。1981—1985年在杭州商学院学习,获经济学(会计学)学士学位,1985—1988年在上海财经大学会计学系学习,获经济学(会计学)硕士学位,1994年上海财经大学会计学系获经济学(会计学)博士学位。1994年晋升副教授,1996年6月晋升教授。历任上海财经大学会计学系副主任,会计学院副院长、院长,教育部人文社会科学研究基地——会计与财务研究院常务副院长,校长助理。2014年12月起任上海财经大学党委常委、副校长。主要研究财务会计和公司治理。主编《会计学》《转型经济的会计与财务问题》《高级财务会计》等教材,在《经济研究》《管理世界》《会计研究》等期刊发表论文30余篇。主持完成国家级课题7项,获国家级优秀教学成果二等奖4项,教育部和上海市优秀科研成果3项。曾获教育部首届教学名师、全国"五一劳动奖章"、上海市劳动模范等荣誉称号,入选国家"新世纪百千万人才工程"。

**范延琴**(1964— ) 女,现任上海财经大学经济学院特聘教授,教育部"长江学者"讲座教授。1985年毕业于吉林大学获数学学士学位。1987年获加拿大西安大略大学经济学硕士学位。1990年获加拿大西安大略大学经济学博士学位。1989年5—6月,任加拿大西安大略大学数学、经济学讲师。1989年7月至2001年6月,任加拿大温莎大学经济学助理教授、副教授、教授。2001年9月至2013年8月,任美国范德比尔特大学数学教授、经济学教授。2013年9月至今,任美国华盛顿大学统计学副教授、经济学教授。主要研究领域为非参数统计和计量经济学,在 Econometrica、Review of Economic Studies、Journal of the American Statistical Association、Journal of Econometrics 等国际顶尖经济学期刊上发表论文50余篇。

**黄坚**(1964— ) 湖北恩施人。现任上海财经大学教授,博士生导师,入选国家"千人计划"。1994年毕业于美国西雅图华盛顿大学,获统计学博士学位,同年进入美国爱荷华大学统计与精算科学系工作,2004年晋升为教授。具体研究领域包括高维数据分析、半参数和非参数模型的估计与推断、生物信息、生存分析等,并对这些研究领域的探索与发展做出了贡献。多年以来,主持和参与的科学研究项目一直受到美国国家科学基金会(NSF)、国家卫生研究院(NIH)的支持和经费资助。1998年获美国国家卫生研究院科学家发展奖,2009年被推选为美国统计学会会士。从事删失数据下非参数和半参数模型的统计推断、遗传数据分析,以及高维统计的理论和计算方法等方面研究。在超高维模型当中,提出几种全新的群组变量选择和双层变量选择方法,并研究这些方法在生物信息学、基因组学中的应用。此外,对半参数模型进行了广泛深入的研究,研究了半线性模型、不完全数据的风险模型等,提出了各种快速的计算方法和各种有效估计。并在国际顶级学术刊物包括 *Annals of Statistics*、*Bioinformatics*、*Biometrika*、*Econometrika*、*Journal of the American Statistical Association*、*Journal of Machine Learning Research*、*PNAS* 及 *The American Journal of Human Genetics* 等发表论文逾 100 篇。

**黄明(1964— )** 湖北荆州人。曾任上海财经大学金融学院院长,教育部"长江学者"讲座教授。美国康奈尔大学金融学教授(终身)。1991 年获康奈尔大学物理学博士学位,1996 年获得斯坦福大学金融学博士学位。1996—1998 年于芝加哥大学商学院任金融学助理教授。1998—2005 年任斯坦福大学商学院金融学副教授。2006—2009 年任上海财经大学金融学院院长;2010 年成立北京睿策投资管理有限公司,任董事长,创始合伙人兼投资总监。2015 年至今,任美国康纳尔大学终身教授、国际顶级刊物 *American Economic Review* 编委、长江商学院兼职研究员、中金经济学/金融学优秀博士论文专家评委。在资产定价、外汇汇率与信用品质等研究领域发展贡献颇多。曾在 *Journal of Economic Theory*、*Quarterly Journal of Economics*、*Journal of Finance* 和 *Journal of Political Economy* 等刊物上发表文章。曾获斯坦福大学商学院杰出教学奖、斯坦福大学商学院弗莱彻·约翰斯(Fletcher Jones)教授基金奖、国际资产管理及财务工程中心 FAME 研究奖、芝加哥大学商学院埃默里·威廉姆斯(Emory Williams)杰出教学奖等奖项。并于 2017 年设立"睿策—超凡"助学金,资助上海财经大学金融学院家境贫寒的学生顺利完成学业。

**沈晓彤(1964— )** 北京市人。现任上海财经大学特聘教授,入选国家"千人计划"。1991 年在美国芝加哥大学取得统计学博士学位。沈晓彤一直从事非/半参数、似然推断、生存分析、贝叶斯理论、机器学习以及数据挖掘等方向的研究工作。沈晓彤致力于加强统计科学与计算机、生物医学等工业界之间的交流。在其努力下,美国统计学会成立机器学习以及数据挖掘分会,为统计学家与工程师之间进行有效沟通搭起桥梁。沈晓彤曾是 2007 年人工智能与统计国际会议的主席之一,也曾是美国自然科学基金委发起的 AMS-IMS-SIAM 暑期研究会议:"机器学习、统计与发现"第一次(2003)以及第二次(2006)会议的主席之一。他目前担任着机器学习领域重要学术期刊 *Journal of Machine Learning Research*,统计学顶级期刊 *Annals of Statistics*、*Journal of American Statistical Association* 以及其他一些重要学术期刊的副主编,美国科学促进协会会员,美国统计协会和数理统计研究所研究员。曾是美国自然科学基金委数学组、统计概率组以及计算机视觉组的会评专家。

**温泉(1964— )** 现任上海财经大学经济学院特聘教授,入选国家"千人计划"。1985 年毕业于吉林大学数学专业,获理学学士学位。1988 年获加拿大西安大略大学经济学硕士学位,1991 年获该校经济学博士学位。1991 年 7 月至 2001 年 6 月,任美国温莎大学经济学助理教授、经济学副教授。2001 年 9 月至 2013 年 8 月,任美国凡德比特(Vanderbilt)大学经济学副教授、教授。曾任阿姆斯特丹自由大学、丁伯根经济研究所客座教授。2013 年 8 月起至今,任美国华盛顿大学经济学教授。研究领域为博弈论及微观经济学理论,在 *Econometrica*、*Games and Economic Behavior* 等国际一流经济学期刊发表论文20余篇。

**朱鸣雄**(1964— ) 江苏无锡人,中共党员。现任上海财经大学党委副书记。1981—1985年于南京师范大学数学系学习,获学士学位;1987—1989年于上海财经大学应用数理统计专业学习,获硕士学位;2000年入复旦大学政治经济学专业学习,于2003年取得博士学位。1994年起先后担任上海财经大学人事处师资科科长、人事处副处长、人事处处长、党委组织部部长、校长助理;2017年4月任上海财经大学党委副书记。曾主持完成《影响高校高层次人才队伍创新能力的因素分析及对策研究》《引进海外高层次人才,推进高水平大学建设》等省部级科研项目,参与完成《中国机构投资者投资行为及其监管研究》《有限理性对金融监管的影响研究》等国家级科研项目;曾在《财经研究》《外国经济与管理》等期刊发表论文10余篇;曾撰写《整体利益论——关于国家为主体的利益关系研究》《市场经济中色彩斑斓的校园文化》等著作。

**周勇**(1964— ) 广西博白人,中共党员。现任上海财经大学统计与管理学院院长、教授、博士生导师。国家杰出青年基金获得者,教育部"长江学者"特聘教授,中国科学院百人计划入选者,享受国务院政府特殊津贴,入选"新世纪百千万人才工程",上海市科技领军人才后备队。国务院学位委员会统计学科评议组成员,教育部应用统计专业硕士教学指导委员会委员。1985年毕业于华中师范大学数学系获学士学位,1988年毕业于中国科技大学与安徽大学数学系获硕士学位,1994年于中国科学院应用数学所获理学博士学位,1996年在北京大学概率统计系从事博士后研究,1997年在香港大学社会学院统计与精算系从事博士后研究。曾任香港理工大学商学院会计系研究员,美国北卡罗来纳大学生物统计系任研究副教授。周勇主要从事大数据分析与建模、生存分析,金融计量、风险管理、计量经济学、统计理论和方法等科学研究及教学工作。先后承担并完成国家自然科学基金项目,国家杰出青年基金,国家自然科学基金委重点项目,国家自然科学基金委重大研究计划重点项目等科学项目10余项。在包括国际顶级学术期刊上发表学术论文100余篇。获得省部级奖三项。曾任中国现场统计研究会环境与资源统计分会理事长。现任中国统计教育学会副会长、中国优选法统筹法与经济数学研究副理事长,中国工业统计教育学会副理事长。国家基金委自然科学基金项目评议专家,曾任国家973重大基础研究计划评委。同时担任国内外有关学术期刊的编委和副主编或期刊审稿人。

**陈晓红**(1965— ) 女,湖北武汉人。现任上海财经大学统计与管理学院特聘教授,国家"千人计划"入选者。1993年在加州大学圣地亚哥分校取得经济学博士学位,先后在芝加哥大学、英国伦敦政经学院、美国纽约大学任教,2007年至今在美国耶鲁大学执教,任经济学教授。陈晓红一直从事半参/非参数估计和统计推断、筛方法、非线性时间序列模型、半参/非参数建模等计量理论方面的研究,发表50多篇论文,其中大多刊登在经济学、统计学及其他学科的顶级刊物。陈晓红于2007年当选为"计量经济学会会士(Fellow of the Econometric Society)"。

**姚玲珍**(1966— ) 女,江苏苏州人,中共党员。现任上海财经大学党委常委、副校长,兼任国务院学位委员会工程管理专业硕士教学指导委员会委员、住建部高等学校房地产开发与经营专业指导委员会委员。1982—1986年在中南财经大学投资系学习,获经济学学士学位,1986—1989年在上海财经大学财金系学习,获经济学硕士学位。1989年2月留校任教。1996—1997年在德国不莱梅大学经济学系做访问学者,并攻读博士,2000年11月获经济学博士学位。1999年晋升副教授,2004年晋升教授,同年12月被聘为房地产经济学博士生导师。历任上海财经大学公共经济与管理学院副院长,国际文化交流学院副院长、院长、直属党支部书记,校长助理兼教务处处长、招办主任、教师教学发展中心主任。2014年起任上海财经大学党委常委、副校长。主要研究领域涉及房地产经济理论与政策、住房保障理论与政策、工程管理等。在各类学术期刊发表论文60多篇,主持完成教育部人文社科、上海市决策咨询项目等多项省部级课题。曾获上海市"三八红旗手"、宝钢优秀教师奖、上海市决策咨询研究成果奖等奖项,入选上海市"曙光计划"。

**王洪卫**(1968— ) 浙江富阳人,中共党员。曾任上海财经大学副校长。历任上海财经大学投资系主任、研究生部副主任、研究室主任、校长助理、党委常委、副校长等职。曾获宝钢优秀教师奖、上海市教委优秀教师申银万国奖、上海市杨浦区"十大优秀青年"、财政部部属院校跨世纪学科带头人、上海市政府决策咨询研究专家委员会专家、上海市建设委员会科技委员、上海市"曙光学者"等荣誉称号。先后兼任世界华人房地产学会常务理事、第13届亚洲房地产学会主席等。2013年12月调离学校。

**郑少华**(1969— ) 福建浦城人,中国民主同盟盟员。现任上海财经大学校长助理,讲席教授。1991年获华东政法学院经济法专业法学学士学位;1996年获华东政法学院经济法专业法学硕士学位;2004年获华东政法学院法律史专业法学博士学位。2002年8—12月,赴新加坡国立大学法学院进修。2004年晋升为教授。2003年3月至2007年12月先后担任华东政法学院科研处副处长、校学科办主任、科研处副处长(主持工作)。2007年2月至2014年12月担任上海财经大学法学院院长。2014年1月至2017年2月担任上海财经大学研究生院常务副院长。2015年2月担任上海财经大学校长助理。长期从事环境法、经济法、社会法以及自贸区法治等方面的研究,曾主持国家级、省部级科研项目30余项。曾获教育部人文社科三等奖、上海市哲学社会科学论文一等奖、上海市教学成果一等奖、上海市决策咨询成果二等奖等。先后参与多部法律的起草论证工作;先后参与上海、福建、广东等地《自贸区条例》的起草工作;先后参与上海市地方法规或政府规章10余项的起草论证与咨询工作。先后在国内外学术刊物发表论文60余篇,出版专著2本。入选教育部"长江学者奖励计划"青年项目、上海市"曙光学者"、教育部"新世纪优秀人才支持计划"。曾获霍英东高校优秀教师奖,中国法学会第六、第七届"全国杰出青年法学家"提名奖等荣誉称号。

**蒋传海**(1970— ) 安徽濉溪人,中共党员。现任上海财经大学党委常委、副校长,兼任国务院学位委员会国际商务专业硕士教学指导委员会专家委员。1988—1995年在安徽大学数学系学习,先后获得学士和硕士学位。1998年毕业于复旦大学数学研究所获理学博士学位。1999—2002年在上海财经大学应用经济学博士后流动站从事博士后研究。1998年至今在上海财经大学担任讲师、副教授、教授,2004年被聘为产业经济学博士生导师。2002年在英国南安普顿大学经济系做高级访问学者,2009年在美国南加州大学经济学系做访问教授。历任上海财经大学经济信息管理系副系主任、研究生部副主任、财务处处长、国际工商管理学院常务副院长、校长助理兼研究生院常务副院长。2013年起任上海财经大学党委常委、副校长。主要研究领域涉及博弈论和信息经济学、产业组织理论、反垄断与竞争政策理论与实践等。在《经济研究》《管理科学学报》《数学学报》《数学年刊》《经济学季刊》《中国管理科学》等学术期刊上发表论文40多篇。主持完成教育部人文社科、上海市"曙光计划"项目等多项省部级课题。目前主持研究国家自然科学基金、教育部"新世纪优秀人才支持计划"项目等多项课题。入选上海市"曙光学者",教育部"新世纪优秀人才支持计划"。

**靳庆鲁(1972— )** 山东鄄城人,中共党员。现任上海财经大学会计学院副院长、教授、博士生导师。1996年,获西安交通大学审计学学士。1999年,获西安交通大学会计学硕士。2005年获香港科技大学会计学博士。2005年,任上海财经大学会计学院助教授。2011年,晋升为副教授。2012年,晋升为教授。2013年12月,任会计与财务研究院副院长。2014年10月,任校学术委员会委员。2015年4月,任会计学院副院长。他长期围绕会计信息的契约和估值功能,立足中国独具特色的改革和发展实践,积极探索制度改革对公司行为的影响。主持国家自然科学基金4项,在国际顶尖会计学期刊发文5篇。入选上海市领军人才、教育部长江学者特聘教授,获国家杰出青年科学基金项目资助。入选国家"百千万人才工程"、享受国务院政府特殊津贴、被授予国家有突出贡献中青年专家。荣获宝钢优秀教师奖和上海市育才奖等。

**张橹(1972— )** 江西南昌人。现任上海财经大学金融学院特聘教授。入选国家"千人计划"。1993年毕业于江西财经大学经济系,1996年获中国人民银行研究生部金融学硕士,1997年获美国圣路易斯华盛顿大学经济学硕士,2000年获美国宾夕法尼亚大学金融学硕士,2002年获美国宾夕法尼亚大学金融学博士。2002—2006年在罗彻斯特大学威廉·西蒙商学院担任助理教授。2006—2009年在密歇根大学斯蒂芬·罗斯商学院任金融学副教授。2009—2010年为密歇根大学斯蒂芬·罗斯商学院金融学正教授、金融系主任。2010年至今任美国俄亥俄州立大学费舍尔商学院金融系的院长杰出金融学讲席教授(终身)、上海财经大学金融学院特聘教授。兼任美国国家经济研究局资产定价项目教职研究员以及 *Review of Finance Studies*,*Financial Management*,*Management Science* 杂志副主编。主要研究领域为资产定价、宏观经济、公司金融、资本市场研究等,同时在金融学的其他诸多领域都有很深的造诣。在 *Journal of Accounting Research*,*Journal of Finance*,*Journal of Financial Economics*,*Journal of Political Economy*,*Review of Financial Studies* 等金融学的国际顶级学术刊物上发表多篇学术论文。

**邱嘉平(1973— )** 福建厦门人。现任上海财经大学金融学院特聘教授,"长江学者"讲座教授。1996年毕业于厦门大学国际金融系,1998年获香港科技大学经济学硕士,2003年获多伦多大学金融学博士。1996—1997年任厦门国际信托投资公司财务分析师。2003—2006年任劳瑞尔大学经济与商业学院金融助理教授。2006—2008年任麦克马斯特大学迪格鲁特商学院助理教授。2008—2012年任麦克马斯特大学副教授。2012年至今任麦克马斯特大学教授、上海财经大学金融学院特聘教授。担任 *Review of Financial Studies*,*Journal of Corporate Finance*,*Journal of Comparative Economics* 等国际著名期刊的审稿人,瑞典国家科学基金会(Swiss National Science Foundation)和香港研究资助局(Hong Kong Research Grants Council)评审专家,北方金融协会(Northern Finance Association)项目委员会成员。主要研究领域为企业融资、银行、共同基金、家庭投资组合选择等。近年来在 *Journal of Financial Economics*,*Review of Financial Studies* 等国际顶级期刊发表多篇学术论文。

**王能**(1973— ) 安徽马鞍山人。现任上海财经大学金融学院院长。入选国家"千人计划"。美国哥伦比亚大学商学院金融学讲席教授(终身),美国斯坦福大学金融学博士,美国国家经济研究院(NBER)研究员。1992年毕业于南京大学少年班物理化学专业,1995年获加州理工学院化学硕士学位,1997年获加州大学圣地亚哥分校国际关系及亚太研究硕士学位,2002年获美国斯坦福大学金融学博士。2002—2004年任教于美国罗彻斯特大学商学院。自2004年至今任教于哥伦比亚大学。2007年被提升为终身讲席正教授。2008年任哥伦比亚大学金融系主任,2009年兼任上海财经大学金融学院院长。担任 Finance Research Letters 和 Frontiers of Economics in China 共同主编,Journal of Mathematical Economics,Macroeconomic Dynamics 和 Management Science 副主编。研究领域包括资产定价、公司金融、宏观经济学以及房地产金融学。在 American Economic Review,The Journal of Finance,The Journal of Financial Economics,The Journal of Monetary Economics and the Review of Financial Studies 等国际顶级经济学和金融学刊物上发表多篇文章,并获 Journal of Finance Smith-Breeden 杰出论文奖和亚利桑那州立大学凯瑞商学院 Bettis 杰出金融学家奖。

**冯帅章**(1974— ) 四川人。曾任上海财经大学经济学院教授、博士生导师。享受国务院特殊津贴专家。教育部"长江学者"特聘教授,国家百千万人才工程入选者,教育部新世纪优秀人才,国家杰出青年科学基金项目获得者,上海领军人才,国家外国专家局重点引智项目评审专家。1994年,获华东工业大学(现上海理工大学)经济学学士学位。1997年获复旦大学经济学硕士学位。2001年,获美国乔治华盛顿大学经济学硕士学位。2006年获美国康奈尔大学经济学博士学位。主要研究领域为劳动经济学和中国经济(人口流动、教育、收入分配、劳动力市场等),曾承担国家自然科学基金项目1项,在 American Economic Review、《经济研究》等国内外重要权威期刊上发表论文30余篇。

**李增泉**(1974— ) 山东潍坊人,中共党员。现任上海财经大学会计学院院长、教授、博士生导师。"长江学者"特聘教授。1997年获山东经济学院计划统计学士学位。2000年获上海财经大学会计学硕士学位。2003年获上海财经大学会计学博士学位。2000年6月留校任会计学院讲师。2001年9月至2002年9月赴香港城市大学访问交流。2003年晋升为副教授。2006年晋升为教授。2009年任上海财经大学会计学院副院长,分管科研工作。2015年任会计学院院长。2016年获评长江学者特聘教授。李增泉长期从事实证会计和财务、公司组织与治理等领域研究。研究成果中5篇英文论文发表在国际顶尖会计学和管理学期刊,31篇中文论文发表在国内顶尖期刊。曾主持国家级科研项目3项,省部级科研项目10项。入选上海市"曙光学者",曾获教育部新世纪优秀人才奖,教育部人文社会科学优秀论文二等奖、优秀著作三等奖,多次荣获上海市哲学社会科学优秀成果奖。

**朱利平**(1978— ) 湖南衡阳人。曾任上海财经大学统计与管理学院教授、博士生导师。2001年7月获华东师范大学统计与概率专业理学学士学位;2006年7月获华东师范大学概率论与数理统计专业理学博士学位;之后留校任教;2008年12月被破格遴选为华东师范大学副教授;2009年8月至2011年8月受邀访问美国宾夕法尼亚州立大学;2011年9月调入上海财经大学,2013年7月被破格遴选为上海财经大学常任轨终身教授,博士生导师。朱利平长期从事统计学理论和方法研究,主要研究领域为高维以及超高维数据统计分析、半参数回归模型统计推断、非线性相依度量等,在国内外重要学术期刊发表论文60余篇。于2012年入选上海市浦江人才计划以及教育部新世纪优秀人才计划；2013年获上海财经大学学术奖，2014年获国家自然科学基金优秀青年基金项目资助，同年入选"万人计划"青年拔尖人才支持计划。他历任统计学国际顶级学术期刊 The Annals of Statistics、统计学国际重要学术期刊 Statistica Sinica 副主编以及国内核心期刊《系统科学与数学》期刊编委。

**张学良**（1978— ） 安徽望江人，中共党员。现任上海财经大学讲席教授、创新团队首席专家，博士生导师。2001年获安徽财经大学经济学学士学位。2004年获安徽财经大学经济学硕士学位。2006年12月，获上海财经大学经济学博士学位。2005年6—8月赴英国布鲁耐尔大学交流学习。2010年8月至2011年2月赴美国佛罗里达大学做访问学者，2013年5月至2014年5月赴美国密歇根大学做高级访问学者。2014年晋升为教授。2014年10月任上海财经大学财经研究所副所长、城市与区域科学学院副院长。现为中国区域经济50人论坛成员，长三角城市经济协调会专家咨询委员会专家，担任全国经济地理研究会副会长、中国区域科学协会副秘书长兼青年学者工作部主任、中国城市经济学会学科建设专业委员会副主任。长期从事城市经济、区域经济的研究。主持国家社科基金重大项目1项、国家自然科学基金项目多项，主持上海市政府决策咨询重大项目、上海市发改委重大项目10余项，曾获上海市政府决策咨询奖一等奖、三等奖等。先后在国内外学术刊物发表论文50余篇，出版各类著作10余本。入选"万人计划"青年拔尖人才支持计划，上海市"曙光学者"。获教育部"新世纪优秀人才"与上海市"社科新人"等荣誉称号。

**范子英**（1981— ） 安徽望江人，中共党员。现任上海财经大学公共经济与管理学院教授、博士生导师。2005年和2007年在南京农业大学经济管理学院分别获学士学位和硕士学位，2010年获复旦大学经济学博士学位。2008年10月至2009年3月赴英国诺丁汉大学担任访问学者；2013年8—9月赴英国剑桥大学丘吉尔学院担任访问学者。2010年7月，任华中科技大学经济学院副教授（破格晋升），2014年11月任上海财经大学教授（破格晋升）。2016年入选教育部"长江学者奖励计划"青年项目，同年入选上海市"曙光计划"资助。长期从事公共财政和发展经济学研究，在《经济研究》《管理世界》等权威期刊发表论文40余篇，出版学术专著2部，主持数十项科研项目。同时兼任上海财经大学中国公共财政研究院副院长、上海财经大学PPP研究中心主任，以及复旦大学中国经济研究中心、上海交通大学中国发展研究院等机构兼职研究员。

**杨金强**（1983— ） 河北衡水人，中共党员。现任上海财经大学金融学院教授、博士生导师、证券期货系主任。2006年于湖南大学获理学学士学位，2009—2011年公派出国访问美国哥伦比亚大学，2011年于湖南大学获经济学博士学位（硕博连读）。2011年加入上海财经大学金融学院，2013年晋升为副教授，2014年晋升为正教授。入选教育部"长江学者奖励计划"青年项目，国家自然优秀青年基金项目获得者，入选教育部"新世纪优秀人才支持计划"，霍英东教育基金获得者，上海市首批青年拔尖人才。兼任全国金融系统青年联合会委员，上海市突出贡献专家协会青年英才分会副会长，上海国际金融中心研究院研究员等。近年来主要致力于动态公司金融和资产定价的理论研究。已发表或接受待发表论文34篇学术期刊论文，国际顶尖金融学和经济学期刊论文5篇，其他国际知名金融学和经济学SSCI期刊论文17篇；国内权威期刊论文12篇。学术成果曾获全美华人金融协会（TCFA）最佳论文奖、中国金融博物馆第三届青年金融学者奖、第十二届中国金融学年会优秀论文一等奖等奖项。

# 第三章 人 物 名 录

## 第一节 1956年定级的上海财政经济学院教授名录（共108名）

二级教授：12人

褚葆一　李鸿寿　杨荫溥　邹依仁　许本怡　褚凤仪　李炳焕　周伯棣　王惟中　吴承禧
孙怀仁　龚清浩

三级教授：19人

金国宝　陈善林　蒋士麒　雍家源　娄尔行　何士芳　薛迪符　蒋凤五　杨先之　夏宗辉
朱斯煌　彭信威　韩闻同　刘絜敖　凌舒谟　邹宗伊　杨志信　袁行允　陈德恒

四级教授：48人

桂世祚　朱君毅　罗凤超　陈启运　王思立　柴作楫　厉德寅　袁际唐　潘兆申　周覃绂
沈学钧　邹曾侯　余性元　沈筱宋　金莒生　汪育春　王涵清　贺治仁　祝百英　张一凡
徐之河　胡继瑗　陈振鹭　丁馨伯　吴国隽　冯定璋　周　仁　尹文敬　关可贵　林蔚人
伍纯武　李立中　应成一　余精一　雍文远　卓　如　杨勉之　张畏凡　何德鹤　徐日琨
罗虔英　陆晶清　胡世杰　唐如尧　王作求　郭森麒　胡寄窗　叶元龙

五级教授：19人

朱　元　钱培钧　吴宗恭　李焯林　王克生　束新吾　屠修德　李宗义　周恩久　刘平江
刘绍汤　许炳汉　宗植心　叶沛婴　王传曾　李　湘　顾维熊　陈仲明　唐雄俊

六级教授：10人

吕玉文　周凤镜　王白云　蔡文熙　李哲明　郭大雄　吴裕后　李荣廷　杨半农　蒋畴余

注：据《上海财经学院教授工资级别方案》(1956)。

# 第二节　1980—2016 年审定通过的高级职称任职资格名录

1980 年

【正高职称】
谢　嘉　郭家麟　郑德如　谢树森　马家骅　贾宏宇

【副高职称】
俞文青　马富泉　彭辉芳　石人瑾　吴诚之　林宝环　洪家敏　陈治钧　竹德操　汪鸿鼎
赵友良　李葆坤　朱　骥　程兆汾　胡企彭　陈纪昌　李儒训　叶子雄　庄述棣　张淑智
戴振纲　胡文义　龚以奎　田竞和　严学丰　全增禧　龚浩成　石成岳　陈荣发　张更生
王有枚　席克正　黄树颜　吴智伟　杨公朴　马德钫

1982 年

【正高职称】
曹立瀛

【副高职称】
沈锦昶　张有年　沈幽赟　程桂芳　裘逸娟　姚焕廷　章青松　夏孝模　蒋　瑛　秦永华
吴立煦　何友诚　胡国华

1986 年

【正高职称】
徐政旦　石人瑾　石成岳　王松年　杨公朴　李葆坤　黄树颜　席克正　吕芳举　裘逸娟
张淑智　李儒训　姚廷纲　费文星　王有枚　吴诚之　王宏儒　苏　挺　童一平　陈荣法
汪鸿鼎　胡国华　马家善　田竞和　梅汝和　李志远

【副高职称】
钱嘉福　冯正权　李承祚　黄　颂　万伯涵　张君一　龚维新　沈　越　金慰祖　于孝同
颜光华　吴龙生　刘荔娟　穆庆贵　陈声雅　郑菊生　罗国樑　曹志祥　余澄扬　张福宝
王汝湧　冯关源　张　毅　朱幼文　葛寿铭　郭庠林　葛寿昌　李柱锡　姚家华　李石泉
顾伟如　施竞成　施应麟　励　培　刘秉芸　曹曼丽　胡辅中　王梅仙　余兴发　秦雄海
黄志民　许凤岐　葛惟熹　王学青　舒子唐　盛柏规　周荣生　何行道　张宝善　唐汉文
胡源绥　李良如　杨媞姝　刘厚甫　胡占元　花啸霞　吴志远　周泽民　周士健　梁无瑕
孙以焕　陈永熙　黄思九　乐秀拔　孙克武　李　镇　汪乾基　全丛熹　郭豫娟　吴惠之

1987 年

【正高职称】
竹德操　林宝环　姚焕廷　陈治钧　俞文青　严学丰　戴振纲　许心礼　沈锦昶　吴智伟
赵友良　张更生　章青松　朱　骥　胡式如　祝慈寿　王公维

【副高职称】

| | | | | | | | | | |
|---|---|---|---|---|---|---|---|---|---|
| 周锡榷 | 杨君昌 | 汤云为 | 袁瑾堡 | 徐逸星 | 郭启中 | 戚庆云 | 蔡尔华 | 孙鹤年 | 张保梁 |
| 王隆昌 | 朱德林 | 张庆渭 | 李新乃 | 王明初 | 许谨良 | 罗曙先 | 刘汉良 | 卞祖武 | 王惠玲 |
| 顾人俊 | 汪道其 | 胡焕绩 | 沈嘉明 | 徐渭平 | 蒋克珍 | 漆光瑛 | 孙 引 | 夏斗寅 | 田其元 |
| 林幼琪 | 许少强 | 赵可培 | 张 靖 | 翁曼君 | 凌明娟 | 胡蓓华 | 李慧芬 | 张海雄 | 陆徐福 |
| 朱林兴 | 李家寿 | 宗有为 | 李飞龙 | 李庸士 | 许 明 | 范崇敏 | 陈大慰 | 张镇芝 | 黎君佩 |
| 崔德邻 | 胡勇甫 | 傅继才 | 宋文信 | 邢克光 | 徐秀琼 | 王克娴 | 沈 潜 | 吕绍昌 | 江 栋 |
| 邱宣煌 | 王鸿生 | 张邦成 | 陈永德 | 潘咸芳 | 林毓霞 | 林步黎 | 颜世赋 | | |

## 1988年

【正高职称】

| | | | | | | | | | |
|---|---|---|---|---|---|---|---|---|---|
| 程桂芳 | 郭库林 | 郑菊生 | 彭辉芳 | 葛惟熹 | 夏孝模 | 陈纪昌 | 钱嘉福 | 龚维新 | 王学青 |
| 余兴发 | 李石泉 | 吴立煦 | 洪家敏 | | | | | | |

【副高职称】

| | | | | | | | | | |
|---|---|---|---|---|---|---|---|---|---|
| 张婉如 | 朱钟棣 | 谈 敏 | 肖高励 | 顾林明 | 张汉藩 | 黄振纲 | 周忠惠 | 张 政 | 应世昌 |
| 叶孝理 | 李文彩 | 顾龙观 | 邱春富 | 张杏川 | 顾家裕 | 朱快蕾 | 孙世朴 | 蔡祖芬 | 司罗凤 |
| 卢耀权 | 方之龙 | 郭羽诞 | 陆世敏 | 唐 豪 | 汪惠元 | 尹协华 | 周雄鹏 | 印堃华 | 张为国 |
| 甘兆志 | 孙海鸣 | 陈文安 | 蒋振中 | 李泉斌 | 霍文文 | 秦家龙 | 周立公 | 黄尔勇 | 郁庆璘 |
| 张小荑 | 严惠萍 | 王惠芸 | 张 彬 | 罗志权 | 鱼金涛 | 张兴文 | 朱肖鼎 | 盛松涛 | 沈漪兰 |
| 王言平 | 金炳华 | | | | | | | | |

## 1989年

【副高职称】

张次博　金会虎　裘汉宗　贝时春

## 1990年

【正高职称】

| | | | | | | | | | |
|---|---|---|---|---|---|---|---|---|---|
| 张有年 | 乐秀拔 | 李柱锡 | 姚家华 | 葛寿昌 | 颜光华 | 王惠玲 | 汤云为 | 谈 敏 | 曹曼丽 |
| 夏斗寅 | 黄 颂 | | | | | | | | |

【副高职称】

| | | | | | | | | | |
|---|---|---|---|---|---|---|---|---|---|
| 朱沪生 | 谢浩范 | 彭嘉强 | 赵孝盛 | 袁珊媛 | 胡永刚 | 雍 同 | 程恩富 | 高 宇 | 奚君羊 |
| 朱 敏 | 张荣年 | 潘达然 | 朱世镐 | 陈启杰 | 周慈铭 | 胡怡建 | 丛树海 | 刘少波 | 朱荣恩 |
| 孙 铮 | 林世怡 | 谢 荣 | 董逢谷 | 张人骥 | 林立忠 | 陈慧玉 | 徐乃则 | 许 岩 | 骆祖望 |
| 管一民 | 雍庆生 | 吴云飞 | 储敏伟 | 刘明信 | 刘志远 | 朱惠芬 | 薛铁肩 | 夏健明 | 宋 源 |
| 欧阳令南 | | | | | | | | | |

## 1991年

【副高职称】

朱国华　夏大慰　徐国祥　岳咬兴　盛松成

## 1992 年

【正高职称】

潘洪萱　施应麟　朱钟棣　刘荔娟　唐　豪　王隆昌　张为国　施锡铨　张　毅　黄志民
周荣生　王明初　金慰祖　顾伟如　吴惠之

【副高职称】

林玳玳　陈必大　汪保健　陈锡荣　费方域　周健临　晁钢令　陈信康　陈文浩　蒋　洪
朱　萍　金德环　戴国强　刘　波　周勤业　徐建新　袁树民　尤家荣　陆永炜　徐海根
张　鸣　王德发　汤健儿　张来泰　周定真　宓文湛　萧福铨　张　桁　金忠义　熊诗平
王正沛　成肇勋　林贤本　刘祖怡　张鲤庭　顾国柱　朱迎平

## 1993 年

【正高职称】

程恩富　许少强　孙海鸣　吴龙生　黄振纲　许谨良　王兴德　朱幼文　冯关源　朱德林
印堃华　冯正权　吴云飞　穆庆贵　顾人俊　于孝同　欧阳令南

【副高职称】

俞纪东　陈大钢　赵晓雷　钱连源　朱东平　张莹玉　王　玉　王惠忠　章　健　周蓓菲
张克云　邓永成　杨大楷　方卫平　黄大瑜　王蔚松　黄　治　施兵超　胡维熊　陈国辉
谢国新　达世华　戴继雄　吴宏健　王雅芬　孙立爱　朱兴德　吴梦宇　毛荣生　陶婷芳
朱洪仁　李则兆　丁　健　谢　玮　陈和本　崔燮钧　朱建中　杨密珍　朱根林　黄文灼
樊天和　吴桂根　李福森　叶麟根　孙红云

## 1994 年

【正高职称】

曹志祥　张　政　雍　同　郭羽诞　朱国华　谢　荣　徐国祥　骆祖望　夏大慰　陈启杰
盛松成

【副高职称】

曹国旗　马　洪　蒋晓伟　瞿卫东　李扣庆　宋克勤　龚仰树　董勤发　赵晓菊　章国富
陈信元　蒋义宏　李晓玉　耿志敏　尚华娟　唐如青　谢葆珑

## 1995 年

【正高职称】

葛寿铭　孙克武　漆光瑛　周立公　戴国强　丛树海　胡怡建　周忠惠　卞祖武　张　靖
陈新汉　赵晓雷　张人骥　孙　铮

【副高职称】

郭士征　林　珏　庄卫民　陈学彬　钟　明　应望江　章显中　瞿灿鑫　顾中宪　潘　飞
储一昀　苏均和　莫家柱　宋锡祥　徐宪光　胡修浩　朱平芳　黄锦章　徐　萍　周关教
曹鸿清

1996 年

【正高职称】
蒋洪　朱荣恩　陈信元　刘汉良　赵孝盛　夏健明　晁钢令　陈信康　应世昌　杨大楷
管一民　彭嘉强

【副高职称】
张德远　沈志义　张圣翠　于研　孙丽云　朱为群　陈美华　王鸿祥　赵建勇　钱逢胜
李长风　陈慧琴　张鸣芳　竹宇光　杨立钧　陈顺霞　龚仰军　朱文革　方能文　陶国富
姜国麟　施祖辉　应勤俭　史东辉　范正绮　尹淑兰　黄罗兰　黄林芳　张觉　张立英
倪勋

1997 年

【正高职称】
朱保华　胡景北　张鸣　陆世敏　刘志远　周国强　王玉　张桁　岳咬兴　李泉斌
顾国柱

【副高职称】
王根蓓　叶行　周杰普　黄天华　王霞　虞定伟　芮廷先　杨梅珍　邱益中　任坤秀
干春晖　刘爱珍　谢志刚　曹建元　方芳　王晖　赵龙强　刘海兰　潘立东　王坚
顾培源

1998 年

【正高职称】
郭士征　林珏　奚君羊　董逢谷　陈学彬　金德环　吴梦宇

【副高职称】
叶朱　屠天峰　彭福永　胡清友　刘兰娟　陈振东　吴裕霞　郑纯选　郭芳芳　潘存武
何其祥　王洪卫　何康维　李平民　刘弘　刘永章　陈胜群　陈荣辉　金晓斌

1999 年

【正高职称】
何玉长　胡永刚　葛守中　蒋保忠　陈文浩　赵晓菊　陶婷芳

【副高职称】
金福林　李笑野　金申荣　李妮妮　林云　程霖　毛程连　刘小兵　乐艳芬　陈振婷
劳帼龄　门峰　王蔷　杨浩　王人己　吴以雯　张纯　李玉英　杜卫华　姚玲珍
黄振耀　朱鸣雄　豆建民　陈占锋　蒋传海

2000 年

【正高职称】
李扣庆　干春晖　霍文文　谢志刚　潘飞　朱平芳　王德发　丁栋虹　宋锡祥　陈晓
朱迎平　黄锦章

【副高职称】

王耀东  伍山林  戴欣苗  孙允午  王小明  周越美  冯善萍  胡乃红  王　燕  骆玉鼎
李　曜  丁剑平  杨爱珍  冯苏苇  倪稼民  赵鸣歧  洪登永  孙　林  方　华  严国海
徐兆宏  孟昭上  施宗靖

## 2001 年

【正高职称】

赵建勇  徐宪光  胡奕明  王洪卫

【副高职称】

叶正茂  麻国安  洪庚明  李清伟  赵永冰  原红旗  朱　舟  简德三  杨晓斌  冉启康
申海波

## 2002 年

【正高职称】

李　新  应望江  丁　健  兰宜生  周仲飞  裴毅然  尤家荣  熊诗平

【副高职称】

杨培雷  张军旗  庄序莹  钟仁耀  杨丹芳  张　磊  王英姿  邵建利  王黎明  蒋永萍
鞠　强  楼　尊  柳永明  魏巧琴  邹　平  罗万钧  白振奎  党芳莉  娄　芳  李超民
孙　冰  邵　斌  王青云  王伯言  张小忠  何苏湘  赵龙强  黄　磊  王联合

## 2003 年

【正高职称】

丁剑平  周继忠  马　艳  储一昀  蒋义宏  龚仰树  王新新  张　觉

【副高职称】

李增泉  陈冬华  朱红军  伍　装  宋晓燕  张燕强  高晓晖  陶　勇  宋健敏  杨忠莲
王学民  陈夏芳  王志军  粟　芳  董程栋  范　静  郝　云  李　贵  柳岳梅  杜富华
李洪斌  李本乾  冯润民  周夏英  蒋碧娟  陈　骁  麻俊生  沈国华

## 2004 年

【正高职称】

姚玲珍  徐晓萍  毛程连  张　纯  原红旗  宓文湛  祁志祥  孙建华  金钟范  蒋传海
李笑野

【副高职称】

范建亭  郭丽虹  冒佩华  张明恒  顾　雷  刘守刚  华锦阳  李荣林  王延明  王　琴
张海东  陈利平  金洪飞  韩其恒  韩　元  马海英  左　鹏  常　宁  崔敬东  凌伯强
蒋群英  叶玉全  张晓梅  顾少华  胡　彬  刘乃全  朱国泓

## 2005 年

【正高职称】

王克强  王小明  章忠民  谢家平  于　研  朱为群  刘小川  顾桂定  陈晓和  曹鸿清

【副高职称】

| 常进雄 | 夏纪军 | 赵维加 | 陈康幼 | 徐曙娜 | 钱　玲 | 饶艳超 | 叶建芳 | 谢美萍 | 靳玉英 |
| 李劲松 | 朱小斌 | 李晓洁 | 沈国兵 | 范宝舟 | 林　晖 | 陈月娥 | 周解勇 | 刘志平 | 薛宇峰 |
| 金程宇 | 黄海量 | 王淞昕 | 许淑君 | 陆　蓉 | 戴滨林 | 王永德 | 陆绯云 | 马俊玲 | 田圣炳 |

2006 年

【正高职称】

| 伍山林 | 姜国麟 | 刘小兵 | 豆建民 | 李　曜 | 郎艳怀 | 刘兰娟 | 李增泉 | 冯金华 | 陈　凯 |
| 孙元欣 | 韩景倜 |

【副高职称】

| 李建伟 | 于　洪 | 曾军平 | 刘晓宏 | 薛　爽 | 朱　凯 | 路万忠 | 李艳红 | 王炳雪 | 董　静 |
| 牟　清 | 贺小刚 | 何　韧 | 李　宏 | 刘莉亚 | 汪顺宁 | 杨孝鸿 | 章益国 | 周　建 | 归　樱 |
| 尤东旭 | 朱卫红 | 何　萍 | 王燕军 | 王　昉 | 戴　勇 | 魏顺兴 | 丁俊玲 | 刘　焱 | 徐　慧 |
| 徐　珂 | 杨国强 | 马文杰 | 蔺　楠 | 刘晓红 | 陈　颖 | 彭建文 |

2007 年

【正高职称】

| 刘　鹏 | 朱文革 | 朱红军 | 朱丽霞 | 朱鸣雄 | 张军旗 | 张鸣芳 | 李春琦 | 钟仁耀 | 程　霖 |
| 黄林芳 | 顾雪兰 | 武继平 |

【副高职称】

| 丁凤楚 | 万君宝 | 文红为 | 王小卫 | 王学成 | 王晓玉 | 王艳华 | 刘　伟 | 刘　华 | 刘庆生 |
| 吕铁贞 | 朱　奎 | 张振宇 | 张雪凤 | 张　淼 | 李劲荣 | 杨　晔 | 陈　波 | 周　红 | 郝晓玲 |
| 曹　啸 | 黄赜琳 | 甄志宏 | 鲍晓华 | 刘兵勇 | 邱　仪 |

2008 年

【正高职称】

| 孙　宁 | 江若尘 | 谭清美 | 汪进元 | 马拥军 | 单海玲 | 夏立军 | 沈根祥 | 黄天华 | 金洪飞 |
| 邹　平 | 刘永章 | 林　晖 | 张圣翠 | 李清伟 | 干黎明 | 韩冬梅 | 干永德 | 杨翠迎 |

【副高职称】

| 赵宏斌 | 孙　燕 | 马祖琦 | 郑春荣 | 刘国永 | 曹志广 | 叶巍岭 | 刘　勇 | 阮　弘 | 梁兴国 |
| 葛伟军 | 杨　楠 | 吴纯杰 | 张　娥 | 李欣苗 | 丁晓钦 | 卢慧芳 | 李志远 | 黄瑞红 | 徐燕军 |
| 严剑峰 | 张祥建 | 卢惠惠 | 李　佳 | 李景彬 | 王永长 | 刘光本 |

2009 年

【正高职称】

| 王　能 | 牛铭实 | 曹建华 | 廖益新 | 陈振东 | 靳玉英 | 刘　弘 | 陆　蓉 | 马　洪 | 王志军 |
| 叶玉全 | 张德远 | 冯润民 |

【副高职称】

| 王绍立 | 边　毅 | 何众志 | 尤进红 | 井然哲 | 耿　曙 | 朱东明 | 陈　瑜 | 付　春 | 何　骏 |

计小青　李金满　李　眺　刘　浩　刘向军　米丽英　田　方　魏　航　徐　巍　曾庆丰
张　谦　洪登永　林　云　施祖辉　李玲芳　乔晓妹

## 2010 年

【正高职称】
柳永明　常进雄　夏纪军　李桂奎　冉启康　贺小刚　许　庆　陈庆池　茆长暄
【副高职称】
王少飞　曾庆生　朱智豪　赵克锋　赵　珂　江晓东　崔　畅　赵海兵　李　锋　黄智亮
童春阳　路　磊　李　哲　陈红梅　唐冠虹

## 2011 年

【正高职称】
张淑芳　黄　坚　宋晓燕　董　静　鲍晓华　薛　爽　刘莉亚　周　建　王燕军　吕季东
【副高职称】
叶海春　朱利平　文东华　周国良　赵桂芹　齐新宇　陈　媛　王　琪　陈　敬　张锦华
张学良　白　澎　高维和　靳庆鲁　曾旭东　胡建华　罗山鸿　徐　超　唐子芸

## 2012 年

【正高职称】
樊丽明　付文林　王志明　李　华　蔺　楠　朱　凯　张　涛　刘乃全　靳庆鲁　冯帅章
【副高职称】
李　科　朱　梅　李　楠　陈选娟　张占江　黄　涛　胡　苑　黄　俊　唐　松　赵子夜
何贤杰　张庆华　杨世海　张雷洪　姚　俊　汪　伟　邵　帅　王　峰　安志勇　黄　蓉
王兰芳　赵　山　杜宁华　刘　锋　罗大庆　张　敏　张永超　洪福海　黄　勉　冯兴东
郑继红　李美俊　牟仙凤　杨晓兵　傅　川

## 2013 年

【正高职称】
邓淑莲　王明涛　孙　燕　张明恒　范宝舟　黄海量　何　萍　陈选娟　朱利平　陈　杰
燕红忠　岳劲峰　杨　峰　葛冬冬　吴佩勋　王英林　蒋硕亮
【副高职称】
叶榅平　马志远　孟大文　潘　霁　邵志芳　张立柱　孙　艳　管　斌　唐　莉　唐　敏
李会平　王雪华　吴隆增　陈志俊　朱林可　谢晓晴　张　军　邓　辛　冯　玲　王　甄
杨金强　朱　杰　林立国　李志远　荣　康　杨　哲　贺德远　秦文佳　孔德民　孙　磊
王西民　韩　婷　张征宇　夏国军　李　涛　张　严

## 2014 年

【正高职称】
刘　浩　郭丽虹　于长锐　李　贵　董程栋　乔晓妹　张学良　杨金强　刘光峰　朱晓喆

何斯迈　吴　炫　周　勇(数学)　鞠建东
【副高职称】
李耀华　温娇秀　郑大庆　韩松乔　夏明月　何佳馨　胡　凌　吴文芳　江　渝　王利利
徐　键　周晓梅　邓涛涛　罗　姝　王苑苑　俞　立　侯青川　周　波　阴慧芳　李　聪
易艳萍　周晓岚　程　江　吴树斌　陈　波　王文斌　杨宏星　柏　杨　骆司融　张志远
程令国　韩玉兰　姜　波　赵　果　李书华　殷梅英(认定)　李文才　陆　春　宫　剑
杨国静　谢　磊　张思思　张东辉　史一飞　吴一平

2015 年

【正高职称】
李　宏　李劲松　李欣苗　李金满　张雷洪　郝　云　钟　明　黄　俊　冯兴东　朱小能
唐　莉　张祥建　张锦华　李超民　王福华　陆品燕
【副高职称】
王　悦　刘长喜　杨文瑜　张沁悦　张　熠　张　燕(体育)　赵冬梅　顾满占　崔丽丽
刘　丹　刘　英　关浩光　江　波　孙　琦　沈明圭　张文章　张会平　陈　艳　陈智华
苗　彬　呼和那日松　　　金　飞　金　煜　周俊杰　居　恒　姚　澜　高　燕　唐前锋
陶之杰　崔翔宇　喻　俊　樊海潮　王　婧　楼国强　孟美侠　付卓婧　张　琴　倪建文
刘金涛　王珊珊　沈　宏　曹东勃　彭　松　王常伟　Sambuddha Ghosh

2016 年

【正高职称】
赵　珂　叶建芳　刘志阳　魏　航　葛伟军　李　楠　赵海兵　常　宁　王艳华　汪　伟
范子英　叶名怡　徐继强　徐国利　康文津　Ezra Wasserman Mitchell　Mark Poustie
【副高职称】
朱　璐　胡光元　吕雷宁　张　洁　高　瑜　余典范　陈　强　陈媛媛　王海军　王　茵
吴　芳　高　翔　张家宁　谈勇贤　杨有智　张杭辉　金　鑫　黄振兴　袁海萍　齐　宁
王小明　杨　嬛　黄　枫　高耀丽　孙其伟　杨晓雪　杨淑莲　高建军　王　玮　韩　亦
董　毅　吴晓番　俞　瑾　胡浩栋　汪　冲　伍继松　张拔群　卞世博

注：本名录依据学校档案馆藏上海财经大学档案全宗及人事处提供的相关资料编成。名录中正高职称包括教授、编审、研究员、研究馆员、主任医师等；副高职称包括副教授、副编审、副研究员、副研究馆员、高级会计师、高级政工师、高级工程师、副主任医师等。

## 第三节　1979—2016 年离退休教职员工名录

1979 年

【离休】

徐星显

【退休】

应　涛　黄秉衡　陈明田　周文澜　奚金南　刘式永　葛德玲　吴秀贞　李时美　陆飞霞

程人瑶

1980 年

【退休】
刘　昶　施阿菊

1981 年

【退休】
屈林妹

1982 年

【退休】
徐桂红　郑阿银　王纪祥

1983 年

【离休】
陶　亭　路祥麟　张明文　王采洪　张　岩　周友珊　倪爱史　顾　理　宗士诚
【退休】
邬成昌　申关佩　杨招娣

1984 年

【离休】
赵基华　王少信　姚　耐
【退休】
周文俊　王丽娟　曹阿菊　李贵仙　肖士祥　袁际唐　汪青春

1985 年

【离休】
纪学勤　王星九　李　毅　刘瑞兰　刘　坡　杨景星　杨志清　李清弗　郭森麒
【退休】
范存彪　何宪金　钱培钧

1986 年

【退休】
范宏枋　王言平　罗昌淑　张景玉　何　涤　徐贤柏　杨造瑶　杨美贞　曹宏炯　金德玉
王敦风　陈朋远　王秀英　秦雄海　顾宜真　张毅立　张漪华

1987 年

【离休】
宋文信　崔德邻　李庸士　宋桂和　林毓霞　梁无暇　韩学德

【退休】

| 陈善林 | 徐日琨 | 马德钫 | 周泽民 | 周士健 | 朱 元 | 李志远 | 杨缇珠 | 付继才 | 李 湘 |
| --- | --- | --- | --- | --- | --- | --- | --- | --- | --- |
| 童一平 | 王传曾 | 陈大慰 | 吴国隽 | 周颂康 | 梅汝和 | 赵友良 | 胡式如 | 朱 骥 | 费文星 |
| 陈永德 | 朱新宝 | 田竞和 | 刘厚甫 | 王克娴 | 张 里 | 汪乾基 | 祝慈寿 | 宗有为 | 李 镇 |
| 王宏儒 | 贾宏宇 | 熊再光 | 王风琴 | 吴依国 | 梁倩恩 | 孙以焕 | 李良如 | 胡占元 | 屠修德 |
| 高一萍 | 吴志远 | 郑之棪 | 李渤伦 | 马富泉 | 唐小妹 | 汪鸿鼎 | 张宝善 | 过琪芳 | 马家善 |
| 刘 斌 | 李飞龙 | 吕绍昌 | 胡源绥 | 苏弘德 | 胡勇甫 | 沈 潜 | 许 明 | 潘咸芳 | 张更生 |
| 花啸霞 | 李源道 | 甘德君 | 沈 翔 | 张镇芝 | 徐秀琼 | 蒋 瑛 | 邱春富 | 范崇敏 | 张杏川 |
| 邢克光 | | | | | | | | | |

1988 年

【离休】
韩林贞　张福珍

【退休】

| 陈荣发 | 陈纪昌 | 朱快蕾 | 沈漪兰 | 顾龙观 | 郭佩浚 | 贡金开 | 管永耀 | 顾家裕 | 卢耀权 |
| --- | --- | --- | --- | --- | --- | --- | --- | --- | --- |
| 李葆瑛 | 张桂琴 | 李文彩 | 施淑萍 | 莊述棣 | 沈志良 | | | | |

1989 年

【离休】
王志强　陈文虎　陈 华　盛柏规

【退休】

| 胡国华 | 郑晓山 | 钱志庭 | 朱伯华 | 耿孔文 | 吴世骅 | 江 璠 | 李荣林 | 翁佩珍 | 富竟仁 |
| --- | --- | --- | --- | --- | --- | --- | --- | --- | --- |
| 孙世朴 | 江承元 | 杜慧民 | 金翠娣 | | | | | | |

1990 年

【离休】
施淑萍　张树进

【退休】

| 林伟成 | 秦永华 | 王义方 | 施建斐 | 许凤岐 | 万素祯 | 杨汉民 | 陈佑森 | 陈时芬 | 黄海淀 |
| --- | --- | --- | --- | --- | --- | --- | --- | --- | --- |
| 周海山 | 沈兆山 | 谢树森 | 胡敬芳 | 王文华 | 黄树颜 | 陶天莲 | 赵云华 | 罗国梁 | 黄尔勇 |
| 朱惠芬 | 陆阿囡 | 黄　颂（2002 年改离休） | | | | | | | |

1991 年

【离休】
刘景航　夏斗寅　叶麟根　刘自强　黄志民　刘明信　杨兴龙

【退休】

| 李鸿寿 | 陈柯夫 | 林贤本 | 范　珍 | 章仪桓 | 张嘉德 | 王开林 | 施竟成 | 舒子唐 | 蔡伯林 |
| --- | --- | --- | --- | --- | --- | --- | --- | --- | --- |
| 凌莉华 | 许明富 | 沈　越 | 沈幽黉 | 王慧瑛 | 董淡云 | 曹曼丽 | 黄玉娥 | 张君一 | 潘达然 |
| 周敬文 | 瞿照娣 | 朱佐林 | 洪春生 | 马恭靖 | 陆云娣 | 陈声雅 | 吕芳举（1995 年改离休） | | |

## 1992 年

**【离休】**

周石振　林步黎　金慰祖　李光治　高　宇　沈学伟　吴明生　叶孝理

**【退休】**

苏　挺　薛铁肩　成永兴　孙鹤年　楼思映　汪启瑶　郭启中　胡企彭　余澄扬　汪道其
胡辅中　王梅仙　陈治钧　励　培　曹誌祥　周荣生　胡焕绩　王明初　刘秉芸　罗曙先
沈光年　李葆坤　郑德如　徐渭平　黄振纲　胡瑞芬

## 1993 年

**【离休】**

马光辉　张婉如

**【退休】**

李葆坤　许心礼　姚焕廷　尹美华　赵巨标　穆庆贵　葛惟熹　郭豫娟　李承诈　林爱忠
钱　洁　张一鸣　沈锦昶　于孝同　何行道　宋丽华　戴振纲　彭辉芳　张　彬　沈宝囡
张顺仙

## 1994 年

**【离休】**

张淑智　徐渭平（改离休）　邱宣煌

**【退休】**

徐文定　石成岳　林幼琪　王鸿生　江云娣　曹志祥　田其元　秦建华　郭宝明　许心礼
张　政　顾人俊　金会虎　袁瑞来　张一鸣　汪道其　秦家龙　胡庆荣　叶子雄　赵庆芬
孙鹤年　沈嘉明　俞士杰　张政云　余文青　孙　引　张毅民　钱嘉福　穆庆贵　赵安宏
孙红云　吴立煦　吴智伟　张　懿　戚庆运　沈依洪　王渝珍　李儒训（2004年改离休）

## 1995 年

**【离休】**

吕芳举

**【退休】**

成肇勋　李应仁　张有年　尹淑兰　林宝瓗　谢浩范　顾肇熙　夏孝模　林益华　王学青
严学丰　陈永熙　吕克强　郑菊生　刘素兰　孙克武　金仙娣　程桂芳　金阿妹　葛寿铭
竹德操　乐秀拔　赵梅君　俞志英　龚维新　张福宝　赵正标　杨龙水　陆宗权　金忆文
罗志权

## 1996 年

**【离休】**

曹立瀛　葛寿昌

【退休】

| 鱼金涛 | 李新乃 | 金野囡 | 金小妹 | 王　琦 | 贝时春 | 沈国喜 | 徐乃则 | 裘逸娟 | 刘步云 |
| --- | --- | --- | --- | --- | --- | --- | --- | --- | --- |
| 吴亚仙 | 瞿张娣 | 黄美玲 | 黄珍妹 | 陈丽英 | 金尧圭 | 叶美华 | 王成英 | 朱世镐 | 范福林 |
| 吴惠之 | 黄罗兰 | 蒋克珍 | 李坤达 | 王圣珍 | 顾林明 | 何继红 | | | |

1997 年

【离休】
施应麟

【退休】

| 袁前明 | 张建芳 | 朱锦德 | 朱瑞元 | 金六妹 | 樊天和 | 王惠堃 | 林惠珠 | 张汉藩 | 萧福铨 |
| --- | --- | --- | --- | --- | --- | --- | --- | --- | --- |
| 李泉斌 | 胡筱芬 | 周玉林 | 陆华斌 | 黄振纲 | 彭文满 | 许丽华 | 徐芙萍 | 严惠萍 | 姚家华 |
| 季德元 | 徐炳元 | 许兰娜 | 蔡祖芬 | 缪兆极 | 陈友珍 | 奚仁娣 | 汤小妹 | | |

1998 年

【退休】

| 郭庠林 | 李家寿 | 全翠珍 | 钱晓雯 | 张克云 | 张荣年 | 汪惠源 | 张菊娣 | 郭银度 | 伍备洵 |
| --- | --- | --- | --- | --- | --- | --- | --- | --- | --- |
| 张来泰 | 孙世玉 | 张妹郎 | 陆徐福 | 卢　敏 | 颜世赋 | 刘汉周 | 金七妹 | 李建强 | 凤秀梧 |
| 周之乐 | 徐劲梅 | 李柱锡 | 曹蓓丹 | 孙以萍 | 许　岩 | 赵安宏 | 张海雄 | 汤健儿 | 陈柏年 |
| 孔黛韵 | 陈　霞 | 莫清华 | 高明治 | 俞杏菊 | 陈琇芳 | | | | |

1999 年

【退休】

| 杨公朴 | 余兴发 | 汤际云 | 黄晓梅 | 沈云妹 | 张德俭 | 林甘泉 | 徐逸星 | 陈敏蜀 | 赵凯利 |
| --- | --- | --- | --- | --- | --- | --- | --- | --- | --- |
| 黄树玉 | 孙立爱 | 石人瑾 | 金玉妹 | 夏秀珍 | 林立忠 | 朱如阳 | 李金美 | 韩雅囡 | 李助仙 |
| 吴宏健 | 吴永铨 | 陈　英 | 瞿继祥 | 张巧英 | 翁琼娜 | 李石泉 | 周菊英 | 汤莉英 | 金丽华 |
| 裘汉宗 | 金忠义 | 王书芹 | 李桂红 | 金秀凤 | | | | | |

2000 年

【退休】

| 徐政旦 | 潘洪萱 | 史轶凡 | 黄爱芳 | 孙穗芳 | 顾伟如 | 谢天真 | 刘祖怡 | 杨龙水 | 许海萍 |
| --- | --- | --- | --- | --- | --- | --- | --- | --- | --- |
| 乐海芬 | 谢玉娣 | 李焕昌 | 王乐梅 | 蔡财珍 | 周正谊 | 赵梅君 | 刘少波 | 汤五妹 | 徐雪生 |
| 许沛云 | 陈文安 | 王雅芬 | 赵秀英 | 王银凤 | 王松年 | 郑国桢 | 杨玲珍 | 韩红妹 | 王丽华 |
| 何根娣 | 吴光余 | | | | | | | | |

2001 年

【退休】

| 陈和本 | 张保梁 | 周中祥 | 朱若南 | 杨长旺 | 朱沪生 | 张庆渭 | 苏厚甫 | 陈新菊 | 徐文娉 |
| --- | --- | --- | --- | --- | --- | --- | --- | --- | --- |
| 朱幼文 | 黄　治 | 薛海钧 | 余映雪 | 陈　芸 | 余先予 | 顾培源 | 杨学渊 | 赵桂发 | 孙秀英 |
| 印堃华 | 甄奇英 | 朱庆发 | 杨玲玲 | 苏芝芳 | 卞祖武 | 沈钟莉 | 范祥年 | 张荔莉 | 金珠凤 |

施静芳　沈扣兄

2002年

【离休】

黄　颂

【退休】

| 吴有平 | 刘月芳 | 陈新南 | 赵　伟 | 顾林娣 | 徐安达 | 方能文 | 许竹如 | 张萍芳 | 王婉萍 |
| 王兴德 | 朱文容 | 章亚民 | 叶湘明 | 印妹芳 | 竺曼莉 | 卞大华 | 盛宝琴 | 吴桂根 | 陈长根 |
| 龙腾芳 | 张重光 | 郭小兰 | 王锦屏 | 张美英 | 谢葆珑 | 甘兆志 | 王家泉 | 殷全娣 | 孙爱琴 |
| 袁珊媛 | 黄　维 | | | | | | | | |

2003年

【退休】

| 刘汉良 | 孙丽云 | 任顺妹 | 傅建华 | 孙慧芳 | 颜光华 | 徐华莹 | 万鸿扣 | 侯金囡 | 范美琴 |
| 张尧庭 | 徐荷丽 | 安东妹 | 曹慧敏 | 周长妹 | 刘荔娟 | 王　健 | 洪伟娟 | 汤云为 | 谈有妹 |
| 吴裕霞 | 陈红英 | 陆惠兰 | 沈宝娣 | 陈菊仙 | 王惠芸 | 黄水仁 | 刘小萍 | 张爱琴 | 何巧粉 |
| 凌明娟 | 施雅兰 | 王耀丽 | 王辉青 | | | | | | |

2004年

【离休】

李儒训

【退休】

| 彭嘉强 | 陈锡荣 | 雍庆生 | 张　剑 | 金翠香 | 漆光瑛 | 范全林 | 陈　萍 | 徐三妹 | 金招福 |
| 蒋保忠 | 黄京顺 | 范正威 | 李银兰 | 候佩芳 | 张　靖 | 孙世异 | 张丽芬 | 葛来娣 | 马海英 |
| 张大淳 | 陆金佩 | 唐娟娣 | 秦　燕 | 陈　凯 | 张次博 | 苗　晶 | 陈冠芬 | 楼慧萍 | 汤雪妹 |
| 陈慧玉 | 金志军 | 冯　勤 | 何金龙 | 蔡兰琴 | 杨莲生 | 周钟雯 | 王一新 | 余一乐 | 徐顺娣 |
| 漏　涛 | 沈瑾仪 | 曹俊良 | 陈长妹 | 郭振英 | | | | | |

2005年

【退休】

| 应世昌 | 张祖芳 | 李小妹 | 王鸿其 | 应嘉佩 | 吴龙生 | 吴幼萍 | 胡宁心 | 辛素云 | 刘燕军 |
| 冯关源 | 戈　甲 | 张新渭 | 袁妙玲 | 王根英 | 张莹玉 | 孙玉妹 | 孙春兰 | 周关教 | 周连根 |
| 尹协华 | 张守吾 | 陈　委 | 栾素萍 | 陆康龙 | 袁瑾堡 | 王丽芝 | 于慧章 | 岳彩珍 | 汤美琴 |
| 朱洪仁 | 顾日成 | 卓家骧 | 戚筱华 | 胡秀英 | 董家辉 | 陈　军 | 金炳祥 | | |

2006年

【退休】

| 张　礼 | 郁莉华 | 蒋振中 | 范正琦 | 杨立均 | 朱兴德 | 杨玲玲 | 王霞莉 | 陈巧铭 | 王月琴 |
| 施美珍 | 黎香华 | 马林元 | 杨仲秋 | 杨淑玉 | 马全妹 | 陈正兰 | 赵玲娟 | 张陈方 | 霍浩然 |

刘明顺　孙余法　郑新顺　沈永盛　宋丽萍　奚晓瑾　方爱秀　金志芳　顾海荣　张　毅
余慧琴

## 2007 年

【退休】

吴彩云　林丽珍　张传芳　韦　岚　马凤英　俞纪东　李林根　徐兰妹　单雪梅　江　雄
何康维　郭士征　陈顺霞　孙左萍　陆德铭　宋月玲　吴国生　裘慧英　缪美娣　沈　婵
罗万钧　唐月春　张龙宝　金月生　张季忠　周立功　赵可培　张益民　贺泽敏　张跃华
唐如青　寿逸梅　赵锦绣　董逢谷　陈肖榛　林世怡　冯伟清　韩克勤　赵美娟　陈明英
王　晖　刘爱珍　冯丽琴　徐国君　徐孔义

## 2008 年

【退休】

汪玉芳　张赛英　程英豪　王德发　潘玉男　陆美芳　黄丽琪　张小弟　李志远　葛秀花
陈亚刚　傅文洁　裴国云　余政华　贺　建　冯正权　杨密珍　周道明　郑达人　郭芳芳
何晓英　赵惠菊　黄建兴　霍文文　葛招娣　许振邦　陈芝芳　孙永平　蔡丽慧　周燕根
陶乃锅　刘仁南　徐荣祥　袁逍枚　顾月花　胡修浩

## 2009 年

【退休】

席颂玉　李晓玉　顾国柱　杜惠筠　刘　芩　冯善萍　茅思伟　叶永根　何妙良　李国月
顾慧菊　郭小平　潘立东　卞玉叶　翁思南　郭美玲　马三波　陈　超　金伟中　黄惠敏
叶素珍　潘国雄　陈跃忠　杨　杰　冯明德　张云宝　杜志琴　胡维熊　徐婉林　金　玉
金桃兴　王前进　王广富　叶　衍　江善妹　吴宪和　王秀华　宓文湛　吴元良　许谨良
周蓓菲　林　栩　夏雪美　刘惠娟　黄涨根

## 2010 年

【退休】

尚华娟　曹伟国　方卫平　张鲤庭　武晓军　华　红　郭山燕　周宝兴　瞿建英　赵孝盛
郁菊英　程学民　李静芬　王正沛　甘　舲　庄卫民　余　红　王国新　王惠玲　金涤心
顾心蔚　金雅敏　张丽英　刘笑农　丁邦开　马国贤　朱建中　姜淑娟　苏元善　朱　萍
彭广平　陶国富　张荣德　黄艳丽

## 2011 年

【退休】

陈慧琴　张立英　谢少敏　张圣华　陆世敏　曹惠良　金耀祥　李卫国　顾少华　魏顺兴
张四宝　单银保　瞿灿鑫　毛荣生　马善新　陈小晶　赵麦林　杨梅珍　杜恂诚　孟其茂
楼文鹤　黄介仁　蒋义宏　朱小妹　沈惠英　马贺兰　庄建妹　范　悦　吴家儒　叶凤顺

## 2012 年

【退休】

| | | | | | | | | | |
|---|---|---|---|---|---|---|---|---|---|
| 钱连源 | 沈志义 | 胡荣振 | 韩家珍 | 乐　毅 | 陆云云 | 王海瑾 | 傅卫国 | 施国泰 | 王永生 |
| 郭振龙 | 秦云龙 | 王惠忠 | 杨其五 | 王　霞 | 章显中 | 张冬梅 | 王景远 | 瞿龙妹 | 崔志彦 |
| 何瑞丰 | 邓永成 | 王海明 | 李慧凤 | 孙秋红 | 周伟民 | 竺　敏 | 李妮妮 | 骆祖望 | 陈　晓 |
| 季龙桃 | 宣羽畅 | 曹致妹 | 葛海燕 | | | | | | |

## 2013 年

【退休】

| | | | | | | | | | |
|---|---|---|---|---|---|---|---|---|---|
| 陈　萍 | 葛守中 | 陈晓东 | 岳咬兴 | 陆雅琴 | 姚惠英 | 陈　慧 | 刘克成 | 金林祥 | 赵玉芹 |
| 胡铱可 | 耿志敏 | 穆　凯 | 赵玉萍 | 薛民兴 | 朱迎平 | 孙　赭 | 许云鹰 | 瞿建丽 | 瞿翔林 |
| 乐艳芬 | 王伟艳 | 郭羽诞 | 李国英 | 孙　静 | 陈　燕 | 方　建 | 钟建平 | 黄飞军 | 周金虎 |
| 张燕强 | 施永兴 | 王丽莉 | 陈　瑶 | 吕亦明 | 俞康民 | 张金岳 | 顾文香 | 章　健 | 黄　豪 |
| 任毅沁 | 王人己 | | | | | | | | |

## 2014 年

【退休】

| | | | | | | | | | |
|---|---|---|---|---|---|---|---|---|---|
| 朱荣恩 | 唐子芸 | 包亚钧 | 盛邦和 | 陈祥明 | 胡伟铭 | 周民良 | 张美燕 | 陈永国 | 赵志荣 |
| 张小忠 | 郭保华 | 徐彭勇 | 张长法 | 沈振勇 | 马顺利 | 陈坚强 | 叶　朱 | 陈启杰 | 顾清山 |
| 曹均伟 | 陆红菊 | 张　觉 | 桂瑞发 | 王开杞 | 贾天明 | 宣家驹 | 谢铁军 | 杨大楷 | 唐维国 |
| 尤家荣 | 裴毅然 | 沈国华 | 于林华 | 沈国平 | 虞定伟 | 李平民 | 竺伟富 | 黄栋杰 | 孙建华 |
| 谈西亭 | 朱蓝镇 | 鲁品越 | 王月琴 | 陈　俊 | 金山弟 | 尤东旭 | 陆钦雯 | 陆绯云 | |

## 2015 年

【退休】

| | | | | | | | | | |
|---|---|---|---|---|---|---|---|---|---|
| 王祖智 | 陈乐怡 | 朱国华 | 施祖辉 | 徐伟胜 | 刘银娣 | 金国忠 | 张福宝 | 柏华景 | 吴海国 |
| 闫多明 | 毛勇富 | 李新弟 | 林　云 | 张　彦 | 唐敦挚 | 高明辉 | 汪小弟 | 俞崎明 | 唐桂兰 |
| 崔秋屏 | 钟　苹 | 唐祖平 | 黄天华 | 张　桁 | | | | | |

## 2016 年

【退休】

| | | | | | | | | | |
|---|---|---|---|---|---|---|---|---|---|
| 龚仁勤 | 王士如 | 葛红娣 | 邵士良 | 孔　瑗 | 王彩萍 | 曹之杰 | 施宗靖 | 金申荣 | 孙允午 |
| 于人雄 | 洪登永 | 徐大建 | 黄福铭 | 金爱科 | 凌伯强 | 徐志华 | 陈国辉 | 冯兆中 | 马钦荣 |
| 董德强 | 苏均和 | 赖涪林 | 任坤秀 | 韩启建 | 董伟礼 | 陈康幼 | 晁钢令 | 唐家乾 | 倪　仪 |
| 郑　玲 | | | | | | | | | |

注：本名录依据学校档案馆藏上海财经大学档案全宗及离退休处提供的相关资料编成。

# 附 录

# 一、重要历史文献

## 目　次

呈教育部报合设上海商科大学鉴核备案文及教育部批文(1921年7月13日、9月23日)
校本部奉令更改校名的通知(1928年2月29日)
校本部奉令更改校名为国立中央大学的通知(1928年5月16日)
国立中央大学商学院院章(民国十七年八月修订，节录)(1928年8月)
教育部关于国立上海商学院、医学院独立的代邮快电(1932年7月26日)
国立上海商学院章程(1932年8月)
国立上海商学院筹备委员会在渝委员第一次会议决议(1946年3月8日)
中国人民解放军上海市军事管制委员会命令(1949年7月29日)
华东军政委员会教育部指示(1950年7月29日)
上海市商业一局党委关于上海财经学院建院规划的批复(1960年8月31日)
关于高等院校调整、管理体制和专业设置的意见(节录)(1971年7月30日)
教育部关于同意恢复和增设一批普通高等学校的通知(1978年12月28日)
关于同意改变上海财经学院、江西财经学院领导关系的通知(1980年3月12日)
财政部关于部属三所院校改变名称的批复(1985年9月17日)
国家发展计划委员会关于上海财经大学"211工程"建设项目可行性研究报告的批复(1998年5月12日)
教育部办公厅关于石油大学等55所普通高校划转教育部管理和调整的通知(2000年3月2日)
教育部　财政部关于同意上海财经大学建设"经济学创新平台"的批复(2007年9月20日)
教育部　财政部　上海市人民政府关于共建上海财经大学的协议(2012年5月14日)
中华人民共和国教育部高等学校章程核准书第13号(2014年5月13日)

## 呈教育部报合设上海商科大学鉴核备案文及教育部批文

**(1921年7月13日、9月23日)**

呈为合设上海商科大学会请鉴核备案施行事
窃秉文奉令筹备东南大学，一切进行状况，前经迭次备文呈报钧部在案。

903

关于筹备商科事宜，查照前奉准核计划书第四条开：因人材与环境关系，应在上海择地建设。秉文本此规定，曾叠次到沪，相机规画，顾事无基础，措手为艰。

暨南学校所设商科，亦因社会需要及人材与环境关系，已迁往上海，尚拟添办专门。顾亦以经费未充，设施不易。

秉文、成懋有此感想，爰援共同商议，以为学校之设，其最要之点，在于人材经济，苟二者之供求不能相应，则内容外表均难臻于完善。上海为吾国通商大埠，商业人材，普通者虽渐见众多，而于商科应有各科目极深研几、足膺大学专门教授之选者，现尚寥寥之可数。与其分之于两校，使一时同有才难之叹，似不如并之于一途，使各科咸得专家为愈。至于经费，东南大学与暨南学校虽同为国家设立，一切设施，未可过从简陋。然当此库款支绌、司农仰屋之时，欲求预算格外宽裕，俾得展布从容，事实恐非易之，似亦不如两校合设一科，使所有经费转可较敷分配。况两校举办商科，意在造就高等商业人材，其地点拟定上海，意在适应环境，宗旨既同，正不妨合一炉而冶，以期易于产生美果；又何必在一隅之地，分道扬镳，转贻局外骈枝之诮？商议既定，复就上海商学两界负有重望者，博访周谘，征求意见，佥谓秉文、成懋所怀理想尚属可行。因由秉文代表东南大学，成懋代表暨南学校，会同上海商学两界关系素切各人，集会商榷，并公推黄奕住、史量才、聂云台、穆湘玥、钱新之、张公权、陈光甫、简照南、黄炎培、高践四、朱进、张准、赵正平及秉文、成懋等十五人，合组上海商科大学委员会，详细讨论，决定办法，拟定名为国立东南大学、暨南学校合设上海商科大学。暂借法租界霞飞路尚贤堂房屋为校舍，于秋季招生开学，所需经费，即于两校商科预算项下移充应用，计东南大学任三之二，暨南学校任三之一。其筹画进行事宜，暂推秉文为主任，藉便总持一切。

现在大致规画已经就绪，所有东南大学与暨南学校合设上海商科大学情形，理合缮具缘由，呈请鉴核备案施行。再，此文由东南大学筹备处主稿，并借用南京高等师范学校钤记，合并声明。谨呈
署教育次长代理部务马

国立东南大学筹备员　郭秉文
国立暨南学校校长　　柯成懋
七月十三日

教育部指令第一六七〇号
令国立东南大学筹备员郭秉文等：
呈一件为合设上海商科大学会请核备由。呈悉。查所陈东南大学与暨南学校合设上海商科大学一节，情形既属特别，办法亦尚适宜，应即准予备案。此令。

教育次长代理部务　马邻翼
中华民国十年九月二十三日

（据中国第二历史档案馆藏国立中央大学档案全宗）

## 校本部奉令更改校名的通知

（1928 年 2 月 29 日）

迳启者：

案奉中华民国大学院训令第一六五号内开："为令遵事：现大学委员会议议决第四中山大学应改称江苏大学；又各大学区大学，不必加国立二字各等由。嗣后该校名称，应即照改为江苏大学。合行令仰该校长即便遵照。此令"等因。奉此，自应遵照。除分别呈函通令布告外，相应函达，即希查照。再本大学印信，现已呈请更换。在未奉颁到新印以前，暂仍沿用旧印。在公文用纸及公文封、信封等上面，因新改者尚未印好，亦暂沿用旧式，合并知照。

此致
自然科学院、文学院、哲学院、社会科学院、教育学院
农学院、工学院、商学院、医学院、图书馆

大学本部启
中华民国十七年二月二十九日

（原载《南京大学校史资料选辑》）

## 校本部奉令更改校名为国立中央大学的通知

（1928 年 5 月 16 日）

迳启者：

案奉中华民国大学院训令第三三七号内开："为令遵事：本月二十四日，大学委员会临时会议议决：江苏大学改称中央大学，得加国立二字。嗣后该校名称，应即根据议决办法照改，合行录案令仰该校长即便遵照。此令"等因。奉此，应即遵令改名国立中央大学，并已呈请大学院另颁新印，在未奉颁到以前，暂仍沿用旧印，以资信守。除分别呈函通令布告外，相应函达，即希查照。

此致
○○学院、图书馆、军事教育科、女生指导员、
注册组、事务组、会计组、文书组、日刊编辑部

国立大学部启
中华民国十七年五月十六日

（原载《南京大学校史资料选辑》）

# 国立中央大学商学院院章(民国十七年八月修订,节录)

(1928年8月)

## 第一章　总则

第一条　本院为国立中央大学区研究商业学术之最高机关。

第二条　本院遵从党义,顺应社会需要,以培植商业专门人才,其学程则理论与实习并重。

## 第二章　院务行政

第三条　本院院务均遵照国立中央大学章程办理,由国立中央大学校长主持之。

第四条　本院设院长一人,由校长聘任,院长商承校长综理本院一切事宜。

第五条　本院开设各科,均设主任一人,教授、副教授、讲师、助教若干人;均由院长商承校长聘任之。

第六条　本院行政暂分教务、文书、事务三处,每处各设主任一人,主持各该处一切事宜,均由院长商承校长聘任之。

第七条　教务处暂分注册、出版、图书三课;事务处暂分庶务、会计、斋务三课,每课各设课员一人或数人;文书处设文书员及书记数人,亦均由院长商承校长聘任之。

## 第三章　会议

第八条　本院设下列各种会议:

(一)院务会议

以本院院长、各科各处主任,及专任教授、副教授、讲师为当然会员外,再就兼任教授、副教授、讲师中互选三分之一为会员,共同组织之,任期一年。会员有缺额时,以次多数递补。本会议为本院最高会议机关,有决定本院院务之权,所有议决事项,以及复核教务会议、事务会议之重要事项,均须报告于大学本部。

(二)教务会议

以本院院长及各科主任、专任教授、副教授、讲师及互选三分之一之兼任教授、副教授、讲师组织之,任期一年。会员有缺额时,以次多数递补。本会议对于本院教务上一切事项,有讨论或建议及议决之权,但遇有重要事项,应仍请院务会议复核。

(三)事务会议

以本院院长及各处主任及课员组织之,对于本院事务上一切事项,有讨论或建议及议决之权,但遇有重要事项,应仍请院务会议复核。

(四)科务会议

以该科主任、教授、副教授及讲师组织之,对于该科教务上一切事项,有讨论或建议及议决之权,但遇有重要事项,应仍请教务会议或院务会议复核。

## 第四章　委员会

第九条　本院暂设下列各种委员会,遇必要时,得由院务会议公决增减之。

(一)成绩审查委员会

除各科主任为当然委员外,由本院院务会议公推二人组织之。审查本院正式学生、试读生、特别生、选读生及转学生成绩评定、毕业论文建议、学程编制等事项。

（二）章程编制委员会

由本院院务会议公推三人组织之。草订或修改本院章程及各种细则提交院务会议。

（三）招生委员会

由本院院务会议公推五人组织之，办理招生一切事宜。

（四）预算及审计委员会

由本院院务会议公推三人组织之，拟订本院预算及审查本院账目。

（五）军事训练委员会

除院长及军事教练官为当然委员外，由本院院务会议公推三人组织之。管理本院军事训练事宜。

第五章　学制

第十条　本院修业年限定为四年，毕业生得称商学士。

第十一条　本院暂设下列各科，视社会之需要而增减之：

（一）会计科

（二）银行科

（三）工商管理科

（四）国际贸易科

第十二条　本院采用学分制，其学分规定系依照下列标准：

（一）凡商科学程及社会科学学程，每学期每周上课一小时作一学分计算。

（二）凡文学各学程，如国文、英文、日文、法文等每学期每周上课一小时，作半学分计算。

（三）凡有实习各学程，如簿记、会计、珠算、打字等，俱依照实习分量，酌给学分，实习钟点每学期每周一小时作半学分计算。

（四）凡有特别情形及不能以上课钟点为标准各学程如论文等，另行规定。

第十三条　本院学程划分二段：一二年级为第一段，三四年级为第二段。第一段学程为各科共同必修学程。每年级各合三十二学分；三四年级学生各须选定一科，按照各该科必修学程依次修习，并得选读他项学程；三四年级两年内以修毕六十四学分为毕业，四年共须修毕一百二十八学分。

第十四条　各科学生于最后一年，须呈缴论文一篇作二学分，经成绩审查委员会审查，转交教务会议复核合格后，方可毕业。

第十五条　除女生外，其余学生均须经军事训练一年，每周三小时，及格时方可毕业。

第十六条　各科学生除将各该科学程照章修满一百二十八学分，得在该科毕业外，如再修毕另一科之必修学程，合计修满一百六十学分时，得为该两科毕业生，文凭另给。

第六章　学程（略）

第七章　学生通则（略）

第八章　附则

第三十五条　本章程经本院院务会议议决通过，并函请大学本部核准施行。

第三十六条　本章程有未尽事宜由本院院务会议提出修改,经大学本部核准施行。

(原载 1928 年 11 月《国立中央大学商学院一览》)

## 教育部关于国立上海商学院、医学院独立的代邮快电
(1932 年 7 月 26 日)

新字第 101 号

上海中央大学商学院徐院长、医学院颜院长均鉴:

铣代电悉,所询各节,先复如下:

(一)商、医两学院划出独立,已经行政院会议议决,改名国立上海商学院、国立上海医学院,俟奉令后即饬遵。

(二)两院经费在新预算未成立前,应各就中央大学划出之预算分别支配,暂资维持。

(三)教授薪级应视两院经费盈绌而定,不必悉照中央大学新俸制办理。

(四)医学先修科俟与中央大学商定办法,再行知照。

朱家骅寝印
中华民国二十一年七月二十六日

(据原上海医科大学档案馆馆藏原件)

## 国立上海商学院章程
(1932 年 8 月)

第一章　总则

第一条　本院定名为国立上海商学院。

第二条　本院为研究商业学术最高机关,依据三民主义,适应社会需要,以培植商业专门人才为宗旨。

第二章　院务行政

第三条　本院组织遵照教育部法令办理,由院长主持之。

第四条　本院设院长一人,由教育部部长聘任之,总理本院一切事宜。

第五条　本院开设各科均设主任一人,专任及教授、副教授、讲师、助教若干人,均由院长聘任之。

第六条　本院行政事宜分设教务、训育、事务、文书四处处理之。各处设主任一人,均由院长聘任之。

第七条　教务处分设注册、讲义两课,各课主任一人,并设教务员若干人;训育处设训育员若干人;事务处分设庶务、会计、实务三课,每课设课主任一人,职员若干人;文书处设文书员及书记若干人。均由院长委任之。

第八条　本院设工商研究部及商品陈列部,各设主任一人,由院长聘请本院教授或副教授兼任之;职员若干人,由院长委任之。

第九条　本院设图书馆,由院长聘请本院教授或副教授一人为主任,并委任职员若干人。

第十条　本院设出版部,由院长聘请教授或副教授一人为主任,并委任职员若干人。

第十一条　本院设实习银行、消费合作社,由院长聘请教授或副教授指导之。

## 第三章　会议

第十二条　本院以院务会议为最高会议机关,有决定本院院务之权,并得覆核教务会议、事务会议、训育会议之重要事项。由本院院长、各科各处及各部主任及专任教授、副教授、助教授、讲师为当然委员;再就兼任教授、副教授、助教授、讲师中互选三分之一为委员共同组织之,任期一年。委员有缺额时,以次多数递补。本会议议事规则另订之。

第十三条　本院教务会议由本院院长、教务主任、各科主任及教授代表组织之,对于本院教务上一切事项有讨论或建议及议决之权。但遇有重要事项,应仍请院务会议覆核。本会议议事规程另订之。

第十四条　本院事务会议由本院院长及各处主任、各课主任组织之,对于本院事务上一切事项有讨论或建议及议决之权,但遇有重要事项应仍请院务会议覆核。本会议议事规程另订之。

## 第四章　委员会

第十五条　本院经院务会议之议决,得设各种委员会,并得由院务会议议决增减之。各委员会章程另订之。本院暂设下列各种委员会:学生指导委员会、出版委员会、事务委员会、预算及稽核委员会、图书委员会、军事训练委员会、体育委员会。

## 第五章　学制

第十六条　本院暂设下列各科:(一)会计科;(二)银行科;(三)工商管理科;(四)国际贸易科。

第十七条　本院得视社会需要设立专修科,其章程由院务会议订定之。

第十八条　本院学分规定依照下列标准:

(一)凡商科学程及社会科学学程,每学期每周上课一小时作一学分计算。

(二)凡文学各学程每学期每周上课一小时作半学分计算。

(三)凡有实习各学程俱依照实习分量酌给学分(实习钟点每学期每周一小时作半学分计算)。

(四)凡不能以上课钟点为标准而应给学分者另行规定。

第十九条　本院学科划分二段:一二年级为一段,三四年级为二段。第一段学程为共同必修学科,第二段学程为分科必修学科。

第二十条　本院一二年级学生每年至多修四十学分,至少修三十学分为限;三四年级学生每年至多修三十六学分,至少修三十学分为限。最后一年须呈缴论文一篇,作四学分,经教务会议审查合格后方得给予学分。四年至少共修一百三十二学分方可毕业。

第二十一条　本院各科学生须修普通军事教育二年每周三小时,及普通体育二年每周一小时。及格时方得毕业,但女生得选看护学以代普通军事教育。

第二十二条　本院学生至少须修满四年,成绩及格方得由本院呈请教育部毕业,授以商学士学位。

### 第六章　附则

第二十三条　本章程经本院院务会议议决,并呈请教育部核准后施行。

第二十四条　本章程如有未尽事宜,由本院院务会议提出修改,并呈请教育部核准施行。

(原载《国立上海商学院院刊》1932年9月21日第87期)

## 国立上海商学院筹备委员会在渝委员第一次会议决议

(1946年3月8日)

日期：三十五年三月八日下午三时

地点：重庆道门口中央银行业务局会议室

出席人：马委员寅初

　　　　徐委员佩琨　朱国璋代

　　　　朱委员国璋

　　　　徐委员柏园　刘志南代

　　　　彭委员瑚

　　　　刁委员培然

记录：刁委员培然

公推马委员寅初为主席

决议案：

1. 推举朱委员国璋为院长。
2. 请朱院长国璋先行赴沪接洽院址。
3. 用筹备委员会名义向教育部请领经费存入中央银行。
4. 请教育部领发筹备委员会关防。
5. 办公室由朱院长国璋在沪接洽。
6. 本院原有图书请朱院长接洽收回。
7. 先办一二两班从严招生以求学生程度整齐。
8. 为本院复员及发展计,拟请加聘陈行、刘攻芸、徐广迟、潘序伦、李道南五先生为筹备委员。

(据朱束冠男女士捐赠原件)

## 中国人民解放军上海市军事管制委员会命令

(1949年7月29日)

文高教字第五号

令国立上海商学院：

兹派褚葆一、凌舒谟、邹依仁、许本怡、雍文远、何克明(学生代表)、杨毅芳(学生代表)为国立上海商学院校务委员,许本怡兼教务主任,雍文远兼秘书主任。除分令各新任人员即日到职视事外,着该校原有负责人克日办理移交,并将交接情形具报。

此令

主　任　陈　毅
副主任　粟　裕
一九四九年七月二十九日

（据上海财经大学档案馆馆藏档案原件）

## 华东军政委员会教育部指示
（1950年7月29日）

为改校名事奉中央批示希遵办呈报由
国立上海商学院：
　　一、前为你校改换校名,经转请中央核定,顷奉批示："以改为'上海财政经济学院'为妥,希你部根据具体情况,斟酌决定"等因。
　　二、本部认为应遵中央批示办理,校钤俟奉准刊镌后再行颁发。希知照备文呈报。

部　长　吴有训
一九五〇年七月廿九日

（据上海财经大学档案馆馆藏档案原件）

## 上海市商业一局党委关于上海财经学院建院规划的批复
（1960年8月31日）

商业学校党委：
　　你校7月29日报告暨上海财经学院建院规划收悉。经研究,同意你们提出的财经学院的培养目标。至于系科设置、机构编制应根据精简节约精神从现有基础出发,因陋就简,逐步发展。其中就有关问题批复如下：
　　一、关于科系设置与规模问题：
　　（一）大学部,同意1960年规划意见,应积极地做好各项准备,以迎接即将到来的开学工作。关于1961年再发展建立6个系的问题,由于财经学院新建,师资、教材、校舍都有一定的困难,而且现有大专部学生已近千人,因此,我们意见,1961年的主要任务是在现有的基础上加以巩固提高,暂不发展。至于招生名额的多少,届时再作决定。
　　（二）中专部：根据目前实际情况来看是需要的,师资、教材也没有问题,如明年校舍能够解决,同意按规划办理。但每年招生不超过300人。
　　（三）干部专修班：由于校舍困难,我们意见不再设立干部专修班,应根据校舍的实际可能,开办各种不定期的干部短期脱产训练班,每期最多不超过三个月。为了解决明年大专部招生后的校舍不足,目前代全国培训的化学试剂班今年结业后,可不再举办。如中商部认为确有需要,则需另行研究。

(四)夜校部:只要在学校的师资、教材、校舍有可能,而又不影响全日制的大专的教学的原则下,同意报告中的意见。

(五)商业中学:学校的名称应定为:"上海市商业中学"。但只设初中,不设高中部,初中毕业后即升入中专。

二、关于组织机构和人员配备问题:

组织机构方面,根据今年下半年教学任务和实际需要,同意设置党委办公室、党委组织部(对外为人事处)、党委宣传部(对外为马列主义教研室)、教务处(暂与基础课教研室合署办公,今后视条件再分开)。上述各部处室,其下均不设科。总务处暂不设立,仍以目前机构进行工作。至于各学系除较大的系如确有需要可设若干教研组以外,一般的不另设教研组。

人员配备方面,鉴于下半年学员招收不足,而目前教职人员已达 326 人(最近社会科学院又来一批教员 60 名,还不包括在内)按下半年实际需要情况看来,教职人员已感过多,不必再继续向外要人,今后学院发展需要人员时,再作研究。关于各级领导干部的配备,除各部处的处级干部得请示市委批示外,科级干部的配备应从现有的干部中选拔,贯彻自力更生的精神,与组织部具体研究。

中共上海市第一商业局委员会<br>1960 年 8 月 31 日

(据上海财经大学档案馆馆藏档案原件)

# 关于高等院校调整、管理体制和专业设置的意见(节录)

(1971 年 7 月 30 日)

全国教育工作会议就高等院校调整、管理体制和专业设置作了研究,主要意见如下:

一、院校调整

遵照伟大领袖毛主席"备战、备荒、为人民"的伟大战略方针,从社会主义革命和社会主义建设的需要出发,考虑到原有高等院校多数集中在沿海和大城市,有的设置重叠,必须进行调整。在调整中注意了妥善处理当前和长远、普及和提高、局部和整体、沿海和内地的关系,充分发挥地方和厂矿办学的积极性,全面规划,统筹安排。对内地和教育基础薄弱地区,要适当加强培养力量,逐步做到合理布局。为了贯彻"教育必须为无产阶级政治服务,必须同生产劳动相结合"的方针,紧密结合三大革命实践办学,集中在大城市和远离生产基地的院校,有的要按计划迁校;有的要在农村或对口厂矿建立教学基地或办分校。

经各省、市、自治区和中央有关部门商定,全国原有四百一十七所高等院校(不包括艺术院校),保留三百零八所,合并四十三所,撤销四十五所,改中专十八所,改工厂三所,另增设七所(见附表一)。

撤销的四十五所院校,在文化大革命期间已撤销二十七所,尚拟撤销十八所,其中,财经院校六所,政法院校三所,农林院校三所,民族院校二所,体育、师范、医药、外语院校各一所。撤销的院校,有的是条件较差,有的可通过办中专、短训班培养,不需要办大学。

为了支援大三线、国防军工和教育基础薄弱地区,确定六十九所原中央部属院校继续担负面向全国的任务,二十二所院校面向地区,同时安排部分面向省、市、自治区院校的部分专业,为国家担负一定的培养任务。

二、管理体制(略)

三、专业设置(略)

一九七一年七月三十日

## 附表一 《高等院校调整名单》说明

全国原有高等院校四百一十七所(不包括艺术院校),经调整,保留三百零八所,合并四十三所,撤销四十五所,改中专十八所,改工厂三所,从北京、上海、河北三省市迁出院校共十六所。此外新增设河北地质学院、湖北化工石油学院、广东化工学院、西北石油学院、青海工农学院、宁夏农学院、江西药科学校七所。

1. 分科类的调整情况:

综合大学三十所,保留二十六所,合并一所,撤销三所;

理工院校一百三十四所,保留一百一十所,合并十三所,撤销四所,改中专四所,改工厂三所;

农林院校五十所,保留三十三所,合并七所,撤销六所,改中专四所;

医药院校九十三所,保留七十七所,合并十一所(其中中医院校二十所,合并八所),撤销三所,改中专二所;

师范院校五十四所,保留四十四所,合并六所,撤销二所,改中专二所;

外语院校十四所,保留七所,合并三所,撤销四所;

民族院校八所,保留四所,撤销三所,改中专一所;

体育院校十所,保留五所,合并二所,撤销二所,改中专一所;

财经院校十八所,保留二所,撤销十二所,改中专四所;

政法院校六所,撤销六所。

(以下略)

| | |
|---|---|
| 上海 | 22所 |
| 保留 | 14所(复旦大学、上海科技大学、同济大学、上海交通大学、上海机械学院、上海海运学院、上海化工学院、上海纺织工学院、上海水产学院、上海第一医学院、上海第二医学院、上海中医学院、上海师范大学、上海外语学院) |
| 合并 | 3所(上海工学院分别并入上海科技大学、上海机械学院;上海师范学院、上海体育学院与华东师范大学等校合并为上海师范大学) |
| 撤销 | 3所(上海财经学院、上海外贸学院、华东政法学院) |
| 迁出 | 2所(上海铁道医学院迁宁夏银川;上海铁道学院迁江西,改名华东交通大学) |

(据中发〔1971〕44号文件《全国教育工作会议纪要》附件)

## 教育部关于同意恢复和增设一批普通高等学校的通知

(1978年12月28日)

有关省、市、自治区革命委员会,国务院有关部委:

经国务院批准,同意恢复和增设普通高等学校一百六十九所。现将有关事项通知如下:

一、根据华主席关于"思想再解放一点,胆子再大一点,办法再多一点,步子再快一点"的指示和实现新时期总任务的要求,并按照加强薄弱环节、薄弱地区,逐步改善学校布局,发挥中央、地方两个积极性等原则,在各省、市、自治区和部委报请审批的二百七十一所院校中,经国务院批准恢复、增设普通高等学校一百六十九所(学校名单见附件),请据此安排工作。

二、各院校要认真贯彻党的教育方针,努力把学校办好,为加速实现四个现代化做出积极贡献。希望各有关方面对这些院校要加强领导,配备好学校领导班子,逐步充实和加强师资、设备和校舍等办学条件,以利于保证教学质量。各院校的专业设置和在校学生规模按表列意见办理。

三、按表列意见,凡由部委直接领导或实行双重领导,以部委为主管理体制的院校,领导分工按照国务院国发〔1978〕27号文件有关规定执行。

四、以中等专业学校为基础批准改为高等学校的,现有中等专业学校学生,仍按原定教学计划进行教学,培养到毕业为主,学生待遇不变,不转为高等学校学生。随着学校性质的改变,现有中等专业学校经费基数,应相应办理指标划转手续,列为高等学校经费。经国务院批准少数继续保留中专部的院校,其中专部经费供应渠道维持不变,仍在有关事业费中的中等专业学校经费开支;大专部在教育事业费中的高等学校经费开支。

五、各院校所需基建投资,按学校隶属关系和基建投资管理体制规定,分别纳入有关省、市、自治区和部委的基本建设投资计划内。请各省、市、自治区在材料供应、设计、施工排队等方面,给以重视和大力支持。有的院校由于领导关系改变,其基本建设在建工程和结余资金按批准的一九七八年基建财务决算数,办理划转手续,不再批复。

六、今后各地方应在中等教育结构改革中,增加中专校的比重,扩大中专校的招生能力,继续办好现有中等专业学校,以适应四个现代化的需要。

附件:同意恢复和增设的普通高等学校名单。

一九七八年十二月二十八日

附件(节录):

院校名称:上海财经学院

地　　址:上海

专业设置:会计统计、财政金融、工业经济

规　　模:1 400

面　　向:本市

领导关系:上海市领导

建校基础:恢复

(据教育部〔78〕教计字1427号文件)

## 关于同意改变上海财经学院、江西财经学院领导关系的通知

(1980年3月12日)

财政部、上海市、江西省人民政府：

经国务院批准，同意上海财经学院、江西财经学院分别改为财政部和上海市、江西省双重领导，以财政部为主。

上述两所院校领导体制改变后，主要面向大区，兼顾全国。今后两校逐步扩大招生规模时，财政部对口专业与其他专业都要相应发展。认真办好。两校的发展规模各为三千人。对口专业和非对口专业学生各占总规模的百分之五十。领导分工。按照国务院国发〔1978〕27号文件有关规定执行。有关交接工作，按照教育部同国家计委等部门联衔下发的〔78〕教计字746号文件办理。

教育部
一九八〇年三月十二日

(据教育部〔80〕教计字111号)

## 财政部关于部属三所院校改变名称的批复

(1985年9月17日)

湖北财经学院、辽宁财经学院、上海财经学院：

湖财院〔85〕第88号、辽财发〔1985〕61号、上财〔85〕字第018号报告悉。我部所属湖北财经学院、辽宁财经学院和上海财经学院都是多科性的财经老校，基础较好，规模较大。为了深入贯彻、落实《中共中央关于教育体制改革的决定》精神，充分发挥这些学校的潜力，适应四化建设的需要，根据部属院校第五次书记、院长工作会议的提议，和国务院国发〔1978〕68号批转的原教育部《关于专科学校改为学院审批权限的请示》中，关于"高等学校在科类性质、学制、归属和领导体制等主要方面不变的情况下，只改变名称时"，可由主管部委审批的规定，经征得有关省、市的同意，决定将湖北财经学院改名为中南财经大学、辽宁财经学院改名为东北财经大学、上海财经学院改名为上海财经大学。

特此批复。

中华人民共和国财政部
一九八五年九月十七日

(据财政部〔85〕财教字第1号文件)

# 国家发展计划委员会关于上海财经大学"211工程"建设项目可行性研究报告的批复

(1998年5月12日)

财政部：

财政部、原国家教委联合报来《关于请审批上海财经大学211工程建设项目可行性研究报告的函》(财人字〔1997〕40号)及其附件均悉。经研究,现批复如下：

一、根据国务院批准的《"211工程"总体建设规划》,同意上海财经大学作为"211工程"项目院校,在"九五"期间进行建设。

二、上海财经大学"211工程"的总体建设目标是,力争到本世纪末,使上海财经大学在教育质量、学科建设、科学研究、管理水平和办学效益等方面得到明显提高,学校总体水平居于国内同类高校前列,重点学科得到明显加强,部分主干学科接近或达到国际先进水平,成为国内高等教育领域培养经济和管理科学高层次人才,解决国家和地方经济建设和社会发展重大问题的基地之一,为到下个世纪初叶把上海财经大学建成具有一定国际影响力和有中国特色的社会主义大学奠定坚实的基础。

三、上海财经大学"211工程"建设的主要内容包括：重点学科建设、公共服务体系建设和必要的基础设施建设。具体为：

(一)以重点学科建设为核心,重点建设现代会计、统计及信息系统,财政税收,经济思想史与经济理论,产业经济与企业管理,现代金融管理等5个学科建设项目。并以此带动相关学科均衡发展,使其成为我国高水平博士、硕士人才培养和承担国家重大科研任务的重要基地。

(二)公共服务体系建设的主要内容是建设财经文献资料信息中心、校园计算机网络、公共基础教学中心、MBA教育中心等项目,以此推进教学内容、方法和手段的更新及现代化,改善教学公共服务基础条件,优化教学、科研和管理的运行环境。

四、上海财经大学"211工程"建设总投资为8 200万元,其中：财政部投资6 700万元,学校自筹1 500万元。在总投资中,用于重点学科建设及装备3 450万元(财政部2 600万元、学校850万元),用于公共服务体系建设4 750万元(财政部4 100万元、学校650万元)。各部分投资均含不可预见费。全部资金自1997年起分4年安排使用。

五、原则同意另行由主管部门及学校自筹安排资金17 300万元(其中：财政部投资13 300万元、学校自筹4 000万元),用于与学校"211工程"相配套的必要基础设施建设。具体项目按现行基本建设管理程序安排建设。

六、上海财经大学"211工程"建设所要实现的效益是,到2000年,学校的总体办学水平明显提高,综合实力明显增强,学科建设、科学研究、人才培养质量、管理水平和办学效益保持国内同类高校先进水平。所建设的学科建设项目中,力争4—5个学科达到国家级重点学科水平,科研能力和水平明显增强。在既定的在校生规模基础上,累积授博士学位150人、硕士学位1 000人、学术学位6 000人。力争建成一支由国际知名学者、高水平学术带头人、学术骨干为代表组成的,政治业务素质好、群体实力强、结构合理的高水平的师资队伍。

七、要加强对上海财经大学"211工程"建设的管理。请你部按照建设项目法人责任制的有关规定,对各项目建设进行检查和监督,保证投资及时到位,确保项目顺利实施和实现效益目标。请严格按上述原则实施该校"211工程"建设,项目执行中如遇到重大问题,由你部会同我委、教育部研究解决；并请及时写出项目年度进展报告和项目完成后的总结性报告，报送我委及有关部门。

中华人民共和国发展计划委员会<br>
1998 年 5 月 12 日

（据国家发展计划委员会计社会〔1998〕924 号文件）

## 教育部办公厅关于石油大学等 55 所 普通高校划转教育部管理和调整的通知

（2000 年 3 月 2 日）

部内各司局（室）、各直属单位：

根据国发〔1999〕26 号和国办发〔2000〕11 号文件精神，石油大学、北京邮电大学、中国农业大学、北京林业大学、北京广播学院、中央财经大学、中国政法大学、中央音乐学院、中央美术学院、中央戏剧学院、东北林业大学、上海财经大学、中国矿业大学、河海大学、南京农业大学、中国药科大学、中国地质大学、华中农业大学、电子科技大学、西南交通大学、西南财经大学、西安电子科技大学等 22 所普通高等学校独立建制划转教育部管理。上述 22 所学校自 2000 年 2 月 12 日起列为教育部直属高校。

北京医科大学、北京中医药大学、北京针灸骨伤学院、对外经济贸易大学、中国金融学院、北方交通大学、北京电力高等专科学校、白求恩医科大学、长春科技大学、长春邮电学院、上海医科大学、上海铁道大学、南京铁道医学院、南京交通高等专科学校、山东医科大学、武汉水利电力大学（武汉）、武汉测绘科技大学、同济医科大学、武汉城市建设学院、武汉汽车工业大学、武汉交通科技大学、中南财经大学、中南政法学院、湖南医科大学、长沙铁道学院、湖南财经学院、重庆建筑大学、重庆建筑高等专科学校、西安医科大学、陕西财经学院、西安公路交通大学、西北建筑工程学院、西安工程学院等 33 所普通高等学校由教育部负责调整。自即日起，我部将对上述 33 所学校实施合并调整。为方便工作，调整期间对该 33 所学校暂按教育部直属高校的现行联系办法和渠道进行工作联系。调整结束后，按我部的有关文件明确其正式隶属关系。

各单位今后召开会议、印发文件、布置联络工作等均应将上述学校按教育部直属高校对待。

特此通知。

附件：

一、划转教育部管理的 22 所普通高校通讯录

二、由教育部负责调整的 33 所普通高校通讯录

教育部办公厅<br>
二〇〇〇年三月二日

（据教育部教厅秘函〔2000〕27 号文件）

## 教育部　财政部关于同意上海财经大学建设"经济学创新平台"的批复

（2007年9月20日）

上海财经大学：

你校《关于将上海财经大学"经济学创新平台"列入国家"优秀学科创新平台项目"的请示》（上财〔2007〕23号）收悉。根据《教育部财政部关于试点建设"优势学科创新平台项目"的意见》（教重〔2006〕1号）精神，经研究，现批复如下：

同意你校"经济学创新平台"建设项目列入"优势学科创新平台项目"。请你校加强对"优势学科创新平台项目"的管理，精心组织实施，确保预期建设目标的实现。项目执行中如遇重大问题，请及时报教育部、财政部。

中华人民共和国教育部　中华人民共和国财政部
二〇〇七年九月二十日

（据上海财经大学档案馆馆藏档案原件）

## 教育部　财政部　上海市人民政府关于共建上海财经大学的协议

（2012年5月14日）

为深入贯彻实施《国家中长期教育改革和发展规划纲要（2010—2020年）》、《国家中长期人才发展规划纲要（2010—2020年）》，进一步推动上海财经大学的建设和发展，促使上海财经大学在服务国家和地方经济社会建设、配合财政发展改革等方面做出更大贡献，教育部、财政部和上海市人民政府决定共建上海财经大学，经协商一致，达成如下合作协议：

一、教育部对上海财经大学的改革、建设和发展给予更多指导和支持，支持上海财经大学根据国家和上海市经济社会发展需要，坚持内涵式发展，充分发挥学校的整体优势，保持和发展学科特色和区域优势，着力提高教育质量和科研水平，加快建成具有鲜明财经特色的高水平研究型大学，努力为国家和上海经济社会发展服务。同时，鼓励上海财经大学申请和实施国家重大工程项目，在经费投入、政策扶持、学科建设、人才培养、科学研究、师资队伍建设等方面加大对上海财经大学的支持力度。

二、财政部在学科建设、人才培养、科学研究、师资队伍建设、社会服务等方面加强对上海财经大学的关注、指导和支持；支持上海财经大学参与国家财政经济领域重大科研项目的研究和决策咨询；支持上海财经大学进一步加强与财政系统在人才培养、干部培训、科学研究、对外交流等方面的合作。

三、上海市政府积极支持上海财经大学更加广泛地参与上海经济建设和社会发展，积极推进上海财经大学申请和实施上海市高等教育重大工程项目，并为上海财经大学"优势学科创新平台"、"211工程"等国家重大工程和共建项目的中央专项投入酌情提供配套经费支持。同时，在人才培养、学科建设等方面加强对上海财经大学的支持;在人才引进、毕业生就业、办学条件改善、校园建设与规划、国家大学科技园建设等方面给予上海财经大学必要的支持。

四、上海财经大学发挥学校优势,在面向全国服务的同时,在人才培养、科学研究、决策咨询、干部教育培训等方面积极为财政系统和上海市提供支持。同时,积极支持三所国家会计学院的教学工作,积极支持地方高校发展,努力为上海"四个中心"尤其是国际金融中心的建设作出更大贡献。

五、共建的协商议事机制以及共建过程中的其他具体事宜,由教育部、财政部、上海市政府和上海财经大学具体研究确定。

教育部　　　　　　财政部　　　　　　　上海市人民政府
代表签字:袁贵仁　　代表签字:张少春　　代表签字:韩正

二〇一二年五月十四日

(据上海财经大学档案馆馆藏档案原件)

## 中华人民共和国教育部高等学校章程核准书

第13号

(2014年5月13日)

上海财经大学:

根据《中华人民共和国高等教育法》、《高等学校章程制定暂行办法》,你校第7届党委会第2次全体会议审议通过并报我部核准的《上海财经大学章程》,经教育部高等学校章程核准委员会评议,2014年4月24日教育部第13次部务会议审议通过,现予核准。

核准书所附章程为最终文本,自即日起生效,未经法定程序不得修改。你校应当以章程作为依法自主办学、实施管理和履行公共职能的基本准则和依据,按照建设中国特色现代大学制度的要求,完善法人治理结构,健全内部管理体制,依法治校、科学发展。

中华人民共和国教育部
2014年5月13日

(据上海财经大学档案馆馆藏档案原件)

# 二、各部门主要撰稿人员名单

（以姓氏笔画为序）

| 丁娅斐 | 于长锐 | 万　莹 | 马　纪 | 王青云 | 王明佳 | 王　洁 |
| --- | --- | --- | --- | --- | --- | --- |
| 王琳琳 | 王碧莹 | 毛佳韵 | 文红为 | 邓劲松 | 田　野 | 田　甜 |
| 田　静 | 付明伟 | 付　艳 | 朱安洁 | 朱郑杰 | 朱德玮 | 任　斌 |
| 刘　凯 | 刘　霖 | 刘　曦 | 江　渝 | 孙　义 | 孙阳阳 | 孙建华 |
| 杜佳芮 | 杜富华 | 李文娟 | 李国伟 | 李美俊 | 李洪斌 | 李盈懿 |
| 李铭伟 | 李　媛 | 杨　丹 | 杨鸥嫒 | 杨晓雪 | 杨晓晶 | 杨　晖 |
| 吴怀莉 | 吴珍华 | 吴　珊 | 吴家瑞 | 何　丽 | 何迎希 | 何　敏 |
| 汪佳霖 | 沈　华 | 沈　宏 | 张　天 | 张永铃 | 张志涛 | 张苏曼 |
| 张丽慧 | 张　玮 | 张　迪 | 张振宇 | 张　莉 | 张莉丽 | 张　硕 |
| 张　婕 | 张　喆 | 张慧晶 | 张　燕 | 张　巍 | 陆美芳 | 陈小枚 |
| 陈　亚 | 陈茂铭 | 陈祥龙 | 陈　瑜 | 邵　帅 | 武芸芸 | 周　巧 |
| 周庆贵 | 周　丽 | 周　城 | 郑月竹 | 郑继红 | 赵辰光 | 赵　弦 |
| 赵银洲 | 赵　赫 | 赵　蔚 | 胡红华 | 胡宋萍 | 胡　圆 | 侯晓萍 |
| 施　蕾 | 洪小君 | 姚永美 | 秦　茗 | 贾曼曼 | 顾雪兰 | 顾德平 |
| 徐　玲 | 徐莉莉 | 徐　敏 | 高嘉蔓 | 郭　庆 | 唐家乾 | 黄海量 |
| 曹　姝 | 常　诚 | 梁毓琪 | 彭　曦 | 葛冬冬 | 葛伊妮 | 董涵涵 |
| 蒋金魁 | 蒋意超 | 韩冬梅 | 韩明辉 | 韩　跃 | 喻倩妮 | 程　宁 |
| 蔡　蓉 | 潘立东 | 潘　杰 | 戴广莉 | 魏南海 |  |  |

# 后　　记

作为学校整体校志编纂工程的一项重要成果,《上海财经大学志(1917—2017)》的编纂起点,可以追溯到2006年,至今已历时11年,期间大体经历了三个阶段,形成了相应的阶段性成果。

从2006年到2007年,是第一阶段。2006年,为迎接90周年校庆,学校启动《上海财经大学志》的编纂工作,至2007年11月校庆庆典日前夕,形成两项成果:由志稿的学校沿革、大事记、人物3篇构成《上海财经大学90年(1917—2007)》,正式出版;由其他篇合成《上海财经大学志稿(1978—2006)》,校内印行。

从2008年到2012年,是第二阶段。为编纂一部完整的校志,2007年以后校志编纂工作继续推进。2008年3月,学校成立校史研究室,其主要职责之一即为承担《上海财经大学志》的编纂工作;同年7月,学校成立校志编纂委员会,校长谈敏任主任,相关分管校领导任副主任。2009年6月,上海市地方志办公室批准同意《上海财经大学志(1917—2007)》篇目。2010年1月,上海市第二轮修志工作全面展开,《上海财经大学志》列入市级专志系列第38种。此后,校志编纂工作严格按照上海市地方志的编纂原则和体例开展。2010—2012年,对1917—1978年的内容进行了全面补充,对1978—2007的材料进行了重新梳理。编纂期间,向各院系和职能部门征求意见和补充资料,并召开校志稿专家咨询会,部分初稿还送上海市地方志办公室审阅。至2012年4月,形成《上海财经大学志(1917—2007)》(校内送审稿)。

从2013年到2017年,是第三阶段。2013年3月,学校正式启动百年校庆筹备工作,实施百年校庆"八大建设工程"。"八大建设工程"之首"修史建馆"工程的核心内容之一,即编纂《上海财经大学志(1917—2017)》;同年4月,学校党委常委会议决定成立《上海财经大学志》编纂委员会,由校党委书记丛树海、校长樊丽明任主任,相关校领导任副主任,各院系、部门负责人任编委。从2013年至2016年,结合校史档案资料的广泛征集、发掘和整理,对2012年版校志稿进行全面修订,包括补充新的内容、核对史实数据、修正原稿错误等。2017年初,对学校各部门、各条线2008—2017年后十年发展情况进行初步续写。3月初,副校长陈信元主持召开校志增补工作部署动员会议,组织学校各部门对涉及本部门的志稿内容进行全面补写和修订。4月,所有部门提交完毕。5月,完成统稿与总纂。在这一过程中,广泛征求了有关专家和职能部门的建议和意见。6月,召开校志评审稿专家评审会,听取学校老领导、资深专家和有关职能部门负责人的建议和意见。其后,根据各方建议和意见,对志稿的史实内容作拾遗补阙,对部分章节做调整优化,对文字表述进行推敲斟酌,对体例格式进行统一和规范。至7月中旬,完成定稿。

校志编纂工作的全过程得到了学校的高度重视、各部门的大力支持、各部门参与编纂人员的辛勤付出以及各方面专家的悉心指导。仅2017年以来对志稿后十年的增补工作,就涉及全校60多个部门,有120多位同志参与文稿撰写。因此,校志编纂工作突出体现了"众手成志"的志书编纂特点,是一部举全校之力的成果,是集体智慧的结晶。此外,由于整体校志编纂工作时间跨度长,目前形成的百年志,离不开前两个阶段所有编纂人员及校史研究室人员如朱迎平、张次博、黄豪、顾国柱等的努力与付出。校志的出版还得到了上海财经大学出版社的部分资助。在此,谨向所有为校志编纂工作付出过辛劳、做出过贡献的人致以崇高的敬意和感谢。

在各部门编纂文稿的基础上,本轮志稿的总纂由高冰冰完成,张次博全程参与文稿的修订,人物部分由罗盘整理和统稿,周亚锋、韩桐、鲍玲、花苑、韩艺丹、龙盼等参与了有关内容的整理或修改,图片部分由陈玉琴、韩云云整理,喻世红全程给予指导并做了补充。各部门主要撰稿人员名单见附录二。

校志是一所学校办学历史的百科全书。作为一部向学校百年华诞献礼的重要图书,希望《上海财经大学志(1917—2017)》能成为学校百年文脉传承与创新的重要载体,发挥"存史、资治、教化、育人"作用,为新百年建设世界一流大学的新征程提供智慧与借鉴。但需要指出的是,由于学校历史上多次遭受战火,且经历几次合并撤销,造成大量档案资料的遗失,对修志工作造成客观困难,加之本轮编纂工作时间仓促,且编纂人员经验不足等原因,文本内容必定存在诸多疏漏、失误和不当之处,恳请读者批评、指正。

《上海财经大学志》编纂委员会

2017年7月